KB119991

武魂

本國武藝

초판 1쇄 인쇄 2022년 8월 15일

편 저 자 임성묵
발 행 인 권선복
편 집 오동희
그림복원 임성묵
교 정 임성묵
발 행 처 도서출판 행복에너지
출판등록 제315-2011-000035호
주 소 (157-010) 서울특별시 강서구 화곡로 232
전 화 0505-613-6133
팩 스 0303-0799-1560
홈페이지 www.happybook.or.kr
이 메 일 ksbdata@daum.net

값 88,000원
ISBN 979-11-92486-07-9(93380)

本國武藝

본국무예

임성묵 편저

도서출판 행복에너지

추천사

상보 대표이사 회장 **김상근**

임총재와의 인연은 대략 90년대 중반쯤으로 어렴풋이 기억된다.

그 당시에는 전도유망한 젊은 사업가로서 한국검도를 수련하고 도장도 운영했다.

나는 (주)상보를 경영하는 사업가로서, 일제에 의해 말살된 한국 전통검의 맥을 살려야 한다는 사회적 공헌과 책임감을 가지고 있었다.

2011년 어느 날, 머리도 길고 수염도 덥수룩하게 기른 임총재가 본국검예의 초고를 가지고 왔다. 그때 잘 몰랐던 한국무예계 전반의 역사에 대해 듣게 되었고, 왜 임총재가 잘해오던 사업을 접고, 무예도보통지의 연구에 매달렸는지 이해하게 됐다.

그러면서도 임총재가 가는 길은 쉬운 길이 아닌데, 어쩌나! 하는 염려를 하며 걱정을 했었다. 두툼한 원고를 보고 조선세법과 본국검을 복원하기 위해 그간 많은 시간과 말로 형용할 수 없는 노력의 성과가 담겨있음을 알았다.

여러 출판사를 찾아다녔으나 이런 책은 경제성이 없어 출판을 거절당했는데, 행복출판사 권성복 사장께서 원고의 내용을 보고 손실을 감내하더라도 출판을 해주기로 했다는 말을 듣고, 나도『본국검예 1.2.』의 출판에 보탬이 되도록 후원에 동참했다.

그리고 2021년 2월 2일에 이번에는『본국무예』의 원고를 들고 찾아왔다.

알고 보니, 2019년에『본국검예 3』을 또 출판하였고, 이번『본국무예』는 4권 째라 한다. 임총재가 무예도보통지를 연구하고 집필한 세월이 20년 가까이 흘렀으리라 생각된다.

임총재는 이제 나이도 있고 여러 사정상 더 이상 무예를 연구하기 어렵다. 이것이 마지막 무예서라는 말을 듣고 난, 첫 출판의 후원을 내가 시작했으니, 마지막도 내가 해야하지 않겠냐며 그간의 노고에 다소나마 도움을 주기로 결심했다.

긴 세월은 주마등처럼 흘렀지만 임총재는 흔들림 없이 외길을 걸어 한국무예사에 큰 족적을 남겼다.

잃어버린 전통무예의 혼을 찾겠다는 사명감으로 고집스럽게 묵묵히 외길을 걸어온 임총재의 모습을 오랜 기간 옆에서 지켜본 나로써는 구도자의 길이 얼마나 힘들고 숭고한 사명의 길인가를 느낄 수 있었다.

한국무예계의 현실을 들어보면, 정부의 지원도 없고, 학계에서도 전통무예에 대해 크게 신경을 쓰지 않는 현실에서 이러한 업적을 남긴다는 것은 결코 쉬운 일이 아니다. 더 연구할 부분이 많지만 경제적 여건과 노후를 생각하면 이쯤에서 멈출 수 밖에 없다는 말을 듣고 복잡한 심정이 들었다.

이번『본국무예』가 잃어버린 한국무예의 역사와 정체성을 밝히는 큰 등불이 될 것이라는 것을 믿어 의심치 않으며 어려운 환경속에서도 한국무예의 맥을 이어가는 모든 분들에게도 큰 힘이 되어주시기를 희망해봅니다.

그간 임성묵총재의 노고에 대해 경의를 표하고, 묵묵하게 지켜주신 가족분들께도 감사드립니다.

추천사

통일동산 寓居에서 心中 **박정진**

임성묵 본국무예총재가 필생의 역자『본국무예』를 펴낸다고 하니 괜히 내가 가슴이 설렌다. 그리고 10여 년 전 기억이 새록새록 떠오른다. 한국문화의 독립을 위해서 해야 할 일이 너무 많다는 것을 아는 나로서는 무예 쪽에서 그 일을 맡은 인물이 나타났으면 하는 기대감 속에서 세계일보 '박정진의 무맥' 연재를 마쳤다(2009년 2월 10일 '영원히 사라질 뻔한 무경'을 시작으로, 2010년 11월 29일 '무예인류학으로 본 무예'를 끝으로 43회 연재했다).

아마 무맥 연재를 마치고 1년쯤 지나서였을 것이다. 드디어 임성묵이라는 무예인이 인편을 통해 나에게 나타났다. 그와의 인연은 그때부터였다. 나는 그에게 한 번도 무예동작을 가르친 적이 없다. 그와 대화상대가 되었을 뿐이다. 그는 그의 길을 묵묵히 걸어갔다. 스승이란 무엇일까. 스승이란 인생에서 길을 함께 가는 도반(道伴)이며, 제자가 스스로의 길을 가는 것을 기뻐하는 마음으로 바라볼 수 있는 사람이다. 오늘 이 순간부터 그에게 과오가 있다면 그것은 나의 과오이다.

나는 그에게서 종종 나를 발견한다. 나는 최근 신(神)의 문제를 인생의 마지막 숙제로 안고 있다. 신은 신을 위해서 존재한 것이 아니라 인간을 위해서 존재해왔다는 사실에 도달했다. 인간은 신을 설정해놓고, 스스로를 도모하고 다스려가는 존재이다. 신과 인간과 자연은 결국 천지인으로 삼위일체가 될 수밖에 없다. 그런 점에서 무예인에게 혼(魂)이 없다면 그것은 죽은 무예이다. 신불도(神佛道)는 하나이다.

필자가 처음 무맥 시리즈를 기획하고 세계일보에 연재하면서 내심 기대한 것은 기존의 각종 무예와 그 무예의 전통과 맥, 계보(系譜)를 탐색해보는 즐거움도 있었지만, 이러한 무예문화복원 운동을 통해 『무예도보통지』를 완벽하게 해석하고 복원해낼 수 있는, '어느 눈 밝은 인물'을 만날 인연을 기대했다. 그가 바로 임성묵이다.

임성묵 총재는 그동안 『본국검예』(1.조선세법, 2.본국검법)를 비롯하여 『본국검예 3. 왜검의 시원은 조선이다』, 그리고 이번에 『본국무예』까지 총 4권의 무예서를 출판했다. 전통무예복원을 위해 전력투구하는 모습을 가까이에서 지켜보았다. 수도자의 모습 그 자체였다.

전통무예를 복원하는 것은 말처럼 쉽지 않다. 같은 책을 보고도 각기 다른 동작으로 복원되는 이유는, 기존에 배운 무예의 선입관의 영향과 한자와 그림에 대한 깊은 이해도의 차이에서 비롯된다. 대개가 평면의 2차원적 사고에 머물렀다면 임 총재는 입체적 3차원적 사고로 접근했다.

임성묵 총재는 집요할 만큼 한·중·일 무예서를 탐독하여 수련하면서, 모든 무예종목 간의 연결고리를 찾아냈다. 서로 무관하게 떨어져 있었던 것으로 알고 있었던 무예 종목들이 실제는 하나로 연결된 무예 체계로 구성됐다는 것을 찾아낸 것은 무예사적으로 매우 중요한 연구다. 『본국무예』는 20여 년간 한·중·일 무예서를 연구해오면서 완숙의 경지에서 쓴 역작 중의 역작이라 할 수 있다.

임 총재의 『본국무예』는 옛 무예서가 단순한 술기만 기록한 것이 아니라, 그 속에는 당시 신화와 의례를 비롯해서 세계관이 압축된 문화복합이 담겨있다는 사실을 밝혀냈다. 문인(文人)이 자연과 인간의 보편적인 법칙을 생각하고 깨달은 것을 기록한다면, 무인(武人)은 기운생동을 몸으로 깨닫고 기록한다. 그러므로 무예를 복원하고 연구하기 위해서는 한자에서 동사를 중심으로 동작을 찾는 일이다. 최초의 무예서는 갑골문과 금문으로 죽간에 기록한 것으로 보인다. 따라서 옛 무예를 깊이 연구하기 위해서는 갑골문과 금문 중심으로 연구해야 한다. 잃어버린 상고시대의 정신문화를 찾기 위해서는 임 총재와 같은 새로운 접근방식의 연구가 필요해 보인다.

고대는 천문과 신화의 상징체계의 세계였다. 조선세법은 66세로 이름이 천부검(天符劍)이었고, 본국검은 33세로 본(夲) 자 형태로 구성됐다. 본국검의 夲 자에서 십(十) 자는 북두칠성을, 대(大) 자는 천부경에 기록된 본심본태양(夲心夲太陽)의 태양으로 천부검과 본국검은 한민족이 경전인 천부경을 검(劍)을 통해 몸으로 구현한 것이다. 천부검과 본국검은 한민족의 신화와 철학 종교 천문을 담은 것으로 무예서의 가치를 인문학적 가치로 높이는 결과를 낳았다. 이것은 잃어버린 문화적 정체성을 찾아낸 것으로써 무예의 술기 그 자체보다도 더 중요한 가치를 가진다. 이런 것을 찾아내기 위해서는 무예의 최고봉에 올라서야 할 뿐만 아니라, 무예서에 감춰진 문화적 의미와 역사를 통섭하지 못하면 절대 찾아낼 수 없다.

무예동작의 의미는 검결(劍訣)에 담겨있다. 그 이름과 동작은 그 당시의 문화와 정체성을 담는다. 상고시대는 문무가 분리된 시대가 아니었다. 임총재는 갑골문으로 된 농은본(農隱本)의 천부경天符經)을 무예를 연구했던 방식으로 새로운 해석의 지평을 열었다. 또한 『환단고기(桓檀古記)』에 기록된 가림토(加臨土)와 창힐(倉頡, BC 4666~4596년)문자를 해독하여 창힐문자의 내용이 견우와 직녀의 신화로서 은하수와 북두칠성의 운행한 것을 기록한 것임을 밝혀낸 것은 문자학적(文字學的)으로도 매우 중요한 사건이다. 가림토와 갑골문이 북두칠성의 운행을 보고 만들었다는 문자의 제자원리를 발견한 것은, 그간 북두칠성과 샤머니즘 문화의 복원을 주력해온 나로서도 매우 놀라운 성과라고 하지 않을 수 없다.

내가 무예를 연구하면서 크게 의문을 품은 점은 '권법과 무예의 상관관계'이다. 또 인류역사상 세계최대의 대제국인 몽골과 싸운 "삼별초는 어디로 갔는가."라는 점이었다. 그는 이 두 가지를 해결해주었다. 권법은 무기를 들지 않은 수련동작으로서 무예와 별개가 아니라는 사실이다. 그리고 삼별초는 오키나와(琉球)로 들어갔으며, 소위 오늘날 당수도, 공수도라는 이름으로 일제 때 들어온 무예는 그 옛날 오키나와로 들어간 삼별초의 맨손무술의 역전수라는 사실이다.

사실 1560년 척계광이 쓴『기효신서』는 기존 무예서를 정리한 것에 불과하다.

임 총재는『무예제보번역속집』에서『새보전서(賽寶全書)』라는 문헌 속에「권세(拳勢)」가 기록되어 있었다는 것을 알고, 이 문헌을 찾기 위해 국내외를 탐색하는 과정에서 마침내 중국에서『만용정종(萬用正宗)』속에 기록된『무비문(武備門)』이『새보전서』와 관련된 문서임을 알게 되었고, 또 다른 책『萬寶全書(만보전서)』에서도「무비문」과 동일한 기록을 찾았다.

『무비문』은 상나라(BC,1600?~1046?) 2대 소명(昭明) 왕(王)이 제작한 것으로 동이족에게 전래되었지만, 역사의 질곡으로 잃어버렸던 것을『만용정종(萬用正宗)』에 기록한 것이다. 이로써 마침내 고조선 이래 잃어버린 한민족의 무예서를 찾는 쾌거를 이뤘다. 그 속에서 설인귀가 탈취한 고구려의 마가창법이「소림곤법」과 연결된 것과「창법」과「곤법」이 동시대에 만들어진 하나로 연결된 문서임을 증명함으로써,『무예도보통지』에 기록되지 않은 우리의「곤법」을 되찾았고,「사예(射藝)」의 역사도 새롭게 연구할 수 있는 계기를 만들었다. 또한『무비문』속에 기록된「비전해법(秘傳解法)」이 대동류합기유술의「비전목록(秘傳目錄)」과 연결된 것임을 문헌적으로 밝힘으로써 한국합기도가 일본의 아류라는 정체성에서 벗어날 수 있는 사료적 전기를 만들었다. 또한 오키나와(琉球國)의『유구무비지(琉球武備志)』가 삼별초의 무예서와 깊은 관련이 있고『무비문』과도 연결되어 있음도 밝혀냈다. 이를 바탕으로 임 총재는『무예도보통지』의「권법」실기를 복원해냈을 뿐만 아니라, 송덕희 옹의 태껸이「권법」과『유구무비지』와 열결된 고리를 찾아냄으로써 잃어버린 맨손 무예의 역사적 근거를 찾는 쾌거를 이뤘다.

이것은 한·중·일의 동양무예사를 새로 쓸 만큼, 한국무예사에 큰 업적을 남겼다. 그간 학계의 많은 학자가 해내지 못한 엄청난 일을 척박한 환경에서 혼자 해냈다.

이처럼『본국무예』는 단순한 무예서가 아니다.

『본국무예』는 그동안 중국무술과 일본무도에 의해 숨통 막혀왔던 한국무예를 해방시키고 오히려 중국과 일본무도의 숨통을 잡는 쾌거를 남긴 걸작이라 할 수 있다. 참으로 쉽지 않은 그긴 세월을, 학자들도 가기 힘든 일을 임 총재는 묵묵히 걸어왔다. 그간의 노고를 치하해 마지않는다. 끝으로 어려운 살림살이에도 불구하고 그의 고된 작업을 옆에서 묵묵히 지켜보았을 부인 노영희 여사님께도 공의 반을 치하하고 싶다.

우리는 흔히 완성된 인간을 말할 때 문무겸전(文武兼全)을 말한다. 문(文)과 무(武)가 합쳐져야 빛난다고 하여 '빈(斌)' 자가 만들어졌다. 문화는 언제나 문무균형을 이상적인 목표로 삼아야 한다. 그러나 언제부턴가 우리민족은 무(武)를 천시하고, 무를 문화의 적으로 삼는 지경에 이르렀다. 그렇게 된 데는 무엇보다도 사대주의에 찌든 조선조 선비들의 문약(文弱)과 위선(僞善)이 가장 한몫했다. 반대로 오늘날 무인들은 문(文)을 멀리하고 있다. 문무겸전을 이루지 못하는 것이 아직도 한국이 선진국이 되지 못하는 이유이다.

2021년 12월 4일 새벽에

무예신문 발행인 **최종표**

'본국무예', 후대에 소중한 자산 될 것

『본국무예』 발간을 진심으로 축하한다.

전통무예는 반만년 역사 속에서 살아 숨 쉬고 있는 한민족의 정체성을 규정하는 문화이다. "문화를 잃은 것은 민족의 혼을 잃은 것이요, 민족의 혼을 잃은 것은 나라를 잃은 것과 같다"란 말이 있지 않은가.

전통문화와 맥을 같이하는 것이 전통무예이지만 아직도 우리 사회는 전통무예를 전통문화의 범주에 넣지 않고 있다. 전통무예는 국난(國難)의 현장에서 외침을 받을 때마다 나라를 수호하고 민족을 결속시키는데 큰 힘이 되었다.

그러나 지금에 와서 전통무예의 흔적을 찾기란 쉽지 않다. 전란(戰亂)과 일제강점기를 거치면서 무예 관련 자료들이 소실되었다고는 하지만 우리가 전통무예를 소중하게 생각하지 못했다는 방증이기도 하다. 그나마 1790년 정조의 명으로 규장각 검서관인 실학자 이덕무와 박제가 그리고 무인 백동수가 군사훈련을 위해 편찬한『무예도보통지』가 남아있다는 것이 천만다행이다.

2008년부터 전통무예진흥법이 제정되어 시행되고 있다. 그러나 정부의 무관심 속에서 우리의 전통무예는 중국무술과 일본무도, 서양스포츠에 가려져 점점 설 자리를 잃어가고 있는 것이 현실이다. 이러한 상황에서『본국무예』발간은 후대를 위한 기록이기도 하지만, 학계는 물론 무예계에 경종을 울리는 일이기도 하다.

전통무예를 연구하는 일을 전업으로 하는 학자들도 못 하는 일을 했으니, 이들이 얼마나 부끄러울까 싶다. 아울러 정부 역시 우리 역사와 전통의 중요성을 느끼지 못하고 있다면 하루빨리 생각을 바꿔야 한다.

『본국무예』를 편찬한 임성묵 총재는『무예도보통지』외에도『무예제보번역속집』에 들어있는『새보전서』를 연구하여 마침내 중국에서『무비문』을 찾아내어 대동류의 신라 삼랑원의광설에 대해 사료를 통해 입증했고, 오키나와의『유구무비지』가 삼별초가 전래시킨 권법이라는 것을 밝혀냈다. 그동안 임 총재는 한·중·일 무예의 상관관계를 찾기 위해 많은 역사서를 연구했다. 밤낮을 가리지 않고, 전통무예의 뿌리를 찾기 위해 노력하는 모습을 지켜본 나는 마음이 짠했다.

무예인의 한 사람으로서 사라진 전통무예를 복원해 세상에 빛과 소금이 되어 어둠을 밝힐 수 있다면 그보다 더 큰 보람이 어디에 있겠나 싶다.

임 총재가 찾아낸『무비문』에는 창, 곤, 파, 권, 사, 기사 등 여러 종류의 무예는 물론 대동유술의 기법을 기록한「비전해법」과 태견의 동작까지 있다. 그 속에 그려있는 무인은 상투를 한 조선 사람으로 한국 무예사에 소중한 사료(史料)가 될 것이다.

이러한 고서들은 이두문자로 기록되어 있고 기법을 시로 표현하여 일반인이 연구하기란 매우 힘든 부문이다. 이런 것들을 연구하고, 찾아냈다는 것만 보아도 임 총재의 무예에 대한 애정이 얼마나 깊은지 알 수 있다.

임성묵 총재는 그동안『무예도보통지』를 연구하기 위해『기효신서』,『무비지』비교 분석하여『본국검예 1, 조선세법』과『본국검예 2, 본국검법』그리고『본국검예 3, 왜검의 시원은 조선이다』등의 무예서를 편찬해왔다. 이번에 출간한 4번째 무예서『본국무예』는『무예도보통지』에 기록된 권법을 중심으로 그동안 공개되지 않은 기법들을 총 정리한 것이어서 그 가치가 더욱더 소중하다. 무려 1,000여 페이지에 달하는 방대한 양을 선조들의 흔적을 찾아 직접 시연하면서 집필했으니 말이다.

특히『본국무예』가 발간된 것도 큰 성과이지만, 선조들이 물려준 비밀을 풀 수 있는 단서를 마련하여, 후대에 그 맥을 이어갈 수 있도록 했다는 것에 더 큰 의미가 있다.

특별히 이번에 출간한『본국무예』는 훗날 무예문화 창달은 물론 무예의 역사서로서 후손들에게 길이 남아 문무합빈(文武合斌)으로 무예문화를 찬란하게 꽃피우게 할 것이 분명하다. 임성묵 총재의 이번 출판에 아낌없는 격려와 성원을 보낸다.

머리말

임성묵

잃어버린 전통무예의 역사와 실기를 복원하기 위해 무인의 삶을 걸었다. 이를 위해『무예도보통지』에 실린 조선세법과 본국검을 복원하여 2013년 8월 15일,『본국검예 1. 조선세법』과『본국검예 2. 본국검법』을 출간하고 쌍수도와 왜검류를 복원하여 2018년 12월 1일,『본국검예 3. 왜검의 시원은 조선이다』를 출간했다.

무예도보통지의 나머지 권법과 쌍검 창법의 복원을 위해, 한·중·일의 여러 고무예서를 비교 연구하던 중에 뜻하지 않게 잃어버린 우리의 고무예서를 찾게 되면서, 우리의 무예가 고조선-상나라-고구려-발해를 거쳐 전승된 사료를 찾았다는 기쁨보다는 우리의 슬픈 역사를 보게 되었다.

신화를 잃어버리면 역사도 잃어버린다. 역사를 잊은 민족은 종국에는 나라를 잃는다. 그러나 역사를 기억하면 언젠가는 반드시 고토를 찾는다. 전통무예를 접하게 되면 누구나 자랑스러운 역사와 함께 잃어버린 역사와도 마주 서게 된다. 나는 역사학자가 아니다. 저자가 무예를 통해 바라본 우리의 역사는 학교에서 배웠던 역사와 많이 달랐다. 2020년 10월 3일 개천절 행사에서 정세균 국무총리는 "식민사관이 만들어낸 신화적 관점을 극복하겠다."라고 선언했지만, 이것이 실현되려면 많은 난관이 있을 것이다.

홍산문화와 사고전서 등을 연구하는 재야사학자들 덕분에 고조선이 실존의 역사임이 밝혀지고 있다. 요하문명권에 살던 동이족 일파가 건국했던 商(상)이 망하면서 箕子(기자)[1]를 따라 유민들이 伯夷(백이)와 叔齊(숙제)가 있던 요하의 孤竹國(고죽국)[2]으로 이동했다.

『隋書(수서)·唐書(당서)』와 宋(송)의 『삼국유사』에도 고조선과 고구려에 대한 기록이 있다.[3]

중국 孫作雲(손작운)은 『산해경』을 동이의 「古書(고서)」로 규정하였고 『海內經(해내경)』을 아예 『朝鮮記(조선기)』라고 부른다. 중국 정사에 고조선은 은나라 이전에 북경(연변)에서 건국했다는 기록도 있고 사마천의 「조선열전」에도 "蠻夷(만이)의 세력이 옛 연과 제까지 미쳤다(朝鮮蠻夷及故燕)."는 기록과 역사가 왜곡되기 전의 『설문해자』에 "패수는 낙랑누방에서 나와 동쪽 바다로 들어간다(浿水出樂浪鏤方東入海(패수출낙랑루방동입해)"라는 명확한 기록이 있음에도 우리 강단의 사학자들은 진실을 외면하고 있다. 이처럼 고조선에 대한 기록은 차고도 넘친다. 오늘날은 김부식과 일연이 볼 수 없었던 사료들을 볼 수 있다. 그 속에는 강단사학계가 그렇게 부

---

1 고려와 조선 시대에는 기자조선의 실체를 인정하였지만, 최근에는 이를 부정하는 견해가 지배적이다. 먼저 문헌상으로 기자가 조선에 와서 왕이 되었다는 것을 입증하기가 어렵기 때문이다. 기자는 기원전 1100년 전후의 인물인데, 기원전 3세기 이전에 쓰인 『논어』 『죽서기년(竹書紀年)』 등에는 기자가 조선으로 갔다는 기록은 없고 기자의 존재 자체만 언급하고 있다. 기자동래설이 사실이라면 이들 기록에 그에 관한 언급이 있을 법한데 그렇지 않다. 그런데 기자의 동래 사실을 전하는 사서들은 한결같이 모두 기원전 3세기 이후에 쓰인 것들이다. 따라서 이를 근거로 한 기자동래설은 기원전 3~2세기 무렵에 중국인들이 중화사상에 따라 조작해낸 것이 아닌가 의심된다. 『네이버 지식백과』

2 約公元前1600年前 孤竹先人爲先商附族黑氏一支 商部族南下中原時 黑氏一支留在故土作爲其后盾 商末箕子東遷時 大部孤竹先民同往朝鮮 故 此時的 孤竹國己名存實亡 公元前664年山戎出兵伐燕國 『百度:중국 네이버사전』

3 『수서』〈67권〉, "裴矩(배구:557-627)의 상소에 '고구려 땅은 본래 고죽국이었습니다. 周(주) 대에 그 지역을 기자에게 봉했고 漢(한) 대에는 나뉘어 3군이 되었습니다.'" 『무경총요』에 "燕京(연경)의 주군은 12개다. 중원의 옛 땅 幽州(유주)는 옛 기북지역으로 순임금이 설치했다. 동쪽에는 조선, 요동이 있었다. 조선 하를 지나 90리를 가면 북쪽으로 고하구에 이른다." 『삼국유사』에 "고구려는 본래 고죽국이었다(高麗夲孤竹國)." 『豆盧公神道碑(도노공신도비)』에 "조선 건국을 하고 고죽이 임금이 되었다."
『산해경』에 "동해 안쪽 북해의 모퉁이에 조선이라는 나라가 있다. 하늘이 그 사람들을 길렀고 물가에 살며 남을 아끼고 사랑한다." "조선은 열양의 동쪽에 있다. 발해의 북쪽이고 갈석산 남쪽이다. 열양은 연에 속한다."

정하는 고조선과 북부여에 대한 기록이 있다.

『삼국사기』도 당과 신라 관점에서 썼다. 이성계가 조선을 개국한 이후, 세조·예종·성종은 어명을 내려 『고조선비사·대변설·조대기·지공기·표훈천사·삼성밀기·도증기·통천록·지화록』 등과 같은 고서를 민가에서 거두어들였다는 기록으로 보아 조선 시대에도 한민족의 고대 사료가 상당수 남아있었음을 알 수 있다.

그 많은 단군조선 관련된 사서를 없앴지만 『세종실록지리지』의 『檀君古記(단군고기)』에 "上帝(상제) 桓因(환인)이 庶子(서자)가 있으니, 이름이 雄(웅)인데, 세상에 내려가서 사람이 되고자 하여 天符印(천부인) 3개를 받아서 太白山(태백산) 神檀樹(신단수) 아래에 강림하였으니, 이가 곧 檀雄天王(단웅천왕)이 되었다. 환인의 손녀에게 藥(약)을 마시고 人身(인신)이 되게 하여, 檀樹(단수)의 神(신)과 더불어 혼인해서 아들을 낳으니, 이름이 檀君(단군)이다. 나라를 세우고 이름을 朝鮮(조선)이라 하니, 조선, 尸羅(시라)·高禮(고례)·南北沃沮(남북옥저)·東北扶餘(동북부여)·濊(예)와 貊(맥)이 모두 단군의 다스린 지역이 되었다."[4]고 기록되어 있다.

이것을 1894년 도쿄 제국대학의 시라토리 구라키치(白鳥庫吉) 교수는 『檀君考(단군고)』에서, "『삼국유사』에 나온 檀君史籍(단군사적)은 한국불교의 說話(설화)에 근거하여 架空(가공)의 仙譚(선담)"이라 하였고, 단군조선의 建國史話(건국사화)를 "설화에 바탕을 둔 불교 이야기"로 조작하여 단군설화로 만들었다. 이어 케이오의숙(慶應義塾) 출신 나카 미치요(那珂通世)는 『삼국유사』에 나온 내용을 두고, '僧徒(승도)의 妄說(망설)을 역사상의 사실로 삼은 것'이라고 하여 사화를 허구로 만들었고, 이어 1897년 『朝鮮古史考(조선고사고)』라는 논문에서 단군왕검은 불교 승도의 망설이요, 날조된 신화라고 하였으니, 단군사적을 이른바 단군신화[5]로 만들었다."[6]

---

4 檀君古記云 上帝桓因有庶子 名雄 意欲下化人間 受天三印 降太白山神檀樹下 是爲檀雄天王 令孫女飮藥成人身 與檀樹神婚而生男 名檀君 立國號曰朝鮮 朝鮮 尸羅 高禮 南北沃沮 東北扶餘 濊與貊 皆檀君之理

5 일제는 미우라 히로유키(三浦周行), 이마니시류(今西龍) 등 일본인 식민사학자들과 어윤적·유맹·이능화·정만조 등 부왜인(附倭人)들을 참여시켜 우리 역사를 왜곡·말살시키는 기초작업에 들어갔다. 1922년에는 이를 '조선사편찬위원회'로 확대 개편하였고, 1925년에는 '조선사편수회'를 조직하여 권중현·박영효·이완용·이진호 등 매국노들을 참여시켰다. 2년 뒤에는 일제 식민사학자들과 신석호·이병도·최남선 등 많은 부역 왜인들을 동원하여 식민사관에 입각한 본격적인 조선사 편찬 작업을 하였다.(이태룡,2017)

6 이태룡, 『이것이 진실이다』, 북스타, 2017.

일제강점기에는 조선이 주권을 상실한 결과 조선총독부는 「尋常小學國史補充教材(심상소학국사보충교제)」를 통해 한반도 북쪽은 중국이, 남쪽은 임나가 다스린 것으로 조작하여 소학교에서 가르쳤다. 일본 역사학자 세키노 타타시[7]는 낙랑 유물을 평양에 묻고 한사군 평양 설을 조작했지만, 사후 그의 일기장에서 조작에 사용하기 위해 낙랑 유물을 샀던 기록이 발견되면서 한사군이 평양에서 대륙으로 이제 서야 이동하게 됐다.

해방 전에는 어쩔 수 없이 끌려갔다고 변명이라도 하겠지만 지금은 해방된 주권국이 아닌가? 일본은 조선사편수회를 통해 세 가지의 논리를 세웠다. 첫째 단군의 역사성 말살, 둘째 한사군의 한반도설, 셋째 임나-가야설이다. 이 역사 조작에 참여한 이병도와 신석호는 해방 후, 승승장구하여 역사학계의 태두가 되었고, 그 제자들이 식민사관을 가르친 덕분에 중국의 동북공정에 대항하지 못한 결과 중국은 동북공정을 쉽게 완성했다. 언젠가 이 역사로 인해 중국이 북한을 점령할 명분으로 삼을 것이고 임나일본부설은 일본이 남한을 점령할 명분으로 삼을 것이 불 보듯 뻔하다.

1908년 단재 신채호는 『독사신론』과 1931년 『조선상고사』를 연재하고, 백암 박은식 선생은 1915년 『韓國痛史(한국통사)』를, 1939년 서계수 선생은 『朝鮮世家譜(조선세가보)』를 썼다. 이런 조선사 열풍에 맞서 조선편수회에서 『조선사』를 38권을 쓴다. 오늘날 초중고대학교의 현실은 『조선상고사』를 단 한 곳도 가르치지 않고 여전히 조선총독부의 세 가지 지침을 그대로 가르치는 것이 지금의 대한민국 역사교육

7 세키노일기(關野貞日記)에 남겼다. 문성재 박사는 '한사군은 중국에 있었다'(2016)에서 세키노의 일기를 몇 대목 공개했는데 1918년 북경에서 쓴 일기에 ①대정(大正) 7년(1918) 3월 20일 맑은 베이징, "(베이징) 유리 창가의 골동품점을 둘러보고, 조선총독부 박물관을 위하여(朝鮮總督府博物館ノ爲メ) 한대(漢代)의 발굴품을 300여 엔에 구입함" ②대정 7년 3월 22일 맑음, "오전에 죽촌(竹村) 씨와 유리창에 가서 골동품을 삼. 유리창의 골동품점에는 비교적 한대(漢代)의 발굴물이 많고, 낙랑 출토품은 대체로 모두 잘 갖춰져 있기에(樂浪出土類品ハ大抵皆在リ) 내가 적극적으로 그것들을 수집함" 세키노는 베이징의 골동품 거리인 유리 창가에서 '조선총독부 박물관을 위하여' 한나라 유물들과 낙랑 출토품을 적극적으로 사들였다. 세키노는 왜 평양에 있었다는 낙랑군의 유물을 베이징에서 사서 조선총독부 박물관에 보냈을까. 낙랑군 유물은 왜 평양이 아니라 베이징에서 거래되었을까. 낙랑군은 평양이 아니라 중국 사료들이 말하는 것처럼 베이징에서 그리 멀지 않은 현재의 하북성 노룡현(盧龍縣) 지역에 있었기에 베이징 골동품가에 시장이 형성된 것이다. 낙랑군 유물을 평양이 아닌 머나먼 베이징에서 사서 조선총독부로 보냈다는 세키노의 고백이야말로 '만들어진' 제국주의 고고학의 실체를 증언해 준다. [이덕일의 새롭게 보는 역사]

의 현실이다. 참으로 비통하지 않을 수 없다.

중원의 興亡盛衰(흥망성쇠) 한 역사는 실제 中華(중화)가 중원에 세운 나라는 없다. 중국 연표의 시작도 동이족이 세운 夏(하)와 商(상)[8]으로부터 시작된다.

중국은 金(금)과 淸(청) 덕분에 역사상 유례없는 광활한 영토를 갖고 있다. 과거의 모든 역사는 왕조사다. 金(금)(1115~1234)을 건국한 아골타의 시조는 신라인 김한보이고, 後金(후금)을 건국한 누르하치[9]는 靑(청)의 초대 황제다. 천우신조로 청의 건륭제는『四庫全書(사고전서)』를 편찬한다. 여기에는 고려나 조선 시대에 볼 수 없었던 중국·한국·일본·베트남 등의 서적들이 있어, 잃어버린 고조선의 역사를 찾을 수 있는 계기가 되고 있다.

고조선의 멸망에 따른 한민족의 이동, 북방민족의 분열과 중원정복이 오늘날 중국의 역사다. 우리의 사료가 중원에 남아있는 것은 당연하다. 사마천은 漢(한) 건국 100년 후, 서기전 135년 한 무제가, 서로는 흉노를, 동으로는 고조선을 남으로는 월을 침략하여 중원의 강역을 넓힐 당시에 태어났다. 사마천은 한 무제 이전의 중화 3천 년 역사를 만들기 위해, 晉(진)부터 漢(한)까지의 계보가 필요했다. 그 당시에 三皇五帝(삼황오제)의 계보가 있지만, 사마천은 동이족인 태호 복희와 염제 신농을 삼황에서 뺐다. 치우와 싸운 같은 동이족인 황제 헌원을 중화의 시조로 만들기 위해, 황제를 계승했던 장남 소호 금천의 행적이 동이족임이 너무나 명확했기 때문에, 소호 금천을 빼고 차남 창의의 아들 재전욱(고양)이 황제를 계승한 것처럼 '황제-재전욱-제곡-제요-제순'으로 계보를 조작했다. 한술 더 떠서, 皇甫謐(한보밀:215~282)은 제왕세기(帝王世紀)에서 황제를 소호의 아들로 조작하여 부자 관계를 아예 바꿨다. 황제의 부인은 누조다. 이들 사이에 태어난 두 자식이 동이족이면 재전욱도 당연히 동이족 아닌가!

---

8 湯(탕) 임금이 夏(하) 나라의 桀王(걸왕)을 멸하고 세운 나라. 亳(박)에 도읍하였다가 후에 盤庚(반경)이 殷(은)〈지금의 하난성 언사현〉으로 遷都(천도)하여 殷(은)나라로 고침. 28主(주)만에 周(주)나라 武王(무왕)에게 멸망하였음(B.C.?~B.C.1233)

9 아버지 '탑극세(塔克世)'는 성이 '애신각라(愛新覺羅)'다. 1911년 청나라가 망하자 황족들은 모두 性(성)을 김(金)으로 바꿨다.

夏(하)의 시조 禹(우)는 재전욱의 손자이고, 殷(은)의 시조 설(契)[10]은 소호의 손자이고, 周(주)의 시조 后稷(후직)은 제곡의 장남으로 이 또한 소호의 손자다. 고구려의 시조인 고양 전욱[11]도 황제계열이다. 사마천은 삼황의 역사를 지우고 황제로부터 화하족의 역사를 조작했지만, 주변 관련 국가들의 사서들로 인해 조작이 드러나고 있다.

『삼국사기』 김유신 열전에 "김유신은 헌원과 소호의 자손이다."[12]라고 기록하고 있다. 김유신은 황제의 장남 계열의 자손이다.

중국은 동이의 역사를 숨길 수 없어서인지, 아니면 동북공정이 완성된 자신감 때문인지 최근 산동성 임기시 동이문화박물관에서 '태호복희·소호김천·치우·순임금' 네 명을 동이의 영웅이라고 밝히고 큰 동상을 세웠다.

『사기』 권28 封禪書(봉선서)에 "진나라 제후 양공이 자신의 조상인 소호에게 제사를 지냈다."라는 기록이 있다. 秦(진)이 동이족임을 명확하게 밝혔다. 『사기』 조선열전에 '연나라 장수 위만이 고조선으로 망명할 때 상투를 했다'[13]는 기록이 있다. 상투는 고조선의 고유문화라고 여러 기록에 있다. 실제 진시황의 병마용갱의 토용들은 上斗(상두)를 했다. 上斗(상두)는 북두칠성을 숭배한 동이족이 해오던 머리 형태다. 머리카락을 묶을 때도 앞으로 네 번, 뒤로 세 번 돌린 뒤에 網巾(망건) 끈으로 묶는다. 이것은 북두칠성 7의 수를 상징한다. 칠언율시의 시문도 마찬가지다. 홍산문화(B.C: 4800~2900)는 고조선 문명의 전 단계로 보고 있는데, 여기에서 상투 머리를 고정하는 '옥고'가 발견되었다. 옥고 중원 내륙에서는 발견되지 않는다. 최소한

---

10 殷(은)의 시조인 契(설)의 어머니는 簡狄(간적)으로, 有娀氏(유융씨)의 딸이며 제곡의 둘째 비였다. 세 사람이 목욕을 갔다가 玄鳥(현조)가 떨어뜨린 알을 보고 간적이 주워 삼켜 임신하여 설을 낳았다. [殷夲紀. 卷三]

11 顓頊 高陽(전욱 고양): 황제의 아내 雷祖(뇌조)가 昌意(창의)를 낳았다. 창의가 하늘에서 내려와 若水(약수)지역으로 貶謫(폄적)되어 그곳에서 韓流(한류)를 낳았다. 한류는 머리가 길쭉하고 작은 귀가 달렸다. 사람 얼굴에 돼지 입을 하고 있다. 전신에 비늘이 덮였으며 안짱다리에다 발은 돼지 발처럼 생겼다. 한류는 淖子氏(작자씨)의 딸을 阿女(아녀)를 아내로 맞아 顓頊(전욱)을 낳았다. 『산해경 海內經(해내경)』. 『사기』에는 전욱은 黃帝之孫(황제의 손자)이고 昌意之子(창의의 아들)이라 함.

12 羅人自謂小昊金天之後(라인자위소호금천지후)

13 燕王盧綰反 入匈奴 滿亡命 聚黨千餘人 魋結蠻夷服而東走

신석기시대부터도 상투가 있었다는 것이다. 이러한 상투가 『무비문』과 『유구무비지』의 그림에서 발견된 것은 무엇을 말하는가? 『무비문』은 商(상)을 건국한 契(설)의 뒤를 이은 2대 왕 昭明(소명)이 남긴 冊(책)이니, 잃어버린 고조선의 무예가 부활한 것이다.

그렇다면 오늘날 중국 문화를 꽃피워 400년을 이어온 漢(한) 시조 劉邦(유방)은 어느 민족인가? 사마천도 「高祖本紀(고조본기)」에 유방을 화하족이라 기록하지 않았다. 高祖(고조) 유방은 중국 영역 밖에 있는 沛縣(패현) 豐邑(풍읍) 中陽里(중양리) 사람이다. 성은 劉(유), 자는 季(계)다. 淮水(회수)와 泗水(사수)가 흐르는 淮夷族(회이족)이 살던 지역이다.

『사기』 「고조본기」에 "유방은 패현의 뜰에서 치우에게 제사를 지냈다."[14]라고 한다. 武神(무신) 蚩尤天皇(치우천황)은 사마천도 인정한 동이족의 무신이다. 황제가 중화의 시조이고, 치우가 원수라면 치우에게 제사를 지냈겠는가?

고려 제25대(1287, 1290) 충렬왕도 두 차례 纛旗(둑기)에 제사를 지냈고, 이성계가 한양으로 천도하면서 뚝섬에 纛神祠(둑신사)[15]를 세워 치우를 모셨다. 이순신 장군의 「난중일기」에는 '계사(1593년)·갑오(1594년)·을미(1595년)'에 纛祭(둑제)를 지냈고 「거영일기」에 병오(1606년) 경칩 일에 둑제를 지낸 기록이 있다. 삼군수군통제영에서는 경칩과 상강일에 둑제를 올렸다.

한편, 장군들의 머리위에 쓰는 투구 위에는 작은 삼지창과 붉은 술이 붙어 있다. 이것은 치우기를 축소시킨 것으로 한민족이 치우의 후예임을 나타냄과 동시에 무신 치우와 함께 한다는 상징적 표현이다.

오죽하면 일본의 아고기요히코(吾鄉清彦) 같은 양심적인 학자는 "史記(사기)는

---

14 祭蚩尤於沛庭(제치우어패정)

15 2021, 2022, 경칩 일에, 둑기가 있었던 곳으로 추정되는 수도박물관에서 한민족문명진흥원 이현채 원장, 한민족둑기보존회 조옥구 회장과 함께 치우께 祭(제)를 올리고 둑신사의 복원을 위한 창립총회를 개최했다.

고조선 역사를 뒤엎어 쓴 책"이라 평가하겠는가!

공자의 고향 곡부는 오늘날 산동성이다. 그곳에 소호 금천의 陵(릉)이 있다. 棍法歌(곤법가)와 邵陵拳勢歌(소릉권세가)에 나오는 '邵陵(소릉)'도 산동성에 있다. 공자는 자신은 은나라 사람이라고 유언했으니 동이족이 분명하다. 그렇지만 공자가 商(상)이 周(주)에 망하자, 尊周論(존주론)을 春秋大義(춘추대의)의 명분으로 삼은 결과, 사마천은 공자의 尊華攘夷(존화양이)를 본받아 중화사관을 중심으로 역사를 썼다. 공자와 明(명)에 사대한 조선은 주체 사관을 버리고, 고조선의 사서를 스스로 수거하여 불태운 결과 상고 조선의 역사가 사라져 버렸다.

"고구려호태왕비에 고주몽이 북부여에서 나왔다."[16] '나라 초에 『留記(유기)』 100권의 있었다'라는 기록이 있다. 개국초에 100권의 역사서가 있었다는 것은 무엇을 말하는가? 『삼국유사』 왕력조에도 고구려가 단군조선을 계승해왔음을 기록했다(鄒蒙壇君之子). 『삼국유사』에도 고조선조·북부여조·동부여조가 있으며 『후한서』 「東夷列傳(동이열전)」에 夫余(부여)·挹婁(읍루)·高句驪(고구려)·東沃沮(동옥저)·濊(예)·三韓(삼한)·倭(왜)에 관한 기록이 있다. 사라진 옛 고조선의 역사가 '古(고)'다.

고조선을 계승한 鮮卑(선비)의 卑(비)는 '신분이 낮다·땅'이란 뜻이다. 한나라의 국호를 짓는데 이렇게 나쁜 뜻으로 짓겠는가? 돌에 역사를 기록하는 것이 '碑(비)'다. 卑(비)=畀(비)다. '내리쬐는 햇빛과 내리는 비를 막는 우산을 들고 있는 자형'으로 '내리다·계승하다'라는 의미다. 碑石(비석)의 글도 위에서 아래로 내려쓴다.

북부여는 단군조선이 망한 이후 건국된 나라고 고구려와 백제의 뿌리다. 초기 고

---

16 부여(扶餘,夫餘, 기원전 3세기 ~ 494년)는 고리국의 동명왕이 건국한 예맥계 夫餘族(부여족) 국가이며, 영토는 지금의 창춘시 이퉁강 유역을 중심으로 쑹양과 남쪽으로는 랴오닝성, 북쪽으로는 아무르 강에 이르렀을 것으로 여겨진다. 494년, 고구려의 공격으로 부여는 멸망하였다. 단군조선이 기원전 194년에 멸망한 후 여러 부여족 계열의 나라가 세워졌다. 동명왕(東明王)이 세운 부여(夫餘), 解慕漱(해모수)가 세운 北夫餘(북부여)와 解夫婁(해부루)가 세운 東夫餘(동부여), 그리고 高朱蒙(고주몽)이 세운 高句麗(고구려)와 그 영향을 받은 百濟(백제)가 부여족 계열의 나라다. 『위키백과, 2020』

구려 왕들의 성씨는 '解(해)' 씨다. 1대 고주몽은 성은 제욱 고양 씨의 성을 따서 高氏(고씨)이고, 이름은 '朱蒙(주몽:붉게물든이)·象解(상해:해모습)·鄒牟(추모)·鄒牟(추모)·中牟(중모)·都牟(도모)'[17]다. 解氏(해씨)를 高(고)로 바꿨지만, 이름에 象解(상해:해모습)가 있으니 高象解(고상해)다. 解(해)를 높여 高(고)로 성씨로 삼아 '하늘에 높은 해'로 존중한 것이다. 2대 유리는 解明(해명)이고, 3대 대문신왕은 大解朱留王(대해주류왕:큰 해가 붉도록 머물게 하는 왕)이고, 대무신왕의 아들 4대 민중왕은 解色朱(해색주:붉은해)이고, 5대 모본왕은 解憂(해우)다. '解(해)'는 '해'의 이두문이다.

견우의 상징인 소가 해와 신화적으로 연결되어 있다. 그러므로 해의 상징인 삼족오를 고구려의 표상으로 삼았다. 신화 속에 역사가 있는 것은 신화가 역사이었기 때문이다. 신화는 오늘날로 보면 대중의 경전이다.

부여사의 비중이 이렇게 큼에도 우리 사학계는 고조선을 계승한 夫余史(부여사)나, 특히 북부여사는 아예 손을 놓고 있다. 강단사학에 의해 저술한 교과서를 가지고 배웠던 그간의 역사는 무엇인가?

1300년 전, 해동성국으로 칭송받던 발해는 사료의 부족으로 여전히 역사의 수수께끼로 남아있다.

발해는 고구려의 영토에서 세워진 황제의 나라다. 구당서에 "대조영은 본래 고려의 별종이다."[18]는 기록이 있음에도 "대조영은 고구려에 붙은 말갈족이다."[19]는 신당서를 가지고 중국은 말갈인이라 주장한다. 최치원이 당나라 태사 시중에게 올린 글에 고구려 백제가 전성할 시기에 강병이 100만이었다. 고구려가 망한 후, 350만 고구려인은 그 땅에서 그대로 살았다. 이들이 발해를 건국하는 것은 당연하다. 과거 빈번했던 조공무역을 근거로 중국은 발해가 중국의 속국이라 주장해왔다.

발해 무왕이 山東半島(산동반도)를 정복했는데, 발해가 중국의 속국이었다면 있

17 牟(모)' 자도 '解(해)' 자도 모두 소가 있다. 소가 '해'를 상징한다.

18 '渤海靺鞨大祚榮者夲高麗別種也(발해말갈대조영자본고려별종야)

19 渤海夲栗靺鞨附高麗者姓大氏(발해본율말갈부고려자성대씨)

을 수 없는 일이다. 발해는 스스로 靺鞨(말갈)이라고 한 적이 없다.

그런데 2004년 길림성 용두산에서 발굴된 발해 황후 묘비에 孝懿皇后(효의황후) 順穆皇后(수목황후)의 이름이 새겨져 있고 왕비의 관도 고구려의 조우관과 같은 형식에 순목황후의 무덤도 고구려식 적석묘다. 皇后(황후)는 발해가 독자적인 皇帝(황제)의 나라라는 사료이기 때문에 중국에서는 발해 왕후의 묘를 발굴하지 않고 한국학자의 출입도 금하고 있다.

『三國史記(삼국사기)』「新·舊唐書(신·구당서)」에 "백제 땅을 신라와 발해 말갈이 나누었다."[20] 『양서』에 "백제는 다스리는 성을 고마라 하는데 이를 담로라 한다."[21] 양직공도(523~536)에 "진나라 말 고구려가 요동 낙랑을 차지하고, 또한 백제는 요서 진평형을 차지했다(晉末駒麗略有遼東樂浪亦有遼西晉平縣)."라고 기록했다. 唐(당)이 백제에 두었던 五都督府(오도독부)[22] 중에 우리가 알고 있는 곳은 웅진도독부와 신라의 계림도독부가 유일하다. 양직공도는 중국대륙에 백제가 있음을 기록하고 있다. 백제의 22담로는 오늘날 베트남까지 포함된다. 固麻(고마)는 '곰', 檐魯(담로)는 多勿(다물)처럼 '담'의 이두문이다. 'ᄃᆞᆷ·ᄃᆞᆼ'의 자형은 많은 '흙과 돌'을 圜方(원방)으로 쌓은 형태다. 潭(담)도 唐(당)도 모두 '담는다'는 뜻이다. 백제 왕의 성씨인 夫餘(부여)도 '불'이다. 오늘날 조선족이 연변에 사는 것과 같이 고조선은 망했어도 선조들은 그 땅에서 고조선 문화를 이어가며 살았다.

고구려인 설인귀는 당태종을 도와 고구려를 멸망시키는 데 선두에 섰을 뿐만 아니라, 고구려의 여러 무예서를 가져갔다. 그 속에 馬家鎗(마가창)도 있었다. 선대로부터 내려온 고조선의 무예서를 당나라가 가져간 것은 너무나 자명한 일이다. 척계광은 이런 무예서를 『기효신서』에 수집하여 정리했다.

전쟁터에서 병장기는 사라졌지만, 여전히 무예는 강한 군인을 양성하고 무예문화

20 而其地已爲新羅渤海靺鞨所分國系遂絶

21 虎所治城曰固麻 謂邑曰檐魯

22 熊津都督府·馬韓都督府·東明都督府·金漣都督府·德安都督府

와 스포츠 무예로 변모해 가고 있다.

『기효신서』는 동양무예서를 대표한다. 기효신서를 집대성할 당시는 1584년이다. 척계광이 창안한 鴛鴦陣(원앙진)도 남방의 왜구를 토벌하기 위해 기존에 있었던 '狼筅(낭선)·鎲鈀(당파)·長槍(장창)·籐牌(등패)'를 가지고 진법을 구성한 것뿐이다. 모원의 『武備志(무비지)』는 『기효신서』를 토대로 하고, 새로운 것을 수집하여 기록했다. 이때 조선세법도 기록하여 천우신조로 天符劍(천부검)이 남게 되었다. 고무예서는 무예의 동작에 이름을 붙이고 동작은 시로 구성하여 설명했다. 『기효신서』에 기록된 「권경」의 勢名(세명)과 詩文(시문)을 분석하여 문화의 시원과 기법을 해독했다. 또한, 상나라 昭明(소명) 왕이 기록한 『武備門(무비문)』에서 잃어버린 고조선의 무예인 각종 무기류와 조선의 수박과 전장에서 사용된 호신유술의 사료인 『秘傳解法(비전해법)』을 찾음으로써 대동류의 신라 삼랑설이 허구가 아님을 반증할 수 있게 되었다. 또한 『琉球武備志(유구무비지)』가 삼별초의 무예서임과 태껸의 술기와 같은 뿌리임을 밝혔다.

중국의 『紀效新書(기효신서)』에 의해 『武藝圖譜通志(무예도보통지)』의 정체성이 훼손되었던 역사를 반전시키고, 반세기 넘도록 일본무도에 의해 숨통 막혔던 한국무예의 독자적 정체성을 확보할 수 있는 길을 열게 되었을 뿐만 아니라, 그 역사의 시원도 반전시켰다.

『기효신서』에 수록된 「권경 32세」는 중원에 전래됐던 맨손 무예를 수집한 문서다. 중국의 태극권을 비롯한 여타 무술에 많은 영향을 주었다. 조선에서 계승되었던 「권세」는 壬辰倭亂(임진왜란)을 통해 조선에 들어온 「권경」 속에 있었던 「권법」에 통합됐다. 이런 사실도 모르고 「권경」은 중국무술이라 주장한다. 이런 탓에 『무예도보통지』의 「권법」이 手搏(수박)과 택견의 뿌리라고 주장하면 이를 믿지 못하고, 자학 사관에 빠져 오히려 중화 무술이라고 주장하는 학자들과 무인들을 보면 너무 안타깝다.

韓(한)·中(중)·日(일) 학자는 자국 무예의 주권과 무예 문화를 세워 세계에 알리기 위해, 고문서를 연구하여 논문을 발표하고 있지만, 그들도 「권경」의 구성과 원문에 기록된 동작을 명확하게 설명하지는 못하고 있다. 문서는 분명히 존재하는데, 명확한 동작에 대한 설명이 없다는 것은 무엇을 말하는가? 이것은 해독이 쉽지 않다는 것이다.

동양 무예의 영역을 크게 보면, 중국은 '태극권·소림무술·영춘권'을 중심으로, 일본은 '大東流柔術(대동류유술)에서 파생된 合氣道(합기도)·柔道(유도)와 琉球國(유구국)에서 전해 내려온 空手道(공수도)'를 중심으로 세계에 보급하고 있다.

그렇다면 우리는 어떤 무예를 내세워야 할까? 바로『무예도보통지』다. 2017년 10월 북한이 무예도보통지를 유네스코 세계기록유산에 올렸다. 맨손 무예의 뿌리를 무예도보통지에 두면 한국무예의 가치는 중국·일본과 비교할 수 없는 역사적 가치와 품격을 갖게 된다.

2차 대전 이후 일본은 미군정에 의해 학교의 무도교육이 전면 폐지되었다. 1950년에 와서야 유도를 시작으로 1958년 중학교는 유도·검도·스모, 고등학교는 유도와 검도가 擊技(격기)로 학교 체육 과목으로 부활한다. 2012년 4월 일본 문부과학성은 學習指導要領(학습지도요령)을 개정해서 "무도는 에도(江戶)시대부터 계승되어 온 일본 고유의 신체 활동문화이자 대인 운동이다."라며 중등교육과정에 무도 교육(유도·검도·스모)을 필수교과목으로 지정했다. 학습지도요령의 해설에는 "무도는 武器(무기)와 무술로부터 발생한 일본 고유의 문화"로 설명하고 1993년부터 무도를 정식명칭으로 학교 체육으로 출발했다.

일본은 정체성과 관련된 문화는 '道(도)' 자로 개념화시켜 신도 사상을 넣었다. '무도·유도·합기도·검도·공수도·궁도·서도·다도'는 천왕 중심의 神道(신도)다. 아베 총리가 "요시다 쇼인 선생의 사상에 공감하는 부분이 많다."라고 공언하는 것은 제국의 망령이 신도에 있음을 보여준다. 이런 준비는 2006년 제1기 아베신조(安倍晋三) 내각 때부터 평화헌법 개정과 집단자위권을 골자로 하는 극우파의 정치개혁 목적으로 교육기본법을 전면 개정했다. 일본은 고대사 콤플렉스를 극복하기 위해 야마모토(大和倭)가 4세기 후반에 한반도의 백제·신라·가야를 지배했다는 임나일본부설을 통해 미래의 분란을 심어주고 있다. 일본의 역사 왜곡은 미래에 한반도와의 영토분쟁은 필연으로 다가올 것이다.

중국은 法(법) 자를 취하여 '서법·다법'이라 하고 1990년 아시안게임을 계기로 武藝(무예)를 武術(무술)로 개념화했다. 한국은 일제가 이식한 '道(도)'자를 깊은 성찰 없이 수용한 결과 오늘날 독자적 정체성을 세우는 데 큰 걸림돌이 되고 있다. 해방 후 소전 손재형 선생이 눈치채고 1945년 해방공간으로부터 '藝(예)' 자로 개념화하여 書道(서도)를 書藝(서예)로 남북이 공동으로 바꿔 사용했다. 그 결과 武道(무도)는 武藝(무예)로, 茶道(다도)는 茶藝(다예)로, 劍道(검도)는 劍藝(검예)로, 弓道(궁도)는 射藝(사예)로 점차 바꿔가고 있다.

이처럼 글자 하나가 국가의 정체성을 표현한다. 개념은 또 다른 형태의 문화영토다. 한국무예계도 외래 무도 명을 버리지 못하면 자주적 개념독립을 할 수 없음을 알 아야 한다.

무예가 국가의 비밀이고, 가문의 비전인 시대는 지났다. 무예에서 정체성을 빼고 나면 무엇이 남겠는가? 무예 인문학 시대가 도래했다. 중국의 무술, 일본의 무도와 차별된 우리의 정체성이 담긴 개념이 바로 '무예'다. 무예 속에 역사와 정체성이 있어야만 술기 속에 인문학을 담을 수 있고 혼을 담을 수 있다. 고조선의 무예를 계승하면 우리 무예의 역사는 잃어버린 고조선과 연결된다. 이렇게 되면 한국무예는 중국과 일제의 망령에서 벗어나 자유롭게 된다.

전통무예진흥법이 2008년 3월 28일 제정된 지 14년이 흘렀지만, 오래전에 정착한 일본무도가 한국무예 종목의 대부분을 차지한 상태다. 고사 직전에 있는 전통무예는 길거리 공연문화로 근근이 버티고 있지만, 정부 시책은 보여주기식 행정에 머물고 오히려 외래무예를 지원 육성하고 있다. 대학교에 일본무도 학과는 있어도 전통무예 학과는 단 한 개도 없다. 일본을 반면교사로, 우리도 초·중·고등학교에서 체육 과목에 전통무예가 포함되도록 특단의 조치가 필요하다.

환인 배달국을 이어온 대한민국이 언제까지 존속할지 장담할 수 없다. 조선이 일제의 식민국가로 전락했듯이, 국론이 분열되면 언제든지 나라는 망할 수 있다. 반대로 우리가 올바른 역사관과 정체성을 지키면 언젠가는 잃어버린 고토를 회복할 수 있다.

역사는 기록자의 관점에서 쓴다. 중국은 패권사관과 영토사관으로 중국 내에서 발생한 사건은 모두 중국의 역사로 쓴다. 식민사관으로 쓴 역사를 배운 결과 우리도 모르는 사이에 정체성과 민족혼이 사라졌다. 그렇다면 우리는 어떤 관점에서 역사를 바라보고 써야 할 것인가? 바로 문화사관이다. 『桓檀古記(환단고기)』를 가지고 고조선과 단군 역사를 말하면 환빠라고 멸시한다. 그러나 재야사학자들의 끊임 없는 노력 덕분에 점차 잃어버린 우리의 역사를 되찾아가고 있다. 언젠가 우리의 역사학자들에 의해 잃어버린 역사를 바로 세울 것이라 믿는다.

고무예를 연구하면서 훈련된 갑골문을 해석이 뜻하지 않게 창힐문자와 천부경을 해독하는 데 큰 도움이 되었다. 무예의 목적은 문자에서 동작을 찾는 데 있다. 자연히 명사보다는 동사적 개념을 한자에서 찾게 된다. 그동안 천부경에 대한 연구물은 명사를 중심으로 연구한 결과 반쪽 해석에 그쳤다. 천부경은 고조선 이래 무인들이 배워야 할 소양으로 선인들과 화랑들이 필수적으로 배웠다. 오늘날 무예는 기술과 기능적 관점에 매몰되어 그 속에 담긴 정신적 본질을 잊었다. 본국무예를 통해 무인정신의 본질을 알리고자 서두에 천부경을 소개한다.

이 책이 출간되기까지 많은 분의 도움이 있었다. 상보 김상근 회장님은 『본국검예 1·2』에 이어 『본국무예』 출판을 후원해주신 것에 깊은 감사를 드립니다. 박정진 박사님은 문화인류학적으로 무예철학을 세우는 데 큰 도움을 주셨고 임기옥 화백님은 『本國武藝(본국무예)』의 제호를 써주셨다. 『일본어 한자 훈독』 사전을 보내주신 전 일본 김세택 대사님께 감사드립니다.

세계(위대)태껸연맹 고용우 총사님은 송덕기 선생님께 태껸을 사사받고 사진으로 기록함으로써 천우신조로 '무비문–유구무비지–태껸(수박)'이 한 뿌리임을 증명할 수 있었다. 송덕기 선생님의 태껸을 미국 로스앤젤레스에서 보존하시는 것에 대해 경의를 표합니다. 전국택견연합회 권찬기 사무처장님의 깊은 관심과 격려에 감사드립니다. 허건식 박사께서는 『유구무비지』 논문자료를 보내주셨고 최종균 교수께서는 일본논문의 요약본을 해석해주셨다. 택껸의 김영만 박사님은 『유구무비지』 원본 구입에 도움을 주셨다. 그리고 2020.8.1.에 광화문연가 내에 있는 義白學校(의백학교)[23]에서 박정진 교수님, 최종균 교수님, 신상득 선생님과 만나 『유구무비지』의 자료를 처음 공개하고 연구 내용을 최초로 발표했다. 그리고 추가 연구할 내용에 대해 심도 있는 토론을 가졌다. 그리고 이 내용을 박정진 박사님께서는 『한국의 무예마스터들』의 「고려삼별초의 수박과 6로10단금」에서 '태견의 뿌리가 유구무비지에 있다'[24]는 내용으로 간략하게 먼저 발표해주셨다. 그리고 저자는 출판에 앞서 『무예신문』[25]에 "전통무예서인 '새보전서' 내용 담긴 문서발견"이란 제목으로 뒤이어 기사로 발표했다. 특히 택껸의 김영만 박사님은 『유구무비지』은 출판 전에 연구 내용을 학회지[26]에 공동으로 발표하는 등의 도움을 주셨다. 이러한 인연으로 『본국무예』의 출판 이후, 저자의 연구내용을 김영만 박사님이 후속으로 『택견사』[27]에 발표하려했으나, 『본국무예』의 출판이 지체된 관계로, 『택견사』의 출판도 덩달아 늦어지게 되어 먼저 발표할 수 있도록 양해를 구했다. 이처럼 『본국무예』가 출간되기 전까지 많은 도움을 주신 것에 감사드립니다.

무예단체협의회의 허일웅, 김의환, 이용복, 임기옥 고문님과 최종표 회장님을 비롯한 임종상, 김형룡, 문종금, 김건욱, 전영식, 김종태, 강종한, 강용준, 장영민, 가광순, 남민우, 박승철, 유승원 등 무예단체협의회원님과 최병렬 자문위원장님, 한

---

23 손병희의 도호 義菴(의암)과 김구 선생의 白凡(백범)의 첫 글자로 만든 동호단체.

24 박정진, 『한국의 무예마스터들』, 살림, 2020.12.15. p509의 주석 14에 이에 대한 내용이 기록되어 있다.

25 조준우, 무예신문, 2021.7.14.

26 임성묵·오노균·김영만, 『세계태권도문화학회지』, 〈제12권 제1호〉, 삼별로의 오키나와 가라테의 기원설에 관한 연구, 김영만, 『택견사』, 글샘, 2022. 1. 21. 임성묵·김영만, 『서울의 무형유산 택견과 삼별초의 오키나와 가라테 기원설』 서울과 역사 제 2021.2

27 김영만, 『택견사』, 글샘, 2022. 1. 21.

국무예총연합회의 차병규 회장님을 비롯한 대한유술협회 장만철 총재님, 세계국무도연맹 양승근 총재님 그리고 김승 사무총장께 감사드립니다. 한국무술총연합회 김정기 총재님을 비롯한 소속 회원님의 우의에 감사드리고 천지무예도협회 황호 총재님, 천지관 류지량 총관장님, 대한선무예협회 허재원 전무님, 미국태권도 유윤암 사범께 감사드립니다.

세계평화무도연합 석준호(세계)회장님, 문평래 (한국)회장님과 송희철 본부장님, 성도원 사무총장님과 한국맨손무술의 새로운 태동을 위해 태기무예를 창제한 최종균 교수님과 함께 공동 참여한 파랑무예의 신상득 회장님, 마상무예의 김영섭 회장님 외 여러 위원님께 감사드립니다. 조선세법과 본국검을 한글검으로 재탄생시킨 박승철 회장님께도 감사드립니다.

국제특공무술 박노원 총재님, 호신권법 임성학 총재님, 둥근힘 원유철 회장님, 풍류문화연구소 김두섭 소장님, 미국태권도의 대부 이현곤 회장님, 합기도 수도관 홍승길 회장님, 유내스코대구 제갈덕주 박사님, 진검도법 이정직 회장님과 고재민 교육위원장님, 남서울실용전문대 이재원 교수님과 심온사회적협동조합 이재찬 이사님과 우리역사문화연구소 김용만 소장님의 도움에 감사드립니다. 군특공무술 신승용, 이지철 원사님과 허재연 상사님께도 감사드립니다.

서울대학교 체육교육과 나영일 교수님, 충북대학교 옥광 교수님, 용인대 공성배 교수님, 영산대 박귀순 교수님, 남부대학교 김영식 교수님, 중앙대학교 손환 교수님, 한국스포츠정책과학원 성봉주 박사님, 성문정 수석연구위원님, 부경대 김대희 교수님, 대한체육회 김택천 박사님, 용인대학교 무예연구가 권석무님, 세계일보 조정진 논설위원님, 조형국 박사님께도 감사의 말씀을 올립니다.

배달겨레역사재단의 양정무 회장님, 박창보 박사님의 우의에 감사드립니다. 한가람역사문화연구소 이덕일 소장님, 심백강 박사님, 김정민 박사님, 한뿌리사랑 김탁회장님, 한국서예협회 한상봉 이사님, 한국간도학회 이일걸 회장님 등 여러 학자님

들의 조언과 도움에 깊이 감사드리고 유관순열사기념사업회 조혜자 부회장님, 오효림 작가님의 후의에 감사드립니다. 또한 협회 무복을 디자인해주신 최수현 교수님과 캐릭터를 그려준 오경근 작가에게 감사드립니다.

삼성궁 한풀선사님과 한민족문명진흥원 이현채 원장님의 성원과 협조에 깊은 감사를 드립니다. 금성산성 송산스님, 보리 스님이 소중히 간직하고 있던 도검을 기증해주신 것에 감사드립니다. 또한 보명스님과 용담 스님의 호의에 감사드립니다. 전통서당예절문화를 계승하는 김봉곤 훈장님과 경기도에 전통무예진흥법을 발의 해주신 박창순 도의원님께 감사드립니다. 둑기보존회 조옥구 회장님, 차의 세계 최석환 회장님과 아트젠 김은진 대표님께 감사드립니다. 해병대부사관 158기 동기와 우리회 대학동창들의 우정에 깊은 감사를 드리고, 무향을 만들어 주신 또르르(주) 윤길영 대표님께 감사드린다. 이운성 부회장님과 임수원 전협회장님의 노고에 감사드립니다. 김천욱 지점장님께 감사드리고 그밖에 소개하지 못한 많은 지인들께 송구함과 감사의 말씀을 올립니다.

디플로머시 임덕규 회장님, 신문명정책연구원 장기표 대표님, 전계원대학교 권영걸 총장님, 전중원대학교 김두년 총장님, 경기대 박영규 명예교수님께도 감사드립니다. 호태왕의 얼을 지키고 계신 너른마당 임순형 회장님, 대한사람 박금선 이사님과 아름다운치과 이승녕 원장님의 후원에 감사드립니다. 공주시의원 이창선 의형과 정진석 의원님의 우정에도 감사드립니다.

코로나 19로 어려운 여건에서 속에서 師子相傳(사자상전)의 전통에 따라, 전수제자 총사 김광염을 중심으로 김재환(사무총장), 김동훈(본부장), 정주현(연수분과), 이임선(시범분과), 유은지(홍보분과), 김승민, 조영웅관장들이 본국무예를 계승 발전시키고 있다. 또한 이승량 충남본부장님과 임만수 충남회장(세종), 김석환(대전), 정호종(천안), 이창경(안성), 김정필(광주), 임금자(성남) 지부장외 특수무술 가광순(태안)회장, 특공무예 백운식 회장, 그리고 유응선, 이종훈, 이병홍 관장과 김근호가 동참했고 이영직(사무차장)은 현재 전수를 받고 있다. 감사드린다.

『무예도보통지』의 검을 중심으로 복원하여 책의 제호를 『본국검예』로 했고, 협회의 명칭도 '대한본국검예협회'로 했다. 저자의 모든 출판물은 대한본국무예협회의 교본을 겸하고 전수제자를 통해서만 계승됨을 밝힌다. 『무비문』을 통해 잃어버린 본국인 고조선의 '拳(권)·棍(곤)·槍(창)·相搏(상박)·跌法(질법)·射藝(사예)'를 복원하고 『유구무비지』를 통해 권법과 택견의 역사를 밝혔기에 이번 제호를 『본국무예』로 정했다. 이에 종합무예의 틀을 갖출 수 있게 되어 '대한본국무예협회'로 2022년 1월 17일 명칭 변경을 했다.

끝으로 행복에너지출판사 권선복 사장님은 어려운 출판환경에도 4권의 책을 출판해 주셨습니다. 최새롬 실장께서도 어려운 책을 잘 편집해주셨다. 두 분께 거듭 감사의 말씀을 올립니다.

이 길을 갈 수 있도록 묵묵히 성원해준 가족과 첫 손녀 도영이를 안겨준 사위와 딸에게 감사를 보탠다. 끝으로 귀천하신 부모님께 이 책을 바칩니다.

2022년 3월 1일

목차

壹. 神國朝鮮(신국조선)

貳. 文字(문자)의 始原(시원)은 朝鮮(조선)이다.

參. 天符經(천부경)

四. 武藝(무예)의 意味(의미)

五. 朝鮮勢法(조선세법)

六. 本國劍(본국검)

七. 雙劍(쌍검)

八. 잃어버린 朝鮮(조선)의 武藝書(무예서)

---

28 作飛進擊賊勢右手右脚一打

九. 本國(본국)의 秘傳解法(비전해법)과 抱勢(포세)

十. 武備門(무비문)의 棍法(곤법)·棒法(봉법)·鎗法(창법)

十一. 本國棍法(본국곤법)

十二. 本國槍法(본국창법)

十三. 本國射藝(본국사예)

十四. 本國拳(본국권)

十五. 本國拳(본국권)의 실기 해제

十六. 武藝圖譜通志(무예도보통지)의 相撲(상박)

十七. 三別抄(삼별초)의 手搏(수박)

七. 羅漢開門手敗(나한개문수패)/小鬼拔鬮手勝(소귀발틈수승)
八. 獨夆金獅手勝(독봉금사수승)/雙龍戲水手敗(쌍용희수수패)
九. 落地剪胶用假鈑勝(낙지전효용가판승)/名雙鈑手敗(명쌍판수패)
十. 白猴折爭手敗(백후절쟁수패)/雙龍戲珠手勝(쌍용희주수승)
十一. 駟不象敗(사불상패)/虎陶猪手勝(호도저수승)
十二. 蝶雙飛手敗(접쌍비수패)/擺外腿手勝(파외퇴수승)
十三. 進步單機手存要節(진보단기수존요절)/身化辺門用三角戰手勝(신화변문용삼각전수승)
十四. 丹鳳朝陽手敗(단봉조양수패)/靑龍出抓手勝(청용출조수승)
十五. 扭髮撞脑手敗(추발당뇌수패)/鎖喉寒陽手勝(쇄후한양수승)
十六. 醉羅漢手勝(취라한수승)/弄草枝手敗(롱초지수패)
十七. 錦鯉朝天手敗(금리조천수패)/美女梳粧手僧(미녀소장수승)
十八. 獅戲珠敗(사희주패)/虎撲地手勝(호박지수승)
十九. 孩兒抱蓮手敗(해아포연수패)/短打穿心手改之勝也(단타천심수개지승야)
二十. 擒靑牛手化胶剪步勝(금청우수화효전보승)/弄雙虎手硬(敗)(롱쌍호수경패)
二一. 小門計手敗(소문계수패)/四平採竹手勝(사평채죽수승)
二二. 大步放手敗(대보방수패)/小鬼脫靴手化落地用勝(소귀탈화수화락지용승)
二三. 鉄牛入石手敗(철우입석수패)身搖手入(신요수입)/鯉魚猷肚手勝(이어유두수승)
二四. 金蟬脫壳勝下(금선탈각승하)倒地用法(도지용법)/鯉魚落井敗上(이어낙정패상)
二五. 拿扳剪手勝(나발전수승)化辺門用手送脚剪法(화변문용수송각전법)/穿心短手敗(천심단수패)
二六. 羅漢播身手勝(나한파신수승)/手足齊到敗(수족제도패)
二七. 後亭採標手勝(후정채표수승)/後背伏虎手敗(후배복호수패)
二八. 鯉魚反腮手勝(이어반새수승)/泰山壓卯手敗(태산압묘수패)
二九. 童子抱蓮勝(동자포연승)/金龟倒地敗(금귀도지패)
三十. 虎爭食手敗(호쟁식수패)/猴穿針手勝(후천침수승)
三一. 單刀赴會手勝(단도부회수승)/獨戰轅門手敗(독전원문수패)
三二. 鳳展翅手勝(봉전시수승)/龍吐珠手敗(용토주수패)
三三. 麒麟擺口手敗(기린파구수패)/金獅搖頭手勝(금사요두수승)
三四. 鶴開翼手敗(학개익수패)/鳳啄珠手勝(봉탁주수승)
三五. 雨殘花手勝(우잔화수승)/雷打樹手敗(뢰타수수패)
三六. 佛座蓮手勝(불좌연수승)/虎偷心手敗(호투심수패)
三七. 獨角牛手敗(독각우수패)/存一朵手勝(존일타수승)
三八. 雙拜佛手勝(쌍배불수승)/兩通身手敗(양통신수패)
三九. 捧後搼手勝(견후정수승)/扭當胸手敗(추당흉수패)
四十. 獨壹戰手勝(독일전수승)/雙合掌手敗(쌍합장수패)
四一. 日月足手勝(일원족수승)/風雲拳手敗(풍운권수패)
四二. 倒擦花手勝(도체화수승)/直放梅手敗(직방매수패)
四三. 旗鼓勢手勝(기고세수승)/刀牌法手敗(도패법수패)
四四. 虎春腰手敗(호춘요수패)/豹出牙手勝(표출아수승)

壹

神國朝鮮
(신국조선)

1
神(신)의 나라

가. 檀君(단군)은 歷史(역사)다.

사람은 종교 문화적 사유에 따라 의견이 둘로 갈라진다. 역사는 사관과 시대에 따라 기록도 변한다. 홍산지역에서 유물이 발견된 것을 시점으로 사마천이 쓴『사기』가 허구임이 본격적으로 드러나기 시작했다. 다급해진 중국은 동북공정을 통해 고조선을 주나라의 지방 정권으로 왜곡하고 있다. 1675년에 북애자가 저술한 揆園史話(규원사화)[29]에는 47대에 걸쳐 만주와 요동, 한반도 북부 일체를 1천 2백여 년간 치세한 내용이 기록되어 있다.

우리는 동북공정에 맞서 '배달-환인-단군'으로 이어진 역사를 써야 함에도, 강단사학은 사료와 유물이 나와도 쓰지 않는다. 고조선과 고구려의 망한 이후 왕족과 귀족 유민들이 어디로 흘러갔겠는가? 과연 중원에 순수 한족이 건국한 나라가 존재하

---

29 북애자(北崖子)는 효종 ~ 숙종 시대의 과거에 급제하지 못한 선비라고 스스로 소개한다. 붓을 던지고 전국을 방랑하던 중 산골에서 청평 이명이 저술한 진역유기를 얻어 역사책을 쓰게 되었다고 한다.
『규원사화』는 산속의 바위굴에 보관한『震域遺記(진역유기)』를 주로 참조하였으며『진역유기』는 고려 말기 사람인 청평 이명(淸平 李茗)이 저술하였다고 소개하고 있다.『진역유기』는 다시 발해의 역사서인『朝代記(조대기)』를 참조하여 저술되었으므로,『규원사화』는『조대기』의 내용을 주로 담고 있는 것으로 여겨진다.

는가? 중화민족의 문화를 완성했다는 漢(한) 고조 유방은 과연 華夏族(화하족)인가?

중원의 農耕文化(농경문화)는 북방의 遊牧文化(유목문화)에 의해 유린당하고 점령당한 것이 오늘날 중국의 역사로, 중화에 건국된 왕조는 북방민족이라 해도 과언이 아니다.

고조선을 계승한 북부여, 북부여를 계승한 고구려는 무인의 나라답게 강성했다. 고구려 고분에는 고구려인의 우주관과 세계관이 그려져 있다. 이러한 사유체계는 고구려에서 갑자기 발생한 것이 아니라 배달-환국-단군조선 시대로부터 계승된 사유체계다.

仙人(선인)에 人(인)은 하늘을 자유롭게 날아다니는 神(신)이다. 즉 神(신)=人(인)의 이원 세계관이다. 땅에서 사는 선인은 죽어서 하늘의 선인이 된다.

百濟金銅香爐(백제금동향로)의 구성과 내용은 고구려벽화를 향로에 그대로 옮겨 놓았다.[30]

이처럼 한번 만들어진 동일한 문화는 사라지지 않는다.

5세기 초, 덕흥리 고분의 萬歲之象(만세지상)의 얼굴은 사람〈그림 1-1-③〉 몸은 새인 半人半獸(반인반수)다. 吉利之象(길리지상)과 富貴之象(부귀지상) 모습은 같다〈그림 1-1-④〉. 머리와 목은 麒麟(기린)이지만 전체적으로 보면 서양의 龍(용)과 닮았다. 吉利之象(길리지상)의 머리 위에는 북두칠성이 선명하다.

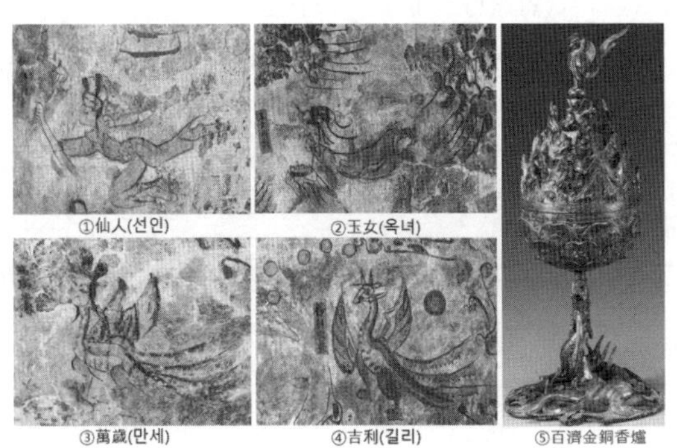

그림 1-1. 고분 속의 신선과 백제금동향로

30 임성묵, 『본국검예 3. 왜검의 시원은 조선이다』, 행복에너지출판사, 2018, p185.234~238.

日神(일신)인 三足烏(삼족오)의 좌측에는 龍(용)의 등을 타고 좌측을 보고 동쪽을 향해 날고, 우측에는 鳳凰(봉황)을 탄 신선이 양손에 피리를 들고 불고 있다. 月神(월신)인 달은 해의 반대 방향인 서쪽으로 날아간다. 龍(용)의 발가락은 셋이다. 이것은 고조선부터 이어진 한민족의 삼수 체계를 고구려가 계승했음을 알 수 있다. 신선들의 매우 화려한 仙風(선풍)[31]의 服飾(복식)을 입고 있음에도 현대의 감각에 전혀 뒤지지 않는다.

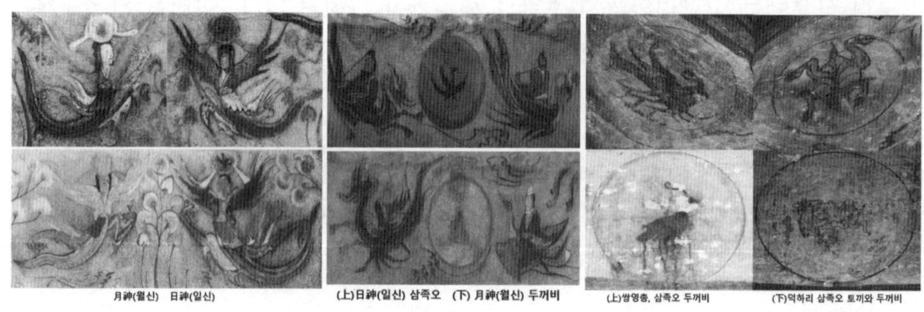

그림 1-2. 월신·일신 그림 1-3. 삼족오·두꺼비 그림 1-4. 삼족오·토끼·두꺼비

요령성 평강지구에서 출토된 청동 장식의 좌측은 호랑이, 우측은 곰, 위에는 새(삼족오)가 배치되어 있다〈그림 1-5-①〉. 이 구도는 각저총 씨름도의 새·호랑이·곰의 배치와 일치한다 〈그림 1-5-②〉. 청동 장식은 고조선=한·맥·예 연맹의 증거[32]로 보고 있다. 토템의 상징으로 보면, '곰(땅)=곰달=달=월, 호랑이(땅)=해=일, 독수리(하늘)=북두칠성(어둠(밤)새)=해'로 치환된다.

한민족은 弘益人間(홍익인간)의 이념으로 정치를 펼쳤다. 天孫(천손)은 사후, 조상이 있는 북두칠성으로 돌아간다고 생각했다. 神人合一(신인합일)과 人乃天(인내천)을 담은 종교관이 밤에는 북두칠성과 月神(월신)을 숭배하고, 낮에는 태양신과 자연신을 숭배하는 仙教(선교)가 자리 잡았다. 仙教(선교)는 '사람이 곧 하늘'이라는 人乃天(인내천)을 교리로 삼았다. 한민족은 '佚教(천교/신교/선교)'를 종교로 삼았지만, 불교가 들어오면서 '佚(천)' 자는 '불교'의 옷을 입고 '불' 자로 잠시 사용되

31 본국무예의 武服(무복)과 儀禮服(의례복)은 2021.7.4.일 삼성궁 한풀선사의 자문을 통해 고조선의 복식을 계승한 仙風(선풍)을 바탕으로 한다.

32 신용하『인류 5대 고조선 문명』 문화일보 2019. 9. 11.

다 사라졌다. 〈그림 1-6〉의 '佚' 자는 '亻(인)+天(천)'으로 '人乃天(인내천)'이 담긴 글자다. 현재 고문서에서 사라진 글자다. 『만보전서』의 '乕頭頭山前滅敎(호두산전멸천교)가 『만용정종』에는 虎頭山前滅佛敎(호두산전멸불교)'로 쓰여있고 『만보전서』의 '王谷豐登出卲陵(왕곡풍등출소릉)上方長有百千僧(상방장유백천승)萬數洪軍滅佚敎(만수홍군명천교)太經累〱昷神通(태경누누온신통)'의 문장이 『만용정종』에서는 '五穀豐登出卲陵(오곡풍등출소릉)上堂長有百千僧(상당장유백천승)萬數洪軍滅佛敎(만수홍군멸불교)太經累〱顯神通(대경누누현신통)'으로 기록되어 있다. 잃어버린 '人乃天(인내천)' 자의 실체가 드러났다. 최치원은 『鸞郎碑序(난랑비서)』[33]에 "우리나라에는 玄妙(현묘)한 道(도)가 있다. 이를 風流(풍류)라 하는데 이교를 실천한 근원은 仙史(선사)에 상세히 실려 있거니와 실로 이는 3敎(교)를 포함한 것으로 모든 민중과 접촉하여 이를 교화하였다. 또한, 그들은 집에 들어와서는 부모에게 孝道(효도)하고, 나아가서는 나라에 충성을 다하니 이는 魯(노) 사구(司寇-孔子를 말함)의 취지이며, 또한 모든 일을 거리낌 없이 처리하고 말없이 실행하는 것은 周(주) 柱史(주사(老子)를 말함)의 宗旨(종지)였으며, 모든 악한 일을 하지 않고 착한 행실들만을 모두 신봉하여 행하는 것은 竺乾太子(축건태자(釋迦)를 말함)의 교화이다."라고 썼다. 화랑도의 사상적 연원과 형성과정을 말해주는 귀중한 문장이다.

불교를 국교로 한 신라의 대학자인 최치원은 유학자로서 '國有玄玅之道曰風流設敎之源備詳仙史(국유현묘지도풍류설교지원비양선사)'라 기록했다. 玄玅之道(현묘지도)는 '玄玅(현묘)'의 道(도)로 玄玅道(현묘도)다. 玄玅(현묘)는 천부경의 '一玅(일묘)'와 연결된다. 玄玅(현묘)는 「玆+少」다.

慈(자)는 '玆(자)+心(심)'으로 '부모가 자식을 사랑하는 마음'이다. 즉 '玆〉玄玅〉慈=玄武=北斗=祖上=父母'다. 男左女右(남좌여우)다. 左(좌)의 '玄(현)'은 견우이고 右(우)의 '玅(묘)'는 직녀(少)다. 시집갈 나이의 여자를 '妙齡(묘령)이라 한다. '玅(묘)' 자의 '玄(현)'이 여자이기에 '妙(묘)' 자로 바뀌었다. 노자도 '玄之又玄(현지우현)'이라

33 國有玄妙之道曰風流設敎之 源備詳仙史 實乃包含三敎 接化群生 且如入則孝於家 出則忠於國 魯司寇之旨也 處無爲之事 行不言之敎 周柱史之宗也 諸惡莫作 諸善奉行 竺乾太子之化也 작자는 최치원(崔致遠)이다. 전문은 전하여지지 않고 일부만이 『삼국사기』의 「신라본기」 진흥왕 37년(576)조 기사에 인용되어 있다. 「난랑비서」가 있었다는 사실도 『삼국사기』로 인하여 알려진 것이며, 『고운선생속집 孤雲先生續集』에도 같은 부분만이 수록되어 있다. [출처:한국민족문화대백과사전(鸞郎碑序)]

하여, '玄'이 '玄'의 짝임을 밝혔다. '玄妙道(현묘도)=風流設教(풍류설교)'다. 風(풍)은 '바람에 기원'하기에 '바람'이다. 風(풍)의 갑골문은 'ㅍ' 자를 세운 'ㅐ' 자형으로 가림토 문자다. 즉 '신=바람'으로 '신바람'이 '神風(신풍)'이다. '玄妙(현묘)'에게 기도하는 宗教(종교)가 '風流教(풍류교)'로써 그 뿌리가 仙史(선사)에 기록된 仙教(선교)임을 밝히고 있다.

風(풍)은 仙風(선풍)이고 旋風(선풍)이다. 난랑비서의 종교적 사상적 연원과 연결된 한민족 종교관이 함축되고 儒佛仙(유불선) 三教(삼교)의 사상의 함축된 글자가 '仸(천)' 자다 〈그림 1-6〉. 神人(신인)이 天人(천인)으로 '仸(천)' 자가 人乃天(인내천)이다.

'仸教(천교)'가 神教(신교)이고 仙教(선교)다. 佛教(불교)가 이 땅에 들어오면서 '하늘에서 내려온 사람', 桓雄(환웅)을 '부처'로 '天(천:태양)=弗(불:태양)'을 동일시하여 '仸(천)'을 '佛(불)' 자로 함께 사용해왔다. 『삼국유사』에는 桓雄(환웅)을 天王(천왕)·神雄(신웅), 『제왕운기』는 雄(웅)을 檀雄天王(단웅천왕), 『규원사화』「肇判記(조판기)」에는 환웅 천황으로 기록했다. 『부도지』의 「天雄誌(천웅지)」의 雄(웅)은 桓雄(환웅)이다. 모든 문서에서 환웅은 '天王(천왕)'이다. '王(왕)=巫(무)=人(인)'다. 王(왕)은 하늘과 소통하는 사람이다. 즉 '仸(천)' 자는 '天王(천왕)'을 함축한 글자다. 환웅을 숭배한 仙教(선교)도 '仸(천)'을 '仙(선)' 자와 동일시 사용한 흔적이 있다.

"석가의 성씨는 舍夷(사이)다. 舍夷(사이)는 인도로 이주한 東夷(동이)나 西夷(서이)다. 묘족은 고몽고계 인종이다. 상고시대 우리나라에 古佛教(고불교)가 있었다. 고불교가 바로 仙道(선도), 神仙教(신선교)다. 불교 이전에 고불교가 있었음을 『삼국유사』를 비롯한 고문헌에 나온다. 특히 사찰의 大雄殿(대웅전)은 桓雄(환웅)을 나타내며 법당 안의 삼불도 환인·황웅·환검의 3신에서 유래되었다고 한다."[34] "불교 우주론을 나타낸 (수미산도)를 보면 우주의 중심인 33 천의 수미산 꼭대기에는 忉利天(도리천)이 있으며, 도리천을 다스리는 제석천은 桓因(환인:하나님=天)이 중앙

34 박정진, 『잃어버린 선맥을 찾아서』, 일빛, 1992, p197. 안창범, 『석가세존은 단군의 후예다』 1991) 재인용.

에 위치한 善見城(선견성) 궁전에 산다는 의미다."[35] 위난을 당한 중생이 관음보살을 부르면 즉시 33종류의 화신으로 변해 구해준다고 한다. 불교가 한민족의 33수 문화로 흡수되었음을 알 수 있다. 일연은 『고기』의 '昔有桓國(석유환국)'을 '謂帝釋也(위제석야)'로 주석을 달았듯이 고조선의 역사와 인물을 불교의 세계관과 인물로 치환했다. 三三天(삼삼천)의 33이란 숫자는 본국검의 33세와 숫자가 같다. 이처럼 '33'은 무의미한 숫자가 아니라 하늘을 상징하는 숫자였음을 알 수 있다. 한편 國仸道(국선도)에서는 '仸(천)' 자를 고조선부터 전해져 내려온 한자라며 '선' 자로 사용하고 있다. 이러럼 '仸(천)' 자는 상고시대 桓雄天王(환웅청왕)의 역사가 담긴 글자로, 우리의 잃어버린 종교·철학·사상이 담긴 소중한 글자다.

그림 1-5. 새·호랑이·곰의 토템과 단군

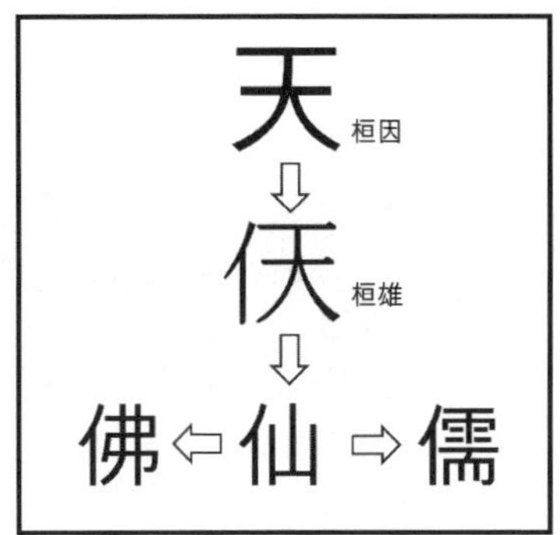

그림 1-6. '仸(천)' 자

나. 半人半獸(반인반수)의 世界(세계)

인류의 창조신화로 알려진 복희와 여와는 日神(일신)과 月神(월신)이다. 고구려 고분은 월신을 상징하는 두꺼비와 일신을 상징하는 삼족오를 그렸고, 덕화리 2호분에서는 월신에 두꺼비와 토끼를 함께 그렸다. 月神(월신)의 상체는 여인이고 하체

35 고려시대 일연(一然)과 이승휴(李承休)는 단군신화에 나오는 환인(桓因)을 제석천이라고 주장하였는데, 이는 불경을 한역할 때 인도 고대신화에서 강력한 군신(軍神)이요, 주재신(主宰神)이며, 동방의 수호자인 인드라신을 석제환인타라(釋帝桓因陀羅)로 표기하였고, 줄여서 제석천이라고 한 데서 기인한 것이다. [네이버 지식백과] 도리천 [忉利天] (한국민족문화대백과, 한국학중앙연구원)

는 비늘 달린 뱀이다. '女(여)=蛇(사)=月(월)=卯(묘)=蛙(와)'로 상징적 결합이 한자로 표현된다. 이런 표현방식은 평양 개마총 벽화에도 있다. 얼굴은 사람 몸은 용(뱀)이고 날개옷을 입고 있다. 용을 타고 노니는 신선, 기린을 타고 노니는 신선의 옷은 마치 새의 날개처럼 그려서 날고 있음을 표현하고 있다. 이런 모습의 복희, 여와 그림은 고구려 지역에서 발견된다. 새의 민족으로서 '陽烏(양조)·鵔烏(준조)·玄烏(현조)'를 사용했다. 陽烏(양조)·鵔烏(준조)는 태양이고 玄烏(현조)는 북두칠성이다. '玄(현)'은 송골매로 '率(솔)' 자로 표현됐다. 새의 발을 보고 한나라 때 왕충이『論衡(논형)』에서 三足烏(삼족오)라는 말을 사용하면서 '매'가 '까미귀'로 됐다. 견우와 직녀도 이러한 신화 체계에서 만들어졌다. 문자가 일반화되지 않았던 시대다. 동물의 특징을 의사전달의 방편으로 표현한 그림이 半人半獸(반인반수)다. 이런 동물의 그림에는 이미 선조들이 전달하고자 하는 의미가 담겨있다.

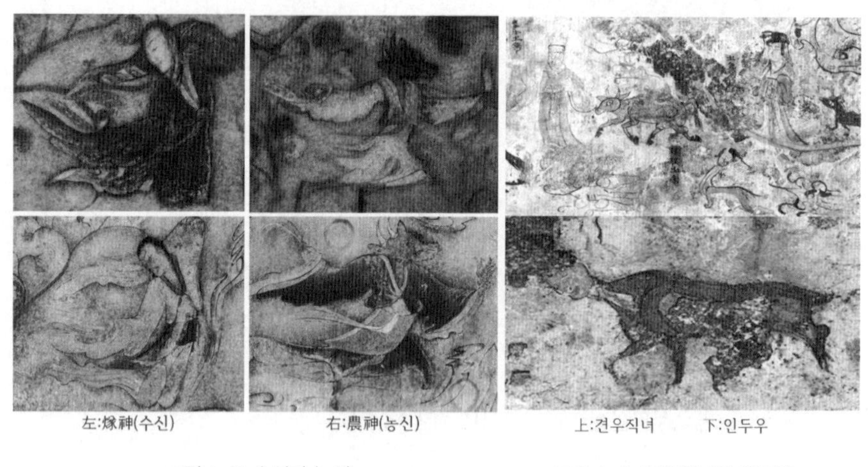

左:燧神(수신) 右:農神(농신) 上:견우직녀 下:인두우

그림 1-7. 수신과 농신 그림 1-8. 견우직녀와 인두우

燧神(수신:불의신)의 얼굴은 사람, '右手(우수)'는 검은 새의 날개다. '左手(좌수)'는 뒤로 휘날리고, 그 끝에 이르면 새의 머리가 된다. 검은색은 밤의 燧神(수신), 흰색은 낮의 燧神(수신)이다. 農神(농신)은 머리가 소, 몸은 사람인 '牛頭人身(우두인신)'이다. 이것도 흰색과 검은색으로 구분되었다. 이처럼 모습과 동작은 동일해도 음양, 낮과 밤으로 구분했다. 고구려는 새를 토템의 신으로 섬겼다. 양팔을 새의 날개와 동화시켰다. '牽牛(견우)·織女(직녀)·玉女(옥녀)·乘龍神(승룡신)·月神(월신)·

日神(일신)·燧神(수신)' 등은 천지인이 하나로 결합한 신화의 시대다. 견우는 소의 상징이기 때문에 소를 끌고 가고, 직녀가 여우의 상징이기 때문에 여우가 따른다 〈그림 1-7-上〉. 여우가 검은 것은 玄武(현무)가 밤의 세계이기 때문이다. 일본의 '고마누이'에 여우를 닮는 모습이 있다. 즉 '고마(곰)'와 '누이(여자)'의 상징이 여우에 담겨있다. 우리말 '고마우이(워)'는 '고마습니다(곰왔습니다)'라는 말로 '곰'에게 감사를 드리는 말이다. '고마누이'도 같은 어원이다.

무용도〈그림 1-23〉의 손동작도 '鶴(학)·鳳凰(봉황)·金鷄(금계)'의 모습을 따라 하는 것이다. '翼(익)·翅(시)'로 팔의 동작을 표현한다. 무예의 姿勢(자세)는 '새의 모습'이란 의미에서 '勢(세)' 자다. 즉 '勢(세)'라 함은 '세=서+기'다. 도치되면 '기+서'로써 '기가 서다·모양이 드러난다'다. 무예 명칭의 '勢(세)' 자는 '새를 토템'으로 한 동이족에서 만든 개념들이다. '馬加(마가)·牛加(우가)·猪加(저가)·狗加(구가)'는 토템 신들의 계보다. 人頭牛(인두우)는 매우 비현실적 표현이지만 '남자가 소처럼 부지런히 일한다'라는 의미다. 인류문화는 토템 없이는 설명될 수 없다. 12 지지 동물도 토템이고, '밥 먹었음 매~, 먹었소~, 돼지처럼 먹네'처럼 토템은 다반사로 쓰이고 있다.

2
天文(천문)과 北斗七星(북두칠성)

가. 韓民族(한민족)의 七星信仰(칠성신앙)

상고시대는 천문의 시대로 천부경은 천문을 신화와 연결했다. 한민족의 천지인 사상은, 天父(천부:하늘부모)가 생명을 주어 이 땅에서 살도록 했고, 죽어서 하늘로 올라가 산다고 생각했다. 이것이 천부경의 핵심 내용이다. 견우와 직녀의 설화는 북두칠성을 신화로 구성한 한민족의 경전이었다. 복희 팔괘도는 북두칠성을 도식화하여 천문을 기록한 천문도다〈그림 1-9 上〉.

이처럼 '北斗七星圖(북두칠성도)'에는 한민족 시원의 핵심을 담고 있다.

달은 위에 있고, 해는 밑에 있다. 북두칠성이 회전하기 때문에 左(좌)는 삼족오(견우), 右(우)는 두꺼비(직녀)로 상징하여 배치했다〈그림 1-9 中〉.

大熊星(대웅성)은 그 자체가 음양의 존재로 중앙의 태극이다. 북두칠성이 선회하는 것을 새로 비유하여 太乙(태을:큰새)이라 불렀다. 玄武(현무)는 '북에서 견우와 직녀가 만난다'라는 의미로 두 마리 동물이다.

치우의 깃발인 纛旗(둑기)에도 팔괘가 있다. 招搖旗(초요기) 새겨진 북두칠성 또한 둑기다〈그림 1-9 下〉. 초요기가 예하 장수를 모이게 하는 것은 중심이기 때문이다. 한민족의 우주관을 담은 북두칠성 천문도를 대한민국의 태극기로 삼은 것은 한민족의 운명이며 천운이다.

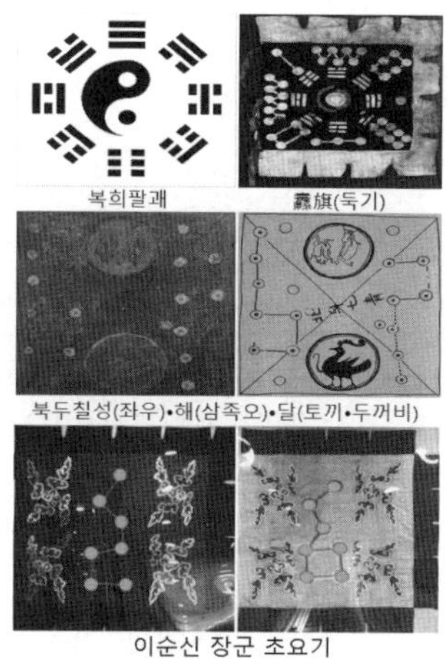

그림 1-9. 북두칠성과 둑기

나. 北斗七(북두칠)의 構成(구성)과 秘密(비밀)

「을이고」에 새겨진 16개의 글자 중에 '北(북)'자형 밑에 아이를 들어 올린 그림이 있다〈그림 1-10②〉. 낙빈기는 ㅋㅏ(북)을 "『周禮(주례)』에 俎(조)는 祖(조)와 같은 음가"라 설명하고 있다. 때문에 '俎→且→祖'로 'ㅋㅏ'자를 '신주'로 해석했다. 한자가 음가 중심으로 사용되었음을 알고, '조'의 음가에서 '조상'이라 했다. 〈그림 1-10②〉의 "'祭(제)' 자는 곤의 아들 중, 곤의 제사를 담당한 대례관의 직책을 표현한 글자다."[36] '祭(제)' 자가 북두칠성의 자손이 북두칠성에 올리는 의식임을 알 수 있다. 원시종교를 바탕으로 지상의 역사가 곧 천문의 역사로 치환되면서, 문자가 없던 시절에 하늘에 역사를 쓴 것이 천문이다. '北斗七星(북두칠성)'의 글자는 북두칠성이 회전[37]하는 천문을 배치하여 그린 글자다〈그림 1-11의 ①〉.

---

36 『금문신고』 김대성. 북디자인. 2002. p203.

37 북두칠성은 시계 반대 방향으로 회전한다. 봄-동쪽, 여름-남쪽, 가을-서쪽, 겨울-북쪽에서 일어난다.

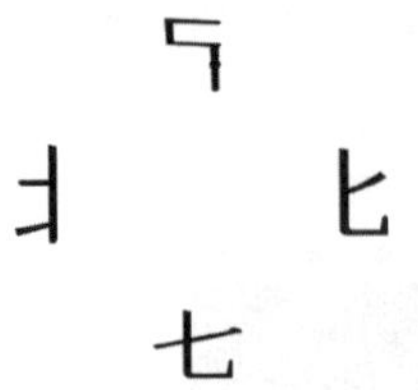

①'北斗七(북두칠)'은 북두칠성이 도는 모양. ②『가재집고록』의 祭(제)자

그림 1-10. 북두칠성이 도는 모양과 「을이고」에 기록된 문자

'七(칠)' 자의 갑골문(+)과 전서(ㄎ)를 보면 '十(십)'자와 같다. 즉 '十(십)'자의 갑골문(ǀ)과는 다르다. "十 자는 현재의 한자로는 10이지만 이전에는 七이었다."[38] "六·七·八의 자원에 해당하는 갑골문은 당시에 숫자의 의미로 사용되지 아니하였고 周(주)나라 이전부터 전해온 卦(괘)를 적는데 사용되었던 철학적 글자다."[39]

'七'=斗(ㄡ)의 자형으로 북두칠성을 상징한다. 특히 'ㄎ'자형은 '十(십)+ㄡ'으로 북두칠성 위에 '十'이 위치하고 그 밑에 'ㄡ'이 있다. 즉 견우와 직녀가 북에서 만난 것이 '十(십)'이다.

'劍僉(검첨)'이 북두칠성을 가르키면 검은 '十'자가 된다. 한민족의 왕이 사용하는 '사진검'에는 '一片龍光斗牛射(일편용광두우사)'란 문장[40]이 있다. 즉 '북두에 있는 견우로부터 한줄기 서광의 빛을 받아 적을 물리치겠다'는 기원과 같은 상징을 담은 의례다.

'北斗七星(북두칠성)'을 문자로 해석하면 '북은 좌우 두 개의 칠성'이 된다. 자형(ㄉ·ㅋ·ㄡ·ㄡ)이 다른 것은 북두칠성이 돌면서 변하는 모습을 표현했기 때문이다. 후대에 秦(진)에서 'ㅌ'자로 변형되고 'ㄡ'(두)'자는 술을 푸는 국자로 사용됐다.

곽말약의『大戴禮記(대대예기)』에 "정월초 저녁에 북두성의 자루는 아래에 걸려있

38 허대동.《고조선 문자》. 도서출판사 경진. 2016. p30.

39 양동숙.《갑골문과 옛 문화》. 차이나 하우스. 2009. p229~232.

40 《史記·五帝本紀》"황제께서 수산에서 구리를 캐다가 검을 만들고 그 위에다 옛글자로 천문을 새겨 넣었다."

고, 6월 초 저녁에 북두성의 자루는 바로 위에 있고, 7월 보름에는 아래에 걸려있으니 곧 旦(단)이다. 북두성의 자루가 동쪽을 가리키면 천하는 모두 봄이고, 남쪽을 가리키면 여름이고, 서쪽을 가리키면 가을이고, 북쪽을 가리키면 모두 겨울이다."고 했다. 이렇듯 북두칠성은 계절을 알려주는 하늘의 표식이었다. 7월 보름 아래에 걸려있는 것을 '旦(단)'이라 한 것과 호흡이 아래로 내려간 중심을 '丹田(단전)'이라 하는 것을 보면 모두 같은 문화에서 태생된 개념임을 알 수 있다.

"갑골문의 '升(승)' 자는 바닥이 얕은 국자로 국자 속에 이미 물건이 들어있는 상태다. 10 升(승)은 1斗(두)이니, 큰 국자는 대개 작은 국자의 열 배 용량이었다."[41] 막걸리 '한 되/뒈·두 되/뒈'의 '되/뒈'도 '두'의 사투리다.

한민족은 오래전부터 북두칠성을 '국자'로 비유해 왔다. 국자나 숟가락의 모양이 북두칠성의 모양과 닮았기 때문이다. '국자'의 음가는 '구자(九字)'와 같다. '九(구)'는 동양에서 가장 큰 수 최고로 높다는 의미의 상징어다. 차면 기운다. '九(구)'는 남쪽에 魁(괴)가 있는 북두칠성이다. '⺄'는 '九'의 '古(고)' 자다. '鬼(귀)'의 옛 글자는 '양 귀'를 과장하여 크게 그렸다. '귀신처럼 잘 듣는다'라는 말처럼 '귀'를 '귀'라 말하는 민족은 우리 한민족밖에 없다. 귀의 기능은 소리를 듣는다. 어두운 밤에 미세하게 들려오는 소리는 밤의 신, 귀신이었고 두려움과 공포의 대상이었다. 넓은 양 귀는 날개로 펴고 접는다는 의미에서 '까마귀'로 상징된다. '鬼(귀)'는 지상에서 하늘로 돌아가기 때문에 한자 '歸(귀)'의 음가가 '귀'다. '귀'자형의 'ㄱ'은 하늘(ㅡ)에서 내려(ㅣ)오는 두 기호의 결합과 사물이 구부러진 모양이다. '귀'는 '구+ㅣ'로 'ㅣ'는 '오른다'라는 기호의 결합이다. '기'와 '귀'는 같은 음가다. 모음 'ㅣ'는 한자 '丨(곤)'과 같은 의미와 상징을 갖는다.

'丨' 자의 해석은 10개 이상이다. 허신은 『설문해자』에서 "첫째, 아래위로 통한다. 둘째, 위로 그어 읽으면 '가마신(囟)'으로 읽는다(引而上行讀若 囟). 셋째, 아래로 그을 땐 물러갈퇴로 읽는다."라고 했다. 『대한한사전』에서는 첫째, 곤(衮:임금이 입는

41 허진웅. 《중국고대사회》. 동문선.

곤룡포곤)으로 읽고, 의미는 '셈대 세울 곤(象數之縱也:상수지종야)'이다. 셈대는 점을 칠 때 사용하는 산가지다. 둘째, 뒤로 물러갈 退(퇴)다. 셋째, 上下通也(상하통야)라 하고 별도로 '신'을 한문으로 표기하지 않고 한글로 썼다. 'ㅣ' 자를 "아래서 위로 그으면 '가마 신'으로 읽는 것은 거슬러 올라가면 하늘에 곰신이 있기 때문이다. 정수리에 있는 가마의 음가가 '囟(신)'이다. '가마'는 일본에서 '가마' 또는 '오오가미(大神)'로 '囟神大熊神'임을 알 수 있다. '신=시+ㄴ'이다. '시'의 음가와 자형은 '矢(시:화살)'에 있다. 또한, 한글 'ㅅ'은 한자 '人(인)'이다. 낙빈기는 고문에 '人(인)'자를 두 가지로 읽었다고 한다. 본음은 '壬(임)'이고 변음이 '夷(이)'다. 우임금이 임금이 되면서 人(인)은 尸(시)와 통하여 主(주)라 해석했다. 우리나라 사전에 '님'은 '옛 임·님주(任主)'라 한다. 즉 主壬(주님)이다. 'ㅣ' 자는 하나밖에 없는 주님으로서 'ㅣ(곤)'이 곧 '申(신)'이다. 이처럼 한글도 상형성과 의미 성을 가지며 한자의 상형과 의미가 서로 연결되어 있다.

尸(시)는 '죽음·주관하다·진치다(陣)'다. '尸(시)' 자는 북두칠성이다. 그래서 삶과 죽음을 주관한다. 새 생명은 북두칠성에서 내려 주기 때문에 '孕(잉)'이고 군영에 북두칠성 깃발을 세우기 때문에 '陣(진)'이다.

다. '斗(두)' 자에 담겨진 象徵(상징)과 한글

표 1-1. 斗(두)의 갑골문·금문·전문·해서 자형

갑골문	금문	전문	고자	해서
[illegible]	[illegible]	[illegible]	뢰 라 閂 鬦 考	斗(두)

'斗(두)' 자의 갑골문(두·두·ㅋ)은 북두칠성의 魁頭(괴두)가 북에 있다. 가림토 '두' 자와 자형도 의미도 같다. 갑골문 '두'와 대칭인 'ㅋ' 자를 합치면 '무' 자가 된다. '斗(두)' 자에는 견우와 직녀의 전설이 담겨있다. 견우와 직녀가 만나는 '七月七夕(칠월칠석)'은 '七(칠)'이 둘이기에 그것을 표현한 글자가 좌우 북두칠성 '두·ㅋ'다. '斗(두)'

자는 비록 하나의 글자지만 상고시대의 비밀을 온전히 간직한 글자다. '斗(두)' 자가 '둘'의 소리와 문자로 전승된 민족은 한민족밖에 없다. '두(斗)' 자의 상형성과 한글 '두'와 같다는 것은 무엇을 말하는가? 한글은 표음문자·표의문자인 동시에 상형문자라는 의미다. '두'의 음가를 가지는 한자는 서로 의미가 연관되어 확장된다. 殷(은)·周(주) 초기에 오작 중 가장 큰 것을 '斝(술잔가·신에게빌가)'라 한다. "견우와 직녀가 만나 둘(吅)이 술을 먹고 복을 기원한다."라는 상징이다. 상고시대에 견우와 직녀의 신화는 천문의 역사이고 한민족의 경전이었다.

라. 牽牛織女(견우직녀)와 玄武(현무)

표 1-2. 夫(부)·規(규)의 갑골문·금문·전서·해서

갑골문	금문	전서	해서
夫	夫	夫	夫(부)
		規	規(규)

약수리 고분 夫婦圖(부부도)의 옆에 현무가 있다.

'夫(부)' 자의 갑골문(夫)는 머리에 상투를 보호하는 '갓'을 썼다. '十' 자의 '⼀' 자를 비녀로 보지만 夫(부)는 '지아비부·남편'으로 여자와 무관한 글자다. '부'의 음가도 '불'이다. '婢女(비녀)'는 이미 '女(녀)' 자를 나타낸다. 規(규)는 '동그라미·그리다'다. 반 호를 두 번 그려 圓(원)을 완성하기 때문에 半規(반규)다. 窺(규)도 '엿보다·반쪽'이다. 規(규)는 '夫(부)+見(견)'으로 북두칠성이 회전하는 천체를 보고 그리는 것이다. '十' 자가 북두를 나타냄을 알 수 있다. 한민족 남성이 결혼하면 머리에 '丄' 자형의 갓을 쓴 이유다.

현무는 夫婦(부부)를 상징한다. 천문 28숙의 斗牛女虛危室壁(두우녀허위실벽: 북두에 견우와 직녀가 거실이 벽이 위태로운 허공이 있다)을 나타낸 그림이 약수리 고분의 남녀다. 牽牛(견우)는 일하는 남자를 '소'에 비유했다. 蚩尤(치우)의 '우'도 '소'다. 실제 중국 씨름 蚩尤戲(치우휘)는 '소뿔' 투구를 쓰고 한다. 치우는 '姜氏(강

씨)'다. '멋지고 강한 뿔'이 붙었다. 한편 呂尙(여상) 姜太公(강태공)[42]는 치우의 자손이다.

남녀 두 명의 시동이 서 있고 우측에는 부부를 상징하는 현무가 있다. 한민족을 부모가 돌아가시면 모두 북두칠성으로 돌아가서 다시 만난다는 내세관을 가졌다. 그래서 '돌아가셨다'라고 한다. 둘이 만나 다시 사랑을 나누는 것을 표현한 것이 玄武(현무)다.

거북(남자)과 뱀(여자)이 마주 보고 혀를 내밀어 입맞춤하는 고분(약수리·호암리)과 서로 멀리 떨어져 마주 보는 고분(강서대묘·중묘)이 있다〈그림 1-11〉. 강서대묘의 뱀과 거북이는 입맞춤한다. 사랑을 나눈다. 강서중묘는 서로 떨어져 바라본다. 이별한 것으로 다시 만날 날을 학수고대하는 의미다. 이렇게 상징이 다른 것은 죽은 사람의 누군가와 상황에 맞게 표현한 것으로 보인다. '玄(현)'의 자리가 유교에서 음양이 결합한 '太極(태극)'이 된다. '北(북)' 자가 북두칠성도에 그려진 左(좌) 북두와 右(우) 북두가 합쳐진 글자다. '北(북)' 자형은 서로 등을 지고 있다. 紫微星(자미성)은 큰 곰자리에 있는 별로, '紫(자)=此(차)+糸(사)'다. '此(차)=止(지)+匕(비)'다. '匕(비)'가 머무는 곳이 큰 곰자리다. '武(무)' 자도 견우와 직녀를 나타내는 글자다. 천문 우주관에 이러한 신화적 이야기를 구성한 것이 '견우와 직녀'다. 칠칠맞다는 '칠칠'은 '77'이다. 견우와 직녀가 만나 기쁨에 울고 헤어짐에 슬퍼 운다. 이래저래 운다. 모두 견우와 직녀의 신화에서 파생된 말이다. 七(칠)의 갑골문은 '十(칠)' 자다. 양(丨)과 음(一)이 만났다. '一' 자는 여성의 성기로 혼인을 하면 비녀를 꽂고 '눕다〉누이〉땅'으로 환유 된다. '丨' 자는 남자의 성기를 나타내서 '魁頭(괴두)=上斗(상두)'를 트는 것이다. '丄(상)' 자가 되어 '갓(god)'을 쓴다. 만났다 다시 헤어진다는 것을 후대에 표현한 글자가 七(칠)의 '乚(은)' 자는 '숨는다'다. '견우 뒤에 숨어 있는 것'을 나타낸다. 즉 칠은 하나가 아니라 둘이다. 1년 만에 만나 뜨거운 애정을 표현한 것이 현무다. 거북이도 남성의 성기를 상징하고 칭칭 몸을 감고 매달리는 뱀은 여성을 상징한다. 이렇게 보면 十(십)의 '열십'도 '열렬히 십 하다'는 의미가 내포되어 있다.

---

42 昔呂尙亦蚩尤氏之後 故亦姓姜盖蚩尤居姜水而有子者 皆爲姜氏也『환단고기』「신시본기」

고구려 시대 神(신)에 대한 사고체계는 마고와 홍산문화를 거쳐 고조선으로 이어진 신화 체계다. 이처럼 고구려의 고분을 보면 神話觀(신화관)에 의해 역사를 기록했음을 알 수 있다. 신화관은 비단 고구려뿐만 아니다, 세계의 모든 고대의 역사관이다.

「권경」에 拳(권) 자를 붙인 것은 七星拳(칠성권)과 神拳(신권)이 유일하다.

북두칠성에는 '음양=부모=견우직녀=곰=신'의 상징적 개념들이 있다. 眷戀(권련)은 '그리워하는 모양·사모하는 모양'으로 견우직녀의 이야기가 담겨있다. 眷(권)이 拳(권)으로 전이된 것이 七星拳(칠성권)이다. 조선세법은 '곰(=검)'이 중앙에서 四神(사신)을 호령하는 형식으로 검결이 구성되 있다.

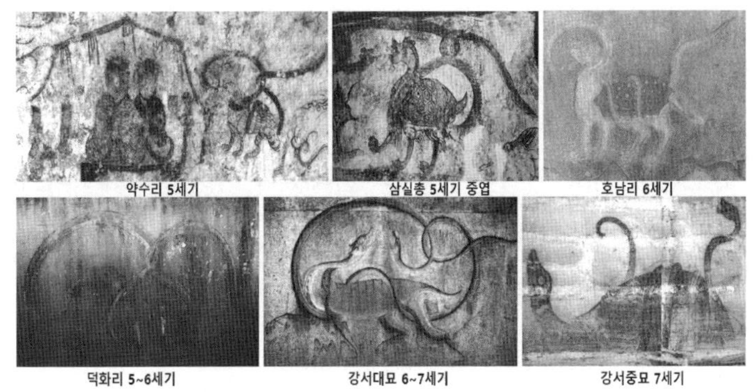

그림 1-11. 고구려 고분의 견우직녀와 현무

마. 五星翠婁(오성취루)와 天文(천문)으로 바라본 신라와 백제

『단국세기』에 13세 屹達(흘달) 단군 때, 발생한 戊辰五十年五星翠婁(무진오십년오성취루)라는 기록이 있다. BCE 1734년 7월 13일 자에 발생한 천문현상으로 약 4000년 전의 기록이다. 세종 때 「천문류초」[43]에 "전욱 고양 시대에 日月五星皆合在子(일월오성개합재자)가 일어났다."는 기록은 단군세기보다 700년 앞선 기록으로, 삼황오제 시대에 발생한 천문현상을 기록한 것이 후대까지 전래한 것으로 삼황오제가 한민족의 선조라는 증거를 천문과학이 입증했다. 삼국사기에 기록된 삼국의 일

43 조선 세종 때 李純之(이순지)가 만든 천문학서.

식 현상은 고구려가 11회, 백제가 26회, 신라가 30회로 총 67 회가 기록되어 있다. 일식이 발생한 장소는 고구려는 바이칼과 가깝고, 백제는 산동반도 북경 근처이고 초기 신라는 중국 양쯔강이고 통일 후 AD 787년부터는 한반도에서 나타난다. 백제와 신라가 대륙에 있었다는 과학적 근거다. 천문학에서 연구한 결과 여러 논문이 발표되면서 단군 역사시대가 사실로 증명되고 있다. 우리의 역사적 상식으로 보면, 당시에는 원시인들이 동굴 생활을 했다고 배웠다. 그러나 홍산 유적지에서 누에가 나옴으로써 비단으로 만든 옷을 입었다는 것도 밝혀졌다. 한편, '屹達(흘달)'이란 이름의 뜻은 '산 위에 흐르는 달'이란 의미다.

大唐故金氏夫人墓銘(대당고김씨부인묘명)은 당나라에 살았던 신라인 김씨 부인의 묘비다. 여기에 "신라 김씨의 조상은 少昊金天氏(소호금천씨)다. 투후 金日磾(김일제)를 거쳐 신라 김씨로 이어졌다."라고 기록했다. 삼국사기에도 김유신은 소호금천의 자손으로 김씨라는 기록과, 신라 문무왕 비문에 김씨의 조상이 투후 김일제라는 기록과도 일치한다. 또한, 청나라의 欽定滿洲原流考(흠정만주원류고)도 신라는 요동과 만주에서 있었음을 기록하고 있다. 이처럼 상고시대의 역사는 동이족과 고조선의 역사가 이어졌다. 역사란 모름지기 왕조 중심으로 기록한다. 왕조만 바뀌었지 백성들은 여전히 그 땅에서 살면서 문화를 이어갔다.

『宋書(송서)』 97권 「백제전」에 "고구려가 요동을 지배하고 백제는 요서를 지배했다. 백제의 소치는 진평군 진형현이다."라고 기록돼있다. 『흠정만주원류고』에도 國都在遼西(국도재요서)라 기록했다. 『양서』 「백제열전」에 "晉(진)나라 때 요서, 진평 두 군을 차지하고 있던 백제가 南齊(남제) 천감시대에 고구려와의 싸움에서 패하여 국력이 크게 약해지자, 그 후 南韓(남한)지역으로 옮겨갔다."라는 기록이 있다. 천감은 중국 양나라 무제의 연호다. 천감 1년은 서기 502년이며 신라 지증왕 3년, 고구려 문자왕 11년, 백제 무령왕 2년이다. 백제의 남쪽 영토는 '越(월:베트남)'까지다.

'濊(예)'의 부여[44]에서 高句麗(고구려)와 百濟(백제)는 갈라졌다. 두 국가 모두 고마를 숭배하는 貊族(맥족)이다. 그러다 고구려는 부여의 '濊(예)'의 토템을, 백제는 貊(맥)의 토템을 계승했다. '貊(맥)' 자에 百(백)이 있다. '貊(맥)'은 '백'으로도 발음한다. 百濟(백제)의 '濟(제)=氵(수)+齊(제)'다. '齊(제)'는 上東省(상동성) 일대에 있던 나라다. 주나라 무왕이(기원전 1046년 경~기원전 221년)의 태공망에게 봉하면서 '齊(제)'라는 이름을 사용했고, 782년 고구려 유민 이납이 당나라의 산동반도를 아버지인 1대 국왕 이정기 다음으로 다스리며 왕을 칭한 후 '제(齊)'라는 국명을 섰다.

『수서』에 강을 건너 나라를 세워 백제라는 이름을 지었다고 한다. 백제는 22담로[45]를 가진 해양 제국이었다. 3세기 한반도 영산강 지역에 馬韓(마한)이 있었고 마한과 倭(왜)[46]가 인접해 있었다. 당나라는 마한을 倭(왜)라 처음 불렀다. 5세기 말 馬韓(마한)이 백제에 흡수되면서 영산강 유역에 있던 옹관묘 세력은 일본 열도 北九州(북구주)로 이주해갔다. 7세기 이후에 일본 열도를 倭(왜)라 불렀다. 한반도에서 변란이 생길 때마다 고구려·백제·신라는 倭(왜)로 이주해 식민지를 개척했다.

蒙古(몽고)의 이름도 朱蒙(주몽)의 '蒙(몽)'과 '高(고)'에서 '古(고)' 자를 차용한 것으로 사료된다. 만주를 '조선'의 이름이 '주신'이라 한다. 契丹(거란)은 당나라 말기에 통일의 기운이 일어나면서 916년 耶律阿保機(야율아보기)가 여러 부족을 통합한 다음 황제를 칭하고 거란을 건국하였다. 이에 물자가 풍부한 中原(중원)으로 진출하기 위해 926년 발해를 멸망시키고 화북의 燕雲(연운) 16 州(주)를 획득, 947년 국호를 遼(요)로 개칭했다. 契丹(거란)이란 글자는 '태양을 계승했다'라는 뜻으로 고구려와 같이 삼족오를 숭배한 민족이었음을 알 수 있다.

신라의 영역으로 추정되는 양쯔강은 '楚(초)' 나라가 있던 곳이다. 공교롭게도

---

44 부여국(扶餘國) 인문(印文)에 예왕지인(濊王之印). 『增補文獻備考』 卷81 禮考 28 璽印 夫餘印文曰 濊王之印

45 虎所治城曰固麻 謂邑曰檐魯 如中國之言郡縣也 其國有二十二檐魯 皆以子弟宗族分據之 其人形長 衣服정潔 其國近倭 頗有文身

46 馬韓在西南與倭接 辰韓在東 弁韓在辰韓之南其南亦與倭接 『후한서동이열전』

2008년도 양쯔강이 범람하면서 묘족 마을에서 많은 비문이 발굴된다. 문화혁명 당시 북방민족의 문화를 말살시키려 하자, 묘족이 땅속에 비석을 숨겨둔 것이 오랜 세월 잊고 있다가 홍수로 인해 우연히 발굴됐다. 여기에서 평양의 법수교에서 발굴된 비석의 문자와 같은 문자의 비석이 나왔다. 이 글자는 『환단고기』에도 있는 글자다. 초나라는 묘족이 세웠다. 중국의 杨万娟(양만연)은 "한국지명분포의 이름과 중국 고대 초나라 지명의 분포가 똑같고 단군신화의 내용도 같다."[47]고 발표했다. 이것은 무엇을 말하는 것인가? 福州(복주)는 초나라 영역을 거쳐 오래도록 신라의 영역이었다. 여기서 발견된 『유구무비지』의 필사본이 중국에서 사용하는 한자와 다르다는 것은 무엇을 의미하는가? 또한 『삼국유사』와 『신구당서』에 "변한 묘족의 후예는 낙랑지에 있다."[48]라는 기록도 있다. 현재 苗族(묘족)은 치우를 시조로 모시고 있다.

재레드다이아몬드는 『일본인은 어디에서 왔는가』라는 논문에서 도쿄대학 하니하라 가즈로(埴原和郞)[49] 인류학과 교수의 '백만인 도래설'을 인용하여 일본 고대인 조몬 인과 야요이 인의 두개골 유전자를 분석한 결과 조몬 인의 경우에 현대 일본인이 아니라 아이누족을 닮았고 현대 일본인의 유전자는 야요이의 것을 닮았고, 야요이 인의 유전자는 한국인의 유전자와 유사하다며 인종학적, 역사적 자료를 통해 야요이시대에 선진 농업기술(김해·여주·부여에서 발견된 탄화된 단립미 볍씨와 후쿠오카현의 야요이시대 패총과 이타츠케의 순전 유적지에서 발견된 것과 같은 탄화미임이 밝혀졌다)을 갖고 이주한 한국인들이 오늘날 일본인의 조상이라고 주장해서 일본에 큰 파문을 일으켰고 마쓰모토 세이쵸우(松本清長)는 천왕 가는 한반도로부터 건너온 사람들로 밝히고 '한일동족설'을 주장했다.

또한 후쿠오카의 英彦山(히코산)에서 '藤原恒雄(등원항웅)'을 모시고 자신들의 본향은 震旦國(진단국)이라 한다. 여기서 恒雄(항웅)이 桓雄(환웅)[50]이다. 役小角(역소각:634~701)이 修驗道(수험도)를 창시하였다고 하지만 「彦山流記(언산류기)」에는

47 韓国文化与中国楚文化联系蠡探(한국문화여중국초문화련계려탐)

48 弁韓苗裔在樂浪之地(변한묘후예재낙랑지지)

49 『日本人の 誕生』의 저자 1927~2004, 전 도쿄대 교수.

50 박성수·장야각 편저, 『韓國·檀君神話と英彦山伝承の謎』

수험도의 기원이 恒雄(항웅)으로 보고 있다. 수험도의 원류는 신라의 花郞道(화랑도)다. 한편 기토라고분[51]에서 발견된 고본에서 사신도와 12지신 그리고 천문별자리가 배치되어 있었다. 이 무덤은 고구려출신 백제 선광의 무덤으로 무덤에서 발견된 별자리는 고구려의 평양에서만 볼 수 있는 별자리임이 밝혀졌다.

한때 백제 속국이었던 신라가 삼국을 통일하면서 신라의 관점에서 역사를 왜곡 축소하고, 조선의 역사를 사대사관으로 쓰기위해 세조는 팔도관찰사에게 수거령[52]을 내려 많은 역사서를 焚書(분서)를 했고, 일제도 같은 만행을 저질러 역사를 왜곡했다. 만일 중국의『흠정만주원류고』와 같은 사료와 일본 내에서 여러 증거들이 발견되지 않았다면 한민족의 대륙의 역사와 일본이 고대 한민족의 식민지였다는 역사적 실체가 사라졌을지도 모른다.

한국무예사도 이제는 사대·식민사관에서 벗어나 고조선 사관으로 해석할 때가 왔다. 조선에 머물지 않고 고구려·백제·신라를 거슬러 무예의 근원을 고조선에 둘 때, 고조선 무예는 우리 곁에서 다시 살아날 것이다.

51 1983년 석실 내부에서 천문도(天文圖)와 사신(四神, 4개의 방위를 지키는 신)의 벽화가 발견되었다. 발견된 벽화가 나중에 발견된 다카마쓰즈카고분[高松塚古墳]만큼 중국 당(唐)의 문화적 영향의 색채가 짙지 않은 것으로 보아 견당사(遣唐使)가 일본에 귀국하는 704년 이전의 7세기 말에서 8세기 초 무렵에 만들어진 고분으로 추정한다.(두산백과)

52 『고조선비사·대변설·조대기·주남일사기·지공기·표훈삼성밀기·안암로원동중삼성기·도증기지이성모하사양훈·문태산·왕거인·설업 등 3인의 기록·수찬기소1백여권·동천록·마슬록·통천록·호중록·지화록·도선한도참기』등의 문서

貳

文字(문자)의 始原(시원)은 朝鮮(조선)이다

허목의 『記言(기언)』 古文(고문), 제6권에 "먼 옛날 창힐이 새의 발자국을 보고 처음 鳥跡書(조적서)를, 신농씨는 穗書(수서)를, 황제 씨는 雲書(운서)를, 전욱은 蝌蚪文字(과두문자)를, 무광은 해서를 각각 만들었다."라고 기록했다. 蝌蚪(과두)의 '蝌(과)'와 '蚪(두)'[53] 자에는 북두칠성의 '斗(두·둫)' 자가 있다. 사마천은 "황제의 사관 蒼頡(창힐)이 새의 발자국을 보고 글자를 만들었다."라고 기록했다. 그 당시 북쪽은 대효가, 동쪽은 창힐이, 서쪽은 황제 헌원이 대등하게 겨루고 있었다. 창힐이 황제의 사관이 될 수 없음에도 사마천은 이를 왜곡했다.

창힐문 '28' 자는 섬서성 백수현 사관향 창성묘에 蒼詰鳥跡書碑(창힐조적서비)가, 서안 碑林(비림)에 창힐글자비가, 송나라 태조 순화 3년에 간행된 「淳化閣帖(순화각첩)」가 전해오고 있다.

신지문 '16' 자는 「평양지」·「영변지」·「해동죽지」·「해동역대명가필보」가 전해오고, 평안북도 용산군 신암리와 중국 요령성 여대시 백람자 윤이 촌의 무덤에서 발굴됐다. 「평양지」와 1926년 서예가 백두용의 「해동역대명가필부」는 배치가 다르다. 1911년 김규진의 「서법진열」은 '11' 자다. 조선 후기인물인 김두영의 篆帖(전첩)에 「鳥跡書(조적서)」가 있다.

한·중·일의 학자들은 지금까지 해석하지 못했다. 그 이유는 창힐문자를 '새 발자국'에서 만든 문자로 보았기 때문이다. 어떤 문자라도 원리를 알면 해독할 수 있지만, 새의 발자국에서 문자의 원리를 찾기란 불가능하다. 모든 문자는 약속된 기본원리를 통해 만들 수밖에 없다. 이 원리는 비밀의 문을 여는 열쇠다.

53 동자인 '𧯞·虬·蚪·𧯞' 자형에 북두칠성의 운행이 있다.

한민족의 문자에 대한 기록은, "신시 시대 환웅의 신하인 神志(신지) 혁덕(赫德)이 사슴의 발자국을 보고 鹿圖文子(녹도문자)를 만들었다"라고 한다. 한민족은 북두칠성을 숭배한 민족이다. 창힐문자도 한민족이 만든 문서로써 북두칠성을 글자의 원리로 삼았기 때문에 두 문자의 원리는 서로 연결될 수밖에 없다. 필자는 조선세법이 천문과 연결된 것을 알고 무예서의 갑골문을 연구하면서 한글의 자음의 형태가 갑골문에 있는 것을 확인했다. 한글의 기호에 상형의 의미가 있는 것을 알고, "「한글은 漢字(한자) 음가의 뿌리」·「한글은 형태(形)·소리(音)·의미(意)'가 일치된 文子(문자)」"[54]라는 내용을 발표했지만, 그 당시에는 가림토가 북두칠성에서 나온 기호라는 것을 알지 못했다. 가림토·녹도문자·창힐문자가 북두칠성과 해의 운행에서 따온 기호임을 확인하면서 그간의 의문이 모두 풀렸다. 고문서를 연구하기 위해서는 전체적 통합사고력이 필요하다. 후속 연구를 기대하며 그간 해독했던 과정의 기록을 남긴다.

54 임성묵, 『본국검예 3. 왜검의 시원은 조선이다』, 행복에너지출판사, 2018, p199~207.

1
蒼頡文字(창힐문자)

"『역대신선통감』에는 창힐은 陳倉(진창) 사람으로, 태호 복호씨의 신하가 되어 거북 등과 새의 발자국을 보고 여섯 가지의 글자체를 만든 인물로 나와 있고, 『환단고기』에느 그보다 약 700년 후에 치우천황의 제후로서 배달국 신지문자를 중원에 전파시킨 인물이라 밝히고 있다."[55]

또한 『通志(통지)』의 氏族略(씨족략)에 "창힐은 고신이다. 치우의 후손으로 대극성에서 태어나 산동 회수 북쪽에서 옮겨 살았다."[56]라고 한다.

"창힐의 성은 侯冈(후강) 이름은 頡(힐) 호는 史皇氏(사황씨)이다. 그의 눈은 네 개, 눈동자는 두 개씩이었으며 아주 총명했다."라고 한다. 한자를 창조 발명하여 '造字聖人(조자성인)'이라 한다. 당시 역법 제정에 기록이 필요했고, 신탁에도 문자가 필요했다. 진시황이 문자를 통일할 때, 문자통일 사업을 추진한 李斯(이사) 이외에 많은 학자들이 창힐문자 28자를 해독하려 했으나 끝내 해독하지 못하고 겨우 8자를 해독했다며 "하늘이 분부를 내려 황제가 왕을 갈았다."라고 황당하게 해독했다. 창힐의 문자 발명 설 중에, "고향 백수 양무촌으로 돌아온 창힐은 홀로 별자리와 자연

55 안경전『삼성기전상편』, 상생출판, 2019, p65.

56 通志氏族略 蚩氏 蚩尤之後 或曰蒼頡與高辛亦盖蚩尤氏之苗裔生大棘城而轉徙於山東淮北者也

계를 관찰하여 세상 만물을 대표하는 각종 부호를 창조하는 데 성공했고 그가 한자를 만들어 적기 시작하자, 갑자기 하늘에서는 큰 비가 내렸고 밤이 되자 귀신이 곡하는 소리가 들렸다"라고 한다. 이 설화는 창힐이 쓴 글의 내용이 '견우와 직녀가 은하수에서 만나서 비가 내렸다'는 것을 표현한 것이다. 여기서 절기의 '穀雨(곡우)'가 나왔고, 『회남자』에서는 '天雨粟(천우조), 鬼夜啼(귀야제)'라 표현한 것이다. '粟(조)=西+米'다. '좁쌀'이다. '天雨粟(천우조)'는 '저녁에 아주 조금 내린 비'다. 鬼(귀)'는 별자리의 이름으로 견우직녀의 신화와 연결되어 '鬼夜啼(귀야제)'는 '멀리 있는 鬼(귀:직녀)가 밤에 운다'다. '그 결과 비가 조금 내린다'이고, '啼(제)'는 '신분이 높은 사람이 우는 것'이다.

창힐이 '符圖之文(부도지문)을 배웠다'라는 것은 천문을 배웠다는 것이다. 符圖(부도)의 '符(부)' 자도 天符經(천부경)이나 天符印(천부인)의 符(부)와 같고 圖(도) 또한 印(인)과 같다. 상고시대는 천문시대다. 문자란 천문을 기록하려는 방편에서 만들어졌다.

가. 蒼頡(창힐)과 鳥跡(조적)[57]의 意味(의미)

蒼頡(창힐)의 이름과 鳥跡(조적)의 자형과 뜻을 분석해보면 '새'의 실체를 알 수 있다. 처음 문자를 만들기 위한 목적은 인간사를 기록하기 위한 것이기보다는 천문을 통해 하늘의 뜻을 살피기 위한 것이었다. 신지의 加臨土(가림토), 창힐의 鳥跡文(조적문), 甲骨文字(갑골문자)는 동이족이 만들었기 때문에 서로 공통적인 천문의 기호를 사용할 수밖에 없다. 천지인이 통합된 천부경의 세계관을 가지고 이었기 때문에 하늘 사람, 땅, 사람처럼 같은 기호라 하더라도 구분했고, 문자가 많지 않았던 때라 같은 기호라도 동서남북 방향으로 회전을 시킴으로써 방위 개념을 기호에 넣었다. 이처럼 단순한 기초 씨알 기호가 후대로 가면서 기호 속에 함축된 개념을 분리하고, 새로운 개념이 만들어지면서 시초 자형에 다른 기호가 첨부됐다. 이렇게 문

57 取像鳥跡始作文字 辨治百官領理萬事(취상조적시작문자 변치백관령리만사)

자를 각자 만들어 사용하면서 동일 개념의 글자가 여러 개가 만들어진다. 이런 것들이 '고자·동자'들이다. '새'는 지상의 새가 아니라, '새'로 상징된 북두칠성이다. 그러므로 천문을 알지 못하면 창힐·녹두·가림토의 구성원리를 알 수 없다.

표 2-1. 倉(창)·頡(힐)·鳥(조)·跡(적)의 갑골문·금문·전문·고문·해서

갑골문	금문	전문	고문	해서
[illegible]	[illegible]	[illegible]	仺 㟭 仓	倉(창)
	[illegible]	[illegible]		頡(힐)
[illegible]	[illegible]	[illegible]		頁(혈)
[illegible]	[illegible]	[illegible]		奚(해)
[illegible]	[illegible]	[illegible]		吉(길)
[illegible]	[illegible]	[illegible]	鳥	鳥(조)
[illegible]	[illegible]	[illegible]	亜 琞 左 髩 躴 壨 聐 琞	聖(성)
[illegible]	[illegible]	[illegible]		足(족)
[illegible]	[illegible]	[illegible]	亦 亣 𠘧 帟 亣	亦(역)
[illegible]	[illegible]	[illegible]	囸 𡇒 囙 因 囩	日(일)
[illegible]	[illegible]	[illegible]	白 皀 帕	白(백)
		[illegible]	[illegible]	内(유)

①'倉(창)' 자는 'ㅅ+目+ㅂ'이다. 倉=∧+T+启이다. 'ㅂ(북두)'가 'O(태양)'으로 바뀌었다. 하늘과 연결되어 있다는 기호다. 고문 '仺=ㅅ+ㅌ'은 가림토다. 'ㅂ'은 가림토로 '匕(비)'가 서로 마주 보고 합친 글자다. 한자에서 'ㅂ'자를 대부분 'ㅁ'으로 바꾸면서 'ㅂ' 자형의 의미가 사라졌다. 倉(창)은 '푸르다'다. '하늘 위에 있는 집'이고 '蒼(창)'은 하늘의 무성한 별이다.

②'頡(힐)' 자는 '吉(길)+頁(혈)'이다. '白=丿(삐침별)+白(白)+日'이다. '白(白)'은 북두칠성이 하얗게 빛나는 것이고 '日(日)'은 둥근 '알=조=해'다. 즉 頡(힐)은 '머리를 곧게 세우고 북두칠성과 해를 살핀다'다.

③'[glyph](혈)' 자는 머위에 세 개의 머리카락이 있고 무릎 꿇고, 뒤를 돌아보고 있다. 금문 '[glyph]=[glyph]+[glyph]'은 세 개의 머리카락이 하늘의 삼신산 '[glyph]'이다.

④'[glyph](해)' 자는 머리위에 '[glyph](玄)' 자가 있다. '奚(해)' 자는 '종족'과 '하인' 그리고 '어찌해'다. 즉 '해(혜)'의 음가다.

금문 '[glyph]'의 '[glyph]' 자형도 '내려주다·계승하다'다. 즉 견우와 직녀의 자식들이다. '鷄(계)'는 '새를 잇다·계승하다'는 의미가 있다. '金鷄(금계)'란 태양족의 상징이다.

⑤'[glyph](길)' 자는 '[glyph]+ㅂ'이다. '[glyph]' 자형도 가림토다. '상서'는 '위로 서다'다. '위로 서면 길하다'다. 견우와 직녀가 만나 함께 잠시 머무는 집이다. '길=ㄱ+ㅣ+ㄹ'이다.

'頡頏(힐항)'은 '새가 오르락내리락 나는 모양'처럼 '새'는 지상의 새가 아니라 북두칠성인 '太乙(태을)'이다. '蒼頡(창힐)'의 이름에는 '북두칠성을 보고 글자를 만들었다'라는 개념이 이미 들어있다.

⑥'[glyph](조)' 자는 '[glyph]=[glyph]'이다. '눈'은 '알'이다. 발의 '[glyph]' 자형은 북두칠성이다. 새는 지상에 있는 새가 아니라 하늘에 있는 새 '乙(을)'이다.

⑦'跡(적)' 자는 '足(족)+亦(역)'이다. '[glyph](역)=[glyph](대)+八(팔)'이다. '大' 자는 '하늘'이다. 고자 '[glyph]' 자를 보면 '저녁에 빛나는 불'로 '또한 역시'로 '반복'이다. '밤하늘 별자리를 땅에서 똑같이 그린다'가 亦(역)이다. 鳥跡(조적)이라 함은 '지상에 있는 새의 발자국'이 '북두칠성(太乙)의 자취'를 뜻한다. 그러므로 蒼頡(창힐)의 눈을 4개로 그린 것이다.

⑧'聖(성)' 자는 갑골문이 '[glyph]=[glyph]+[glyph]+[glyph]'이고 금문은 '[glyph]=[glyph]+[glyph]+[glyph]'이다. '[glyph]'은 '[glyph]=火'로써 정상에서 서쪽으로 기울어져 내려가는 사람이기에 '성=서+ㅇ'이다. '[glyph](ㅅ)' 자형이 '[glyph]' 자로 된다. 즉 'ㅂ'은 '별·빛'과 '발·불·비·바람'의 기호로 사용된다.

⑨'禸(유)' 자는 동물의 '발자국'을 보고 만든 글자라고 하지만 그렇지 않다. '[glyph]'은 북두칠성이 북남으로 서고 동서로 가로지른 것을 나타낸 글자로 '卍(만)' 자의 변형이다. '[glyph]'은 '하늘에 북두가 도달한 것', '[glyph]'은 '[glyph]+[glyph]'이다. '북두가 서쪽으로 구부린 것', '[glyph]'의 '[glyph]' 자형은 하늘을 향한 북두, '[glyph]' 자형은 남쪽으로 내려온 북두로, '북에서 남으로 북두가 돌아 내려온다'다.

나. 烏(조)와 斡(알)의 관계

《管子(관자)》는 '陰生金與甲(음생금여갑)'이라 했고, 《爾雅(이아)》에서는 '閼逢(알봉)'이라 했는데 '閼(ᄒᆞᆶ)'[58]은 '해'를 뜻하며 '閼逢(알봉)'은 '불알'을 '봉알'로 쓴 이두식 표현이다.

'●'를 도형화시킨 것이 'ㅇ'이다. '알'과 연결된 소리와 음가는 '해=새=알'과 연결된 개념으로 한민족에게 매우 중요한 글자다. '조'는 하늘의 북쪽에 있고 '알'은 지상의 남쪽에 있다.

한자에 '새'를 어떻게 표현되었는지 확인함으로써 한글과 한자, 신화의 관계를 밝혀본다.

표 2-2. 斡(알)·閼(알)·於(어)·烏(오)·乙(을)·乚(을)의 갑골문·금문·전문·고문·해서

갑골문	금문	전문	고자	해서
		[illegible]	斡	斡(알)
			[illegible]	閼(알)
	[illegible]	[illegible] [illegible]		於(어)
	[illegible]	[illegible] [illegible]	[illegible]	烏(오)
		[illegible]		穵(알)
[illegible]	[illegible]	[illegible]	[illegible]	介(개·알)
			※ 검은일	黰(알)
[illegible]		[illegible]	[illegible]	乚(알)
[illegible]	[illegible]		[illegible]	乙(을)

①'[illegible](ᄒᆞᆶ)' 자는 '[illegible]+[illegible]'이다. '돌알'이다. '알'은 '둥글다'다. 즉 북두칠성이 둥글게 도는 것이 '알'이다.

북두칠성은 '太乙(태을)'로 '큰 새'이고, 천손은 북두칠성에서 생명을 주기 때문에

58 삼국유사에 閼川(알내) 알영샘(閼英井:알영천, 俄利英井:아리영천)에 '閼(알)'이 '알(卵)'로 쓰였다.

'새의 새끼'인 '알'이다. 卵生(난생) 신화다.

②'閼(핡)' 자는 전문이 閼=門+於'다. 여기서 '門'자는 冂(冖:덮는다)+北(北:北·北·北)다. '門(문)'은 여닫는 '문'이 아니다. 해가 동쪽에서 떠서 서쪽으로 지는 것을 '門(문)' 자로 표현했다. 즉 해를 맞이하는 것이다. 고어 '핡'에 가림토 기호의 의미가 있다. '卵(란·난)' 자는 '알'이 여럿이다. 그래서 '睪丸(고환)'으로 '불알'이다. '난'의 음가는 '알'이 孵化(부화)하려면 열기가 있어야 하기에 '暖(따스할난)·煖(더울난)·㬉(따스할난)'이다. 卵(란)과 동자인 '䜌(란)'은 '䜌(련)+卵(란)'이다. 䜌(련)은 '變(변)' 자와 같이 '북두칠성이 변한다'라는 의미로 卵(란)은 새의 알이다.

'爰(원)' 자도 손을 둥글게 말아 움직이기에 '원'의 음가를 가지며, '孚(부)'자는 양 손으로 알을 품은 글자다. '부'의 음가는 '불'이다. 즉 '불=부+ㄹ(새)'다. 알 품은 새는 알을 정성스럽게 품어 열기를 모아야 하기에 丹(정설스러울난·붉을단)이고 이것이 쌓이면 '단'이다. 알 품은 새는 부산하다. 그래서 '亂(어지러울난)·圝(둥국란)·鸞(난새난·방울날)'이 새와 관련된 자형이다. 닭장 같은 '울'은 '闌(난)'이다. '闌(난)=門(문)+柬(간)'으로 '柬(간)'은 알을 나무속에 숨긴 것이다. '揀(간)'은 숨긴 알을 찾는 것이다. 한자의 음가는 이렇게 우리의 음가로 만들어지고 이런 방식으로 의미가 분화되면서 파생됐다.

③'於(허·어·호)' 자는 금문과 고문이 '까마귀(烏)'다. '烏(오)'의 금문(烏)과 고문(於·於) 모두 같다. '허'의 음가를 갖는 것은 까마귀가 하늘로 '올라가는' 자형이기 때문이다. '오·우'의 음가는 같은 뿌리로 '於(어)·于(우)'는 같은 개념으로 사용했다. 이것을 까마귀 울음소리에서 '오'의 음가를 취했다고 한다. 그러나 까치나 새는 '오~' 하며 울지 않는다. 이 자형이 중요한 것은 견우직녀의 신화를 모두 담고 있기 때문이다. '於(오)'의 구성은 '於=烏+亼'과 '於=烏+㔾'다. '烏=烏=烏'로 까마귀가 하늘로 올라가는 자형이다. 그러나 '亼'자형과 '㔾'자형은 무엇인가? '亼'은 '人+二'으로 두 사람이다. 이 두 사람을 더 구체적으로 표현한 것이 '㔾'다. 즉 '勿+比'은 '勿(물)'과 '比(비)'다. '까마귀'의 '까마는 검다'다. '焦(초)=隹(추)+火(화)'로 '불에 검게 타나'다. 새가 '검다=불'로 태양의 '삼족오'의 상징으로 개념을 잡았다. 밑에서 타오르는 불을 새가 위로 올라가는 것으로 비유했음을 알 수 있다.

'새가 운다'라는 '鳴(울명)'도 마찬가지다. 이것은 새(해)가 울면 '해'가 뜨고, 해가 뜨면 날이 밝아진다. 그래서 '明(밝을명)'의 개념과 '명'의 음가를 취했다.

④'烏(오:까마귀)' 자의 금문 '' 자형은 까마귀 ''에 꼬리가 ''로 '於(오)'의 금문 ''은 새와 다르다. 눈알도 없고 대머리다. 솟는 양의 기호 'ㅣ'이 견우고 눕는 음의 기호 'ㅡ'가 직녀로 이 둘이 7월 7일에 만나 '十(십)'이다. 이 둘이 만나는 역할을 '까마귀'가 하고 둘이 만나서 '씨+입=십'이다. 즉 자손을 만든다. '鳥(조)'의 갑골문 ''과 금문 ''을 '烏(오)'와 비교해보면 전혀 다름을 알 수 있다. 새와 관련된 '足(족)' 자의 갑골문 ''은 앞을 향한 발이고, ''은 뒤를 향한 발로 '夂(뒤쳐질치)'다. '앞'은 '아'의 음가고 'ㅍ'은 'ㅂ'이 둘로 'ㅂ'자는 '발'의 상형이다. '아'의 반대로 뒤의 '후'는 '아'의 반대 'ㅓ아'를 합치면 '후(ㅓ아)'자가 된다. '뒤 후'의 '뒤'는 '두+ㅣ'로 '두이(二)'의 음가다. 선후를 정하려면 반드시 둘의 상관관계가 있어야 구별할 수 있다. 前(전)은 남성이고, 後(후)는 여성이기에 왕의 아내를 '王后(왕후)'라 한다. '后=後'다.

⑤'穵(알)' 자는 '空(아)+乙(ㄹ)'이다. 空(공)이 곧 '아(해)'다. 하늘은 둥글다. 공도 둥글다. 즉 '아'의 음가는 둥근 것을 나타낸다. '穵(알)'은 해의 모양을 닮은 '알'이다.

'알'은 삼족오 '태양'이다. 또한 '알'은 '욿'이고, '랑'은 '릉'으로 'ㅇ'과 'ㄹ'의 위치가 바뀌었다. '알'은 'ㅇ' 중심이고, '랑'은 'ㄹ' 중심이다. 'ㄹ'은 '새'로 '랑'은 알을 깨고 새가 나온 것이다.

'불(태양)'을 간직한 '알(새)'의 존재다. '욿'은 '알·얼·울·올'이 된다. 알은 해이기에 둥글고 빛이 난다. 따라서 '눈'은 '알'이 되어 '눈알'이라 한다. 서양은 '새가 노래한다'라고 한다. 그러나 한민족은 '새가 운다'고 한다. '새가 날아 올라간다·새가 울다'의 '울'도 '욿'에서 나온 것이다. 즉 '욿(새)'의 '울'이 울림이 되어 '운다'라는 의미가 있다. '알'이 외체(몸·남자·양)면 '얼'은 내체(정신·여자·음)다.

⑥'乙(을·알)' 자는 '乙' 자의 변형이다. '乙'과 구분하기 위하여 별체로 '鳦(을·알)'로 썼다. '鳦(알)'을 '玄鳥(현조)'라 한다. 특히 제비를 나타내어 '燕鳦(연알)' 또는 '燕鳥(연조)'라 한다. 음가가 '을'과 '알'이다. 즉 '을'은 북두이고 '알'은 해다. '알'이 '새'임을 명확히 증명한다. '鶡(알)' 자는 콧대 끝 둥근 모양이 '알'이다.

⑦'乙(을)' 자는 가장 단순한 새의 표현이다. 이 자형은 새와 관련된 자형에 붙는다. '烏(오)'의 전문 ''은 '+'이다. 모음 'ㄹ'이 명확하다. '鳥(조)'의 전문 ''에도 ''이다. ''자형은 '弓(궁)'이 된다.

표 2-3. 朝(조)·早(조)·爪(조)·兆(조)·占(점)의 갑골문·금문·전문·고문·해서

갑골문	금문	전문	고자	해서
			鼂 晁 翰	朝(조)
				早(조)
			叉	爪(조)
			珧 狣 垗	兆(조)
				占(점)

⑧'(뜰)' 자는 '+'이다. '=+'다. '==올(알)'이다. '' 자형의 밑의 '==十'이다. '' 자형은 창힐문자에 사용된다. '알'은 '하늘의 새가 낳는다'다. 새의 자식이기 때문에 '새끼'다. (조)는 달이 지고 해가 뜨는 상태다. 그래서 '뜰(조)'다. ''는 달이 없이 해만 뜨는 자형이다. '(조)'와 같다. '照(졸)와 晁(뜰)'의 음가의 자형이 다른 것은 북두의 빛과 햇빛의 차이다. 'ㄷ'은 해이고 'ㅈ'은 북두로 대칭이다.

⑨'(조)' 자는 북두의 상징기호를 정확하게 나타낸 글자다. '=+'이다. 위의 '八' 자형의 좌측

'' 자형이 가림토의 'ㄱ(견우)'이고 우측 '' 자형이 가림토의 'ㄴ(직녀)'다. 이것을 금문과 전문을 보면 명확히 알 수 있다. 금문 '=++'다. '(북두칠성)'을 중심에 두고 좌측은 一(하나), 우측은 '二(이)'을 두었다. 전문 '=+++'다. ''는 가림토의 ''로 북두칠성이 도는 방향을 나타낸다.

兆(조)는 하늘의 징조를 보고 점을 치는 것으로 '북두칠성'을 보고 점(狣)을 쳤음을 알 수 있다. 이처럼 '조=ㅈ+ㅗ'의 음의 한자는 '새(북두칠성)'의 운행이 들어있다.

⑩'(점)' 자는 '+ㅂ'이다. '' 자형이 '북두칠성'이고 'ㅂ'은 견우와 직녀가 만나면 '빛'나는 기호다. 가림토의 '' 자형은 '刁(조)=ㅋ' 자와 자형이 있다. 刁(조)는 '鳥頭(조두)'다. '叼(조)'는 '입에 무는 것'으로 입을 '조동아리'라 한다. '刁斗(조두)'는 '야경에 치는 銅鑼(동라)'로 '刁(조)'가 북두칠성임을 알 수 있다. 墾(콘)은 '캔다'다. 'ㅋ'의 의미다. '캄캄하다'의 '캄'의 'ㅋ'도 북두칠성에서 취한 것이다.

다. 倉頡文字(창힐문자)와 北斗七星(북두칠성)

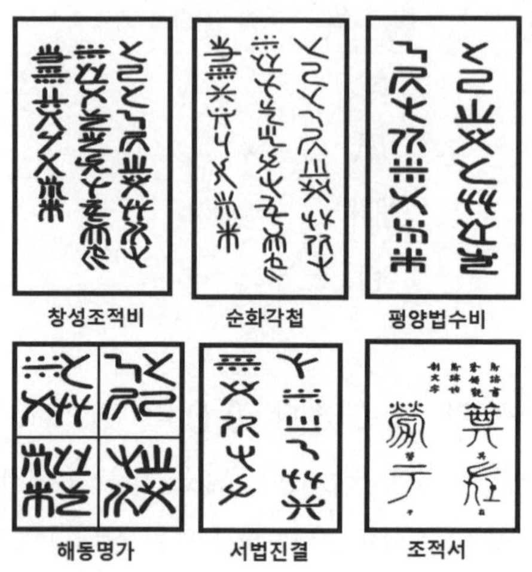

그림 2-1. 창힐문자의 종류

창힐문자는 가림토와 마찬가지로 북두칠성의 운행을 기호로 표현한 글자다.

鳥跡書(조적서)에 '[illegible]·[illegible]·[illegible]·[illegible]'에는 둥근 '알(●)'이 있다. '[illegible]·[illegible]·[illegible]·[illegible]'는 모두 쌍으로 견우직녀를 상징한다. '十(십)이나 廿(입)·世(세)'의 갑골문 '[illegible]·[illegible]'도 자형에 '알'이 붙어있다. '[illegible](봉)' 자와 같이 '알(●)' 자가 붙은 글자는 새(태양)의 상징이기 때문에 이 또한 조적서로 볼 수 있다.

'[illegible]·[illegible]'의 '冂·凵' 자형은 북두의 '魁(괴)'다. '[illegible]·[illegible]·[illegible]·[illegible]·[illegible]·[illegible]'자들은 새와 관련된 자형이다. 「평양법수비」는 「창성조적비」에서 은하수에서 견우와 직녀가 만나는 내용은 생략하고 핵심만 모아 16자로 함축했다.

라. 倉頡文字(창힐문자)의 解讀(해독)

표 2–5. 창힐문자

순번	창성비	순화각첩	순번	법수비	순번	해동명가	순번	서법진결	간단 해설
1			1		1		1		※(西)≒(東)
2			2		2				
3			3		3				
4			4		4		2		※弓(궁)
5			5		5				
6			6		6		3		※夆(봉)
7			7		7		4		※萬(만)
8			8		8		5		※飛(비) ※浮(부)·(뜰)
9			9		9		6		※从(종) ※乙乙(회) ※(東)(西) ※(於):오르다. ※푿
10			10		10				
11			11		11		7		※은하수를 경계한 견우성과 직녀성이 ※白米(백미)
12			12		12				※遇(우) ※+=万
13			13		13				※=[illegible]=丸 ※乭(돌)·乬(굴) ※卍=乱(乙+斗+ㄴ=정회전)
14			14		14				※븓
15									※屹(흘)
16			※··(은하수) ※≒ 대칭				8		※⇨:은하수의 위치가 바뀜. ※(羼:강) ※勺==杓=魁=
17			≒ 대칭				9		※屮(초)
18									※又(우)
19									※而(이):(···)
20			=七, '=丂='						※=七+丂. 七은 북두가 동으로 누운 글자를 교묘하게 세워 '丂' 자가 붙었다.

21	[illegible]	当	川(杓)+[illegible](魁)						※当(당):당당히 마주 봄
22	[illegible]	[illegible]	[illegible]은 [illegible]+[illegible]=七				10	[illegible]	※[illegible](북두)=北(북)=神(신)
23	[illegible]	六	[illegible](半·片), 番(번)=畨=[illegible] ※卞·番 番([illegible]·[illegible]) ※釆·丂=[illegible]·[illegible]						※[illegible]:은하수=직녀(上), 견우(下). ※[illegible]:북두=직녀(下), 견우(上)=神(신) ※釆(번)은 위치가 다시 바뀌는 것
24	[illegible]	[illegible]							※[illegible]=其:기약하다. 기울이다.
25	[illegible]	[illegible]	서(西)쪽으로 기울었다.						※[illegible]=反:돌아서다
26	[illegible]	[illegible]							※[illegible]=夊(쇠)
27	[illegible]	[illegible]	15	[illegible]	15	[illegible]	11	[illegible]	※[illegible]⇨[illegible]=[illegible]=水(수) ※[illegible]·[illegible]·[illegible](북두:비)
28	[illegible]	米	16	[illegible]	16	[illegible]			※来=[illegible]=[illegible](밑)=雨([illegible]·[illegible]) ※비가 온다 ※[illegible]=[illegible]=[illegible]

一. [illegible]·[illegible]: 서쪽에서 은하수가 솟아오르네.

표 2–6. 旋(선)·西(서)·己(기)의 갑골문·금문·전문·고문·해서

창힐문	갑골문	금문	전문	고자	해서
[illegible]·[illegible]	[illegible]	[illegible]	[illegible]	旋 㨗	旋(선)
		[illegible]	[illegible]	还 儇 遻 還 還	還(환)
	[illegible]	[illegible]	[illegible]	卣 卤 卥 卥	西(서)
	[illegible]	[illegible]	[illegible]	㸦 牛+弜	方(방)
	[illegible]	[illegible]	[illegible]		央(앙)
	[illegible]	[illegible]	[illegible]	皁 皁 帕	白(백)
		[illegible]		[illegible]	卨(설)

ㄹ·ㄹ	ㄹ	ㄹ	ㄹ		己(기)
			起	起起㠱起	起(기)
	走	走	走		走(주)
	辵	辵	辵辵		辵(착)
	弔	弔	弔	吊	弔(조)
	弗				弗(불)
	弟	弟	弟	丰 弟 𢎨	弟(제)
	𠨍 𢐀 䰜 㢸 弻 𢐁 弼(상하좌우의 대칭)				弼(필)
	眲 · 䁆 · 睇 ※二=工(가림토), ※尸=弟				睼(제)

①'ㄹ' 자는 '丶+く'이다 '서쪽 하늘에서+은하수가 솟는다'다. 'く'은 서쪽을 방향을 가르치고 '丶' 자는 황도에서 60° 정도 기울어져 있는 은하수다. '戌(술)' 의 위치다. 가림토에서 서쪽은 'ㅅ'이고 동쪽 끝은 'ㄷ' 자이다. 한자로 치환하면 '旋(선)'이다. 旋(선)의 갑골문 '旋=ㄴ+ㅏ+ㅁ'다. 'ㅏ' 자형이 옆으로 누우면 'ㄹ·ㄹ=술=설'이다. 'ㅏ=ㅏ'는 '서에서 동으로 돌아 서로 간 것을 깃발로 비유한 것이다. 'ㅁ' 자형의 'ㅁ'은 땅에서 바라본 방위로 우측 'ㅂ(발)'이다. 旋(선)의 기념이 '璇璣玉衡(선기옥형)'의 개념으로 만들어진다. 해는 동에서 서쪽으로 넘어간다. 은하수도 같은 방향이다. 그렇기 때문에 해가 진 이후, 은하수가 일어서는 것을 나타낸 글자다. 還(환)의 금문 '還' 자의 동쪽에 'ㅅ' 자형이 '해'가 돌아 나오는 것을 나타낸다. 그러나 '還(환)'이 서쪽에서 돌면 '선'이기 때문에 '선'의 음가를 겸한다. 즉 旋(선)의 대칭이 還(환)이다. 'ㅅ' 자형이 좌측으로 붙어서 '彳(척)'이 된다. 즉 '彳(척: ㅓ)'과 '辵(착: ㅏ)'도 대칭이다.

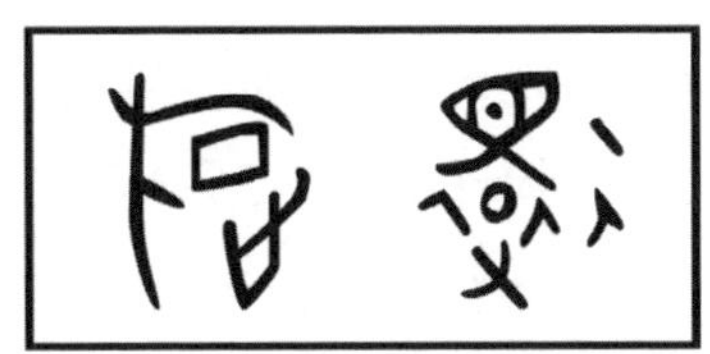

그림 2-2. 旋還(선환)의 대칭

'日(일)'의 이두음은 '契(해)'다. '契' 자형은 '계 · 설'의 음가다. 즉 '서다=설=해'처럼

'설'은 '시작'의 의미다. '설'은 음력 1월 1일이다. "까치~까치 설 날은 어저께고요, 우리~우리 설날은 오늘이래요"의 동요가 참으로 신묘하다. 까치는 북두칠성을 의미하는 새로 '음력설'을 나타낸다.

②'西(서)' 자는 갑골문이 '[illegible]=[illegible]+[illegible]'다. '[illegible]=[illegible]+[illegible]'다. '[illegible]'은 '[illegible](宗)'의 상하가 바뀌었다. '[illegible]=二+丨'으로 '북두를 향해 오른다'다. 고자 '卤(서)'에 'X' 자형이 '卍'이다. '[illegible]·[illegible]=[illegible]+[illegible]'이다. '[illegible](백)' 자형의 머리가 뾰족한 것은 고자 '皕'를 보면 '白'이 둘이다. '[illegible]=ㅂ'이다. 견우와 직녀가 만나 빛나는 것을 나타낸다. '[illegible](서)' 자도 같다. '[illegible](서)=[illegible]+[illegible]'이다. '[illegible]' 자형은 동에서 서까지의 한계를 나타내는 기호로 가림토다. '工'은 하늘과 땅이다. '[illegible]'은 북두의 魁(괴)가 남서쪽에 있다. 犀(서)는 '牛(우)+弜(강)'이다. 西方壬(서방님)은 북두칠성이 서방에서 동방으로 운행한 것을, 서방에 있던 견우가 데릴사위(贅壻:췌서)로 온 것으로 표현한 말이다. '사위'의 소리는 있으나 한자는 없다. 사위는 한자로 '壻(서)'다. 男便(남편)이다. '央(앙)'의 갑골문 '[illegible]'은 '凵(감)'으로 중앙을 표현했다.

표 2-7. 壻(서)·胥(서)·疋(필)·匹(필)의 갑골문·금문·전문·고문·해서

갑골문	금문	전문	고자	해서
	[illegible]		婿聟聓聟䏁	壻(서)
			胥 㑲 緰 偦 楈	胥(서)
[illegible]	[illegible]	[illegible]	匹 𤴔	疋(소·필)
	[illegible]	[illegible]	疋	匹(필·비)

③'[illegible](서)' 자는 '[illegible]+[illegible]+[illegible]'이다. 士(사)는 '남자'다. [illegible]=[illegible]+[illegible]+[illegible], '[illegible]=잇다'이고 '[illegible]+[illegible]'은 '짝'이다. '[illegible]' 자형은 疋(소)의 갑골문 '[illegible]' 자의 기호와 연결된다. '[illegible]=[illegible]+[illegible]'으로 '[illegible]=凵(감)'이다. 땅에서 바라본 우주다. '[illegible]'은 '서쪽'이다. '[illegible]=[illegible]+[illegible]'으로 '[illegible]=冂(경)'이다. '멀리 하늘에서 곧게 내려온 짝이다. '疋' 자는 '짝필'이다. '필'은 '필요하다·반드시'다. 짝필은 '반드시 필요한 짝'이다. 동자 '匹(필)'의 금문 [illegible]은 '[illegible]+[illegible]'이고 전문 [illegible]은 '[illegible]+[illegible]'다. '[illegible]' 자형은 가림토의 'ㅅ'으로 '서쪽'이다. '[illegible]' 자형은 '짝'

이다. '⊏' 자는 '서쪽에서 동으로 간다'다. 동에 이르면 '匚(방)'으로 가림토 'ㄷ'이다. 方(방)은 서쪽, 匚(방)은 동쪽이다. 그래서 가림토의 'ㄷ' 자는 동쪽이 正位(정위)다. '儿=比(비)'로써 '비유하다'의 '비'이기 때문에 '비'의 음을 겸한다. 사위을 뜻하는 한자의 음이 '서'인 것은 西方(서방)에서 오기 때문임을 알 수 있다.

북두칠성을 숭배한 한민족은 사위는 서방에서 데려와야 했다. '㽬(필)' 자의 比(비) 자를 보면 壻(서)의 '弜(강)' 자의 '弓(궁)' 자가 견우를 나타냄을 알 수 있다.

④'卨(설)' 자의 금문은 '卨=卤+禸'다. '卤=⊗'으로 'ㅏ=川=은하수'다. '⊗=○+✕', ○=가림토(하늘), ✕=북두칠성의 회전, '⚲=北(북)에 있던 魁(괴)가 南(남)으로 돌아왔다'다. '禸'은 '東(동)에서 西(서)로 간 북두'다. '卤'은 西(서)의 고자 '卤' 자와 같다. '서+ㄹ=설'의 음가인 것은 '卨' 자형이 '卍(만)' 자의 변형이기 때문이다. 동물의 발자국 禸(유)의 금문 '禸' 자형은 바로 북두칠성이다.

⑤'己' 자는 '己(기)'다. '乙(을)·卍(만)·日(일)' 등으로 변용된다. 스스로 일어나기 때문에 '自起(자기)'다.

己(기)는 서쪽에서 처음 일어나는 것이고, 起(기)는 동쪽에서 처음 일어나는 것이다. '起(기)=走(주)+己(기)'다. '己=♉'이다. '卨(설)·离(리)·禸(유)' 자에 '♉' 자가 있다. '북두칠성이 남에서 북으로 간다'다. 己(기)나 起(기)의 음가는 같다. 그래서 聲調(성조)를 통해 그 차이를 구분했다. 走(주)의 갑골문 '夭' 자형은 '卍' 자의 변형으로 동북으로 달려가는 자형이다. 辵(착)의 갑골문 '彳止' 자는 북두칠성이 돌아가는 '卍(만)' 자를 배치한 그림이다. 금문 '辶' 자의 '彡' 자형을 돌려세우면 '彡' 자형으로 북두가 내려오는 자형이다. '彡' 자형이 '彡(삼)' 자다. 북두에서 털어 보내는 것은 '彡' 자이고 서남으로 내려가는 것은 '辶'이다. '辵(착)'의 대칭은 '走(주)'다. '彳(척)'은 북남까지 가서 머뭇거리는 것이고 '辵(착)'은 계속 동쪽으로 가고, '行(행)'은 동북으로 올라가는 것이다.

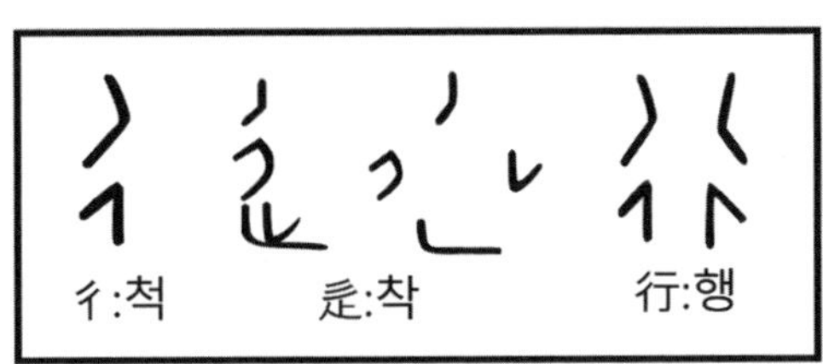

그림 2-3. 彳(척)·辵(착)·行(행)과 북두칠성

⑥'[illegible]' 자는 '[illegible]+[illegible]'이다. 서쪽을 보고 서 있는 북두칠성의 반대 방향, 즉 동쪽으로 올라간다. 살아있으면 해의 운행에 맞춰 일하고, 죽으면 해의 반대 방향인 북두칠성이 도는 방향으로 되돌아가기 때문에 '돌아가셨다'라고 했다. '弗(불)=不(불)'로 '태양'이다. 弗(불)의 갑골문 '[illegible]'은 서쪽으로 간다. '[illegible]' 자형과 관련된 '弟(제)·弼(필)·䏲(제)' 등의 많은 한자는 북두칠성과 관련 있다.

二. [illegible]: 은하수를 향해 동에서 견우가, 서에서 직녀가 올라, 가장 높은 곳에서 삼신과 함께 만났네.

표 2-8. 孚(부)·弓(궁)·阧(두)·夆(봉)·萬(만)·從(종)·升(승)의 갑골문·금문·전문·고문·해서

창힐문	갑골문	금문	전문	고자	비고	해서
[illegible]	[illegible]	[illegible]		[illegible]		孚(부)
		[illegible]	[illegible]			浮(부)
[illegible]	[illegible]	[illegible]	[illegible]	𢎗	[illegible]=은하수(穹·穹)	弓(궁)
	[illegible]	[illegible]	[illegible]	玐 殑 弓=歺		弘(홍)
[illegible]	※阧峻(두준): 가파르고 높음				陡	阧(두)
[illegible]				峯 峯 峰		峯(봉)
		[illegible]	[illegible]		逢(봉): 만나다	夆(봉)
		[illegible]	[illegible]	豐 峯 丰 峯 豊 峯	丰(봉) 丯(개)	峯(봉)
		[illegible]	[illegible]			丯(개)
[illegible]						萬(만)
[illegible]	[illegible]	[illegible]		飛 飛 飜飛(비)		飛(비)
	[illegible]	[illegible]	[illegible]			友(우)
[illegible]		[illegible]	[illegible]			從(종)
	[illegible]	[illegible]	[illegible]			旅(려)
[illegible]		[illegible]	[illegible]			升(승)

①'ㄷ' 자는 魁(괴)의 방향이 동쪽으로 도는 것으로 가림토의 'ㄷ' 자다. 한자는 '孚(부)'다. 孚(부)의 갑골문 '孚'의 검은 점(•)은 별이고 '爫'은 북두다. '孚=孚=孚'이다. 浮(부)의 전문 '浮'의 '氵(수)'는 '氵=북두'다. 고자 '孚' 자의 좌우에 'ㄱ·ㄴ'으로 북두를 표현했다. 한편 일본의 가타카나[59]는 신라의 문자다. 일본에서 '一'은 'ひ(히)'다. '히다'는 '白(백)'이다. 'ひ'의 자형에 시작과 끝에 각각 꼭지가 두 개가 빛이 퍼지는 것을 나타낸다. 'ひと(히또)'의 'と'는 기호의 상형과 의미로 보면 '뜬다'는 의미로 'ㄷ' 자형과 같다.

②'ㄹ' 자는 은하수인 '弓(궁)'이다.

③'ㅈ' 자는 '⺈+ㅅ'이다. 'ㅅ'은 가림토의 'ㅅ(솟다)'다. '산 위로 북두가 치솟다'다. 한자로 치환하면 '阧=陡(두)'다. 走(주)의 갑골문 '走' 자는 '북두칠성이 돌아가는 방향으로 달려서 북에 이른다'다. 'ㄹ·ㅈ'은 'ㄹ(弓:궁)으로 북두가 오른다'다.

④'ㅛ' 자는 '삼신이 우뚝 솟았다'다. '夆(봉)'이다. 夆(봉)=逢(봉)이다. '夆(봉)=夂(치)+丰(봉)'으로 '치솟아 만났다'다. '丰(봉)'과 '丯(개)'는 같지만, 의미가 다르다. '丯(개)'의 금문 '丯(개)'과 '夆(봉)' 자에 鳥跡文(조적문)인 '알'이 붙어있다. '丰(봉)'과 '丯(개)'는 천문에 쓰인 글자다. '개'의 음가는 '열다'의 '開(개)'로 '가+기'다. '丰(봉)' 이후에 서쪽으로 '가기' 때문에 '개'다. '丰(봉)' 자는 '三(삼)'이 '一(하나)'로 '三一(삼일)'이다. '彡(삼:털다)'의 개념이 들어있다. '屾(신)'은 '함께선신'이다. 지상에서는 '山(산)'이고, 하늘에선 '夆(봉)'으로 'ㅌ(ㅌ)' 자는 북두다.

⑤'ㅈ' 자는 '萬(만)'이다. 万(만)은 '북두의 杓(표)가 북쪽 끝(一)에 이른다'다. 서에서 견우가, 동에서 직녀가 올라와 만난 것이다. 만세(萬歲)를 할 ㅈ은 '五(오)'다. ᴡᴠ=万이고 'ㅈ=ㅈ'이다. '함께 만나다'다. 때 양손을 하늘로 번쩍 올리는 동작으로 萬(만)의 의미를 표출한다. 卍(만)은 사방 끝을 나타낸다.

⑥'ᄔ' 자는 동쪽에서 북으로 나란히 올라가는 북두로 '飛(비)'다. '浮(부)'는 동해에서 '해가 뜨는 것'이다. 'ᄔ' 자를 가림토 표기하면 'ㄴ+ㄴ+ㅣ'이다. 'ㅣ'을 '乙'로 보

59 한편 일본의 가타카나는 한글처럼 소리를 표기하는 기호다. 고바야시 교수는 "가타카나가 7~8세기 일본에 전래된 신라 고승 원효의 불교저술 「판비량론」이나 신라의 불경 필사본에 발음과 뜻을 표시하기 위해 붙인 신라인의 각필에서 비롯되었다. 신라시대 만들어져 일본으로 전해진 불교경전 〈대방광불화엄경〉에서 가타카나의 기원으로 보이는 각필 문자 360개를 확인했다."라고 발표했다.

면 '날'이고 '•'으로 치환하면 '는'이다. 한자로 '七七'이 되고 이것이 '比(비)'가 된다. 의인화되어 '兟(신)' 자가 된다. '(우)'의 대칭이다. ''는 남자(견우)가 둘이기 때문에 '형제'다. '(기)'의 '' 자형은 동북으로 거의 올라온 魁(괴)다. '豈(기) 자'의 '山'처럼 기울어지지 않으면 正北(정북)에 이른 것이다. 동일 자형을 겹침으로써 연속성을 나타냈다.

⑦'' 자는 서쪽에서 따라 올라오는 북두로 '从(종)'이다. 從(종)은 세로로 남북을 가르킨다. 가림토의 '亼'이다. 금문 '', ''의 '' 자는 가림토의 ''이다. 앞의 ''은 남에서 오르는 'ㄴ'이다. '' 자형이 마침내 북에 올라가면 'ㄱ+ㄱ'으로, '國(국)'이 된다. '終局(종국)'이란 개념과 일치한다. '(려)' 자는 參星(삼성)인 삼신을 상징하는 삼지창을 뒤 따라 가는 사람이다.

⑧'' 자는 '升(승)'이다. (오)의 '' 자로 '서쪽으로 날아오른다'다. '升(승)'의 갑골문 ''과 금문 '' 자는 魁(괴)가 서쪽에 있다. 금문 '昇(승)'은 '해가 떠오른다'다. '서다'에서 '서'는 'ㅅ+ㅓ'로 방향이 서쪽이고 '다'는 'ㄷ+ㅏ'로 동쪽이다.

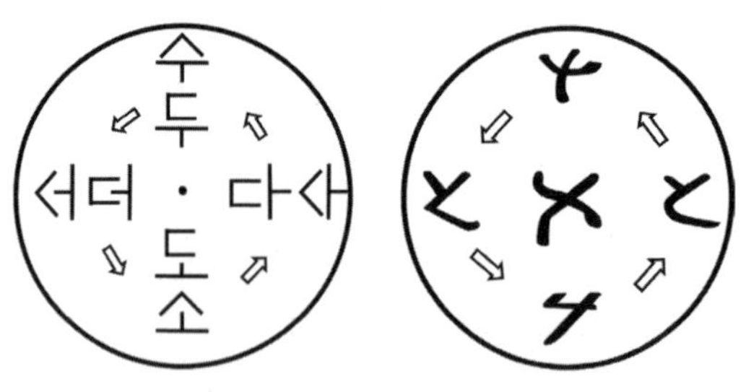

그림 2-4. 수두·소도 그림 2-5. 북두칠성 배치

三. ······: 은하수를 건너 둘이 만나 마침내 북두가 바로 섰네

표 2-9. 涉(섭)·禹(우)·豈(기)·迄(흘)·离(리)의 갑골문·금문·전문·고문·해서

	갑골문	금문	전문		
					涉(섭)
					米(미)
					相(상)

[illegible]		[illegible]	[illegible]	※遇=㚻=逊=偶		禺(우)
[illegible]	[illegible]			洄 犿(환)		丸(환)
	[illegible]	[illegible]	[illegible]	※厌=厂+大=L+大 厌 庆 犿 昃 昃厓		仄(측)
	[illegible]	[illegible]	[illegible]			昃(측)
[illegible]		[illegible]		豈		豈(기)
				凱 凯		凱(개)
[illegible]						迄(흘)
[illegible]	[illegible]	[illegible]	[illegible]			夅(강)
	[illegible]	[illegible]	[illegible]	離 雅 離	╳	离(리)
	[illegible]	[illegible]	[illegible]			禹(우)

①'[illegible]' 자는 '涉(섭)'이다. 상하에 점이 셋으로 은하수를 사이에 두고 서로 마주하는 對應(대응)이다. '鞃(신)' 자는 은하수를 신으로 상징한 글자다. 만나기 위해 건너기 때문에 '涉(섭)'이다. 동쪽에 있는 직녀성은 별 셋에 베틀을 나타내는 별이 넷으로 칠성이다. 서쪽의 견우성도 별이 셋에다 소를 상징하는 별이 셋으로 육성이다. 즉 점 3개는 견우와 직녀다. '하나'의 상징으로 '三(삼)'이 곧 '一(일)'이다. 칠월 칠석에 밝은 은하수는 북쪽 하늘에 수평(一)으로 눕고, 위에는 직녀성이 밑에는 견우성이 '[illegible]' 자형처럼 마주한다. 직녀가 견우보다 직위가 높다. '꼭두각시'다. 천부경의 大三合六(대삼합육)의 '[illegible]' 자로 '[illegible]' 자형의 별이 여섯이다.

신농씨가 穗書(수서)를, 만들었다고 하는 것은 '별자리를 묶은 형태가 벼 이삭처럼 생겼다'이다. '米(미)' 자와 닮았다. '五斗米(오두미)'처럼 견우와 직녀가 만난 것으로 개념을 만들었다. '白米(백미)·玄米(현미)'도 마찬가지다. 가림토 문자로 보면 '근·늑' 자형이 나온다. 이것을 한자로 치환하면 '近(근)'과 '阞(늑)'이다. 相(상)의 갑골문과 금문을 보면 '木' 자는 '↓+↑'이다. 위에서 내려보고 밑에서 마주 올려보는 자형임을 알 수 있다.

②'[illegible]' 자는 '禺(우)'다. 금문 '[illegible]'은 '긴꼬리원숭이·만나다'다. '遇(만나다)·偶(짝)·寓(임시로살다)隅(모퉁이)'처럼 견우와 직녀가 만나고 난 이후의 과정이 담겨있다. '㞬(신:당기다)' 자는 서로 만나 손을 잡았다. '䢃(신)'은 '족두리풀다'다. '㬳(거듭신)'

의 자형과 같이 가림토의 'ㅋ'이 있다.

③'ㄨ' 자는 '卐(만)'이다. '卍(만)' 자와 반대로 도는 것으로 '丸(환)'과 같다. 인도의 크리슈나 神(신)의 가슴의 '旋毛(선모)'의 모양을 본뜬 자형이라 하지만 이 자형은 북두칠성의 모습을 형상화한 글자다.

'丸(환)'과 '仄(측)' 자의 갑골문은 반대다. 직녀가 동으로 돌아서고, 견우가 서로 돌아 내려간다. 丸(환)의 갑골문 'ㄱ'은 '구르다'다. 'ㄱ(ㄱ)'은 '구르다'이고 '구부리다'의 '부리=불=환'이다. 둘이 만났기 때문에 '환'으로 '丸(환)=還(환)'이다. '還歸(환귀)'는 歸(귀) 이후에 다시 돈다. '旋(선)'과 대칭이다. 旋(선)은 북두칠성이 회전하는 방향으로 돌고 還(환)은 태양이 도는 방향으로 돈다. 즉 서에서 돌아 동으로 다시 나오기 때문에 '还(환)'이다. '丸(환)'은 남쪽에 있는 '九(구)'의 대칭으로 北(북)에서 돌아 남으로 가는 견우다. '邊(변)'은 서쪽이다. '仄(측)' 자는 서쪽으로 되돌아가기 때문에 좌측에 '厂(뒤돌아서다)'는 기호가 있다. 금문 '厌=厂(돌아서다)+大(머리를 동쪽을 보고 간다)'다. 주문 '仄=ㄴ(ㄴ+직녀)+大'다. '大·矢' 자형이 '六(육)'이다. 仄(측)의 갑골문과 반대는 '丸(환)'이다. '측'의 음가는 견우와 직녀가 만나자고 헤어짐에 '측은하다'는 의미다.

④'ㄹ' 자는 '豈(기)'다. 전문은 '豈=ㅌ+豆'다. '山=ㅌ=ㅌ=ㅌ'이다. 전문은 'ㅌ'이 불안전하게 아슬하게 북동으로 섰지만 'ㄹ'는 동서로 누웠다.

⑤'ㄹ' 자는 '屹(흘)'이다. '마침내 우뚝 섰다'다. '흘'의 소리에는 견우와 직녀가 합방하는 과정을 여러 한자에 담았다. 紇(흘)은 '명주실의 끝이'다. 齕(흘) '부끄러움에 이를 깨문다'다. 방에서 둘이 만나 옷고름을 푼다. 忔(흘)은 기쁨이다. '을'의 음이 되면 '싫어한다'다. 扢(흘)은 '문지르다·끌어당길걸'이다. 欯(흘)은 '더듬는다'다. 虼(흘)은 '범이 노려본다'다·흘겨보다'다. 견우가 직녀를 살펴보는 것이다. 우리의 소리는 한자가 우리의 문자라는 것과 견우직녀의 신화가 우리의 신화임을 증명하고 있다. '迄(흘)·乤(둘)' 자도 '북두칠성'과 관련 있다.

⑥'ㄨ' 자는 '夅(강)'이다. 가림토에서 '서남'을 나타내는 기호는 'ㄱ'과 'ㅇ'으로 '강'이 된다. '㫖(측)'의 'ㄲ' 자는 북동으로 기울었다. '十' 자가 방향을 바꿔 서남으로 내려가면 'ㄨ' 자형이다. 'ㄨ' 자는 'ㄲ' 자와 대칭으로 '夅(강)'이다. '屰(역)' 자는 남북이다.

새가 북남으로 떠난다는 의미로 보면 '离(리)'다.

'离(리)'의 갑골문 ''=+''다. ''=+''다. ''≒''으로, 땅에서 본 우주다. '' 은 하늘에서 회전하는 북두칠성으로 '卍(만)'이다. 금문 '' 자형은 '(견우직녀)='이다. '='새쵸'다. 새가 서쪽으로 날아간다. '쵸=ㅊ+ㅛ'다. 彬(빈)의 '林=''이다. '' 자의 '' 자형은 서쪽으로 내려간 것을 표시했다. ''=(북두)'다. '' 자형도 서쪽에 있는 북두다. ''은 서에서 남동으로 북두가 진행하는 것을 나타낸다. 이처럼 '새'가 단순한 새가 아니라, 북두칠성의 움직임을 상징한 동물이다. 그러므로 '鳥跡(조적)'이다.

四. ······: 다시 시작하여 칠성이 동으로 움직이네.

표 2-10. 屮(초)·叉(우)·而(이)·乇(칠)의 갑골문·금문·전문·고문·해서

	갑골문	금문	전문	고자	해서
·				艹 艸	屮(초)
·				叹 叵 尣	叉(우)
					而(이)
·					乇(칠)

①'' 자는 '屮(초)'다. 본자는 '艸'다. 창힐문자 ''와 같고, '' 자형과 대칭이다. 북두가 남쪽에 도달했다. '始作(시작)한다'다. 은하수에 이어 북두칠성으로 다시 연결되어 두 번 반복된다.

②'·' 자는 '叉(우)'다.

③'' 자는 '而(이)'다. '이어서·따름'이다.

④'' 자는 '乇=+'이다. 북쪽에 오르면 '' 자형이 된다. 이것을 교묘하게 돌려서 '' 자형으로 만들었다. '巧(교)'다. '巧(교)'의 '工(공)'이 '바로 세웠다'다. '교묘'의 '교=ㄱ+ㅛ', '묘(卯)=ㅁ+ㅛ'다. 가림토의 원리로 분석하면 '乇(칠)'이 둘임을 알 수 있다. '乇(칠)'은 '凹凸(요철)'로 '오목'함으로 글자 하나에 둘이 결합한 것을 나타냈다.

五. 𝌆·𝌆·𝌆·𝌆·𝌆: 견우와 헤어지면서 다시 만날 날을 기약하고 돌아서네

표 2-11. 当(당)·昌(신)·釆(변)·其(기)·反(반)의 갑골문·금문·전문·고문·해서

창힐문	갑골문	금문	전문	고자	해서
[illegible]			當	当 㞧 畣	當(당)
[illegible]	※[illegible]: 두 개가 겹합된 셋은 하나(삼신일체) 帀•匝•帀•迊				昌(신)
[illegible]	[illegible]			彭 彭 彭 彭 彭 彭 變 變 變	变(변)
				丐 辨	釆(변)
				𧴿 庋 畓 僠	番(번)
[illegible]					其(기)
[illegible]	[illegible]	[illegible]	[illegible]	[illegible] 反 仮	反(반)
	[illegible]	[illegible]	[illegible]	屗 屖 尾 屘 屃	尾(미)
	[illegible]	[illegible]	[illegible]	尸 尸 屍	尸(시)
	[illegible]	[illegible]	[illegible]	[illegible]	帥(수)

①'[illegible]' 자는 '当(당)'이다. 當面(당면)으로, '얼굴을 마주한다'다. 견우와 직녀가 북두칠성에서 다시 만났다. 금문 [illegible]은 '八+冂+[illegible]'다. '[illegible]=冂+[illegible]=魁(괴)'다. 가림토의 '[illegible]'이다. '彡(삼)'과 '四(사)'가 결합 됐다.

'[illegible]' 자형은 견우와 직녀가 合房(합방)한 가림토의 '[illegible]·[illegible]'과 연결된다. 방에서 둘이 만나 직녀가 견우에게 술잔을 올리는 것이 '福(복)' 자다. 은밀한 곳에서 만리장성을 쌓은 것이 '奧(오)'다. '[illegible]=[illegible]+[illegible]'은 '둘이 만나다'다. [illegible] 서쪽에 있는 북두가 동으로 방향을 돌면 '[illegible]' 자형으로 '[illegible]'이다. 만나면 밝은 빛과 변화를 만든다. '[illegible]'은 '둘이 하나가 된다'는 것으로 '匝(잡)' 자에 의미가 내포됐다. '잡'의 음가인 '帀(잡:성취하다·두르다·두루다)=匝(잡:돌다)·咂(잡:지저귀다)'의 한자는 견우와 직녀가 만나서 포옹하고 희롱하며 떠드는 내용 담고 있다. 睪(역)의 전문 '[illegible]=[illegible]+[illegible]'이다. '엿보다'의 이두음이다. 신방을 치루는 방의 문풍지를 새끼손가락으로 뚫고 '엿본다'다. 그리고 '즐거워한다'다. 문풍지를 뚫으면 '구멍이 생긴다'에서 '연못'이란 뜻과 여성의 성기를 연못으로 비유했고 남성의 성기를 박는 '못'으로 비유했다.

'卍(만)' 자형에서 북두에서 둘이 만난 기호로 '屮' 자형이 된다. '山' 자는 땅에서는 산이지만 하늘에서는 좌우 두 개의 북두가 하나로 결합한 것이다. 각각의 '丨'이 '申(신)' 이기 때문에 '三神一體(삼신일체)'다. '둘이 결합되어 하나'가 되었음을 나타낸다. '屮' 자형이 누워 서쪽으로 가면 '⼹' 자가 된다. '帀(잡)'은 '에워싸다·이루다·벌(옷의 상하)'다. '帥(수)'의 갑골문과 금문에 '𠂤帀'에 '屮' 자형이 있다.

②'䜣' 자는 '亓+亓'으로 '㬰(신)' 자다. '점이 7개'로 북두칠성이다. '亓' 자형은 북두칠성의 3개의 별 '杓(표)'로 견우다. '亓' 자형은 '魁(괴)'로 상하 '二' 자가 결합한 직녀다. 은하수에서는 직녀가 上(상), 견우가 下(하)에 있다. 직녀의 신분이 견우보다 높다. 이것이 '正(정)'의 위치다. 正(정)의 고자 '𤴓·𤴔·𤴕·𠙵' 위에 '二(이)'가 직녀다. 북두칠성에서는 반대로 견우인 '亓(杓:표)'가 위에 있고 직녀인 '亓(魁:괴)가 밑에 있다. 한자로 치환하면 '㬰(신)'이다. '당신'이란 말은 마주한 상대가 '申(신)'이기 때문이다. 비록 '申(신)'은 하나지만 '𦥔(거듭신)'과 동자로 짝인 하나가 숨어있다. 자신의 짝을 만나면 '当㬰(당신)=當身(당신)'이다. '卡(잡)' 자도 같은 의미다.

③'䒑=䒑' 자는 '釆(변)'이다. '変(변)=釆(변)'이다. 上(상)에 있던 견우가 다시 下(하)로 바뀌었다. 능은본의 變(변)은 '𢆶+攵'이다. '𢆶' 자형은 동쪽의 '8'이 서쪽에서 위치가 '8'으로 바뀌었다. '攵=⊥(上)+乂(爻)'로, 하늘의 별자리가 바뀐 것을 보고 그린 것이다. '丫' 자형의 머리는 가림토의 '▽'이다. '빛'을 나타내면서 머리가 밑으로 옮겨졌음을 나타낸다. '变(변)' 자의 '亦(역)'은 '반복'이다. 番(번)은 '해가 바뀌면 밭에 다른 품종을 심는다'다. 이것이 서면 '氺(수)'가 되어 비가 내린다.

④'䒑=箕' 자는 '其(기)'다. '箕=⋏⋏+𠀃+丌'다. 갑골문 '𠀠'은 견우와 직녀가 앉아 서로 손을 마주 잡고 다시 만난 날을 기약하는 것이다. 좌우 산(⋏⋏)이 떨어져 있다. 魁(괴) 속에서 '𠀃' 두 사람이 서로 하나로 묶었고 알(•)이 4개로 가족이다. '亓(기)' 자는 '二(견우직녀)+儿(인)'이다. 곧 헤어져야 할 상황이다.

⑤'𠃌=ㄩ' 자는 '反(반)'이다. 反(반)의 갑골문 '𠩺=厂+又'다. 정상적인 'ㄱ'이 '𠂆' 자형으로 뒤로 돌았다. '卍(만)' 자의 대칭인 '卐' 자에서 창힐문자의 'ㄩ' 자형이 만들어진다〈그림 2-6〉. 이 자형은 북두칠성의 春夏秋冬(춘하추동)의 배치다. 한편 '尾(미)'는 '尸(시)+毛(모)'다. '미'의 음가는 '미르·미리내'처럼 '물'과 관련 있듯이, 이처럼 '구'는 'ㄩ(두)'는 '두>둑>둑방'처럼 '물'과 관련있다. 任(임)의 금문은 '亻壬'이고 壬(임)의 갑골

문은 '工' 자는 하늘과 땅을 곧게 연결된 것으로 '工(공)' 자와 가림토와 '工' 자형과 같다. 任(임)의 '亻(인)'을 나타내는 '亻' 자형은 북두칠성이 곧게 선 자형으로 북두칠성의 뜻을 맡은 사람이다. '巫(무)'는 '工+人人'으로 巫堂이다.

'尸(시)' 자의 갑골문 '尸'은 弓(궁)에서 파생됐다. '시'의 음가는 '곧게 내리다'다. 머리를 중시하면 '遷(천)'이다. 遷(천)의 갑골문 '遷'의 '⊗=西(서)'다. 금문 '遷'의 '己' 자형의 머리는 'ㅂ'이 西(서)를 향하지만 꼬리는 동쪽이다.

그림 2-6. 卍(만)과 '斗(두)' 자의 배치

六. 夊·水·来: 견우가 돌아서자 비가 내리네

표 2-12. 夊(쇠)·水(수)·来(래)의 갑골문·금문·전문·고문·해서

창힐문	갑골문	금문	전문	고자	해서
夊·夊	夊	夊			夊(쇠)
	夂	夂			夂(치)
水·水	水	水	水	氵 𣲡 氺	水(수)
来·来	来	来			来(래)

①'夊=夊' 자는 '夊(쇠)'다. 순화각첩 '夊' 자형의 '弓' 자형이 '弓(은하수)'로, '弓' 자와 방향이 반대다. 한자로 '夊(쇠)'다. '夊(쇠)'는 '돌아서 간다'로, 歸鄕(귀향)의 의미다. 우리말에 '설쇠러 간다'에 '쇠'의 음이 남아있다. 즉 '설'은 시작이고 '쇠'는 마지막에 해당한다.

한편 '夊(쇠)'와 닮은 '夂(치)' 자는 '처지다'는'다. '夕=夕'이다. '夕' 자형은 서쪽을 향한 북두다. '夊(쇠)' 자의 선은 북두가 동쪽으로 이동하는 것을 표시했다. '쇠⇨쉬'가 되어 '쉰다'가 된다.

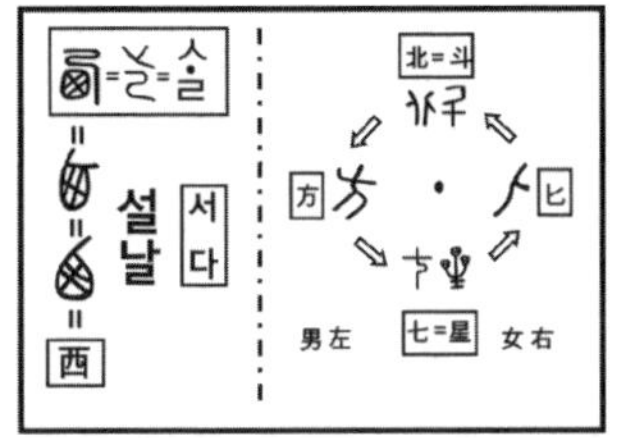

설 쇠 다

그림 2-7. 설날·설쇠다

②'氺' 자는 '氺(수)'다. 평양비 '氺' 자형으로 능은본 淵(연)의 '氺' 자로 한자로 치환하면 '氺(수)'다. '雨(우)'가 '霏(비)'다. 고자 '蕠=井(정)+泉(천)'으로, '井(정)'은 북두칠성이다. 고어 '우믈졍'은 가림토의 'ㅕ'다.

③'来=来' 자는 '来(래)'다. 雨의 갑골문과 금문은 '雨·雨'다. '来'의 점 두 개가 내려온 자형이 '来(래)'다. 능은본 '来(래)'의 한 점은 '来' 자처럼 위에 있다. '冂' 밑으로 비가 내려 '雨' 자형처럼 밑으로 내려오면 雨(우)다. 창힐이 "이 글을 쓰자마자 비가 내렸다."는 것은 봄 기우제에 이글을 섰다는 의미로 볼 수 있다. '扇(루)=尸(시)+雨(우)'다. '尸' 자형이 북두칠성이다. '강강술래'의 '강'은 '江', 술은 '濡', '래'는 '来'로 "북두가 돌아 물이 샘처럼 솟아 강에 흘러내린다"라는 의미가 있다.

마. 이규보의 七月七日雨(칠월칠일우)

銀河杳杳碧霞外(은하묘묘벽하외): 은하수 아득한 저 노을 밖

天上神仙今夕會(천상신선금석회): 천상의 신선들 오늘 저녁 모인다

龍梭聲斷夜機空(용사성단야기공): 북(베틀)소리 끊기고 밤 베틀은 비워

烏鵲橋邊促仙馭(오작교변촉선어): 오작교가로 신선들 행차를 재촉한다

相逢才說別離苦(상봉재설별리고): 서로 만나 이별의 아픔도 못 나누고

還道明朝又難駐(환도명조우난주): 내일 아침이면 또 함께 머물기 어려워라

雙行玉淚洒如泉(쌍행옥루쇄여천): 두 줄기 눈물은 샘처럼 흘러내리고

一陣金風吹作雨(일진금풍취작우): 한바탕 서풍이 비를 불어오는 구나

廣寒仙女練帨涼(광한선녀련세량): 광한궁 선녀 명주 수건 차갑고

獨宿婆娑桂影傍(독숙파사계영방): 계수나무 그림자 옆에 홀로 잠들었다
妬他靈匹一宵歡(투타영필일소환): 저 선녀 남녀 하룻밤 즐거움을 시샘하여
深閉蟾宮不放光(심폐섬궁불발광): 월궁을 굳게 닫고 빛을 비추지 않는다
赤龍下濕滑難騎(적룡하습활난기): 적룡은 미끄러워 올라타기 어렵고
青鳥低霑凝不飛(청조저점응불비): 청조는 젖은 날개가 얼어 날아갈 수 없구나
天方向曉汔可霽(천방향효흘기재): 곧 먼동이 틀 새벽이라 그만 개야 하나
恐染天孫雲錦衣(공염천손운금의): 천손의 깨끗한 옷을 더럽힐까 걱정된다

바. 太上玄靈北斗本命延生眞經注(태상현령북두본명연생진경주)[60]

"北斗者 乃天地之元靈 神人之本命也: 북두칠성은 천지 으뜸의 령이요, 신과 인간의 본명이다.

北斗居天之 爲天之樞紐 天地之權衡也: 북두는 하늘에 거하여 하늘의 중심축이 되며, 천지의 균형을 잡는다.

天無斗不生 無斗不成 無斗不明 無斗不行 : 하늘에 북두가 없으면 만물을 낳지도 이루지도 밝음도 운행도 없다.

斗爲量度之玄器也: 북두는 헤아리고 살피는 현묘한 기관이다.

60 『道藏(도장)』 17권

2
鹿圖文字(녹도문자)

가. 鹿圖(녹도)의 意味(의미)와 象徵(상징)

많은 동물 중에 호랑이도 아니고, 사슴 발자국을 선택한 것은 그만한 이유가 있다. 신화와 역사가 공존하던 시대로 언어, 문자, 문화, 종교, 역사를 공동으로 사용하며 함께 살아왔다. '鹿(록)' 자 속에 내포된 상징적 의미를 파악해 본다.

표 2-13. 鹿(록)·圖(도) 외, 갑골문·금문·전문·고자·해서

갑골문	금문	전문	고자	해서
[illegible]	[illegible] [illegible]	[illegible]	[illegible] [illegible]	鹿(록)
[illegible]	[illegible] [illegible]	[illegible]	丽 [illegible] [illegible] [illegible] 麗 [illegible]	麗(려)
	[illegible] [illegible]	[illegible]	[illegible] [illegible] [illegible] [illegible] [illegible] [illegible] [illegible] [illegible]	圖(도)
[illegible] [illegible]				啚(비)
	[illegible]	[illegible]		章(장)
		[illegible]		符(부)
	[illegible]	[illegible]		付(부)
[illegible]	[illegible]	[illegible]		竹(죽)

①‘鹿(록)’ 자의 갑골문 ‘’ 자와 금문 ‘’ 자는 단군 환웅 시대 사슴에 대한 상징과 인식 체계가 담겨있다. 천문 28숙은 7개의 별을 4개로 묶고 신성한 동물로 상징삼았다. 鹿(록)을 일차원적 개념이 아니라 삼차원적 상징으로 보아야 해석된다. 馴鹿(순록)의 발자국에 창힐문자의 ‘’ 자형이 있다. 점 하나는 기본적으로 태양을 나타내고 둘은 북두를 상징한다. 그러나 北東(북동)과 南西(남서)를 경계로 북두칠성(동북)과 태양(남서)의 운행으로 구분하고 ‘뇨·료’처럼 ‘ㄴ’과 ‘ㄹ’처럼 자음에 따라 음양을 구분하여 실질적으로 동서남북의 운행을 단모음과 양모음에 모두 혼합시켰다. ‘去(거)’는 ‘ㄱ+ㅓ’로 ‘견우가 서쪽(남)으로 간다’이고, 架(가)는 동쪽(북)으로 가는 것이다. 즉 한자는 그림이고 한글은 의미전달의 기호적 기능에 대표 음가로 사용됐다.

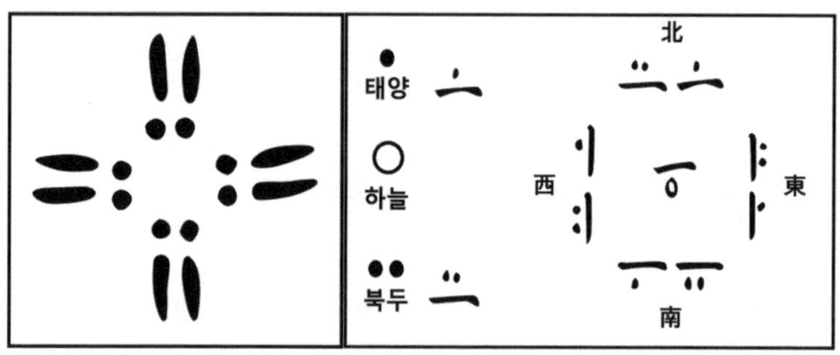

그림 2-8. 사슴 우족·좌족 발자국/모음 원리

사슴뿔()과 발()은 ‘북두칠성’의 상징이다. 암사슴의 ‘麀(우)’ 자는 ‘鹿+七(匕)’다. 사슴 발자국은 북두칠성처럼 짝이다. 좌족은 견우, 우족은 직녀를 상징한다. 북두칠성의 회전 방향처럼 우족은 올라가고 좌족은 내려온다. 작은 원 두 개는 중심으로 가림토 모음의 구성 원리가 있다. 나무 가지처럼 펴져 올라간 사슴뿔은 밤하늘의 별을 묶은 별자리로 보였을 것이다.

鹿圖(록도)는 총론적 원리 개념이고, 가림토는 구체적 개념으로 볼 수 있다.

鹿(록)의 뜻인 ‘사슴’을 가림토로 해석하면 ‘사’의 ‘ㅅ’은 ‘솟구치다’이고, ‘ㅏ’는 북두칠성이 회전하는 右(우) 방향으로 ‘오른다’이고, ‘슴’은 가림토의 ‘’ 자로, 한자 ‘合(합)’ 자와 닮았다.

‘록=ㄹ+ㅗ+ㄱ’으로 ‘둘이 만났다’다. ‘어두운 밤 산기슭에서 둘이 만난 칠성을 올려 본다'가 '사슴'이고 '록'이다.

'뿔'은 '龍(용)'의 상징으로 별을 상징한다. 사슴의 '뿔'은 '용'이다. 큰사슴의 '麎(신)' 자에 '신'의 음이 사용된 것은 '사슴'을 북두칠성의 '辰(신)'으로 상징했기 때문이다.

'천부경·투전목·가림토' 이 셋은 서로 연결되어 있다. 가림토의 상형은 해와 달, 특히 북두칠성 운행을 기호화하고 여기에 견우와 직녀의 신화를 결합했다. 가림토가 한글의 뿌리[61]이고 한자 음가의 시원[62]이다. 算木(산목)의 숫자를 세는 용도이지만, 鬪佃目(투전목)은 숫자에 설화를 접목시킨 글자다. 가림토는 이것을 설명하는 문자로 한자의 자형에 결합시키고 한자 음의 뿌리와 뜻으로 삼았다. 한민족은 갑골문을 만든 민족이다. 문자의 기록은 천문과 신에 대한 기록으로부터 시작됐다. 우리 민족이 사용한 소리나 기호 속에 초기 문화에 사용된 숫자나 가림토와 한자에 남아 있는 것은 너무나 당연하다.

②'麗(려)' 자는 '丽(려)+鹿(록)'이다. '사슴이 잇달아 간다'로 설명하고 있다. '麗(고울려)'의 갑골문 '[illegible]'과 금문 '[illegible]·[illegible]'은 사슴은 북두를 올려 보고, 북두에 있는 조상신(견우직녀)은 자식을 그윽하게 바라보듯 고운 눈빛으로 사슴을 내려보고 있다. '사슴'이 북두를 닮은 자식이다. 사슴은 고구려의 상징 동물이었다. 한편 고문 '丽·[illegible]·[illegible]' 자형은 '鹿(녹)'의 자와 전혀 다르다. 사슴보다는 북두의 조상신을 나타낸 글자다. 고문 '丽(려)'는 '곱다·맑다·짝짓다·붙다'란 의미다. '丽'와 같은 자인 '覀'자를 보면 '丽' 자형이 맑은 '두 눈'을 나타낸다. 여기에서 '맑고 큰 두 눈·짝·짝짓기'라는 의미가 생긴다. '눈이 부리부리하다는 것은 '눈'을 '불(부리)'로 비유한 것이다. 'ㅂ' 자형에 '불'과 '빛'의 상징이 있음을 알 수 있다. 둘이 짝짓기하기 위해선 두 사람의 눈도 맞아야 하고 서로 '부비고 비비'는 행위를 하게 된다. 이러한 소리에 'ㅂㅂ'처럼 'ㅂ'이 반복된다. 북두에 이르면 'ㅂ'이 두 개가 된다. '夫婦(부부)'는 '짝'이다. '丽' 자형을 180° 돌리면 가림토 '[illegible]'로 '부부'의 자형과 '불'의 음가와 일치한다. 또한 '[illegible]·[illegible]'은 두 명의 신이 나란히 서 있는 것으로 견우와 직녀·부부·조상을 뜻한다. 그래서 '儷=俪=侶=

61 非新字也(비신자야),『세종실록 103권』

62 임성묵,『본국검예 3. 왜검의 시원은 조선이다』, 행복에너지출판사, 2018, p119.

呂=玄'은 모두 '짝'이란 의미를 갖는다. 즉 '儷=亻+麗'고 '俪=儷'다. 특히 '丽' 자형은 매우 중요하다. '丅' 자형은 '二+丨'이다. '丨'자형은 '신·하나'의 뜻이다. 즉 '丅' 자형은 '둘이 하나'라는 의미와 음양(부부)이 神(신)이라는 의미가 되면서 산목 '7'을 나타낸다.

'丅' 자형을 한 개로 축약하는 대신, '丅' 자형 앞에 붙은 '㇖(북두칠성:견우)' 자형 하나를 좌측에 붙임으로써 '示(신)' 자가 됐다. 'T=㇖(견우)+ᒥ(직녀)'다. '하나님'과 '神(신)'의 개념이 '丅' 자에서 비롯되었음을 '丽' 자를 통해 확인할 수 있다. 本(본)은 '㇖+十+ᒥ'의 조합이다. 단순하게 나무뿌리만을 나타내지 않는다.

'鹿(록)' 자형은 머리에 뿔이 있지만 '려(麗)' 자에서는 눈 아래의 얼굴로 나타난다. 즉 麗(려)는 '북두에 있는 조상신(丽)께서 굽어 자손을 내려 본다'는 의미다. 또한 '麗(려)'자는 도깨비의 얼굴로 치우다. 선조들은 같은 음가를 사용했기에 "麗(려)는 '黧(검을려)'로 '黎(검을려)'[63] 와 통한다."[64]

이처럼 '麗(려)' 자를 보면 '鹿(록)' 자가 단순하게 '사슴'만을 뜻하지 않고 하늘과 땅을 이어주는 신성한 동물임을 알 수 있다. 사슴이 하늘에서는 龍(용)이다. 고구려는 고조선의 상징인 '鹿(록)' 자를 계승했다.

③'圖(도)' 자는 '又+内=烏(오:오)'다. 오르는 북두칠성을 그렸다. 도달하면 돌기 때문에 가림토 'ᅐ=ㄷ+ㅗ=도'다. '㐭=回'은 '하늘의 새가 돈다'로 旋回(선회)다. 고자 '圖(도)=凵(감)+口(구)+井(정)'은 북두칠성을 나타낸다.

圖免(도면)은 '모면하기 위해 꾀를 쓴다'다. 圖賴(도뢰)는 '허물을 남에게 돌려씌운다'다. 이처럼 '圖(도)'는 '도는 모양을 그렸다'가 진의다. 河圖洛書(하도낙서)는 천문 28숙을 그렸다.

'啚(비)=圖(도)', 啚(비)의 갑골문 '𠬝' 자는 새를 의인화한 것으로 '비'의 음은 '飛(비)'다.

'囗(위)+啚(비)', '囗(위)'는 '두르다·마을·국가', '囗=圍(위)=國(국)', '에워싼 국토'로 새가 다스리는 영토다. 圖章(도장)은 '하늘의 새를 새겼다'로 天符印(천부인)의

---

63 《漢韓大字典》 민중서림 편집국. 2007.1.10. 김철환. p2305.

64 임성묵, 『본국검예 3. 왜검의 시원은 조선이다』, 행복에너지출판사, 2018, p97.

새를 그린 도장이다.

④'章(장)' 자는 '印(인)'이다. 금문 '𠭥' 자는 문신용 바늘을 본뜬 자형에서 '무늬·표지'라 한다. 그러나 '𠀐' 자는 立(입)의 갑골문 '𠀐' 자가 뒤집힌 글자다. 하늘에서 땅으로 내려온 사람, '神(신)'이다. '𠀐(신)' 자가 전문에서 '𠀐' 자로 바뀐다. 머리에 통천관을 섰다.

'早(조)는 '아침해'. 圖(도)의 뜻은 '그림', '글씨나 그림에 도장을 찍는 것'은 하늘신의 상징인 '새의 권위와 인정을 새를 통해 받았다'는 징표다. 한민족의 상징인 새가 '圖(도)' 자다.

⑤'符(부)' 자는 해석이 매우 중요하다. 금문 '𥫗=𥫗+𠘧+𠂇'다. 『史記(사기)』에 符(부)는 奉其符璽(봉기부새)로 '圖章(도장)'이다. 符璽(부새)는 '불새'의 이두문이다. '祥符(상부)·天符(천부)는 하늘의 '조짐·징조'의 뜻이다. 𥫗(부)의 '𥫗' 자형은 '竹(죽)'이 아니라, 견우직녀(조상신)이다. 付命(부명)은 天命(천명)으로 孚命(부명)·附命(부명)이다. 모두 '부'의 음가다. 금문은 '𠂇=亻+𠂇'이다. '𠂇=𠃌+丷'으로 내려주는 주체가 '하늘'이고 앞에 '亻' 자가 북두칠성이다. 두 혼령을 하나로 모시는 '祔(부)' 자에 付(부)가 붙었다. 즉 '𠂇=𠂇'다. 서로 위치가 도치되어 내려주는 대상이 사람 중심이 됐다. 즉 天符經(천부경)이란 하늘의 日月星辰(일월성신)을 기록한 경전이란 뜻이다. 이렇게 보면 天符印(천부인)도 '하늘의 상징이 그려진 도장'일 수밖에 없다.

나. 左右(좌우)의 象徵(상징)

①'左(좌)' 자를 허신은 '공구를 쥔 장인의 왼손'으로 해석했다. 금문을 '工' 자형을 잘못 해석했다, 금문 𠂇(좌)는 '𠂇+工'이다. '𠂇' 자형은 좌로 내려오는 북두다. 工=북남의 끝이다. 동서의 끝은 '𠂇'의 'H' 자형이다. 가림토에 있다.

②'右(우)' 자는 '又(우)+口(구)'다. 口(구)를 '기도의 말'로 '신이 손을 뻗쳐 사람을 돕는다'로 해석했다. 잘못된 해석이다. 오른손하고 '기도의 말'과의 관련성이 억지스럽다.

右(우)는 'ㅋ+ㅂ'이다. 'ㅂ' 자형은 '口'가 아니라 'ㅂ'이다. 'ㅂ'은 '볼(불·발·볼·별)'을 뜻하며 '오르다·가다·별'을 나타내는 기호로 'ㅋ' 자형은 북두칠성이 올라가는 방향으로 '오른 우'로 손을 북두칠성으로 비유했다. 석가가 태어나서 사방으로 일곱 걸음을 걷고 오른손은 하늘을 왼손은 땅을 가리키고, 天上天下唯我獨尊(천상천하유아독존)을 외쳤다.[65] 摩耶(마야)는 7일 만에 죽었다. 49제다. 浮屠(부도)는 '석가모니'의 이칭이다. 屠(도)는 '尸+者'다. '尸' 자가 북두칠성이다. 浮屠(부도)는 '符圖(부도)'와 동음이다. 『삼국유사』 황룡사구층탑에 "汝國王是天竺殺利鍾王(여국왕시천축살리종왕)預受佛記故有因緣(예수불기고유인록)"이라 기록했다. 석가모니는 戎族(융족)의 사카족이다. 휴도국은 사카족나라중 하나이고 김유신의 조상, 김일제는 휴도국의 왕이었다. 晉(진)의 郭璞(곽박)은 『산해경』에 나오는 天毒(천독)이 조선의 낙랑군이라 했고, 왕념손은 "天毒(천독)이 天竺(천국)으로 '浮屠(부도)'가 흥했다."라고 했다. 또한 『漢記』에 "浮屠佛也(부도불야)"라 했다. 옥스퍼드 사전에도 "단군은 석가모니의 조상들 중 한 사람의 이름이다"라고 하여 부처가 조선국인을 기록했다. 부처를 상징하는 '卍' 자가 북두칠성이다. '左(좌)'가 내린 손이고 '右(우)'가 '올린손'으로 左右(좌우)의 개념을 정확하게 표현하고 있다. 석가도 사방을 향해 일곱걸음 걸어 오행으로 배치된 북두칠성을 걸음으로 표현했다. '왼=오+ㅣ+ㄴ'이다. '오'른 것이 내려(ㅣ)왔다(ㄴ)'다. 허신은 한자에서 'ㅂ' 자형의 뜻을 모르기 때문에 모두 'ㅁ' 자로 보았다. 背(배)는 南(남) 쪽을 보고 北(북)을 설정했다. 이러면 左(좌)가 東(동)이고 右(우)가 西(서)다. 男左女右(남좌여우)의 개념이다. 人(인:서쪽)과 匕(비:동쪽)도 대칭고. 'ㅣ(곤)을 중심으로 外(외)와 卜(복)도 대칭이다.

그림 2-9. 左(좌)·右(우)

65 釋迦牟尼佛初生 一手指天 一手指地 周行七步 目顧四方曰 天上天下唯我獨尊『傳燈錄』

3
加臨土(가림토) 문자

729년, 대야발이 쓴 『檀奇古史(단기고사』에 "단군 제3세 가륵임금 2년에 乙普勒(을보륵)에게 명하여 국문 정음을 정선하다(白岳 馬韓村에 古碑文이 있다)."라고 했다.

1363년, 고려 공민완 12년 수문하시중 행촌 이암이 쓴 『檀君世紀(단군세기)』[66]에 "三郞(삼랑) 을보륵에게 명하여 正音(정음) 38자를 만들어 이를 加臨土(가림토)라 했다." 행촌은 38자 정음 글자꼴 모두를 기록해 전하고 있다.

1520년, 조선 중종 때 찬수관 이맥이 쓴 『太白逸史(태백일사)』에 단군세기를 인용하여 "단군 가륵 제2년 삼랑 을보륵이 정음 38자를 찬하고 이를 加臨多(가림다)라 한다"고 했다. 38자를 그대로 전하고 있다.

1443년, 훈민정음이 창제됐다. 『세종실록』 103권에 "언문은 다 옛 글자에서 근본한 것이요. 새로운 글자가 아니다〔諺文皆古文字 非新字也〕." "언문은 前朝(전조)부터 있었던 것을 빌어 쓴 것이다〔借使諺文自前朝有之〕."라 하였고 세종 25년 "글자는 옛 篆字(전자)를 모방했다〔字倣古篆〕."고 기록했다. 여러 학자들도 加臨土(가림토)

66 檀君世紀 檀君嘉勒二年 三郎乙普勒 撰正音三十八字 是謂加臨多

를 한글의 근원으로 보고 있다〔東方舊有俗用文字 而其數不備〕.[67] 신지문자[68]는 조선 초까지 있었다. 한글은 신지 문자를 참고해 창제했다.

일본의 「伊勢神宮所藏文獻(이세신궁소장문헌)」과 구리거울에도 「神代文字(신대문자)」가 새겨져 있다. 이를 근거로 『일본신대문자론』에서 "이세신궁에 한글과 같은 아히루 문자(阿比留文字: 서기 708년)로 기술된 문헌들이 모두 99점이 있다."라고 하고, 니가노(中野裕道)는 "이 아히루 문자가 조선으로 건너가 諺文(언문)의 원형이 됐다"라고 주장한다. 만일 한글을 1443년, 창제했다고 주장한다면 훈민정음보다 일본의 신대문자가 735년이 앞선다. 우리는 세종실록의 '옛 전자를 모방했다'라는 기록과 『단기고사』나 『태백일사』을 내세워야 일본의 논거를 막을 수 있다.

東國正韻(동국정운)의 한자의 음가를 표기한 고어를 보면 가림토의 기호적 의미가 그대로 담겨있다. 갑골문을 한민족이 만든 문자라면, 加臨多(가림다) 문자와 결합되는 것은 당연하다. 한자는 가림토의 대표적 상징 소리를 토대로 음가를 삼았다. 소리를 중심으로 살았던 시절이다. 소리의 의미를 한자음에 붙였다. 한자를 해석하기 위해서는 가림토의 자형도 함께 해석해야 진의에 다가갈 수 있다.

가. '多(다)' 자의 意味(의미)

加臨多(가림다) 또는 加臨土(가림토)라 한다. 加臨多(가림다)는 '모든 것을 다 가

---

67 신경준(申景濬:1712년~1780년)은 자신의 한글 연구서인 훈민정음운해(訓民正音韻解) 서문에서 옛 우리 글자의 존재를 주장했다. 한글학자인 김윤경도 저서인 《국어학사》(1963년)에서 기타 8종류의 고대 한국문자와 신지비사문을 언급한 바 있고. 연변에서는 연변지(延邊誌)에서 신지문자에 대한 기사가 올라간 적이 있는데 80개 정도가 있다고 하면서 그 중에 16개자를 소개했었다. 북한에서는 훈민정음 해례 서문에서 한글을 옛전자를 모방했다는 구절을 들어 신지문자를 바탕으로 한글이 만들어졌다고 주장하고 있다.

68 고려시대 일연(一然)의 '삼국유사'에는 '신지비사(神誌秘詞)'라는 서책이 암자에 남아 있었음을 기록했다. 세종 때 편찬된 '용비어천가'에서는 '구변지국(九變之局)'의 '局'을 주석하면서 '구변도국(九變圖局)'을 신지(神誌)가 편찬한 도참서(예언 서적)의 이름으로 설명했다. '세조실록'에서는 신지비사를 '고조선비사(古朝鮮秘詞)'라고 기록하면서, 민간이 소장하고 있는 '고조선비사' 등을 관에서 회수하여 다른 원하는 서적으로 교환해주도록 유시했다. '예종실록'(1472년 편찬)과 '성종실록'(1495년 편찬)에도 유사한 유시가 발령되고 있는 것은 신지의 '고조선비사'가 당시까지는 민간에 꽤 널리 보관되어 있었는데 조정에서 모두 몰수하여 소멸시킨 것을 알려주고 있다. 『신용하의 인류 5대 '古朝鮮문명' - (14) 고조선의 '神誌문자』

린다'다. '가린다'의 이두문이다. '多(다)'는 우리말 '~다'의 종결어다. 유난히도 우리말은 '다(전부·모두)' 자를 많이 붙인다. '다'는 '모두'라는 뜻의 명사와 부사로 쓰인다. 그래서 '모두다'의 한자는 '大多數(대다수)'다. '모=大, 두=多, 다=數'다. 'ᄃᆞ'는 '더·다·도·두'로 '다'와 '두'의 자원은 같다. '두'는 '斗(두)'이기 때문에 '물'과 관련된 글자다. '다=數=水'다. 그래서 궁중에서 '다'는 '숭늉'을 뜻한다. 茶菓(다과)란 '차와 과자'다. '물'이 '生命水(생명수)'다. '다 먹었다'와 '더 먹는다'처럼 '다'는 '완성', '더'는 '미완성'의 뜻을 갖는다. 그렇기 때문에 서술어나 말이 종결될 때는 '다' 자를 쓴다. '더'는 북두가 서쪽에, '다'는 동쪽에 위치한다. 'ㅅ'은 서쪽을 상징하고 'ㄷ'은 동쪽을 상징한다. 북두칠성이 '서'에서 '동'에 닿으면 완성이다. 그래서 서술의 어미에 '다' 자가 종결을 의미한다. 서쪽의 'ㅅ'이나 동쪽의 ㄷ'이 위로 올라가면 '돌'이고 아래로 내려가면 '동'이다 그렇기 때문에 '다' 이후에 방향이 정해지기 때문에 '다시' 시작한다. 창힐문자 '屮(초)'에 해당한다.

표 2-14. 夕(석)·承(승)·多(다)·移(이)·外(외)·名(명) 외, 갑골문·금문·전문·고자·해서

갑골문	금문	전문	고자	해서
				夕(석)
			烝 羿 拯 丞	承(승)
			夠 彐 彐 誃 䎐 壊	多(다)
侶 彖(떠나다·벌리다) ※趍(두)				侈(치)
입 딱 벌릴(치)·입술처질(차) '치'와 '차'는 대칭				哆(치)
			夅 屛 降 ※(西:강) (東:동)	降(강)
				夜(야)
			夘=바≒박으로가≒바깥	外(외)
			秜 稚 誃 敂 栘 袳	移(이)
				名(명)
			殂 佤 個 夗 殀	夙(숙)
			夗 夗 疚 亱	夜(야)

①'夕(석)' 자는 '나죄셕'이다. 완전한 밤이 아니라 낮(해)이 저물어가는 저녁이다. 하루는 '日(일)⇨朝陽(조양)⇨正午(정오)⇨夕陽(석양)'의 운행이다.

②'承(승)' 자의 갑골문 '[갑골문]=[갑골문]+[갑골문]'이다. 금문 '[금문]=[금문]+[금문]+[금문]'이다. '[갑골문]=[금문]=夕'이다. '[금문]' 자는 창힐문자 '[창힐문자]'가 중복된 것이고 '屰(역)' 자의 의미다. '[갑골문]' 자형은 서쪽을 보고 무릎을 꿇고 있는 사람이다. 서쪽은 북두가 내려오는 방향이다. '夕' 자는 의인화된 '[갑골문]' 자형에서 취한 것이다.

③'多(다)' 자는 '夕+夕'이다. '夕'의 짝이 '夕(석)'이다. 移(이)는 '移動(이동)'이다. '서에서 동으로 옮겼다'다. '多(다)'는 동쪽에서 견우와 직녀가 함께 있는 '북두'다. 방향은 서쪽이지만 가림토의 '다'의 자형이 동쪽을 가리킨다. 둘이 동쪽에 함께 있으면 완성이다. 즉 多(다)는 '모두·완결'의 의미다. 갑골문 '[갑골문]' 자가 북쪽으로 올라가면 'ㅂㅂ' 자형이 된다. 이 자형은 麗(려)의 고자 '丽(려)'의 대칭으로 '브브>부부' 자가 된다. '夕=ㅂ'이다.

④'侈(치)' 자는 남북으로 견우와 직녀가 떨어진 것이다. 견우와 직녀가 만나면 '名(명)·玄(현)·燒(소)·燧(수)'처럼 '밝다·빛난다·나타난다·환하다'라는 뜻을 가진다. '[자형]=[자형]=[자형]=[자형]=ㅂ'이다. '[자형]' 자형은 둘이 만난 자형이기 때문에 '斌(빈)'의 의미로 해석했다.

⑤'哆(치)' 자는 太乙呪(태을주)의 '吽哆(훔치)'다. '吽'의 음은 '훔·우·후'다. 주문은 반대로 돌리기 때문에 자형과 그림을 도치시키면 '哆吽(치우)'가 된다. '견우를 간절히 부르는 소리다.

⑥'外(외)' 자의 갑골문 '[갑골문]' 자는 북두가 서쪽에 있다는 글자로 '외'다. 'ㅅ'은 서쪽의 끝 'ㄷ'은 동쪽의 끝이다. '닿다·전부·끝'의 의미가 '다'의 음가에 함축됐다.

4
가림토의 원리는 ‘卍(만)’ 자다

가림토는 해와 북두칠성의 운행을 기호화했다. 특히 가림토는 ‘ㄱ+ㄴ’를 기초 조합으로 ‘X’ 자는 북두칠성의 회전을 도식화했다. ‘X’ 자형은 각각의 자형들이 북두칠성이 회전하는 4방향으로 옮겨가서 기호의 의미를 파생하고 다른 기호와 결합하여 한자의 대표적인 음가를 만들고 가림토로 의미를 설명하도록 구성했다. 이것이 ‘辰戌丑未(진술축미)’로 배치된다. ‘X’의 서쪽 ‘㇏’ 자형은 ‘불’로써 견우이고, 동쪽 ‘丿’ 자형은 ‘별’로써 직녀다. ‘西方壬(서방임)’의 유래에 여러 설이 있지만, 서쪽에 견우가 동쪽으로 직녀를 만나러 오기 때문에 ‘서방님 오신다’라는 개념이 만들어진 것으로 생각한다. ‘卍’ 자의 획에 따라, 갑골문 ‘[illegible]·[illegible]·[illegible]·[illegible]·[illegible](北斗七星方匕)’ 등의 한자가 만들어진다. 가림토의 원리에는 ‘초·중·종성’의 한글 구조는 이미 갖추어있다. 정인지는 “형상은 옛 篆(전)자를 모방하고 소리는 7調(조)를 화협하였는데, 三極(삼극)의 뜻과 二氣(이기)의 妙(묘)가 모두 포괄되어 있다.”라 했다. 천부경은 북두칠성과 해의 운행을 기록한 것으로, 이러한 원리를 기호화한 것이 ‘가림토’다. 이것이 한글창제 원리에 그대로 적용되었음을 알 수 있다. 신경준(1712~1781)이 “동방에 옛적에 통속으로 쓰던 문자가 있었으나 그 수가 불비(不備)하고 그 형틀이 무법(無法)하여 제대로 말이 못되어 일반으로 쓰이지 못하였드니~우리 세종 임금이 훈민정음을 만들었다."[69]하고 한 것처럼 가림토의 형틀을 정리하고 목에서 나오는 그 기호의 소리를 과학적으로 체계화한 것이 한글이다.

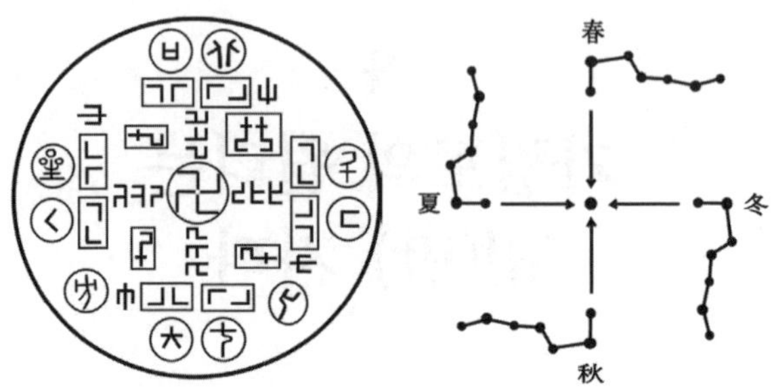

그림 2-10. 卍 자의 가림토와 한자와 북두칠성의 배치

가. 가림토와 고대 그리스 악보용 기호와의 일치성

고대 그리스 악보용 기호를 보면 북두칠성 '卍' 자에서 나온 가림토의 원리와 모양이 대부분 일치하고, 수메르의 쐐기문자([illegible]·𒀭·[illegible]) 구조도 북두칠성과 관계있는 것으로 보인다. 〈그림 2-11〉은 수메르어의 '우물'로 발음은 umun(우문)으로 우리 말의 음가와도 유사하다. 실제 조철수 박사[70]는 "수메르어와 한국의 고어는 같은 뿌리"임을 논문을 통해 밝혔다. '井' 자의 형태를 취하고 있고, 북두칠성을 기호로 만들어졌음을 유추할 수 있다. 좌측의 3개의 '▷'은 북두칠성이 左廻(좌회)하는 서쪽으로 내려오고 우측의 1개의 '▽'은 해가 뜨는 동쪽에 배치했다.

그림 2-11. 우물

69 인호상, 『諺書韻解(언서운해)』 민족정론 p31.

70 조철수 『수메르어·국어고어 문법범주 대조분석』 언어학 제19호. 1996. 한국언어학회

『환단고기』에 기록된 가림토 문자가 허위가 아님을 밝히는 매우 중요한 기록이다. 환단고기에 기록된 천문현상인 오성취루(五星聚婁)를 통해 환단고기의 신뢰성을 입증했듯이, 가림토의 자형도 북두칠성에서 파생된 것임을 증명하고, 더 나아가 가림토 문자가 고대 그리스에 전래된 것을 입증할 수 있는 문자 기호학적으로 매우 중요한 사건이다. 문자 관련 학계의 연구가 필요해 보인다.

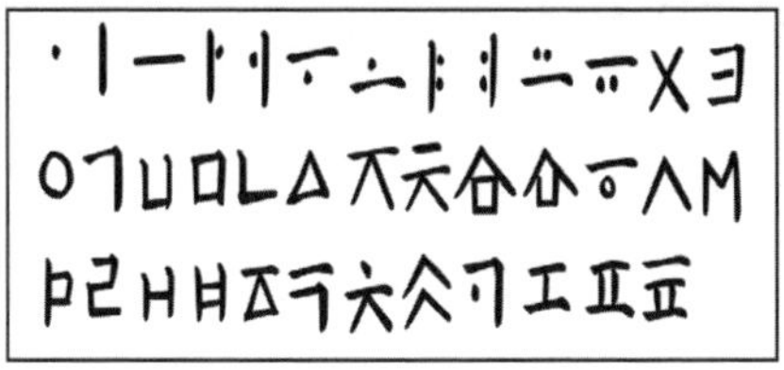

그림 2-12. 神志(신지)의 加臨土(가림토)

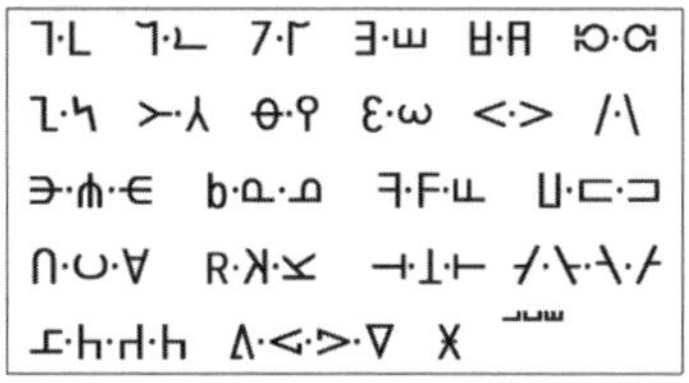

그림 2-13. '卍(만)'과 고대 그리스 악보

5
가림토 기호의 解說(해설)

가. 'ㄱ'은 견우 'ㄴ'은 직녀

『유기』에 "태백산 암벽에 신이 써놓은 'ㄱ' 자형의 글씨가 있는데, 사람들이 신지 선인이 전한 것으로 어떤 사람은 이것이 문자를 처음 만든 시초라 한다."라고 기록했다.[71]

어찌 넓은 암벽에 'ㄱ' 자만 있었겠는가. 대표적으로 'ㄱ' 자를 내세운 것으로 보인다. 분명한 것은 神志(신지)가 만든 문자는 한글 자형과 닮았다는 사실이다.

가림토는 일월성신의 운행을 상징하는 신성한 기호다. 천문 28숙에 사용된 符籍(부적)에는 가림토가 많이 보인다. 일월성신의 신성한 기호를 부적으로 사용된 것으로 생각한다. 부적의 글자와 그림을 역으로 쓰거나 그리는 것은 하늘에서 내려다보면 좌우가 바뀌기 때문에 땅의 위치를 중심으로 나타내기 때문이다.

71 『留記』云 神劃曾在太白山青岩之壁 其形如 'ㄱ' 世稱神志仙人所傳也 或者以是爲造字之始

표 2-15. 厚(후)의 갑골문·금문·전문·고자·해서

갑골문	금문	전문	고자	해서
[illegible]	[illegible]	[illegible]	疾 矦 帿 㷈 䫛	侯(후)

①'侯(후)' 자의 갑골문 '[illegible]·[illegible]'은 'ㄱ·ㄴ'이다. '侯(후)'는 제후다. 하늘에서 신임을 받았다. '亻=ㄱ'이다. '[illegible]=[illegible]+厂'이다. '[illegible]=[illegible](북두)+矢과 연결됐다. 侯(후) '[illegible]' 자형은 '솟'이다.

『훈민정음해제』「制字解(제자해)」"天地之道 一陰陽五行而已 坤復之間爲太極 而動靜之後爲陰陽 凡生類在天之間者 捨陰陽而何之."를 보면 이미 한글이 천지의 도와 하나가 음양오행으로 변하고 있음을 밝혔다. 한글은 단순하게 목에서 나오는 소리로 만든 문자가 아니라 천지의 운행 상징을 담고 있었다. 『훈민정음』과 『圓覺禪宗釋譜(원각쎤죵셕봉)』에 설명된 '복합 자음'과 한자의 '복합 음가'에 가림토의 의미가 담겨있다.

②'ㄱ' 자는 'ㅣ' 자 위에 'ㅡ' 자가 좌측으로 뻗었고, 'ㄴ' 자는 'ㅣ' 자 밑에 'ㅡ' 자가 우측으로 뻗었다. 'ㄱ'은 견우(양), 'ㄴ'은 직녀(음)이다. 갑골문 '[illegible]·[illegible]' 자를 'ㄱ·ㄴ'으로 만들었다. 방위로 'ㄱ'은 북쪽, 'ㄴ'은 남쪽이다. 북에서 시작하여 다시 북에 도달하면 'ㄱ'이 둘이 된다. 그러므로 '남쪽'에 'ㄴ'도 둘이다. 'ㄱ+ㄱ=극'으로 '國(국)'이고, 'ㄴ+ㄴ=눈'으로 '鸞(난)·難(난)'이다.

'國難克服(국난극복)'이란 소리와 개념에는 '견우와 직녀가 만나기 위해 어려움을 극복한다'라는 의미가 들어있다. 신화의 의미를 통해 동일 소리와 개념들이 파생된다.

해는 동에서 서로 지고, 북두칠성은 서에서 동으로 돌아간다. 사람이 죽으면 북두칠성으로 가기 때문에 '돌아가셨다'라고 한 것이다. '물레방아가 도'는 것도 '북두칠성이 도는 것'이다. '간' 자는 'ㄱ+ㄴ+ㅏ'이다. 남쪽에서 북으로 올라 '간다'다. '건'의 '음가'에는 북두칠성이 돌아가는 방향과 반대기 때문에 '간다'라는 의미가 없다. 한민족의 '卵生說話(난생설화)'는 북두칠성에서 나왔다. 무당들이 방울을 울리는 것도, 방울이 새의 아들 '鸞(난)'이기 때문이다.

표 2-16. 國(국)·局(국)·武(무)의 갑골문·금문·전문·고자·해서

갑골문	금문	전문	고자	해서
			囗 囯 圀 [illegible] 戜 [illegible] [illegible] 囻 [illegible] 國 [illegible] [illegible]	國(국)
			挶 扃	局(국)
				武(무)

'國(국)' 자의 고문은 '囗'은 가림토의 'ㄱ+ㄴ'의 결합 자다. 즉 가림토 '囗'의 음가는 '국'이다. '[illegible]' 자에 '견우·직녀'가 있다. 갑골문 '[illegible]' 자는 武(무)의 갑골문 '[illegible]' 자와 비슷하지만, 國(국)의 북두는 서쪽으로 돌아 'ㄱ' 자다. 'ㅂ'도 동쪽에 있어 '올라간 결과'를 나타낸다. '[illegible]' 자형은 '원(ㅇ)'을 중심으로 '밑에서 하늘로 올라갔음'을 나타낸다. 'ㄴ'은 '나간다·난다'다. 직녀의 상징과 일치시켜 한자 女(녀)의 음이 된다. 'ㄱ'은 앞으로 나가는 기호로 '가다'는 의미다. 견우의 '견'에 첫 'ㄱ'이다. 'ㅋ' 자는 'ㄱ+ㄱ'이 두 번 겹친 자형이다. '局(국)'의 전문 '[illegible]=[illegible]+[illegible]+[illegible]'이다. '[illegible]' 자형은 북두칠성이고 '[illegible](견우)'은 가림토로 '구부린다'로 남쪽의 의미, '[illegible]' 자형은 '견우직녀'가 결합한 기호다. 즉 '國(국)'의 대칭인 남쪽에 있는 '局(국)'으로 國(국)의 分局(북국)이다. 한편 上(상)의 'ㄱ'과 丅(하)의 'ㄴ'이 배치되면 '군'으로 '하늘과 곧게 이어진 사람'의 '君(군)'의 개념과 일치한다. 〈그림 2-14〉처럼 남북에 '쌍' 'ㄱ'과 'ㄴ'이 배치된 것은, 창힐문자와 같이 은하수와 북두칠성이 연결되어 견우와 직녀가 만나고 헤어지고 다시 만나는 것을 배치했기 때문이다. 고구려는 '고구리>고리'다. 북과 남에 'ㄱ'이 배치된 '고+구+리'다. '高(고)'는 하늘의 북쪽이고, '句(구)'는 남쪽이다. '리'는 '새=태양'으로, '하늘에서 내려온 태양족'이 국가명의 의미다. 가림토의 원리와 창힐문자의 원리는 같다.

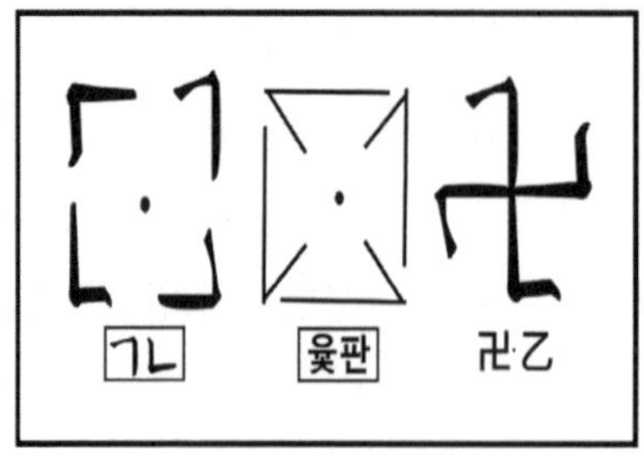

그림 2-14. ㄱ·ㄴ·윷판·乙·卍

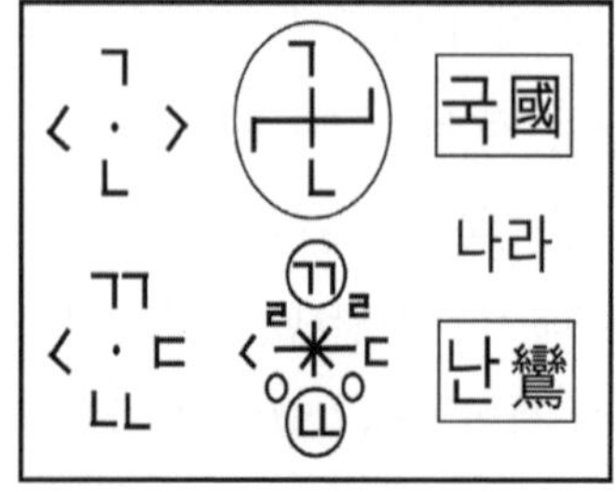

그림 2-15. 'ㄱ·ㄴ·ㅇ·ㄹ'

나. 'ㅇ'과 'ㄹ'의 기호

①'ㅇ'과 'ㄹ' 자형은 '하늘에서 땅으로 땅에서 하늘로 움직이는 기호'다. '卍(만)' 자의 기호는 사방의 '十' 자다. 이것이 돌면 '╳' 자형이다. 이 둘을 합치면 '✳' 자형이 된다. 북두칠성이 도는 방향을 표시하면 쐐기문자의 '❋' 자형이 나온다. 가림토의 기호는 천문에 따라 자신이 위치한 자리가 있다. 그 자리에서 변화가 생기면 모음으로 위치를 표시했다.

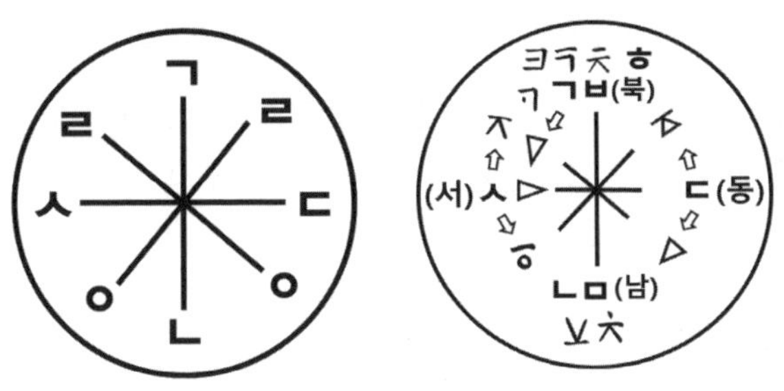

그림 2-16. 자음의 정위치와

북두가 회전하는 순서대로 'ㄱ·ㅅ·ㄴ·ㄷ'이 위치한다. 'ㄱ·ㅅ·ㄴ' 셋은 'ㄱ'이 눕는 자세지만, 동쪽 'ㄷ'은 '魁(괴)'가 열린 자형을 배치하여 'ㅅ'과 대칭을 두었다.

'十' 자가 좌로 돌아 팔방이 된다. 횡선 위에는 'ㄹ'을, 그 밑에는 'ㅇ'을 배치했다. 이렇게 되면 좌(태양)·우(북두)에 'ㄹ'이 배치되어 '날아오른다'는 기호가 된다. 'ㅇ'은 횡선 아래에 배치되어 '굴러내려간다'는 기호가 된다. 견우와 직녀가 만나는 것도 'ㄹ'과 'ㅇ'이 중심(五)에서 만난다. 그래서 서북 'ㄹ'의 위치에는 12 지지의 '戌(술)'이 배치됐다. 'ㄴ'은 우측으로 돌아 'ㅇ' 위치로 움직이는 방식으로 기호가 개념을 갖는다. 'ㄹ'은 북(上)이 정위이고 'ㅇ'은 남(下)이 정위이다. 상하의 위치가 바뀌면 자기의 자리로 찾아 가려는 의미를 가진다.

기본 자형이 돌아 겹쳐지면 'ㅂ·ㅁ·ㅈ·ㅊ·ㅎ'이 배치된다. 해와 북두가 돌아가는 방향을 구별하기 위해 특히 태양은 유일하다는 의미에서 '△' 자로 나타냈다.

'○+△' 자형은 태양과 북두칠성을 숭배한 상징의 기호로 사료된다.

그림 2-17. 'ㅇ·ㅁ·△(원·각)'의 기호와 고분의 상징

②'ㄹ' 자는 '해'와 북두가 움직이는 것을 상징한다. '乙(을)'이다. 창힐문자는 'ㄹ'과 '乙'을 분리했지만, 가림토에서는 'ㄹ' 하나다. 日(일)은 '해'이고 乙(을)은 '북두'다. 해가 떠오르면 'ᐃ'으로, 하늘에 오르면 'ㅈ'으로 기호 했다. 다시 땅으로 내려오면 'ㅈ'으로 했다. 솟은 것은 '∧'이다. 해가 지는 방향은 '〈'이다. 그래서 '西(서)'다. 西(서)의 고자 '[illegible]'에 '弓(궁)=ㄹ'이 있다.

표 2-17. 陵(릉)의 갑골문·금문·전문·고자·해서

갑골문	금문	전문	해서
[illegible]	[illegible]	[illegible]	陵(릉)

陵(릉)의 갑골문 '[illegible]'은 '오르다'다. 동쪽에 산(阝)이 있다. 陰(음)과 陽(양)은 서쪽에 산(阜)이 있다. 금문 '[illegible]'을 보면 사람 머리 위에 솟은 삼신이 있다. '릉'의 음가는 'ㄹ+ㅇ'이다.

이처럼 가림토는 해와 북두의 운행을 기호화하고 갑골문과 전문에 함께 사용했다.

壽(수)의 고자 '[illegible]·[illegible]·[illegible]'는 가림토 'ㄹ·ㄷ·工' 자의 결합이다. 'ㄹ≒弓' 자형은 고자와 부적에서 많이 사용한다. 또한 'ㄹ=ㄱ·ㅡ·ㄴ=근'으로 '乙=根'이다. 즉 새가 근본이다. 'ㄹ'이 밑에 있으면 '올라간다'이고 위에 있으면 '내려간다'라는 미래 행위적 개념을 갖는다. 'ㄹ'과 'ㅇ'은 대칭이다. 'ㅇ'과 '△'도 대칭이다. 'ㅇ'은 굴러 내려가기 때문에 '남쪽'을 나타내고, '▽'은 하늘에 안정적으로 붙어있어 '북쪽'을 나타낸다. '알'은 땅에 내려온 '아'이고 '랑'은 하늘 '라'가 땅으로 내려보낸 것이기에 '사랑'이다. '라'의 소리가 '태양신'의 이름이다. 이집트의 태양신 '라'와 이슬람의 신 '알라'의 소리가 예사롭지 않다.

다. 'ㅅ' 자형과 '▽'의 기호와 'ㅌ'

①'ㅅ·ㅅ·ㅈ·ㅊ(ㅅ·ㅆ·ㅈ·ㅉ)'의 'ㅅ' 자는 '솟구친다'다. 哀(애)의 갑골문 '' 자형도 사랑하는 사람이 죽어서 북두로 올라갔기 때문에 'ㅅ' 자형이다. 또한 '겹자'도 북두의 움직임을 나타낸다.

'ㄱ·ㄱ·ㅋ(ㄲ·ㅋ·ㅌ)'으로 左(좌) 북두(견우)의 역할과 움직임을 표현한다. 'ㄲ'은 '키운다', 'ㅋ'과 'ㅌ'은 'ㅌ'으로 '터져 나가다'다. 'ㅋ·X=ㅋ·ㅠ·ㅌ·ㅛ'이다. 많은 갑골문에서 북두칠성 魁(괴)의 위치를 표시하는 데 사용했다. '凷(괴)' 자처럼 '감추다·담다'의 기호다. '새=ㅅ+ㅐ'다. '솟아 하늘과 땅을 잇는다'라는 기호적 의미가 있다. '竇(두: 구멍)' 자형에 'ㅋ'이 두 개 겹쳤다. 동자인 '豈(두)=穴+豆'다. 豆(두)는 '콩'이다. 콩은 '太(태)'로 콩알 하나에 두 쪽이 '乙' 자처럼 분리된다. 雪(설)의 'ㅋ'도 북두다. 'ㅛ'과 'ㅂ'은 기호는 같다. 'ㅂ'은 담는 것이고 'ㅋ'은 담은 것이 나가는 것으로 갑골문에서는 '彡(삼)' 자로 변용된다. 斗(두)의 부적[72]을 보면 'ㅌ=ㄴ+二=ㅌ'이다. 가림토가 있다. 'ㄴ'은 둘이 허공에 머무는 斗牛女虛危室壁(두우녀허위실벽)의 '魁(괴)'로, 鬼(귀)+斗(두)'이다. 〈그림 2-26〉 약수리 고분에 대청마루가 'ㄴ' 자형이다. 북두칠성을 나타내는 '比'자에서 '匕' 자를 취해 동자의 반복에 사용됐듯이 한자의 구결이나 각필에 가림토를 사용한 것으로 보인다.

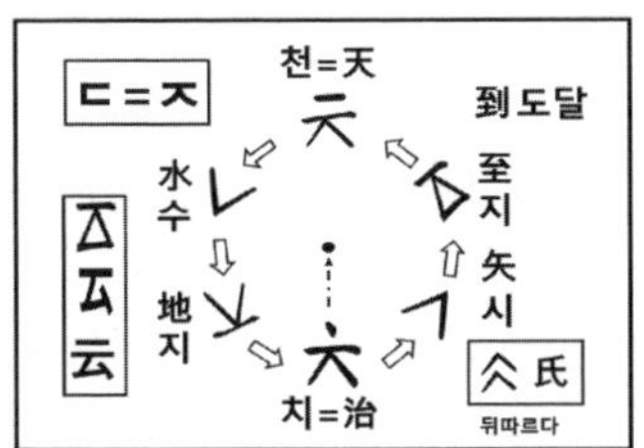

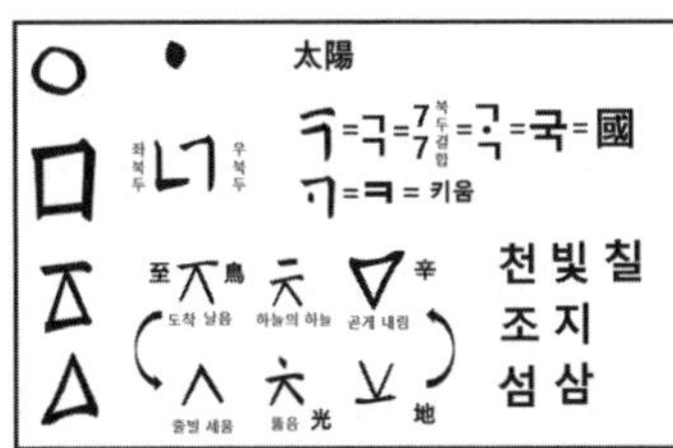

그림 2-18. 'ㅅ·ㅈ·ㅊ·ㅇ·

②'ㅿ·ㅿ' 자는 '해'의 움직임을 나타낸다. 日(일)의 고음은 '싫'이다. 한글 고어의 자형은 가림토 기호의 의미를 이미 담고 있었다. '不(불)'의 갑골문 '不+▽+ㅅ'이다.

72 신갑순, 『시천주 현무경』, 삶과 꿈, 1991, p61.

'▽' 자는 가림토 문자다. 不(불)의 고자 '丕'의 '厶'는 가림토의 '△'으로 '햇빛이 내리는 모양'을 나타낸다. 그래서 '日'의 고어가 '싈'이다.

표 2-18. 臨(임)의 금문·전문·해서

금문	전문	
[illegible]	[illegible]	臨(임)

'臨(임)' 자의 금문은 신이 위에서 아래로 내려는 글자다. '[illegible]' 자형은 세 개의 빛이다. 전문에서 '▽'이 불과 빛의 기호인 'ㅂ'으로 바뀐다.

'丕(비)'와 차이는 '[illegible]' 빛줄기가 '不(불)'보다 '[illegible]' 자형이 더 길다. 밑이 막히면 '소'로 땅에서 '솟는다'다. '비교할 수 없을 만큼 크다'다. 가림토 문자와 갑골문은 한 뿌리다. '不' 자에서 '부'라 함은 '태양'을 뜻하는 말이고, '유일한 하나'다. '눈부시다·부싯돌'의 음가에 '부'의 개념이 남아있다.

'불'은 '부+ㄹ'이다. 'ㄹ'이 밑에 있다. 아래에서 위로 오르는 '불'로 '火(화)'다. '아니불'이라 함은 '불'은 '태양이 아직 이르지 아니하다'로 밤이 깊은 '黎明(여명)'의 상태를 뜻한다. '부'와 '불'은 대칭적 관계다. 부=하늘, 불=땅의 관계다. 夫餘(부여)·부리·부루·불여'의 이름은 가림토에서 파생된 언어로 '부(태양)'를 숭배한 민족 또는 국가임을 알 수 있다.

'불알'은 남성의 고환이다. 가림토의 '[illegible]' 자형이 '不(부)'의 갑골문 '[illegible]'이다. '[illegible]' 자형은 동쪽에서 북두로 올라라고 '[illegible]' 자형은 서쪽으로 움직이는 '해'다. 龍(룡)의 갑골문 '[illegible]' 자형의 머리 '[illegible]' 자형이 가림토다. '△·▽'으로, '▽'은 중천에 뜬 해와 북두칠성으로 '[illegible]' 자형과 상통한다. 'ㅁ·◇'의 '◇=◁·▷'으로 동서의 끝을 나타낸다. 武(무)의 갑골문 '[illegible]'의 '[illegible]' 자형의 상부는 '[illegible]' 자다.

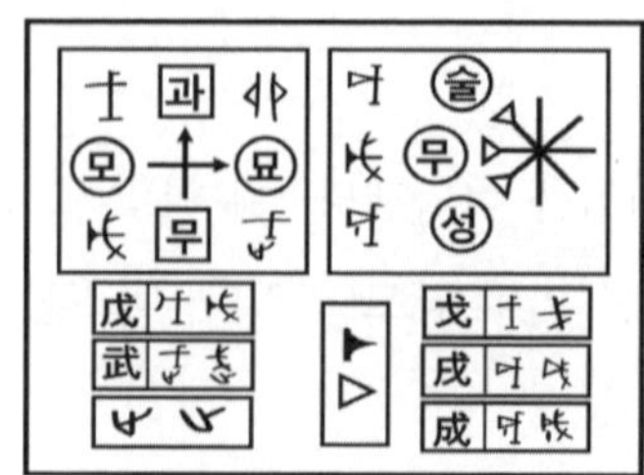

그림 2-19. '△' 자 형과 '武(무)·戊(무)·戈(과)·成(성)·戌(술)'

표 2-19. 武(무)·戊(무)·戈(과)·成(성)·戌(술)의 갑골문·금문·전문·고자·해서

갑골문	금문	전문	고자	해서
[illegible]	[illegible]	[illegible]		武(무)
[illegible]	[illegible]	[illegible]		戊(무)
[illegible]	[illegible]	[illegible]		戈(과)
[illegible]	[illegible]	[illegible]	戚 [illegible]	成(성)
[illegible]	[illegible]	[illegible]		戌(술)

③'武(무)' 자의 금문 '[illegible](무)=[illegible]=[illegible]=[illegible]'이다. '[illegible]'의 대칭으로 '[illegible]=[illegible]'이다. '[illegible]' 자형의 밑에 삼각점이 '△'다.

④'戊(무)' 자는 다섯째 천간이다. '모·무'의 음이다. 갑골문 '[illegible]' 자와 금문 '[illegible]' 자형의 좌측 '[illegible]·[illegible]'은 가림토의 '▷' 자다. '모'의 음가는 서동 방향의 기호인 '◇=모'에서 나왔다. 이것이 남으로 오면 'ㅁ'으로, '무'의 음이 된다.

⑤'戈(과)' 자는 무기로는 '창'이지만 천문으로 보면 북에서 서로 넘어가는 것으로 '過(과)'의 의미다. 그러므로 左側(좌측)에 막힘이 없다. '창'의 한자 '昌(창)'은 '昌(신)'이 빛나는 것으로 가림토의 'ㅊ'의 음인 '창'이다.

⑥'成(성)' 자의 갑골문은 '[illegible]=ᐅ+[illegible]'이다. '성=ㅅ+ㅓ+ㅇ'으로, '내려간다'다. 좌측이 'ᐅ' 자로 막혔다. '戌(술)'이나 '成(성)'처럼 'ᐅ' 자형이, '厂(엄)' 자로 바뀐다.

'ᐅ' 밑에 '[illegible](불)'을 두어 남서에서 올라간다. 고자 '戚(성)' 자의 '午(오)'는 갑골문의 '[illegible](불)'이다. 직녀는 成(성)의 위치에서 동북로 올라가고 견우는 戌(술)의 위치에서 남동으로 올라가면 중심에서 만나 'X' 자가 완성된다.

⑦'戌(술)' 자는 열한 번째 지지다. '술=수+ㄹ'이다. 'ㄹ'은 하방에서 상방으로 올라가는 기호다. '西北(서북)'으로 올라간다. 戌(술)의 금문 '[illegible]' 자형에 가림토의 'ᐅ' 자형으로 '西北'을 표기하고 있다. '戌(술)'이 서북에서 있는 것은 북두칠성이 서북에서 '橫線(횡선)'을 이루기 때문이다. 즉 '戌(술)'이 '11=10+1'이기 때문에 '一(橫)' 자가 붙었다. 이때가 가장 큰 수 '9'다. 그래서 '戌(술)'은 음력 9월을 나타낸다. '개'의 음가는 '개=가+ㅣ'로 '가다'다. 戈(과)는 '過(과)'의 '건너다'라는 의미다. 북에서 서로 넘어가려는 것으로 武(무)와 대칭이다. '창과'에서 '창'은 '빛이 하늘을 찌른다'라는

의미의 '창'으로 한자는 '昌(창)'이다.

사방의 '十'에 'X' 자가 겹쳐 팔방을 이룬다. 戌(술)은 西(서)에서 올라온 자리기 때문에 가림토 'ㄹ'이 종성에 붙는다. '戊(무)' 자는 '천간무'는 다섯 번째 천간이기 때문에 가림토 '己'과 함께 중앙이기 때문에 'ㄹ'이 없다. 成(성)도 五(오)로써 서에서 내려온 자리이기 때문에 가림토 'ㅇ'이 종성에 붙는다. '戌·戊·成'의 갑골문에는 가림토 '△' 자형이 붙어 위치와 운동 방향을 표기했다. '米' 자형은 쐐기문자 '米'의 원리와 똑같다. 허신은 이러한 한자의 구성 원리를 알 수 없었기 때문에 자원을 해독하지 못했다.

라. 'H·H'과 '工·亚·亚'의 기호

2-20. 風(풍)의 갑골문·금문·전문·해서

갑골문	금문	전문	해서
H	[illegible]	[illegible]	風(풍)

①'H' 자는 해가 돌아가는 서쪽을 중심으로 하늘과 이어진 기호이고, 'H' 자는 북두칠성이 돌아가는 동쪽과 연결된 기호로 바람을 나타내는 기호로 '風(풍)'의 갑골문이다. '풍'의 음가의 'ㅍ'이다. 이 두 자형이 'ㅂ'으로 변용된다. '북'과 '복'은 '북' 자가 본이다. '북'의 대칭인 '복' 자형은 남쪽으로 향하여 福(복)은 '北(북)에서 내려온다'는 의미를 가진다.

上(상)에 이르러 수평이면 '亚' 자이고 下(하)에서 수평이 되면 '亚' 자이다. '工' 자는 '하늘과 땅이 이어졌다'로 '壬(임)'과 '巫' 자에 사용됐다.

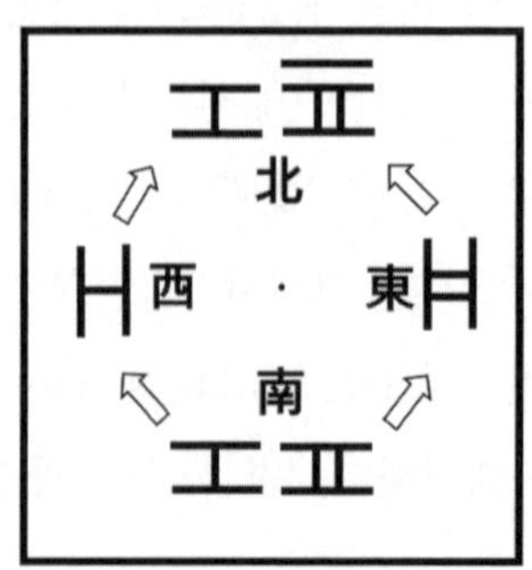

그림 2-20. '工·亚·亚'의 배치와 운행

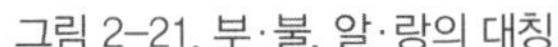

그림 2-21. 부·불, 알·랑의 대칭

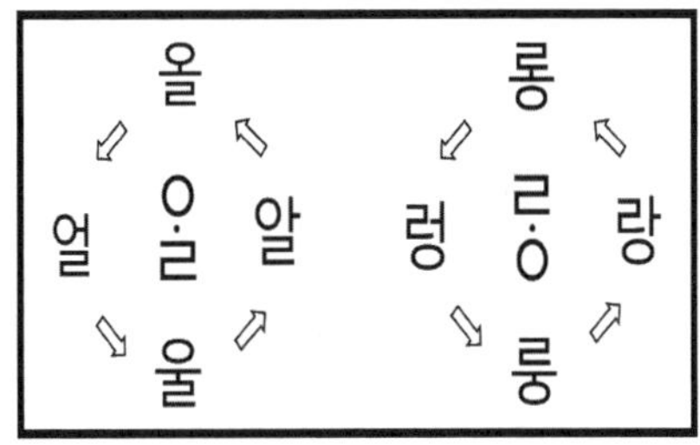

그림 2-22. 알랑과 아리랑

마. '合·亼·凵' 자의 기호

①'合=合(합)' 자로 'ㅎ'이다. 둘이 만난 장소적 개념이면 '合房(합방)'이다. ㅸ(방)과 '亼(잡·집)'이다. '玄(현)'은 '둘이 만나 빛난다'에서 'ㅎ'이다. '合(합)'은 '햡'으로 'ㅎ'이 둘이다. 'ㅎ' 자는 '二+ㅇ'으로 '둘이만나웃는다·빛난다'다. '해'는 'ㅎ=二+ㅇ'으로 '견우직녀'의 상징이다. 雪(설)의 갑골문 '羽'은『白居易(백거역)』에 '星星愁鬢雪(성성수수설)'로, '빛이 휨'이다. '斌(빈)' 자는 견우와 직녀가 만나기에 '빛난다'와 둘이 만나기 위해 열심히 달려가기에 땀이 '범벅이다'다.

②'亼' 자는 ㅅ+'凵'이다. '덮었다'와 '솟는다'와 'ㅆ(ㄸ)'으로 '떨어져 나가다·뜨다'다. 방위로는 '南(남)'이다. 이 자형이 돌면 '匸(혜)'로, '해를 감춘다'다. 즉 농은본의 '匸'(궤)'나 '冂(동)' 자처럼 상자나 동굴과 같이 '감춘다'가 된다. 冬(동)은 '겨ᅀᅳ동'으로 가림토 '△' 자형이다. 呼吸(호흡)에서 '呼(호)'가 하늘에 숨을 뱉는 것이면 '吸(흡)'은 반대로 들이마신다. '合'과 대칭으로 '흡'의 음가와 관련 있는 것으로 생각한다.

③'凵' 자는 廿(입)의 갑골문 'U' 자형과 같다. 스물 '입=이+ㅂ'이다. '스물〉스멀'로 '이어서 오른다'다. 'ㄷ·凵·ㄷ·冂'은 魁(괴)의 회전에 따라 모양과 의미가 달라진다. '斗(두)'의 고자 '㪷·㪷' 자형에 'ㄱ'과 '卍' 자의 좌변에 있는 'ㄱ' 자형이 있다.

'ㄷ' 자는 冬(동)의 음가다. 갑골문 '冂' 자다. 해가 지면 동굴에서 머물다 돌아서 나온다고 생각했다. '冂=ㄷ=둥'이다. 즉 'ㄷ·ㅁ'은 '담다·동굴·돌다'의 기호다. 曋(담)은 '해가 지는 곳'이다. 嘾(담)은 '입에 담는다'다. '突(돌)' 자는 한민족의 溫突(온돌)문화가 담겨진 글자다.

표 2-21. 突(돌)의 갑골문·금문·전문·고자·해서

갑골문	금문	전문	고자	해서
			宊(본자) 宊(고자) 𠫓(동자)	突(돌)
				犬(견)

突(돌)=穴(혈)+犬(견)으로 보지만 본자는 穴(혈) 자가 아니라 '宀(면)' 자다. 또한 犬(견)의 갑골문 '' 자형과 突(돌)의 '' 자형은 다르다. '' 자형은 막힌 곳을 뚫고 열기가 올라가는 자형이다. 고자(宊)와 본자(宊)'를 보면 穴(혈)이 아니라 지붕으로 덮어 씌워져 있는 집인 '宀(면)' 자다. 점 두 개는 지붕(宀)으로 올라가는 열기를 표현한 자형이다. '=+'이다. 여기서 '' 자형은 犬(견)의 전문과 같지만, 의미는 전혀 다르다. '' 자형이 구들이다. ''은 굴뚝과 같은 통로다. 즉 '突(돌)'은 '굴뚝'처럼, 막힌 곳을 뚫고 올라오는 곳이다. 동자인 '𠫓' 자는 아이가 막혔던 자궁을 뚫고 나오는 것이다. 굴뚝 위에는 비가 들어오지 못하도록 뚜껑을 놓는다. '' 자형에 막힌 것이 뚜껑인 셈이다. '突(돌)' 자는 구들이 있는 문화에서 만들어진 글자로 '구들'은 '평돌'로 만든다. '들>돌'이다. '突出(돌출)'은 '예기치 못하게 갑자기 쑥 나오는 것으로 '불거지다'의 뜻이다. '불거지다'는 '물체의 거죽으로 둥글게 툭 비어져 나오다·어떤 사물이나 현상이 두드러지게 커지거나 갑자기 생겨나다'다. 피부에 종기가 나면 붉게 솟는다. '불거지다=붉거지다'다. '돌을 불로 지지면 뜨거워지면서 붉어진다' 즉 '突(돌)'은 '아궁이에서 불을 넣으면 방은 뜨거워지고 열기는 굴뚝으로 돌아 나온다'는 의미다. 한자로 치환하면 '弗去之多(불거지다)'가 된다. 任脈(임맥)의 혈자리에 있는 '天突(천돌)'은 머리로 올라가기 전의 막힌 구들장과 같은 곳이란 의미다. 목구멍과 폐가 이어진 통로가 굴뚝이다. 실제 '水突穴(수돌혈)'은 '굴뚝'의 형태다.

바. 'ㆆ' 자와 'ㅎ' 자의 기호

2-22. 亥(해)의 갑골문·금문·전문·고자·해서

갑골문	금문	전문	고자	해서
[illegible]	[illegible]	[illegible]	[illegible] 丏布犴豖	亥(해)

①'ㆆ' 자는 북두가 도는 서북 방향으로 '흐른다'라는 기호다. '迄(흘)·屹(흘)'의 음가에 쓰였다.

②'ㅎ' 자는 가림토에 없다. 그러나 '亥(해)'의 갑골문 '[illegible]=[illegible]+[illegible]'다. '[illegible]' 자형은 가림토의 'ㅏ=▷'로 '서쪽에서 올라갔다'다. '[illegible]' 자형의 위치가 '亥'의 위치다. '[illegible]' 자형은 '자루가 하늘에 도달했다'다. 전문 '[illegible]=[illegible]+[illegible]'다. '[illegible]' 자형에 'ㅎ'이 있다. 북에 오른 '[illegible]' 자형은 '玄(현)'으로 갑골문은 'ㅇ' 자가 있다. 고자 '豖' 자를 보면 '돼지해'가 '서쪽으로 돌아 도달했다'다. '[illegible]' 자형은 돼지를 보고 12 지지를 만든 것이 아니라, 북두의 자형을 보고 '돼지'를 일치시킨 것이다. 〈그림 2-23〉의 '이·사·부'처럼 받침이 없는 '자모'는 북쪽 하늘의 의미한다. 'ㄹ' 자형이 붙은 '일·살·불'은 하늘로 올라가는 새를 나타낸다. '살'이 '살아있다'라면 '사'는 죽어서 가는 하늘이다. 'ㄹ'과 대칭인 'ㅇ'은 '둥글다' 북에서 굴러 지상으로 내려온다는 의미를 갖는다.

ㅎ
ㅓㅇ • 아
우

훌
헐 ㄹ 할
홀

ㆆ
⇩
ㆆ

그림 2-23. '아·어·우·후'와 'ㅎ'

그림 2-24. 천지·남북 분리

6
鬪佃目(투전목)

算木	一	二	三	亖	㐅	丅	𠄡	[illegible]	[illegible]	丨
鬪佃目	[illegible]	[illegible]	[illegible]	[illegible]	[illegible]	[illegible]	[illegible]	[illegible]	[illegible]	[illegible]
古字	壹	僨	毛	兕	メ	奐	与	扒	玖	拾

그림 2–25. 산목·전목·고자의 해독

가. 鬪佃目(투전목)의 해독

『단군고기』에는 算木(산목)[73]이 기록되어 있다. 산대라 부르는 산목은 신시 때부터 지금까지 전해왔다. 또한 "鬪佃目(투전목)은 본래 4,700년전 14대 단군 치우천왕 때에 비롯된 것인데 후에 노름으로 변질되었다."[74] 투전목은 단순하게 숫자만 표현하기 위한 글자가 아니다. 삼행시를 짓듯이 1에서 10까지의 수에 신화를 담은 숫자다. 천부경의 숫자도 문화적 공통성을 가졌기 때문에 내용이 일치한다. 그러므로 하

73 神市有算木 蚩尤 有鬪佃目 夫餘有書算 其曰算木也

74 박성수, 『단군기행』, p148.

나·하루처럼 숫자를 헤아리는 방식이 우리 민족에게는 전해져 내려왔다.

투전목이란 '두 사람이 함께 밭을 간다'다. '目(목)'은 '눈으로 본다'다. 즉 투전목은 '두 부부가 자식 농사를 짓는 것을 본다'다. 투전 놀음에서 '노느니 뭐해 일이나 하자'고 한다. 남녀의 성교를 '밤일'로 은유한다. 투전목은 '견우와 직녀가 만물(자식)을 낳고 길렀다'는 것을 설명했다. 그래서 수만 세는 算木(산목)의 자형과 다르다.

투전목의 '[illegible]' 자형 밑에 삐친 방향은 북두칠성이 회전하는 방향이고 모두 '七' 자형이다. 고구려 '皂衣仙人(조의선인)'의 '皂(조)' 자도 '白+七'로 써 '북두칠성'의 자식들이다.

①[illegible]=壹(일): '[illegible]' 자만이 유일하게 해가 지는 서쪽으로 밑이 삐쳤다. 壹(일)은 '士+冖+豆'다. '士=十+一'이다. 즉 '十' 중에서 제일 첫 번째 '一'를 나타냈다. '冖'은 하늘이다. '豆(두)'는 견우와 직녀 위에 있는 '유일신'을 나타낸 글자다. '하루·하나·일'이다. '하루·일'에 해를 뜻하는 'ㄹ'이 붙는다. '하루'는 '할+ㅜ'다. '할아버지·할머니'다. 'ㅎ=二+ㅇ'으로 부두다. 'ㅎ' 혼자 돌면 '아·우'다. '홀'의 짝이 '훌'이다. 홀이 하나라면 '훌'은 둘이라는 의미다.

『훈몽자회』에 日(일)은 '나실'로, 衆陽之宗人君之表(중양지종인군지표)다. 『훈몽자회』의 표기는 가림토의 원리가 있다. 예를 들어 日月(일월)은 점(•)이 '하나'지만 星辰(성신)은 점이 '둘'이다. '夲(본)' 자의 '十' 자에 붙은 알의 높이는 해나 북두의 운행을 표기 한 것이다. 이것이 한자의 聲調(성조)가 된 것으로 사료된다.

'日(일)' 자 속에 '一'은 '유일한 하나'로 '태양'이다. 日(일)의 고자 '[illegible]' 자는 '해' 속에 '새(乙)'가 들어간 글자다. 태양 속에 까마귀가 있는 상징으로 '태양'을 상징하고 우주 전체를 표현하는 '[illegible](太極:태극)'이 됐다. 단옥재는 설문해자에서 "글자 모양 가운데 까마귀가 있다. 그런데 무후가 '[illegible]'자로 잘못 만들었다."라고 주석을 붙였다. 새가 알에서 나오면 乙(을)이다. 왜? 낮의 태양 '[illegible]' 속에 어둠의 신 '까마귀'가 앉아 있을까? 이것이 한민족 신화다. 태양의 본 모습은 '[illegible]'이다. 태양은 동에서 서로 진다. '[illegible](동)' 자를 보면 낮에 열심히 일한 태양은 동굴로 들어가 쉰다고 생각했고 뒤를 이어 북두는 새가 되어 선회한다. 북두칠성을 연결한 완만한 선(～)의 모양에서 하늘로 올라간 커다란 '까마귀'로 '乙(을)'이다. 북두칠성의 모양을 보고, '국자·두레박'이나 곰으로 보았다. 북두칠성 개념은 견우와 직녀, 둘이다. 북두칠성의 '〜'은 음양이 나뉜 '乙乙半弓(을을반궁)'[75]이다. 순수 하늘은 'ㅇ'이고, 하늘 속에 태양은 '⦿' 모양으로 이것이 '㉦' 자형이다. 太乙(태을)은 '◒' 자형이다. '㉦'은 한글 'ㅇ'과 'ㄹ'이 되어 '올'이 됐다. 즉 '㉦=올=아들'은 난생설화로 이어진다. 良(량)을 '령'으로 쓴 것은 가림토 '㉦'이 '해'이기 때문이다.

②𠀀=弍=貳(이): '𠀀' 자의 점(•) 두 개는 견우와 직녀다. '七(칠)' 위에 점 둘이 자리하고 있다. 동자 '貳' 자는 견우와 직녀를 나타낸다. '𠀀' 자가 의인화됐음을 알 수 있다. 貳(이) 자에 '亻' 자는 사람이다. '이·둘·이틀'이다. '이'은 '하나를 이었다'다. '둘=두+ㄹ'이다. 해와 마찬가지로 새이기 때문에 'ㄹ'이 붙는다. 'ㅌ'이 둘이 머무는 집 '愧(괴)'다. '스무·스물'은 '하늘에 올라 견우직녀가 만난다'라는 의미로 북두의 '魁(괴)'가 동쪽에서 떠오를 준비를 하고 있다.

③𠂹=乇=參(삼): '乇=彡+乚'이다. '乚(은)=乙(을)'이다. '乚(은)' 자는 '숨는다'의 의미로는 '三(삼)' 뒤에 숨어있는 '魁(괴)'이고, '솟는다'는 의미로 창힐문자 'ㄨ' 자의 의미다.

'석삼·서이·셋·사흘'이다. '셋이 곧게 섰다'다. '삼'은 '섬'이다. '셋=ㅆ'이다. 參(삼)은 魁(괴)로 魁(괴)가 '삼태기'다. '석'의 음은 저녁이다. 저녁에 북두가 돌아서 '參' 자형이 됐다. 즉 三(삼)은 견우로 주체인 '나'의 상징인 '杓'가 위로 '섰다'다는 것을 나타낸다. '厽'이 杓(표)다. 모양이 '섬'이다. '▽'이 돌아 '△'이 되면 島(도)다. '道(도)' 자의 首(수) 자의 머리에 점 두 개 북두다. '屰(역)' 자형에 '首(수)'의 머리가 있다. 道(도)를 깨우친다는 것은 '천지 운행의 원리를 안다'는 것이다.

'흘'의 한자에는 견우와 직녀가 만나는 순간을 기록했다. '屹(흘:우뚝 솟다)·吃(흘:일 년 만에 만나 말도 더듬고 머뭇거린다)· '迄=迲(흘:어떠한 장소에 이르다)'다.

고구려에서의 삼은 한자로 '密(밀)'이다. 직녀가 아버지 몰래 만났기 때문에 '密

75 『鄭鑑錄(정감록)』, 『格庵遺錄(격암유록)』 등에서 천부의 이치를 자신의 몸에 실행하는 간결하게 표현한 것이 弓弓乙乙(궁궁을을) 이다. 弓乙(궁을)의 실체는 바로 '너 자신은 새의 아들, 천손'이다는 주문이 면면히 수천 년 내려온 한민족 깨우침의 소리다.
임성묵, 『본국검예 3. 왜검의 시원은 조선이다』, 행복에너지출판사, 2018, p165~166.

(밀)'이다. '밀'의 음가는 'ㅁ+ㅣ+ㄹ'이다. 'ㅁ=ㄱ+ㄴ=合(ㅅ+ㅡ+ㅁ)'이다. 'ㅣ=↑'이고 'ㄹ=乙'이다. '日(싈)' 자가 '△+ㅣ+ㄹ=싈'로 썼듯이, 북두로 올라간 글자를 '밀' 자로 썼다. 금문 '[illegible]=⋂(밤하늘)+[illegible](견우직녀가 만남)+[illegible](밤의 빛나는 봉우리:삼)'이다. '密(밀)' 자의 '山' 자형이 '삼'의 개념이다.

고구려가 가림토 문자를 사용했고, 가림토가 북두칠성에서 만들어졌다는 중요한 글자다. 즉 북두칠성의 신화와 가림토를 알지 못하면, 삼을 '密(밀)'이라 한 이유를 알 수 없다.

표 2-23. 密(밀)의 금문·소전·고자·해서

금문	소전	고자	해서
[illegible]	[illegible]	峦 宻 宻 賔 𥾮	密(밀)

④[illegible]=兕·西(사): '[illegible]=[illegible]+[illegible]'이다. '[illegible]' 자는 북두칠성 杓(표)로 삼성이다. '[illegible]' 자형은 옥형과 魁(괴)다. '兕(사)' 자도 북두칠성의 魁(괴)다. 卯(묘)는 직녀와 견우가 돌아서 떨어진 상태지만 '兕(사)'는 '魁(괴)' 안에 있다. 魁(괴)에 들어있는 天理(천리)의 숫자가 4다. 天理(천리)가 天倫(천륜)이다. '너이·넷·나흘'이다. '너이'의 '너'와 '나흘'의 '나'는 '너와 나'다. 갑골문 '亖=二+二'다. '二(이)' 가 둘이다. '二(이)'는 가림토 'ㄴ'으로 '너=이'는 견우와 직녀를 뺀 둘(너희)이다. 창힐문자의 '[illegible]' 자다. '나흘'의 '나'는 '나간다'이고 '흘'은 '흐른다'로 한자 '迄(흘)'이다. '나흘=날=날다'다. 가족 넷이 만났다 헤어진다.

⑤[illegible]=㐅(오): '[illegible]=[illegible]+[illegible]'이다. '七'의 '[illegible]' 자형이 새처럼 하늘로 날아간다. '㐅' 자형도 나르는 모습이다. '닷새'의 소리에 '새'가 있다. [illegible]=万(만)이다. '만'의 음가는 '하늘에서 만나다'다. 즉 칠월 칠석 견우와 직녀의 전설이 숫자로 표현됐다. '다섯'이다. '다'는 견우와 직녀를 나타내는 '多(다)'다. '섯=솟'으로 '솟구쳐 오른다'다. 둘이 최고 높은 북쪽에서 만나 '萬歲(만세)'다. 万(만)의 또 다른 음인 '黙(묵)'은, '어둠 속에 이루어진다'다. '卍(만)' 자는 사방의 끝을 나타내고 '万(만)'은 북쪽 끝이다. 만세(萬歲)를 하면서 두 손을 하늘로 올리는 이유다.

'㐅(오)' 자는 77일에 견우와 직녀가 하늘로 올라가 중간에서 만났다는 것을 표현한 글자로 'X' 자다. 고구려어는 '于次(우차)'다. '于(우)'는 '위를 향하여 가다'로 '於

(어)' 자다. 둘이 위에서 만났다. '于=二+丨'이다. '次(차)'는 '견우가 떠나간다'다. '허어참~'에 '次(차)'의 의미가 있고, '우차꺼나(어찌하나)'에 '于次(우차)'의 의미가 있다. '于(우)'는 於(어)의 간자체다. 於(어)의 갑골문은 ''(까마귀)'가 '~에서 오른다'에서 '어'다. '만나는 기쁨과 헤어짐의 슬픔에 탄식'하기에 '오'다. 次(차)의 금문 '' 자형은 떠나면서 직녀를 부르는 자형이다. '==ㅋ(가림토)'이다. 고자 '兂'은 직녀를 뒤에 두고 떠나는 것을 나타낸다.

한편 고구려어 '於乙買(어을매)'의 '於乙'은 '泉井(천정)'으로, "북두칠성에서 끊임없이 '勿(물)'이 샘솟는다."다. '泉(천)=白(백)+水(수)'다. 白(백)은 북두다. '井(정)'은 북두칠성이 사방으로 회전하는 글자다. '買(매)'는 '자초하다'다. 買(매)의 금문 '=+'다. 网(망)은 '그물'이다. '물'이 있다. 그물의 얼개가 'ㅁ' 자에서 '◇' 자형으로 돌았기 때문에 가림토 'ㅱ'에서 '망'의 음이 나온다. '於乙買(어을매)'는 '북두칠성은 스스로 물을 내보내는 우물'이란 뜻이다. '매=ㅁ+ㅐ'다. '물·못·밀·무'처럼 'ㅁ'은 '물'과 관련된 자형이다. 물이 생명이기 때문에 '살매'다. '~했음매'처럼 '매'의 소리가 남아있다.

표 2-24. 于(우)·於(어)·次(차)·買(매)의 갑골문·금문·전문·고자·해서

갑골문	금문	전문	고자	해서
			亏 於 亐 扵	于(우)
			䳄 㫃 烏 于	於(어)
			㳄 佽 兂 茦	次(차)
			买 贯 罝	買(매)

⑥=奥(육): '戮(륙)'이다. '' 자형은 '직녀가 아이를 안고 뒤돌아 간다'다. 둘이 만났으니 헤어져야 한다. '어서 일어나'라고 자꾸 보채는 말이 '여섯'이다. '여·려'의 소리는 '떠나기' 때문에 '旅(여)'로 '蜜月旅行(밀월여행)'이다. 여기서 '蜜(밀)'은 '密(밀)=參(삼)'이다. '일곱'의 '일' 자가 서술 역할을 한다. '六≒戮(육)'이다. '戮(륙)' 자의 뜻은, '죄짓다·형벌주다·죽음·합치다'다. 견우와 직녀가 만났으면 헤어져야 하는 이유가 있다. 또한 六(육)은 '育(육)'으로 '자식을 기른다'다.

표 2-25. 戮(륙)·翏(료)·卯(묘)·昃(측)의 갑골문·금문·전문·고자·해서

갑골문	금문	전문	고자	해서
		[전문]	翿 殄 翑 㽥 戮 對 翯	戮(륙)
[갑골문]		[전문]		翏(료)
[갑골문]	[금문]	[전문]	丣 卝 聊 非 兆	卯(묘)
	[금문]	[전문]		睽(규)
			昃 臭 昗 仄 佰 昃	昃(측)

'戮(륙)' 자는 '翏'의 동자다. 고자 '㽥'를 보면 '[字形]=女=[字形]'이다. 戮(륙)은 卯(묘)와 통하여 '둘로 잡아 짼다'[76]다. 한자는 상황을 나타낸 그림이다. 음은 한자의 특성을 나타낸다. 가림토의 상형은 의미가 있는 기호다. 단순하게 표음문자가 아니다. '卯(묘)'의 '갑골문·금문·전문'은 가림토와 연결된 매우 중요한 글자다. '[字形]=<+>=◇=ㅁ=묘, [字形]=C+)=O=ㅇ=요, [字形]=ㄷ+ㅓ=ㅂ=ㅂ=뵤'다. 'ǁ' 자형이 가림토의 'ㅛ'다. '료=ㄹ+ㅛ'이고, 'ㄹ=ㄱ+ㄴ'이다. '료' 자에는 '견우와 직녀가 하늘로 날아오른다'라는 기호적 의미가 내재하여 있다. [字形](표)의 갑골문에 '二' 자가 견우직녀다. '육=ㄹㅠ+ㄱ'이다. 'ㅛ' 의 대칭인 'ㅠ'에다 견우를 상징하는 'ㄱ'이 서쪽으로 가는 의미다. 은하수에서 만날 때는 '叫(규)·丩(규)·㝸(규)·㔦(규)'가 되고 헤어질 때는 '睽(규)·揆(규)·朻(규)'다. 같은 음가에 정반대의 뜻이 있는 것은 북두칠성의 위치가 서로 상대성을 가지기 때문이다. 睽(규)의 금문 '[字形]=[字形]+[字形]'다. 서로 등을 지고 있음을 나타낸다. 전문에서 눈([字形])이 발([字形])로 바뀌었고 '[字形]' 자형은 북두칠성의 대칭이다. 즉 北(북)이 南(남)이 되고 西(서)가 東(동)으로 변하기 때문이다. 즉 陰(음)이 陽(양)이고 陽(양)이 陰(음)이다. 그래서 泰(태)는 북두칠성이 뜬 밤의 하늘 나타내고, 太(태)는 태양을 품은 하늘이 된다. '昃(측)=日(일)+六(육)'이다. 기우는 것이다.

⑦[字形]=七(칠): [字形]=[字形]+[字形]'이다. '[字形]' 자형이 'V'의 사슴 발자국으로 견우와 직녀, 둘(二)이다. '[字形]' 자형이 '武' 자의 '二'다. '일곱'의 '일'은 '일어난다'다. '七(칠)'의 고자는 '七

76 《漢韓大字典》 민중서림 편집국. 2007.1.10. 김철환. p805.

(칠)'이다. 'ち(칠)'은 누워있던 '七(칠)' 자를 세워서 그린 글자다. '곱'은 곱으로 '둘'의 뜻과 함께 '일어서다'다. 즉 '곱'의 '굽'은 '굽힘'이고 '곱'은 다시 '일어섬'이다. 이처럼 칠은 짝으로 '짝짝궁'이다. 남과 북에서 북두는 '둘'이다. '이레'는 '이레>일'이다. 일본어도 'なな(나나)'로 둘이다. '나나'는 '나란히 난다'라는 의미로 창힐문자 '' 자형의 의미와 소리가 같다. 고구려의 '難隱別縣(나은별현)'을 고려에서 '七星縣(칠성현)'으로 불렀다. 즉 '難隱別(나은별)'이 '七星 (칠성)'이다. 가림토의 원리와 음가를 분석하면 쉽게 알 수 있다. '七=難隱'이고 星(성)은 '別(별)'이다. 앞에는 소리 음가를 뒤에 한자는 뜻을 결합했다. '難隱別(나은별)은 '헤어져 나는(難隱) 별(別)'이다. 금문 '=++()+(+)'이다. ''은 가림토의 '▽'에 뿔이 서로 등을 지고 있어 '어렵게 헤어진다'다. '' 자형도 '▽'에 '十'을 넣어 하늘에서 일어난 사건임을 나타냈다. '·' 자형은 북남으로 분리된 북두를 나타낸다. 전문 ''은 땅에서 본 하늘이 나타내기 때문에, '土' 자를 밑에 붙이고, '' 자형은 '==申' 자인 '' 자로 바꿨다. '=(견우)+(직녀)+'다. 견우와 직녀가 북남으로 헤어진 북두칠성으로 새를 그렸다. 고문 ''의 '='다 ''은 '두 사람의 등지고 이별한다'다. 漢(한)을 '은하수'다. '한=하늘=은하수'다. '하+ㄴ(隱)'이다.

'隱(은)'은 '어둠'이다. 고자는 'ㄴ'이다. 가림토의 'ㄴ'으로 '직녀'다. 전문 '=+'이다. ''은 동쪽으로 등을 졌다. '=++'이다. '' 자형은 '工(공)'으로 북남의 하늘이다. 上(상)의 ''은 직녀이고, 下(하)의 ''은 견우다. '=中心'으로 견우가 똑바로 서 있고, 뒤에 직녀가 숨어 있다. '別(별)'의 갑골문 '' 자는 북두인 '별'이 헤어지는 글자다. 고자 '穴'은 가림토의 '' 자형과 닮았다. '밤에 벌려 헤어지는 별'을 '나는'이란 가림토 기호로 음가를 만들었다. 한자에 음가를 붙이는 방식과 개념을 만드는 방식을 알 수 있다. 즉 오늘날 우리가 사용하는 음가와 큰 차이가 없다. 우리의 소리는 한자의 뜻을 함축하고 있다.

표 2-26. 難(난)·隱(은)·別(별)의 갑골문·금문·전문·고자·해서

갑골문	금문	전문	고문	해서
			難 鶧 䧔 䧔 䧔 䧔 䧔 䧔	難(난)
			ㄴ ㄴ 㥯 隠 隱	隱(은)
			穴 别 剐	別(별)

⑧ᄔ=扒(팔): '여덟 팔'이다. 자형은 팔을 東西(동서)로 벌렸다. '여들>여덟'이다. '나여·너여'처럼 '여'는 '與(여)'이다. '돌'은 '들다'로 '擧(거)'다. 여드레의 '레'는 '來(래)'처럼 '올래·할래·갈래'처럼 미래형과 명령형이 함축된 소리다. 양팔을 좌우로 벌려 나누었다. 다시 양팔을 들어 북에서 둘 신이 만난 것을 나타낸다.

⑨올=玖(구): '올=0 가림토의 'ㅇ+ㄹ'로 '알'로 '아들'이다. 玖(구)는 '玉(옥)+久(구)'다. '알'은 옥동자 '아들'이다. '久(구)'는 '머무른다'로 '남쪽에 머문다'다. '⺈=|+⺈'이다. '九(구)'의 갑골문처럼 '북두가 위에서 내려(|)가 남쪽에 있다'라는 기호다. '玖' 자의 음가 '구'는 가림토에서는 '남쪽'을 지칭하고, '久(구)'의 선행 개념은 '夂(치)' 자로 '뒤처져온다'로 '남쪽에서 머문다'다. 가림토 'ㅇ'은 비록 초성에 배치했어도 'ㅇ'이 있어야 할 곳은 남쪽이다. '乙(을)'도 가림토의 '을'이기 때문에 '남쪽' 방위에 속한다. '日(일)'도 동에서 뜨면 남쪽 하늘로 올라가고, 정오를 지나면 '陽(양)'이다. '이르다'라는 개념도 '일'과 같다. '至(지)'의 '지'은 '땅에 이른다'다. 『계림유사』에 九(구)를 鴉好(아호)라 한다. '雅(아)=鵶(아)'다. 亞(아)의 갑골문 '亞' 자형은 西(서)에 '⺊' 자와 東(동)에 '⺊' 자형이 결합한 자형이다. '七(칠)'은 동쪽 '⺊' 자형을 나타낸다. 금문 '亞'은 '아=남동'을 '어'가 '북서'를 상징한다. '아·어'의 방향이 대칭이다. 남동쪽은 '아들·아버지·알'이다. 북서는 '어머니'다. 전문 '亞' 자형은 '북남'으로 한정 짓고, '아'를 남쪽으로 했다. '凹凸(요철)'의 의미도 이와 같다. '아'는 '갈까마귀'다. '갈=가다'와 '까마귀=알'이다. 好(호)는 '남녀 짝'이다. 天地之數始於一終於九焉(천지지수시어일종어구언)이다. 가장 큰 수로 차면 기운다. '떠나는 것이 바람직하다'로 주역의 의미와 상통한다. '九(구)' 자는 南方(남방)을 뜻한다. 갑골문 '九' 자의 魁(괴)가 남쪽에 있고 '十(십)'이 위에 있다. '斗(두)'의 갑골문 '斗' 자형과 대칭이다. 그러므로 '斗(두)'는 '北(북)'이다. '홉사'는 '곡식 따위를 되는 작은 단위인 홉과 사(勺)를 아울러 이르는 말'이다. 勺(사)는 '자루가 달린 술 따위를 푸는 용기'로 杓(표)의 개념이 들어있는 '구기작'이다. '되'는 사각형 모양으로 담는 그릇이다. 물을 뜨기 위해서는 국자는 구부려야 한다. '구'의 음가는 '국자를 구부린다'다. 남방에 있는 북두를 불러서 북으로 날아 올라오도록 해야 한다. '고'는 '구'의 대칭으로 북쪽이다. '손뼉'은 머리 위로 치기 때문에 '뼉'이고 '발'을 '동동 구른다'는 '발'이 남쪽이기 때문에 '구'다. '북(ㅂ)으로 곧

게 솟(시)는다'다. '북' 자형의 대칭은 '복'이다. '復(복)'은 '北(북)'의 대칭으로 '북에서 내려와 남쪽에 내려와 다시 북으로 회복한다'다. 그래서 '復卦(복괘)'의 모습이 '䷗' 자형이다. 숫자도 〈그림 2-27〉처럼 방위를 갖는다. '1'은 '9'와 대칭을 이루어 '10'을 이룬다. 동양에서 수리의 개념은 10이 완성수로 둥근 圓(원)이 10이다. 5가 중요한 것은 중앙에서 있으면서 교차되기 때문에 견우와 직녀 둘이 만나는 지점이란 상징을 갖는다. 고조선의 수리 개념에는 오행과 팔괘의 원리가 들어있다.

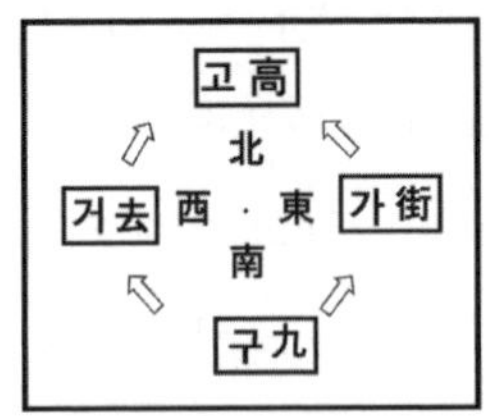

그림 2-26. '고·구·가·거'의 배치

그림 2-27. '숫자의 대칭'

'於(어)' 자의 짝이 '鴉(아)'다. '牙' 자의 갑골문 'ㄣ' 자형은 '범아구'다. '아=구'가 '짝'이다. 즉 '아'가 북쪽에 있고 '구'가 남쪽에 있다. '아구(귀)가 맞다'다. '翕(흡)' 자는 '넣는다'다. '아홉'의 개념이 있다. 呼吸(호흡)의 好(호)는 날숨이고 '吸(흡)'이 공기를 넣는 '들숨'이다. '汔(흡)'은 태양이 남방에 있으면 가뭄이 들기 때문에 '마른다'다. '究(구)'는 '穴(혈)+九(구)'로, 마지막에 이르는 것으로 '남쪽 끝에서 북쪽 끝에 이르렀다'다. 㗊(규)의 금문 '㗊=ㅂ+ㄹ'다. 견우와 직녀(ㄹ)와 견우(ㄱ)가 만나면 'ㅂ'이다. 'ㄹ·ㄹ' 창힐문자 '𝒮'의 'ㄹ'이고 'ㄱ' 자형도 '𝒮' 자형이다. '丩(구)'는 서로 앉아 엉켰다. 斛(구)는 '핥는다'. 觓(구:황소), 㣺(교)는 '가다'다. 견우직녀의 이야기가 담겨있다.

표 2-27. 九(구)·牙(아)·亞(아)·㗊(규)·丩(구)의 갑골문·금문·전문·고자·해서

갑골문	금문	전문	고자	해서
				九(구)
				斗(두)
				牙(아)
			亚 逫	亞(아)
			㗊 吅 叫 嘂 嘂 噐 叽 訆	㗊(규)
			㠯 劉	丩(구)

⑩𢁎=拾(십): 𢁎=𡉀+𠤎'이다. '𡉀=丟(주)'로 '가다'이고 '𠤎=七'이다. 佃目(전목)에 한자와 가림토가 함께 사용됐다. 『삼국사기』「지리지」에 '十谷縣一云德頓忽(십곡현일운덕돈홀)'이다. 고구려어에 十(십)은 '德(덕)'이다. '德=悳=悳=悳'이다. 갑골문 [갑골문](덕)은 '彳+悳'으로 '곧게 세운다'다. 頓(돈)은 '도니-다니-たに'다."[77] 곧게 선 다음에는 기운다. 그래서 德(덕)은 '盈厠(영측)'이다.

拾(십)은 '서로 번갈아 바꾸다·오르다'의 의미와 같다. 직녀성이 上(상)에 있고 견우성이 下(하)에 있지만, 북두가 열려 열심히 돌면 서로 위치가 바뀐다. '十' 자형은 동서남북이 곧게 자리를 잡았다. 남방에 있던 '魁(괴)'가 북에 도달하여 마침내 '十(십)'이 됐다. 申(신)은 북남이 곧게 다시 서야 한다. 그래서 '거듭신(申)'이다. 申(신) 자형에 '十'이 있다. '십=ㅅ+ㅣ+ㅂ'이다.

'열'의 음의 '火(화)'로 '熱(열)'이다. 남방의 뜨거운 열이 '올린다'다. '열십'의 소리에 주역의 水昇火降(수승하강)의 원리가 있다. '열'은 또한 '열리다'다. 차면 기운다.

표 2-28. 熱(열)의 갑골문·전문·고자·해서

갑골문	전문	고자	해서
[갑골문]	[전문]	褻 热 挈 熯 埶 熱	熱

'熱(열)' 자의 갑골문은 '[갑골문]=[자형]+[자형]'이다. '[자형]' 자는 '[자형]·[자형](리)' 자처럼 북두에서 만난 '견우와 직녀'다. 한글에서 '부부'에서 '부(불)' 자를 동일하게 쓰는 것도 자형이 같기 때문이다. 일본은 林(림)을 '하야시(はやし)'로 훈독한다. '하얀 신'으로 북두칠성 신의 소리다. 甡(신)은 두 신이 북두에서 만나기 '모이는 모양신'이다.

'[자형]' 자형 '[자형]' 자는 '북두가 하늘에서 산처럼 솟'은 것을 나타낸다. '[자형]' 자형이 빛나는 '불'로 'ㅂ'이다. 聖(성)의 갑골문 '[갑골문]'의 머리다. 전문 '[전문]' 자에서는 불에서 나오는 '열'을 '火(화)' 자로 표현하여 열심히 북두를 들어 올리는 것을 표현했다. '[자형]' 자형을 분리하면 '[자형]' 자형으로 창힐문자의 '[자형]'이다. '[자형]'은 '[자형]'이다. 藝(예) 자가 북두칠성에 제사를 드리는 글자임을 알 수 있다. '熱(열)' 자에 '丸(환)' 자가 남방에 있던

77 김세택, 『일본어한자훈독사전』, 기파랑, 2015. p544.

'九'가 북방에 올라왔다는 것을 나타낸다. '환'은 '환하다'로 견우직녀가 만난 것을 나타내는 소리다. 辻(십)은 '네거리'다. 拾(십)은 '오를섭·바꿀겁·주을습'으로 남방에서 북방으로 오르는 북두의 움직임을 담았다. '시=ㅅ+ㅣ'로 하늘에서 곧게 내림이다. '신'은 '땅에서 올라간 신'이다. [illegible](십)은 '달릴십'이다. 즉 '열십'은 '열심히 달려 북에 이르렀다'다. '[illegible]' 자형에는 솟대를 깃발처럼 들었다. 산 정상에 태극기를 꽂았다. 견우와 직녀가 만난 이후의 둘의 성관계를 '열심히 십 구멍에 좆(솟)을 꽂는다'로 은유 된다.

參

天符經
(천부경)

1
天符經(천부경), 高雲本(고운본)과 農隱本(농은본)

『천부경』은[78] 桓國(환국)으로부터 구전되어 오다가, 환웅 천황이 신지 현덕에게 명하여 녹두문으로 기록했다. 고운 최치원은 신지의 篆古碑(전고비)를 보고 한문으로 번역하여 묘향산 석벽에 새기고, 帖(첩)으로 만들어 세상에 전했다.[79] 이때의 일을 『최문창후전집』「고운선생사적」에서 "태백산에 단군의 전비가 있었다. 그 글은 읽기가 몹시 힘들고 해석하기 어려웠는데 고운이 그것을 번역했다."라고 최치원의 고각본을 조선 중종 때, 이맥(1520년경)이 『태백일사』에 수록했다. 한편 고운의 후손 최국술이 『檀典要義(단전요의)』에 수록한 천부경은 「묘향산석벽본」과 7자가 다르다.

2000년 1월 17일, 고려 말 충신 두문동 72현인 중 6隱(은)[80]인 農隱(농은) 閔安富

---

78 천부경은 桓國(환국)에서 입으로 전해 내려오던 경으로 9자 1구로 하여 9중 81자로 구성되어 있다. 원래 환웅 1세 거발환(서기전 3898-3805)이 天山(천산)에서 지상의 태백산 神市(신시)에 내려와 도읍하고, 神誌(신지:神志)이던 현덕을 시켜 이를 기록 보존하게 하시어 신지가 篆字(전자)로 빗돌에 새겨 알아볼 수 없게 된 것을 孤雲(고운) 崔致遠(최치원) 선생이 한문으로 번역하여 書帖(서첩)으로 꾸며 세상에 전한 것인데, 4250(서기 1917)년에 지금의 妙香山(묘향산)에서 수도 중이던 스님 桂延壽(계연수)가 천부경을 찾아내어 1916년 9월 9일 탁본하여 세상에 알려진 오래된 經典(경전)이다. [네이버 지식백과]

79 天符經 穿提華國口傳之書也 桓雄大聖尊 天降後 命神志赫德 以鹿圖文記之 崔孤雲致遠 亦嘗見神誌篆古碑 更復作帖 而傳於世者也

80 목은 이색, 포은 정몽주, 도은 이숭인, 야은 길재, 수은 김충한

(민안부, 1328~1401)가 저술한『農隱遺集(농은유집)』에서 상나라의 갑골문과 같은 방식으로 쓰인「天符經(천부경)」을 후손 민홍규가 발견하여 세상에 알렸다.

이색이 남긴『목은시고』「扈從白獄山有作(호종백옥산유작)」의 '獨斷與天府契合(독단여천부계합)'의 詩句(시구)에 기록된 天府契(천부계)가 天符經(천부경)이다. '獨斷(독단)'[81]은 후한의 蔡邕(채옹:서기 133~192)이 쓴 책인데, 동이족을 지칭하는 夷狄(이적)과 父天母地(부천모지)를 천자라 하는 내용은 천부경의 내용과 일치한다.[82] 이처럼 고려 말까지 천부경은 엄연히 존재했고, 민족경전 천부경은 여러 갈래[83]로 전해져 왔다.

천부경이 현재에 알려진 내력은 대략 다음과 같다.

1919년 계연수가 묘향산 석벽에서 발견, 1920년 전병훈의 1920년『정신철학통편』[84]에 주석, 1921년 단군교 기관지『단탁』에 소개, 1925년 최치원 후손 최국술이『최문장후전집』에 수록, 1934년 이시영『감시만어』에 천부경원문 소개, 1979년 이유립(계연수 제자)『환단고기』의『태백일사』「소도경전본」에 실렸다. 2000년 고려말 농은 민안부의 후손 민홍규가『민안부 문집』에서 갑골문으로 된 천부경을 발견하여 세상에 알렸다. 농은본으로 인해 고운본의 천부경과 비교할 수 있는 계기가 되었다.

이보다 앞선 1912년에 필사된 正易(정역)에 천부경이 수록되어 있고, 1913년에 쓴 것으로 보이는, 천부경이 2005년 단군교 정훈모의 유품에서 발견되었다. 1930

81 『獨斷』天子夷狄之所稱父天母地故稱天子

82 飛書初出鬼神驚 擧世皆疑誰辯明 獨斷與天府契合 群官奉日佩環鳴 雲連翠盖山增秀 風透羅衣水更淸 共說龍顔新有喜 當年卜洛想周成 〈2018.10.5. 성균관대 퇴계인문학관 '목은 사상의 재조명'에서 최영성 교수 발표〉

83 고려말 목은 이색의 詩(시) 구절에 '獨斷與天符契合(독단여천부계합)'이란 구절과 태백일사에 '이색이 천부경을 주해했다'라는 기록이 있어, 모종의 천부경이 고려 말에 존재한 것으로 학계는 보고 있다. 고려와 조선의 역대 제왕은 황해도 구월산 삼성사에 환인 환웅 단군의 삼위 성조의 위패를 모셔 놓고 치제를 드렸다. 정조가 올린 致祭文(치제문)에 "天府寶篆(천부보전)이 지금에 이르러서는 사실적 물증은 없으나, 그 神性(신성)이 이로 인해 서로 전수한 것이 동국 역사에 일컬어지고 있음이 그 몇 해인가!"라 기록되어 있다. 天府寶篆(천부보전)의 篆文(전문)으로 쓰인 天符經(천부경)이다. 최근 암자에서 광무(1905)년에 제작된 '一始無始一(일시무시일) 一積十鉅(일적십거)'가 새겨진「天府石經(천부석경)」이 발견됐다.

84 1918년 전병훈은 윤효정에게 천부경을 전달받고, 1919년 주석을 달아 "이 경문은 작년(丁巳:1916)에 비로소 한국의 서쪽 영변군 백산에서 나왔는데 계연수라는 한 도인이 백산에서 약초를 캐려고 깊은 산골짜기로 들어갔다가 석벽에서 이 글자를 발견하고 照寫(조사) 했다고 한다."라고 출처를 밝혔다.

년 대, 증산 박장현이 단군역사를 기술하면서 단군 천부경을 수록했다. 한편 정훈모 본은 ‘無(무)’ 자를 ‘ · · · 자로, 萬往萬來(만왕만래)를 万往万來(만왕만래)로 쓰여 있다. 『환단고기』의 「소도경전본」에도 ‘無(무)’와 ‘无(무)’ 자로 다르게 썼다. 이처럼 ‘無(무)’ 자를 다르게 썼다는 것은, 최치원이 석벽에서 본 ‘無(무)’ 자도 달랐다는 것이다. ‘無(무)’ 자를 다르게 쓴 이유가 분명히 있었음에도, 학계는 이 차이를 연구하지 않았다.

최치원본과 능은본의 차이는 석벽이 훼손되어 誤記(오기)되었을 가능성도 있어 보인다.

한편 1930년대 대리 석판에 새긴 능은본이 북한 백두산 장군봉 마루에서 발견됨으로써, 2000년대 이전에 독립군이 능은본을 가지고 있었던 것으로 보고 있다.

가. 天符經(천부경), ‘符(부)’ 자의 상징과 의미

‘符(부)’ 자는 ‘天符印(천부인)·天符經(천부경)·符籍(부적)’에 사용된 글자다. 『삼국유사』에 환웅이 환인으로부터 3가지 ‘天符印(천부인)’을 받아 내려왔다는 기록으로 인해 남한에서는 ‘청동검·거울·방울’을 천부인으로 추측하고 있지만, 북한에서는 하늘의 징표가 새겨진 印章(인장)으로 보고 있다. 그래서 ‘符(부)’ 자형에 담긴 상징과 의미를 파악해 본다. 한편 천부경은 三一神誥(삼일신고)을 함축한 경문으로 사료된다.

표. 3-1. 符(부)·付(부)의 금문·전문·해서

금문	전문	해서
		符(부)
		付(부)

‘付(부)’ 자의 금문은 ‘=+’이다. ‘’ 자형은 서쪽으로 내려가는 ‘견우’다 ‘’ 자형의 ‘’ 자는 불의 징표로 ‘불’이다. ‘불’을 떠 올라가기 때문에 ‘泭(부)’ 자는 ‘물거품·

뗏목'이다. '' 자는 父(부)의 금문 ''과 같다. '' 자형은 '불'을 들고 있는 실체인 '아버지'다. '' 자형은 불을 건네주는 손인데, 누구의 손인가? 이것을 명확하게 한 글자가 ''로 '' 자형이 견우와 직녀다. '符都志(부도지)·天符經(천부경)·天符印(천부인)·天符劍(천부검)·符籍(부적)'의 '符(부)' 자는 하늘로부터 받은 권한을 나타낸 글자다.

나. '一(일)·二(이)·三(삼)'의 상징

'一·二·三'은 천부경의 핵심이다. 천부경에서 사용된 숫자와 한자는 모두 천문과 관련되어 있다. 즉 천부경은 3과 1을 중심으로 1에서 10까지의 숫자로, 天地人(천지인)이 하나라는 상호 관계를 설명한 數(수)의 경전이다. '一·二·三' 속에는 '弌(일)·貳(이)·參(삼)의 천문과 신화가 담겨있다.

표 3-2. 弋(익)·妀(익)의 갑골문·금문·전문·고자·해서

갑골문	금문	전문	고문	해서
			弋 [illegible] [illegible] [illegible]	弋(익)
				妀(익)

'一·二·三'의 고문의 '' 자가는 무엇을 상징하는 그림일까? 이 자형이 한민족 잃어버린 신화를 찾아가는 매우 중요한 글자다.

'弋(익)'은 신화와 천문이 기록된 매우 중요한 글자다. 弋(익)은 '오늬에 줄을 매어 쏘는 화살'로 '戈(과)' 자와 다르다. 갑골문 '' 자는 땅 위에 세운 '말뚝(기둥)'과 줄에 묶인 '살(오늬)'이 결합했다. 杙(익)은 말과 소를 묶어 두는 '말뚝'이다. '주'는 기둥의 '柱(주)'와 살아야 하는 住(주)의 개념이다. 즉 妀(익)은 六宮三妃三妀(육궁삼비삼익)으로, 궁에 머물고 사는 婦官(부관)이다. 금문 ''은 갑골문에의 있던 땅(_)이 하늘로 올라갔고 끝이 두 가닥으로 나뉘었다. 화살() 끝의 두 홈은 '오늬'다. '오늬'는 '오누이'로, 직녀와 견우다. ''은 ''(직녀)+''(견우)'를 상징한다. '' 자의 가로(_)는 玉

衡(옥형)이다.

'黓(익)=弋(익)'으로 '검다'다. '곰=감·검·곰·굼'으로 '검은 곰'으로, '黑(흑)'이 弋(익)의 주체로 '직녀'다. 그러나 북두는 짝이다. 夫婦(부부)의 소리는 음양이 동등하다. 熊雄(웅웅)도 마찬가지다. '곰>고마>곰왔습니다>고맙습니다'다. '고마'의 자식이 '꼬마'다. 전문 '[illegible]'은 기둥이 쓰러지지 않도록 '작대기'로 떠받치고 있다. 기둥이 허공에 떠 있음을 나타낸다. 그러므로 '익'의 소리는 '뜨다·날다'라는 의미를 갖는다.

표. 3–3. 一(일)·二(이)·三(삼)의 능은본·전목·고문·갑골문·금문·전문·고자·해서

천부경	전목	고문	갑골문	금문	전문	동자	해서
一	[illegible]	弌			壹	[illegible] 壹	弌(일) 壹(일)
		日	日	日	日	[illegible]	日(일)
二	[illegible]	弍		[illegible]	貳	[illegible] 貳 貳	弍(이) 貳(이)
		𡰥	[illegible]	[illegible]	夷	夸 侇 [illegible]	夷(이)
①[illegible] ②[illegible] ③[illegible] ④[illegible] ⑤[illegible] ⑥[illegible] ⑦[illegible] ⑧[illegible] ⑨[illegible]	[illegible]	弎	三		彡	或 毛	弎(삼) 參(삼)
		参	[illegible](갑골문) [illegible](금문) [illegible](전문) [illegible](별체)				
	彡(전문)						彡(삼)

①'一(일)': 별도의 '弌·壹·[illegible]' 자형이 있다. 一(일)이 하나란 숫자만 의미한다면 이런 자형은 필요 없다. '하나=창조자=신'이란 상징이 들어있고 이것이 신화·종교·문화로 각색되었음을 알 수 있다. 佃目(전목) '[illegible]' 자형이 의인화된 자형이다. '[illegible]' 자의 밑에 '[illegible]' 자만 유일하게 방향이 左側(좌측)으로 돌아갔다. 천부경의 不動(부동)으로 '태양'이다.

'유일한 하나'임을 나타낸다. '일=하나'다. '나'는 '돌아나간다'라는 뜻의 出(출)로 '日出(일출)'을 나타낸다. 가림토의 'ㅇ'은 동해에 떠오르는 해다. 'ㆁ'은 중앙에 뜬 해다. 'ㆆ'은 중앙에서 서쪽으로 넘어가는 '해'다. '西(서)'는 '서다'다. 북두가 올라서면 '석'이다. 'ㅂ'은 '별'이고 'ㅊ'은 '빛'이 퍼진다는 기호다. 이처럼 가림토 문자는 '소리'를 담은 상형문자다. '해·별·달' 특히 북두칠성의 운행을 기호화 한 문자다. 한자의 음가는 한민족이 사용하던 소리와 뜻 그리고 천문의 상형 성을 담았다.

②'二(이)': 금문(𨗽) '𠇹' 자형은 '둘 사이에 끼어든다·재물을 둘로 나눈다'다. '𠇹' 자형이 사람을 나타냄을 알 수 있다. 전목 '𠇹=⁝+𠇹'이다. 점 두 개(견우·직녀)에 '𠇹=七=북두칠성'이다. '북두에 견우와 직녀 둘이 있다'다.

하나에서 열을 셀 때 '두이·서이·너이'만 유일하게 '이'가 붙는다. '이=아이'다.

夷(이)의 고자 '𡰥=尸+二'다. '尸' 자형이 북두칠성이다. '夸=大+弓'이다. 大는 '하늘' 弓은 '잇는다'라는 뜻이 있다. 갑골문 '𡰥=𠇹+𠃋'이다. 두 사람이다. '𠇹=尸=하늘·부모=조상', '𠃋=弓이다. '이=二=잇는다'다. '𡰥=弓+𠇹'다. 금문 '𡰥=大+己'이다. '己=己=𠃋=弓=吕'이다. 이 자형들은 북두칠성과 관련된 글자다. 己의 갑골문(己)과 금문(己)은 대칭으로 회전하여 자리를 바꿨다. '卍' 자가 북두칠성이 회전한 모습을 나타낸 글자다. '乙=새=북두칠성'[85]이다. 그러나 활을 잘 쏘고 키가 큰 특징을 그리면서 '𡰥' 자형이 되면서 'S(己=남성)' 자가 방향을 바꿔 'ㄹ(궁=여성)' 자로 바뀐다. 동이족을 '仁(인)'으로 설명하는 것도 동이족의 어진 특징을 나타낸 글자다. 于(우)는 '~에서부터·광대하다'다. 于(우)의 본 자는 '於(우)'이고, '於(우)=烏(오)=㪅=𤊾'다. '二(이)로부터'란 의미다. 宇(우)는 '하늘'이다. '하늘에 있는 二(이)로부터'다. 여기에서 '二(이)'는 '神(신)'이다.

한편, 㪅(우)에서 矛(모)의 동자는 '矛孖(모)'다. 즉 '부부' 둘을 '矛(모)' 자 하나로 표현했다. '견우직녀부터 씨를 받았다'다. 勿(물)은 '턴다'로 彡(삼)의 의미다. 於(어)와 參(삼)에 자형이 있다. 𤊾(우)는 '두 산 위에 빛나는 불'로 견우직녀(부부·조상)를 나타낸다.

그림 3-1. 卍(만)자와 북두칠성과 太乙(태을) 그리고 太乙瓦當(태을와당)

85 임성묵, 『본국검예 3. 왜검의 시원은 조선이다』, 행복에너지출판사, 2018, p115.

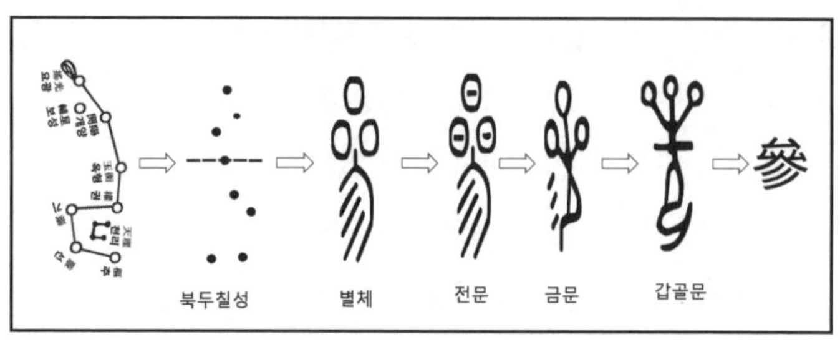

그림 3-2. 북두칠성 별자리 이름

③'參(삼)': 갑골문 '𦍒' 자형은 '무릎을 꿇은 여성이 머리 위에 세 개의 별이 달린 관'을 썼다.

'參(삼)': 갑골문 '𦍒' 자형은 서쪽을 향해 무릎 꿇고 있는 의인화된 북두칠성이다. 전문 '曑=晶+彡'의 '彡=勿(물)'이다.

襄(양)의 본음은 '상'이다. 금문 '襄' 자는 해가 동에서 떠올라 正陽(정양)을 거처 서산으로 넘어간 夕陽(석양)을 셋으로 나눠 의인화시켰다. '襄' 자 속의 '丄' 자가 '상'이다. 參(삼)의 갑골문 '𦍒' 자와 '襄' 자를 비교하면 '𦍒' 자는 공간이 막혀 있지 않는 '星(성:별)'을 삼등분했고, '襄' 자는 하늘과 좌우가 막혀있다. 모두 삼신일체다. 특히 '襄'의 '⊤' 자는 '十'과 태양을 빛을 나나내는 '▽'이다. 襄(양)은 하늘이 평평한 것, 壤(양) 땅이 평평한 것이다.

'參' 자형의 '彡'은 몸에서 '떨어져 나온다'다. '털어>터럭'이다. '彡'은 단순한 숫자로 써 '三'이 아니라, "하늘에서 땅으로 셋을 내려보냈다."라는 의미를 포함한 三(삼)이다. 三(삼)은 생명과 우주다. 우리는 '별난 아이'라 말한다. 전목의 '彡+乚'이다. '乚=乙=아이'다.

'한 되·두되'의 '되'는 '凵(감)' 자 모양의 네모난 그릇으로 북두칠성의 '魁(괴)'에서 나온 말이다. '凵' 속에 '물'이 가득 담기면 '말'이 되어 '말술 먹는다'고 한다. 즉 '勿(물)'은 '沕(물)'로 '말=물'이다. '한 홉'은 한 호흡에 입에 들이킬 수 있는 양이고, 한 홉의 10배가 '되'이고 '되'의 열 배가 '말'이다. '되'의 'ㄷ'이 '凵'이다. 금문 '參=彡+參'이다. '彡' 자는 '터럼삼'으로 국자에 담겨있던 '勿(물)'을 서쪽으로 털어 내려보낸 자형이다.

북두칠성을 국자로 비유하여 머리의 4개〔天樞(천추)·天璇(천선)·天璣(천기)·天權(천권)〕를 묶어 魁(괴)라 하고, 손잡이 3개〔玉衡(옥형)·開陽(개양)·搖光(요광)〕을 묶어 杓(표)라 한다. 樞(추)의 '區(구)=匸+品'이다. '匸'이 4개의 별로 'ㅁ(방=여성)'이다. '구>국'이다. 국자 안에 세 개의 별을 품(品)었다. 區(구)는 '경계를 구분한다'다. 그래서 4개의 별은 '天(천)' 자를 공통으로 쓴다. '樞(추)'라 함은 첫 번째 별로 지도리처럼 북두칠성을 돌리는 위치에 있기 때문이다. 이곳을 경계 짓는 첫 번째 별이 저울의 역할을 하므로 '가로·저울'을 뜻하는 '玉衡(옥형)'이다. 중심이 되는 두 번째 별을 '開陽(개양)'이라 한 것은, 3개의 묶음 전체를 '陽(양)=남성'으로 상정했기 때문이다. 4개의 별은 '陰(음)=여성'으로 대칭된다. 즉 '𐊛' 자형의 'ソ'은 북두칠성이고 'ㅡ'는 가로로 음양을 구분 짓는 線(선)으로 '눕다>누워>누이'다. 가로는 '가다+길'이다. 길(땅)은 수평(ㅡ)이다. 여성의 성기도 '가로'다. 음은 점이 두 개로 표시한다. '세로'는 '세운 길'이다. '로'의 음이 한자 '路(로)'다. 'ㅣ'는 세로로 '陽(양)'이다. 남성(견우)로 상징한다. '𐊛' 자는 '가로(ㅡ)와 세로(ㅣ)의 결합으로 '十(십)'이다. 이것이 점(丶) 두 개(음·양)와 '十(십)' 자가 결합한 '斗(두)' 자다. 특히 玄武(현무)는 '斗牛女虛危室壁(두우녀허위실벽)'을 나타낸 글자로, 斗(두)는 '두 사람'을 나타낸다. 즉 '牛(우)는 牽牛(견우)를 女(녀)는 織女(직녀)'로, "두 사람이 임시로 벽만 두른 거처가 위태롭게 허공에 있다."라는 詩(시)다. '弌(일)'은 음양이 하나로 결합한 상태를, 弍(이)는 각각 떨어진 상태를, 弎(삼)은 새 생명의 탄생으로 '부모·자식' 셋이다.

『삼일신고』의 1장 虛空(허공)의 '蒼蒼非天(창창비천) 玄玄非天(현현비천)'이 천부경의 핵심이다. 蒼(창)은 밤하늘의 무수한 별이다. 방위는 北(북)으로 玄玄(현현)이다. 玄(현)이 두 개의 존재임을 나타낸다.

'무수한 밤하늘의 별만이 하늘이 아니고, 북두만이 하늘이 아니다'다.

運三四(운삼사)는 '대웅성이 주체가 되어 運行(운행) 한다'라는 의미다. 즉 始作(시작)도 하늘에서 어머니(땅)에게 비롯되고 一玅(일묘)도 작은딸에게 있다. 아이들은 눈에 띄지 않게 조금씩 자라서 어른들을 깜짝 놀라게 한다. 이것이 玅(묘)다. 천부경에는 '웅녀>어머니>누이'로 이어지는 모계의 신화와 생성이 함축되어 있다.

2
天符經(천부경)의 構成(구성)

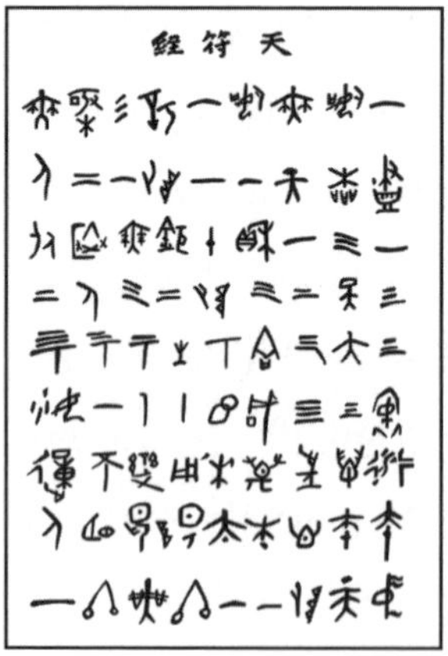

天符經

그림 3-3. 농은본

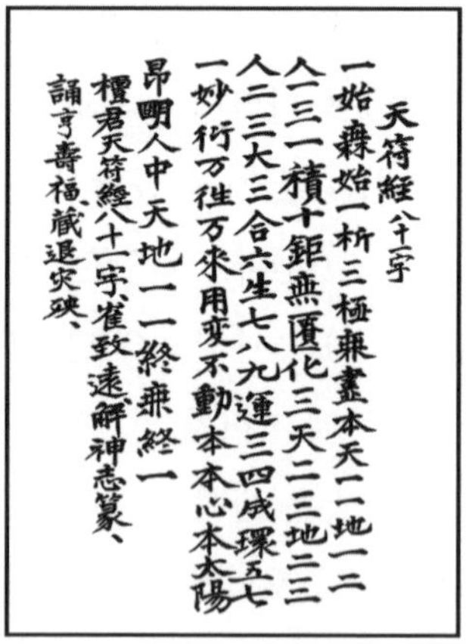

天符經 八十一字
一始無始一析三極無盡本天一一地一二
人一三一積十鉅無匱化三天二三地二三
人二三大三合六生七八九運三四成環五七
一妙衍万往万來用変不動本本心本太陽
昻明人中天地一一終無終一
檀君天符經八十一字崔致遠解神志篆、
誦亨壽福、藏退災殃、

그림 3-4. 고훈본

천부경은 하늘의 운행을 81자로 구성했다. 일 년 12달을 취해 총 12마당으로 구성되었다. 첫 시작은 4자다. 四(사)는 天地四方(천지사방)으로 창조의 시작을 나타낸다.

天一(천일)은 낮의 하늘이고, 天二(천이)는 북두칠성이 뜬 밤하늘이기 때문에 가장 큰 수인 9자로 구성했다. 밤의 북두칠성과 달의 운행은 7자로 구성됐다. 낮의 태양 운행은 5자로 구성했다. 4행과 6행은 수의 합이기 때문에 8자다.

4자가 1개, 5자가 3개, 7자가 4개, 8자가 2개, 9자가 2개다. 8개는 4개가 2개로 묶인 것으로 4자는 총 5개다. 결국 '1·3·5·7·9'의 상수가 81자의 詩訣(시결)에 들어있다.

중국이나 일본에서는 발견되지 않고 오직 조선에만 사용된 왕이 앉는 자리 뒤에 日月五峯圖(일월오봉도)를 세운 것은 한민족이 북두칠성과 일월성신을 숭배하였기 때문이다. 제사에 올리는 과일을 '紅東白西(홍동백서)'로 進上(진상)하는 것도 붉은 과일은 해로 흰색의 과일은 달로 비유했기 때문이다.

3

天符經(천부경)의 解讀(해독)

가. 一始無始(일시무시): 하나는 비로소 무에서 시작됐다. 천지사방 우주를 나타낸 '4' 글자다.

'한없이 큰 하늘'처럼 '시작 없는 시작'의 문장이지만 始(시)와 無(무)의 본의를 살피면 그 진의가 보인다.

천부경에서 '始(시)'와 '無(무)' 자는 매우 중요한 글자다. 天府(천부)의 뜻에 부합된 해석을 해야 한다. 우주의 시작을 어머니가 자식을 잉태하는 것으로 비유했다. 천부경은 81자로 천문을 함축했다. 옛날에 그림 글자 하나를 가지고 그림에 담긴 이런저런 많은 이야기를 담아 설명했다. 오늘날도 미술 작품을 보면 사람에 따라 장황하게 설명한다. 문맹률이 높던 시절에 그림(글자)에는 많은 이야기(신화)가 담겼다. 그 이야기가 신화와 전설이 됐지만, 그것은 오늘날의 經典(경전)이다.

'4' 자는 四方(사방)이다. 方(방)은 '방울'처럼'둥글다'와 '네모'라는 뜻이 함께 있는 '둥근 네모'다. 하늘은 둥글고 땅은 네모다. 方(방)은 동서 대칭의 끝이다. 이것이 돌면 둥근 원이다. '囶(국)'의 고자가 '四方(사방)'의 결합자로 '하늘나라'를 지칭함을 알 수 있다.

無極(무극)에서 처음 太極(태극)이 일어났다. 【○ ⇨ ⊙】 一始(일시)는 極(극)의 '太(⊙)'이고 無始(무시)는 無極(무극)의 圓(○)이다.

표. 3-4. 始(시)·舞(무)의 능은본·고운본·갑골문·금문·전문·고자·해서

농은본	고운본	갑골문	금문	전문	고자	해서
[illegible]	始	[illegible]	[illegible]	[illegible]	乱 乱 逌	始(시)
		[illegible]	[illegible]	[illegible]		母(모)
		[illegible]		[illegible]	[illegible]	每(매)
			[illegible]	[illegible]	曓	海(해)
		[illegible]	[illegible]	[illegible]		風(풍)
				[illegible]	某	厶(사)
		[illegible]	[illegible]	[illegible]	彯 颱	台(이)
		[illegible]	[illegible]	[illegible]	吕 巳 目 飢 叺	以(이)
				[illegible]	[illegible]	厷(돌)
		[illegible]	[illegible]	[illegible]		子(자)
①[illegible] ②[illegible] ③[illegible] ④[illegible]	①[illegible] ②[illegible] ③無 ④[illegible]	[illegible]	[illegible]	[illegible]	旡 𣞤 𤍞 𨐌 𨑟 橆 無 无	無(무) 舞(무)
		[illegible]	[illegible]	[illegible](舞)		

①'一(일)' 자다. 첫 시작 一(일)의 의미는 함축됐다. 佃目(전목)의 '[illegible](일)'과 연결되어 '유일한 하나'인 '태양'을 뜻한다.

②'[illegible](시)' 자는 '[illegible]+[illegible]+[illegible]'이다. '[illegible]=[illegible]=[illegible]=[illegible]=母(모)'다. '[illegible]' 자형은 北斗(북두)를 향해 여인이 두 손을 빌고 있다. '[illegible]' 자는 '빈다'는 기호다. '비'는 여자를 상징하는 소리다. '始(시)'의 '비로소 시'의 '비로소'는 '비'와 '빈다'는 기호다. 비가 없으므로 무당이 하늘에 두 손을 비비며 비는 것이다. 일본어 '처음 뵙겠습니다'는 '始めまして(하지메마시떼)'의 'はじめ(하지메)'가 '아지매'로 女神(여신)으로, '마고'다. 始(시)의 '비로소'는 '비로부터 시작됐다'와 '빌어서'라는 의미다. '비나이다 비나이다 칠성님께 비나이다'라는 주문 속에 '匕(비)'가 직녀다. 북두칠성이 '비'를 주관하는 실체로 보았기 때

문이다. '비'는 '내리다'는 뜻을 가진 소리다. '無(무)'는 '비가 없다'다. '비'야말로, '생명'과 '탄생' 그리고 '죽음'의 실체다. 최초로 하늘에 빌던 여인은 누구인가? '마고'인가? 아니면 '고마'인가? 언어가 도치됐다. 땅에서 살던 사람이 죽어 하늘로 돌아가면 부적처럼 언어도 도치된다. '마고=고마'다.

'海(매)=氵(수)+每(매)'다. 母의 갑골문 '' 은 젖가슴이 달린 여자로 보이지만 금문 '' 자형을 보면 젖가슴이 아니라 '크게 뜬 어미의 눈'이다. 고자 ''은 일어섰다. 자식을 기다리며 눈물을 쏟는 자형이다. 海(해)는 '어머니의 눈물이 흘러 바다처럼 많다'는 비유다.

'每(매)'의 갑골문 '' 자형은 무릎을 꿇고 있는 여성이다. '매양매'는 '매=양'이다. '늘'은 '눌'로 '날=일'이다. '매일 해가 뜬다'다. '매=일=양=날'이다. 한편 '敏(민:민첩함)·悔(회:깔봄·후회)'의 개념을 보면 '눈'과 관련 있음을 알 수 있다. 즉 매의 눈처럼 강인한 여성이다. 전문 '' 자는 가슴이 아니라 '매서운 눈(눈매)'이다. 母(모)의 전문과 같은 '' 자는 '매일 후회하며 우는 여자'다. 매는 태양의 상징이다. '매일(늘) 태양은 뜬다'다.

③'風(풍)' 자의 갑골문 '' 자의 '' 자형은 '북두칠성을 향해 무릎 꿇고 바람에 기도하는 여인'이고, '' 자형은 '바람에 빌어서 비가 온다'다. 비는 대상이 등 뒤에 있는 북두칠성 ''이다. '' 자형과 의미가 상통한다. 앞뒤로 떨어져 있던 자형이 결합하면 '+=台'다.

'台' 자는 '별(태)·나(이)·대(대)·이을(사)'다. 뜻이 '별에서 내가 내려와 대를 잇는다'다. 貽(이)는 '증여하다'다. '위에서 밑으로 내려준다'라는 뜻으로 '잇는다'다. 飴(이)는 '맛있는 것을 보내준다'다. 詒(이)는 '보낼이'다. 고자 '彭=台+彡(삼)'이다. '彡=參'으로 삼신할매가 점지해 준 아이다.

④'厶(사·모)' 자의 '' 자를 자전에서는 정확하게 알지 못했다. '' 자형은 '잇다〉내려오다'의 기호로 내려온 주체가 '나'다. 하늘에서 주었기 때문에 사(賜)의 음가다. 또한, 엄마에게 나왔으니 '모(母)'다. 즉 '=='는 '북두에서 점지해 준 태아(임신)'다. 아이가 배에서 나오면 '(돌)'이다. (=厷)은 '아이 태어날 돌'이다. '돌'의 음가가 '돌다'의 소리임을 알 수 있다. 가림토로 보면 '' 자형은 한글의 '이' 자가 되어 '잇다·이(二)'의 개념이 되고 소리는 '돌〉둘'이 '둘'이 '잇다·따르다'의 의미임을 알 수 있

다. 밖으로 나갔다는 기호 'ㅏ' 가 붙으면 '아'다. '𝒪' 자형이 '아'다. '아이=애'라는 말속에 '아이가 배에서 나왔다'라는 의미가 들어있다. 아이(𝒪𝒪)가 자라서 일어서면 '𝒪'(=子)'다. 以(이)의 갑골문 '𝒪' 자는 '𝒪' 자형과 대칭이다. '~로부터'다. 고자는 '吅=口+人'으로 'ㅂ' 자가 아래를 향한다. 즉 '북두에서 내려와 이어졌다'다. '以' 자는 두 사람인 '从(종)' 자형과 닮았고 자음 'ㅆ'과도 유사하다. '써+이'의 뜻과 자형이 일치한다.

이처럼 우리의 소리와 음가 한글은 한자와 연결되어 있다. 台(태)는 '별·나'다. 三台星(삼태성)은 大熊星座(대웅성좌)에 딸린 별. 紫微星(자미성)을 지키는 세 별로 '上台星(상태성)·中台星(중태성)·下台星(하태성)'으로 '삼신할매'다.

'ᄏ=ㅋ' 자형은 북두칠성이 두 개 겹친 자형이다. 'ᄏ=ㄱ' 자는 '북두칠성의 머리가 밑으로 돌아 내려왔다'다. 'ㅋ+ㅂ=𝒪=𝒪=台(태)'다. '아이를 받는 '삼태기=배'가 'ㅂ' 자형이다. '삼태기'라는 말속에 이미 삼태성의 의미가 들어있다. '𝒪=㠯=以(이)의 고자'다.

⑤'玄(현)' 자의 고문 '𝒪' 자형은 '白(알)+白(알)'이 상하로 배치됐다. 금문 '𝒪'은 '𝒪+𝒪'이 상하로 배치됐다. '𝒪=十'으로 '丄+幺=玄'이다. 玄의 '丄'는 머리에 쓴 '갓'이다. 한민족이 갓을 쓰는 이유가 조상의 상징을 나타낸 것이다. 玄(현)은 북두에 앉아 있는 견우의 모습을 나타낸 글자다. '어두운 가운에 희미하게 나타나기 때문에 '현'이다. 전문 '𝒪' 자형의 갓이 '𝒪' 자형으로 변화하면서 '활'을 나타내어 '弦(현)'이 된다.

북두에서 '아이가 내려왔다'다. 한 점(⊙)이 '太=台=胎'이다. 비어있던 뱃속(○)에 점이 처음 생긴 '⊙ 상태로 太(태)다. 𡰥(이)는 '尸(시)+二(이)'다. '尸' 자는 북두칠성이고 二(이)는 '견우직녀·조상'이다. 𡰥(이)는 夷(이)와 仁(인)의 古字(고자)로 '東夷(동이)'의 의미에 이미 북두칠성에서 태어난 아이임을 알 수 있다. '𡰥>夷'로 바뀌었다.

⑥'𝒪(무)' 자는 '없다'다. '무엇이 없다'라는 것인가? 갑골문 '𝒪' 자에 답이 있다. '무'는 '물'이 '없다'다. '무'와 '물'은 '부'와 '불'처럼 북남의 대칭이다. '무'는 하늘에 있는 것이고 '물'은 땅에 있는 것이다. '비'를 내려달라고 기우제를 행하는 글자가 '𝒪(무)' 자다. '비'의 음이 匕(비)다. '무'는 玄武(현무)의 '무'로 '武(무)' 자는 견우와 직녀다. 잘 우는 여자를 '칠칠맞다'라 한다. 七月七夕(칠월칠석)에 '비'가 온다. 견우와 직녀는 만남의 기쁨에 울고 다시 헤어짐에 슬퍼 또 운다. 고문 '𝒪=匕(비)+几(궤)'로 '비에 의지한다'다. 几(궤)는 '幾(𢆶·幾·禨)'로 '𢆶' 자형이 '견우와 직녀'다. 혼인 식에 '청실홍실'로 묶는 것은 '실'이 각각 견우와 직녀를 상징하기 때문이다. 북두칠성에

서 물을 내려주기 때문에 '尿(뇨)'다.

'·' 자를 보면 비가 내리지 않으면 어린아이를 인신 공양을 했던 것으로 보인다. '厶(사)=某(모)'와 동자다. '==某(모)'다. '(모)' 자는 '두 눈을 천으로 가린 자형'이다. 자신의 위치가 어디인지 모른다. 즉 뜻의 '아무'는 '我無(아무)'다. 아이를 내려놓고() 하늘에 들어() 받친다. 두 아이의 눈을 가렸다(). 눈에 보이지 않으니 '없다'다. 누구의 아이인지 모른다. 아이를 제물로 바침으로써 직녀에게 슬픔을 유도하여 비를 내리게 하려는 행위다. 이러한 행위는 공주의 곰나루 전설에서도 볼 수 있고, 기우제를 지낼 때 蜥蜴童子(석척동자)[86]를 세운다. 몸에 청의를 걸치고 도마뱀을 잡아넣은 항아리를 버들가지로 두드리며 남문을 닫고 북문을 열어 구름을 일으키고 비를 기원한다. 북문이 비를 다스림을 알 수 있고 항아리가 魁(괴)를 상징함을 알 수 있다. 蜥蜴(석척)은 도마뱀이다. 용을 상징한다. 땅에서는 아이가 보채고 하늘에선 용이 되지 못한 도마뱀이 지상으로 내려오도록 버드나무를 치면서 보챘다. '' 자형에 버드나무를 든 모습이 있다.

능은본에는 4개의 '無(무)' 자가 있다. 처음 두 개 ①과 ②는 자형이 같지만 ③과 ④는 다르다. 즉 '無(무)' 자가 3종류다. 정훈모 본도 ① ② ③ ④가 다르다. 다른 본은 無(무)와 无(무) 자, 2종류다. 모두 공통적으로 無(무) 자가 다르다는 것은 최치원이 본 篆書(전서)도 달랐다는 것이다. 그렇다면 왜 다르게 그렸을까? 한편 '無(무)'나 '不(불)' 자를 '없다·아니다'라는 뜻으로 선조들이 해석했다고 생각하면 오산이다. 천부경은 天文(천문)을 나타내기 위해 한자를 사용했다.

고운본 '(무)' 자는 처음 나온 無(무) 자로 상징성이 큰 글자로 매우 중요하다. 그런데 일반적인 '없다'라는 뜻의 無(무) 자와 다르다. 오히려 橆(무)는 '無(무)+林(림)'으로 '무성하다·무수히 많다'가 주해로 蕪(무)와 동자다. 우리말에 '무수히 많은 별 중에 하나'라는 말이 있다. 즉 林(림)은 '樹(수)'가 치환된 것으로 樹(수)는 '하나의 나무'이고 林(림)은 '많은 나무'로 '별'이다. 즉 橆(무)는 '무수히 많은 별 중의 하나'다. 고자 霖(무)는 '大+世+林'으로 '하늘에 숲처럼 많은 세상(별)'을 나타냄을 알 수 있다. '不(불)' 자가 '유일한 태양'을 뜻하듯이 橆(무)는 不(불)의 대칭으로 '밤하늘의

---

86 上以霳霂旋止 雨意漠然 蜥蜴童子祈雨及閉南門開北門等事 令考例擧行 仍下教責躬 廣求直言 [숙종실록 권제15 상권, 46장 앞쪽, 숙종 10년 7월 13일(정축)]

무수한 별 중 하나'다.

능은본 '[illegible](무)' 자는 '[illegible]+[illegible]·[illegible]'다. '[illegible](대)'는 '하늘을 나타낸다. 좌우의 팔([illegible]·[illegible])은 땅을 향해 뻗쳤다. '양손으로 내려보낸다'다. 고자(橆·𣞤)와 갑골문([illegible])과 금문([illegible])을 보면 '[illegible]' 자가 '비 또는 자식과 생명을 내려준다'라는 의미다. 亦(역)의 전문도 '하늘에 있는 것과 똑같이 역방향인 땅에 있다'다. '[illegible](무)'는 '始(시)' 자와 연결되어 '하늘에서 하나를 내려준다'라는 의미다. '[illegible](무)' 자는 '별이 무성한 하늘'이다. '태초에 시작된 하나는 여성이 간절히 빌어서 하늘에서 내려보냈다'다. 즉 '없다'는 '없으므로 필요하다고 빌어, 비로서 내려보낸다'다. 無卽有(무즉유) 無卽生(무즉생)이다. 불교의 '色卽是空空卽是色(색즉시공공즉시색)'이다. 이런 이유로 묘향산석벽본에 '无(무)' 자로 쓴 것으로 생각한다.

⑦'[illegible](무)' 자는 '[illegible]+[illegible](舛: 천)'이다. 하늘에 기우제를 올리면서 어지럽게 춤을 추는 것을 나타낸 글자'다. 舛(천)은 '어지럽다'다. 동자인 '舛·僢(천)' 자를 보면 '빙빙 돌아' '無我(무아)'에 이르는 춤을 통해 자신의 의식을 없애고 하늘의 소리를 듣는 巫俗(무속)의 행위임을 알 수 있다.

나. 一新三極無盡夲(일신삼극무진본): 새로운 하나를 셋으로 계속해서 쪼개도 다함이 없다. 북두칠성의 수이기 때문에 '7' 자다.

표. 3-5. 新(신)·析(석)·無(무)·盡(진)·夲(본)의 능은본·고운본·갑골문·금문·전문·고자·해서

능은본	고운본	갑골문	금문	전문	고자	해서
[illegible]	析	[illegible]	[illegible]	[illegible]	斨 扸 枬	析(석)
		[illegible]	[illegible]	[illegible]		辛(신)
					新 靳 孚	新(신)
		[illegible]	[illegible]	[illegible]	太	立(립)
		[illegible]	[illegible]	[illegible]	斦 釿 鈽	斤(근)
[illegible]	極	[illegible]	[illegible]	[illegible]	㭘	極(극)
[illegible]	乘					

盡	盡	盡		盡	尽 盡 侭 儘	盡(진)
①本 ②本 ③本 ④本	本		本	本 本	本 本 夲	夲(본)

①'析(신)' 자는 갑골문과 다르다. 갑골문 '析=木(목)+斤(근)'으로 '나무'가 붙었다. 析(석)=斤(도끼)+又(휘두르는 팔)'이다.

'▽' 자형과 '木(나무)'는 명확히 다르다. '▽(▽)' 자를 돌리면 '△(Δ)' 자다. '夷(이)'의 갑골문 '夷' 자가 금문에서 '夷' 자다. '夷=夷'다. ▽은 '신내림'이다. 신은 하늘에서 내려오기 때문에 '▽'이다. 반대로 땅에서 서면 '立' 자형으로 '立(립)'이 된다. ▽=辛(신)이고 Δ=立(립)이다. 금문에서 하늘의 나타내기 위해 일 획을 더해 '帝' 자가 되고 이 글자가 '帝(제)' 자가 된다. '鳳(봉)·龍(용)'의 머리에도 '▽=申(신)' 자가 붙어있다. 龍(용)의 고자 '萉'다. 『농은유집본』은 '析' 자형을 '新(신)' 자로 해석했다. '新(신)=立(립)+木(목)+斤(근)'이다. '새 나무를 세워 높고 도끼로 쪼갠다'다. 新(신)은 '新(신)'이다. 즉 '斤(근)'이 '片(편)'으로 '쪼개어 나눈다'다. '斤=斤(근)'이다. 그런데 누가 도끼로 하나를 쪼갰냐 하는 것이다. '新(신)' 자에 '二+丨'로 '견우와 직녀'다. 천부경에는 하나님의 존재가 있다. '立(립)' 자는 '▽=辛(신)'이다. '辡=辡(신:쪽두리풀신), 犀(서:쉬다)=尸(시"북두칠성)+辛(신), 辡(변:따지다)=辛(신)+辛(신)'처럼 '辛(신)'은 神(신)이다. 특히 新(신)은 '신께서 처음 하나를 세 개로 쪼갰다'다. 문장 내용으로 보더라도 '처음 셋으로 쪼개진다'가 맞다. '析(신)' 자는 '신이 쪼갰다'라는 것을 나타낸 것이고, 고운본의 '析(석)'은 '쪼갰다'라는 자체만 나타낸다. 新羅(신라)는 '신께서 새롭게 쪼개어 주었다'라는 의미가 된다. 즉 '析(신)' 자는 우주 창조자를 나타낸 매우 중요한 글자다.

'蜥蜴(석척)'은 '도마뱀'이다. 도마뱀(도망가는뱀)은 도망갈 때 꼬리를 자르고 도망가지만 잘린 꼬리는 다시 자란다. '蜥(석)' 자에 析(석)과 新(신)의 의미가 내포됐음을 알 수 있다.

②'彡(삼)' 자는 '彡(삼)'이다. 彡(삼)은 '터럭>털다'로 '셋이라는 뜻과 함께 하나에서 쪼개져 떨어져 나간다'다. 三(삼)은 총 9번 나온다. 첫 번째 '彡' 자는 다른 '三' 자의 기울어진 방향이 다르다. 하나가 세 개로 쪼개지는 것을 도끼로 통나무를 내려찍어

세 개로 떨어져 나가는 것을 나타낸 글자로 '터럭삼'이다.

③'[고문자](극)' 자는 '[고문자]+[고문자]'이다. '끝'이다. 갑골문㉮은 하늘과 땅끝 사이를 사람이 서 있는 자형이다. 그런데 사람의 다리가 길다. 금문㉯의 '[고문자]' 자형은 사람이다. 앞에 '[고문자]' 자형은 '발'이고 뒤에 '[고문자]' 자형은 몽둥이를 든 손이다. 즉 키가 큰 것을 회초리를 때려서 다리가 빨리 늘어난 것을 표현한 글자다. 애가 갑자기 컸다. '[고문자]' 자형은 한글의 'ㅂ'으로 '발'과 '빨리'의 기호다. 즉 '볼〉뿔'이다. 'ㅃ'은 '발'이 반복적으로 움직이는 것을 나타낸다. 극한에 이르도록 하나를 쪼갠다는 의미다. '[고문자]' 자형은 '木(목)' 자를 나타낸 것이 아니라, 하늘에 빛나는 별이다.

④'[고문자](무)' 자다. 고운본에서는 '[고문자]' 자다. '비록~하더라도·~관계없이·~하지 않다'다.

⑤'[고문자](진)' 자는 '다하다·다써버리다'다. 즉 절구에 마늘을 넣고 '다진다·짓이긴다'다. '진'의 소리다. 고자 尽(진)의 尺(척)은 '작다·반복하다'다. 尽(진)은 '작게 부순다'다. '[고문자]' 자 옆에 점 '[고문자]' 하나가 있고 밑에는 점 세 개가 있다. '하나를 계속해서 세 개로 쪼갠다'다.

老子(노자) 도덕경 6장에 '谷神不死(곡신불사) 是謂玄牝(시위현빈) 玄牝之門(현빈지문) 是謂天地根(시위천지근) 綿綿若存(면면약존) 用之不勤(용지불근)'은 북두칠성을 설명한 문장으로 천부경의 내용과 일치한다.

"谷神(곡신)은 계곡 위에 뜬 북두칠성인 玄牝(현빈)은 영원히 돈다. 玄牝之門(현빈지문)의 '門(문)'은 북에서 서로 만난 견우(玄)과 직녀(牝)이다. 천지의 근원이 玄牝(현빈)이다. 이것은 오래전부터 존재해 이어졌고(綿綿若存), 이를 사용해도 끝이 없다(用之不勤)." 위문장은 이미 노자는 천부경의 내용을 알고 있었다는 것이다. 특히 '不勤(불근)'은 '無盡(무진)'처럼 '다함이 없다·오로지 근면하다'로 해석된다. '不(불)' 자가 '아니다'라는 부정의 뜻이 아니고 '오로지·유일한'처럼 긍정의 강조인 부정의 부정이다. 牝(빈)은 '牛(우)+匕(비)'로 '견우의 부인'이 '牝(빈)'이다. '비·빈'의 음인 妃(비)·嬪(빈)은 북두칠성의 'ㅂ' 자형인 직녀에서 나왔다.

⑥'[고문자](본)' 자는 총 네 번 나왔다. 첫 번째 자형은 '[고문자]=[고문자]+[고문자]'이다. 고자 '[고문자]·[고문자]'와 같다. '[고문자]'은 'ㅂ'이 세 개로다. 'ㅂ+ㅃ=[고문자]=별'이다. 첫 번째 '[고문자](본)'은 '별의 고향인 밤하늘'이다. 땅의 위치에서는 반대로 '발뿌리'이다. '[고문자]'은 3개다. 금문 '[고문자]' 자형은 天地人(천지인)을 하나로 묶은 자형임을 알 수 있다. '夲(본)' 자는 사람의 눈에 보이는 대

상의 하늘을 나타낸다. '夲(본)' 자는 북두칠성이 있는 밤하늘이고, '夲(본)' 자는 태양이 있는 낮의 하늘이다.

拜(배)의 고자 攠(배)를 보면 '扌+巿+夲'다. '巿(훼)' 자가 삼신을 나타내고 '夲' 자가 북두를 나타냄을 알 수 있다.

다. 天一一 地一二 人一三(천일일지일이인일삼): 하늘은 오로지 첫 번째, 땅도 오로지 두 번째, 사람도 오로지 세 번째로 모두 같다. 가장 큰 수인 '9' 글자다.

첫 번째 '天(천)'은 '밤하늘' 이다. '天=一, 地=二, 人=三'이다. '天·地·人'을 '一·二·三'의 순서로 구분했다. '天一·地一·人一'은 밤하늘의 세계와 관계를 맺고 있는 地(지)와 人(인)이다. 전목의 '[illegible]'은 유일한 존재로 '태양'이다. 밤에 세계에는 태양이 없다. 天一(천일)은 별을 품은 한 없이 큰 '하늘'이다. '天一一 地一二 人一三(천일일지일이인일삼)' 문장은 천상의 세계관을 설명한 문장이다. 옥황상제가 천상을 다스리듯이 하늘에는 천국이 있다.

표. 3-6. 天(천)·地(지)·人(인)의 능은본·고운본·갑골문·금문·전문·고자·해서

농은본	고운본	갑골문	금문	전문	고자	해서
① ② ③	天				兲 萸 天 兲 宎 元 靝	天(천)
① ② ③	地				埊 坔 墬 墬 嶳 墬 䵧	地(지)
						隊(추)
					帀 布 豕 豙	豕(시)
		彖=彑+豕,			【彑=ヨ=ㅌ】	彖(시)
① ② ③	人				冋 垩	人(인)

①'天(천)' 자는 3번 나왔다. 모두 자형이 다르다. 천부경은 하늘도 셋, 땅도 셋이다. '●'이 내려오면 '大+•=太'이다. 첫 번째 天(천)의 '●'은 밤 하늘이다. 능은본의 '天

·昊·天은 자형이 다르다. 이것이 '天(천)' 자로 통일되면서 뜻도 통일되었다. 고문 兲(천)은 '兀(올)+兀(올)'이다. '오르다(올)+오른다(올)'다. '莫(천)=++ +曳(예)'다. 曳(예)는 '끈다'로 '牽牛(견우)=하늘'이다.

※天(천)과 '☯'의 象徵(상징)

'天(천)'의 고자 '昊=⊙+大'으로, '⊙'은 태양인 '알'이다. 天의 초서 '乙=一+乙(새을)'로 밤하늘 북두칠성이다. '昊(영·대)'자는 '日(일)+大(대)'로 '昊'이다. 둥글다는 의미의 '영'과 하늘이 크다는 '대'의 음가다. '大' 자는 중심에서 5개의 가지가 뻗은 가림토 '大'으로, 낮에 뜨는 태양의 빛이 퍼지는 기호이다. 밤하늘 북두의 빛은 '大'이다.

'莫(막)' 자는 艹(초)+昊(영)이다. 갑골문(莫)·전서(莫)는 '해'가 나무로 사방이 막혀 있다. '막'이 음가가 되고 '해가 없다'라는 뜻이 된다. '저물었다'라는 뜻으로는 '모'의 음가다. 저물면 엄마(모)가 부른다.

'○(해)' 속에 '乙(삼족오)'가 있는 것이 '☯(태극)'이다. 즉 해(○)와 'ㄹ'의 결합이 '☯'이다. 태극의 신화적 표현은 '밤하늘 속에 삼족오가 있다'다. 그 때문에 한민족은 자신이 새에서 태어났기에 자식을 '새끼'라 한다. 이것이 난생신화와 연결되어 신라 4대 석탈해왕은 알에서 나와 '알지'라 했다. '새끼'의 '끼'는 '기'로 '己=氣'다. 즉 '새의 몸', '새의 기운'이란 뜻이 된다. 《삼국사기》의 〈본기〉에서 김부식은 "신라인이 소호씨 후손이기 때문에 성을 '金氏(김씨)'라 했다." 金은 쇠붙이와 금이라는 뜻도 있지만, 당시에는 쇠붙이라는 뜻보다는 '새(鳥)'라는 의미가 더 강했을 것으로 추측된다. 새는 어머니 뉘조 '새을(乙)'의 씨표다. 새의 또 다른 뜻은 '해(日)'다. 바로 '金'자 속에 신농족, 즉 '불족·밝은족(火族)·태양족(日族)'이라는 의미가 담겨있는 것이다.[87]

'◒'모습은 음양을 반반 나뉘었다는 균형과 정체의 의미고, '☯'은 음양이 활기차게 움직이는 역동성이다. 문자는 太乙(태을)[88]이고 기호는 '☯(태극)'이다. '나이테·테

87 김대성, 《금문의 비밀》 2002.5.6 ㈜북21 컬쳐라인. p.116

88 《太乙》, 태일(太一:泰一)이라고도 한다. 도교(道敎)에서는 천제가 상거(常居)한다고 믿는 태일성(太一星:北極星)을 말한다. 또 陰陽道(음양도)에서는 해와 달은 1년에 12번 서로 만나며 그 중 7월에 만나는 곳이 태을로 사방위(巳方位)에 해당된다. 《두산백과》

두리'의 '테'는 '태(太)'로 '둥글다·태양'의 뜻이다. '태=타+l'고 '테=터+l'다. '태'가 외향적이면 '테'는 내향적이다. 한 해(太)가 지나면 나무는 '나이테'가 생긴다. '나이'는 '內(내)'다. 즉 안에서 밖으로 '나'가면서 하나(ㅣ)씩 선(테)이 생긴다. '태을'을 이두문으로 해석하면 '큰알' 또는 '큰새'가 된다. 이처럼 한자의 음가는 우리의 소리와 결합되어 있다. '태을'에 한민족 삼족오의 태양 신화가 들어있다. 한자의 소리 음가 근원을 알 수 없는 중화는, 결코 한자에 담긴 소리와 그 의미를 찾아낼 수도 이해할 수도 없다. 상고시대에 문자를 알고 사용한다는 것은 특수층의 점유물이다. 대개는 문맹이었기에 소리로 의사소통을 했다.

'日(날일)'의 한글 음가인 '일'은 '해'의 모습을 그대로 그린 상형문자다. 'ㅇ'은 해의 모습이고 'ㅣ'는 '올라간다'라는 기호며, 'ㄹ'은 '새(乙:을)'의 결합이다. 즉 'ㅿㅣㄹ(싈)'은 '해(새)가 지평선에서 위로 올라간다'는 것을 표현한 기호다. 'ㅣ'과 'ㅡ'의 단면은 점(•)이기에 '⦿'이 된다. 'ㅣ'과 'ㅡ'을 그대로 표현하면 '⊖'이다. 즉 '⦿·⊖·日'은 한글 'ㅇ+ㅣ'자의 결합이다. 모계 시대 신화의 중심은 밤하늘 은하수와 大雄(대웅)이다. 낮의 태양 'ㅇ' 속에 새가 있는 것이 삼족오다. 부계 시대에는 태양 신화가 중심을 이룬다. '날=나+ㄹ'이다. 'ㄹ'은 '乙(새을)'이다. 즉 '새가 날아간다'라는 것이 '일'과 결합했다.

'ㄹ'은 한자의 '乙(을)'이다. 즉 '耂(놀)=老(노)+乙(ㄹ)'이고, '乺(솔)=所(소)+乙(ㄹ)'이다. 한자와 한글이 연결되어 있다. '을'의 고어는 '을'이다. 한글 'ㄹ' 기호의 음도 '리을'이다. 즉 '리=을=새'다. '离' 자형은 '魑(도깨비치)'나 鴟·鵄(솔개치)처럼 새(隹)의 상징을 겸하고, 치우의 이름 첫 글자 '치'와 치우의 형상인 '도깨비'와 결합하여 '도깨비치'와 산신의 뜻을 가진다.

'天(천)'은 땅에 대비한 개념으로 하늘이고 '태양'과 만물의 주재자인 상제다. '天(천)=二(이)+人(인)'이다. '夭'의 '⊙'자형은 태양신이다. '太乙(태을)'은 밤하늘의 북두칠성이다. '오른쪽'이란 북두칠성이 올라가는 방향을 뜻하는 말이다.

②'𣎴(지)' 자도 세 번 나왔다. 자형은 같다. 천부경의 '𣎴' 자가 금문의 '𣎴' 자와 대

전의 '墬' 자와 다르다. 그래서 중국 학자들은 '' 자형이 왜 땅인지를 해석하지 못하고 있다. '=+'이다. ''는 기울어진 산이다. 그렇다면 '··' 자형은 무엇인가? 동북으로 올라가는 '북두칠성'이다. 고문 '埊=山+水+土'다. 산에서 물이 흘러 내려와 마지막에 땅으로 스며든다. 북두칠성은 '물'을 주관한다. 산을 ''기울임으로써 물이 흘러내림을 나타냈다. 북두칠성 天(천)에 대칭하여 地(지)다. 곧게 서면 '(추)'다. '隊(추)'의 갑골문 '' 자는 천부경 능은본의 '(지)' 자형과 닮았다. '(추)' 자는 땅으로 곧게 떨어지는 것을 뜻하고, '(지)' 자는 산을 비스듬히 눕혀 빗물이 흘러 도달하는 곳이 땅임을 나타냈고 북두를 서쪽에 그려 차이를 두었다. 금문 '' 자형은 '솟아오르려는 북두를 잡아끄는 것'이다. 그러므로 대전의 '墬(지)' 자는 '隊(추)' 자 밑에 '土' 자를 붙였다. 땅의 산()이 山(산)이다. 천부경은 하늘의 표식이다.

북두칠성 신앙의 본질이 '(지)'다. 한편 고자 ㉠'𡒄(지)'는 '水(수)' 자가 '豕(시)' 자로 바뀌었다. '水=여자=곰=땅=대지(大地)=돼지=豕(시)'로 전이됐다. "물이 흘러 대지를 적신다."다. ㉡'墜=隊(추:떨어지다)'다. '彖(시)=ㅋ+豕'로, '돌다·점치다·판단하다·돼지달아나다'다. '북두칠성이 돌아가는 것을 보고 비가 올지 말지를 점친다'라는 의미다. '돼지 달아난다'는 북두칠성이 돌아가는 것을 나타낸 뜻으로 곰이 돼지로 바뀌었음을 알 수 있다. 모계 신화가 몰락됐다. 'ㅋ' 자형은 '막힌 것이 터져 나간다'라는 기호다. 자음 'ㅌ'의 의미와 일치한다.

③'(인)' 자도 세 번 나왔다. 하나(一)는 천, 둘(二)은 땅, 셋(三)은 사람이다. 하늘은 'ㅇ', 땅은 'ㅁ', 사람은 '△'다. 사람은 '圓方角(원방각)'의 결합체다. 즉 'ㅇ=머리' 'ㅁ=몸' '△=다리'다. '八(팔)'은 하늘과 땅을 잇는 새의 날개다. 이것이 북두칠성의 魁(괴)와 衡(형) 사이를 구분 짓는 가로(__)다.

라. 一積十鉅無匱从三(일적십거무궤종삼): 하나가 열로 쌓이지만 셋씩 모아도 궤는 채워지지 않는다. 合數(합수)는 '8' 글자다.

표. 3-7. 積(적)·十(십)·七(칠)·鉅(거)의 능은본·고운본·갑골문·금문·전문·별체·고자·해서

농은본	고운본	갑골문	금문	전문	별체	고문	해서
[illegible]	積	[illegible]	[illegible]	[illegible]	蛽 龜		貝(패)
[illegible]	十	丨	[illegible]	十			十(십)
		十	十	[illegible]			七(칠)
鉅	鉅		[illegible]	巨	[illegible]	[illegible]	巨(거)

①'[illegible](적)' 자는 '[illegible]+[illegible]'이다. 貝(패)의 갑골문 '[illegible]' 자형을 '조개'로 보고, 조개가 화폐로 쓰였기 때문에 '재화'의 뜻으로 해석한다. 그렇지 않다. 금문 '[illegible]' 자형은 조개가 아니다. 전문 '[illegible]=目+八'이다. 즉 '[illegible]=八'이다. '[illegible]' 자형 '양손을 움켜쥔다'다. '두 손으로 재물을 모아(工) 산처럼 쌓는다'다. 조개도 벌렸다 오므리는 같은 동작이다. '[illegible]' 자형은 '[illegible]'가 아니다. 밑이 트였다. '벼를 입구에 넣어 산처럼 쌓이지만 밑으로 빠져나간다'다. '항아리'를 표현한 그림이다.

②'[illegible](십)' 자다. '十=七'이다. '丨' 자형은 '신·곤·통'의 뜻이다. '[illegible]' 자형은 '불알(太)이 달린 남자의 성기'다. 여기에서 '씹하다'에서 '一(여성)+丨(남성)=十'이다. '七' 속에는 '十'과 상징이 연결됐다. '칠칠(七七) 맞다'처럼 칠은 짝이다. 북두칠성이 회전하는 방향에서 좌측과 우측을 경계로 나눈 '반쪽(◑)'으로 회전을 하면 '태극(☯)'이다. 천부경에서 十(십)이 처음 나왔다. 천부경의 앞부분에 나온 숫자의 총합이 '十(십)'이다.

③'鉅(거)' 자는 '金(금)+巨(거)'다. '金=亼+∴'다. '亼'은 가림토의 'ㅅ+工'이다. '∴(셋)이 하늘 亼(집) 魁(괴)에 쌓인다'다. 金(금)은 魁(괴)를 상징한다. 金魁(금괴)의 개념이 金塊(금괴)가 되었다.

'巨(거)' 자는 '굽어진 것을 펴서 늘인다'다. 'ㄱ'는 '去(거)와 架(가)'로 '늘어진다·커진다'다. '가'는 동쪽 '거'는 서쪽으로 '간다'다. 별체 '[illegible]'은 '거인'이다. 鉅(거)는 '단단히 다져지면서 커진다'다.

표. 3-8. 無(무)·匱(궤)·从(종)의 농은본·고운본·갑골문·금문·전문·별체·고자·해서

농은본	고운본	갑골문	금문	전문	고자	해서
[illegible]	無					无(무)
		[illegible]	[illegible]	[illegible]		非(비)
[illegible]	匱			[illegible]	櫃 鐀 遺	匱(궤)
		[illegible]	[illegible]	[illegible]	肖 賫 貴 賈	貴(귀)
			[illegible]	[illegible]		愧(괴)
			[illegible]	[illegible]		塊(괴)
		[illegible]	[illegible]	[illegible]	[illegible] 槐 䰟 魋 魍 鼉 䰡	鬼(귀)
[illegible]	化	[illegible]	[illegible]	[illegible]	匕 佔 悬 傀	化(화)
		[illegible]	[illegible]	[illegible]	蚩 背	北(북)
		[illegible]	[illegible]	[illegible]	苁 劤 迦 迦	从(종)

④'[illegible](무)' 자는 '[illegible]' 자와 자형이 조금 다르다. '[illegible]' 자형은 정면이고 '[illegible]' 자형은 뒷모습을 나타낸다. '[illegible]' 자형은 '非(비)'로 '아니다·등지다'다. 非(비)의 갑골문은 새가 양 날개를 엇갈려 있는 모습에서 '등지다·아니다'다. '[illegible]'는 춤추는 사람이 새다.

⑤'[illegible](궤)' 자는 'ㄷ+[illegible]'이다. '[illegible]=∧+[illegible]=貴(귀)'다. '[illegible]=[illegible]+[illegible]'다. '[illegible]=[illegible]=[illegible]=[illegible]'은 '두 손으로 귀한 것을 조금씩 긁어모은다'다. 匱(궤)를 '삼태기'라 하는 것은 '∧=[illegible]=人'처럼 상자(ㄷ)에 가득 산처럼 쌓아 올려 담기 때문이다. '[illegible]=∧+[illegible]'이다. '[illegible]=十'으로 '최대의 높이까지 긁어모아 쌓았다'다. 十(십)의 동자 '拾(십:줍는다)'의 의미다.

無匱(무궤)는 '셋을 긁어모아도 채워지지 않는다'다.

최치원의 사적본[89]에 愧(괴)는 魁(괴)의 음차로 보인다. 愧(괴)의 금문 '[illegible]'은 '마음에 담는 것'이고 塊(괴)는 '凵(괴)에 흙을 담는 것'이다. 모두 북두칠성의 '魁(괴)'의 모양과 의미와 일치한다. 즉 한민족은 '소리'에 의미를 두고, 그 소리는 북두칠성과 연결시켜 개념을 만들어 사용했다. '凵(감)'은 魁(괴)에 감추기 때문에 소리가 '감'이다.

89 太白山有檀君篆碑 佶倔難讀 孤雲譯之 其文曰 一始無始一 碩三極無盡夲 天一一 地一二 人一三 一積十鉅 無愧化三 天二三 地二三 人二三 大三合六 生七八九 運三四成環五 七一香演 萬往萬來 用變不動夲 夲心夲 太陽 仰明人中 天中一 一終無終一

'匸'는 북두칠성의 '魁(괴)' 이기 때문에 '궤'의 음가다. 그 안에 쌓이는 것은 天理(천리)로 4개의 점이다. '匳(렴)=奩(렴)=檶(렴)'으로 '櫃(궤)'의 의미다.

'匳=匸+僉(첨)'이다. '僉(첨)=亼(집)+兄兄'다. 전문 '[illegible]·[illegible]'는 가림토의 '부부' 자다. 鬼(귀)의 갑골문 '[illegible]·[illegible]'은 뒤를 보고 있다. '지상에서 북두칠성으로 돌아간다'다. 전문 '[illegible]'은 앞을 보고 있다. '[illegible]·[illegible]' 자는 북두칠성이다. '塊(괴)·愧(괴)·鬼(귀)'의 머리에는 '丿(별)' 자가 붙었다. 由(유:따르다·길)'다. '[illegible](남자)·[illegible](여자)'다.

佶倔難讀(길굴난독)의 佶倔(길굴)은 '긴 글·그 글'의 이두 음차로 '81' 자를 나타낸다. 고운이 본 篆字(전자)의 상태는 풍화로 일부 훼손되었을 가능성이 있다.

⑥'[illegible](종)' 자는 '[illegible]+[illegible]'다. '[illegible]' 자형은 고운본 化(화)의 갑골문 '[illegible]'와 금문 '[illegible]' '자형과 다르다. '[illegible]' 자형은 상하가 바뀌었다. 고문 '匕(화)'는 '된다·암컷빈'이다. 암컷이 사람으로 변했다. 곰이 사람으로 변했다. 北(북)의 갑골문 '[illegible]' 자와 금문 '[illegible]'은 북두칠성이 등진 것을 나타낸다. 즉 금문 '[illegible]' 자의 '[illegible]'과 '[illegible]' 자형은 북두칠성으로 견우와 직녀로 의인화됐다. '[illegible]=[illegible]=[illegible]=匕=여성=직녀'이고 '[illegible]=[illegible]=[illegible]=亻=남성=견우'다. '[illegible]' 자는 사람 뒤를 따르고 있는 '从(종)' 자다.

二(이)의 天地人(천지인)에 '三(삼)이 뒤따라 들어간다'는 의미로 '魁(괴)에 三(삼)이 계속해서 채워진다'다. '終(종)' 자의 고문(皋·𦤎·皋·皋·𦤎)을 보면 三(삼)이 따라 들어오는 것을 볼 수 있다. 한편 '彡(삼)'은 魁(괴)에서 '나가는 三(삼)'이다. 魁(괴)에 들어온 三(삼)은 다시 彡(삼)으로 나간다. '三'의 '一·一·一'이 二(이)의 天地人(천지인)에 각각 하나씩 들어간다는 것으로 '三×〔天(二)+地(二)+人(二)〕'의 수식을 나타낸다.

마. 天二三 地二三 人二三(천이삼지이삼인이삼): 天(천)이 二(이)에 더해 三(삼)이 되고, 地(지)의 二(이)에 더하여 三(삼)이 되고, 人(인)의 二(이)에 더하여 三(삼)이 된다. 낮의 하늘로 태양과 지상의 땅과 인간이다. 하늘은 가장 큰 수이기 때문에 밤하늘과 같이 '9' 글자다. 9는 두 번 나왔다. 9+9=18, 9×9=81

표. 3-9. 天(천)·地(지)·人(인)의 능은본·고운본·갑골문·금문·전문·고자·해서

능은본	고운본	갑골문	금문	전문	고문	해서
[illegible]	天	①[illegible] ②[illegible]				天(천)
[illegible]	地	①地 ②地				地(지)
		①[illegible] ②[illegible]				人(인)
			[illegible]	[illegible]		尸(시)
[illegible]		[illegible]	[illegible]		[illegible]	仁(인)
		[illegible]	[illegible]		[illegible]	千(천)
		[illegible]	[illegible]	[illegible]		壬(임)

①'[illegible](천)' 두 번째 '天(천)' 자다. 첫 번째 '[illegible]' 자와 머리가 다르다. 두 번째 '天二(천이)·地二(지이)·人二(인이)'는 밤의 세계다. 즉 '天二(천이)'는 북두가 있는 밤하늘이다. 능은본 [illegible](천)의 '[illegible]'는 'ㄱ+ㄴ'의 북두칠성을 나타낸다. 이후 문장은 북두칠성에 관한 문장과 연결된다.

②'[illegible](지)' 두 번째 '地(지)' 자다. 북두에서 본 地(지)다.

③'[illegible](인)' 두 번째 '人(인)' 자다. 북두에서 본 人(인)이다.

『설문해자』에 '[illegible]古文仁惑从尸(인고문인혹종시)'다. '[illegible](인)은 '夷(이)'와 仁(인)의 古字(고자)다. 또한, 『강희자전』에는 '[illegible](인)·夸(과)·夷(이)·[illegible]仁夷(인인이)'이다. '人'은 丿(별)과 乀(불) 좌우 2개의 자형 결합, '이(二)'다. 즉 '두이(二)'의 '두'는 북두의 '斗'이고 '이'는 둘의 '이'다. 즉 '두'와 '이'가 견우·직녀와 연결되어 있음을 알 수 있다. 역사는 기록을 바탕으로 소유를 주장한다. 그러나 개념문화는 국가와 국경·시대를 초월한다. 개념 속에는 당시의 사상과 문화가 담겨있기 때문에 어느 민족이 개념을 만들었는지 알 수 있는 중요한 실체적 역사다.

④'[illegible](인)' 자는 '仁=夷'다. 즉 '夷(이)' 자는 단순하게 '활을 잘 쏜다'라는 의미 이상을 담고 있다. '尸+二'다. '尸(시)'는 북두칠성이다. 한민족은 사후 조상이 있는 북두칠성으로 다시 돌아간다고 생각하여 관에 칠성판을 두었다. 죽음은 마침이 아니라 새로운 시작이기에 '시'의 음가를 갖는다. 북두에 있는 조상신, 견우직녀를 상징한다. '仁(인)=亻+二'다. '二(이)'의 뜻 '두'가 의미하는 것이 북두의 '斗(두)' 임을 알 수

있다. '이'가 '인'의 음가와 연결되어 있음을 알 수 있다. '屄(꽁무니고)'도 북두칠성의 끝으로 말단을 의미한다. 이 자형이 인체에 적용되어 '꽁무니'로 채용된다. 중화는 동이족이 위대한 민족임을 기록했건만 스스로 '오랑캐'라 낮춰 부르는 것은, 조선이 중화에 사대하면서 유학자들이 스스로 조선을 낮추고 비하한 결과다.

'尸(시)·仁(인)·人(인)·千(천)' 자형은 매우 원초적인 글자들로 상고의 신화와 깊은 관련이 있다.

특히 '仁(인)'의 고문 '[고문]'은 '[고문]+[고문]'으로 千(천)+心(심)이다. 天心(천심)이 人心(인심)이라는 人乃天(인내천)이다. '千(천)'자는 '人(인)+十(십)'이다. '[고문]'의 '[고문]' 자형은 '두(斗)'의 갑골문과 같다. 하늘에 있는 두 사람 견우와 직녀다. 千(천)은 북두가 있는 하늘이고 天(천)은 태양이 있는 하늘이다. '[고문]' 자를 보면 '[고문]' 자형이 '亻(인)' 부수로 쓰였음을 알 수 있다. '천'의 음가는 '하늘'이다. 즉 '十(십)'자는 하늘의 칠성이 동서남북에 있는 것으로, 제일 윗자리가 '북'의 현무가 위치한 자리다. 그러므로 斗(두)에 '北(북)'이 붙어 '北斗(북두)'가 된다. '千(천)'이 '人(인)'이다. 천심은 하늘에 있는 두 사람(견우직녀:조상)이 자식을 바라보는 마음으로 바로 '仁(인)'이다."[90]

⑤'仁(인)'의 고자는 '夷(이)' 자다. 仁(인)은 尼(니:비구니) 자와 상통한다. 尼(니)=尸(시)+匕(비)'다. '비구니'란 말도 '匕(비)·尸(구)·二(이)'에서 만들어진 소리다. '人(인)' 자가 '尸(시)'와 상통하는 이유다. 고문 '[고문]=千(천)+心(천심)'이다. 心(심)은 중심이다. 즉 '二(이)'는 '하늘에서 이어졌다'에서 '이'의 음가다.

⑥'千(천)'이 '人(인)'이다. 천심은 하늘에 있는 두 사람(견우직녀:조상)이 자식을 바라보는 마음으로 바로 '仁(인)'이다. '屄(보지비)'의 '尸'의 금문·전문([고문]·[고문])은 북두칠성이다. '비'와 관련된 한자는 내리는 '비'와 관련이 많다. 이처럼 한자는 우리의 소리와 음가 그리고 한민족의 신화가 담긴 글자다. 壬(임)의 갑골문은 'I' 자로 '하늘에서 땅에 이어졌다·맡았다'다. 어떤 하늘인가? 바로 '千(천)'이다.

---

90 임성묵, 『본국검예 3. 왜검의 시원은 조선이다』, 행복에너지출판사, 2018, p193~194.

바. 大三合六 生七八九(대삼합육생칠팔구): 큰 삼이 합하여 육이 되고 육에서 칠·팔·구가 나온다. 숫자 대한 합이기 때문에 ‘8’ 글자다. 8+8=16, 8×8=64

표 3-10. 大(대)·三(삼)·合(합)·六(육)·生(생)·七(칠)·八(팔)·九(구)의 농은본·고운본·갑골문·금문·전문·고자·해서

농은본	고운본	갑골문	금문	전문	고자	해서
[illegible]	大	[illegible]	[illegible]	[illegible]	亣 亣	大(대)
ㅋ	三	①[illegible] ②[illegible] ③[illegible] ④[illegible] ⑤[illegible] ⑥[illegible] ⑦[illegible] ⑧[illegible] ⑨[illegible]				三(삼)
			[illegible]	[illegible]		气(기)
[illegible]	合	[illegible]	[illegible]	[illegible]		合(합)
丅	六	[illegible]	[illegible]	[illegible]	奐	六(육)
[illegible]	生	[illegible]	[illegible]	[illegible]	屮 匡	生(생)
[illegible]	七				彑	七(칠)
[illegible]	八	八	八	八	捌 穴	八(팔)
[illegible]	九	[illegible]	[illegible]	[illegible]	玖	九(구)
		[illegible]	[illegible]	[illegible]	크 라 鬥 斢 丂	斗(두)

①‘大(대)’ 자는 ‘많다·거듭’의 의미다. 즉 ‘三三(삼삼)’을 나타낸다.

②‘ㅋ(삼)’ 자는 일곱 번째, ㅋ(삼)이다. ‘ㅋ’의 제일 밑에 ‘ㄱ’ 자형은 다른 ‘三’ 자형과 다르다. 앞에 大(대)는 ‘많다·거듭’의 의미다. 일곱 번째의 ‘곱’에 맞게 ‘三(삼)×2(곱)’다. 그런데 三(삼) 수를 9개로 일치하기 위하여 三(삼)을 ‘大(대)’ 자로 치환하는 대신 三(삼)의 밑에 ‘ㄱ’ 자로 배치했다. 즉 일곱 번째에 ‘ㅋ’ 자형을 배치함으로써 북두칠성과 三(삼)을 연결했다. 气(기)의 금문 ‘ㅋ’ 자와 ‘ㅋ(삼)’ 자는 다르다. ‘ㅋ’의 ‘ㄴ’과 ‘ㄱ’이다. ‘ㄴ’은 직녀(음)이고 ‘ㄱ’은 견우(양)의 기호다. ‘ㄱ’이다. ‘ㄴ’은 ‘날아오른다’다. 반대로 ‘ㅋ’ 자형은 내리는 삼이다.

앞 문장 从三(종삼)과 大三(대삼)은 대구다. ‘天一, 天二, 大三, 从三’이다. 즉 ‘一·二·三·三’의 순서로 ‘三’이 두 번 연속 나오면서 天三(천삼)이 아니라 ‘从三(종삼)·大三(대삼)’이다. 大三合六(대삼합육)은 ‘二×三=六’의 수식을 나타낸다. 여기

서 '二+三=五'다. 大(대)는 '多(다)'다.

③'多(다)' 자는 '夕+夕'이다. 2의 重複(중복)으로 덧셈과 곱셈의 수식이 함축된 글자다. 多(다)는 'おおい(오오이)'다. 大(대)가 일곱의 '곱'을 대신한다. 일본어 大奧(대오)는 'おお(오오)'다. 즉 大(대)를 奧(오)의 중복으로 상용했다. '一·二·三·三'의 순서로 '三'이 연속적으로 두 번 나왔지만, 天三(천삼)이 大三(대삼)'이다. 大三合六(대삼합육)은 '二×三=六'의 수식을 나타낸다. 여기서 '二+三=五'다.

④'合(합)' 자는 'Δ+ㅂ'이다. 가림토 '合' 자형과 닮았다. 금문 'A'은 '一'인데 천부경은 '∨'이다. 밑의 'ㅂ'은 상자에 '담는다'다. 'ㅂ'의 상형과 의미가 같다.

⑤'丅(육)' 자다. 갑골문 '亼'은 '집'으로 '養育(양육) 한다'다. 전문 '㐬'은 잘 자라서 튼튼한 아이다. 천부경 '81' 자의 중심 자리에 있다.

⑥'生(생)' 자다. 고문 '匡=匚+生'이다. 匚(방)은 북두칠성의 魁(괴)다. '방'에서 '生(생)'겼다. 가림토 'ㄩ' 자형의 변형이다. 회전하여 상형성이 바뀌면 의미도 바뀐다.

⑦'丅(칠)' 자다. 고운본에서는 '十'이다. '生七(생칠)'이다. '七(칠)'로부터 '만물이 생긴다'로 '匡(생)' 자와 연결된 문장이다.

⑧'亍(팔)' 자다. 별체 捌(별)은 '扌+別(별)'로써 '별'을 '나눈다'다. 견우와 직녀가 이별한다.

⑨'亐(구)' 자다. 갑골문 '九'은 북두의 머리가 남쪽으로 구부러진 글자다. 북의 '斗(두)' 자의 갑골문 '㇈' 자다. '九(구)'와 '斗(두)'는 남북 대칭이다. '鬥=豆+斗(두)'이다. 콩은 둥글고 두 쪽이 하나인 '太(태)'다. 豆(두)는 견우가 의인화된 글자다. '壹(일)'의 고자 '壴·壹·壼·壽·畗·壽'는 '一'이 단순한 숫자의 개념이 아니라 하나님이 상징화된 글자다. '壽(수)=㘝+叹'로 '목숨수'다. '己' 자속 상하에 'ㅋ·ㄷ'가 있다. '己'은 북두칠성이 회전하는 것을 표현한 '太乙(태을)'이다. 비가 없어 사람의 목숨이 위태롭다. 비는 북두칠성이 주관한다. 이것을 표현한 글자가 '㘝'이고 비를 내려달라고 부탁하는 것이 '叹'이다. '수'의 음가는 '水(수)'다. 물이 생명이다.

사. 運三四成玄五七(운삼사성현오칠): 三과 四가 운행하여 둘이 만나 五와 七을 이룬다. 북두칠성 운행을 나타내기 때문에 '7' 글자다.

표. 3-11. 運(운)·成(성)·玄(현)·五(오)·七(칠)의 농은본·고운본·갑골문·금문·전문·고자·해서

농은본	고운본	갑골문	금문	전문	고자	해서
[illegible]	運	[illegible]	[illegible]	[illegible]	[illegible]	車(차)
				[illegible]		叀(충)
[illegible]	成	[illegible]	[illegible]	[illegible]		成(성)
		[illegible]		[illegible]	[illegible]	城(성)
[illegible]	環		[illegible]	[illegible]	環 環 環	環(환)
			[illegible]	[illegible]	[illegible]	玄(현)
		[illegible]	[illegible]	[illegible]	[illegible]	申(신)
			[illegible]	[illegible]	[illegible]	神(신)
			[illegible]	[illegible]	茲	玆(자·현)
			[illegible]			繼(계)
		[illegible]	[illegible]	[illegible]	[illegible]	呂(려)
		[illegible]	[illegible]	[illegible]		僉(첨)
		[illegible]	[illegible]			予(여)
					[illegible]	豆(두)
[illegible]	五	[illegible]	[illegible]	[illegible]	[illegible]	五(오)
			[illegible]	[illegible]	[illegible]	烏(오)
			[illegible]	[illegible]		了(료)
				[illegible]		[illegible](조)
[illegible]	七				[illegible]	七(칠)

앞 문장 大三(대삼)은 '三'이 하나인데, '運(운)' 자는 뒤에 '三四'로 둘이다. 運(운)은 천문의 運行(운행)이다.

'大三合六'처럼 運三成四(운삼성사)가 되면 '三이 돌아 四가 된다'가 된다. 그렇게 되면 뜻이 '3+1'에 불과하다. '三四'는 동시에 '運(운)'의 영향을 받는다. '3·4'를 더하면 7이다. '三(삼)'은 북두칠성 중에서 자루에 해당하는 '파군·무곡·염정'의 參星(삼성)으로 견우를 상징하고, '四(사)'는 국자에 해당하는 '문곡·녹존·거문·탐랑'의 4개의 별로 직녀를 상징한다. 즉 運三四(운삼사)는 북두칠성이기 때문에 '七(칠)'이다. 三(삼)은 '좌에서 위로 운행하고 四(사)는 우에서 좌로 운행'하여 둘이 만나 뜻을 이루면(成) '五(오)'다. 3과 4를 곱하면 12다. 곱셈으로 보면 3개월씩 4개의 계절로도 해석할 수 있겠지만 천부경은 10의 수를 넘기지 않는다.

①'(운)' 자다. 갑골문은 '말이 車(차)를 끊고 간다'다. '차'는 바퀴를 나타내고 '거'의 음가는 去(거)로 '간다'다. 천부경은 하늘의 운행을 설명한 문장이다. '=++'다. '=一=하늘'이다. 하늘이 돌기 때문에 '車' 대신 ''자를 쓴 것이다. '=+'으로 '=북두칠성', '=회전'이다. ''은 '(환)' 자의 밑에 있는 자형과 같다. 어린아이가 빙빙 도는 자형이다. '' 자형은 도는 방향을 나타낸다. '' 자형은 산맥이 우로 흐른다. 상의를 우매 임하기 때문에 '衣(의)' 자로 쓰인다. 달리기도 왼쪽으로 돌고 눈도 왼쪽으로 주로 린다다. '' 자형도 '눈이 북두칠성 방향으로 돌아가는 것'을 나타낸다. ''은 '衷(충)' 자가 아니다. '' 자는 산 중심에 '' 자형이 있다. '밤 하는 산 위에서 북두칠성이 돈다'다. 즉 '' 자는 '북두칠성이 돈다'다. 천문의 원형을 잘 그렸다. 運三四(운삼사)는 '三+四=七'로 '북두칠성'이다. 『삼신오제본기』「만물창조원리」에 '玄玅乎不可思義之爲運行也(현묘호불가사의지위운행야)'가 '運三四(운삼사)成玄五七(성현오칠)'이다.

②'(성)' 자다. '成(성)' 자는 '사방십리의 땅·공평·화합'의 뜻이다. 십리의 중간은 5리다. 천간은 다섯 번째다. 그래서 '土(토)'다. '正(정)'은 5를 나타낸다. 특히 '正(정)의 고자를 보면 '正(정)'이다. 즉 '正=正+正'으로 5가 둘이다. 음(직녀)의 5와 양(견우)의 5가 만난 것이다. 城(성)의 갑골문 ''의 '' 자형은 雉(치)처럼 튀어 나온 성곽() 가운데에 원(○)이 있다. '' '성 속에 남녀가 들어간다'다. 고자 ''은 '하늘에 있는 성'이다. ''의 '+'는 'ㅎ · 우'를 나타낸다. 둥근 城(성)에 방어를 위해 튀어나온 '雉(치)'는 '矢(시)+隹(최)'다. 隹(최)는 해의 상징이고 화살인 矢(시)는 '햇볕이 퍼져 나가는 상징'을 담고 있다. 견우와 직녀가 칠월칠석에 만나 마침내 구멍에 끼

워 이루었다(↟). 이렇게 되면 '十(십)'이다.

'定(정)'은 '무'의 음가로 '武(무)'와 연결된다. 正(정)은 '上(상)+下(하)', 음양의 결합이다. '武(무)'에서 '正(바를정)'의 고자는 '定'이다. 즉 '정'의 음가에 이미 '무'의 음가가 있다. '定(=正)' 자에 이미 '二'의 숫자가 들어있다. '금문은 하나의 글자에 최소 두 개의 음을 가지고 있다. 글자는 하나지만 음은 여러 개다. 본음이 있으면 변음이 있고 또 방음이 있고 그것이 또 변해 재 변음이 생겨나는 등 아주 다양하다.[91]

③'𝛉(현)' 자다. '環(환)' 자형과 다르다. '𝛉(현)'의 위에 원(○)은 견우이고 밑에는 네모(□)는 직녀다. 천부경은 三(삼=사람) 수다. 원과 네모가 결합하여 공통의 작은 원(씨=자식=만물)을 새롭게 만든다는 것을 '𝛉(현)' 자로 표현했다. 玄(현)은 '어둠 속에 작은 빛이 나타난다'다. 즉 생명의 씨가 발현된 것을 나타낸 글자다.

父生我身(부생아신)을 나타낸 글자가 '予(여)'다. 呂(려)는 각각의 개체로 떨어져 있지만 '𝛉(현)'은 결합했다. '十(십)'이다. 그 결과 하나(자식)의 생긴 것이 '予' 자다. '予' 자는 '완성하다'다. '자식을 만들었다'다. '呂=女=予=汝=余' 모두 '여자'의 몸에서 나왔기 때문에 '여'다.

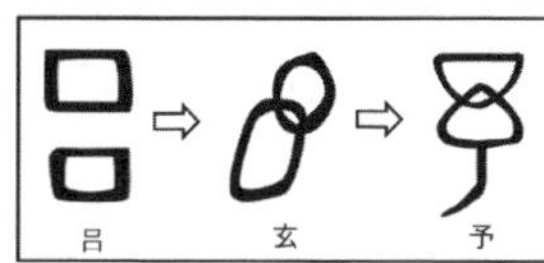

그림 3-5. 呂(려)·玄(현)·矛(모)

그림 3-6. 玄(현)·申(신)

즉 '成(성)'이 五(오)다. 三(삼)+四(사)=七(칠)이다. 대웅성을 중심으로 사방에 북두칠성이 네 개다. 그 중심의 대웅성이 '五(오)'다. '오'의 소리는 '떠오른다'이고 '오=ㅇ+ㅗ'다. '玄(현)'의 금문 '8'과 고자 '𝛉'는 8자 형으로 두 개의 '⊙'이 결합했다. 즉 '♂+♀'은 오늘날 남녀의 기호'♂·♀'를 나타낸다. 남성은 '♂'이고 여성은 '♀'이다. 즉 주역의 양(⚊)과 음(⚋)의 개념이 자형에 들어있다. 豆(두)의 고문 '8' 자형도 玄(현)의 고문 '𝛉'과 닮았다. 즉 '⊙'이 두 개다. 남자는 '氏(씨)'를 가지고 있고 여자는 '씨'를 받는다. 콩은 쪼개지면 '두 개'가 되며, 북두칠성처럼 7개가 하나의 줄기 속에

91 김대성. 《금문의 비밀》. 2000.5.6.

함께 있다. 繼(계)의 금문 '𢇍'은 '𢆶+㡭二'다. '견우와 직녀 중에서 견우(幺)를 계승했다(二: 이)'라는 기호다. 두 손은 마주치는 '짝짝꿍=짝궁'의 '짝=둘=음양=남녀'이고 궁은 '宮(궁)'으로 '子宮(자궁)'이다.

宮(궁)의 '呂(려)' 자가 '8'다. 한글 '몸'음 몸과 맘으로 '呂(려)' 자와 자형과 뜻이 같다.

특히 전문 '膂(려)는 '方+从+肉'으로, 매우 중요한 그림이다. '方=呂=8=七'의 'Ψ'는 參星(삼성)으로 견우를 나타낸다. 자형이 '새'다. 大雄(대웅)의 자식이 '世子(세자)'다. '勹' 자는 북두의 魁(괴)가 '九(구)'의 갑골문처럼 내려왔다. '从' 자형은 僉(첨)으로 약수리 벽화에 앉아 있는 夫婦(부부)다. "劍僉(검첨)이 북두칠성을 가르치면 검은 '十' 자가 된다. 한민족의 왕이 사용하는 '사진검'에는 '一片龍光斗牛射(일편용광두우사)'란 문장[92]이 있다. 즉 '북두에 있는 견우로부터 한줄기 서광의 빛을 받아 적을 물리치겠다'라는 기원과 같은 상징을 담은 의례다."[93] 즉 약수리 벽화는 '斗牛女虛危室劈(두우녀허위실벽)'을 나타낸 그림으로 劍(검=고마)이며 '玄(현)' 이다. '肉=生肉(생육)'이다. 즉 '하늘의 조상신이 만물을 낳고 기른다'다.

약수리 고분의 별 3개는 參星(삼성)이다. 天幕(천막)과 대청마루를 연결하는 선은 7곱 마디로 북두칠성을 나타낸다. 천막은 '杓(표)'에 해당하는 3개의 별, '撓光(요광)·開陽(개양)·玉衡(옥형)'을 상징하고 대청마루를 연결하는 'ㄱ' 자형은 魁(괴)에 해당하는 4개의 별 '樞(추)·璇(선)·機(기)·權(권)'이다. 이곳이 『唐書』의 保太白山之東北阻奧(보태백산지동북조오)의 '奧(오)'다. 의례에서 제사를 지내는 장소다. 玄武(현무)는 남녀 '둘'을 상징하기 때문에 자식도 남녀 각 둘이다. 魁(괴) 속에는 4개의 별 '天理(천리)'가 좌우에 두 개씩 있다. 뱀은 직녀를 상징하고 호랑이 다리에 철갑을 두른 동물은 호랑이처럼 무서운 장수, 견우를 상징한다. '거북과 자라'는 성기를 가진 견우를 상징하고 거북의 허리를 칭칭(칠칠) 감은 뱀은 여성을 상징한다. 특히 '魁(괴)'의 '幺'은 玄(현)의 갑골문으로 능은본의 '8' 자다. '幺=斗'임을 알 수 있다. 魁(괴)도 3개다.

---

92 《史記·五帝本紀》"황제께서 수산에서 구리를 캐다가 검을 만들고 그 위에다 옛글 자로 천문을 새겨 넣었다."

93 임성묵, 『본국검예 3. 왜검의 시원은 조선이다』, 행복에너지출판사, 2018, p157.

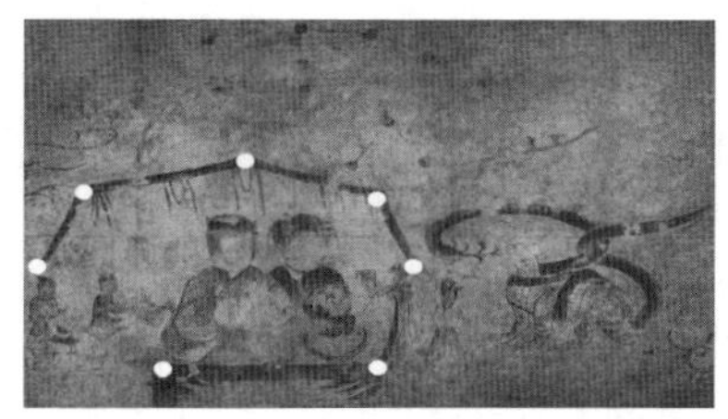

그림 3-7. 약수리 고분과 '斗(두)'

呂(려)는 陰(음)의 音律(음률)로 '風流(풍류)'라 한다. '려'의 음은 '녀'다. 玄妙(현묘)가 '風流(풍류)'의 실체다. 제천의식에서 제물을 바치며 바람(風)을 통해 신께 豊年(풍년)을 바란다. '豐(풍)'이라 함은 바람의 도움으로 만물이 길러졌기 때문이다. 풍년을 신께 감사드리면서 歌舞(가무)를 즐겼다. 오늘날 風流(풍류)라 하면 飮酒歌舞(음주가무)만 생각하게 된 것은 風流(풍류)의 실체인 하나님을 잊은 탓이다.

'豆' 자는 '제기' 위에 두부를 올린 자형이다. '豆(두)'의 고문 '8'은 조상 두 분을 뜻하기에 '두'의 음가를 가진다. 제사에 '두부'를 놓는 것은, 두 분 즉 견우와 직녀 조상을 상징하기 때문이다. 斗(두)와 豆(두)는 같은 개념이기 때문에 '鬦(두)'가 속자로 사용되고 '콩'은 '荳(두)'자로 사용된다. '玄(현)'의 자형은 북극을 가르치는 '磁石(자석)'의 '磁(자)'에 '玄(현)'이 2개 있어 '玄(현)'이 북극성과 관련 있음을 알 수 있다. '玆(이자·검을자·검을현)'의 뜻과 음가의 '현'은 견우고 '검'은 직녀다. '현'의 소리는 '나타난다'이기 때문에 眩(현) 자는 '어둠 속에 미약하게 빛난다'다. '慈(사랑자)'는 자식을 사랑하는 부모(견우직녀)의 마음이다. 'ㄹ'자형을 보고 번개(=신)로 다는 해석했다. 그러나 '申'자형에 '申(신)'의 실체가 있다. 즉 玄(현)의 고문 '申'과 申(신)의 갑골문은 같다. 즉 申(신)은 견우와 직녀다. 때문에 'ㄹ'자에 견우와 직녀의 상징이 있다. 즉 'ㄹ=ㄴ+ㄱ=ㄹ'이다. 한편 衷(충)의 '人'은 머리에 쓴 '갓'이고 'ㄴ'은 상의다. '䰟(운)' 자와 다르다.

④'ㅣ(오)' 자다. 큰 하나는 '一'로 그렸고, 하나의 '半(반)', 五(오)는 'ㅣ' 자로 그렸다. '丄'다. 머리 위로 곧게 올랐기 때문에 '午(오)' 다. ㅇ(료)는 'ㅣ(오)' 위에 'ㅇ'이 붙었다. 가림토 'ㄹ+ㅛ=료'다. 점 두 개는 북두로 둘이 만나 '완성하다·마치다'다. 즉 成(성)의 의미다. 成數(성수)가 'ㅣ' 임을 알 수 있다. 了(료)의 반대 丂(조)의 금문 'ㄴ' 자

는 ‘매달리다’다. 갑골문 ‘X’ 자는 동서남북 4개의 북두칠성이 대웅성을 중심으로 돌아가는 것을 나타낸다. 오행이다. 이 회전이 ‘旋風(선풍)’이다. 風流(풍류)란 북두 칠성신을 숭배하는 것으로 불교의 ‘卍(만)’ 자가 旋風(선풍)을 나타낸 글자다. 견우와 직녀가 만나 무엇인가 오묘한 일이 이루어진다. 즉 둘만의 공간에서 만물을 만든다. 그래서 오행이 어우러져 만들어진 ‘五妙(오묘)’이고 만드는 장소가 奧妙(오묘)다. ‘大奧(대오)’는 禁男(금남)의 공간으로 한 사람의 남자만 들어갈 수 있는 대궐 안의 깊숙한 곳이다. ‘奧=奧’다.

견우와 직녀가 만난 곳이 ‘烏鵲橋(오작교)’다. ‘까마귀=까마(감)+귀’다. ‘귀’는 ‘鬼(귀)=歸(귀)’다. ‘오’의 가림토는 ‘오른다’다. 금문의 烏(오)는 ‘[illegible]=[illegible]+[illegible]’이다. ‘十’ 자 ‘위에 까마귀가 곧게 올라간다’다. ‘鵲(작)’은 저녁에 까치다. 까치는 높은 나무 위에 집을 짓는다. ‘작’의 소리는 ‘作(작)’이다. 까마귀는 견우와 직녀가 올라가는 것을 상징하고 까치는 둘이 하늘에서 만날 수 있게 집을 만들어 주는 것을 상징한다. 嬌態(교태)의 嬌(교)는 ‘女(녀)+喬(교)’다. 態(태)는 ‘熊(웅)+心(심)’이다. 직녀가 웅녀다. 왕비의 처소는 ‘交泰殿(교태전)’이다. 烏鵲橋(오작교)는 ‘견우와 직녀가 칠월 칠석에 중간(오)에서 만나서 까치가 허공에 세워준 집에서 만나 사랑을 나누어 생명을 만들었다’라는 것을 상징한다.

⑤‘ㄱ(칠)’ 자다. 아라비아 숫자 ‘7’의 자형으로 북두칠성이다. ‘七七(칠칠)=77’이다. ‘姓(성)’ 자는 이때 ‘여자가 생명을 만들었다’다. 고운본은 ‘+’ 자형이다. 가로(ㅡ:직녀)와 세로(ㅣ:견우)가 만났다. ‘X(오)’는 둘이 가운데에서 만났기 때문에 ‘五(와)’와 ‘七(칠)’은 三(견우)와 四(직녀)로 인한 것이다. 즉 運三四(운삼사) 成環五七(성환오칠)은 천문 28숙을 나타낸 숫자다. 이것은 조선세법의 구성과 같다. 즉 조선세법은 劍(검)으로 행한다. ‘劍(검)’ 자가 玄武(현무)를 나타낸 글자임을 밝혔다. 또한 劍(검)은 ‘곰(=곰)’으로 大熊(대웅)의 상징이다. 조선세법의 詩訣(시결)은 ‘곰’이 ‘검’을 들고 四神(사신)을 호령하여 ‘銀蟒(은망:이무기)’를 물리치는 내용이다. 조선세법에 運三四(운삼사) 成環五七(성환오칠)의 동작이 들어있다.

아. 一玅衍萬往萬來(일묘연만왕만래): 하나를 끊임없이 보내지만, 만물은 다시 돌아오고 다시 내려간다. 북두칠성의 작용이기 때문에 '7' 글자다.

표. 3-12. 玅(묘)·衍(연)·万(만)·往(왕)·万(만)·來(래) 능은본·고운본·갑골문·금문·전문·고자·해서

농은본	고운본	갑골문	금문	전문	고자	해서
[illegible]	妙				竗 玅 妙	玅(묘)
		[illegible]	[illegible]	[illegible] [illegible]		少(소)
		[illegible]	[illegible]	[illegible]		需(수)
[illegible]	衍	[illegible]	[illegible]	[illegible]		衍(연)
		[illegible]	[illegible]	[illegible]		水(수)
			[illegible]	[illegible] [illegible]	[illegible] 永	永(영)
		[illegible]	[illegible]	[illegible]	[illegible]	壽(수)
[illegible]	万	[illegible]	[illegible]	[illegible]	[illegible] 万	萬(만)
[illegible]	往	[illegible]	[illegible]	[illegible]	[illegible]	往(왕)
[illegible]	万	[illegible]	[illegible]	[illegible]	[illegible]	万(만)
		[illegible]	[illegible]	[illegible]		厲(려)
[illegible]	來				来 逨	來(래)

①'[illegible](묘)' 자는 '[illegible](少)+[illegible](玄=女)'다. 玅(묘)의 '少' 자는 작은 점 4개로, "어머니(직녀·삼신할매)의 손길이 필요로 하는 어린 여아(딸)"다. 少(소)는 仯(묘)로 小兒(소아)다. 별에서 점지한 4개의 점이 점차 자라지만 두 발로 서지 못했다. 부모에게 의지하는 나이다. '점지했다'라는 말이 '[illegible]' 자이다. 점을 친다는 말도 별자리를 보고 운명을 본다는 뜻이다. 여기서 점이 4개인 것은 여성의 자궁을 상징하는 '匚·凵'의 '魁(괴)'를 나타내고 점이 '粗(조)'다. '妙=玅'로서 '女=玄'이다. 그래서 『老子』에 '玄之右玄(현지우현)'이라 했다. 즉 玄(현)은 비록 한자이지만 둘이 하나라는 뜻이다. 이것이 떨어지면 玆(자)다. 좌측이 견우이고 우측이 직녀다. 마치 기독교로 치면 하느님이 생명을 만들어 준 아담과 하와다. 慈(자)는 부모가 자식을 사랑하는 마음이다. 하

늘 부모인 '玄(현)'이 내려보내 준 모든 생명이 '少'다. '無有而混(무유이혼) 虛粗而妙(허조이묘)'의 의미와 일치한다.

자식은 엄마의 몸에서 태어나기 때문에 '少(소)' 자에 '女(녀)' 자를 붙였다. 즉 女(녀)는 대지이며 어머니다. 玄妙(현묘)는 하늘 부모와 자식으로 '셋'이다. '混妙一環(혼묘일환)'이란 '[illegible](현)' 자를 설명한 것이다. 최치원이 난랑비서에서 '玄妙之道(현묘지도)'를 밝혔다는 것은 混妙一環(혼묘일환)의 실체인 '玄(현)' 자를 알았다는 반증이다. 그래서 고비문의 '玄(현)' 자를 '環(환)' 자로 천부경에서 치환한 것이 아닌가 생각하게 된다.

需(수)의 갑골문 '[illegible]'은 비를 내리는 주체이고 금문 '[illegible]'은 비를 기원하는 사람이다. '雨(우)' 자도 비를 점 4개로 표현했다. '而(이)' 자가 '사람(신)'이다. '儒(유)' 자도 비를 기원하는 무당임을 알 수 있다.

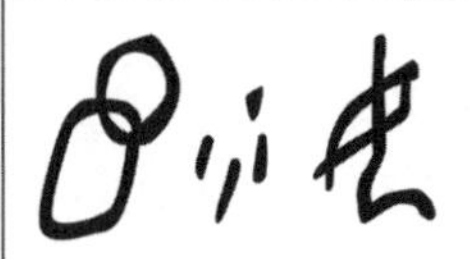
그림 3-8. 玄妙(현묘)

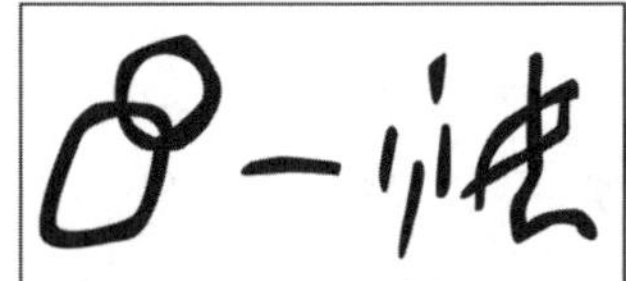
그림 3-9. 玄一妙(현일묘)

②'[illegible](연)' 자다. '물이 하늘에서 흘러 내려온다'다. 萬物(만물)은 물이 생명이다. 한 방울이 쌓여 폭포처럼 흘러내린다. '[illegible]=彳亍+[illegible]'이다. '[illegible](水)' 자를 [illegible](少) 자 밑에 한 점([illegible])은 내려붙여 [illegible](묘)의 실체와 연결했다. 고운본은 '[illegible]=彳亍+[illegible]'이다. '[illegible]=[illegible]'다. '[illegible]'를 북두칠성의 '魁(괴)'로 보면 북두칠성에서 물을 흘렸다'가 되고 '사람'으로 보면 북두칠성에서 점지해 준 사람이 된다. '參' 자의 '彡=水'에 해당한다. 단순하게 물만 내려오는 게 아니다. 3수가 중요하다. 水(수)의 표현을 갑골문은 '[illegible](☰乾=天=아버지)'이고 금문은 '[illegible](☲離=子=아들)'이고 전문은 '[illegible](☵坎=母=어머니)'다. '衍(연)' 자에 天地人(천지인)의 삼수 문화가 담겨있다. 水(수)의 갑골문과 전문 '[illegible]'의 중앙 '[illegible]·[illegible]' 자형은 단순하게 흐르는 모습만 뜻하지 않는다. 永(영)의 '[illegible]=[illegible]=[illegible]' 자형은 '북두칠성에서 내려 주는 물'이다. 壽(수)의 금문 '[illegible]=[illegible]+[illegible]'이다. '[illegible]'은 북두칠성으로 견우([illegible])와 직녀([illegible])다. 'ㅂㅂ>부부'다. '己'은 '새=태을'로 북두칠성이 도는 것을 나타낸다. '[illegible]=ㅂ+[illegible]'로 '손으로 빈다'다. 'ㅂ'은 '빈다'의 가림토다.

③'(만)' 자다. '一(일)이 우주 전체가 가득 찼다'다. 萬歲(만세)를 할 때 두 손을 하늘로 올린다. '꽃이 만발한다'처럼 가득 찬 것이다. 첫 번째 ''은 뒤에 다음의 '' 자형과 다르다. 고문의 丂(만)은 '丿(별)+爲(위)'다. 즉 '하늘 위의 별, 북두칠성에게 한다'다. 즉 '萬往(만왕)'의 往(왕)은 '가다·향하다·돌아가다'다. '' 자형은 하늘을 향해 두 손을 들어 '모든 것은 하늘로 돌아간다·하늘 위에 별이 가득하다'다. 厲(려)의 갑골문 ''과 금문 ''의 '' 자와 '' 자형은 북두칠성이 '동서남북'의 끝에 있는 것이고 '' 자와 '' 자형은 북쪽 위로 양손을 올린 것이다. '' 자형에는 '하늘 아버지=할아버지'가 최고 높이에 있다.

④'(왕)' 자는 '가다·떠나다·죽다·돌아가다'다. '一玅衍(일묘연)'으로 만물이 내려왔다. 돌아가야 한다. ''은 '+(工)'이다. '왕'의 음가는 '왕'이 돌아갔기 때문이다. 고문 徃의 '屮' 자는 '蚩尤(치우)'의 머리 자형이다. '尤(우)' 자는 '절름발이왕'이다. '' 자형은 가림토다. 하늘과 땅 사이이다. '==='이다.

그림 3-10. 치우의 상징과 '朝(조)·乾(건)·韓(한)' 자형의 비교

⑤'(만)' 자다. 고운본 ''은 처음과 같다. 전문 ''은 손을 땅에 집고 다시 두 손을 하늘로 올렸다. ''과 같다.

즉 '하늘에서 모든 게 내려온다'다. 그러므로 萬來(만래)다.

⑥'(래)' 자다. 왼쪽 손에 '비'가 내려오고 있음을 나타내고 오른손은 '비'가 손에 붙었지만, 방향은 땅을 향한다. '丿' 자형은 '삐침별'이다. 비(삐)가 내려오는 것이 별의 작용이다.

자. 用變不動夲(용변부동본): 별이 변화를 마치면 태양은 동에서 떠오른다. 태양의 움직임을 설명한 문장이기 때문에 '5' 글자다.

표. 3-13. 用(용)·變(변)·不(불)·運(운)·夲(본)의 능은본·고운본·갑골문·금문·전문·고자·해서

능은본	고운본	갑골문	금문	전문	고자	해서
[illegible]	用	[illegible]	[illegible]	[illegible]	㪅 用 㪅 削	用(용)
			[illegible]	[illegible]		甬(용)
		[illegible]	[illegible]	[illegible]	峯 峯	南(남)
[illegible]	変	[illegible]	[illegible]	[illegible]	彡 彰 彰 彭 影 彩	變(변)
				[illegible]	變 變 變 變 變 变	𤔔(판)
		[illegible]	[illegible]	[illegible]		文(문)
不	不	不	不	不	彣	不(불)
		不	[illegible]		髴 豖	丕(불·비)
[illegible]	動				乑 乎	動(동)
		[illegible]	[illegible]	[illegible]	动 運 僌	云(운)
[illegible]	本	①[illegible] ②[illegible]			雲	夲(본)
					崙 畣 朱 夲	

①'[illegible](용)' 자는 '鐘(종)'이다. 갑골문 '[illegible]'은 종을 매달은 '[illegible]' 의 초기형으로 대나무 통([illegible])이다. 南(남)의 갑골문 '[illegible]' 자는 새끼줄에 매단 방울이다. 大射禮(대사례)[94]에 남쪽에 종을 두고 쳤다. 남쪽을 뜻하는 『단군세기』에 丙(병)은 仲林(중림)이다. 『爾雅(이아)』에는 柔兆(유조)다. 남자의 두 개의 불알이 다리 사이에 있다. 벌린 양다리가 종이고 두 불알이 종을 친다. '用(용)≒以(이)=[illegible]=잇는다'다. 「소도경전본기」에 '三一其體(삼일기체) 一三其用(일삼기용)'이다. 즉 삼은 일을 본체로 삼고 일은 삼으로 작용한다.

94 其南笙鐘 其南鎛 皆南陳

②'變(변)' 자는 '䜌+攵'이다. 文(문)은 天文(천문)이다. 䜌(련)의 '[illegible]=[illegible]=[illegible]=[illegible]=辛(신)'이다. 이 자형을 상하로 바꾸면 '[illegible]=[illegible]=[illegible]=立(립)'이다. 하늘에서 땅으로 내려오는 신을 표현한 글자다. '帝(제)'다. '䜌'의 좌측 '[illegible]' 자형과 우측의 '[illegible]' 자형은 '[illegible](=玄)'이다. 우측에 있는 '[illegible]' 자형이 돌아 좌측에서 지면으로 돌았다는 것을 표현한 것이 '[illegible]' 자형이다. '䜌' 자형은 '化(화)' 자와 같다. '變(변)'은 '천문을 보니 북두칠성이 돌아 변했다'다. 文(문)의 전문 '[illegible]' 자형은 '별을 몸에 그렸다'다. 文(문)의 본자 '彣=文+彡=[illegible]'이다. '文' 자는 '북두칠성과 별의 변화를 그렸다'다. 고자 '㣌(변)=泉(천)+彡'이고 '彰(변)=卓(탁:마침내)+彡'이다. '䜌(판)=䜌(련)+斗(두)'이다. 국자 속에 물을 '퍼내다·판다'다. '판'은 이두문이다. 마침내 '천문이 변하여 비를 내린다'다. '칠월칠석 견우와 직녀가 만나면 비가 온다'라는 설화다. 그래서 七(칠)이 '十'이다.

'둘이 중간의 奧(=五)에서 만나(成) 씹(十) 해서 만물이 열렸다'다. 둘이 만난 곳이 '烏鵲橋(오작교)'라 하는 것도 奧(오)의 개념이 민중의 신화로 설정된 것이다.

④'不(불)' 자는 '[illegible]=▽+个'이다. '▽' 자형은 가림토로 하늘에 뜬 태양이고 '个' 자형은 '빛'이다. '不(부)' 자의 해석이 매우 중요하다. '부'는 깊은 밤 '寅時(인시)' 쯤의 태양이다. 그래서 도깨비불을 燐火(인화)라 한다. 不(부)는 '아직 날이 밝지 않았다·아직 낮이 아니다'라는 뜻이 담겨있고 '不(부)'는 하늘에 떠 있는 절대신 태양으로 '唯一神(유일신)'이며 인격적으로 표현하면 남성을 나타내는 '夫(부)'다.

'불'은 '부+ㄹ'로 '빛이 외연에 드러난 상태'다.

'不(불)'은 땅에서 하늘로 타오르는 '火(화)'로써 '불'이다. 장작이 타오르는 火(화)가 '弗(불)'이다. 佛(불)=亻(인)+弗(불)'이지만 '부'의 음의 하늘의 태양을 의미하고 '불'은 땅의 위치에서 하늘로 향하는 '불'을 의미한다. 그렇기 때문에 昢(불)은 '日(일)+出(출)'이다. 수평선에서 태양이 떠오를 때의 빛이 '붉다'에서 '불'이다. '不(부)'는 해가 뜨기 전의 黎明(여명)이고 '昢(불)'은 하늘이 붉게 물든 상태다. '弗=불'이다. 그러므로 '불'을 뜻하는 '佛(불)·仏(불)'로 섰다. 즉 '弗(불)=火(화)'이고 '不(부)=太陽(태양)'이다.

'佛敎(불교)'는 자신의 내면에 있는 '작은불·밝음·성찰·깨달음'이다. 땅에 사는 사람이 중심이다. '부(눈부시다·부싯돌)'와 '불'은 이처럼 의미와 대상이 다르다.

⑤'[illegible](동)' 자는 '亻+口+[illegible]+[illegible]'이다. '口'는 땅이다. '[illegible]'은 左足(좌족)으로 '서쪽'이

다. '해가 동에서 떠서 서로 움직인다'다. 북두칠성과 반대로 도는 유일한 하나는 '태양'이다. 鬪佃目(투전목)의 '[illegible](일)' 자를 설명한 문장이다. 능은본 '[illegible]' 자가 태양의 운행을 잘 표현하고 있다.

⑥'[illegible](본)' 자는 첫 번째 나온 '[illegible]' 자와 전혀 다르다. '[illegible]+[illegible]'이다. 즉 '[illegible]' 자는 '낮의 하늘'이다. 夲(본) 자가 연이어 3개【①[illegible]②[illegible]③[illegible]】다. '[illegible]'이다. 해가 '동에서 뜨고 서로 지는 움직임을 표현했다. 즉 태양의 본래 있어야 할 곳은 '夲(본)' 자이고 별이 있어야 할 곳은 '夲(본)' 자다. '본=본다'다.

차. 夲心夲太陽(본심본태양): 해가 떠올라 마침내 하늘 중심에서 서쪽으로 넘어간다. 해의 운행이기 때문에 '5' 글자다.

표. 3-14. 夲(본)·心(심)·夲(본)·太(태)·陽(양)의 능은본·고운본·갑골문·금문·전문·고자·해서

능은본	고운본	갑골문	금문	전문	고자	해서
[illegible]	本	①[illegible] ②[illegible] ③[illegible]			[illegible] 畚 [illegible] 夲	夲(본)
[illegible]	心					心(심)
[illegible]	本					夲(본)
太	太					太(태)
[illegible]	陽	[illegible]	[illegible]	[illegible]	昜 [illegible] 阦 [illegible] 陽 [illegible] [illegible]	陽(양)

①'[illegible](본)' 자는 세 번째 나온 '夲(본)' 자다. 앞의 '[illegible]' 자는 태양이 위에 있지만, 여기서는 내려오고 있다. 앞에 不動夲(부동본)은 여명에 있는 '太陽(태양)'이다. 夲心夲太陽(본심본태양)과 연결된 문장이기 때문에 3개의 '夲(본)'의 실체가 하나다. 고자 '畚=夲(본)+[illegible]'이다. 三神(삼신)이 곧 '夲(본)'이다. 'ㅂ' 자는 '빛'을 상징한다.

②'[illegible](심)' 자는 여기에서는 '마음'이 아니라, 中心(중심)을 의미한다.

③'[illegible](본)' 자는 네 번째 나온 '夲(본)' 자다. 한 점으로 중심에 있다. 태양이 자오선을 지나는 순간인 '正午(정오)'다. 不動夲(부동본)과 夲心夲(본심본)에 나오는 세 개의 '夲=大+十'은 모두 태양을 나타낸다. '大(대)'는 하늘을 나타낸 글자로 가지가 다

섯이다. 빛의 기호인 'ㅊ'이다. 사람을 상징하는 夲(본) 자는 없다. 보는 주체가 사람이기 때문이다.

④'太(태)' 자다. '太(태)'는 시초다. 중심에서 다시 서쪽으로 넘어가는 것으로 正午(정오)가 지나는 순간으로 새롭게 변화가 이루어진 시발점이다.

始(시)와 대칭된 개념이 '太(태)'다. 太極(태극)을 '角者(각자)'라 함은 '角(각)' 자가 양다리를 좌우로 벌렸기 때문이다. 즉 角(각)은 脚(각)이다. '태'라 한 것은, '大(대)'의 'ㄷ' 자에 점이 들어갔기 때문이다.

⑤'陽(양)' 자는 '阝+昜'이다. 좌측에 산이 있고 해는 서쪽을 보고 있다. 'ㄱ' 자의 방향도 서쪽이다. 陽(양)의 갑골문 '昜'의 '日'은 아침에 떠오르는 '해'이고 '勿' 자형은 오후를 지나 서쪽으로 넘어간 '해'다. 즉 '陽(양)'은 오전 해와 오후 해를 겸했기 때문에 兩(양)의 개념과 음가와 같고 '양' 자에도 'ㅇ'이 '둘'이다. 이에 반해 '地(지)' 자는 산이 우측에 있고, 북두칠성은 북쪽에 있다.

카. 昂朙人中天地一(앙명인중천지인): 고개를 드니 밝은 달은 천지 가운에 홀로 떠 있다. 북두칠성과 달을 설명한 문장이기 때문에 '7' 글자다.

표. 3-15. 昂(앙)·朙(명)·人(인)·中(중)·天(천)·地(지)의 능은본·고운본·갑골문·금문·전문·고자·해서

능은본	고운본	갑골문	금문	전문	고자	해서
[illegible]	昂			[illegible]		昂(앙)
				[illegible]		卬(앙)
		[illegible]	[illegible]	[illegible]		仰(앙)
[illegible]	朙	[illegible]	[illegible]	[illegible]	朙 明 [illegible]	朙(명)
		[illegible]	[illegible]	[illegible]		囧(경)
[illegible]	人	[illegible]	[illegible]	[illegible]	冂 壬	人(인)
[illegible]	中				[illegible]	中(중)
[illegible]	天	①[illegible] ②[illegible] ③[illegible]				天(천)
[illegible]	地	①[illegible] ②[illegible] ③[illegible]				地(지)

①'[glyph](앙)=[glyph]+[glyph]+[glyph]'이다. 昻(앙)은 '밝음·높이오름·머리를 든다'다. 그렇다면 밑에서 떠오르는 대상이 무엇인가? 태양은 서산으로 저물었다. 당연히 다음엔 '북두칠성과 밝은 달'이 떠오른다. '[glyph]' 자 밑([glyph])에 있던 북두칠성이 떠([glyph])오르는 것을 나타낸 자형이다. 얼굴을 드는 방향도 밤하늘 向北(향북)이다. 卬(앙)의 전문 '[glyph]'의 서쪽에 있는 '[glyph]' 자형과 仰(앙)의 '[glyph]' 자형이 견우이고 무릎 꿇고 절하고 있는 여자인 '[glyph]' 자형이 직녀다. 서방님을 맞이한다. '[glyph]' 자형은 '匕(비)' 자와 '[glyph]' 자형은 '夕(석)' 자형과 관련 있다. 이것이 의인화 되면 '仰(앙)' 자가 된다.

②'[glyph](명)' 자는 '[glyph]+[glyph]'이다. '朙=囧+月'이다. '囧(경)'은 '窓(창)'으로 '[glyph](명)' 자는 '창문을 통해 보이는 밝은 달'이다. 능은본 '[glyph]' 자는 갑골문 '[glyph]' 자형과 배치는 달을 앞세워 같으나 '日(일)' 자가 다르다. '해가 지고 밝은 달이 떴다'라는 것을 나타내기 위해 '[glyph]' 자의 가로획을 세로로 내렸다. 이것은 부적처럼 의미를 부여한 것이다. '[glyph]' 자형은 해와 달이 동시에 떠 있는 상태다.

고운본은 이 차이를 명확하게 알기 때문에 '朙(명)' 자를 썼다. 朙(명)은 '달'이다. 囧(경)의 갑골문 '[glyph]' 자는 창문에 빛이 들어오는 글자다. '경'의 음가는 '景致(경치)'의 '경'이다.

③'[glyph](인)' 자는 세 번째 나온 '人(인)' 자다. 갑골문의 '[glyph]' 자보다 자루가 길고 발이 짧은 것은 북두칠성에서 내려온 사람을 나타낸다. '[glyph]' 자형을 뒤로 돌리면 '[glyph]=匕'로 북두칠성이 된다. 동이족이 천손인 이유다.

사람이 창문에 떠오른 달을 보고 있다. 그 밝은 달은 하늘과 땅 그리고 사람 사이에 홀로 있다.

④'[glyph](중)' 자다. 그런데 오른쪽으로 치우쳤다. 깃발도 오른쪽에 몰렸다. '[glyph]·[glyph]' 의미다. 고자의 '[glyph]·[glyph]' 자는 좌우 치우침이 없는 중심은 가상이다. 정확한 중심은 없다. 중심이 없으므로 중심을 잡는다. 오른쪽에 치우친 달이 좌측으로 천천히 움직이는 것을 나타낸다.

⑤'[glyph](천)' 자는 세 번째 나온 '天(천)' 자다. [glyph](천)은 '홀로 떠 있는 밝은 달을 품은 하늘'이다. 그래서 '人中天地一(인중천지일)'이다. '[glyph]'의 '머리 위에 점이 밝은 달'이다.

⑥'[glyph](지)' 자는 세 번째 나온 '地(지)' 자다. 天地人(천지인)은 천부경에서 각각 세 번 나온다.

타. 一終無終一(일종무종일): 하나가 지면 끝없이 하나는 다시 떠오른다. 태양이 다시 떠오르기 때문에 '5' 글자다.

표. 3-16. 終(종)·無(무)의 능은본·고운본·갑골문·금문·전문·고자·해서

능은본	고운본	갑골문	금문	전문	고자	해서
					舟 [illegible] [illegible] [illegible] [illegible] [illegible] [illegible] [illegible] [illegible] [illegible] [illegible] [illegible] [illegible] [illegible] 夂 [illegible]	終(종)
					[illegible] [illegible] [illegible] [illegible] [illegible] [illegible] 各 [illegible] [illegible]	冬(동)
		① ② ③ ④				無(무)
		① ② ③ ④				

①'(종)' 자다. 終(종)과 冬(동)의 금문을 보면 종()처럼 생긴 양 마디에 작은 점이 붙었다. 이것은 열려있는 문을 나타낸다. '' 자형은 입구가 닫힌 것을 나타낸다. 冬(동)의 금문 '' 자형은 해가 집으로 들어갔음을 나타낸다. 終(종)의 고문들도 '해'가 들어갔음을 나타낸다. 즉 ''은 '해가 뜨고 서산으로 진 상태'다. 시작을 알리는 종소리와 끝났음을 알리는 종소리다. 불교의 梵鍾(범종)의 모양은 우주를 상징한다. 전문 ''의 '糸(사)'는 대문 앞에 두르는 '금줄'을 나타내면서 그 문을 닫은 실체를 겸한다. 전통혼례식에 신랑·신부가 청실홍실을 가지고 오는 것도 '실'이 하늘의 조상신을 나타내기 때문이다. 즉 終(종)은 始(시)가 전제된 개념이다. 아내가 집 문을 열어놓고 모든 가족이 들어오면 대문을 닫는 것처럼 ''은 '해가 집으로 돌아오는 것을 맞이해주는 신'이다. '내일은 해가 다시 뜬다'가 '無終一(무종일)'이다. '==宂'의 '宀'으로 '집'으로 '空(공)'의 하늘이다. 그래서 宇宙(우주)는 해와 달 별의 '집'이다.

②'(무)' 자다. 앞에 나온 無(무) 자형과 완전히 다르다. 양팔에 '발'을 붙였다. '반복해서 돌아 나온다'를 나타낸 無(무) 자다. 천부경은 日月星辰(일월성신), 三神(삼신)에 대한 수리적 표현이다.

4
神(신)의 실체를 찾아서

가. 神風(신풍)과 風流(풍류)

갑골문과 가림토는 한민족이 만든 문자이기 때문에 갑골문에 가림토가 결합될 수 밖에 없다. 風(풍)의 속에 숨어있는 神(신)의 실체를 찾기 위해선, '風(풍)' 자의 갑골문에 그려진 가림토를 찾으면 된다. 한편 가림토의 'ㅂ'의 상하는 'ㅐ·ㅒ'이고 좌우는 'ㅍ≒ㅍ'이다. 'ㅍ'은 땅, 'ㅍ'은 하늘의 수평 작용을 나타내는 기호다.

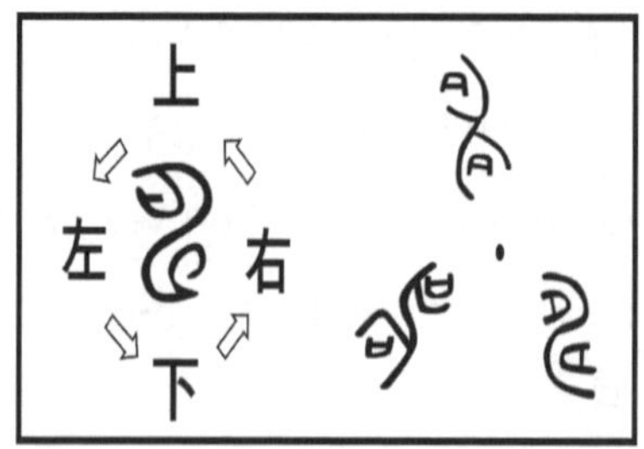

그림 3-11. 申北(북)·申(신)·神(신)과 ㅂ·ㅍ

표. 3-16. 鳳(봉)·風(풍)의 갑골문·전문·고자·해서

갑골문	전문	고자	해서
[illegible]	[illegible]	[illegible]	鳳(봉)
[illegible]	[illegible]	[illegible]	風(풍)

①'[illegible](봉)' 자는 '[illegible]'이다. '[illegible](봉)=[illegible]'이다. '[illegible]' 자에 '봉' 자가 있다. '[illegible]'은 북두칠성이고 '[illegible]'은 새다. 봉에는 'ㄹ' 자형이 반듯이 있다. '[illegible](풍)=[illegible]'이다. '[illegible](풍)=[illegible]'이다. 風(풍)과 鳳(봉)은 상징과 자형이 같지만 '風(풍)' 자에는 가림토 'ㅍ' 자형이 붙어있다. '[illegible]=[illegible]'이다. '[illegible]' 자형은 '북두칠성을 향해 무릎 꿇고 바람에 기도하는 여인'으로 始(시)의 갑골문처럼 '[illegible]' 자형과 의미가 상통한다. '[illegible](풍)'은 '비바람이 친다'로 無(무)의 갑골문 '[illegible]'처럼 머리 위에 '雨' 자가 있다.

중국 3환 5제의 첫째인 伏犧(복희)의 성은 '風(풍)'이고 이름은 '方牙(방아)·蒼牙(창아)'다. '牙'는 '바퀴의 테·싹이 튼다'로 금문이 북두칠성에서 '태어나 잇는다'다. 方(방)은 '두루 '이고 蒼(창)은 밤하늘 울창한 별이다. 風(풍)의 의미를 이름에 담고 있다.

①한국의 백제금동대향로의 봉황

②갑골문

③일본의 봉황

그림 3-12. 한국과 일본의 봉황의 모습과 갑골문

갑골문의 봉황은 삼족오의 형상이다〈그림 3-12②〉. 봉황은 하늘로 돌아가 주작이 된다. 이러한 새에 대한 한민족의 숭배는 백제금동대향로에 있는 봉황에 잘 드러나 있다〈그림 3-12①〉. 일본의 봉황도 같은 모양으로 모두 갑골문의 상형과 같다. 백제의 봉황과 일본의 봉황이 같은 형태인 것은 무엇을 의미하는가〈그림 3-12③〉. 머리의 벼슬이 '山(산)' 자형인 것은 '삼수'와 연결된다. '벼슬'은 권위의 상징으로 冠帽(관모)가 '벼슬'이다.

'鳳(봉)'은 남성을, 凰(황)은 여성을 상징하며 후대에 상징이 서로 바뀌어 사용되기도 한다. 《左氏春秋(좌씨춘추)》「소공 17년」"우리 고조 소호 摯(지)가 즉위할 때 마침 봉황새가 이르렀음에 새를 기틀을 두고 새로 백관과 사장의 벼슬 이름을 했다."라는 기록이 있고 용과 호랑이가 신하의 직책으로 있다. 동이족이 조우관이나 조선의 관모에 화려한 꿩의 깃털을 묶는 전통은 한민족의 상징인 '새(봉황)'을 모시기 때문이다.

나. '神(신)'과 '䄓(신)' 자의 의미

'神(신)' 자는 일반적으로 많이 쓰이는 글자이지만, '䄓(신)' 자는 '三一䄓誥(삼일신고)'처럼 우리 민족에게 사용되어 전해진 고자다. '神(신)'의 본자 '禃(신)' 자는 북두칠성 신(조상신)을 나타내고, '䄓(신)' 자는 유일신인 태양신을 나타낸다.

표 3-17. 申(신)·不(불)·丕(비)·神(신)·辰(신)·晨(신)·震(신)의 갑골문·전문·고자·해서

갑골문	금문	전문	동자	고자	해서
				昌 𤰱 串 申	申(신)
					辛(신)
					立(립)
					屰(역)
					僕(복)
				𣎵 㔻	不(불)
				丕 㔻	丕(비)
=7=七星	※禃(본자)	魋(신)	神 䰠	䄓 䄍(할아버지조 · 귀신신)	神(신)
				祖(조) 神	元(원)
					辰(신)
				辰 㫳 辰 厄	晨(신)

					震(신)
[illegible]	[illegible]	[illegible]		霣 靊 輰	命(명)
				㑆 𠓗	

①'申(신)' 자의 금문 '𦥔'의 우측에는 '卍' 자에서 있는 '乙'이다. 上(상)에 견우를 나타내는 'ㅌ'이 있고, 下(하)에 직녀를 나타내는 'ㅋ' 자형이 있다. '男左女右(남좌여우)'다. 고자 '䏌·㚨'은 '乙'이 곧게 섰다.

'神(신)'의 본 자는 '𥛗(신)'이다. 견우와 직녀인 조상 𦥔(신)으로 북두칠성 신을 나타낸 글자다.

②'辛(신)' 자의 갑골문 '[illegible]' 자는 하늘에서 내려오는 사람이다. 立(립)의 갑골문 '𠫓' 자형과 대칭이다. '매울신'이란 '매가 울면서 곧게 내려온다'다. 그래서 무속에서 '신내림을 받는다'고 한다. '屰(역)' 자의 'ￚ' 자형도 거꾸로 내려오는 사람(새)다.

③'僕(복)' 자의 갑골문 '𦔬' 자는 '𢆉(신)이 내려주는 복을 그릇(凵)에 무릎 꿇고 받는 사람(𡰣)'이다. 사람의 꼬리가 '尾(미)' 자로 발의 끝을 나타낸다. '신발'이란 말의 유래가 '僕(복)' 자에 있다. '종복'의 소리는 '從伏(종복)'의 개념임을 알 수 있다.

④'𥙇(신)' 자는 '丌+旬+旦'이다. '丌(시)'와 '示(시)'는 다르다. '丨(신)' 자 위에 '一'과 '二'가 있다. '丌=不'이다. '不' 자를 '부'로 발음하면 하늘에 있는 '유일한 태양신'을 의미하고 '불'로 발음하면 지상에 있는 '불'을 의미한다. '不'자 하나에 각기 다른 개념의 '부'와 '불'이 있어 이를 비교하여 '아니하다·~만 못하다'와 '아직 낮이 아니다'다.

⑤'旬(순)' 자는 '열흘(순) 부역(균)'이다. '고르다·두루·열흘'이다. '열흘순'은 '열기를 흘려 내린다'다. 태양이 땅에 빛과 열기를 땅에 골고루 내려주는 것이다. '부역'의 '부'는 '不'로 '불(태양)'이고 '역'은 '屰'으로 '하늘에서 내린다'다. '旦(단)'은 '해 돋을 무렵인 아침'이다. '𥙇(신)'은 유일한 태양신을 나타낸 글자다.

이처럼 '𥘅(신)과 神(신)'은 다르다. '神(신)'은 어머니이고, 𥘅(신)은 아버지다. 그래서 祖(조)는 '할아버지(조·신)'이다. 이것을 '祖(조)'와 '神(신)'으로 통합했다.

⑥'元(원)' 자의 갑골문 '[illegible]' 자는 神(신)의 '示(시)' 자형과 상통한다. '시초·으뜸·근본·머리'를 뜻한다. '원'의 음가는 '둥글다'로 '圓(원)'이다. 그렇기 때문에 둥근 '머

리'의 뜻이 있다.

⑦'辰(신)' 자의 갑골문 '=+'다. '' 자형은 가림토의 '◁' 자로 서북 방향을 나타내고 '' 자형은 밤하늘에 떠 있는 북두다. '' 자형이 가림토의 'ㅕ≒ㅑ'이기 때문에 '𢀶(진)=厂+也(야)'다. 또한, 고자 𠨿(진)은 '二(음)'이고, 𠩂(진)은 '一(양)'이다. '아들·딸'이다. 'ㅕ'는 서쪽으로 밤에 북쪽에 뜬 북두이고 'ㅑ'는 동쪽으로 새벽에 떠 있는 북두다. 고문 '晨(신)'은 새벽에 뜬 북두칠성이다. 震(신)은 '임신한 신'이다. '雨(우)'의 점(•), '알'이 자식이다.

⑧'命(명)' 자의 갑골문 ''의 '亼' 자형은 '집'이 아니라, 태양신(하늘)이 내리는 명령임을 알 수 있다.

표 3-18. 雲(운)·雷(뢰)·電(전)·申(신)·神(신)의 갑골문·금문·전문·해서

갑골문	금문	전문	고자 및 설명	해서
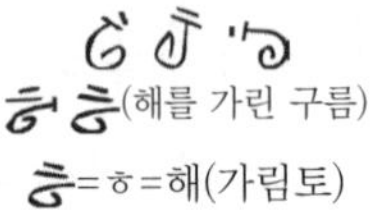 (해를 가린 구름) =ㅎ=해(가림토)			'二' 자는 '견우직녀·음양'의 상징	雲(운)
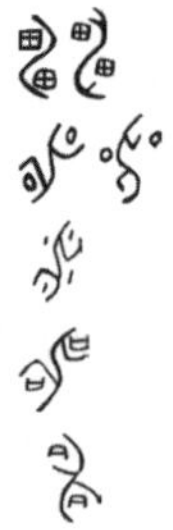  :보다·받다 :비·바람 =ㅍ=平	 =三太極 =五行 =卍=風 =北斗	雨=+= =견우+직녀 =魁(天理)	畾 靁	雷(뢰)
				電(전)
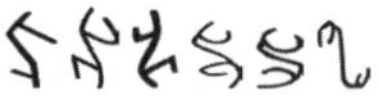			=◡+◡=○ ㅁ=ㄱ+ㄴ=ㅁ	申(신)
 上 左 右 下 =男左(견우) =女右(직녀)	 =7=七星 (견우), (직녀)		𥛐神魋 𥘥䄇𥛯: 一神·不神(佛敎)	神(신)

①'(운)' 자의 '二' 자 밑에 구름이 있다. '해를 가린 구름'이다. 자형 자체가 'ㅎ'이다.

②'(뢰)' 자는 '(신)' 자의 '魁(괴:삼태기) 안에 ''이 있다.

③'[illegible]' 자의 '[illegible](신)' 자는 견우는 서북에 직녀는 남동에 위치한다.

④'[illegible](신)' 자는 북두칠성이 북에 직녀, 남에 견우가 배치되어 곧게 서 있는 자형이다. '陰陽(음양)'이라 하듯이 직녀의 지위가 높음을 알 수 있다. 이것이 돌면 위치가 '[illegible]' 자형으로 바뀐다. 동양 사상에는 남녀의 차이가 없었지만, 모계사회에서 부계사회로 넘어오고 유교사상에 의해 남녀의 구별이 강화됐다.

'신'의 소리를 가진 한자는 견우와 직녀, 북두칠성 그리고 태양과 관련 있다.

다. 孝(효·흫)의 의미

표 3–19. 孝(효)·老(노)·考(고)·丁(정)·者(자)·爻(효)의 갑골문·금문·전문·고자·해서

갑골문	금문	전문	고자	해서
	[illegible]	[illegible]	孝 攷 丂	孝(효)
[illegible]	[illegible]	[illegible]	[illegible] 耂	老(노)
[illegible]	[illegible]	[illegible]	[illegible]	考(고)
□	●	个	个	丁(정)
[illegible]	[illegible]	[illegible]		者(자)
[illegible]	[illegible]	[illegible]	効 肴	爻(효)
[illegible]	[illegible]	[illegible]	斅 [illegible] [illegible] 孝 斈 学	學(학)
[illegible]	[illegible]	[illegible]		父(부)

①'孝(효)' 자의 금문은 '[illegible]=[illegible]+[illegible]'이다. '하늘 부모'를 섬기는 것이다. 한민족의 祭祀(제사)는 첫 부모가 하늘 부모를 섬겼던 것을 그 자식이 본받고 부모를 섬기는 거룩한 행위다. '[illegible]' 자형의 의미는 老(노)와 考(고) 자를 통해 알 수 있다. '孝(효)'의 '본받는다'라는 '하늘의 본을 받는다'다.

②'老(노)' 자의 금문 '[illegible]'에 삼신인 '[illegible]'이 있다. 고문 '[illegible]=二+口+火'이고 '耂=十+乂(만)+工'이다. '효=二+ㅇ+ㅛ(가림토)'다. 孝(효)는 '섬긴다'다. 무엇을 섬긴다는 것인가? '耂(로)' 자와 관련된 자형을 보면 그 대상이 북두칠성임을 알 수 있다.

③'考(고)' 자는 '오르다·합치다·살피다'다. 갑골문 '[oracle glyph]=[oracle glyph]+∩+[oracle glyph]'이다. '[oracle glyph]>=丁'이다. 丁(정)은 네 번째 천간이다. 넷은 '四'로 '口+儿'이다. '口=ㄱ+ㄴ'이다. 즉 갑골문 '[oracle glyph]'은 'ㄱ+ㄴ'으로 곧게 선 북두칠성이고 '[oracle glyph]' 자형은 해다. 고문을 '[glyph]·[glyph]' 자형은 가림토 'ㄹ·ㄷ·ㅁ·工'의 결합 자다. '[oracle glyph](신)은 ([oracle glyph]삼신)+X(오:견우직녀)+[oracle glyph](신)의 결합이다. '[oracle glyph](리)'의 '[oracle glyph]' 자형은 좌우로 나란히 섰고, '[oracle glyph]'은 상하로 배치하여 나무가 됐다. 彬(빈)이다. 나무가 견우와 직녀를 상징한다. '藝(예)' 자의 갑골문은 나무를 심고 숭배하는 자형이다. 즉 나무에 예를 올리는 것이 藝(예)다. 나무가 삼신과 견우직녀를 관통한 申(신)의 상징이기 때문이다. '[oracle glyph]' 자의 '[oracle glyph]'은 북두가 수평에서 북동으로 오르고 있다. '孝(효)·老(노)·考(고)' 자의 '[oracle glyph]' 자형이 '卍(만)' 자임을 알 수 있다. '[oracle glyph]=[oracle glyph]+[oracle glyph]'이다. 'ㄱ' 위에 'ㄱ'이 올라탔다. '[oracle glyph]'은 'ㄴ'이 두 번 올라갔다. '[oracle glyph](정)'은 '누워있던 것을 곧게 세웠다'다. 누워있던 '七(칠)' 자를 巧妙(교묘)하게 세워 '[glyph](칠)' 자로 만들었다는 것이 '考(고)'다.

④'者(자)' 자의 금문 '[glyph]=[glyph]+[glyph]+[glyph]'이다. '[glyph]' 자형은 직녀가 두 자식을 품고 있는 것이고 '[glyph]' 자형은 '남성의 성기에서 알을 그릇에 담은 것'을 나타낸다. (효)는 '본받는다'다. 效(효)와 동자다. 갑골문 '[oracle glyph]' 자는 'X'와 동일 자형을 중복하여 '똑같이 한다'는 의미를 나타낸다.

⑤'學(학)' 자의 갑골문 '[oracle glyph]·[oracle glyph]'은 '爻(효)'다. '[oracle glyph]'의 '∩' 자형은 밤하늘이다. '[oracle glyph]' 자형의 '[oracle glyph]'은 손이 아니라 북에 떠 있는 북두다. '[oracle glyph]' 자형의 'X'는 북두칠성이 도는 '卍(만)' 자를 나타낸다. 한자로는 旋廻(선회)다. 금문 '[glyph]'의 '[glyph]' 자형은 몽둥이로 때리는 자형이 아니다. '[glyph]=[glyph]+[glyph]'으로, '북두가 북에 오르면 서쪽으로 진다'는 것을 가르쳐 주는 글자다. 고대에 배움이란 천문을 아는 것으로 아무나 배울 수 있는 게 아니다. 초기 문자는 북두칠성과 은하수 그리고 천문 28수를 배우고 그것을 기록하는 게 목적이었다.

⑥'[glyph](부)' 자의 금문은 '불'을 들고 있는 '견우'다. '父(부)' 자는 도끼를 들고 있는 자형으로 보지만 도끼와 아무런 관련이 없다. '부'의 음은 하늘에 있는 '불'이다.

四

武藝(무예)의 意味(의미)

1
武(무)의 象徵(상징)[95]

표 4-1. 武(무)·弋(익)·戈(과)의 갑골문·금문·전문·해서

商(상) 甲骨文(갑골문)	周(주) 金文(금문)	篆文(전문)	楷書(해서)
			武(1)
			弋(2)
			戈(3)
			車(차)

'武(무)' 자는 '止(지)+弋(익)'이다. 止(지)는 '멈춘발', 弋(익)은 '주살'이다. '弋(익)' 자를 戈(과)로 해석하여 '창을 들고 전장에 싸우러 나간다'로 해석했다. 후대에 덧붙여 "창(戈)과 같은 武器(무기)로 兵亂(병란)을 막아 그치게(止) 한다."로 규정했다. 무인을 호랑이에 비유하여 虎班(호반)이란 뜻이다.

95 임성묵, 『본국검예 3. 왜검의 시원은 조선이다』, 행복에너지출판사, 2018, p53~83에서 武(무)·藝(예)·勢(세)·歲(세)와 節(절)의 내용 요약.

이 해석은 『춘추좌씨전』에서 초장왕이 "대저 武(무)란 止(지)와 戈(과)가 모여 무릇 武(무) 자가 됐다. 무릇 무력은 횡포함을 막기 위하여 군대를 모으고 큰 약점을 보호하며 공을 정하고 백성을 편하게 하며 재물을 풍성하게 하는 것이다. 군대를 정돈하고 사열하여 제후에게 위세를 보이면 전쟁이 그치지 않겠는가?"라 말한 것이 지금 '武(무)'의 개념이 됐다. 『기효신서』나 『무비지』의 무예에 技藝(기예)로 된 무술서는 잃어버린 한민족의 武藝書(무예서)일 가능성이 크다.

①武(무)의 弋(익)은 '주살', 戈(과)는 '창'이다. 무기가 가르면 상징도 다르다. '활'은 동이의 주된 무기이기 때문에 토템신화가 활에 있다. 오죽하면 중화가 東夷(동이)라 했겠는가! 초장왕이 '활'을 '창'으로 바꾼 이후 후대에 '戈(과)' 자로 의심 없이 고착됐다. 弍(두)와 武(무)의 '弋' 자와 같다. 弋(익)은 화살의 오늬(筈:하눌타리괄)다. 한 부모에서 나온 남매가 '오누이'다. 또한 일본에서 鬼(귀)는 'おに(오니)'라 발음한다. 오니와 오누이는 북두칠성으로 돌아간 조상임을 알 수 있다. 筈(괄)은 '竹+舌(괄)', '舌=𠯑'은 형성문자로 會(회)로 '만난다'다. 같은 음인 '髺(결발할괄)=鬠(괄)'도 의미가 같다. '髺(괄)'은 '髟+𠯑', '𠯑=氏+口'다. 결혼 잔치에 많은 이야기가 입에서 '괄괄(괄괄)' 나온다. '昏(혼)'은 '氏+日', 어두운 밤에 처가로 가서 婚姻(혼인)한다. 昏(혼)은 '해가누웠다>저물었다'다. 남자는 상투, 여자는 비녀를 꽂는 문화가 '婚(혼인할혼)' 자에 있다. 결혼의 신화적 해석은 견우와 직녀는 결혼 후 부부가 된다. 髺(괄)의 전문 '髺(괄)'은 '髟+𠯑', '결혼한 부부는 머리를 올린다'다. 婚(혼) 자에 데릴사위 풍습이 있고 '오늬'의 음가에 혈연 결혼 풍습도 있다. 한자 '弍=弋+二'에서 오늬의 '二' 자는 '둘>두이'다.

武(무)의 正(바를정)은 '𤴓'이다. '정'과 '무'의 음가는 겸한다. '𤴓(=正)'에 '二'가 있다. '武=二+弋+止'의 합자로, '북두에 견우와 직녀 오누이가 잠시 머문다'다. 한자는 한 글자에 최소 두 개의 음을 가진다. 본음, 변음, 방음이 있고 재변음이 생겨나는 등 아주 다양하다.[96] 금문은 갑골문을 바탕으로 만들었기 때문에 당연히 갑골문

96 김대성. 『금문의 비밀』. 2000.5.6.

도 마찬가지다.

武(무)의 갑골문·금문 ''(무)'의 '··' 자형에 견우·직녀가 있다. 갑골문 ''와 '' 자에서 구체화 된다. 서쪽에서 올라오는 '' 자는 견우고 동쪽에서 올라오는 '' 은 직녀다. 견우·직녀가 만나기 위해 굳세게 달려가는 것에서 '굳세다'다.

갑골문 '武(무)=斗(두)+止(지)'가 ''(무)' 자가 된다〈표 1-3〉. '斗(두)' 자의 두 점 ()은 견우와 직녀다. 점 하나가 오른쪽으로 넘어가 '〉武' 가 된다. 견우·직녀는 부부·조상을 나타낸다. '遇(우)' 자는 '둘이 상봉'했다. 기쁨의 '눈물'은 悲(비)가 되고 헤어지면 悱(비)다. '우' 음가는 견우, '비' 음가는 직녀와 관련 있다. 弋(익)에 '물위에뜰익'의 뜻이 있다. 은하수와 연관된다. 弋(익)의 '주살'은 '화살이 날아가도 쉽게 찾을 수 있도록 맨 줄'이다. '주=줄'이다. '주룩주룩 비가 온다'처럼 'ㄹ'은 '동시적 움직임'을 나타내면서 글자에 붙어다 떨어졌다 한다. '줄'은 거미줄처럼 길게 내려온다. '주'의 음과 관련된 한자(住·注·主·蛛·珠)에 '줄'의 뜻이 있다. 弋(익)과 관련된 '黓(검을익·주살)' 자를 보면 직녀의 상징이 들어있다. '黑(흑)' 자가 '斗牛女虛危室壁(두우녀허위실벽)'에서 견우 옆에 앉은 직녀다.

표 4-2. '武(무)' 자는 '斗+止'의 결합체

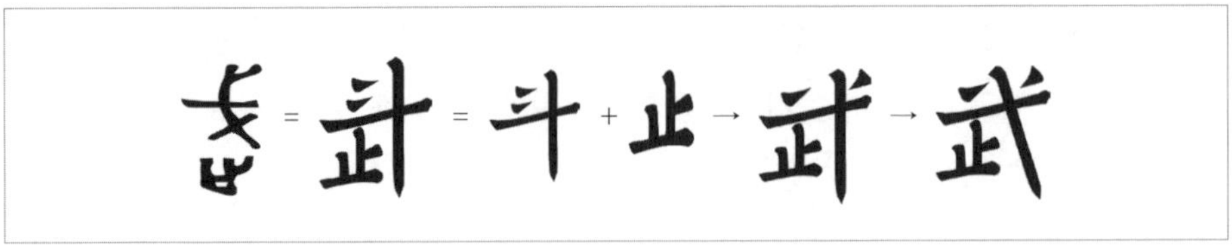

치우가 철제무기를 최초로 만들어 武神(무신)의 상징이 된다. 천간무의 갑골문 '' 자 형은 '牛(소우)'와 같다. 牽(견)·牛(우)에도 각각 '牛(우)' 자가 있다. 칼·창·철제의 무기는 하늘의 신물이다. 초장왕이 '弋(익)' 자를 '戈(과)' 자로 해석한 결과 동이족의 신화가 단절됐다.

『史記正義(사기정은)』의 幷獸身人語銅頭鐵額食沙石子造立兵杖(병수신인어동두

철액식사석자조립병장)의 문장을 “치우는 짐승의 몸에 말을 하고, 구리 머리에 쇠 이마를 하였으며, 모래와 돌을 먹었다. 병장기를 만들었다”라고 대부분 해석하고 있다. 한편 『산해경』·『후한서』·『태평어람』은 “갈로산과 옹호산 에서 물이 나올 때 쇠가 따라 나왔다. 치우가 이를 받아서 칼, 갑옷, 창, 가닥진 창과 옹호극과 예과라는 창을 만들었다.”[97]라고 기록 했다. 즉 물에서 쇠를 구했다는 것은 ‘沙鐵(사철)’을 말한다. 즉 食沙石子(식사석자)는 ‘모래와 돌을 먹었다’는 것이 아니다. 여기에서의 食(식)은 ‘養育(양육)’과 ‘眩惑(현혹)’의 의미로, “沙鐵(사철)과 石鐵(석철)을 아궁이가 넣어(먹어) 불을 다루어 만든다.”는 뜻이다. “모래와 돌을 다루어 병장기를 만들었다.”라고 해석해야 한다.

97 葛盧山 發而出水 金從之 蚩尤受而制之

2
藝(예)와 勢(세)의 象徵(상징)

표 4-3. 藝(예)·勢(세)·歲(세)·節(절)의 갑골문·금문·전문·해서

甲骨文	金文	篆文	楷書
			藝(예)
	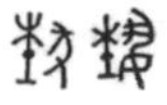		勢(세)
	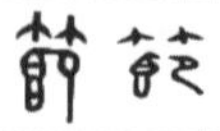	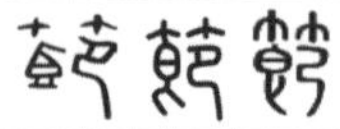	節(절)

①'藝(예)' 자의 원자는 '埶(예·세)'다. '埶(예)'는 '藝(예)=勢(세)'다. 藝(예)는 '무릎을 꿇고 있는 자형', 勢(세)는 '일어선 자형'이다. 둘 다 신께 '예'를 표하는 동작이기 때문에 '예'의 음가를 갖는다. 또한 '세·새'는 '새'를 나타내는 음으로 '새가 일어난다'란 의미다.

갑골문·금문은 무당이 무릎을 꿇고 神木(신목)을 들고 있다. 땅에 나무를 심는다. 오늘날 무당이 神藸(신대)를 들고 강신을 받는 무속 행위의 모습이 연상된다. 일본도 신주는 신대를 들고 앞서 신사로 걸어간다. 한민족의 藝(예)의 문화를 공유하고 있기 때문이다.

②'執(예·세)' 자의 갑골문 '[갑골문]' 자는 무릎을 꿇고 작은 나무를 받들고 있고 '[갑골문]' 자는 땅에 나무를 심는다. '작은 씨가 자라서 커진다'에서 형세의 뜻이다. '[갑골문](力)' 자형은 '앉았다 일어난다'라는 '발'이다. 그래서 勢(세)의 '세'는 '서기'의 준말로, '세운다·서다'란 뜻이다. 지금도 '~세·~하세·~함세'라는 말을 사용하고 있다. 또한 '勢(세)' 자는 나무를 손으로 심고 받드는 뜻이 담긴다. 지금도 중요 행사에 나무를 심는다. 보살핌을 받고 자란 거목은 神木(신목)이 된다. 『論語(논어)』 求也藝(구야예), '하늘에 藝(예)를 드려 하늘로부터 얻는다'다. 藝(예)는 일정한 法度(법도)를 통해 행한다. 제사다. 禮(예)는 신께 받친 재물로 형식에 법도를 구현한다. 제사의 절차를 主宰(주재)하는 祭主(제주)는 '才主(재주)'가 많다. 禮(예)의 고자 '礼'는 '示+乙'로 새가 神(신)이다.

③'節(절)' 자는 '竹+良+卩'이다. 竹(죽)의 전서는 '[전서]'이다. 그렇다 보니 '대나무마디'로 해석하고 있다. 그러나 '節(절)'의 금문과 전서 '[금문]'과 '[전서]'을 비교하면 '竹(죽)'은 대나무가 아니라 새의 발([자형])이다. '藝(예)'가 신에 대한 의식의 개념이라면 '절(節)'은 무릎을 꿇고 신에게 '절'이라는 행위의 개념이다. '[자형]'자형이 '[자형]'자형으로 바뀌었다. 90°를 돌리면 '[자형]'이다. 즉 '자식([자형])이 손([자형])을 바닥에 대고 엎드려([자형]) 절한다'라는 문장이다. 만일 '[자형]=[자형]'이 절을 받는 주체면 절하는 자는 '[자형]'이 된다. '節(절)'과 '卽(즉)'은 같은 뿌리다. '卽(즉)' 자의 '卩(병부절)'='[자형]'이다. 두 손을 모아 공손히 무릎을 꿇고 있다. '[자형](예)'자형에 절을 하는 무당이 '[자형](절)'이다. 고구려의 皁衣仙人(조의선인)[98], 위서에 백제는 '武節(무절)'이 있었다. '皁(조)'는 '皂(조)'와 동자다. '十'은 북두칠성이다. 그래서 '皂(조)'는 '白+七'이다. 밤과 곰의 색을 취하여 '검다'라는 뜻이다. '상수리·도토리'의 의미가 된 것은 상수리나 도토리는 머리에 관을 썼기 때문이다. '節(절)'은 '藝(예)'의 의미와 개념이 같다. 《國語(국어)》에 '夫祀國之大節也(부사국지대절야:나라 제사에는 큰절한다)'고 했다. 즉 節(절)이 藝(예)이다. '藝(예)'는

98 고구려 때의 벼슬. 12등급의 하나로 국정을 맡아보았다.
상고시대부터 있어 온 무사(武士)를, 신라에서는 아름다운 용모를 중시하여 화랑(花郞)이라 하고 고구려에서는 조의, 즉 검은 비단옷을 입고 있었으므로 조의선인이라 했다. 이들은 평상시에는 도로와 하천 및 성곽의 개수 등 공공사업에 힘쓰고, 전시(戰時)에는 양식을 가지고 스스로 집단으로 전투에 자진 참여했다. (교육학용어사전)

'節(절)'의 행위다. '武節(무절)은 마치 오늘날 무예·무도·무술과 같이 武藝(무예)에 대한 차별적 개념으로 '武節(무절)'과 '武藝(무예)'의 속성은 같다. 일본무도의 예법에 백제 '武節(무절)'이 있다. '절=저+ㄹ'이다. '저'의 음가는 '低(저)'이고, 'ㄹ'은 엎드린 자형이다. '절'의 음가를 갖은 한자 들은 대부분 '節(절)'의 뜻을 갖는다.

'武藝(무예)'에서 '武(무)' 자가 '藝(예)'자 앞에 있으므로 '藝'(예)가 '武(무)'에게 무릎을 꿇고 節(절)을 드려 '禮(예)'를 올리는 것이다. 한민족을 일본과 중국과 차별된 '武藝(무예)'의 개념을 역사적으로 지켜왔다. 오늘날 세계도 Martial Art(무예)라 하지 Martial Technique(무술)이나 Martial Way(무도)라 하지 않는다. 한민족이 '藝(예)' 자를 선점한 것은 우리에겐 참으로 행운이 아닐 수 없다. '武(무)'와 '藝(예)'의 철학적 명제를 찾기 위해 원시반본 한 것은, 한국무예가 지향해야 할 무예철학인 동시에 한민족이 걸어갈 철학적 명제를 제시하기 위한 것이다. 잃어버린 東方禮儀之國(동방예의지국)의 정체성을 찾기 위해 '禮始藝終(예시예종)'의 실천이 필요하다. '禮始藝終(예시예종)'의 '禮(예)'는 존재의 실체 萬物萬神(만물만신)이고 '藝(예)'는 존재에 대한 인간의 겸손함과 감사함이다. 敬天愛人(경천애인)은 한민족 三一神誥(삼일신고)와 人乃天(인내천)이 계승된 위대한 人本精神(인본정신)이다.

3
‘歲(세)’ 자에 담긴 象徵(상징)

표 4-4. 歲(세)의 갑골문·해서

商(상) 甲骨文(갑골문)	楷書(해서)
	歲

‘歲(세)’ 자는 ‘戌(술)+步(보)’다. 갑골문을 보면 戌(술:개)이 걷는 것(步)이 ‘세월’이란 뜻이 된다. 歲(세)의 음은 ‘세’다. 戌(술)은 ‘새(세)’를 그렸다. ‘’ 자형은 발이 좌에서 우로 넘어가 시간의 이동(步:)을 표현했다. ‘’ 자는 초승달, ‘’ 자는 그믐달이다. ‘’ 자는 달이 바뀌어 새의 방향이 바뀌었다. 시간의 변화를 달로 표현했다. ‘세’는 ‘서기(서다)’이고 ‘세·새’는 동일 음가다. 한편 濊貊(예맥)의 濊(예)의 원음은 ‘새’로 새 토템의 민족으로, 호랑이를 숭배한 虎族(호족)이 중원에 들어가 濊氏(예씨)로 살았다고 한다.

‘아(양)’는 빛을 밖으로 뿜고 ‘어(음)’는 안으로 감싼다. 즉 ‘새’는 낮의 ‘해(남성)’를 상징하고, ‘세’는 밤의 ‘달(여성)’을 상징하는 ‘새’다. 그래서 ‘새알’이라 하고 ‘세월’이라 한다. 즉 '새=알(태양)'이고 '세=월(달)'의 대칭 관계다. 달을 기준으로 시간을 만들었기에 歲月(세월)이다. 새의 자식이기 때문에 '새끼'이고 남자의 고환을 '불알(불=알)' 또는 '봉알'이라 한다. 즉 '알'이 태양의 새끼인 '불'이고 鳳凰(봉황)에서 鳳(봉)은 수컷이기 때문에 '봉알'이다. '블≒븡'의 어원이 'ᄫ'다. '붕붕 난다'라는 '봉'이 난다는 말이다. 집안에서는 父(부)가 鳳(봉)이다. 천손이란 새를 토템으로 숭배한 민족이기 때문이다. 凰(황)은 암컷이다. '황'의 음은 'ᄒᆞᆼ' 자가 뿌리다. 즉 '황>항'으로 '항=달=월'이다 姮娥(항아)[99]는 '달'의 상징으로 등장한다. 항아의 남편 羿(예)[100]는 제요가 천하를 다스릴 무렵 하늘에, 열 개의 태양이 대지를 태우고 땅에 '알유·착치·구영·대풍·봉희·수사'와 같은 무서운 괴물들이 출현하여 인간을 공격했다. 천하의 평화를 바라는 제요는 有窮國(유궁국)에서 활의 명인인 羿(예)를 불러들였다. '窮(궁)' 자가 '활'과 관련이 있음을 알 수 있다. '羿(예)' 자는 머리에 조우관(羽)을 쓴 사람이다. 羿(예)는 동이족이다. 활로 해를 떨어트린 羿(예)[101]가 중화의 신화로 왜곡됐다. 10개의 태양은 삼족오의 상징이며 十干(십간)이다. '화살'이란 음가로 보면 한자로 '火殺(화살)'이다. 즉 '태양(불:화)을 죽였다'라는 신화가 '화살'이란 음가에 고스란히 담겨있다. '활'이란 '활활 타오르는 태양'으로 '화'와 '살'이 결합한 글자다. '鳥(조)>足(족)>火(화)'은 서로 연결된다. '블'은 '불·발'이다. 손은 '水(수)'이고 발은 '불(火)'이다.

'항아리'의 '缸(항)' 자는 달을 닮은 토기다. '항아'는 '달'과 동일시 되어 '달항아리'다. '아리'는 '알'로써 둥근 달의 모양을 나타낸 말이다. 亘(긍)은 '달이 하늘 한쪽에서 다른 쪽으로 옮겨간다'다. 돌기 때문에 '선'의 음이다. 娥(아)는 '女(녀)+我(아)', 我(아)는 '날다>나아'다. 娥(아)는 '새를 낳는 여자'다. 黃道(황도)는 태양, 恒星期(항성기)는 달의 움직임을 나타낸다. 이처럼 한자는 우리의 소리로 만들어졌다. 羿(예)와 항아의 신화는 중화의 신화가 아니라 한민족의 신화일 수밖에 없다.

---

99 姮娥·嫦娥(항아)는 달에 산다는 선녀, 月姉(월자)다. 원래는 夏(하) 나라의 名弓(명궁)인 羿(예)의 아내로, 예가 西王母(서왕모)에게 청해 얻은 不死藥(불사약)을 훔쳐 먹고는 달로 도망갔다 하는데, 이를 '姮娥奔月(항아분월)'이라 함. 『한시어사전』「회남자」 남명훈, 2007. 7. 9, 국학자료원.

100 『左傳(좌전)』에서 后羿(후예)는 유궁국의 군주로 활의 명수로서 夏(하)를 멸할 정도의 세력이었으나 신하 한착에 의해 살해됐다.

101 夷羿爲東夷之社神商契爲殷人之社神東夷與殷人本爲同族其神話. 古史辨. 第七冊

歲(세)의 고자는 㒸(드디어수·따르다·해)다. '㒸=遂(수)'다. 㒸(수)가 '해'를 뜻하면 '세'의 음가를 가진다. '㒸(수)' 자는 '豕(돼지시)·逐(쫓을축)'과 뿌리가 같고 '亥(돼지해)' 자와 연결된다. '돼지'가 '해'다. 또한, 음력 초하루인 '朔(삭)'은 '屰(역)+月(월)'이다. '屰(역)'은 '逆(역)=辶(착)+屰(역)'이다. 막힌 땅을 뚫고 올라오는 새다. '새싹'이란 막 돋아난 '싹'이다. 음력 초하루는 새싹처럼 달이 처음 돋아난다. 즉 '삭=싹'이다. '삭'의 소리가 수평으로 스친다는 의미다. '削(삭)'의 기법을 알 수 있다. 削(삭)은 肖(초)+刂(도)다. 肖(초)는 '小(소)+月(월)'이다. 작은달(초승달)이다. 둥근달을 칼로 '싹 뚝 자른 모양'이 '초승달'이다. 肖(초)의 '풀잎을 닮았다'로 草(초)와 연결된다. 초승달은 난초를 닮았다. 검집이 '난초'를 닮았기에 鞘(초)다. '삭'은 땅속에서 처음 움트기에 初(초)의 음가를 겸한다. 그래서 '初生(초생)-달'이다. 'ㅊ' 자는 막을 뚫고 나오는 기호이다. '위로 솟는다'라는 기호 'ㅗ'와 결합한 글자가 '초'다. 이처럼 한글 자모는 상형을 가진 의미글자로 한자의 본음이다. 갑골문이 商(상)에서 만들어질 때 한자와 함께 붙은 소리음이 지금 우리가 사용하는 말이다.

4
武藝(무예)의 意味(의미)

武(무)는 견우를 상징하고 견우는 武神(무신)을 상징한다. 국난이 닥치면 남성들은 전쟁에 나아가 국가와 부모 형제를 지키기 위해 적과 싸우며 나라를 지키며 목숨을 바친다. 그러기에 武(무)는 용감한 남성을 상징한다. 藝(예)는 이러한 武神(무신)에게 민족의 안녕을 무사를 기원하고 감사를 표하는 여성의 행위다. 오늘날 현충원과 현충사와 같은 곳이 무신이 머무는 곳이다. 이러한 이유로 한민족은 치우 사당을 무신으로 모셔왔다.

5
고구려 고분벽화의 傳統武藝(전통무예)

『환단고기·구당서·신당서』에 蘇塗(소도)와 扃堂(경당)에 대한 기록이 있다. 한편 『환단고기』에 기록된 지명(예:영고탑·문화·문명 등)이 위서론이 근거가 되었다. 그러나 최근 오래전에 사용된 문헌과 지도를 찾아냈을 뿐만 아니라, 1911년 이전의 등사본 환단고기 발견되어 위서론이 힘을 잃게 됐다.

『태백일사』에는 경당은 "소도 옆에 반드시 세웠고 六藝(육예)를 가르쳤다(蘇塗之側 必立扃堂 使未婚子弟 講習事物 蓋讀書習射馳馬禮節 歌樂 拳搏並劍術 六藝之流也)"라는 기록이 있고, 『구당서』에는 讀書習射(독서습사) 『신당서』에는 誦經習射(통경습사), 육예 중 두 개를 가르쳤다 한다. 오행으로 설정한 개념임을 알 수 있다.

忠孝信勇仁(충효신용인)을 五常之道(오상지도)라 하여 교육이념으로 삼았다. 通經(통경)이란 經典(경전)을 외웠다는 것으로 한민족에게 종교가 있었다는 것이다. 國子郞(국자랑)을 가르치던 有爲子(유위자)의 獻策(헌책)에는 '天經神誥(천경신고)'[102]가 있다. 이것이 天符經(천부경)과 三一神誥(삼일신고)다. 중국의 『구당서』와 『신당서』를 통해 소도·경당의 문화가 단군조선을 계승한 북부여와 북부여를 계승한

102 國子師傅有爲子 獻策曰 惟我神市 實自桓雄 開天納衆 以佺設戒而化之 天經神誥~중략~有是請

고구려까지 온전히 계승되었음을 알 수 있다. 뿐만 아니라 『단군세기』에는 "12 명산에 국선 소도를 세우고 그 둘레에 박달나무를 심었고 큰 나무로 桓雄像(황웅상)을 만들어 雄常(웅상)이라 하고 제사를 지냈다."[103]는 기록이 있다. 이 雄常(웅상)이 불교가 들어오면서 大雄殿(대웅전)에 모셔진 것이다.

한민족의 무인은 경당을 통해 天孫(천손)이라는 자긍심과 神敎(신교)를 숭배하며 무예를 수련했다. 그를 통해 고조선과 고구려는 강력한 국가를 유지할 수 있었다. 이처럼 武藝(무예)는 '철학·종교·역사·문화·사상'이 결합한 민족 정체성의 본체다. 한민족의 武魂(무혼)이 담기지 않은 무예는 기술만 수련하는 기능자에 머물 뿐이다.

그림 4-1. 행렬도(안악 제3호분)

가. 騎射(기사)·騎槍(기창)과 劍(검)·斧(부)

고구려의 고분에는 다양한 전투 장면, 사냥, 놀이 '相撲(상박)·角觝(각저)·手搏(수박)'이 그려있다. 고구려가 북방 유목민족답게 狩獵圖(수렵도)가 많다〈그림 4-2〉. 평시에 평민과 무사들은 말 타고 활 쏘며 호랑이나 사슴 등을 놀이하듯 사냥했다. 武科(무과)에서 騎射戲(기사희)를 치르고 전장에 나가 馬上武藝(마상무예)로 싸웠다.

103 國子師傅有爲子 獻策曰 惟我神市 實自桓雄 開天納衆 以佺設戒而化之 天經神誥~중략~有是請

그림 4-2. 騎射(기사) 수렵도

4-3. 流鏑馬(류적마) 덕흥리 5세기 초

〈그림 4-3〉의 騎射戱(기사희)는 군영에서 말을 달리며 작은 사각의 송판을 맞추고 있다. 이 그림이 '말을 타고 달리며 과녁을 맞힌다'라는 流鏑馬(류적마) 또는 鏑流馬(적류마)다. 騎射(기사)와 流鏑馬(류적마)는 4~5세기 일본에 전래됐다. 일본은 流鏑馬(류적마)를 야바세우마(일본어:矢馳せ馬)로 부르다 다시 후대에 야부사메(やぶさめ)로 됐다."[104]일본은 騎射(기사)를 시치세마(矢馳(せ)馬)라 부른다. 鏑(적)은 '金(금)+啇(적:화살촉적)'이다. '화살 끝에 달린 쇠 촉이 과녁에 맞았다'다. 순수한 화살촉은 沒鏃(몰촉)[105]의 鏃(촉)이다. 啇(적:밑동)은 敵(맞을적)의 '맞다·맞춘다'에서 '화살을 맞춘다'다. '적'의 음은 '的(과녁적)'이다. 이처럼 한자는 동일 음가는 동일 의미가 있고 같은 자형의 뜻에 형용과 서술을 붙여 새 단어를 만들어 왔다.

〈그림 4-4〉 덕흥리 행렬도에 '右手(우수)'로 片手環刀(편수환도)를 들고 '左手(좌수)'에 활처럼 생긴 藤牌(등패)를 들고 활을 어깨에 메고 행군하는 弓射(궁사)가 있다.

그림 4-4. 環刀(환도)와 弓射(궁사)

그림 4-5. 騎槍(기창) 전투도

104 『위키백과』

105 ①활을 너무 당겨 살촉이 줌을 지나 들어옴
②화살촉이 박히도록 세게 쏨

〈그림 4-5〉에는 비늘 갑주를 입은 장수가 말에서 내려 적장의 목을 요도로 베고, 달리는 말 위에서 騎槍(기창)을 든 장수가 찌르고 있다. '鎗(창)·劍(검)·弓(궁)·騎射(기사)·鉞斧(월부)' 등과 같은 무예가 없다면 이런 전투도를 그릴 수 없다. 남겨진 무예서가 없다고 고조선의 무예가 없었다는 생각은 어리석은 것이다.

나. 고구려의 角觝戲(각저희)와 手搏戲(수박희)

〈그림 4-6〉 장전 1호 분에 땅과 하늘 사이를 쳐 받쳐 올린 무사가 있다. 수산리 力士(역사)는 뒷모습을 그렸다. 밤낮 하늘이 무너지지 않도록 떠받치고 있다. 盤古(반고)[106]의 신화를 연상하게 한다. 이 동작 또한 무예 자세다.

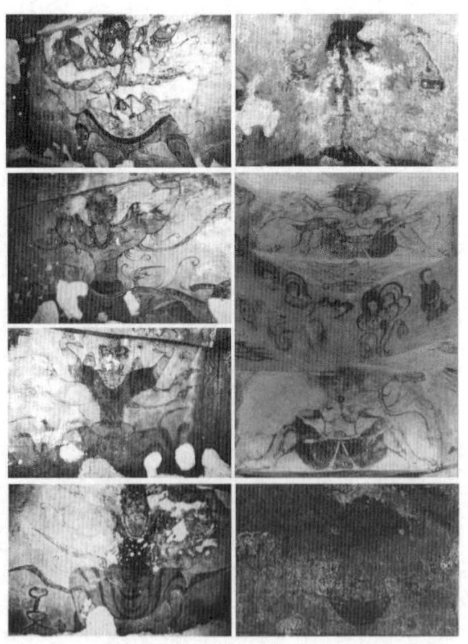

그림 4-6. 力士圖(력사도)

106 천지를 창조한 신의 이름. 반고가 처음 기록에 나타난 것은 삼국시대 徐整(서정)이 저술한 『三五歷紀(삼오역기)』다. 그 뒤 양나라 임방이 편찬한 『述異記(술이기)』에서 반고가 자기 몸으로 천지 만물을 만든 것으로 기술하고 있다. 『오운역년기』1)와 『古小說鉤沉(고소설구침)』에 편집된 『玄中記(현중기)』에도 비슷한 기록이 있다. [네이버 지식백과]

표 4-5. 集(집)·歸(귀)의 갑골문·금문·전문·주문·해서

갑골문	금문	전문	籒文(주문)	해서
				集(집)
				歸(귀)

‘雧(집)’ 자는 ‘雥(잡)+木(목)’이다. 3마리의 까마귀가 나무 위에 앉아 있다. ‘집에 산다·잡는다·줍는다’다. ‘잡’은 ‘집·잡·줍’이다. ‘噪(조)·歸(귀)·死(사)’는 서로 연결된다. 歸(귀)는 ‘𠂤(퇴)+帚(추)’다. ‘帚(추)’ 자는 彗星(혜성)으로 彗(혜)는 ‘살별(혜성)·꼬리별·총명·빗자루’로, 혜성의 꼬리다. 모습이 ‘빗자루’를 닮아 ‘치우별’이다. 사람이 살고(살별) 죽는 운명이 별에 있다. ‘帚’ 자의 벌린 양팔은 ‘시작과 끝’을 나타낸다. ‘歸=𠂤+止’다. ‘𠂤’ 자는 ‘뒤로 돌아선 사람’, ‘걸음을 멈추고(止), 다시 돌아간다’다. ‘帚’ 자는 ‘자신이 온 별로 다시 돌아가는 사람’이다. 止(지)는 ‘서다’다. ‘서’에’西(서)’의 뜻이 있다. ‘서지’는 西(서)와 止(지)의 의미다. 해가 서쪽으로 넘어가는 것을 ‘새가 둥지로 돌아감’으로 비유했다. 한자의 ‘음’이 우리의 일상어에 사용되고 있다.

중국은 씨름을 角觝戲(각저희) 또는 蚩尤戲(치우희)라 한다. 머리에 치우의 상징인 소뿔을 투구를 쓰고 한다. 한국은 소뿔 투구 대신 우승자에서 소를 준다. 문화적 특징이 연결되어 있다.

만주 길림성 집안현의 고구려 각저총의 벽화에 신단수로 표상되는 나무 밑, 좌우에 범과 곰이 서로 등지고 있다〈그림 4-7〉. 곰과 범이 나오는 그림은 고구려 「장천 1호 분」에도 있다. 〈삼국유사〉에 나오는 환웅천왕의 신시 배달국과 단군 역사까지 인식하고 있었다고 볼 수 있다.

나뭇가지에 4마리의 까마귀가 앉아 있고 나무 기둥 좌우에는 사람보다 작은 곰과 호랑이가 있다. 이 무용총의 그림에 담긴 상징들은 무엇을 말하고 있는 걸까?

곰과 호랑이가 사람보다 작을 순 없다. 곰족과 호랑이 족을 상징적으로 표현한 토템이다. 서로 등지고 있는 것은 대립하여 싸우고 있는 씨름을 표현했다. 좌측을 보는 장사는 호랑이 濊族(예족)이고, 우측을 보는 서구형 사람은 貊族(맥족)을 상징한

다. 예맥의 대표 선수가 상박(씨름)으로 겨룬다. 〈그림 4-7. 左〉은 "곰족과 호랑이 족이 장례에 모여 씨름을 구경한다."라고 해석하고 있다. 까마귀는 승리를 도와주는 조상신이다. 좌측 가지 세 마리의 까마귀는 모두 목을 세우고 있고 우측 가지 한 마리 까마귀는 목을 꺾어 밑을 보고 있다. 좌측 까마귀는 서쪽을 보고 우측 까마귀는 동쪽을 보고 있다. 이 또한 대립이다. 좌측 최상단의 까마귀는 목으로 나무를 꼬아 올렸고 우측의 까마귀는 목을 아래로 깊게 꺾이어 내려보고 있다. 현실적으로 저런 동작은 불가능하다. 좌측 까마귀는 '호랑이 족이 곰족 선수의 다리를 걸어서 넘겼다'이고 우측 까마귀는 '곰족이 패했다'라는 것을 표현한 것으로 보인다. 나뭇가지의 무성함도 좌측이 많고 나무 기둥도 우측으로 기울었다. 호랑이 족이 세 판, 곰족이 한판 이겨 호랑이 족이 승리한 것으로 생각된다. 나무위에 새가 앉은 글자는 '桑(상)'이다. 뜻이 '뽕나무'인 것은 '뽕'이 여러 마리의 '鳳(봉)'을 의미하기 때문이다. 솟대가 '桑(상)' 자를 표현한 것이고 '扶桑(부상)'을 '밝은 해가 뜬다'는 의미다. 后羿(후예) 또는 夷羿(이예)로 불리우는 전설에 나오는 나무위에 있는 10마리의 새가 봉황이며 새가 날면 '扶桑(부상)'으로 '扶桑(부상)'의 개념이 '朝鮮(조선)'과 상통한다.

그림 4-7. 각저총(상박/씨름)·무용총(수박희/택견)

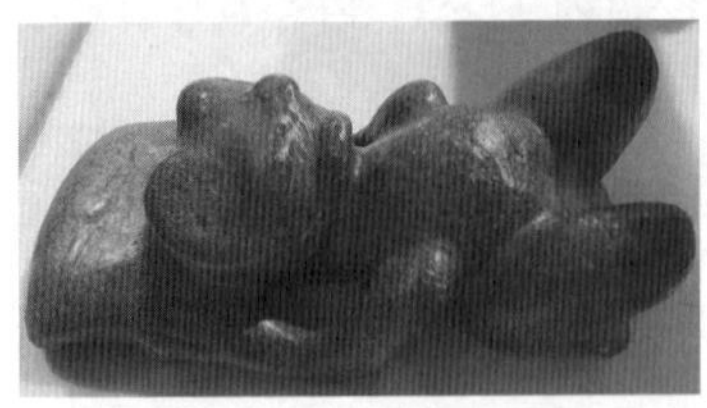
그림 4-8. 麻姑(마고)의 天祭(천제)

〈그림 4-7. 右〉무용총 수박희의 모습은 「권경」의 '과호세와 안시측신세'다. 「권세」로 보면 '龜葉(귀엽)과 生馬(생마)'다. '귀엽' 자세를 취한 좌측 무인의 '우각'이 불안

정하다. 이것은 안정을 취하려고 움직이는 발동작을 표현한 그림이다. 〈그림 4-8〉의 麻姑像(마고상)'[107]의 두 팔은 절을 하고 구조이지만 몸은 하늘을 보고 있다. 네모난 방석은 땅으로 하늘과 대칭적 상징을 나타낸다. '하늘을 향해 다산을 기원하는 절하는 모습'으로 해석된다. 이처럼 비정상적 모습을 통해 역설적으로 정상적인 상황을 나타낸다. 두 무인의 양손은 手(수)이고 서로 치기 위해 대적하기 때문에 搏(박)이다.

다. 삼실총의 手搏舞(수박무)와 相撲(상박)

삼실총에 상투를 올린 무인은 좌우 대칭이다〈그림 3-9〉. 두 사람이 마주 보고 활갯짓하며 다리를 움직이고 있다. 좌측 무인은 '좌수'를 들고 우측 무인은 '우수'를 들고 있다. 각각 반대 손은 내리며 양손을 돌리고 있는 모습이다. 이 동작은 두 사람이 양손을 돌리는 택견의 활갯짓과 유사하다. 권법의 탐마세와 구유세의 연결 동작과 조선세법의 첫 동작인 태아도타세의 동작과 궤가 같다. 〈그림 4-9〉의 「안악 3호분」의 수박희와 비교해 보면 동작의 흐름이 삼실총의 무인도와 유사함을 알 수 있다. 한편, 삼실총의 장사는 목에 뱀을 두르고 있다. 뱀의 머리와 꼬리는 올라갔다. 큰 거미는 다리 사이에서 땅으로 내려가고 있다. 뱀과 거미는 두 무인의 동작을 의미한다. 목에 두른 '뱀'의 머리와 꼬리는 손이 올라가며 돌아가는 것을 의미하고 땅으로 내려가는 '거미'는 발의 움직임을 나타낸다. 한자로 거미는 '蜘蛛(지주)'다. '거미'를 이두식 한자로 '去躾(거미)'로 치환하면 '가서 한 수 가르친다'이고, '去矙(거미)'로 치환하면, '상대를 보면서 간다'다. '去微(거미)'로 치환하면, '천천히 나아간다'가 된다. 한민족의 북두칠성인 '太乙(태을)'을 표현한 동작이다.

107 포천 소재, 고조선 박물관에 소장되어있는 '麻姑像(마고상)'

그림 4-9. 삼실총 장사도

그림 4-10. 수박희 안은 3호분

〈그림 4-11. 右上〉「장전 1호 분」에 씨름하는 그림 위에 쫓는 사람과 도망치는 두 사람이 있다. 씨름과 택견이 함께 있는 구도는 「조선백자도」에도 있다. 쫓는 사람은 안시측신세를 했다. 반바지를 입고 '閃步(섬보)'로 피하는 高鼻人(고비인)은 '葫蘆式勢(호로세)'를 취했다. 〈그림 4-11 左下〉에 머리를 두 갈래로 묶은 총각과 머리를 묶지 않은 사람이 마주 보고 있다. 그 사이에 희미하게 한 사람이 있다. 좌측 총각의 왼손은 우산을 막고 있지만 때리는 사람은 몸의 윤곽선만 있다. 윤곽선을 그리면 머리를 두 갈래로 묶은 총각이다. 좌측 총각은 좌수로 우산을 막고 오른손으로 치고 있다. 빠르게 치는 것을 표현하기 위해 오른쪽 옷소매를 뒤로 제겼다. 〈그림 4-12〉 舞踊圖(무용도)도 이와 같은 형태의 모습이다. 이렇게 되면 우측 사람은 두 사람을 말리는 사람으로 보인다.

그림 4-11. 장천 1호분(각저·수박) 조선백자도(택견·수박) 그림 4-12. 무용도

한편 〈그림 4-13〉 용강도 고분에서 출토된 무인상은 통일신라 시대까지 手搏(수박)이 전래하였음을 알 수 있는 소중한 유물이다.

그림 4-13. 통일신라(택견)

라. 사라진 武人茶藝(무인다예)

현재 文人(문인)의 선비 茶禮(다례)만 전해져 내려오고 있다. 이것도 日本茶道(일본다도)의 영향에서 벗어나지 못해 정체성 시비에 휘말려 있다. 무인들의 차 문화는 단절됐다. 천만다행으로 각저총에 '武人茶藝(무인다예)'의 그림이 있다. 걸상에 앉은 무사 뒤 탁자 위에 활이 있고, 앞에는 칼이 비스듬히 걸쳐있다〈그림 3-14〉. 부인은 무릎 꿇고 남편에게 차를 대접하고 있다. 승려를 대접하는 〈그림 3-15〉의 接賓圖(접빈도)의 소반 위에는 〈그림 3-14〉에 있는 茶器(다기)와 같은 그릇이 놓여있다. 시종은 오른손에 칼이 있는 것으로 보아 고기를 대접하는 것으로 보인다. 고구려는 무인의 나라였다. 武(무)를 기반으로 文(문)이 성했기 때문에 강력한 국가를 건설할 수 있었다. 무사들은 단순히 武藝(무예)만 수련하는 사람이 아니라 전인적인 문화를 누리고 창달하는 집단이었다. 문헌에 고구려가 茶(차)를 먹었다는 기록은 없다. 그러나 이처럼 고구려에는 차 문화가 있었다. 우리의 산하에서 자라는 노각나무나 산뽕나무 각종 약초류는 仙茶(선차)로 사용하기에 훌륭한 차였을 것이다. 武士(무사)가 차를 마시는 고구려 벽화는 단절된 武人茶藝(무인다예)를 복원할 수 있는 매우 중요한 사료다.

禮(례)는 '神(신)에게 예물을 풍성하게 올린다'라는 의미로 '茶禮(다례)'는 의례에 사용되는 용어다. 이에 반해 藝(예)는 '어떤 분야의 최고의 전문가'와 '상대에게 예를 다 한다'로 사람의 행동과 관련된 글자다. 생활 속에서 사람과 사람 간에 나누는 차는 '茶藝(다예)'를 사용하는 것이 개념상 적합하다. 또한 武士(무사)는 특정 지위를 나타내는 개념이고 武人(무인)은 일반적 용어다. 오늘날에는 무사보다 武人(무인)이란 말이 생활 속에 더 가깝다. 무인들은 전장에서 적장과 담판을 위해 만나면 함부로 차를 마실 수 없다. 그래서 상호 조율을 통해 차를 내는 순서와 의례 절차를 까다롭게 만들 수밖에 없다. 그러나 평화 시에는 평화에 맞게, 수련 시에 수련에 맞게, 차를 마시는 것은 자명하다. "한국의 차도는 '선비 차도' 일본의 다도는 '무사다도'[108]다. 한국에서는 문사가 양반이지만 일본에는 무사가 양반이다. 중국은 당연히 입식문화에 걸맞은 차도를 발전시켰을 것이고, 한국은 이를 좌식생활에 적응시켰을 것이고, 일본도 좌식생활에 적을 시켰을 것이다. 한국의 좌식과 일본의 좌식은 앉는 방식에서도 다르다. 한국의 경우 남성은 양반다리를 하고, 여성의 경우 한쪽 무릎을 세우기도 한다. 그러나 일본의 경우는 남녀 모두 무릎 꿇는 자세로 앉는다. 무릎을 꿇는 방식은 한국에서도 고대에 무사들이 하던 방식이다. 무릎을 꿇는 방식은 양반다리보다 빨리 일어날 수 있는 면에서 이점이 있다."[109] 〈그림 4-14〉에 두 여성이 무릎을 꿇고 있다. 신분이 높으면 양반다리를 하고 신분이 낮으면 무릎을 꿇었다.

이처럼 고구려에는 고조선 이래 계승된 仙家(선가)의 '차 문화'가 있었다. 또한 北關遺蹟圖帖(북관유적도)의 夜宴射樽圖(야연사준도)[110]에도 무인들이 앉아서 宴(연)을 베푸는 그림이 있다. 단절된 武人茶藝(무인다예)[111]를 복원하기 위해서는 仙家

108 일본에는 실은 두 개의 다도의 전통이 있다고 말할 수 있다. 하나는 사무라이 다도이고, 다른 하나는 초암-와비다도이다. 후자는 전자에 대한 반발로 형성되었다. 그러나 역사적으로는 항상 권력을 과시하고 사치스러운 사무라이 다도가 득세했다. 박정진, 『차의 인문학』, 월간 차의 세계, 2021.3.25. p198.

109 박정진, 『차의 인문학』, 월간차의 세계, 2021.3.25. p247~248.

110 야연사준도: 조선 세종, 김종서(큰 호랑이)가 6진(1434~1449)을 설치하고 두만강을 경계로 국경선을 확정한 뒤, 부장들에게 소머리를 주며 잔치를 베풀고 있을 때, 갑자기 화살이 큰 술병에 꽂히는 일이 발생함. 이때 김종서는 당황하지 않고 계속 잔치를 즐겼던 내용을 그린 것.

111 2018.7.7. 무인다예의 복원을 위해 세계일보에 차맥을 연재한 박정진 박사를 함께 충북 진천의 선촌에서 처음 선보이고, 2021.4.5. 무량사에 모신 매월당 김시습의 사리탑에 '차의 인문학'을 쓴 박정진 박사님과 '차의 세계' 발행인 최석환 회장님과 함께 헌차 식에 참여하여 무인다예 복원에 참고할 '사두다례'의 역사와 전통형식에 대해 의견을 개진하고 조언을 받았다.

(선가)의 仙道(선도)를 이은 김시습의 초암차(일본의 초암차는 바로 선종과 무사문화의 합작품)의 仙茶(선차) 정신과 무상선사(無相禪師)의 禪茶之法(선차지법)의 정신을 '茶武如禪(차무여선) 茶葉如刀(차엽여도)'에 담아 무인다예의 본으로 삼는다. "차를 일찍부터 접한 무상선사(無相禪師, 684~762)는 입당 구법에서 중국의 일상차와 만나면서 禪(선)의 일상적 妙味(묘미)를 禪茶之法(선차지법)에 담았고, 김지장(金地藏〈 696~794) 스님은 신라에서 가전간 金地茶(금지차)를 중국 땅에서 퍼트려 신라의 차 문화의 융성을 알렸다." "무상(無相) 달마의 목면가사의 최후의 전승자다. 무상은 신라 33대 성덕왕의 제3 왕자로 추정되는 인물로 달마에 버금가는 선풍으로 중국 초기 선종을 주도했다. 더욱이 중국 오백나한(대부분 인도사람) 중 307번째가 달마이고 455번째가 무상이다. 그 유명한 마조는 오백나한에 들지도 못했다. 중국 땅에 禪(선)의 씨앗을 퍼트린 것은 菩提達摩(보리달마:?~528)였다. 그러나 중국에 禪(선)으로 토착화시킨 사람은 도일선사였다. 그러나 마조선사의 정신은 무상으로부터 시작되었다."[112]

그림 4-14. 武人茶藝(무인다예)

그림 4-15. 接賓圖(접빈도)

112 최석환, 『정중무상평전』, 월간〈차의 세계〉, 2010.3.10. p.41~50.

6
高朝鮮(고조선)의 劍(검)

가. 神劍(신검), 神(신)의 劍(검)

劍(검)은 神物(신물)이다. 그러므로 四寅劍(사인검)[113]을 만들었다. 검에 벽사의 의미와 귀신을 쫓는 방술인 뇌법의 힘을 담았다. 즉 검이 부적이다. 四寅劍(사인검)은 '검에 호랑이의 기운을 담았다'라는 뜻이다. 날의 한 면에는 28수의 별자리가 새겨있고, 다른 면에는 세자씩 9(3×3)개를 묶은 27(四寅劍 乾降精 坤援靈 日月象 岡澶形 撝震雷 運玄坐 抽山惡 玄斬貞)의 전서를 금으로 입사했다.

특히 月(월)의 전문 '[illegible]' 자는 마치 日(일:해)에게 절하듯 그렸고, 岡(강)의 전문 '[illegible]' 자는 높은 산을 휘몰아 도는 江(강)과 山(산)을 결합한 글자로, 岡山(강산)을 나타낸다〈그림 2-1〉. 四寅劍(사인검)을 들고 舞劍(무검)을 한다면 아무 의미 없이 했겠는가? 반드시 일정한 격식과 의미가 있는 몸짓이 있었다. 이 의미를 아는 자가 검을 들고 舞劍(무검)을 통해 천제를 올렸다. 이렇게 해야만 하늘과의 소통이 가능했다. 조선의 문인들은 임진왜란과 병자호란을 겪고 나서야 武(무)의 중요성을 알고

113 俗傳寅年月日時打成者曰四寅劍 我辟鬼 甲寅春正 東陽爲余鑄成(신흠. 상촌집)

劍(검)에 관한 詩(시)를 남겼다. 『溪谷先生集(계곡선생집)』의 「寶劍(보검)」[114]에 '埋獄衝牛斗(매옥충우두:땅에 묻어둔 칼을 뽑아 斗牛(두우)를 찌른다)'다. 『南冥集(남명집)』의 「書劍柄贈趙壯元瑗(서검병증조장원원)」[115]에 '牛斗恢恢地(우두회회지:견우성과 직녀성이 머무르고 있다)'다. 『鶴峯逸稿(학봉일고)』의 「豐城(풍성)의 劍(검)」[116]에 '翼軫之墟牛斗躔(익진지허우두진: 익진이 있는 곳에 견우성과 직녀성이 달리고)와 中宵直射星斗間(중초직사성두간:초저녁에 곧게 칼을 斗星(두성) 사이로 쏜다), 千年埋彩一朝伸(천년매채일조신:천년동안 숨겨있던 광채 일순간 하늘에 펴지고), 冤氣不服干天宮(원기불복간천궁:원통함에 천궁에 검을 쏘는 것을 불복한다), 劍乎劍乎豈獨爾(검호검호기독이:검이여 검이여 너는 어찌너만 홀로 그리할까), 干霄空有劍氣橫(간초공유검기횡:하늘을 찌른 검기는 허공을 비껴간다)'처럼, 劍(검)은 견우와 직녀가 머무는 '北斗(북두)'의 상징이 담겨있다. 이런 문화가 무당들의 검무에 스며들었다. 『고려사』에 "연등회나 팔관회에 참가하는 군사들은 계급에 따라 金粧長刀(금장장도)와 銀粧長刀(은장장도)를 지녔다." 『고려도경』에 "문을 지키는 장교들은 검을 차고 있었는데, 그 모양이 길고 날은 예리하였다. 칼자루는 백금과 검은 쇠뿔을 상감하고 물고기 가죽으로 칼집을 만들었으며, 이는 옛날 제도의 유습이다." 『세종실록』 「五禮(오례)」에 의하면 금장도와 은장도는 어가행렬이나 각종 왕실의례에 사용됐다. 은장도는 "나무로 만들며, 조각하여 은으로 막을 입히며 그사이에 붉은색과 녹색으로 칠한다(以木爲之 其稍彫刻鍍銀 間添紅綠彩).", 금장도는 "제도는 은장도와 같지만 금을 칠하는 것이 다르다(制如銀粧刀塗金爲異)."〈그림 4-17〉. 金粧刀(금장도:남성)·銀粧刀(은장도:여성)는 刀(도)가 아니라 劍(검)이다. 비록 전장에서

114 장유(1587~1638): 조선 중기의 문인 임진왜란과 병자호란을 겪으면서 쓴 時(시). 寶劍光炯炯(보검광형형) 出自歌歐冶手(출자가구야수) 入水作蛟龍(입수작교룡) 埋獄衝牛斗(매옥충우두) 未試天外倚(미시천외의) 空聞匣中吼(공문갑중후) 持贈傳介子(지증전개자) 願取戎王首(원취융왕수)

115 남명 조식(1501~1572): 장원급제한 조원(1544~)에게 선물로 칼자루에 시를 써서 주었다. 离宮抽太白(리궁추태백) 霜拍廣寒流(상박광한류) 牛斗恢恢地(우두회회지) 神遊刃不遊(신유인불유)

116 김성일(1538~1593): 경상북도 안동 출신. 본관은 의성(義城). 자는 사순(士純), 호는 학봉(鶴峰). 아버지는 김진(金璡)이며, 어머니는 여흥 민씨(驪興閔氏)이다. 이황(李滉)의 문인이다. 일본에 파견되었다가 돌아와 일본이 침입하지 않을 것이라고 하여 왜란 초에 파직되기도 하였다. 그러나 다시 경상도 초유사로 임명되어 왜란 초기에 피폐해진 경상도 지역의 행정을 바로 세우고 민심을 안정시키는 데 기여하였다. (한국민족문화대백과, 한국학중앙연구원)

劍(검)이 刀(도)로 바뀌었지만, 제례에는 劍(검)을 사용했다.

경주의 신라 왕릉에서 발굴된 十二支神像(십이지신상)과 불교의 사천왕상도 모두 劍(검)을 들고 있다. 모두 '劍(검)'을 사용한 것은 '劍(검)'은 '고마'로서 북두의 '大熊(대웅)'이기 때문이다. 북두칠성 신앙과 환웅(桓雄)을 하늘님으로 숭배하던 한민족에 불교가 들어오면서 환웅(桓雄)을 '부처'로 치환하여 大雄殿(대웅전)에 모셨다. 그리고 이를 '佛敎(불교)'라 지금 하고 있지만, 天符印(천부인)과 人乃天(인내천) 사상이 있었던 한민족은 '仸(불)' 자를 '佛(불)' 자 대신 사용했다. '부처'라는 한자는 없고 '釋家(석가)'로 쓴다. 佛(불)은 '亻(인)+弗(불)'로 '弗=茀=炥=紱'이다. 타오르는 '불'로 '태양'이다. 仸(불)=亻(인)+天(천)'이다. '天(천)=弗(불)=太陽(태양)'으로 '弗(불)'은 '불'의 이두음이다. 즉 '부처'란 '내 속에 있는 태양'으로 '弗處(부처)'의 뜻이 된다. '昢(불)=日(일)+出(출)'이다. 동해에 떠오르는 태양을 붉다. 즉 '불'은 붉은 태양의 이두음이다.

결국, 북두칠성과 인내천 사상을 불교로 치환시킨 것이 한국의 불교인 것이다.

오늘날 목검의 형태가 刀(도)지만 여전히 木劍(목검)이라 부른다. 조선세법에서 劍(검)을 사용한 것도 이러한 연유다. 조선세법의 검결은 현무가 사신을 움직여 악을 징벌하고 정의를 세운다는 대서사시다. 사인검에 새겨진 27자의 시결은 조선세법 검결의 내용을 축약하여 담은 것이다.

玄坐(현좌)는 北斗(북두)다. 북두는 大熊星(대웅성:곰)이고 대웅성의 상징이 劍(검)이다. 검을 든 무인은 신권을 받은 무당, 왕곰(왕검)이다. 왕검은 검을 들고 四神(사신)을 움직인다. 조선세법은 北斗(북두)를 중심으로 28숙이 회전하듯이 검을 든 왕검(곰)이 중심에서 동서남북 돌아가며 '朝鮮勢法(조선세법)을 한다. 이러한 전통이 종묘제례악에도 전래했지만 조선세법의 기법은 사라지고 단지 흔적만 남아있는 것이 안타깝다. '고맙습니다.'와 '감사합니다'는 '곰'에 뿌리를 두고 있다. '고마우이·고무워'란 말처럼 '고맙습니다'는 '곰왔습니다'로 '곰신'을 찬양하는 말이 전해진 것이고 '가마'는 정수리에 있는 '가마'로, '가마'는 上斗(상두)다. 모두 대웅성에 있는 고마신을 부르는 소리건만, 우리가 우리의 신을 지키지 못한 결과 말을 하되 말에 담긴 뜻을 모두 잊고 말았다.

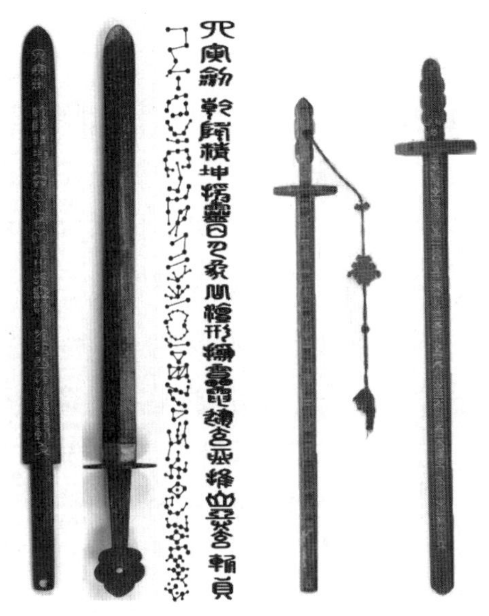

그림 4-16. 四寅劍　　그림 4-17. 銀粧刀/金粧刀

나. 劍訣(검결)과 歌訣(가결)은 大敍事詩(대서사시)

歌訣(가결)과 劍訣(검결)은 무의미한 동작에 유의미한 개념의 옷을 입히는 문학적 표현이다.

하얀 백지 같은 정신에 생명의 魂(혼)을 넣은 것과 같다. 모원의는 "참 법을 본 사람은 지킴이 굳다. 그래서 그림을 그리고 訣(결)을 적고 곡절로 자세히 말하여 배우게 하여 헤아려 연습하게 했다."[117]라 했다.

'그림+개념+곡절'이 결합하여야 동작의 기법이 최대한 본에 가깝게 복원하여 통일된 동작을 구현하여 많은 군사를 양성하는데 매우 효율적이다. 그림만 있고 가결이 없으면 은유화된 가결로 인해 무예의 본질은 사라지고 황당한 동작이 만들어진다. 설사 그림이 있다 하여도 가결에 숨겨진 진의를 알지 못하면 그 또한 결과는 같다. 이런 기법을 諷歌(풍가)와 倒語(도어)라 한다. "諷歌(풍가)는 의미가 있는 부분

117 見之眞者守斯固, 故繪圖書訣, 曲折詳言, 使學者于平時 較量練習

을 감추어 말하는 것이고 倒語(도어)는 언어의 뜻을 뒤집거나 어순을 바꾸어 상대가 알아차리지 못하게 하면서 같은 편끼리만 통하도록 정해서 쓰기 위한 말이다."[118] 검결과 가결들은 이런 방식으로 만들어졌다. 실제 歌訣(가결)에 어려운 한자를 사용하지 않았지만 한교 같은 한자에 통달한 사람도 陰陽手(음양수)와 大門小(대소문)에 담긴 의미를 알지 못해서 허유격에 그 숨은 뜻을 묻는 것도 이런 이유 때문이다. 누구나 무예의 그림과 한자를 해석하면 대략적인 동작까지는 구현할 수 있지만 가결의 속뜻을 찾아내지 못하면 정수를 알 수 없게 되어 결국 미로에 빠진다. 그런데도 자신은 미로에 빠진 것을 알아차리지 못한다. 歌訣(가결) 속에는 技法(기법)보다 더 소중한 한민족의 신화와 역사 그리고 정체성이 숨겨있다. 무예서가 문자로 기록되어 있기 때문에 당연히 문자를 해석하고 문자 속에 담긴 무예동작을 찾아야하는 복잡한 과정이 필요하다. 그렇기 때문에 고무예서를 연구하기 위해서는 언어학이나 문자학이 그리고 역사학이 필수불가결할 수밖에 없다.

새를 숭배한 한민족은 訣(결)을 구성하는 개별 동작을 의례를 표현한 '藝(예)' 자와 같은 '勢(세)' 자로 완성하여 歌訣(가결)로 詩(시)를 짓고 낱개의 武劍(무검)을 연결해 하나의 舞劍(무검)으로 완성했다. 武(무)에서는 '蓺(예)' 자로 썼다. 그래서 본국검을 '舞劍(무검)'이란 한 것이다. 즉 천제와 같은 의례에 사용된 춤은 하늘과 소통하기 위한 동작이기에 반드시 동작에 어떠한 의미를 부여한다. 실제 銳刀(예도)의 첫 동작인 '太阿倒他勢(태아도타세)'는 '하늘이시여 적을 물리쳐 주소서!'라는 의미다. 오늘날 맨손 무예인 태국의 무에타이나 동남아 펜칵실랏과 같은 무예도 의례의 행위를 먼저 하고 시작한다. 무비문의 「斗口(두구)」[119] 「斗底(두저)」[120] 「斜步(사보)」[121]

---

118 『일본서기』, 암파문고, 2000, 권1 P241

119 「斗口(두구)」: 起手進右步左拳打四角復一下右拳就 剁回右拳轉身進左步左拳打四角復右拳 又剁右拳四角打一般開左拳

120 「斗底(두저)」: 起左脚踢他右腿上膝轉身撒前向南面朝面倒立左拳平耳右拳平腰踢右脚就開步就剁右拳進右步打左拳再復一下右拳就剁一下右拳轉回身復住十字步打左拳復一下右拳又剁一下右拳把身轉過向南進左步打左拳復一下右拳就剁一下右拳轉身望北逃左步打左拳復一下右拳又剁一下右拳打回轉過來向北面向西左拳在耳右拳在腰

121 「斜步(사보)」: 之字樣走步每一折兩步如右手架在前則行過右邊左手架在轉側行過左邊先出金井欄然後開手衮架起此乃是看他來拳是何如他出左手我則纏左架如出右手則纏右架只看他如何來若隔遠則之字樣趕進前隔近則看他起手便起架几遠近要闊狭取

「抽身登摺(추신등접)」[122]은 모두 북두칠성을 개념 삼아 권법의 동작을 만들었고 「白竜児背(백룡아배)」[123]도 동서남북을 가르치며 도는 권법이다. 기록상 가장 오래된 우리나라의 맨손 무예로써 의미가 있다. 六路(육로)[124]의 詩訣(시결)도 마찬가지로 북두칠성을 소재로 하고 있다. 한민족은 이처럼 북두칠성과 연결해 무예의 가결을 만들었다.

姿勢(자세)의 勢名(세명)이 劍(검)에 사용한 것이 劍訣(검결)이다. 이러한 勢名(세명)을 詩(시)로 표현한 것이 歌訣(가결)이다. 이름에는 당시의 사상과 전통문화가 담겨있다. 개념을 詩(시)로 표현한 文體(문체)와 文章(문장) 속에는 동작을 만든 주체를 파악할 수 있는 실마리를 제공한다. 歌訣(가결) 속에 담긴 의미를 찾아가면 시공을 초월한 전통무예의 역사를 알 수 있고, 잃어버린 전통문예 문화를 찾을 수 있는 타임머신과 같은 것이다. 한편 무예의 동작에 이름을 지을 때, 동작을 설명하는 한자로 썼다면 알기 쉽고 명확했을 것인데 동물 이름이나 비유적 한자로 검결을 짓다 보니 구체적인 동작을 찾기가 어렵다. 왜 이렇게 썼을까? 고무예서를 연구한 결과 한민족이 만든 歌訣(가결)에는 특징이 있었다. 우리 민족은 음(소리) 중심으로 한자를 사용했기 때문에 음이 같으면 다른 한자로 치환해서 썼다. 이것을 이두라 한다. 그러나 중국은 한자가 다르면 음이 다르므로 이렇게 만들기가 쉽지 않다.

병서의 기원설에 『漢書藝文誌(한서예문지)』에서 班固(반고)는 『神農兵法一篇(신농병법일편)』『黃帝十六篇(황제16편)』 등의 병서를 수록하여, 병법은 '炎黃(염황)'으로 비롯되었다는 設(설)이 생겼다. 명대 葉子奇(섭자기)의 『草木子(초목자)』에서 "병법은 황제 때부터 시작되었다." 현대의 陸達節(육달절)의 『歷代兵書目錄(역대병서목록)』 自序(자서)에 "中士兵學(중토병학), 肇自炎黃(조자염황)"이라 했다. 또한 商

122 「抽身登摺(추신등접)」: 左拳在後平胸有右拳在前放低側立剢右脚就開步剢一下右拳進左步打右拳便收右拳在左肋下進右步用右拳背打小肚就踢起打他下胲又進左步打他左拳折回身拴右拳進左步打左拳又便收右拳在左肋下進右步用右拳打他小肚就剔起打他下胲又進右步打一拳

123 「白竜児背(백룡아배)」: 起手先望東行二三步進左步打左拳脚立不動右拳望上畫過後來身轉向西左手在前指西脚進左步打左拳右手又望上畫過後來左手在前指東轉身又用左脚望南進步打左拳折身回向北進左步打左拳如水平手拽拳而上

124 ①佑神通臂最爲高 ②斗門深鎖轉英豪 ③仙人入起朝天勢 ④撒出抱月不相饒 ⑤揚鞭左右人難及 ⑥煞鎚衝擄兩翅搖

代(상대)의 갑골문과 金文(금문)에는 전쟁에 관한 점을 친 기록과 구체적인 군대 명칭, 편제, 사용한 병기 등의 기록들이 있다. '商(상)' 나라도 동이족이 세운 나라다. 하물며 전쟁의 神(신)이라 하는 武神(무신) 蚩尤(치우) 또한 동이족 아닌가?. 고구려 행렬도에 長鎗(장창)을 들고 행진하는 군사와 장군이 창을 들고 싸운다. 거대한 군사조직을 이끌고 전쟁을 통해 거대한 영토를 넓혔는데 아무런 병서가 없었겠는가? 이러한 병서들이 나라의 흥망을 통해 여러 갈래로 흩어졌겠지만, 그 문장 속에는 한 민족만이 사용하는 한자식 표현이 남아있을 수밖에 없다.

다. 高句麗(고구려)의 雙手劍(쌍수검)

고구려 고분(수산리, 5세기)에 상투하고 雙手直刀(쌍수직도)를 우상에 우장세로 장검의 칼을 들고 긴 사폭 치마를 입은 무사가 있다〈그림 4-18, 左〉. 金鷄獨立勢(금계독립세)를 취하고 약 70㎝의 直刀(직도)를 편수로 들고 문을 지키는 무사가 있다〈그림 4-18, 右〉. 片手直刀(편수직도)의 칼끝은 일본도 '칼끝곡선(ふくら枯れる)'의 모양이다. 왕실 고분의 그림으로 보아 근위 무사로 보인다. 장수는 환두대도를 허리에 佩用(패용)하거나, 右肩(우견)에 메고 행군한다〈그림 4-19 右上〉. 환두에 끈을 묶어 칼을 놓치거나 뺏기지 않기 위해 묶었음을 알 수 있다. 장군이 칼을 세워 들고 있는 雙手刀(쌍수도)의 길이는 족히 120㎝가 된다. '長刀(장도)·腰刀(요도)'를 사용했음을 알 수 있다. 한편『사기』에 진시황이 자객 형가로부터 암살을 당했을 때, 허리에 찬 검이 긴 장검이라서 도망가며 뽑지 못했다는 기록이 있었지만, 학계는 장검이 발견되지 않았다는 이유로 그 당시 장검이 없었다며 기록이 잘못됐다고 했지만, 진시황릉에서 장검이 발굴되었을 뿐만 아니라, 표면에 크롬이 도금되어 있어 일반상식을 깨며 학계를 깜짝 놀라게 했다. 조선세법의 그림은 '쌍수검'을 들고 있다. 이 그림을 보고 고조선 시대의 장검이 발굴되지 않았기 때문에 조선세법은 고조선의 문서가 아니라고 주장하는 학자도 있다. 진시황릉의 장검과 쌍수직도의 그림으로 인해 그런 주장은 퇴색됐다. 곤오검이 '雙手劍(쌍수검)'이란 기록도 있다. 이러한 장검은『사기』의 기록처럼 왕족과 같이 특수층에서만 사용됐을 것으로 사료된다.

평시에 왕의 경호 무사는 투구 대신 상투를 하고 갑옷 대신 치마와 같은 '사폭치마(天翼(천익/철릭)'도 입었다. 또한, 도끼를 주 무기로 사용했음을 알 수 있다〈그림 4-19, 下〉. 搏(박)의 '尃(부)' 자는 斧(부)[125]와 상통하여 '도끼나 매로 친다'다. 맨손으로 도끼를 치듯이 수련하면 태권도의 품세처럼 손동작이 끊어진다. 도끼를 다루는 동작과 6로10 단금의 동작이 서로 일치하는 것은 맨손으로 도끼를 치는 동작으로 권법을 구성했기 때문이다.

그림 4-18. 雙手直刀(쌍수직도)

그림 4-19. 環刀(환두)·鉞斧(월부)

많은 군사를 양성하려면 반드시 교본과 같은 자료가 필요하다. 雙手直刀(쌍수직도)가 있었으면 雙手刀(쌍수도)의 기법을 기록한 무예서가 존재했을 것이다. 이런 무예서가 본국검과 조선세법이다. 雙刀歌(쌍도가)나 昆吾劍訣歌(곤오검결가)를 통해서도 전승됐다. 『耕余剩技(경여잉기)』[126]에 單刀說(단도설)은 倭奴(왜노)에게 얻은 자료이지만 '朝天刀勢(조천도세)·左定膝刀勢(좌정슬도세)·拗步刀勢(요보도세)' 등이 있는 것으로 보아 도래인이 전래한 검술로 보인다. 敍單刀(서단도)의 背砍刀勢(배감도세)의 '砍(감)'은 '감다·감추다'로 쓰인 이두문이다. 雙刀歌(쌍도가)도 島夷(도이)가 만들었다. 明代(명대) 유대유[127]가 쓴 「劍經(검경)」도 무비문의 「總訣歌

125 『漢韓大字典』 민중서림, 1997, p856.

126 정종유(1561~) 1621년 출판

127 명나라 때의 무장(1504~1580). 가정 14년(1535)에 회시에 합격, 왜구를 토벌하는 데 공을 세워 광동·복건의 각총병관(各總兵官)에 올랐다.

(총결가)」를 베꼈고, 鞭說(편설)에 쓰이는 鞭(편)[128]은 '채찍'이지만 검과 몽둥이에서 偏(편)의 이두문으로 사용했다. 조천세에서는 '鞭(편)' 자를 생략했다. 『만보전서』의 「舞刀歌(무도가)」[129]는 무인의 결기를 표현했다. 이런 문서들은 동이족 계열의 문서들로 보인다.

라. 天符劍(천부검), 잊혀진 조선세법의 이름이여!

배달국의 國子郎(국자랑)이 단군조선의 郎家制度(낭가제도), 북부여의 天王郎(천왕랑), 고구려의 皂衣仙人(조의선인), 백제의 武節(무절), 신라의 國仙花郎(국선화랑)[130], 고려의 仙郎(선랑)으로 이어졌다. 한민족이 존속하기 위해서는 武藝(무예)의 정체성을 지키고 전통무예의 정신으로 '武文哲學(무문철학)'을 다시 세워야 할 것이다.

고조선 영역에서 발견된 선사시대의 고인돌과 바위에는 북두칠성이 새겨있다. 조선세법과 본국검, 그리고 고무예서의 문화적 특질 속에는 북두칠성이 있다. 『조선쌍수검법』을 통해, 조선세법의 이름이 '天符劍(천부검)'과 '北斗紫微劍(북두자미검)'이라는 것을 알게 되면서 조선세법은 천문 28숙을 실현한 동작이었던 이유를 알게 됐다. '천부검'이란 이름은 한민족의 경전인 천부경과 연결되어 있다는 것이다. 천제를 올릴 때, 천부검으로 조선세법을 했을 것이다. 즉 천부경은 경전이지만 천부검은 검과 몸으로 천부경을 드러내는 '舞劍(무검)'이다. 또한 「武備門(무비문)」에서 환웅천왕을 상징하는 '伏(천)' 자도 발견됐다.

조선 중기 이전에는 본국검·곤오검·칠성검·태극검처럼 '劍(검)' 자가 반드시 뒤

---

128 單提鞭勢 · 埋伏鞭勢 · 左看鞭勢 · 右看鞭勢 · 左勾鞭勢 · 右攬鞭勢 · 拗步鞭勢 · 從鞭勢 · 左撩鞭勢 · 右劈鞭勢 · 左定膝鞭勢 · 右膝鞭勢 · 朝天勢 · 倒拉鞭勢 · 背打鞭勢 · 收鞭勢 · 按虎鞭勢

129 男兒立志武爲高 要孝関公勒馬刀 利地割葱真巧妙 分戶碎甲不單袍 刀飛蝴蝶紛紛舞 苑後還魂不要鼠 老沿橋尋乱桯浪 飛趕月莫相催朝 天剃面皆湏用餓 馬难禁定砲槽

130 「鸞郎碑序(난랑비서)」에 "玄玅之道(현묘지도)의 風流(풍류)라는 신라 고유의 가르침을 화랑도는 받들어 수련하고 있다"는 郎家精神(낭가정신)의 계승에 대한 기록이다.

에 붙었다.[131]

『역자고』에 "중국 고대부터 전래하는 많은 검법 중 가장 실전적인 정통검법을 곤오검이라 부르는데, 『무비지』를 찬술한 모원의 대에 와서는 거의 실전됐다. 그 가결을 조선에서 다시 찾아왔으니 '조선세법'으로 바로 '곤오검법'이다. 현재 중국에 이름있는 검법이 대략 800여 가지가 되는데, 그중에서 양손을 뜨는 쌍수검법은 매우 드물다. 오늘날 중국 무술계에서도 이 '조선세법'은 고전적인 가치에다가 실전적 가치를 겸비한, 희귀하면서고 아주 소중한 무술적 자료로써 그 위치를 차지하고 있다."[132]

이처럼 중국은 조선세법의 검명을 '昆吾劍(곤오검)'으로 보고 있다. '勢法(세법)'이란 '姿勢(자세)를 취하는 法(법)'이란 의미다. '棍法(곤법)·鎗法(창법)·劍法(검법)'처럼 무기의 명칭이 앞에 붙어 있다. 朝鮮(조선)의 개념은 무명이 아니기 때문에 朝鮮劍(조선검)이었을 가능성이 크다고 생각했고 "조선세법의 검결이 천제를 드리는 대서사시의 내용이고 천문 28수의 사신이 있는 것으로 보면 상고시대 조선세법의 천제를 올릴 때는 검명이 朝鮮武劍(조선무검)이었을 것"[133]으로 추론했었다.

그런데 우연한 기회에 국립민속박물관에서 출간한 『조선쌍수검법』을 보고 깜짝 놀라지 않을 수 없었다. 서두에 "天符劍(천부검)이 朝鮮雙手劍法(조선쌍수검법)으로, 『무비지』에는 조선세법 『무예도보통지』에는 예도로 기법 일부가 전해져 내려오고 있다. 이 검법은 하늘의 조화를 상징한 것으로 우주생성, 변화의 본질(주축)을 나타낸 것이다. 따라서 易理(역리) 중 天罡數(천강수)를 법상으로 해서 36가지 검세로 이루어졌다. 실제 초식은 모두 44세로 구성되었는데 동일한 초식이 반복되기도 하고, 어느 초식 속에는 약간씩 다른 심법이 겹쳐 있으므로 심법은 36가지이나 전체 외형적 동작은 44세인 것이다."[134]라고 기록되어 있다. 그러나 조선세법은 북두칠성의 상징 수 49세를 가지고 몇 개를 중복시켜 66세를 만들었기 때문에 44세는 아니다. 그렇지만, 조선세법에서 전방으로 배치된 숫자가 44세인 것을 보면, 필자의 연구 내용과 일맥상통하고 있다. 여기서 天罡數(천강수)의 '罡(강)' 자는 大熊星(대웅

131 임성묵, 『본국검예 3. 왜검의 시원은 조선이다』 행복에너지출판사, 2019. P274.

132 사전편집위원회, 『중국무술대사전』 조손쌍수, 199, 500쪽.

133 임성묵, 『본국검예 3. 왜검의 시원은 조선이다』 행복에너지출판사, 2019. P269.

134 사)대한전통무학회, 『조선쌍수검법』 천부검의 재현 국립민속박물관 2007.12, p13.

성)을 中心(중심) 4방에 배치된 천문 28수의 북두칠성을 나타낸다. 고구려 故國原王(고국원왕)은 國罡上王(국강상왕), 陽原王(양원왕)은 陽崗上王(양강상왕), 平原王(평원왕)은 平崗上好王(평강상호왕)이라 한다. '罡(강)·崗(강)' 자를 써서 북두칠성을 숭배했음을 알 수 있다. 四辰劍(사진검)의 一片龍光斗牛射(일편용광두우사)의 斗牛(두우)는 북두칠성에 있는 '견우'다. 그렇기 때문에 천제를 올릴 때는 劍(검)으로 天符劍(천부검)을 행했을 것으로 보인다. 劍(검)은 신물이기 때문에 귀신을 물리친다고 생각했다. 그래서 驅邪逐鬼(구사축귀)에 劍(검)을 사용했고 이것이 鍼具(침구)에 적용되어 원대의『鍼經摘英集(침경적영집)』에 九鍼圖(구침도)의 모양은 검과 창과 같은 무기의 모양이다.

또한 제례에 춤을 추더라도, 그 춤은 무의미한 동작이 아니라 하늘과 소통할 수 있는 개념화된 몸짓이었다. 천부검을 맨손으로 추었다면 그게 곧 天符拳(천부권)[135]이라 할 수 있다. 천부검법 속에는 '跌法(질법)'이 숨어 있기 때문에 상대를 제압할 수 있는 맨손기법으로 변용할 수 있다. 부드럽게 하면 太極拳(태극권)처럼 되고, 절도 있게 하면 跆拳道(태권도)의 품세처럼 된다. 춤으로 하면 '天符舞(천부무)'가 될 것이다. 또한 조선쌍수검법을 '天符劍(천부검)'이라 칭했다는 것은 민족 경전인 '天符經(천부경)'과 연결됐다는 것을 반증한다. 조선세법이 천문 28숙과 연결되어 있고 하늘에 제사를 지내는 의례의 목적으로 조선세법을 행했을 것이라는 필자의 연구 내용과 일한다. 당연히 의례에 부합한 이름이 있는 것은 자명하다. 天符劍(천부검)이란 이름은 그에 합당함에 부족함이 없다. 무예도보통지의 쌍검에 "대저 검으로써 춤을 추었다는 것은 간척을 가지고 춤을 추었다는 것이다(劍爲舞若持干戚而舞焉). 干戚(간척)은 斧鉞(부월)이다.『예기』에 붉은 방패와 옥이 달린 도끼를 가지고 면류관을 쓰고 大武(대무)를 추었다(戚與鉞同斧鉞也禮記朱干玉戚冕而舞大舞)." 이것은 예기의 「明堂位(명당위)」에 나온다. 大武(대무)의 武樂(무악)은 무왕(武王)의 성공을 상징한 것으로 天子(천자)가 추는 춤이다.[136] 또한 「郊特牲(교특생)」에 "대무의 춤은 장엄하다. 사람을 즐겁게 하기 위함이 아니다(武壯而不可樂也)."라고 하여 武劍(무검)이 제례의 의식에 사용했음을 기록했다.

---

135 필자는 '天符劍(천부검)'과 함께 '天符拳(천부권)'을 제자들에게 전수했다.

136 『樂記(악기)』에 공자가 한 말.(夫樂者 象成者也 總干而山立 武王之事也 待諸候之至也)

〈그림 4-20〉의 冕旒冠(면류관)과 고대의 천자 의복에는 十二章(십이장)[137]의 수를 새긴다. 해는 삼족오, 월은 토끼, 진성은 參星(삼성), 발은 '불'이기 때문에 발의 모양을 닮은 도끼와 불(己己)을 하의에 그렸다. 천자의 상징은 한민족의 신화와 상징으로 수놓았고, 이러한 상징 문양은 조선에 이어져 '續五禮儀(속오례의)'에 기록되어 있다. '弗(불)' 자가 '불이 타오르는 자형'임을 알 수 있고 '佛(불)' 자는 태양숭배 사상으로 '사람이 불'이라는 '人乃天(인내천)' 사상을 재해석한 글자다. 한국불교는 환웅(桓雄)을 '깨달은 자', 부처로 치환하여 '大雄殿(대웅전)'에 모신 것이다.

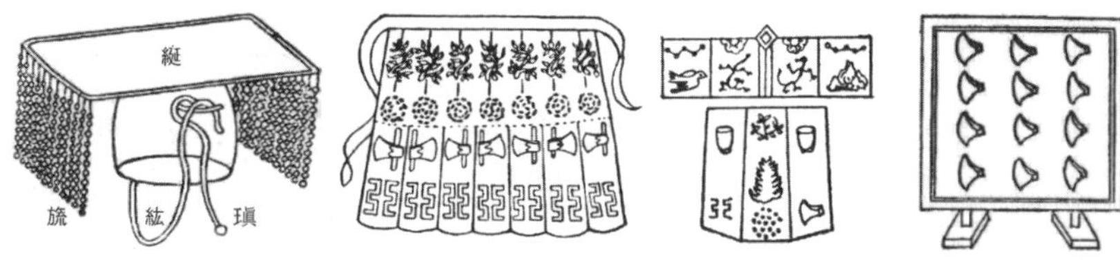

그림 4-20. 冕旒冠/衮裳(곤상)/衮衣(곤의)/扆(의:병풍)

표 4-6. 十二章(십이장)

日(일)	月(월)	辰星(진성)	山(산)	龍(용)	華蟲(화충)
宗彝(종이)	藻(조)	火(화)	粉米(분미)	黼(보)	黻(불)

제갈공명이 자신의 목숨을 연명하고자 제단을 쌓고 하늘에 舞劍(무검)을 추었다.

제갈공명은 두 번의 천제를 올린다. 한 번은 동남풍을 얻기 위함이고 또 한 번은 자신의 목숨을 연장하기 위한 것이다. 적벽대전에 앞서 동남풍을 얻기 위해 남병산

137 ①②③日月星辰同注日月星辰取其昭臨也. 舊圖日月中畫烏免今竝刪之 禮書引鄭氏周官注星五緯辰十二次近是姑仍 ④山注取其鎭也. ⑤龍同注取其變也. ⑥華蟲同注雉其文也. ⑦宗彝同注號蜼取其孝也 莽形見博古圖不與此同未詳上古之制闕以俟考. ⑧藻同注水草取其潔. ⑨火同注取其明也 據陸氏音義夲畫火字然因襲已久今姑從舊圖. ⑩粉米同注白米取其養也. ⑪黼同注若斧形取其斷野 爾雅疏黻盖半白半黑似斧刃白而身黑則𠑹必爲斧形黻並同俟考. ⑫黻同注爲兩已相背取其辨也 康熙字典索黻之形如亞亞古弗字

에서 3층의 칠성단을 쌓았다. 제일 하단에는 28수 별자리의 수에 맞춰 깃발을 세웠고, 2층 중단에는 64괘를 상징하는 누런 깃발을 세웠다. 상층에는 4명이 검은 도포를 입고 서 있는데, 왼쪽 앞에는 긴 장대를 들고 있다. 장대에는 칠성을 나타내는 베로 짠 긴 천이 걸려있고 끝에는 닭털이 장식되어 있다. 왼쪽 뒤에는 군사가 보검을 들고 있으며 오른쪽 뒤에는 향로를 받쳐 들고 있다. 이러한 제단에 제갈공명이 목욕재계하고 도의를 입고 맨발로 칠성단에 올라 동남풍을 얻기 위해 3일 밤낮으로 제를 올린다.

위 내용을 보면 천제를 올리면서 天符劍(천부검)을 어떻게 행했는지를 눈앞에서 보듯 생생하다. 천제를 올리는 주관자는 목욕재계하고 맨발로 칠성단에 오른다. 이것이 '洗(세)' 자의 의미에 들어있다. 오른쪽 뒤에서 향로를 들고 있는 것은 거정세(擧鼎勢:솥을 든다)다. 3층 제단을 쌓은 것은 평대세(平擡勢:제단을 쌓는다)다. 도포를 입고 머리는 산발하고 맨발에 검을 들고 검무를 추는 것이 퇴보군란(무당이 제를 마치고 물러난다)이다. 전·후·좌·우 3보씩 6보를 움직이는 무보(武步)를 행한 것이다.

마. 天符劍(천부검)과 方相示(방상시)

3일 밤낮 검을 들고 천부검을 하면 경박하게 할 수도 없지만 그럴 힘도 없다. 검을 장엄하고 천천히 사용하면서 하늘과 소통하기위해 天符經(천부경)을 독송하고, 가결을 七言律詩(칠언율시)로 낭송하면서 무검을 하는 것이 天符劍(천부검)이다. 곤오검결가도 이런 전통문화 속에서 만들어진 것이고 이런 것이 무당파와 같은 도가에 전승되었다. 여동빈[138]은 여산에서 화룡진인(火龍眞人)[139]에게 천둔검법(天遁劍法)을 사사받아 요마를 물리쳤다. 또한, 한국도맥의 일파에서는 매월당 김시습이 천둔검법

138 중국 도교 팔선에 속하는 선인으로 불리는 인물로 당나라 말기 때 사람으로 본명은 여암(呂岩), 자는 흔히 이름으로 알려진 동빈(洞賓), 도호는 순양자(純陽子)

139 화룡진인은 성씨가 정(鄭)이고 이름이 사원(思遠)이었다. 도호(道號)는 소축융(小祝融)이었다. 진희이(陳希夷)는 양생장수의 도와 신체 운동을 화룡진인(火龍眞人)에게 전수하였는데, 이 화룡진인이 바로 장삼봉 진인의 스승이다.

은 체득하고 홍유손에게 『천둔검법연마결』을 전수했다고 전해진다. 현재 한국과 중국에서는 천둔검법은 사라졌다. 조선 후기까지 예도가 민가에 계승되어 내려온 것을 보면 천둔검법이 天符劍(천부검)과 연결되어 온 것으로 미루어 생각된다.

그러나 조선세법의 전체적인 구성과 목적에 부합되게 전래된 또다른 의식이 方相示(방상시)다.

方相示(방상시)는 곰의 가죽을 두르고 눈이 넷 달린 黃金四目(황금사목)을 쓰고 창과 방패를 든 神(신)이다. 殷代(은대)와 周代(주대)에 시작되었고 한다. "儺(나)는 黃帝氏族(황제씨족)의 곰토템에서 기원하는데 후에 일반적인 打鬼跳神(타귀도신)으로 변한 것이다."[140]라고 한다. 동이족의 토템임을 알 수 있다.

이 의식은 역귀를 쫓는 의식에서 '儺(나)' 자를 쓴다. 갑골문은 '寇(구)' 자를 쓰고 의식에 사용되는 가면은 '倛(기)' 자를 썼다. 이것이 漢代(한대)로 전해지고 唐代(당대) 중엽 이후에는 方相示(방상시)가 鐘馗(종규)로 의식의 주역으로 바뀐다. 우리나라에는 전래되어 오다가 고려 정종 6년(1040)에 중국 궁중의 나례의 형식으로 바뀐다.

이것이 양반과 민가에 전해져 4품 이상은 눈이 4개인 방상시를 사용하고, 5품 이하는 눈이 두 개인 魌頭(기두)를 사용했다.

북두칠성은 한민족에게는 신이었다. 북두칠성은 大熊星(대웅성)이다. 검이 곰의 현신이다. 북두칠성의 별 하나하나에는 수많은 신화를 간직하고 있다. 이러한 상고시대의 신화가 한민족의 칠성신앙이 되어 도교와 무속을 통해 설화로 계승됐다. 무속에서 사용하는 칠성부는 천원을 상징하는 둥근 원에 정사각형이 들어있고 동서남북에는 별자리가 있다. 그 안에는 다음과 같은 7언율시의 문장이 있다.

我本天台綠髮翁(아본천태록발옹): 나는 하늘의 별에 사는 검은 머리의 노인라네
三尺長劍在手中(삼척장검재수중): 삼척장검을 손에 들고 있다네
昨夜上帝嚴令下(작야상제엄령하): 어제 저녁 상제께서 엄하게 명을 내리셨네

140 가면극과 나례(전경욱, 한국의 가면극, 열화당, 2007), 귀신 쫓는 방상시(이규태, 한국인의 생활문화1, 신원문화사, 2000), 나례와 잡희(김학주, 아세아연구6-2, 고려대학교 아세아문제연구소, 1963), 한국의 가면극(이두현, 일지사, 1979 [네이버 지식백과] 방상시 [方相氏] (한국일생의례사전)

一揮長劍斬惡神(일휘장검참악신): 한 번 장검을 휘두르면 악신은 참수된다네

위 詩(시)의 칠성부는 악신을 물리치는 호신이다. 악신을 물리치기 위해 노옹이 휘두르는 무기가 '검'이다. 왕이 장수에게 '검'을 수여하듯이 '곰신'이 자신의 상징인 '검'을 통해 세상을 다스릴 권한을 부여한다. 여기서 노옹에게 명령을 내린 상제의 실체는 '곰'이다. 검을 들고 조선세법을 행하는 무인이 곧 노옹이다. 삼척장검을 들고 동서남북 四神(사신)의 도움으로 악을 물리친다는 제례의 의미가 있다. 칠성부는 조선세법의 의미를 고스란히 간직한 칠성신앙을 품고 있다. 이처럼 조선세법은 쓰임의 목적에 따라 '禮劍(예검)'이 됐다.

제갈공명은 자신이 노옹이 되어 四神(사신)을 움직이려고 제를 드렸다. 제갈공명이 칠성단을 쌓아 4신과 북두칠성에 제를 올린 기록을 통해 제갈공명이 한민족의 북두칠성 신을 믿고 숭배했다는 것을 알 수 있다. 그러나 정작 조선은 사대에 빠져 제갈공명이 숭배한 북두 칠성신을 믿지 않고 오히려 제갈공명과 관우를 신으로 숭배했다.[141]

바. 天府劍訣歌(천부검결가)

天符劍(천부검)의 「劍訣歌(검결가)」와 張維(장유)(1587~1683)의 『계곡집』에 실린 「古劍篇(고검편)」[142]의 「昆吾劍訣歌(곤오검결가)」[143]는 조선세법의 기법을 풀이한 詩(시)로써 두 詩(시)의 내용을 분석해보면 문화적 동질성이 일치됨을 알 수 있다.

141 임성묵, 『본국검예 1. 조선세법』, 행복에너지출판사, 2018, p261~262.

142 我有三尺古鐵劍 人言本自出昆吾 昆吾之劍可截玉 芙蓉湛湛秋濤虛 千年土花不敢蝕 武昌赤泥安用拭 鯖魚裝匣半欲碎 玉具鹿盧猶可識 世間何限不平事 便欲携贈同心子 長蛟贔屭佽飛怒 白蛇慘淡荊鄉死 我今將此匣中藏 不令俗子見光芒 只應寒齋風雨夕 時時龍吼殷空牀

143 『무예도보통지』 권 2 〈예도〉

『조선쌍수검법』[144]에 "우리 조선민족은(한민족)은 웅건하고 호탕한 기상이 가장 잘 스며있으며, 쌍수검법은 사용함에 매우 위력적이고 실용적이며, 천지조화의 주축(생사여탈의 관건)이오, 만물 생성 변화의 틀(機)을 상징하니 가히 北斗紫微劍(북두자미검) 또는 天府劍(천부검)이라 부를 수 있으며, 곤지(乾坤) 삼반검이라 호칭한다. 그 기원은 멀리 고구려 초기(대무신왕대 무렵)로 까지 거슬러 올라간다고 들었으나 고증할 길은 없다. 이 『조선쌍수검법』이 언제 중국에 전해졌는지 역시 확인할 수 없으나, 추정하기에는 '燕(연)·隨(수)·唐(당)'대에 고구려와의 전쟁에서 유입되지 않았을까 여겨진다."라고 추정했다. 이것은 단재 신채호가 "삼국유사에 보면, 김유신 장군이 '武烏兵法(무오병법)'을 수련하였다 했고, 고구려의 연개소문 장군이 『金海兵書(김해병서)』를 저술하였다 했는데, 오래전에 이미 散逸(산일)되었고, 一說(일설)에 의하면 고구려가 멸망하고 그 '김해병서'는 당으로 넘어가 다른 병서로 되었다 하나 고증할 수는 없다."[145]라고 한탄한 말과 같다. 중국의 군사연구가 馬明達(마명달)은 「歷史上中日朝刀武藝交流考(역사상중일조도무예교류고)」에서 "명대에 우리나라의 쌍수도법이 실전된 것은 원인이 복잡하여 검토할 역사적 사안이 많아 간단하게 원나라에서 금지했기 때문이라고 말할 수 없다."라고 밝혔듯이, 중국은 임진왜란 당시 명대에도 쌍수검법이 단절됐지만 조선은 본국검과 조선세법이 계속해서 남아 있었다.

『본국검예 1 조선세법』에서 劍訣(검결)이 천문과 연결된 대서사시임을 밝힌 바 있다. 또한 "고만흥의 부친 후점이 어느 곳에서 배웠는지 모르겠으나 그 기술이 매우 기이하며 다른 사람을 가르치게 하여 지금 팔십여 사람이 하고 있다."[146]라는 기록으로 보아, 조선세법이 민가를 통해 전해진 것과 조선세법에 천제의 의례적 행위가 있음을 밝혔다.[147]

『무비지』에 기록된 「검결가」를 천부검총결 로 「天字訣(천자결)」이라 하고, 『무비지』

144 사)대한전통무학회, 『조선쌍수검법』 천부검의 재현, 국립민속박물관 2007.12

145 이만열 주석, 신채호 저, 1999, 『주석 조선상고사』, 438쪽, 형설출판사.

146 영조 10년, 1734.8.8.

147 임성묵, 『본국검예 1. 조선세법』 행복에너지출판사, 2018, p208.

에 없는 18개의 칠언율시를 지령검[148]을 총결「地字訣(지자결)」로 하고 있다.

"北斗紫微劍(북두자미검) 또는 천부검(天府劍)[149]이라 부를 수 있으며, 乾坤(천지) 삼반검이라고도 호칭한다."[150]라는 설명이 예사롭지 않았다.「地字訣(지자결)」과 인화검의 초식명[151]을 보면 둘 사이에 상관관계가 있다. 특히 '起手勢(기수세)[152]-持劍勢(지검세)-禮劍勢(예검세)-仙人指路(선인지로)[153]-指天劃地(천지획지)-接劍勢(접검세)-丹鳳朝陽(단봉조양)-抱劍勢(접검세)'는 예도의 太阿倒他勢(태아도타세)를 설명하는 것으로 보이지만 撥草尋蛇(발초심사)와 直符送書(직부송서)는 본국검과 검결은 같지만 그림의 기법은 현격한 차이가 있다. 起手勢(기수세)는 무비지의 牌(패)에 사용된 가결이고 仙人指路(선인지로)는 僊人指路(선인지로)의 환유다. 僊

148 『지령검(제1로) 1초식』①豹頭勢-順風拖旗

149 『천부검(1로) 6초식』①點劍勢-撥草尋蛇 ②坦腹勢-蒼龍出手 ③展旗勢-迎風展旗 ④看守勢-猛虎蹲坐·老虎蹲坐 ⑤腰擊勢-魚人撒網 ⑥展翅勢-黃蜂入洞

『천부검 44세』

①天極轉斗②玄武獻書③猛虎捕羊④蒼龍出手⑤海底撈月⑥老虎坐凳⑦鳳立山崗⑧順風拖旗⑨猛虎蹲坐⑩蒼龍出手⑪老虎坐凳⑫海底斬蛟⑬蒼龍出手⑭一提千斤⑮撒花蓋頂⑯一提千斤⑰撒花蓋頂⑱回身勒馬⑲獅子搖頭⑳風雷滾手㉑魚人撒網㉒滿月掤弓㉓天將劈劍㉔撥草尋蛇㉕天將劈劍㉖撥草尋蛇㉗迎風展旗㉘海底斬蛟㉙蒼龍出手㉚大鵬展翅㉛猛虎出林㉜青龍汲水㉝直符送書㉞蒼龍出手㉟怪蟒翻身㊱蒼龍出手㊲黃蜂入洞㊳梨花舞袖㊴老虎蹲坐㊵猛虎剪尾㊶蝴蝶雙飛㊷蒼龍出手㊸夜叉尋海㊹天極轉斗

150 『조선쌍수검법』 국립민속박물관, 2007, p14.

151 『인화검의 초식명』

①天極轉斗-魁星點斗 ②翻天覆地-魁星點斗 ③潛龍臥雲-太陽雙升 ④蒼龍出水-蒼龍出海 ⑤蒼龍出水-黑熊晃軀 ⑥蒼龍出水-黑熊晃軀 ⑦黃蜂入洞-金針種地 ⑧撒花蓋頂-撒花蓋頂 ⑨撥草驚蛇-撥草尋蛇 ⑩金鷄抖羽-寒鵲蹬梅 ⑪轉身魚人撒網-鳳凰洗頭 ⑫老虎坐凳-老虎坐凳 ⑬持劍勢--持劍勢

『인화검(제3로)의 17초식』

①擧鼎勢-天將擧鼎②左翼勢-將軍御甲③跨右勢-天女綽衣④腰掠勢-長蛟分水⑤御車勢-御車引風⑥銀蟒勢-銀蟒弄風 ⑦鑽擊勢-白猿出洞 ⑧右翼勢-孤雁離郡 ⑨揭擊勢-老虎坐凳 ⑩左夾勢-金獅戱球 ⑪跨左勢-淸風晃日 ⑫掀擊勢-掀簾蓋被 ⑬逆鱗勢-鯉魚脫鱗 ⑭斂翅勢-孔雀斂翅 ⑮右夾勢-勒馬立槍 ⑯鳳頭勢-鳳凰洗頭·白蛇弄風⑰橫沖勢-鳳凰回身

『인화검 13세(수수세로 구성되어 있음)』

①(갑)天極轉斗(을)怪聲點斗 ②(갑)翻天覆地(을)怪聲點斗 ③(갑)潛龍臥雲(을)太陽雙升 ④(갑)蒼龍出手(을)蒼龍出海 ⑤(갑)蒼龍出手(을)黑雄晃軀 ⑥(갑)蒼龍出手(을)黑雄晃軀 ⑦(갑)黃蜂入洞(을)金針種地 ⑧(갑)撒花蓋頂(을)撒花蓋頂 ⑨(갑)撥草驚蛇(을)撥草尋蛇 ⑩(갑)金鷄抖羽(을)寒鵲蹬梅 ⑪(갑)轉身魚人撒網(을)鳳凰洗頭 ⑫(갑)老虎坐凳(을)老虎坐凳 ⑬(갑)持劍勢-收勢(을)持劍勢-收勢

152 藤牌(등패)의 첫 시작 가결과 같다.

153 藤牌(등패)의 僊人指路勢(선이지로)와 가결이 같다.

人(선인)은 仙人(선인)의 이두문으로 무비지에 실린 '牌(패)'의 기법을 보면 한민족과 연관된 문서다. 선인지로는 칼을 앞에 두고 곧게 걷는 '拗步(요보)'다.

사. 昆吾(곤오)는 洪帝(홍제) 桓雄(환웅)의 자손

昆吾(곤오)는 赤帝(적제)의 후손 己(기)의 이름이며 姓(성)이다.

중국의「竹書紀年(죽서기년)」과「金文氏族研究(김문씨족연구)」, 및「國語鄭語(국어정어)」에는 '己姓昆五(기성곤오)'라 기록되어 있고「黑子耕柱(흑자경주)」에는 昆吾乃地名(곤오내지명),「逸周書大聚解(일주서대취해)」에는 昆吾乃氏族名(곤오내씨족명)이라 하여 昆吾(곤오)의 지명이 昆吾氏族(곤오씨족)이 사는 지명으로 昆吾國(곤오국)임을 밝히고 있다.

晉州蘇氏大同寶鑑(진주소씨대동보감)과 晉州蘇氏族譜(진주소씨족보)의「東槿舊譜序(동근구보서)」에 昆吾(곤오)가 赤帝(적제)의 후소 己氏(기씨)에 대한 기록이 있다.

"昆吾(곤오)는 桓國(환국)의 赤帝(적제)의 후손이 '風(풍)·姜(강)·姬(희)·己(기)' 씨다. '己(기)' 씨의 61세손 태하공이 昆吾(곤오)를 號(호)로 姓(성)을 己(기)로 썼다가 다시 己(기)를 蘇(소)로 바꾸었다."[154]

"고신의 학정이 막심해 불함산 북쪽 숙신으로 이동하여 거주했다. 홍제 8년 황하의 고신씨가 침략하여 의려장군이 되어 綏東之(수동지)에서 물리쳤다. 홍제가 공을 치하하여 蘇姓(소성)을 주었다. 이 내용이 '桓國史(환국사)와 檀君古記(단군고기)에 자세히 기록되어 있다."[155]

---

154 赤帝之後孫爲風姜姬己等諸姓至赤帝61世孫太夏公號昆吾諱豊本姓己開蘇

155「蘇氏譜上上系」高辛暴政莫甚故移居于弗咸山 洪帝八年 高辛氏入寇 而爲義旅將 擊退於綏東之也 洪帝致賀其功 爲河伯一云

夏伯 時人曰 太夏公墓在蘇城 今扶蘇岬 事蹟詳載於桓國史檀君古記

「扶蘇譜序」太夏公初居灤河當肅愼 洪帝時入於弗咸山北仍封其地國名有蘇氏以上詳於桓國史

즉 昆吾劍訣(곤오검결)은 고조선에서 전래된 歌訣(가결)임을 확인할 수 있다.

『조선쌍수검법』은 '昆吾劍訣(곤오검결)·鎗法(창법)·棍法(곤법)·拳法(권법)'의 가결과도 연결되어 있다. 단절된 무맥을 연결할 수 있는 매우 중요한 사료다. 학계의 적극적인 연구가 필요하다. 『조선쌍수검법』에는 조선세법 전체를 연결한 풀이가 없는 관계로 생략하겠지만 조선쌍수검법은 '기수세-예검세-선인지로'[156]로 시작하고 등패는 '기수세-사행세-선인지로'한다. 그러나 등패의 선인지로와 동작도 자세도 다르고 조선세법의 순서와 기법도 다르다. 아쉬운 것은 「검결가」는 동작에 대한 자구의 설명이 있지만 「지자결」에는 별도의 설명문이 없다. 詩(시)는 전래됐지만 「검결가」처럼 詩(시)에 내포된 자구는 생략됐다. 그래서 그랬는지 「지자결」의 詩(시)에 대한 해석이 생략되어 있고 기법의 설명도 없다. 그래서 이참에 詩(시)를 해석하고 詩(시) 속에 담긴 기법을 풀이한다.

①出鞘淸風晃太陽(출초청풍광태양): 칼끝에서 푸른 바람이 일고 태양이 빛나네

出鞘(출초)는 棍法(곤법)의 刀出鞘勢(도출초세)와 연결된 가결로 跨劍勢(과검세)로 요격하는 기법이다. 棍法(곤법)이 검의 가결과 연결됐다. 「검결가」 1행의 電掣昆吾晃太陽(전설곤오황태양)의 電掣(전설)은 '빠르게 칼을 뺀다'이고 뒤 문장 晃太陽(황태양)은 곤오검결과와 같다.

②推山塞海把身藏(추산새해파신장): 태산을 밀어 바다를 막듯이 칼자루를 몸에서 감추네

推山塞海把(추산색해파)는 槍法(창법)의 가결로 위를 찌를때 창을 잡는 기법이다. 검의 가결과 연결되어 있어 창법 24세가 조선의 가결임을 반증한다. 2행의 一升一降把身藏(일승일강파신장)의 把身藏(파신장)이 같다.

③靑獅戲球分左右(청사허구분좌우): 젊은 사자는 구슬을 좌우로 나누어 논다네

유구무비지의 '雙龍戲珠手(쌍용희주수)'와 결을 같이 한다. 검 끝으로 눈을 찌르는 기법이다. 雙龍(쌍용)과 靑獅(청사)의 대칭이다. 또한 곤오검의 '左進靑龍雙探爪

156 『조선쌍수검법』 국립민속박물관, 2007, p142.

(좌진청룡쌍탐조)'의 靑龍(청룡)과 靑獅(청사)와도 대비된다. 『천부검결가』가 곤법 창법 심지어 수법과도 모두 연결되어 있다. 하나의 개념이 여러 곳으로 파생됐다는 것은 모든 무예의 원형이 고조선에서 파생됐다는 것을 예측할 수 있는 중요한 반증이다.

④金鷄御日轉還鄕(금계어일전환향): 금계는 해와 더불어 고향으로 돌아오네

금계독립세는 '좌회'로 방향전환에 사용하는 기법이다. 轉還(전환)으로 '좌회'를 詩(시)로 섰다. 금계독립세-어거세의 결합이다.

⑤大鵬轉翅豹頭勢(대붕전시표두세): 대붕이 돌면서 날개로 豹頭勢(표두세)를 펼치네

大鵬轉翅(대붕전시)는 '展翅(전시)'의 詩的(시적) 표현이다. 전시세-표두세의 연결이다.

⑥分鬃勒馬倒垂陽(분종륵마도수양): 말갈기에 채운 재갈을 돌려 손을 펼치네

分鬃勒馬(분종륵마)는 쌍두마차다. 倒(도)는 '돈다'다. 쌍두마차가 돌게 되면 한쪽 줄은 당기고 다른 한쪽 줄 늘어뜨려 풀어주게 된다. 이 손의 작용을 표현한 것이 垂陽(수양)이다. 分鬃勒馬(분종륵마)는 爬法(파법)과 拳法(권법)에도 사용됐다.

⑦騎龍跨虎奔山崗(기룡과호분산강): 말 등에 앉은 용과 호랑이는 산등성으로 급히 쫒네

騎龍(기룡)은 槍法(창법)에, 跨虎(과호)는 권법에 사용된 용어다. '騎龍(기룡)'은 '우각'이 나가면서 '우수'로 찌르는 기법이다. 龍虎(용호)의 대칭이다.

⑧三進三退任闖蕩(삼진삼퇴임틈탕): 삼진삼퇴 부딪치고 흔들어 공을 세우네

세법 나가고 세 번 물러날 때 칼과 손은 틈을 두고 위에서 흔들어야 한다. 闖(틈)은 창법의 闖鴻門勢(틈홍문세)와 小鬼拔闖手勝(소귀발틈수승)에 사용됐다. 蕩(탕)은 花(화)와 마찬가지로 '艹(초)' 자가 손을 나타낸다. '蕩(탕)=++(초)+湯(탕)', 물이 끓어오르듯 오르고 다시 흘러내리듯 칼을 사용한다. 창법과 여러 가결이 연결되어 있다.

⑨神將斬妖霹靂劍(신장참요벽력검): 신장은 검에 벼락을 내려 요괴를 참하네

옛날에 妖(요)는 '뱀'을 상징한다. 妖(요)를 蛇(사)로 치환하면 斬蛇勢(참사세)를 설명하는 것으로 보인다.

⑩回身鳳凰把翅張(회신봉황파시장): 몸을 돌린 봉황이 칼자루를 길게 펼치네

봉황과 관련된 것은 봉두세다. 봉두세를 마치고 洗法(세법)으로 몸을 돌리는 동작을 설명한 것으로 보인다. 곤법과 창법의 가결과 연결되어 있다.

⑪倒騎蒼龍仙人出(도기창룡선인출): 말을 돌려 창룡선인이 돌아왔네

倒騎(도기)와 蒼龍(창룡)은 槍法(창법)의 '倒騎龍(도기룡)'이다. 槍(창)을 蒼(창)으로 치환했다.

倒騎(도기)는 槍法(창법)의 '倒騎龍(도기룡)'이다. 蒼龍(창룡)은 조선세법의 창룡출수세와 연결된다.

⑫將軍洗馬用巨刷(장군세마용거쇄): 장군이 말 등을 큰 솔로 씻어 내리네

洗(세)와 '刷(쇄)' 자를 사용한 것이 큰 의미가 있다. 洗(세)는 洗法(세법)을 나타내고, 刷(쇄)는 권법의 應刷翼(응쇄익)에 사용된 용어로 회전 시 사용하는 수법의 작용을 나타내고 있다. 무예에 사용되는 한자는 대개 일정하게 정해져서 내려온다.

⑬上下流星急趕月(상하류성급간월): 하늘에서 별이 흐르자 급히 달이 그 뒤를 좇네

「舞刀歌(무도가)」의 浪飛趕月莫相催朝天(랑비간월막상최조천)의 문장과 궤를 같이한다.

(14) 仙人換袍在身旁(선인환포재신방): 선인이 바꿔 입은 옆에는 도포가 있네

선인이 도포를 벗어 옆에 두고 검은 皁衣(조의)로 갈아입었음을 나타낸 문장이다.

⑭白猿避刺三跳澗(백원피자삼도간): 백원은 소문을 피해 세 번 산골짜기를 넘었네

白猿(백원)은 백성을 나타낸다. 白猿出洞勢(백원출동세)는 '숨어있던 동굴에서 백성들이 나온다'는 시문이다. 백원출동세의 보법을 설명한 문장으로 보인다.

⑮車輪飛起日月轉(차륜비기일월전): 수레바퀴가 날듯이 일어나니 해와 달이 돈다네

朝天勢(조천세)는 한 바퀴 도는데 사용하는 기법으로 '朝(조)' 자가 '日(일)·月(월)'을, '飛(비)' 자는 飛步(비보)를 뜻하고 車輪(차륜)은 '돈다', '비보로 빠르게 돌면서 칼을 들어 올린다'다.

⑯三戰神將挑燈圍(삼전신장도등원): 세 번 전쟁에서 신의 장수가 촛불을 들고 에워쌌네

⑰降魔劍收勒馬韁(강마검수륵마강): 마가 항복하여 마침내 검을 거두고 말고삐

를 묶네

「검결가」의 마지막 14행 '回身野馬去思鄕(회신야마거사향)'의 '回身野馬去(회신야마거)'는 倒騎龍(도기룡)과 勒馬(늑마)를 풀이한 문장이다. 斂翅(렴시)는 날개를 접은 것으로 劍收(검수)의 개념과 상통한다.

아. 昆吾劍訣歌(곤오검결가)

(1)電掣昆吾晃太陽(전설곤오황태양) (2)一升一降把身藏(일승일강파신장)
(3)搖頭進步風雷響(요두진보풍뢰향) (4)滾手連環上下防(곤수연환상하방)
(5)左進靑龍雙探爪(진청룡쌍탐조) (6)右行單鳳獨朝陽(우행단봉독조양)
(7)撒花蓋頂遮前後(살화개정차전후) (8)馬步之中用此方(마보지중용차방)
(9)蝴蝶雙飛射太陽(호접쌍비사태양) (10)梨花舞袖把身藏(이화무수파신장)
(11)鳳凰浪翅乾坤少(봉황랑시건곤소) (12)掠膝連肩劈兩旁(약슬연견벽양방)
(13)進步滿空飛白雪(진보만공비백설) (14)回身野馬去思鄕(회신야마거사향)

「검결가」는 칠언율시로 총 14개다. 이것을 반으로 나누면 좌우로 각각 7개가 된다. 「검결가」는 기법에 사용된 한자를 이용하여 詩(시)로 구성했다. 때문에 조선세법의 기법을 먼저 알아야 詩(시)에 함축된 기법을 유추할 수 있다.

①電掣昆吾[157]晃[158]太陽(전설곤오황태양): 전광석화같이 곤오검을 빼 들자 태양빛에 섬광이 번쩍이네

②一升一降把身藏(일승일강파신장): 검을 올리고 내릴 때마다 몸은 검파에 숨는다네

左右四顧四劍(좌우사고사검): 좌우 사방을 돌아가며 네 번 검으로 친다(일수일법의 기법과 좌우 방향이 있다). 좌우 사고(四顧)는 동서남북이다. 은망세는 四面(사

157 列子西海上多昆吾石冶成鐵作劍切玉如泥

158 胡廣切明也

면)을 친다.

③搖頭進步風雷嚮(요두진보풍뢰향): 머리를 흔들며 나가면 바람은 귓전을 울리네

'進(진)'과 嚮(향)을 대칭적으로 사용하여 곧게 나가는 것과 회전하는 모습을 표현했다. 유구무비지의 수법인 金獅搖頭(금사요두)와 천부검의 獅子搖頭(사자요두)와 결이 같다. 모두 한뿌리에서 나왔음을 알 수 있다.

④滾手連環上下防(곤수연환상하방): 滾(곤)[159]은 허리에 감추고 있는 손, 양손이 연결되어 상하를 막는다네

開右足一劍(개우족일검)進左足一劍(진좌족일검)又左右各一劍收劍(우좌우각일검수검), 開(개)와 進(진)의 대비다. 그렇다면 開(개)가 退(퇴)인가? 그렇지 않다. 進(진)을 開(개)로 쓴 것은 右足(우족)이 나가면서 문을 열듯이 칼로 아래를 막기 때문이다. 뒤에 있던 左足(좌족)이 나가면서 위를 막으면 擧鼎勢(거정세)가 된다. 「곤오검결가」를 보면 조선세법이 '우족일검·좌족일검'처럼 '일수일법'의 연속된 회전 기법이다. 조선세법의 검결을 추상적으로 해석하면 '일수일법'을 할 수 없다. 예를 들어 발초심사세를 '숲에 숨은 뱀을 헤쳐 찾아 죽인다'로 해석하여 '칼로 숲을 헤치는 동작을 몇 번 하고 내려치는 동작'은 '일수일법'에 어긋난다.

⑤左進青龍雙探爪(좌진청룡쌍탐조): 청룡이 좌로 나아가 적을 찾아 두 발을 뻗는다네

縮退二步開劍(숙퇴이보개검)用右手十字(용우수십자)撩二劍(요이검)刺一劍(자일검): 몸을 낮춰 2보 물러나 검을 늘어트린다. '우수'를 사용하고 십자로 자세를 취한다(조선세법의 창룡출수세 기법 2개의 검법을 취한다). '雙(쌍)' 자에 대한 설명으로 문장은 청룡 하나지만 청룡의 짝은 探爪(탐조)다. 青龍獻爪槍勢(청룡헌조창세)의 '探身發(탐신발)'과 연결된 가결로 조선세법의 탐해세다. 鎗法(창법)과 劍法(검법)의 가결을 함께 사용했다는 것은 무예서 간에 가결과 기법을 공통으로 사용했다는 증거다. 刺一劍(자일검)은 '단순하게 한번 찌른다'는 뜻이 아니다. 刺(자)는 점검자다.

⑦右行單鳳獨朝陽(우행단봉독조양): 우로 가면 봉황이 홀로 조선을 비추네

159 音袞水流貌

用左手一刺(용좌수일자)跳進二步(도진이보)左右手各一挑(좌우수각일도)左右手各一蓋(좌우수각일개)右手一門轉步(우수일문전보)開劍作勢(개검작세), '좌수'로 한 번 찌르며 2보 나간다. '좌·우수' 각각 한 번씩 돋아 세운다. '좌·우수'는 덮어씌우는 기법, '우수'로 한쪽 문을 열어 돌아가는 보법이 개검작세다. 單鳳(단봉)은 조선세법의 봉두세이고 朝陽(조양)은 조선세법의 조천세다. 조선세법에서 봉두세는 2번, 조천세는 1번 나온다. 이 세 개의 기법을 설명한다.

⑦撒花蓋頂遮前後(살화개정차전후): 꽃잎이 휘날려 천지를 덮어 얼굴 앞뒤를 가리네

右滾花六劍開足(우곤화육검개족): 撒花蓋頂(살화개정)은 '머리 위에다 꽃을 뿌린다'다. 遮前後(차개정)은 '앞뒤를 막는다'다. 右滾(우곤)은 右腰(우요)에 숨겨둔 칼이다. '우수'가 찌르고 나가는 동작을 나타낸다. '六'자 형은 '걸어 나가는 모습'이다. 遮前後(차전후)는 '막으면서 전후로 돈다'다. 전기세에서 탁탑세로 연결된 동작을 시로 표현한 것으로 보인다. 天符劍(천부검)에도 남아있어 「劍訣歌(검결가)」와의 관련성을 입증하고 있다.

⑧馬步之中用此方(마보지중용차방): 마보 가운에 이 자세를 사용한다네

곤오검결가에 '마보'로 검의 자세를 비교하고 있다. 조선세법뿐만 아니라 권법이나 창법과 같은 무예서가 있었다는 방증이다.

⑨蝴蝶雙飛射太陽(호접쌍비사태양): 나비가 쌍쌍이 날듯이 태양은 비추네

右足進步(우족진보)右手來去二劍(우수래거이검)左足進步(좌족진보)左手一刺一晃(좌수일자일황) , '우족'이 나가고 '우수'가 오고 가는 두 개의 검이다. '좌족'이 나가고 '좌수'로 빠르게 찌른다. 조선세법의 탄복자와 충봉세는 해와 달로 짝, 별칭은 '쌍명자'다. 이것을 호접으로 표현했다. 蝴蝶雙飛(호접쌍비)는 천부검 44세에도 있고 유구무비지의 蝶雙飛手(호쌍비수)이고 『만보전서』의 「舞刀歌(무도가)」의 刀飛蝴蝶紛紛舞(도비호접분분무)다. 천부검과 곤오검 그리고 유구무비지 舞刀歌(무도가)가 하나의 뿌리에서 나왔음을 알 수 있다.

⑩梨花舞袖把身藏(이화무수파신장): 배꽃 날리듯 소매를 들어 춤추며 칼자루에 몸을 숨긴다네 退二步(퇴이보)從上舞下四劍(종상무하사검): 2보 뒤로 물러서고 연이어 위로 칼이 춤추고 아래로 칼을 둘러친다. 梨花(이화)는 곤법의 梨花鎗(이화창)

의 기법이고 棍法(곤법)에도 사용됐다. '袖(수)'는 穿袖(천수)로 梨花(이화)의 기법을 펼치기 위한 梨花擺頭(이화파두)의 기법이다. 劍法(검법)의 가결이 鎗法(창법)과 棍法(곤법)에 함께 사용했다.

⑪鳳凰浪翅乾坤少(봉황랑시건곤소): 봉황이 날개를 한껏 펼치니 하늘과 땅도 작구나!

進右足(진우족)轉身張兩手(전신장양수)仍飜手(잉번수)左手一劍(좌수일검)右手來去二劍(우수거래이검)左手又一劍(좌수우일검)開劍進右足(개검진우족): '우족'이 나가며 몸을 돌린다. 동시에 손을 뒤집어 양손을 뻗는다. 一劍(일검)은 '좌수'에 있는 검이고 '우수'로 가면서 一劍(일검)이 됐다. 검을 늘어뜨리고 '우족'이 나간다. 鳳凰浪翅(봉황랑전시)란 '봉활이 힘차게 날개를 펼친다'다. 展翅勢(전시세)의 가결과 같다.

⑫掠膝連肩劈兩旁(약슬연견벽양방): 무릎과 어깨에 기대어 휘두른다네

과좌세·과우세처럼 양옆에서 걸터올려 치는 기법을 설명한 문장이다. 劈(쪼갤벽)에 '刀(도)' 자가 아래에 있고 掠膝(략슬)은 동작 설명, 과우세의 撩剪下殺(요전하살)이다.

⑬進步滿空飛白雪(진보만공비백설): 한번 발이 나가면 허공에는 흰 눈이 휘날리네

從下舞上四劍(종하무상사검)先右手(선우수): 아래로 내려갔다 위로 올라가면 검은 위에서 돈다. '우수'가 이끈다. 검결가 '舞(무)' 자는 劍舞(검무)를 뜻하고 四劍(사검)은 검이 사방위에서 움직인다는 기법의 설명, '전기세·백사롱풍세'는 아래로 내려간 칼을 거두어 몸이 돌면 칼끝은 하늘에서 빙 돌게 된다. 이러한 기법을 사용할 때, '우수'가 먼저 작용을 한다는 것을 설명한 문장이다.

⑭回身野馬去思鄉(회신야마거사향): 몸을 돌려 거친 말을 몰아 고향을 그리며 가네!

右手抹眉一劍(우수말미일검)右手抹脚一劍(우수말각일검)抹眉一劍(말미일검)左手抹腰一劍(좌수말요일검)一刺(일자)右劍一手收劍(우검일수수검): '우수'로 검 손잡이 둘레를 스치고 검의 언저리가 통과할 때 '우수우각'이 검과 하나로 움직인다. '좌수'의 허리에 검이 통과한다. 검을 검집에 찌르듯 넣는다. 우측에 있는 손으로 검을 거둔다. 回身野馬(회신야마)는 倒騎龍(도기룡)과 勒馬(륵마)를 풀이한 詩(시)다.

이 문장은 조선세법을 모두 끝내고 마지막에 검을 검집에 넣는 동작의 설명, 여기에서 眉(미)는 검병의 둘레 부분명칭이다. '우수'에 있는 검을 좌측 허리의 검집에

스치듯 꽂아 넣고 '우수우각'을 거두는 동작이다. 일본식 납검은 조선세법에서 해오던 방식임을 기록을 통해 알 수 있다.

五

朝鮮勢法 (조선세법)

1
조선세법 劍訣(검결)에 숨겨진 秘密(비밀)

詩(시)나 歌訣(가결)은 구체적 동작을 추상적 관념으로 바꾸었다. 그렇기 때문에 劍訣(검결)과 歌訣(가결)에 쓰인 한자의 뜻만으로는 기법을 찾기 힘들었던 것도 다 이런 장치 때문이다. 이것을 깨우치기까지 많은 시행착오가 필요했다. 예를 들어 동작과 관련된 한자는 '手(수)'나 '足(족)' 자가 주로 붙어야 한다. 이런 글자들이 '手=水=翅=花'처럼 치환된다. 무예의 구성은 대칭이 기본이다. 이 대칭이 詩(시)의 對句(대구)다. 이렇게 하면 한쪽에서 부족한 설명을 다른 쪽에서 보완할 수 있다. 24세는 그림 한 장에 1~3개의 기법이 있다. 마지막 看法(간법)은 앞에 이미 나온 자세다. 그래서 한 장에 최소 두 개의 그림이 있는 셈이다. 즉 간법의 자세를 같은 지면에 배치하면 복원하는데 데 큰 도움이 된다.『무비지』는 창룡출수세나 호준세처럼 전방으로 요격하는 그림은 생략했다.

역사서는 강자에 의해 왜곡되고 전쟁을 통해 소실되기도 하지만, 무예서의 특징은 강한 군사를 양성하기 위한 목적이기 때문에 오히려 타국의 무예서를 강탈하여 자국에 사용하였다. 이러한 무예서를 가지고 있던 장수나 몸으로 익혔던 군사들에 의해 민가로 퍼져 나가게 되었다. 歌訣(가결) 속에는 한민족의 신화와 역사 그리고 정체성이 담겨있다.

『본국검예 1·2·3』과 『본국무예』에서 공개한 조선세법·본국검의 해석 내용을 토대로 복원한 동작은 한국무예단체(18기류·경당(24반류)·24기류)·본국검·대한검도) 등에서 공개 발표한 동작[160]과 전혀 다르다. "무예서에 그림과 가결이 상세하지만, 그 속에 변통하는 활발한 묘수는 口傳心受(구전심수)가 아니고서야 어찌 일일이 다할 수 있겠는가? 그래서 '스승이 없이는 聖(성)에 통할 수 없어 訣(결)을 얻어 돌아와 책을 보는 것이라 이른다."[161] 고 모원의는 말했다.

필자는 무예서를 20년 가까이 연구하여 복원한 저작물이다. 모원의 말처럼 무예의 전승이란 사부가 제가에게 직접 구전심수하는 도제 방식이 정통이다. 저자는 이 책에 실린 내용뿐만 아니라 실리지 않는 내용과 기법을 직접 전수하고 있음을 밝힌다. 저작물을 토대로 조선세법과 본국검을 수련하거나 일부 동작을 변형하여 수련하는 단체나 무인들은 모두 임성묵의 流派(류파)[162]에 속하게 됨을 밝힌다. 『본국검예 1·2·3』권에서 미공개한 내용을 후세를 위해 발표한다.

160 유네스코국제무예쎈타 전통무예진흥 온라인 영상지원 자료 외에, 이미 오래전 인터넷에 발표된 타 무예 단체 영상 참조.

161 或問曰 讀棍論 閱圖形誦歌訣 卽可稱絶技乎 余曰 圖訣雖詳 其中變通活潑之妙 非口傳心受 何以曲盡 故非師不通聖 得訣回來好看書 此之謂也

162 한국무예계의 현실은 하나의 무예종목이 많으면 70개부터 십 수 개의 협회로 분파되었다. 타무예 종목의 술기를 도용하거나 일부를 변형하여 마치 자신이 복원하거나 창시한 것처럼 만드는 풍토가 만연하다. 그로 인해 사제관계와 무예의 덕목인 정직과 신의가 무너진 지 오래다. 이러한 풍조를 후대에 경계하고자 정통과 유파를 분명히 밝힌다.

2

朝鮮勢法(조선세법)의 配置(배치) 및 방향성

『본국검예 1, 조선세법』에서 조선세법은 북두칠성(대웅성)이 사신을 움직이는 것과 『본국검예 3, 왜검의 시원은 조선이다』에서 '雙明刺(쌍명자)·旋風格(선풍격)·騰蛟洗(등교세)·虎穴洗(호혈세)'를 발표했다. 이제 비공개해왔던 연구 내용을 발표한다. 각 동작의 前後左右(전후좌우)를 배치[163]하면 〈그림 5-1〉의 아래와 같다.

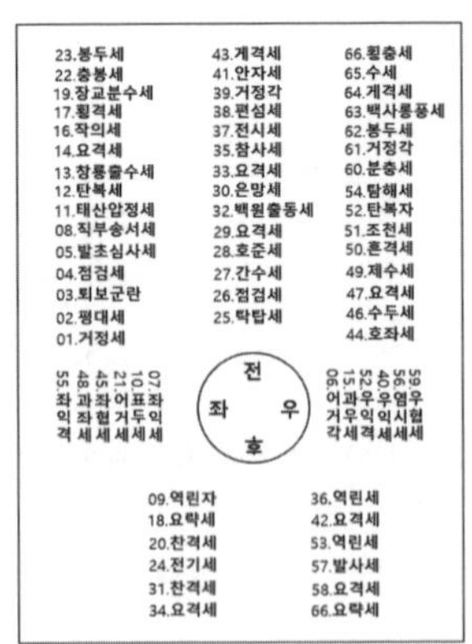

그림 5-1. 조선세법의 방향 배치도

---

163 임성묵, 『본국검예 1. 조선세법』 p233. 조선세법의 방향을 보완한다.

前方(전방)에 44세가 있다. 전체 66 勢(세)의 ⅔보다 많다. 한 장에 많으면 3개의 기법이 배치되었다. 3개 정도는 몇 보에 불과하지만 44 勢(세)가 나가면 족히 30~50M는 된다. 44 세가 전방으로 배치됐다는 것은 조선세법이 회전 기법이라는 것을 반증한다. 魔方陣(마방진)을 구성하듯 복잡한 수의 작용이 숨어있다. 즉 '66+44=110'와 각각 6+4=10의 수를 내포한다. 여기에 '태아도타세·여선참사세·양각조천세·금강보운세' 4 勢(세)를 합치면 '6+4=10'과 '66+4=70'으로 양분되어 곤법과 창법을 서로 대칭으로 구성했듯이, 地上(지상)의 개념은 70수가 되고 조선세법 본문 속에 빠진 '雙明刺(쌍명자)·騰蛟勢(등교세)·虎穴洗(호렬세)·旋風格(선풍각)'의 가결을 포함하면 天上(천상)의 개념은 70수가 된다. 조선세법은 북두칠성 77의 수, 총 49(7×7)세[164]에 중복하여 총 66세를 만들었다. 본국검은 33세 곤법 55세로 모두 음양의 짝으로 모두 구성됐다. 매우 의도된 숫자임을 알 수 있다. 배치도를 보면 전방에 44개, 左(좌) 6개, 右(우) 6개, 후방은 12개다. 12번째 坦腹勢(탄복세)는 右廻(우회), 22번째 冲鋒勢(충봉세)는 左廻(좌회)로 돌면서 찌른다. 冲鋒勢(충봉세)의 이칭이 雙明(쌍명)이다. 坦腹勢(탄복세)에 '日月(일월)'이 있고 雙明(쌍명)의 '明(명)' 자에도 日月(일월)이 있다. 탄복세는 '해'를 상징하고 雙明(쌍명)은 '달'을 상징하여 '해와 달'이다. 30번째 은망세는 전후로 두 번 돌아 횡격(밤)을 두 번 한다. 32번째 백원출동세의 白猿(백원)은 '밝고 둥근 해'로 '白圓(백원)'이다. 해가 서산으로 들어가 쉬고 동해로 나온다. 백원의 '좌각'이 들어갔다 다시 돌아 나오는 보법'은 서로 들어갔다 동으로 돌아 나오는 '해'로 비유했다. 66세의 반, 33·34번째에서 요격을 두 번 한다. 전후좌우 배치된 숫자를 보면 조선세법은 계획적으로 구성된 것임을 알 수 있다. 본국검의 33세도 조선세법의 반이면서 짝이다. 숫자는 얼마든지 늘리고 줄일 수 있음에도 불구하고 '66'의 숫자를 의도적으로 구성했다. 천부경은 99의 수 '81(9×9)'다. 도덕경을 '81장'으로 만든 것도 다 이런 연유다. 모두 동일 수를

---

164 1.擧鼎勢 2.平臺勢 3.退步羣攔勢 4.點劍勢 5.撥草尋蛇勢 6.御擧勢 7.左翼勢 8.直符送書勢 9.逆鱗勢 10.豹頭勢 11.泰山壓頂勢 12.坦腹勢 13.蒼龍出水勢 14.跨右勢 15.綽衣勢 16.撩掠勢 17.長蛟分水勢 18.鑽擊勢 19.冲鋒勢 20.鳳頭勢 21.展旗勢 22.托塔勢 23.看守勢 24.機隨勢 25.虎蹲勢 26.銀蟒勢 27.白猿出洞勢 28.腰擊勢 29.斬蛇勢 30.展翅勢 31.偏閃勢 32.右翼勢 33.鴈字勢 34.揭擊勢 35.虎左勢 36.左夾勢 37.獸頭勢 38.跨左勢 39.提水勢 40.掀擊勢 41.朝天勢 42.探海勢 43.斂翅勢 44.拔蛇勢 45.右夾勢 46.奔冲勢 47.白蛇弄風勢 48.橫冲勢 49.隨勢

반복하여 음양을 일치시켰다. 夫婦(부부)도 짝이고 劍(검)의 '僉(첨)' 자도 '부부'다. 옛 문서는 숫자의 상징성을 매우 중시했음을 알 수 있다.

조선세법은 수평의 橫擊(횡격)과 腰擊(요격) 그리고 상하 刺法(자법), 밑에서 칼을 쓰는 掠法(략법)과 剪法(전법)을 중심으로 구성됐다. 擊法(격법)은 전체 66세 중 10%에도 못 미친다. 이에 반해 본국검은 조선세법에서 가장 많은 腰擊(요격)은 단 한 개도 없고 橫擊(횡격)만 두 개가 있을 뿐이다. 나머지는 擊法(격법)과 刺法(자법)으로 동일하게 구성했다. 조선세법은 단순한 검법서가 아니라 천문을 구성해서 만든 검법이다. 본국검은 '舞劍(무검)'이다. 연결된 검형이 '춤'이다. 연결된 武(무)의 동작은 각 민족의 춤사위와 연결된다. 조선세법은 중국·일본의 춤사위와 전혀 다르다. 우리 민족의 춤사위가 그대로 들어있다.

일본 거합이 조선세법을 참고하여 만들었지만, 일본 몸짓에 맞게 앞으로 갔다 뒤로 돌아오기를 반복한다. 일본의 劍理(검리)를 가지고는 조선세법을 복원할 수 없다. 중국의 편수법으로도 조선세법을 복원할 수 없다. 조선세법은 동양사상의 정수인 태극음양오행을 쌍수검법으로 구현했다. 이보다 더 위대한 검법은 전 세계에서 유래를 찾아볼 수 없다. 조선세법 24개는 24절기를 나타냈다. 통천관도 24개의 줄기다. 모두 천지운행과 관련된 숫자다. 조선세법 24세[165]에 담긴 66세는 한 번에 수련할 수 없다. 부분을 끊어 수련한 다음 전체를 연결하게 된다. 때문에 收受勢(수수세)[166]로 겨룰 수 있다. 맨손으로 조선세법의 동작을 하면 태극권과 같은 권법이 된다. 검 대신 棍(곤)과 棒(봉)을 들고 할 수도 있다. 이처럼 조선세법 하나만 가지고도 여러 종류의 검법과 각종 무예를 창안할 수 있는 동양 최고의 武經(무경)이다.

---

165 필자는 본국검은 초급 10개, 중고급 33세, 조선세법은 초급 12개, 중급 33세 두 개, 전수자는 66세 전체를 수련한다.

166 授受勢(수수세)의 구성은 복원과정에 임수원 협회장이 발견했다.

가. 조선세법의 그림과 祕標(비표)

조선세법 66개의 劍勢(검세)는 전후좌우로 연결되어 움직이기 때문에 진행 방향에 대한 설명이 필요하다. 지금처럼 동영상이 없던 시절, 평면의 2차원에 표현해야 한다. 현재 만든 교본을 보면 연결 동작을 많은 수의 그림으로 배치했다. 이렇게 만든 그림을 보고도 이해하려면 무척 어렵다. 66개의 연결 동작을 지금처럼 그린다면 수백 장으로도 부족하다. 한정된 24장에 모든 동작을 그리는 것은 불가능하다. 그래서 화공은 첫째, 각기 다른 자세에서 중복된 모습은 한 장의 그림에 두 개의 자세를 함축시켰다.

둘째, 전후좌우 방향과 회전을 허리띠와 結巾(결건)의 머리띠에 표시한다. 한편 『무예도보통지』 범예편 "보군 관복의 구도는 척시도에 의하였고 머리에 매는 수건은 급자기 꾸민 것으로, 그 색깔과 모양을 이해하지 못하므로 오늘날은 모두 개혁하였다."라고 했다. 凡例(범예)의 "戚圖帕首急裝不解其色様今皆釐改(척도말수급장불해기색양금개리개)의 문장의 急裝(급장)의 '急(급)'은 '중요하다'이고, '裝(장)'은 '간직하다'로써 '급하게 몸치장을 하다'는 의미라 아니라 '머리띠에 무엇인가 중요한 의미가 있다'다. 즉 무사 백동수가 무비지의 그림을 옮기는 과정에서 머리띠와 허리띠에 숨겨진 비표가 의미하는 것을 알지 못했다는 것으로 조선세법을 복원하지 못했다는 고백이다. 그래서 고만홍[167]에 의해 80여 명이 수련하고 있었던 예도를 남긴 것이 「예도총도」다. 즉 예도총도는 조선세법이 아니다. 그래서 조선세법은 총도가 없다.

2)허리띠와 머리띠의 방향 祕標(비표)

①허리띠: 표두세·좌협세·어거세 3개〈그림 5-2〉다. 표두세와 좌협세는 좌측, 左方(좌방)의 표시다. 어거세는 우측, 右方(우방)의 표시로 대략 90°의 회전이다.

②머리띠(상): 탄복세·과우세·전시세·찬격세·요격세·염시세·우협세, 8개로 전방을 보는 경우 우측 머리 위에 띠를 표식했고, 후방을 보는 경우 좌측 머리 위에 띠

167 승전원일기(영조10:1734.8.8): 예도는 고만홍의 부친 후점이 어느 곳에서 배웠는지 모르겠으나 그 기술이 매우 기이하여 다른 사람을 가르치게 하여 지금 팔십여 사람이 하고 있다.

를 그렸다. '一廻轉(일회전)'을 행하라는 표식이다〈그림 4-3〉.

③머리띠(하): 점검세·좌익세·요략세·간수세·은망세·전시세·우익세·게격세·과좌세·흔격세·역린세·봉두세·횡충세 13개는 회전의 표식이 생략됐다.

그림 5-2. 허리띠(3개)

그림 5-3. 머리띠(6개)

나. 看法(간법)에 숨겨진 祕密(비밀)

看法(간법)의 看(간)은 '眼看人盡醉(안간인진취)'로 '자세히 살펴보다'이다. 즉 숨은 그림 찾듯이 조선세법에서 잘 찾아보라는 뜻이다. 조선세법 24세 각 장 끝에 배치된 看法(간법)은 24 세 중에 있는 것은 똑같이 하면 된다. 머리띠가 위로 올라간 6개의 그림은 간법과 연결됐다. 간법에 없는 자세는 어떻게 찾을 것인가? 바로 24세 중에서 다시 중복된 자세를 찾으면 된다. 그러나 '직부송서세-장교분수세-안자세-백원출동세-수두세-조천세'는 그림이 없다. 이것은 본국검에 있는 자세로써 조선세법을 만들 당시 본국검보가 있었다는 증거다. 조선세법을 풀지 못하면 본국검도 풀 수 없고, 본국검을 풀지 못하면 조선세법도 풀 수 없다.

다. 洗法(세법)과 步法(보법)

표 5-1. 先(선)·洗(세)·衝(충)·沖(충)·向(향)의 갑골문·금문·전문

갑골문	금문	전문	해서
			先(선)
			洗(세)
			衝(충)
			沖(충)
			向(향)
			鄕(향)
·(고문)			奏(주)

‘先(선)’ 자의 갑골문 ‘[illegible]’ 자는 ‘먼저·최초’로 ‘발이 먼저 간다’다. ‘洗(세)=氵+先(선)’이다. ‘氵(수)=手(수)’의 환유이고 ‘先(선)=足(족)’의 환유다. 단순하게 발만 ‘먼저 나간다’면, ‘先(선)’ 자만 쓰면 되지만 갑골문 ‘[illegible]’ 자는 ‘사람을 중심으로 사방에 물’이 있다. 洗浴(세욕)이다. 그래서 ‘洗(세)’ 자는 몇 개의 동작에 비유적으로 사용됐다. 洗法有三(세법유산)인 ‘鳳頭洗(봉두세)·虎穴洗(호혈세)·騰蛟洗(등교세)[168]다. 봉두세는 발을 씻고, 호혈세는 허리를 씻고, ‘목뒤로 물을 뿌려 등을 닦듯이 칼을 뒤로 돌리는 수법과 보법의 작용’은 등교세다. ‘욕을 바가지로 먹었다’는 말은, ‘물이 담긴 바가지를 뒤집어썼다’라는 洗浴(세욕)이다. 法(세법)은 한민족 특유의 雙手法(쌍수법)이다. 좌우로 휘두르면 회전을 동반한다. 刺法(자법)은 중국 검법의 특징이기 때문에 偏手(편수)다. 打法(타법)은 일본 검법의 특징이기 때문에 兩手(양수)다. 이런 몸짓은 한·중·일의 춤 동작에 스며있다. 한편 洗法有三(세법유삼)의 虎穴(호혈)은 ‘호랑가 굴’이다 虎坐勢(호좌세)의 설명에 冲洗(충세)가 있다. 호좌세의 대칭은 호준세다. 호좌세는 ‘右廻(후회)’로 굴로 들어갔다. 호준세는 ‘左廻(좌회)’로 굴에서 나갔다. 호좌세의 ‘坐(좌)’는 굴로 돌아가 앉아 쉬는 호랑이다. ‘해(白虎)’가 서산으로 넘

168 임성묵, 『본국검예 3. 왜검의 시원은 조선이다』 행복에너지출판사, 2019. P258~259.

어간 것이고, 호준세의 蹲(준)은 일어난 호랑이다. 寅時(인시)에 나온 '해'가 호준세다. 호좌세는 '좌각좌수', 호준세는 '좌각우수'의 요격이다. 한편 조선군영의 창법에 虎歇勢(호헐세)가 있다. 虎穴(호혈)이 후대에 虎歇(호헐)로 음차된 것으로 사료된다. 은망세는 '좌각좌수' 전방으로 하는 횡격과 '우각우수' 후방으로 하는 횡격, 두 개가 있다. 첫 번째 은망세가 '좌요격', 두 번째 횡격은 騰蛟洗(등교세)로, 본국검의 '우요격세'다. '목 뒤로 칼을 맨 자세'를 '목에 두른 큰 뱀'으로 비유하여 '蛟(교)'다. 騰(등)은 '등'의 이두문이다. 蛟(교:교룡)는 '絞(교:목매다)'로 치환된 글자다. 호좌세는 '호랑이가 뒤로 돌아 들어가기' 때문에 冲洗(충세)다. 은망세는 전후를 돌려치기 때문에 旋風(선풍)이다. 仙風獅子(선풍사자)[169]의 左右旋扣(좌우선골)과 左右團旋(좌우단선)으로 은망세의 동작과 같다. 旋風(선풍)은 穿袖勢(천수세)나 하삽세의 기법 설명문에 '旋風(선풍)'을 사용했다. '漩(선)'과 통하여 '소용돌이'다. 즉 '洗法(세법)=旋風(선풍)'이다.

'冲(충)=冫(빙)+中(중)'이다. '衝=沖=冲(충)'이다. 왜 '冲(충)' 자를 썼을까? 衝(충)은 '사거리 중심에서 돌아간다'는 뜻이다. 衝門(충문)[170]처럼 '중심이 도는 것'을 나타낸다. 沖(충)은 '물이 가운에서 돌아나간다'다. '冫(빙)'은 '빙 돈다'라는 '빙'의 음가다. 즉 冲(충)은 '얼음 가운데에서 미끄러지듯 팽이처럼 빙 돌아 나간다'다.

라. 向前(향전)과 進前(진전)

조선세법 문장에는 '向前掣步(향전체보)·向前進步(진보)·向前退步(향전퇴보)·向後(향후)'가 있다.

'向前(향전)'은 조선세법과 본국검을 해독하는데 매우 중요한 글자다. 이 '向(향)' 자를 이해하지 못하면 온전한 기법을 구현할 수 없다.

向(향)은 '북쪽에 있는 창'이다. 한민족에게 북쪽은 죽어서 돌아가야 할 고향이다. '向(향)=鄕(향)'이다. 鄕(향)의 갑골문 [갑골문] 자형은 두 사람([갑골문]·[갑골문]) 가운데 밥([갑골문])을 두고

169 新刻天下四民便覽三台萬用正宗卷之二十三. 修直門. 仙風獅子(선풍사자)

170 족태음비경의 혈자리, 골반이 빙빙 돌도록 하는 둥근 뼈

각자 고개를 돌려 뒤를 돌아보고 있다. 맛있는 음식이 있으면 고향에 계신 부모 자식 생각이 나기 때문이다. '밥=볍', 갑골문에서 밥 먹는 사람의 '입'에 'ㅂ'자 형이 있다. 전문(鄕)의 가운데 '皀(량)' 자는 어린 자식이다. '자식과 함께 고향에 간다'다. 즉 '向(향)' 자는 '뒤로 돈다'라는 개념이다. 그렇기 때문에 '向前(향전)'은 前方(전방)을 향해 '돌아가야' 한다. 회전 없이 곧게 들어가면 '進前(진전)' 또는 '進步(진보)'다. 易筋經(역근경)의 兩臂開曲向(양비개곡향)에서 '向(향)' 자가 '손끝은 북쪽으로 올린다'는 뜻으로 사용되는 것에서도 확인할 수 있다.

조선세법에서 본국검의 기법이 파생되었기 때문에 검을 운용하는 身法(신법)도 같을 수밖에 없다. 무예는 몸으로 기억하고 전달하기 때문에 본국검보가 사라졌다고 하여도 그 몸짓은 남아있다. 후대에 이 몸짓을 보고 다시 문서로 작성한 것으로 사료된다.

본국검도 회전의 몸동작이 그대로 계승됐다. '금계독립세-좌일회-진전격적세'의 구조다. 즉 금계독립세가 앞을 보고 있지만 곧게 들어가면서 진전격적세를 하지 않고 '좌일회'를 하면서 친다. 결국 '向(향)' 자가 '左一廻(좌일회)'를 함축한 글자임을 알 수 있다.

'掣步(체보)'는 의도적으로 옮기는 보법이 아니다. 칼과 신법의 작용 때문에 발이 땅에 끌려간다. 進步(진보)는 스스로 발을 내딛기 때문에 발이 끌리지 않는다.

부모가 사는 곳이 '고향'이다. 부모와 고향 생각에 눈물이 나기에 '泣(읍)'이다. '邑=邑=邑(읍)'이다. '饗(향)'은 부모가 죽어 계시는 곳 북두칠성이 있는 하늘이다. 한자는 이렇게 파생되어 음과 소리가 만들어졌다. "饗而後進(향이후진) 進而後饗(진이후향) 得此二語(득차이어) 分別明白(분별명백) 可以語技矣(가이어기의)'다. '돌고 나서 전진하고, 전진하고 나서 돌라는 이 두 마디 말을 얻어 분별이 명확해지면 가히 기를 말할 수 있다." 向(향)을 饗(향)으로 치환했다.

洗(세)는 '손과 발 중심', 冲(충)은 '몸이 중심', 向(향)은 '머리가 중심'으로 돌아간다. 向前(향전)은 '좌·우·후' 세 방향에 중에 하나에 있는 상태다. 만일 몸이 이미 앞에 있는 상태에서 계속해서 나가면 進前(진전)이다. 그런데 '向前(향전)'이면 한번 돌아서 나가야 한다.

마. 步法(보법)의 종류

①掣步(체보): 손을 당기는 힘으로 발이 끌려나가는 보법. ②進步(진보): 발이 앞으로 나가는 보법. ③退步(퇴보): 발이 뒤로 빠지는 보법. ④立步(입보): 양발이 나란히 서는 보법. ⑤退進步(퇴진보): 뒤로 발을 뺀 후, 다시 나가는 보법. ⑥進掣步(진체보): 앞으로 발이 나갈 때 뒷발이 끌려나가는 보법.

표 5-2. 掣步(체보)·進步(진보)·退步(퇴보)·立步(입보)·退進步(퇴진보)·進掣步(진체보)

	방향과 보법	관련 세명
1	向前掣步(향전체보)	평대세·발초심사세 · 직부송서세 · 태상압정세 · 장교분수세 · 탁탑세 호준세 · 백원출동세 · 편섬세 · 안자세 · 탐해세 · 백사롱풍세
2	向前進步(향전진보)	창룡출수세 · 작의세 · 작의세 · 참사세 · 수두세 · 제수세
3	向前退步(향전퇴보)	충봉세 · 호좌세 · 조천세
4	向前立步(향전입보)	분충세
5	退進步(퇴진보)	발사세
6	進掣步(진체보)	횡충세(수세)

비표와 보법에 맞게 검을 쓰면 氣(기)의 흐름이 스스로 일어나, 작은 힘으로 큰 동작을 가볍게 할 수 있다. 이러한 원리는 모든 무술에 적용된다. 조선세법의 원리가 담긴 66세를 맨손으로 하면 태극 사상이 담긴 天府拳(천부권)이라 할 수 있다. 조선세법은 천지와 소통하고 자연과 하나 되는 동양 유일의 武(무)의 經典(경전)이라 할 수밖에 없다.

바. 자법(刺法)의 특징

자법(刺法: 點劍刺·直符送書刺·逆鱗刺·泰山壓頂刺·鑽擊刺·御車刺·冲鋒刺·看守刺·坦腹刺·偏閃刺·雁字刺·左挾刺·右挾刺·奔冲刺·橫冲刺)이다. 자법은 찌른 다음 반드시 빼는 동작이 동반된다. 칼을 빼면서 다음 '勢(세)'의 방향에 따라 360°,

180°, 90°로 회전하게 된다. 이로 인해 계속해서 中心(중심)에서 맴돌게 된다. 조선세법에는 본국검과 대칭되는 기법들이 여럿 있다. 본국검의 직부송서세는 '우수좌각'이고 조선세법은 '우각우수'다. 본국검의 장교분수세는 '우수우각'이고 조선세법은 '좌각좌수'다. 본국검의 표두압정세는 조선세법의 태산압정세와 대칭이다. 본국검의 좌협수두세가 조선세법의 수두세이다. 동일기법에 '발초심사세·백원출동세·전기세·조천세'가 있고, 본국검의 '좌·우요격세'는 조선세법의 '은망세·등교세'로, 조선세법의 '전기세'가 본국검의 '전기세'다. 본국검은 격법이 중심으로 문장 작성시 손동작을 먼저 작성하고 발을 나중에 작성했고, 조선세법은 세법이 중심으로 발을 먼저 작성하고 손동작을 나중에 작성했다. 조선세법의 기법을 거정세부터 횡충세까지 간략하게 핵심내용을 설명한다.

3

朝鮮勢法(조선세법) 復原(복원)을 위한 解除(해제)

조선세법은 검결만 있고 그림이 없어 복원하기가 복잡하고 난해하다. 그러나 문장의 단락 지점,[171] 기법 간의 배치구조, 허리와 머리띠의 비표가 가르치는 방향을

171 ①擧鼎格也. 法能鼎格上殺 ②左脚右手平擡勢 向前掣擊中殺 ③退步裙襴(看法) ④點檢刺也. 法能偏閃秦進槍殺 ⑤右却右手 撥艸尋蛇勢 向前掣步 ⑥御車格(看法) ⑦左翼擊也 法能上挑下壓直殺虎口 ⑧右却右手 直符送書勢 向前掣步 ⑨逆鱗刺(看法) ⑩豹頭擊也 法能霹擊上殺 ⑪左脚左手太山壓頂勢 向前掣步 挑刺(看法) ⑫坦腹刺也 法能衝刺中殺 進如崩山 ⑬右脚右手 蒼龍出水勢 向前進步 要擊(看法) ⑭跨右擊也 法能撩剪下殺 ⑮左脚右手 綽衣勢 向前進步 橫擊(看法) ⑯撩掠格也 法能遮駕下殺 蔽左護右 ⑰左脚左手 長蛟分水勢 向前掣步 ⑱鑽擊(看法) ⑲御車格也 法能駕御中殺 削殺雙手 ⑳左脚右手 衝鋒勢 向前退步 ㉑鳳頭洗(看法) ㉒展旗擊也 法能剪磨上殺 ㉓左脚左手托塔勢向前掣步 ㉔點劍(看法) ㉕看守擊也 法能看守 諸器攻刺守定 諸器難進相 機隨勢滾殺, ㉖左脚右手 虎蹲勢 向前進步腰擊(看法) ㉘銀蟒格也 法能四顧周身 又能掠殺四面 向前則左手左脚 向後則右手右脚, 動則左右旋風掣電殺. ㉘鑽擊也 法能鑽格槍殺 鵝形鴨步奔衝 ㉙左脚左手 白遠出洞勢向前掣步 ㉚腰擊(看法) ㉛腰擊也 法能橫衝中殺 身步手劍疾若迅電 此一擊者劍中之首擊也. ㉜右脚右手斬蛇勢向前進步 ㉝逆鱗(看法) ㉞展翅擊也 法能絞格上殺 撩掠下殺 ㉟右脚右手 偏閃勢向前步掣 ㊱擧鼎格(看法) ㊲右翼擊也 法能剪殺兩翼 ㊳左脚右手 雁字勢向前步掣 ㊴腰擊(看法) ㊵揭擊也 法能剪格上殺 步步套進 ㊶左脚左手 虎坐勢 向前退步衝洗(看法) ㊷左夾刺也 法能衝刺中殺 ㊸右脚右手 獸頭勢向前進步 ㊹腰擊(看法) ㊺跨左擊也 法能掃掠下殺 ㊻右脚右手 提水勢向前進步雙剪(看法) ㊼掀擊也 法能掀挑上殺 槍步鑽殺 ㊽左脚右手 朝天勢向前退步 ㊾担服刺(看法) ㊿逆鱗刺也 法能直刺喉經 51右脚右手 探海勢向前步掣 52左翼擊(看法) 53斂翅擊也 能佯北誘賺 54左右手脚 拔蛇勢 倒退進步腰擊(看法) 55右夾刺也 法能絞刺中殺 56左脚右手 奔衝勢 向前立步 57擧鼎格(看法) 58鳳頭洗也 法能洗刺剪殺 59右脚右手 白蛇弄風勢向前掣步 60揭擊(看法) 61橫衝擊也 法能疾奔類閃滾殺 進退兩手兩脚隨勢 衝進掣步 62撩掠(看法)

따라 勢(세)와 勢(세)를 연결하면 명확하게 복원할 수 있다. 看法(간법)의 勢名(세명)은 24세에 있는 그림을 그대로 배치하고, 세명에 숨겨진 기법과 대칭된 기법을 찾게 되면 조선세법의 진의를 찾을 수 있다. 이 중 하나라도 미진하면 눈으로는 보되 기법은 보지 못한다. 모원의는 "곤이 이미 다른 여러 기예를 포괄하고 있다면, 다른 기예들은 모두 폐해도 되겠습니까?"라는 질문에 "太祖長拳(양가창권), 면장단타(綿張短打), 孫家陰手棍(손가음수곤), 少林兼鎗帶棒(소림겸창대봉)은 五家(오가)의 正傳(정전)이니, 진실로 정밀하고 숙달되게 익혀 그 心印(심인)을 얻는다면 나머지들은 버려도 될 것이다."[172]라고 답했듯이, 조선세법에 통달하면 棍法(곤법)과 拳法(권법)이 그 속에 있음도 알게 될 것이다.

한편, 鋭刀(예도)의 첫 시작은 太阿倒拖勢(태아도타세)다. 좌수로 牢執刀(뢰집도: 움켜쥠)하고, 우수를 하늘을 향해 들어 크게 한번 소릴 지르면서, 우족이 나가 옆으로 선다. 우수를 내려 우 무릎을 가볍게 친 다음, '좌족'이 들어가면서 거정세가 시작된다. 우수를 들어 돌려 내리는 행위는 하늘에 적을 물리쳐 달라는 기원과 함께 신께 가호를 내려받는 행위다. 〈그림 4-9〉의 삼실총 장사도의 활갯짓과 권법의 첫 시작 탐마세에서도 행한다.

一. 擧鼎勢(거정세)

①擧鼎勢(거정세)-前方(전방)-上殺(상살)-格法(각법): 머리 위에 띠가 있다. 전방을 향해 '一廻轉(일회전)'을 하라는 표식이다. 擧鼎勢(거정세)는 '칼을 들어 머리를 막는 자세'다. 한자로 보면 '擧頂格(거정각)'인데 '頂(정)' 자를 대신 음이 같은 '鼎(정)' 자로 치환했다. 이렇게 하면 동작을 詩(시)로 개념화할 수 있고 '鼎(정)' 자에서 모습을 취할 수 있다. 상체의 중심이 앞에 있고 칼은 이마 높이에 있고 칼끝은 후방이다. 검이 머리 위를 넘어가지 않았다. 곧게 머리를 친다면 막기에 위험성이 있다. 이 자세는 머리나 측면 공격을 좌견으로 빗겨 흘리며 막는 기법이다. '좌각'이 앞에

172 『무예문헌자료집성』의 「무예제보번역속집」 p.0790.

있다. 이 상태에서 전방으로 '一廻轉(일회전)'을 해야 한다. 전방으로 나아가며 회전을 할 경우는 본국검에서 좌일회 이후 진전살적세로 공격하듯이 '좌회'가 기본이다. 다음의 평대세는 '좌각우수'이기 때문에 '좌일회'를 해야 한다. 전방에서 상대가 내려친 머리 공격을 거정세로 막고 상대를 보면서 '좌'로 돌아나가 적을 친다. 한편 실전에서 뒤로 회전할 경우는 맹호은림세처럼 '우회'가 기본이다. 거정세는 세 번 나온다. 두 번은 看法(간법)에서 나온다. 格(격/각)은 공격은 '격'이고, 방어는 '각'이다. 맨손으로 하면 대동류의 정면타의 방어다. 거정세는 상대가 치는 순간 들어가면서 막는 기법이다.

②平檯勢(평대세)-左脚右手(좌각우수)-向前掣步(향전체보)-中殺(중살): 그림이 없다. 기법도 생략됐고 오로지 中殺(중살)만 있다. 平檯(평대)의 平(평)은 '수평'이고 檯(대)는 '卓子(탁자)'로 요격을 나타낸다. 실제 조선세법에서 기법이 생략된 경우 대부분 腰擊(요격)을 중심으로 구성했다. 요격이란 근거는 다음의 퇴보군란에 있다. 棍法(곤법)에 의하면 오른쪽에 있으면 군란이고 왼쪽에 있으면 변란이다. '좌각우수'로 요격하면 군란에서 변란으로 움직이게 된 것이다.

조선세법은 24세 안에 없는 자세가 숨겨있다. '좌각우수'는 어거세로 좌회를 하면서 요격하는 자세다. 평대세는 '向前掣步(향전체보)'다. 전방을 향해 '좌각우수'로 어거세처럼 요격한다.

③退步裙攔(퇴보군란): 그림이 없다. 그러나 棍法(곤법)에 있다. 곤법의 변란세는 봉이 좌측에 있고 군란은 우측에 있다. 평대세의 마지막 동작은 칼이 '좌측'에 있다. '좌각'이 뒤로 빠지면서 칼을 우측으로 옮기면서 몸을 숙여 검으로 아래를 막는다. 이 형태는 전시세가 시작되는 자세다. 退步裙攔(퇴보군란)의 대칭은 剪步裙攔(전보군란)이다. 裙攔(군란)의 裙(군)은 '捃(군:줍는다)' 자로 환유된다. 退步(퇴보)는 '左脚(좌각)'이 뒤로 빠지는 보법이다. 상체를 뒤로 돌면서 '좌각'이 빠지면 倒退(도퇴)다. 즉 앞에 있는 右脚(우각)은 '進(진)'이고 뒤에 있는 左脚(좌각)은 '退(퇴)'다. 발뒤꿈치를 나타내는 '跟(근)'은 '退(퇴)'의 의미와 상통한다.

‘거정세-평대세’는 머리를 막고 右廻(우회)로 돌아 요격하고, ‘거정세-봉두세’는 머리를 막고 아래를 찌른다. 邊攔勢(변란세)는 ‘左號邊攔右羣攔(좌호변란우군란)’이다〈그림 5-4〉. 좌측에 봉이 있으면 변란이고 우측에 있으면 군란이다. 退步裙襴(퇴보군란)의 裙襴(군란)은 羣攔(군란)의 환유다. 烏雲罩頂勢(오운조정세)에 步退羣攔(보퇴군란)이 있다. 裙襴(군란)의 ‘裙(군)’은 ‘좌우로 갈라진 치마’로 君子(군자)들이 입었다. 무릎을 꿇을 때 오른손으로 무릎을 덮은 치마를 뒤로 걷어내는 동작이 ‘羣攔(군란)’이다. 조선세법에서 사용한 ‘裙(군)’ 자는 지위가 높은 임금(君)과 같은 사람이 입었던 치마(裳)다. 裳(상)은 ‘尙(상)+衣(의)’다. ‘尙(상)’은 ‘받들다·꾸미다’다. 지위가 높은 사람의 머리 꾸며진 화려한 官(관)이다. ‘羣(군)’ 자는 사병과 같은 일반 무리에게 사용하는 글자다. 이 차이를 劍(검)을 다루는 신분과 棍(곤)을 다루는 신분으로 분류시켰다. 또한 ‘裙襴(군란)’[173]이 ‘鎗(창)’에 기록되어 있다. 劍(검)과 鎗(창)의 자세가 일치되어 공통으로 사용할 만큼 동시대에 무예서가 만들어졌다는 반증이다. 또한 鎗法(창법)의 騎劍勢(과검세)는 裙欄鎗法(군란창법)이다. 羣攔(군란)의 棍(곤)은 우측을 막는 동작이다. ‘평대세-퇴보군란’은 곤법의 ‘변란세-군란세’의 결합으로 배치 순서도 일치한다. 조선세법이 곤법 55세와 서로 연결하여 구성했다는 반증이다. 劍法(검법)과 棍法(곤법) 그리고 槍法(창법)은 동시대에 국가 차원에서 武(무)와 文(문)에 통달한 무인들이 모여 공동으로 참여하여 만들었던 것으로 보아야 한다.

擧鼎勢

擧鼎勢者、即擧鼎格也、法能鼎格上殺、左脚右手平擡、勢向前、掣擊中殺、退步裙襴、看法、

그림 5-4. 擧鼎勢/羣攔勢/邊攔勢

173 무비지 권87. 교예 4. 鎗(창)

二. 點劍勢(점검세)

①點劍勢(점검세)-前方(전방)-偏閃(편섬)-奏進搶殺(주진창살)-刺法(자법): 머리띠가 좌우로 내려갔다. '곧게 나간다'라는 표식이다. '閃(편섬)' 자는 설명어다. 점검세의 설명어인 偏閃(편섬)이 전시세에서 偏閃勢(편섬세)로 분리된다. 점검세와 편섬세는 대칭이다. 偏閃(편섬)은 '한쪽 손을 들어 올리는 동작'이다. '팔꿈치로 발(수렴)을 올리는 동작'이다. 점검자는 '오른쪽 팔꿈치를 들어 올리는 동작'이고 편섬세는 '왼쪽 팔꿈치를 들어 올리는 동작'이다. 閃(섬)은 수렴과 '칼날의 한쪽 면이 기울여진 상태'를 나타낸다. 奏進搶殺(주진창살)은 '빨리 달려나가듯 창을 찌르는 기법'이다. 奏(주)의 전문 '[illegible]' 자는 양손으로 어떤 물건을 받쳐 권하는 모양이고, 奏(주)는 走(주)와 같다.[174] 進奏(진주)는 '좌각'이 나가고, 연이어 '우각'이 따라 나가는 보법을 '왕에게 아뢰기 위해 빠르게 달려가는 동작'으로 비유했다. 贊(찬)은 하늘을 향해 두 손으로 받치고, 奏(주)는 땅을 향해 받치는 동작이다. 점검자는 앞으로 나가며 땅을 점검하듯이 찌른다. 퇴보군란은 뒤로 물러나며 막았다. 이 흐름은 노를 저어 나가는 '櫓法(노법)'과 같다. 점검세는 두 번 나온다. 땅에 숨은 뱀을 찾기 위해 찔러보는 행위로 낱낱이 검사하는 '點檢(점검)'으로 치환된다.

②撥草尋蛇勢(발초심사세)-向前掣步(향전체보): 그림이 없다. 표두세에서 앞으로 내려치면 발초심사세다. 鎗法(창법)의 騎龍勢(기룡세)가 발초심사세로 내려쳤을 때의 자세다. 본국검의 발초심사세와 같다. 점검세의 방향이 전방이다. 그러나 발초심사세는 곧게 들어가는 進前(진전)이 아니라 다시 한 바퀴 돌아서 들어가는 向前(향전)이다. 뱀과 관련된 검결이 拔蛇勢(발사세)다. '염시세-발사세'는 방향을 바꿔 돌아가는 신법과 보법만 있는 자세다. 이 둘의 기법은 회전에 필요한 동작에 필요하다. 점검세가 전방에서 끝났다. 다시 전방으로 계속해서 발초심사를 한다면 向前(향전)이 아니라, 進步(진보)다. 그렇기 때문에 뒤에서 돌아나가야 한다. 점검세로 찌른 칼을 거두면서 염시세처럼 '우각'이 '후방'으로 옮겨서 돌고 이어서 발사세처럼

174 『漢韓大字典』 민중서림, 1997, p515.

'퇴보'로 '좌각'을 전방에 옮긴다. '撥草(발초)'의 撥(발)은 '치켜든다'다. '草(초)' 가 劍(검)을 비유하지만 '初(초)'와 같다. 즉 '먼저 칼을 치켜든다'다. 『설문』에 "주의 제도에서 寸(촌)·尺(척)·咫(지)·尋(심)·常(상)·仞(인)의 여러 도량은 대개 사람의 몸으로 법으로 삼았다."[175] 尋(심)의 갑골문 '⊿(심)' 자는 양손을 상하로 펼쳐 길이를 재는 모습으로 '검 크기의 뱀'을 상징하면서 긴 나무를 세워 물속에 넣어 깊이를 재듯이 '머리 위로 곧게 세운 검'을 나타낸다.

尋(심)의 갑골문도 상·하의 높이를 재는 자형이다. '夷矛三尋(이모삼심)'은 '세 번 펼친 팔의 길이'다. 蛇(사)는 머리를 세운 뱀이고 '巳(사)'는 땅을 기어가는 뱀이다. 蛇(사)는 칼을 들고 있는 무인의 상체로 尋蛇(심사)는 '양팔 길이의 뱀을 머리를 세웠다'다. 또한 尋(심)은 '이어서·치다'다. 撥草尋蛇(발초심사)는 섬잠시화창(閃賺是花鎗)으로 '머리 위로 칼을 휘두른다'다. 즉 撥草尋蛇勢(발초심사세)는 '먼저 칼을 빼 머리 위로 치켜들어 내려친다'다. '夷矛三尋(이모삼심)'의 三尋(삼심)을 보면 발초심사세의 검결은 검에서 먼저 만들어져 곤법에 적용된 것임을 알 수 있고, '尋(심)'을 척도로 사용한 것은 발초심사세의 가결이 최소 '周(주)'대 이상에서 만들어졌음을 알 수 있는 중요한 글자다. 당시에 양팔의 길이를 8자로 보았음을 알 수 있다. 鎗法(창법)의 散劄拔萃(산차발췌)에 云撥草尋蛇(운발초심사세) 乃提鎗之用法也(내제창지용법야) 將鎗頭低地仰掌提入(장창두저지앙장제입) 進步拔打悰起你鎗(진보발타량기니창) 卽用拿劄(즉용나차)'다. 鎗頭(창두)가 지면에 있으면 손으로 빠르게 끌어 올리면서 '우각'이 나가면서 치는 타법이다.

이것을 곤법에서 "先有四封四閉(선유사봉사폐) 後有死中反活(후유사중반활) 無中生有(무중생유) 迎封接閃賺(영봉접섬잠) 是花鎗(시화창) 名曰(명왈) 撥草尋蛇(발초심사)"라 했다. 迎封接閃賺(영봉접섬잠)이 검을 위로 치켜든 撥草(발초)이 동작이고, 이 상태에서 사면을 정중동으로 지켜보다 내려치는 것이 後有死中反活(후유사중반활)이고 無中生有(무중생유)다.

『기효신서』에 長鎗製(장창제)에도 撥草尋蛇(발초심사)[176]가 있다. 『少林棍法闡宗

175 周制寸尺咫尋常仞諸度量 皆以人之體爲法

176 五合 先有四封四閉, 後有死中反活, 無中生有, 迎封接, 閃賺是花鎗 名曰 撥草尋蛇

(소림곤법천종)』에 수록된 '小夜乂第二路棍譜(소야예제이로곤보)'의 '발초심사세'는 본국검처럼 '左(좌)'로 '직부송서세'를 하고 전방을 향해 좌회하고 '발초심사세'를 한다. 『經國雄略(경국웅략)』「鎗破鈀破刀法(창파파파도법)」의 발초심사세는 앉아서 鎗(창)을 들고 있다. 이 그림은 발초심사세가 아니라 破草裡藏蛇勢(파초리장사세)로 鋪地錦勢(포지금세)다. 발초심사세의 기법이 명확하지만 '풀 속에 숨어 있는 뱀을 찾아 죽인다'로 해석하면 '풀 속에서 뱀을 찾듯이 여기저기를 찌르는 동작'으로 창작된다. 『경국웅략』에 나오는 棍(곤)의 勢名(세명)이 『기효신서』나 『무비지』와 같아도 문장은 다르다. 棍(곤)은 조선세법과 밀접하게 연결되어 있다. 이처럼 우리 민족 무예와 중원 무예는 서로 떨어질 수 없는 불가분의 관계다. 조선세법과 본국검을 鋒(봉)과 棍(곤)으로 하면 鋒術(봉술)·棍術(곤술)이고 손으로 하면 拳術(권술)이다.

③御車格(어거각): 그림이 없다. 어거세의 그림을 배치하고 우 허리띠 방향으로 회전한다. 즉 右廻(우회)로 右方(우방)을 향해 어거세를 한다.

그림 5-5. 點劍勢

三. 左翼勢(좌익세)

①左翼勢(좌익세)-左方(좌방)-上挑下壓(상도하압): 머리띠에 회전의 표시가 없다. 좌익세의 '左(좌)' 자가 좌방을 나타낸다. 좌측으로 곧게 친다.

'우각우수'로 어깨를 내려치는 기법이다. 左翼勢(좌익세)의 翼(익)은 '搦(익)' 자로 치환된다. '翼(익)' 자에 모습이 있다.

②直符送書勢(직부송서세)-向前掣步(향전체보)-右脚右手(우각우수)-刺法(자법): 그림이 없다. 그러나 棍法(곤법)의 직부송서세는 본국검의 직부송서세와 같다 〈그림 5-6〉. 左廻(좌회)로 돌아 '우수우각'으로 곧게 전방을 찌른다. 직부송서세의 符(부)는 '付(부)' 자로 치환된다. 付(부)는 '주다·수여하다'다. 書(서)는 '敍(서:펼친다)'로 치환되면 直付送敍勢(직부송서세)다. '곧게 넘겨 주듯이 펼쳐 보낸다'가 되어 구체적인 동작이 된다. 칼을 뽑아 허리에 붙여 역린세가 있는 후방으로 左廻(좌회)한다. '符(부)' 자는 橫(횡)이고, '箚(차)' 자는 縱(종)으로 서로 대칭이다.

③逆隣勢(역린세): 後方(후방)-直刺喉頸(직자후경)-刺法(자법): 그림이 없다. 역린세의 그림이 대신한다. 곧게 서 있는 사람의 목을 찌른다. 역린자는 서있는 적의 목을 찌르고, 鳳頭刺(봉두자)는 앉아 있는 적의 목을 찌른다. 봉두자는 곧게 찌르고 點檢刺(점검자)는 손목을 돌려 찌른다.

그림 5-6. 左翼勢/直符送書勢

四. 豹頭勢(표두세)

①豹頭勢(표두세)-左方(좌방)-右脚右手(우각우수)-打法(타법): 좌 허리에 띠가

있고 시선도 좌측이다. 좌방을 '우각우수'로 친다. 앞 동작의 역린자는 칼끝이 목을 찌르고 빗겨 올라갔다. 그 높이를 유지하고 '좌회'하면 표두세다. 투구를 썼기 때문에 칼이 머리 뒤로 넘어가면 안 된다. 45°에서 머리를 치면 파괴력이 약하기 때문에 動時把得固(동시파득고)의 수법이 필요하다. 豹(표)는 摽(표:치다)로 치환된다. 『莊子』의 說劍篇(설검편)에 "夫孝劍者示之以虛開之以利(부효검자시지이허개지이리) 後之以發(후지이발) 先之以至(선지이지)"의 '後發先至(후발선지)'가 擊法(격법)의 묘미다. "예부터 천고에 밝히지 않는 비밀로 이것을 깨우치는 이는 적을 제압할 수 있는 기교의 권능을 갖는다."[177]고 할 만큼 비전이었다. "小野派一刀流(소야파일도류)에서 打(타)를 '切洛(절락)', 되받아치는 '迎突(영돌)' 기법으로 擊刺之法(격자지법)의 묘미다. 擊(격)을 打(타)와 刺(자)로 제압하는 살법이다. 영돌은 역린세와 표두격의 겨룸과 같고, 자법은 안자세와 우찬격세의 원리와 일치한다."[178] 이것이 "李良欽之傳(이흠량지전) 此當字(차당자) 如曲中之拍位(여곡중지박위) 妙不可言(묘불가언) 故贊之曰(고찬지왈) 我月厄他旁(아월액타방) 前手直當(전수직당) 後直加拔(후직가발) 有神在中(유신재중)"이다.

②泰山壓頂勢(태산압정세)-向前掣步(향전체보)-左脚左手(좌각좌수)-挑刺(도자): 그림이 없다. 본국검의 '一刺(일자)' 가 곧 태산압정세이다. 본국검의 표두압정세는 '우수우각'으로 태산압정세의 '좌각좌수'와 대칭이다. 표두세의 '우각'은 좌방에 있다. '우각'을 체보로 전방으로 옮기면서 '좌각좌수'로 전방을 찌른다. 본국검의 一刺(일자)가 '좌수좌각'으로 태산압정세와 같다.

태산압정세의 대칭은 '우수우각'의 표두압정세다. 태산압정세는 挑刺(도자)다. 挑(도)는 '든다'다. 抬(태)도 '들어올리다'다. 泰山(태산)은 단지 '큰 산'이지만 泰(태)가 '抬(태:들어올리다)'로 환유되면 '挑(도)'와 기법이 일치된다. 頂(정)은 정수리다. 『사경』의 '前手如推泰山(전수여추태산)'의 자세와 칼로 찌르는 높이 그리고 '좌각좌수'가 같다. 무비문에 泰山壓頂世(태산압정세)의 跌法(질법)이 있다. 검법을 맨손 무예와 함께 적용했음을 알 수 있다. 무인들이 여러 무예를 수련하기 때문에 무예 종목

177 眞千古不發之秘 能於此中解悟 權巧制敵

178 임성묵, 『본국검예 3. 왜검의 시원은 조선이다』, 행복에너지출판사, 2019. P371.

은 비록 달라도 동작이 같으면 같은 동작으로 설명하는 것은 당연하다. 雁字勢(안자세)는 '雁' 자의 '厂' 자형에 기법을 숨겼듯이 '壓(압)' 자도 '厂' 자에 기법이 있다. 즉 '칼을 들어 머리를 찌르는 것'에 부합하고 태산에 표범이 사는 것이 검결의 조합상 합당하다. 좌익세와 방향은 좌측으로 같다. 좌익세는 어깨를 내려치고, 평대세는 손목을 치고, 표두세는 머리를 친다. 표두세는 '우각우수'으로 칼을 들었다.

그림 5-7. 豹頭勢

五. 坦腹勢(탄복세)

①坦腹勢(탄복세)-前方(전방)-進如崩山(진여붕산)-冲刺(충자): 우상에 一廻轉(일회전)의 표식이 있다. 右廻(우회)의 표식이다. 태산압정세가 '좌수좌각', 칼을 뽑아 탄복세의 자세를 취한 상태에서 右廻(우회)로 돌아 전방을 향해 '우각좌수'로 찌른다. 冲(충)은 衝(충)의 속자다. '衝(충)+行+重(중)'으로, '사거리에서 왔던 길을 다시 돌아간다'와 '수평(가로)'의 중심을 뜻한다. 洗(세)와 衝(충)은 모두 회전을 나타내는 한자지만 洗(세)는 발이 중심이 되어 도는 것이고 衝(충)은 몸이 중심이 되어 돈다. 坦(탄)은 攤(탄:돌다), 腹(복)은 踾(복:모은다)으로 환유하면 '攤踾(탄복)'이 되어 '배에 칼을 붙이고 돌면서 찌른다'가 된다. 進如崩山(진여붕산)의 '崩(붕)'은 산이 무너져 평평한 땅이 되듯이 '칼이 수평이 된다'는 것을 비유했다.

②蒼龍出水勢(창룡출수세)-向前進步(향전진보)-右脚右手(우각우수)-腰擊(요격): 그림이 없다. 요격 그림의 전후 방향을 바꿔 배치하면 같다. 창룡출수세는 천문과 관련된 검결로써 조선세법에서 매우 중요하다. 창룡출수세의 짝은 백원출동세다. 둘 다 검결에 '出(출)' 자가 있다.

靑龍(청룡)은 동쪽, 黃龍(황룡)은 中央(중앙), 黑龍(흑룡)은 서쪽, 蒼龍(창룡)은 북쪽, 赤龍(적용)은 남쪽이다. 용은 물속에 산다. 적룡이 머무는 곳이 '探海(탐해)'다. 龍(청룡)은 뿔이 나지 않은 용이고 '蒼(창)'은 꽃처럼 화려하게 난 뿔로 밤하늘 북두칠성을 중심으로 도는 무수한 별이다. 무비문 棒法(봉법)의 '出水龍勢(출수용세)'는 가결이 도치됐음을 알 수 있다. 靑(청)은 '出(출)+丹(단)'이다. 동에서 처음에는 붉은 해가 떠오르지만 떠오르면서 점차 하늘은 푸르다. 龍(용)이 하늘에 올라가 별이 되면 '辰(진)'이 된다. '龍(용)=辰(진)=進(진)'으로 환유 된다. 蒼龍出水(창룡출수)의 '出(출)' 자는 '進入(진입)'이 전제된 개념으로 '돌아서나갈출'이다. 탄복세의 '우각'이 '進(진)'이기 때문에 탄복세는 '進如崩山(진여붕산)'이다.

蒼龍(창룡)은 북두칠성이다. 북두칠성은 반시계방향인 '左回(좌회)'로 돈다. 蒼(창)은 '艹(초)+倉(창)'이다. '進出(진출)'은 '우각'이 기준이고 '入出(입출)'은 '좌각'이 기준이다. 즉 본국검의 白猿出洞勢(백원출동세)와 조선세법의 창룡출수세는 進出(진출)로 '左廻(좌회)'로 돌아 나온다. 백원출동세는 '좌견', 창뢇출수세는 '우견'에 칼이 위치한다.

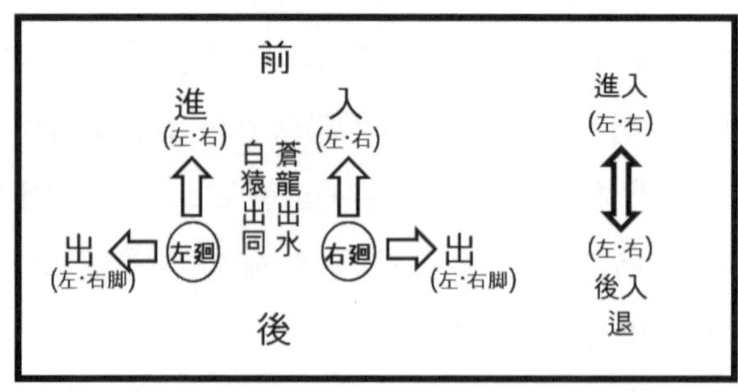

그림 5-8. 白猿出洞勢/蒼龍出水勢

'白猿(백원)'의 '白(백)' 자는 서쪽의 태백성(금성)이기에 '日(일)' 자 위에 '丿(삐침)'이 붙었고 그래서 원숭이인 손오공과 연결된다.

서쪽으로 기울기 때문에 '左廻(좌회)'다. 즉 창룡은 '북두칠성'을 백원은 '금성'을 상징하여 서로 대칭이다. 즉 본국검의 백원출동세는 조선세법의 창룡출수세가 '좌회'로 돌 때 칼이 '우견'에 있는 자세가 된다. 둘 다 칼끝을 곧게 세우는 것은 창룡은 북두칠성이 있는 북방을 가르키고 백원출동세처럼 칼을 세워 들어야 회전 시에 칼의 운용이 안정되고 중심이 무너지지 않는다. 鎗法(창법)의 '蒼龍擺尾(창룡파미)'는 창끝이 남쪽이기 때문에 붙인 가결로 조선세법과 연결되어 있다.

본국검의 땅에서 하늘을 올려 보고 있는 방향을 기준으로 하고, 조선세법은 하늘에서 땅을 내려 본 위치다. 즉 棍法(곤법)과 본국검이 짝이고 鎗法(창법)과 조선세법의 짝이다. 이처럼 入出(입출)과 出入(출입), 進出(진출)과 出進(출진), 進入(진입)과 進退(진퇴), 前入(전입)과 後入(후입)의 보법은 모두 다르다. 이 차이를 모르면 고문서의 동작을 이해할 수 없다. 進(진)의 갑골문 '=+'이다. '' 자는 '左脚(좌각)'을 나타내고 그 앞에 있는 '(새)'가 '右脚(우각)'을 대신한다. 즉 새는 해의 상징이다. 해는 '右方(우방)에서 서방'으로 나아가기 때문에 '우각'과 '進(진)'을 일치시켰다. 前(전)의 갑골문 '' 자형도 '우각'이다. 즉 前進(전진)은 '우각'이 나가는 것이다. 步(보)의 갑골문 '' 자형도 '우각'이 앞에 있고 '좌각'이 뒤에 있다. 止(지)의 갑골문 '' 자도 '우각'이 멈춘 것이다. 後(후)의 갑골문 '' 자형은 뒤로 돌아 '좌각'이 앞에 있는 상태다. '' 자형은 '회전'의 기호다. 退(퇴)의 금문 '' 자형은 '=+'이다. 여기서 ''자는 +''다. ''이 한글 '블' 자를 나타냄을 알 수 있다. '' 자형은 '발'이 두 개다. '' 자는 뒤를 보고 '좌각'이 나갔다. 즉 '進退(진퇴)'의 進(진)은 '우각()'이 앞으로 나가면 자연히 '좌각()'은 후방에 있게 된다. 이 '좌각'이 退(퇴)다. 追(추)의 갑골문 '' 자는 뒤로돌아 '우각'이 나가면서 '추격'하는 자형이다. 즉 후방으로 '進(진)'으로 나간 後進(후진)이 '追(추)'다. '入(입)'은 '單刀直入(단도직입)'으로 뒤에 있던 발이 앞으로 곧게 들어가는 것이다. 즉 '進入(진입)'의 進(진)은 뒷 발이 앞으로 들어가는 '進入(진입)'의 준 말이고 앞발이 뒤로 빠지면 '後入(후입)'으로 '退(퇴)'다. 出(출)의 갑골문 '' 자의 '' 자형은 동굴처럼 막힌 장소다. '入出(입출)'로 서산에 들어가 해가 돌아서 동쪽으로 나온다. 이것이 '日出(일출)'이다. 그래서 出(출)의 갑골문은 '좌각'이 들어갔다 우회로 돌아 '우각'으로 돌아 나왔다.

표 5-3. 出(출)·入(입)·進(진)·前(전)·後(후)·退(퇴)·追(추)·步(보)·止(지)의 갑골문·금문·전문·해서

갑골문	금문	전문	해서
			出(출)
			入(입)
			進(진)
			前(전)
			後(후)
			退(퇴)
			追(추)
			步(보)
			止(지)

용과 물이 결합한 湧出水(용출수)다. '搶蹦出手(창룡출수)'의 환유다. '막히면 어린아이처럼 돌아서 다시 앞으로 나간다'가 된다. 탄복세는 전방을 보고 '우각좌수'로 끝났다. 그런데 창룡출수세는 向前(향전)이다. 즉 좌회로 한 바퀴 돌아서 전방으로 간다. '出(출)'의 개념이 향전에 들어갔다.

소용돌이쳐 용오름이 발생하듯이 탄복자로 찌른 칼을 뽑으면서 '좌각'을 뒤로 빼서 左廻(좌회)로 돌아 '우각'이 나가면서 요격한다. 후방으로 요격하면 左腰(좌요)에 칼이 있어 손이 'X' 자로 꼬이지만, 전방으로 요격하면 右腰(우요:우허리)에 칼이 있어 손이 꼬이지 않는다. '우수'로 요격하는 경우에는 '창룡출수세·탐해세·호준세·수두세·발사세'처럼 검결을 붙였다. 요격은 같더라도 步法(보법)은 모두 다르다. 進步(진보)는 掣步(체보)와 다르다. 進步(진보)는 앞발이 먼저 나가 있는 상태이기 때문에 뒤에 발이 끌려가지 않는다. 掣步(체보)는 뒷발이 끌어가는 작용이다. '탄복자-창룡출수세'는 '좌회-우각'이고 '간수세-호준세'는 '좌회-우각'으로 신법의 흐름이 같지만 보법이 다르다. 坦腹勢(탄복세)와 冲鋒勢(충봉세)는 대칭이다. 탄복세는

左廻(좌회), 충봉세는 右廻(우회)로 돌아 찌른다. 창룡출수세는 바다에서 나왔고, 探海勢(탐해세)는 다시 바다 속으로 들어갔다.

그림 5-9. 坦腹勢

六. 跨右勢(과우세)

①跨右勢(과우세)-右方(우방)-撩剪下殺(료전하살)-擊法(격법): 머리에 '一廻轉(일회전)'의 표식이 있다. 과우세의 짝인 과좌세는 掃掠下殺(소략하살). 跨(과)는 '足(족)+夸(과)'로, '넘어가다·타고넘다'로써 언해본에서는 '걸ᄐ'다. 뒤에 있던 '우각'이 징검다리를 건너듯 먼저 옮기면 이어 칼이 따라간다. 跨劍勢(과검세)의 기법 '跨劍放空待人劄(과검방공대인차) 打開移步變羣攔(타개이보변군란) 他劄勾開復跨劍(타차구개복과검) 斜上單打防最難(사상단타방최난)'과 秦王跨劒勢(진왕과검세)의 기법인 '提金飜棍擠進懷(제금번곤제진회) 秦王跨劒棍緊(진왕과검곤긴)'이 과우세의 기법이다. 한편 騎劍勢(과검세)와 跨劍勢(과검세)는 기법이 다르다.

이처럼 「少林棍法闡宗二(소림곤법천종이)」의 棍式(곤식)과 조선세법의 검결과 기법은 한 몸처럼 연결되어 있다. '棍式(곤식)'이란 '棍法(곤법)' 이후에 파생된 개념으로 소림사의 棍法(곤법)은 아미의 곤법과 兪大猷(유대유:1503~1580)의 검경에서 유래했다. '跨(과)'다. 과우세는 '撩(료)' 자를, 과좌세에는 '掠(략)' 자를 사용했다. 합치면 撩掠(요략)이다. '剪(전)' 자의 '刀(도)'는 칼이 아래에 있음을 나타낸다. '撩

(료)=扌(수)+尞(료)'다. 尞(료)는 '횃불·불을놓다'다. 즉 '횃대'는 머리 높이에 있다. 밑에서 위로 올리는 동작이다. 撩掠勢(요략세)는 방어하는 '格法(각법)'이기에 과우세는 우에서 좌로 움직이는 동작으로 '撩(료)' 자를 썼고, 과좌세는 좌에서 우로 움직이는 동작으로 '掠(략)' 자를 썼다. '掠(략)=扌(수)+京(경)'이다. '京'의 '小' 자가 비로 마당을 쓰는 자형이기에 '掃掠(소략)'이다. 과우세의 撩剪下殺(료전하살)이 과좌세에서 掃掠下殺(소략하살)로 표현했다. 撩剪(료전)과 掃掠(소략)의 대칭이다. 과우세는 골프 치는 동선과 같다.

'아래에서 위로 올려치는 것'은 기본이기 때문에 擊法有五(격법유오)에 포함됐다. 전방에 창룡출수세로 요격을 마치고 칼을 거두면 몸이 원심력으로 좌회 하면서 '좌각'이 右方(우방)으로 건너간다. 머리띠에 좌회의 표식이 있다. 우방으로 빗겨 올려치면 몸이 빠르게 左廻(좌회)로 돌면서 前方(전방)으로 간다.

②綽衣勢(작의세)−向前進步(향전진보)−左脚右手(좌각좌수)−橫擊(횡격): 그림이 없다. 우익세가 작의세를 겸한다. 즉 좌익세와 우익세는 검결이 대칭이다. 그러나 좌익세는 내려쳤고, 우익세는 횡격을 했다. 각각 다르게 동작을 그려 격법과 횡격, 둘을 겸했음을 나타냈다. 한편 綽(작)은 '糸(사)+卓(탁)'이다. '길게 늘어진 소매'다. 양손을 좌우로 벌리면 옷소매가 늘어진다. 이것을 자르는 선이 橫擊(횡격)으로 '작의세'다. 托塔勢(탁탑세)와 작의세는 대칭이다. 向前進步(향전진보)다. 과우세에서 회전을 할 때 '우각'이 전방에 나가면서(進步) '左廻(좌회)'를 한다.

그림 5-10. 跨右勢/跨劍勢/秦王跨劍勢

七. 撩掠勢(요략세)

①撩掠勢(요략세)-遮駕下殺(차가하살)-蔽左護右(폐좌호우)-格法(각법): 머리띠에 회전의 표식이 없다. 遮駕下殺(차가하살)은 '마차의 아래를 막는다'다. 蔽(폐)는 '막히다'다. 즉 좌방은 벽에 막혀있기 때문에 우방만 保護(보호)한다. '撩(요)'의 위치는 上(상)이고, '掠(략)'은 下(하)다. 撩掠(요략)은 上下(상하)의 대칭이다. 작의세를 횡격으로 쳤다. 검은 위에 있는 상태다. '요략세'는 위에 있는 칼을 아래로 내리는 기법이다. 검을 내릴 때 '좌각'이 뒤로 빠지면서 아래로 내려, 빗자루를 쓸 듯이 쓸어 막는 기법이다.

②長蛟分水勢(장교분수세)-向前掣步(향전체보)-左脚左手(좌각좌수)-擊法(격법): 그림이 없다. 본국검의 장교분수세를 배치했다. 조선세법은 '좌각좌수', 본국검은 '우수우각', 대칭이다. 요략세가 '좌각'이 후방에 있다. 몸을 右廻(우회)로 전방을 향해 빠르게 돌려 '좌각좌수'로 장교분수세를 한다. '요략세-장교분수세'의 연결 동작은 대동류나 합기술(입신투기)에서 '상대를 끌어당겼다가 다시 반대로 던지는 술기 동작'과 같다.

③鑽擊勢(찬격세)-後方(후방): 그림이 없다. 찬격세를 배치한다. 장교분수세가 전방에서 끝난다. 左廻(좌회)로 돌아 '좌각'이 후방으로 빠지면서 머리를 막고 '우각'이 나가면서 찌른다. 요략세는 後方(후방)에서 前方(전방)으로, 제수세는 前方(전방)에서 後方(후방)으로 쓸었다. '요략세-장교분수세-찬격세'가 '우각'을 축으로 '좌각'이 전후로 움직였다.

그림 5-11. 撩掠勢

八. 御車勢(어거세)

①御車勢(어거세)－駕御中殺(가어중살)－削殺雙手(삭살쌍수)－格法(각법): 막고 찌르는 기법이다. 우허리 띠가 과장되게 그려있다. 右廻(우회)의 표식이다. 削(삭)은 '대패로 송판을 밀어 깎는다'다. 손목이 돌아가면서 찌르면 '刺(자)'다. 수레의 손잡이를 잡고 대패를 밀 듯이 곧게 찌른다. 찬격세는 후방을 보고 '우각'이 나가 있다. 左廻(좌회)로 돌면 右方(우방)이다. '발초심사세－어거각'에서 '어거각'의 방향은 '좌방'이지만, '찬격－어거각'에서 '어거각'의 방향은 右方(우방)으로 좌우 대칭이다. 御車(어거)는 '敔拒(어거:방어하다)'로 치환된다. 직부송서세는 칼날이 수평으로 어거각은 칼등이 위에 있는 상태에서 곧게 찌른다.

②冲鋒勢(충봉세)－向前退步(향전퇴보)－左脚右手(좌각우수)－刺法(자법): 그림이 없다. 看守勢(간수세)가 향전퇴보를 하면 충봉세다. 그림이 없는 경우 다른 곳의 자세와 겸하도록 했다. 탄복세는 '우각좌수' 沖刺(충자)로 대칭이다. 冲鋒(충봉)과 沖刺(충자)의 '鋒(봉)=刺(자)'다. 충봉세는 左廻(좌회)로 손이 꼬이고, 탄복세는 右廻(우회)로 꼬이지 않는다. 탄복세는 中殺(중살)로 찌르는 목표를 설명했고, 충봉세는 '鋒(봉)' 자를 써서 '칼을 돌려서 찌른다'를 각각 설명했다. 충봉세의 이칭이 雙明刺(쌍명자)[179]다.

③鳳頭洗(봉두세)－前方(전방)－刺法(자법): 머리띠에 회전의 표식이 없다. '洗(세)' 자를 붙였다. 봉두세로 찌른 다음 '洗(세)'를 한다. 鳳頭洗(봉두세)의 기법은 刺剪(자전)이다. 剪(전)은 봉황새가 '부리로 내려 쪼듯이 밑으로 찌르는 기법'이다. 봉두세 다음에 전기세다. '우각'은 물속에서 발을 뒤로 거두듯 발을 뒤로 빼고, '우수'는 깃발을 거두듯 들어 올리고 퇴보한 '우각'을 축으로 우회를 한다. 세법은 팽이처럼 회전이 크다. 그래서 洗法(세법)인 은망세를 旋風(선풍)이라 하고, 백사롱풍세도 弄風(롱풍)으로 섰다. 팽이는 중심이 있다. 우회 시에는 '우각'이 중심, '좌회'를 시에는 '좌각'이 중심이다. 鳳頭刺(봉두자)의 기법과 대칭은 逆鱗刺(역린자)다.

179 임성묵, 『본국검예 3. 왜검의 시원은 조선이다』, 행복에너지출판사, 2019. P258.

그림 5-12. 御車勢

九. 展旗勢(전기세)

①展旗勢(전기세)-後方(후방)-右脚右手(우각우수)-剪磨上殺(전마상살)-擊法(격법): 후방을 보고 시선은 머리끈을 보고 있다. '一廻轉(일회전)'의 표식이다. 剪磨(전마)는 '아래에서 위로 칼을 숫돌에 갈 듯이 올리는 동작'이다. 본국검 '후일격-전기세'는 몸 중심을 친 이후에 右廻(우회)를 하면서 칼을 올려 전기세를 했고, 조선세법 '봉두세-전기세'는 목을 쳤기 때문에 '아래에서 위로' 칼이 올라간다. '剪(전)' 의 刀(도)는 아래에 있는 칼, 磨(마)는 '갈마'로써 '갈다'다. 칼날을 숫돌에 갈듯이 올린다. '봉두세-전기세'의 동선은 무거운 깃발을 올리듯 허리를 지렛대로 검을 우각우수로 올린 그림이 전기세다. 백사롱풍세에서 劍鋒(검봉)을 돌리는 弄風(롱풍)의 기법이 전기세의 칼끝에 있다.

'점검세-간수세-호준세'의 점검세는 '우각'이 나가면서 찔렀다. '우각'이 다시 물러나면서 칼을 빼면 간수세다. 또다시 '우각'이 나가면서 찌르면서 전방으로 左廻(좌회)하며 요격하면 호준세다. '좌각'이 축이 되어 '우각'이 앞으로 나갔다 다시 빠졌다 나간다. 이 보법은 '충봉세-봉두자-전기세'의 보법과 똑같다.

②托塔勢(탁탑세)-左脚左手(좌각좌수)-向前掣步(향전체보)-橫擊(횡격): 그림

이 없다. 우익세가 탁탑세와 겸했다. 작의세와 탁탑세는 짝이다. 작의세에서 좌익세가 겸했듯이, 탁탑세에서 우익세가 겸했다. 조선세법의 그림이 치밀한 계산으로 구성되었음을 알 수 있다. '좌각'이 後方(후방)에 놓인 상태에서 전방으로 횡격을 하면 '좌각'이 전방으로 끌려간다. 한편 綽衣勢(작의세)의 '綽(작)=糸(사)+卓(탁)'이다. '卓(탁)'은 卓子(탁자)로 수평이 책상이다. 托(탁)과 卓(탁)의 음이 같다. 작의세와 탁탑세가 서로 대칭임을 '綽(작)' 자에 표시했다. 塔(탑)은 '책상을 층층이 올린 모습'으로 '우회'를 할 때 칼을 드는 기법이 棍法(곤법)의 高搭袖勢(고탑수세)[180]이다. 고탑수에서 회전은 '顚步(전보)'로 표현했다. '高搭袖(고탑수)'란 소매가 풍성한 옷을 높이 들어올 릴 때의 모습으로 지은 가결이다. 전기세에서 후방으로 '좌각'이 일보 나가면서 검을 좌견에 메고 전방으로 돌면서 '횡격'한다. 그러면 '좌각'이 전방으로 체보된다. 무비문의 棍法(곤법) 後十路(후십로)에 '天王托塔顯新通(천왕탁탑현신통)'이다. 무비문과 조선세법이 연결되어 있음을 알 수 있다.

③점검은 그림이 없다. 점검세를 배치했다. '우각'이 나가면서 지른다. '우각'을 뒤로 빼면서 간수세를 취한다.

그림 5-13. 展旗勢

180 勢名搭袖棍壁立. 前虛後實在呼吸. 側身斜劈非眞劈, 顚步平拏圈外入, 力弱勢低不吾降, 惟怕鶴鶉短打急

十. 看守勢(간수세)

①看守勢(간수세)-前方(전방)-守諸器攻刺(수제기공자)-擊法(격법): 머리띠에 회전의 표식이 없다. 이 상태에서 찌르면 충봉세다. 간수세가 충봉세를 겸한다. 守定(수정)은 적의 공격을 가만히 지켜보는 것이다. 難進滾殺(난진곤살)는 기회를 엿보다 '우각'이 뛰어나가듯 찌른다. 機隨勢(기수세)는 '적과 교전 상태에 따라 대응하며 움직이는 자세'다. '滾(곤)=氵+衮(곤)'이다. 『廣雅(광아)』에 衮(곤)은 '帶也(대야)'로 '허리띠'다. 즉 허리에 두른 띠가 '용'이다. '氵(수)=手(수)'다. '허리에 숨긴 손'이다. 滾(곤)은 '허리에 숨긴 검이 나간다'다. 滾跌(곤질)은 '곤지르다·고자질하다·손가락질하다'다. '찌르다'의 이두문이다. '滾(곤)=丨(곤)=棍(곤)'이다. 어거세는 칼이 左腰(좌요)에 있고 간수세는 右腰(우요)에 있다. 기법도 곧게 찌른다. 대칭이다. 棍法(곤법)의 靈猫捉鼠勢(영묘착서세)의 자세와 같다〈그림 5-14〉. 乃無中生有鎗法(내무중생유창법)은 '아무것도 하지 않고 창을 들고 가만히 있는 법'으로 간수세의 뜻과 같다. 그런 연후에 '進步虛下撲纏(진보허하박전) 賺伊鎗動使梨花(잠이창동사이화) 遇壓挑天冲打(우압도천충타)'를 한다. 간수세처럼 가만히 있다가 '進步(진보)'로 나가며 창을 머리 위에서 되감아 돌려 치는 기법으로 간수세에서 '우각'이 나가면서 '좌회'로 돌아 호준세로 연결되는 보법과 같다. 靈猫(영묘)는 '신령스러운 고양이로 호랑이'를 뜻한다. 捉鼠(착서)는 '서있는 쥐를 찔러 잡는다'다. 즉 靈猫捉鼠勢(영묘착서세)는 '靈猫(영묘)·梨花(이화)·挑天(도천)'의 순서로 '좌회'를 했다. 이에 반해 간수세는 허리에 칼을 붙이고 '좌회'를 했다. 棍法(곤법)과 조선세법의 기법은 한 몸이다. 동시대 동일문화권에서 만들었음을 알 수 있다.

②虎蹲勢(호준세)-左脚左手(좌각좌수)-向前進步(향전진보)-腰擊(요격): 간수세에서 돌아 전방으로 요격을 하면 간수세와 같은 자세가 된다. 즉 간수세의 모습이 호준세다. 간수세는 '우각'으로 찔렀다. 左廻(좌회)로 '좌각'이 전방으로 나가면서 요격한다.

호좌세의 向前退步沖勢(향전퇴보충세)는 호준세의 腰擊(요격)을 설명한다. 호좌세는 '우회'고 호준세는 '좌회'다. 호좌세는 '우각'이 '좌각' 뒤로 빠지고, 호준세는 '좌각'이 '우각' 뒤로 빠진다. 둘 다 첫발이 뒤로 빠진다. 虎穴勢(호혈세)의 '穴(혈)=宀

(가)+入(입)'은 '집으로 돌아간다'다. 호좌세는 '굴로 돌아가 앉아 쉬는 호랑이'고, 호준세는 '굴을 나온 호랑이'다. 白虎(백호)는 서쪽의 太白星(태백성), '寅(인)'은 동쪽에서 나오는 호랑이다. 천문에서 호랑이는 둘이다. 창룡출수세는 龍(용)이 바다(집)에서 나오기 때문에 '出(출)'이고, 호좌세는 굴(집)로 들어가기 때문에 '入(입)'이다. 창룡출수세는 左廻(좌회)로, 호좌세는 右廻(우회)로 대칭이다. 좌청룡이 나오면 우백호는 사라지고, 우백호가 나오면 좌청룡은 숨는다. 간수세는 '좌각우수', 호준세는 '우각좌수'다. 摢(호)는 '막다·지키다'로 看守勢(간수세)의 뜻과 같다. 즉 간수세를 취한 사람이 摢(호)다. 즉 摢蹲勢(호준세)와 看守勢(간수세)는 동일한 사람으로 看守勢(간수세)가 돌아나가면 虎蹲勢(호준세)다.

그림 5-14. 看守勢/靈猫捉鼠勢

十一. 銀蟒勢(은망세)

①銀蟒勢(은망세)-向前(향전)-向後(향후)-旋風掣殺電(선풍체전살): 두 개의 자세인데 한 개의 그림만 그렸다. 좌익세가 나머지 한 개의 그림을 겸했다. 은망세의 머리띠에 회전의 표식이 없다. 四顧周身(사고주신)은 '몸을 돌아본다'다. '掠殺四面(략살사면)'은 '사방을 휘두른다'다. 撩掠勢(요략세)는 땅을 쓸었고, 은망세와 등교세는 하늘을 쓸었다. 은망세의 검은 후방에서 向前(향전)으로 가고, 등교세의 검은 전방에서 向後(향후)로 간다. 은망세는 전후를 돌려치기 때문에 旋風(선풍)이다. 仙風

獅子(선풍사자)[181]의 左右旋扫(좌우선골)과 左右團旋(좌우단선)으로 은망세의 동작과 같다. 左右旋風(좌우선풍)의 '左旋右風(좌선우풍)'이다. 旋(선)은 좌에서 우, 즉 右廻(우회)로 돌고, '風(풍)'은 우에서 좌로 즉 左廻(좌회)로 돈다. 銀蟒勢(은망세)는 몸을 숨기는 자세다. 銀(은)은 隱(은)의 환유다. '艮(간)' 자형에 자세가 있다. 蟒(망)은 妄(망)의 환유로 '妄(망)' 자에도 모습이 있다. ②騰蛟勢(등교세)가 본국검의 우요격세다. 蟒(망)은 '이무기'고 蛟(교)는 長蛟(장교)로써 '길고 사악한 뱀'이다. 칼을 뱀으로 비유하여, 뱀을 목에 두른 것으로 비유한 것이 등교세다. 蟒(망)은 이무기 蛟(교)도 큰 뱀 이무기로 짝이다. 늙은 이무기가 천상을 뒤집어 놓은 것이다. 蛟(교)는 꼬이기 때문에 '絞(교:꼬인다)'로 치환된다.

銀蟒勢
銀蟒勢者、卽銀蟒格
也、法能四顧周身、又
能掠殺四面、向前則
左手左脚、向後則右
手右脚、動則左右旋
風擊電殺看法、

그림 5-15. 銀蟒勢

十二. 鑽擊勢(찬격세)

①鑽擊勢(찬격세)-後方(후방)-鑽擊(찬격)-鑽格槍殺(찬각창살)-鵝形鴨步奔衝(아형압보분충) 格法(각법:좌상에 머리띠가 있는 좌회의 표식)이다. 어거세처럼 찬격세도 擊(격)과 格(격), 두 기법의 결합이다. 장교분수세에서 左廻(좌회)로 후방으로 '좌각'이 나가면서 머리를 막고, '우각'이 나가면서 찌른다. 막고 나아가면서 찌

181 新刻天下四民便覽三台萬用正宗卷之二十三. 修直門. 仙風獅子(선풍사자)

르는 모습을 거위걸음(鵝形鴨步奔衝)으로 비유했다. 본국검의 우찬격세는 '右廻(우회)', 조선세법의 찬격세는 '左廻(좌회)'다.

표 5-4. 贊(찬)의 금문·전문·해서

금문	전문	해서
		贊(찬)

'贊(찬)' 자는 '兟(나아갈신)+貝(패)'다. 兟(신)은 '神(신)에게 제사를 올리는 왕(무당)'이다. '재물을 들고 신에게 나가 받친다'다. 찬격세에서 '좌수'가 나가면서 '칼을 들고 머리를 막는 동작'은 '재물을 들어 올리는 동작'을 나타내고, '우각'이 나가면서 찌르는 동작은 '재물을 신께 받치는 동작'이다. 讚(찬)은 '신에게 말로 찬양하면서 손을 들어 올리다'다. 鑽(찬)의 金(금)은 鎗(창)이나 劍(검)처럼 무기를 나타 왜검보에는齊眉殺勢(제미살세)로 파지법은 龍拏虎攫勢(용나호확세)로 표현했다.

②白猿出洞勢(백원출동세)-向前(향전)-左脚左手(좌각좌수)-廻身法(회신법): 그림이 없다. 본국검에 있다.

'백원출동세·금계독립세·수두세(좌협수두세)·조천세'는 방향전환 할 때의 자세들이다. 백원출동세는 左肩(좌견)으로 칼을 당겼기 때문에 '좌회'로 돈다. 금계독립세는 左廻(좌회)시, 右肩(우견)에 칼을 두고 돈다. 수두세는 右廻(우회) 시, 칼을 左挾(좌협:좌겨드랑이)에 끼고 돈다. 조천세는 擧劍(거검)을 하며 '우각'이 뒤로 빠지며(좌각우수) '右廻(우회)'로 돈다. 본국검과 조선세법은 검결이 같으면 기법도 같고 서로 대칭된 기법들로 구성됐다. 조선세법과 본국검은 한 뿌리에서 나왔을 뿐만 아니라, 동시대에 만들어져 계승됐다는 명백한 증거다. 설화는 꾸밀 수 있지만, 몸으로 전승된 기법은 한 뿌리가 아니면 똑같을 수 없다.

③腰擊(요격): 그림이 없다. 뒤에 요격의 그림이 있기에 생략됐다. '퇴보군란-점검세'의 그림 배치와 같다. 후방으로 左脚左手(좌각좌수)로 腰擊(요격)하여 右廻(우회)로 돌아 후방을 보면 '우각'이 '一步(일보)' 나가게 된다.

그림 5-16. 鑽擊勢

十三. 腰擊(요격)

①腰擊(요격)-後方(후방)-步手劍(신보수검)-腰擊(요격): 머리띠에 '一廻轉(일회전)'이 있다. 橫冲(횡충)은 몸에 칼을 붙이고 치면서 돈다. 腰擊(요격)은 劍中之首擊(검중지수격:검의 격법 중에 최고다). 전방으로 하는 요격과 후방으로 하는 요격이 있다. 끊어치는 것과 밀어치는 차이로 인해 회전과 보법이 다르다. '창룡출수세·탐해세·호준세·호좌세'처럼 가결만 있는 경우 대부분 腰擊(요격)이다. '은망세-등교세'에서 두 번의 횡격을 했다. 이곳에서 '요격-요격'을 두 번했다. 은망세·등교세 하늘을 거스른 이무기다. 두 번의 '요격'은 호좌세와 호준세와 연결된다.

②斬蛇勢(참사세)-向前進步(향전진보)-右脚右手(우각우수)-剪法(전법): 그림이 없다. 봉두세가 참사세의 자세를 겸한다. 머리띠에 회전의 표식이 없다. '좌각좌수'로 요격하면서 검의 무게로 인해 전방에서 일보 걷듯이 나가면서 '우수우각'으로 봉두세처럼 베는 기법이 참사세다. '발초심사세·백사롱풍세'에 蛇(사)가 있다. 발초심사세는 머리를 곧게 내려치는 打法(타법), 백사롱풍세는 좌회로 橫擊(횡격)이다. 蛇(사)는 '徙(사)'로 치환된다. '우각'이 나가면서 도끼로 나무를 치듯이 치면 참사세가 봉두세와 모습이 같기에 봉두세에 '剪(전)' 자가 있다.

③逆鱗(역린)은 간법이기 때문에 그림은 없다. 역린세의 그림을 배치하면 된다. 역린세는 '後方(후방)'이다. 참사세를 마치고 '좌회'로 돌아 後方(후방)을 보고 역린

자로 목을 찌른다.

그림 5-17. 腰擊

十四. 展翅勢(전시세)

①展翅勢(전시세)-前方(전방)-絞格上殺(교격상살)-撩掠下殺(료략하살)-擊法(격법): 머리띠에 회전의 표식이 없다. 上殺(상살)과 下殺(하살)이다. 밑에서 위로 올려치는 기법이다. 絞格(교격)은 전시세의 그림처럼 손이 꼬인 상태로 '아래를 막는다'다. 腰掠勢(요략세)에서 撩掠(요략)은 '방어하는 格法(격법)'임에도 '下殺(하살)'로 설명했다. 공격이 방어다. 전시세의 絞格(교격)은 아래에서 위로 올라가기 때문에 上殺(상살)이다. 撩掠下殺(료략하살)은 요략세처럼 '下殺(하살)에서 上殺(상살)로 간다'는 설명문이다. 밑에서 위로 베는 동작을 '새가 날개를 펼친 것'으로 비유했다. 鳳凰單展翅勢(봉황단전시세)의 기법은 '展翅勢開用者希(전시세개용자희) 上用梢攔下根提(상용초란하근제) 進步飜梢隨打手(진보번초수타수) 此着須用陰手携(차착수용음수휴)'다. 鳳凰單展翅勢(봉황단전시세)는 偏手(편수), 展翅勢(전시세)는 雙手(쌍수)로 사용했다.

②偏閃勢(편섬세)-向前掣步(향전체보)-右脚右手(우각우수)-刺法(자법): 전시세에서 '우각좌수'로 올려치면 '좌각'이 체보로 나가고, 칼끝은 우상으로 가면서 몸은

전방으로 右廻(우회)할 때 '좌측 팔꿈치'가 들리면서 돌게 된다. 이 모습이 본국검의 '우찬돌림세'다. 반대로 점검세는 '우측 팔꿈치'가 들린다. 이렇게 돌면서 찌르면 '우각좌수'지만 '우각우수'라 한 것은 찌를 때 본국검의 우찬격세처럼 손목이 우측으로 가면서 찌르기 때문이다.

③擧鼎格(거정각)-前方(전방): 그림이 없다. '擧鼎格(거정각)'으로 머리를 막으며 '좌각'이 나가며 '좌회'로 돌면 우익세가 된다.

그림 5-18. 展翅勢

十五. 右翼勢(우익세)

①右翼勢(우익세)-右方(우방)-剪殺兩翼(전살양익)-橫擊(횡격): 머리띠에 회전의 표식이 없다. 좌익세는 上挑下壓(상도하압)이다. '위에서 아래로 내려치는 수직의 기법'이다. 우익세는 兩翼(양익)으로 양어깨는 수평이다. 剪(전)은 '깎아 자른다'로 橫擊(횡격)으로 친다. 좌익세와 우익세는 대칭이기 때문에 좌익세처럼 左肩(좌견)에 검을 메고 있어야 맞다. 그런데 우익세는 左肩(좌견)에 검을 橫(횡)으로 메고 있다. 좌익세와 우익세의 '左右(좌우)'는 검을 메고 있는 방향이 아니라, 회전 방향을 나타낸다. 좌익세는 擊法(격법)으로 어깨를 내려쳤고, 우익세는 橫擊(횡격)으로 양 어깨를 벴다. 이처럼 좌익세와 우익세는 격법과 횡격 둘을 겸한 자세다. 이렇게 한 것은 좌익세와 우익세가 작의세와 탁탑세를 겸했기 때문이다. 대신 擊法有五(격

법유오)에서는 翼左擊(익좌격)과 翼右擊(익우격)으로 가결을 도치시켜 기법을 일치시켰다. 거정세에서 '좌각'이 앞에 있는 상태에서 뒤로 빠지면서 '좌회'만 했기 때문에 몸이 꼬이면서 우익세가 된다.

②雁字勢(안자세)-左脚右手(좌각우수)-向前掣步(향전체보)-刺法(자법): 그림이 없다. 본국검의 안자세를 배치했다. 우익세로 횡격을 하면 '좌각'이 전방으로 간다. 흐름에 따라 본국검의 안자세처럼 '우수'로 찌른다. 본국검의 안자세는 刺法(자법)이다. 본국검의 안자세가 刺法(자법)임을 모르면, 조선세법의 안자세를 腰擊(요격)으로 생각하게 된다. 만일 안자세를 요격으로 하면 이처럼 모든 자세가 연결되지 않는다. 한편 '우익세⇒안자세'의 연결이 본국검의 '맹호은림⇒右二廻(우이회)⇒안자세'의 연결이다. 조선세법의 우익세는 좌방에서 우방으로 돌아갈 때 '우회'를 하면서 '우각'이 축으로 기러기가 날아가듯 '좌각'은 허공에 뜬 듯하고, 본국검의 맹호은림 이후, '좌회'를 하면서 '우각'이 축으로 '좌각'이 기러기가 날 듯 허공에 뜬 것처럼 남방(南)으로 옮겨진다. 기러기는 좌우 대칭이다. 조선세법과 본국검은 짝이다. 곤법의 孤鴈出羣勢(고안출군세)의 가결은 '외로운 기러기가 무리를 따라 나간다'다. 기러기는 봄이 되면 北(북)으로 간다. 前(전)=西(서), 後(후)=東(동), 左(좌)=南(남), 右(우)=北(북)이다. 藤蛟勢(등교세)가 北(북)을 향한 이유다. 回打撲鵪鶉(회타박암순)의 기법이 其棍橫在左膝上(기곤횡재좌슬상)으로 좌측 무릎 위에 棍(곤)이 가로로 있다. 棍(곤)을 劍(검)으로 대체하면 본국검에서 '右二廻(우이회)'를 마치며 우방을 향해 좌우전을 하기 위한 자세와 동일하다. 조선세법도 좌측의 우익세가 右(우)로 돌아 전방으로 가는 보법도 같다. 즉 孤鴈出羣勢(고안출군세)는 藤蛟勢(등교세)의 짝이다. 이처럼 조선세법과 본국검 곤법의 기법은 서로 연결되어 있다. 조선세법과 본국검의 검결이 같으면 기법도 같다. 조선세법과 본국검이 동시대에 만들어진 한 뿌리라는 명백한 증거다.

③腰擊(요격): 그림이 없다. 간법이다. 요격세의 그림을 배치한다.
'후방'으로 '우각우수' 요격하면 '우회'로 돌아 전방으로 가면 게격세를 취한다.

그림 5-19. 右翼勢/孤鴈出羣勢

十六. 揭擊勢(게격세)

①揭擊勢(게격세)-前方(전방)-剪格上殺(전각상살)-步步套進(보보투신)-擊法(격법): 머리띠에 회전의 표식이 없다. 게처럼 옆으로 가면서 옆에서 깎듯이 빗겨치는 기법이다. 套進(투진)은 '우각'이 '좌각' 앞으로 건너 'X' 자로 이동하는 '躍步(약보)'다. 이것은 '藤牌之斜行(등패지사행), 拳之躍步(권지약보) 則棍之騎馬勢也(즉곤지기마세야)'다. 騎龍(기룡)과 探馬(탐마)도 躍步(약보)로 '좌각우수'로 손발이 엇갈린다. 斜行(사행)은 '우각'이 나가고 '우수'가 뒤로 간다.

'좌각'이 전방으로 이동하면서 45°로 검을 내려친다. 이런 방식으로 발을 교차시켜 빗겨 쳐야 중심이 흔들리지 않는다. 揭(게)는 '게'의 이두문이다. 게격세는 두 번 나왔다. 봉두세에 간법은 揭擊(게격)이다. '勢(세)' 자를 생략했다.

②虎左勢(호좌세)-左脚左手(좌각좌수)-向前退步(향전퇴보)-冲洗(충세)-腰擊(요격): 그림이 없다. 과좌세가 좌요격을 겸하도록 배치했다. 冲洗(충세)의 冲(충)은 '몸이 중심이 되어 도는 것', 洗(세)는 '발이 중심되어 움직이는 것'이다. 호좌세의 짝은 호준세, 호좌세는 '우각'이 '좌각' 뒤로 가면서 'X' 자로 꼬이고, 호준세는 좌각이 뒤로 'X' 자로 된다. '躍步(약보)'의 대칭적 개념으로 '左步(좌(보)'라 할 수 있다.

그림 5-20. 揭擊勢

十七. 左夾勢(좌협세)

①左夾勢(좌협세)-左方(좌방)-冲刺中殺(충자중살)-刺法(자법): 좌 허리에 띠가 있다. 좌방으로 돌아간다. 우협세와 대칭이다. 우협세는 '좌회'로 돌기에 양손이 꼬이기 때문에 絞刺中殺(교자중살)이다.

②獸頭勢(수두세)-右脚右手(우각우수)-向前進步(향전진보)-廻身法(회신법): 그림이 없다. 교전보의 左藏(좌장)으로 그림을 대신했다. 獸頭勢(수두세)의 검결만 보면 '머리를 치는 기법'으로 해석하게 된다. 본국검에 左挾獸頭勢(좌협수두세)가 있다. '적장의 머리를 좌 옆구리에 끼웠다'는 비유다. 즉 '右廻(우회)'로 방향전환을 할 때, 칼이 '左挾(좌협)'에 붙이기 때문에 '좌협수두세'다. '좌회'로 회전하는 금계독립세와는 대칭이다. 獸頭(수두)는 '收刓(수두:칼을 겨드랑이로 거둔다)'와 '首頭(수두)'로 치환된다. 조선세법의 수두세는 '우각우수'다. '左廻(좌회)'를 할 때 검이 '우협'에 붙는다. '좌협수두세'와 비교한 다면 '우협수두세'이지만 '수두세'라 했다. '좌회' 시 칼의 높이가 금계독립세처럼 높기 때문이다. 금계독립세가 전후로 방향전환을 하면서 좌각을 든다면 수두세는 좌에서 전방으로 방향전환을 하지만 발은 높이 들지 않고 끄는 것이 차이다. 「拳經(권경)」의 '수두세'가 '우각우수'다. 문화적 동질성이 있음을 알 수 있다. 조선세법과 본국검이 한 몸통이 아니면 이렇게 일치할 수 없다. 조선세법이 음의 모체이고, 본국검은 양의 분체다. 이런 것들이 마땅히 지켜야 할 법칙이 劍理(검리)다.

③腰擊(요격)-前方(전방): 그림은 없다. 요격의 그림을 방향을 바꿔 배치했다.

그림 5-21. 左夾勢

十八. 跨左勢(과좌세)

①跨左勢(과좌세)-掃掠下殺(소략하살)-擊法(격법): 머리띠가 없어 회전이 없다. '좌각'이 나간 상태다. 앞에서 '우각우수'로 전방을 요격했다. 칼이 좌측 허리로 가면 '좌각'이 뒤로 넘어가게 된다. 과우세는 '좌각'이 앞으로 나갔지만 과좌세는 '좌각'이 뒤로 빠졌다. 서로 대칭이다. 과우세는 머리띠가 있어 '左(좌)'로 돌아 전방으로 가고 과좌세는 머리띠가 없어 몸의 회전이 없다. '跨(과: 걸ᄐᆞ)'는 '넘어간다'다. 과우세나 과좌세에서 칼이 나가면 동시에 뒷발이 징검다리를 건너듯 뒤따라가는 보법이다. 과좌세는 掃掠下殺(소략하살)이다. 掠(략)은 '扌+京(경)'으로 '탈취하다·스쳐지나가다'다. 掃掠(소략)은 '빗자루로 마당 쓸 듯 검을 쓴다'다. '撩(료)'은 上(상)이고, '掠(략)'은 '下(하)'다. 좌익세와 우익세가 동일 검결이지만, 좌익세는 격법, 우익세는 횡격으로 구성했듯이, 과좌세는 밑을 쓸고, 과우세는 밑에서 위로 가도록 구성했다. 작은 지면에 다양한 기법을 이런 방식으로 기록했다. 그러나 이 차이를 격유오법에서 과좌격과 과우격의 좌우를 동일하게 맞췄다. 跨左勢(과좌세)로 쓸어 올리면서 '우회'로 돌면 본국검의 '향우방적세-향전방적세'의 연결구조가 된다.

②提水勢(제수세)-右脚右手(우각우수)-向前進步(향전진보)-剪法(전법): 그림이 없다. 그렇지만 '雙剪(쌍전)'의 '雙(쌍)'은 앞에 나온 과좌세의 '좌각좌수'와 대칭인

'우각우수'를 나타낸다. '우각우수'의 그림으로 염시세를 제수세를 대신하여 배치했다. 제수세의 방향은 前(전)이기 때문에 염시세의 방향과는 다르다. 이 동작은 물을 '우수'로 쓸어내는 동작이기 때문에 칼이 45° 정도 기운다. '요략세-염시세'의 연결동작이 '제수세'가 된다. 高提勢(고제세)와 提鎗勢(제창세) 單提手勢(단제수세)의 鎗(창)을 보면 칼의 모양을 알 수 있다. 提(제)는 '扌(수)+是(시)'다. '是(시)' 자형에 검세가 있다. 특히 單提手勢(단제수세)의 '手(수)'가 '水(수)' 자로 환유 되었음을 알 수 있다. 提水勢(제수세)는 쌍수, 單提手勢(단제수세)는 편수다.

그림 5-22. 高提勢/提鎗勢/單提手勢

제수세는 염시세의 그림이 겸했다. 제수세는 '우수우각'으로 '우수우각'은 염시세가 유일하다. 과좌세를 마치면 '우각'이 전방에 있고 칼은 후방에 있는 상태다. 후방에 있는 검을 45°로 눕혀 전방으로 다시 쓸어가기 때문에 雙剪(쌍전)이다. 즉 기법은 과좌세와 같은 '掃掠下殺(소략하살)'이다.

跨左勢

跨左勢者卽跨左擊也法能掃掠下殺右脚右手提水勢向前進步雙剪看法

그림 5-23. 跨左勢

十九. 掀擊勢(흔격세)

①掀擊勢(흔격세)–前方(전방)–掀挑上殺(흔도상살)–搶步鑽殺(창보찬살)–鑽擊法(찬격법): 머리띠에 회전의 표식이 없다. 掀(흔)은 掀天動地(흔천동지)다. '손을 하늘로 들어 흔드는 동작'이다. 즉 掀(흔)은 '흔든다'의 이두문이다. 挑(도)는 '두 손은 나란히 올린다'다. 鑽擊(찬격)과 같은 손의 형태다. 태산압정세의 挑刺(도자)에 挑(도)의 기법이 설명되어 있다. 찬격의 鑽(찬)은 格(격)이다. 뒤로 앉은 상태에서 머리를 막듯 '鑽(찬)'의 기법으로 나가면서 치면 '검이 흔들리며 나가기 때문에 掀擊(흔격)이다. 搶步(창보)는 앉은 상태에서 뒤에 있던 '우각'이 크게 나가는 보법이다. 염시세의 좌머리에 띠가 있다. 아래를 쓰는 모습은 '요략세–염시세'로 동작이 연결된다. 좌회전의 표시가 있다. '우각우수'로 나가면서 칼을 아래로 돌리면서 쓸면 몸이 전방으로 돌아오면서 다리는 'X' 자로 꼬인다. 꼬인 '우각' 풀어 후방에 두고 자세를 낮춰 앉으면 흔격세다.

②朝天勢(조천세)–左脚右手(좌각우수)–向前退步(향전퇴보)–廻身法(회신법): 그림이 없다. 본국검의 조천세를 배치했다. 朝天(조천)의 '朝(조)'는 '照(조)'의 환유로 손의 '虎口(호구)'를 비유한 것으로 호구가 하늘을 향한다. 기법으로 보면 '搁迁(조천:빙둘러 돌아간다)'으로 환유된다. 흔격세에서 '우각'이 나가면서 쳤다. 조천세는 그 상태에서 칼을 들어 전방을 보고 '우각'이 빠지면 '좌각우수'다. 우회로 돌아 탄복세를 한다. 조선세법에서는 '좌각우수'만 알 수 있다. 그러나 본국검에 조천세의 그림과 함께 兩手頂劍高擧右廻進前向後(양수정검고거우회진전향후)가 있어 兩手(양수:좌수가 우수위에 있는 파지법)을 들고 있는 자세임을 알 수 있다. 조천세는 칼을 들고 '우각'이 뒤로 빠지면서 雙手(쌍수:우수가 좌수위에 있는 파지법)를 兩手(양수)로 순간적으로 바뀌는 자세다. 거정세가 조천세의 간법에 해당한다. 거정세는 '솥은 든다 '는 뜻으로 조천세의 동작과 같다. 즉 앞으로 '좌각'이 들어가면서 거정세이고 우회로 후방으로 돌아 '우각'이 나가면 조천세다. 여기서 '우각'이 빠지면서 右廻(우회)를 하면서 쌍수를 양수로 파지법을 바뀐다. 본국검의 右廻進前向後(우회진전향후)가 조선세법의 向前退步(향전퇴보)다. 조선세법은 '조천세–탄복세'로 연결했다. 본국검은 '조천세–좌협수두세–외략'으로 연결했다. 예도의 金剛步雲勢(금강보운세)가 조천세로 조선세법과 본국검이 하나로 전승되었음을 알 수 있다. 본국검과 조

선세법의 기법이 서로 교차 검증이 가능하다. 조선세법을 알지 못하면 본국검도 알 수 없다.

③坦腹勢(탄복세)–前方(전방): 그림이 없다. 탄복세를 다시 배치한다.

그림 5-24. 掀擊勢/金剛步雲勢

二十. 逆隣勢(역린세)

①逆隣勢(역린세)–後方(후방)–直刺喉頸(직자후경)–刺法(자법): 머리띠에 회전의 표식이 없다. 그러나 '逆(역)' 자에 이미 후방의 개념이 들어있다. 실제 그림의 방향도 후방이다. 喉頸(후경:목)을 곧게 찔러 올리는 기법이다. 역린세는 거정세와 같이 세 번 나왔다. 세 번 역적을 물리치고 세 번 나라를 다시 세웠다.

②探海勢(탐해세)–右脚右手(우각우수)–向前掣步(향전체보)–腰擊(요격): 창룡출수세는 전방에서 후방으로 돌았다. 반대로 탐해세는 후방에서 전방으로 돌았다. 바다에서 나온 용이 다시 바다로 돌아갔다. 探(탐)은 青龍獻爪槍勢(청룡헌조창세)의 '探身發(탐신발)'로 '보물을 찾기 위해 상체를 약간 숙이고 한 손을 앞에 뻗으며 들어가는 자세'다. 탐해세가 青龍獻爪槍勢(청룡헌조창세)와 연결된 것처럼 창룡출수세와 대칭이다. 「무비문」의 夜丫探海勢(야아탐해세)와 소림곤법의 夜乂探海勢(야예탐해세)다. 海(해)는 '邂(해)' 자로 치환된다. '邂(해)'는 '만나러 들어간다'. 창룡출수세의 '우수우각'의 요격처럼 탐해세도 전방을 향해 腰擊(요격)을 한다. 역린자가 후방

이다. 좌회로 전방을 향해 '우각우수'로 요격한다. 이렇게 요격하면 몸이 좌측으로 돌아 체보 되면서 左翼勢(좌익세)가 있는 左方(좌방)으로 가게 된다.

③左翼勢(좌익세)–左方(좌방): 그림이 없다. 앞에 있는 좌익세의 그림을 배치했다. 左方(좌방)으로 간다. '창룡출수세–좌우세'와 '탐해세–좌익격'의 구성이다. 창룡출수세의 요격은 전방에서 끊어쳐서 몸이 멈추고, 탐해세의 요격은 밀어 쳐서 좌방까지 몸이 돌아간다.

逆鱗勢
逆鱗勢者、卽逆鱗刺也、法能直刺喉頸、右脚右手探海勢向前掣步左翼擊、看法、

그림 5–25. 逆隣勢

二一. 斂翅勢(염시세)

①斂翅勢(염시세)–右方(후방)–佯北誘賺左右手脚(양패유렴좌우수각)–廻身法(회신법): 머리끈이 좌상에 붙었다. 좌방의 회전 표식이다. 거짓으로 패하여 뒤로 도망가듯 '우각'을 후방으로 한 번에 들어 옮긴다. 이때 칼을 들어 뒤로 넘기면 회전력이 생긴다. 「내가장권」에 있는 斂步翻身(염보번신)의 斂步(염보)가 몸을 뒤로 돌려 나가는 '翻身(번신)'이다. 염시세의 보법과 같음을 알 수 있다. '北(북)' 자는 '패하다·북쪽·반대'의 뜻이다. 좌익세가 좌방, 염시세는 우방이다. 좌방에서 우방으로 '우각'을 옮긴다. '염시세–발사세'로 연결된다.

②拔蛇勢(발사세)–倒退進步(도퇴진보)–廻身步法(회신보법): 蛇(사)의 갑골문은 '𢀖' 자형이다. 뱀은 사람의 발을 문다. 물리면 죽기 때문에 死(사)다. 뱀을 보면 황급

히 발을 뺀다. 발사세는 염시세 이후, '좌각'을 뒤로 빼는 것(退)을 '마치 뱀을 보고 놀라 발을 빼는 것'으로 비유하여 '발사세'라 했다. 倒退進步(도퇴진보)의 倒(도)는 '뒤로 넘어지다·돌다'다. 退進步(퇴진보)는 염시세를 마치면, '좌각'을 뒤로 빼면서 左廻(좌회)로 돌아 '우각'이 나가는 동작이다. 拔蛇(발사)는 '拔徙(발사)'로 환유된다.

③腰擊(요격)–後方(후방)–右脚右手(우각우수): 후방으로 우요격하는 유일한 곳이다. 과우세의 그림이 겸했다. 좌익세와 우익세가 횡격을 겸했듯이 과우세와 과좌세가 요격을 겸했다. 좌요격은 후방을 보고 있기 때문에 양손이 'X' 자로 꼬인 모습이 보이지 않지만, 우요격은 칼을 잡은 손이 꼬이지 않고 보인다.

斂翅勢

斂翅勢者，即斂翅擊也，法能佯北誘賺，左右手脚拔蛇勢，倒退進步腰擊看法。

그림 5-26. 斂翅勢

二二. 右夾勢(우협세)

①右夾勢(우협세)–右方(우방)–絞刺中殺(교자중살)–刺法(자법): 좌상에 머리끈이 있다. '一廻轉(일회전)'의 표식이 있다. 좌로 돌면 손이 꼬이기 때문에 '絞(교)'다. 좌협세는 우로 돌기 때문에 손이 꼬이지 않아 '絞(교)' 자가 없다. 몸이 돌아가면서 찌르기 때문에 冲刺(충자)다. 좌협세는 中刺(중자), 우협세는 中殺(중살)이다. 서로 부족한 문장을 보완했다.

②奔冲勢(분충세)–左脚右手(좌각우수)–向前立步(향전입보)–立步(입보)–刺法(자법): 그림이 없다. 분충세는 제독검의 용약일자세와 같기 때문에 배치했다. 본국

검의 용약일자세는 '좌방'으로 곧게 찔렀기 때문에 칼날이 누웠다. 그러나 제독검의 용약일자세는 '향전'이기 때문에 칼날이 돌아가서 분충세와 같다. 용약일자라는 검결의 핵심은 '용약'이다. 우협세를 마치고 전 방향으로 좌회하면 '좌각'이 좌로 이동하면서 앞을 보고 바로 서게 되면서 '우수'로 찌른다.

③擧鼎格(거정각)-前方(전방): 그림이 없다. 擧鼎格(거정각)이다. 머리를 막고 '좌회'로 돌아 전방에 오면 즉시 鳳頭刺(봉두자)로 찌른다. '거정각-봉두자'의 결합은 '전시세-편섬세'의 구조와 같다.

그림 5-27. 右夾勢

二三. 鳳頭勢(봉두세)

①鳳頭勢(봉두세)-前方(전방)-洗刺剪殺(세자전살)-洗也(세야)-剪法(전법): 머리띠에 회전 표식이 없다. 모든 기법은 擊(격)·格(각)·刺(자)·削(삭)·剪(전) 중 하나다.

표 5-5. 擊(격)·格(각)·刺(자)·削(삭)·剪(전)의 기법

분류	세명
擊(격)	평대격 · 발초심사격 · 좌익격 · 표두격 · 과우격 · 과좌격 · 장교분수 · 전기격 · 간수격 · 참사격 · 전시격 · 우익격 · 게격 · 염시격 · 횡충격 · 창룡출수격(요격) · 호준격(요격) · 호좌격(요격) · 작의격(횡격) · 탁탑격(횡격) · 백사롱풍격(횡격)
格(각)	거정각 · 퇴보군란 · 요략각 · 어거각 · 찬격각 · 은망각 · 전시세(교각)
刺(자)	점검자 · 편섬자 · 직부송서자 · 태산압정자(도자) · 탄복자 · 충봉자 · 간수자 · 안자자 · 좌협자(冲刺) · 역린자(直刺) · 우협자(絞刺) · 분충자
削(삭)	어거삭
剪(전)	과우전(撩剪) · 전기전(剪磨) · 참사전 · 우익전(剪殺) · 게격전(剪格) 제수전(雙剪) · 봉두세(刺剪)

봉두세는 刺剪(자전)이다. '剪(전)=前+刀(도)'다. '베다·깎다'다. '剪(전)'의 '刀(도)' 자는 밑에 있다. 즉 '깍듯이 칼을 밑으로 곧게 찌른다'다. '洗(세)'는 몸을 씻는 여러 동작이 결합된 다중적 개념이다. 「권법」에서 七星拳(칠성권)과 旗鼓勢(기고세) 쌍검의 揮劍向賊勢(휘검향적세)도 '左右洗(좌우세)'다. 칠성권은 양손이 前後(전후)로 움직이고, 기고세는 상하로 움직이고 휘검향적세는 좌우 수평으로 움직인다. 공통점은 모두 몸을 씻는 동작들이다. 봉두세의 곧게 찌르는 기법이 '발을 씻는 동작'과 연결시켰다. 鳳頭刺(봉두자)로 앞을 찌른 이후, 발을 뒤로 옮긴다. 즉 백사롱풍세를 하기 위해선 염시세처럼 '우각'을 후방으로 옮기면서 칼끝을 左肩(좌견) 뒤로 넘기며 左廻(좌회)를 한다. 전기세의 반대 방향으로 도는 동작이다. 처음 '거정세-평대세'와 '거정세-봉두세'의 결합니다. 전자는 막고 돌아 내려쳤고, 후자는 막고 돌아 찔렀다. 조선세법은 검법을 좌우 대칭으로 구성했기 때문에 앞에 나온 동작은 다른 곳에 있다.

②白蛇弄風勢(백사롱풍세)-右手右脚(우수우각)-向前掣步(향전체보): 그림이 없다. 白蛇(백사)는 白猿(백원)과 대칭이고 弄風(롱풍)은 旋風(선풍)과 궤가 같다. 白猿(백원)은 '동에서 뜨는 해가 서로 돌아간다는 비유로 '우회'를 나타내고, 白蛇(백사)의 白(백)은 '중천에 뜬 해'이고 蛇(사)는 '사람을 물기 위해 머리를 솟구친 뱀'이다. 즉 '검을 머리 위로 곧게 든다'는 의미다.

또한 봉두세와 백사롱풍세는 서로 싸우는 수수관계다. 즉 '봉황이 머리를 치켜든 백사의 정수리를 부리로 내려 쪼는 동작으로 구성됐다. 弄風(롱풍)의 '弄(롱)'은 손안에 구슬을 잡고 위에 있던 구슬을 밑으로 내려 돌리는 놀이다. 그래서 '挊(롱)' 자와 '弄(롱)'은 같다. 弄珠(롱주)는 6~7개의 공을 하늘에 던져 땅으로 내려오면 받는다. 戲弄(희롱)도 '줬다 다시 뺏는 행동'이다. 즉 弄風(롱풍)은 '앞에서 뒤로 돈다'다. 白蛇弄風(백사롱풍)은 '봉황에 맞서 백사가 고개를 치켜들고 싸우다가 뒤로 돌아 도망간다'다. '白巳(백사)'로 썼다면 '머리를 땅에 붙여 기어 다니는 뱀'이 된다. '봉두세-백사롱풍세=左廻(좌회)+弄風(롱풍)+橫擊(횡격)'과, '봉두세-전기세=右廻(우회)+弄風(롱풍)+橫擊(횡격:탁탑세)'의 단계로 진행된다. 전기세는 '우각'을 後入(후입)으로 발을 뒤로 옮기면서 右廻(우회)로 돌고 백사롱풍은 그대로 몸을 좌로 돌리되 칼을 곧게 뒤로 넘기면서 돈다. 즉 전기세는 '우각'이 앞에 있는 상태에서 몸만 돌리기 때문에 전기세의 보법과 차이가 있다.

'弄風(롱풍)'은 劍鋒(검봉)이 자연스럽게 허공에서 도는 작용이다. 검봉이 돌아야 중심이 잡히고 빠르고 안전하게 전환된다.

弄風(롱풍)의 '風(풍)' 자는 은망세에 旋(선)과 대칭이다. 伏虎勢側身弄腿(복호세측신롱퇴)의 '弄(롱)'은 '앉아돌아차기'의 廻轉(회전) 기법으로 '弄(롱)'은 '挊(롱)'으로 치환된다. 무예도보통지의 고이표를 보면 금위영에서는 '白蛇弄風有左脚一刺(백사롱풍유좌각일자)'다. 기존에 고만세(만흥)에 의해 전래된 『銳刀俗譜(예도속보)』를 중심으로 익혀왔던 백사롱풍을 금위영에서만 '刺法(자법)'으로 했다는 기록이다.

鎗法(창법)에 閃賺四花鎗(섬잠사화창) 四面是鎗法名曰白蛇弄風(사면시창법명왈백사롱풍)이다. '四花(사화)=四面(사면)'이다. 四(사)는 西(서)로 '좌회'다. '閃賺者手固(섬잠자수고)'로 '움켜 잡는다'다. 騎槍(기창)의 弄槍勢(농창세)도 右內揮一次(우내휘일차) 左內揮一次(좌내휘일차)'로 '우에서 좌로 각각 창을 돌리는 기법'이다. 좌에서 우가 아니라 우에서 좌로 순서가 도치됐다.

棍法(곤법)의 低四平勢(저사평세)는 '四平低勢上着(사평저세상착) 白蛇弄風拿捉(백사롱풍나착) 任伊左右劈來(임이좌우벽래) 邊羣二攔隨(변군이란수) 作棍高可箚前拳(작곤고가차전권) 惟怕搭袖高削(유백탑수고삭)'이다. 또한 鎗法(창법)의 散箚拔

萃(산차발췌)에 '云白蛇弄風(운백사롱풍), 亦低四平之用法也(역저사평지용법야) 將鎗頭低入你鎗下(장창두저입니창하) 前一手仰(전일수앙) 搖指圈里(요지권리) 前手一覆(전수일복) 搖指圈外(요지권외) 以便拿攔開你鎗(니편나란개니창) 或便箚入(혹편차입)'이다. 창끝이 지면에 있으면 권내에 있는 앞의 손을 들어 뒤로 넘기는 기법으로 '봉두세-백사롱풍세'의 연결 동작과 같다. 소림곤법 천종의 '白蛇弄風則藏用於下矣(백사롱풍즉장용어하의) 出手爲陽(출수위양) 收手爲陰(수수위음) 捉圈外爲陽(착권외위양) 拏圈裏陰(나권리음)'이 백사롱풍의 기법을 설명한 문장으로 梨花擺頭(이화파두)와 대칭이다. '乃低四平之用法也(내저사평지용법야) 將鎗橫擺于你鎗之下(장창횡파우니창지하) 或左或右(혹좌혹우)로 進步拿攔(진보나란) 或卽左右挨鎗而箚(혹즉좌우애창이차)'다. 창이 지면에서 올라와 횡으로 열리며 좌나 우로 '우각'이 나갈 때 창을 밀치어 찌른다. 四平勢(사평세)에서 邊攔勢(변란세)와 羣攔勢(군란세)를 하고, 高搭袖(고탑수)로 좌에서 우로 다시 전방으로 돌아와 低四平勢(저사평세)를 취하는 기법으로 '백사롱풍세'의 기법이다. 조선세법을 해독하면 棍法(곤법)은 실타래가 풀리듯이 쉽게 해독된다.

③揭擊(게격)은 그림이 없다. 앞에 나온 그림을 배치하면 된다. '擧鼎格(거정각)-鳳頭勢(봉두세)'의 연결 구성이다.

그림 5-28. 鳳頭勢

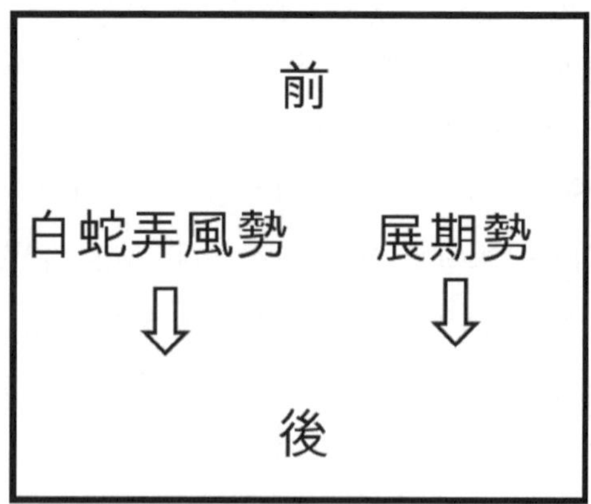

그림 5-29. 白蛇弄風/展旗勢

二四. 橫冲勢(횡충세)

①橫冲勢(횡충세)-前方(전방)-疾奔顙閃滾殺(질분타섬곤살)-沖進掣步(충진체보)-擊法(격법): 머리에 회전 표식이 없다. 奔(분)의 大(대)는 古字(고자)에 '夭(요)'다. '양손을 앞뒤로 휘둘러 빨리 달리는 모습'이다. '顙(타)=朵(타)+頁(혈)'이다. '朵(타)'는 '나뭇가지가 휘휘 늘어지다'다. 채찍을 휘두르는 동작이다. 閃(섬)은 '수렴을 팔꿈치로 걷어 올린다'다. 섬은 '서다'의 이두음이다. 滾(곤)은 '허리에서 흐른다'다. 간수세는 검을 허리에 감추어 붙이고 찌르기 때문에 '滾殺(곤살)'이다. 횡충세는 격법으로 칼이 뒤에서 돌아나가며 가로로 치는 '橫擊(횡격)'이다.

進退兩手兩脚隨勢(진퇴양수양각수세)의 隨勢(수세)는 '나가고 물러설 때 양손과 양발을 자연스럽게 따라 나갔다가 따라 들어온다'다. 沖進(충진)은 '나갈 때 몸이 따라 돌아간다'다. 이때 발이 끌려가기 때문에 掣步(체보)다. 이것을 '隨勢(수세)'로 표현했다.

앞 동작은 게격세가 '좌각우수'로 빗껴 쳐서 막았다. '우각'이 뒤로 빠지면서 횡충세를 취하고, 다시 빠르게 '우각'이 나가면서 목을 친다. 이렇게 되면 검이 채찍을 휘두르듯, 앞에서 뒤로 낭창거린다. '우수우각'으로 횡격을 했기 때문에 좌측으로 흘러 돌게(滾) 되면서 발이 'X' 자로 꼬인다. 꼬인 우각을 뒤로 빼면 다시 횡충세의 자세가 된다.

②撩掠勢(요략세)-後方(후방): 그림이 없다. 앞에 나온 그림으로 배치했다. 횡충세에서 '좌각'이 뒤로 빠지면서 요략세를 한다. 조선세법의 대막이 끝났다. 이후 동작은 제례적 의미를 가진 呂仙斬蛇勢(여선참사세)·羊角弔天勢(양각조천서)·金剛步雲勢(금강보운세)가 있다.

그림 5-30. 橫冲勢

六

本國劍
(본국검)

1
본국검의 起源(기원)

고대로부터 삼국시대를 거치면서 일본에 검기를 전파한 사실이 있고 현재 전 해지고 있는 것은『무예도보통지』에 수록된 본국검이 신라의 것으로 가장 오래된 검법으로 남아있을 뿐이다.

본국검법의 최초 기록은『東國輿地勝覽(동국여지승람)』경주 부에 보이는데 李詹(이담:1345 – 1405)의 고증이 이를 증명하고 있다.[182] 徐居正(서거정)의 蚊川聘望(문천빙망), 金宗直(김종직)의 七詠詩(칠영시)에도 黃昌郎(황창랑)에 관한 내용이 있어 조선 초까지는 어떤 형태로든 본국검법이 실제로 전해져 왔던 것이 확실하다. 세종대왕 때 宗廟祭禮樂(종조제례악)에 쓰는 武舞(무무)인 定大業(정대업)을 만들고 世祖(세조) 때 시행된 六佾舞(육승무)나 八佾舞(팔승무)는 검법에 기초를 둔 舞劍(무검)의 일종이다. 한편 본국검이 新劍(신검)이라는 문장 때문에 본국이 신라때부터 전해진 무예가 아니라는 일부 주장이 있었다. 그러나 윤기(1741~1826)의『無名子集(무명자집)』의 詩(시)에 '新羅劍舞黃昌娘(신라검무황창랑)'의 新羅劍(신라검)이 곧 본국검이다.『純齋稿(순재고)』5권 '十八般技附馬技銘(십팔반기부마기명)

182 新增東國輿地勝覽 慶州府: 李詹辨曰乙丑冬于 鷄林 府尹裵公設鄉樂以勞之有假面童子舞劍於 庭問之云羅代有黃昌者.

에 "始自黃昌(시자황창) 新羅之人(신라지인) 乃入百濟(내입백제) 舞劒而傳(무검이전) 新劒之名(신검지명) 始自夲都(시자본도) 或稱夲劒(역칭본검) 或稱腰刀(혹칭요도)"[183]라는 순조 임금의 친필이 발견되어 新劒(신검)이 곧 夲國劒(본국검)을 지칭하는 것임이 명확하게 됐다.

본국검의 이름만 보아도 국가 차원에서 만들었음을 알 수 있다. 일개인이나 가문에서 만든 검법과 그 내용의 수준은 비교할 수 없다. 조선세법이 天符劍(천부검)이었듯이 본국검도 천부경의 不動夲本心夲太陽(부동본본심본태양)과 연결된 것으로 제례에 사용했을 것으로 사료된다.

황창랑의 죽음을 애도하며 제사를 주관하는 제사장이 六佾舞(육승무)처럼 혼령을 위로하기 위해 祭禮(제례)에서 '本國劍(본국검)'을 시연하면서 후대에 전래됐던 것으로 사료된다.

"본국검의 무검과 검을 만드는 기술이 반드시 왜국에 전래 되었지만 그건 아주 오래된 일이다."[184]라는 기록처럼 본국검이 비록 일본에 전래하였지만, 오늘날 일본검도에는 33세가 하나로 연결된 '舞劍(무검)'이 보이지 않는다. 단지 낱개의 술기로 끊어져 있는 형태만 볼 수 있다. "『劍道의 發達』을 쓴 일본의 下川潮(하천조)는 일본 상고시대의 도검은 漢(한)·韓(한)에서 왔거나 歸化人(귀화인)이 만들었으며 '日月護身劍(일월호신검)三公闘戰劍(삼공관전검)丙子術林劍(병자술임검)七星劍(칠성검)' 등 한국식 칼의 명칭이 있는 것으로 보이며 특히 萬葉集(만엽집), 일본서기 등에 보이는 도검에 관한 노래 중에 高麗劍(고려검)이 나오는 것으로 推古天皇(추고천황) 때의 예를 들고 있다."[185] 여기서 '日月護身劍(일월호신검)'이 사인검으로 사료된다.

183 제갈덕주(육군3사관학교 외래교수), 무예신문, 2018.9.28.

184 新羅隣於倭國則其舞劍器必有相傳之術而不可攷矣

185 이종림, 『고대 한국검술의 일본 이전에 관한 소고』, 하눅체육학회지(제28권 제2호), 1989. p89.

2

本國劍(본국검)과 天符經(천부경)의 관계

본국검 33세는 조선세법 66세의 반이다. 조선세법은 洗法(세법) 중심으로 구성된 검법이고, 본국검은 擊法(격법) 중심으로 구성된 검법이다. 즉 본국검은 조선세법에서 공격적인 격법을 뽑아 구성했다. 조선세법이 陰(음)의 검법이라면 본국검은 陽(양)의 검법이다. 조선세법은 본국검의 어머니다. 실제로 본국검도 조선세법처럼 기법과 기법이 회전으로 연결되어 있다.

조선세법이 천문 28수와 연결된 것을 본국검예를 통해 발표한 이후, 조선세법의 이름이 '천부검'이었다는 것을 확신했다. 그리고 천부경과 고조선 문자를 해독하면서 한민족은 북두칠성을 숭배하면서 평시에는 하늘에 천제를 올리고 전쟁을 나갈 때, 하늘에 계신 神(신)께 고하는 제를 올렸을 것으로 추정된다. 천부경에서 '夲(본)' 자는 북두칠성이 머무는 밤하늘과 태양이 운행하는 낮의 하늘을 의미하는 것을 알게 되었다. 夲國劍(본국검)에서 '夲(본)=大(대)+十(십)'이다. 한민족의 신화를 토대로 구성되어 있을 것이라는 생각을 하고 劍路(검로)를 살핀 결과 본국검의 움직임은 밑에서 '十' 자를 먼저 구성하고 위에서 '大(대)' 자를 완성한다. '夲=木+一' 자로 구성해도 되는데 굳이 '夲(본)' 자로 구성한 것은 '十' 자는 북두칠성을, '大' 자는 향우방적세와 향전살적세에서 원을 그려 '太陽(태양)'을 의미하도록 구성하기위한 것으로 보인다. 이렇게 되면 天符經(천부경)의 '夲心夲太陽(본심본태양)'의 의미가 되어 夲國劍(본국검)은 고조선 이래로 전래된 한민족이 천제에 사용된 '劍藝(검예)'의 진수가 전래된 것임을 확인할 수 있었다.

'본국검=본국+검'이다. '본국'의 '夲(본)'는 '밤하늘의 북두칠성과 낮의 태양'이다. 즉 天國(천국)이 夲國(본국)이다. '劍(검)'은 '고마'로 '검'은 '북두칠성'을 의미하고 '夲(본)'은 '太陽(태양)'이다. 본국검의 첫 시작인 지검대적세가 등을 돌려 '북쪽을 바라보고 시작'하는 것도 북두칠성을 바라보고 예를 올리는 제례의 의미가 스며있다.

고대는 象徵文化時代(상징문화시대)다. 모든 행위는 의미를 내포한 동작들이다. 여기에 신화를 구성한 동작들이 제례에 사용된다. 그렇기 때문에 본국검의 동작과 의미를 담은 劍路(검로)가 변화하면 그 진의를 잃게 된다. 맹호은림세의 호랑이는 견우로 은유된다. '우이회'로 돌아 남쪽으로 간다. 다시 서쪽으로 몸을 돌려 검을 좌우로 감아 돌려 기러기를 몰고 은하수에 오르는 연결 동작이 '안자세'다. '직부송서세'를 통해 동쪽에 있는 직녀에서 소식을 전한다. 직녀는 '발초심사세'이 기법으로 북을 향해 나아가 견우가 한 것처럼 좌우로 검을 감아 돌려 기러기를 불러 모아 난관을 뚫고 북에 이른다. 밤의 역사가 지나고, 태양은 다시 떠 조천세가 되어 다시 서쪽을 향해 우호로 돌아 서산에 저물고 夲心夲太陽(본심본태양)으로 돌아간다. 이처럼 본국검의 검결과 동작은 '夲國(본국)'의 개념에 맞게 '북두칠성'과 '해'의 운행과 일치한다. 본국검의 마지막 동작인 외뿔소 '兕牛相戰勢(시우상전세)'도 견우의 상징인 '소'다. 본국검에는 이러한 상징성이 담겨있기 때문에 '夲(본)' 자 형태로 구성한 것으로 사료된다.

3
본국검의 左右(좌우) 방향

가. 左(좌)와 右(우)의 개념

좌우 방향을 어떻게 설정하는가에 따라 검로의 방향이 전혀 다르게 바뀐다. 그렇기 때문에 그림과 문장을 통해 左右(좌우)를 어떻게 설정했는지를 찾는 것이 매우 중요하다. 즉 전후 방향은 바뀌지 않지만, 좌우는 그렇지 않다. 한편 正立勢(정립세)에서 앞으로 첫발을 이동할 때는 '우각'이 먼저 나가고, 좌우로 움직일 때는 '좌각'이 먼저 '좌측'으로 옮긴다. 좌각은 멈춘 상태에서 '우각'이 앞으로 나가면 '進(진)'이고 그렇게 되면 뒤에 있는 '좌각'은 '退(퇴)'다. 다시 '우각'이 뒤로 빠지면 '後入(후입)'이다. 반대로 '우각'이 멈춘 상태에서 '좌각'이 앞으로 나가면 '進入(진입)'이고 뒤로 빠지면 '後退(후퇴)'다. 즉 '退(퇴)'는 '跟(근:발꿈치)' 자처럼 발꿈치가 뒤에 있는 것이다.

본국검에 사용된 '進(진)'과 '後入(후입)' 그리고 '入(입)'의 보법을 정확하게 알아야 본국검을 재대로 복원할 수 있다. 陣圖(진도)의 그림을 보면 후방이 본국검처럼 두면 '右(우)'는 '左(좌)'로 배치된다. 즉 본국검 원문의 좌·우 방향은 실제는 우·좌[186]다. 이것을 찾지 못하면 좌우 방향이 바뀌어 모두 어긋나기 때문에 '夲(본)' 자가 나오지 않는다.

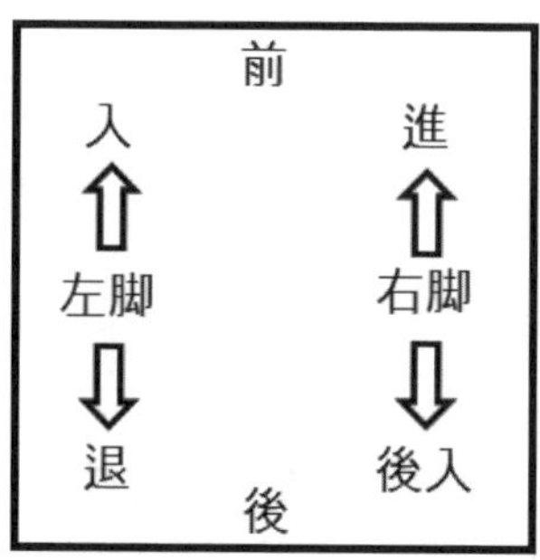

그림 6-1. 進(진) 과 退(진퇴), 入(입)과 後入(후입)

본국검을 왜 본국검이라 했을까? 본국검은 어떻게 구성되어 있을까? 바로 본국검은 〈그림 6-2〉처럼 땅에 '夲(본)'[187] 자 형태를 그리며 움직이기 때문에 '본국검'이다. 땅에다 부적을 그리듯이 본국검에 주술적 행위가 숨겨있다. 땅이 근본이다. 국토가 근본이라는 의미를 무검을 통해 나타낸다. 참으로 대단하지 않은가?

〈그림 6-3〉『경국웅략』의 陣圖(진도)[188]에도 본국검이나 조선세법과 같은 상징성이 있다. 별자리를 지상에 배치하고 전후좌우의 방향을 설정하여 진법을 구축한 다음 오행의 규칙에 따라 허리에 칼은 찬 12명의 무사가 방향에 맞는 깃발을 들고 있다. 본국검의 지검대적세를 취한 무사와 같이 후방을 보고 서 있다. 陣圖(진도)의 방향을 본국검처럼 배치하면 좌우 방향이 서로 일치한다. 조선세법은 전 방향을 보고 있으므로 후방향을 밑에 두면 陣圖(진도)의 좌우 방향과 일치한다. 즉 하늘에서 땅을 내려 본 방향이 조선세법, 땅에서 올려 본 방향이 본국검이다. 夲(본)의 주체는 땅으로, 땅이 근본이다.『논어』의 夲之則無(본지즉무)는 '기본으로 삼는다'다.

갑골문도 전쟁에 대한 하늘의 응답을 기록했다. 한·중·일의 병서를 보면 전쟁도

---

186 임성묵,『본국검예 1·2. 조선세법·본국검법』에서 이에 대해 자세하게 이미 발표했다.

187 임성묵,『본국검예 3. 왜검의 시원은 조선이다』 행복에너지출판사, 2019, p323.

188 奇門攷經國雄略卷三, 奇門 陣法

천문을 보고 싸웠다. 이런 전통이 후대에도 계속해서 이어졌다. 본국검과 조선세법은 천지·음양의 거대한 의미를 두고 체계적으로 구성한 검법이다. 진도의 모습에도 ‘[illegible](제)’와 ‘朩·[illegible](본)’ 자형이 있다.

본국검에서 33세는 검법의 기본이 되는 기법들이다. 실전에서 각각의 勢(세)는 상황에 맞게 사용한다. 본국검 33세를 연결하는 것도 중요하지만 개별 기법들의 ‘신법·수법·족법·안법’의 운용과 이해하고 사용할 수 있어야 한다. 실전은 1:1의 겨루기가 아닌 混戰(혼전) 상태다.

본국검은 ‘舞劍(무검)’[189]이다. 劍舞(검무)는 ‘前爲壽(전위수) 請以劍舞(청이검무)’로 ‘춤·무용’이고 ‘舞劍(무검)’은 ‘鳥舞魚躍(조무어약)’으로 ‘돎·선회’의 뜻이다. 즉 劍舞(검무)는 아름답게 보여주기 위한 춤이 목적이고 ‘舞劍(무검)’은 실전의 連舞(연무)와 廻轉(회전) 동작의 연결이다. 본국검에서는 左廻(좌회) 6회, 右廻(우회) 6회, 左一廻(좌일회) 2회, 右一廻(우일회) 2회, 右二廻(우이회) 1회처럼 회전이 많으므로 舞劍(무검)이라 한 것이다. 이런 廻轉(회전)은 ‘夲(본)’ 자의 길이를 맞추기 위한 기능을 겸하고 있다. 만일 금계독립세에서 左一廻(좌일회)를 생략하고 ‘좌회’만 돌면 ‘夲(본)’ 자가 나올 수 없다. 원문은 분명히 左一廻(좌일회)다. 그러나 「본국검총도」에 ‘左一廻(좌일회)’의 둥근 회전표시가 생략됐기 때문에 원문을 무시하고 회전을 하지 않으면 ‘맹호은림세에서 직부송서세’까지의 길이와 ‘지검대적세−내략−진전살적세’의 길이가 다르게 된다. 그러면 이것을 어떻게 설명할 것인가? 원문과 그림이 다르면 반드시 원문을 기준으로 삼아야 한다. 그리고 「본국검총도」와 「본국검총보」를 비교해야한다. 즉 「본국검총도」의 ‘둥근원’은 ‘한바퀴’를 돌라는 표식이 아니다. 「본국검총보」를 보면 몸의 방향만 ‘좌회’또는 ‘우회’로 돈다고 명확하게 설명해놨다. 단지 「본국검총도」는 일직선상 위에서 방향전환만 한 것을 ‘圓(원)’으로 표시한 것이다. 국내의 모든 재현단체들이 「본국검총도」에 그려진 ‘圓(원)’의 함정에 빠져 모두 ‘한바퀴’를 돌고 있다. 한편 ‘우각’이 앞에 있는 상태에서 ‘右二廻(우이회)’를 하면 맹호은림세의 ‘右二廻(우이회)’와도 정확히 일치한다.

189 黃倡郎新羅人也諺傳秊七歲入百濟市中舞劍觀者如堵百濟王聞之召觀命升堂舞劍倡郎因刺王國人殺之羅人哀之像其容爲假面作舞劍之狀至今傳之

'左廻(좌회)'의 기준은 금계독립세를 보면 된다. 전 또는 후에 '우수우각'으로 일격을 한 상태에서 몸만 반대 左(좌)로 돌려 실질적으로 180°를 돌았다. 금계독립세와 연결되어 방향전환을 하면 '좌회+좌일회'로, 거의 앞을 본 상태에서 '一廻轉(일회전)'을 돈 상태에서 '좌각'이 앞에 있게 되어 '우각'이 나가면서 치기 때문에 進前(진전)의 '進(진)' 자가 붙는다.

'右廻(우회)'는 '우각'이 앞에 있는 상태에서 우회를 하는 방식과 '좌각'이 앞에 있는 상태에서 '우회'를 하는 방식 두 개가다. 첫 번째, '우각'을 뒤로 빼면서 도는 방식이 있는데, 조천세와 우찬격세는 '우각'이 앞에 있는 상태에서 '우회'를 했다. '우각'이 앞에 있는 상태에서 '우회'를 하면 「본국검보」의 조천세처럼 '우각'이 들리게 된다. 즉 '擧右脚(거우각)'을 생략하는 대신 그림으로 그렸다. 조천세는 '좌각'을 들고 '雙手(쌍수)'로 잡는 금계독세와 대칭이다. '좌각'과 '우각'으로 각각 두 번 구성했다.

한편, 표두압정세로 찌른 즉시 '좌수'를 '우수' 위로 올려 잡고 '우회'를 한다. 조천세의 가결로 보면, 이 동작은 서산으로 저문 태양이 동해로 다시 떠오르는 것을 상징하는 것과 두 손으로 하늘에 비는 의미가 내포되어있다. 본국검이 천제와 관련된 것임을 알 수 있다. 즉 맹호은림세와 안자세는 '좌각'이 앞에 있는 상태에서 '우회'를 했지만 본국검에서 '本(본)' 자의 중요한 변곡점인 세 부분에 '금계독립세'가 있다. 즉 시작 점 '지검대적+금계독립', '十(십)' 자의 중심점 '맹호은림+금계독립', '木(목)' 자의 중심점 '백원출동+금계독립'이다. 한민족의 천지인 삼수 문화가 본국검에 들어있다.

나. 打(타), 擊(격), 刺(자)와 削(삭), 殺(살), 剪(전)의 기법 차이

본국검에는 '打(타)·擊(격)·刺(자)·殺(살)' 4개의 기법이 사용됐다.

打擊(타격)은 하나의 기법이 아니라 두 개의 다른 기법이다. 이 기법의 차이를 정확히 알아야 劍術(검술)을 이해할 수 있다.

'打(타)'는 '扌(수)+丁(정)'이다. '丁'자형의 도구로 '세워진 못'이다. '못의 머리를 친다'다. 즉 위에서 아래로 치는 縱(종)의 동선이다.

'擊(격)'은 '毄(격)+手(수)'다. '毄=軎(세)+殳(수)'다. '軎(세·예·여)=車(차)+ㅁ'로써 '굴대의 끝'이다. 'ㅁ'이 굴대 끝에 매달린 뭉치다. 무기로 비유하면 쇠줄이 달린 '철퇴'이고 팔로 비유하면 '주먹'이다. 돌아가는 기능이다. 몸통을 중심으로 팔이 줄이고 주먹이 '쇠뭉치'다. '橫(횡)'으로 돌아가는 동선이다.

'刺(자)'는 앞으로 곧게 나가면서 손목이 돌아가면 찌른다.

'削(삭)'은 대패를 깍듯이 손목을 돌리지 않고 곧게 찌른다.

殺(살)은 좌우 사선으로 내려간다.

剪(전)은 수평 또는 사선으로 올라간다.

다. 본국검보와 본국검총도의 방향

본국검보는 '전방과 좌방'으로 진행된 동작은 전방을 향하도록 그렸고, '후방과 우방'은 후방을 향하도록 그렸다. 본국검총도에 그려진 둥근원은 '우회' 4번 '좌회' 1번이다. 자칫 '우일회'나 '좌일회'를 하지 않도록 본국검총보에서 회전을 명확하게 설명했다. 한편 '우찬회'는 둥근원에 글씨로 썼지만, 이것은 몸을 '좌회'로 돌린 것을 표현한 그림이다. 그럼에도 '좌회'라 하지 않은 것은 '우찬격세'로 찔러야 하는 방향이 '우측' 방향이기 때문이다.

표 6-1. 본국검보의 전후좌우 방향배치

	前·左	後·右	
前	 ①내략 ②진전격적 ③금계독립 ④맹호은림  ⑤발초심사 ⑥표두압정 ⑦전기세 ⑧장교분수  ⑨백원출동 ⑩향우방적 ⑪시우상전	 ①지검대적 ②금계독립 ③후일격  ④조천세 ⑤좌협수두 ⑥향우방적	後
左	 ①직부송서 ②좌요격세 ③용약일자	 ①안자세 ②우요격 ③우찬회세 ④우찬격세	右

4

夲國劍(본국검)의 완성은 '夲(본)' 자에 있다

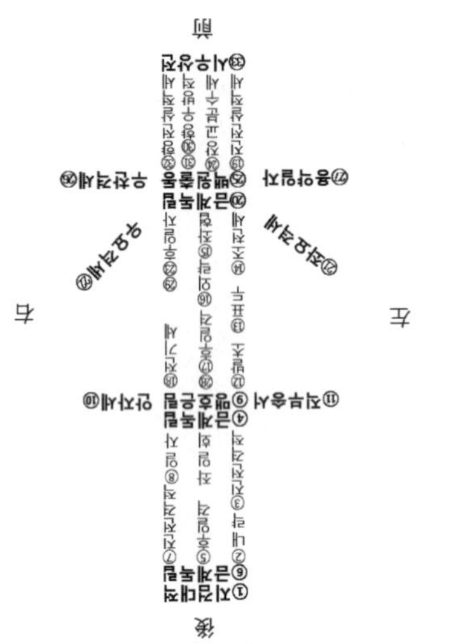

그림 6-2. '夲(본)' 자형 劍路(검로)

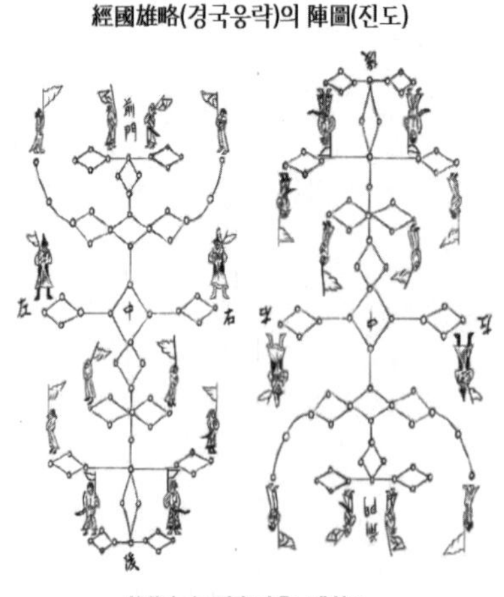

그림 6-3. 전·후·좌·우 관계

표 6-2. 夲(본)·夲(본)의 금문·전문·고문·해서

금문	전문	고문	해서
			夲(본)
			夲(본)

'本(본)' 자는 '夲(본)'의 俗字(속자)지만 '本(본)' 자와 '夲(본)' 자의 금문은 다르다. 本(본)은 '나무의 뿌리'로, '시작·부모·고향·본국·원천'이다. 그러나 '夲(본)=大(대)+十(십)'이다. '토'와 '본'의 두 개의 음이다. 설문의 夲(본)은 進趣也(진취야)로 '나아갈토'다. '토'의 음은 '土(토)'다. 正字通(정자통)의 夲(본)은 往來見貌(왕래견모)로 '볼토(왕래하며 땅을 본다)'다. 夲(본)은 '大(대)+十(십)으로 大(대)는 '사람'이다. "열 사람의 능력을 아우른 힘으로 빨리 나아가다."[190]다. 즉 본국검은 '夲(본)' 자의 뜻처럼 '상하좌우로 힘을 다해 往來(왕래)해 가며 '夲(본)' 자를 땅에 써 간다. '十(십)'은 근본의 자리로 북극성과 북두칠성과 음과 양, 가로(여성)와 세로(남성), 견우·직녀, 천제 등을 상징한다. '夲(본)' 자가 '나무의 뿌리'만을 강조했다면 '根(근)' 자가 더 합당하다. 그러면 '木(목)' 자를 쓰듯 '本(본)' 자를 위에서 아래로 썼을 것이다. 그러나 '夲(본)' 에 맞게 '十' 자를 먼저 쓰고 밑에서 위로 '木(목)' 자를 썼다. 이때 본국검의 시작은 '北(북)' 쪽을 보기 위해 뒤로 돌아선 것이다.

이런 문화는 택견의 '본때 뵈기'의 '본때'에도 스며들었다. '본때'는 평북 사투리로 '본새(夲−)'다. '새'의 음은 '세'와 같기 때문에 夲勢(본세)다. '본때 보인다·본 받는다'다. '본때'의 '때'는 '잔디를 떼다'와 '새떼'처럼 동일성에서 떨어져 나왔다는 의미다. 그래서 '본때'는 '본새'다. '보여준다·본보기'의 '본(본다)'은 대상을 '바라본다'로 '夲(본)' 자가 본의다. 靈(영)의 금문·전문·별체에 '示(시)=王(왕)=巫(무)'다. 示(시)는 하늘을 보고 있는 '왕(무당)'이다. 즉 夲(본)은 示(시)의 대상이다. 이러한 의미를 선조들을 명확하게 알았기 때문에 본국검의 지검대적세는 뒤로 돌아 북쪽을 바라보도록 배치한 것으로 사료된다.

북쪽 하늘에서 다스리고 있는 '큰 사람'이 누구인가? 바로 上帝(상제)다. '夲(본)'과 '帝(제)'는 대상인 동시에 짝이다. 'ㄷ'은 'ㅈ'의 변음이다. '본때'에 '본제'의 소리도 담겼다.

지상의 왕은 상제가 내리는 天命(천명)을 받고 백성을 대신 다스린다.

190 『漢韓大字典』, 민중서림, 1997, p509.

표 6-3. 靈(영)·立(립)·辛(신)·帝(제)의 갑골문·금문·전문·별체·해서

갑골문	금문	전문	별체	해서
				靈(영)
				立(립)
				辛(신)
			(고문)	帝(제)

'立(립)' 자의 갑골문·금문 '·' 자는 땅에서 하늘로 향해 선 글자다. '辛(신)' 자의 갑골문 '' 자는 하늘에서 땅으로 거꾸로 선 글자로 立(입)과 辛(신)은 대칭이다. 帝(제)의 금문 ''도 '' 자처럼 하늘에서 땅으로 향한다. '辛(신)=新(신)'은 통자다. '매울신·독할신·슬플신'의 뜻으로 보면 辛(신)은 하늘에 있는 '매(=신)'다. 매는 '새 중의 새·독보적인 왕'이다. '매울신'은 '매가 홀로 운다'다. '울'은 '울다'다. '맴돌다'라는 말은 '매(새·독수리)'가 '돈다'다. '매섭다'도 '매처럼 무서운 눈'이다. 일본어 目(목)의 음은 'め(매)'로 '눈=매>매눈'이다. 우리의 고어다. '아량을 베풀다'는 신에게 자비를 구하는 말이다. '아량'은 '알과 량'의 결합이다. '알=태양=양의 신', '랑(량)=달=음의 신'이다. 㜒(신)이 '도깨비신'이란 뜻을 보면, 辛(신)이 '맵다'라는 뜻보다 하늘의 신을 매로 비유한 말로 보인다. '辛(신)' 자는 후대에 '문신에 사용되는 바늘'로 잘못 해석했다. 辛(신)의 갑골문 '' 자는 머리에 일 획을 더해 금문에서 '' 자형으로 바꿨다. 천제는 冕旒冠(면류관)을 쓴다. 平天板(평천판)의 '네모'는 하늘을 상징하고 전후 12개, 총 24개의 구슬은 천지운행의 별이다. '帝(제)' 자는 면류관을 쓴 황제다. 冕(면)의 '冃(모)' 자는 '쓰개모'로 머리에 쓰는 '帽子(모자)'이고, 免(면) 자는 모자를 쓰고 긴 옷을 입고 걸어가는 황제의 옆모습이다. 황제가 면류관을 쓰는 것은 사방이 둥근 하늘이기 때문이다.

夲(본)의 대상은 帝(제)다. 이런 일상 언어가 택견에 스며들어 '본때 뵈기(보이기)'가 된 것으로 사료된다. 즉 택견의 '본때(본새)'라는 용어로 보아 의례에서 '夲(본)' 자 형태의 연무가 있었던 것으로 사료된다. 천제를 올리면서 '夲(본)' 자를 따라 武劍(무검)을 추었던 의례의 흔적으로 사료된다.

5
本國劍(본국검) 復原(복원)을 위한 解除(해제)

一. 持劍對賊勢(지검대적세)-內掠(내략)-進前擊賊勢(진전격적세)

後(후)에서 前(전)으로 'ㅣ' 자 형태로 올라갔다.

①持劍對賊勢(지검대적세): 본국검은 후방을 보고 있고 쌍수도는 전방을 보고 있다. 지검대적세의 검결은 '적을 보고 대적한다'다. 賊(적)이 앞에 있는데 뒤를 보고 있다. 오히려 쌍수도의 지검대적세가 검결에 부합하다. 그렇다면 본국검의 지검대적세는 왜 뒤를 보고 있을까?

금계독립세는 '左(좌)'로 돌기 때문에 칼이 '우측'에 있고 좌협수두세는 '右(우)'로 돌기 때문에 칼이 '좌측'에 붙게 된다. 지검대적세와 좌협수두세는 칼을 든 모양은 비슷하다. 금계독립세는 상부 공방에 유리하게 칼이 '어깨'에 붙고, 좌협수두세는 하부 공방에 유리하게 '겨드랑이'에 붙는다. '金鷄(금계)'는 발을 들지 않고 검을 '右藏(우장)'에 들고 서지만 '금계독립'은 '좌각'이 들린다. 만일 '金鷄(금계)' 상태에서 '좌각'이 '우각'의 디딤발로 이용되면 '撥草(발초)'가 된다. 칼은 금계독립세처럼 '우견'에 들고 있는 것이 편하다. 그런데 지검대적세는 '좌견'에 들고 후방을 보고 서 있는 이유는 대략 세 가지로 추론된다. 첫째, 무과에서 본국검을 시연할 때 단상의 임금을 향해 검을 '우견'에서 '좌견'으로 옮겨 군례를 갖추는 의례적 형식이다. 둘째, 上座(상좌)에 입장에서 본국검을 보아야만 '夲(본)' 자가 거꾸로 보이지 않고 바로 보게 된다. 셋째, 좌우 방향의 기준을 정하기 위한 화공의 방편이다.[191] 조선세법은 앞을 보고 좌우 방향을 정했지만, 본국검은 좌우가 반대다. 본국검에서 지검대적세를 해독하지 못하면 좌우 방향이 바뀐다. 그렇게 되면 불필요한 회전을 하게 되어 원문과 불일치된다.

"持劍對賊勢(後方)-右廻(우회)-견적출검세-지검대적세(전방)를 취한다."[192]

「본국검총도」는 '지검대적세(후방)-右廻(우회)-內掠(내략)'의 순서다. 그런데 원문은 '右廻(우회)'가 아니라 '右一廻(우일회)'다. 오히려 첫 시작의 지검대적세는 〈그림 6-4①〉처럼 前方(전방)을 보고 '持劍對賊勢(지검대적세)-右一廻(우일회)-內掠(내략)'을 해야 원문처럼 '右一廻(우일회)'가 된다. 이렇게 해야 「본국검총도」의 2행과 3행의 길이가 같고 '金鷄獨立勢(금계독립세)-左一廻(좌일회)-後一擊(후일격)'의 길이와도 같게 된다. 결국, 본국검은 뒷면을 보고 시작하지 않고 실제는 정면을 보고 對賊勢(대적세)을 취하고 內掠(내략)을 한 것과 같다. 雙手法(쌍수법)이다. '雙(쌍)=雔(수)+又(우)'로써, 우수가 좌수 위에 있다. 雙手法(쌍수법)이다. '雙(쌍)=雔(수)+又(우)'로써, 우수가 위에 있다.

그림 6-4. ①持劍對賊勢(雙手刀)/②見賊出劍勢/③持劍對賊勢(夲國劍)

〈?〉 임성묵, 『본국검예 3. 왜검의 시원은 조선이다』 행복에너지출판사 2019. p288.

192 임성묵, 『본국검예 3. 왜검의 시원은 조선이다』 행복에너지출판사 2019. p477.

②內掠(내략)-右一廻(우일회)-擧右足(거우족): 右一廻(우일회)를 할 때 나타나는 동작이다〈그림 6-5①〉. '우각'을 높이 들고 서 있는 모습이 아니라 폭이 넓게 발이 나갔다. 內掠(내략)과 外掠(외략)은 동작의 설명어다. 때문에 '勢(세)' 자가 붙지 않는다. 展旗勢(전기세)는 몸 안쪽에서 칼이 올라가기 때문에 '내략'이다. 내략은 '擧右足(거우족)'이고 외략은 '擧左足(거좌족)'이다. 足(족)과 脚(각)은 보법이 다르다. '足(족)'은 발이 땅에서 떨어지는 정도의 높이고, '脚(각)'은 무릎이 약간 굽혀지는 정도의 높이다. 「본국검보」에 내략과 외략은 각각 두 개씩 그렸다. 내략과 외략은 칼이 밑에서 올라오면서 손목을 돌려 칼등으로 막게 된다〈그림 6-5②〉. 손목을 돌리지 않고 올려 베면 상체가 좌로 비틀리며 기울어 중심이 흐트러지고, 몸을 세우면 '우각'이 들리거나 좌수를 놓게 된다. 내략에서 그대로 올려 베면 '展翅勢(전시세)'다. 대부분의 단체는 '전시세'를 하고 있다.

그림 6-5. ①內掠/②展旗勢

③進前擊賊勢(진전격적세)-右手右脚(우수우각)-前一擊(전일격): 내략은 '우각'이지만 체보로 '좌각'이 따라 나가게 되고 다시 '우각'이 나가면서 치기 때문에 '進(진)'이다. 진전격적세의 기법은 조선세법 擊法五有(격법오유)의 '翼右擊(익우격)'이다.

〈그림 6-4〉의 '지검대적세-견적출검세-지검대적세'와 '지검대적세-내략-진전격적세'의 구조는 같다〈그림 6-6〉. 즉 본국검의 시작은 후방을 보고 지검대적세로 군례를 취하고, 전방을 보고 '견적출검세-지검대적세'를 취한 후, '우일회-내략'으로 실행했다. 동작으로 보면 '(後)지검대적세-右廻(우회)-(前)견적출검세-(前)지검대적세-右一廻(우일회)-(前)내략-(前)진전격적세'로 연결되어 두 번 반복 한 셈이

다. 본국검의 '내략'은 쌍수로 칼을 잡고 우회를 했고, 쌍수도의 '견적출검세'는 편수로 칼을 잡고 우회를 했다.

그림 6-6. ①進前擊賊勢/②內掠/③持劍對賊勢

二. 金鷄獨立勢(금계독립세)-左一廻(좌일회)-後一擊(후일격)

前(전)에서 後(후)로 다시 내려왔다. 즉 'ㅣ' 자 형태의 반복이다.

①金鷄獨立勢(금계독립세)-左廻(좌회)-擧左脚(거좌각): 左廻(좌회)를 하게 되면 '左脚(좌각)'은 당연히 들리게 된다. 문제는 동작을 멈추면 다리를 들고 서게 되고, 멈추지 않으면 〈그림 6-7①②〉처럼 '좌각'이 나가게 된다. 금계독립세에서 '좌각'을 드는 것은 방향전환 시에 회전력을 높이기 위한 身法(신법)이다. '좌회' 시에 상체는 우로 돌리면서 동시에 '좌각'을 지면에서 들었다 다시 내려놔야만 빠르게 회전된다. 棍法(곤법)의 금계독립세는 '彼翁足兮我翁面(피차족혜아차면) 惟懸足兮獨立便(유현족혜독립편)'[193]으로 상대가 다리를 찌르자 적의 얼굴을 찌르기 위해 '좌각'을 들어 피하면서 앞으로 내딛는 동작이다. 長槍(장창)에서는 懸足(현족)을 취해 懸脚槍勢(현각창세)[194]로 했다.

무비문의 「起手爬法(기수파법)」의 첫 시작이 一出變金鷄獨立勢(일출변금계독립세)이고, 「紐絲(뉴사)」도 금계독립세로 시작한다. 少林棍法闡宗(소림곤법천종)의 一(일) 少林棍(소림곤)에도 금계독립세가 있다. '劍(검)=鎗(창)=棍(곤)'은 서로 연결되

193 『무비지』, 권 89, 소림곤법천종 棍二(곤이)

194 『중국고전무학비전록』, 인민체육출판사, 2006.6, p121.

어 있다. 金鷄(금계)는 '곧바로 이어서'라는 뜻의 今繼(금계)의 치환이고 '走馬回頭丁字步(주마회두정자보)'다. 回(회)는 '回(회)'와 같으나 回(회)는 제자리에서 한 바퀴 도는 것이고, 回(회)는 '되돌아 나온다'라는 '出(출)'의 의미와 같지만 '進(진)'이나 '入(입)'의 작용이 없이 그 상태에서 몸을 돌리는 것이다. 그렇기 때문에 「권법」에 있는 금계독립세도 '좌회'로 돈다. 차이는 검법에서는 좌회를 돌 때 '좌각'을 들어 뒤로 돌았지만 「권법」에서는 '우각'을 들면서 돌았다.

그림 6-7. ①金鷄獨立勢(前)/②金鷄獨立勢(後)/금계독립세(곤법)

②左一廻(좌일회): 「본국검총도」는 '금계독립세-진전살적세'지만 원문은 '금계독립세-좌회-좌일회-진전살적세'다. 左廻(좌회)+左一廻(좌일회)=左二廻(좌이회)다. 실질적으로는 左二廻(좌이회)를 '좌회'와 '좌일회'로 분리시켰다. 이렇게 분리한 이유는 左二廻(좌이회)로 하면 맹호은림세처럼 '우각'이 후방을 보고 있게 되어 '進前(진전)'을 하기 위해선 다시 '좌회'를 하면서 '우수우각'을 해야 하므로 분리했다. 左一廻(좌일회)를 통해 맹호은림세의 右二廻(우이회)의 기준을 알 수 있다. 「본국검총도」는 1행~5행까지의 길이가 같다〈그림 6-8〉. 「본국검총도」에 '左一廻(좌일회)'의 회전이 생략됐지만, 이미 균보법에 의해 '左一廻(좌일회)'를 반영한 그림이다.

5행도 '발초심사세와 표두압정세' 두 개지만 그사이에 '進一足躍一步(진일족약일보)'가 있다. 6행 조천세, 7행 좌협수두세, 8행 '향우방적-후일격'도 길이를 반영하여 짧게 그렸다. 무엇보다 '左一廻(좌일회)'가 생략되면 '本(본)' 자형이 안 나온다.

③後一擊(후일격): 進前擊賊(진전격적)은 '前一擊(전일격)'이다. 즉 '後一擊(후일

격)'을 표현한다면 進後擊賊(진후격적) 또는 後進擊賊(후진격적)이다. 이렇게 쓰면 '後一擊(후일격)'의 기법이 '進前擊賊(진전격적)'이기 때문에 혼동된다. '進前(진전)'이다. 좌일회 결과 '좌각'이 앞에 있다. '우각'이 나가면서 우수우각으로 친다.

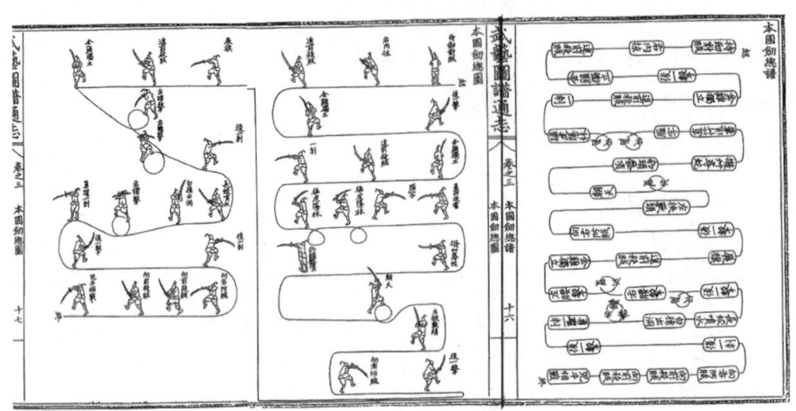

그림 6-8. 本國劍總圖/本國劍總譜

三. 金鷄獨立勢(금계독립세)-左一廻(좌일회)-一刺(일자)

'|' 자로 왕복 3번을 했다.

①一刺(일자): '좌수좌각'이다. 豹頭壓頂勢(표두압정세)는 '우수우각'이다. 조선세법의 泰山壓頂勢(태산압정세)가 '좌각좌수'로 一刺(일자)와 같다. '좌수좌각' 一刺(일자)와 '우수우각' 표두압정세는 대칭이다. 그래서 그랬는지 32세 이름 뒤에는 모두 '勢(세)' 자가 붙었지만 '一刺(일자)'만 '勢(세)' 자가 없어 독립적인 세 명을 갖지 못했다. 즉 '一刺(일자)'나 '後一擊(후일격)'은 개념화된 용어가 아니다. 劍訣(검결)의 성격에는 미달이다. 실제 '후일격세'의 세 명은 '진전격적세'다. '一刺(일자)'를 '前一刺勢(전일자세)'라 하지 못한 이유는 '前一刺勢(전일자세)'라 하면 '後一刺勢(후일자세)'와 기법이 같은 것으로 생각하기 때문이다. 대개 국내단체들은 이 함정에 빠져서 '一刺(일자)'을 後一刺勢(후일자세)처럼 한다. 그렇지 않다. '後一刺勢(후일자세)'는 '우수좌각'이고 '一刺(일자)'는 '좌수좌각'으로 기법이 서로 다르다. '一刺(일자)'의 기법은 들어 올려 찌르는 '挑刺(도자)'이기 때문에 '一刺(일자)'에 숨겨진 이름은 '泰

山壓頂勢(태산세압정)'다.

한편 '進前擊賊(진전격적:우수우각)-旋作左右纏(선작좌우전)-一刺(일자:좌수좌각)'이다.

②旋作左右纏(선작좌우전): '一刺(일자)'는 '좌수좌각'이다. 때문에 '左手(좌수)'에서 마지막으로 찌르려면 원문은 '旋作左右左纏(선작좌우좌전)'이어야 한다. 그러나 원문은 '旋作左右纏(선작좌우전)'이다. 본국검에서 左右纏(좌우전)은 4번【旋作左右纏一刺(선작좌우전일자), 雁字勢向右左纏(안자세향우좌전), 豹頭壓頂勢左右纏(표두압정세좌우전), 後一刺勢左右纏(후일자세좌우전)】 나온다. 3곳에는 '旋(선)' 자가 없다. 3곳은 '검결+左右纏(좌우전)'이다. 그러나 이곳에만 前一刺勢左右纏(전일자세좌우전) 쓰지 않고 검결도 없다. 그리고 作(작)'을 '左右纏(좌우전)'에 붙여 '旋(선)' 자와 단락을 분리하고 '進前擊賊(진전격적)'과 '一刺(일자)' 사이에 '旋作左右纏(선작좌우전)'을 넣었다.

'旋(선)' 자는 본국검의 문장에서 유일하게 나오는 글자로 기법상 매우 중요하다. '旋(선)'의 갑골문 '[illegible]' 자는 '[illegible](언)+[illegible](소)'로, 깃발([illegible])이 '서에서 동쪽으로 돌아서 올라간다.'다. 旋(선)는 '돌다·돌아오다·원을그리다'다. 북두칠성이 돌아가는 방향으로 돌아가는 것이다.

銀蟒勢(은망세)는 '左右旋風擊(좌우선풍격)'이다. '左旋(좌선)'과 '右風(우풍)'으로 旋(선)은 '西(=左)에서 東(=右)'으로 돌린다'다. 風(풍)은 '東(동)에서 西(서)'로 움직인다. 『무예제보번역속집』 언해본의 '旋(선)'은 '겨러(이어서)'다. '우수우각'으로 치면 칼끝이 좌측에 있다. 이렇게 되면 유일하게 좌측에서 '밑에서 위'로 돌리게 되어 '위에서 밑'으로 돌리는 纏(전)과 기법 상 대칭을 이룬다. 纏(전)=糸(사)+廛(전)이다. 廛(전)은 물건을 파는 가게인 '廛房(전방)'처럼 집 앞쪽에 있다. 廛(전)은 실을 감는다는 '專(전)'과 상통한다. 또한 帶(대)와 통하여, 허리에 띠를 두른다는 뜻을 갖는다. 즉 纏(전)은 '실을 앞으로 감듯이 돌린다'는 동작이다. 즉 본국검에서 '旋(선)'과 '纏(전)'은 대칭이다. 이 차이를 旋回(선회)와 纏回(전회)로 명명한다.

표 6-4. 旋(선)과 纏(전)의 대칭

旋(선)	纏(전)
旋回(선회)/위로 돌린다.	纏回(전회)/밑으로 돌린다.

〈그림 6-9〉의 「靑龍偃月刀譜(청룡언월도보)」에 猛虎張爪勢(맹호장조세)의 문장은 '旋用左手爲陽右手爲陰(선용좌수위양우수위음)'이다. '左(좌)'에서 월도를 돌려 올리는 동작이다. 倒鎗勢(도창세)는 躍步(약보)와 연결된 '進一步作躍步勢旋作倒鎗勢(진일보작약보세선작도창세)'다. '좌회'로 돌면서 '鎗(창)'을 下(하)에서 上(상)으로 돌린다. 즉 猛虎張爪勢(맹호장조세)는 '旋左纏(선좌전)'이고 倒鎗勢(도창세)는 '旋右纏(선우전)'으로, '旋(선)' 자의 기법이 무엇인지 알 수 있다. 猛虎(맹호)의 '猛(맹)'과 '倒(도)' 자는 회전을 나타낸다.

그림 6-9. 猛虎張爪勢

總訣歌(총결가)에 劍經(검경)이 棍(곤)·鎗(창)과 같은 장병기와 함께 공통으로 쓰인 이유는 雙手(쌍수)로 잡는 劍(검)의 운용기법과 같기 때문이다. 검을 편수로 잡고 좌우로 돌리는 것은 편하지만 실전의 강한 공격은 막아낼 수 없다. 중국식 偏手(편수)는 劍經(검경)의 내용과 많은 부분 일치하지 않는다.

倭劍譜(왜검보)에서도 "乙(을)이 진전살적세로 甲(갑)을 치면, 甲(갑)의 '우각'이 나가면서 즉시 칼을 들어 '乙(을)'의 검을 막고, 칼을 돌려 '우각'이 빠지면서 몸을 낮추면서 乙(을)의 좌수를 친다(乙以進前殺賊勢向甲擊之, 甲進右脚卽擧其劒以當乙劒, 旋退右脚小頓坐擊乙左手之擘). 乙(을)이 仙人捧盤勢(선인봉반세)로 막고 持劍對賊勢(지검대적세)로 甲(갑)의 머리를 친다.(乙以仙人捧盤勢當之 旋以持劒對賊勢

向甲頭擊之)" 여기에서도 '旋(선)'은 역방향으로 움직인다. 즉 '우수우각' 進前擊賊(진전격적)으로 내려친 다음 칼을 세워 좌측 뒤로 먼저 돌리고 다시 우측에서 감아 돌린다(旋作左右纏). 이렇게 하면 칼날이 하늘을 향하면서 좌측 어깨로 올라가 대검(찬격)처럼 칼을 들게 되기 때문에 앞으로 나갈 수가 없다. 그래서 발초심사처럼 '進一足跳一步(진일족도일보)'가 없다. 만일 여기서 나가게 되면 '夲(본)' 자형이 되지 않는다. 이 동작은 조선세법에서 '표두세'를 마치고 '태산압정세'로 찌르기 위한 '挑刺(도자)'의 동작과 완벽하게 일치한다. '좌각'이 나가면서 '좌수'로 찌르면 '一刺(일자)'가 된다. 즉 일자는 '태산압정세'다. 현재 국내의 모든 단체는 旋作左右纏(선작좌우전)을 左右纏(좌우전)으로 해석했고 '우수좌각'으로 '一刺(일자)'를 한다. 이렇게 찌르면 '一刺(일자)'가 아니라 '後一刺(후일자)'다.

그림 6-10. 一刺(태산압정세)/豹頭壓頂勢

四. 猛虎隱林勢(맹호은림세)

①'右二廻(우이회)'는 매우 중요하다. '猛(맹)=犭(견)+孟(맹)'이고 '孟(맹)=子(자)+皿(명)'이다. '皿(명)'은 둥근 그릇이다. '사람이 단위에 올라가서 빙돈다'다. 고추먹고 맴맴의 '맴맴(回轉)'은 '맴돈다·맴돌린다'다. '맷돌'도 돌리는 기구다. 매미도 둥근 고목나무에 붙는다. '맹=매+ㅇ'이고 '맴=매+ㅁ'이다. 하늘(ㅇ)과 땅(ㅁ)에서 돈다. '매>맹>뱅>맴'이다. 실제 태껸의 돌려차기를 송덕희 선생은 '맴돌기'라 하고 상대를 잡아 돌리는 것을 '맴돌리기'라 한다. 「권경」의 倒挿勢(도삽세)는 '右廻(우회)'로 도는 기법이다. 이 기법을 설명하는 문장이 '顚番倒揷而其猛也(전법도삽이기맹야)'다. 여

기에서 '猛(맹)' 자가 맹호은림세처럼 右廻(우회)로 회전하는 것을 나타내는 이두문이다. 猛虎(맹호)가 '우회'로 도는 것은 해가 '東(동)에서 西(서)'로 돌기 때문이다. 천문의 개념이 무예의 검결인 '虎(호)' 자에 들어갔다.

'鷹(응)'은 '매'다. 매는 하늘에서 '旋回(선회)'한다. 靑龍偃月刀(청룡언월도)의 '猛虎張爪(맹호장조)'도 창을 돌린다. 수컷 매의 토템은 '貊(맥)'이고 암컷 매의 토템은 '脈(맥)'이다. '犭(견)' 자형은 돌고 있는 짐승이다. '活索(활삭)'이 '활쏘기'의 이두문이듯이, 猛(맹)은 '맹렬하다'의 뜻이지만 '맴'의 이두문이다. '隱林(은림)'의 '林(림)'은 '칼'이다. 나무 뒤에 호랑이가 숨듯이 칼 뒤에 사람이 숨었다. 「본국검총도」는 맹호은림세의 '右二廻(우이회)'를 찾는데 매우 중요하다. 〈그림 6-12①②〉의 「본국검총도」는 둘 다 '前方(전방)'을 보고 있다.

「본국검보」의 맹호은림세〈그림 6-11〉과 「본국검총도」의 〈그림 6-11①②〉은 '좌각좌수'로 같다. 전방을 보고있는 맹호은림세의 첫 동작이다. 「본국검총보」에서 右廻(우회)의 표식은 일직선 아래에 원을 그렸다. 맹호은림세의 회전 표식은 시연자의 뒤에 위치한다. 즉 〈그림 6-12①〉의 뒤에서 회전이 일어난다. '右廻(우회)'는 방향만 전환한다. 그러면 후방을 보고 '우각'이 앞에 있게 된다. 여기서 '좌각'이 나가면 '右一廻(우일회)'다. 그러면 '안자세-右一廻(우일회)-직부송서세'의 '우일회'와 보법이 같다. 그 상태에서 다시 右廻(우회)를 하면 前方(전방)을 보고 '우각'이 있게 된다 〈그림 6-12②〉. 둥근 원이 뒤에 있다. 그 상태에서 '우각'이 뒤로 빠지면 '右二廻(우이회)'다. 본국검총도는 범례의 百里尺(백리척)과 均步法(균보법)이 적용된 그림이다. 地線(지선)의 길이 속에 맹호은림세의 두 개의 그림은 중간에 위치가기 때문에 본국검의 '右二廻(우이회)'와 「본국검총도」를 이해하지 못하면, 맹호은림세를 '右三廻(우삼회)'나 '右四廻(우사회)'를 돌게 되어 팽이처럼 빙빙 돌게 된다. 현재 재현 단체 대부분이 여기에 해당한다. 쌍검에 右三廻(우삼회)는 '우각'이 앞에 있기 때문에 '우각-좌각-우각'이 움직여 三(삼)이고, 맹호은림세는 '좌각'이 앞에 있기 때문에 같은 한 바퀴라도 '우각-좌각'이 움직여 二(이)다. 쌍검에 회전에 대한 기준이 설정되어 있다.

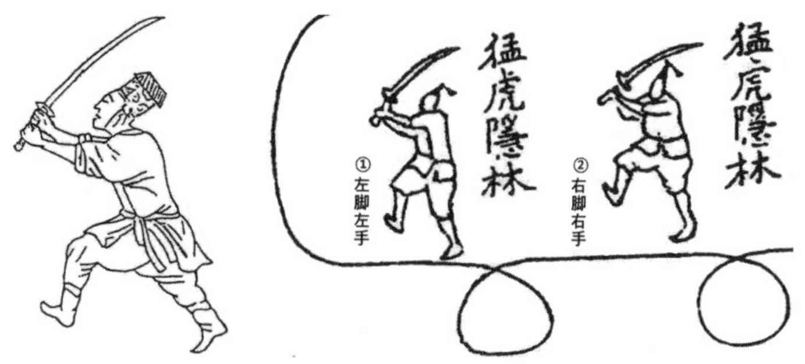

그림 6-11. 猛虎隱林勢(본국검보) 그림 6-12. ①②맹호은림세(본국검총도)

五. 雁字勢(안자세)-直符送書勢(직부송서세)

右(우)에서 左(좌)로 가로획(ㅡ)을 그었다. '雁(안)=厂+鳥(조)'다. '厂' 자형은 좌우에서 날아가는 기러기를 나타낸다. 子(자)는 '刺(자)' 자의 환유다. '子(자)' 자형이 찌르는 자세다. 맹호은림세를 마치고 '우각'을 축으로 한 번에 남방으로 '좌각'이 날 듯이 끌려가기 때문에 '鴈(안)'이다. 조선세법의 '우격세-안시세'에서 대칭을 이루지만 '우각'을 축으로 팽이처럼 돌 듯이 '좌각'은 끌려가는데 이 현상을 기러기가 나는 것처럼 비유했다. 본국검은 '우각'을 축으로 '좌회'를 하고 조선세법은 '우각'을 축으로 '우회'를 한다. 좌우 대칭이다.

①雁字勢(안자세): 〈그림 6-13②〉의 안자세에서 右一廻(우일회)로 〈그림 6-13①〉처럼 직부송서세[195]를 마치면 이곳에서 '十(십)' 자가 완성된다. 용약일자세도 '우수좌각' 같은 左方(좌방)이다. 직부송서세는 발을 벌려 칼을 수평으로 곧게 찌르고 용약일자세는 가볍게 뛰뜻 나가며 찌른다. 한편 안자세는 '우수좌각'이다. '後一刺勢(후일자세)'의 '우수좌각'과 같다. 그렇지만 '後一刺勢(후일자세)'라 하지 않고 '雁字勢(안자세)'라 한 이유는, 보법의 차이 때문이다. '맹호은림세'는 '右二廻(우이회)'를 마치고 '좌회'를 하면 '우각'을 축으로 '좌각'이 반원을 그리며 몸은 우방을 보고 '좌

195 임성묵, 『본국검예 2. 본국검법』 2013. 8. p288~293. "'左右(좌우)'의 구분은 지검대적세가 '後方(후방)'을 보고 있는 기준이다. 그러므로 지금 보는 안자세의 '左(좌)'는 '右(우)'가 된다. 즉 지검대적세가 뒤를 보고 있는 이유는 좌우를 구분하기 위한 장치다. 지검대적세가 전방을 보고 있는 상대에서는 안자세가 '左(좌)'가 된다."

각'은 뒤로 빠지면서 좌방(=南)으로 간다. 이때 '좌각'이 허공에 날 듯 발이 끌려간다. 이때 '좌각'이 뒤로 빠지면 칼이 몸 뒤로 향하는데, 이 자세가 곤법의 孤鴈出羣勢(고안출군세)다. 여기서부터 '左右纏(좌우전)'이 시작된다. 우측에서 마지막으로 감아 돌리면서 '좌각'이 나가면서 '우수'로 찌르면 안자세다. 즉 '우각'을 중심으로 '좌각'이 뒤에서 앞으로 나아가는 동작이 대장 기러기가 좌우의 기러기를 몰고 앞으로 나아가는 동작이다.

②直符送書勢(직부송서세): 左一刺(좌일자)로 左方(좌방)으로 곧게 찌른다.

직부송서세의 符(부)는 '付(부)'로 치환된다. 付(부)는 '주다·수여하다'다. 書(서)는 '敍(서: 펼친다)'로 치환되면 直付送敍勢(직부송서세)다. '곧게 넘겨 주듯이 펼쳐 보낸다'가 되어 구체적인 동작이 된다. '符(부)'는 横(횡), '劄(차)'는 縱(종)으로 棍法(곤법)과 대칭이다.

그림 6-13. ①直符送書勢/②雁字勢

六. 撥草尋蛇勢(발초심사세)-豹頭壓頂勢(표두압정세)

'ㅣ' 자를 따라 전방으로 올라가 간다. 조천세로 계속 돌아 'ㅣ'의 길이를 더한다. 撥草(발초)의 '撥(발)=扌(수)+發(발)'이다. '손을 치켜든다'다. '草(초)=++(초)+早(조)'다. '++(초)'는 손의 비유다. 또한 草(초)는 初(초)의 의미다. 앞서 조선세법의 발초심사세에서 '尋(심)'에 대한 설명했다. 撥草尋蛇(발초)는 '먼저 칼을 뽑아 머리 위로 치켜 올린다'다. '풀 속에 숨은 뱀을 찾아, 검 크기의 뱀 꼬리를 잡아 땅 위에 좌우로 내리쳐 죽이는 동작'이 가결의 이야기다. 발초심사세 다음에 좌우전이 배치된 것도 뱀을 좌우로 내려치는 동작과 연결된다. 본국검의 발초심사세가 창법 기룡세의 발초심사세와 같다. 이것은 본국검의 기록이 조선군영에 있었다는 반증이다.

①撥草尋蛇勢(발초심사세): 그림이 매우 도발적이다. 직부송서세는 '좌방'에 있고 발초심사세는 전방이다. 첫 번째 나온 '打(타)'이다. 먼저 찌른 칼을 빼면서 치켜들면서 '좌회'를 하면서 '좌각'을 전방에 옮긴다. '우각'이 나가면서 '打法(타법)'으로 머리를 끊어친다. '打(타)'와 '擊(격)' 그리고 '殺(살)'의 기법 차이를 모르면 본국검을 정확하게 할 수 없다. 殺(살)은 '목의 좌우를 친다'다.

②進一足跳一步(진일족도일보): 문제는 '左右纏(좌우전)'의 해석을 '進一足跳一步(진일족도일보)' 이후에 할 것인가 아니면 그 이전에 할 것인가에 따라 차이가 생긴다. 이것을 알려면 '左右纏(좌우전)'을 어디에서 시작했는지 알면 된다. 다행히 발초심사세에 打(타)와 동시에 '좌우전'이 발생되는 손의 모습이 그려져 있고〈그림 6-14②〉.[196] 그다음 토유류의 "擧左足(거좌족)에 본국검의 발초심사세 이후에 연된된 손동작이 그려있다〈그림 6-14①〉."[197] 즉 '一打(右脚:撥草尋蛇)-進一足(左足:擧)-左右纏-跳一(右脚:步)-一刺(豹頭壓頂)'의 순서로 진행된다〈그림 6-14③〉. '진일족-도일보'는 검도에서 머리를 치고 '우각'이 연속해서 나가는 보법이다. 진전격적세-일자세'와 '발초심사세-표두압정세'는 대칭으로 구성했다. '跳(도)' 자는 '뛰다·넘다'가 본의가 아니라 '발부리에 무엇이 걸려서 실족하여 넘어진다'다. '우각'이 앞에 있는 상태다. 進一足(진일족)은 '좌각'을 〈그림 6-14②〉의 토유류처럼 들고 반보만 나가야 다음에 돌뿌리에 걸려 넘어지듯 跳一步(도일보)로 '우각'이 나갈 수 있다. '足(족)'과 '步(보)'의 차이다. 만일 左右纏(좌우전)을 걸어가면서 실행하면 신법과 보법이 어색해진다. 앞에 나온 '進前殺賊(진전살적)-旋左右纏(선좌우전)-左手左脚(좌수좌각)-一刺(일자)'와 대칭으로 구성됐다. 실전은 자연스럽고 빠르며 간단하다. 연속된 동작을 문자로 표현하려면 동시 동작도 손 따로 발 따로 쓸 나누어 쓸 수밖에 없다. 동작이 문자에 갇혀 버리면 진의를 찾을 수 없다.

③豹頭壓頂勢(표두압정세): '左右纏(좌우전)右手右脚(좌수좌각)一刺(일자)'다. 찌르는 동작보다 '좌우로 돌리는 동작'이 앞에 있다. 즉 左右纏(좌우전)이 발표심사세

196 임성묵, 『본국검예 2 본국검법』, 행복에너지출판사, 2013, P167.

197 임성묵, 『본국검예 3. 왜검의 시원은 조선이다』 행복에너지출판사 2019. p539.

의 동작과 연결됐음을 알 수 있다. 즉 〈그림 6-14③〉의 발초심사세 다음에 進一足(진일족)을 하면서 '左右纏(좌우전)'을 하는 첫 번째 동작이 〈그림 6-14②〉이고 걸어 나아가면서 칼이 우측으로 돌아 올라오면 '우각'이 앞에 있는 상태에서 '우수'로 찌르는 것이 〈그림 6-14③〉의 표두압정세다.

그림 6-14. ①擧左足(토유류)/②撥草尋蛇勢/③豹頭壓頂勢

七. 朝天勢(조천세)-左挾獸頭勢(좌협수두세)-向右防賊勢(향우방적세)-後一擊(후일격)

뒤로 다시 내려와 'ㅣ' 자 기둥을 다졌다.

①朝天勢(조천세): 조천세는 아침 해가 동에서 떠오르는 동작이다. 해의 회전을 나타낸 백원출동세와 같이 '우회'다. 그 차이는 백원출동세는 360° 칼을 세운 상태에서 한 바퀴를 회전하는 것이고 조천세는 180°를 회전하면서 앞발이 뒤로 곧게 빠질 때 손이 동시에 올라간다. 이 동작을 '活捉朝天欲其柔也(활착조천욕기유야)'다. 검을 들어 올라가는 것을 죽었던 해가 다시 살아난다는 것이 '活(활)'이고, 손을 천천히 올리는 것이 '柔(유)' 자로, 해가 동쪽에서 서서히 떠오르는 것을 표현했다. '우각'이 뒤로 빠지면서 발을 멈추고 손이 위로 올라가는 것이 '捉(착)'이다. 표두압정세가 '우수우각'으로 마쳤다〈그림 6-14①〉. 이렇게 찌르면 몸이 좌측으로 쏠린다. 다음 조천세를 위해 兩手(양수)를 들어 후방을 향해 '右回(우회)한다. 兩手(양수)의 '兩(양)' 자는 '짝"이 있다. 즉 앞의 지검대적세의 '雙手(쌍수)'의 짝이 '兩(양)'이다. 雙(쌍)은 '우수'를 나타내고 '兩(양)'은 '좌수'를 나타내기 때문에 조선세의 그림이 '좌수'가 '우수' 위에 있다〈6-15①〉. '兩(양)'은 좌측에 그릇, 우측에 무개추가 있는 저울이다.

표두압정세가 '우각'으로 전방에서 마친 상태에서 '右廻(우회)'를 한 모습이 조천세다. 한편, 본국검의 맹호은림세와 안자세는 '좌각'이 앞에 있는 상태에서 '우회'를 했기 때문에 몸의 방향만 바꾸면 되지만 '우각'이 앞에 있는 상태에서 '우회'를 하게 되면 '우각'을 튕기듯 밀치면서 '우회'를 해야하기 때문에 본국검보의 조천세처럼 '우각'이 들리게 된다. '擧右脚(거우각)'이 생략됐다. 본국검에서 '우각'이 앞에 있는 상태에서의 '우회'를 하는 것은 조천세가 유일하기 때문에 그림으로 표현했다. 이 동작은 '좌회' 시 금계독립세를 취하면서 '좌각'을 드는 동작의 대칭이다.

한편, 표두압정세를 끝낸 즉시 '좌수'를 '우수' 위로 올려 잡는 手作疾(수작질)을 해야한다. 이 동작은 서산으로 저문 태양이 동해에서 다시 떠오르는 태양을 나타내는 상징과 두 손으로 하늘에 비는 의미가 내포되어있다. 본국검이 천제와 관련있는 것임을 알 수 있다. 이 동작은 擧鼎勢(거정세), 金剛步雲勢(금강보운세)와 문화적, 기법적으로 연결된다.

조천세는 '우각'이 앞에 있을 때의 '우회'의 기준이 된다. 우찬격세도 '우회'다. 원문은 '兩手頂(양수정)'으로 좌우 손이 상하로 위치가 바뀌는 手作疾(수작질)에 대한 설명은 없다. 이어서 '後入(후입)'을 하기 전에 밑에 있던 '우수'가 다시 정상적으로 위로 오도록 올려잡고 '우각'이 뒤로 빠진 만큼의 길이를 균보법으로 그린 모습이 「본국검총도」의 〈그림 6-15②〉다. 즉 '右廻後入(우회후입)' 두 동작 사이에서 교묘한 手作疾(수작질)이 일어났다. 여기서 '一刺(일자)-右廻(우회)-猛虎隱林(맹호은림)'과 비교하면 일자는 '좌각좌수'이기 때문에 몸의 중심이 우측으로 쏠려 右廻(우회)를 하더라도 칼끝이 세워지기 때문에 조천세처럼 手作疾(수작질)이 발생하지 않는다. 다시 '우각'이 뒤로 곧게 빠지면 '後入(후입)'이다. '우각'이 뒤로 빠지면서 동시에 兩手(양수)를 雙手(쌍수)로 파지법을 빠르게 바꾸어 다시 원상태로 수작질을 한 그림이 본국검총도의 조천세다〈6-15②〉. 조천세는 '여명을 이겨내고 동해의 수평선 위로 떠 오른 해'를 표현한 詩語(시어)다. 後入(후입)을 하더라도 조천세는 여전히 후방을 보고 있다.

「본국검총도」는 후방을 보고 있지만 후입과 우회를 '등근원'으로 표시했다〈6-15②〉. 〈6-15①〉과 〈6-15②〉의 그림을 잘못 이해하면 '우각'을 들고 뒤로 회전하는 이상한 동작이 된다.

②左挾獸頭勢(좌협수두세): '右廻進前向後(우회진전향후)'다.

조천세의 '우각'이 '後入(후입)'을 했다. 후방을 보고 있는 상태에서 '우각'만 뒤로 곧게 빠지는 것이 '후입'이다. '우각'이 빠지면 '좌각'이 앞에 있게 된다. 이어서 '右廻(우회)'다. '우회'를 하면 몸이 전방을 보고 '우각'이 앞에 있게 되면서 원심력으로 인해 칼날이 「본국검총도」의 〈그림 6-15③〉처럼 몸 안쪽을 보게 된다. 이 모습이 좌협수두세의 첫 번째 동작이다. 이어서 進前向後(진전향후)다. 만일 문장을 向後進前(향후진전)으로 쓰면 '後(후)와 前(전)'의 반대 개념으로 인해, 다시 후방에서 전방으로 360°를 돌게 된다. 그래서 '進前(진전)+向後(향후)'로 표기하여 '좌각'이 앞으로 일보 나간 이후에 몸을 後方(후방)으로 돌리도록 했다. 여기에서의 '進前(진전)'은 뒤의 향우방적세 다음에 나오는 '向前(향전)'과 비교되는 문장이다. 이미 '向右(향우)'를 통해 몸이 앞에 있기 때문에 '進前(진전)'이다. 이모습이 「본국검보」〈그림 6-15④〉의 좌협수두세다. 즉 '조천세-좌협수두세'는 360° 회전하는 과정에 나타난 동작이다. 즉 '우회-후입'까지가 '우일회'이고 뒤어어 '우회-진전-향후'까지가 '우일회'다. 즉 연결된 회전만 합쳐 연결하면 '右廻(우회)-後入(후입)-右廻(우회)-進前(진전)-向後(향후)'로 '右二廻(우이회)'를 분절하여 설명한 것이다. 맹호림세에 이어 '右二廻(우이회)'가 두 번 있는 셈이다. 여기에서 '右二廻(우이회)'로 쓰지 않는 것은 전체 회전 사이에 조천세에서 '後入(후입)'으로 회전이 분절되었기 때문이다.

'조천세'와 '좌협수두세'의 사이에 회전은 천부경의 '不動夲夲心夲太陽昻明人中天地一(부동본본심본태양앙명인중천지일)'에서 의미하는 "여명을 뚫고 동쪽에서 뜬 해가 중천을 거쳐 서쪽으로 돌아가 하늘에 밝은 달이 뜬 것"을 회전으로 표현한 것이다.

③向右防賊勢(향우방적세): 擧左足(거좌족) 外掠(외략)이다. '掠(략)'은 밑에서 움직인다. '좌각'이 나가면서 左(좌)에서 右(우)로 칼을 쓸어올린다. '향우방적세-후일격세'는 직진으로 연결됐다. 후방으로 진행된 그림이다〈6-15⑤〉. 향우방적세는 후방을 보고 있다. 그렇게 되면 본국검의 좌우 위치에 맞게 칼이 '左(좌)' 방향에 있다. 좌에서 우방향으로 칼이 가야 하기 때문에 '향우방적세'라 한 것이다. 후일격과 연결되기 때문에 칼이 올라오면서 칼을 비틀어 올려야 칼등으로 적의 칼을 튕겨내는 것과 동시에 몸이 바로 선다. 外掠(외략)을 설명문으로 사용했다. 내략과 전기세의 관계와 같다.

④後一擊(후일격)

6-15. ①②朝天勢總圖/③④左挾獸頭總圖/⑤向右防賊勢

八. 展旗勢(전기세)-進前殺賊勢(진전살적세)

①展旗勢(전기세): '擧右足內掠(거우족내략)'이다. '후일격-右廻向前(우회향전)'이다. 後方(후방)에서 前方(전방)으로 향할 때 돌면서 전기세를 한다. 〈6-16①〉의 모습은 칼이 높게 안에서 스치며 右廻(우회)로 올린 내략이다. 전방에 왔을 때의 모습으로 '우각'이 앞에 있다. 전기세의 기법은 '內掠(내략)'이다. 칼이 몸 중심에 오면 손목이 돌아가면서 다음 진전살적세와 연결될 때 깃발을 좌우로 흔드는 동작처럼 되기 때문에 '展旗勢(전기세)'다. 전기세가 후방으로 돌면서 연결된 동작이 조선세법의 〈그림 5-13〉의 전기세다. 전기세가 후방으로 돌면서 연결된 동작이 조선세법의 〈그림 5-13〉의 전기세다.

②進前殺賊勢(진전살적세): 進前殺賊勢(진전살적세)가 처음 나온다. '進前(진전)'이다. '좌각'이 나가면서 '우수우각'으로 비껴친다. 두 번째 '打(타)'다. '右殺打(우살타)'다.

'殺擊(살격)'과 '擊(격)'은 다른 기법이다. 이것은 매우 중요하다. 설문에 '樧(살)'은 側手擊物曰樧(측수격물왈살: 측수로 사물의 치는 것이 살이다) 謂當後手如擊物之狀(위당후수여격물지상: 뒷손으로 사물을 치는 모습이다). 〈그림 6-16②〉의 '殺(살)=乂+朮(술)+殳(수)'다. '乂' 자의 획순은 右(우)에서 左(좌)로 먼저 내려 긋고(丿) 다음에 左(좌)에서 右(우)로 내려 긋는다(㇏). '朮(술)=木(목)+丶(점)'이다. 점(丶) 하나가 '木(목)' 자의 右側(우측)에 붙어있다. 즉 '칼로 우측 목을 쳐서 죽였다'라는 것을 나타낸 글자가 '殺(살)'[198] 자다.

'木(목)'을 '목'이라 말하는 민족은 우리밖에 없다. '殺(살)' 자는 이두문이 결합한 우리의 문자다. 殺擊(살격)의 기법이 가결에 '打殺高低左右接(타살고저좌우접)'으로 '殺(살)은 위에서 아래로 좌우로 접어 친다'라고 정확하게 기록되어 있다. 이곳의 진전살적세는 '打法(타법)'이기 때문에 끊어친다. '후일격-전기세'다. 전기세는 후방에서 전방으로 연결된 동작이다. 전방으로 右廻(우회)를 할 때는 처음 내략〈그림 6-6②〉의 기법으로 시작하여 前方(전방)에 오면 〈6-16①〉의 展旗勢(전기세)처럼 손목이 돌아가고, 계속해서 칼이 올라가면 右肩(우견)에 뒤편에 있게 된다. 이렇게 되면 체보로 인해 '좌각'이 나가기 때문에 '進前(진전)'이다. 다시 '우각'이 나가면서 내려치면 칼이 사선으로 들어가기 때문에 '殺擊(살격)'이다. 이후 '殺賊勢(살적세)'가 두 번 더 나온다.

그림 6-16. ①展旗勢/②'殺' 자형

九. 金鷄獨立勢(금계독립세)-左腰擊(좌요격)-右腰擊(우요격)-後一刺(후일자)

左(좌)로 左腰擊(좌요격)를 하고 右(우)에서 右腰擊(우요격)를 하면 이 지점에서 '木(목)'[199] 자가 완성된다.

---

198 임성묵, 『본국검예 2 본국검법』, 행복에너지출판사, 2013, P192.

199 전석환(2014.9.28.부터 본국검을 2회 지도하면서 본국검의 구조를 설명해 주었다)은 '좌·우요격세'에서 '허리'를 치지 않고 '목'을 빗겨 치는 것은 '本(본)' 자형에서 '木(목)' 자가 이 지점에서 발생했기 때문이라는 의견을 2020.6.22. 자에 제시해 주었다.

①金鷄獨立勢(금계독립세): 이번 금계독립세는 문장과 「본국검총도」의 그림에 복선이 있어 해독에 어려움이 있다. 이 금계독립세의 문장을 잘못 해석하면 본국검의 흐름은 여기서 끊긴다.

앞에 나온 두 번의 '金鷄獨立勢左廻擧劍左脚後顧(금계독립세좌회거검좌각흐고)'에는 '左廻(좌회)'가 있다. 그러나 이곳 '金鷄獨立勢高擧劍擧左脚後顧(금계독립세고거고검좌각후고)'에는 '左廻(좌회)' 대신 '高擧(고거)'다. 「본국검총도」의 9행의 〈그림 6-17③〉를 보면 후방을 보고있다

한편 이곳의 금계독립세는 다음에 좌우요격세이기 때문에 지검대적세에서 설정한 '좌·우' 방향이 여기에서 일치되는 것을 확인할 수 있다. 좌우 방향이 바뀌면 모든 게 어긋나서 '本(본)' 자가 만들어질 수 없다. 이곳의 금계독립세를 해독하기 위해서는 '전기세-진전살적세-금계독립세-입좌회-좌요격'의 연결 동작을 함께 검토해야 이해할 수 있다.

②左腰擊勢(좌요격세)는 洗法(세법)이다. 이곳 금계독립세의 '金鷄獨立勢(금계독립세)-高擧劍(고거검)擧左脚(거좌각)後顧(후고)-入左廻(입좌회)-左腰擊(좌요격)' 문장에는 '左廻(좌회)'를 빼고 그 자리에 '高擧(고거)'를 넣었다. 「본국검총도」의 금계독립세는 후방을 보고 있다〈그림 6-17③〉. 즉 左廻(좌회)는 했지만 '좌회'의 문장을 제일 뒤에 '入左廻(입좌회)'로 넣었다. '入(입)'은 '좌각'이 움직이는 데 쓰인다. 後入(후입)은 '우각'이 뒤로 빠지는 보법으로 조천세에서 '後入(후입)'의 보법이다.

'좌요격세'의 위치가 전방에서 후방을 보는 서있는 지검대적세와 같다. 여기에서 좌우의 방향이 기준이 됐음을 이로써 증명이 된다. 즉 좌요격세의 '左(좌)'는 左方(좌방)을 나타낸다.

진전살적세에서 금계독립세로 전환할 때, 칼을 높게 들도록(高擧劍) 한 이유가 무엇일까? 칼을 높게 들고 몸을 돌리면서 '좌각'까지 들면 어떤 동작이 될까? 두 가지 방식이 있다.

첫 번째, '左廻(좌회)'로 돌았을 경우, 진전살적세로 이후 '좌측'으로 '좌각'을 한 번에 이동하여 금계독립세를 취하면서 좌요격세를 취한다.

'入(입)'은 '좌각'이 나가는 보법으로 "좌측으로 돌아 한번에 '좌각'이 곧게 들어간다."다. 즉 單刀直入(단도직입)의 '入(입)'이다. 만일 入左廻(입좌회)를 쓰지 않고 좌

방으로 좌요격세를 취한 동작을 쓰려면 '金鷄獨立勢(금계독립세)-左廻(좌회)-擧劍左脚後顧(거검좌각후고)-向左(향좌)'로 써야한다. 이렇게 되면 동작이 끊어진다. 그래서 '入左廻(입좌회)'로 쓴 것이다.

진전살적세가 '우수우각'이다. '우각'이 앞에 있는 상태다. 고개를 좌로 돌려 後顧(후고)를 하면서 금계독립세를 취하되, 정면이 좌방으로 가기 때문에 〈그림 6-17①〉의 금계독립세보다 〈그림 6-17③〉의 금계독립세가 흉부와 좌각이 넓다. 좌요격세로 들어가기 위해 '우장'에 있던 칼을 높이 들어 '좌장'으로 옮기면서 '좌각'을 든 금계독립세다. 「본국검총도」에서는 두 번의 금계독립세는 前後(전후)로 이동했기 때문에 '(_·_)'처럼 '괄호'안에 그렸다〈그림 6-17①②〉. 그렇지만 좌·우요격세가 있는 3번째 금계독립세는 '左右(좌우)'로 이동했기 때문에 '⟨'처럼 角(각)으로 표시했다. 좌요격세 우요격세의 방향은 좌방과 우방이다. 범예의 使縱橫環轉逐路尋線瞭然可得(사종횡환전축로심선료연가득)에서 縱橫(종횡)에 해당한다. 즉 3 번째 금계독립세를 기준으로 좌우 방향이 설정되어 「본국검총도」와 「본국검총보」의 좌요격세와 우요격세가 좌우로 배치하고 회전 방향도 일치시켰다.

그림 6-17. ①左廻(후방)/②左廻(전방)/③入左廻(좌방)

③右腰擊勢(우요격세)는 洗法(세법)이다. 칼이 좌우 등 뒤로 돌아가는 동작이 등목을 하는 동작이기 때문에 '洗(세)' 자를 썼다. '좌각'이 좌측으로 나가면서 목을 치면 칼은 左(좌)에서 右(우)로 흘러가면서 몸은 右(우)로 돌아가게 된다. 그때 '우각'을 들어 '右廻(우회)'로 돌아가는 회전력을 막으면 몸이 꼬이면서 우요격세다〈그림 6-19②〉. 등에 칼을 멘 자세를 '뱀을 목에 감았다'라는 뜻에서 '騰蛟勢(등교세)'다.

좌요격세는 『耕余剩技(경여잉기)』의 「單刀法選(단도법선)」에 있는 〈그림 6-18〉의

背砍刀勢(배감도세)[200]다. 좌요격세는 후면을 배감도세는 정면을 그렸다. 단지 배감도세는 실전에서 상대의 우측 창 공격을 칼로 막아내며 좌각이 들어가고 우각이 偸步(투보)로 돌아가 자세를 취하는 방법으로 배감도세를 설명했다.

單刀說(단도설)에 의하면 "쌍수를 사용하는 單刀(단도)의 기법은 유운봉이 왜놈들이 진전을 얻었다."[201]고 한다. 본국검이 '왜에 전래됐다'[202]는 기록이 허언이 아님을 알 수 있다. '背砍刀勢(배감도세)'의 '砍(감)'은 '감다'의 이두문이다. 즉 좌측으로 기울이며 칼을 등에 '감아' 치는 좌요격세다.

그림 6-18

'우각'을 내리면서 비틀린 몸이 풀려 그 힘을 이용해서 右腰擊勢(우요격세)를 하면 몸이 左(좌)로 한 바퀴 돌아 후방으로 가게 된다. 그대로 따라 들어가 '後一刺(후일자)'를 한다. 〈그림 6-19③〉의 「본국검총도」 좌요격세는 入左廻(입좌회)다. 그래서 시연자를 중심으로 돌기 때문에 원 위에 있다. 우요격세는 좌요격세에서 '入左廻(입좌회)' 이후 '右廻(우회)'로 돌아 洗法(세법)으로 칼을 감아서 친 이후 〈그림 6-19②〉처럼의 우요격세로 들어가 '左廻(좌회)'로 감아 치면서 후방으로 한번에 들어간다. 타격 부위는 '목(項)'인데, '左項擊(좌항격)'이 아니고 '左腰擊(좌요격)'이다. 임재선은 이것을 두고 "좌요격은 명칭과 일치하지 않는 경우다. 허리를 치라는 뜻인 요격이란 명칭을 쓰면서 목을 베는 자세를 요구하고 있다. 좌요격보다는 '좌항세'라는 표현이 적절한 표현인 것 같다. 좌요격은 본국검 중에서 가장 해석하기 여려운 대목

200 如先立外看勢 彼鎗從右箚入 我將刀往右推開鎗 進左脚偸右步 左轉身橫靠一刀

201 余故訪求其法 有浙師劉雲峯者 得倭之真傳

202 新羅隣於倭國則其舞劍器必有相傳

의 하나다."[203]라고 논문에서 발표했다. 선조들이 이것을 몰랐을리 만무하다. 좌요격이라 한 것은 "허리부터 사선으로 칼이 올라가 목을 치기 때문이고 '右腰擊(우요격)'은 반대로 목에서부터 빗겨 허리로 내려오기 때문이다." 즉 칼이 목에서부터 허리로 내려와야 '후일자'를 할 수 있다.

그림 6-19. ①左腰擊(=은망세)/②右腰擊(=등교세)/③總圖

十. 長蛟噴水勢(장교분수세)-白猿出洞勢(백원출동세)

이곳은 금계독립세의 위치로 '木(목)' 자에서 백원출동세가 겹친다.

①長蛟噴水勢(장교분수세): '후일자-장교분수세'는 전후로 움직였다. '右手右脚一打(우수우각타)'다. 세 번째 '打(타)'다. 擊賊(격적)이나 殺擊(살격)의 문장이 생략되고 '一打(일타)'만 있다. 長蛟噴水(장교분수)의 가결은 '서산을 붉게 물들인 노을을 용이 뿜어낸 것'으로 비유한 것이다. 진전격적세보다 더 깊게 앞으로 칼을 던지면서 '우각'이 나가면서 끊어치면 관성에 의해 상체가 〈그림 6-20①〉처럼 숙어지게 되어 몸의 중심을 잡기 위해 '좌각'이 체보로 약간 끌려간다.

②白猿出洞勢(백원출동세): 본국검에서 매우 중요한 변곡점이다. 백원출동세는 '擧右手右脚(거우수우각)'이다. 그런데 그림은 '左手左脚(좌수좌각)'이다. 그 차이는 백원출동세의 '白猿(백원)과 '出(출)' 자에 비밀이 숨어있다. '白猿(백원)'은 '금성이

203 如先立外看勢 彼鎗從右劄入 我將刀往右推開鎗 進左脚偸右步 左轉身橫靠一刀

돌아 나온다'를 비유한 검결이고 '出(출)'은 '進(진)' 또는 '入(입)'이 전제된 개념으로 '돌아 나온다'다. 白猿拖刀勢(백원타도세)도 '乃佯輪詐回鎗法(내양수사회창법) 逆轉硬上騎龍(역전경상기룡) 順步纏攔崩靠(순보전란붕고) 迎鋒接進弄花(영봉접진롱화) 就是中平也破(취시중평야파)'다. '佯輪詐回(양수사회) 逆轉(역전)과 順步(순보)'로써 백원출동세의 회전 보법과 같다.

장교분수세의 상체가 숙여있고 '우각'이 앞에 있다. 이 '우각'이 '進(진)'이다. 여기서 '出(출)'은 들어갔던 '우각'이 다시 돌아나오는 것이다. 棍法(곤법)에 黑龍入洞(흑룡입동)이 서산으로 들어간 해다. 장교분수세가 '우수우각'으로 마친 상태다. '左肩(좌견)'으로 칼을 당기면서 몸을 세우면 몸 '좌측'으로 힘이 쏠린다. 이 모습이 〈그림 6-20②〉의 백원출동세다. 그리고 '좌회'와 동시에 우찬격세가 있는 '우방'으로 '좌각'이 나가면서 칼을 들어올린 모습이 〈그림 6-20④〉본국검총도이다. 본국검총도는 일직선상에서 발생된 동작을 그렸기 때문에 전방을 향하는 모습을 그렸지만

〈그림 6-20③〉의 본국검보 '우찬회세'는 '좌회'를 생략하고 '우방'으로 진행된 그림을 그렸기 때문에 등쪽이 보이는 후방의 모습을 그렸다. 이 상태에서 '우각'이 나가면서 찌른 동작이 〈그림 6-22②〉의 우찬격세다. 안자세와 동일한 방향으로 서산으로 날아가는 기러기(해)와 이때 다시 돌아 나오는 원숭이(금성)의 대비다. 해가 '入洞(입동)' 한 이후에 '出洞(출동)'할 때의 손동작을 설명한 것이 '擧右手右脚(거우수우각)'이다. 조천세는 '우회'을 했고 백원출동세는 '좌회'을 했다. 이처럼 본국검에는 천문의 운행이 담겨있다. 즉 '白猿(백원)'은 '白圓(백원)'의 환유다. 홀로 높이 떠서 대지를 환하게 비추는 것이 金鷄(금계)[204]다. 서산에 해가 지면 우백호의 金星(금성)이 뜬다. 해는 까마귀가 되어 어둠 속에 잠들고 다시 나와 남주작의 봉황이 되어 세상을 비춘다. 검결은 '詩(시)'다. 시는 '對句(대구)'로 이루어진다. 出洞(출동)은 出動(출동)의 환유다.

---

204 《山海经》: 少昊属金, 在西方。他的母亲是天山的仙女皇娥. 金(금)은 소호 씨의 증표다. 신라가 소호 씨의 자손으로 鷄林(계림)이다. 金鷄(금계)의 개념 속에 신라와 소호 금천의 상징이 연결된다.

그림 6-20. ①長蛟分水勢/②白猿出洞勢(좌향)/③右鑽廻勢/④右鑽擊

十一. 右鑽擊勢(우찬격세)-右廻(우회)-勇躍一刺勢(용약일자세)

右(우)로 右鑽擊勢(우찬격세)를, 左(좌)로 勇躍一刺勢(용약일자세)를 하면 가로 '一(일)' 자가 완성되어 '木(목)' 자가 완성된다.

①右鑽擊勢(우찬격세): 조선세법의 찬격세는 前方(전방)으로 나가면서 막고 찌른다. 본국검은 右方(우방)으로 돌면서 찌르기 때문에 우찬격세다. '직부송서세'는 문장에 '左一刺(좌일자)를 넣어 '좌방'을 표기했고 '右鑽擊勢(우찬격세)'는 세명에 '右(우)' 자를 넣어 '우방'으로 진행된 것을 표기 해다. 둘의 방향은 서로 반대다. 백원출동세에서 우찬격세를 하기 위해 右廻(우회)를 한 모습이 우찬회세다〈그림 6-20③〉. 예도의 찬격세는 회전을 하지 않고 앞으로 나가 머리를 막는 동작이다〈그림 6-22③〉. 원문 白猿出洞勢(백원출동세)와 右鑽擊勢(우찬격세) 사이에는 '左廻(좌회)'가 없다. 그런데도 「본국검총도」 우찬격에는 '회전'의 표식이 있다〈그림 6-20④〉. 우찬격세는 '우방'이다. 전방에서 '우방'으로 연결된 동작으로 '백원출동세-우찬회세-우찬격세'다. 그러기 위해선 '좌회'를 해야한다. 이 '회전'을 표시한 그림이 「본국검보」의 우찬회세와 「본국검총도」다. 몸은 '좌회'를 했지만 진행될 방향이 '우방'이기 때문에 「본국검총도」에서 '좌회'대신 '우찬격'이라 했다. 엄밀히 말하면 백원출동세의 연결동작으로 '出(출)'의 회전을 표현한 것이다. '出(출)'은 日出(일출)이다. 서산으로 들어가 해가 돌아서 동쪽으로 돌아나온다. 즉 '出(출)=右廻(우회)'다.

〈그림 6-22②〉의 우찬격세는 상체를 앞으로 숙이면서 찔렀다. '우각'을 뒤로 빼면서 '우회'를 안정되게 하려면 뒤의 '좌각'은 체보로 보폭을 줄여 '우회'를 해야한다.

〈그림 6-22②〉의 우찬격세는 상체를 앞으로 숙이면서 찔렀다. '우각'을 뒤로 빼면서 '우회'를 한다. '藤牌(등패)의 躍步勢(약보세)는 騎馬如探馬(기마여탐마)다. '刀前牌後誘人來(도전패후유인래)轉過牌來刀在後(전과패래도재후)'로 우찬격세에서 용약일자세로 '右廻(우회)'하는 것과 일치한다〈그림 6-21①〉. 이것을 세법으로 설명한 문장이 '此乃騎龍如探馬(차내기용여탐마)'다. 우찬격세는 '우수우각'이다.

한편, 「본국검총도」에서 원 위에 시연자가 있으면 제자리에서 회전하는 표시다.

②勇躍一刺勢(용약일자세): 勇躍(용약)은 보법을 설명한 문장으로 勇(용)은 用(용)의 치환으로 用躍步(용약보)다. '躍(약)=足+翟(적:꿩)'이다. '躍(약)' 자를 단순하게 '뛴다'로 해석하면 큰 낭패를 당한다. '翟(적)'은 "舞翟(무적)의 의미다. 舞樂(무악)의 일무(佾舞)에서 문무(文舞)를 할 때 춤을 추는 사람이 용머리를 조각(彫刻)한 짤막한 나무 자루 끝에 용알과 암꿩의 꼬리털을 세 개를 꽂아 맨 도구(道具)를 오른손에 잡고 춤을 추는 행위다."[205] '龍(용)과 翟(꿩)'의 상징이 '翟(적)' 자에 담겨있고 '舞(무)'의 동작이 함축된 글자다.

藤牌(등패)와 拳(권)의 躍步(약보), 棍(곤)의 騎馬勢(기마세)는 같은 보법이다〈그림 6-21②〉. 騎龍(기룡)과 探馬(탐마)도 「권법」에 사용되고 躍步(약보)의 자세와 일치한다. 무기술과 권법도 동일문화권에서 만들어져 파생된 것으로 사료된다. 躍步勢(약보세)의 대칭은 斜行勢(사행세)로 '우각'이 나간다〈그림 6-21③〉. '躍步(약보)-左廻(좌회)-倒鎗(도창)'의 연결 동작은 '좌회'를 하기 위해 '우각'이 나갔지만 '우찬격세-우회-용약일자세'는 '우회'로 서로 회전 방향은 반대다. 翟(적)의 龍(용)은 '勇(용)' 자로 환유됐고 勇(용)은 다시 '踊(용)' 자로 치환된 글자이다. '舞(무)=無(무)+舛(천)'으로 '舛(천)'은 '앞을 향한 발과 뒤를 향한 발'로 회전하고 있는 발이다. '舛(천)'은 '遷(천)'과 상통한다. '舛(천)' 자는 '躍(약)' 자에 붙어있는 '足(족)' 자의 환유다. 이것을 개구리처럼 '폴짝폴짝' 뛰면 안 된다.

---

205 『한한대자전』, 민중문화사 1997, p1654.

그림 6-21. ①躍步勢(좌각)/②騎馬勢/③斜行勢(우각)

‘우찬격세’가 우방으로 ‘우수우각’으로 찔렀다. 좌방으로 용약일자세를 하기 위해 右廻(우회)를 한다. ‘우회’를 하면 ‘우각’이 앞에 있게 되면서 허리는 꼬이인다. 이 때 뒤에 있던 ‘좌각’을 좌방으로 옮기면서 짧게 뛰면서 찌르면 용약일자세다〈그림 6-22④〉. 雁字勢(안자세)는 ‘우수좌각〈그림 6-22①〉’, 우찬격세는 ‘우수우각’〈그림 6-22②〉이다. 둘 다 우방을 찌르지만, 보법은 좌우 대칭이다.

그림 6-22. ①鴈字勢②右鑽擊勢/③鑽擊(예도)/④勇躍一刺

十二. 後一擊(후일격)-後一刺(후일자)

다시 ‘ㅣ’ 자의 기둥을 따라 내려간다.

後一擊(후일격)은 총 3번(⑤⑰㉘)이고, 後一刺(후일자)는 두 번(㉓㉙)이다. 後一擊(후일격)은 ‘우수우각’이고 後一刺(후일자)는 ‘우수좌각’이다. 후일격은 진전격적세와 같은 擊法(격법)이다. 그럼에도 〈그림 6-23①〉의 후일격세의 칼은 〈그림 6-23②〉의 진전격적세의 칼처럼 몸 정면에 있지 않고, 몸 우측에 있다. 이것은 ‘좌일회’를 하면서 후일격세로 진행할 때, 회전력에 의해 칼이 순간적으로 우측에 있는 모습을 그렸다. 같은 동작은 변화되는 변곡점을 따로 그려 그 연결고리를 알도록 세세하게 기록했다.

打法(타법)은 총 6번(⑫발초심사세 ⑲진전살적세 ㉔장교분수세 ㉘후일격 ㉛㉜향전살적세) 나온다. 打法(타법)은 끊어치는 기법이다. 발초심사세는 정수리, 진전살적세는 좌우 머리나 어깨, 장교분수세는 손목을 목표로 한다.

그림 6-23. ①後一擊/②進前擊賊

十三. 向右防賊勢(향우방적세)-向前殺賊勢(향전살적세)-二打(이타)

전방으로 올라가 'ㅣ' 자를 완성한다.

①向右防賊勢(향우방적세): 두 번째 나오는 향우방적세다〈그림 6-25①〉. 전 동작이 후일자로 '좌각우수'로 마쳤다. 그리고 右回(우회)를 해서 전방을 보고 있다. 본국검에서 전후로 방향 전환을 하면 좌회 시에 칼을 우측 어깨에 들어 우장인 '금계독립세'를 취한다. 그렇다면 '우회' 시에는 좌측 어깨로 들어 좌장을 하겠지만 본국검에서의 우회는 '우찬격세-우회-용약일자'와 이곳 '후일자-우회-향우방적세' 두 번 나온다. 우일회는 '안자세-우일회-직부송서', 우이회는 '일자-우이회-맹호은림'으로 각각 한번이다. 여기에서 모두 공통점은 모두 찌르는 '자법'이라는 것과 '좌각'을 앞에 두고 우회를 한다는 것이다. 즉 '좌회'는 실전에서 타격을 중심으로 사용했고 '우회'는 자법 중심으로 사용했다는 것이다. 이것은 오른손잡이가 많았다는 것이기도 하다. 처음 나온 향우방적세처럼 擧左足外掠(거좌족외략)으로 문장도 같고 방향은 후 방향을 보고 있다. 그런데 첫 번째 나온 〈그림 6-25②〉의 향우방적세의 자세와 다르다. 상체는 숙이고 '좌각'이 나가면서 칼은 左下(좌하)의 후방에 있다

〈그림 6-25①〉. 이 상태에서 몸 밖으로 칼이 나가기 때문에 外掠(외략)이다. 첫 번째는 후방을 보고 있지만, 두 번째는 전방을 보고 있다. 그렇지만 등을 보이고 시선은 우방을 보고 있다. 두 번째 향우방적세에서 진행되어 연결된 동작이 첫 번째 향우방적세다. 즉 칼날이 밑에서 위로 올라 가면서 손목을 뒤집었다. 이때 칼날이 위을 향한 그림이다.

②向前殺賊勢右手右脚前二打(향전살적세우수우각전이타): 이 문장은 두 가지 측면에서 매우 중요하다. '向前(향전)'과 '進前(진전)'의 차이다. 임재선은 "향전살적세는 앞을 치는 자세다. 향전살적과 진전살적의 차이를 밝혀내는 일이 필요하다. 보법의 차이와 타법의 차이를 우선 생각할 수 있다."[206]라며 논문에서 학계가 풀어야 할 과제로 '向前殺賊勢(향전살적세)를 제시했다. 이 질문에 대한 답이다. 向前(향전)은 '回轉(회전)'을 나타내는 글자다. '進前(진전)'은 '금계독립세+좌회+진전격적세'다. '좌회'로 몸이 앞을 향한 상태다. '우각'이 나가면 '進前(진전)'이다. 이에 반해 '向前(향전)'은 '좌회+진전'이다. 몸의 방향이 '좌방' 또는 '우방'에 있는 상태기 때문에 전방을 향해 몸을 돌린다. 몸을 전방으로 향하면서 '우각'이 나가면서 右殺打(우살타)와 左殺打(좌살타)를 한다.

즉 1행: '지검대적세-우일회(생략)-내략', 2행: 금계독립-좌일회(생략)-후일격, 3행: 금계독립세-좌일회(생략)-진전격적세, 4행: 맹호은림세-우이회(회전표식), 5행: 발초심사세-표두압정세-우회후입(행의 교체로 회전대신), 6행: 조천세(회전표식), 7행: 좌협수두세-우회향후(행의 교체로 회전대신), 8행: 향우방적세-후일격-우회향전(전후 배치로 회전 대신), 9행: 전기세(방향전환 회전생략), 10행: 금계독립세(방향전환 회전생략)-좌우요격세(회전표식)-후일자, 11행: 백원출동세(회전생략)-우찬격세(회전표식), 12행: 용약일자세-후일격세(행의 교체로 회전대신), 13행: 향우방적세(회전생략)-향전살적세(회전생략).

이처럼 본국검 원문은 회전을 나타내는 문장과 글자가 있었지만 「본국검총도」는

206 임재선, 『조선조 무예도보통지에 관한 연구-분국검을 중심으로-』 중앙대학교대학원, 1997.6. p46.

생략했다.

向前(향전)·向後(향후), 向左(향좌)·向右(향우)는『무예도보통지』에 실기를 해석하는데 매우 중요하다. '向(향)' 자를 해석하지 못하면 무예도보통지의 무예를 옳게 복원할 수 없다. 제독검의 경우 向右(향우)는 右廻(우회), 向左(향좌)는 左廻(좌회), 向後(향후)는 左廻(좌회)로 원문에 설명되어 있다. 쌍수도는 廻身進一足(회신진일족)作向前擊賊勢一擊(작향전격적세일격)으로 向前擊賊勢(향전살적세)가 廻轉(회전)을 하지만「쌍수도총보」나「쌍수도총도」에서는 회전표시가 생략됐다.

'作向前殺賊勢右手右脚前二打(작향전살적세우수우각전이타)'다. '作(작)' 자는 문장을 하나로 통합한다. 즉 향전살적세는 두 번 걸어가면서 '우각'이 앞에 올 때마다 비껴 치는 기법이 아니라, '우각'을 앞에 두고 제자리에서 좌우로 두 번 비껴 치는 '殺(살)'과 打(타)의 기법이다. 만일 두 번걸으면서 살타를 한다면, 본 문장은 '①右手右脚前一打(우수좌각전일타) ②左手左脚前一打(좌수좌각전일타)'이어야 한다. 向前殺賊勢(향우방적세)는 '二打(이타)'다. '打法(타법)'은 목 위를 목표로 치기 때문에 끊어 치듯 하고 擊法(격법)은 몸통을 목표로 치기 때문에 타법보도 더 끌어서 내려치게 된다.

첫 번째 살타는 '右殺打(우살타)'으로 '우각'이 나가면서 '우수'로 '右木(우목)'을 비껴 치고, 두 번째는 左殺打(좌살타)로 '우각'이 그대로 멈춘 상태에서 좌견으로 칼등을 곧게 거두고 '우각좌수'로 '左木(좌목)'을 내려치면서 칼을 우협으로 당겨야 '좌각'이 앞으로 끌려 나가면서 '시우상전세'와 자연스럽게 연결된다. '향우방적세-향전살적세'의 연결되는 과정은 앞에 나온 '전기세-진전살적세'의 연결 동작과 같다. 한편 考異表(고이표)를 보면 금위영은 마지막 향전살적세를 생략하고 左右纏(좌우전)으로 감아서 찔렀다(畢勢左右纏一刺凡二次而関其一필세좌우전일자범이차이관기일). 이 것을 보면 '우각'이 고정되어 있음을 알 수 있다. 대부분의 단체는 二打(이타)를 한다. 본국무예는 금위영 본을 중심으로 전수하고 있다.

그림 6-24. ①外掠/②向右防賊勢/③展旗勢/④內掠

十四. 兕牛相戰勢(시우상전세)

'우수우각'이다. 향전살적세로부터 3步(보)를 올라가 점(側)을 찍어 '夲(본)' 자가 마침내 완성된다. 본국검의 品勢(품세)는 '33세' 동작의 기법도 중요하지만, 무엇보다 '夲(본)' 자형으로 舞劍(무검)을 한다는 것이 더 중요하다. 즉 본국검은 '땅이 나라의 근본'이라는 것을 舞劍(무검)으로 표현하는 의례적 행위였다.

그림 6-25. 兕牛相戰勢

七

雙劍(쌍검)

雙劍(쌍검)은 기효신서나 무비지 등 중국 측 무예서에선 보이지 않지만『무편』에 雙劍(쌍검)과 棍棒(곤봉) 그리고 雙劍(쌍검)과 鎗(창)이 겨루는 방식이 있어 실전에서 쌍검을 어떻게 사용했는지 알 수 있고 임진왜란의 전투도나 전통 쌍검무가 전래한 것으로 보면 雙劍(쌍검)이 조선군영에 남아있었던 것을 무예도보통지에 정리하면서 검결만 鴻門之會(홍문지회)에서 일어난 項莊舞劍(항장무검)의 고사로 가결을 지었다. 부채로 쌍검의 기법을 하면 멋진 雙扇舞(쌍선무)가 된다.

1
舞劍(무검)과 雙劍(쌍검)

雙劍(쌍검)은 舞劍(무검)이다. 本國劍(본국검)도 舞劍(무검)으로 劍舞(검무)라 하지 않았다. 즉 舞劍(무검)은 실전적 개념이기 때문에 화려함 속에 장엄함이 있다. 그러나 劍舞(검무)는 여성의 雙劍舞(쌍검무)처럼 춤적 요소가 강한 개념임을 알 수 있다.

선조(27,9.3)는 "쌍검은 조선 선조 시절 평양 사람들이 꽤 많이 전습했었다. 그러나 중국이 쌍검을 많이 사용하고 말 위에서도 쌍검을 사용하니 살수 중에 뛰어난 자를 뽑아서 교습하라"는 전교를 내린다. 인조(3.4.20)도 胥敎(서교)에서 觀武才(관무재)를 할 때 雙手劍(쌍수검)을 시험봤다.

"『武編(무편)』에 송태종은 수 백명의 용사를 선출하여 劍舞(검무)를 가르쳤다. 이런 劍士(검사)들은 칼을 던지고 받고 연회나 전쟁에 나가 위용을 드러내 적의 간담을 서늘하게 했다."[207] 元史(원사)의 王英傳(왕영전)에는 英(영)은 쌍도를 잘 다뤄 刀

207 武編曰宋太宗選勇士數百人教以劍舞皆能擲劍空中躍其身左右承之會北戎(契丹也)遣使宴便殿因出劍士示之袒裼鼓譟揮刃而入跳擲承 接霜刀雪刃飛舞滿空戎使見之懼形于色每巡城耀武劍舞前導賊衆棄城望之破膽

王(도왕)이라 불렀다는 기록이 있다.[208] "家語(가어)에 '자로가 융복을 입고 공자에게 검무를 보이며 옛날에 군자는 검으로 자신을 지켰다고 합니다'라고 했다."[209] 子路(자로)가 戎服(융복)을 입은 것은 공자나 자로가 동이족이기 때문이다. 그래서 君子(군자)에 비유했다. 동이족은 허리에 검을 차고 다녔다(君子國在其北 衣冠帶劒). "史記(사기)에 '항우와 패공이 만났을 때 항장과 항백이 검을 뽑아 춤을 추었다'라는 것은 간척(천자의 舞劍(무검)과 같은 행위)을 가지고 춤을 추는 것 같지만 춤에는 擊刺之術(격자지술)이 숨겨있어 무비를 예비함이다."[210]

그림 7-1. 項莊起舞勢/持劍對賊勢(項伯)

무예도보통지의 雙劍(쌍검)은 鴻門之會(홍문지회)에서 일어난 項莊舞劍(항장무검)의 고사를 가결로 만들었다. 첫 자세는 앞을 보고 持劍對賊勢(지검대적세)를 시작하지만, 마지막은 뒤를 보고 項莊起舞勢(항장기무세)로 마친다. 項莊起舞勢(항장기무세)란 '항장이 무검을 시작한다'라는 내용으로 마지막 동작이 아니라 시작한다는 의미다. 揮劍(휘검)을 분기점으로 뒤에서 촉발한 項莊(항장)의 舞劍(무검)에 대항하여 項伯(항백)이 雙劍(쌍검)을 들고 앞으로 나서 대항하는 것으로 시결을 지었다.

이에 반해 마상쌍검의 첫 시작은 앞을 보고 項羽渡江勢(항우도강세)를 하고 마지막은 漢高還覇上勢(한고환패상세)로 연결된다. 자세도 '還(환)'에 맞게 한 고조가 등

208 元史王英傳英(字邦傑益都莒州千戶)善用雙刀號曰刀王

209 家語曰子路戎服見於孔子拔劍而無曰古之君子以劍自衛

210 史記曰項羽會沛公項莊項伯拔劍起舞夫以劍爲舞若持干戚(戚與鉞同斧鉞也禮記朱于玉戚冕而舞大武)而舞焉則寓擊刺之術而豫武備也

을 돌린다. 우회로 쌍검을 내려치면 漢高還覇上勢(한고환패상세)이고 좌회로 내려치면 雲長渡灞水勢(우잔도파수세)다. 유방과 운장의 대칭이고 覇(패)와 灞(파)를 대칭시켰다.

즉 마상쌍검은 項羽(항우)와 劉邦(유방)이 싸우는 내용으로 雙劍(쌍검)의 詩訣(시결)과 연결했음을 알 수 있다.

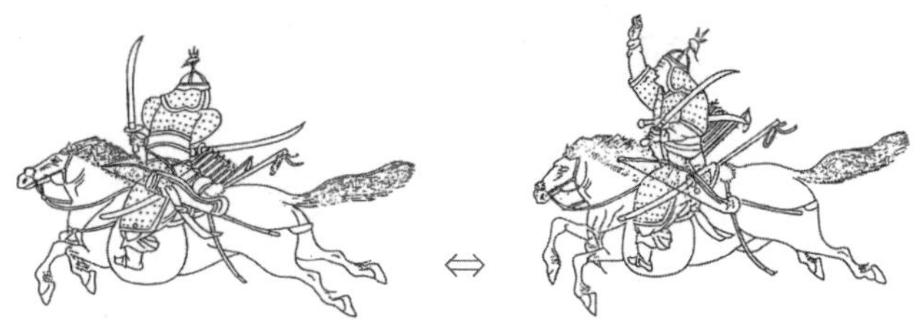

그림 7-2. 漢高還覇上勢/項羽渡江勢

"舞劍(무검)으로 춤을 출 정도이면 마땅히 干戚(간척)과 같이 밋밋하고 길(槹:수)지도 무겁지도 않은 雙刀(쌍도)를 사용한다."[211] 즉 雙刀(쌍도)는 화려함을 보여주기 위한 舞劍(무검)이다. "春秋繁露(춘추번로)에 좌수에 든 검은 청룡으로 상징하고 우수에 잡은 도는 백호로 상징했다."[212] 劍(검)과 刀(도)의 상징이 龍虎(용호)다. 雙劍(쌍검)은 두 자루의 劍(검)이고 雙刀(쌍도)는 두 자루의 刀(도)다. 특히『武編(무편)』에는 雙刀(쌍도)와 棍(곤)과 雙刀(쌍도)와 鎗(창)의 실전 겨룸에 대한 기법이 기록되어 鎗(창)의 기법을 볼 수 있다. 실제 사용은 雙刀(쌍도)이지만 雙劍(쌍검)이라 칭하는 것은 劍(검)의 문화가 원류이기 때문이다. 일본은 雙刀(쌍도)를 二刀流(이도류)라 하여 일본 劍道(검도)의 기법에 맞게 직선 기법으로 사용한다. 雙劍(쌍검)은 총 15세로 짧다. 그렇지만 쌍검을 운용하는 기본 원리 자세를 통해 변화에 응변할 수 있다. 이러한 雙劍(쌍검)의 舞劍(무검)이 변용되어 평양검무나 진주검무 등의 劍舞(검무)가 되었다.

211 至若舞劍當用雙刀以其非干與戚之槹(木長也)且重也

212 春秋繁露曰劍之在左青龍象也刀之在右白虎象也

2
雙劍(쌍검)과 交戰譜(교전보)

雙劍(쌍검)은 『武編(무편)』에서 상대가 棍棒(곤봉)으로 伏虎勢(복호세),[213] 徹棒勢(철봉세),[214] 水平鎗勢(수평창세),[215] 禿龜勢(독구세),[216] 單提勢(단제세),[217] 老僧拖杖勢(노승타장세),[218] 徹棒勢(철봉세),[219] 橫龍槍勢(횡룡창세),[220] 仙人敎化勢(선인교화세),[221] 老觀銜食勢(노관함식세),[222] 鞭鋪勢(편포세),[223] 朝天勢(조천세),[224] 虎歇勢(호헐세)[225]로 공격하면 雙刀(쌍도)로 교전하는 기법이 기록되어 있어 실전에 쌍검이 사

213 雙刀他若使一伏虎(使刀勢名也譬喩爲目下皆倣此)打 我頭脚以左手監住右手一抹(摩也斫也)刀

214 若被打徹棒走了翻身一抹刀

215 他若使一水平槍來扎(拔也) 我脚以右手監住左手一抹刀

216 他若使一禿龜來 斫我脚面以左手監住右手斫虎口(拇指食指之間)

217 他若使一單提來打 我膀(脅也)不拘左右以手監住一抹刀

218 他若使老僧拖杖歸 我脚以左手監住右手一抹刀

219 若徹棒走了就削虎口

220 他若使橫龍槍來扎 我以左手監住右手一抹刀

221 他若使一仙人教化斫(音逴斫也) 我以左手監住右手一抹刀

222 他若使一老觀銜食來斫 我脚以刀十字架住一刀就斫虎口

223 他若使一鞭鋪來打我以右以手監住一抹刀

224 他若使一擧手朝天來打 我以刀左手監住右手一抹刀

225 他若使一虎歇勢來打 我不拘左右一手監住一抹刀用者有法

용되었음을 알 수 있다. 그런데 상대의 공격에 雙刀(쌍도)로 가지고 '左手監住右手一抹(좌수감주우수일말)'하라는 문장이 여러 번 나온다. 뒤에 있는 '右手(우수)'는 '抹(말)'의 기법을 사용한다. '摩也(마야:베는 기법)·斫也(작야:치는 기법)'으로 칼끝을 사용하는 기법이다. 그런데 앞에 나가 있는 '左手(좌수)'는 監住(감주)로 의미는 '상대를 보고 지킨다'다. 그러나 監住(감주)는 창의 공격을 받았을 때, '어떻게 해야 한다'라는 기법을 설명한 문장이다. '監(감)=皿(명:그릇)+臥(와:눕는다)'다. 皿(명)은 '半(반)'과 '回(회)'의 뜻이다. 즉 '좌수를 돌려 눕힌다'로 '감는다'는 '纏(전)'의 의미다. 즉 監(감)은 '감는다'는 '감'을 음차한 이두문이고 虎歇勢(호헐세:호랑이가 쉰다)는 조선세법의 虎穴勢(호혈세:호랑이가 굴에 들어간다)와 뜻과 음이 상통한 음차다.

3
雙劍(쌍검)의 실기 해제

쌍검의 투로는 '土(토)' 자형이다. 자세는 15개로 많지 않을 뿐만 아니라 실전용답게 화려하게 보이기 위해 상하좌우로 칼을 돌리지 않고 간결하고 군살이 없다. 馬上雙劍(마상쌍검)과 대칭하여 雙劍(쌍검)을 步雙劍(보쌍검)이라 했다. 步雙劍(보쌍검)의 項莊(항장)과 마상쌍검의 項羽渡江勢(항우도강세)와 대칭시켰다. 그리고 가결을 '孫策(손책)·漢高(한고:유방)·雲長(운장)'의 이름을 붙여 詩(시)로 구성했지만 勢名(세명)만 다를 뿐 기법은 雙劍(쌍검)과 같다.

또한 雙劍(쌍검)은 雙斧(쌍부)의 기법과 같으므로 霹靂揮斧勢(벽력휘부세)다.

⑮⑪⑩④③
항오진초비
장화전퇴진
기전살방격
무신적적적
⑭⑪ ④②
장오 초견
검화 퇴적
수전 방출
⑨**향좌방적세** 광신 적검 ⑧**향우방적세**
⑦**휘검향적**
⑬⑪⑫④①
지오향초지
조화후퇴검
염전격방대
⑥**향좌방적세** 익신적적적 ⑤**향우방적세**

그림 7-3. '土' 자형 雙劍鬪路

一. 持劍對賊勢(지검대적세)-見賊出劍勢(견적출검세)

①初作持劍對賊勢右劍負於右肩左劍擧於額上正立(초작지검대적세우검부어우견좌검거어액상정립): 좌검을 이마 앞으로 바르게 세우고 '우검'을 등 뒤로 메고 '좌각'을 앞에 두고 선다. 제독검의 지검대적세와 같다. 마상쌍검은 조선세법의 태아도타세처럼 우수를 들어 項羽渡江勢(항우도강세)로 시작한다.

그림 7-4. 雙劍/持劍對賊勢/提督劍　　그림 7-5. 項羽渡江勢

②旋作見賊出劍勢右手左脚跳一步(선작견전출검세우수좌각도일보): 쌍수도의 견적출검세는 칼이 밑에서 나온 모습이다. 쌍검은 등에서 칼이 나왔기 때문에 모습이 다르다. 견적출검세는 '적을 보고 칼을 뽑는다'다. 그림은 '우각우수'다. 칼을 뽑아 대적한 이후, '左脚跳一步(좌각도일보)'로 飛進擊賊勢(비진격적세)를 취한다.

그림 7-6. 雙劍/見賊出劍勢/雙手刀

二. 飛進擊賊勢(비진격적세)[226]-初退防賊勢(초퇴방적세)

①作飛進擊賊勢右手右脚一打(작비진격적세우수우각일타): '飛(비)' 자는 '새가 양 날개를 벌려 나는 모습'에서 취한 가결이다. 견적출검세에서 '우수우각'으로 칼을 뽑고 '좌각'이 나가면서 양팔을 벌린 자세다. 雙劍(쌍검)의 특징은 양팔을 벌린다. 이것은 '一打(일타)' 이후에 칼을 挾左(협좌)나 挾右(협우)로 안전하게 보내기 위한 자세다. 이것을 「쌍검총보」는 '跳一步(도일보)-大門(대문)-飛進擊賊(비진격적)'으로 표기하여 '大門(대문)' 자를 삽입했다. 뒤에 나오는 진적살적세의 '前一擊(전일격)'로 치는 동작은 향우격세다.

그림 7-7. 飛進擊賊勢

②右劍挾左掖右三廻退(우검협좌액우삼회퇴): 맹호은림세는 右二廻(우이회)이고 쌍검은 '右三廻(우삼회)'다. 본국검은 '一刺(일자)'가 '좌각'으로 끝났기 때문에 360° 한 바퀴를 도는데 '좌각-우각'이 움직이기 때문에 '二(이)'이고, 초퇴방적세는 '비진격적세'가 '우각'으로 끝났기 때문에 360° 한 바퀴를 도는데 '우각-좌각-우각'이 움직이기 때문에 '三(삼)'이다. 만일 칼을 좌협에 끼고 세 바퀴를 돌게 되면 부자연스럽기 때문에 그 틈을 메우기 위해 원문에 없는 동작을 끼워 넣게 된다. 초퇴방적세의 그림은 '좌각'으로 '右三廻(우삼회)'를 마친 마지막 동작으로 전방을 보고 있다.

226 作飛進擊賊勢右手右脚一打

그림 7-8. 初退防賊勢(左劍挾右腋)/藏劍收光勢(右劍挾右腋)

三. 向右防賊勢(향우방적세)-向左防賊勢(향좌방적세)

①旋作向右防賊勢(선작향우방적세): 그림은 전방을 향한 것으로 그렸지만 실제는 우방으로 진행된 모습을 그렸다. 旋(선)은 은망세의 선풍으로 '좌각'이 우로 움직인다. 향우방적세가 시작되는 첫 자세가 초퇴방적세다. 우방을 보면서 右劍(우검)을 올려베면 칼의 원심력을 따라 '좌각'이 우방으로 옮겨가면서 향우방적세의 마지막 자세가 된다〈그림 7-9〉. 본국검의 안자세처럼 등을 그려서 '右方(우방)'으로 진행된 모습을 그렸다.

②仍作向左防賊勢(잉작향좌방적세): 향우방적세의 대칭이다. 향좌방적세는 초퇴방적세와 대칭인 左劍挾右腋(좌검협우액)의 藏劍收光勢(장검수광세)가 시작 자세다. 향우방적세의 '좌각'을 '향좌'로 옮기면 자연스럽게 左劍挾右腋(좌검협우액)의 藏劍收光勢(장검수광세)가 된다. '좌검'을 올려 베면서 칼의 원심력을 따라 '우각'이 좌방으로 옮겨가면서 향좌방적세의 마지막 자세가 된다〈그림 7-10〉. 몸의 전면을 그려서 '左方(좌방)'으로 진행된 모습을 그렸다. 攻擊(공격)은 위에서 아래로 치고 防禦(방어)는 아래서 위로 베기 때문에 칼이 위에 있다.

「쌍검총도」는 초퇴방적세 이후 방향전환이 되어 행을 바꿨다. 그래서 우방으로 진행된 '향우방적세'를 그릴 수 없으므로 '향우방적세-향좌방적세'를 '上下(상하)' 배치하여 '우'와 '좌'를 표현했다.

그림 7-9. 終/向右防賊勢/起　　그림 7-10. 終/向左防賊勢/起

四. 揮劍向賊勢(휘검향적세)-向右防賊勢(향우방적세)-向左防賊勢(향좌방적세)

①作揮劍向賊勢左右洗前進(작휘검향적세좌우세전진): 揮劍向賊勢(휘검향적세)는 쌍검에서 전환점이다. 앞의 '향우방적세·향좌방적세'와 뒤의 '향우방적세·향좌방적세'를 분리하여 앞쪽은 검을 겨드랑이에 끼고 뒤쪽은 양손을 'X' 자로 교차하여 동일한 '향우방적세·향좌방적세'의 기법에 변화를 주었다. 「쌍검총도」의 휘검향적세는 향좌방적세에서 좌회 시 양손을 'X' 자로 교차한 鷙鳥斂翼勢(지조염익세)다. '左右洗前進(좌우세전진)'의 '左右洗(좌우세)'의 '洗(세)'가 몸을 씻을 때 양손을 좌우로 미는 동작을 挾左腋(협좌액)과 挾右腋(협우액)을 하는 동작에 비유했다. 휘검향적세는 회전 시 쌍검을 모으고 다시 펼치는 기법이다. 즉 쌍검을 겨드랑이에서 뽑는 것과 밖에서 뽑는 기법을 사용하는 원리를 구분한다. 이것은 쌍 도끼를 운용하는 기법에도 적용되고 맨손 무술에 적용된 것이 六路(육로)의 仙人朝天勢(선인조천세)와 '紐拳(뉴권)'이다. 향좌방적세의 '좌각'을 '좌회'로 전방으로 옮기면서 쌍검을 교차한다. 고이표의 기록에 의하면 금위영에서는 '揮劍有一擊(휘검유일격)'으로 행했다.

그림 7-11. 向右防賊勢(起:終/揮劍向賊勢(起)

②仍作向右防賊勢(잉작향우방적세): 처음 나온 향우방적세는 '좌각'이 앞에 있는 초퇴방적세에서 '좌검'으로 향우방적세를 했다. 그러나 쌍검보의 휘검향적세는 '우각'이 앞에 있는 'X' 자 상태에서 '左劍挾右腋(좌검협우액)'이기 때문에 '좌검'을 쓸 수 없고 '우검'으로 향우방적세를 실행하는 모습이다. 앞의 향우방적세와 변화를 주었다.

③又作向左防賊勢(우작향좌방적세): '又(우)' 자가 있다. 바로 앞에서 실행한 향우방적세처럼 한다. 처음 나온 향좌방적세는 '좌검'이 挾右腋(협우액)이었지만 이번에는 揮劍(휘검)처럼 'X' 자를 양손을 교차하되, '좌검은 밖으로, 우검은 안으로 교차'하여 향좌방적세를 한다.

五. 進前殺賊勢(진전살적세)-五花纏身勢(오화전신세)-向後擊賊勢(향후격적세)

①右廻作進前殺賊勢左劍挾右腋以右手右脚前一擊(우회작진전살적세좌검협우액이우수우각전일격): 휘검을 중심으로 앞의 '향좌방적세-左廻(좌회)-휘검향적세'이고, 이번에는 '향좌방적세-右廻(우회)-진전살적세'로 방향을 바꿨다. 향좌방적세는 '우각'이 좌방에 있다. '우각'을 전방으로 옮기면 右廻(우회)다. 이때 취한 左劍挾右腋(좌검협우액)이 藏劍收光勢(장검수검세)다.〉 칼을 펼쳐 나가면서 우수우각으로 내려친다.

그림 7-12. 前一擊/左劍挾右腋

②左一廻後顧旋作五花纏身勢入原地(좌일회후고선작오화전신세입원지): 오화전신세는 '양손을 펼친 자세'다. 초퇴방적세는 '右三廻(우삼회)'다. 오화전신세는 재퇴방적세에 해당된다. '左一廻(좌일회)'로 방향이 바뀌었다. 초퇴방적세는 우검좌협으

로 검을 몸에 붙이면서 우로 돌았지만, 오화전신세는 대칭으로 양손을 펼치고 좌로 돌았다. 진전살적세가 '우각'이 앞에 있는 상태다. 여기서 '左一廻(좌일회)'를 한다. 몸을 돌려 후방을 보고 서있게 되면 '좌회'다. '우각'을 후방으로 옮겨서 돌면 몸은 전방을 보고 서 있게 되면서 左一廻(좌일회)가 완성된다. 다시 '後顧(후고)'다. '좌회'로 뒤를 본다. 다시 '入原地(입원지)'다. 즉 '좌각'이 후방으로 옮긴다. 결국 발을 세 번 옮긴 '左三廻(좌삼회)'다. 선조들이 이렇게 복잡하게 문장을 쓴 것은 '右三廻(우삼회)'의 보폭에 대한 오류를 막기 위한 것이다. '右三廻(우삼회)=左一廻(좌삼회)+後顧(후고)+入(입)=左三廻(좌삼회)=原地(원지)'다.

③作向後擊賊勢(작향후격적세): '後一擊(후일격)'이다. '우각'이 나가면서 친다. 앞에 나온 進前殺賊勢(진전살적세) 前一擊(전일격)과 대칭이다.

그림 7-13. 五花纏身勢/向後擊賊勢

六. 鷙鳥斂翼勢(지조염익세)-藏劍收光勢(장검수광세)-項莊起舞勢(항장기무세)

①回身向前作鷙鳥斂翼勢右劍挾左腋左劍挾右腋一呼(회신향전작지조염익세우검협좌액좌검협우액일호): 방향이 전방으로 바뀌었다. 回身向前(회신향전)이다. 후일격은 '우각'으로 마쳤다.

鷙(지)는 '맹금·의심할(질)'이다. '칼을 거둔 모습이 솟은 맹금의 양 날개'다.

'좌각'이 앞으로 나가면서 '右廻(우회)' 하면서 쌍검을 'X' 자로 교차하면서 기합을 지른다.

②右廻仍作藏劍收光勢左劍挾右腋右劍擧右足內掠跳一步左右洗擧右足以左手左脚前一刺(우회잉작장검수광세좌검협우액우검거우족내략도일보좌우세거우족이좌

수좌각전일자): 연속된 '右廻(우회)'다. 右廻(우회) 시 左劍挾右腋(좌검협우액)하면 藏劍收光勢(장검수광세: 빛처럼 빠르게 칼을 거둬 숨긴다)가 된다. 전방에서 '우검'으로 내략을 한다. 우검을 들어 올리면서 우족도 따라 들린다. 체보로 '좌각'이 나가는 것이 跳一步(도일보)다. 左右洗(좌우세)다. 쌍검을 모으되, 좌검이 앞에 있어야 다음에 '左手左脚前一刺(좌각좌수전일자)'가 된다. 검을 모아 左右洗(좌우세)를 취하면서 '右足(우족)'이 나간다. 즉 '右足(우족)-跳一步(도일보:좌족)-右足(우족)-左脚(좌각:一刺)'으로 보법이 움직였다.

③仍作項莊起舞勢左劍右一洗作大門畢(잉작항장기무세좌검우일세작대문필): 좌검을 거두는 동시에 우검을 'X' 자로 모아 鷙鳥斂翼勢(지조염익세)를 취한 다음 양팔을 펼쳐 項莊起舞勢(항장기무세)를 취하고 마친다. '大門(대문)'이 양손을 펼친 것임을 알 수 있다. '小門(소문)'은 손을 모은 것이다.

그림 7-14. 漢高還覇上勢　　그림 7-15. 項莊起舞勢/藏劍收光勢/鷙鳥斂翼勢

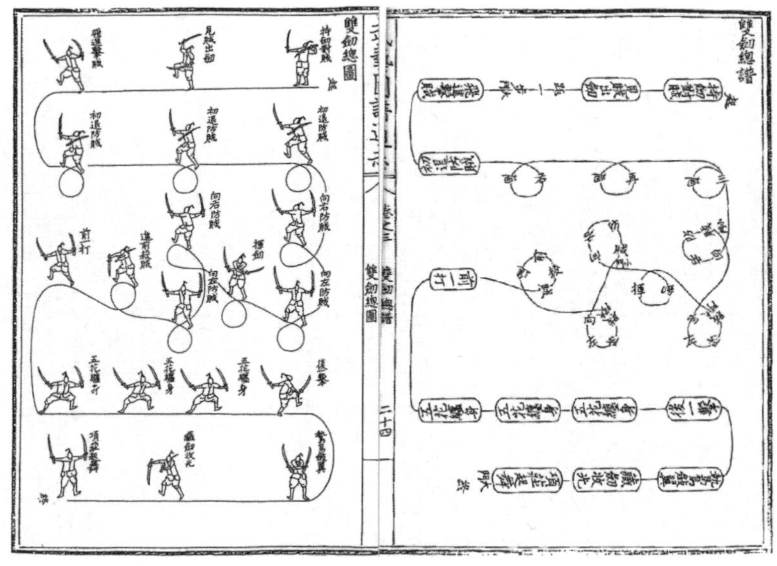

그림 7-16. 雙劍總圖/雙劍總譜

八

잃어버린 朝鮮(조선)의 武藝書(무예서)

중국은『孫子兵法』을 필두로 많은 문헌이 전해지고 있으나 명나라 이전에는 무예에 관한 도해나 그 기법의 설명은 없고『漢書(한서)』藝文志(예문지)에 射法(사법)·劍道(검도) 38篇(편) 등 兵技(병기) 13家(가) 199篇(편)이 기술되어 있다. 송대의『武經摠要(무경총요)』가 최초의 공적기록이고, 본격적으로 명대 唐順之(당순지)의『武編(무편)』의 영향을 받아 兪大猷(유대유)의『正氣堂集(정기당집)』, 戚繼光(척계광)의『紀效新書(기효신서)』, 程宗猷(정종유)의『耕餘剩技(경여승기)』, 茅元儀(모원의)의『武備志(무비지)』가 뒤를 잇는다.

신라는 3개 고구려는 1개, 총 4개의 병서가 있었다. 년도 별로 보면『六陣兵法(육진병법)』[227]『安國兵法(안국병법)』[228]『武烏兵法(무오병법)』[229]『金海兵法(김해병법)』[230]의 순서다.

우리의 무예서는 이름만이 일부 전해질뿐 현존하는 것은 거의 없는 상태이다.

조선 초에 이르러 태종(太宗) 때 하륜(河崙)의『陳設(진설)』, 문종(文宗) 때『東國兵鑑(동국병감)』, 단종(端宗) 때『歷代兵要(역대병요』, 世祖(세조) 때『兵將圖說(병장도설』등의 兵書(병서)가 출간되었고 무예에 관한 것은 임진왜란 후인 宣祖(선조) 31년(1598) 韓嶠(한교)가 중국의『紀效新書(기효신서』를 모본으로 許遊擊(허유격) 등에게 실기를 물어 편찬한 소위『武藝諸譜(무예제보)』가 최초다. 英祖(영조) 35년(1759)에 小朝(소조:思悼世子)가 竹長槍(죽장창) 등 12기를 더하여 조선의 18기를 만든 것이『武藝新譜(무예신보)』로 현재 전해지지 않는다. 정조(正祖) 14년(1790)에 騎槍(기창) 등 말을 타는 6기를 추가하여 24기를 만든 것이『武藝圖譜通志(무예도보통지)』다.

---

227 『삼국사기』文武 王 14년(674) 阿 薛秀眞이 지었다 기록.

228 『삼국유사』惠恭王 2년(766) 작자미상으로 기록.

229 『삼국사기』元聖王 2년(786) 大舍 武烏가 15권을 찬술하여 왕에게 바쳤다는 것으로 무예도보통지에도 언급.

230 『고려사』정종 2년(1036) 무예도보통지에도 언급. 단재 신채호는 金海(김해)는 연개소문의 字(자)다. 그가 저술한 兵書(병서)가『김해병서』라 했다. 唐(당)의 李衛公問對(이위공문대)의 서문에는 李靖(이정)이 연개소문을 당 태종에게 "莫離支自謂知兵(박리지자위지병)"으로 兵法家(병법가)임을 밝혔다.

1
賽寶全書(새보전서)와 武備門(무비문)

훈련도감의 도청 최기남이 1610년에 간행한 『무예제보번역속집』은 선조에 명에 의해 기록된다. 韓嶠(한교)가 『무예제보』를 간행할 때 빠트렸던 왜검을 포함한 4가지 무예와 陰流(음류)의 그림, 그리고 지도를 포함한 일본에 관한 정보를 담고 있어 1500대 말의 왜검술의 기법을 알 수 있는 소중한 자료다. 「왜검보」에 사용된 '仙人捧盤(선인봉반)·齊眉(제미)·龍拏虎攫(용나호확)·撫劒伺賊(무검사적)'과 같은 검결은 당시의 철학과 종교 사상의 집합적 산물로 한민족의 사상과 문화가 들어가 있다. 『무예제보번역속집』은 잃어버린 무예사를 찾을 수 있는 매우 중요한 실마리를 『賽寶全書(새보전서)』가 제공하고 있다. 그동안 학계는 『새보전서』에 대한 추적과 연구를 하지 않아 우리 무예사는 땅속 깊이 잠자고 있었다.

가. 賽寶全書(새보전서)의 痕迹(흔적)

『賽寶全書(새보전서)』는 『무예제보번역속집』에 기록되어 있으나 발견되지 않은 문서다. 『기효신서』의 「권경」에도 『무비지』의 「拳(권)」에도 나오지 않는다. 단지 무예제보번역속집의 발문[231]에 "전에 보를 만든 사람들에게 보에 실리지 않았던 기예들을 아울러 보를 만들게 하였는데, 그때 마침 선왕께서『신서』閩夲(민본)[232]을 明(명) 장수에게 얻었다. 아래의「권보」50 圖(도) 또한 그 가운데 실려 있었는데, 戚將(척장)이 후에 지어서 넣었기 때문에 처음 본도에는 실리지 않았다. 이에 이미 민본에 의하여 차례로 편찬했다. 또한 唐夲(당본) 새보전서 가운데 宋(송) 太祖(태조)「권법 32세」를 얻어 서로 참고하고, 고증하여 빠진 부분을 보충하여『무예제보번역속집』이라 이름하고 繕寫(선사) 하여 올린다."라고 했다.

학계는 "아마도 새보전서에 실려 있는 용어들이 먼저 인식되어있는 바로써 뒤늦게 들여온 32세 장권의 용어들을 통일시키는 작업을 한 것 같다."[233]라고 판단했다. 실제 勢名(세명)과「권경」의 세 명을 비교해 보면 현격한 차이가 있다. 새보전서는 아직 발견되지 않은 문서다. 천만다행으로 萬曆帝(만력제) 27년(1598년)에 출간된 명말백과사전『天下四民便览三台万用正宗(천하사민편람삼태만용정종)』[234]의 무비문에 새보전서에 기록된「권세」의 그림과 勢名(세명)이 자세하게 기록되어 있다. 天下四民便览(천하사민편람)이란 제목처럼 천하의 여러 나라 백성들로부터 전래한 기록을 모아 만든 책이다.

천우신조로 여기에 잃어버렸던 조선의 무예가 온전히 기록되어 있었다. 무비문은『새보전서』가 조선에서 잃어버린 무예서였음을 밝혔다.

상고시대 천제를 지낼 때, 일정한 의례적 절차가 있었다. 이것은 오늘날도 마찬가지다. 무당은 춤을 추면서 무구를 사용한다. 이때 움직이는 동작은 무의미한 동작이 아니라 제사의 의미에 맞는 동작들이다. 이 동작에 개념을 붙인 것이 拳訣(권결)이

---

231 前撰譜之手使之並譜其未譜之技而適於其時先王以新書閩夲得諸天將者 下之拳譜五十亦載其中 卽戚將隨後撰入而初不載於夲圖者也 於是既依閩夲撰次 又得唐夲賽寶全書中宋太祖拳法三十二条互考証補其闕遺名以武藝諸譜續集而繕寫繼進

232 척계광이 은퇴한 후, 북방민족과 전투경험을 바탕으로 하여 만든『練兵實紀(연병실기)』의 내용을 바탕으로『紀效新書(기효신서)』를 다시 정리한 이승훈본(李承勛夲)이다.

233『무예문헌자료집성』의「무예제보번역속집」p.0167

234『天下四民便览三台万用正宗』【明余象斗万历刊夲】三台馆主人仰止余象斗纂 明万历己亥(万历二十七年)余氏双峰堂刊夲. 卷之十四
日夲东京大学和蓬左文库收藏

다. 그렇다면 '賽寶(새보)'란 무슨 뜻일까?

표 8-1. 塞(새)·賽(새)·寶(보)의 갑골문·금문·전서·해서

갑골문	금문	전서	해서
			塞(새)
			賽(새)
			寶(보)

'賽(새)' 자는 '貝(패)+塞(새)'다. 신에게 제사를 지낸다는 '굿새·굿할새'다. 즉 賽神(새신: 굿이나 푸닥거리를 하는 일)이다. 새굿은 '새(태양)에게 행하는 굿'이다. '賽(새)' 자는 '고깔을 쓰고 춤을 추는 무당'이다. 塞(새)의 갑골문은 '' 자는 '채워넣다·신물을 보관하다'다. 즉 '새(=신)'를 상징하는 신물을 보관했기 때문에 '새'의 음가다. '(새)' 자는 '많은 신위를 모신 사당 앞에서 무당이 푸닥거리'하는 모습이다. '璽寶(새보)'의 '·' 자형은 '옥새처럼 중요한 물건을 담아둔 집'이다. 寶(보)의 갑골문 (보)는 '+(비)'다. 匪(비)는 '나누어 담는다'다. 세워 쌓은 상자다. 금문 '=+++'다. '寶劍(보검)·璽寶(새보)·寶書(보서)·寶玉(보옥)·寶鏡(보경)'처럼 '=寶璽(보새)·寶玉(보옥)', '=寶物(보물)', '=寶劍(보검)', '=寶書(보서)'가 된다. 여기에서 '' 자는 '신의 말씀[235]을 담은 경전'이다. 賽寶(보새)와 寶璽(보새)는 동일 상징과 문화를 갖고 있다. 한편 禰(예)는 '示(시)+爾(이)'다. '먼 곳으로 갈 때 가지고 가는 神主(신주)'다. 璽(새)는 '玉(옥)+爾(새)'다. '새'를 조상으로 한 토템이다. 爾(이)는 '조상과 계승(잇다)한다'에서 '잇다〉이다'로 '이'의 음가다. 계승은 둘 사이의 문제다. '二'는 둘을 잇기 때문에 '이'의 음가다. 禰氏(예씨)는 새를 토템으로 한 무당 집안과 관련 있다. 이처럼 『새보전서』는 단순한 무예서라기보다 '巫堂全書(무당전서)'와 같은 성격이 있다. 무예와 무속은 연결되어 있다. 手搏(수박)은 '손으로 친다'다. 勢(세)는 藝(예)와 같은 뿌리로 勢(세)는 서서 행하는 '새의 춤'이다. 때문에 「권세」가 되고, 연무 형태의 체계적인 무술 동작인 拳路(권로)의 형태로 구성될 수

235 임성묵, 『본국검예 3. 왜검의 시원은 조선이다』 행복에너지출판사, 2018, p202.

밖에 없다. '賽(새)' 자는 흔하게 쓰이는 글자가 아니다. 무비문의 '鎗法下四势歌(창법하사세가)'에는 '賽(새)' 자가 있다.

武(무)를 천시하고 文(문)만 숭상하다. 사대에 찌든 조선은 전승되어온 무예서 하나 보존하지 못했다. 중원의 왕조도 흥망성쇠 하면서 중원에서 남아있던 우리의 고무예서 중 하나가 「무비문」이지만 조선은 병란에 『새보전서』마저 지키지 못하고 소실되었거나 어느 수장고에서 잠자고 있을 것으로 사료 된다.

나. 拳勢(권세)

『기효신서』의 「拳經捷要篇(권경첩요편)」에는 「권법」이 있다. 「권경」은 拳(권)의 經典(경전)이다. 『무비지』는 서두에 '拳(권)' 자만 사용하고 내용은 『기효신서』를 그대로 옮겼다. 『武藝諸譜飜譯續集(무예제보번역속집)』에서는 「권보」와 「권세」라는 개념을 사용했다. 『무예도보통지』에서는 「권법」이다. 이처럼 통일된 개념이 계승되지 않았다는 것은 각 민족은 차별된 개념을 사용했다는 것이다. 특히 중요한 것은 「권세」다. 개념은 쉽게 변하지 않는 민족적 문화적 특질을 갖는다. 한민족은 '藝(예)' 자를 무예의 동작에 사용해왔다. 藝(예)는 제례를 주관하는 무당이 무릎 꿇고 의식을 행하는 글자다. 藝(예)의 본 자는 '埶' 자다. '재주예/심을예/형세세'로 '예'와 '세'의 음을 갖는다. 무릎을 꿇고 있다가 일어서서 신께 '禮(예)'를 올리는 것이 '勢(세)'다. 즉 勢(세)나 藝(예)는 巫俗(무속)에서 파생된 전통적 개념이다. 즉 「拳勢(권세)」의 勢(세)는 武藝(무예)의 藝(예)로써 「拳藝(권예)」와 같은 개념으로 한민족에게 내려온 개념을 『무예제보번역속집』에서 사용한 것처럼 무비문에서도 '拳勢(권세)'의 개념을 사용하고 있다.

2
天下四民便览(천하사민편람)의 武備門(무비문)

萬曆帝(만력제) 27년(1598년)에 출간된 『新刻天下四民便览三台萬用定宗拳之十四(신각천하사민편람삼대만용정종권지십사』[236]에 『ㅁㅁ一覽學海不求人卷之一(ㅁㅁ일람학해불구인권지이)』와 『新刻搜羅五車合併萬寶全書卷之十九(신각수라오차합병만보전서』가 포함됐다. 『萬用定宗(만용정종)』에 무비문이 중복된 것으로 보아, 다른 문서에 있던 무비문을 함께 수집한 것으로 보인다. 편의상 책명을 『만용정종』과 『일람학해』 그리고 『만보전서』로 표기한다.

『만용정종』은 27개의 '門(문)'[237]으로 분류하여 서문[238]에 『만용정종』을 구성하게 된

239 『天下四民便览三台万用正宗』【明余象斗万历刊本】 三台馆主人仰止余象斗纂 明万历己亥(万历二十七年)余氏双峰堂刊夲 卷之十四~十九 日夲东京大学和蓬左文库收藏

237 ①天文門(천문문) ②地輿門 ③時令門 ④人紀門 ⑤諸夷門 ⑥師儒門 ⑦官品門 ⑧律法門 ⑨音樂門 ⑩五譜門 ⑪書法門 ⑫畫譜門 ⑬蹴踘門 ⑭武備門 ⑮文翰門 ⑯四禮門 ⑰民用門 ⑱子弟門 ⑲侑觴門 ⑳博戲門 ㉑商旅門 ㉒算法門 ㉓眞修門 ㉔金丹門 ㉕養生門 ㉖醫學門 ㉗護紉門

238 坊間諸書雜刻然多沿襲舊套 採其一去其十 棄其精得其粗 四方士子惑之 夲堂近錣此書名爲萬用正宗者分門定類 俱載全備展卷閲之 諸用了然更不待他求矣 買者請認三台而已 「類聚三台萬用正宗引」: 百家衆技之繁非簡編則 孰載孰傳而策籍 充汗浩如淵海人亦焉 得而徧觀之 乃乘餘閑博綜方技彙而集之 門而分之 纂其要擷其芳 凡人世所有日用所需靡 不搜羅而包括之 誠簡而備精而當可法而可傳也故名之曰萬用正宗請與稽古者公焉 書林三台山人仰止余衆斗言

취지를 표지 상단에 여러 관료가 수많은 자료를 수집하고 분류하는 모습으로 그리고『만용정종』을 집성한 이유와 이름을 지은 이유를 밝혔다. 본래의 서문에 합당하는 것은 오히려『일람학해』에 있는 序文(서문)이다. 서문을 보면『만용정종』에 있는 天文地理(천문지리) 등의 문서도 상나라 昭明(소명) 시대의 자료가 있는 것으로 사료된다.「무비문」은 14권에 있는 것으로 ①演武捷要(연무첩요) ②拳經要訣(권경요결) ③棍法諸歌(곤법제가) ④棒家針法(봉가침법) ⑤鎗鈀等法(창파등법) ⑥秘戰解法(비전해법)으로 구성되어 있다. 그런데 그 뒤 표지 상단에 ㅁㅁ一覽學海不求人卷之一(ㅁㅁ일람학해불구인권지이)가 있고 중간 서문에 潭邑書林對山熊氏梓(담읍서림대산웅씨재)가 쓰여 있어, 대산웅씨가 담읍서림에서 판각하여 출간했음을 기록했고 하단에는 세 명의 그림이 그려있다. 이 문서는『사민편람』과 다른 문서다.『사민편람』이 오히려 담읍(지명)에서 대산웅씨가 출판한 것을 토대로 구성한 것으로 보인다. 그 뒤에『사민편람』과 담읍서림과 다른 新刻搜羅五軍合併萬寶全書卷之十九(신각수라오군합병만보전서권지십구)가 있고 그 뒤 11장에는 무비문과 중복되는 내용이 있으며「비전해법」에 없는 懶摺衣勢(라접의세)와 三人拿住解勢(삼인나주해세)가 있고 射藝穀的(사예곡적)과「臨戰兵機(임전병기)」가 있고 그 속에 '計戰(계전)·問戰(문전)·步戰(보전)·止戰(지전)'이 있는 것으로 보아 軍(군)에서 사용하던 병서임을 알 수 있다. 서문을 보면 상나라 昭明(소명)이 만든 문서를 명공가에서 죽간으로 보관하고 있던 것을 웅씨가 얻어 출판했다. 죽간은 종이가 나오기 전에 사용됐고, 주로 전서가 쓰였다. 갑골문이 전서로, 전서가 다시 해서로 번역되었을 것으로 보인다. 그러나 내용 중에 춘추전국시대와 삼국시대의 인물 그리고 고구려를 정벌한 설인귀와 관련된 사건이 기록된 것으로 보아, 상나라 이후 무예의 동작에 시결을 붙이면서 가필되어 전래된 것으로 보인다. 문장에 'ㄴ' 자는 '比(비)'의 'ㄴ' 반쪽 자로 반복 글자를 나타내고, 'ㄣ' 자는 '與(여)'의 '与' 자로 반복 글의 약자로 사용되면서 '~하니,~하여'의 口訣(구결)로도 읽힌다. 무비문의 약자를 보면『기효신서』와『무비지』의 棍(곤)에 쓰인 'ㅁ日' 자는 '阳(양)' 자다.

이처럼 많은 상고시대의 문서들이 흩어지고 다시 취합되었음을 알 수 있다. 그렇기 때문에 비록『사민편람』이 嘉靖帝(가정제:1577)에 간행되어 타 무예서보다 간행년 대는 늦어도 더 오래된 문서일 가능성이 크다. 또한, 늦게 간행되었더라도 새로운 문서를 획득하여 책 속의 책으로 추가로 삽입하여 간행했기 때문에 오래된 문서가 들어있을 수 있다. 그래서 문서의 내용을 역사적으로 비교 연구하여 시대를 추정하고 무예에 사용된 도식과 가결 그리고 기법을 비교하여 연구해야 한다. 즉 유대유가 쓴 「劍經(검경)」보다는 42년 늦게 출판됐지만 무비문은 그보다 오래된 문서로써 현존하는 가장 오래된 무예서라 할 수 있다. 본 책에서는 이러한 전제로 무예서에 대한 시대를 규정하고 논리를 전개했음을 밝힌다.

가. 序文(서문)의 내용과 意義(의의)

『일람학해』의 서문에는 무비문의 역사와 관련된 중요한 문장이 있다.

이 書(서)는 商(상) 나라 2代 왕인 昭明(소명)[239]이 만든 죽간(卷)을 明公家(명공가)에서 비단으로 묶어 보관하고 있었던 것을 웅대산이 얻어 潭邑(담읍)[240] 서림에서 판각했다는 내용다. 오래전 성현이 만든 죽간을 外夷(외이)가 보존하지 못한 결과 죽간이 넘어지고 좀벌래가 갈아먹어 글자가 사라졌다는 안타까움도 서문에 썼다. 한민족의 아픈 역사를 보는 듯하다. 문장에서 '不(불)' 자가 '오로지'라는 뜻으로 사용되었고, 문장 끝에 서술 동사로 끝나는 전형적인 이두식 문장이다. '고조선-상나라-고구려-발해'로 이어지는 한민족 무예의 맥은 이렇게 사서를 통해 증명됐다. 특히 覽學海不求人卷之一(람학해불구인권지일)의 서두의 '海(해)'는 渤海(발해)를 지칭하는 것으로 보인다. 이렇게 보는 이유는 무비문에는 臨戰兵機(임전병기)와 군영에서 수련하는 그림이 있고 천문지리의 내용이 있어 국가차원에서 만든 문서이고, 商(상)으로부터 高句麗(고구려)와 연결되어 있으며, 문장 속에 外夷(외이)가 있기 때문이다. '卷之一(권지일)'로 보아 여러 종류의 책을 출판했던 것으로 보인다. 한편 서문 밑의 그림에는 昭明(소명)과 明公家(명공가) 對山熊(대산웅)을 그렸다. 우측의 젊은 인물은 昭明(소명)이다. 오래전 인물임을 묘사하기 위해 물이 굽이쳐 흐르

---

239 성은 자(子)이며, 중국 하(夏)나라 때의 제후국인 상(商)나라의 2대 군주이다. 아버지는 상나라의 시조인 설(契)이며, 아들은 상토(相土)이다.

240 潭邑(담읍)은 지명인데, 어느곳인지 확인을 못했다. 담읍은 '담물'의 이두음으로 보인다.

는 것처럼 시간을 표현했고 귀신은 발이 보이지 않는다는 말처럼 죽은 사람이기 때문에 인물의 발은 그리지 않았다. 양팔 사이엔 토끼로 보이는 동물을 앉고 있다. 턱수염을 한 사람은 明公家(명공가)이고, 그 옆의 인물이 對山熊氏(대산웅씨)다. 우측 하단의 글은 '頌井田博士遺書(송정전박사유서)'이다. 井田制(정전제)는 하(夏)·은(殷)·주(周) 삼대(三代) 때에 실시되었다. 昭明(소명)이 펼친 井田(정전)의 업적을 칭송한 글이다. 발밑에는 井田(정전)을 한 네모반듯한 논도 그렸다.

◈표제부와 원문

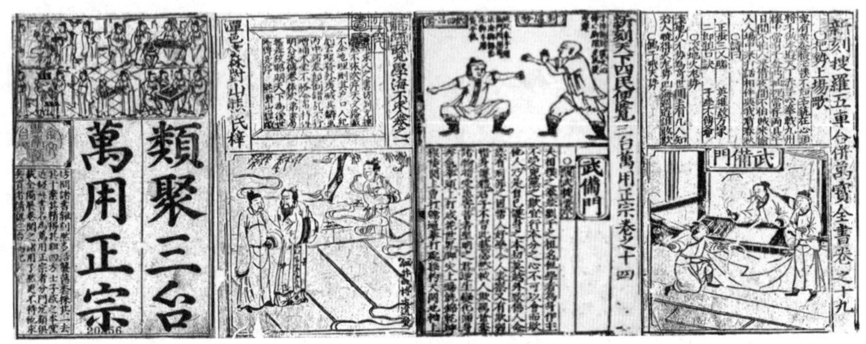

그림 8-1. 만용정종 표지/해불구인 표지/만보전서의 표지

1)不求人之書坊刻充棟ㅁ卷: 백성을 위해 하나뿐인 책을 모아 서방에서 판각했다.

2)不依次序天文備載: 순서에 매이지 않고 천문은 준비된 데로 실었다.

3)不全地理删其戶口人[241]: 온전치 않은 지리와 필요 없는 글자는 지우도록 했다.

4)紀制去聖賢外夷滅: 오래전 성현이 기록하고 만든 것을 外夷(외이)가 돌보지 못해서 많은 자료가 사라졌고,

5)其鱗虫內中諸卷[242]顚倒錯乱不行: 좀벌레가 죽간을 무너뜨리기도 해서 불행히도 글자를 갈아먹었다.

6)增補木堂不恪金帛持淂明公家傳卷依次弟書局無差: 오직 정성껏 금비단으로 묶어 명공가에 전해지던 卷(권)을 얻었다. 이것에 의지하여 차제에 목당 서국에서

241 戶口人(호구인)은 가족으로 판각을 하는 직원이다.

242 서문의 '删(삭)'과 '卷(권)'은 죽간을 나타낸다.

똑같이 증보했다.

7)故昭明天下爲後世珍傳: 오래전 소명이 천하의 후세를 위해 진귀한 것을 전했다.

8)是序熊對山謹識: 이 서문은 웅대산이 삼가 근신하여 썼다.

9)潭邑書林對山熊氏梓: 담읍서림의 대산웅씨가 판각했다.[243]

만보전서에 外夷(외이)를 高麗國(고려국)이라 한 것은 백두산을 중심으로 한 艮方(간방) 고구려 지역을 外夷(외이)라 불렀음을 알 수 있다. 고구려 멸망 후, 발해가 세워지고 고려가 후대에 세워졌기 때문에 명·청 대에 만든 만보전서에서는 高麗國(고려국)을 外夷(외이)라 했다. 여기에 "고려의 옛 명은 朝鮮(조선)"이라 하여 고조선를 계승했음을 기록했다. 한편 설인귀가 '征東(정동)'에서 획득한 무예서는 고구려의 무예로 보인다. 삼국은 서로 뿌리가 같고 인적 교류가 있었기 때문에 동일한 내용의 병서를 공유했을 것으로 볼 수 있다. 뿐만 아니라, 오키나와에서 발견된『유구무비지』도「무비문」에서 파생된 수박과 연결된 것이 확인됐다. 무비문은 고려 삼별초의 오키나와 이주설을 확인하는 또 하나의 사료적 가치를 가지게 된다.

그림 8-2. 外夷/高麗國　　그림 8-3. 薛仁貴 征東의 記錄

「무비문」과『새보전서』의 가결을 비교해보면 새보전서에는「拳勢(권세)」뿐만 아니라, 다른 무예 종목들도 기록되어 있음을 추론할 수 있다. 즉 '武備志(무비지)'와 武備攷(무비고)[244]의 명칭은 武備門(무비문)에서 연유된 것으로 사료된다.『기효신서』는 1560년,『경국웅략』은 1604~1661년,『무비지』는 1621년에 편찬했다.『무비문』

243 서예협회 한상봉 이사님께서 鱗虫(린충)을 '좀벌래'로 풀이해 주셨다.

244 경국웅략

에 수록된 「비전해법」은 일본의 '大東流合氣柔術(대동류합기유술)'의 「비전목록」과 유사하게 기법이 분류되어 신라삼랑 설이 허구가 아님을 밝혀주는 소중한 사료다. 이러한 관절기가 跌法(질법)이란 무예로 조선에 전래했음을 확인할 수 있다.

표 8-2. 명·청대 만보전서 간행 연표[245]

	연도	수량		연도	수량
明	萬曆24年刊夲	1	清	康熙年間刊夲	1
	萬曆25年序刊夲	1		乾隆4年序刊夲	3
	萬曆26年刊夲	1		乾隆4年刊夲	2
	萬曆27年序刊夲	1		乾隆5年刊夲	1
	萬曆28年序刊夲	2		乾隆11年刊夲	2
	萬曆30年刊夲	1		乾隆23年序刊夲	1
	萬曆32年刊夲	1		乾隆23年刊夲	1
	萬曆35年序刊夲	1		乾隆34年刊夲	1
	萬曆35年刊夲	1		乾隆36年刊夲	2
	萬曆39年刊夲	1		乾隆37年刊夲	1
	萬曆40年刊夲	1		嘉慶11年刊夲	2
	萬曆40年刊夲	1		嘉慶13年刊夲	1
	萬曆41年刊夲	1		嘉慶16年刊夲	1
	萬曆年間刊夲	6		道光3年刊夲	1
	崇禎元年刊夲	2		道光4年刊夲	1
	崇禎9年刊夲	1		道光8年刊夲	1
	崇禎14年序刊夲	1		道光30年刊夲	1
	崇禎14年刊夲	1		咸豐元年刊夲	1
	崇禎年間刊夲	3		同治10年刊夲	1
	明刊夲	5		同治13年刊夲	1
				光緒12年刊夲	1
				光緒21年刊夲	1
				光緒24年刊夲	1
				光緒27年刊夲	1
				光緒32年刊夲	1
	총계	35		총계	31

245 대만정치학 논문 吳蕙芳 2001.p87.『만보전서의 서지적 고찰과 그 언어적 특징』 함희진. p137.

「장권 24」세는 宋太祖短拳(송태조단권)에서 나왔다고 하나, '短打拿跌(단타나질)·千拿不如一跌(천나불여일질)·虛身跌(허신질)·方能跌得(방능질득)'처럼 이두문 '跌(질)' 자로 쓰여있다. 무비문의 「棍法歌(곤법가)」에 나오는 仙人背劍(선인배검)이 선가의 호흡법을 기록한 『萬用正宗(만용정종)』 권 23~14의 「修真門(수진문)」에 있다. 修真門(수진문)과 活人心方(활인심방)과 비교해보면 다음과 같다.

①口齒集神(구치집신)은 扣齒鼓鐘(구치고종)이고, ②搖天柱(요천주)는 升觀鬂不班(승관빈불반)이고, ③舌攪漱咽(설교수인)은 夜丫擂鼓(야아뢰고)이고, ④摩腎堂(마신당)은 雙摩腎堂(쌍마신당)이고, ⑤單関轆轤(단관록노)는 閉摩通滯氣(폐마통체기)이고, ⑥左右轆轤(좌우록노)는 雙行轆轤(쌍행록노)이고, ⑦左右按頂(좌우안정)은 謹守消積聚(근수소정취)이고, ⑧鉤攀(구반)은 雙關湧泉(쌍관용천)이다. 즉 이름만 다를 뿐 동작은 같다. 활인심방에 빠진 동작을 修真門(수진문)을 통해 찾을 수 있다. 八段錦坐功法(팔단금좌공법)도 修真門(수진문) 40개[246] 중의 일부이고 『역근경』의 '前部(전부)·立式(입식)·八段錦(팔단금)' 특히 '後部(후부)·坐式(좌식)·十二段錦(십이단금)'도 「수진문」의 일부에 속한다. 즉 공법에 붙어있는 가결의 이름을 생략하고 숫자에 '段(단)' 자를 붙였다. 즉 개념을 숫자로 치환한 것에 불과하다.

또한 夜丫探海(야아탐해)는 夜丫擂鼓(야아뢰고)로, 童子拜觀音(동자배관음)는 童子倦拜(동자권배)로 나온다. 특히 '夜了聚海拳(야료취해권)'에 있는 '黃鶯(황앵)'도 있다. 즉 '修真門(수진문)·金丹門(금단문)'은 한민족 仙家類(선가류)의 문서들로 '門(문)' 자로 조목을 분류했다. 퇴계 이황의 『活人心方(활인심방)』의 長生歸道(장생귀도)는 중국 명나라 주원장의 아들이었던 주권이 지은 『臞仙活人心(구선활인심)·新刊京本活人心法(신간경본활인심법)』을 복사한 것이라 하지만, 그렇지 않다. 그 내용은 선가에 문서다. '丫(아)' 자는 한민족의 존칭에 사용된 문서로 '북두'에서 내려준 '남자 아이'라는 뜻이다. 잃어버린 우리의 무예를 찾기 위해서는 무예와 연결된

246 ①水潮除後患②火起得長安③夢失對金櫃④形衰守玉関⑤謹守消積聚⑥兆裏治傷寒⑦叩齒牙無病⑧升觀鬂不班⑨ㅁ睛除眼ㅁ⑩掩耳去頭旋⑪托蹬應輕骨⑫搓塗自美顔⑬閉摩通滯氣⑭ㅁㅁ摩丹田⑮滋食能多補⑯無心得大還⑰雙關湧泉⑱過雙蟠膝⑲ㅁㅁ山川⑳擦提尾閭㉑運回斗柄㉒雙摩腎堂㉓雙行轆轤㉔撼搖天柱㉕猛虎翻睛㉖童子倦拜㉗夜丫擂鼓㉘獅子攀椿㉙旋風獅子㉚泥裏搖椿㉛鼓舞橐篇㉜仙人背劍㉝左右射鵰㉞頑猿拽鋸㉟洞龍托爪㊱金剛大跌㊲漱攪吐納㊳扣齒鼓鐘㊴運行日月㊵垂簾塞兌

문서들을 통합적으로 연구해야 한다. 무예를 통해 잃어버린 문화와 역사의 단편을 찾아갈 수 있다. 이것이 무예 인문학이 가야 할 지향점이다.

3

萬用正宗(만용정종)·萬寶全書(만보전서)·武備門(무비문)의 構成(구성) 비교

가. 萬用正宗(만용정종) 무비문의 構成(구성)

『萬用正宗(만용정종)』의 「무비문」과 『萬寶全書(만보전서)』의 「무비문」의 구성은 일부가 다르다. 二十四勢(이십사세)는 『만보전서』에서는 「卲陵拳勢歌(소릉권세가)」이고, 「卲陵棍法歌(소릉곤법가)」는 『만용정종』에서는 棍法歌(곤법가)다.

『만용정종』에 있는 宋太祖三十二長拳勢歌(송태조삼십이장권세가)」는 『만보전서』에는 없지만, 세 개의 단락을 하나로 묶었다. 즉 첫 번째가 삼십이세의 기법을 설명한 곳이고, 두 번째는 32세를 詩訣(시결)로 보충한 黑虎金搥(흑호금추)~一場(일장)[247]까지다. 세 번째의 「二十四勢(이십사세)」는 『만보전서』의 「卲陵拳勢歌(소릉권세가)」다. 다른 문서에서 단락이 구분되었던 것으로 사료된다. 한편 「卲陵拳勢歌(소릉권세가)」와 二十四勢(이십사세)의 몇몇 한 자가 다르다. 즉 跨虎勢(과호세)는 踏虎勢(답호세)로 오기했고, 佛敎(불교)의 '佛(불)' 자를 '仸(불)' 자로 썼다. 「무비문」을 옮긴 사람의 종교관이 서로 달랐던 것으로 사료된다. 실제 한쪽의 문체는 간자체로

247 黑虎金搥按下方 斜行拗步鬼神忙 揷地龍安身側打 探馬勢左右擲當 攔路虎當前丟下 伏虎勢緊要隄防 左番身烏龍揷地 右番身劈破撩擋 前拳滚手不湏忙 中心肘上下遮攔 有人上場來答話 鬧處争强要一場

쓰였다.

특히 대동류의 뿌리인 「秘傳解法(비전해법)」을 「抱勢臨危解(포세임위해)」라 정의했다. 또한 「비전해법」에 없는 다른 기법이 있는 것으로 보아 여러 종류의 무비문이 존재했음을 유추할 수 있다. 기효신서는 鈀法(파법)의 「四平勢歌(사평세가)」와 「又歌(우가)」를 유대유의 「劍經(검경)」으로 기록했다. 『기효신서』에는 이 사실을 '向見總戎公以棍示(향견총융공이곤시) 余其妙處(여기묘처) 已備載劍經內(이비재검경내) 遂合註明(수합규명)'이라 명확하게 기록했다. 「習步法(습보법)」을 「鈀習步法(파습보법)」으로 하고 他(타)를 '你(이)'로, 趕(간)을 '桿(간)' 자로 썼다. 특히 鈀法(파법)은 '钂鈀(당파)'지만 무비문에 있는 소시랑 형태의 무기인 '爬法(파법)'은 기록되지 않았다.

한편 사민편람의 「鎗法歌(창법가)」가 만보전서의 「鎗法下四勢歌(창법하사세가)」의 뒤에 「又歌(우가)」가 붙어있어 鎗法歌(창법가)의 전반부에 빠진 4개【牛王鐵棍世間稀(우왕철곤세간희) 長鎗夾入賽張飛(장창협입새장비) 好漢場中閒好漢(호한장중두호한) 心齋出手見高低(소제출수견고저)】의 문장을 알 수 있고, 「四平勢歌(사평세가)」는 「鈀法势歌(파법세가)」이다. 일부 한자는 다른 것이 있지만 전반적으로 같은 내용이며 두 곳에서 '父薛仁貴跨海(부설인귀과해) 征東那個識得馬家鎗(정동나개식득마가창)'의 문장이 동일함을 확인할 수 있다.

표. 8-3. 무비문의 구성

拳勢·護身	相撲	歌訣流(가결류)	①演武捷要學(연무첩요학)[251] ②拳經要訣(권경요결) ③拳勢歌(권세가) ④宋太祖三十二長拳勢歌(송태조삼십이장권세가) ⑤二十四勢(이십사세)
		鬪路流(투로류)	⑥出馬勢(출마세)[252] ⑦猛虎靠山勢(맹호고산세)[253] ⑧斗口(두구)[254] ⑨斗底(두저)[255] ⑩斜步(사보)[256] ⑪抽身登摺(추신등접)[257] ⑫白竜見背((백룡아배)[258]
	秘傳解法	揪頭髮記(추두발기) 各五條左右俱用	①正斜墜(정사추) ②雙飛馬(쌍비마) ③破步連心肘(파보연심주) ④雙刺(쌍자) ⑤鯉魚撞(이어당)
		揪胸記(추흉기) 九六條	①大捨身(대사신) ②鷹拿兎(응나토) ③單手拿(단수나) ④單脫靴(단탈화) ⑤雙模膝(쌍모슬) ⑥泰山壓馬(태산압마)
		抱腰記(포요기) 九三條	①白馬卧欄(백마와란) ②泰山壓頂(태산압정) ③千斤墜(천근추)
		後抱腰記(후포요기) 九三條	①撤身(철신) ②鴅番身(환번신) ③觀音倒坐船(관음도좌선)
		拿衣領記(나의령기) 九一條	①無縫鎖(무봉쇄)
		揪後衣領記(추후의령기) 九三條左右俱用	①李公短打(이공단타) ②九滾十八跌(구곤십팔질) ③單撒手(단살수)
		拿肘記(나주기)九三條	①卧虎搜山(와호수산) ②推拳十字(추권십자) ③迎風短打(영풍단타)
		拿袖記(나수기)九二條	①拿手口(나수구) ②隻封袖(척봉수)
武器流	棍法	①棍法歌(곤법가) ②棒法(봉법) ③搶法(창법)	
	棒法	①猴猻抱樹勢(후손포수세)[259] ②仙人背劍勢(선인배검세)[260] ③飛棒勢法(비봉세법)[261] ④掃地風勢(소지풍세)[262] ⑤三點木勢(삼점목세)[263] ⑥直符送書勢(직부송서세)[264] ⑦青蛇纏竹棒[265] ⑧大開門法(대개문법)[266] ⑨野豬靠槽(야저고조)[267] ⑩出水龍勢(출수용세)[268] ⑪入山虎勢(입산호세)[269] ⑫猴打蜂棒法(후타봉봉법)[270] ⑬倒地棍法(도지곤법)[271] ⑭虎三跳法(호삼도법)[272] ⑮攔腰棒勢法(난요봉세법)[273] ⑯到梯竹勢(도제죽세)[274] ⑰姜大竹棍勢法(강대죽곤세법)[275] ⑱関素取水棒勢法(관소취수봉세법)[276] ⑲趙太祖出身法(조태조출신법)[277] ⑳棒家針法(봉가침법)[278]	
	鎗法	①鎗法歌(창법가) ②捌路鎗(팔로창)[279] ③十二路鎗法(십이로창법)[280] ④後十路(후십로)[281]	
	鈀法	①四平勢歌(사평세가) ②又歌(우가) ③又歌(우가) ④又歌(우가) ⑤又歌(우가) ⑥鈀法要訣(파법요결) ⑦習步法(습보법)	
	爬法	①起手爬法(기수파법) ②四方滾爬法(사방곤파법) ③扭爬攔法(뉴파란법) ④扭爬(뉴파) ⑤起手爬法(기수파법) ⑥四方滾爬法(사방곤파법) ⑦扭爬攔法(뉴파란법) ⑧搖爬(요파)	

248 「演武捷要學」: 夫相撲之拳益劉千之祖名 但學者爲身作主不受鬼黨之欺 宜行夲分之心不可以會而欺他人 乃是自己護身之夲 切莫越外致傷人命 恐有刑罪之困當人好學 今人表察又有欺弱惜身護體 召子不罵此藝必然被人欺□搶奪諸物指受患客 昔者聖明之君 逆生變化薄身 大氣拳頭上打 成花世界脚尖上踢統銘乾坤 稷陵関上曽打韓通拳打起移杓天関地軸上 有門関變逼推托 上三位中三位 下二位盡都足一般拳法 砍新攔截鎖刺頂 還上來者上 還中來者中還 下來者下衮 皆歸于披掛提法 爲人藝要精通 眼要見機 便立時發付萬事熟□無依祖傳分用術不盡用也 君子宜憯之常爲愛護防身之法 昔年劉千世界齊天大聖孁二三郎 正見現世他因偸□仙桃王帝責罰下九分付在饒陽縣屯聚軍民道劉太公家托生爲子 姓劉小名和尙 天生三位上三乾中三位下三位 乾拳打五路 坎脚陽八班卽衮四季春虎口 截□番身必打 離手打拳不露兖騰兩□低育千般之計 我有翻身之法 手要分左右 便□論日遠近陽遮攔

249 「出馬勢」: 隻脚並立出手 開脚左手在前半臍 右手在後平胸脚如丁字 復身過來還放丁字 收右脚剁右拳進右步又進左步打左拳折身回剁右拳回進右步

250 「猛虎靠山勢」: 隻脚並立剁一下右脚就 開步左拳揻在右膝上 右拳在耳門剔起右拳進步虎口 又剔起右拳轉身回進拳如前是個架勢 若左拳剔起只打小肚 若左拳打右拳只打眉心 若右拳剔起左拳亦打小肚 右拳剁下左拳只打眉心

251 「斗口」: 起手進右步左拳打四角復一下右拳就 剁回右拳轉身進左步左拳打四角復右拳 又剁右拳四角打一般開左拳

252 「斗底」: 起左脚踢他右腿上臕轉身撒前向南面朝面倒立左拳平耳右拳平腰踢右脚就開步就剁右拳進右步打左拳再復一下右拳就剁一下右拳轉回身復住十字步打左拳復一下右拳又剁一下右拳把身轉過向南進左步打左拳復一下右拳就剁一下右拳轉身望北逃左步打左拳復一下右拳又剁一下右拳打回轉過來向北面向西左拳在耳右拳在腰

253 「斜步」: 之字樣走步每一折兩步如右手架在前則行過右邊左手架在轉側行過左邊先出金井欄然後開手衮架起此乃是看他來拳是何如他出左手我則纏左架如出右手則纏右架只看他如何來若隔遠則之字樣趕進前隔近則看他起手便起架九遠近要闊狹取

254 「抽身登摺」: 左拳在後平胸有右拳在前放低側立剁右脚就開步剁一下右拳進左步打右拳便收右拳在左肋下進右步用右拳背打小肚就踢起打他下胲又進左步打他左拳折回身拴右拳進左步打左拳又便收右拳在左肋下進右步用右拳打他小肚就剔起打他下胲又進右步打一拳

255 「白竜児背」: 起手先望東行二三步進左步打左拳脚立不動右拳望上畫過後來身轉向西左手在前指西脚進左步打左拳右手又望上畫過後來左手在前指東轉身又用左脚望南進步打左拳折身回向北進左步打左拳如水平手拽拳而上

256 「猴猻抱樹勢」: 演此棒者 抵用倒地 棒要使照身牌 棒用頭針肩井轉活透出 是猴猻抱樹勢

257 「仙人背劍勢」: 演此棒者 先放一手下捉一手 頭後捉一出把五指棒 番倒針肩井是也

258 「飛棒勢法」: 演此棒者 用棒上一出指要破頭棒 一出抵用掃地風 仙人拖傘見此三出勢 便成飛棒勢矣

259 「掃地風勢」: 演此棒者 抵用使金剛鑽洗斛一脚 踏來人脚一手徑伸打來 乳孟是也

260 「三點木勢」: 演此棒者 先要一手執棒 連戲三下就針他人 乳孟是也

261 「直符送書勢」: 看他下打上抵 用格開我就伸之 五把指飜到棒針他肩井

262 「青蛇纏竹棒」: 看他左手打破頭棍來 我用右手格開打五把指 他若右手用掃地風來我卽將右手格過右手

263 「大開門法」: 看他左手打來 我抵用右手接住打 他五把指卽是青蛇纏竹棒法也

264 「野豬靠槽」: 且 如他先行破頭棍打來 我抵用格下棍飜到棍尾 于來人兩手執棍中央格起針其人

나. 萬寶全書(만보전서)의 構成(구성)

『만보전서』와 『사해편람』의 『무비문』의 내용을 비교해 보면 차이가 있다. 만보전서는 명·청대의 일용유서로 시대에 따라 총 66권이 제작됐다. 그 결과 문장도 그림도 사라지기도 하고 조선인을 청나라 사람으로 바꿨다.

---

265 「出水龍勢」: 演此勢者執棍立地再轉棒頭打 五把指黐到棒是也

266 「入山虎勢」: 移棒走回轉搭住破頭 棍却黐到棍 稍抵用掃地風 一撒轉用指手棍打 他拖手捥

267 「猴打蜂棒法」: 勢法執棍于來者額 上虛戲一下就 將棍鑽入他脚中心以左脚 何前蹻他右脚轉倒他人是也

268 「倒地棍法」: 立定脚着他人打掃地風來 我用金剛剪住一脚踏 他先來脚一手打他乳盍

269 「虎三跳法」: 勢法先用破頭棍戲一下順手便平倘 此人轉棍來我便從上格五把指就 用針黐倒棍又名老王撞鐘但是打棍用黐倒棍是也 我抵用照身牌開使搭手棍敵他

270 「攔腰棒勢法」: 勢法一頭一手下便搶得一棒 着他左手打破 頭棍來我用左手接過右邊拍 他前來昧開 我右脚便踢 他掃地風來 用退一步則用搶法抵他

271 「到梯竹勢」: 下梯上打五把指針肩井是也

272 「姜大竹棍勢法」: 着他右手行破頭棍打來 我用右手棒頭格下就 番到棒稍從那人頭上下落 如左邊卽使掃地風來格 他右邊用摺手棍打之

273 「関素取水棒勢法」: 用左手執棍踏于左邊上看 他後脚左手棍頭掃地風打 五把指左脚打小坐趕 他後跳起五把指針喉下 使掃地風打後脚尖上使拔鑽退三步是也

274 「趙太祖出身法」: 其法右手執在下脚對棒頭 番身一上鳥步右脚在前棒頭隨 身一般立看他肩井轉過棍頭一跳打 他前脚番身一上打 後脚距拔鑽針腰頭三星退步

275 「棒家針法」: ①一法針其人之肩井 ②一法針其人之乳盂 ③一法針其人之喉下 ④一法針其人之底膱 ⑤一法針其人之膝頭 ⑥一法針其人之帶脚 ⑦一法針其人之小腹尾 ⑧一法針其人之底膱 己上使針七法皆棒家倒捉人處其外未有如此法之妙也

276 「捌路鎗」: ①護膝攔山誰敢當 ②青龍探爪據昆陽 ③如熊虎勢身要轉 ④似卧龍蟠眼帶光 ⑤回頭却似攔山勢 ⑥腦後行鎗舞要强 ⑦將軍執劍咸風振 ⑧肩上横担張子房

277 「十二路鎗法」: ①横步當胸出一鎗 ②攔山十字最爲强 ③上單强如龍展尾 ④斜步十里等人傷 ⑤伏虎讃身仍一哄 ⑥黐手透出手中鎗

278 「後十路」: ①望山起手勢爲雄 ②豪單提從直撻 ③青龍爪出勢如峯 ④伏虎山前人皆惧 ⑤猿猴抱住護身容 ⑥黑龍擺尾張雄勢 ⑦破龍拱地猛爭風 ⑧那吒持鎗山前立 ⑨天王托塔顯新通

표. 8-4. 만보전서의 구성

拳勢·護身	總論	餝武壯猷(식무장유): ①武備總說(무비총설)[282] ②拳經心法(권경심법)
	把勢上場歌	①把勢上場歌(파세상장가)[283] ②詩曰(시왈)[284] ③滾地火龍勢(곤지화룡세)[285] ④鷂子飛天勢(요자비천세)[286] ⑤流星趕月勢(유성간월세)[287] ①引拳(인권)[288] ⑥童子拜觀音(동자배관음)[289] ⑦浪裡淘沙拳(랑리도사권)[290] ⑧夜丫聚海拳(야아취해권)[291] ⑨擒鎗拳(금창권)[292] ⑩出馬一技鎗拳(출마일기창권)[293] ◎四門斗裡拳(사문두리권)[294]: 증보만보전서권지사에 있음.
	抱勢臨危解	①瀨摺衣勢(뢰접의세)[295] ②三人拿住解勢(삼인나주해세)[296] ③泰山壓頂跌勢(태산압정질세)[297] ④倒上橋勢(도상교세)[298] ⑤金鷄跌勢(금계질세)[299]
	拳歌	①卲陵拳勢歌(소릉권세가)[300]
武器流	棍法	①卲陵棍法歌(소릉곤법가)
	鎗法	①鎗法歌(창법가) ②鎗法下四勢歌(창법하사세가) ③又歌(우가)
	鈀法	①鈀法势歌(파법세가) ②總訣歌(총결가)
	射藝	①射經(사경) ②持弓審固(지궁심고) ③詩訣(시결1) ④學弝機弦詩訣(학파기현시결) ⑤挑羽取箭(도우취전) ⑥詩訣(시결2) ⑦斂身開弓詩訣(렴신개궁시결)
兵書	臨戰兵機	①計戰(계전) ②問戰(문전) ③步戰(보전) ④止戰(지전)

279 「武備總說」: 尝爲文以經世 武濟世是故不可不備也 今观縉紳宦族日慕高貴 而不敬子弟 以其方但於肆舉之餘卽 遊湯旡卽 殊不知有文事者 必有武備盖 ㅁ心地多巧 故於閑暇之 際演習拳踢 是以古之全才兼備者 良以此耳今著拳勢諸藝之 前而继之 以射以戰法 夫亦名教中之且数云

280 「把勢上場歌」: 家有黃金積玉樓 不如學藝在心頭 將銭做本遊天下赤手空拳戰九州 懷中常有千金鼎 袖裡常存兩具牛 日問不怕人來 借夜間不怕賊來 偷人人場中來打 話相伴與我看春秋

281 「詩曰」: 正步三乂喔 英雄敌万家 二郎親口訣 子學不傳爺

282 「滚地火龍勢」: 滚地火龍勢爲奇世間去有几 人知若人曉得火龍勢四海週遊誰敢欺

283 「鷂子飛天勢」: 起高側門立地看 他刀左右進來左右奏直前直進莫相饒 截斷江山旡厺跨急 雞下經討魚难滚地五雷打一動 千兵步將尽心寒

284 「流星趕月勢」: 如梭植起魂飛过九州站脚一聲乱蜂起單鎗匹馬不須多

285 「引拳」: 一出作金鷄獨立翹上三步一單尖扯開一條鞭打 一拳八字分倒跳轉变 翹四平勢 又变 翹回平势 收起金剛大步勢 偷一步 採一脚 掃后跟 一肘開 金鎗一揷 变童子拜观音

286 「童子拜觀音」: 跌法左揷花 跌法右揷花 跌法左班技 跌法右班技 跌法左推還 跌法右推還

287 「浪裡淘沙拳」: 一出作金鷄独立势上一步擒鎗势扯開来 順字平势 班倒一拳進一拳上馬势耕開一拳進一拳浪裡淘沙展胸前一掌一飛尖往後一斫開進一拳 翹四平势 磨拳下 又翹四平势 上步觧頭羊頭 ○下步觧法用鉄牛耕地 ○跌法用觝虎指猪

288 「夜丫聚海拳」: 一出作黃鶯晒翌势又变 作夜丫聚海勢 左一拳一手拿一飛尖存落勒馬勢金交剪偸上步採 一脚耕開一拳進一拳

289 「擒鎗拳」: 一出作黃鶯哂翌勢変擒鎗勢上一拳跨馬勢挺起来一單尖偸一步採一脚ㅁ開一脚打肘進一拳翹四平勢

290 「出馬一技鎗拳」: 出馬一技鎗作金鷄独立勢 耕開一拳 進一拳照阳一脚 將軍勒馬回展一飛尖捽地龍 偷一步採一脚耕開 將軍勒馬回頭展一飛尖 翹四平勢 耕開一拳 進一拳 抽退一脚 一條鞭八字分 倒跳扯 作單鞭一引 一斬一飛尖 变起金鷄獨立一出一个飛尖一后跟 一單尖一方一掃一飛尖收勒馬展一單尖

291 出一個飛尖一掃一後跟一單尖一飛尖一方一掃一後跟單尖一飛尖一方掃一後跟單尖一飛尖一方掃一後跟單尖一飛尖一方掃一後跟單尖一飛尖一方一掃一後跟將勒馬回頭單鞭勢交变小坐勢收起金鷄獨立勢

292 他用双手来揪住我衣我用右脚踠住他左脚后跟用左手帶住他腰上衣再用右手把他喉下一堆他就仰面跌去

293 他一个來拿住我頭髮刃个来揪住胸我先把揪頭髮的小肚盖一脚跌龘去达后用右手拿住他右手个肘下衣腹帶入来却把左边的人用單手掌一番就起背拳打他眉心驚右逐的却就進步把他胲下一托卽解

294 他双手来拿住我腰我用双手一大指托他下胲二中指按他双眼一捺抃他仰面跌去

295 他用双手來拿住我右手扭轉在后我卽將右手緊拿住他右手就轉身用左手番踠住他后髮一扯他仰面跌去

296 遭者將手模羊頭跌拿脚比卽解

297 二十四勢按中央 按下神拳鬼也怴 左边使下南山勢 右边使下步群難 前着勢蛟龙戱水 后頭边猛虎搜山 斜行現日乹坤手 護心拳法世旡隻 老祖受下金駒勢 卧龙江水心王斬 背走関西趙大祖 十八用関背手閑 雨頭山前滅教 七星拳進步難當 埋伏勢他去使下 下着勢看者不怴 踏虎勢横拳便打 大開門攻進何妨 當頭砲連忙放下 永憑拳走尽江湖 朝阳勢金鷄独立 有神拳慣打南方 從今野馬二跳澗 十華山下小神拳

4
武備門(무비문)의 鈀法(파법)과 劍經(검경)의 관계

『무비문』의 「鈀法(곤법)」은 한민족의 잃어버린 무예사를 밝힐 수 있는 매우 중요한 사료다. 『기효신서』의 「短兵長用說(단병장용설)」에 '以下錄校總戒兪公劍經(이하록교총계유공검경)'이라 하여 「總訣歌(총결가)」는 劍經(검경)에서 발췌해왔음을 밝혔다. 중국무술계가 극찬한 兪大猷(유대유)의 「劍經(검경)」의 내용은 무비문에서는 '鈀法(파법)'이다. 검경의 「習鈀簡(습파간)」[298]·「鈀習步法(파습보법)」[299]·「習步法(습보법)」·「總步目(총보목)」은 무비문의 「鈀法要訣(파법요결)」의 소목을 삭제하고 "一習鈀簡(일습파간)~~" 문장으로 썼다. 무비문의 「習步法(습보법)」의 소목을 「鈀習步法(파습보법)」으로 바꿨지만 문장은 똑같다. 그렇다면 이 기법이 劍經(검경)이란 내용에 합당한가를 보면 누가 문장의 내용을 盜用(도용)했는지를 알 수 있다. 더 나아가 『무비문』과 『劍經(검경)』 중에 어느 게 앞선 문서인지 가늠할 수 있다. 모원의는 '解曰

301 「習鈀簡步十進」: 足如環無端 進一足 中平當大壓 又進一步壓死 又進一足小壓 又進一足壓死 又進一足高大當 又進一足大壓死 又進一足高小當 又進一足小壓死 又進一足高大當 又進一足大壓死

299 「鈀習步法」: 中平起 大斜壓 他大飛天 我轉角趕上壓 他再大飛高 我小高直當卽小壓下 他小飛高 我小高直當卽小壓下 他再小飛高 我大高直當卽大壓下過小 你袖直殺來 我再大壓過小 他入我大上角 我用身力轉角趕上 略收低 他再入我大上角 我轉角對手直殺去 跳回一步 他打來 我伏回卽趕上 大起一掃下 再跳回中攔止 大壓小壓已粘 他趕卽大進上鏟死他

(해왈)'로 무비지에 기록하면서 "어찌하여 곤법을 검경이라 칭했는지 참으로 이상하다(何以棍法稱劍經真是一迷)."라고 의심했다. 모원의도 鈀法(파법)을 棍法(곤법)으로 알고 있었던 것이다. 제목의 순서도 바꿨고 鈀法習步(파법습보)를 總訣歌(총결가)로 했다. 다행히 「棍法(곤법)」에서 취한 보법임을 밝힘으로써, 「劍經(검경)」의 실체가 드러났다. 무비문으로 인해 모원의가 말한 의심이 해소됐다.

한편, '鈀(파)=杷(파)=耙(파)'는 서로 치환해서 사용한 이두문이다. 耙(파)는 밭고랑을 갈기 위한 기구로 耕(경)이다. 鈀(파)는 『경국웅략』에도 있다. 琵琶(비파)에서 琵(비)는 손가락을 밖으로 미는 작용이고 琶(파)는 손가락을 안으로 끌어당기는 작용이라 한다. 즉 '파'의 음가가 '파다'에서 나왔음을 알 수 있다. 농사짓던 기구가 무기로 전용됐음을 알 수 있다. 起手爬法(기수파법)과 鈀爬(파파)에 사용된 扭爬勢(뉴파세)의 '扭(뉴)'는 6로10단금의 '紐拳(뉴권)'과 문화적으로 연결된다.

문장 중간에 '他(타)' 자를 '你(니)' 자로 바꿨고 '又歌(우가)'[300]의 문장이 없는 것으로 보아 무비문에서 파생된 또 다른 문서를 참고한 것으로 사료된다.

俞大猷(유대유)가 李良欽(이량흠)에게 초나라의 荊楚藏劍(형조장검)을 배운 것으로 보아, 이때 「棍法(곤법)」를 얻어 「劍經(검경)」으로 제목을 바꿨을 가능성이 크다. 「劍經(검경)」이 1557년(嘉靖帝 36)에 나왔고 『사민편람』은 1598년 (萬曆帝 27)에 나왔으니, 년대의 선후가 맞지 않는다. 그 이유는 『만용정종』이 후대에 만들었지만 그 속에는 「무비문」과 같은 시대가 오래된 문서를 획득하여 취합하여 만들었기 때문이다. 「무비문」에서는 四平勢歌(사평세가) 다음에 「劍經(검경)」을 배치했다. 무비문에는 '棍法(곤법)·棒法(봉법)·鎗法(창법)·四平勢歌(사평세가)·鈀法要訣(파법요결)·習步法(습보법)'의 歌訣(가결)이 있고 鎗法(창법)은 '捌路鎗(팔로창)·十二路鎗法(십이로창법)·後十路(후십로)'가 있어 기효신서나 무비지보다 종류가 많고 원형을 잘 보존하고 있다. 특히 「창법요결」·「습보법」·「봉법 20개」는 군사를 단체 조련하는 용도로 쓰인 문장이고 「總步目(총보목)」은 "偏身中攔勢(편신중란세)·大當勢(대당세)·大剪勢(대전세)·仙人捧盤(선인봉반세)·滴手勢(적수세)·直符送書勢(직부송

300 又歌 剛在他力前 柔在他力後 彼忙我靜待 知怕任君問

서세)·走馬回頭勢(주마회두세)·上剃勢(상체세)·倒頭勢(도두세)·下穿勢(하천세)·閃腰剪勢(섬요전세)·下接勢(하접세)"의 그림을 설명한 문장으로 「鎗法歌(창법가)」에 붙어있었던 문서로 사료된다. 한편 왜검보의 "下接勢(하접세)·仙人捧盤勢(선인봉반세)·滴手勢(적수세)·齊眉殺勢(제미살세)"는 棍法(곤법)에서 사용된 가결로 연결돼있다. 이처럼 무비문과 기효신서를 비교 연구하면 무예서가 전이된 선후 관계를 알 수 있고, 한민족의 잃어버린 무예와 중국무술과의 관계를 역으로 추적할 수 있다. 「鎗法歌(창법가)」를 「劍經(검경)」으로 했던 것은 두 손으로 잡는 쌍수검과 창의 운용하는 원리가 같았기 때문이다. 중국의 偏手(편수)의 원리와는 일치하지 않는다. 실제 쌍수검법은 명대에도 실전되고 없었다.

5
武備門(무비문)의 鈀法歌(파법가)와 기효신서의 總訣歌(총결가)

『만용정종』 무비문의 「鈀法(파법)」에 있는 鈀法歌(파법가)는 四平勢歌(사평세가)로 시작된다. 만보전서의 무비문도 「鈀法勢歌(파법세가)」다.

사평세가 뒤에 연결된 「又歌(우가)」의 문장을 유대유는 제목을 「劍經(검경)」 바꿔 마치 자신이 여러 무술을 배운 결과 깨달은 것을 새롭게 쓴 문장처럼 했다. 이것을 척계광은 기효신서에서 「總訣歌(총결가)」로 다시 바꾸면서 유대유의 검경에서 발췌했음을 밝혔다. 그렇지만 모원의는 유대유가 「棍法(곤법)」을 「劍經(검경)」으로 바꾼 것을 이미 알고 참으로 이상하다고 무비지에 기록했다.

표 8-5. 爬法(파법)

鈀法			
만용정종	만보전서	기효신서(劍經)	무비지(棍)
◎鈀法歌(四平勢歌) 鈀頭出手有幾門 收得光棍及長鎗 打開西路長投奔 至今傳勢在人間 ◎又歌 中直八剛十二柔 上剃下滾分左右 打殺高低左右接 手動足進参互就 ◎又歌 剛在他力前 柔在他力後 彼忙我靜待 知怕任君問 ◎又歌 陰陽要轉 兩手要直 前脚要曲 後脚要直 一打一挑 遍身着力 步步進前 天下無敵 ◎又歌 視不能如能 生睐莫臨敵 後手須用工 遍身俱有力 動時把他固 一發未深入 打剪急進鑿 後發勝先實 步步俱要進 時時俱取直 更有陰陽訣 請君要熟識	◎鈀法勢歌 鈀頭出手有几門 修得短棍及長鎗 打開四路旡投奔 至今傳勢在人間 ◎總結歌 中直八刚十二柔 上梯下滾分左右 打殺高低左右接 手動足進参互就 ◎又 剛在他力前 柔在他力后 彼忙我待靜 知怕任君鬪	◎總結歌(棍) 中直八剛十二柔 上剃下滾分左右 打殺高低左右接 手動足進参互就 ◎總結歌 陰陽要轉 兩手要直 前脚要曲 後脚要直 一打一挑 遍身着力 步步進前 天下無敵 ◎總結歌(鈀習步法) 視不能如能 生疎莫臨敵 後手須用功 遍身俱著力 動時把得固 一發未深入 打翦急進鑿 後發勝先實 步步俱要進 時時俱取直 更有陰陽訣 請君要熟識	◎總結歌 陰陽要轉 兩手要直 前脚要曲 後脚要直 一打一挑 遍身着力 步步進前 天下無敵 ◎總結歌 中直八剛十二柔 上剃下滾分左右 打殺高低左右接 手動足進参互就 ◎解曰 剛在他力前 柔在他力後 彼忙我靜待 知拍任君鬪 ◎總結歌 視不能如能 生睐莫臨敵 後手須用工 遍身俱有力 動時把他固 一發未深入 打剪急進鑿 後發勝先實 步步俱要進 時時俱取直 更有陰陽訣 請君要熟識

가. 鈀法歌(파법가)

鈀頭出手有幾門(파두출수유기문)
收得光[301]棍及長鎗(수득광곤급장창)
打開西路長[302]投奔(다개서로장두분)

301 만보전세에서는 '短(단)' 자다.

302 만보전세에서는 '旡(무)' 자다.

至今傳勢在人間(지금전세재인간)

1)又歌(우가)

中直八剛十二柔(중직팔강십이유): 몸은 바로 세우고 팔은 강하게 잡고 이는 약하게 잡는다.

上剃[303]下滾分左右(상체하곤분좌우): 위를 剃(체)로 치면 손을 허리에 붙어 좌우로 나뉜다.

打殺高低左右接(타살고저좌우접): 殺(살)은 위에서 아래로 좌우로 접어 친다.

手動足進參互就(수동족진삼호취): 손이 움직이면 발이 나가면서 창과 함께 움직인다.

2)又歌(우가)

剛在他力前(강재타력전) 柔在他力後(유재타력후)

彼忙我靜待(피망아정대) 知怕任君問(지백임군문)

3)又歌(우가)

陰陽要轉(음양요전) 兩手要直(양수요직) 前脚要曲(전각요곡) 後脚要直(후각요직)

一打一挑(일타일도) 遍身着力(편신착력) 步步進前(보보진전) 天下無敵(천하무적)

4)又歌(우가)

視不能如能(시불능여능) 生睐莫臨敵(생날막임적)[304]

後手須用工(후수수용공) 遍身俱有力(편신구유력)

動時把他固(동시파타고)

一發未深入(일발미심입) 打剪急進鑿(타전급진착)

後發勝先實(후발승선실) 步步俱要進(보보구요진)

時時俱取直(시시구취직) 更有陰陽訣(갱유음양결)

請君要熟識(청군요숙식)

---

303 만보전서에서는 '梯(제)' 자다.

304 기효신서와 무비지에서는 生疎莫臨敵(생소막임적)

6
拳經要訣(권경요결) 拳經心法(권경심법) 拳經捷要(권경첩요)

武備門(무비문)의 「演武捷要孝(연무첩요학)」은 "夫相撲之拳ㅁ劉千之祖名(부상박지권ㅁ유천지조명)"[305]으로 시작한다. 相撲拳(상박권)은 劉千(유천)의 조부가 이름을 지었고, 劉太公家托生爲子(유태공가탁생위자)가에서 의탁한 아들로 姓(성)은 劉小(유소))이고 名(이름)은 和尙(화상)이라 밝혔다. 그리고 제천대성에 대한 간략한 소개가 되어있다. '相撲跌(상박질)'은 '씨박질'의 이두문이다. 또한 此藝(차예)라 하여 相撲(상박)을 '藝(예)'에 분류하여 武藝(무예)의 범주에 포함된 개념으로 사용했고 새보전서와 같은 「拳勢(권세)」라는 개념을 사용하고 있다. 한편 기효신서의 「拳經捷要(권경첩요)」의 捷要(첩요)는 「演武捷要孝(연무첩요학)」에서 취했음을 알 수

305 夫相撲之拳益劉千之祖名 但學者爲身作主不受鬼黨之欺 宜行夲分之心不可以會而欺他人 乃是自己護身之夲 切莫越外致傷人命 恐有刑罪之困當人好學 今人表察又有欺弱惜身護體 召子不罵此藝必然被人欺ㅁ搶奪諸物指受患客 昔者聖明之君 逆生變化薄身 大氣拳頭上打 成花世界脚尖上踢統銘乾坤 稷陵関上曾打韓通拳打起移杓天関地軸上 有門関變逼推托 上三位 中三位 下二位盡都足一般拳法 砍新攔截鎖刺頂 還上來者上 還中來者中還 下來者下衮 皆歸于披掛提法 爲人藝要精通 眼要見機 便立時發付萬事熟ㅁ無依祖傳分用術不盡用也 君子宜憯之常爲愛護防身之法 昔年劉千世界齊天大聖覂二三郎 正見現世他因偸ㅁ仙桃王帝責罰下九分付在饒陽縣屯聚軍民道劉太公家托生爲子 姓劉小名和尙 天生三位上三乾中三位下三位 乾拳打五路 坎脚陽八班卽衮四季春虎口 截ㅁ番身必打 離手打拳不露兊騰兩ㅁ低育千般之計 我有翻身之法 手要分左右 便ㅁ論日遠近陽遮攔

있다.

기효신서의 「拳經捷要(권경첩요)」에는 무비문 서두의 「演武捷要孛(연무첩요학)」이 생략되었다. 한편 무비문 「拳經要訣(권경요결)」을 대부분 기록했지만 「拳勢歌(권세가)」와 「宋太祖三十二長拳勢歌(송태조삼십이장권세가)」는 없다. 척계광이 무비문을 참고한 것인지 생략한 것인지 추후 학계가 연구할 부분으로 보인다.

『무예제보번역속집』과 무비문은 「拳經要訣(권경요결)」이다. 『만보전서』의 무비문은 「拳經心法(권경심법)」이다. 『기효신서』는 「拳經捷要(권경첩요)」다. 무예제보번역속집의 「拳經要訣(권경요결)」은 무비문의 전체 내용을 요약했다. 새보전서를 참고한 것으로 사료된다. 만보전서 무비문의 「拳經心法(권경심법)」도 사민편람 무비문의 상반부와 중반부까지의 내용만 있다. 모원의는 「권경첩요」라 하지 않고 '紀效新書曰(기효신서왈)'이라 하여 인용했음을 밝혔다. 특히, 무비지의 「권경요결」과 「拳經心法(권경심법)」의 "窈匕冥冥'과 '窈ㄑ冥匕"의 'ㄑ'과 '匕' 자를 척계광은 '窈焉冥焉(요언명언)'으로 바꿨다. '比' 자가 같은 자형이기 때문에 '匕' 자로 같은 글자임을 나타낸 구결이다.

표. 8-6. 拳經要訣(권경요결) 拳經心法(권경심법) 拳經捷要(권경첩요)

拳經要訣		拳經心法	拳經捷要
만용정종	무예제보 번역속집	만보전서	기효신서
가. 夫學拳者 ①身法要活便②手法要捷利③脚法輕固④或進或退要得其宜⑤使腿要在飛騰而其妙也⑥顚番倒揷欲其猛也⑦披劈橫拳欲其快也⑧活捉朝天欲其柔也⑨知當斜閃故擇其勢之妙者⑩三十二式 爲後學之樣子 交待遇敵取勝 其中變化無窮 微妙莫測 窈ㄴ寘寘 人不得而窺見之者 此謂之入神 나. 俗云拳打不知 正猶迅速也 雷不及掩耳 所謂不招不架 只是一下 犯了招架_就有十下(此最妙卽棍中連打連戳之法)搏記廣學 多算而勝 다. 古今拳 宋太祖有三十二勢長拳 又有六步拳 猴拳 囮拳 名勢勢各有所稱 而實大同小異 至今溫家有七十二行拳 三十六合鎖 二十四棄探馬 入閃番 十二短 此亦妙中之妙也 昔呂洪有八下勢雖剛 又不如綿張短打 山東李半天之腿 應爪王 拿于跌張之跌 張伯敬小林寺之棍更高也 又青田棍法與 楊氏鎗法與巴子拳棍 皆今之有名者 雖各有所長 各傳有上而無下 有下而無上 就可取勝於人 然不過偏於一隅之習 若以各家拳法 兼而習之 正如常山蛇陣法 擊首則尾應 擊尾則首應 擊其身首尾相應 此謂上下週全 無有不勝者矣	가. 靑田棍法與楊氏鎗巴子棍皆今之有名者雖各有所長就可取勝然不過偏於一隅若以各家拳法兼而習之 나. 上下周全無有不勝者矣 宋太祖三十二長拳勢歌曰[309] 學拳者 ①身法要活便 ②手法要捷利 ③脚法要輕固 ④或進或退要得其宜 ⑤三十二爲後學之樣子遇賊取勝變化無窮	가. 夫學拳者 ①身要活便 ②手要捷利 ③脚要賴固 ④或進或退要得其宜 ⑤使腿要在飛騰方爲妙也 ⑥顚飜倒揷欲其猛也 ⑦披擘橫拳欲其快也 ⑧活捉朝天欲其柔也 ⑨知當斜閃故擇其勢之妙也 ⑩三十有二爲後學之樣子及待遇敵取勝其中变化无穷微妙莫測窈く冥ㄴ人不得而窺見之者此之爲入神	가. 此藝不甚預於兵能有餘力 則亦武門所當習 但衆之不能强者 亦聽其所便耳 於是以此爲諸篇之末 卷十四 拳法似無預於(于)大戰之技 然活動手足 慣勤肢體 此爲初學入藝之門也 故存於(于)後以備一家[310] 나. 學拳要①身法活便②手法便利③脚法輕固④進退得宜⑤腿可飛騰而其妙也⑥顚起(番)倒揷[311]而其猛也⑦披劈橫拳[312]而其快也⑧活捉(着)朝天[313]而其柔也⑨知當斜閃[314]故擇其拳之善者⑩三十二勢 勢勢相承 遇敵制勝 變化無窮 微妙莫測 窈焉冥焉 人不得而窺者謂之神 俗云拳打不知 迅雷不及掩耳 所謂不招不架 只是一下 犯了招架 就有十下 搏記廣學 多算而勝 다. 古今拳家 宋太祖有三十二勢長拳 又有六步拳 猴拳 囮拳 名勢各有所稱 而實大同小異 至今之溫家七十二行拳 三十六合鎖 二十四棄探馬 八閃番(飜) 十二短 此亦善之善者也 呂紅八下雖剛未及錦張短打 山東李半天之腿[315] 應爪王之拿千跌張之跌 張伯敬之打 小林寺之棍 與青田棍法相兼 楊氏鎗法 與巴子拳棍 皆今之有名者 雖各有所取(長) 然傳有上而無下 有下而無上 就可取勝於(于)人 此不過偏於一隅 若以各家拳法 兼而習之 正如常山蛇陣法 擊首則尾應 擊尾則首應 擊其身而首尾相應 此謂上下周全 無有不勝 다. 大抵拳·棍·刀·鎗·叉(釵)·鈀·劍·戟·弓矢·鉤鎌·挨牌之類 莫不先有(由)拳法 活動身手(今繪之以勢註之以訣焉[316])其拳也 爲武藝之源 今繪之以勢 註之以訣 以啓後學 旣得藝 必試敵 切不可以勝負爲愧爲奇 當思何以勝之 何以敗之 勉而(以)久試 當思何以勝之 何以敗之 勉而久試 怯(快)適還是藝淺 善戰必定藝精 라. 古云 藝高人胆(膽)大信不誣矣(也) 余在舟山公署 得參戎劉草堂打拳 所謂 犯了招架 便是十下之謂也 此最妙 卽棍中之連打連戳一法

306 「권경첩요」에 '身法活便(신법활변), 手法便利(수법편리), 脚法輕固(각법경고), 進退得宜(진퇴득의)'의 문장이 송태조삼십이세장권세가라 하지 않았다. 『무예제보번역속집』에서만 '송태조삼십이세장권세'가 임을 밝혔다.

307 古今拳家(고금권가)처럼 '一家(일(가)'는 여러 권가 중의 하나를 뜻한다.

308 '顚起(番)倒插(전기도삽)'의 '顚起(전기)'는 '倒插(도삽)'을 설명하는 문장이다.

309 '披劈橫拳(피벽횡권)'은 요단편세에서 취합한 글자로 '披劈(피벽)'은 '橫拳(횡권)'을 설명하는 문장이다.

310 '捉(착)'은 '拿應捉(나응착)'이다.

311 '閃(섬)'은 막는 수법으로 '探馬勢(탐마세)와 丘劉勢(구유세)'다. 知當斜閃(자당사섬)의 마지막 문장은 명령어로 마무리했다.

312 산동은 고조선과 고구려의 강역으로, 발치가 유명하다.

313 위 문장들에서 '( )' 안의 한자는 무비지에 있는 한자다. 모원의는 기효신서의 문장을 '~~訣焉'에서 마무리했다.

7
拳勢歌(권세가)

「권세가」는 기효신서나 무비지에는 실리지 않았다. 사민편람과 만보전서에는 두 종류의 拳勢歌(권세가)가 있다. 하나는 무예제보번역속집에 기록되어 있다. 1610년 훈련도감의 도청 최기남은 무예제보번역속집을 정리할 당시, 새보전서에 기록된 「권세가」를 보고 옮겨적었을 가능성이 매우 크다. 사민편람과 만보전서는 10행의 칠언율시로 대부분 같지만 무예제보번역속집에 기록된 「拳經要訣(권경요결)」은 무비문의 「권경요결」을 요약한 것으로 새보전서와 무비문의 자료가 서로 차이가 있음을 알 수 있다. 만보전서에서 拳勢歌(권세가)는 '把勢上場歌(파세상장가)'로 제목이 되어있고 9행과 10행의 일부 한자가 바뀌었다.

가. 邵陵拳勢歌(소릉권세가)

邵陵棍法歌(소릉곤법가)에 請去山東看邵陵(청거산동간소릉)의 소릉은 산동성에 있는 '邵陵(소릉)'으로 조방의 邵陵(소릉)[314]과 위치가 다르다.

二十四勢(이십사세)가 시결과 연결된 것으로 보아 소릉권세처럼 별도의 제목이 있었을 것으로 사료된다. 二十四勢(이십사세)라 한 것은 24수에 맞춰 7언율시의 문장에 맞춰 神拳(신권)을 중심으로 썼기 때문이다. 사민편람의 棍法歌(곤법가)는 五穀豐登出邵陵(오곡풍등출소릉)으로 시작되고 '萬數洪軍滅佛敎(만수홍군멸불교)'란 시결이 있다. 그러나 만보전서는 제목이 邵陵棍法歌(소릉곤법가)로 王谷豐登出邵陵(왕곡풍등출소릉)으로 시작되고 '万數洪軍滅仸敎(만수홍군멸천교)'다. 즉 五穀(오곡)이 王谷(왕곡)으로, 佛敎(불교)가 '仸敎(천교)'로 바뀌었다.

사민편람의 拳勢歌(권세가)에 제목이 없이 문장 속에 '二十四勢(이십사세)'로 시작하는 문장이 만보전서에서는 邵陵拳勢歌(소릉권세가)다. 이곳의 虎頭山前滅佛敎(호두산전멸불교)도 만보전서에서는 '庽頭山前滅仸敎(호두산전멸선교)'이다. 즉 사민편람은 '佛敎(불교)'를 滅(멸)하는 내용이고 만보전서는 '仸敎(선교)'를 滅(멸)하는 내용으로 무비문을 쓴 사람의 종교관이 서로 다름을 알 수 있다. 뿐만 아니라 문헌에서 찾을 수 없었던 '仸敎(천교)'가 나타남으로써, '仸敎(천교)'와 佛敎(불교)의 대립관계가 있었음을 알 수 있다. '虎頭山(호두산)'과 '仸敎(천교)'는 매우 중요한 개념이다. 한민족이 살았던 영토는 산이 많아 호랑이가 많았기 때문에 북은 평안남북도에, 남은 경남에도 虎頭山(호두산)[315]이 있다. 또한 虎(호)=白虎(백호)로 '白頭山(백두산)'을 뜻하기도 한다. 특히 '佛敎(불교)'가 '仸敎(천교)'로 대칭되었는데 '仸(천)' 자는 한민족의 '人乃天(인내천)' 사상이 결합된 忌諱(기휘)의 글자로 그동안 고문서에서 발견되지 않는 글자다. 종교 철학 사상적으로 많은 것을 담고 있는 소중한 글자다. 佛敎(불교)가 도입되는 초기에 한민족이 숭배하던 '仸敎(천교)'를 마치 우리가 숭배하고 있던 '하나님'을 '예수'와 동일시 한 것처럼 불교로 치환한 것으로 보인다. 소릉

314 소릉(239~254)은 魏(위)를 세운 '조조(魏太祖武皇帝(위태조무황제:고릉)−조비(魏世祖文皇帝(위세조문황제) 1대:수양릉)−조예(魏烈祖明皇帝(위열조명황제) 2대:고평릉)−조방(少皇帝(소황제) 3대: 소릉)'의 3대 황제다. 魏(위)는 동이족의 요동·요서·산동을 통일하여 나라를 세웠지만 45년 만에 망했다. 소릉은 폐위된 황제로 西晉(서진) 건국 후에는 邵陵公(소릉공)으로 더욱 직위가 낮추어져 소릉여공(邵陵厲公)의 시호를 받는다.

315 평안남도 성천군 삼덕리 호전산 남쪽에 있는 산. 평안북도 운전군 용봉리의 북동쪽에 있는 산. 경상남도 남해군의 남해읍 평리 광포마을에 위치한 산.

권세가를 통해 불교와 천교 간에 치열한 종교전쟁이 있었음을 엿볼 수 있다.

표 8-7. 拳勢歌(권세가)

拳勢歌	
사민편람(二十四勢歌)	만보전서(卲陵拳勢歌)
二十四勢按中央 按下神拳鬼也忙	二十四势按中央 按下神拳鬼也怭
左邊使下南山勢 右邊使下步群難	右边使下南山势 右边使下步群難
前着勢蛟龍戱水 後頭邊猛虎搜山	前着势蛟龙戱水 后頭边猛虎搜山
斜行見日乾坤手 護心拳盖世無雙	斜行現日乹坤手 護心拳法世旡雙
老祖受下金駒势 臥龍江上斬龍王	老祖受下金駒势 臥龙江水心王斬
背走関西趙太祖 十八川関背手閑	背走関西趙大祖 十八用関背手閑
虎頭山前滅佛教 七星拳進步難當	乕頭山前滅教 七星拳進步難當
埋伏勢他能使下 下着勢看者不忙	埋伏勢他去使下 下着势看者不怭
跨虎势横拳便打 大開門攻進何妨	踏虎势横拳便打 大開門攻進何妨
當頭砲連忙放下 永憑拳走盡江湖	當頭砲連忙放下 永憑拳走尽江湖
朝陽勢金鷄獨立 有神拳慣使南方	朝阳势金鷄独立 有神拳慣打南方
從今野馬二跳澗 十華山步小神拳	從今野馬二跳澗 十華山下小神拳

1)二十四勢按中央: 이십사세는 몸 중앙에서 사방으로 펴진다네

2)按下神拳鬼也忙: 신권으로 귀신처럼 빠르게 눌러 막는다네

3)左邊使下南山勢: 좌 내리고 우수는 남산세를 한다네

4)右邊使下步群難: 우측 다리는 내리고 어지럽게 움직이네

신권은 '좌각'이 나가면서 '우수'를 비틀어 아래를 막는다. '우각'을 뒤로 빼고 굽히면서 '좌수'를 내리고 '우수'를 산처럼 들면 과호세가 된다. 즉 신권과 과호세로 연결된 동작이다.

5)前着勢蛟龍戱水: 전착세는 교룡이 물을 희롱하듯이 한다네

6)後頭邊猛虎搜山: 머리를 뒤로 돌려 맹호를 찾는다네

蛟龍(교룡)의 蛟(교)는 조선세법의 騰蛟勢(등교세)로 은망세의 자세다. 「권법」에서 방향전환 하는 기법은 倒揷勢(도삽세)다. 猛虎搜山(맹호수산)의 '猛虎(맹호)'는 도삽세에서 빠르게 회전하는 것이고 '搜(수)'는 '우수'를 뻗는 일삽보세의 동작이다. '山(산)'은 돌면서 들어 올리는 양손이다. 조선세법과 은망세와 본국검의 맹호은림세의 가결이 「권세」의 가결로 쓰였다.

7)斜行見日乾坤手: 옆으로 걸을 때 뻗은 앞 손은 주먹 쥐고 뒤에 손은 굽히고 손

을 편다네

8)護心拳盖世無雙: 주먹은 중심을 보호하고 이어서 두 손을 바꾼다네

9)老祖受下金駒势: 조상께서 받은 귀한 망아지를 내려 주시네

10)卧龍江上斬龍王: 누워 있던 용이 강에서 일어나 왕의 목을 친다네

한 손을 들어 물건을 받는 동작과 아래로 내려 주는 동작이 受下(수하)로 탐마세의 동작이다.

卧(와)는 좌로 돌아눕는 동작고 江(강)이 '工(공)'은 길게 뒤로 뻗은 손이다. 좌로 돌면서 우수로 내려친다는 문장이다.

11)背走関西趙太祖: 관서로 조태조가 분주히 도망가네

12)十八用関背手閑: 십팔을 사용하여 문을 여닫고 뒤에 손은 틈을 본다네

뒤로 돌아 拗單鞭(요단편)을 취하는 문장이다. 十八(십팔)의 '十' 자는 양팔을 펼친 것이고 '八' 자는 걷는 발이다. 만보전세는 '用(용)' 자로 '川(천)' 자가 '遷(천)'의 뜻임을 알 수 있다.

関(관)의 '門' 자는 양손이고, '关' 자가 양 문을 여닫는 사람으로 요단편세의 자세다. 背手閑(배한수)는 뒤로 뻗은 손이다. 이처럼 무예의 동작을 詩訣(시결)로 숨겨놨기 때문에 한자에 숨긴 동작을 모르면 추상에 빠진다.

13)虎頭山前滅佛教: 호두산 앞에서 불교(선교)의 무리를 멸했다네

14)七星拳進步難當: 칠성권으로 나아가 무참하게 친다네

만보전서는 '伏教(선교)'다. 이것은 완전히 다른 종교다. 종교의 과정으로 보면 '伏教(천교)>佛教(불교)'다. 뒤에 七星拳(칠성권)이 있는 것으로 보아 唬頭山前滅伏教의 '伏教(천교)'를 주어로 '천교가 (불교를) 멸한다'로 해석되어 진다.

15)埋伏勢他能使下: 매복세는 상대의 하체에 사용한다네

16)下着勢看者不忙: 다리가 땅에 붙어 있는 자가 보이네

17)跨虎势横拳便打: 과호세는 횡권으로 나아가 친다네

18)大開門攻進何妨: 양손을 펼치고 공격해 들어가도 무방하다네

19)當頭砲連忙放下: 이어서 당두포로 빠르게 내린다네

20)永憑拳走盡江湖: 영빙권으로 돌려치고 강호로 달린다네

당두포세로 얼굴과 가슴을 막으면서 뒤로 돌면서 치는 동작을 빙판 위에서 도는

동작으로 비유했다. 盡(진)은 끝으로 마지막에 이르면 돌면서 친다는 것으로 永憑拳(영빙권)은 『무예도보동지』의 「권법」 3행의 당두포세는 좌회를 하면서 공격하는 '기고세'다.

21)朝陽勢金鷄獨立: 조양세에서 한발을 들고 돌아선다네

22)有神拳慣使南方: 신권은 남쪽을 뚫듯이 사용한다네

조양세는 작지룡이나 복호세와 같은 다리 공격을 피해 위로 뛰는 동작이고 금계독립은 한발을 들어 뒤로 돌아 피하는 동작이다. 신권을 우수를 정면으로 곧게 뻗는 기법으로 몸 앞쪽이 남방이다.

23)從今野馬二跳澗: 야생마처럼 종종걸음으로 작은 산골 개울을 넘듯이

24)十華山步小神拳: 펼친 양손을 거두어 작은 걸음으로 신권을 한다네

권세가는 만용정종과 만보전서는 10행으로 내용도 같다. 단지 몇몇 한자만 다르다. 그러나 무에제보번역속집은 6행으로 축약됐다. 무예제보번역속집에 기효신서와 무비지에 없는 무비문의 시결이 기록되었다는 것은 무비문이 새보전서와 연결된 우리의 전통무예서임을 증거한다.

표 8-8. 拳勢歌(권세가)

拳勢歌		
만용정종(권세가)	만보전서(把勢上場歌)	무예제보번역속집(권세가)
家有黃金積王樓	家有黃金積玉樓	
不如學藝在心頭	不如孝藝在心頭	不如學藝在心頭
將銭做本遊天下	將銭做夲遊天下	赤手空拳戰九州
赤手空拳戰九州	赤手空拳戰九州	懷中長有千金鼎
懷中常有千金鼎	懷中常有千金鼎	袖裏恒存兩具牛
袖中常有兩具牛	袖裡常存兩具牛	日門不患入來借
日間不怕人來借	日間不怕人來借	夜來系怕賊來偷
夜間不怕賊來偷	夜間不怕賊來偷	
有人上場來打話	人人場中來打話	
相伴于我看春秋	相伴與我看春秋	

①家有黃金積王樓: 집에 황금이 왕루처럼 쌓여도

②不如學藝在心頭: 마음속에 무예가 없으면 학문을 배우지 않은 만 못하네

③將銭做夲遊天下: 설령 돈이 있어 천하를 주유하여도

④赤手空拳戰九州:[316] 맨손으로도 나라(九州)를 위해 싸운다네

⑤懷中常有千金鼎:[317] 마음속에는 항상 천금의 솥을 품고 있고

⑥袖中常有兩具牛:[318] 소매 속에는 항상 불끈 쥔 두 주먹이 있다네

⑦日間不怕人來借: 낮에 사람이 와서 빌려가도 두려움이 없고

⑧夜間不怕賊來偸: 밤에 도적이 훔치려 와도 두려움이 없다네

⑨有人上場來打話: 사람과 장터에서 말싸움이 있어도

⑩相伴于我看春秋: 문무와 더불어 나는 춘추를 본다네

「拳勢(권세)」의 學(학)은 文學(문학)의 '文(문)' 자가 생략되었고, 藝(예)는 武藝(무예)의 '武(무)' 자가 생략했다. 시문은 대칭과 은유의 학문으로 相伴(상반)이 문무다. 이것을 技藝(기예)[319]로 해석하면 文武(문무)의 대칭이 사라진다. 「권세가」의 勢(세)는 藝(예)가 함의된 동질적 개념이다. '藝(예)' 자는 홀로 써도 이미 武(무)를 내재한 글자다. 九州(구주)와 鼎(정)의 대칭이다. 鼎(정)은 神(신)의 상징물이다. 무예를 수련하는 본의는 국가를 지키고 민족의 신앙을 지키며 자신과 가족을 지키지는 것이 「권세가」의 내용이다. 兩牛(양우)는 赤手空拳(적수공권)과 연결된다. 즉 '두 주먹'을 소의 뿔로 비유했다. 勢名(세명)은 하나하나의 무적 동작에 이름을 붙인 것으로 「권

316 九州(구주)는 나라의 영토를 뜻한다.

317 定鼎 定都 据說夏禹收九州之金, 鑄成九鼎, 以爲傳國重器, 王都所在即鼎之所在, 故稱定都爲定鼎.
4300년 전 단군과 요임금 시대에 동이족 영토 전체를 '九州(구주)'로 나누고, 그곳에 천제를 지낼 때 사용하는 '鼎(정)'을 두었다.
'鼎(정)'은 신에게 바칠 음식을 담았던 솥으로 '鼎(정)'자에 '점괘'라는 뜻이 있는 것도 바로 이 때문이다. 솥은 '제사·점괘·신'과 같은 의미를 전달한다. 『네이버 한자』 권세가의 '九州(구주)'와 '鼎(정)'의 대비는 이러한 역사적 기록을 시에 담았다.

318 옷소매에 숨긴 두 주먹을 소뿔로 비유했다. 「권경」의 금계독립에서 '牛雙(우쌍)'으로 표현된다.

319 "기예를 배우는 것이(다른 것과) 같지 않아 마음가짐에 있으니, 맨손 빈주먹으로 구주와 싸울레라, 가슴 속에는 큰 천금 같은 솥이 있고, 소매 속에는 항상 갖춘 소 두 마리, 낮에는 남이 와서 빌려 가도 근심이 없고, 밤이 와도 (도)적이 와서 훔쳐 감을 어찌 두려워하랴"로 『무예문헌자료집성』에서 해석했다. '九州(구주)와 鼎(정)의 대칭은 구주에 솥을 세웠다'는 동이족 역사와 연결된다. 孔斌의 東夷列傳: 東方有古國 名曰東夷 星分箕尾 地接鮮白 始有神人 檀君 遂應九夷之推戴而爲君 與堯立 虞舜生於東夷 而入中國 爲天子至治 卓冠百王 紫府仙人 有通之學 過人之智 黃帝受內皇文於門下 代炎帝而爲帝 小連大連 善居喪 三日不怠 三年憂 吾先夫子稱之 夏禹塗山會 夫婁親臨 而定國界 有爲子以天生聖人 英名洋溢乎中國 伊尹受業於門 而爲殷湯之賢相

세」는 개별 동작의 총론적 개념으로 쓰였다. 여기서 주목해야 할 것은 '藝(예)'가 가지고 있는 상징성과 역사성이다. 「권세가」는 무예를 수련하는 目的(목적)을 표현한 時文(시문)이다. 우리가 왜 무예를 수련하는지 생각해 볼 일이다.

8
宋太祖三十二長拳勢歌 (송태조삼십이장권세가)

가. 武備門(무비문)의 宋太祖三十二長拳勢歌(송태조삼십이장권세가)

송태조 32세는 칠언율시로 쓰였다. 기록과정에 ㉜旗鼓勢(기고세)가 하나가 빠졌고 丘劉勢(구유세)가 立劉勢(입유세)로 오기됐다. 순서는 「권경」과 모두 일치한다. 「권경」은 칠언율시의 문장이 4행인데 「무비문」은 4~5자다. 척계광은 무비문과 다른 문서를 가지고 「권경」에 옮겨 적은 것으로 보인다. 더욱 중요한 것은 「무비문」 32세는 「권경」과 전혀 다르다. 한편 ㉔一條鞭打鬼神啼(要兩腿並進)의 打鬼(타귀)는 '따귀'의 이두문이다. 즉 打耳(타이)로 쓰고 耳(이)를 '귀'로 읽어 '타귀'로 하면, 음의 차이로 인해 혼동이 온다. 원래 鬼(귀)의 고자는 '큰 귀를 가진 사람'을 나타낸 글자다. 그래서 鬼(귀)는 '큰 귀'를 뜻한다.

①懶扎之勢手撩衣ㅁ(用架子勢) ②金鷄獨立脚並齊(庄偶攅拳直進) ③探馬傳來拳勢硬(接短拳最妙) ④拗單鞭出步遲(拳連劈進) ⑤七星拳法人難近(要手足相顧) ⑥到騎龍舞勢稱奇(徉走誘人來進) ⑦懸脚騰空連一踢(妙在脹上一掌) ⑧立劉勢子把人欺

(妙在脚前應) ⑨下揷勢能擒猛虎(要用釣鎖臂法) ⑩埋伏勢可捉金鷄(妙在連發機腿) ⑪抛架勢來橫一掌(妙在架一掌) ⑫枯肘勢法認高低(要使推壓勢) ⑬一霎步飛隨應变(妙在進左右腿) ⑭擒拿勢脚快如飛(卽用四平直勢) ⑮中四平交拳手活[320](要雙手逼單手) ⑯伏虎勢行足捷時(妙在後揷一跌) ⑰高四平拳身轉接(要左右手齊應) ⑱倒揷勢傳世上稀(要背弓進步) ⑲井欄演就四平直(用脚當顚滚進) ⑳鬼蹴脚起敵披靡(要用穿心肘) ㉑指當勢如丁字樣(要用踢膝滚) ㉒獸頭勢出見高低(手脚要如滚進) ㉓更有神拳當面揷(手法進要急) ㉔一條鞭打鬼神啼(要兩腿並進) ㉕雀地龍如下盤腿(左脚直出再復) ㉖朝陽手出脚並齊(要防飛踢) ㉗鳫翅側身挨進步(妙在穿庄一腿) ㉘騎虎勢來敵怎持(用脚直進) ㉙抝鸞肘出當先掌(要手脚相應) ㉚當頭砲嚮彼馬知(妙在鼠兩拳) ㉛順鸞肘爲靠身法(手脚靠身進) 此是拳家真妙詇有人學得是男兒

黑虎金搥按下方 斜行抝步鬼神忙 揷地龍安身側打 探馬勢左右搊當 攔路虎當前丢下 伏虎勢緊要隄防 左番身鳥龍揷地 右番身劈破撩擋 前拳滚手不湏忙 中心肘上下遮攔 有人上場來答話 鬧處争强要一場

표 8-9. 무비문 「拳法(권법)」 32세 표

	勢名(세명)		勢名(세명)		勢名(세명)		勢名(세명)
1	封腿勢	9	追風勢	17	生馬勢	25	四品
2	低四品勢	10	四封勢	18	四目勢	26	四品勢
3	觀音側身肘	11	鬼拜燈勢	19	木魚勢	27	獅子大開口勢
4	單鞭躍靠勢	12	抬陽懸脚金鷄勢	20	斜身躍步勢	28	招陽勢(蹩天勢)
5	王侯三比勢	13	鷹曬翼勢	21	招討勢	29	懶扎依勢
6	鹽肘勢	14	猛虎靠山勢	22	四品追	30	高探馬勢
7	招陽勢	15	撚衣單鞭勢	23	書虎勢	31	井欄勢
8	中勒馬勢	16	倒上看勢	24	脚蹬脚勢	32	雀地龍勢

320 '活(활)' 자는 '활(弓)'의 이두문이다.

나. 宋太祖三十二勢(송태조삼십이세)에 대한 논란

김종윤(2017)은 "三十二勢(삼십이세)란 숫자의 일치성 이외에 그 어디에도 기효신서의「권법」이 송태조삽십이세장권이란 근거는 찾을 수 없다. 김일명은 '척계광이 각 권법에서 훌륭한 것을 선택하여 삼십이세(三十二勢)를 만드니 실제로 옛날 송태조삼십이세장권이 아니다.'[321] 또한 唐順之(당순지)의『武編(무편)』에 '趙太祖長拳(조태조장권)은 腿法(퇴법)을 많이 사용한다' 하였는데 삽십이세에서 명확하게 보이는 퇴법의 동작은 懸脚虛餌(현각허이)와 鬼蹴脚(귀축각) 두 동작뿐이다. 여러 논문과 전통무예 관련 서적에서『기효신서』의「권법」을 태조장권으로 보고 있으나『기효신서』권법이 태조장권과 삼십이세로 勢(세)의 숫자가 같은 것을 제외하고 같다는 근거가 없다. 여기서 '太祖長拳(태조장권)·趙太祖長拳(조태조장권)·宋太祖長拳(송태조장권)'은 같은 권법의 다른 이름이다."[322]라고 밝혔다. 宋太祖(송태조)의 이름이 趙匡胤(조광윤)이기 때문에 '조태조장권'으로 불리운 것으로 생각했는데 그게 아니라는 주장이다.

여기에서 "태조장권과 삼십이세로 세(勢)의 숫자가 같은 것을 제외하고 같다는 근거가 없다." 하였는데「권경」에 기록된 勢名(세명)의 숫자를 살펴보면, 나찰의의 變下勢(변하세), 탐마세의 諸勢(제세), 요단편의 沈香勢(침향세), 일삽보의 恁伊勢(임이세), 조양세의 倒陣勢(도진세)가 있어 37세가 된다. 한편 무비문의 鎗法(창법)에 '趙太祖出身法(조태조출신법)'[323]이 있다. 여러 창법 중에 하나의 자세를 나타내는 것에 불과하다. 실제 다른 자세에는 韓信(한신)·張飛(장비)·樊噲(번쾌)·関公(관공)·呂布(여포)·呂賓洞(여빈동) 등의 이름을 사용했다.

중국의 대표적인 무예학자 마명달도 "「권경」은 고금의 권가에, 송태조는 삼십이세

321 "殊不知戚繼光 是擇其各拳中之善者 成爲三十二勢,實非宋太祖昔日之三十二勢長拳" 金一明,『武當三十二勢長拳』, p3.

322 김종윤,『무예도보통지의 권법연구』한양대학교대학원 박사 논문, 2017, p18~19.

323 其法右手執在下脚對棒頭(기법우수집재하각대봉두) 番身一上鳥步右脚在前棒頭隨(번신일상조보우각재전봉두수) 身一般立看他肩井(신일반립간타견정) 轉過棍頭一跳打(전과곤두일도타) 他前脚番身一上打(타전각번신일상타) 後脚距拔鑽針腰頭三星退步(후각거발찬침요두삼성퇴보)

'장권·육권·원숭이 권법·권법·명세'로 각각 이름이 있으나 실상은 대동소이하다고 쓰여 있다. 이 표현 원본에 대해 매우 명료하게 기술한 글자에 대해, 누군가 독특한 해설을 한 적이 있다. '송태조에게는 삼십이세 장권이 있었다'고 했으나 '송태조 때 삼십이장권이 있었다'고 원문에서 '時(시)'자 하나 빠졌다. 이 글자를 넣으므로 해서 뜻이 크게 변하여 송태조의 삼십이세장권의 창시권을 빼앗겼다. 송태조가 권법을 전수했다는 설은『기효신서』뿐만 아니라, 위 척계광보다 조금 앞서 척계광에게 창법을 전수했던 당순지의『무편』에도 조태조장권을 언급하면서 '조태조장권은 다리를 많이 쓴다'고 말했다. 척계광보다 약간 늦은 군사저술가인 하량신의 병학저서인『진기』권2에도 '송태조의 36세 장권'이라고 명시돼 있다. 또, 명인왕의『속문헌통고』권 166은 명대의 각 권법의 제목을 논하여 1위를 차지한 것이 바로 趙家拳(조가권)이다. 주석에는 趙太祖神拳(조태조신권)이라 한다. 다음으로「권경 32세」에서 또 송태조가 전한 권세를 언급한 적이 있는데, 이것은 바로 현재까지도 일부 민간 권술에서 볼 수 있는 탐마세다. 척계광이「송태조 32세 장권」을 고금의 권법가의 제1호로 꼽았는데, 여기서 또 탐마세가 송태조에 의해 전해진 것이라고 명언하였다면, 우리는 탐마세가 바로 태조 32세 중 하나의 세를 척계광이 채집한 것이라고 볼 수 있다. 척계광「권경 32세」중의 탐마세는 송태조의「拳術(권술)」에서 따온 것으로, 탐마는 송태조장권 중의 대표적인 수법일 가능성이 높으며, 명대에 꽤 유행이 있었으며, 후세의 영향도 비교적 크며, 지금도 발치기 권법 등의 전통 권술에서 유물을 볼 수 있다. 명나라 때 민간에 알려졌던 송태조의 장권, 과연 송태재가 창편이나 전수를 했는지는 확답하기 어렵다. 명대에 북송으로부터 이미 삼백여 년이 지났기 때문에 호사가가 태조에게 높은 지표를 빌렸다고 가정할 가능성이 없지 않다. 그러나 믿을 만한 자료를 얻기 전에, 우리도 송태조의 전권 가능성을 경솔하게 부정할 수는 없다."[324]라고 발표했다. 즉 수많은 전란을 겪으면서 여러 영웅호걸의 무용담이 趙太祖(조태조)나 宋太祖(송태조)의 이름을 빌어 趙太祖神拳(조태조신권)과 宋太祖探

324 说"宋太 祖有三十二势长拳", 应是"宋太祖时有三十二长拳",原文脱落了一个"时"字。①经此一字之补原文意思大变, 宋太祖三十二势 戚继光将"宋太祖三十二势长拳"列为"古今拳家"的第一家,这里又明言"探马势" 是宋太祖所传,那么, 我们有理由认为"探马势"正是戚继光采自太祖三十二势中的 一个势子。长拳的创始权 便被剥夺了。明代民间所传的宋太祖长拳, 到底是不是宋太祖创编或传授的, 这个问 题不好作确定的回答。明代距北宋已有三百多年,好事者假托太祖以高标『說劍丛稿(설검총고』馬明达, 中華書局, 2007, p73~77.

馬勢(송태조탐마세)처럼 후대로 전해진 것으로 보인다. 마명달의 논문이나 글을 보면 「무비문」을 보지 못했거나 보았어도 무시했던 것 같다. 등패의 躍步勢(약보세) 또한 탐마세다. 송태조32세의 권결이나 문장을 분석해보면 송태조 이전부터 전래된 것들을 후대에 기록되어 송태조32세라 했지만, 그중에서 특히 탐마세를 송태조와 연결했다.

다. 宋太祖長拳(송태조장권)의 뿌리

「拳經(권경)」에 "拳法之由來夲于小林寺(권법지유래본우소림사) 自宋太祖學于其中(자송태조학우기중) 而名遂傳天下(이명수전천하)"[325]라고 기록되어 있다. 송태조가 소림사의 권법 중에서 배웠다는 기록이다. 여기서 간과하면 안 될 것이 있다. 소림무술의 시조는 달마로 두고 있다. 달마는 520년경. 중국 남조의 양(梁)에 도래하여 양무제와 문답 후 북위의 낙양으로 가 숭악 소실산 북록의 소림사에 들어가 수행했다. 즉 520년 이전의 역사는 진시황의 통일, 한나라가 분열한 후 중원 통일하기 위해 무수한 전쟁을 했던 시대다. 그렇다면 그 국가들은 권법이 없었단 말인가? 오히려 더 치열하게 각종 무예를 수련하고 창안했다. 당연히 이러한 무예들이 소림사에 흘러 들어갔다. 그 증거가 바로 拳訣(권결)과 詩結(시결)이다. 소림사 拳法(권법) 가운데 精華(정화)라는 小林看家拳(소림간가권)은 일천 년 역사를 지니고 있는 것으로 宋代(송대)에 福裕(복유)가 傳(전)했다고 한다. 대부분의 拳譜(권보)는 1928년 군벌 石友山(석우산)에 의해 소림사가 불타면서 소실되고 유일하게 남았다. 小林看家拳(소림간가권)은 총 13개〔①開山拳(개산권) ②迎門掌(영문장) ③三荐諸葛(삼천제갈) ④穿心捶(천심추) ⑤五夫掌(오부장) ⑥地盤腿(지반퇴) ⑦梅花拳(매화권) ⑧連環捶(연환추) ⑨連環腿(연환퇴) ⑩埋伏掌(매복장) ⑪撲地沙(박지사) ⑫擒敵歸山門(금적귀산문) ⑬守院捶(수원추)다. 첫 시작은 모두 擧鼎勢(거정세)·雙手托塔(쌍수탁탑)上步玉柱(상보옥주)로 한다. 조선세법의 첫 시작도 거정세다. 托塔(탁탑)도

325 『중국고전무학비전록』, 하권, 인민체육출판사, 2006, p46.

조선세법에 있다. 13개의 권법이 총 377개의 동작으로 구성되어 있지만, 여기에 사용된 세명은 대부분 반복적인 것들이다. 고구려 벽화에 그려진 '麒麟(기린)·天摩(천마)·大鵬(대붕)·織女(직녀)·仙人(선인)'을 권결로 사용했고, 조선세법과 본국검의 검결인 '托塔(탁탑)·展翅(전시)·送書(송서)·朝天(조천)·金鷄獨立(금계독립)·猛虎(맹호)'를 사용했다. 역사적 인물인 '関公(관공)·魚公(어공)·呂布(여포)·二郎(이랑)·武松(무송)'이 있고, 劉邦(유방)과 項羽(항우)가 만났던 鴻門(홍문)이 있다. 또한 설명에 쓰인 한자도 모두 권법에만 사용되는 전문용어들이다.

굳이 불교와 관련된 것을 찾는다면 觀音(관음)과 羅漢(나한)뿐이다. 孫猴(손후)는 손오공으로 이 개념이 나온 시기는 후대다. 童子拜觀音(동자배관음)은 무비문의 引拳(인권)에도 있고, '鳳凰展翅(봉황전시)·大鵬展翅(대붕전시)·雄鷹展翅(웅응전시)'는 새를 숭배하는 한민족의 상징이고 특히 雄鷹(웅응)은 환웅(桓雄)의 상징이다. 불교가 동양에 들어왔지만, 동양은 王卽佛(왕즉불)로 왕이 곧 부처로 숭배하게 하여 왕권을 강화하였다. 한국과 일본은 환웅을 부처로 치환하여 大佛展(대불전)이라 하지 않고 大雄殿(대웅전)이라 한다.

소림사에 고조선의 무예가 흘러 들어갔다. 망국의 무인들은 안전한 절간으로 숨어들어 절치부심 韜光養晦(도광양회)를 도모한다. 유독 무승들이 절에 많았던 이유다.

한편 妙寂寺(묘적사)는 국왕 직속 무사를 양성하는 비밀 사찰이었다. 왕실에서 비밀리 군을 양성하기 스님으로 위장하여 절로 보내 무예를 수련하는 자들로 이들이 '어중이떠중이'다.

九

本國(본국)의 秘傳解法(비전해법)과 抱勢(포세)

1
武備門(무비문)의 跌法(질법)과 相撲(상박)

가. 拳勢歌(권세가)

『萬寶全書(만보전서)』[326]의 「拳棒跌解法(권봉질해법)」에 相撲(상박)과 手搏(수박) 그리고 호신의 跌法(질법)이 있다. 특히 품세 형식으로 구성된 권법과 跌法(질법)의 원리가 있다. 한편 「拳勢歌(권세가)」는 把勢上場歌(파세상장가)로 되어있어, 「무비문」과 『기효신서』의 선후 관계를 비교 연구할 부분들이 많다.

나. 品勢(품세)의 種類(종류)

만보전서와 증보만보전서[327]에는 6개[328](①引拳(인권)[329]②夜了聚海拳(야료취해

326 新刻搜羅五軍合併萬寶全書卷之十九

327 金閶經義堂藏板

328 新刻搜羅五軍合併萬寶全書卷之十九 ①引拳 ②浪裡淘沙拳 ③夜了聚海拳 ④擒鎗拳 ④出馬一技鎗拳

329 一出作金鶏獨立趟上三步一單尖扯開一條鞭打 一拳八字分倒跳轉変 趟四平勢 又変 趟回平势 收起金剛大步勢 偸一步 採一脚 掃后跟 一肘開 金鎗一揷 変童子拜观音

권)[330] ③浪裡淘沙拳(랑리도사권)[331] ④四門斗裡拳(사문두리권)[332]) ⑤擒鎗拳(금창권)[333] ⑥出馬一技鎗拳(출마일기창권)[334]의 권법이 기록돼있다. 品勢(품세)를 창안할 때 응용하면 정체성을 세울 수 있고 태권도나 여타 무술 품세의 이론을 세울 수 있다. 夜了聚海拳(야료취해권)과 擒鎗拳(금창권)에는 黃鶯晒翼勢(황앵쇄익세)이 있다. 鶯晒翼勢(앵쇄익세)는 鷹刷翼(응쇄익)이다. 鶯(앵:앵무새)이 鷹(응:매)으로 치환됐고, 晒(쇄)가 刷(쇄)로 치환됐다. 晒(쇄)는 서쪽으로 넘어가는 해다. 해가 곧 '새'다. 볕에 '쬐다·말리다'다. '새가 집으로 돌아와 날개를 접었다'다. '刷(쇄)' 자 형도 날개를 접은 '새'다. 같은 동작과 같은 개념이다. 비슷한 한자 음에서 拳訣(권결)을 취했음을 알 수 있다. 「권경」에 나오는 四平勢(사평세)가 사용됐다. 存落勒馬勢(존낙륵마세) 金交剪偸(금교전투)는 落地交剪(낙지교전)의 交剪(교전)과 같은 개념이다. 偸(투)의 음가는 投(투)와 같다. 싸우되 '상대가 모르게 한다'는 것을 강조하기 위해 썼다. 한자를 음가 중심으로 사용한 우리 민족만이 응용할 수 있는 문장들이다. 一飛尖(일비첨)은 '손끝'으로 찌르는 手法(수법)이다. 磨拳(마권)은 태권도의 '아래막기'다. 6로10단금 형태의 투로가 계승되었음을 알 수 있다. '金鷄獨立勢(금계독립세)·四平勢(사평세)·單鞭(단편)·一條鞭(일조편)'은 「권경」과 같다. 미루어 '捽地龍(졸지룡)'은 '雀地龍(작지룡)'과 같은 기법임을 유추할 수 있다. 一條鞭八字分(일조편팔자분)은 『引拳(인권)』의 문장과 같다. 八字分(팔자분)은 양손을 팔자로 벌리는 것으로 「권경」의 자세와 같다. 勒馬[335]回頭(륵마회두)는 말이 돌아가는 기법으로 倒騎龍勢(도기룡세)와 같다. 무비문은 '中勒馬勢(중륵마세)'다. 한편 勒馬勢(륵마세)는 돌아가지 않

330 一出作黃(鶯晒)翌勢 又变 夜了聚海勢 左一拳 一拿拳 一飛尖 存落勒馬勢 金交剪偸 上步 採一脚 耕開一拳 進一拳

331 一出作金鷄獨立勢 上一步擒鎗勢 扯関来順字平勢 班倒一拳進一拳 上馬勢耕開一拳進一拳 浪裡淘沙展 胸前一掌 飛尖往後一斫 開進一拳 翹四平勢 磨拳下 又 翹四平勢上步鮮頭羊頭

332 出一個飛尖 一掃 一後跟 一單尖 一飛尖 一方 一掃一後跟 一單尖 一飛尖一 一掃 一後跟 一單尖 一飛尖 一方一掃一後跟 一單尖 一飛尖 一方一掃一後跟 一單尖 一飛尖 一方一掃一後跟 將軍勒馬回頭 展單鞭勢 又变 小坐勢 收起金鷄獨立勢

333 一出作黃(鶯晒)翌勢 变 擒鎗势上一拳 跨馬势挺起来 一單尖偸一步採一脚ㅁ開一脚打一肘進一拳翹四平势

334 出馬一技鎗作金鷄獨立勢 耕開一拳 進一拳照阳一脚 將軍勒馬回展一飛尖捽地龍 偷一步 採一脚耕開 將軍勒馬回頭展一飛尖 翹四平勢 耕開一拳 進一拳 抽退一脚 一條鞭八字分 倒跳扯 作單鞭一引 一斬一飛尖 变起金鷄獨立一出一个飛尖一后跟 一單尖一方一掃一飛尖收勒馬展一單尖

335 勒(륵): 굴레(마소의 머리에 씌워 고삐에 연결한 물건, 馬銜(마함:재갈)

고 앞으로 나아가는 기법이다. 四門斗裡(사문두리)의 門斗(문두)는 六路(육로)의 斗門(두문)이다. 斗(두)는 '둘'을 뜻하는 이두문이다. 斗裡(두리)의 음가도 '둘'이다. 六路(육로)가 계승되었음을 알 수 있다. 飛尖(비첨)은 '날개의 끝'이다. 尖(첨)의 뜻은 '거칠다·끝'이다. 六路(육로)에서는 斗門(두문)은 拳(권)으로 길게 치는 「장권」이다. '一方一掃一後跟(일방일소일후근)'은 伏虎勢(복호세)나 鬼蹴脚(귀축각)이다. 척계광이 이러한 문서를 보고 이름만 다를 뿐 동작은 대동소이하다 한 것으로 사료 된다.

다. 跌法(질법)

童子拜觀音(동자배관음)
跌法左揷花(질법좌삽화) 跌法右揷花(질법우삽화): 좌우손길질
跌法左班枝(질법좌반지) 跌法右班枝(질법우반지): 좌우발길질
跌法左推还(질법좌추환) 跌法右推還(질법우추환): 좌우회전질

특히, 跌法左推还(질법좌추환) 跌法右推還(질법우추환)은 오늘날 합기도의 圓化流(원화류)와 같은 회전 보법으로 어린이에게는 기초적이 보법이었고 상박 술기에 적용되었던 것을 충분히 유추할 수 있다.

라. 本國相撲(본국상박)

𨇤負(연부)1	𨇤負(연부)2	相撲(상박)

무예도보통지에는 𨇂負(련부) 2개와 相撲(상박) 1개 총 3가 있다. 『무예도보통지』의 「권법」 서문에서 연부를 민가에서 전해진 戲(희)[336]로 보았다. 조선군영에서 抱勢(포세)가 사라졌음을 알 수 있다. 跌法(질법)은 劍(검)이나 鎗(창)과 같은 무기를 맨손으로 상대하거나 서로 잡았을 경우 싸우는 술기다. 이러한 술기는 이미 상고이래 전해진 본국의 상박무예로 新增東國輿地勝覽(신증동국여지승람)에서는 '武戲(무희)'라 했다. '武(무)' 자를 사용했다는 것에 큰 의미가 담겨있다.

또한 만보전서의 질법에 僧兵(승병)과 兵士(병사)가 𨇂負(련부)와 같은 도상교질로 겨룬다. 즉 武戲(무희)는 실제 상대를 죽일 수 없기 때문에 서로 다치지 않도록 싸우는 '겨룸'임을 알 수 있다. 手搏戲(수박희)의 '戲(희)'도 마찬가지다.

'겨룸'이란 상대에 대한 배려와 어느 정도 규칙이 있다는 개념이다. 한자로 對鍊(대련) 또는 鍊習(연습)이다. '싸움'이란 상대에 대한 배려가 없다. '戲(희)' 자를 '놀이'로 해석하면 상대를 깔본다는 개념이 생기기 때문에 무예의 진중한 가치성이 상실된다. 그렇기 때문에 '戲(희)' 자는 '겨룸'으로 해석해야 한다.

사민편람은 「秘傳解法(비전해법)」으로, 만보전서에서는 '抱勢(포세)'로 분류했다. 한편 「秘傳解法(비전해법)」은 대동류술의 秘傳目錄(비전목록)과 같은 호신술의 기법으로 낱기술을 '跌法(질법)'이라 했다. 大東流(대동류)에서 '流(류)' 자를 썼다는 것은 본래의 것이 아니라, 夲流(본류)에서 떨어져 나온 武術(무술)이라는 뜻이다. '쌈빡질'이란 말이 '相撲跌(상박질)'에서 나온 말임을 알 수 있듯이, 相撲跌(상박질)은 跌法(질법)에서 나온 夲法(본법)의 기록이다. 「권경」에서는 '탐마와 요단편세'가 짝이지만 무비문은 高探馬(고탐마)와 懶扎依(나찰의)가 짝이다. 이 둘의 결합인 〈그림 9-1〉은 대동류에서 가장 중시하고 根夲(근본)인 '正面打(정면타)'다. 高探馬(고탐마)는 맨손으로 칼을 대신하여 내려치는 기법이다. 懶扎依(나찰의)는 고탐마를 대응

---

336 而終之兩相𨇂(數眷切雙生子) 負相撲
而起此殆近戲第其行之 旣久仍舊譜焉 識者當者知之 其十勢逸於 今夲故增 入並錄其訣. 그리고 마지막에는 둘이 서로 등을 지고 서로 싸운다. 이것은 위험한 戲(희)에 가까운 것을 순서에 맞게 그것을 행한다. 이미 오래 전부터 이어진 구보에 있었던 것이로다. 아는 사람은 당연히 알 것이다. 잃어 먹었던 십세를 금본에 덧붙여 나란히 그 결을 수록하여 넣었다.

하는 기법이다. '우수'를 뒤로 뻗는 것과 함께 '좌수'로 등 뒤에서 옷깃을 들어 올림으로써, 나찰의는 고탐마의 직선 공격을 '회전'으로 흘려보내 제압하는 표시를 했다. 머리를 내려치는데 머리를 막지 않고 오히려 좌수는 뒤로 감추고 우수는 뒤로 뺀다. 이 둘의 결합은 서로 치고받는 拳法(권법)으로는 이해할 수 없게 된다. 즉 직접 막는 探馬勢(탐마세)의 기법과 다르기 때문에 高探馬(고탐마)로 세명을 달리 한 것이다. 일본 대동류의 뿌리인 신라 삼랑 원희광 설이 무비문의 高探馬(고탐마)와 懶扎依(나찰의)로 인해 그 역사적 실체가 밝혀진 셈이다.

그림 9-1. 高探馬勢/懶扎依勢

마. 奪劍(탈검)과 抱勢(포세)

무예제보번역속집에는 乙(을)이 仙人捧盤勢(선인봉반세)로 막고 持劍對賊勢(지검대적세)로 甲(갑)의 머리를 향하면 이 칼을 빼앗는 '奪劍術(탈검술)'[337]이 나온다. 持劍對賊勢(지검대적세)로 내려치는 동작을 맨손으로 수련하면 '고탐마'다. 「왜검보」에 있는 겨루기를 맨손으로 구현하면 대동류의 기법이 된다.

"甲卽迫前(갑즉박전)拘乙兩手(구을양수)使其手中之劒(사기수중지검)不得加於我身(불득가어아신) 甲(갑)이卽(즉)시낫ᄃᆞ라乙(을)의두손ᄂᆞᆯ다자바셔제손가온대칼ᄒᆞ로

337 乙以仙人捧盤勢當之,旋以持劒對賊勢向甲頭擊之

ᄒᆞ여곰내모매밋디아니제ᄒᆞ고旋以其劒入乙兩手之間(선이기검입을양수지간)겨릐그 칼로ᄡᅥ乙(을)의두손ᄉᆞ이예드리딜러用銅護逼乙之左手掌後(용동호핍을지좌수장후) 동호(銅護)ᄅᆞᆯ【동호ᄂᆞᆫ한도마기라】ᄡᅥ乙(을)의왼손등ᄒᆞᆯ누로고 以其劒刃夾乙右手以奪乙劒(이기검인협을우수이탈을검)그칼ᄂᆞᆯ로ᄡᅥ乙(을)의왼손ᄂᆞᆯ우ᄒᆞ로답겨ᄡᅥ곰乙(을)의 칼ᄒᆞᆯ앗고"다. 여기서 '夾乙右手(협을우수)'의 '右手(우수)'를 언해본에서 '乙(을)의왼손ᄂᆞᆯ'로 誤記(오기)됐다.

바. 影流奪劍(영류탈검)

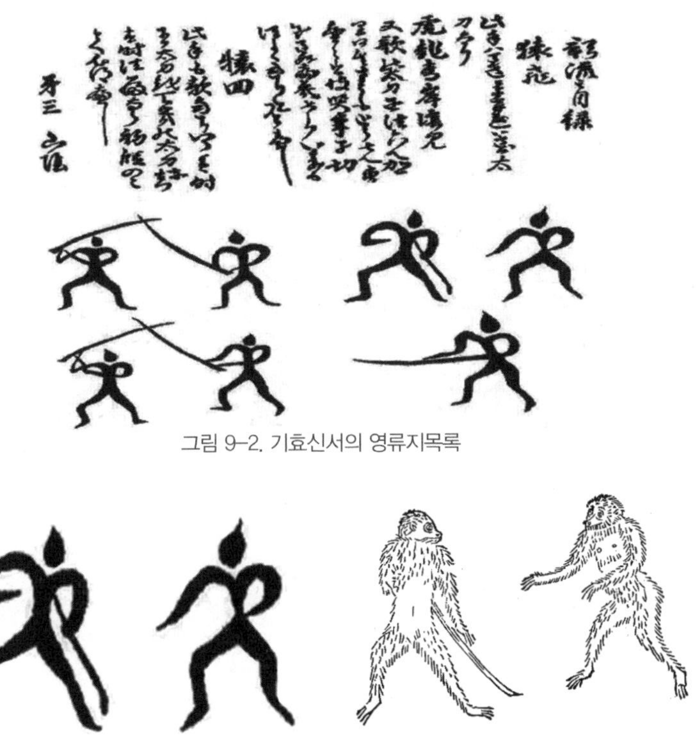

그림 9-2. 기효신서의 영류지목록

奪劍(탈검)　　　원숭이로 의인화한 탈검 그림

그림 9-3. 奪劍

모원의가 무비지에서 원숭이로 그림을 묘사한 것은 당시 왜구는 작고 훈도시만 입고 벌거벗은 미개한 종족으로 인식하였기에 왜구의 모습을 원숭이로 폄하한 것이다〈그림 8-3〉. 칼을 상대로 맨손으로 대적하는 그림은 맨손으로 적을 상대하는 기법이 원회·원비의 회전법에 있음을 나타내고 있다.

"〈그림 9-3〉 奪劍(탈검)은 무거운 장검으로 내려쳐서 칼이 지면 가까이 내려왔을 때의 그림이다. 이 자세는 장검을 다시 들어 올려치기에는 무리가 있고 순간적으로 몸이 노출되어 상대에게 공간을 내어주는 약점이 있다. 때문에 좌회를 하면서 칼을 역수로 잡고 식검사적세로 상대를 공격하는 것을 나타낸 것이다. 그러나 무비지의 원숭이 그림에서는 우수 역수로 칼을 잡은 그림이 아니다. 원비의 기법과도 다르다.

재미있는 것은 역수로 칼을 잡은 손의 표현 방법이 쉽지 않기에 역수로 잡은 것을 표현하기 위하여 칼날 끝 쪽 방향부분을 반대(역)로 그렸다. 奪劍(탈검)은 특히 맨손무술사에 매우 중요한 단서를 제공한다. 실제로 영류의 기법에서 상대의 손이 칼이라 생각하고 원회와 원비의 기법을 행하면 마치 대동류술(합기술)과 같은 맨손기법이 된다. 특히 장검을 역수로 잡는 과정과 다시 칼을 바로 고쳐 잡는 과정은 상대의 손을 꺾으면서 좌측으로 끌고 다시 반대로 꺾어 돌아 던지는 기법이다. 이러한 술기는 원회·원비의 기법으로 맨손무술이 검술의 기법과 연결된 중요한 자료이다. 실제로 입신투기가 柳生心影流(유생심영류)의 기법에서는 絶妙劍(절묘검)이라 한다."[338]

338 임성묵, 『본국검예 3. 왜검의 시원은 조선이다』 행복에너지출판사, 2018, p452.

2
秘傳解法(비전해법)과 秘傳目錄(비전목록)

가. 大東流(대동류)의 秘傳目錄(비전목록)

秘傳目錄(비전목록) 皆傳之事(개전지사) 모두에 '新羅三郎(신라삼랑) 源義光(원의광)이 大東流柔術之始祖(대동류유술지시조)'라고 적혀 있다. 일본에게는 매우 곤욕스런 기록이다. 이 문장을 달리 해석하려 하지만 달리 해석을 시도하려는 자체가 신라의 무예라는 것을 더 확고하게 한다. 「비전목록」과 「비전오의지사」는 세 명은 없고 각각의 술기를 條(조)로 분류했다. 그러나 「秘戰解法(비전해법)」은 술기의 명칭과 條目(조목)이 가지런히 분류되어 있어 비전목록보다 더 원형의 가치를 가진다. 모든 술기에는 이름이 있다. 이름이 없다는 것은 원래 있었던 이름을 잊은 것이다. 즉 신라의 비전해법이 일본으로 전래 될 당시 세 명이 있었겠지만 세 명은 사라지고 조목만 남았던 것으로 사료된다.

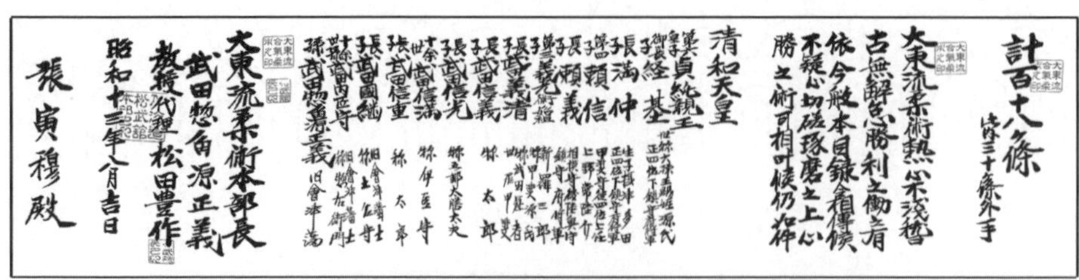

그림 9-4. 대동류유술 비전목록[339]

나. 武備門(무비문)의 秘傳解法(비전해법)

「秘傳解法(비전해법)」은 총 9개 목록에 27條(조)의 기법으로 분류되어 있다. 여기서 '揪頭髮記(추두발기)·抱腰記(포요기)·後抱腰記(후포요기)·揪後衣領記(추후의령기)'는 좌우에 술기가 있어 총 41개다. 여기에서 빠진 「비전해법」의 그림 14개[340]와 『만보전서』의 上揪胸下揪腰勢(상추흉하추요세)와 三人拿住解勢(삼인나주해세), 2개를 합치면 57개다. 여기에 下步解法用鉄牛耕地(하보해법용철우경지) 1개와 『유구무비지』 48개 그리고 『권법비요』에 있는 '破打邊盤式(파타변반식)·中盤式此破法(중반식차파법)·走外盤式(주외반식)' 3개를 더하면 최소한 109개다. 여기에 좌우로 술기를 나눈다면 그 숫자는 훨씬 넘는다. 跌法(질법)의 鉄牛耕地(철우경지)는 長槍(장창)에 사용됐다. 맨손 무예는 무기술과 하나로 통합되어 수련했음을 알 수 있다.

---

339 2002년 9월 28일, 허일웅 명지대학교 명예교수는 장인목 선생으로부터 비전목록을 받아 현재 소장하고 있다. 비전목록 사본은 2008년 송일훈의 한양대학교 박사논문 274~277쪽에 최초로 전문이 실려있다. 그러나 술기를 설명한 일본어가 작아 한자를 정확히 확인하기 어렵다. 뿐만 아니라 비전술기의 해석을 논문으로 발표하면서 원문과 1:1로 비교하지 않았다. 저자는 허일웅 명지대 명예교수가 소장한 비전목록 사본을 직접 촬영한 자료를 사용했다.

343 ①二女爭夫跌法 ②倒上橋跌法 ③小鬼跌金剛法 ④浪子脫靴跌法 ⑤泰山壓頂跌法 ⑥獅子滾毬跌法 ⑦金鷄跌法 ⑧擢步跌法 ⑨順子授井跌法 ⑩上楸咽喉下楸腰裂 ⑪樵夫捆柴跌法 ⑫纏絲拿跌法 ⑬半邊蓮脫法 ⑭色步跌法

표 9-1. 秘戰解法(비전해법)의 구성

秘傳解法								
揪頭髮記	揪胸記	抱腰記	後抱腰記	拿衣領記	揪後衣領記	揪後揪腰記	拿肘記	拿袖記
①正斜墜[344] ②雙飛鵰[345] ③破步連心肘[346] ④雙刺[347] ⑤鯉魚撞[348]	①大捨身[349] ②鷹拿兎[350] ③單手拿[351] ④單脫靴[352] ⑤雙摸膝[353] ⑥泰山壓馬[354]	①白馬卧欄[355] (有兩鮮) ②泰山壓頂[356] ③千斤墜[357]	①撒身[358] ②鵬番身[359] ③觀音倒坐般[360]	①無縫鎖[361]	①李公短打[362] ②九滾十八跌[363] ③單撒手[364]	①先手後贏[365]	①卧虎搜山[366] ②推拳十字[367] ③迎風短打[368]	①拿袖口[369] ②隻封袖[370]
各五條左右俱用 (총10개)	凢六條(6개)	凢三跌左右俱用(6개)	凢三條左右俱用 (6개)	凢一條	凢三條 左右俱用(6개)	凢一條	凢三條	凢二條

---

341 他右手來楸住我頭髮我用左脚尖對住他脚尖用右手復住他右手用左脚望前拿去弝他撲地跌去

342 他右手來楸住我頭髮我用右手挽住他右手用左脚雙挽住他脚用左手於後面起拿住他頭髮一扯 他卽仰面跌去

343 他右手來楸住我頭髮我用右手覆住他手用左脚挽住他雙脚用肘打他心頭就起左拳背打他的上他卽仰面跌去

344 他右手來楸住我頭髮我用隻手扯住他腰腹衣服用左脚挽住他右脚用隻手從他右脚上一捺他卽仰面跌去

345 他右手來楸住我頭髮我用右手覆住他右手用左脚挽住他雙脚用右手插入他膗裏拿住他左脚穹 我就把頭皆一打他仰面跌去

346 他右手來楸住我用左手拿住他右手用右手于上面挽過前來捺在地上用右脚後跟望右邊轉身一推他卽撲面跌去

347 他右手來楸住我胸我用右手拿住他右手用左手從他手上挽轉過後面拿住他背心衣服用右脚進步挽住他右脚用右手把他下胲一打他卽仰面跌去

348 他右手來楸住我胸我用左手虎口拿住他右手用左肘按着他右臂上丁字脚一捺他坐在地上就左拳打他眉心上又用左脚踢他右肩轉

349 他右手來楸住我胸我用左手從他臂上下捺着右膝用右手拿住他右脚跟一擲他卽仰面跌去

350 他右手來楸住我胸我用左脚進步雙挽住他脚用左手從他手上下拿左脚在手拿右脚踢起右申膊 他卽仰面跌去

351 他右手來楸住我胸我用右手挽住他右手用左肘復過前來一捺就左拳打他眉心上又用右脚踢起右申膊他卽仰面跌去

352 他雙手來拿住我腰兩邊我用右手帶住他左手用左手打了他右手就用左脚進步挽住他左脚用左手從他手上下捺他轉身一袞他卽仰面跌去

353 他雙手來拿住我腰我用雙手二大指托便下胲二中指按他雙眼一捺他仰面跌去

354 他雙手來拿住我腰我用左手抱左耳背右手抱住他右耳背進兩挽前望前一撇他仰面跌去

355 他雙手在我背後來抱住我腰用左手帶住他左手衣袖口右手帶住他右手衣袖口用左脚背挽住他右脚後跟望後一撇我卽坐在他身上

356 他雙手在我背後來抱住我腰用右手帶住他左手用左脚腕住他左脚用左手捺他番身一袞我卽跌在他身上

357 他雙手在我背後來抱住我腰我闆開着脚用後腦把他面上一打便低頭從自己襠下拿起他一脚 我用身子坐下他卽仰面跌去

358 他用雙手十字來揣住我衣領我用一手拿住他下一手用一手從他下手挿起按住他上手進前一撇他卽仰面跌去

359 他右手來楸住我後領我轉身用左手覆住他右臂用左脚進步挽住他右脚跟用右手把他下胲一推他卽仰面跌去

표 9-2. 疾(질)·矢(시)·至(지)의 갑골문·금문·소문·해서

갑골문	금문	소전	해서
[illegible]	[illegible]	[illegible]	疾(질)
[illegible]	[illegible]	[illegible]	矢(시)
[illegible](고문)	[illegible]	[illegible]	至(지)

호신 술기의 명칭에서 跌法(질법)의 '法(법)=氵+去(거)'다. 이두로 음차하여 '跌去(질거)'로 표현했다. '질거>질러'가 된다. 무예의 술기적 표현의 法(법)은 '물처럼 자연스럽게 흘러 돌아간다'다. 이런 의미에서 去(거)는 곧게 공격해 나가는 直手(직수)의 뜻이 강하다. 迭(질) 또는 疾(질)로 음차하여 사용한 것도 있다. 疾(질)의 갑골문은 큰 사람 겨드랑이에 활이 박힌 형태로 '大+矢(시)'의 결합이다. 후에 '大' 자가 '疒(녁)' 자로 바뀌었다. 즉 화살에 '질(찔)리다·찌르다·지르다'가 '지르'에서 '질'로 하나의 음절로 변했다. 矢(시)의 갑골문 '[illegible]'의 화살은 하늘을 향하고 至(지)의 갑골문 '[illegible](지)=矢(시)+土(토)'로 화살이 땅에 떨어진 모습이다. 矢(시)의 음가는 '↑=个=人+ㅣ=시'다. 至(지)의 음가는 '[illegible]' 자를 180° 돌리면 '[illegible]=[illegible]+ㅣ=지'다. 'ㅈ' 자의 원 방향은 '⊻' 자이다. 땅이 '지'의 음가를 가진 이유다. 화살이 하늘에 도달하면 到(도)다. 到(도)는 하늘에 올라간 '활'이 다시 떨어지면 倒(도)다. 즉 돌아 떨어지기 때문에 '도'의 음

360 他右手來楸住我後領我用雙虎口從他肋邊拿住他手畧開步把他望右一搠下他卽撲地跌去

361 他右手來楸住我後領我轉身用左脚腕住他右脚用左拳從我右肘出背打小肚就側칙起打他下股他卽仰面跌去

362 他右手來楸住我後領左手來拿住我腰我轉身右邊用左手從下起拿住他左臂右手從上下拿住他右臂或總抱住他隻臂用左脚進步在前隻手望前一扯他卽仰面跌去

363 他右手來拿住我左肘衣服我用左手從外起轉過來接住在他手上過復着他右手用右手覆拿住他右手望下一搠他卽撲感在地我起左脚踢他右腿

364 他右手來拿住我裏肘衣服我用左手從他手上下轉過來抱住他用右脚進步捥住他右脚用右手把他下胲一托他卽仰面跌去

365 他右手來拿住我左肘衣服我左肘左右袖我用左脚尖對他右脚尖用右拳把他右手打一下就用左手背打他眉心又進右步用右拳打他小肚

366 他右手來拿住我左手袖口我用左手從下望外扭何上下來復撲他右拳用右手互拿在上畧攢身望右一扯搠下他卽撲地跌去

367 他右手來封住我左手袖口左手來封住我右手袖我用左手扯何下右手推向上十字花起進右步捥住他左脚後跟用右他胸前肘一下卽撲地跌去

이다. 하늘을 나는 새도 '∧' 자이다. 여기서 올라간 화살이 떨어지지 않고 하늘에 머물면 '⼮' 자형으로 자음 'ㅈ' 자와 같다. 鳥(조)는 한민족의 신이다. '鳥(조)=示(시)'가 되어 祖上(조상)이 된다. 矢(시)의 뜻과 음가가 '화살시'다. 화살은 火殺(화살)이다. '불화살'은 있어도 '물화살'은 없다. 즉 '화살이 새'를 죽인다. 새는 태양이기 때문에 이러한 뜻과 음가를 갖고 태양을 활로 쏘아 떨어트린 羿(예)의 신화가 있다. 화살은 밑으로 떨어지기 때문에 底(저)고, 화살이 날아가 맞은 사람이 敵(적)이다. 과녁에 맞으면 的(적)이다. 이처럼 한글은 상형 및 기호를 가지고 한자의 음가에 적용된 것으로 한민족이 만든 문자다. 또한 '지'는 '가다'는 의미로 '之(지)'의 뜻과 상통한다. '삿대질'이란 뜻도 '손가락을 화살로 비유한 것'으로 '삿대〉솟대'의 어원이 '살대'에서 왔음을 알 수 있다. '跌(질)' 자에 담긴 뜻은 '발이 손보다 먼저 나간다'는 의미와 足(족)은 '발', 先(선)은 여기에선 '손'이다. 무예와 관련된 글자는 동작의 형태를 나타낸 것으로 상대를 제압하여 무릎을 꿇린 의미로도 해석할 수 있다. 跌法揔訣(질법총결)[368]은 맨손격투(打捉膝相連:손과 발로 무릎을 차는)와 호신술의 정수를 담고 있어 무인들이 반드시 알아야 할 기본 소양이다. 아울러 '十要緊(십요긴)·十不踢(십불척)·小踢十禁(소척십금)'도 무예 수련에 있어 반드시 숙지해야 할 요체들이다.

그림 9-5. '跌(질)'의 형세

368 ①打捉膝相連側身步向前摇頭去后手進退兩腵邊 ②膝去亦如臁莫教手向前側身湏進退分解兩边轡 ③脚頭名號尖挺身脚頭灣左右實脚定三点最不难 ④兩搭不是鉤腰挺慢疑捷脚頭朝外立左右任遲俽 ⑤毬從肩側落安排丁字脚閃腰把眼观拾拐九個着 ⑥下搭莫ㅁ高休使脚頭尖起膝要用直捨踢九脚牢 ⑦臁鉤下露膝尖帶脚頭低莫行垂頭拐當場手黃飛

3
秘傳解法(비전해법)의 해제

「무비문」과 『유규무비지』는 서로 연결되어 있고 유구무비지는 삼별초와 연결되어 있다. 무비문은 설인귀와 연결된 문서로 삼국시대와 연결된다. 이렇게 보면 대동류의 신라삼랑설이 허구가 아님을 「秘傳解法(비전해법)」이 반증한다. 기록이란 시대를 초월한다. 삼국통일 이후 고려에 삼국의 무예서가 계승되는 것은 자명하다. 한편 「비전해법」을 시대에 따라 抱勢臨危解法(포세임위해법)과 要家臨危解法(요가임위해법)으로 분류하여 위급상황을 대처하는 6개의 호신법을 기록했다. 전장의 군영에서 수련한 그림을 보면, 서로 떨어지면 拳(권)을 사용하고 붙으면 相撲(상박)을 했다. 적의 武器(무기)를 맨손으로 빼앗고 제압하기 위해 꺾고 던지거나 반대로 자신이 잡혔을 때 이를 벗어나기 위해 抱勢(포세)를 했음을 알 수 있다. 즉 '拳(권)〉相撲(상박)〉抱勢(포세)'는 각자 다른 무술이 아니라 전장에서 사용하기 위한 하나로 연결된 종합무예체계의 과정이었음을 알 수 있다. 오늘날 관절기는 抱勢(포세)였다. 이러한 상박이 백성들에게는 씨름이나 태껸과 형태로 전래됐다. 사민편람과 만보전서, 증보만보전서1과 2, 4개의 문서를 비교하면 원문의 미묘한 차이를 알 수 있다.

一. 二女爭夫跌法(이녀쟁부질법): 도상교질에서 연결하는 자세다.

두 여자가 한 남편을 두고 서로 뺏는다. 跌(질)은 '손가락질·발길질'에 사용하는 음을 한자로 음차한 이두문이다. 일본대동류의 二人捕(이인포) 一本目(일본목)과 二本目(이본목)보다 상위 술기다. 만보전서에는 없다.

그림 9-6. 二女爭夫跌

二. 倒上橋跌法(도상교질법): 무예도보통지의 攣負(련부)가 倒上橋跌(도상교질)이다. 기법에 대한 설명문이 이녀쟁부질법에 기록했다. 만보전서와 증보만보전서에는 그림과 설명이 있다. 무예도보통지에서는 彎負(련부)를 "이미 오래전부터 전해졌던 구보가 있었다는 것을 아는 사람은 알 것이다"[369]라고 기록하여 조선에 고조선부터 전래된 秘傳解法(비전해법)과 같은 舊譜(구보)가 사라졌음을 알 수 있다. 그 사라진 구보의 기록 일부가 무비문임을 증명하고 있다.

조선법의학서인 『증수무원록언해』에도 안면을 '仰面(앙면)'이라 한다. 원문의 仰面跌去(앙면질거)는 '안면질러'의 이두문이다. 만보전서의 도상교질은 僧兵(승병)과 兵士(병사)가 투구를 벗고 겨루는 모습이다. 手搏戲(수박희)처럼 '戲(희)' 자는 실전처럼 동료를 殺(살) 할 수 없기 때문에 동료를 상하지 않도록 수련하는 방식임을 알 수 있다.

369 彎負相撲 而起此殆近戲第其行之 既久仍舊譜焉 知者當自之

표 9-3. 倒上橋跌法(도상교질)의 문장 비교

만용정종	만보전서	증보만보전서1	증보만보전서2	무예도보통지증보
倒上橋跌遭者先將手拿其上橋此轉身做橋上奸遭此將在手番顛其遭人後髮一跌	他用双手來拿住我右手扭轉在后我卽將右手緊拿住他右手就轉身用左手番旋他后髮一扯他仰面跌去	他用雙手來拿住我右手扭轉在後我卽將右手緊拿住他右手就轉身用左手番旋住他後髮一扯他仰面跌去	他用雙手來拿住我右手扭轉左後我卽將右手緊拿住他右手就轉身用左手番旋住他後髮一扯他仰面跌去	甲以右手攫乙左肩乙以右手從甲右腋下絞過甲項攫甲左肩各以背後句左手 甲負乙橫擧倒擲之乙作紡車旋霎然下地立乙又負甲如前法畢

그림 9-7. 사민편람/만보전서/증보1/증보2/무예도보통지(련부)

三. 小鬼跌金剛法(소귀질금강법): 발로 등을 밟아 제압하고 오른손을 들고 있다. 寺刹(사찰) 입구에 세워진 사천왕 중에 守門神將(수문신장)은 맨손으로 적을 위협하고 있다. 입을 크게 열은 密迹金剛(밀적금강)을 '아금강역사'라 하고 입을 굳게 닫은 那羅延金剛(나라연금강)은 '훔금강역사'라 한다. 적을 제압한다는 의미와 적을 제압하고 양손을 들어 적을 위협하는 小鬼跌金剛法(소귀질금강법)의 형태와 金剛(금강)의 개념을 보면 석굴암의 금강역사의 자세가 小鬼跌金剛法(소귀질금강)의 자세로 보인다. 대동류에서도 상대를 움직이지 못하도록 마자막에 제압한 후, 목을 치고 손을 들어 올리는 동작이 있다. 이러한 동작은 오래전부터 전해 내려왔음을 알 수 있는 소중한 사료다.

그림 9-8. 小鬼跌金剛

四. 浪子脫靴跌法(낭자탈화질법)

右: 遭者左手踄地做落地金交剪一跌與拿足左右用

遭(조)의 본자는 '䜊=辶+東+東+日'이다. '한 바퀴 돌아 다시 만나다'와 '둘이 만나다'다. 遭者(조자)는 공격을 당한 사람을 의미한다.

그림 9-9. 浪子脫靴跌

左: 太陽壓頂跌遭者先收起壓頂者來壓者着二手在天直壓之

太陽壓頂(태양압정)은 조선세법의 泰山壓頂(태산압정)의 검결과 궤가 같다. 동질 문화권에서 만들어진 개념임을 알 수 있다. 浪子脫靴跌法(낭자탈화질법)의 좌측 사람이 취하는 동작을 太陽壓頂跌(태양압정질)로 설명하고 있다. 연결동작이다.

표 9-4. **太山壓頂跌法**(태산압정질)의 문장 비교

만용정종	만보전서	증보만보전서1	증보만보전서2
他雙手來拿住我腰我用雙手二大指托他下胲二中指按他雙眼一捺他即仰面跌去	他双手来拿住我腰我用双手二大指托他胲二中指按他双眼一捺捺他即仰面跌去	他隻手來拿柱我腰我用隻手二大指托他下胲二中指按他隻眼一捺ㄴ他即仰面跌去	他隻手来拿住我腰我用隻手二大指托他下胲二中指按他隻眼一捺ㄴ他即仰面跌去

「증보만보전서1과 2」의 문장에 捺捺(날날)을 '捺ㄴ'로 사용하여 'ㄴ' 자를 반복의 약자로 사용했다.

『만보전서』의 그림에도 상투를 쓴 조선인이 잘 표현되어 있다. 다른 만보전서는 앞은 불명확하게 그렸지만 문장은 동일하다. 투구를 벗고 우측에 鈀鎗(파창)을 세워두고 군영에서 질법을 수련하고 있다. 조선 후기 풍속화가 김준근의 「씨름하는 모

양」[370]에 태산압정질법이 있다. 제목은 씨름이나 이것은 질법으로 상박류의 무예다.

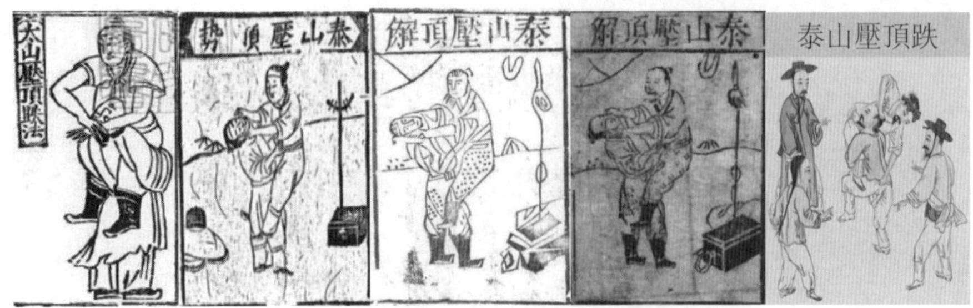

그림 9-10. 사민편람/만보전서/증보1/증보2/민화

五. 獅子滾毬跌法(사자곤국질법): 유구무비지의 金蟬脫殼(금선탈각)과 택견의 송덕기의 술기와도 같다. '滾(곤)'은 '솟구치다'이고 '毬(국)'은 '제기차다'다. 누워 한발을 상대를 배에 대고 뒤로 넘기는 기법이다. 안전하게 넘어지기 위해선 오늘날 낙법과 같은 修身(수신) 또는 回身(회신)의 기법이 뒤따른다. 실제 송덕기의 남겨진 자료에도 넘어지면서 돌아 일어나는 回身(회신)의 자료가 남아있다.

그림 9-11. 獅子滾毬跌/太山壓頂跌

六. 金鷄跌法(금계질법)

목을 잡고 젖히거나 휘감는 기법으로 송덕희 옹에게서도 동질의 기법이 보인다. 『만보전서』는 金鷄跌解(금계질해)로 두 문장이 다르다. 寒鷄步(한계보)와 연결된다. 투구를 벗고 창을 땅에 놓았다. 전장에서 다양한 무기를 사용했음을 알 수 있고 질법이 실전에 사용되었음을 알 수 있다.

370 기산 김준근, 『씨름하는 모양』, 독일 MARKK 소장(구 함부르크민속박물관) 20.2×16.6㎝

표 9-5. 金鷄跌法(금계질법)의 문장 비교

만용정종	만보전서	증보만보전서2	증보만보전서2
遭者將手牧芈頭跌拿廓出	遭者將手摸羊頭跌 拿脚此卽解	遭者將手摸羊頭跌 拿脚此卽解	遭者將手摸羊頭跌 拿脚此卽解

그림 9-12. 사민편람/만보전서/증보1/증보2

七. 櫂步跌法(노보질법)

櫂(노)는 '배를 젓는 막대기'다. 櫂步(노보)는 상대의 뒷발을 걸어 넘어트리는 기법이다. 배를 젓는 櫂(노)의 동작으로 기법을 비유했다.

목을 잡은 상대의 우수를 좌수로 잡아 고정시키고 '우수'를 상태의 등 쪽으로 옮기고 잡아당기는 동작이 櫓(노)를 젓는 동작이다. '櫓法(노법)'은 상대의 팔을 잡고 노를 젓듯이 짧게 밀치고 빠르게 당겨 상대의 중심을 무너트리는 수법이다.

八. 順子授井跌法(순자수정질법)

원문(左): ㅁㅁㅁ先用右手一拳來背者就 將左手ㅁ拿遭者 右手背者過遭人右手下緊背遭此背人將右手番過後牧其遭之頭頸之處背起觔節一跌與遭此

원문(右): 上緎明喉下緎腰海裡師父打一敎遭者先用一手搊其喉下衣又將一手搊其袴頭遭搊者將右奸過其搊喉手按其搊膝又將身墜下將左手牧其搊者脚跌

대동류의 撞木(당목)과 술기의 흐름이 같다. '順(순)' 자에 기법이 있다.

그림 9-13. 擢步跌/順子授井跌

九. 上緅咽喉下緅腰裂(상추인후하추요열)

右: 上緅咽喉下緅腰裂(상추인후하추요열)

'緅(추)' 자는 '길마'[371]다. 엎드린 상대를 '소'로 비유했다. 위에 있는 사람이 길마를 얹듯이 인후를 잡고 아래에 있는 상대는 '길마'를 분리하듯이 응대하는 기법으로 농경문화에서 만들어진 가결이다.

十. 憔夫捆柴跌法(초부곤채질법)

원문(중): 受拿遭者喃髮一跌與拿人.

左: 憔夫捆柴跌法(초부곤채질법)

'憔(초)' 자에 기법의 모습이 있다. 가결은 '등을 묶어 장작 위에 화형을 시키기 위해 끌고 간다'다. 捆(곤)은 '묶다'다.

그림 9-14. 憔夫捆柴跌/上緅咽喉下緅腰裂

371 소등에 물건을 실기 위에 만든 안장.

十一. 半邊蓮脫法(반변연탈법)과 纏絲拿跌法(초사나질법)

원문(중): 左右用搲左手將右手揸搲者右囚搲右將左揸搲右將右揸搲者左目脚奸卽跌搲在.

左: 半邊蓮脫法(반변연탈법)

邊(변)은 측면이고, '蓮(연)=辶+蓮(차)'다. 蓮(차)의 '艹(초)' 자가 손으로 '손으로 얼굴을 잡고 돌린다'다.

右: 纏絲拿跌法(초사나질법)

모시를 잡고 비틀 듯이 상대의 손을 反手(반수)로 꺾어 제압하는 기법이다. 기법 설명문의 搲(잡)은 '잡다'의 이두문이다.

그림 9-15. 半邊蓮脫法/纏絲拿跌法

十二. 色步跌法(색보질법)

色步(색보)의 色(색)은 '人(인)+卩(절)'이다. 무릎 꿇는 사람위에 사람이 또 있다. 즉 아래에 있는 발과 위에 있는 양 손을 이용하여 상대를 굴복시키는 기법이다. 色步(색보)는 관음측신주의 보법이다. 「무비문」에서 '색보질법'을 넣어 관음측신주의 동작과 연결된 동작임을 나타냈다. 즉 관음측신주에서 색보로 '좌각'이 나가면서 상대의 몸에 붙고 '우각'은 상대의 '우각'을 걸면서 양손을 들어 시계방향으로 돌리려 넘어뜨리는 연속동작이다. 씨름인 유도에서 상대를 들어 매치는 기술과 상통한다. 즉 서로 샅바로 묶고 색보질을 하면 술기가 같다. 택견에서 상대의 발목을 걸거나 손으로 잡아 돌려 넘어뜨리는 동작을 통칭 '태질'이라 하는데 '色步跌(색보질)'이 택견의 태질류다. 1880년 한불사전에서 '태질嘞다(506쪽)'를 한자 '打禾(타화)'로 썼다. 이것은 알맹이를 털어내는 도리깨질을 '태질'[372]이라하기 때문이다. 태질 '상대를

372 1. 세게 메어치거나 내던지는 짓. 2 볏단이나 보릿단 따위를 개상에 메어쳐서 이삭을 떠는 일. 『국어사전』

돌려 넘어뜨린다'에서 '태질'이라 비유했던 것이다. '태질㖙다'에서 '㖙(돌)' 자를 쓴 것은 '돌린다'에서 '돌'의 음가를 취한 이두문이다. 抬陽(태양)의 자세에서 손을 높이 들고 있는 모습은 도리깨질을 할 때의 손의 높이다. '抬(태)'의 뜻도 '매질하다'다. '打(타)' 자보다 '抬(태)' 자가 합당하고 '질'은 '跌(질)' 자가 분명하다. 抬(태)는 손으로 치는 것이고 跆(태)는 발로 차는 것이다.

跌(질)은 발길질을 의미한다. 즉 抬跌(태질)은 '손과 발을 이용해서 상태를 넘어뜨린다'는 의미가 된다. 그렇기 때문에 택견에서 '들어서 메친다'는 태질의 한자는 '抬跌(태질)'이 합당하다. 한편 색보질을 행한 좌측 사람이 양손을 펼쳐 돌리는 형태는 '깜짝 놀라는 모양'으로 이 또한 '色(색)'이다. 관음측신세의 보법이 '色步(색보)'다. 여자의 色步(색보)는 '부끄러움에 얼굴을 감싸는 손과 발동작'이다. 色步(색보)+跌(질)은 '미인을 보고 깜짝 놀라 기쁨에 양손을 펼치는 동작과 덮치는 동작'이다. '色步跌(색보질)'은 상대의 뒷발을 걸고 양손으로 상태를 잡아 돌려 던진 손의 모양이 깜짝 놀라 양손을 펼친 모습이고, 이로인해 넘어지는 사람의 모습 또한 미인을 덮치는 동작으로 모두 色步(색보)+跌(질)의 작용이다.

9-6. 色(색)의 전문·고문·해서

전문	고문	해서
[seal script]	[ancient script]	色(색)

고문 '[ancient script]' 자형에는 色步跌法(색보질법)에서 좌측에서 발을 걸고 양손으로 얼굴을 돌려 던진 사람과 우측에는 발에 걸려 땅에 넘어지는 사람의 모습이 들어있다.

그림 9-16. 色步跌法/

十三. 懶摺衣勢(뢰접의세):[373] 「무비문」에는 없고 『만보전서』에만 있다. 跌法(질법)이 勢(세)로 개념을 바꿨다. 상투에 행전 그리고 사폭 바지를 입고 있는 전형적인 조선사람의 모습이다.

懶(뢰)는 '덮다'고, 摺(접)은 '접다·당기다'다. 만보전서에 두 병사가 투구를 벗고 겨루고 있다. 증보만보전서에는 청나라 사람으로 그렸고 투구과 창도 빠졌다.

표 9-7. 懶摺衣勢(뢰접의세)의 문장 비교

만보전서	증보만보전서1	증보만보전서2
他用双手来揪住我衣我用右脚捥住他左脚后跟用左手帶住他腰上衣再用右手把他喉下一堆他就仰面跌法	他用雙手来揪住我衣我用右脚捥住他左脚后跟用左手帶住他腰上衣服用右手把他喉下一推他就仰面跌法	他用雙手來揪住我衣我用右脚捥住他左脚後跟用左手帶住他腰上衣服用右手把他喉下一推他就仰面跌法

그림 9-17. 만보전서/증보1/증보2

十四. 三人拿住解勢(삼인나주해세): 「무비문」에는 없고 『만보전서』에만 있다. '个(개)' 자를 증보는 '仈' 자로 썼다. 조선 후기 민화에 상투를 잡고 싸우는 사진이 있다. 조선의 무맥은 무비문을 통해 이어졌다. 일본 대동류의 多人數捕(다인수포)의 三人捕(삼인포)와 같다.

373 「懶摺衣勢」: 他用雙手来揪住我衣我用右脚捥住他左脚后跟用左手帶住他腰上衣服用右手把他喉下一推他就仰面跌法

표 9-8. 삼인나주해세 문장 비교

만보전서	증보만보전서1	증보만보전서2
他人个来拿住我頭髮刀个来楸住胸我先把揪頭髮的小肚着一脚跌飜去然后用右手拿住他右边个肘下衣服帶入來却把左边的人用單手掌一番就起背拳打他眉心驚右边的却就進步把他胲下一托卽解	三人拿住解勢：他人伱來拿住我頭髮兩伱來楸住胸我先把揪頭髮的小肚着一脚跌飜去然后用右手拿住他右邊伱肘下衣服帶入來却把左邊的人用單手拿一番就起背拳打他眉心驚右邊的却就進步把他胲下一托卽解	三人拿住解勢：他人伱來拿住我頭髮兩伱來楸住胸我先把揪頭髮的小肚着一脚跌飜去然後用右手拿住他右邊伱肘下衣服帶入來却把左邊的人用單手拿一番就起背拳打他眉心驚右邊的却就進步把他胲下一托卽解

그림 9-18. 만보전서/증보1/증보2/민속사진

十五. 上揪胸下揪腰勢(상추흉하추요세): 사민편람과 만보전서에는 없다. 『증보만보전서1/2』에만 있다. 『만보전서』를 증보하면서 변발한 청나라 사람으로 그렸다. 증보만보전서1의 그림은 더 조악하게 그렸다. 증보1의 '揪(추)와 雙(쌍)' 자를 증보2는 '搊(추)와 兩(양)' 자로 바뀌었다. '揪(추)'는 벼를 움켜쥐듯이 상대의 멱살을 잡았을 때 제압하는 기법으로 대동류의 '帶落(대락)'과 상통한다. 射法秘傳攻瑕(사법비전공하)에 '揪(추)' 자는 '鳳眼發(봉안발)'로 '엄지와 검지'로 손을 잡은 모양이다. '揪(추)'의 수법과 뜻이 일치한다.

표 9-9. 上揪胸下揪腰解(상추흉하추요질) 문장 비교

증보만보전서1	증보만보전서2
上揪胸下揪腰解：他用右手來揪住我胸前衣服左手來揪住我袴頭我用右手打從他左手上過按住他膝又將自身墜下將左手拏住他脚後跟雙手齊按他卽仰面跌去	上揪胸下揪腰解：他用右手來揪住我胸前衣服左手來搊住我袴頭我用右手打從他左手上過按住他膝又將自身墜下將左手拏住他脚後跟兩手齊按他卽仰面跌去

그림 9-19. 증보1/증보2

4
拳法備要(권법비요)의 跌法(질법) 비교

표 9-10. 破打邊盤式(파타변반식)·中盤式此破法(중반식차파법)·走外盤式(주외반식)의 기법문장

破打邊盤式	左却一点 右邊勝起射進 肩必在敵人腋下 手必在敵人腰邊 腿必在敵人腿腕邊 臂必要緊粘敵人脚叉 敵人脚窄狹而我兩脚俱關住卽爲雙關法 而中盤打邊盤 卽爲雙關 此法更妙 不可妄傳 進步須要倚斜步 (左人:管在此) (右人:後手膊着力)
中盤式此破法	左手將人右手托起 手從肘下進 右手與身法縮緊一團 從人心窩血膛射進 兩脚腿必一片鎖入 敵人雖用打掌破 然右手被擒 亦無能爲矣 以虛步走不開 而身法不能下也 戲珠進此 盖進者勝 破者敗 以進者法身法身法故也 (左人右脚:射進, 左脚:脚必抵跟, 手要一片緊密)
走外盤式	人打進而我將脚一閃 卽將右手右脚一片射進 肩必從人腋下 手必從腰邊 臂必從人腿邊 此遜實擊虛 從此會悟也 (左人:脚射在此) (右人右脚:臀用力, 左脚:脚一札)

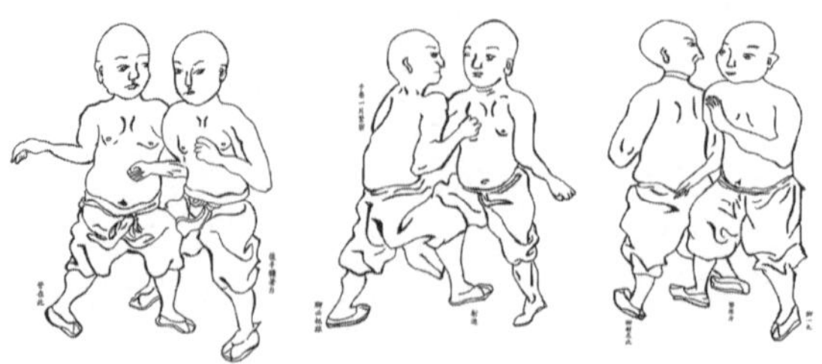

그림 9-20. 破打邊盤式/中盤式此破法/走外盤式

武備門(무비문)의 棍法(곤법)·棒法(봉법)·鎗法(창법)

1
棍法(곤법)

가. 棍法歌(곤법가)

무비문의 「棍法(곤법)」은 10행의 7언율시로 敍事詩(서사시)로 지었다. 사민편람과 만보전서에 '累' 자로 기록된 것을 보아 동종류에서 파생된 문서를 보고 적었음을 알 수 있다. 특히 만보전서는 略字體(약자체)로 한자를 썼고, 특히 '仸=亻(인)+天(천)'으로 人乃天(인내천)이 담긴 글자다. 현재 많은 고문서에서 사라진 글자다. '仸教(천교)'가 사민편람에서는 '佛教(불교)'로 치환됐다. 이렇게 되면 많은 수의 '軍(군)'이 佛教(불교)를 滅(멸)했다는 내용이 되지만 '仸教(천교)'가 되면 반대로 '仸教(천교)'가 滅(멸)을 당하는 전혀 다른 내용이 된다. 무비문을 정리하면서 종교관이 다른 무인이 썼음을 알 수 있다.

'仸' 자는 최치원이 쓴 『鸞郎碑序(난랑비서)』는 화랑도의 사상적 연원과 형성과정을 연결할 수 있는 귀중한 글자로 桓雄天王(환웅천왕)과 관련성이 깊은 글자다. 불교가 국교로 되면서 '仸(천)' 자가 '佛(불)' 자로 치환되면서 佛教(불교)에 전해진 듯하다.

사민편람의 詩(시)에 卲陵(소릉)에 오곡을 받치는 내용과 高祖(고조)와 태조(太祖)가 나오는 것으로 보아 왕권이 세워진 국가에서 만든 것으로 보인다. 만보전서에서는 五穀(오곡)이 王谷(왕곡)으로 쓰였다. 특히 '請去山東看卲陵(청거산동간소릉)'의 문장을 보면 卲陵(소릉)이 우리 민족이 살던 山東(산동)에 있는 왕릉임을 알 수 있다. 또한 사민편람에 '白虎洗面休招架(백호세면후초가: 백호가 얼굴을 씻고 나무 밑에서 쉬며 손짓하며 부르네)'에 '招架(초가)'가 있고, '夜丫探海定乾棍(야아탐해정건곤)'에 '夜乂探海勢(야예탐해세)'의 검결이 있어 한민족 계열의 문서로 사료된다.

표 10-1. 만용정종과 만보전서 곤법가 비교

棍 法	
민영정종의 棍法歌	만보전서의 卲陵棍法歌
五穀豐登出卲陵 上堂長有百千僧 萬數洪軍滅佛教 大經累<顯神通 飛天夜了空中舞 夜丫探海定乾棍 高祖斬蛇人觀進 回來便下定南針 有人不認風魔棍 請去山東看卲陵 太祖金幹棒一根 稷陵関上打韓通 上方曾賽哪咤子 曾打紅巾定太平 獅子街花乾坤小 趕得白猿抱樹存 白虎洗面休招架 低頭躲過定南針 黃龍現鬚欄頭進 黑虎番身一陣風 龍虎二棒人難敵 夜丫探海定乾坤	王谷豐登出卲陵 上方長有百千僧 万数洪軍滅伕教 太經累<昷神通 飛天夜丫空中舞 夜丫探海之乹坤 古祖斬蛇人观進 回来使丅定南針 有人不認風魔棍 請厷山東看卲陵

나. 棍相撲(곤상박)

1)起手棍(기수곤)과 勾天竹棍(구요죽곤)

①起手棍(기수곤)은 스님이 선인에게 竹棍(죽곤)을 드는 기법을 가르치는 모습이다. 勾天竹棍(구요죽곤)은 鑽(찬)의 기법으로 '勾(구)'에는 의미가 夭(요)' 자에는 형세가 있다. 棍(곤)과 棍(곤)의 겨룸이다. 『기효신서』 권5 手足篇(수족편)의 大棒製(대봉제)에 習法(습법) 總結歌(총결가)가 있다. 여기에 "教師林炎詩曰壯士執金鎗 只用九寸長 日月打一轉 好漢見閻王"이란 문장과 함께 三教(삼교)와 棍(곤)을 잡고 陰陽手(음양수)의 중요성을 가르치는 '棍提起手(곤제기수)'가 있다. 무비문의 起手棍(기수곤)을 설명한 문장과 내용이 일치한다. 여기 한교가 묻고 허유격이 답했던 大

門(대무)과 小門(소문)[374]에 대한 '大門大侵入磕(대문대침입개:대문은 크게 침입하면 들어가면서 상대와 부딪친다) 小門不可大侵入挑(소문불가대침입도:소문은 대침할 수 없지만 들어가면서 창을 들어 올릴 수는 있다)'이란 문장이 있다. 磕(개)는 서로 '부딪친다'로, '문으로 크게 들어가면 상대와 몸이 맞붙게 된다'는 설명이다. 6로 10단금의 '斗門(두문)'의 斗(두)는 '둘'의 이두문이다. '門(문)' 자는 두 주먹을 나타냈듯이 大門(대문)의 '大' 자형은 '棍(곤)을 잡은 두 손을 앞으로 뻗은 것'을 나타낸다. 小門(소문)의 '小' 자형은 손을 뻗지 않은 상태를 나타낸다. 門戶(문호)는 한 쪽 손이 열린 것이다. 이처럼 '大·小'의 자형에서 기법의 형태를 가결로 사용했다. 鎖(쇄) 자의 '金(금)' 자는 鎗(창)을 의미하고, '貝(패)' 자는 신체를 의미하고 '小' 자는 목 위에서 손을 구부려 창을 잡고 있는 것을 나타낸다. 이러한 방식으로 가결이 만들어진다.

그림 10-1. 起手棍/勾天竹棍

2)虎爪扭鈀(호조뉴파)와 草裏蛇鎗(초리사창)

①虎爪扭鈀(호조뉴파): 鈀(파)를 가지고 滴手勢(적수세)를 취했다. '鈀(파)'는 농기구다. 扭(뉴)의 '丑(축)'은 '새의 발톱·굴리다'다. '호랑이가 발톱을 굴린다'다. '扭(뉴)=누+ㅣ=뉴'로 '눕히다'다. 즉 옆으로 鈀(파)를 눕히어 사용하는 기법이다.

②草裏蛇鎗(초리사창)은 '풀 속의 뱀'이다. 지면에 수평으로 찌르는 鎗(창)을 뱀으로 비유했다. 鈀(파)와 鎗(창)의 겨룸이다.

374 所謂大門小門是左右耶前後耶 答曰大門前也小門後也 前卽左後 後卽右 所謂陰陽手何謂也 答曰凡器械手向下執者謂之陰向上執者謂之陽

그림 10-2. 虎爪扭鈀/草裏蛇鎗

3)扭絲鈀(뉴사파)와 青龍探爪(청룡가조)

①扭絲鈀(뉴사파)

上鎗進鈀抚陈手(상창진파무음수): 위에 있던 창을 손을 굽혀 누른다네

傍右右鎗眼逕要(방우우창이경요): 귀가 있는 우측에서 내려가는 게 중요하네

身法贏手洛脚法(신법영수락각법): 몸은 위에 있던 손이 내려오면서 발이 나가네

②青龍探爪(청룡가조)는 '청용의 손톱이 나가다'로 探(가)는 '가다'의 이두문이고 闖鴻門勢(틈홍문세)와 같다. 鈀(파)와 鎗(창)의 겨룸이다. 青龍獻爪(청룡헌조)와 가결이 연결된다.

그림 10-3. 扭絲鈀/青龍探爪

4)陈火手鈀(음화수파)와 上步鎗法(상보창법)

①陈火手鈀(음화수파): 陈(음)은 陰(음)으로 '손을 굽힌다'다. 火(화)는 '치솟는 불'이다. 아래에서 위로 鈀(파)를 치켜올린다. 上步(상보)는 '뛰듯이 발이 나가는 보법'이다.

②上步鎗法(상보창법)

一把破之鎗法(일파파지창법): 한 번 찔러 깨뜨리는 창법이라네

上鎗頸法中鎗腰法(상창경법중창요법): 상창은 목을 찌르고 중창은 허리를 찌르

는 법이라네

三鎗脚供用手法(삼창각공용수법): 세 번째로 다리를 찌르기도 한다네

그림 10-4. 陈火手鈀/上步鎗法

5)紐絲杷勢(뉴사파세)와 中平鎗勢(중평창세)

①紐絲杷勢(뉴사파세): 紐(뉴)는 십단금의 '紐拳碾步(유권전보)'의 동작으로 묶는 동작이다. 무비문의 扭爬攔法(뉴파난법)은 「내가장권」이 한민족의 맨손무예임을 증명하고 있다. 杷(파)는 '농기구'로 선인이 사용하고 있는 무기가 땅을 파는 농기구를 활용한 것임을 알 수 있다.

②中平鎗勢(중평창세)

崩鎗探推大進步身法(붕창가추대진보신법): 붕창으로 눕혀 크게 나가는 신법이라네

崩鎗(붕창)이 곧 掤鎗(붕창)으로 서로 같음을 알 수 있다. 杷(파)와 鎗(창)의 겨룸이다.

그림 10-5. 紐絲杷勢/中平鎗勢/鈀式

2

武備門(무비문)의 棒法(봉법)

사민편람의 棒法歌(봉법가)가 증보만보전서에서는 舞鎗歌(무창가)로 기록됐지만 몇몇 한자가 다르다. 鎗(창)과 棒(봉)의 기법은 동일하기 때문에 혼용된 것으로 보인다.

표 10-2. 棒法歌(봉법가)

棒法歌
棒法自宋起山東 関前伏虎打韓通 霸王執鎗斜步等 樊噲提搥教沛公 関公勒馬擎刀勢 韓信扡鎗進步門 張飛會便攔山法 諸姬擎鈿快如風 六郎提起金槌棒 韓信飛先進有功
懶抱琵琶一炷香 右手琵琶仔細看 換來右手依前勢 腸下中平誰敢當 上脚遮攔并護膝 退步童子抱心香 紐手三鎗人難躲 鈎開二棍那能防分鎗上脚鈎欄打 脚上搥來敵膽寒 紐絲連進三五步 打開中平滴水鎗 舒旗势旋風倒下 攔路虎立勢高强 抽鎗殺進破天方 中平立下定懷鎗 一轉身旋風鐵棒 再轉手落地金鎗 滚地打天昏地黑 棍落膝鬼伏神藏 樊噲磨旗觀陣勢 老翁挿柳記韶光 曹孟德善用鑽法 趙子龍會使長鎗 單殺手中平按定 翻身打奮武鷹揚 關雲長抱刀勒馬 呂洞賓背劍遊方 黃龍出洞一條鎗 左安膝 右安膝 火焰鎗處見太陽 搜山勢 鬼也忙 六郎好使勒馬鎗 伏虎勢 要隄防 披鎗勢 不可當 太神鎗 下按八方 左肩鎗 右肩鎗 換手勢使三鎗 七郎好使背挿鎗 說心昧巳王樞密 簡打奸臣八大王 夜丫出 韶陵場 一打觀音倒坐 二打巡海夜丫 三打四風凹輩 四打八棒風魔 五打山神第一棍 孫行者大鬧天宮 一十二棍都使盡 打到江南第一强 日月東西走遍天 將軍脫帽快如烟 札地金針爲立打 通天下攔打一鞭 狂風折樹最爲高 金牛照角不相饒 九龍湙水如泉湧 大闞追落鬼神嚎 黑龍過江似海潮 隨身追打浪滔 介朝專背他來到 欄杆總棍實難饒 飛身轉步奸雄勢 任是英雄也着愁

棒法(봉법)은 산동의 宋(송)에서 일어났다는 내용으로 시작한다. 한통, 패왕, 번쾌, 沛公(유비), 관운장, 한신, 장비, 조자룡, 제희, 육랑, 여포, 노옹, 조맹덕(조조), 여빈동 칠랑 손오공 등의 인물들이 기법을 펼치는 내용으로 대서시를 구성했다. '복호·포비파·중평·적수·구개·선풍·피창·마기·야아탐해·지남침·선인배검' 등이 詩(시)로 구성됐다. 특히 飛棒勢法(비봉세법)·出水龍勢(출수용세)·演此勢者(연차세자)·入山虎勢法(입산호세법)·猴打蜂棒法勢法(후타봉봉법세법)·虎三跳法勢法(호삼도법세법)·攔腰棒勢法(난요봉세법)·姜大竹棍勢法(강태죽곤세법)·関素取水棒勢法(관수취수봉세법)들은 朝鮮勢法(조선세법)처럼 '勢法(세법)'으로 기법이 구성되어 있고 出水龍勢(출수용세)는 창룡출수의 어순이 도치됐다. 直符送書勢(직부송서세)도 있다. 특히 扭手(뉴수)·紐絲(뉴사)는 紐拳(뉴권)의 동작이고, 夜丫出韶陵(야아출소릉)·巡海夜丫(순해야아)는 鎗法(창법)의 夜乂探海勢(야예탐해세)와 결을 같이 한다. 黃龍出洞一條鎗(황룡출동일조창)·黑龍過江似海潮(흑룡과강사해조)는 중천에 뜬 해가 서쪽으로 들어간 黑龍入洞(흑룡입동)이다. 札地金針(찰지금침)은 指南針(지남침)이다. 이처럼 가결을 시결에 맞춰 변화를 주어 삼국시대의 영웅들을 내세워 대서사시를 구성했다.

가. 棒法(봉법)의 種類(종류)

표 10-3. 봉법의 종류와 기법

	종 류	설 명 문
1	猴猻抱樹勢	演此棒者 抵用倒地 棒要使照身牌 棒用頭針肩井轉活透出 是猴猻抱樹勢
2	仙人背劍勢	演此棒者 先放一手下捉一手 頭後捉一出把五指棒 番倒針肩井是也
3	飛棒勢法	演此棒者 用棒上一出指要破頭棒 一出抵用掃地風 仙人拖傘見此三出勢 便成飛棒勢矣
4	掃地風勢	演此棒者 抵用使金剛鑽洗斛一脚 踏來人脚一手徑伸打來 乳盂是也
5	三點木勢	演此棒者 先要一手執棒 連戲三下就針他人 乳盂是也
6	直符送書勢	看他下打上抵 用格開我就伸之 五把指飜到棒針他肩井
7	青蛇纏竹棒	看他左手打破頭棍來 我用右手格開打五把指 他若右手用掃地風來我即將右手格過右手
8	大開門法	看他左手打來 我抵用右手接住打 他五把指即是青蛇纏竹棒法也
9	野豬靠槽	且 如他先行破頭棍打來 我抵用格下棍飜到棍尾 于來人兩手執棍中央格起針其人
10	出水龍勢	演此勢者執棍立地再轉棒頭打 五把指飜到棒是也
11	入山虎勢法	移棒走回轉搭住破頭 棍却飜到棍 稍抵用掃地風 一撤轉用指手棍打 他拖手捥
12	猴打蜂棒法	勢法執棍于來者額 上虛戲一下就 將棍鑽入他脚中心以左脚 何前蹻他右脚轉倒他人是也
13	倒地棍法	立定脚着他人打掃地風來 我用金剛剪住一脚踏 他先來脚一手打他乳盍
14	虎三跳法	勢法先用破頭棍戲一下順手便平倘 此人轉棍來 我便從上格五把指就 用針飜倒棍又名老王鐘 但是打棍用飜倒棍是也 我抵用照身牌開使搭手棍敵他
15	攔腰棒	勢法一頭一手下便搶得一棒 着他左手打破 頭棍來我用左手接過右邊拍 他前來昧開 我右脚便踢 他掃地風來 用退一步則用搶法抵他
16	到梯竹勢	下梯上打五把指針肩井是也
17	姜大竹棍勢法	着他右手行破頭棍打來 我用右手棒頭格下就 番到棒稍從那人頭上下落 如左邊卽使掃地風來格 他右邊用摺手棍打之
18	関素取水棒勢法	用左手執棍踏于左邊上看 他後脚左手棍頭掃地風打 五把指左脚打小坐趕 他後跳起五把指針喉下 使掃地風打後脚尖上使拔鑽退三步是也
19	趙太祖出身法	其法右手執在下脚對棒頭 番身一上鳥步右脚在前棒頭隨 身一般立看他肩井轉過棍頭一跳打 他前脚番身一上打 後脚距拔鑽針腰頭三星退步
20	棒家針法	一法針其人之肩井 一法針其人之乳盂 一法針其人之喉下 一法針其人之底膔 一法針其人之膝頭 一法針其人之帶脚 一法針其人之小腹尾 一法針其人之底膔 記上使針七法皆棒家倒捉人處其外未有如此法之妙也

3

武備門(무비문)의 鎗法(창법)과 鈀法(파법)

「무비문」에는 7언율시의 捌路鎗(팔로창)과 鎗法歌(창법가)가 있다. 捌(팔)은 '나눈다·깨트린다'다. '八(팔)' 자와 同字(동자)다. 捌(팔)은 '팔'의 이두문으로 捌路(팔로)는 '두 팔을 사용하여'라는 뜻이다.

표 10-4. 만용정종과 만보전서의 창법가 비교

鎗法歌(창법가)	
만용정종	만보전서
◎鎗法歌 此鎗出勢最爲高 金梁架上把鎗朝 高頭大綱攔了路 猛獸追獰折稍 左三署 右六韜 鷂子血腦上隹霄 此鎗曾典千軍敵 跨馬離鞍看跌交 鬼頂右左丹刀 趣心鎗下踏漏條 單鎗曾趕扶桑日 按定飛鍋識馬超 太祖執定壇條棒 四海題名定一遭 當面一鎗人不識 下足猿猴抱樹稍 花関索上場尋他 親父薛仁貴跨海 征東那個識得馬家鎗 天下英雄也难當 起手中攔上戰場 太公把釣斬龍王 右打進童戲水 左打猛虎下山進一步 爭名奪利退一步 沙裏挿鎗 好個鐵牛耕路 金鷄含箭斷肝腸 好個英雄樊蒯將 獨行千里関大王	◎鎗法歌 黄龙出洞一條鎗 左按膝来右按膝 任是英雄也着愁 ◎鎗法下四勢歌 牛王鐵棍世間稀 長鎗夾入賽張飛 好漢場中閗好漢 心齋出手見高低 ◎又 此鎗出势最为高 金梁架上把鎗朝 高頭大網攔了路 猛獸追禽折樹稍 左三略 右六韜 鷄子旡胸上云霄 此鎗曾典將軍敵 跨馬呙鞍看跌交 鬼頂石右單刀 趣心鎗下踏遲條 單鎗曾趕扶桒日 按乞飛鍺識馬超 大祖势乞禮條棒 四海馳名𡉞一専 當面一鎗人不識 下足狉猴抱樹仟 花関索上場尋父 薛仁貴跨馬征東 那个識得馬家鎗 天下英雄誰敢當

무비문의 「棒法(봉법)」은 『증보만보전서』의 「舞鎗歌(무창가)」의 문장과 대부분 같다. 卲陵(소릉)을 卲凌(소릉)과 韶陵(소릉)으로 음차하여 사용했다. 또한 巡海夜乂(순해야예)가 巡海夜丫(순해야아)다. 乂(예)와 丫(아)가 동일 개념으로 치환하여 사용했음을 알 수 있다. '丫' 자형은 머리를 땋아 묶어 하나로 내린 것으로 장가를 가지 않은 젊은 사람이다. 특히 舒旗勢旋風倒下(서기세선풍도하)의 舒旗(서기)는 '깃발을 세운다'의 이두문이고 旋風(선풍)도 은망세의 旋風(선풍)이 그대로 쓰였다. 또한 반복의 약자인 'ㄴ·ㄣ' 자가 있다.

표 10–5. 舞刀歌(무도가)·舞鎗歌(무창가)·棒法(봉법) 비교

증보만보전서		만용정종
舞刀歌	舞鎗歌	棒法
男兒立志武爲高 要孛関公勒馬刀 利地割葱真巧妙 分戶碎用不單袍 刀飛蝴蝶紛ㄴ舞 死後還魂不要憔 老鼠沿橋尋乱桿 浪飛趕月莫相催 朝天剃面皆湏用 餓馬难禁定砲槽	懶抱琵琶一炷香 左手琵琶仔細看 換來右手依前勢 脇于中平誰憨當 上脚遮攔井護膝 退步童子抱心香 紹手三鎗人难躱 鈎開二棍那能防 分鎗土脚鈎攔打 脚上搥來敵膽寒 紐絲連進三五步 打開中平滴水鎗 舒旗勢旋風倒下 攔踏虎立勢高强 抽鎗殺進破天下 中平立登定懷鎗 一轉身旋風缺捧 再轉手落地金鎗 滚地打天昏地黑 棍落膝鬼伏神藏 樊唅暦旗观轉勢 老翁捕梛記韶華 曹孟德善用鑽法 趙子龍会使長鎗 畢殺手中平按定 翻身打奮武鷹揚 關雲長拖刀勒馬 吕洞賓背劍遊方 黃龍出洞一條鎗 左安膝 右安膝 火焰鎗処見太陽 搜山勢鬼也忙 六郎好使勒馬鎗 伏虎勢 要隄防 披鎗勢 不可當 大神鎗 下按八方 左肩鎗 右肩鎗 換手勢 使三鎗 七郎好使背袖鎗 說心昧記王樞密 簡打奸臣八大王 夜出卲凌場 一打观音到坐 二打巡海夜乂 三打四凬四輩 四打八捧風魔 五打山神第二棍 孫行者大閙天宮 一十二棍都使盡 打到江南第一强	棒法自宋起山東 関前伏虎打韓通 霸王執鎗斜步等 樊噲提搥教沛公 関公勒馬擎刀勢 韓信扡鎗進步門 張飛會便攔山法 諸姫擎鈿快如風 六郎提起金槌棒 韓信飛先進有功 ◎ 懶抱琵琶一炷香 右手琵琶仔細看 換來右手依前勢 脇下中平誰敢當 上脚遮攔并護膝 退步童子抱心香 紐手三鎗人難躱 鈎開二棍那能防 分鎗上脚鈎欄打 脚上搥來敵膽寒 紐絲連進三五步 打開中平滴水鎗 舒旗势旋風倒下 攔路虎立勢高强 抽鎗殺進破天方 中平立下定懷鎗 一轉身旋風鐵棒 再轉手落地金鎗 滚地打天昏地黑 棍落膝鬼伏神藏 樊噲磨旗觀陣勢 老翁挿柳記韶光 曹孟德善用鑽法 趙子龍會使長鎗 單殺手中平按定 翻身打奮武鷹揚 關雲長抱刀勒馬 呂洞賓背劍遊方 黃龍出洞一條鎗 左安膝 右安膝 火焰鎗處見太陽 搜山勢 鬼也忙 六郎好使勒馬鎗 伏虎勢 要隄防 披鎗勢 不可當 太神鎗 下按八方 左肩鎗 右肩鎗 換手勢使三鎗 七郎好使背挿鎗 說心昧巳王樞密 簡打奸臣八大王 夜丫出韶陵場 一打觀音倒坐 二打巡海夜丫 三打四風凹輩 四打八棒風魔 五打山神第一棍 孫行者大閙天宮 一十二棍都使盡 打到江南第一强 ◎ 日月東西走遍天 將軍脫帽快如烟 札地金針爲立打 通天下攔打一鞭 狂風折樹最爲高 金牛照角不相饒 九龍渙水如泉湧 大關追落鬼神嚎 黑龍過江似海潮 隨身追打浪滔ㄣ 介朝專背他來到 欄杆總棍實難饒 飛身轉步奸雄勢 任是英雄也着愁

가. 鎗法(창법)의 種類(종류)

표 10-6. 鎗法(창법)

鎗法	①鎗法歌(창법가) ②捌路鎗(팔로창)[378] ③十二路鎗法(십이로창법)[379] ④後十路(후십로)[380]

1) 捌路鎗(팔로창)

①護膝攔山誰敢當(호슬란산수감당): 攔(란)이 산처럼 무릎을 보호하니 누가 감당하겠는가?

馬家(마가)에서 護膝(호슬)은 指南針勢(지남침세)에 대한 설명문으로 사용됐다.

②靑龍探爪摅昆陽(청용탐조거곤양): 청룡이 손을 뻗고 이어서 昆(곤)을 치겨 든다네

昆(곤)은 '棍(곤)'은 나타내면서 '다음에'라는 이중성의 뜻을 갖는다.

③如熊虎勢身要轉(여웅호세신요전): 웅호세는 몸을 돌리는데 긴요하네

세 명에서 '熊(웅)' 자를 사용한 것은 드물다. '熊虎(웅호)'는 단군 역사와 관계된 개념으로 팔로창이 한민족과 관련 있음을 알 수 있다. 무비문도 熊氏(웅씨)가 썼다.

④似卧龍蟠眼帶光(사와용반안대광): 용이 누워 똬리를 틀고 안광을 뿜는 모습과 같다네

⑤回頭却似攔山勢(회두각사란산세): 머리를 돌려 물리치니 攔山勢(난산세)와 같다네

⑥腦後行鎗舞要强(뇌후행창무요강): 머리 뒤로 간 창은 강하게 춤을 추네

⑦將軍執劍咸風振(장군집검함풍진): 장군은 검을 잡고 두루 바람처럼 휘둘다

⑧肩上橫担張子房(견상횡담장자방): 어깨 위로 둘러맨 장자방이여

---

375 「捌路鎗」: ①護膝攔山誰敢當 ②靑龍探爪摅昆陽 ③如熊虎勢身要轉 ④似卧龍蟠眼帶光 ⑤回頭却似攔山勢 ⑥腦後行鎗舞要强 ⑦將軍執劍咸風振 ⑧肩上橫担張子房

376 「十二路鎗法」: ①橫步當胸出一鎗 ②攔山十字最爲强 ③上單强如龍展尾 ④斜步十里等人傷 ⑤伏虎讚身仍一哄 ⑥飜手透出手中鎗

377 「後十路」: ①望山起手勢爲雄 ②豪單提從直揎 ③靑龍爪出勢如峯 ④伏虎山前人皆惧 ⑤猿猴抱住護身容 ⑥黑龍擺尾張雄勢 ⑦破龍拱地猛爭風 ⑧那吒持鎗山前立 ⑨天王托塔顯新通

2) 十二路鎗法(십이로창법)

①橫步當胸出一鎗(횡보당흉출일창): 가로 걸으며 가슴에서 창이 나오네

②攔山十字最爲强(란산십자최위강): 攔山(난산)과 十字(십자)가 최고로 강하다네

③上罩强如龍展尾(상조강여룡전미): 上罩(상조)가 강한 것이 용전미와 같다네

罩(조)는 騎龍勢(기마세)의 鎗雲罩霧(창운조무)와 烏雲罩頂(오운조정)이고

龍展尾(용전미)는 龍擺尾(용파미)와 궤를 같이함을 알 수 있다.

④斜步十里等人傷(사보십리등인상): 斜步(사보)로 십리를 올라 적을 해치웠네

'等(등)' 자는 '登(등)'의 이두문이다. 十里(십리)는 십면매복세와 궤를 같이한다.

⑤伏虎讚身仍一哄(복호찬신잉일홍): 복호는 볼록한 배를 드러내고 이네 호탕하게 웃네

⑥飜手透出手中鎗(번수투출수중창): 손을 뒤집어 손안에서 창이 통과 한다네

3) 後十路(후십로)

①望山起手勢爲雄(망산기수세위웅): 산을 바라보고 손을 드는 영웅이여

起手勢(기수세)의 모습을 영웅이 손을 들로 있는 모습으로 비유

②豪單提從直揞擨(호단제종직의야): 호걸이 한 손을 끌어모아 곧바로 읍예 하네

單提(단제)는 單提手勢(단제수세)와 궤를 같이함을 알 수 있다.

③青龍爪出勢如峯(청룡조출세여봉): 청용헌조는 산봉우리 같네

青龍獻爪勢(청룡헌조세)다.

④伏虎山前人皆惧(복호산전인개구): 호랑이는 산에 숨어있어 산 앞에 가면 두렵다네

伏虎勢(복호세)와 궤를 같이한다.

⑤猿猴抱住護身容(원후포주호신용): 원숭이가 기둥을 안고 몸을 보호하는 모양이네

白猿拖刀勢(백원타도세)와 문화적 궤를 같이한다.

⑥黑龍擺尾張雄勢(흑룡파미장웅세): 흑룡의 꼬리가 웅장하게 뿌리치네

동쪽의 青龍(청용)이 서쪽의 黑龍(흑용)으로 바뀌었다. 창룡파미가 흑룡파미가 되어 동서의 방향을 나타낸다.

⑦破龍拱地猛爭風(파용공지맹쟁풍): 용호가 손을 잡고 경쟁하듯 바람을 일으켜 물리쳤네

⑧那吒持鎗山前立(나타지창산전립): 那吒(나타)[378]는 창을 잡고 산 앞에 섰네
⑨天王托塔顯新通(천왕탁탑현신통): 천왕 탁탑이 나타나 새롭게 통하였네,

托塔(탁탑)은 조선세법의 托塔勢(탁탑세)다. 나타와 탁탑은 봉신방과도 연결된다.

나. 鈀法(파법)과 爬法(파법)의 種類(종류)

표 10-7. 鈀法(파법)과 爬法(파법)

鈀法	①四平勢歌(사평세가) ②又歌(우가) ③又歌(우가) ④又歌(우가) ⑤又歌(우가) ⑥鈀法要訣(파법요결)[382] ⑦習步法(습보법)[383]
爬法	①起手爬法(기수파법)[384] ②四方滾爬法(사방곤파법)[385] ③扭爬攔法(뉴파란법)[386] ④扭爬(뉴파)[387] ⑤起手爬法(기수파법)[388] ⑥四方滾爬法(사방곤파법)[389] ⑦扭爬攔法(뉴파란법)[390] ⑧搖爬(요파)[391]

378 那吒(나타)는 이정(李靖)의 아들로, 금타(金吒), 목타(木吒)의 동생이다. 원래는 인간이 아닌 영주(靈珠)로 이정의 부인인 은씨 몸에서 3년 6개월을 지낸 뒤 세상에 태어난 뒤 태을진인(太乙眞人)이 교육 시켰다.

379 「鈀法要訣」: 一習鈀簡步十進 足如環無端 進一足 中平當大壓 又進一步壓死 又進一足小壓 又進一足小壓死 又進一足高大當 又進一足大壓死 又進一足高小當 又進一足小壓死 又進一足高大當 又進一足大壓死

380 「習步法」: 中平起 大斜壓 他大飛天 我轉角趕上壓 他再大飛高 我小高直當卽小壓下 他小飛高 我小高直當卽小壓下 他再小飛高 我大高直當卽大壓下過小他袖抽直殺來 我再大壓過小 他入我大上角 我用身力轉角趕上 略收低 他再入我大上角 我轉角對手直殺去 跳回一步他打來 我伏回卽趕上大起 一掃下再跳回中攔 止 大壓小壓已粘 他趕卽大進上鏟死他

381 「起手爬法」: 一出變金鷄獨立勢 手一引一挺起一斬 棍梢 正打收扭爬勢 一挺起一斬 棍梢正打收扭爬勢一挺起一斬起一斬棍梢正打扭爬勢 順手一爬順手打展收扭爬勢 一挺起一斬 棍梢 正打收扭爬勢一挺起一斬 棍梢正打扭爬勢一挺起一斬起一斬棍梢正打扭爬勢

382 「四方滾爬法」: 一出作金鷄獨立勢 扯開勒馬牽弓勢 上一步退一步又扯開勒馬牽弓勢 上一步斬偸了 一步步步滾爬上棍梢正打 順手一爬一挺起番身虎爪爬展一斬偸一步滾爬上棍梢正打順手一爬一挺起順手打轉一斬偸了 一步滾爬上棍梢正打順手一爬一挺番身頭上過作仙人背劍勢

383 「扭爬攔法」: 作作金鷄獨立勢手一引一挺起一斬爬上又扭棍爬上又扭棍爬上又扭棍爬上又扭棍斬棍爬上一挺起番身虎爪爬展一挺起

384 「扭爬」: 棍梢正打扭手一爬頭上過作仙人背劍上一出作仙人背劍勢手一引搖上一步棍稍正打 收扭爬勢変搖上二步棍稍正打 收扭爬勢 又搖上三步棍稍正打 收扭爬勢 扭手爬展 又搖上一步棍稍正打 收扭爬勢又搖上二步棍稍正 打收扭爬勢 又搖退一步棍稍正打 收扭爬勢変仙人背劍勢

385「起手爬法」: 一出變金鷄獨立勢 手一引一挺起一斬 棍梢 正打收扭爬勢 一挺起一斬 棍梢正打收扭爬勢一挺起一斬起一斬棍梢正打扭爬勢 順手一爬順手打展收扭爬勢 一挺起一斬 棍梢 正打收扭爬勢一挺起一斬 棍梢正打扭爬勢一挺起一斬起一斬棍梢正打扭爬勢

386「四方滾爬法」: 一出作金鷄獨立勢 扯開勒馬牽弓勢 上一步退一步又扯開勒馬牽弓勢 上一步斬偸了 一步步滾爬上棍梢正打 順手一爬一挺起番身虎爪爬展一斬偸一步滾爬上棍梢正打順手一爬一挺起順手打轉一斬偸了 一步滾爬上棍梢正打順手一爬一挺番身頭上過作仙人背劍勢

387「扭爬攔法」: 作作金鷄獨立勢手一引一挺起一斬爬上又扭棍爬上又扭棍爬上又扭棍爬上 又扭棍斬棍爬上一挺起番身虎爪爬展一挺起

388「扭爬」: 棍梢正打扭手一爬頭上過作仙人背劍上一出作仙人背劍勢手一引搖上一步棍稍正打 收扭爬勢变搖上二步棍稍正打 收扭爬勢 又搖上三步棍稍正打 收扭爬勢 扭手爬展 又搖上一步棍稍正打 收扭爬勢又搖上二步棍稍正 打收扭爬勢 又搖退一步棍稍正打 收扭爬勢变仙人背劍勢

4
三國(삼국)의 武藝書(무예서)

가. 삼국의 무예서는 어디에?

唐(당)의 멸망 후, 五代(오대)를 거쳐 宋(송)으로 통일되고 연이어 벌어진 북방 여진과 금과 청으로 이어진 중원의 역사는 고구려의 수당 전쟁과 연결되어 있다.

연개소문 "나는 대고구려 사람으로 무릇 장군이 되려면 천문과 지리, 기상을 관찰할 줄 알아야 한다. 나의 文(문)은 '삼략법'에 정통하고, 武(무)에서는 '육도서'에 통달했다. 현재 해동 16 개 국가가 모두 당 조정에 공물을 바치고 신하라 칭하나 오로지 나의 고구려국만이 당 조정에 굴복하지 않는다." 이 글의 『摩利支飛刀對箭(막리지비도대전)』은 원나라 시기의 잡극에 나오는 대사의 한 부분이다. 당나라 이후 원, 송, 명, 청 등 여러 왕조를 거치면서 근래까지도 연개소문을 주제로 한 여러 형식의 소설과 잡극, 평화, 사화, 연의, 경극 등 여러 장르로 발전하면서 연개소문은 당태종과 설인귀의 맞수로 등장한다.

"삼국유사에 보면, 김유신 장군이 '武烏兵法(무오병법)'을 수련하였다 했고, 고구려의 연개소문 장군이 『金海兵書(김해병서)』를 저술하였다 했는데, 오래전에 이미 散逸(산일) 되었고, 一說(일설)에 의하면 고구려가 멸망하고 그 '김해병서'는 당으로 넘어가 다른 병서로 되었다 하나 고증할 수는 없다."[389]라고 했다. 실제 『해동역사』 제 46권 『藝文志(예문지)』 5. 〈書法(서법)〉에 당나라 御府(어부)에 10폭의 「寄新羅劍帖(기신라검첩)」이 있다. 狂草(광초)로 쓰인 10폭의 긴 詩(시)가 서책을 당나라 御府(어부)에서 보관하고 있다는 것은 당나라에 조선의 무예서가 있음을 증거 한다.[390] 이처럼 모원의가 조선세법을 보고 한 번에 동일계통의 문서임을 알았듯이 신채호도 이런 문서를 보았다면 잃어버린 우리의 무예서임을 한 번에 알아보았을 것이다.

예를 들어 鎗法二十四勢(창법이십사세)의 四夷賓服勢(사이빈복세)는 "古訣云 乃中平槍法 作二十四勢之原 爲六合之主 六合乃馬家槍名 足知二十四勢馬家法也 是以峨嵋不言 此妙變無窮也 跨劍開圈外門 此開圈里門 二勢相對 此勢雖正 然實畏下平何况月儿側 螣蛇槍所以不得不變 古論云 盡頭槍中平槍破 謂戳其虎口 孫子曰 我不欲戰 雖畵地而守之 敵不得與我戰者 乘其所之也 中平備諸変勢 乃爲乘其所之死中平一無所用"[391]처럼 장문이지만 『기효신서』는 "乃中平槍法 六合槍之主 作二十四勢之元 妙變無窮 自古迄今 各械鮮有當其鋒 諸勢莫可同其趣"처럼 간결하다. '四夷賓服勢(사이빈복세)'의 '四夷(사이)'는 東夷(동이)다. '四夷(사이)' 자에 기법의 모습을 담은 것도 조선세법의 방식과 같다. 高四平(고사평)·中四平(중사평)·伏虎勢(복호세)·下挿勢(하삽세)·埋伏勢(매복세) 등은 「拳經(권경)」과 연결되어 있고, 鐵牛耕地勢(철우경지세)는 무비문과 유구무비지와 연결되고, 朝天鎗(조천창)·鳳凰單展翅勢(봉황단전시세)·退步羣攔(퇴보군란)·斬蛇(참사)와 跨劍勢(과검세)·鴈翅勢(안시세)·直符送書勢(직부송서세)·金鷄獨立勢(금계독립세)는 조선세법과 본국검과 연결된다. 또한 고사평세의 變換活鎗(변환활창)과 地蛇鎗勢(지사창세)의 活蛇誇(활사과)의 '活(활)' 자는 우리 민족이 아니면 '活(활)' 자의 기법을 결코 설명할 수도 해독할 수도 없다. 모원의가 조선세법을 得之朝鮮(득지조선)이라 기록하지 않고 '少林劍法(소림

389 이만열 주석, 신채호 저, 1999, 『주석 조선상고사』, 438쪽, 형설출판사.

390 임성묵, 『본국검예 3. 왜검의 시원은 조선이다』, 행복에너지출판사, 2019, P347.

391 『중국고전무학비전록』, 인민체육출판사, 2006.6, p24.

검법)'이라고 바꿨다면 한민족 무예 조선세법은 영영 사라졌을지도 모른다.

특히 '闡宗(천종)'이라는 이름이다. 棍(곤)은 모든 무예의 으뜸이며 땅에서 천하를 통솔하는 황제의 상징성이 있다. 闡(천)은 '천하에 널리 밝힌다'이고 宗(종)은 '根源(근원)·根本(근본)·始祖(시조)·祭祀(제사)'의 뜻이다.

『기효신서』 권 10의 「長兵短用說第十(장병장용설제십) 長鎗總說(장창총설)」에 "양씨에서 시작됐다(始於楊氏)."라고 기록했고, 모원의는 무비지 권87에 『기효신서』의 문장에서 기법 부분은 대부분 옮겨 적었다. 그런데 문장의 말미 "山東下南各處教師相傳揚家鎗法(산동하남각처교사상전양가창법)~~"처럼 기효신서에 없는 문장과 사람의 모양과 복식도 다르고 창에도 술이 붙어 있지 않다. 모원의가 입수한 자료와 척계광이 입수한 자료는 서로 차이가 있었던 것으로 보인다.

그리고 『만보전서』의 서문에 '商(상)나라 2대 왕 昭明(소명)이 후세에 전하기 위해 만든 문서를 대산웅씨가 똑같이 책으로 만들었다'는 기록이 있어 고조선의 무예가 고구려와 발해로 이어져 왔음을 알 수 있다.

나. 薛仁貴(설인귀), 고구려 무예서 탈취하다.

鎗法歌(창법가)에 薛仁貴(설인귀)에 대한 기록이 있다. '薛仁貴跨海征東(설인귀과해정동) 那個識得馬家鎗(나개식득마가창) 天下英雄也难當(천하영웅야수당)'은 "설인귀가 바다를 건너 고구려 정벌 나가 馬家鎗(마가창)을 손에 넣어 깨달았으니 천하영웅이다. 누가 당해낼 수 있겠는가?"라는 이 詩(시)는 매우 중요한 기록이다. 앞 문장에서 설인귀를 '親父(친부)'라 칭한 것을 보면 安東道經略(안동도경략:685~696)이었던 薛訥(설눌)[392]이 쓴 것으로 보아 대략의 년 도를 추정할 수 있다. 창법가는 7언율시다. 詩(시)는 함축성이 크다. 중국은 那個(나개)의 '那(나)'를 '저것들(주로 서

392 藍田令薛訥 仁貴之子也「藍田·畿縣·屬雍州 薛仁貴 健將也 事太宗 高宗」太后擢爲左威衛將軍 安東道經略『唐紀22 則天后 聖曆 元年』〈戊戌, 698年〉

역인)'이란 뜻으로 사용하지만 우리는 '어찌·어떤'으로 사용한다. 한편 '어찌'에는 '많다'라는 속뜻이 내포되어 있다. '個(개)'는 물건을 셀 때 쓰는 말이다. 즉 '많은 문서들'이란 뜻이 있다.

한편 樊噲(번쾌)는 樊蒯(번괴)로 음차했고, '鎗曾趕扶桑日(창증간부상일:창을 들어 떠오르는 해를 쫓는다)'에서 '扶桑(부상)'[393]은 '浮上(부상)'을 음차한 것처럼 '那個(나개)'는 동정을 '나가'로도 음차 될 수 있다. 那(나)를 '어찌'로 해석하면 '어찌~영웅이 아니겠는가!'로 연결된다.

'識得(식득)'의 得(득)은 '손에 넣다'로 '獲得(획득)'의 뜻이다. '出入(출입)과 入出(입출)'이 다르듯이 '識得(식득)'은 '획득하고서 배워 알았다'는 해석보다 '미리 알고서 획득했다'라는 뜻으로 해석할 수 있다. 薛訥(설눌)이 자신의 부친이 '征東(정동)'에서 무예서를 '强奪(강탈)'했다고 쓸 수는 없다. 이처럼 '識得(식득)'이란 표현 속에는 '馬家鎗(마가창)'이 고구려의 무예라는 것을 이미 내포하고 있다.

薛仁貴(설인귀)는 고구려 사람이다. 조상이 북위 명장 설안도의 6대손으로 탁발선비족이다. 안동도호부의 수장이 된 것도 고향이 안시성에서 멀지 않은 용문이었기 때문이고 遊擊將軍(유격장군)을 시킨 것도 그 지역을 잘 알았기 때문이다.

백제에서 달솔이라는 벼슬을 했던 왕족 黑齒常之(흑치상지)는 백제가 망하자 서른넷에 唐(당)에 투항하여 예순까지 전장에서 수많은 전공을 세워 국방부차관 같은 병부상서도 했다. 삼국의 무예서가 당에 흘러 들어가는 것은 자명한 일이다. 고조선과 고구려는 중원의 나라와 전쟁으로 망했다. 무예서란 오늘날로 보면 국가의 일급비서다. 이런 문서를 가만 둘리 만무하다. 무인이었던 설인귀가 고구려의 무예서를 탐하는 것은 당연하다.

부여의 관직에는 '馬加(마가)·牛加(우가)·狗加(구가)·豬加(저가)'가 있었다. '加(가)와 家(가)는 同義(동의)'[394]다. 馬韓(마한)이란 국명을 보면 유목민인 '馬家(마가)'가 주축이 되어 세운 나라임을 알 수 있다. 연개소문이 죽자 그의 장남 연남생은 당

393 신화에서 동해에 있다고 하는 신목[神木] 밑에서 해가 떠오른다 하여 해가 뜨는 곳이나 해를 가리키는 말로 일본을 지칭도 함.

394 단재 신채호/박기봉 옮김 『조선상고사』 비봉출판사 2013, p66.

에 원병을 청하였고 설인귀는 연남생의 군사와 함께 南蘇城(남소성), 木底城(목저성), 蒼巖城(창암성)도 점령했다. 또한 고구려 수도 평양에 安東都護府(안동도호부)를 두어 설인귀를 平陽郡公(평양군공)으로 봉하고 檢校安東都護(검교안동도호)로 삼아 이곳을 총감독하게 했다. 고구려에 마가창만 있었겠는가? 마가창과 양가창은 같다. 양가창도 고구려 계통에서 내려왔다는 반증이다. 연남생과 같이 당에 귀화한 고구려인들에 의해 삼국의 무예서가 중원에 흩어질 수 있었을 것이다. 당나라 御府(어부)에 10폭의 '寄新羅劍帖(기신라검첩)'[395]이 있듯이, 패망한 지도층은 이러한 문서를 챙겨서 이동하게 된다. 단재 신채호가 고구려의 병서를 당나라가 가져갔을 것이라는 예측이 무비문을 통해서 역사적 사실로 증명됐다.

기효신서나 무비지가 명대에 만들어졌다고 해서 명대의 무예서로 한정할 수 없다. 고무예서의 연원을 밝히기 위해서는 오늘날 유전자 검사로 역사를 추적하듯이 俞大猷(유대유: 1503~1580)의 「劍經(검경)·總訣歌(총결가)·少林棍法(소림곤법)·鎗(창)·钂鈀(당파)·牌(패)·棍(곤)·拳經(권경)」 등의 歌訣(가결)에 담긴 역사적 인문학적 내용과 문체나 문법의 분석을 통해 우리의 잃어버린 무예서를 찾는 학계의 적극적인 노력이 필요한 이유다.

다. 楊家鎗(양가창)과 馬家鎗(마가창)의 관계

長槍說(장창설)에 '器名槍者 卽古之丈八矛也 其法遵楊家'라 했다. 槍(창)은 '木(목)+倉(창)'이다. '棍(곤)'의 끝을 뾰족하게 깎은 무기이고, 鎗(창)은 '金(금)+倉(창)'이다. 棍(곤) 끝에 뾰족한 쇠를 붙인 것이다. '棍(곤)〉槍(창)〉鎗(창)'은 무기가 발달된 과정이다. 실제 무비지 鎗(창) 24세의 그림은 鎗(창)이 아니라 槍(창)을 들고 있다.

楊家(양가)의 鎗法(창법)은 楊家(양가)의 것이 아니라 古代(고대)로부터 전해진 것이다. 그 기원에 대해서는 불명확하게 보고 있다. 『기효신서』에 기록됨으로써 "사가(沙家), 마가(馬家)의 창법 중 양가(楊家) 창법은 명(明) 중엽부터 청(淸)나라에 이

395 『해동역사』 제 46권 예문지 書法(서법)

르기까지 가장 유행하던 창법이 되었다."[396]

楊家鎗(양가창)과 馬家鎗(마가창)은 기법이 같다. 馬家槍(마가창) 24세는 그림이 전후로 배치되어 있다. 문장도 古訣云(고결운)이라 하여 선대로부터 전해졌다고 기법을 장구하게 설명한다. 원류의 문서라면 古云(고운)과 같은 문장을 쓸 이유가 없다. 馬家槍(마가창)도 원류의 파편을 모아 재구성한 것이다. 『續文獻通考(속문헌통고)』[397]에 "馬家(마가)와 峨嵋(아미)는 하나로 합해졌고 沙家(사가)는 馬家(마가)에서 楊家(양가) 또한 양쪽에서 취했다. 四家(사가)의 근본은 一家(일가)다."[398] 馬家鎗(마가창)은 "敬巖(경암), 武宗(무종) 公衆虎(공중호), 程真如(정진여)가 峨嵋(아미)에서 얻었다."[399]라는 설이 명대에도 분분했다. 아미창을 계승한 오수(吳殳)가 지은 無隱錄(무은록)[400]에는 石家槍(석가창)은 敬巖(경암)이 얻고, 峨嵋槍(아미창)은 程真如(정진여)가 얻고, 少林槍(소림창)은 洪(홍)[401]이 얻어 전했지만 소림은 온전히 槍(창)을 알지 못한다."[402]라고 기록했다. 이처럼 원문서는 하나였겠지만 전쟁과 함께 문서가 중원으로 흩어지면서 다시 편집된 것이다.

楊家槍(양가창)[403]은 李全(이전)의 부인 楊妙真(양묘진)의 梨花槍(이화창)에서 유

---

396 『무예문헌자료집성』, 국립민속박물관, 2004, p0611.

397 254권. 1586년에 명(明)나라의 왕기(王圻)가 찬집(撰集)하였다. 원(元)나라 마단림(馬端臨)의 《문헌통고(文獻通考)》에 이어, 남송(南宋) 말부터 요(遼)·금(金)·원(元)을 거쳐 명나라 만력(萬曆) 초년까지의 기사(記事)가 수록되어 있다.
[네이버 지식백과] 속문헌통고 [續文獻通考] (두산백과)

398 沙家 楊家 馬家 峨嵋 合而為一沙 得馬之少分 楊又兩取於其間 則四家本一家也 原文網址：https://kknews.cc/n/6r29eom.html

399 馬家槍 敬岩雖以自名 而所以絕無六合之名 則於馬家尚屬傳疑 來自「武宗」公眾號·程真如親得於峨嵋 確有可據 而槍法與敬岩悉同 則敬岩其亦峨嵋槍矣 至於楊家 馬家之人 之時 之地 皆無可考 沙則關中衛職 峨嵋則僧普恩 普恩 真如親受業者也 真如小於敬岩十餘年 敬岩以崇禎乙亥卒 年六十外

400 『無隱錄』於康熙廿六年(1686年)由明末清初的武術家吳殳(1611—1695)寫成 屬於『手臂錄』

401 夢錄堂集(몽록당집)

402 三家皆不雜棍法 馬家以楊家為根本 而建用棍法 少林全不知槍 竟以其棍為槍 故馬家法去棍猶有槍 少林去棍則無棍也

403 『宋史 · 叛臣傳下 · 李全下』: 楊氏論鄭衍德等曰：二十年梨花槍 天下無敵手 今事勢已去 撐拄不行
『紀效新書 · 長槍總說』: 長槍之法 始於楊氏 謂之曰梨花 天下咸尚之

래했다고 한다. 남편 李全(이전:?~1231)은 鐵槍(철창)을 능하게 다뤘다. 楊妙真(양묘진)은 紅襖軍(홍오군)[404] 수령 楊安兒(양안아)의 언니다. 楊安兒(양안아)가 금병의 피습으로 죽자, 李全(이전)과 함께 금에 항전하다 마지막에 몽고에 투항했다. 紅襖軍(홍오군)의 구성은 女眞人(여진인)들이다.[405] 馬純識(마순지)도 李全(이전)을 紅襖賊(홍오적)이라 하여 한족으로 보지 않았다.

라. 楊家鎗(양가창)과 梨花鎗(이화창)

한편 鐵槍(철창)은 오대(五代) 때, 양왕언장(梁王彦章)이 저명했는데, 宋(송)에 이르러 紅襖賊(홍오적) 李全(이전)이 그 창법을 얻어 남기었고, 부인 양씨에게 전했다. 여기로부터 梨花鎗(이화창)이라 이름했다.[406]

遵楊家(준양가)의 遵(준)은 '辶(착)+尊(존)'으로 '지위가 높을 사람이나 선대의 것을 따르는 것'이다. 즉 楊家(양가)는 梁王彦章(양왕언장)같은 선대의 창법을 계승했다는 것이다. 楊家(양가)의 육합 창에 사용된 白蛇弄風(백사롱풍)과 撥草尋蛇(발초심사)는 조선세법과 본국검의 가결이고 鳳點頭(봉점두)도 射法(사법)과 연결된 가결이다.

楊家鎗(양가창)을 梨花鎗(이화창)이라 한 것은, 騎龍勢(기룡세)에 梨花滾袖似穿梭(이화곤수이천준), 白猿拖刀勢(백원타도세)에 弄花鎗(롱화창), 靈猫捉鼠勢(영묘착서세)에 梨花(이화), 蒼龍擺尾勢(창룡파미세)에 나오는 梨花閃賺(이화섬잠)처럼

404 金國後期山東 河北民變軍 因身穿紅襖為標記 故名紅襖軍金朝時 遷往漢族地區的女真人

405 李全(?-1231年) 濰州北海人 金朝紅襖軍首領 最後投降蒙古 楊妙真是紅襖軍首領楊安兒之妹 善使梨花槍 南宋寧宗嘉定六年 金兵襲擊紅襖軍 楊安兒落海身亡 部眾便歸由楊妙真率領 後與以李全為首之義軍會合後 不久 與李全結為夫妻 轉戰淮 莒 濰縣 臨朐一帶 繼續抗金

406 五代時梁王彦章以鐵槍著名 至宋宇宗時 紅襖賊李全得其遺法 轉之于妻楊氏 因有梨花槍之名 明代河南李氏又得梁氏之遺轉 夲書亦爲程子所著 擧李氏所口授指畫者『중국고전무학비전록』, 인민체육출판사, 2006.6, p107.

鎗法(창법)의 기교에서 '梨花(이화)'의 기법을 사용했기 때문이다.

梨花(이화)는 '하얀 배꽃'이기 때문에 '梨花白(이화백)'이다. 白(백)은 '正午(정오)'를 뜻하여 '돈다'는 의미가 梨花(이화) 속에는 함축되어 있다. '梨(리)=利(리)+木(목)'이다. 禾(화)는 '뼈가 익어 고개를 숙인 벼'이고 '刂(도)' 자는 '곧게 세운 칼'이다. '利(리)=禾(화)+刂(도:세운칼)'다. '날카롭다·편하다·通(통)하다'다. 利水(이수)는 '물이 잘 흐르게 한다'이고 利钃(이촉)은 '날카로운 화살촉'이다. '木(목)' 자는 '殺'의 '木(목)' 자처럼 사람의 '목'이다. '花(화)=艹(초)+化(화)'다. '艹(초)' 자형은 '손을 밖으로 활짝 편다'다. 두 손을 높이 들어 만세(萬歲)를 표현하는 것도 '萬(만)' 자의 '++' 자형이 머리 위로 들어 올린 두 손을 나타내기 때문이다. '閃賺花鎗(섬잠화창)·搖花鎗(요화창)·五花纏身(오화전신)'에 '花(화)' 자가 사용됐다. 閃賺(섬잠)은 한쪽으로 '잡아당긴다·들인다'다. 회전할 때는 '鎗(창)을 머리 위로(白·刂) 꽃이 활짝 피듯이(花) 세웠다가 다시 눕혀 사용하면 편하다'다. 梨花擺頭(이화파두)는 '창을 목 위로 들어 올려 돌면서 橫擊(횡격) 또는 殺擊(살격)하는 기법'이다. 조선세법의 백사롱풍세 기법과 대칭이다. 한편, "빠르게 몸을 회전할 때 가장 먼저 움직이는 것은 머리다."[407] 이표현이 곤오검의 '梨花舞袖把身藏(이화무수파신장)'이다. 鎗(창)의 서두에 梨花(이화)는 '熟則心能忘手(열즉심능망수) 手能忘(수능망) 圓神而不滯(원신이불체)'라 했다. 圓神(원신)의 神(신)은 '化(화)'의 뜻으로 둥근 태양처럼 '廻轉(회전)'을 나타내고, 不滯(불체)는 '막히지 않는다'로 鎗(창)을 '머리 위에서 돌려도 막힘이 없다'다. 즉 양가창법은 태양신을 숭모하듯 회전하면서 연속적으로 鎗(창)을 사용했음을 알 수 있다.

八母鎗(팔모창)의 攔鎗(란창)은 퇴보군란의 '攔(란)'에서 취했고, 纏攔(전란)은 본국검의 左右纏(좌우전)의 纏法(전법)이다. 秦王磨旗(진왕마기)는 磨旗鎗勢(마기창세)다. 儘頭鎗(진두창)은 棍(곤)의 儘頭鎗(진두창세)다. 穿袖(천수)는 棍(곤)의 穿袖勢(천수세)이고, 猫捉鼠(묘착서)는 靈猫捉鼠(영묘착서)다. 白攔(백란)은 백원타도세

407 轉身之法 其機在頭 頭乃人一身之主 如身欲右轉 必以頭先轉右視敵人 身則隨之 如若身欲左轉 亦以頭先轉左視敵人 則身隨之 此左右轉身之秘法 快如風旋

다. 곤법에 있는 鷂子撲鵪鶉(요자박암순)은 鷂子拿鵪鶉(요자나암순)이고 靈猫捉鼠(영묘착서)는 如猫湊鼠(여묘주서)로 음차 되어있는 것으로 보아 『기효신서』의 長鎗(장창) 24세와 다른 문서를 가지고 있었던 것으로 보인다.

閃賺是花鎗(섬잠시화창)은 撥草尋蛇(발초심사) 또는 진왕마기라 한다.

楊家(양가)의 鎗法(창법)에 '棍法(곤법)과 槍法(창법)'이 혼재되어 있다. 즉 楊家鎗(양가창)은 원류가 아니다.

十一

本國棍法
(본국곤법)

1
棍(곤)의 개념

'丨(곤)'이 '棍(곤)'이다. '棍(곤)=木(목)+昆(곤)'이다. 여기서 木(목)은 '丨(곤)'이고 昆(곤)은 '두 손으로 잡다'다. '丨(곤)'은 '地(지)'다. 손바닥에 검지를 찌르며 '곤지곤지'하는 것은 땅이 '坤(곤)'이기 때문이다. '곤질〉곤지르다〉고자질'이다. '槍(창)'은 찌르기 위해 '丨(곤)' 끝을 뾰족하게 깎은 것이다. '鎗(창)'은 '丨(곤)'에 뾰족한 쇠를 붙인 것이다. '酋矛(추모)'는 창끝이 네모의 끝처럼 뾰족하기 때문에 '矛(모)'다. 矛(모)가 槍(창)이다. 『周官考工記(주관고공기)』[408]에 夷矛三尋(이모삼심)다. 夷族(이족)의 矛(모)에 대한 기록이다. 棍(곤)은 南方(남방)에서 사용한 개념이고, 북방은 '丨(곤)'이 단순한 무기가 아니라 하늘의 해를 숭배하는 의례에 사용했기 때문에 선조들은 '丨(곤)'을 '白棒(백봉)'[409]으로 높여 불렀다. 실제 무예제보는 大捧(대봉), 무비문은 捧家(봉가)로 썼다, 지금 우리는 '捧術(봉술)'이라 한다. 맹자는 "梃(정)을 들어 秦(진)과 楚(초)의 견고한 갑옷과 예리한 무기를 칠 수 있어 棒(봉)이 유리하다."[410]

408 『설문』 酋矛(유모) 建于兵車上 形長二丈 『周官考工記』 有酋矛常有四尺 夷矛三尋(이모삼심) 雖古尺代有不同 而 『說文』 所載長符其用 古之矛, 今之槍也

409 一名曰棍 南方語也 一名白棒 北坊語也

410 執梃可以撻秦楚之堅甲利兵 遂以棒爲利

라고 했다. 梃(정)은 '집에 있는 대충 곧은 작대기'로 민가에서 사용하는 '棒(봉)'의 종류다. 孟子(맹자)도 棍(곤)보다는 '棒(봉)'이라 했다. 棍法(곤법)은 무예사에서 중요한 내용이 많다. 「少林棍法闡宗(소림곤법천종)」은 鎗法(창법)과 씨실과 날실처럼 연결된 문서로 조선세법의 해독 방식과 같다. 槍(창)은 하늘이고 '丨(곤)'은 땅이기 때문에 가결이 땅과 관련되었다. 땅에서 하늘을 보는 것이 '夲國劍(본국검)'이다. 땅이 근본이다. 그렇기 때문에 棍法(곤법)은 본국검처럼 夲國棍法(본국곤법)이 무명과 일치한다.

武器術(무기술)은 단지 전쟁만을 위한 것이 아니라, 천제에 사용했기 때문에 '藝(예)' 자를 붙여 '武藝(무예)'다. '劍(검)'은 하늘의 대웅성 북두칠성의 상징이다. '劍(검)'이 하늘이면 땅은 '棍(곤)'이다. 즉 '坤(곤)=棍(곤)=丨(곤)'이다. 棍法(소림곤법) 55세의 그림은 棍(곤)이지만 책의 서두에는 3개의 '鎗式(창식)'을 넣어 소림사에서는 棍(곤)을 鎗(창)으로 변용하여 사용했다. 이것을 정확하게 파악하여 누군가 "사람들이 걸핏하면 소림곤을 말하는데, 지금 圖訣(도결)을 살펴보면, 모두 창법이니 어찌 된 것입니까?(人動稱少林棍 今觀圖訣 俱是)"라고 물었다. 즉 원래의 소림곤법에는 사람이 '棍(곤)'을 들고 있는 게 아니라 '鎗(창)'을 들고 있었다. 그러나 정종유가 얻는 곤법 천종 55세는 '鎗(창)'이 아니라 '棍(곤)'을 들고 있다. 자료가 서로 달랐음을 알 수 있다. 무엇보다 소림사는 '棍(곤)'을 少夜乂(소야예)라 불렀다(少夜乂少林棍名也).[411]

'武藝(무예)·射藝(사예)'처럼 '藝(예)' 자는 신께 '禮(예)'를 올릴 수 있는 반열에 오른 사람(巫(무)·王(왕)·帝(제))들에게 붙이는 극 존칭어였다. 즉 그 분야의 최고 전문가가 藝人(예인)이다. 지금도 누군가에게 하도록 시 킬 때 "예를 시켜라!"처럼 말한다. 우리의 언어에 '예'는 여전히 살아있다. 有窮國(유궁궁)의 '羿(예)' 자는 조우관을 쓰고 활을 쏘는 사람의 형상이다. '窮(궁)' 자에 '弓(활)'이 있어 '羿(예)'의 정체성이 드러난다. 실제 '羿(예)'는 夷羿(이예)와 后羿(후예)로 부른다. '羿(=羿(예)'는 하

411 「名棍原流」少夜乂少林棍名也 夜乂云者 以釋氏羅刹夜乂之稱 其神通廣大降伏其心 卽何爲教護法 釋氏又虎爲巡山夜 乂者卽此意也

늘의 태양을 쏘기도 했지만, 천상의 신이 죽어 지상에서 '猰貐(알유)'로 환생한 괴물을 죽인다. '猰(알)' 자는 '새의 알'로 卵生神話(난생신화)가 담진 이두음이다. 이처럼 '乂(예)' 자는 '丨(곤)을 좌우로 잘 다루는 사람'이란 의미다. 또한 '刈(예)' 자는 검을 잘 다루는 사람이다. 劍藝(검예)는 禮(예)의 행위적 개념이 강하고 劍刈(검예)는 '칼의 달인'의 개념으로 '藝(예)'와 '刈(예)'는 개념적 차이가 있다.

棍法(곤법) 55세는 매우 중요하다. 「少林棍法闡宗(소림곤법천종)」의 55세는 중국도 해독하지 못했다. 척계광은 전쟁에 필요한 長鎗(장창)만 『기효신서』에 기록하고 「少林棍法闡宗(소림곤법천종)」은 기록하지 않았다. 당연히 한교도 『무예제보』를 정리하면서 棍法(곤법) 55세를 넣지 않았다. 창법24세만 기록한 결과 창법 24세가 곤법 55세와 연결된 진의를 알지 못하여 24세를 12세로 묶고 순서도 재배치하여 두 마당으로 구성하게 됐다. 『무비지』를 확보한 이후에도 『무예도보통지』에 棍法(곤법)을 기록하지 않아 한국무예계도 棍法(곤법)의 정수를 연구할 기회가 없어 중국화식 棍法(곤법)을 따르는 결과를 낳았다.

'劍(검)'은 임진왜란 때, 조선으로부터 好事者(호사자)에게 전해져 무비지에, '鎗(창)'은 楊氏(양씨)로부터 전해져 기효신서에, '棍(곤)'은 정종유에게 소림사에 전해져 무비지에 기록됐다.

지역도 시대로 다르지만 棍(곤)과 鎗(창)의 가결은 조선세법과 연결되어 있고, 한문의 문체와 문장에 쓰인 한자 그림의 형식도 서로 일치한다. 마치 씨실과 날실처럼 연결되어 있다. 저자는 "검(왕)이 중앙에서 좌청룡 우백호를 지휘한다." 그리고 "반드시 조선세법과 짝으로 된 별도의 문서가 있을 것이다."라고 밝힌 바 있다. 槍(창)과 棍(곤), 3개의 문서는 조선세법을 중심에 두고 陣(진)을 치듯이 상하로 배치된 하나의 문서였을 것으로 사료된다. 그렇기 때문에 검결만 있고 그림이 없는 자세는 다른 문서와 교차 검증이 가능하다. 조선세법은 24세에 개별 총 66세, 곤법은 55세, 창은 24세다. 모두 의도된 숫자로 체계적으로 구성된 문서임을 알 수 있다.

棍法(곤법) 55세는 조선세법 66세처럼 모두 순서대로 연결된 하나의 투로다. 문서를 만든 사람은 모든 동작을 알고 그림과 문장을 써서 구성했겠지만, 문서가 흩어지고 곤법 55세가 모두 우측 한 방향으로만 그려있다 보니 이것을 해독하기 전에는 전체 동작을 연결할 수 없게 되었고, 그 결과 실제 사용할 수 있는 부분적 자료로 재편집하여 구성하고, 그에 대한 설명과 그림을 덧붙이면서 棍法(곤법) 55세는 실전되고 사방으로 흩어졌다.

가. 槍(창)과 棍(곤) 그리고 劍(검)

槍(창) 24세는 모두 좌방을 향하고, 棍(곤) 55세는 모두 우방을 본다. 劍(검)인 조선세법 24세는 좌방과 우방을 모두 본다. 그리고 조선세법의 24세는 槍(창)의 24세와 같고, 개별 총 66세와 본국검 藤蛟勢(등교세) 그리고 棍(곤)의 55세를 보면 매우 의도적으로 구성한 것임을 알 수 있다. 鎗(창)의 24수는 나누어 12 地支(지지)가 되고, 棍(곤)의 55 數(수)는 더하여 10 干(간)이다. '干(간)' 자가 棍(곤)의 배치 방향이다. 땅이 곧 하늘이고 하늘이 곧 땅이다. 음양이 결합된 태극으로 배치됐다. 5 數(수)는 제왕의 자리로 오행의 성수이고 6 數(수)는 만물을 기르는 하늘의 수로 가장 큰 수다.

그림 11-1. 머리띠가 있는 그림

槍(창)과 棍(곤)의 그림은 조선세법의 그림처럼 머리에 띠를 둘러서 방향으로 표시했고 문체도 같다. 비록 비표가 없어도 문장에 회전을 나타내는 한자가 있지만 곤이 비표를 표시하는 것은 혼동이 없도록 하려는 것과 함께 무예의 상징이 함축된 것으로 보인다. 棍法(곤법)은 3개, 鎗法(창법)은 4개의 그림이 있다. 棍(곤)은 陰(음)이기 때문에 陽(양)의 3수가 짝이고, 창은 陽(양)이기 때문에 陰(음)의 4수가 짝이다. 둘을 합치면 북두칠성의 7수다. 즉 곤법과 창법은 서로 짝임을 표시하려는 장치로 사료된다.

조선세법의 가결과 가결에 쓰인 한자의 기법은 조선세법과 같다. 동시대 동일문화권에서 체계적으로 만들어졌다. 원초적 歌訣(가결)은 조선세법의 검결처럼 단순하다. '경덕, 여포, 장가, 오운, 패왕, 금강'처럼 이름이 첨삭된 것은 후대에 붙인 것들이다. 실제 다른 곳에서 같은 가결에서 이름이 생략된다.

나. 陳法(진법)으로 구성된 槍(창)·棍(곤)·劍(검)

조선세법과 棍法(곤법)의 문장 구조는 같고 동일한 검결이 있으며 조선세법에 없는 그림은 곤법에 있다. 棍(곤)에서 사용되면 跨棍勢(과곤세)라 해야 하지만 跨劍勢(과검세)로 劍(검)과 연결했다. 조선세법은 左右(좌우)의 배치지만 창법 24세의 그림은 모두 서쪽을 보고 있고 곤법 55세는 동쪽을 보고 있다. 서로 대칭이다.

'槍(창)'은 지상에서 하늘을 올려다보는 위치이고 '棍(곤)'은 반대로 하늘에서 지상을 내려다보는 배치다. 즉 '指南針勢(지남침세)'는 北(북)에서 南(남) 쪽을 보고 있다는 의미다. 그렇기 때문에 高四平(고사평)이 아니라 하지 않고 上平鎗(상평창)이라 하고 十面埋伏勢(십면매복세)를 下平鎗(하평창)이라 했다. 本國劍(본국검)과 棍法(곤법)의 위치가 같고 朝鮮勢法(조선세법)과 鎗法(창법)의 위치가 같다. 이것은 매우 체계적으로 구성했다는 것을 보여준다. 龍(용)의 배치도 東(동)의 靑龍(청룡), 中央(중앙)의 黃龍(황룡), 西(서)의 黑龍(흑룡), 北(북)의 蒼龍(창룡)이 鎗法(창법)에 배치되었고, 지상의 남쪽은 곤법의 潛龍(잠룡)에 두었다. 龍(용)은 물속에 사는 동물이기 때문에 남쪽을 潛龍(잠룡)으로 두었다. 이처럼 鎗法(창법)과 棍法(곤법)은 음양의 짝으로 구성하여 만들었던 문서였다. 그렇기 때문에 鎗(창)은 기예의 王(왕)으로 비유하고 棍(곤)은 魁首(괴수)[412]로 지상과 북두를 대칭시켰다.

'劄(차)' 자는 '도착하다·적다·찌르다'다. 劄子(차자)는 신하가 상간에 올리는 문서의 체와 상관이 하관에게 내려보내는 공문으로 상하관계다. 이에 반해 直符送書勢(직부송서세)에 사용된 符(부)는 같은 공문서라 하여도 좌우 관계다. 즉 劄(차)나 符(부)는 모두 같은 죽간이지만 상징성이 다르고 방향성도 다르다. 또한 모든 그림이 좌를 보고 있어도 가결과 설명문 그리고 그림을 통해 사방으로 회전을 하는 동작들이다.

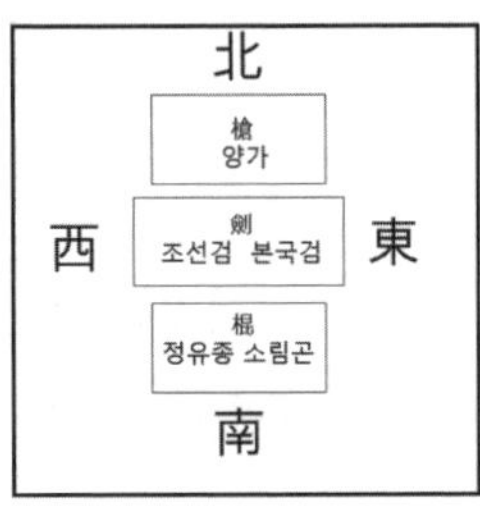

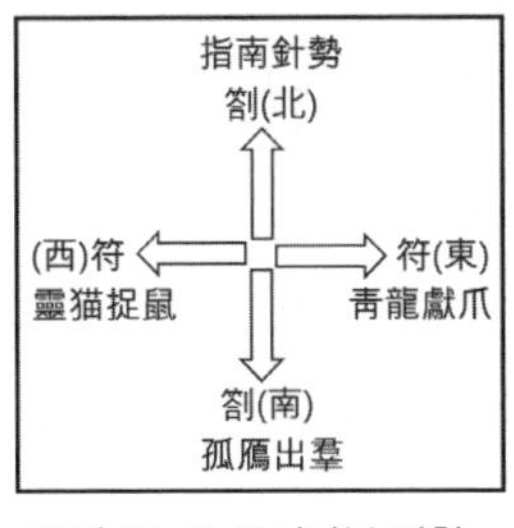

그림 11-2. 동서남북 방향

劍(검)과 槍(창) 그리고 棍(곤)은 하나의 묶음으로 만들어졌던 문서로써 단순하게 전쟁에만 사용하기 위한 것이 아니라 천문과 소통하는 천제와 제례의 의미를 담아 국가적 차원에서 체계적으로 만들었다. 여기에서 기법은 부분적으로 채용하여 '钂鈀(당파:叉)·戟法(극법)·峨眉鏟(아미산)·鞭制(편제)·大刀(대도)·狼牙棍法(낭아곤법)·狼筅(낭선)·長拳(장권)' 등을 만들었다. 실제 「昆吾劍訣歌(곤오검결가)」의 '梨花舞袖把身藏(이화무수파신장)'은 棍法(곤법)의 이화파두의 기법이고 青龍雙探爪(청룡쌍탐조)는 青龍獻爪(청룡헌조)를 쌍수검의 파지법에서 파생된 가결이고, 鳳凰浪翅乾坤少(봉황랑시건곤소)도 곤법의 봉황단전시세와 연결되 가결이다. 「天符劍訣歌(천부검결가)」의 推山塞海把身藏(추산색해파신장)은 창법의 推山塞海把(추산색해)의 가결이고, 騎龍跨虎奔山崗(기룡과호분상강)은 騎龍勢(기룡세)이며 倒騎蒼龍仙人出(도기창룡선인출)은 倒騎龍鎗勢(도기룡창세)다. "이런 까닭에 모든 무기들에 묘용이 없지 않으나 身手足法(신수족법)은 곤법(棍法)에서 벗어날 수 없다. 鎗(창)

412 鎗乃藝中之王 棍爲藝中魁首者『무비지』권 90. 少林棍法 闡宗 三

의 中平(중평), 拳(권)의 사평은 棍(곤)의 사평이고, 劍(검)의 騎馬分鬃(기마분종), 拳(권)의 探馬(탐마)는 棍(곤)의 跨劍勢(과검세)이고, 藤牌(등패)의 斜行(사행), 拳(권)의 躍步(약보)는 棍(곤)의 騎馬勢(기마세)이고, 拳(권)의 右一撤步(우일철보), 長倭刀(장왜도)의 看刀(간도)는 棍(곤)의 順步劈山勢(순보벽산세)이고, 關刀(관도)의 勒馬登鋒(늑마등봉), 拳(권)의 單邊(단변)은 棍(곤)의 鳳展翅勢(봉전시세)이고, 叉(차)의 理頭獻鑽(이두헌찬)은 棍(곤)의 潛龍勢(잠룡세)이고, 鎗(창)의 箚鎗(차창)과 拳(권)의 攛拳(찬권), 長倭刀(장왜도)의 刺刀(자도)는 棍(곤)의 單手箚鎗勢(단수차창세)이고, 拳(권)의 進步橫拳(진보횡권), 倭刀(왜도)의 單手撩刀(단수요도)는 棍(곤)의 旋風跨劍勢(선풍과검세다)."[413]라고 했다.

棍(곤)·鎗(창)·劍(검)·斧(부)를 운용하는 원리는 모두 상통하고 이것은 맨손으로 연습하면 권법이다. 특히 鎗(창)·棍(곤)·劍(검)의 문서는 서로 진법을 구성한 것처럼 배치됐다.

槍(창) 24세의 그림 배치는 모두 좌측을 보고 있다. 棍(곤)과 서로 대칭이고 같은 자세와 동일한 검결이 1/2 이상이다. 鎗(창)의 기법을 설명하는 문장이 棍(곤)에서는 勢名(세명)으로 사용했다. 즉 棍(곤)과 鎗(창)은 씨실과 날실처럼 연결됐다. 棍法(곤법) 문서나 鎗法(창법) 문서만으로는 기법을 온전해 해석할 수 없도록 나누어 구성했다. 이 문서는 국가적 차원에서 체계적으로 동시대에 만들었다는 증거다. 이 문서가 흩어져 곤법은 정유종에 의해 소림곤법천종으로 남았고, 창법은 양가에 의해 남겨져 다행히 모원의가 둘 다 무비지에 수록했다. 다행히 고조선의 무예인 조선세법과 본국검이 조선에 계승되었지만, 임진왜란 당시 조선세법만 무비지에 수록함으로써 흩어졌던 고조선의 무예서가 천운으로 합치되었다. 모원의가 임진왜란을 통해 얻은 조선세법을 보고 "중국에서 잃으면 사해에서 구한다(中國失而求之四裔)."라고 한 이유도 '鎗(창)'과 '棍(곤)'의 문서를 보고 그런 판단을 했던 것으로 사료된다.

413 『무비지』 권 90. 소림곤법 천종 삼

2
少林武藝(소림무예)의 시원은 朝鮮(조선)

가. 易筋經(영근경)의 시원은 仙家(선가)의 나라 조선이다.[414]

소림무술은 달마대사의 『易筋經(역근경)』[415]에서 유래했다는 설이 있으나 무술서라기보다 도인양생술에 가깝다. 이것을 증명하는 것이 달마의 2대 제자 '혜가'의 행보를 통해 알 수 있다. 즉 혜가는 무술과 거리가 먼 삶을 살았고 참선을 중시한 선종을 전파한 스님이다,

『神市本紀(신시본기)』에 환웅천왕의 5대 太虞儀(태우의) 환웅이 "가만히 침묵하면

414 임성묵, 『본국검예 3. 왜검의 시원은 조선이다』 행복에너지출판사, 2018, p286~289.

415 소림사는 495년 천축국 발타선사가 창건하고 32년 후, 527년 달마대사가 남북조시대에 양나라로 왔다. 양무제와 문답 후, 북위 숭산의 소림사에 들어가 9년을 면벽좌선하고 이 선법을 '혜가'에게 전수 했다. 역근경은 범어로 쓰여 서축의 성승인 발라밀제(중인도 사람으로 705년 중국 광주의 제지도량에서 능엄경 10권을 번역)가 한역했다. 승려를 통해 서홍객, 규염객(수나라 말지 장중견), 이정(당태종 때 인물)에게 전해진다. 그리고 송의 우고에게 전해져 책으로 출판된다. 역근경은 伏氣圖說(복기도설),소림권술정 등의 여러 명칭으로 전해졌다. 송대에 달마 저자의 역근경이 많이 발행됐다. 송대의 역근경은 그 이전의 역근경에 없는 禪定(선정)·金丹(금단)의 개념이 있다. 현재 가장 오래된 판본은 청나라 咸豊(함풍) 8년 潘蔚(반울)이 편찬한 內功圖說(내공도설)에 들어있다.

서 마음을 청심하게 하고 숨을 고르게 하고 정기를 보정하여 오래 사는 술법을 가르쳤다.'"[416]는 단전호흡법이 바로 역근경에 나오는 선법이다. 오히려 달마대사가 9년을 면벽 수도했던 達摩洞(달마동)의 본래 이름은 '蚩尤洞(치우동)'이다. "소림사 무공의 원조가 달마대사인데, 그 달마대사는 소림사 뒷산에 있는 달마동에서 그런 무공을 수도했고, 이 동굴이 원래는 '치우동'으로 달마보다 먼저 치우천황이 이 동굴에서 초능력을 닦았다."[417] 그렇다면 소림무술에 조선세법의 검결이 사용되고 있다는 것은 소림무술의 근원이 한민족임을 드러내는 증거다. 달마대사가 지었다는 易筋經(역근경)이 소림무술의 원조처럼 각색되어 있으나, 중국에서도 이에 대한 논쟁이 커지자 안양사범대학에서 1990년부터 10여 년을 연구했다. 연구결과에 의하면 소림무술의 창시자는 달마대사가 아니라 초우선사[418]라 했다. 더구나 역근경에는 불경에 관한 내용은 없다. 역근경 「用戰(용전)」에 希仙作仙(희선작선)이라 하여 "精氣新(정기신)을 수련하면 바라던 신선에 이를 수 있다."고 하여 수련목적이 신선임을 분명히 하고 있다. 역근경에 수행법을 鮮道(선도)라 기록한 것은 무엇을 말하는가? 또한 『역근경』의 내장론(內壯論)에 사용된 內壯(내장)은 內臟(내장), 骨髓(골수)를 骨數(골수)로 쓰고 있다. 이것은 한민족의 이두문이다. 『역근경』에는 동양의 易(역)과 氣(기)에 대한 이론과 임맥·독맥과 동양의학의 처방, 경락 경혈의 호흡법이 기록되어 있다.

역근경 부록 하권에 호흡법은 '皆丹家河車妙旨也(개단가하차묘지야)'라고 하여 '모두 단가에서 면면히 흘러 전해진 묘법'임을 밝혔다.

---

416 自桓雄天皇 五傳而有太虞儀桓雄 教人必使黙念淸心調息保精是乃長生久視之術也

417 월간 ᄒᆞᆫ배달 4藤蛟勢(등교세)5. 8월호

418 달마대사가 하남성에 머물던 시기에는 소림사가 존재하지 않았다. 인도 승려였던 달마대사가 소림사 일대인 하남성 숭산 지방에 머문 문헌상의 시점은 효문제 10년(486)에서 19년(495) 사이이다. 하지만 당시 숭산에는 소림사라는 절이 있지도 않았고, 따라서 달마대사는 소림사나 소림사 무술과는 아무런 관계가 없다. 소림무술의 창시자는 초대 주지인 보토어 스님에 이어 제2대 주지 초우선사다.

나. 역근경 12세 가결

①韋馱獻杵第一勢(위타헌저제일세) ②韋馱獻杵第二勢(위타헌저제이세) ③韋馱獻杵第三勢(위타헌저제삼세) ④摘星換斗勢(적성환두세) ⑤出爪亮翅勢(출조량시세) ⑥倒拽九牛尾勢(도예구우미세) ⑦九鬼拔馬刀勢(구귀발마도세) ⑧三盤落地勢(삼반낙지세) ⑨青龍探爪勢(청룡탐조세) ⑩臥虎撲食勢(와호복식세) ⑪打躬勢(타궁세) ⑫工尾勢(공미세)[419]는 한민족의 북두칠성사상과 사신을 나타내는 용어다.

韋馱獻杵(위타헌저)는 세 동작이 같은 이름으로 해와 달을 상징하며 천지인 삼수의 가결이다. 韋(위)는 '에워싸다'는 것으로 圍(위)와 같고, 圍(위)는 圓(원)이다. 둥근 원을 그리는 동작이다. 馱(옮길타)는 '양손을 위로 옮긴다'는 동작을 설명한다. '獻(드릴헌)' 자는 12세의 행위가 신에게 헌신하는 엄숙한 행위임을 나타낸다. 杵(공이저)는 '절구를 아래에서 위로 들어 올려 내려치는 동작'이다. 이것을 '杵(저)=木(목)+午(오)'로 표현했다. 여기서 杵(저)는 저(底)의 의미다. '午(오)'는 머리 위에 '오(午)른다'다. 즉 '위에서 밑으로 내려온다'는 '위'와 '저'의 음가를 사용하여 절구질하는 동작을 韋馱獻杵勢(위타헌저세)로 표현했다. 또한 각각의 한자는 연결된 행공의 자세다. 이것은 동영상이 없던 시절 무술의 동작을 표현하는 한민족의 특수한 기록 방식이었다.

다. 역근경 12세 가결의 해독

①韋馱獻杵第一勢(위타헌저제일세): 양팔을 얼굴 위로 올려 하늘로 뻗는다.

韋(위)자와 獻(헌)에 행공의 자세가 있다. 특히 獻(헌)의 鬳(솥권)은 '虍(호)+鬲(횡경막액)'이다. 虍는 양손을 위로 올린 모습이고, '鬲'자에 행공의 자세가 있고 황

---

419 역근경 12식은 명나라 말 장씨집본에 처음 나온다. 감풍 8년(1858) 역근경 12세와 다른 기공서를 모아 중국 청나라 반위가 찬집하여 '위생요구(衛生要求)'를 편찬하고 광저 7년(1881)에 위생요구를 재판하고 후에 '위생요구'의 이름이 '내공도설'로 바뀌어 퍼진다.

경막을 나타낸다. 韋馱(위타)는 횡경막 위를, 獻杵(헌저)는 밑에서 횡경막까지의 동작이다.

②위타헌저세 2세: 위에서 손바닥을 밖으로 하여 圓(원)을 그리며 내리는 것으로 둥근 태양이 빛을 발하여 뿜는 것을 표현했다.

③위타헌저세 3세: 손바닥이 마주 본 상태에서 둥글게 머리 위로 올리는 것으로 빛을 품은 달을 표현했다. '韋'와 '鬲'자에 행공자의 자세가 있다.

④摘星換斗勢(적성환두세): 북두칠성의 자세로 북두칠성이 도는 것을 표현했다. 위타헌저세는 해와 달, 음양과 천지인의 상징적 의미다. 해는 빛을 뿜고 달은 빛을 품으며 별이 빛나는 것에 감사의 헌신을 표현했다. 摘(적)의 啇(밑동적)은 양팔을 내린 행공의 자세를, 星(성)자 '生(생)'의 丿(별)은 한 손을 올리는 자세다. 換(환)는 행공의 자세를, 斗(두)의 '十'자는 양팔을 벌려 앞을 보고 있는 행공자세를 나타낸다. 이처럼 한자로 행공의 자세를 표현했다.

⑤出爪亮翅勢(출조량시세): 朱雀(주작)이 날개를 펴고 발을 뻗는 동작이다. 그러나 마지막은 편 양손을 거둬 주먹을 쥐고 양 겨드랑이 속으로 넣는다. 즉 아침에 해가 뜨고 저녁에 해가 지는 것은 낮의 새(주작)가 저녁이면 돌아가면 까마귀(鬼)가 되어 하늘로 돌아가는 것을 표현한 것이다. 亮(량)에 행공의 자세가 있다. 이 공법에서 중요한 것은 손 모양이 철사장처럼 해야 한다.

⑥倒拽九牛尾勢(도예구우미세): 견우가 소꼬리를 잡고 당기는 것으로 曳牛却行(예우각행:소를 끌고 뒷걸음질한다)이다. 여기서 九(구)는 단순하게 '구'라는 숫자가 아니라 북두칠성이 현무의 자리에서 구부러져 내려온다. 즉 견우가 북두칠성을 잡아끌어 돌린다. 견우와 직녀 둘을 상징하면 현무가 된다. 拽(예)자는 첫 행공의 자세를, 九자는 소를 몸 쪽으로 당기려고 몸을 뒤로 젖히려는 자세를, 牛(우)자는 손을 가슴에 당긴 자세를, 尾의 尸(시)는 뒤를 향하고, 毛(모)는 手(수)의 반대다. 상체가 뒤를 보고 손을 뒤쪽까지 당긴다는 동작의 자세와 설명을 표현했다.

⑦九鬼拔馬刀勢(구귀발마도세): 말을 타고 등에 맨 칼을 뽑아 베는 동작을 행공에 적용했다. 九鬼(구귀)는 북쪽에 있는 '까마귀'다. 鬼(귀)가 등 뒤에 가로 멘 칼을 뽑고 말을 타고 지상으로 내려오고 있다. 拔拔(귀발)에 행공의 자세가 있다.

⑧三盤落地勢(삼반낙지세): 천지인 삼수가 있다. '盤(반)=般+皿'이다. 般(반)은

밑이 그믐달 '◡'같이 생긴 배다. 盤(큰대야반)은 밑이 둥근 대야를 배로 비유한 글자다. 검의 코등이가 배를 닮아 盤(반)이라 했다. '반'은 하나를 둘로 나눈다. 三盤(삼반)은 上·中·下(天·地·人) 중, 주작이 양 날개짓하며 하늘(上) '⌒'에서 남쪽 땅(下) '◡'으로 내려앉는다. 즉 낮에 태양의 상징인 삼족오가 정남에 있으면 주작이고, 밤에 정북으로 돌아가면 鬼(귀:까마귀)가 된다. 이러한 해의 상징이 삼족오·까마귀·봉황·금계·응조 등의 상징으로 변화된다. 盤(반)은 半(절반)을 의미하는 이두문이다. '궁≧공'이다. 穹(궁)과 空(공'은 '구'와 '고'의 대칭 관계다. 'ㅇ'의 형은 둥근 하늘이다. 盤(반)에 행공의 자세가 있다.

⑨靑龍探爪勢(청룡탐조세): 좌청룡이다. 날카로운 용이 발톱을 내어 구름 속에 숨어있는 적을 바람을 일게 하여 구름을 걷어내 잡는 것을 나타낸다. 밤하늘의 四神(사신:좌청용·우백호·남주작·북현무)이 九鬼(구귀)가 칼을 빼들며 진두지휘하자 함께 움직인다. 九는 '鳩(비둘기구)=鴍(구)'와 '鸜(구관조구:九官鳥)=鴝(구)'처럼 새와 관련이 있다. 비둘기는 사이좋은 부부를 나타내는 상징으로 현무가 견우와 직녀의 다정한 부부를 상징하고 새의 자식도 鷇(새끼구)다. '구부린다'는 의미에 '구'의 음가를 사용한 이두문이다. 探(담)자에 행공의 자세가 있다.

⑩臥虎撲食勢(와호복식세): 우백호로 사악한 적을 포획하여 잡아먹는다. 용과 호랑이는 좌청룡 우백호의 대칭적 구성이다. 落地(낙지)는 주작이 땅에 내려 앉아 사악한 괴수를 잡는 것이다. 虎撲(호복)에 행공의 자세가 있다.

⑪打躬勢(타궁세): 주작이 고개 숙여 적의 살점을 쪼아 먹는 자세를 상징한다. 打(타)에 행공의 자세가 있다.

⑫工尾勢(공미세): 현무를 상징하며 거북의 동작을 묘사했다. 먹이를 쪼아 먹고 기분이 좋아 머리를 들고 꼬리를 흔든다. 특히 工尾(공미)는 우리말 '꽁무니'의 이두식 한자다. 공미세는 空(공)의 자세다. 즉 '穴(공)' 자를 버리고 '工(공)' 자만 취해 가결을 지었다. 행공도 21(7×3)회를 하고 좌우 7번 움직인다. 모두 칠성사상과 천지인 삼수로 연결된다. 이 가결은 견우가 북두의 사신을 움직이고, 九鬼(구귀)가 대작이 되어 四神(사신)을 움직여 사악한 무리를 물리쳐 잡아먹고 평화를 이룬다는 서사시다. 조선세법 검결의 대서사시 내용과 일맥상통한다. 이러한 가결들은 불경과 전혀 관련이 없는 내용이다. 그래서 저자는 달마대사의 『역근경』을 『夲國易筋經(본

국역근경)』으로 명명한다. 달마대사가 梁(양)으로 들어오기 전부터 한민족은 칠성과 四神(사신)을 숭배하고 믿어왔다. 또한 『역근경』에 있는 「外壯神力八段錦(외장신력팔단금)」은 좌식호흡법으로 북두칠성의 수 7×7=49회를 행한다. 8세기에 쓰여진 『티베트의 사자의 서』를 보면 사후 환생할 때까지의 기간을 '49일'로 보고 있다. 이처럼 불교도 북두칠성 신앙에서 파생된 것임을 알 수 있다.

坐式(좌식)은 중화의 문화가 아니다. 지금도 중국인은 입식문화다. 또한 練功秘訣全書(연공비결전서)에•五拳(오권)이 있다. ①龍拳(용권)은 雙龍掉尾(쌍용도미) ②虎拳(호권)은 黑虎試爪(흑호시조) ③豹拳(표권)은 金豹定身(금표정신) ④蛇拳(사권)은 八卦蛇形(팔괘사형) ⑤鶴拳(학권)은 白鶴亮翅(백학량시)의 가결과 연결되고 亮翅(량시)는 역근경의 출조량시세의 가결과 연결된다. 五拳(오권)은 무예의 목적보다는 五禽戲(오금희)[420]처럼 동물 자세를 취하는 체조법이 목적이다. 淸(청)대에 나타난 역근경 서문에 "당 정관 2년(628)에 李靖(이정)이 『역근경』은 달마대사가 범어로 쓴 것이다."라고 기록했고 그것을 성승 般剌密諦(바라밀제)가 한문으로 번역했다고 했다. 그런데 그 이후 발견된 역근경은 모두 청 후기(1800)의 것들이다. 이러한 연유로 당호나 철동씨 등 많은 고증가들은 』역근경』을 청대 만들어진 위서로 보고 있다.[421] 이것이 진서라면 달마대사가 동양의 선도와 관련된 책을 접하고 범어로 번역한 것이라는 의구심을 가지지 않을 수 없다.

420 『후한서』〈화타전〉에 처음 등장한다. 한나라 名醫(명의) 華佗(화타)가 호랑이·사슴·곰·원숭이·새 등의 활발한 동작을 모방해서 독창적으로 구성한 체조형식의 운동.

421 .송전육지, 조은흔 감수, 『도설중국무술사』에 "달마대사의 이름은 달마 추정 몰년(528) 5백년 후 宋高僧傳(송고승전)에 처음 나오기 시작한다. 이것을 후대에 景德傳燈錄(경덕전등록) 傳寶正宗記(전보정종기)등에서 인용하여 설을 덧붙인 것이고 청나라 이전 소림무술서인 『소림곤법천종』「권경」『정기당집』 등이나 소림사의 사서에도 『역근경』의 이름은 나오지 않는다.".

3
少林棍法(소림곤법)의 歷史(역사)

茅子(모자)가 말하기를, "모든 무예는 棍(곤)에 근본을 두고 있고, 棍(곤)은 少林(소림)을 마루로 한다[祖宗(조종)으로 삼는다]. 少林(소림)의 說(설)은 근세 新都(신도) 程宗猷(정종유)의 闡宗(천종)만큼 상세한 것이 없으니, 특별히 채록한다."[422]

유대유가 소림 승려에게 棍法(곤법)을 전해준 이후, 少林俗家弟子(소림속가제자) 程宗猷(정종유)는 "棍法(곤법)은 소림 弘紀(홍기)에게 배우고, 刀法(도법)은 劉雲峰(유은봉)에게 배우고, 倭刀(왜도)를 얻어 전하고, 창법은 하남의 유광도로부터 배우고 팔창모와 육합창을 얻어 전했다."[423] 모원의도 "少林(소림)의 說(설)은 근세 新都(신도)에서 얻은 程宗猷(정종유)의 闡宗(천종)만큼 상세한 것이 없으니, 특별히 채록한다."[424]했다. 유덕장은 소림의 홍전과 홍기에게 곤법을 전수했고 정종유는 홍기에게 곤법을 수련했다. 그후 정종유가 도시에서 얻은 本國棍法(본국곤법)을『小林棍法闡宗(소림곤법천종)』으로 이름을 바꿨고 모원의가 이것을『무비지』에 기록한 것이다.

---

422 茅子曰 諸藝宗于棍 棍宗于少林 少林之說 莫詳于近世新都程宗猷之闡宗 故特採之『무비지』88권의 棍(곤).

423 "槍法得自河南劉光渡傳授, 得八母槍､六合槍之傳" 原文網址 : https://kknews.cc/other/ml2n98g.html.

424『무예문헌자료집성』, 국립민속박물관, 2004, p680.

소림사는 망국의 장수들이 재건을 위해 피신한 곳이다. 이들이 수련했던 여러 무예와 비급들이 소림무술의 바탕이 되었기 때문에 곤법과 창법 등 여러 무예의 가결이 있는 것으로 사료된다.

가. 소림 6합 棍法(곤법)

소림사의 곤법은 "6합 棍(곤)은 宋代(송대)에 福居和尙(복거화상)이 그 당시 전국의 18문파 무예 고수들을 모아 곤법의 정화를 뽑아서 만든 것으로, 후에 원대 긴나라와 那仁(나인) 등 곤법의 名僧(명승)들이 六回(육회:6회 공방을 반복하는 것)로 발전시켰다."[425]라고 하지만 유대유(1503~1580)와 깊은 관련이 있다. 유대유는 중국 고대 무예를 집대성하여 명대에『기효신서』·『무비지』·『수비록』등의 근간이 되었다. 何良臣(하량신)은『陳紀(진기)』에서 '棍法之妙(곤법지묘), 亦盡于大猷劍經(역진우대유검경)'이라고 했을 만큼 유대유는 棍法(곤법)의 대가다. "유장군은 남방을 정벌하러 가는 길에 숭산 소림사에 잠깐 들려 (15일간) 소림승려들의 무예 연습과정을 보고는 '옛 진전이 이미 실전되었다'고 평가하자 승려들이 가르침을 간청하여 '내 이미 출정 중이니, 그대들이 쓸만한 인재 2명만 뽑아 보내면 내가 진중에서 틈틈이 가르쳐 보내겠다'라고 했다. 2인의 젊은 승려를 선발하여 유장군에 딸려 보냈고, 왜구를 토벌하는 중에도 성의껏 지도하여 3년 후에 소림사로 다시 돌려보냈다. 그 이후로 소림무예, 특히 곤법이 크게 발양되어 천하에 그 위명을 떨치게 되었다."[426] 누군가 묻기를, "곤이라면 소림을 숭상하는데, 지금 절의 승려들은 권을 전공(수련)하는 경우가 많고, 棍(곤)을 전공(수련)하지 않는 것은 어째서입니까?"[427]

누군가 묻기를, "소림의 棍(곤)은 모두 六路(육로)가 전해진다고 하는데, 지금 그림에 단지 1, 2, 5로만 있는 것은 그 뜻을 들어 얻을 수 있을까요?" 내가 대답하기

425『무예문헌자료집성』, 국립민속박물관, 2004, p997.

426『무예문헌자료집성』, 국립민속박물관, 2004, p950~951.

427 或問曰 棍尙少林 今寺僧多攻拳 而不攻棍 何也

를, "전해진 것은 비록 六路(육로)지만, 세가 같은 것들이 많다. 오직 1, 2, 5로만이 가장 긴요하니, 그림 속의 여러 투로를 잘 익히면 나머지는 유추할 수 있을 것이다."[428] 즉 명대에 소림의 棍法(곤법)은 六路(육로) 중에 3개만 전해졌다. 소실된 것도 투로만 다를 뿐 내용은 비슷하다는 견해다.

소림사의 六路(육로)와 정종유의 '闡宗(천종)'을 비교해보면 공통적인 가결은 있지만 투로의 순서는 큰 차이가 있다. 「소림곤법」으로는 '小夜乂(소야예)·大夜乂(대야예)·陰手(음수)·排棍(배곤)·穿梭(천사)' 5개가 있고, 별도의 '5개의 棍譜(곤보)'[429]가 무비지에 있지만 거기에 사용된 가결들은 佛教(불교)와 전혀 관련이 없고 오히려 棍法(곤법) 55세의 가결들과 대부분 연결되어 있다.

무비지를 보면 少林棍(소림곤)의 源流(원류)에 대한 기록이 있다. "소림사에서는 棍(곤)을 '小夜乂(소야예)'로 불렀다. 夜乂(야예)라 부른 이유는 羅刹(나찰)을 夜乂(야예)라 불렀기 때문이다. 그 신통함이 광대하여 복심이 생기기 때문에 석씨의 법을 익혀 보호할 만하다. 또한 산을 돌아다니는 호랑이가 夜乂(야예)를 뜻한다."[430]

출가한 釋氏(석씨) 중에 棍法(곤법)에 뛰어난 고수의 별칭이 '夜乂(야예)'로, 그의 棍法(곤법)은 배울만하다는 내용이다. 즉 '釋氏(석씨)=羅刹(나찰)=夜乂(야예)=虎(호)'다.

"밤에 산을 다니는 호랑이를 '夜乂(야예)'로 불렀다."는 것에는 매우 중요한 문화적 코드가 담겨있다. '夜乂(야예)'는 명사다. 乂(예)는 '어진이·현명한이'다. '호랑이'도 '호랑+이'다. '이' 자가 뒤에 붙는다. '夜(야)'는 '밤야'다. '밤'은 '범'이다. '범'이 '호랑이'다. 少夜(소야)는 '작은 밤'이 아니라 '작은 호랑이'를, 大夜(대야)는 큰 밤이 아니라 '큰 호랑이'를 비유한 개념이다. 우리 민족은 호랑이가 얼마나 많았던지 '밤'에

428 或問曰 少林之棍 俱傳六路 今圖只布一二五路者 其意可得聞乎 余曰 傳雖六路 勢多雷同 惟一二五路 最爲切要 能於圖中諸路習熟 餘可以類推矣

429 小夜乂第一路棍譜 小夜乂第二路棍譜 小夜乂第五路棍譜 大夜叉第一路棍譜 陰手第一路棍譜

430 小夜乂 少林棍名也 夜乂云者 以釋氏羅刹夜乂之稱 其神通廣大 降伏其心 卽可爲教護法釋氏 又以虎爲巡山夜乂者 卽此意也 棍傳六路

는 '범'이 무서워 다니지 못했다. 그래서 '밤=범'이 등식화된 것이다. 즉 '夜(야)' 자는 '범'의 이두문이다. "야밤에 돌아다니다 범(호랑이)을 만난다"는 말에서 '야밤'은 '夜(야:밤)'의 '음독과 훈독'을 풀어서 한 말임을 알 수 있다. '범'은 '밤'에 돌아다니는 호랑이다. '호릉'은 '호롱불'이다. 밤에 호랑이 눈에서 빛나는 불이 '호랑이'다. '良(량)' 자는 '기어 다니는 작은 호랑이'로 '花郞(화랑)·新郞(신랑)'처럼 사용한다.

표 11-1. 계림유사의 존칭에 대한 이두문

父	母	伯叔	叔伯	弟	妹	男兒	女兒	父呼其子
子丫秘	丫彌	丫查秘	丫子彌	丫兒	丫慈	丫妲	寶妲	丫加

무비문의 '夜丫(야아)'의 '丫(아)' 자는 '어린아이·총각·가닥'이다. '丫'는 이두문이다. '丫童(아동)=兒童(아동)'이고 '丫叉(아차)'는 '가장귀'로 '丫(=陽)+叉(=陰)'다. 또한 吖(아)는 '소리지르다'다.

'예야(夜乂)'는 어린아이를 부르는 소리가 된다. 산에 올라가 '夜虎(야호)'라 소리치는 것도 '숨어있는 호랑이를 부르는 소리'가 된다. 이처럼 '夜(야)' 자는 소림사의 구성원을 알 수 있는 매우 중요한 글자다. 머리를 깎은 스님이 밤에 순찰하다 만난 호랑이처럼 무섭게 생긴 무승이 곤법을 가르치자, 별명을 羅刹(나찰)로 불렀던 것으로 보인다. '棍(곤)을 魁首(괴수)'라 한 것에 棍(곤)의 始原(시원)과 문화적 코드가 고스란히 담겨있다. 上斗(상두)를 '魁(괴)'라 한다. 魁(괴)는 鬼(귀)+斗(두)'다. '鬼(귀)' 자의 삐침(丿)은 정수리의 상투를 표현한 글자다. 鬼(귀)는 '도깨비'다. 鬼斗(귀두)의 음은 '龜頭(귀두)'로, '頭(두)'는 '首(수)'로 치환된다. 남성의 성기는 'ㅣ' 자형이다. '솟〉좆〉돋'으로 '하늘=陽(양)'이다. '도깨비+방망이=성기'로 비유되고, 上斗(상두)는 '도깨비의 뿔'로 'ㅣ' 자다. 여자의 성기는 'ㅡ' 자로 '눕다〉누이'로 '땅=陰(음)'이다. 여자가 결혼하면 '비녀'를 꽂는 이유다. 龜頭(귀두:거북이 머리)를 '魁首(괴수)'로 은유했다. 즉 '魁(괴)〉鬼斗(귀두)=龜頭(귀두)=鬼頭(귀두)=ㅣ(곤)'이다. 도깨비가 방망이를 가지고 다니는 이유다. 觻(이)는 '角(각)+夷(이)'로 '角(각)' 자가 '上斗(상두)로 도깨비 뿔이다.

'丄' 자형은 '땅 위다'는 의미로 머리에 '갓'을 써서 북두칠성 신을 모신다는 것이다. 묘하게도 영어에서 신을 뜻하는 '갓(god)'과 상징성이 일치한다.

'斗(두)' 자는 '丨'과 '乚'가 교차된 '十' 자형에 점 두 개를 붙여 '견우와 직녀(부모=조상)'가 북두칠성임을 나타냈다. 즉 '丄(상)' 자는 지상에서 북두를 향하는 글자고 '斗(두)' 는 밤하늘 북두칠성을 각각 나타낸 글자다.

'夜(야)>虎(호)>犯(범)'으로 상징이 연결된다. 무예를 무섭게 가르쳤던 사부는 머리에 上斗(상두)를 했던 제가 스님이 아니었을까! '魁首(괴수)=夜乂(야예)=夜叉(야차)=羅刹(나찰)'이다. 북만주 帽兒山(모아산)에서 발굴된 〈그림 11-3〉의 부여시대 금동 상이 있다. 상투를 뜻하는 '魋結(추결)'의 '魋(추)' 자가 '몽치(작은 몽둥이)'와 '퇴곰(북두칠성으로 돌아감)'으로 도깨비의 뿔이다, 무비문에 스님이 棍法(곤법)을 무인에게 곤을 드는 방법을 가르치는 그림이 있어 소림곤법의 단면을 볼 수 있다. 한편 〈그림 11-3〉의 勾天竹勢(구요죽세)는 검으로 치면 조선세법의 鑽擊(찬격)이 된다.

그림 11-3. 起手棍/勾天竹棍/金銅像

이처럼 羅刹(나찰)은 '도깨비·산적·호랑이의 화신·사부·나찰' 등을 함의한다. 夜丫探海勢(야아탐해세)의 '夜丫(야아)'는 "범(호랑이)이냐? 좀 보세"라는 뜻이다. '夜乂(야예)'도 "범(호랑이)인 예(乂)"다. 작은 호랑이는 少夜乂(소야예)이고, 덩치가 큰 호랑이는 大夜乂(대야예)다. 崔致遠(최치원)은 그의 『鄕樂雜詠五首(향악잡영오수)』에서 사자춤인 狻猊(산예)[431]를 읊었다. 사자는 서역에 사는 초원의 동물이다. 신라

431 멀고 먼 사막을 건너 만리길을 오느라고(遠涉流沙萬里來)털옷은 다 찢어지고 먼지를 뒤집어썼네.(毛衣破盡着塵埃)머리를 흔들고 꼬리를 치며 인덕을 길들이니(搖頭掉尾馴仁德)뛰어난 그 재주가 어찌 온갖 짐승과 같으랴.(雄氣寧同百獸才) [狻猊] (한국전통연희사전, 2014. 12. 15., 전경욱)

에 왔기 때문에 한역하면서 산에 사는 호랑이와 견주면서 '산'과 '예'의 음을 사용하여 개념을 만들었음을 알 수 있다.

이처럼 少夜乂(소야예)와 大夜乂(대야예)를 '작음 밤·큰 밤'으로 해석하면 棍(곤)의 의미와 동떨어진다. '乂(예)'는 '棍(곤)'을 뜻하지만 邊攔勢(변란세)를 大夜(대야예)에서 邊乂(변예)로, 少夜乂(소야예)를 少夜叉(소야차)로 쓰고 邊叉(변차)로 썼다. '乂(예)' 자와 비슷한 '叉(차)' 자를 창의 개념일 경우 혼용한 것으로 보인다. 즉 '夜丫(야아)'를 '夜叉(야차)'로 변용한 것임을 알 수 있다. 한편, 棍三(곤삼)에서 모원의는 "棍(곤)의 이름이 '夜乂(야예)'다. 이것은 緊那羅王(긴나라왕)이 전했다."[432]라 했다. 긴나라는 화엄경에 나오는 8부중 하나로 '人首鳥身(인수조신)'이다. 상상 속의 神(신)으로 羅刹(나찰)보다 더 신화적으로 포장했다.

나. 소림곤법 鬪路(투로)의 종류와 순서

모원의는 "가르침은 같은 근원에서 나왔지만, 세월의 흐름에 사람들이 서로 어긋나게 되었다. 가르치는 자가 奇異(기이)한 것을 좋아하여, 이 투로의 첫머리를 저 투로의 끝에 섞어 놓기도 하고, 저 투로의 끝을 이 투로의 중간에 섞기도 하며, 심지어 한 투로를 두 투로로 나누기도 하여, 혹세무민하고 名利(명리)를 구하였다. 내가 심히 안타깝고 분하게 여겨 팔을 걷어붙이고, 특별히 眞傳(진전:옳게 전해짐)을 기록하여 標示(표시) 하노라"하여 鎗法(창법)과 棍法(곤법)을 기록한 이유를 밝혔다. 즉 곤법 55세와 小夜乂(소야예)와 大夜乂(대야예)의 투로가 달랐기 때문에 이를 기록하여 비교하도록 한 것이다.

小夜乂(소야예)와 大夜乂(대야예)'[433]는 勢(세)는 같으나 보법의 차이만 있다. 설명과 棍譜(곤보)의 차이가 있어 설명을 기준으로 한다.

---

432 余曰少林棍名夜乂 乃緊那羅王之聖傳

436 小夜乂 少林棍名也 夜乂云者 以釋氏羅刹夜叉之稱 其神通廣大 降伏其心 卽可爲教護法 釋氏又以虎爲巡山夜乂者 卽此意也 棍傳六路 謹布三圖於左

1)小夜乂一路(소야예일로): ①高四平(고사평)-②跨劍勢(과검세)-③騎馬勢(기마세)-④披身勢(피신세)-⑤鋪地錦勢(포지금세)-⑥猪龍噴地勢(저룡홍지세)-⑦四平勢(사평세)-⑧懸脚梁鎗(현각량창)-⑨騎馬勢(기마세)-⑩通袖勢(통수세)-⑪披身勢(피신세)-⑫騎馬勢(기마세)-⑬跨劍勢(과검세)-⑭穿袖勢(천수세)-⑮鋪地錦勢(포지금세)-⑯騎馬勢(기마세)-⑰跨劍勢(과검세)-⑱定膝勢(정슬세)-⑲呂布倒拖戟勢(여포도타극세)-⑳韓信磨旗勢(한신마기세)-㉑鋪地錦勢(포지금세)-㉒五花滾身勢(오화곤신세)-㉓磨旗勢(마기세)-㉔中四平勢(중사평세)

2)小夜乂二路(소야예이로): ①高四平(고사평)-②披身勢(피신세)-③噴地勢(홍지세)-④四平勢(사평세)-⑤覇王上弓(패왕상궁세)-⑥披身勢(피신세)-⑦靠山勢(고산세)-⑧懸脚梁勢(현각창량세)-⑨左獻花勢(좌헌화세)-⑩右獻花勢(우헌화세)-⑪懸脚梁勢(현각창량세)-⑫撥草尋蛇出勢(발초심사출세)-⑬陳香劈華山勢(진향벽화산세)-⑭朝天一炷香勢(조천일주향세)-⑮五花滾身勢(오화곤신세)-⑯鋪地錦勢(포지금세)-⑰五花滾身勢(오화곤신세)-⑱騎馬勢(기마세)-⑲金剛獻金纂勢(금강헌찬세)-⑳二郎擔山勢(이랑담산세)-㉑撥草尋蛇(발초심사)-㉒劈山勢(벽산세)-㉓行者肩挑金箍棒勢(행자견도금봉고세)

3)小夜乂五路(소야차오로): ①高四平(고사평)-②旋風跨劍勢(선풍과검세)-③鋪地錦勢(포지금세)-④鋪地錦勢(포지금세)-⑤五花騎馬(오화기마)-⑥滿天棚不漏風勢(만천붕불루풍세)-⑦燕子酌水勢(연작작수세)-⑧遮天不漏雨勢(차천불루우세)-⑨邊叉勢(변차세)-⑩滿天棚不漏風(만천붕불루풍세)-⑪燕子酌水勢(연작작수세)-⑫遮天不漏雨勢(차천불루우세)-⑬邊叉勢(변차세)-⑭四平勢(사평세)-⑮騎馬勢(기마세)-⑯跨劒勢(과검세)-⑰穿袖勢(천수세)-⑱仙人大坐勢(선인대좌세)-⑲鋪地錦勢(포지금세)-⑳轉倒拖荊棘不留門(전도타형극불유문세)

4)大夜叉一路(대야예일로): ①高四平(고사평)-②披身噴地勢(피신홍지세)-③金鷄獨立勢(금계독립세)-④騎馬勢(기마세)-⑤坐洞勢(좌동세)-⑥鋪地錦勢(포지금

세)－⑦仙人過橋坐洞勢(선인과교좌동세)－⑧撒花蓋頂勢(살화개정세)－⑨懸脚梁勢(현각량창세)－⑩邊叉勢(변차세)－⑪撩手跨劒勢(료수과검세)－⑫鋪地錦勢(포지금세)－⑬獨立勢(독립세)－⑭騎馬勢(기마세)－⑮撒花蓋頂勢(살화개정세)－⑯懸脚梁勢(현각량창세)－⑰邊叉勢(변차세)－⑱撩手跨劒勢(료수과검세)－⑲鋪地錦勢(포지금세)－⑳二郎擔山勢(이랑담산세)－㉑坐洞勢(좌동세)－㉒羣攔勢(군란세)－㉓四平勢(사평세)

5)陰手一路(음수일로): ①高四平(고사평)－②披身勢(피신세)－③定膝勢(정슬세)－④背弓勢(배궁세)－⑤金鷄獨立勢(금계독립세)－⑥定膝勢(정슬세)－⑦枯樹盤根勢(고수반근세)－⑧背弓勢(배궁세)－⑨坐洞勢(좌동세)－⑩四平勢(사평세)－⑪騎馬勢(기마세)－⑫大梁鎗勢(대량창세)－⑬披身勢(피신세)－⑭跌膝勢(질슬세)－⑮四平勢(사평세)－⑯金鷄獨立勢(금계독립세)－⑰鐵扇緊關門勢(철선긴관문세)

소야차 一路(일로)는 24개, 二路(이로)는 23개 五路(오로)는 20개, 대야차 一路(일로)는 23개, 陰手(음수) 一路(일로)는 17개다. 소야차와 대야차의 '棍法投路(곤법투로)와 破棍第一路譜(파곤제일로보)·破棍第四路譜(파곤제사로보)·破棍第五路譜(파곤제오로보)·破棍第六路譜(파곤제육로보)·破棍又二路譜(파곤우이로보)·破棍又六路譜(파곤우육로보)는 곤법 55세나 창법 24 勢(세)와 같은 律詩(율시)지만 순서가 다르다. 棍法(곤법)과 楊家(양가)나 馬家(마가)의 가결과 혼용하고 있다. 소림사에서는 곤법 55세나 창법 24세의 원전을 토대로 새로운 투로를 만들고 각 세의 용법을 보조 설명한 문서를 가지고 있었던 것으로 사료된다.

6)破棍第一路譜(파곤제일로보): ①四平搭外箚裏(사평탑외차리)[434]－②雙封單閉(쌍용단폐)[435]－③封鎗鎖口(봉창쇄구)[436]－④大梁鎗(대량창)[437]－⑤勾掛硬靠(구개

434 法曰圈外搭圈裏看我立四平彼搭我圈外箚我圈裏

435 彼箚我圈裏 我劈開彼棍 箚彼圈裏 或手或心或脇 圈外皆同

436 彼箚我圈裏, 我拿開棍, 進步指彼咽喉

437 彼見我指咽喉 箚我膝脚 我用高提彼棍

경고)[438]－⑥一提金(일제금)[439]－⑦上封鎗(상봉창)[440]－⑧勾掛秦王跨劍(구괘진왕과검)[441]－⑨前攔搪(전란당)[442]－⑩護心鎗(호심창)[443]－⑪滾鎗鎖口(곤창쇄구)[444]

7)破棍第二路譜(파곤제이로보)：①外滾手黑風鴈翅(외곤수흑풍안시)[445]－②硬封進步鎖口(경봉진보쇄구)[446]－③脚下鎗提(각하창제)[447]－④大梁鎗勾掛烏雲罩頂(대량창구괘오운조정)[448]－⑤剪步羣攔(전보군란)[449]－⑥勾跨劍(구과검)[450]－⑦打羣攔(타군란)[451]－⑧進步一提金(진보일제금)[452]－⑨單殺手(단살수)[453]

8)破棍第三路譜(파곤제삼로보)：①太公釣魚(태공조어)[454]－②孤鴈出羣(고안출군)[455]－③鷂子撲鵪鶉(요자박암순)[456]－④羣攔一封手(군란일봉수)[457]－⑤二換手一提金(일환수일제금)[458]－⑥前攔搪鎖口(전란당쇄구)[459]

---

438 彼見我提棍 棍則起削我手 我順彼勢力 勾掛進步走圈外 硬靠打後手
439 彼見我棍上打手 彼下打我膝脚 我用棍根提彼前手
440 彼見我提手 彼棍起 我進步用棍梢打彼手
441 彼見我打手 下打我脚膝 我進步用棍根提彼手 彼棍則起 我順彼勢 勾掛進步走圈裏 劄彼心脇
442 彼見我劄心脇 下劄我膝脚 我移右脚 用棍梢提彼手
443 彼見我提手 上劄我心 我擠進拏開彼棍鎖彼口
444 彼見我棍鎖口 彼捌超我棍 我袖棍復劄彼咽喉
445 我立四平 彼搭我圈裏 劄我圈外 我用外滾手 勾開彼棍 我用鴈翅偏在圈外
446 彼見我勢偏在圈外 彼必劄我圈裏 我硬封開彼棍 進步鎖口
447 彼見我鎖口 下劄我膝脚 我一提 彼劄我面心 我拏開彼棍 劄彼心面
448 彼見我劄心面 彼劄我膝脚 我一提 彼棍則起削我手 我則順彼勢力 勾掛進步走圈外 打彼頭耳
449 彼見我打頭耳 彼用棍勾開我棍 我順彼勢力 剪步跳出 立羣攔
450 彼見我立羣攔 劄我圈外 我勾開彼棍 立跨劍
451 彼見我立跨劍 劄我圈裏 我劈開彼棍 復立羣攔
452 彼見我復立羣攔 劄我圈外 我開彼棍 進步入彼圈外 彼棍下幕 我脚我用棍根一提
453 彼見我一提 彼棍勾起削我手 我丢放前手 單手斜打彼手
454 我立釣魚勢 開圈外門戶 彼劄我圈外
455 我勾拏開彼棍走出
456 彼見我走出 彼隨後劄我右肩背 我閃開進步 斜劈彼頭手 立羣攔
457 彼見我立羣攔 彼劄我圈外 我攔開彼棍 復立羣攔
458 彼見我復立羣攔 彼仍劄圈外 我勾開彼棍 換右手在前 圈外提彼手 彼棍起 我進步 用棍根打彼手 彼棍打我膝脚 我用棍梢一提
459 彼見我提手 彼棍起削我手 我順彼勢力 勾掛走圈裏 棍梢劄彼心脇 彼打我脚膝 我用棍根提彼手 彼棍起劄我心面 我用棍根拏開 彼棍 鎖彼口

9)破棍第四路譜(파곤제사로보): ①小梁鎗封鎗(소량창봉창)[460]–②朝天鎗(조천창)[461]–③腦後一窩蜂(뇌후일와봉)[462]–④高祖斬蛇(고조참사)[463]–⑤剪步羣攔(전보군란)[464]–⑥後攔搪前封手(후란당전봉수)[465]–⑦剪步羣攔(전보군란)[466]–⑧換手打一窩蜂(환수타일와봉)[467]–⑨換手打烏雲罩頂(환수타오운주정)[468]–⑩抽刀不人鞘(추도불입초)[469]–秦王大御劍(진왕대어검)[470]

10)破棍第五路譜(파곤제오로보): ①四平封鎗(사평봉창)[471]–②倒拖荊棘不留門(도타형극불유문)[472]–③空中雲磨響(공중운마향)[473]–④敬德倒拉鞭(경덕도랍편)[474]–⑤遮天不漏雨(차천불루우)[475]–⑥刀出鞘(도출초)[476]–⑦風捲殘雲(풍권잔운)[477]–⑧腦後鎗(뇌후창)[478]–⑨進步鎖口(진보쇄구)[479]

---

460 我棍橫一字正面對彼 箚我心面 我封開彼棍 進懸左足

461 彼見我高懸左足 彼箚我圈外 我進步勾開彼棍

462 我勾開彼棍 進步圈外 打彼腦後 彼勾開我棍 我順彼勢力走圈內 打彼頭耳

463 彼見我打頭耳 彼閃拏下我棍

464 我順彼勢力 掃打彼脚 剪步跳出立羣攔

465 彼見我立羣攔 箚我圈外 我勾開彼棍 進步圈外打彼腦後 彼棍將勾起 我進步打彼前手

466 彼見我打手 彼勾開我棍 我順彼勢力 剪步跳出 立羣攔

467 彼見我立羣攔 箚我圈外 我勾開彼棍 換右手在前 進步圈外打彼後腦

468 彼見我打後腦 彼勾開我棍 我順彼勢力 換左手在前 走圈內打彼前手

469 彼見我打前手 彼則抽棍根打我手

470 彼打我前手 我抽棍閃過 用棍根打彼頭

471 我立四平 彼搭圈外 箚我圈裏 我拏開彼棍

472 我拏開彼棍 我棍丢在後 彼箚我一面心

473 我單手上撩開 彼棍 單手下打彼脚

474 我掃彼脚 佯輸詐敗走出

475 我詐敗走出 彼趕來箚我 我上撩彼棍 下打彼脚

476 彼見我收出鞘 彼不分左右 箚我面肩 我單手斜劈下 再收出鞘

477 彼箚我面肩 我進步擾開彼棍 打彼手 立羣攔

478 彼箚圈外 我勾開彼棍 退步如孤鴈出羣攔

479 彼見我退出 隨後箚我 我擾開彼棍 彼箚我脚 我提開彼棍 彼箚我面 我拏開彼棍 偷步一提一拏 鎖彼口

11)破棍第六路譜(파곤제오로보): ①一截(일절)[480]−②二進(이진)[481]−③三攔(삼란)[482]−④四纏(사전)[483]−⑤五封(오봉)[484]−六閉(육폐)[485]

12)破棍又二路譜(파곤제이로보): ①外滾手(외곤수)[486]−②圈裏鎗進步打伏虎(권리창진보타복호)[487]−③二攔通袖(이란통수)[488]−④三進步硬靠(삼진보경고)[489]−④四進步提拏(사진보제나)[490]−⑤二郎擔山出(이랑담산출)[491]−⑥左獻花(좌헌화)[492]−⑦右獻花(우헌화)[493]−⑧打羣攔(타군란)[494]−⑨進步腦後一窩蜂(진보뇌후일와봉)[495]−⑩金鉤掛玉瓶(금구괘옥병)[496]

13)破棍又四路譜(파곤우사로보): ①外滾手(외곤수)[497]−②打潛龍鎖口(타잠룡쇄구)[498]−③剪步羣攔(전보군란)[499]−④僊人掃地(선인소지)[500]−⑤刀出鞘一封手(도출

---

480 我立四平 彼搭我圈外 剳我圈裏 我硬封開彼棍 彼剳我圈外 我又硬封開彼棍 名曰硬封

481 彼剳我圈裏 我拏開彼棍

482 我進步硬靠 我進步硬

483 我進步伏虎打彼手 彼剳我脚

484 我提開彼棍 彼剳我面 我拏開彼棍 剳彼心面 彼亦拏開我 棍剳我心面 我拏開彼棍 剪步跳出 立羣攔

485 彼見我立羣攔 剳我圈外 我拏開彼棍立羣攔 彼剳我圈裏 我拏開彼棍 立羣攔 彼剳圈外 我纏圈裏拏 開彼棍 彼剳我脚 我提開彼棍 彼剳我面 我拏開彼棍 進步鎖彼口 名曰吃鎗還鎗 烏龍飜江 梨花三擺頭

486 我立四平 彼搭圈裏 剳我圈外 我用外滾手 勾開彼棍

487 彼見我外滾手 勾開棍 彼剳我圈裏 我進步伏虎打彼手

488 彼見我圈裏打伏虎 彼剳我圈外 我用通袖 圈外推開彼棍

489 彼見我通袖 圈外推開棍 彼剳我圈裏 我拏開彼棍 進右步騎馬硬靠 打彼手

490 彼見我騎馬硬靠 彼剳我陰膝 我退右脚 提開棍 彼剳我面 我拏開 剳彼一鎗

491 剳彼一鎗 彼拏開 我用擔山走出

492 我二郎擔山走出 換右手在前 懸左足立左獻花 彼剳我 我橫撩打開棍

493 我橫撩打開棍 換左手在前 懸右足立右獻花 彼剳我 我擾纏開棍

494 我擾纏開棍 打下羣攔 彼圈外剳我, 我揭起開棍, 進右步用穿袖 圈外打彼腦後

495 彼見我進右步 用穿袖圈外打腦後 彼勾開我棍

496 彼勾我棍 我將棍梢收縮 用棍根打開彼棍 我進右 步圈外跟彼左脚 用棍根勾彼前頸項一跌

497 我立四平 彼搭圈裏剳我圈外 我用外滾手 勾開棍

498 彼見我外滾手勾開棍 彼剳我圈裏 我劈開棍 立潛龍 彼剳我面 或剳我手 我拏開進步鎖口

499 彼見我鎖口 彼拏我棍 我閃在圈外 剪步跳出 立羣攔

500 彼見我立羣攔 剳我圈外 我揭起開棍 單手施風打彼脚

초일봉수)[501]–⑥二進步打羣攔(이진보타군란)[502]–⑦腦後一窩蜂(뇌후일와봉)[503]–⑧截手剳一鎗出(절수차일창출)[504]–⑨庄家亂劈柴(장가난벽채)[505]–⑩順步劈山(순보벽산)[506]–⑪剪子股(전자고)[507]–⑫剪步出鳳凰單展翅(전보출봉황단전시)[508]–⑬一提金陰陽用(일제금음양용)[509]–⑭上封手(상봉수)[510]–⑮鉤掛鎖口(구괘쇄구)[511]

14)破棍又六路譜(파곤우육로보): ①硬封三進步鎖口(경봉삼진보쇄구)[512]–②劈山棍(벽산곤)[513]–③燕子奪窩(연자탈와)[514]–④後剪步西牛望月(후전보서우망월)[515]–⑤烏龍入洞(오룡입동)[516]–⑥閃賺花鎗鎖口(섬잠화창쇄구)[517]

소림사에서 사용한 가결을 보면 "四平勢(사평세), 高提勢(고제세), 秦王跨劍(진왕과검), 黑風鴈翅(흑풍안시), 鎖口勢(쇄구세), 烏雲罩頂(오운조정), 羣攔(군란), 跨劍(과검), 一提金勢(일제금세), 太公釣魚(태공조어), 孤鴈出羣(고안출군), 鷂子撲鵪鶉(요자박암순), 鎖口(쇄구), 朝天鎗(조천창), 高祖斬蛇(고조참사), 秦王大御劍(진왕대어검), 倒拖荊棘不留門(도타형극불유문), 敬德倒拉鞭(경덕도랍편), 遮天不漏雨(차전불루우), 刀出鞘勢(도출초세), 風捲殘雲(풍권잔운), 腦後鎗(뇌후창), 伏虎勢(복호세), 烏龍翻江(오룡번강), 通袖勢(통수세), 騎馬勢(기마세), 二郎擔山出(이랑담산

501 彼見我打脚 躲過我棍 我立出鞘 彼剳我 我斜劈開棍 收回 復立刀出鞘
502 彼見我復立刀出鞘 彼剳我 我打開棍 立羣攔
503 彼見我立羣攔 剳我圈外 我揭起開棍 進右步用穿袖 圈外打彼腦後
504 彼見我打腦後 欲勾我棍 我卽進左步 用棍截打彼前手 剳彼圈裏一鎗
505 彼見我剳一鎗 彼拏開我棍 我順勢走出 彼隨跟剳我 換右手在前 回左轉身劈打開棍
506 立順步劈山 順步劈山 右手在前彼見劈下立劈山 彼剳我圈外
507 彼剳我圈外 我勾開棍 進左步 圈裏打彼頭
508 彼見我打頭 彼欲架開我棍 我截打彼手 順勢勾跳出 立單展翅
509 彼見我立展翅 剳我面 我進右步 圈外用棍梢撩開棍 彼下剳我脚
510 彼下剳我脚 我用棍根提手 彼棍起削我手 我進左步圈外 用棍梢打彼手
511 彼見我圈外棍梢打手 彼圈外下打我脚 我進右步圈外 用棍根提彼手 彼棍起 我順勢勾掛 走圈裏鎖口
512 我立四平 彼搭圈外 剳我圈裏 我進左步 右脚稍移于左 劈彼前手 彼剳我圈外 我進左步 右脚稍移于右 劈彼前手 彼剳我圈裏 劈開進步鎖口
513 彼見我鎖口 拏我棍 我閃在圈外 立羣攔
514 彼見我立羣攔 剳我圈外 我揭起推開棍 順棍劈打前手 直下及前脚面 剳彼圈外 剪步跳出
515 剪步出 立稍開拖戟勢 乃是西牛望月
516 彼見我立西牛望月 剳我圈外 我攔開 上右步騎馬勢 入彼圈外
517 彼見我圈外上騎馬, 彼拏我棍, 我閃賺纏拏圈裏鎖口

출), 左獻花(좌헌화), 右獻花(우헌화), 僊人掃地(선인소지), 順步劈山(순보벽산), 鳳凰單展翅(봉황단전시), 燕子奪窩(연자탈와), 稍開拖戟勢(초개타극세), 烏龍入洞(오룡입동)" 등이다. 破棍路譜(파곤보)는 闡宗(천종)의 곤법 55세와 鎗法(창법) 24세 그리고 다른 문서에서 있었던 기법을 구성하여 鬪路(투로)를 새롭게 만들었다. 그리고 '箚(차)·勾(구)·鉤(구)·靠(고)·拏(나)·硬(경)·捉(착)·滾(곤)·纏(전)·搭(탑)·吃(흘)·劈(벽)·梨花(리화)'는 창법과 곤법에 사용된 문장이다. '圈里(권리)'는 범위의 안이고 圈外(권외)는 밖이다. 里(리)가 內(내)의 의미다. 이런 勢名(세명)을 보면 소림곤법의 뿌리도 동이족에서 파생된 것임을 알 수 있다.

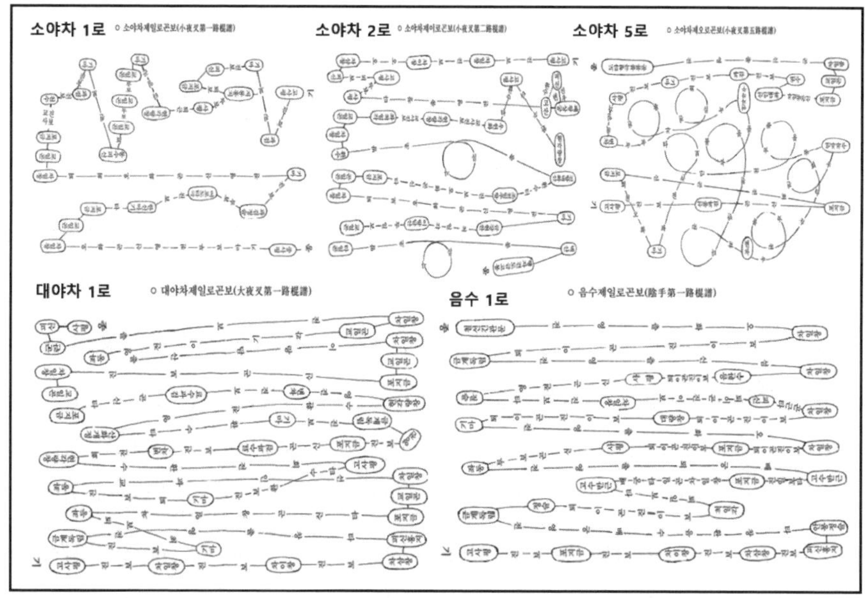

그림 11-4. 少夜义/大夜义/陰手

4
棍法(곤법) 55세의 그림 비교

모든 「鎗法(창법)」의 그림은 좌측을 보고 있고, 「棍法(곤법)」은 우측을 보고 있다. 이것은 上下(상하)로 움직인 동선의 설정이지만 그림을 좌우로 배치한 것이다. 곤법과 창법은 같은 문체이고 동작이 함축된 한자는 모두 같은 동작으로 사용되고 있다. 한쪽의 가결이 다른 쪽의 설명문으로 사용됐다. 이것은 조선세법과 본국검, 곤법과 창법이 동시대에 만들어졌다는 강력한 증거다. 곤법 55세는 모두 연결된 하나의 투로지만 하나의 자세에 2~3개의 자세가 연결되어 있기도 하다. 한 자세의 기법을 설명한 문장도 있지만 연결된 동작도 있다. 이와 같은 까닭에 곤법과 창법의 순서가 다르게 조합되어 여러 鬪路(투로)들이 만들어진다. 곤법 55세는 화려한 기교보다 실전의 간결한 古朴無華(고박무화) 한 동작으로 연결돼있다.

가. 棍法(곤법) 55세의 순서와 그림

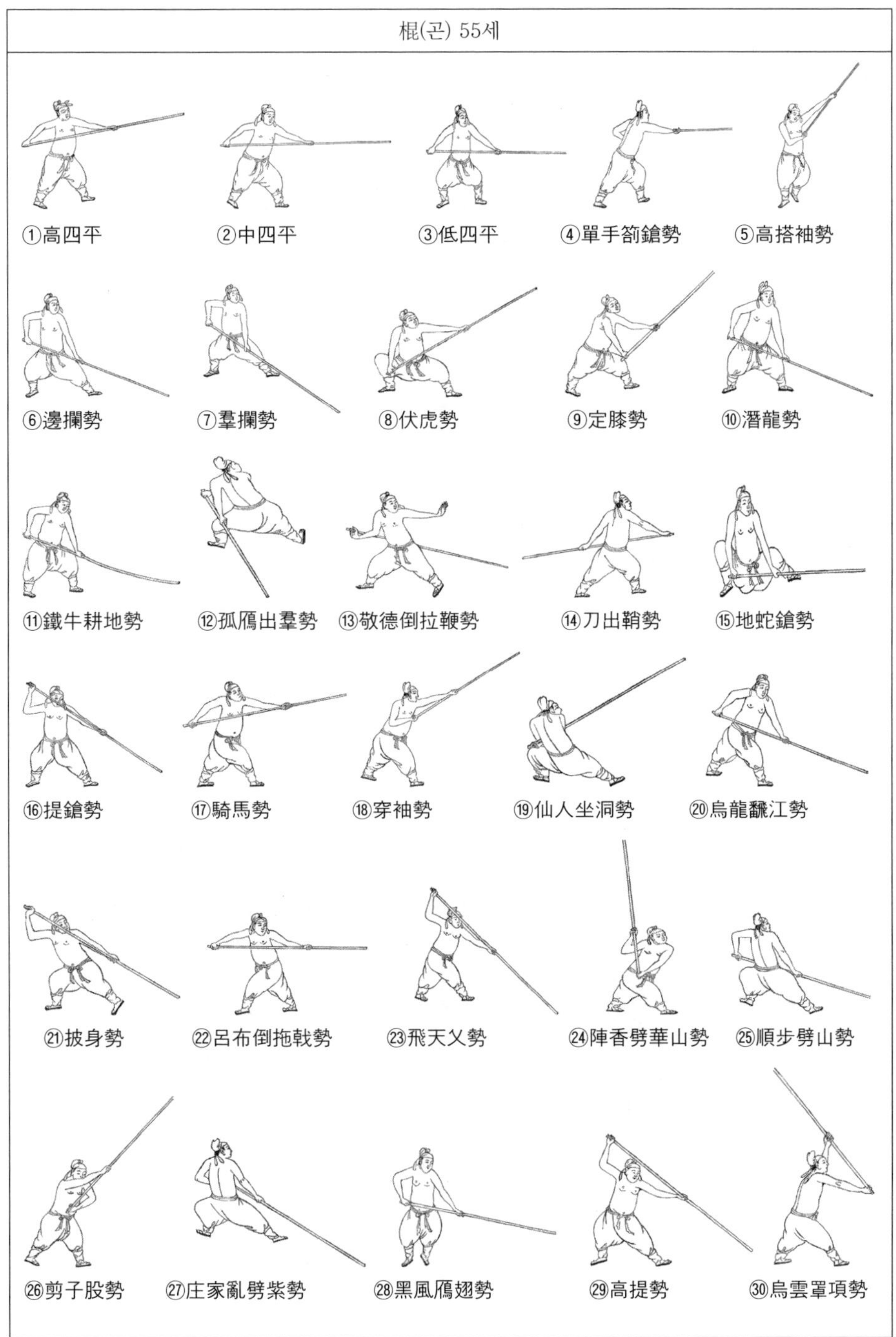
棍(곤) 55세
①高四平
②中四平
③低四平
④單手箚鎗勢
⑤高搭袖勢
⑥邊攔勢
⑦羣攔勢
⑧伏虎勢
⑨定膝勢
⑩潛龍勢
⑪鐵牛耕地勢
⑫孤鴈出羣勢
⑬敬德倒拉鞭勢
⑭刀出鞘勢
⑮地蛇鎗勢
⑯提鎗勢
⑰騎馬勢
⑱穿袖勢
⑲仙人坐洞勢
⑳烏龍飜江勢
㉑披身勢
㉒呂布倒拖戟勢
㉓飛天乂勢
㉔陣香劈華山勢
㉕順步劈山勢
㉖剪子股勢
㉗庄家亂劈紫勢
㉘黑風鴈翅勢
㉙高提勢
㉚烏雲罩項勢

㉛通袖勢
㉜劈勢
㉝霸王上弓勢
㉞朝天鎗勢
㉟金剛抱琵琶勢
㊱跨劍勢
㊲左獻花勢
㊳右獻花勢
㊴儘頭鎗勢
㊵高搭手
㊶單提手勢
㊷金鷄獨立勢
㊸倒拖荆棘勢
㊹二郎擔山勢
㊺鳳凰單展翅勢
㊻下揷勢
㊼挾衫勢
㊽一提金勢
㊾秦王跨劍勢
㊿前攔搪勢
51勾掛硬靠勢
52鎖口鎗勢
53鐵扇緊關門勢
54撑勢
55單倒手勢

그림 11-5. 棍法(곤법) 55세

나. 楊家長鎗(양가장창)과 곤법 55세의 비교

長鎗(장창) 가결의 설명문은 棍法(곤법)의 가결로 사용했지만 곤법 가결의 설명문은 장창의 가결로 사용되지 않았다.

長鎗(장창) 24세	棍法(곤법) 55세	長鎗(장창) 24세	棍法(곤법) 55세
 司彝賓服(中平鎗法)	 中四平(眞個奇)	 指南針勢(上平鎗法)	 高四平(變換活用拏法)
 十面埋伏(下平鎗法)	 低四平(白蛇弄風拿捉)	 青龍獻爪勢(孤鴈出羣鎗法)	 單手箚鎗勢(中平一點是)
 邊攔勢(閉鎗法)	 邊攔勢(左號邊攔右羣攔)	 鐵牛耕地勢(急搗碓鎗法)	 鐵牛耕地勢(撲鵪鶉來硬打硬)
 跨劍勢(裙欄鎗法)	 跨劍勢(變羣攔)	 鋪地錦勢(地蛇鎗法)	 地蛇鎗法(死蛇變作活蛇誇)
 騎龍勢(拗步鎗法)	 騎馬勢(非順步推開上右足)	 琵琶勢(白牛轉角鎗法)	 金剛抱琵琶勢(顚步平拏堪寵)
 朝天勢(上驚下取鎗法)	 朝天鎗勢(勾開打腦後)	 美人認針勢(儘頭鎗法)	 儘頭鎗勢(偷步上斜行極利)
 伏虎勢(六封鎗法 斜倒硬上如風 退閃提攔纏捉 他如壓卵 又朝天鐵掃 迎封接靠)		 伏虎勢(伏虎頭高不易 挨稍卽進莫徘徊 左右箚吾劈打易 高低箚我捉提開 搭袖勢來難可畏 猶有四平堪取裁)	

그림 11-6. 長鎗(장창)과 棍法(곤법)의 비교

5
棍法(곤법) 55세의 解除(해제)

棍法(곤법) 55세를 순서에 맞춰 해석하고, '戟法(극법)·叉法(차법)·鎗法(창법)'의 자세와 문장을 비교함으로써 원형의 실체에 이르게 하고자 한다. 다른 문장은 보조 수단으로 해석하고, 원문은 주석에 붙였다. 한편 안악3호분에 '戟(극)'을 들고 있는 병사의 그림이 있다.

一. 高四平勢(고사평세)

원문: 四平高勢換活 鎗來箚臉用拏法 箚前拳蹲身打下 棍底鎗搭袖可脫

①四平高勢換活(사평고세환활): 사평에서 높이는 자세로 활처럼 바꾼다네

高四平(고사평)을 四平高勢(사평고세)로 썼다. '사평에서 위로 올린다'다. 여기서 '換活(환활)'은 매우 중요한 문장이다. 換(환)은 '주고받다·바꾼다'다. 문제는 '活(활)' 자다. '活(활)=氵(수)+舌(설)'이다. '氵(수)'는 '手(수)'의 환유다. 입안에 가만히 있는 혀는 '설'이고 움직이거나 혀가 나가면 '살'이다. 세치 혀로 사람을 죽인다는 말이 있다. 弓(궁)을 '활'이라 한 것은 입술의 모양이 궁이기 때문이다. '사평에서 위로 찌를 때 화살이 나가는 것처럼 손으로 棍(곤)을 밀고 다시 당긴다(換活鎗來)'다. '弓(궁)'을 '活(활)'이라 사용한 민족이 아니면 '活(활)' 자를 해석할 수 없다. 棍法(곤법)은 한민

족이 만들었다는 결정적인 글자다.

②鎗來箚臉用拏法(창래차검용나법): 뺨을 찌른 창이 돌아오면 나법을 사용한다네

'來(래)' 자는 '나갔던 것이 다시 되돌아온다'다. '箚(차)' 자는 대나무로 묶은 죽간이다. 글은 위에서 아래로 쓴다. 箚(차)는 아랫사람이 윗사람에게 상소를 올릴 때 쓰이는 글자다. '올린다·찌른다'다. 箚(차)와 대칭이 되는 글자는 符(부)다. 箚(차)는 縱(종)이고 符(부)는 横(횡)이다. 臉(검)은 '뺨'이다. 찌르는 목표도 되지만 〈그림 11-17〉의 '活掤對進鎗勢(활붕대진창세)'를 보면 창을 거두었을 때나 찌를 때의 위치도 된다. 이 위치에서 拏法(나법)을 한다.

③箚前拳蹲身打下(차전권준신타하): 앞을 찌르면 손을 말아 쥐고 자세는 아래로 낮춘다네

'拳(권)' 자의 해석이 매우 중요하다. 拳(권)을 '주먹으로 친다'로 해석하면 箚前拳(차전권)을 '창으로 찌르고 주먹으로 친다'가 된다. 그렇다면 어떤 손을 칠 것인가? 여기서의 '拳(권)' 자는 '주먹'이란 명사가 아니라 '말아 쥔다'는 동사다. 즉 창을 찌를 때 '棍(곤)을 주먹을 쥐듯이 말아 쥔다'다. 이렇게 해가 강하게 찔리고 상대가 찔렸을 때 棍(곤)이 뒤로 밀리지 않는다.

蹲身(준신)는 '찌른 이후에 상체를 아래로 이동하여 구부린다'는 문장이다.

④棍底鎗搭袖可脫(곤저창탑유가탈): 밑에 있는 곤두를 탑수로 들어 탈출한다네

棍底(곤저)는 앞 문장의 '打下(타하)'와 연결된다. 상대가 고사평의 공격을 방어하여 아래로 내려친 결과 棍頭(곤두)가 밑으로 떨어졌을 경우 搭袖(탑수)로 탈출하라는 설명이다.

그림 11-7. 高四平高/吊四平槍勢[518]/高四平戟勢[519]/高四平叉勢[520]/指南針勢

521 此是初持鎗之勢將槍托開 稍离胸前 以示其能 及臨敵則以槍低挨腰旁 而变中四平 法曰 槍是纏腰鎖 是也

519 四平高勢換活彼鎗箚臉用拏法 箚前拳蹲身劈下 戟底鎗高搭袖可脫

520 此名高四平之勢彼槍箚我圈里我拿開進右步 彼槍箚我圈外攔開上左步 彼箚我脚用提叉彼箚我面 拿開彼槍進右步 上左步相機進殺.

二. 中四平勢(중사평세)

원문 : 中四平勢眞個奇 神出鬼沒不易知 闔闢縱橫隨意變 諸勢推尊水不移

①中四平勢眞個奇(중사평세진개기): 중사평세는 참으로 뛰어나다네

중사평세는 창법의 여러 기법 중의 왕이다. 여기에서 많은 변화가 생긴다.

②神出鬼沒不易知(신출귀몰부이지): 신출귀몰하듯이 변화를 쉽게 알 수 없다네

③闔闢縱橫隨意變(함벽종횡수의변): 문이 여닫히듯 종횡으로 생각한 데로 이루어지네

闔闢(함벽)은 '닫힌 문을 여닫다'다. 좌우로 움직이는 변란세와 군란세의 작용이고 縱橫(종횡)은 상하 작용이다. 鷂鵪(요암)과 提梭(제사), 拿鎗(나창)과 架鎗(가창)과 같은 작용이며 전후 鷂(요)의 작용이다. 제자리에서 창을 상하좌우로 사용하는 기법을 詩(시)로 표현한 것이다.

④諸勢推尊水不移(제세추존수불이): 모든 세는 변하지 않는 물을 흐름을 따른다네

水(수)은 '上善若水(상선약수)'다. 막히면 돌아가고 공격은 세차고, 기다림은 잔잔하다. 모든 행위를 '물'의 성질로 비유했다. 不移(불리)는 '수평을 유지한다'다.

그림 11-8. 中四平勢/中四平槍勢[521]/中四平戟勢[522]/天蓬叉勢[523]/四夷賓服勢

三. 低四平勢(저사평세)

원문: 四平低勢上着 白蛇弄風拿捉 任伊左右劈來 邊羣二攔隨作 棍高可箚前拳 惟怕搭袖高削

①四平低勢上着(사평저세상착): 사평에서 낮춘 자세라네

高四平(고사평)을 四平高(사평고)로 설명했듯이 低四平(저사평)도 四平低(사평

521 槍中之王諸勢之首 着着祖此而變化無窮如你箚上我即拿你箚下 我即提擄你箚左我卽攔你箚右我即拿 總此一着之所變化也法曰你槍發我槍拿是也

522 中四平真稀奇 變換多搬不易知 左右捉拿隨手轉 諸勢推尊斷不移

523 此名四平叉 乃起手之勢。法中有進步 、急箚三叉, 又有拿攔提壓 渚勢内変換上法, 無過于此

저)로 표현했다. 上着(상착)은 '눈은 위를 본다'다.

②白蛇弄風拿捉백사롱풍나착): 백사롱풍으로 나가서 앉는다네

四平勢(사평세)가 '좌각'이 나가 있다. 사평세 상태에서 棍(곤)을 들면서 좌회로 돌아 저사평세를 취하게 때문에 白蛇弄風拿捉(백사롱풍나착)이다. '拿(나)'은 '손이 나가다'로 이두문이고, 捉(착)은 '꽉 말아 쥐다'다. '圈內有拏(권내유나)圈外有攔(권외유란)遮下有提(차하유제)護上有捉(호상유착)惟劈則上與左右可兼用也(유벽측상여좌우가겸용야)'로 즉 拏開(나개)와 攔開(란개)·提(제)와 捉(착)은 서로 대칭이다. 또한 '出手爲陽(출수위양)收手爲陰(수수위음)捉圈外爲陽(착권외위양)拏圈裏爲陰(나권리위음)'이다. 손을 뻗고 당길 때와 좌우로 제낄 시, 좌수가 돌아가는 변화다.

③任伊左右劈來(임이좌우벽래): 저쪽에서 좌우를 공격한다네

劈(벽)은 '劈破(벽파)'다.

④邊羣二攔隨作(변군이란수작): 변란과 군란 두 세가 따라 막는다네

상대가 좌우로 무릎을 공격하면 저사평은 변란과 군란으로 막는다.

⑤棍高可箚前拳(곤고가차전권): 棍(곤)을 들어 앞으로 찌를 때는 손을 말아쥔다네

棍(곤)을 위로 빗겨 찌를 때 양손으로 棍(곤)을 꽉 말아쥔다. 拳(권)은 '주먹으로 친다'가 아니라 '말아 쥔다'다.

⑥惟怕搭袖高削(유박탑수고삭): 오직 담백하게 고수처럼 들어 올린다네

앞 문장 棍高(곤고)와 연결되어 곤을 높이면 搭袖(탑수)처럼 되는데 이 동작이 削(삭)이다.

그림 11-9. 低四平勢/低四平鎗勢[524]/低四平戟勢[525]/十面埋伏勢

524 你立中四平爲待守之法我即用低四平將槍人你槍下用梨花擺頭而進便拿即拿便攔即攔格開你槍隨即箚你或用白蛇弄風仰掌陽持將槍頭低指入你圈外或覆掌陽持指入你圈外聽便拿攔開你槍隨即箚你或圈里圈外挨靠你槍箚你你犹能待守乎法曰你槍不運我槍箚是也.

525 低四平上着用拿捉 任伊左右劈來 邊群二攔隨作 槍高亦可箚前拳 只怕朝天槍高削

四. 單手箚鎗勢(단수차창세)

원문: 持棍須識合陰陽 箚人單手最爲良 前手放時後手盡 一寸能長一寸强 陽出陰收防救護 順立二攔收敗鎗 箚人無如此着妙 中平一點是鎗王

①持棍須識合陰陽(지곤수지합음양): 곤을 잡으면 음양의 합을 알아야 한다네

棍(곤)을 잡은 손이 음양으로 합해진 것을 알아야 한다. 棍(곤)을 잡은 '우권'의 손등이 하늘을 향하면 陽(양)이고 '권면'이 하늘을 향한 '좌권'이 陰(음)이다. 단수로 찌른 '우권'이 나가면 손이 비틀어지기 때문에 양수가 음수로 변한다.

②箚人單手最爲良(차인단수최위량): 사람을 찌를 때 단수가 최고로 좋다네

③前手放時後手盡(전수방시후수진): 앞 손을 뻗을 때 뒷손은 뒤로 뺀다네

④一寸能長一寸强(일촌능장일촌강): 일촌이 길어지면 이촌이 유리하다네

⑤陽出陰收防救護(양출음수방구호): 양수로 나가고 음수로 거두어 방어하고 구호하네

後手盡(후수진)은 '최대한 좌수를 뒤로 뺀다'다. 이렇게 하면 상체가 더 나가 창이 길어진다. 창을 찌를 때는 陽手(양수)이고 거둘 때는 陰手(음수)로 해야 한다.

⑥順立二攔收敗鎗(순립이란수패창): 찌르다 실패하면 서서 변란과 군란으로 방어한다네

실패했을 때 자연스럽게 창을 거두어 서서 변란과 군란으로 방어한다. 單手(단수)를 '좌각우수'로 깊게 찌르면 상체가 앞으로 숙여지기 때문에 '우각'이 따라 나가게 된다. 이것이 '順立(순립)'이다. 단수차창세는 '좌각우수'이기 때문에 좌수가 굽혀졌고 창법 18세는 '우수우각'이기 때문에 좌수를 뒤로 펼쳤다.

⑦箚人無如此着妙(차인무여차착묘): 사람을 찌름에 이같이 묘한 것이 없다네

⑧中平一點是鎗王(중평일점시창왕): 중평에서 한 점을 찌르는데 이것이 창 중의 왕이라네

이 기법은 '孤鴈出羣槍-青龍獻爪槍勢'로 연결된다. 창법의 青龍獻爪槍勢(청룡헌조창세)와 기법은 같으나 '보법'이 다르기 때문에 單手箚鎗勢(단수차창세)로 가결이 달라졌다. 서로 대칭으로 구성했음을 알 수 있다. "왼손이 앞에 있으면 箚(차)·拏(나) 등의 법은 누구나 편히 할 수 있고, 오른손이 앞에 있으면 劈(벽)·打(타)가 분명히 쉽지만, 單手箚鎗(단수차창)은 어렵다.

왼손이 앞에 있는 '고안출군세·요자박암순세'는 右轉身劈打法(우전신벽타법)이고 오른손이 앞에 있는 경덕도납편세는 고안출군으로, 장가란벽채세는 요자박암순으로 변하는 左轉身劈打法(좌전신벽타법)이다."[526]

그림 11-10. 單手劄鎗勢/青龍獻爪槍勢[527]/青龍獻爪槍勢[528]

五. 高搭袖勢(고탑수세)

원문: 勢名搭袖棍壁立 前虛後實在呼吸 側身斜劈非眞劈 顚步平拏圈外入 力弱勢低不吾降 惟怕鶺鴒短打急

①勢名搭袖棍壁立(세명탑수곤벽립): 세명은 탑수곤벽립이라네

②前虛後實在呼吸(전허후실재호흡): 앞은 허하고 뒤가 실한 것은 호흡에 있다네

창을 들고 내릴 때 호흡에 맞춰야 한다. 앞으로 칠 경우는 도리깨질할 때 앞발을 들고 내려칠 때 발을 지면을 구르는 기법과 같다.

③側身斜劈非眞劈(측신사벽비진벽): 비스듬히 서서 치지만 실제로 치는 것은 아니다네

이 문장은 벽세로 치려는 목적이 아니라 전환이 목적이다. 剪子股勢(전자고세)와 대칭이다.

④顚步平拏圈外入(전보평나권외입): 뒤로 돌아 권외에서 들어가 平拏(평나)를 한다네

平拏(평나)는 低四平勢(저사평세)의 惟怕搭袖高削(유박탑수고삭)과 연결된 문장으

---

526 左手在前 劄拏等法人人便之 右手在前者 劈打須易 而單手劄鎗難 今以左手在前喻之 孤鴈出羣勢 鷂子撲鵪鶉 此是右轉身
劈打法也 又以右手在前喻之 敬德倒拉鞭勢 可化與孤鴈出羣同用法 庄家亂劈柴勢 可化與鷂子撲鵪鶉同用法 此是左轉身劈打法也

527 勢勢之中 着着之內 單手劄入 無逾劄着 我立諸勢 聽你上下里外劄我 我用捌,拿,勾,捉等法 破開你槍 卽進步單手探身發槍劄你法曰 吃槍還槍 是也. 吃槍(흘창)의 吃(흘)은 '흘린다'의 이두문이다.

528 乃孤鴈出羣槍法 勢勢之中 着着之內 發槍劄人 不離是法

로 뒤로 돌아 저사평세를 취한다는 문장이다. 다음 문장에 '低(저)' 자가 저사평세다.

⑤力弱勢低不吾降(력약세저불오강): 힘이 약하고 자세가 낮으면 나는 내리지 않는다네

⑥惟怕鵪鶉短打急(유박암순단타급): 오직 담담하게 암순으로 짧고 빠르게 친다네

'鵪(암)' 자와 '鷂(요)' 자가 번갈아 쓰이고 있다. 상하로 내려치는 鵪鶉(암순)을 하늘의 나는 매와 날지 못하는 메추라기로 비유했다. '高搭袖(고탑수)-鷂子撲鷂鶉(요자박요순)'의 연결이다.

그림 11-11. 高搭袖勢/剪子股勢

六. 邊攔勢(변란세)

원문: 左號攔邊右羣攔 兩邊拏畣不爲難 惟有穿提柔勢妙 防他左右棍頭鑽

해설: 棍法(곤법)과 鎗法(창법)에 좌우 변란세의 자세가 있다.

①左號攔邊右羣攔(좌호란변우군란): 좌측은 변란 우측은 군란이라 한다네

左號攔邊(좌호변란)은 邊攔勢(변란세)를 설명한 문장이다.

②兩邊拏畣不爲難(양변나차불위난): 좌우를 찌를 때 너무 어지럽게 하지 않는다네

③惟有穿提柔勢妙(유유천제유세묘): 오직 '穿提(천제)'는 부드러움에 묘함이 있네

④防他左右棍頭鑽(방타좌우곤두찬): 상대의 좌우 공격을 棍頭(곤두)로 방어하도다.

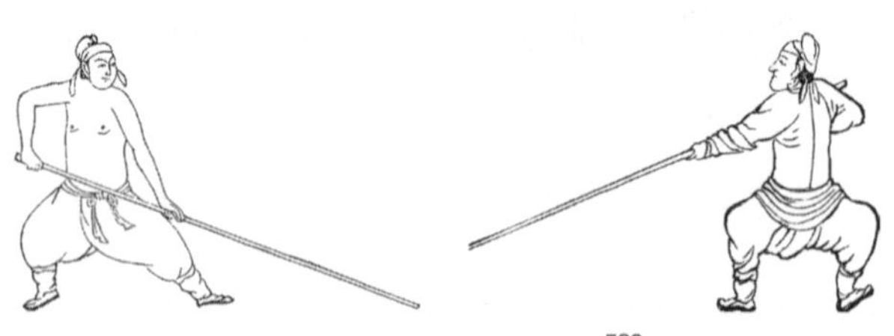

그림 11-12. 邊攔勢/邊攔勢[529]

529 乃裏把門封閉鎗法 守門戶有纏 捉 顚 拏 閃賺 上穿指袖股 倘他出馬一槍迎 抱著琵琶埋伏.

七. 羣攔勢(군란세)

그림 11-13. 羣攔勢

八. 伏虎勢(복호세)

원문: 伏虎頭高不易摧 挨稍卽進莫排徊 左右箚吾劈打易 高低箚我捉提開 搭袖勢來難可畏 猶有四平堪取裁

①伏虎頭高不易摧(복호두고불역최): 棍頭(곤두)를 세우니 꺾기가 쉽지 않다네

摧(최)는 '摧堅陷陣(최견함진)'으로 '堅(견)'이다. 앉아 창을 들어 뛰어오른 범을 기다린다.

②挨稍卽進莫排徊(애초즉진막배회): 머뭇거리지 말고 棍梢(곤초)를 밀치며 나간다네

稍(초)는 '棍梢(곤초)'다.

③左右箚吾劈打易(좌우차오벽타이): 좌우를 찌르면 나는 벽타로 바꾼다네

④高低箚我捉提開(고저차아착제개): 고저로 찌르면 나는 '捉提(제착)'으로 연다네

⑤搭袖勢來難可畏(탑수세래난가외): 탑수세로 돌아오는 것이 두렵다네

⑥猶有四平堪取裁(유유사평감취재): 오직 사평세를 취하여야 한다네

棍法(곤법)의 복호세는 땅에서 하늘로 향하고, 槍法(창법)은 하늘에서 땅으로 향한다. 곤법과 창법이 배친 된 구성 원리를 복호세가 극명하게 보여주고 있다.

그림 11-14. 伏虎勢/伏虎叉勢[530]/伏虎勢[531]

530 先立騎馬勢 開左邊門戶 彼槍箚人 將叉往左邊斜劈開彼槍 上左步 再攔一叉進右步 上左步搶人刺殺

531 乃六封鎗法 斜倒硬上如風 斜倒硬上如風攔纏捉 他如壓卵攔 又朝天鐵掃 迎封接靠.

九. 定膝勢(정슬세)

원문: 立膝立勢似伏虎 劈拏捉打我爲主 倘遇搭袖高打來 順變二攔來救補

①立膝立勢似伏虎(입슬입세사복호): 무릎 위에 세우는 정슬세는 복호세와 유사하다네

定立(정립)이다. '복호세-정슬세'의 연결이다.

②劈拏捉打我爲主(벽나착타아위주): 벽처럼 세워 나아감에 내 몸을 중심으로 한다네

劈拏捉打(벽나착타)는 '劈打(벽타)'와 '捉拿(착나)'다. 捉拿(착나)는 손발이 동시에 움직이는 동작이다. 몸 중심에 棍(곤)은 세우고 나간다.

③倘遇搭袖高打來(당우답수고타레): 별안간 고탑수로 공격해 올 수 있다네

④順變二攔來救補(순변이란래구보): 棍(곤)을 기울여 二攔(이란)으로 보호한다네

二攔(이란)의 '攔(란)'은 복호세의 '捉提(제착)'과 연결된다. 여기서 변란과 군란이라 하지 않은 것은 변란과 군란은 '提(제)'로 아래를 막기 때문에, 여기서는 위에서 좌우로 내려치는 것을 막는 것을 '攔(란)'으로 설명했다.

그림 11-15. 定膝勢/定膝戟勢[532]

十. 潛龍勢(잠룡세)

원문: 潛龍棍首落 諸勢以靜降 四路無空着 惟防虎口鎗

①潛龍棍首落(잠용곤수락): 잠용을 곤수로 내린다네

棍頭(곤두)를 棍首(곤수)로 표현했다. 창법은 하늘의 '靑龍(청룡)'이고 棍法(곤법)은 물속의 '潛龍(잠용)'이다. 하늘의 개념으로 '棍頭(곤두)'를 사용했고, 땅의 개념으로 棍首(곤수)를 사용하여 서로 대칭시켰다. 棍(곤)을 蛇(사)나 龍(용)으로 환유했다.

532 定膝戟勢類伏虎 劈拏捉打在我我手 若遇彼槍高壓下 順變二攔來救補

②諸勢以靜降(제세이정강): 이런 세는 조용히 내린다네

③四路無空着(사로무공착): 四路(사로)가 비어있지 않다네

④惟防虎口鎗(유방호구창): 오직 虎口鎗(호구창)으로 방어한다네

虎口(호구)는 창을 잡을 '우수'다. 여기에서의 虎口(호구) '입'이다. 虎口(호구)는 '범의 아기리'로 매우 위태로운 곳을 뜻한다. 신체에서는 손의 '범아귀', '가랑이 사이' 그리고 '입'을 뜻한다.

그림 11-16. 潛龍勢

十一. 鐵牛耕地勢(철우경지세)

원문: 鐵牛耕地甚剛强 掤上打下最難當 撲鵪鶉來硬打硬 莫若變勢另思量

①鐵牛耕地甚剛强(철우경지심강강): 철우경지세는 매우 강하고 강하다네

소가 쟁기질하는 자세다. 곤법과 창법 모두에 鐵牛耕地勢(철우경지세)가 있다. 땅의 견우가 하늘로 올라갔기 때문이다.

②掤上打下最難當(붕상타하최난당): 손을 위로 들었다가 아래로 최대한 찌른다네

活掤對進鎗勢(활붕대진창세)에 '掤(붕)' 자의 모습이 명확하게 있다.

③撲鵪鶉來硬打硬(박암순래경타경): 鵪鶉(암순)으로 공격하면 硬(경)으로 막는다네

'硬(경)' 자가 '提(제)'와 같은 개념으로 사용됐음을 알 수 있다.

④莫若變勢另思量(막약변세령사량): 다른 자세로 쉽게 바꿀 생각을 하지 않네

그림 11-17. 鐵牛耕地勢/鐵牛耕地槍勢[533]/活掤對進鎗勢/鐵牛耕地勢[534]

533 我將槍置地捺弯 你或圈里圈外箚我 我則將槍進起 挨槍箚你 法曰 你槍來 我槍去 是也

534 乃急搗碓鎗法 硬去硬回莫軟 惟有此槍無空 他能平伏閃吾槍 就使黑龍入洞

十二. 孤鴈出羣勢(고안출군세)

원문: 圈外有敗鎗 孤鴈出羣走 回打撲鵪鶉 無論單雙手『其棍橫在左膝上 或單手雙手以便劈打』

①圈外有敗鎗(권외유패창): 휘두른 창이 맞지 않아 뒤로 나가 있다네

②孤鴈出羣走(고안출군주): 뒤처진 기러기가 무리를 쫓아가네

③回打撲鵪鶉(회타박암순): 돌아나가면서 암순으로 내려친다네

④無論單雙手(무론단쌍수): 단수이냐 쌍수냐를 논하지 않는다네

⑤其棍橫在左膝上(기곤횡재좌슬상): 봉은 횡으로 좌 무릎 위에 있다네

⑥或單手雙手以便劈打(혹단수쌍수이편벽타): 단수든 쌍수든 편한 대로 친다네

그림 11-18. 孤鴈出羣勢

十三. 敬德倒拉鞭勢(경덕도랍편세)

원문: 圈裡有敗鎗 拉鞭走救護 風捲殘雲入 刀出鞘回顧 雙手劈開鎗 羣攔進左步

①圈裡有敗鎗(권리유패창): 휘둘러 찌르지 못한 창이 권안에 있네

②拉鞭走救護(랍편주구호): 채찍을 끌고 달리듯이 피해 몸을 보호하네

③風捲殘雲入(풍권잔운입): 바람에 남은 구름이 말리듯 들어간다네

④刀出鞘回顧(도출초회고): 뒤로 돌아 도출초세를 한다네

시연자의 시선이 후방을 보고 있다. '우회'로 돌아 도출초세를 한다.

⑤雙手劈開鎗(쌍수벽개창): 쌍수로 막힌 벽을 연다네

⑥羣攔進左步(군란진좌보): 좌보가 나가면서 군란세를 한다네

'경덕도랍편세–도출초세–군란세'의 연결이다. '敬(경)' 자에 자세가 있다. 소림사는 '佯輸詐敗(양수사패)'로 설명한다.

그림 11-19. 敬德倒拉鞭勢/翻身掤退退槍勢[535]/刀出鞘勢/羣攔勢

十四. 刀出鞘勢(도출초세)

원문: 刀出鞘棍在後 單手棍打入 拉鞭向後走 再進風捲殘雲 依舊出鞘單手

①刀出鞘棍在後(도출초곤재후): 도출세의 鞘棍(초곤)은 뒤에 있다네

鞘棍(초곤)은 '棍梢(곤초)'다. 동일 음의 한자를 선후를 도치하여 사용했다.

②單手棍打入(단수곤타입): 한 손으로 치고 들어간다네

③拉鞭向後走(납편향후주): 채찍을 끌고 뒤로 달아나는 것과 같네

도출초세에서 패창을 하게 되면 敬德倒拉鞭勢(경덕도랍편세)가 된다는 설명이다.

④再進風捲殘雲(재진풍건잔운): 다시 한번 바람에 남은 구름이 말리듯 들어간다네

경덕도랍편세의 '風捲殘雲入(풍권잔운입)'의 반복이다.

⑤依舊出鞘單手(의구출초단수): 앞에 나온 도출초단수를 참고하면 된다네

그림 11-20. 刀出鞘勢

十五. 地蛇鎗勢(지사창세)

원문: 高鎗箚面不攔遮 地蛇伏下最爲嘉 他用提鎗偸步進 死蛇變作活蛇誇

①高鎗箚面不攔遮(고창차면불란차): 높게 얼굴을 찌르면 막지 않는다네

②地蛇伏下最爲嘉(지사복하최위가): 땅에 앉아 아래로 앉는 게 최고로 좋다네

③他用提鎗偸步進(타용제창투보진): 상태가 제창으로 투보로 다가온다네

538 我先拿你槍 單手探身箚你 你用大封大劈 格開我槍 敗于左 你卽顚步而進 端槍箚人 其勢雄其力大 我前手不及持槍 惟將右手斜拳掤起頭上而過 其身從右飜轉而退步用也 以上二着 法曰 死中求活 是也

提鎗偸步(제창투보)는 진두창세처럼 걷은 보법이다.

④死蛇變作活蛇誇(사사변작활사과): 죽은 뱀이 되살아나 입안의 혀처럼 크게 나가네

死蛇(사사)와 活蛇(활사)는 대칭이다. '死蛇(사사)'는 봉을 잡고 움직이지 않는 상태다. '活蛇(활사)'는 곤이 화살처럼 밀어 나가는 것이다. '誇(과)'의 '夸(과)'는 '大(대)+亐(우)'다. 활의 모양으로 생긴 입술이 크게 벌린 것이 '亐(우)' 자로 '향하여 가다'다. 즉 '亐(우)'가 '弓(궁)' 자다. 活(활)의 '舌(설)' 자는 입안의 혀로 벌어진 입에서 나가는 혀로 '화살'의 비유다. '誇(과)와 活蛇(활)' 자는 한민족이 아니면 절대로 해석할 수 없다.

그림 11-21. 地蛇鎗勢/地蛇槍勢[536]/鋪地錦勢[537]/儘頭鎗勢

十六. 提鎗勢(제창세)

원문: 提主降低鎗 棍起任拏捉 難測彼穿提 甚勿漫相角

①提主降低鎗(제주강저창): '提(제)'는 몸 중심에서 창이 아래로 내려간다네

②棍起任拏捉(곤기임나착): 棍(곤)을 들며 나가 아래를 막는다네

③難測彼穿提(난측피천제): 상대는 穿提(천제)하는 것을 예측하지 못한다네

④甚勿漫相角(심물만상각): 지나치게 싸워 棍頭(곤두)가 벗어나도록 하지 않는다네

536 我將槍頭置地 你箚我圈里 我顚起雙脚一拿 使你槍跌開于右邊 待你待槍復左 我又顚起雙脚一攔 使你槍跌開于左邊 待你待槍復右 我又如前法一拿復左 又一攔順其勢力 使你不得持槍立勢 法曰鉄掃帚是也

537 乃地蛇槍法 起手披挨急刺 高來直擦難饒 若他滴水認針穿 甦法死中反活

그림 11-22. 提槍勢/提槍勢[538]/蒼龍擺尾勢[539]

十七. 騎馬勢(기마세)

원문: 騎馬非順步 推開上右足 穿袖雖可拏 不如伏虎速

①騎馬非順步(기마비순보): 기마세는 순보가 아니라네

棍法(곤법)은 땅이기 때문에 騎馬(기마)이고 창법은 하늘이기 때문에 騎龍(기룡)이다. 騎馬(기마)는 行步(행보)와 斜步(사보)로 '우각좌수'다. 順步(순보)는 대칭으로 '좌각우수'다.

②推開上右足(추개상우족): 오른발이 올라가 밀고 나간다네

'上(상)' 자는 進(진)의 의미다. 그럼에도 '上(상)' 자를 쓴 것은 棍法(곤법)은 땅에서 하늘로 배치됐기 때문이다.

③穿袖雖可拏(천수수가나): 기마에서 밀면 천수세로 나아갈 수 있다네

④不如伏虎速(불여복호속): 복호세의 빠름만 하지 않다네

그림 11-23. 騎馬勢/騎馬戟勢[540]/騎馬叉勢[541]/騎龍勢[542]

538 我立四平 祢圈里劄我脚 我將槍頭低下 陽手提開你槍 你槍起我一拿. 你圈外劄我脚 我將槍頭低下 挺住用腰力一擺 擼開你槍. 你槍起 我圈里一拿 或圈外一攔 還槍劄你 如你用地蛇槍 我用提槍偸步斜進 拔打惊起你槍 一拿一提 又拿又提 其聲無間斷 跟纏你槍 不使走脫也 法曰 撥草尋蛇 是也 又曰 迎封接進 是也

539 乃掤退救護之法 電轉風回 驚散梨花閃賺

540 凡持槍頭高 則犯拿攔

541 先立四平勢 將叉斜迎于左 開左邊門戶 彼槍劄人 拏開上右步 則成騎馬勢 壓一叉上左步 剪步搶人刺殺

542 乃拗步鎗法 進有撥草尋蛇 退有邊攔救護 梨花滾袖似穿梭 四面是鎗雲罩霧

十八. 穿袖勢(천수세)

원문: 圈外勢難當穿袖推開妙 羣攔避裡鎗退步人難料 上脚打旋風定勢刀出鞘.

①圈外勢難當(권외세난당): 권외세는 막기 어렵다네

②穿袖推開妙(천수추개묘): 천수로 밀쳐 여는데 묘미가 있네

穿袖(천수)는 위를 찌르는 것이고 穿提(천제)는 아래를 찌르는 것으로 서로 대칭이다

③羣攔避裡鎗(군란피리창): 군란으로 리창하여 피하네

④退步人難料(퇴보인난료): 퇴보하면 상대는 헤아리지 못하네

'우각'이 나가 있다. '우각'을 뒤로 빼면서 창을 군란으로 잡고 '우회'로 돌아 '좌각'을 이동하여 돌면 도출세가 자연스럽게 된다. 뒤에 문장은 이에 대한 설명이다.

⑤上脚打旋風(상각타선풍): 앞을 향해 바람이 돌 듯 우회하네

⑥定勢刀出鞘(정세도출초): 도출초세가 된다네

그림 11-24. 穿袖勢/穿袖戟勢/刀出鞘勢

十九. 仙人坐洞勢(선인좌동세)

원문: 穿袖上外鎗 鎗來坐洞躱 躱過便發鎗 單手疾如火

①穿袖上外鎗(천수상외창): 천수로 밖을 향해 찔렀네

②鎗來坐洞躱(창래좌동타): 창을 당기며 앉아 감춘다네

③躱過便發鎗(타과편발창): 감춘 창을 펼쳐 찌른다네

④單手疾如火(단수질여화): 단수로 빠르게 찌름이 불과 같다네

疾(질)은 '찌르다>질'의 이두문이다.

그림 11-25. 仙人坐洞勢

二十. 烏龍翻江勢(오룡번강세)

원문: 先立羣攔左右拏 再用翻江方得確 他棍不論假和眞 我纏棍底盡拏捉 左拉右拉步緊棍 還鎗跳出尤拏着

①先立羣攔左右拏(선립군란좌우나): 먼저 군란세로 서서 좌우로 창이 나가네

②再用翻江方得確(재용번강방특확): 다시 오룡번강세와 같이 취한다네

③他棍不論假和眞(타곤불론가화진): 상대의 곤이 거짓인지 참인지 따질 바가 아니네

④我纏棍底盡拏捉(아전곤저진나착): 나는 곤의 끝을 밑으로 감으며 나아간다네

⑤左拉右拉步緊棍((좌랍우랍보긴곤): 좌우로 곤을 끌 듯이 급박하게 치며 나아간다네

⑥還鎗跳出尤拏着(환창도출욱나착): 창을 돌려 뛰어나가며 더욱더 밀어붙인다네

烏龍(오룡)은 물에 있는 까마귀로 물새다. 물새가 부리를 좌우로 흔들며 물고기를 찾는 동작에서 취했다. 棍(곤)이 땅이기 때문에 '鳳(봉)'이 아니라 '烏(조)'다.

그림 11-26. 烏龍翻江勢

二一. 披身勢(피신세)

원문: 圈內先須發哄鎗 順勢披身示不迫 他上穿提來逼吾 拖戟退時隨手格 回身右足推向前 便成騎馬敵人側

①圈內先須發哄鎗(권내선수발홍창): 권내에서 먼저 속이는 홍장을 찌른다네

②順勢披身示不迫(순세피신시불박): 피신을 하되 몰리듯 보이면 안되네

披身勢(피신세)가 장창 18세에서 詐敗勢(사패세)로 바뀌었다.

③他上穿提來逼吾(타상청제래핍오): 상대가 천제로 나를 핍박하네

④拖戟退時隨手格(타극퇴시수수각): 타극으로 물러나 손으로 막는 동작과 같다네

戟法(극법)의 무예서도 있었다. '피신세-여포타극세'의 연결에 대한 문장이다.

⑤回身右足推向前(회신우족추향전): 몸을 돌릴 때 우족을 전방으로 밀고 들어간다네

⑥便成騎馬敵人側(편성기마적인측): 기마세로 적의 측면으로 공격한다네

그림 11-27. 披身勢/詐敗勢[543]/披身戟勢[544]

二二. 呂布倒拖戟勢(여포도타극세)

원문: 抽身拖戟是退勢 門戶在梢分開閉 進步捉拿均四平 攔開騎馬圈外濟 欲知單手進箚人 惟有梢開方可制

①抽身拖戟是退勢(추신타극시퇴세): 추신타극세는 물러나는 세라네

抽身拖戟(추신타극)을 보면 '呂布(여포)'라는 이름이 후대에 呂布(여포)의 方天畵戟(방천화극)과 가결을 연결지었음을 알 수 있다. 披身(피신)보다 의미가 더 강한 抽身(추신)을 사용했다.

②門戶在梢分開閉(문호재초분개폐): 문호는 곤초로 문을 여닫아 나누네

門(문)은 정면이고 戶(호)는 측면의 비유다. 곤초의 움직임이 開閉(개폐)다.

③進步捉拿均四平(진족착나균사평): 앞으로 나가며 나착함은 사평세와 같이 한

543 我立四平 圈里挨逼你槍 我一攔隨將身往後一倒 僞爲敗勢 待你圈里箚我 我卽迎回身一拿 開你槍箚你 法曰 佯輸詐敗 是也

544 披身先順發哄槍 順勢披身示不迫 披用穿提來上吾 拖戟退時隨手格 回身右足推向前 便是騎馬敵人側

다네

④攔開騎馬圈外濟(란개기마권외제): 攔(란)은 열고 기마세로 권 밖에서 물 건너듯 한다네

'좌각'이 나가면(濟) 기마세다. '좌회'하면 곤이 밖에서 안으로 돌면서 도타극세가 된다.

⑤欲知單手進箚人(욕지단수진차인): 나아며 한 손으로 상대를 찌르는 것을 알려거든

⑥惟有梢開方可制(유유초개방가제): 오직 곤초는 문을 여는 방향으로 있어야 한다네

그림 11-28. 呂布倒拖戟勢/呂布倒拖戟勢[545]/倒拖叉勢[546]

二三. 飛天乂勢(비천예세)

원문: 飛天叉圈外防穿提 須用纏捉救虎口鎗 來伏虎攔此勢手與 翻江異變換出入皆一般

①飛天乂圈外防穿提(비편예권외방천제): 비천예세는 권외를 천제로 방어한다네

穿提(천제)의 穿(천)은 '우수'를 나타내고 '提(제)'는 경사진 제방과 같은 모양의 '棍(곤)'이다.

'叉(차)' 자는 鎗(창)에 사용되는 것이고 棍(곤)으로 사용하면 '乂(예)' 자다.

②須用纏捉救虎口鎗(수용전착구호구창): 모름지기 위를 찔러오는 호구창으로 막는다네

③來伏虎攔此勢手與(래복호란차세수여): 복호는 손을 들어 이 세(비천차)로 막는

545 拖戟是退勢 門戶分開閉 進步拿捉均四平 攔開騎馬圈外濟 欲知單手進箚人 惟有頭開乃可制

546 此名詐敗勢 先立低四平勢 將叉斜迎于右 開左邊門戶 彼槍箚人 將叉往左一格 退出左步 則成拖叉勢 側身開右邊門戶 餌彼槍箚人 將叉往右一拿 上右步 又成騎馬勢 俟彼槍人 相机進殺

다네

④飜江異變換出入皆一般(번강이변환출입개일반): 번강과 모양은 다르게 보이나, 나가고 들어오는 변화는 모두 같다네

그림 11-29. 飛天叉勢/烏龍飜江勢

二四. 陳香劈華山勢(진향벽화산세)

원문: 劈山右手前打下明 放隙圈外乘吾虛順 勾隨順劈.

①劈山右手前打下明(벽산우수전타하명): 벽산은 우수를 앞으로 치고 좌수는 올린다네

'우수'는 내려치는 작용을 하고 아래에 있는 '좌수'는 떠받치는 역할을 한다. 下明(하명)의 明(명)은 '밝다'의 뜻이 아니라 '높인다'이고 下(하)는 곤의 밑을 잡고 있는 '좌수'다. 陳香(진향)[547]은 '도끼로 화산을 내려쳐 모친을 구한 고사의 인물'로 벽산의 기법을 나타낸다.

②放隙圈外乘(방극권외승): 권외에서 들어 올려 머리 뒤로 넘긴다네

'隙(극)' 은 정수리의 백회의 구멍으로 전후로 나뉘는 지점이다. 放隙圈外乘(방극권외승)은 곤을 뒤로 들어 올렸을 때 곤 끝(隙)이 뒤로 넘어가는 것(放)을 설명한 문장이다.

③吾虛順勾隨順劈(오허순구수순벽): 빈 뒤로 넘어가면 팔도 따라 구부려 멈추게 한다네

여기서 吾(오)는 '나'란 명사가 아니라 '(내 의지로) 멈추게 한다'는 동사다. 虛順(허순)은 곤이 뒤로 막힘없이 넘어가는 것을 나타낸다. '勾(구)'는 '구부리다(我用棍

547 문학고사(古事)인물, 화산삼성모(華山三聖母)의 아들, 이랑신(二郎神)과 싸워서, 도끼로 화산을 내려 쪼개서 모친을 구함. 각종 희극, 설창문학(說唱文學), 경극 '옥련등(玉蓮燈)'등에 등장(沈香이라고도 함)

梢圈外一勾)'[548]의 이두문이다. 順劈(순벽)은 그에 따라 생기는 진향벽화산세다. 조선세법의 전기세의 자세와 일치한다.

그림 11-30. 陳香劈華山勢/展旗勢

二五. 順步劈山勢(순보벽산세)

원문: 圈外立劈山陰拳順 推出跟棍削前拳快 似剪子股

①圈外立劈山陰拳順(권외립벽산음권순): 권외에서 벽산은 음권으로 세운다네

벽산을 취할 때 '우수'의 권면이 보이는 상태에서 팔을 굽혀 주먹을 말아쥐면서 세우기 때문에 陰拳(음권)이다. 順步劈山勢(순보벽산세)에서 곤을 들어 올려 陳香劈華山勢(진향벽화산세)로 전환되는 기법의 설명이다.

②推出跟棍削前拳快(추출근곤삭전권쾌): 뒤꿈치로 끌고 곤을 밀면서 주먹을 말아쥐네

③似剪子股(사전자고): 전자고세와 흡사하다네

"순보벽산세는 왼손이 앞에 있으면 철우경지나 군란으로 변할 수 있다."[549]

그림 11-31. 順步劈山勢/陳香劈華山勢/剪子股勢

548 如彼持棍右手在前 則右脚亦在前 方能用力打我左邊頭頂 吾以陰手持棍 立勢左脚在前 如四平勢樣 候彼打下 我用棍梢圈外一勾, 進右脚入彼圈裏

549 如順步劈山勢, 可化與左手在前鐵牛耕地同用法, 又可化與左手在前

二六. 剪子股勢(전자고세)

원문: 手不同兮用則同 剪子股勢類穿袖 提拏不怕箚高低 劈箚何愁攻左右 圈裡圈外他拏開 劈山劈柴我退救.

①手不同兮用則同(수부동혜용측동): 손 모양은 다르지만 용법은 같다네

②剪子股勢類穿袖(전자고세류천수): 전자고세는 穿袖(천수)와 같은 종류라네

③提拏不怕箚高低(제나불박차고저): 제나는 높고 낮게 찌름을 두려워 않네

提拏(제나)는 변란과 군란의 류로 低(저)와 짝이고 穿袖(천수)와 剪子股(전자고)는 高(고)와 짝이다. 고저의 공격을 提拏(제나)와 穿袖(천수)로 두려움 없이 막는다.

④劈箚何愁攻左右(벽차가수공좌우): 벽차는 좌우 공격을 막아내니 근심이 어찌 있겠나!

⑤圈裡圈外他拏開(권리권외타나개): 권안과 권 밖에서 상대가 봉을 좌우로 쳐오네

⑥劈山劈柴我退救(벽산벽자아퇴구): 劈山(벽산)과 劈柴(벽자)로 물러나 보호한다네

劈山(벽산)은 陳香劈華山勢(진향벽화산)과 剪子股勢(전자고세)이고, 劈柴(벽자)는 庄家亂劈柴勢(장가난벽채세)와 順步劈山勢(순보벽산세)다. "전자고세는 왼손이 앞에 있는 천수로 변할 수 있다."[550]

그림 11-32. 剪子股勢/穿袖勢/通袖勢

二七. 庄家亂劈柴勢(장가난벽채세)

원문: 劈柴換手圈裡認 右纏右劈那步進

①劈柴換手圈裡認(벽자환수권리인): 벽자세는 권리에서 손을 바뀌는 것을 알아야 하네

庄家(장가)는 쓰러질 뜻 허름한 농가로 坐庄(좌장)이다. 柴(자)는 '높게 쌓인 나무'

550 剪子股勢, 可化與左手在前穿袖同用法

다. 즉 庄家亂劈柴勢(장가난벽자세)는 '농가의 벽이 쓰러진다'다.

②右纏右劈那步進(우전우벽나보진): 우로 돌려 우를 막아가며 점차 나간다네

那步(나보)는 '여러 번 나가는 걸음'으로 那(나)는 '거듭 나가다'의 이두문이다.

그림 11-33. 庄家亂劈柴勢/順步劈山勢

二八. 黑風鴈翅勢(흑풍안시세)

원문: 鴈翅先勾圈外鎗 鎖口箚來掤打易

①鴈翅先勾圈外鎗(안시선구권외창): 안시세는 먼저 권외에 있는 창을 구부린다네

'勾(구)' 자는 '굽힌다·구부린다'의 이두문이다. 勾槍勢(구창세)에 "左手持槍仰掌一縮(좌수지창앙장일축) 肘貼在左肋下(주첩재조륵하)"에 '勾(구)' 자의 움직임이 있다.

②鎖口箚來掤打易(쇄구차래붕타이): 쇄구에서 찌르고 掤(붕)으로 변하여 돌아오네

(다)其棍橫在左腰膀旁(기곤횡재좌요방방): 곤은 좌 허리 방광 곁에 달려있네

靑龍(청룡)과 黑龍(흑룡)의 대칭처럼 靑風(청풍)과 黑風(흑풍)의 대칭이다. 風(풍)은 회전을 나타낸다. 靑風(청풍)은 동쪽으로 우측이고 黑風(흑풍)은 서쪽이고 좌측이다. 鴈翅勢(안시세)는 '좌회'로 서산으로 돌아가는 '기러기'를 상징한다. 좌로 돌기 위해 '좌각'을 들었다. 이 자세에서 제일 먼저 창을 권외로 들면서(鴈翅先勾圈外鎗) 좌로 한 바퀴 돌아 '鎖口勢(쇄구세)'를 취한다. 展翅勢(전시세)는 새가 날개를 펼친다는 가결로 剪磨(전마)의 기법으로 '우회'를 하고, 좌회로 돌 때, 창을 잡은 손을 구부려(勾) 가슴 높이에서 수평(掤)으로 잡는다.

그림 11-34. 黑風鴈翅勢/鎖口槍勢/勾槍勢

二九. 高提勢(고제세)

원문: 提棍要過頭 他起我便勾 跟棍上圈外 罩頂打不休

①提棍要過頭(제곤요과두): 提棍(제곤)은 우수를 머리 위로 올리는 게 중요하다네

②他起我便勾(타기아편구): 상대가 일으키려 하면 나는 구부린다네

③跟棍上圈外(근곤상권외): 발뒤꿈치로 받치고 곤을 들어 권외로 구부리네

④罩頂打不休(조정타불휴): 쉼 없이 오운조정세로 친다네

그림 11-35. 高提勢/提槍勢[551]/烏雲罩頂勢

三十. 烏雲罩項勢(오운조정세)

원문: 罩頂在圈外 身已入棍間 劈下他勾我 剪步退羣攔

①罩項在圈外(조항재권외): 조항세는 권외에 있다네

烏雲(오운)은 烏龍(오용)과 대비다. 烏龍飜江(오룡번강)은 물속에 있는 물고기를 잡는 동작이고 烏雲罩項(오운조항)은 구름 속에 새를 잡는 동작이다. '罩(조)=罒(망)+卓(탁)'이다. '높은 곳에 있는 그물'이다. 세명은 '項(항)' 자이고 문장은 '頂(정)' 자다.

②身已入棍間(신기입곤간): 몸이 곤 사이에 들어오고,

③劈下他勾我(벽하타구아): 상대를 내려쳐 굽혀지면 나는

④剪步退羣攔(아전보퇴군란): 전보로 물러나 퇴보군란세를 한다네

오운조정세는 '우각좌수'이고 벽세는 '좌각좌수'로 대칭이다.

551 我立四平 你圈里箚我脚 我將槍頭低下 陽手提開你槍 你槍起我一拿. 你圈外箚我脚 我將槍頭低下 挺住用腰力一擺 擼開你槍. 你槍起 我圈里一拿 或圈外一攔 還槍箚你 如你用地蛇槍 我用提槍偷步斜進 拔打惊起你槍 一拿一提 又拿又提 其聲無間斷 跟纏你槍 不使走脫也. 法曰 撥草尋蛇 是也

그림 11-36. 烏雲罩項勢/劈勢

三一. 通袖勢(통수세)

원문: 通袖勢眞個奇 上下左右無空着 提拏劈捉任施爲 縱他左右能拏劈 邊羣二攔順勢支

①通袖勢眞個奇(통수세진개기): 통수세는 참으로 기이하다네

②上下左右無空着(상하좌우무공착): 상하좌우 찔러도 헛됨이 없네

③提拏劈捉任施爲(제나벽착임시위): 제나와 벽착을 펼친다네

④縱他左右能拏劈(종타좌우능나벽): 상대가 좌우를 쫓아 나벽으로 공격하더라도

⑤邊羣二攔順勢支(변군이란순세지): 변란과 군란 이세로 갈라치며 방어한다네

通袖(통수)의 通(통)은 '상하좌우' 모두에 사용된다는 뜻이다.

그림 11-37. 通袖勢/通袖戟勢[552]

三二. 劈勢(벽세)

원문: 劈勢立自磨旗 特輪後手餌入 鎗來縮手一劈 彼卽遮躱何及.

①劈勢立自磨旗(벽세립자마기): 벽세는 마기의 기법으로 세운다네

太公釣魚勢(태공조어세)가 磨旗鎗法(마기창법)으로 낚싯대를 올리는 동작이다.

552 通袖勢眞個奇 高低左右無空虛 提拏劈打任所爲 縱他里外能拏劈 邊羣二攔順勢施

②特輸後手餌入(특수후수이입): 특히 뒤에 있는 손을 미끼를 던지듯 보낸다네

③鎗來縮手一劈(창래숙수일벽): 창이 돌아오면 한번 친손은 뽑아 거둔다네

④彼卽遮躱何及(피즉서나가급): 상대는 즉시 막고 숨기에 급급하다네

그림 11-38. 劈勢

三三. 霸王上弓勢(패왕상궁세)

원문: 上弓掤打鴈翅同 須知左足虛實異 若從圈裡賺外穿 惟有纏攔是救地.『其棍橫在左膝上』

①上弓掤打鴈翅同(상궁붕타안시동): 상궁의 붕타는 흑풍안시세와 같다네

②須知左足虛實異(수지좌족허실이): 모름지기 좌족의 허와 실이 다름을 알아야 하네

③若從圈裡賺外穿(약종권리잠외천): 만약 권내를 공격하듯 속이고 권외를 찌르면

④惟有纏攔是救地(유유전란시구지): 棍(곤)으로 攔(란)하고 地蛇鎗勢(지사창세)로 구하네

⑤其棍橫在左膝上(기곤횡재좌슬상): 棍(곤)은 횡으로 좌 무릎 위에 있다네

그림 11-39. 霸王上弓勢/黑風鴈翅勢/地蛇鎗勢

三四. 朝天鎗勢(조천창세)

원문: 朝天三不靜以柔制剛同 勾開打腦後名喚一窩蜂 待勾回棍打高祖斬蛇雄 他拏我掃脚 羣攔出待攻

①朝天三不靜以柔制剛同(조천삼불정이유제강동): 조천세는 셋으로 변해 유가 강을 제어하네

棍(곤)은 朝天鎗勢(조천창세)고, 鎗(창)은 朝天勢(조천세)다. 곤법이나 창법의 조천세에 회전의 표식인 머리띠가 있다. 조천세는 좌헌화세와 자세는 같지만 좌헌화세는 회전이 없다.

②勾開打腦後名喚一窩蜂(구개타뇌후명환일와봉): 뒤로 구부려 치니 일와봉이라 한다네

窩蜂(와봉)은 '벌집'이다. 蜂(봉)은 '棒(봉)'의 치환이다. 벌집을 건드렸다.

③待勾回棍打高祖斬蛇雄(대구회곤타고조참사세): 기다려 고조가 참사세로 이겼듯이 친다네 待(대)는 '거들어 막다·기다리다'다. 斬蛇(참사)는 돌아서 머리를 빗겨 치는 조선세법 참사세의 기법이다. 좌머리에 좌회의 표식이 있다. '곤을 높이 들어 참사세의 기법으로 친다'다.

④他拏我掃脚他拏我掃脚羣攔出待攻(타나아소각타나아소각군란출대공): 상대가 拏提(나제)로 공격하면 나는 발을 비로 쓸 듯이 군란세로 돌아 나아가 공격하네

그림 11-40. 朝天鎗勢/朝天勢/朝天叉勢[553]/朝天筅[554]/朝天勢[555]

553 此勢叉頭壁立 中下盤俱空 彼槍箚我脚 用提叉 彼槍箚我肋下 將叉口上纏壓下彼槍 不拘圈里圈外 總是一纏彼槍自開 隨机進殺

554 此名朝天勢 筅頭高擧 彼槍必往懷內箚來 將筅自高壓下彼槍 進步挨槍箚

555 무비지는 叉(차)가 아니라 鈀(파)다. 叉(차)는 두 갈래 무기다.

三五. 金剛抱琵琶勢(금강포비파세)

원문: 箚我虛實難知 退步穿勾且哄 認眞推棍劈下 圈外鎗來尤恐 新力於此急求生 顚步平拏堪寵

金剛(금강)은 '山(산)'으로 땅이다. 창법은 하늘이기 때문에 琵琶勢(비파세)다.

①箚我虛實難知(차아허실난지): 나를 찌르는데 허실을 알기가 어려우면

②退步穿勾且哄(퇴보천구차홍): 물러나 비파세로 머뭇거려 속인다네

穿勾(천구)가 琵琶(비파)다.

③認眞推棍劈下(인진추곤벽하): 곤을 밀어 벽 아래를 찌른다는 것을 진실로 알아야 하네

④圈外鎗來尤恐(권외창래우공): 권외에서 창이 찔러오면 더욱 두렵다네

⑤新力於此急求生(신력어차급구생): 여기서 새 힘을 얻어야 한다네

⑥顚步平拏堪寵(전보평나심총): 뒤로 돌 때는 평나로 싣는 게 매우 좋다네

그림 11-41. 金剛抱琵琶勢/抱琵琶槍勢[556]/琵琶勢

三六. 跨劍勢(과검세)

원문: 跨劍放空待人箚 打開移步變羣攔 他箚勾開復跨劍 斜上單打防最難.

①跨劍放空待人箚(과검방공대인차): 과검은 틈을 보여 상대가 찔러 오도록 기다린다네

②打開移步變羣攔(타개이보변군라): 칠 때는 발을 움직여 군란으로 공격한다네

移步(이보)가 二步(이보)다. 좌각이 나간 상태에서 다시 '우각'이 나가면서 군란세를 한다.

556 將槍前手陽持 縮弯变端抱懷中 無訖你圈里圈外箚我 我即陽手挨挫你槍箚你 你或拿攔我槍 我將槍頭底作地蛇槍 你箚我圈里或圈外 我用大封大劈 端槍進步箚你 法曰 大封大劈 端槍是也

③他剳勾開復跨劍(타차구개복과검): 상대가 찌르면 문 열듯 다시 과검을 한다네

④斜上單打防最難(사상단타방최난): 비스듬히 나가 한 손으로 치면 막기가 어렵다네

그림 11-42. 跨劍勢/秦王跨劍勢/跨劍戟勢/跨劍勢

三七. 左右獻花勢(좌우헌화세)

三八. 右獻花勢(우헌화세)

①左足高懸左獻花(좌족고현좌헌화): 좌족을 높이 들면 좌헌화라네

②橫打換手右獻花(황타환수우헌화): 횡으로 쳐서 손을 바꾸면 우헌화라네

③左纏左打羣攔進(좌전좌타군란진): 좌로 감아 좌타하고 군란으로 나가네

④右纏右打穿袖加(우전우타천수가): 우로 감아 우타하고 천수로 가네

小夜叉二路(소야차이로)에도 '좌헌화-우헌화'의 순서다. 소림사의 투로도 55세의 순서가 중간에 배치됐다.

그림 11-43. 左獻花勢/右獻花勢/羣攔/穿袖

三九. 儘頭鎗勢(진두창세)

원문: 儘頭鎗與提原異 偸步上斜行極利 虎口鎗示我不防 待乘虛巧拏難避

①儘頭鎗與提原異(진두창여제원리): 진두창은 제의 원리와 다르다네

儘(진)은 盡(진)이다. '盡(진)=聿(율)+皿(명)'이다. '붓으로 돌려 식기를 씻는다'다.

'棍(곤)'을 식기를 씻듯이 사용하는 기법이다. 공간의 끝에 이르러 중심을 향해 찌르는 기법이다.

②偷步上斜行極利(투보상사행극리): 투보로 최대한 측면으로 걷는 게 유리하다네

偷步(투보)는 '도둑질하듯 걷는 보법'이다. 진두창의 발의 모습이다.

③虎口鎗示我不防(호구창시아불방): 호구창이 보이면 나는 막기가 어렵다네

虎口(호구)는 '범아귀(아가리)'이다.

④待乘虛巧拏難避(대승허교나난피): 틈을 엿보다 교묘히 나가면 피하기 어렵다네

拏(나)는 손을 뻗어 창을 찌른 것이다.

그림 11-44. 儘頭鎗勢/盡頭槍勢[557]/盡頭叉勢[558]

四十. 高搭手勢(고탑수세)

원문: 搭手單提均是哄手 後手接棍劈拏皆有

①搭手單提均是哄手(탑수단제균시홍수): 搭手(탑수)나 單提(단제)는 모두 속임수라네

②後手接根劈拏皆有(후수접근벽나개유): 후수로 棍根(곤근)을 당겨 劈(벽)과 拏(나)를 할 수 있네

557 乃偷步上槍之法 我將槍低指進入 你槍上我即拿你劄下 我即提你用提 我即起你用拿 我即閃賺圈外劄你 法曰他法行 隨法行 是也

558 此勢將叉迎于左邊 叉頭极低 胸面俱空 餌彼槍劄人 將叉往圈里拿開彼槍 進右步 上左步 用一提一拿緊進步槍人刺殺

그림 11-45. 高搭手勢/單提手勢

四一. 單提手勢(단제수세)

①提(제)는 '扌(수)+是(시)'다. '是(시)' 자형에 자세가 있다.

그림 11-46. 單提手勢

四二. 金鷄獨立勢(금계독립세)

원문: 彼箚足兮我箚面 惟懸足兮獨立便

①彼箚足兮我箚面(피차족혜아차면): 상대가 다리를 찌르니 나는 얼굴을 찌른다네

②惟懸足兮獨立便(유현족혜독립편): 오직 다리를 매달아 한 쪽으로 홀로 들고 서 있네

그림 11-47. 金鷄獨立勢/懸脚槍勢[559]

559 我立四平 你箚我脚 不拘里外 我即懸起脚 隨落脚進步 還槍箚你

四三. 倒拖荆棘勢(도타비극세)

원문: 箚人一鎗棍丟後 此是逆局稱詐鬪 打前走後有多般 均與拉鞭無差謬

①箚人一鎗棍丟後(차인일창곤주후): 상대를 찌르고 그 창곤을 뒤로 보낸다네

②此是逆局稱詐鬪(차시역국칭사투): 이것이 逆局(역국)인데 詐鬪(사투)라고도 한다네

'局(국)' 자에 자세가 있다.

③打前走後有多般(타전주후유다반): 앞을 친 다음 곤이 뒤로 돌아가는 것은 다반사라네

④均與拉鞭無差謬(균여랍편무차류): 채찍을 끌어당기는 것과 차이가 없다네

그림 11-48. 倒拖荊棘勢

四四. 二郎擔山勢(이랑담산세)

원문: 擔山勢用兩般 箚來撩打變出鞘 不箚推開劈華山

①擔山勢用兩般(담산세용양반): 담산세는 양쪽으로 돌릴 수 있다네

般(반)은 '旋回(선회)·歸還(귀환)'의 뜻으로 般(반)은 返(반)의 의미다.

②箚來撩打變出鞘(차래료타변출초): 휘둘러 돌아오면 출초세로 변한다네

여기에 箚(차)는 '닿다·이르다'다. 撩(료)는 '목 위에서 움직이는 동작'이다.

③不箚推開劈華山(불차추개벽화산): 돌아오지 않으면 문을 열 듯이 劈華山(벽화산)을 하네 推開(추개)는 '좌에서 우로 문을 밀어 여는 동작'이다.

②와 ③은 담산세 이후에 변화되는 도출초세와 진향벽화산세의 과정을 설명했다.

그림 11-49. 二郎擔山勢/刀出鞘勢/陳香劈華山勢

四五. 鳳凰單展翅勢(봉황단전시세)

원문: 展翅勢開用者希 上用梢攔下根提 進步飜梢隨打手 此着須用陰手攜.

①展翅勢開用者希(전시세개용자희): 드물게 전시세로 사용한 자도 있다네

'鳳凰展翅(봉황전시)·大鵬展翅(대붕전시)·雄鷹展翅(웅응전시)'에 展翅(전시)가 있다. 展翅(전시) 앞에 '봉황·대붕·웅응'처럼 상상의 새가 붙어있다. 그러나 조선세법에는 오로지 展翅勢(전시세)만 있다. 조선세법의 가결이 더 순순하다. 조선세법과 곤법 창법이 고조선에서 동시대에 만들어진 문서임을 추론할 수 있다. 鴈翅(안시)와 展翅(전시)의 기법은 서로 다르다.

②上用梢攔下根提(상용초란하근제): 위는 棍梢(곤초)로 막고 아래는 根提(근제)로 막는다네

梢(초)는 棍梢(곤초)로 창끝이고 根(근)은 창 밑이다. 根提(근제)는 '창 밑으로 막는다'다.

③進步飜梢隨打手(진보번초수타수): '우각'이 나가면서 곤초를 뒤집어 손으로 친다네

밑에 있던 곤초를 뒤집어 올리면 올라가는 곤초를 따라 손을 잡아서 친다.

④此着須用陰手攜(차착수용음수휴): 이렇게 세우려면 음수로 들어야 한다네

鳳凰單展翅勢(봉황단전시세)의 머리에 회전의 표시가 있다. 한 바퀴 돌아 하삽세를 한다.

그림 11-50. 鳳凰單展翅勢/展翅勢

四六. 下揷勢(하삽세)

원문: 旋風掃地勢難擬 惟有下揷硬搪抵 順勢單手高劈下 重如霹靂快如矢

①旋風掃地勢難擬(선풍소지세난의): 선풍소지세는 헤아리기 어렵다네

②惟有下揷硬搪抵(유유하삽경당저): 오직 하삽세로 아래로 뻗어 굳게 막는다네

③順勢單手高劈下(순세단수고벽하): 세에 따라 한 손을 올려 아래를 벽처럼 막는다네

④重如霹靂快如矢(중여벽력쾌여시): 무겁기가 벽력같고 빠르기가 화살 같네

그림 11-51. 下揷勢/高提勢/單提手勢

四七. 挾衫勢(협삼세)

원문: 挾衫變勢甚多般 斜上出洞爲最速

①挾衫變勢甚多般(협삼변세심다반): 협삼변세는 계속해서 많이 돌린다네

挾(협)은 '끼운다'이고 衫(삼)은 '윗도리'다. '般(반)'은 '돌린다'다. 즉 '상체로 봉을 좌우로 수평으로 돌린다'다.

②斜上出洞爲最速(사상출동위최속): 사행으로 돌아나가면 가장 빠르다네

斜(사)는 비껴 걷는 斜行(사행)이고 上(상)은 進(진)이다.

出洞(출동)은 白猿出洞(백원출동)과 같다.

그림 11-52. 挾衫勢

四八. 一提金勢(일제금세)

원문: 入懷難用長棍 故取陰手緊密 圈外須用棍根 進步打手最疾

①入懷難用長棍(입회난용장곤): 상대에게 들어가면 장곤을 사용하기 어렵다네

②故取陰手緊密(고취음수긴밀): 그렇게 틈이 없을 만큼 가까우면 음수를 취한다네

③圈外須用棍根(권외수용곤근): 권외에서는 곤근의 사용하면서

④進步打手最疾(진보타수최질): 앞으로 빠르게 치며 나간다네

'一提金勢(일제금세)'는 '金(금)' 자의 오른쪽의 '乀' 자형에서 취했다.

그림 11-53. 一提金勢

四九. 秦王跨劍勢(진왕과검세)

원문: 提金飜棍擠進懷 秦王跨劍棍緊挨

①提金飜棍擠進懷(제금번곤제진회): 제금세에서 곤을 뒤집어 밀치며 들어간다네

②秦王跨劍棍緊挨(진왕과검곤긴애): 왕과검세는 곤을 몸에 붙이고 밀쳐 때린다네

'秦(진)'은 '進(진)' 자의 환유다.

그림 11-54. 秦王跨劍勢/跨劍勢/刀出鞘勢/挾衫勢

五十. 前攔搪勢(전란당세)

원문: 前攔搪亦陰手 棍起梢壓封 飜根進打首

①前攔搪亦陰手(전한당역음수): 전란당세 또한 음수라네

②棍起梢壓封(곤기초압봉): 곤을 들어서 곤초를 눌러 봉하듯 찌른다네

③飜根進打首(번근진타수): 곤근을 뒤집으며 나가 상대의 머리를 친다네

전란당세는 정면으로 '우수'를 들고, 일제금세는 후면으로 '좌수'를 들었다. 서로 대칭이다.

그림 11-55. 前攔搪勢/一提金勢

五一. 勾掛硬靠勢(구괘경고세)

원문: 前攔搪勢打圈裡 勾掛硬靠走圈外

①前攔搪勢打圈裡(전란당세타권리): 전란당세에서 권리을 친다네

②勾掛硬靠走圈外(구괘경고주권외): 구괘경고세는 권외를 빠르게 친다네

掛(괘)는 '通過(통과)'다. 靠(고)는 '기울이다·의지하다'다.

상체를 구부려 기대듯 건너가는 자세다.

그림 11-56. 前攔搪勢/勾掛硬靠勢

五二. 鎖口鎗勢(쇄구창세)

원문: 攔搪提下鎗 鎖口封上手

①攔搪提下鎗(란당제하창): 攔搪(란당)으로 찔러 提(제)로 아래를 막는다네

②鎖口封上手(쇄구봉상수): 창을 들고 산을 오르듯 간다네

鎖口(쇄구)는 '열쇠 구멍'이다. 열쇠 구멍은 '수평'이다. 棍(곤)이 열쇠다. 열쇠 구멍에 棍(곤)을 찔러 넣듯이 한다. '鎖(쇄)' 자의 金(금)은 '鎗(창)'을 나타내고 '貨' 자에 창을 잡은 자세가 있다. '口(구)'는 '勾(구)'의 환유다.

그림 11-57. 前攔搪勢/鎖口鎗勢/鎖口叉勢[560]

五三. 鐵扇緊關門勢(철선긴관문세)

원문: 鐵扇略似抱琵琶 用梢順步提捉進

①鐵扇略似抱琵琶(철선략사포비파): 철선은 포비파와 대략 비슷하다네

②用梢順步提捉進(용초순보제착진): 곤초를 이용하여 순보로 나가 제착한다네

提(제)는 막는 것이고. 捉(착)은 손발이 동시에 움직이는 기법이다.

그림 11-58. 鐵扇緊關門勢/金剛抱琵琶勢

五四. 撑勢(탱세)

원문: 低棍不遮橫硬撑 圈外掃足亦撑住

①低棍不遮橫硬撑(저곤불차횡경탱): 곤초로 아래를 막으려는 게 아니라 버티려 한다네

②圈外掃足亦撑住(권외소족역탱주): 권외로 봉을 뒤로 보내고 또 버틴다네

撑(탱)은 '배를 저어 나가다·버팀목'이다. 기둥이 쓰러지지 않도록 '좌각'이 나가 支撑(지탱)하고, 노를 젓듯이 '우각'이 나가며 뒤로 쓸기 때문에 掃足(소족)이다. 다시 버틸 때는 '좌각'이 나간다. 撑(탱)은 '탱탱하다'다.

560 先立低四平勢 將叉斜迎于左 開右邊門戶 胸面具空 餌彼槍箚人 將叉往右變拿開彼槍 顚步入鎖口刺殺

그림 11-59. 撑勢/高提勢/前攔搪勢

五五. 單倒手勢(단도수세)

원문: 倒手打退棍 接着陰陽手

①倒手打退棍(도수타퇴곤): 손으로 치고 곤을 물리며 돈다네

②接着陰陽手(접착음양수): 당겨 붙일 때는 음양수로 한다네

單倒手勢(단도수세)는 곤법 55세의 마지막 동작이다. 長鎗(장창)은 야예탐해세로 끝났다.

단도수세와 야예탐해세가 서로 만나 손을 들어 인사를 한다. 棍法(곤법)과 長槍(장창)이 서로 대칭적 구조로 만들었음을 알 수 있다.

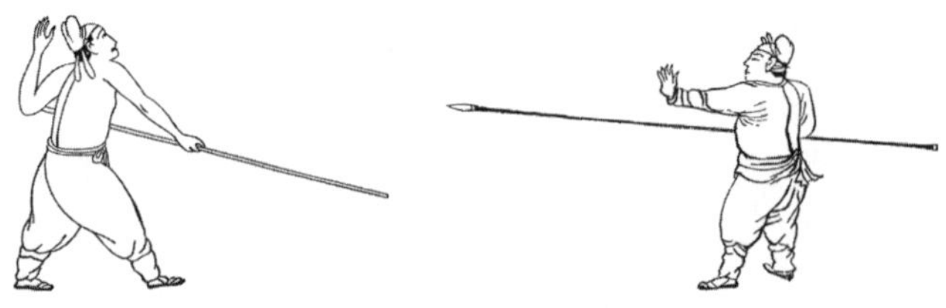

그림 11-60. 單倒手勢/夜叉探海勢

6
對棍相撲(대곤상박)

『기효신서』는 단병장용설 말미에 양가창의 유래와 기법을 설명하면서 '對棍(대곤)' 14세를 말미에 도록을 기록했고 『무예제보』는 제일 앞에 『기효신서』의 「棍譜(곤보)」 14세를 배치했다. 『무비지』는 권91에서 「棍(곤)」의 마지막에 14세를 배치했다. 이 14세가 실전에서 사용되는 핵심 기법이다. 그렇기 때문에 실전에서 적과 대적할 때 사용하는 기법을 장문으로 설명한 것이다. 『무예제보』는 『기효신서』에 설명된 14세를 다시 정리하여 이해하기 쉽도록 문장을 정리하고 언해본으로도 설명했다. 그림은 『무예제보』의 순서로 배치한다. 14세의 기법에 대한 설명을 간략하게 하고 기법의 설명은 『무예제보』의 문장을 주석으로 붙인다.

표 11-2. 기효신서·무비지·무예제보의 對棍(대곤) 순서

	순 서
기효신서	①편신중란세 ②대당세 ③대전세 ④선인봉반세 ⑤대조세 ⑥제미살세 ⑦적수세 ⑧직부송서세 ⑨주마회두세 ⑩상제세 ⑪도두세 ⑫하천세 ⑬섬요전세 ⑭하접세
무비지	①편신중란세 ②대당세 ③대전세 ④선인봉반세 ⑤대조세 ⑥제미살세 ⑦도두세 ⑧하천세 ⑨섬요전세 ⑩하접세 ⑪적수세 ⑫직부송서세 ⑬주마회두세 ⑭ 상제세
무예제보	①편신중란세 ②대당세 ③대전세 ④대조세 ⑤적수세 ⑥선인봉반세 ⑦제미살세 ⑧도두세 ⑨하천세 ⑩섬요전세 ⑪하접세 ⑫직부송서세 ⑬주마회두세 ⑭상제세

"교사 임염이 詩(시)에 말하길, 장사는 구촌의 금창만 쓰지만 일월을 돌 듯 치는데(日月打一轉) 염라를 보는 것 같다."[561] 여기서 日月(일원)은 陽手(양수)와 陰手(음수)다.

①扁身中攔勢(편신중란세):[562] 扁身(편신)은 扁額(편액)을 수평으로 들고 있는 자세다.

②大當勢(대당세):[563]當(당)은 '對(대)'의 뜻으로 '匹敵(필적)과 맞서다'다.

③大剪勢(대전세): 剪(전)은 '刀(도)' 자가 밑에 있듯이 공방한다.

④大弔勢(대조세): 弔(조)는 '弔問(조문)'이다. '弔(조)=弓(궁)+丨(곤)'이다. 활에 '화살'을 꽂혀 있다. '活(활)'의 기법이다.

⑤滴水勢(적수세):[564] 왜검에 '적수세·제미봉반·선인봉반세'가 있다. 棍法(곤법)과 연결되어 있음을 알 수 있다.

⑥仙人捧盤勢(선인봉반세):[565] 仙人(선인)은 선가의 용어다. 捧盤(봉반)은 '쟁반을 들 듯이 든다'다. '盤(반)'은 뚜껑이 덮인 그릇으로 '半(반)'의 의미와 기법 상, '돌린다'는 의미가 있다. 倭劍(왜검)의 仙人捧盤(선인봉반)과 똑같다.

⑦齊眉殺勢(제미살세): 齊眉(제미)는 눈썹 높이고, 선인봉반세는 머리 위이다. 왜검에도 齊眉(제미)가 있다. 왜검이 棍法(곤법)과 연결되어 있음을 알 수 있다.

⑧倒頭勢(도두세):[566] 棍頭(곤두)를 돌리는 기법이다.

---

561 教師林炎詩曰壯士執金鎗 只用九寸長 日月打一轉 好漢見閻王

562 兩人持棍對立, 作扁身中□勢, 各進一足, 甲擧棍撞乙棍作大當勢, 乙又以棍撞甲棍爲大當, 甲又以棍撞乙棍爲大當, 乙又以棍撞甲棍爲大當, 仍以棍剪甲棍作大剪勢, 旋以棍打甲棍 z當把握處下同 {, 作大吊勢進一步當胸一刺.

563 乙轉身向後, 以棍挑甲棍作滴水勢, 退一足仍回身進一足, 以大當撞甲棍, 甲又以大當撞乙棍, 乙又以大當撞甲棍, 甲又以大當撞乙棍, 便以大剪剪乙棍, 旋以大吊打乙棍, 進一步當胸一刺.

564 甲轉身向後,以滴水挑乙棍,退一足仍回身進一足,以大當撞乙棍,乙又以大當撞甲棍,甲又以大當撞乙棍

565 乙又以大當撞甲棍, 便以大剪剪甲棍, 旋以大吊打甲棍, 進一步當胸一刺.乙轉身向後, 以滴水挑甲棍, 退一足仍回身進一足, 以大當撞 甲棍, 甲又以大當撞乙棍, 乙又以大當撞甲棍, 甲又以大當撞 乙棍, 便以大剪剪乙棍, 旋以大吊打乙棍, 進一步當胸一刺.甲轉身向後, 以滴水挑乙棍, 退一足仍回身進一足, 起棍向乙 頭上打去, 乙進一足作仙人捧盤勢以當8)之, 又打乙亦以仙人 捧盤當之, 便以大剪向左剪甲棍, 旋以大吊打甲棍, 進一步當 胸一刺.

566 乙轉身向後, 以滴水挑甲棍, 退一步仍回身進一足, 起棍向甲 頭上打去, 甲進一足以仙人捧盤勢當之, 乙又打甲亦以仙人 捧盤當, 以大剪向右剪乙棍, 旋以大吊打乙棍, 進一足當胸一刺. 甲轉身向後以滴水挑乙棍, 退一步仍回身進一足, 起棍向前 以作齊眉殺勢, 仍以棍向下打去, 乙便作倒頭勢以當之, 仍進一足作下穿勢揭甲棍, 旋以大吊打甲棍, 進一足當胸一刺.

⑨下穿勢(하천세):[567] 아래서 위로 찌르는 기법이다.

⑩閃腰剪勢(섬요전세):[568] '閃(섬)' 자는 '한쪽 손을 올린다'다.

⑪下接勢(하접세): '아래로 접는다'다.

⑫直符送書勢(직부송서세):[569] 본국검의 직부송서세와 기법이 똑같다.

⑬走馬回頭勢(주마회두세):[570] 倒騎龍勢(도기룡세)처럼 몸을 돌리는 자세다.

⑭上剃勢(상체세):[571]剃(제)='땋은 머리·깎다'로 '낚아채듯이 한다'다. '𠵼是脚去手去(양시각거수거:阳(양)[572]=발이 가면 손도 간다), 剃是脚去手回(체시각거수회:剃(체)=발이 가면 손이 돌아온다), 頓是脚去手去(돈시각거수거:頓(돈)=발이 가면 손도 간다), 剪是脚去手回(전시각거수회:剪(전)=발이 가면 손이 돌아온다)'로 손발의 작용을 알 수 있다.

567 兩人俱𩫖身揮棍爲下接, 乙以下穿揭甲棍, 旋以大吊打甲棍, 進一足當胸一刺.兩人俱𩫖身揮棍爲下接, 甲以下穿揭乙棍, 旋以大吊打乙棍, 進一足當胸一刺. 兩人俱𩫖身揮棍爲下接, 乙以下穿揭甲棍, 旋以大吊打甲棍, 進一足當胸一刺

568 乙轉身向後以滴水挑甲棍, 退一步仍回身進一足, 起棍向前爲齊眉殺勢, 仍以棍向下打去, 甲便爲倒頭勢以當之, 仍進一足以下穿揭乙棍, 旋以大吊打乙棍, 進一足當胸一刺. 兩人俱𩫖身揮棍作閃腰剪勢, 仍作下接勢, 甲以下穿揭乙棍, 旋以大吊打乙棍, 進一足當胸一刺

569 乙退一足作直符送書勢, 甲持棍轉身向前相當而退, 乙追□打去【且追且打】退至三步 甲便回身進一步

570 作走馬回頭勢, 又進一步以大剪剪乙棍, 旋以大吊打乙棍, 進一步當胸一刺.

571 甲退一足爲扁身中□ 兩人俱進一足, 作上剃勢畢.

572 𠵼 자는 '阳(양)' 자다.

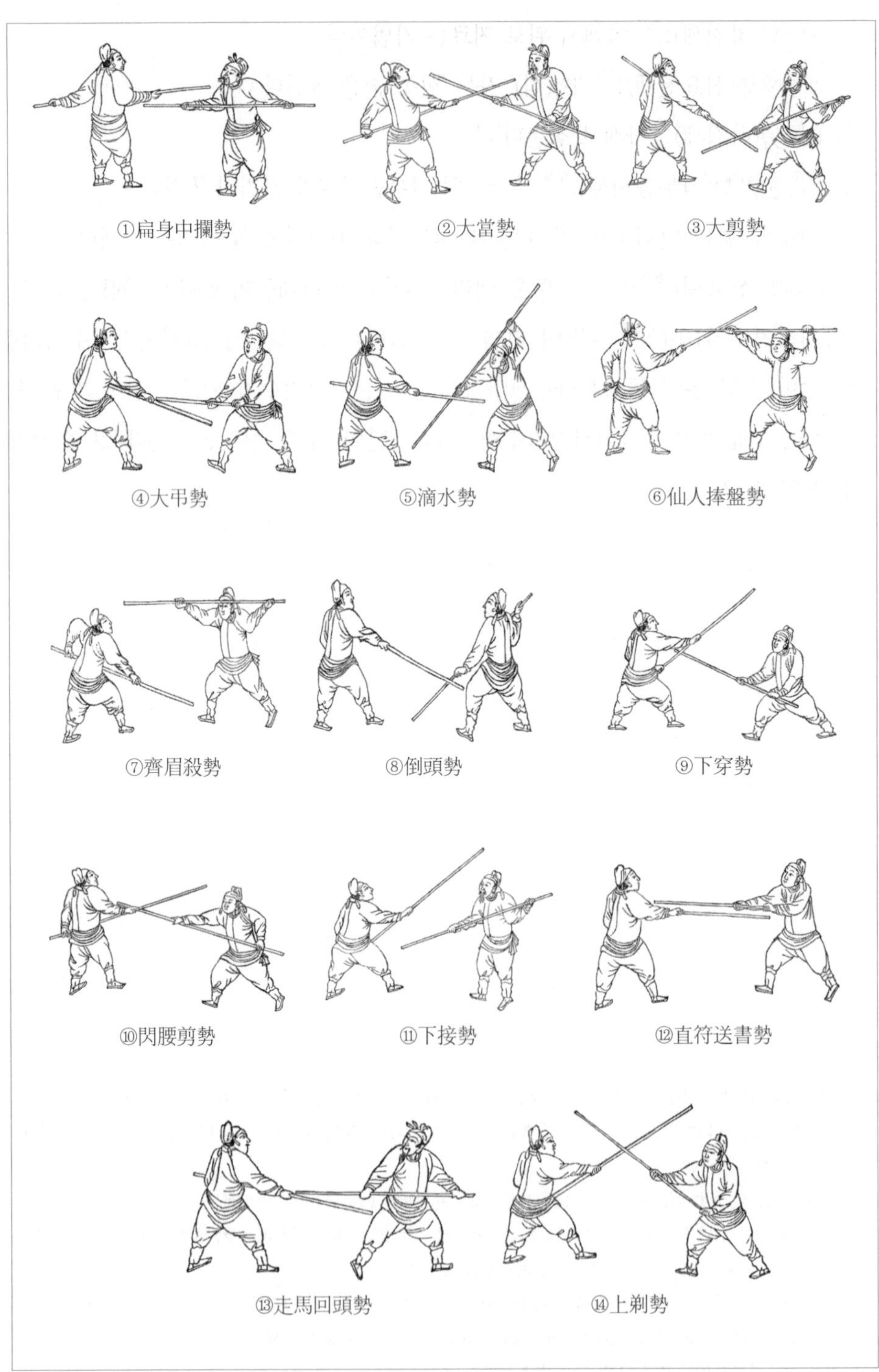

그림 11-61. 무예제보의 對棍(대곤) 14세의 순서

十二

夲國槍法
(본국창법)

『무비지』에 실린 '鎗(창)' 24세의 槍(창)의 모습과 『기효신서』의 '鎗(창)' 24세의 鎗(창)의 모양은 다르다. 즉 모원의가 기효신서를 옮겨 적었다고는 하지만, 그림의 모습이 다른 것으로 보아, 모원의는 다른 자료를 가지고 기효신서에 수록된 장창을 넣은 것으로 보인다. 이렇게 보는 것은 기효신서에 수록되지 않은 곤법 55세의 그림과 장창 24세의 그림이 같기 때문이다. 무기의 발달로 보면 '棍(곤)>槍(창)>鎗(창)'의 순서다. 무비지는 나무의 끝을 뾰족하게 깎은 '槍(창)'이지만 무비지는 '鎗(창)' 자를 썼다. 무엇보다도 창법의 모든 문장은 '乃(내)' 자로 시작하는데, '乃' 자는 '이것은'이란 주격 지시대명사로 시작하고 '法(법)' 자는 서술어로 '이것은 ~법이다'로 '주어+서술어'의 이두식 문장구조다.

1
紀效新書(기효신서)와 武備志(무비지)의 長鎗(장창) 24세

『기효신서』가 棍(곤) 55세를 기록하지 않고 '鎗(창)' 24세만 수록한 것은 "이상의 창법들은 꽤 번잡한 편에 드니, 어리석은 병사들이 어찌 하나하나 모두 익힐 수 있겠는가? 병사들을 양성할 때는 오직 封(봉)·閉(폐)·捉(착)·拏(나)·상란(上攔)·하란(下攔) 여섯 가지 창법만 쓴다."라고 했듯이 군졸들에게 棍(곤) 55세보다 鎗(창) 24세를 익히게 하여 전쟁에 사용하도록 했던 것으로 보인다.

가. 長鎗(장창) 24세 그림 비교

『무예제보』는 기효신서에서 장창 24세를 옮겨 기록하면서 순서도 바꿔 前譜(전보)와 後譜(후부)로 12세씩 분리하여 배치했고 『무예도보통지』도 이에 따랐다. 『續文獻通考(속문헌통고)』와 『중국고전무학비적록』의 「馬家槍圖(마가창도)」 18세를 『무비지』의 24세와 비교해보면 순서에 많은 차이가 있고 몇몇 자세는 전후 방향과 모습이 전혀 다르다. 또한 鋪地錦勢(포지금세)는 地蛇槍勢(지사창세)로, 靈貓捉鼠勢(영묘착서세)는 靈貓捕鼠勢(영묘포서세)로 바뀌었다. 전체적으로 보면 『무비지』의 장창 24세가 일관성이 있게 그림을 배치했고 문장도 간결하며 '古訣云(고결운)'과 같은 문장이 없는 것으로 보아 초기 본에 더 가까운 사료로 보인다.

그림 12-1. 長鎗(장창) 24세

나. 長鎗(장창) 24세의 순서

①夜义探海勢(야예탐해세)－②四夷賓服勢(사아빈복세)－③指南針勢(지남침세)－④十面埋伏勢(십면매복세)－⑤青龍獻爪勢(청룡헌조세)－⑥邊攔勢(변란세)－⑦鐵飜竿勢(찰번간세)－⑧跨劍勢(과검세)－⑨騎龍勢(기룡세)－⑩白猿拖刀勢(백원타도세)－⑪琵琶勢(비파세)－⑫靈猫捉鼠勢(영묘착서세)－⑬鋪地錦勢(포지금세)－⑭朝天勢(조천세)－⑮鐵牛耕地勢(철우경지세)－⑯滴水勢(적수세)－⑰泰山壓卵勢(태산압란세)－⑱美人認針勢(미인인침세)－⑲蒼龍擺尾勢(창룡파미세)－⑳闖鴻門勢(틈홍문세)－㉑伏虎勢(복호세)－㉒推山塞海勢(추산색해세)－㉓鷂子撲鵪鶉勢(요자박요순세)－㉔太公釣魚勢(태공조어세).

다. 馬家鎗法(마가창법) 24세의 순서

①四夷賓服勢(사이빈복세)－②指南針勢(지남침세)－③十面埋伏(십면매복)－④蒼龍擺尾勢(창룡파미세)－⑤青龍獻爪勢(청룡헌조세)－⑥滴水勢(적수세)－⑦騎龍勢(기룡세)－⑧美人認針勢(미인인침세)－⑨抱琵琶勢(포비파세)－⑩太公釣魚勢(태공조어세)－⑪鐵牛耕地勢(철우경지세)－⑫闖鴻門勢(틈홍문세)－⑬地蛇槍勢(지사창세)－⑭白猿拖刀勢(백원타도세)－⑮推山塞海勢(추산색해서)－⑯鷂子撲鵪鶉勢(요자박암순세)－⑰鐵幡竿勢(철번간세)－⑱靈貓捕鼠勢(영묘포서세)－⑲伏虎勢(복호세)－⑳邊攔勢(변란세)－㉑跨劍勢(과검세)－㉒朝天勢(조천세)－㉓泰山壓卵勢(태산압란세)－㉔夜义探海勢(야예탐해세)

라. 長鎗(장창) 18勢(세)의 순서

①高吊四平鎗勢(고조사평창세)－②中四平鎗勢(중사평창세)－③低四平鎗勢(저사평창세)－④青龍獻爪鎗勢(청룡헌조창세)－⑤磨旗鎗勢(마기창세)－⑥活捌對進鎗勢

(활붕대진창세)-⑦活挷退退鎗勢(활붕퇴퇴창세)-⑧蛇挷對鎗勢(사붕대창세)-⑨翻身挷退退鎗勢(번신붕퇴퇴창세)-⑩勾鎗勢(구창세)-⑪抱琵琶鎗勢(포비파창세)-⑫地蛇鎗勢(지사창세)-⑬鐵牛耕地勢(철우지경세)-⑭提鎗勢(제창세)-⑮儘頭鎗勢(진두창세)-⑯懸脚鎗勢(현각창세)-⑰詐敗鎗勢(사패창세)-⑱鷂子撲鵪鶉鎗勢(요자박요순창세)

마. 長鎗(장창)·棍法(곤법)·鎗法(창법)의 비교

『耕餘剩技(경여잉기)』「長鎗法選(장창법선)」의 長鎗式圖(장창식도)의 18세도 長槍(장창)과 棍法(곤법)을 결합하여 만든 것이다. 예를 들어 高四平勢(고사평세)의 첫 문장 '四平高勢變換活(사평고세변환활)'을 高吊四平之勢(고조사평지세)에서는 '此是初持鎗之勢(차시초지창지세)'로, 騎馬勢(기마세)는 磨旗槍勢(마기창세)로, 披身勢(피신세)는 詐敗勢(사패세)로, 金鷄獨立勢(금계독립세)는 懸脚槍勢(현각창세)로, 금강포비파세는 抱琵琶鎗勢(포비파창세)로, 바뀌었다. 그렇지만 活挷對進鎗勢(활붕대진창세)와 活挷退退槍勢(활붕퇴퇴창세)는 高四平(고사평)의 '四平高勢變換活(사평고세변환활)'에 있는 '活(활)' 자를 사용하고 있다. 이 '活(활)' 자는 누구나 아는 한자지만 무예서에서 사용되는 '活(활)' 자는 활처럼 창을 앞으로 밀어 찌르는 기법으로 弓(궁)을 '活(활)'로 사용하는 민족이 만든 무예서라는 명백한 증거다. 『手臂錄(수비록)』과 같은 문서도 '古訣云(고결운)'이라 하여 古(고)의 무예서를 보고 재해석한 무예서다. 『무비지』를 기준으로 해석하고 타 무예서는 대개 그림과 가결만 참고했다.

	장창 18세	곤법 55세　　창법24세		장창 18세	곤법 55세　　창법24세
① 高四平		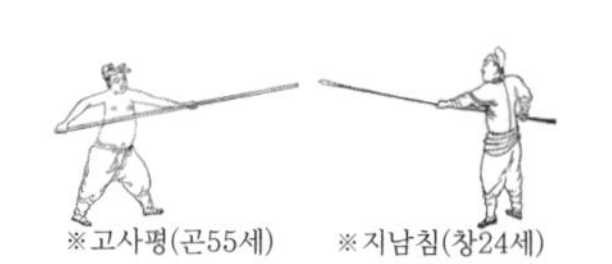 ※고사평(곤55세)　※지남침(창24세)	⑩ 勾鎗勢		 ※狼筅(낭선)의 鉤法(구법)
② 中四平		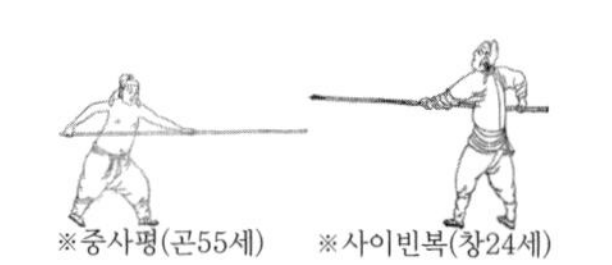 ※중사평(곤55세)　※사이빈복(창24세)	⑪ 抱琵琶鎗		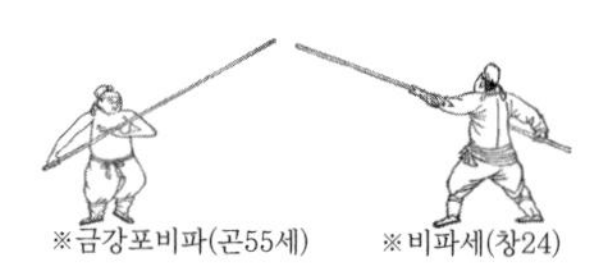 ※금강포비파(곤55세)　※비파세(창24)
③ 低四平		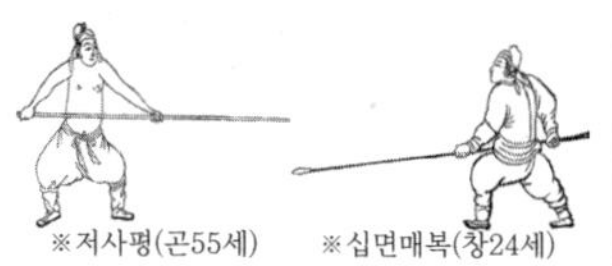 ※저사평(곤55세)　※십면매복(창24세)	⑫ 地蛇鎗		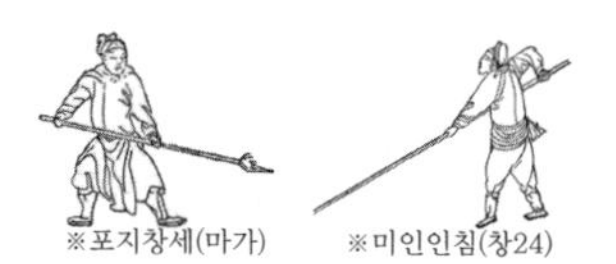 ※포지창세(마가)　※미인인침(창24)
④ 靑龍獻爪		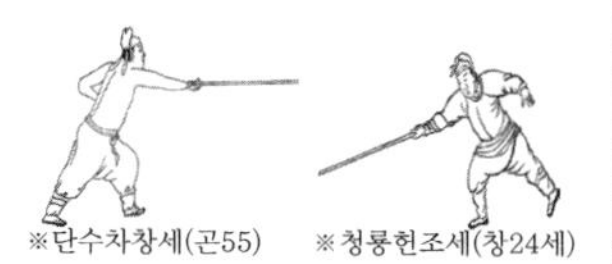 ※단수차창세(곤55)　※청룡헌조세(창24세)	⑬ 鐵牛耕地		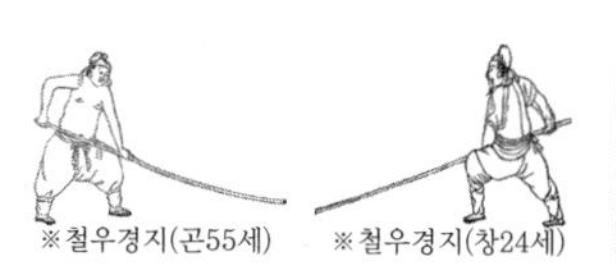 ※철우경지(곤55세)　※철우경지(창24세)
⑤ 磨旗鎗勢		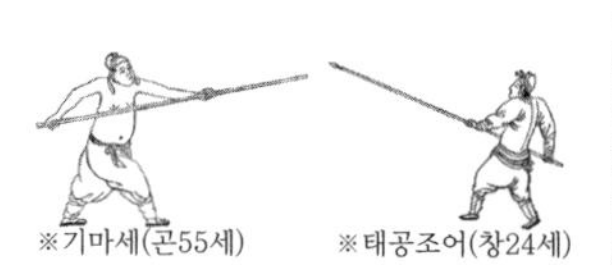 ※기마세(곤55세)　※태공조어(창24세)	⑭ 提鎗勢		 ※제장세(곤55)
⑥ 活掤對進		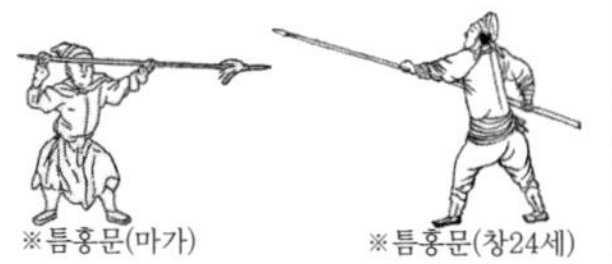 ※틈홍문(마가)　※틈홍문(창24세)	⑮ 儘頭鎗		 ※진두창세(곤55)
⑦ 活掤退退		 ※여포도타극(곤55세)	⑯ 懸脚鎗		 ※금계독립(곤55세)
⑧ 蛇掤對鎗		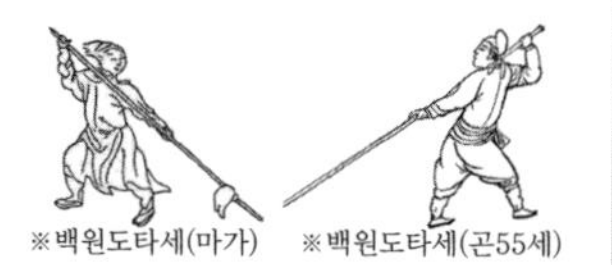 ※백원도타세(마가)　※백원도타세(곤55세)	⑰ 詐敗鎗		 ※피신세(곤55세)
⑨ 翻身掤退		 ※경덕도납편(곤55세)　※창룡파미(봉퇴구호법)	⑱ 鷂子撲鵪		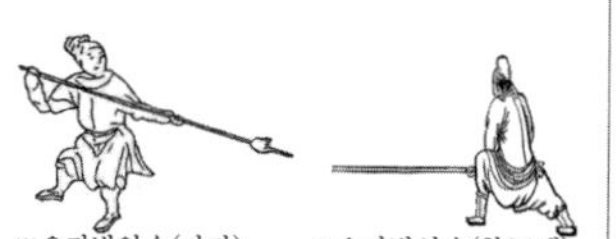 ※요자박암순(마가)　※요자박암순(창24세)

그림 12-2. 長鎗(장창) 18세와 棍法(곤법)·鎗法(창법) 비교

바. 무비지·속문헌통고·무학비전의 장창 24세의 비교

	무비지 속문헌통고 무학비전		무비지 속문헌통고 무학비전		무비지 속문헌통고 무학비전
① 四夷賓服		⑨ 抱琵琶		⑰ 鉄幡竿	
② 指南針勢		⑩ 太公釣魚		⑱ 靈猫捕鼠	
③ 十面埋伏		⑪ 鐵牛耕地		⑲ 伏虎勢	
④ 蒼龍擺尾		⑫ 闖鴻門		⑳ 邊攔勢	
⑤ 青龍獻爪		⑬ 鋪地錦		㉑ 跨劍勢	
⑥ 滴水勢		⑭ 白猿拖刀		㉒ 朝天勢	
⑦ 騎龍势		⑮ 推山塞海		㉓ 泰山壓卵	
⑧ 美人認針		⑯ 鷂子撲鵪鶉		㉔ 夜叉探海	

그림 12-3. 무비지·속문헌통고·중국무학비전의 장창 24세의 비교

馬家(마가)의 두 자료 중, 王圻(왕기)의 자료는 무비지의 자료와 그림의 방향이 대부분 일치한다. 그러나 『중국고전무학비적록』의 그림 방향은 대부분 반대다. 장창

18세는 곤법과 장창이 결합됐다. 披身勢(피신세)는 詐敗鎗勢(사패창세)로, 金鷄獨立勢(금계독립세)는 懸脚鎗勢(현각창세)로 바뀌었다. 특히 중요한 것은 '活挷(활봉)'이다.

2
鎗法(창법) 24세 解除(해제)

一. 夜乂探海勢(야예탐해세)

원문: 乃持鎗行立看守之法 遇敵變勢隨機應 用無不中節

밤에 성문을 지키며 행인을 검문한다. 무비문에도 夜丫聚海拳(야예취해권)이 있는데, '사해에서 군사(범)를 모은다'다. 야예탐해세도 '전쟁을 위해 범처럼 용감한 사람들을 찾아 모은다'는 가결이다. 창법 24세 문장의 시작은 '乃(내)' 자로 시작한다. '이에'란 뜻이 '이게(이것은)'으로 쓰인 이두문이다. 곤법 55세는 땅의 위치에서 하늘로 향하기 때문에 '乃(내)' 자를 모두 생략했다. 무비문은 '夜丫探海勢(야아탐해세)'로 시작해서 야아탐해세로 끝난다. 조선군영에서 기효신서의 야예탐해세를 '야차탐해세'로 오기했다. 무비문의 '야아탐해세'와 '야예탐해세'는 우리가 잃어버린 조선 무예의 흔적을 여러모로 생각하게 한다. 무예의 첫 동작은 상징성을 가지고 있기 때문에 중요하다.

창법 24세는 야예탐해세로 시작하고 태공조어세로 끝난다. 장창 24세는 동일 자세는 그리지 않기 때문에 생략할 수 있다. 한편 鋭刀(예도)의 '태아도타세'나 「권법」의 '탐마세'는 시작 전에 '우수'를 먼저 들어 올린다. 이것은 '하늘에 도움을 요청하는 동작'이다. 그런데 장창의 시작은 '좌수'를 들어 태아도타세와 대칭을 이룬다. 무비문의 夜丫巡海拳(야아순해권:범이 바다를 돈다)과 夜乂探海勢(야예탐해세:호랑이가 바다를 탐색한다)가 서로 연결되어 있어 한민족의 무예임을 증거하고 있고 창법을 권법으로 변용한 것을 알 수 있다.

①乃持鎗行立看守之法(내지창행립간수지법): 밤에 창을 들고 행인을 살피는 법이네

기효신서의 夜乂探海勢(야예탐해세)가 무비문에서는 '夜丫探勢海(야아탐해세)'다. '丫(아)'는 두 갈래 길이다. 그래서 뜻이 '가닥'이다. '夜丫(야아)'는 '밤에 가다'는 뜻이 된다. 밤에 두 갈래 길에서 지키는 군사가 낯 선 사람을 보고 손을 뻗고 나가면서 '夜丫(야아)~'하고 부르며 검문하는 자세다. 여기서 '夜丫(야아)'는 '啘吖(야아)'를 나타내는 이두문이다. 夜(야)는 밤에 다니는 호랑이로 '범'의 '이두문'이다. 이에 대한 내용을 소림사 棍法(곤법)에서 다뤘다.

夜乂探海勢(야예탐해세)는 '범(호랑이)이요(예)? 좀 살펴보세'라는 가결이다.

②遇敵變勢隨機應(우적변세수기): 적을 만나면 상대의 자세에 따라 적적히 응대하나,

③用無不中節(용무불중절): 창이 내려 꺾음 없이 사용한다네

그림 12-4. 夜乂探海勢

二. 四夷賓服勢(사이빈복세)

원문: 乃中平槍法六合槍之主 作二十四勢之元 妙變無窮自古迄今 各械鮮有當其鋒 諸勢莫可同其趣

四夷賓服勢(사이빈복세)는 '외침에 맞서기 위해 사방의 四夷(사이)들이 모인다'는 가결로 창법 24세를 한민족이 만들었음이다. 앞에 야예탐해세와 가결이 연결되어, 바다 건너 함께 싸우기 위해 모여든 사이가 밤늦게 성문에 도착하여 검문을 받는다는 내용이 된다. 四夷(사이)를 모이게 한 주체는 누구일까? 東夷(동이)의 대칭

은 西夷(서이)의 周(주)다. 周(주)의 낙양을 중심으로 '東夷(동이)·西戎(서융)·南蠻(남만)·北狄(북적)'이 만들어졌다. 中華(중화)의 시발이 됐다. '賓(빈)' 자에 사이빈복세가 있다.

①乃中平槍法六合槍之主(내중평창법육합창지주): 중평창법이 육합창법중 으뜸이네

中四平(중사평)이다. '六合(육합)'은 겨루는 6개의 방식이다. 창법 24세 외에 '6합'에 대한 문서가 있었음을 알 수 있다.

이화 창법의 육합이 이와 관련된 문서다. 소림곤법의 六合(육합)도 마찬가지다.

②作二十四勢之元(작이십사세지원): 이십사세 중의 으뜸이라네

창법의 총 가결이 24세 였음을 알 수 있다.

③妙變無窮自古迄今(묘변무궁자고흘금): 변화가 무궁한데 예부터 지금까지 전해졌다네

古迄今(고흘금)의 迄(흘)은 '흘르다'의 '흘'로 이두문이다. 창법 24세가 오래전에 있었고 이것을 다시 정리했음을 알 수 있는 문장이다.

④各械鮮有當其鋒(각기선유당기봉): 여러 좋은 무기들도 이 창끝에 당했다네

⑤諸勢莫可同其趣(제세막하동기취): 어떤 세를 막론하고 함께 취한다네

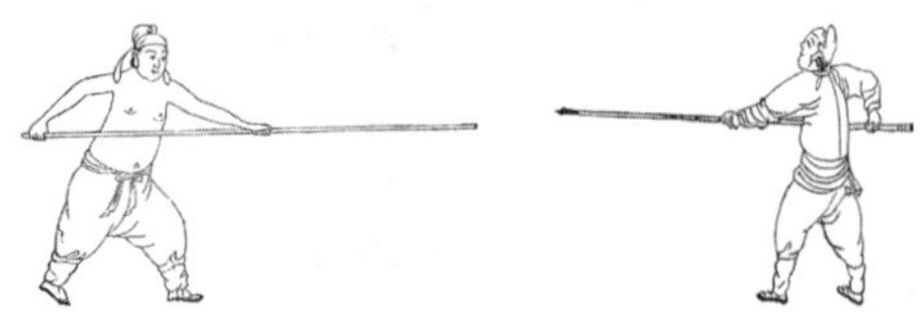

그림 12-5. 中平勢/四夷賓服勢

三. 指南針勢(지남침세)

원문: 乃上平槍法其類 用近手中平 而着數不離六合之變 有心演悟二十四勢之中可破其半

指南針(지남침)은 '남쪽을 가리킨다'다. 동쪽이 '北(북)'이다. 무예도보통지는 '지남침-적수-지남침'으로 연결시켰다. 지남침이 곧 '高四平勢(고사평세)'다. 上平(상평)이라 한 것은 '鎗(창)'은 上下(상하), 南北(남북)으로 위치를 설정했기 때문이다.

다음의 십면매복세는 사방에 숨어 있는 적이다. 남쪽에 숨어 있는 방향을 찾는다. 詩訣(시결)이 서로 연결된다.

①乃上平槍法其類(내상풍창법기류): 상평창법과 같은 종류라네

②用近手中平(용근수중평): 가까우면 중평세를 사용한다네

③而着數不離六合之變(이착수불리육합지변): 수를 보여도 육합의 변화를 벗어나지 못한다네

④有心演悟二十四勢之中(유심연오이십사세지중): 펼친 24세 중에 헤아려보면

⑤可破其半(가파기반): 지남침세로 반을 격파할 수 있다네

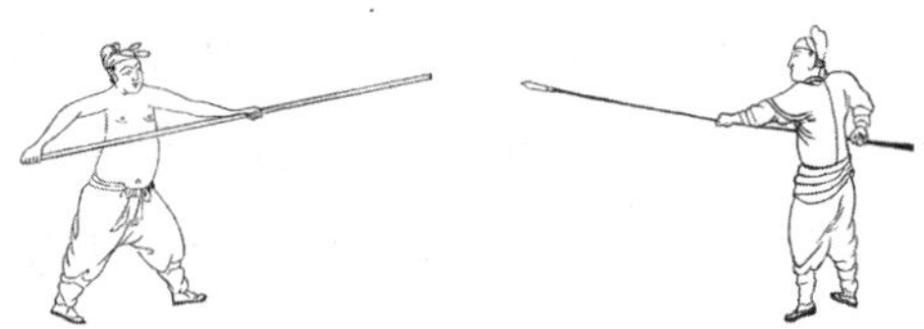

그림 12-6. 高四平勢/指南針勢

四. 十面埋伏勢(십면매복세)

원문: 乃下平鎗法 門戶緊於上平 機巧不亞中式精於此者 諸勢可通

십면매복세는 '低平勢(저평세)'임에도 불구하고 下平(하평)이라한 이유는 창법을 上下(상하), 南北(남북)으로 위치를 설정했기 때문이다. 십면매복은 동이족이 모여 숨어 사방에 매복한 적을 지남침세가 찾아 주고 있다. 창법 24세도 조선세법 처럼 대서사시로 순서를 구성했다.

①乃下平鎗法(내하평창법): 이것은 하평창법이라네

②門戶緊於上平(문호긴어상평): 상평에서 아래로 빠르게 내린다네

門戶(문호)의 '戶(호)' 자는 '지게'다. '한쪽 대문에 비스듬히 내려 걸린 장대'다.

③機巧不亞中式精於此者(기교불아중식정어차자): 기교가 뛰어난 자는 중평세 못지않네

④諸勢可通(제가가통): 모든 세에 가히 통달했네

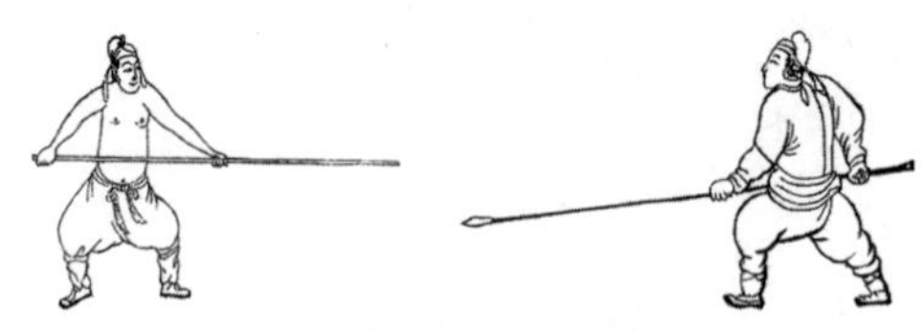

그림 12-7. 低四平勢/十面埋伏勢

五. 青龍獻爪勢(청룡헌조세)

원문: 乃孤鴈出羣槍法 勢勢之中着着之內 發槍箚人不離是法

청룡은 방위로 동쪽이고 흑룡은 서쪽이다. 청룡의 도움을 받아 사방에 매복한 敵(적)을 물리친다. '孤鴈出羣勢(고안출근세)⇨青龍獻爪勢(청룡헌조세)'로 연결된다. 창법에는 4마리의 青龍(청룡)·黃龍(황용)·黑龍(흑룡)·蒼龍(창룡)이 각 방위를 지키고 있다. 남쪽에 있어야 할 용은 물속에 잠긴 潛龍(잠룡)이다. 그러나 이것은 땅에 해당하기 때문에 棍法(곤법)에 있다. 창법과 곤법이 각각의 상징에 맞게 용을 배치했다.

①乃孤鴈出羣槍法(내고안출군창법): 이것은 고안출군창법이라네

孤鴈出羣(고안출군)은 곤법이다. 창룡헌조세의 모습과 고안출군세의 자세는 전혀 다름에도 같다고 한 이유는 '고안출근세⇨청룡헌조세'로 연결되기 때문이다. 창법과 곤법을 만들 때 동시에 구성했음을 알 수 있다.

②勢勢之中着着之內(세세지둥착착지내): 세 가운데 세가 있고, 움직이는 가운데 순서가 있다네 세와 세가 연결되는 과정에 청룡헌조세를 할 수 있다는 설명이다.

③發槍箚人不離是法(발창차인불리시법): 창을 뻗어 찌르는데 이 법에서 벗어나지 않다네

'發槍箚人(발창차인)'이 '獻爪(헌조)'다.

그림 12-8. 青龍獻爪勢/孤鴈出羣勢

六. 邊攔勢(변란세)

원문: 乃裏把門封閉鎗法 守門戶有纏捉 顚拏閃賺上穿指袖股倘 他出馬一槍 迎抱著琵琶埋伏

①乃裏把門封閉鎗法(내리파문봉폐창법): 이것은 이파문봉폐창법이라네

곤법에 邊攔勢(변란세)의 설명이 '左邊攔(좌변란)'이다. 창법은 이것을 '裏把門封閉(리파문봉폐)'로 썼다. 裏(리)는 '圈裏(권리)' 또는 '圈里(권리)'로 '몸 안쪽'이다. '좌측을 막기 위해 흙을 쌓듯이 밖에서 안쪽으로 문을 연다'다.

②守門戶有纏捉(수문호유전착): 지킨 문을 열 때 봉을 돌려(纏) 위를 찌른다네(捉)

③顚拏閃賺上穿指袖股倘(전나섬잠상천지수고상): 돌아 나가며 위를 찌르고 소매와 정강이를 동시에 돌린다네

閃賺上(섬잠상)은 閃賺花鎗上(섬잠화창상)이다.

곤법과 창법과 문장의 전체 구조를 알지 못하면 해석도 해독도 할 수 없다. 실제 『무예문헌자료집성』은 섬잠을 해석하지 못했다. 그 결과 穿指袖股(천지수고)를 '穿袖(천수)'와 '剪子股(전자고)'로 해석했다. 閃(섬)은 수렴을 팔꿈치로 들어 올리는 偏閃(편섬)의 閃(섬)이다. '賺(잠)=貝(패)+兼(겸)으로 '兼(겸)=又(우)+禾(화)'다. '벼를 우수로 잡다'다. 한 손에 벼를 한 움큼 잡아 숨기고 파는 것이다. 여기서 賺(잠)은 '잡다'의 이두문이다. 閃賺(선잠)은 鎗根(창근)을 잡은 앞 손을 잡아올리는 후수이다. 倘(상)은 '배회하다'다. 袖股倘(수고상)은 '주어+술어'다.

④他出馬一槍(타출마일창): 상대는 騎馬勢(기마세)로 돌아 공격한다네

창법은 騎龍勢(기룡세)다. 곤법은 騎馬勢(기마세)다. 창법의 대칭이 곤법이다.

⑤迎抱著琵琶埋伏(영포저비파매복): 비파세나 매복세로 맞이한다네

그림 12-9. 邊攔勢

七. 鐵翻竿勢(철번간세)

원문: 乃外把門黃龍點竿鎗法 一截二進蛇弄風 撲着鵪鶉不放鬆

鐵芉(철간)이다. '芉(간)=++(초)+干(간)'이다. '干(간)'은 '곧게 내려 나간다'다. 그래서 '天干(천간)'이다. 쇠처럼 강하게 내려 찌르고 나서 창을 들어 뒤로 돌기 때문에 翻(번)이다.

①乃外把門黃竿鎗法(내외피문횡간창법): 이것은 외파문황룡점간창법이라네

外(외)는 圈外(권외)다. 좌회로 돌면서 잡은 봉이 밖에서 문을 열 듯이 하여 찌르는 기법을 설명한 문장이다.

②一截二進蛇弄風(일절이진사롱풍): 좌각이 나가면 우각도 뒤따라 창을 들고 좌로 돈다네

'截(절)=雀(작)+戈(과)'다. '끊는다'다. 雀(작)은 '躍(약)'의 음이 바뀐 글자다. 즉 '작게 뛰듯이 나가는 보법'이 '截(절)'이다. 찌르며 '좌각'이 앞으로 나갔지만 뒤에 있던 '우각'이 작게 한 번 더 나가는 보법이 一截二進(일절이진)이다. 이것은 조선세법의 '掣步(체보)'다. 양수로 깊게 찔러 상체가 앞으로 숙여있기 때문에 뒷발이 따라 나가며 중심을 잡게 된다. 조선세법의 백사롱풍 가결과 연결된다.

③撲着鵪鶉不放鬆(박착암순불방송): 암순으로 내려쳐 몸에 붙이되 손은 꽉 잡는다네

鵪鶉(박착암순)은 鷯鶉(요순)의 대칭이다. 鵪鶉(암순)의 鵪(암)은 '奄(엄)+鳥(조)'다. 奄(엄)은 '庵(암:암자)·盦(암:뚜껑)'이다. 鷯鶉(료순)은 上(상), 鵪鶉(암순)은 下(하)로 대칭이다. '위에서 아래로 내려치다'다. 撲着(박착)은 '내려칠 때 몸에 꼭 붙인다'다. 돌면서 철번간세를 할 때 箚法(차법) 이외에 撲法(박법)으로 변환했을 때의 기법이다. 검법에서는 擊法(격법)이라 하고 창법은 撲法(박법)으로 서로 개념의 차이를 두었다. 鬆(송)은 '헐거운 상태'다. '헐겁게 하지 않는다'는 뜻의 不放鬆(불방송)은 봉을 '꽉 말아쥔' 拳(권)을 설명한 문장이다. 창룡헌조세는 '우각우수'이고 철번간수는 '좌각좌수'다.

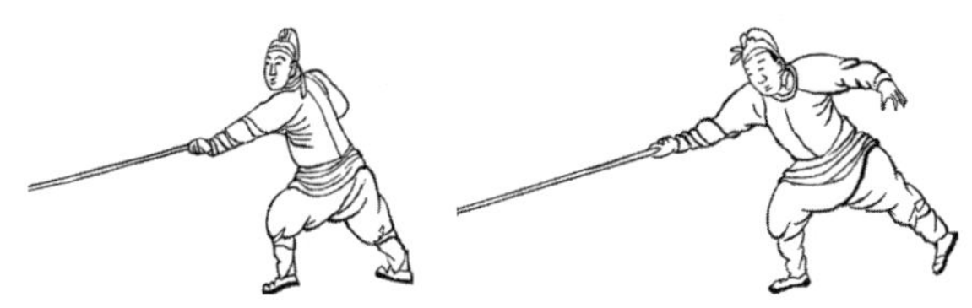

그림 12-10. 鐵翻竿勢/青龍獻爪勢

八. 跨劍勢(과검세)

원문: 乃裙欄鎗法 大開門戶誘他來逐 逐我中途拏剁 他虛我實搖花鎗 他實我虛掤退救

騎(과)는 말의 앞뒤 다리처럼 벌린 자세다. 조선세법에 退步羣攔(퇴보군란)이 있다. 跨劍滾身(과검곤신)으로 허리로 창을 쓰는 기법이다. 偸步滾身(투보곤신)과 五花滾身(오화곤신)도 마찬가지다.

①乃裙欄鎗法(내군란창법): 이것은 군란창법이라네

裙欄(군란)은 우측으로 막고 邊攔(변란)은 좌측을 막는다.

②大開門戶誘他來逐(대개문호유타래): 문을 열어 상대를 유혹하자 들어오네

③逐我中途拏剁(축아중도나타): 쫓아 들어가면서 나는 짧게 친다네

④他虛我實搖花鎗(타허아실요화창): 상대가 허하고 내가 실하면 찌른다네

搖(요)는 '搖籃(요람)'이다. 전후로 움직이는 동작으로 '창을 찌르고 거둔다'다.

⑤他實我虛掤退救(타실아허붙되구): 상대가 실하고 내가 허하면 붕퇴로 피한다네

장창 18세의 活掤退退鎗勢(활붕퇴퇴창세)에 '掤退(붕퇴)'가 있다. '掤(붕)' 자는 매우 중요하다.

掤(붕)은 箭筒(전통)이다. 棚(붕)은 '시렁·사다리'다. '朋(붕)' 자형이 '사다리'가 펴진 '水平(수평)'을 나타낸다. 崩(붕)은 '산이 무너져서 평지가 됐다>눕다>죽었다'다. '朋(붕)'은 '鳳(봉)'이 변형된 것으로 'ㅸ>붕=봉'이다. 하늘로 오르면 '봉(ㅗ)'이고 내려오면 '붕(ㅜ)'이다.

그림 12-11. 跨劍勢/活掤退退鎗勢

九. 騎龍勢(기룡세)

원문: 乃拗步鎗法 進有撥草尋蛇 退有邊攔救護 梨花滾袖似穿梭 四面是鎗雲罩霧

騎龍勢(기룡세)는 騎馬勢(기마세)와 대칭이다. 기룡은 하늘, 기마는 땅을 상징한다.

①乃拗步鎗法(내요보창법): 이것은 요보창법이라네

拗步鎗法(요보창법)이다. 拗單鞭勢(요단편세)에서는 보법이 '行一步(행일보)'로 손발이 걷듯이 움직인다. 즉 '좌수'가 나가면 '우각'이 나간다. 기룡세에서 棍(곤)만 없으면 두 손의 모습이 요단편세다. 拗步(요보)가 곧 行步(행보)다.

②進有撥草尋蛇(진유발초사): 발초심사세처럼 창을 들어 내려치면서 나간다네

③退有邊攔救護(퇴유변란구호): 물러나 변란세로 자신을 보호한다네

'우각'이 앞에 있다. 이 상태에서 좌회로 돌면 변란세가 된다.

④梨花滾袖似穿梭(이화곤수사천사): 이화창을 위해 손을 들고 도는 것이 穿梭(천준) 같네

양가창의 화려한 기법이 '梨花鎗法(이화창법)'이다. 梨花(이화)는 회전 시 '창끝을 하늘로 세워 도는 기법'이다. '滾(곤)'은 '허리에서 나간다'다. 『廣雅(광아)』에 衮(곤)은 '帶也(대야)'로 '허리띠'다. 즉 허리에 두른 띠가 '용'이다. '氵(수)=手(수)'로 '허리에 숨긴 손'이다. 滾(곤)은 '허리에 붙어있는 창이 솟구치며 돌아간다'다. '梭(준)=木(목)+夋(준)이다. 木(목)은 鎗(창)이다. 夋(준)은 '가다'다. 提(제)의 대칭이다. '袖(수)' 자는 '穿袖(천수)'의 '穿(천)'이 함축됐다. 穿梭(천사)는 소림곤법에도 있다. 梨花(이화)의 기법을 사용할 때 '허리에서 소매를 올린다'다.

⑤四面是鎗雲罩霧(사면시창운조무): 창을 들고 구름과 안개 속에서 사면을 도는 듯하네

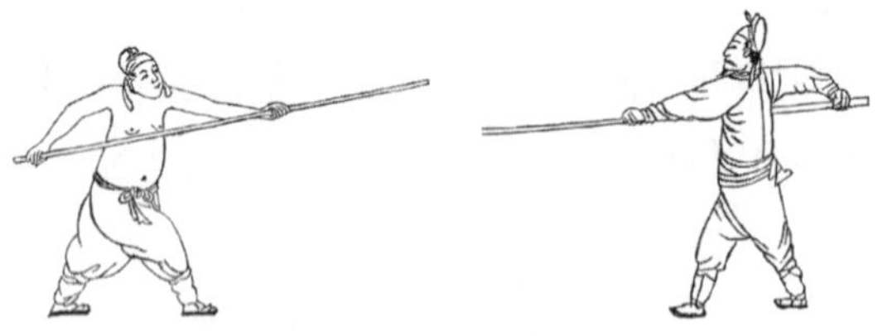

그림 12-12. 騎馬勢/騎龍勢

十. 白猿拖刀勢(백원타도세)

원문: 乃佯輸詐回鎗法 逆轉硬上騎龍 順步纏攔崩靠 迎鋒接進弄花鎗 就是中平也破

白猿拖刀勢(백원타도세)는 조선세법의 백원출동세와 보법과 신법이 똑같다. '우수우각' 장교분수세에서 '좌각'이 들어가 '우회'를 한 보법이다. 拖(타)는 '끌다'다. 뒤로 우회를 할 때 긴 창은 끌린다. 반면 검은 창보다 길이가 짧다. '좌각'이 들어가면서 검을 '좌견'에 붙이면서 '우회'한 동작이 본국검의 백원출동세다. 동일 문화권에서 만들었음을 알 수 있다.

①乃佯輸詐回鎗法(내양수허회창법): 패한 것처럼 속여 창을 돌리는 기법이라네

조선세법 염시세의 佯北誘賺(양북유잠)의 문장에서 쓰인 '佯(양)'과 '賺(잠)' 자가 창법과 곤법에도 똑같이 사용됐다. 破棍第五路譜(파곤제오로보)의 敬德倒拉鞭(경덕도랍편)을 佯輸詐敗(양수사패)로 설명되어 있다. 회전하지 않으면 披身鎗(피신창)이다. '詐(사)' 자를 취해 詐敗鎗勢(사패창세)로 했음을 알 수 있다. 이 기법은 일대다수에 사용되는 以弱勝强(이약승강)의 기법이다.

②逆轉硬上騎龍(역전경상기룡): 반대로 돌아 다시 막고 나아가 기룡세를 한다네

逆轉(역전)은 '거짓으로 패한 척 한 동작'이다. 硬(경)은 '다시 막다'로 提(제)의 의미다. '우회'하면서 창을 들었다 내리면 기룡세다.

③順步纏攔崩靠(순보전란붕고): 순보로 돌 때는 창을 감아 돌려 수평으로 든다네

順步(순보)는 역전의 반대로 '좌회'다. 기룡세에서 '좌회' 시 봉을 뒤로 보낼 때 수평으로 한다는 문장이다. 崩(붕)은 '掤(붕)' 자의 치환이다. 창법에서는 '崩(붕)' 자를 사용하고 곤법은 '掤(붕)' 자를 사용했다. 하늘이 '산을 무너뜨린다'는 것을 나타낸다.

靠(고)는 비대칭으로 '반대로 한다'로 槍梢(창초)가 후방에세 전방으로 바뀐 것이다. 즉 逆轉(역전)에서 후방이 됐고, 다시 順步(순보)로 전방이 됐다.

④迎鋒接進弄花鎗(영봉접진롱화창): 창끝을 올리며 나가 창을 휘두른다네

迎鋒接(영봉접)은 迎接鋒(영접봉)의 어순 도치다. 鋒(봉)은 '창끝'이다. 迎(영)은 창끝을 들어 올리는 것이다. 接(접)은 '몸에 붙이다'다. 弄花(롱화)의 '弄(롱)'은 '좌회'이고 花(화)는 창을 드는 것이다. 弄(롱)을 하면 금계독립세처럼 '우견'에 창을 들게 된다. 弄花(롱화)와 梨花(이화)의 대칭이다.

⑤就是中平也破(취시중평야파): 이렇게 하면 중평세를 격파한다네

就是(취시)는 앞에서 취한 기법들이다.

그림 12-13. 白猿拖刀勢

十一. 琵琶勢(비파세)

원문: 乃白牛轉角鎗法 上來鉤崩進挫 中來滾剁挨拏好 得手青龍獻爪

鎗法(창법)은 琵琶勢(비파세)로 棍法(곤법)은 땅이기 때문에 金剛抱琵琶勢(금강포비파세)로 개념을 나누었다. 金剛(금강)은 땅이기 때문에 하늘을 보는 정면이고 창은 하늘에서 내려 보기 때문에 배면이다. 琵(비)는 손을 밖으로 밀어 소리 내고, 琶(파)는 안으로 끌어들여 소리를 낸다. '땅을 파는 동작'과 琶(파)의 동작이 일치하고 부정하는 손짓의 '非(비)'와 '琵(비)'를 타는 손가락 동작이 같다.

①乃白牛轉角鎗法(내백우전각창법): 이것은 백우전간창법이라네

白牛(백우)는 '正午(정오)'의 개념이다. '정수리 위에 해'다. 해가 정수리를 벗어나면 동에서 서로 넘어가기 때문에 해는 '회전'을 상징한다. '牛(우)' 자가 비파세의 모습이다. '牛(우)' 자의 중심에 '丨' 자는 제자리에서 돈다는 것이다. 금계독립세의 '搶背臥牛雙倒(창배와우쌍도)'에서 牛雙(우쌍)이 양손을 비유했다. 제자리에서 '좌회'로 돌 때 창을 '비스듬히 비파처럼 앉고 돈다'는 기법을 나타낸다. 角(각)은 '싸운다'로 비파세로 회전을 한 이후 상대와 겨루는 법이라는 문장이다.

②上來鉤崩進挫(상래구붕진좌): 돌면서 위에 있던 창을 구부려 잡고 나가면서 내린다네

곤법의 포비파세의 '좌각'은 들려있고 창법은 '좌각'이 나가있다. 곤법의 문장은 '退步(퇴보)'다. 좌회를 위해 '좌각'을 든 그림이 곤법이고 제자리에서 한 바퀴 돌면서 '좌각'이 나가면서 창을 내리려는 동작을 그린 것이 창법의 비파세다. 서로 짝이기 때문에 두 문장과 그림을 맞추면 된다. '鉤(구)'는 봉을 구부려 잡은 손이다. 곤에서는 水平(수평)을 '掤(붕)' 자로 썼고 창에서는 '崩(붕)' 자를 썼다. 挫(좌)는 '꺾다'로 창을 내리는 것과 자세를 낮추는 것이다.

③中來滾剁挨拏好(중래곤타애나호): 중간쯤 오면 허리에서 짧게 자르듯 치는 게 좋다네

滾(곤)은 '허리에서 나가는 것'이다. 剁(타)는 '잘게 다지다'다. 挨(애)는 '밀치다'다. 拏(나)는 '두 손으로 잡고 나간다'다.

④下來提快如梭(하래제쾌여사): 아래로 북처럼 빠르게 내린다네

提(제)는 창법의 복호세의 '閃提(섬제)'이고 곤법의 高提(고제)다. '梭(사)'는 베틀에 배처럼 생긴 통에 씨실을 넣어 날실 사이에 오가는 배다. 실 위를 빠르게 오고 가는 것처럼 내린다는 비유다.

⑤得手青龍獻爪(득수청룡헌조): 손을 뻗으며 나가면 청룡헌조세가 된다네

그림 12-14. 金剛抱琵琶勢/琵琶勢/青龍獻爪勢

十二. 靈貓捉鼠勢(영묘착서세)

원문: 乃無中生有鎗法 進步虛下撲纏 賺伊鎗動使梨花 遇壓挑天冲打

靈貓(영묘)란 신령한 호랑이다. 鼠(서)는 '서있는 쥐'이고 子(자) '땅에 엎드린 쥐'다.

고양이와 쥐가 맞닥트려 서로 긴장하며 노려보고 있다. 조선세법의 看守勢(간수세)는 호랑이다. 마가창은 '靈貓捕鼠勢(영묘포서세)'로 '捉(착)' 자가 捕(포)로 바뀌었다.

①乃無中生有鎗法(내무중생유창법): 이것은 없는 가운데 일어나는 창법이라네

無中生有(무중생유)는 삼십육계의 敵戰計(적전계)다. 창법·곤법·검법뿐만 아니라 당시에 병서가 있었음을 알 수 있다.

②進步虛下撲纏(진보허하박전): 나가면서 헛되이 아래를 굴리며 두드린다네

③賺伊鎗動使梨花(잠이창동사이화): 움켜잡은 창은 이화의 기법을 사용한다네

④遇壓挑天冲打(우압도천충타): 갑자기 하늘을 뚫듯이 들어서 내려친다네

그림 12-15. 靈貓捉鼠勢/看守勢

十三. 鋪地錦勢(포지금세)

원문: 乃地蛇槍法 起手披挨急刺 高來直擦難饒 若他滴水認針穿 甦法死中反活

하늘에서 땅으로 비단을 펼쳐 놓는 자세다. 곤법은 地蛇鎗勢(지사창세)와 대칭이다.

①乃地蛇槍法(내지사창법): 이것은 지사창법과 같다네

②起手披挨急刺(기수피의급자): 손을 들어 상대의 맞댄 창을 들치고 빠르게 찌른다네

③高來直擦難饒(고래직찰난요): 높고 곧게 내려오면 간격이 커서 맞붙이기고 어렵네

擦(찰)은 '비비다'다. 위에서 높게 내려오는 창과 땅에서 올라가는 창이 맞붙으면 비비듯 교차하게 된다는 비유다.

④若他滴水認針穿(약타적수인침천): 만약 상대가 적수나 인침으로 찌른다면

⑤甦法死中反活(소법사중반활): 죽음에서 다시 살아나려면 활뿐이라네

甦(소)는 '更(갱)+生(생)'으로 '죽었다 다시 조금씩 되살아나는 것'으로 甦生(소생)이다.

곤법에서 地蛇鎗(지사창)의 문장은 '死蛇變作活蛇誇(사사변작활사과)'로 生(생)과 死(사)의 대칭이다. 活(활)이 곧 '화살'이다. 창을 활처럼 손에서 밀어 화살이 활에서 나가는 기법이다. 손에 들고 있는 죽은 창이 뱀이 活(활)처럼 빠져나가듯 밀기 때문에 活(활)이다. 모원의는 "용처럼 솟구치고 범처럼 뛰어나가면 봉 끝을 어지럽게 거둔다."[573]라 했고 곤법에 "활을 낼 때는 둥글게 돌린다. 前手(전수)는 펼쳤다 당기되 너무 일정하면 안되고, 後手(후수)는 열었다 닫아도 흔적이 없이 서로 다르게 들

573 棍中有穿提閃賺之法 如活龍生虎 難攖其鋒

고 나가야 한다."[574] '活(활)'의 움직임을 정확히 표현했다. 誇(과)는 '言(언)+夸(과)'로 '활처럼 생긴 입술을 크게 벌렸다'다. 입술이 '활'이다. '夸(과)=大(대)+弓(궁)'이다. '活(활)=舌(설)'이다. 목소리가 큰 만큼 침도 튀고, 약을 올리려면 혀도 날름거린다. '舌(설)'이 '화살'이다. 죽은 사람이 말을 하면 다시 살아났다고 한다. '誇(과)' 자와 '活(활)' 자는 결단코 한민족이 아니면 해독할 수 없다.

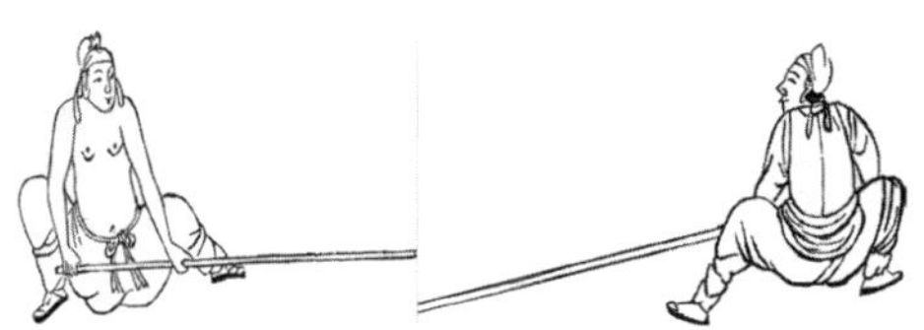

그림 12-16. 地蛇鎗勢/鋪地錦勢

十四. 朝天勢(조천세)

원문: 乃上驚下取鎗法 搖旗掃地鐵牛耕 那怕他拖刀詭詐

조천세의 머리띠에는 한 바퀴의 회전 표식이 있다. 본국검의 조천세도 '우회'의 회전이다.

①乃上驚下取鎗法(내상경하취창법): 이것은 위를 놀라게 해서 아래를 취하는 법이라네

上驚下取(상경하취)는 「권법」의 하삽세에도 사용된 문장이다. 하삽세와 조천세는 다른 가결이다. 그러나 권법과 곤법이 창법이 서로 연결되었다.

②搖旗掃地鐵牛耕(요기소지철우경): 깃발을 들어 땅을 쓸 듯이 흔들다 철우경지로 친다네

搖旗掃(요기소)는 깃발을 흔드는 동작이고 地鐵牛耕(지철우경)은 鐵牛耕地(철우경지)다.

'地(지)' 자를 도치시켜 掃地(소지)의 의미까지 부여하고 있다. 곤법의 조천세는 '좌각'을 들고 '우회'하는 동작이고, 창법의 조천세는 '우회'로 한 바퀴 돌아 앞을 향해 철우경지세로 내려치려는 동작이다.

③那怕他拖刀詭詐(나박타타도궤사): 어찌 상대의 拖刀(타도)의 속임을 두려워하

---

574 活潑圓轉 而前手之伸縮不常 後手之開闔無跡 尤當究心也

겠는가?

拖刀(타도)는 白猿拖刀勢(백원타도세)다.

그림 12-17. 鐵牛耕地勢/朝天勢/朝天勢

十五. 鐵牛耕地勢(철우경지세)

원문: 乃急搗確鎗法 硬去硬回莫軟 惟有此槍無空 他能平伏閃吾槍 就使黑龍入洞

①乃急搗確鎗法(내급도확창세): 이것은 굳게 내려찍듯 치는 기법이라네

'搗(도)'[575]는 '찧다·두드리다'로 타작하는 도리깨질의 동작이다.

②硬去硬回莫軟(경거경회막연): 강하게 거두고 돌려야지 부드럽게 하면 안된다네

이 문장은 내려친 창을 거두어 들고 조천세로 돌아서 강하게 내려친 동작을 설명한 문장이다. 硬(경)은 '내려친 상태'이고 去(거)는 내려친 창을 '거둔다'다.

③惟有此槍無空(유유차창무공): 오직 이 창법은 땅을 향하네

無空(무공)의 空(공)은 하늘이다. 창이 '하늘에 없다'다. 땅으로 향하는 것이다.

④他能平伏閃吾槍(타능평복섬오창): 상대가 평대를 하면 나는 창을 복호로 든다네

이것은 함축된 문장이다. 창법의 복호세의 문장을 보면 '退閃(퇴섬)'과 '朝天鐵掃(조천철소)'의 문장이 있다. 즉 '조천세⇨철우경지세'로 이어지는 공격을 복호세로 막는다는 내용이다.

⑤就使黑龍入洞(취사흑룡입동): 흑룡입동세를 취한다네

흑룡입동세는 없다. 청룡은 떠오르는 동쪽이고, 흑룡은 해가 지는 서쪽이다. 청룡헌조세는 '우수우각'이다. 청룡헌조세로 찌르면 상체가 앞으로 많이 숙여있어 '좌각'

575 彼若剁閃 我即當心一搗 彼横打我左邊腰 我移左脚進于右 將棍梢揷在地上 直搪格彼棍 進右脚入彼圈裏 用棍根當心一搗

이 나가면서 중심을 잡아야 하는데, 이 보법이 '入(입)'이다. 이때 '좌각'이 나가면서 '좌수'로 순간적으로 교묘하게 바꾸어 찔러야 한다. 이 기법이 鐵翻竿勢(철번간세)다. 철번간세의 '黃龍點(황용점)'의 黃(황)은 중앙이다. 즉 '흑룡(서=左)⇦ 황룡(중=中)⇦ 청룡(동=右)'의 과정이다. 點(점)은 '좌각좌수'로 찌르는 '鳳點頭(봉점두)'로 射法(사법)의 봉점두의 기법과 같다. 철번간세의 자세는 몸의 중심이 바르지만 흑룡입동세는 청룡헌조세처럼 몸이 앞으로 숙이기 때문에 一截二步(일절이보)를 하게 되면서 '우수'를 들면 적수세가 된다. 이것을 설명한 문장이 적수세의 '順手鳳點頭披撲中取巧(순수봉점두피박중취교)'다. 본국검의 장교분수세가 '우수우각'으로 깊게 내려지고 '좌각'이 들어가면서 백원출동세도 '우회'로 돌아서 '우찬격세'를 한다. 즉, '장교분수⇨入(입)⇨백원출동⇨우찬격'의 투로와 '청룡헌초⇨흑룡입동⇨기룡⇨出(출)⇨掤退(붕퇴)'의 투로가 일치한다. 이것은 본국검이 창법의 투로가 연결됐다는 매우 중요한 기록이다.

그림 12-18. 鐵牛耕地勢/鐵翻竿勢/青龍獻爪勢

十六. 滴水勢(적수세)

원문: 乃提顚之法 順手鳳點頭披撲中取巧 進勢用騎龍出可掤退勇 若還破低勢難同伏地鎗 百發百中

滴水(적수)는 처마 끝에 떨어지는 물방울이다. 한 손으로 머리에 떨어지는 물을 막는다.

창을 지붕의 처마처럼 기울인다. 이 두 동작의 결합이 창법의 적수세다.

①乃提顚之法(내제전지법): 이것은 돌면서 아래를 막는 기법이라네

提(제)는 제방처럼 45°로 창을 취하는 자세다. 顚(전)은 '뒤집다'다.

②順手鳳點頭披撲中取巧(순수봉점두피박중취교): 내려치고 뻗는 가운데 교묘히 손을 바꿔어 봉점두로 찌른다네

철우경지로 내려치고(撲) 창을 올리는(披) 사이에(中) 우수를 내려 좌수와 교묘히 붙여(取巧) 봉두세(좌각좌수)로 찌르는(順手) 기법을 설명한 문장이다.

③進勢用騎龍出可掤退勇(진세용기룡출하붕퇴용): 기룡세로 나가고 붕퇴로 돌아나간다네

전진할 때는 騎龍(기룡)을 하고 후퇴는 과감히 掤退(봉퇴)를 한다. '活掤退退鎗勢(활붕퇴퇴창세)'가 '掤退(붕퇴)'다.

④若還破低勢難同伏地鎗(환약파저세난동복지창): 만약 돌면서 격파하고 낮은 자세를 취가기 어려우면 복지창과 같다네

同伏地鎗(동복지창)의 同(동)은 '伏虎槍(복호창)과 地蛇槍(지사창)'이다.

그림 12-19. 滴水勢/活掤退退鎗勢

十七. 太山壓卵勢(태산압란세)

원문: 乃鷹捉兎之法 勢維高發身中變 異任他埋伏地蛇 冲我又磨旗掃地

卵(란)은 '위로 찌른다'다. '山(산)'은 창의 모습을 '卵(란)'은 창을 들고 있는 사람이다. 磨旗勢(마기세)는 깃발을 곧게 올리는 것을 '갈다'는 뜻의 '磨(마)' 자를 썼다. 낚시를 들어 올리는 동작이다.

①乃鷹捉兎之法(내응착도지법): 매가 토끼를 잡는 법이라네

鷹捉兎(응나토)는 요란주세의 설명문이다. 埋伏(매복)도 「권경」에 있다. 맨손으로 鎗術(창술)을 구현했다. 권법과 창법이 연결되어 있다.

②勢維高發身中變(세유고발신중변): 높게 올려도 몸 중심에서 변하네

③異任他埋伏地蛇(이임타매복지사): 상대의 매복세와 지사세와 다르다네

④冲我又磨旗掃地(충아우마기소지): 나는 마기로 올리고 소지로 돈다네

그림 12-20. 太山壓卵勢

十八. 美人認針勢(미인인침세)

원문: 乃儘頭鎗法好破地蛇防 他顚捉起手鳳點頭 披閃認眞戳.

①乃儘頭鎗法好破地蛇(진두창법호파지사): 진두창법은 지사를 방어하고 격파한다네

儘頭鎗(진두창)은 棍法(곤법)이고 地蛇(지사)는 鋪地錦勢(포지금세)의 설명어다. 鎗(창)과 棍(곤)이 연결됐다.

②他顚捉起手鳳點頭(타전착기수봉점두): 상대가 돌아 봉점두로 머리를 찔러온다네

③披閃認眞戳(피섬인진착): 한쪽 손을 들고 나가 찌른다네

봉점두는 사법에서도 '좌각좌수'다. 披閃(피섬)은 '한쪽 팔을 든다'다. '披(피)와 眞(진)' 자에 자세가 있다. 認(인)은 '글을 쓰다'다. '창끝으로 땅에 멋진 글을 쓴다'다. 眞(진)은 進(진)의 치환이다. '戳(착)=翟(적:꿩)+戈(과)'다. '끝으로 찌르다'다. 창끝을 찌르려면 우견을 높이 올려야 한다. 戳拳(착권)의 내지른 주먹이나 당긴 주먹이 과하게 나간 것이다.

그림 12-21. 美人認針勢

十九. 蒼龍擺尾勢(창룡파미세)

蒼龍(창룡)은 조선세법의 창룡출수세처럼 회전하면 창을 사용하는 기법이다. 蒼龍(창룡)은 밤하늘 북쪽에 있는 용이다. 龍頭(용두)가 북쪽에 있으니 擺尾(파미)는

남쪽이다. 槍(창)을 목 위에 세워서 다루기 때문에 '梨花(이화)'다. 창룡파미세는 梨花槍(이화창)에 대한 설명이 있는 중요한 가결이다.

원문: 乃掤退救護之法 電轉風回 驚散梨花閃賺

①乃掤退救護之法(내붕퇴구호지법): 이것은 붕퇴로 물러나 몸을 보호하는 법이라네

擺尾(파미)의 擺(파)는 '밑으로 내려 여는 동작'으로 琶(파)의 손동작이다. 몸 뒤로 창을 당기는 힘(擺尾)을 이용하여 앞에 있던 '좌각'을 들고 '좌회'로 돌면서 창을 수평으로 들면 장창 18세에 '翻身掤退退(번신붕퇴퇴)'가 된다.

②電轉風回(전전풍전): 번개치듯 바람일 듯 돈다네

③驚散梨花閃賺(경산이화섬잠): 놀란 배꽃이 바람에 흩어져 반듯이 눕는다네

驚散(경산)의 '驚(경)=敬(경)+馬(마)'다. '몽둥이를 들고 말을 때려 놀란 말'이다. 용이 꼬리를 흔들 듯이 창으로 떨어진 배 꽃잎을 뒤로 파 올린다. 驚散(경산)은 擺尾(파미)의 결과다. '梨(리)=利(리)+木(목)'으로 '木(목)'은 殺(살)의 '木(목)'처럼 사람의 '목'이다. 즉 梨(리)는 '목 위에 창을 곧게 세운다'다. '花(화)'의 '艹' 자는 '손'을 의미하면서 꽃이 피듯이 '위에서 펴진다'다. 閃賺(섬잠)의 閃(섬)은 '수렴을 팔꿈치로 들어 올린다'다. 조선세법 偏閃勢(편섬세)의 '閃(섬)'이다. '賺(잠)=貝(패)+兼(겸)'이다. '兼(겸)=又(우)+禾(화)'로 '볏단을 움켜쥐다'다. 즉 閃賺(선잠)은 鎗根(창근)을 '한쪽 팔뚝을 올려 잡는다'다. 이렇게 잡은 창은 수평의 '掤(붕)'이 된다. '閃賺者手固步小(선잠자수고보소)推棍入彼懷中(추곤입피회중)左拏閃右(좌나섬우)右拏閃左(우나섬좌)莫可測度(막하측도)不至犯硬(부지범경)此是賺法(차시잠법)若穿提(약천제)卽非如閃賺者之小可也(즉비여섬자지소가야)'다. 拏(나)와 閃(섬)의 작용이 동시적으로 발생됐다. '拏(나)' 자가 '나가다'의 이두문임을 알 수 있다. 閃賺(섬잠)은 작은 걸음으로 밀고 나가는 기법이고 상대적으로 穿提(천제)는 동작이 크다. 특히 左拏閃右(좌나섬우)는 點劍勢(점검세)이고 右拏閃左(우나섬좌)는 偏閃勢(편섬세)의 동작으로 창법의 개념이 조선세법과 동일함을 알 수 있다.

그림 12-22. 蒼龍擺尾勢/翻身掤退勢

二十. 闖鴻門勢(틈홍문세)

원문: 乃抛梭鎗法 身隨鎗進閃坐剁攔 提攻硬上 經曰[576]

闖鴻門(틈홍문)의 闖(틈)은 '間(간)'으로 門闖(문틈)이다. 鴻(홍)은 洪(홍)과 통용하여 '洪水(홍수)'라는 뜻이다. 음가가 같으면 통용해서 쓴 이두문이다. 鴻門之會(홍문지회)는 '장마에 문틈에서 비가 새어 나오는 것처럼 문틈을 찌르는 창법'으로 소림의 少夜乂(소야예) 五路(오로)의 '遮天不漏雨勢(차천불루우세)'다. '硬(경)=石(석)+更(갱)'으로 '다시 한번 가로막다·공격하다'다.

①乃抛梭鎗法(내포사창법): 이것은 포사창법이라네

抛梭鎗(포사창)이다. '抛(포)=扌(수)+尢(왕)+力(력)'이다. '尢(왕)'은 '절름발이(몸이 가볍게 한쪽으로 기우뚱거리는 보법)'으로 창을 멀리 던지기 위해 몸을 뒤로 약간 젖히게 된다. '빠르게 던진다'다.

②身隨鎗進閃坐剁攔(신수창진섬좌타란): 몸은 창을 따라 나가고 뒤로 앉길 반복한다네

身(신)은 상체를 말한다. 창을 찌르면서 상체를 앞으로 숙이고 다시 창을 뒤로 빼면 팔뚝이 들린 상태에서 몸이 뒤로 빠지게 된다. 이것이 閃坐(섬좌)다. 剁攔(타란)의 剁(타)는 '잘게 썰다·다지다'다. '반복적으로 찌른다'다.

③提攻硬上(제공경상): 제로 방어하면서 위를 강하게 공격한다네

提(제)는 45°처럼 비탈진 창이다. 또한 提(제)는 '제치다·젖히다'다. 硬(경)은 '가

576 經曰六直妙在其中 用長貴短 用短貴長 此藝中妙理 短而長用者 謂其可禦彼長 長入短不中 則反爲長所誤 故用長以短 節節險嫩 就近身尺餘 法更不老 彼見我長 安心欲使我進深無用 我忽節節短來 彼乃智屈心違 倉卒使彼對我不及 此用長之妙訣 萬古之秘論也

로막다'다.

④經曰(경왈): 經曰(경왈) 이후의 문장은 전장에서 장창과 단병기가 싸울 때의 요령에 대한 설명이다. 鎗法(창법) 이외에 다른 병서가 있었음을 알 수 있다.

그림 12-23. 闖鴻門勢/活捌對進鎗勢

二一. 伏虎勢(복호세)

원문: 乃六封鎗法 斜倒硬上如風 退閃提攔纏捉 他如壓卵攔又朝天鐵掃 迎封接靠

①乃六封鎗法(내육봉창법): 이것은 육봉창법이라네

②斜倒硬上如風(사도경상여풍): 상체를 굽혀 다시 막고 바람같이 돌아 위를 찌르네

창법의 복호세와 곤법의 복호세는 서로 연속된 동작이다. 風(풍)은 '좌회'를 비유한 한자다.

斜(사)는 '屈曲(굴곡)을 이룬다'로 '상체를 앞으로 숙인다'다. 뒤에 좌각이 나가면서 좌회로 돌면서 앉으면 곤법의 복호세가 된다. 이 동작은「권법」에 있는 복호세의 側身弄腿(측신롱퇴)로 기법이 똑같다. '白蛇弄風(백사롱풍)'에서 '風(풍)' 자를 창법에서 취하고「권법」에서는 '弄(롱)' 자를 취했다. 창법과 곤법 그리고「권법」의 복호세를 보면서 온몸에 전율이 일었다.

③退閃提攔纏捉(퇴섬제란전착): 물러나 앉아 비껴들며 창을 감아 위를 찌르네

閃提攔(섬제란)은 '좌측 손을 들어 창을 비탈지게 들어 감듯이 막는다'다. 捉(착)은 '위를 찌른다'다. '纏(전)' 자의 쓰임이 본국검에서처럼 좌우로 감아 돌리는 것뿐만 아니라 '얽다·얽는다'의 작용으로 쓰였다.

④他如壓卵攔又朝天鐵掃(타여압란우조천철소): 상대가 압란이나 조천으로 공격해오면

⑤迎封接靠(영봉접고): 창을 돋구어 맞이한다네

迎封接靠(영봉접고)는 迎接(영접) 사이에 '封(봉)' 자를 넣었다. '封(봉)' 자는 '돋우어 키우는 것'이다. '六(육)' 자의 갑골문은 '집안에서 자식을 양육하는 글자로 '育

(육)'이다. '앉아서 창을 찌른다'는 것을 '땅에서 새싹이 돋아나는 자라나는 것'을 나타낸 것이 '六封鎗(육봉창)'으로 이두문이다. 이것을 모르면 '六(육)' 자를 숫자로 보고 '여섯 번 찌른다'로 해석하게 된다. 六封四閉(육봉사폐)에 이런 현상이 나타난다. 靠(고)는 '비탈처럼 기울인다'다.

그림 12-24. 伏虎勢/伏虎勢

二二. 推山塞海勢(추산색해세)

원문: 乃護膝鎗法 高來搖旗挨捉 低來鐵箒顚提 中來如箭有虛眞 可用鐵牛耕地

塞海(색해)는 바닷속을 찾는 探海(탐해)다. 推山(추산)은 '산을 밀어 바다를 막는다'다. 하늘땅 그리고 바다를 헤집듯 창을 쓴다. 창의 움직임이 '高(고)-高低(고저)-中(중)-低(저)'로 움직일 때의 운용을 설명한 문장이다.

①乃護膝鎗法(내호슬창법): 이것은 무릎을 보호하는 법이라네

②高來搖旗挨捉(고래요기애착): 높은 곳에서 깃발을 흔들 듯 위를 찌른다네

조천세를 흔들어 창이 내려올 때 안정을 취하는 자세다. 농악 놀이에서 큰 깃발이 달린 긴 장대를 좌우로 휘두르는 모습이 護膝槍(호슬창)이다. 위를 찌르는 것이 '捉(착)'이다.

③低來鐵箒顚提(저래철소전제): 낮게 내려온 쇠 창을 비를 쓸 듯이 돌린다네

④中來如箭有虛眞(중래여전유허진): 중간에 오면 화살이 허공을 가듯 나간다네

'眞(진)'은 進(진)의 치환이다. 그러나 '우각'의 '進(진)'이 아니라, '좌각'이 다시 빠르게 중심을 잡기 위해 허공으로 빠르게 조금 나가기 때문에 '虛進(허진)'이다.

⑤可用鐵牛耕地(가용철우경지): 철우경지세로 사용할 수 있다네

'조천세-추산색해세-철우경지'는 서로 연결된 동작임을 설명하는 문장이다.

그림 12-25. 鐵牛耕地勢/推山塞海勢/朝天勢/朝天勢

二三. 鷂子撲鵪鶉勢(요자박암순세)

원문: 乃撥草尋蛇鎗法 高接雖用纏拏 逢中彼擦直過 倘他棚退把鎗還 滚手中平一剁

'鷂(요)=䍃(요)+鳥(조)'다. '살찐메추리'로 '장군'을 상징한다. '䍃(요)=爪(조)+缶(부)'다. 缶(부)는 '좌우로 긴 통'이다. 雁字勢(안자세)처럼 子(자)는 '刺(자)' 자의 환유다. '鵪鶉(암순)'[577]의 '鵪(암)=奄(암)+鳥(조)'다. 奄(암)은 庵(암)으로 '굴속에 숨어있는 메추라기'다. 鶉(순)의 享(향)은 歆饗(흠향)으로 '향을 올린다'다. 즉 '향을 아래위로 거듭 올리듯 창을 반복하여 내려친다'다. 그래서 '撲(박)'이다. '鷂子(요자)'는 수평으로 찌르는 자법이고 '鷯鶉(료순)'은 곧 '鵪鶉(암순)'으로 상하로 두드리듯 내려치는 격법이다. 鷂子擔說(요자담설)[578]에 弩擔(노담)에 활을 넣어 시위를 당기면 鷹鷂(응요)가 양 날개를 펼친 모습에서 鷂子擔(요자담)이다.

①乃撥草尋蛇鎗法(내발초심사창법): 이것이 발초심사창법이라네

②高接雖用纏拏(고접수용전나): 높이 들면서 접고 두 손으로 감으면서 내친다네

撥草(발초)는 '머리 위로 봉을 들어 올린다'로 이것이 '高接(고접)'이다. 창을 양손으로 벌려 잡기 때문에 들어 올리면 창끝이 우로 돌면서 나가게 된다. 이 설명이 '纏(전)'이다.

③逢中彼擦直過(봉중이창직과): 중간쯤 창이 스치듯 지나가면 곧게 발을 벌리네

창과 손이 만날 때의 작용을 설명한 문장이다. 앞 문장에 붙어있어서 '拏(나)' 자는 '두 손으로 움켜잡는다'로 연결된 문장이다. 擦(찰)은 '動時把得固(동시파득고)'다. 彼(피)은 상대를 지칭하는 것이 아니라 槍(창)을 지칭하는 대명사다. 直過(직과)는 '곧게 발을 넓게 벌린다'로 요자박암순세의 발의 움직임을 설명한 문장이다.

577 『무예도보통지』'鷯(료)' 자로 오기

578 『무비지』鷂子擔說(요자담설)

④倘他棚退把鎗還(상타붕퇴파창환): 갑자기 상대가 돌아 붕퇴로 찌른다네

⑤滾手中平一剁(곤수중평일타): 허리에서 중평으로 찌른다네

그림 12-26. 鷂子撲鵪鶉勢

二四. 太公釣魚勢(태공조어세)

원문: 乃磨旗鎗法 諸勢可敵 輕挨緩捉 順敵提拏 進退如風 剛柔得體

磨旗勢(마기세)는 조선세법의 展旗勢(전기세)에서 취해 만든 가결이다. 전기세의 기법은 剪磨上殺(전마상살)이다. 칼을 밑에서 위로 올리는 동작을 칼을 날카롭게 가는 것으로 비유했다. 여기서 '磨(마)'와 '旗(기)' 자를 취해 가결을 磨旗勢(마기세)로 했다. 전기세와 마기세의 기법은 같다. 고기를 낚듯이 부드럽게 대고 강하게 올려채는 기법이다.

①乃磨旗鎗法(내마기창법): 이것은 마기창법라네

낙시대를 들어 올리는 동작이다.

②諸勢可敵(제사가적): 모든 세에 대적할 수 있네

③輕挨緩捉(경애완착): 가볍게 의지하고 여유롭게 위를 찌른다네

④順敵提拏(순적제나): 적의 움직임에 따라 提拏(제나)를 한다네

⑤進退如風(진퇴여풍): 진퇴를 바람같이 한다네

⑥剛柔得體(강유득체): 강함과 부드러움을 몸을 통해 얻는다네

그림 12-27. 太公釣魚勢

3
무예도보통지·무예제보·무비지·기효신서의 장창 비교

1592년(선조27)년 조선군이 초전에 왜군에 패하고 명군은 척계광이 '狼筅(낭선)·鎲鈀(당파)·長槍(장창)·籐牌(등패)'로 구성한 鴛鴦陣(원앙진)[579]으로 평양전투에서 왜군을 물리친다. 선조는 대응책으로 1594년 훈련도감에 특명하여『살수제보』를 번역하여 1594년 5월 이후에『무예제보』를 만들었다. 초고본은 '棍譜(곤보)·牌譜(패보)·筅譜(선보)·長槍譜(장창보)·鈀譜(파보)·劍譜(검보)'의 6기로 구성됐다.

초고본은 장장 24세중 12세만 기록되어 있고 단병무예를 가르치던 훈련도감의 초관과 장관들도『무예제보』에 기록된 기법에 대해 이해부족으로 혼란이 생기고 명군에게 살수무예를 배우는데 중국 교습 방식이 조선군영과 달라 혼란이 가중됐다. 이에 한교는 12명을 敎師隊(교사대)로 뽑아 명나라 장수 허유격에게 보내 기예를 익히게 했다. 이때 한교는『기효신서』에 대한 槍勢(창세)와 擊刺術(격자술)의 음양수와 대소문의 뜻을 허유격에게 묻고 답한 것을 技藝質疑(기예질의)에 싣고 이해한 다음 다시 편차를 세워 번역하여 1589년(선조31) 10월에『무예제보』를 5년만에 최종 완성한다.

---

582 대장1명에 등패수 2명, 낭선수 2명, 장창수 4명, 당파수 2명 화병(취사.잡일)1명, 총 12명으로 기본 단위로 삼아 좌우로 배치한 진법.

『무예제보』를 만들면서 앞서 있던 장창보 12세를 '장창전보'라 하고, 1595년에 추가된 장창보 12세를 '장창후보'로 분리했다.

『무예제보』는 척계광의 '원앙진'에 사용한 등패, 낭선, 장창에 조선의 상황에 맞게 '곤방과 쌍수도'를 추가하여 원앙진을 새롭게 구성한다. 그렇기 때문에 척계광의 원앙진법과는 차이가 있다.

임진왜란 후, 『기효신서』에 기록된 권법을 중심으로 한 여러 무예의 필요성이 제기되어 1610년(광해군2)에 '大拳(대권)·偃月刀(언월도)·夾刀棍(협도곤)·倭劍(왜검) 등 4기를 보완하여 『무예제보번역속집』을 편찬한다.

교련용 『무예제보』가 소실되자 1629년(인조7)에 어람용 3권과 교습용 100여 책을 인쇄하였으나, 숙종 중반에 이르러 『무예제보』 자체가 사라졌다가 우연히 강원도 금화현에서 찾게 되어 훈련도감에서 重刊(중간)하게 된다. 『무예제보』는 영정조대 사도세자가 『武技新式(무기신식)』, 즉 『武藝新譜(무예신보)』를 편찬하는데 결정적 기여를 한다. 『武藝新譜(무예신보)』는 『무예제보』에 기록된 6기의 연습규정이 대부분 잘못되었으므로 옛 책을 가지고 모두 고증하여 바로잡았다는 것으로 보아, 영정조대까지 남아있던 『무예제보』에 적지 않은 오류가 있었던 것으로 보인다. 현존하는 『무예제보』는 선조 1598(선조31) 최종본이다.

가. 長鎗前譜(장창전보)

전보순서: ①泰山壓卵勢(태산압란세)-②美人認針勢(미인인침세)-③鐵飜竿勢(철번간세)-④四夷賓服勢(사이빈복세)-⑤滴水勢(적수세)-⑥指南針勢(지남침세)-⑦鐵牛耕地勢(철우경지세)-⑧十面埋伏勢(십면매복세)-⑨邊攔勢(변란세)-⑩白猿拖刀勢(백원타도세)-⑪騎龍勢(기룡세)-⑫太公釣魚勢(태공조어세). 무예제보를 옮긴 무예도보통지는 순서와 문장이 같고, 기효신서를 옮긴 무비지도 서로 같다. 기효신서의 기법 해설을 무예제보로 옮기면서 원문을 생략하고 勢名(세명)만 취했다.

①泰山壓卵勢(태산압란세:장창전보)[580]

무예도보통지	무예제보	무비지	기효신서

②美人認針勢(미인인침세)[581]

무예도보통지	무예제보	무비지	기효신서

③鐵飜竿勢(철번간세)[582]

무예도보통지	무예제보	무비지	기효신서

④四夷賓服勢(사이빈복세)[583]

무예도보통지	무예제보	무비지	기효신서

580 初作泰山壓卵勢

581 旋作美人認針勢

582 仍作鐵飜竿勢

583 抽槍作四夷賓服勢

⑤滴水勢(적수세)[584]

무예도보통지 	무예제보 	무비지 	기효신서 

⑥指南針勢(지남침세)[585]

무예도보통지 	무예제보 	무비지 	기효신서 

⑦鐵牛耕地勢(철우경지세)[586]

무예도보통지 	무예제보 	무비지 	기효신서 

⑧十面埋伏勢(십면매복세)[587]

무예도보통지 	무예제보 	무비지 	기효신서 

584 便作滴水勢

585 作指南針勢 卽連足進一步 又以滴水 指南針勢連進二步

586 便作鐵牛耕地勢

587 旋作指南針勢一剌以滴水指南針勢退一步又以滴水指南針勢退一步立原地 ①旋作十面埋伏勢一剌 ②以滴水 指南針退一步 又以滴水 指南針退一步 立原地 以滴水指南針勢進一步又以滴水指南針勢連進二步 便爲鐵牛耕地勢 以十面埋伏勢一剌 又爲滴水 指南針 仍作邊攔勢 急轉身回鎗退一步 作白猿拖刀勢 又退一步立原地騎龍勢

⑨邊攔勢(변란세)[588]

무예도보통지	무예제보	무비지	기효신서

⑩白猿拖刀勢(백원타도세)[589]

무예도보통지	무예제보	무비지	기효신서

⑪騎龍勢(기룡세)[590]

무예도보통지	무예제보	무비지	기효신서

⑫太公釣魚勢(태공조어세)[591]

무예도보통지	무예제보	무비지	기효신서

588 仍作邊攔勢

589 急轉身回槍退一步作白猿拖刀勢

590 又退一步立原地作騎龍勢 又以滴水指南針勢進一步卽爲鐵牛耕地勢以十面埋伏勢一刺

591 仍爲滴水 指南針勢 以鐵翻竿勢點槍 作太公釣魚勢畢

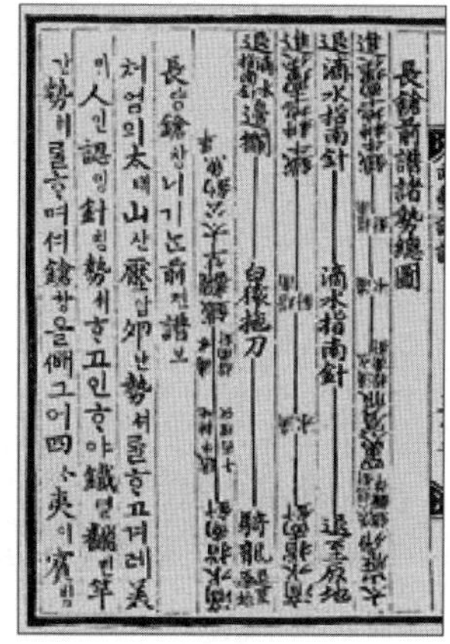

그림 12-28. 장창전보총도(무예도보통지)/장창전보제세총도(무예제보)

나. 長鎗後譜(장창후보)

후보순서: ①朝天勢(조천세)-②蒼龍擺尾勢(창룡파미세)-③伏虎勢(복호세)-④推山塞海勢(추산색해세)-⑤鋪地錦勢(포지금세)-⑥琵琶勢(비파세)-⑦鷂子撲鵪鶉勢(요자박암순세)-⑧靈猫捉鼠勢(영묘착서세)-⑨青龍獻爪勢(청룡헌조세)-⑩騎劍勢(엄검세)-⑪闖鴻門勢(틈홍문세)-⑫夜叉探海勢(야차탐해세)[592].

①朝天勢(조천세)[593]

무예도보통지	무예제보	무비지	기효신서

592 기효신서는 夜乂探海勢(야예탐해세)다.

593 初作朝天勢

②蒼龍擺尾勢(창룡파미세)[594]

무예도보통지	무예제보	무비지	기효신서

③伏虎勢(복호세)[595]

무예도보통지	무예제보	무비지	기효신서

④推山塞海勢(추산색해세)[596]

무예도보통지	무예제보	무비지	기효신서

⑤鋪地錦勢(포지금세)[597]

무예도보통지	무예제보	무비지	기효신서

594 旋作蒼龍擺尾勢

595 進一步作伏虎勢 又進一步爲伏虎勢

596 又進一步作堆山塞海勢一刺. '推(추)' 자의 오기

597 退一步作鋪地錦勢

⑥琵琶勢(포비세)[598]

무예도보통지	무예제보	무비지	기효신서

⑦鷂子撲鵪鶉勢(요자박요순세)[599]

무예도보통지	무예제보	무비지	기효신서

⑧靈猫捉鼠勢(영묘착서세)[600]

무예도보통지	무예제보	무비지	기효신서

⑨青龍獻爪勢(청룡헌조세)[601]

무예도보통지	무예제보	무비지	기효신서

598 又退一步作琵琶勢

599 進一步作鷂子撲鵪鶉勢

600 又進一步作靈猫捉鼠勢

601 又進一步作青龍獻爪勢

⑩騎劍勢(과검세)[602]

무예도보통지	무예제보	무비지	기효신서

⑪闖鴻門勢(틈홍문세)[603]

무예도보통지	무예제보	무비지	기효신서

⑫夜叉探海勢(야차탐해세)[604]

무예도보통지	무예제보	무비지	기효신서

---

602 退一步作騎劍勢. 무예도보통지는 '跨(과)'를 '騎(과)'로 옮기는 과정에 '騜(엄)' 자로 오기

603 又退一步作闖鴻門勢

604 進一步作夜叉探海勢畢----- 夜乂(야예)를 夜叉(야차)로 오기.

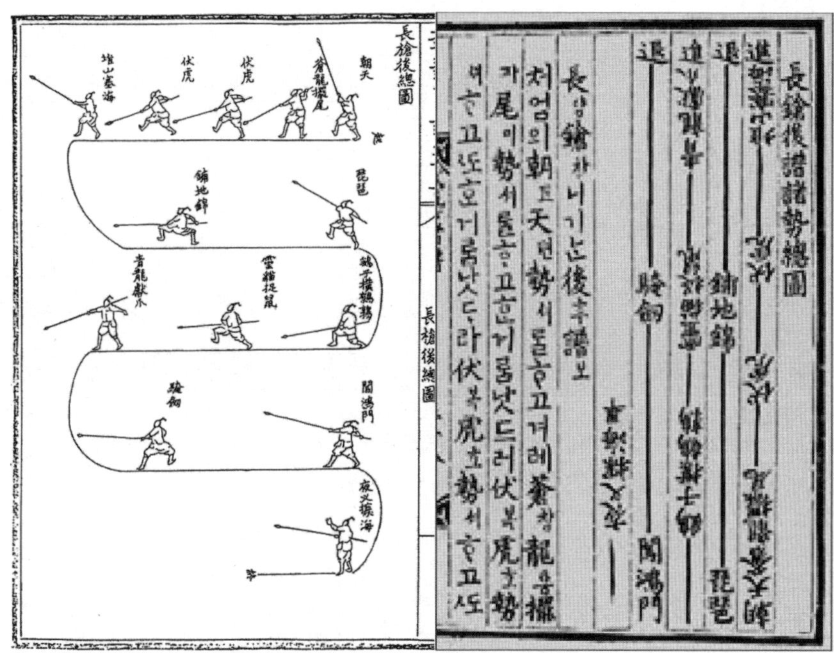

그림 12-29. 장창후총도/장창후보세총도

모원의의 행적을 보면 1623년(천계 3), 병부상서 孫承宗(손승종)의 遼東(요동) 원정군에 종군하여 공로가 커서 翰林院(한림원) 待詔副總兵(대초부총병)에 승진된다. 명청 교체기에 북경을 침범한 후금과도 싸우고, 모함으로 복건성에 귀향도 가고, 농민봉기와 명이 망하는 파란만장한 시대를 살았다. 『무비지』는 2천여 종의 병서를 참고하여 남김으로써 잃어버린 우리의 무예를 찾을 수 있게 되었다.

十三

本國射藝 (본국사예)

1
射藝(사예)의 始原(시원)

「무비문」은 『무비지』의 명칭에 영향을 준 것으로 유추할 수 있다. 또한, 무비문은 '활쏘기'의 명칭을 射學彀率(사학구률)에 禮記射藝(예기사예)[605]의 射藝(사예)를 용어로 쓰고 있다. 立射(입사) 背射(배사)·步射(보사)와 함께 騎馬射(기마사)[606]도 무비문에 있다. 한편 射禮(사례)란 大射禮(대사례)처럼 '제례와 활쏘기'가 결합한 개념이고, 弓矢(궁시)란 '활과 화살'이란 무기명칭을 중심으로 '활쏘기'라는 의미로 사용한 용어다. 藝(예)란 藝人(예인)이다. 즉 '전문가·고수'란 의미가 藝(예)다. 즉 '활을 쏘는 사람'이란 구체적 개념이 射藝(사예)다. '藝(예)' 자를 武藝(무예)의 정체성으로 삼은 것은 우리 한민족이다.

『회남자』「氾論訓(범론훈)」에 "羿(예)는 천하의 해악을 모두 없애고 죽어서는 악을 물리친는 신이 되었다. 요임금 때 열 개의 해가 떠서 초목이 말라가니 羿(예)에게 활로 해를 쏘아 떨어뜨리라 하자, 아홉 개를 쏘아 해 속에 있던 까마귀 아홉 마리가 죽어 그 깃털이 땅에 떨어졌다.[607]" '羿(예)'는 '有窮國(유궁국)[608]' 사람이고 夷羿(이예)

605 六藝(육예): 禮(예)·樂(악)·射(사)·御(어)·書(서)·數(수) 등 6종류의 기술이다

606 騎馬射(기마사)는 발이 정면을 보는 '11 자로 步射(보사)의 측면 자세와 다르다. 현재 장영민 대한궁술원장에 의해 騎馬射法(기마사법)이 전승되고 있다.

607 羿除天下之害 死而爲宗布 堯時十日竝出 堯命羿射十日 中其九日 日中九鳥死 墮其羽翼

608 하남성(河南省) 낙양시(洛陽市) 남쪽에 있었던 고대의 나라다.

라 불리웠다. 동이족의 '國(국)' 자와 둥근 하늘을 의미하는 '穴(혈)=空(공)'과 '乙'의 개념에서 파생된 '弓' 자, 그리고 사람인 '身(몸신)'이 결합한 '窮(궁)' 자가 '유궁국'에 있다. 이러한 신화를 바탕으로 "활은 천자의 제례에 사용하였고, 이렇게 해야 땅이 유익하다 생각하여 천지사방에 활을 쏘았다."[609]

맹자는 "羿(예)가 활쏘기를 가르칠 때는 반드시 가득 벌리게 했는데 초보자도 마찬가지다.[610]" 또한 「離婁下(이루하)」에 "逄蒙(방몽)이 羿(예)에게 활 쏘는 법을 배워 예의 기술을 다 배우고는 천하에 오직 예만이 자기보다 낫다고 여겨 예를 죽였다." 라고 기록했다. 『무예도보통지』의 「병기총서」를 보면 '射鵠(사곡)'이 있다. "활을 과녁에 쏘게 한다"라는 뜻이다. 과녁을 검정색(삼족오의 색)의 사각으로 만들고 그 중앙을 '正鵠(정곡)'이라 한다. '鵠(곡:과녁)=告(고)+鳥(조)'다. 告(고)는 '하소연하다'이고 鳥(조)는 새다. '鵠(곡)'자는 '하소연하다+흰빛=새=태양=과녁'의 뜻으로 "활로 새(태양)를 맞췄다"는 신화가 담긴 글자다. '痛哭(통곡)'의 '哭(곡)'자 또한 鵠(곡)의 신화와 연결되어 있음을 알 수 있다.

'彀率(구율)'과 '盈滿(영만)'이 '羿(예)'의 사법임을 알 수 있다. '彀(구)' 자는 '穀(곡)'에서 파생된 말이다. 穀(곡)의 '𥝌' 자는 '익은 벼가 고개를 숙인 자형'이다. 굽어졌기 때문의 '曲(곡)'이다. 또한 '殼(각)'은 '곡식을 털어내는 행위'에서 마디가 꺾어지고 껍질이 벗겨지기 때문에 '각'이다. 활을 당긴 오금이 굽어진 '穀(곡)'과 '殼(각)'의 개념이 '彀(구)' 자 속에 들어있다. 그래서 '구부려서 당기다'에서 음이 '구'다. 率(율)은 '당긴다·이끈다'다. 이렇게 되면 양팔을 충분히 벌리게 된다. '盈(영)' 자는 '日月盈昃(일월영측)'으로, '차면 기울인다'다. 滿(만)은 '잔에 가득찬 술'이다. 활을 쏠 때 '술잔을 기울이듯 활을 쥔 손을 기울이'는 '滿酌(만작)'이 '盈滿(영만)'에서 파생된 개념임을 알 수 있다. 화살을 시위에 걸고 엄지와 검지로 말아쥔 파지법이 '羈弝(기파)'[611]다. '羈弝(기파)'는 '기마민족'에서 유래된 용어다.

〈그림 13-1〉의 「射藝至穀的(사예지곡적)」은 羿(예)의 사법이다. '羿(예)'의 사법

---

609 만보전서: 古者天子之制諸侯歲貢士于天子天子試之射宮其容体比于礼其節比于樂其中多者乃與于祭數與祭面君有庶數有度而益地~중략~有志于天地四方矧是所射)"

610 孟子曰 羿之教人射必至於彀 學者亦必至於 又曰 羿不爲拙射變其彀率 彀率者盈滿之謂也

611 武備門의 持弓審固

은 지금까지 한민족, 우리에게 전해지고 있다. 맹자는 羿(예)를 신화적 인물로 보지 않았다. 射藝(사예)에는 동이족의 문화가 담긴 용어다. '射(사)' 자는 '화살을 허리에 꽂고 활을 당긴 자세'다. 射藝(사예)라는 개념을 계승해야 할 당위성이 우리에게 있다. 옛날에는 모든 기법을 詩(시)로 구성했다. 문무겸전이 없이는 무인이 될 수 없었다. 『만보전서』에 다른 문서에 없는 持弓矢審固(지궁시심고)의 그림과 詩訣(시결)[612]이 있다. 또한 〈그림 13-1〉의 자세는 步射(보사)의 非丁非八(비정비팔)[613]과 다르다. 馬箭之法有三(마전지법유삼)이 있다. 첫 번째는 '分踪(분종)'이다. '向前射也(향전사야:앞을 향해 쏜다)'이다. '分(분)'은 좌우로 나누는 것이고 '踪(종)'은 '발자취'다. 자취는 '그림자'로 '좌각과 우각이 똑같다'다. 또한 '宗(종)'은 '갈래'의 뜻으로 '11' 자로 서서 쏘는 자세로 기마사법의 기초 자세를 말한다. 非丁非八(비정비팔)의 '八'은 발끝이 좌우로 열렸지만 '分(분)' 자는 '八' 자와 반대로 '발끝이 앞으로 모아지는 것'으로, 말을 탓을 때의 발의 자세다. 지상에서는 발끝을 땅에 붙이는 것으로 '地着(지착)'이라 할 수 있다. '對蹬(대등)'은 '向傍射也(향방사야:옆을 향해 쏜다·왼쪽 한 방향을 주로 말한다)'다. 傍(방)은 주로 '왼쪽 곁'이다. 즉 '對蹬(대등)'의 對(대)는 '상대한다'로, '蹬(등)'은 '비틀다'다. '蹬(등)'의 음가는 '등'으로 몸이 앞에서 '등쪽으로 간다'의 이두문이다. '傍射(방사)=側射(측사)'다. 步射(보사)의 非丁非八(비정비팔)과 기마보법은 다르다. 抹鞦(말추)'는 向後射也(향후사야)다. 말안장을 타고 활을 쏘기 때문에 양발이 나란히 '11'자 형태가 기본이지만 말이 목표물을 지나쳐 後射(후사)를 할 경우 '우각'과 '좌각'이 앞뒤로 벌어진다. 고구려의 수렵도에 後射(후사)로 쏘는 그림이 있다. 抹(말)은 '있는 것을 없애는 것'이다. 鞦(추)는 '말꼬리에 거는 끈'으로 後方(후방)을 뜻한다. 앞뒤로 움직이는 그네를 鞦韆(추천)이라 하는 이유다. '抹鞦(말추)'의 抹(말)은 '말(馬:마)'의 이두음으로 사용됐다. 대한본국무예협회에서는 문헌의 기록에 따라 기마사법의 전통을 계승하고 있다.

612 持弓矢審固 左手垂下微曲大指勒弝 第二第三指着力把弓 箭餘指斜籠下弰指左脚面曲右手當心 右臂貼脇以大指第一第二三指於箭上四持弦褁排弰箭典與手齊 詩訣曰持弓審固事須宜 垜任南時面向西 右手持弓左弝仍今箭筈相齊 참고: 射經射者進退周還必中禮 內志正外體直然後 持弓矢審固 持弓矢審固後 可以言中 此可以觀德行矣

613 활을 쏠 때 발을 벌리는 자세. '丁(정)' 자 꼴도 '八(팔)' 자 꼴도 아닌 각도로 발을 벌리어 선다.

표. 13-1. 사법의 구성

만보전서	
射經(사경)	无動容无作色按牛頭下䩕之令滿取其平直故曰端身如榦立如竿一箭發則靡其弰壓其射腕仰其胸西背偃皆是射者之骨髓疾也
持弓審固	左手垂下微曲大指羈弝第二弟三指着力把弓箭餘指斜无下弰指左脚面曲右手當心右臂貼脇以大指弟一弟二於卽四指弦裏非弰箭典手斉
詩訣	◎持弓審固事湏宜 垜在南时面向西 右手持弓左當弝 仍今箭筈刃相斉 ◎前當弓弝一般斉 三实兩虚势漸呙 小指取箭緊把鏃 抹羽入弦无暫遲
擧弝機弦詩訣	擧弝発弦横從脚 輪指坐腕身微却 上弰斜侍右眉頭 左手把弝攅对着
斂身開弓詩訣	開弓發矢要斂身 弝外分明認怗真 前肘上龡双膊聳 欽肋脚膝力湏均
排羽取箭	以左手三指函丁 紧抵箭四指 五指釣落上 笼无擧右脚隨步 合右手二指按箭三指斜擗
用力遣箭之勢	轉腰出弰上弰尽 弦下弰轉右膊 后仰控之力向后肘过肋法 後手向後前手猛分虎口着力 向下急撩搏腕 以弟四弟五指紧釣弓弝 兩虚冐出則 箭力倍至而射无虚失矣

2
만보전서와 무비문의 사법

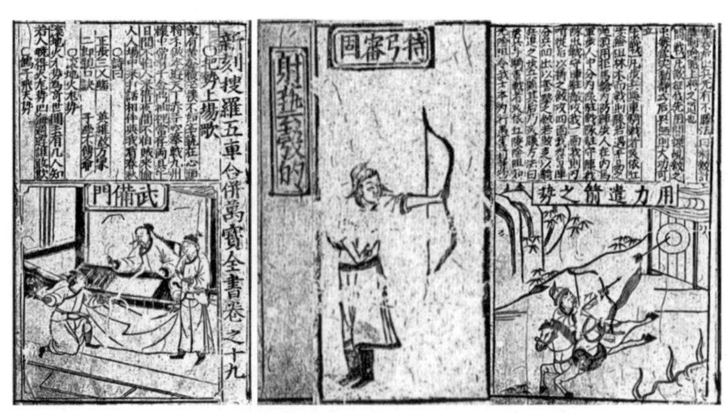

그림 13-1. 만보전서 속의 武備門/射藝彀的의 後射·騎射

가. 活(활)

『삼국사기·구당서·신당서』에 "삼국이 8월 15일에 활쏘기를 했다. 『후주서』에 "풍속이 騎射(기사)를 중히 여긴다."라고 하여 삼국이 '가마사'를 중시했음을 알 수 있다. 『계림유사』에 '弓曰活(궁왈활)'이다. '활'의 한자는 '活(활)'이다. 또한, '射曰活索

(사왈활삭)'이다. 索(삭)의 옛소리가 '素(소)'다. '活索(활삭)'은 '활쏴'의 이두문이다. 礼記射藝曰(예기사예왈)射之爲言者繹也(사지위언자역야)或曰舍也(혹왈사야)의 '舍(사)'자 또한 '人+舌'로 이두문이다. '射(사)' 자를 우리는 '活(활)'이라 한다. 모양으로 보면 '活(활)' 자보다 '弓(궁)' 자가 더 개념에 일치함에도 왜 '活(활)'이라 할까?

'活(활)=氵(수)+舌(설)'이다. 뜻은 '살'이고 음은 '활'이다. '술'은 '설〉살'로 분화된다. 活(활)의 뜻과 음이 '살활'의 '살'은 '矢(시)'를 뜻하고 '활'은 '살이 앞으로 나간다'다. '살=사+ㄹ'이다. 'ᄉ'의 '사' 자는 나가는 것이기 때문에 '射(사)'이고 '서'는 들어가는 것이기 때문에 '西(서:해가 들어감)'다. '혀'를 '살'로 비유했다. 입안에 혀가 있으면 '설(舌)'이고 '혀'가 나가면 '活(활)'이다. 그렇기 때문에 오늬의 한자도 筈(괄)이다. 윗입술 모양이 '弓(궁:활)'이고, 입술은 '활줄(시위줄)'이기 때문에 '誇(과)'의 의미가 된다. 棍法(곤법)에 '死蛇變作活蛇誇(사사변작활사과)'에 '活(활)'과 '誇(과)'가 명확하게 설명되어 있다. '誇(과)=言(언)+夸(과)'로 '활처럼 생긴 입술을 크게 벌렸다'다. 여기서 '夸(과)' 자가 '大(대)+弓(궁)'을 나타냄을 알 수 있다. '誇(과)' 자와 '活(활)' 자는 결단코 한민족이 아니면 해독할 수 없다. 活(활)은 '弓(궁)에서 화살이 나아가 움직'이는 통합적 개념이고, 弓(궁)은 활의 모양에만 중점을 둔 개념이다. 선조들이 새로운 개념을 만들 때는 모양과 자형을 일치시켰다. 물에 빠진 사람을 건져 죽은 사람을 인공호흡으로 살리면 물을 입으로 토해내고 말을 해야 살아난다. 즉 입에서 물을 토한 것처럼 '살'이 나간 것을 나타낸 글자가 '活(활)'이다. 우리는 "물에 빠져도 입만 살았다·혀만 살았다."라고 말한다. '입=혀=살'이다. '活(활)'의 '氵(수)' 자가 '矢(시)'를 환유한다.

'活(활)'의 음이 '화+ㄹ'인 것은 '태양(火)'을 쏘아 죽인 '羿(예)'의 신화와 연결됐기 때문이다. 음운학적으로도 '화'의 소리는 '속에 있는 火(화)를 뱉는 소리'다. '弧(호)=弓(궁)+瓜(과)'로 圓周(원주)의 한 部分(부분)인 '圓弧(원호)'다. 활을 당겼을 때의 모습이다. '瓜(과)'는 넝쿨에 매달린 '오이'를 줌통을 잡은 '좌수'로 비유했다. 'ㄹ'은 운동을 나타낸 자형이다. '활'은 말하는 자의 의지로 '내보냈다'다. '설(舌)'이 밖으로 나가기 때문에 '살'이다. '살'에 맞게 되면 죽기 때문에 '殺(살)'이다. '살활'의 어순을 바꾸면 '화살'로 겹음 'ㄹ'을 생략하면 '화살'이다. '활'은 '弓(궁)'을 뜻하고 '살'은 '矢(시)'

를 나타낸다. '살'만으로는 개념이 명확하지 않기 때문에 '화살'이 '矢(시)'를 나타낸다. 이처럼 한글의 '뜻과 소리'는 서로 음가가 교체되면서 언어를 파생시킨다. '活(활)' 자는 한민족이 아니면 절대 풀 수 없는 글자다. '기러기가 갈대를 물고 가듯이(如鴈啣蘆狀)'라는 비유도 입술의 '一' 자형을 '시위 줄(=시(矢) 위에 있는 줄)'로 비유했기 때문에 나온 말이다.

한편, 棍法(곤법)의 高四平(고사평)은 '四平高勢變換活(사평고세변환활)'이다. 또한 장창 18세의 活捌對進鎗勢(활붕대진창세)와 活捌退退鎗勢(활붕퇴퇴창세)의 '活(활)' 자가 '화살'이다. '活(활)' 자를 알지 못하면 〈그림 13-2〉의 기법을 설명할 수 없다. 또한 '四(사)' 자는 四品(사품)의 '四(사)' 자처럼 발을 나타낸다. 「소림곤법」이 한민족이 만든 문서라는 것을 이렇게 증명하고 있다.

그림 13-2. 高四平/活捌對進鎗勢/活捌退退鎗勢

『무예도보통지』에 "봄가을 사냥을 통해 말의 수를 알 수 있다. 활쏘기 익히는 방법은 향음지례에 있다(故春蒐秋獮所以簡其馬也鄕飮之禮所以習其射也)."라 했다. 활 쏘는 기본자세를 滿開弓體(만개궁체)라 하고 '시위를 가득 당기는 것'을 滿酌(만작)[614]이라 한다. 대개 滿開(만개)와 滿酌(만작)을 동일시한다. '滿酌(만작)'이라 한 이유를 설명한 책이 없다. "滿(만)은 화살이 줌통과 나란히 되는 것이고, 盈(영)은

614 민경길 편역, 『조선과 중국의 궁술』 한국학술정보, 2010, p178.

땅과 수평이 되는 것이다."[615] 즉 滿(만)은 곧게 당기는 것이고, 盈(영)은 시위를 잡은 손을 비틀어 땅과 수평이 되는 것이다. 이 '盈(영)' 자를 술을 따르는 손동작인 '酌(작)'으로 치환한 것이다. 즉 滿酌(만작)은 '술을 잔에 가득 붓는 것'이다. 잔에 술을 따르면 손목을 돌리게 된다. 즉 활을 당겨 손목을 비트는 동작을 詩的(시적)으로 비유했다. 술을 마시면 숨도 들여 마시고 술잔을 입에 기울이면 손목은 비틀어 꺾게 된다. 이 꺾는 동작이 '酌(작:술따를작)'이다. 저녁에 술을 먹는 晩酌(만작)과 같은 동일 음가인 만작(滿酌)으로 환유시켜 '가득 차면 기울인다'는 것을 활쏘기 술기의 이름으로 사용한 것이다.

한 잔 술에 사법의 묘미가 다 들어있다. 옛 선조들의 가르침은 신묘하고 격조가 넘친다. 이런 방식이 바로 무예의 구결 또는 가결이다. 즉 滿開(만개)가 '시위를 가득 당기는 것'이고 만작은 '손목을 비트'는 술기로 분명한 개념의 차이가 있다. 기마민족답게 '만지작·손깍지·마수걸이'는 활 쏘는 문화에서 파생된 말들이다. '滿指酌(만지작)'의 어원도 '만작'에서 파생됐고, '손깍지'의 어원도 활쏘기 문화에서 파생됐다. 가락지는 한자로 '指角(지각)'이다. 도치하면 활을 쏠 때 엄지 손에 끼는 것이 '角指(각지)'로 '손깍지'다. 『사경』에 '前手如推泰山(전수여추태산) 後手如握虎尾一拳主定(후수여악호미일권주정) 慢開弓緊放箭(만개궁긴방전) 射大存于小(사대존우소) 射小加于大務取水平(사소가우대무취수평) 前手撇後手絶(전수별후수절)'이다. 撇絶(별절)만 빼서 撇絶之謬(별절지류)는 '談射者人人言左撇右絶以爲不撇則矢不平直(담사자인인언좌별우절이위불별즉시불평직)'이다. 射法約言(사법약언)은 '前手緊搦一挺拳往下按(전수긴약일정권왕하안) 後手平肩一撒直伸于後(후수평견일살직신우후) 名鳳點頭龍擺尾(명봉점두용파미) 則認的直用力均撒放齊(즉인적직용력균살방제) 不輕不重無先無後(불경불중무선무후) 可至可中進乎技矣(가지가중진호기의)'다. 鳳點頭龍擺尾(봉점두용파미)의 前手(전수)와 後手(후수)의 동작을 정확하게 설명하고 있다.

615 箭與弓弝齊爲滿(전여궁파제위만) 地平之中爲盈(지평지중위영). 무비지 권84. 弓(궁)

나. 撇絶之謬(별절지류)

撇絶之謬(별절지류)의 謬(류)는 錯誤(착오)의 뜻으로 '별절을 제대로 해야한다'는 반어적 의미다. 左撇右絶(좌별우절)은 비틀어 미는 좌수와 손을 구부려 만작한 우수의 작용이다. "不撇(불별)하면 矢不平直(시불평직:화살이 평직으로 꽂히지 않는다)이고 左撇(좌별)하면 至可中進(곧게 나간다)"이다. 즉 鳳點頭(봉점두)를 하면 "화살이 곧게 나가고 그렇지 않으면 곧게 꽂히지 않는다."는 설명이다. 『기효신서』에 '前手撇後手絶(전수별후수절)一撇一絶正相應之妙(일별일절정상응지묘)'다. 즉 "좌수와 우수를 바르게 하면 서로 묘하게 반응하다."다. '妙(묘)'는 "별절을 하면 묘하게 '平直(평직)'이 된다."는 의미다. 이처럼 모두 문서는 '撇(별)'과 '捴(절)'에 대한 설명이다. 줌통을 잡고 撇(별)만 하면 화살은 좌측으로 가고, 우수로 絶(절)만 하면 화살은 우측으로 간다. 그렇기 때문에 별절은 동시에 이루어져야 평직이 된다. 이것을 "訣曰(결왈) 肘過肋法後手向後(주과늑법후수향후:뒷손이 넘어 갈때의 팔꿈치의 기법) 前手猛分虎口着力(전수맹분호구착력:앞 손은 호구로 강하게 받히고) 向下急撩搏腕(향하급료박완:아래 방향으로 손목을 돌려 잡을 때)以第四第五指緊鉤弓把(이제사제오지긴구궁파:제4지와 제5지로 줌을 꽉잡는다)兩虛胃出則箭力倍致(양허위출즉전력배치: 위장의 양쪽 빈 공간으로 화살이 나가면서 힘이 배가 된다) 而射无虛矢矣(이사무허실의:이렇게 쏘면 화살이 가볍지 않다)"라고 기록했다. 여기서 '向下(향하)'가 중요하다. 만일 '向前(향전)'이나 '向側(향측)'이 되면 '上弰(상소)'는 전방으로, '下弰(하소)'는 겨드랑이로 들어가 靡其弰(미기소)가 전후로 향하게 된다. 즉 '向下(향하)'를 하면 弰(소)는 좌우를 향한다.

'撇(별)=扌(수)+敝(폐)'로, '벌리다·삐침별·문지르다·눈물·콧물을 닦는다'로 줌손(弝手)의 掌(장)이 밀가루 반죽을 눌러 늘이면서 문지르는 손동작이다. 검지의 방향이 '별'이 떨어지는 방향이기 때문에 '丿(별)' 자와 음이 같다. 그래서 '彆(별)'자의 뜻도 '활이 뒤틀리다'다. '별나다'는 '유별나게 드러나는 것'으로 '丿(별)' 자형은 별이 떨어지는 방향을 나타낸 글자다. '撇(별)' 자가 鳳點頭(봉점두)의 손동작을 설명하는 글자이다. '左手背覆向內拇肚直托(좌수배복향내무두직탁)'의 문장은 봉점두를 하기 위해 '좌수'를 밀 때의 비결이다. 참고로 "北胡(북호) 식은 엄지가 둘째손가락을 넘지 않는 것이 妙(묘)라 했는데, '妙(묘)'는 둘째손가락에 있는데, 단지 손가락 면이 현을 따라 바로 세우기만 하면, 시위를 떠나 잘 적중하고, 보통보다 수십 보는 더 멀리 가게 되니, 옛사람들이 신묘하다 여기고 잘 가르쳐 주지 않았다."[616]고 한다.

『虎鈐經(호검경)』에 在箭發則(재전발즉:화살을 얻고 쏠 때) '靡其弰(미기소)仰其腕(앙기완)'이다. '靡其弰(미기소)'는 "左手開虎口(좌수개호구:좌수이 호구가 열리고) 微松下二指(미송하이지: 이지가 약간 헐거워) 轉弝側卧則(전파측와즉: 줌통이 옆으로 누우면) 上弰可随矢直指的(상소가수시직지적: 위고자도 따라 누우며 화살은 곧게 손가락이 가르키는 표적을 향해 나간다) 下弰可抵胛骨下(하소가저갑골하: 아래 고자는 아래서 견갑골 쪽으로 올라간다)"다. 靡(미)는 '쏠리다 · 쓰러지다'다. 즉 별절사법으로 인해 '활이 비스듬히 눕히는 것'이 '靡其弰(미기소)'다. '壓肘仰腕(압주앙완)'은 "右手摘弦(우수적현:우수를 놓으면) 盡势翻手向後(진세번향후:손이 뒤집어 뒤로 간다) 要肩臂與腕一般平直(요견비여완일반평직:어깨와 팔뚝이 수평이 되는 것이 중요하다) 仰掌现掌紋(앙장현장문: 손바닥의 손금이 하늘을 향하고)指不得開露(지불득개로:손가락으로는 잡을 수 없듯이 손바닥은 열리고 그 위에 손금이 드러난다) 此爲壓肘仰腕(차위압주앙완:이것이 주앙완이다)"이다. 즉 우수로 시위를 놓으면 어깨와 팔뚝은 수평이 되고 손바닥의 손금이 하늘을 향하게 되는 것이 '壓肘仰腕(압주앙완)'이다. 여기서 壓肘(압주)는 壓其肘(압기주)로 左手(좌수)로 줌을 쥘 때 팔꿈치로 누르는 작용이고, 仰腕(앙완)은 仰其腕(앙기완)으로 우수로 용파미를 했을 때 손바닥이 하늘로 향하는 작용이다. 또한 "滿(만)은 箭與弓弝齊爲(전여궁파제위:화살이 궁파(중통)과 수평을 이룬다)이고, 盈(영)은 地平之中爲(지형지중위: 땅과 수평을 이루다)"라 했다.

한편 '射藝訣解(사예결해)'의 제목을 보면 弓矢(궁시)를 武藝(무예)의 '藝(예)' 자를 써 '射藝(사예)'라 했음을 알 수 있다. 六藝(육예)인 '예(禮) · 악(樂) · 사(射) · 어(御) · 서(書) · 수(數)'에 사예(射藝)가 포함될 만큼 경대부와 같은 능자(能者)들은 반드시 익혀야만 했던 중요한 기예다. 이처럼 한민족을 정체성과 연결된 문화에는 '藝(예)' 자

616 然其竗特在頭指間世人皆以其指末齪絃則置箭曲 又傷其習 但令指面隨絃直立 即脫而易中 其致遠乃過常數十步 古人以爲神而秘之. 胡法不使大指過頭指 亦爲竗耳

를 사용했다. 射(사)의 갑골문의 활을 쏘는 자형이고. '사'의 음가는 활을 맞혀 죽이기 때문에 '死(사)'와 같다. '藝(예)'의 갑골문은 무릎 꿇고 양손에 어린나무를 들고 신께 祭禮(제예)를 올리는 藝人(예인)이다. '禮(예)'의 고자는 '礼·礼·乿·𥛮'자로 '視+乙'이다. 즉 새를 신으로 모시는 한민족의 정체성이 담긴 글자다.

그림 13-3. 射藝(사예)의 갑골문

표. 13-2. 絶(절)의 갑골문·금문·전문·해서

갑골문	금문	전문	해서
[illegible]	[illegible]	[illegible]	絶

絶(절)의 갑골문은 '실을 비틀어서 마디마디를 끊는 자형'이다.

'撧(절)' 자는 '絶(절)'로 바뀌었다. 㔩(절)은 絶(절)의 고자다. 『說文(설문)』에 이르길 "㔩斷也(절단야)謂當以後手摘弦如斷之狀(위당이후수적현여단지상)飜手向後仰掌向上(번수향후앙장향상)令見掌文是也(령견장문시야)"[617]다. 즉 "絶(절)은 끊는 것이다. 뒷손으로 현을 놓으면 손이 뒤로 가면서 뒤집혀 손바닥이 위를 향해 손금을 보인다."다. '摘弦(적현)' 이후에 발생되는 용파미의 동작을 설명하고 있다.

『射藝訣解(사예결해)』[618]는 정조 1년(1777)에 나온 우리나라 최초 전통 사법서다. 여기에 撇絶射法(별절사법)이 정확하게 기록되어 있다. "如拗澣衣(여요한의:옷을 비틀어 짤 때와 같다)盖澣衣者(개한의자:옷을 짤 때는)將前手拗向內(장전수요향내:앞 손은 안으로 비틀고)將後手引向後(장후수인향:뒷 손은 비틀면서 뒤로 당긴다)射者要如此狀(사자요여차상:활을 쏠 때 이와 같이 하는 것이 중요하다)前手撇而後手

617 『무예문헌자료집성』 국립민속박물관, 영문화 p0438.

618 射藝訣解(사예결해)는 영、정조 시대 최고 명궁으로 소문난 웅천현감 이춘기(李春琦:1737~?)의 활쏘기를 채록한 사법서이며, 활쏘기의 자세와 방법에 대해 집약된 표현으로 15조 요결과 5조의 해설로 구성되어 있다.

絶(전수별이후수절:앞 손의 작용이 '撇(별)'이고, 뒷손의 작용이 '絶(절)'이다), 左手背覆向內拇肚直托(좌수배복향내무두직탁:활을 잡은 왼 손등을 안으로 뒤집고, 무두에 의지한다), 右手背向西勢成三節(우수배향서세성삼절:손등이 서쪽을 향한다는 것은 비틀려 손등이 얼굴을 향한다)."다. 拇肚(무두)는 엄지 밑에 불룩하게 나온 살이고, 勢成三節(세성삼절)은 손마디 세 개를 접어 시위를 잡을 우수의 모양인 鳳眼(봉안)을 말한다. "决如拗澣衣氣息要入(결여요한기식요입:손을 비틀어 당기는 동시에 숨을 코로 들여 마신다)"로써, 撇絶(별절)과 呼吸(호흡)이 동시에 이루어짐을 설명해주고 있다. 面(면)은 '對鵠頤深若啣衣領(곡함이심약함의령)'이다. '鵠(곡)'은 '曲(곡)'의 치환으로 '고개를 숙이는 것'이고, '啣(함)'은 '옷깃을 물듯 입을 다문다'다. 이 동작을 기러기가 갈대를 물고 있는 것으로 비유한 것이 '鴈啣蘆狀(안함노상)'이다.

다. 龍擺尾(용파미)·鳳點頭(봉점두)

龍擺尾(용파미)는 '시위를 놓는다'다. 『射法秘傳攻瑕(사법비전공하)』의 點頭擺尾(점두파미)에 '或問古法有鳳點頭龍擺尾(혹문고법유봉점도용파미)'다. 오래전부터 비법으로 전해져 내려왔다. 「사법언약」은 이 기법이 최고의 기법이라 기록했다. 龍擺尾(용파미)는 鎗法(창법)의 蒼龍擺尾(창룡파미)에서 나왔고, 鳳點頭(봉점두)도 青龍獻爪(청룡헌조)와 鐵飜竿勢(철번간세)에서 黑龍入洞(흑룡입동)으로 '좌각좌수'로 찌르는 鎗法(창법)을 射法(사법)에 적용하여 가결을 함께 사용했다. 『기효신서』의 長鎗製(장창제)에 鳳點頭(봉점두)[619]가 있다. 모두 한 뿌리이다. 이것은 射法(사법)이 국가 차원에서 체계적으로 개념화시킨 것으로 보인다. 羿(예)의 射法(사법)과 鎗法(창법) 劍法(검법)이 동일 문화권에서 만들었다는 반증이기도 하다.

點頭擺尾(점두파미)에 '鳳點頭者卽虎口向前一緊(봉점두자즉호구향전일긴)'은 '前

〈?〉 先有纏鎗 後有攔鎗 黃龍占杵 黑龍入洞 拏鎗救護 閃賺花鎗上 名曰 鳳點頭. 我纏你鎗 你箚我 我攔下還鎗 你攔下還鎗 我攔鎗 你箚我 我拏下 你起鎗 我隨鎗纏拏下 你攔鎗我還鎗 你拏下還鎗 我掤退救護拏你鎗 你箚我 我攔下 我搖花鎗乃 鳳點頭

手緊搦一挺拳往下按(전수긴약일정권왕하안)'이다. 虎口(호구)는 범아귀다. 虎口向前(호구향전)은 '호구가 전방으로 간다'로 줌손의 손목을 '전방으로 비튼다'다. 이때 손목이 비틀리는 것이 '捩(열)'[620]이다. 이렇게 되면 '좌수'의 모양이 '공을 던지기 위해 손을 뻗은 모습'이다. 그래서 控(공)은 擲(척)[621]이다.

표. 13-3. 臣(신)의 갑골문·금문·전문·해서

갑골문	금문	전문	해서
			臣(신)

'緊(긴)' 자는 '臤(간)+糸(사)'다. '오그라들다·긴요하다'다. '臤(간)=臣(신)+又(우)'다. 又(우)는 반복을 뜻하기 때문에 '臤=臣+臣'이다. 그래서 음이 '견'이 아니라 '신'이다. 臣(신)의 갑골문()처럼 눈이 세워져 있다.

'臣(신)'은 세워져 있는 활을 왼손으로 잡고 그것을 보는 눈을 상징하고 '又'은 '또 다른 손'이다. '臤'의 음가는 '간'으로 '간다'다. 즉 一緊(일긴)의 '一' 자는 손가락 하나를 앞으로 펼친 것을 나타낸다. 또한 '糸(사)' 자형은 몸체를 비틀고 서있는 사람이다. 虎口向前一緊(호구향전일긴)은 "호구를 전방으로 비틀면서 '一' 자처럼 검지를 펼치는 것이 필요하다."로 '鷹爪(응조)'를 설명한 문장이다. '鷹(응)'은 '새'다. '鳳(봉)'과 상통한다. 매의 굽어진 발톱이 봉황의 굽어진 부리로 바뀌었다. 一緊(일긴)은 鳳點頭(봉점두)를 설명한 문장으로 '前手撇(전수별)'과 같다. 이때 활은 엎어지면서 좌측으로 돌아간다. 이 현상이 靡其弰(미기소)다. '前手緊搦一挺拳往下按(전수긴닉일정권왕하안)'에서 '一挺拳(일정권)'의 挺(정)은 '내밀다·빼다'다. 즉 주먹에서 '一' 자처럼 삐져나온 '검지'다. 이 검지가 '棒(봉)'과 같다. '棒(봉)' 자가 '鳳(봉)'으로 치환된다. 龍擺尾(용파미)는 '용의 꼬리'다. '用(용)' 자가 '용의 꼬리'를 상형 한 글자다. '用(용)' 자가 '龍(용)'으로 치환됐다. 이것이 무예의 기법을 숨기는 전통 歌訣(가

620 捩拗也(열요야)謂以前手推弝(위이전수추파)後手控弦(후수공현)如用力拗捩之狀(여용력요열지상). 『무비지』 弓(궁)

621 控擲也(공척야)謂當以前手點弰如擲物之狀(위당이전수점소여투물지상)令上弦指的(영상현지적)下弰抵脾骨下也(하소저비골하야)

결) 방식이다. 동일 음가를 서로 교차시키는 방식이다. 용파미는 장창의 '蒼龍擺尾(창룡파미)'와 문화적 궤가 같다.

'搦(닉)'은 '닦다·갈다'로 '撇(별)' 자가 치환된 글자다. '按(안)'은 '누른다·잡아당긴다'로 좌수 돌리며 누른다. 이렇게 되면 '좌수(撇:별)'와 '우수(撧:절)'가 서로 반대 방향으로 돌게 된다.

마치 양손으로 천을 돌려 물을 짜는 손동작과 같다(如拗澣衣). '龍擺尾者卽右手向後一撒(용파미자즉우수향후일살)'는 '後手平肩一撒直伸于後(후수평견일살직신우후)'다. 一撒(일살)은 '우수를 펼쳐 놓아준다'로 '一緊(일긴)'과 대칭된다. '一緊一撒(일긴일살)'은 '前手撇後手絶(전수별후수별)'이다. '撇撧(별절)'이 '緊撒(긴살)'로 바뀌었다. 이것을 "화살을 발시할 때에 줌손 하삼지를 바짝 조이고 범아귀를 곧게 밀며 힘을 굳히면, 발시 순간에 활의 반동으로 앞 주먹이 약간 앞으로 숙여져서 주먹을 끄덕하게 된다. 이것을 형상으로 비유해서 '봉이 머리를 끄덕한다(鳳點頭)'라 했다."[622] '검지손가락'을 '주먹'으로 잘못 해석했다. '鳳點頭龍擺尾(봉점두용파미)'는 전통 사법의 정수다. 北關遺蹟圖(북관유적도)의 一箭解圍圖(일전해위도)에 '鳳點頭龍擺尾(봉점두용파미)'로 쏘는 모습이 있다. 옛날에는 대략 80보를 실전 거리로 보았다.

현재 궁도 계의 장거리 경기 사법으로 인해 '봉점두'가 사라졌고, 사법 논쟁이 끊이지 않는다. 본국무예원에서 국내 최초 '鳳點頭龍擺尾(봉점두용파미)'[623]의 사법을 복원하여 전수하고 있다. 전통용어를 보존하는 의미에서 본국무예는 羿(예)의 사법을 계승하여 '撇撧射法(별절사법)'이라 명명하여 전승하고 있다. 한편 '前手如推泰山(전수여추태산)'은 '좌각좌수'로 조선세법의 泰山壓頂勢(태산압정세)와 묘하게도 같다. 한편 무비지의 「牽放體勢(견방체세)」에서는 '前手如托太山(전수여탁태산) 後手如抱嬰兒(후수여포영아) 前足如踏鷄子(전족여답계자) 後足如踏蝎蝮(후족여답갈복) 丁字不成(정자불성) 八字不正(팔자부정)'으로 표현했다.

滿開弓體(만개궁체)에서 滿開(만개)와 開弓(개궁)이 분화됐음을 알 수 있다. 만일

622 이종화, 『사법비전공하』, 국립민속박물관, 2008, p.113

623 전수제자 김광염은 봉점두용파미의 작용을 직접 수련을 통해 확인했다.

문장에서 滿開(만개)를 썼다면 활쏘기에 대한 개념을 찾아내지 못했을 것이다. '搭箭(탑전)-擧弓(거궁)-開弓(개궁)-滿開(만개)-滿酌(만작)-發矢(발시)'를 '擧弓(거궁)-滿酌(만작)-發矢(발시)'로 간소화시키면서 개념통합이 된 것으로 보인다. 또한 射藝(사예)가 활쏘기의 개념으로 사용되었음도 확인하게 된다. '시위'는 '활대에 걸어서 켕기는 줄'이다. '줄'은 '실'이다. '시위'는 한자로는 矢彂(시위)로 '실위'의 이두문이다. '接筈(접괄)'은 '오늬'를 실위에 꽂아 넣은 것이다. '줌손'의 '줌'은 '쥐다'로 '弝手(파수)'다. 弦弝(현파)는 '시위를 손으로 잡는다'다. '巴(파)'는 '뱀'이다. 弝(파)는 '손으로 뱀의 목을 잡듯이 줌통을 잡는다'는 의미다. 즉 弓(궁:활)은 弰(소)-筈(괄)-弦(현)-面(면)-弝(파)이고 箭(전:화살)은 '羽(우)-幹(간)-鏃(촉)'이다.

前推泰山發如虎尾(전추태산발여호미)는 '줌손'을 앞으로 미는 동작을 泰山(태산)에 비유하고 發矢(발시) 후 뒷손을 虎尾(호미)로 비유했다. '泰山(태산)'과 '虎尾(호미)'의 대칭이다. '鳳點頭(봉점두)'는 『사법비전공하』의 '龍擺尾(용파미)'와 짝이다. '龍擺尾(용파미)'가 '發如虎尾(발여호미)'로 된다. 前推泰山(전추태산)은 단순하게 '손을 태산처럼 민다'는 설명이다. '봉두세'는 마지막으로 쏠 때, 검지를 점을 찍듯이 하는 기법이다. 鳳點頭(봉점두)는 點眼式(점안식)처럼 '이마에 점을 찍는 것처럼 손가락을 취하는 검지 손'을 시적으로 표현한 것으로 畵龍點睛(화룡점정)과 연결된다. 虎尾(호미)나 擺尾(파미)나 '尾(미)' 자 형에 뒷손의 모양이 있다. '龍(용)'이 '虎(호)'로 치환됐다. 鳳龍(봉용) 문화에서 龍虎(용호) 문화로 변화됐다. 鳳龍(봉용) 문화가 더 원초적이다. '北前(북전)'도 구부러진 검지(鷹爪:응조)를 山(산)으로 비유한 용어다. 즉 北邙山川(북망산천)에서 '북'을 따오고 활 앞쪽으로 검지가 뻗기 때문에 '前(전)' 자를 취했다. '北前(북전)'이 '鳳點頭(봉점두)'다. 龍擺尾(용파미)와 鳳點頭(봉점두)는 용의 꼬리와 봉황의 머리로, 龍(용)과 鳳(봉)의 대칭이다. 봉점두를 하면 '활대 엎기'가 자연스럽게 된다. 한편 左手開虎口微鬆(좌수개호구미송: 왼손의 호구를 열어 약간힘을 빼고) 下二指轉弝側臥(하이지전파측와:하이지로 줌통을 돌려 눕히면) 則上弰可隨(즉상소가수:위 활고자를 따라서) 矢直指的(시직지적:화살과 곧게 손가락이 표적을 가르킨다) 下弰可低(하소가저:아랫 활고자는 낮추어져) 髀骨下(바골하:비골 아래에 있다) 此爲(차위:이것을) '靡其弰(미기소:활고자를 눕힌다)'라 한다.

실전은 단거리에서 卽興卽射(즉흥즉사)로 쐈다. 단거리에서 강한 활을 쏘려면 최대한으로 탄력을 만들어야 한다. 그래서 용파미의 기법이 필요했다. 또한 '揪(주)'는 '是後三指搭絃太老揪 緊不放使箭不放速去也 法曰 形如鳳眼 發如流星 深所以解揪字也'다. '鳳(봉)'은 활쏘기에서 중요한 상징으로 羿(예)의 '태양'의 신화와 연결된다. 즉 羿(예)가 쏜 대상이 태양으로 태양은 수놈 '鳳(봉)'이다. 활시위를 잡을 때 검지를 구부려 엄지에 붙인 모양을 '봉황의 눈'에 비유하여 '鳳眼(봉안)'이라 했다. 이것을 활을 쏘아 봉황의 눈을 맞춘다'는 의미를 갖는다. '좌수의 '虎口(호구)'와 우수의 '鳳眼(봉안)'은 대칭적 개념이다. 후대에 말을 타고 길들이기 위해 끈을 잡은 손 모양에 비유하여 '調馬(조마)'로 부르기도 한다. 發如流星深(발여유성심)은 이렇게 '활을 쏘면 유성처럼 빠르게 나가며 깊게 박힌다'는 비유다. 太老(태노)는 '처음에 활을 시위와 함께 잡는 三指(삼지)'로 이것이 '揪(추)'다. 오금(五拎)이란 十拎(십금)의 半(반)이다.

그래서 줌통에서 산마루까지를 '한오금'이라 한다. '오금'은 구부러지는 부분이기 때문에 누르면 접히지만, '한오금'은 오금의 반대 부분으로 튀어나온 곳이다. '한'은 하늘로 '둥글다'는 의미다. 한오금을 중심으로 앞부분은 '바깥오금'이고, 한오금을 지나면 '먼오금'이다. 정탈목에서 한오금까지 세 등분하여 3/2지점을 '삼삼이'라 했다. 활집과 전통을 넣는 '동개'의 음차는 통개(筒箇)고 '櫜鞬(고건)·筒兒(동아)·弓矢袋(궁시대)'라고 한다. 활줄을 활대에 걸어 고정하는 것을 '고자'라 하는데 한자가 없다. 의미상으로 보면 固定(고정)시키는 곳이란 의미로 固者(고자)라 사용할 수 있지만, 활줄을 거는 곳을 弰(소)라 한다. '弰(소)=弓(궁)+肖(초)'다. 肖(초)는 말단에 솟아난 작은 새싹으로 뽕나무로 만든 활줄의 거는 작은 걸개를 지칭한다. '弓弰'를 고자잎이라고 하는데, '고자나무잎'과 닮았다는 것으로 '고자'의 음은 대나무의 '筶(고)'자다. 즉 대나무의 잎의 모양으로 한자로는 '筶子(고자)'다. 이것이 弰葉(소엽)이고, 고자에 활줄을 매는 것은 '弰彄(소견)'이다. '양양고자'는 '山(산)' 자형이다. 여기에서 양은 '陽(양)'이다. 정오(산의 정상)를 기준으로 해가 동쪽에서 올라오는 곳과 서쪽으로 내려가는 두 곳을 지칭한다. 즉 陽(양)은 兩(양)이다. 즉 '陽陽筶子(양양고자)'로 치환된다. 또한 '도고지'를 彄(=彀구)라 하는 것은, 도고지에서 구부러지기 때문이다. 倒彄至(도구지)로 치환할 수 있고, 도구지부터 양양고자까지는 彄弭(구미)로 치환할 수 있다. 화살을 과녁에 겨누는 것은 彇彴(오적)이고, 활줄을 당기는 것은 '扨皷(인피)'다. '오금'이란 '오그라들어 생기는 금'이다. 즉 十(십)의 반인 五(오)에서 접혀 생기는 '今(금)'이란 뜻이다. '오금'의 반대는 '팔꿈치'로 '중구미'라 한다. '중구미'는 '肘臂節(주비절)'이다. 肘(주)가 팔(臂)의 중간이기 때문에 中(중)이고, 구부러지기 때문에 '彄(구)'다. 한자로는 접히기 때문에 '節(절:오금)' 자를 써서 '肘節(주절)' 또는 '臂節(비절)'로 쓴다. 한편 '중구미는 필히 엎어야 한다'의 '엎는다'는 의미는, 활을 쏘기 전에 비스듬히 눕혀드는 것과 쏘면서 줌손으로 '봉점두'를 하게 되면 손등이 위로 돌아가기 때문에, 활도 수평이 되는데 이 현상을 '엎는다'로 표현했다. 한자로는 '節(절)'이다. 한편 활을 당기는 '우수'의 경우도 '중구미'라 하는데, 한자로 치환하면 肘彀弭(주구미)다. '弭(미)=弓+耳(귀이)'로 명사로는 '고자'다. 고자의 모습을 '귀'로 비유한 것이고, 동사로는 '드리우다(고정된 줄을 아래도 늘이다)'로 '활시위를 귀까지 당긴다'는 의미로 '中彀弭(중구미)'로 치환된다.

라. 大架(대가)·小架(소가)·中平架(중평가)

『射經(사경)』의 身法(신법)에 '大架(대가)·小架(소가)·中平架(중평가)'[624] 3개의 자세가 있다. 架式準頭(가식준두)에도 '架(가)' 자가 있다. '架(가)=加(가)+木(목)'으로 '실렁가'다. 물건을 얹어 놓은 선반이다. 선반에 물건을 얹어서 '실어 간다'는 이두문이다. 사법경해에 '架箭(가전)'이 架椽(가록)과 같다 하여 '架(가)'의 개념이 전해졌음을 알 수 있다. 凡對敵射箭(범대적사전)에 '只是四平架手立定(지시사평사수입정)'으로 四平(사평)이 架(가)의 자세임을 알 수 있다.

또한 "平箭爲絃上懸衡(평전위현상현형:화살을 수평으로 하는 것) 身前辣爲猛虎方騰身體要微微前傾双脚端正站好(신전랄위맹호방등신체요미미전경쌍각단정첨호:맹호가 뛰어 오르듯 앞으로 천천히 숙이면 몸의 중심이 양발 끝에 있게 되는 현상으

---

624 본국무예는 전통사예의 복원과 계승을 위해, 기사법을 奔冲勢(분충세)의 立勢(입세)와 일치시켜 前射(전사)를 奔架勢(분가세)라 하고, 後射(후사)를 後架勢(후가세)로 겸하고, 大架勢(대가세)·小架勢(소가세)·平架勢(평가세)의 자세와 용어를 계승한다. 과녁은 羿(예)의 신화를 계승하는 의미에서 붉은 태양을 중심에 두고 천지인 삼수 사상을 담아서 만들었다.

로 地着(지착)이다) '方'자에 활 쏘는 모습이 있다. 이 동작은 과호세의 모습과 같다. 이처럼 가결은 서로 연결되어 있다. 額前臨爲封兕欲鬪額頭要微微下沉(액전임위봉시욕투액두요미미하침: 화살을 당길 때 이마를 앞으로 숙이며 천천히 내미는 동작을 소가 싸우는 것으로 비유했다). '封(봉)'자는 활을 당기는 것을 나타내고, '兕(시)'자는 고개를 숙이는 것으로 본국검의 兕牛相戰勢(시우상전세)의 가결의 의미와 서로 상통하여 문화적 동일성이 유지되고 있음을 알 수 있다.

'此皆有容儀之善也(차개유용의지선야)'[625]라 하여 좋은 자세로 보았다.

'코끝(準頭)에 싣는다 안 싣는다, 턱밑에 둔다 안 둔다'는 사법 논쟁은 옛날에도 있었다. 『조선의 궁술』[626] 표지에 실린 滿開弓體(만개궁체)의 자세가 '架式(가식)'이다. '架(가)' 자를 쓴 것은 '화살을 실어 보낸다'는 의미와 '화살을 수평'으로 하기 때문이다. '大'와 '小' 자에 자세가 있다. 中平架(중평가)는 '蹲腰坐胯(준요좌과)'다. 실전에 가장 이상적인 자세다.

625 身前竦猛虎方騰 額前臨爲封兕欲鬪 出弓爲懷中吐月平 箭爲絃上懸衡, 此皆有容儀之善也

626 이중화, 『조선의 궁술』, 조선궁술연구회, 1991, p41.

十四

本國拳 (본국권)

1
高句麗(고구려) 벽화의 角觝(각저)와 手搏(수박)

手搏(수박)에 대한 기록은 여러 사서에서 자주 등장한다. 일제강점기 丹齊(단재) 신채호와 安子山(안자산)은 '택견·相撲(상박)·角觝(각저)·柔術(유술)' 등 맨손 무예의 정체성을 찾기 위해노력 했다.

申采浩(신채호)는 『조선상고사』에서 고구려 전성시대의 무사들이 연마하는 무예의 종목으로 다음과 같이 언급하였다. "혹 칼로 춤을 추며, 혹 활도 쏘며, 혹 깨금질도 하며, 혹 택견도 하며, 혹 강물을 깨고 물속에 들어가 물싸움도 하며, 혹 歌舞(가무)를 演(연)하여 그 美惡(미악)을 보며 혹 대수렵을 행하여 그 財獲(재획)의 多寡(다과)로 보아 여러 가지의 내기에 승리하는 자를 선비라 칭하고···"라 하였다. 이상으로 볼 때 무사의 훈련에 택견을 장려한 것은 어느 모로 보든지 이미 삼국시대부터 시작된 것이라고 믿어진다. 그리고 단제는 다시 다음과 같이 논단했다. 고려시대 松都(송도)의 手拍(수박)이 곧 '선배' 경기의 하나이니, 手拍(수박)이 中國(중국)에 들어가 拳法(권법)이 되고 일본에 건너가 柔道(유도)가 되었다. 또한 신라의 국선화랑은 고구려의 선배제도를 모방한 것으로 학문에 힘쓰고 수박·擊劍(격검)·射藝(사예)·騎馬(기마)·덕견이(태견)·깨금질·씨름 등 여러 가지 기예를 익히고 있다."라고 기록하고 있다.

"고구려 제 십대 산상왕 당시에 만들어진 환도성 각저총의 벽화가 보여주는 수박의 대결 자세를 보아도 오늘의 태권도의 원형임을 짐작케 하고도 남는다. 일본 사람들은 옛날부터 주먹 쓰는 法(법)=拳法(권법)을 가르켜 '당수'라 써놓고 '가라데'라고 읽는다. 삼국시대 이후의 우리나라를 伽羅(가라)라고 그들이 부른 것은 사료에 얼마든지 나오니 일본의 가라데와 유술 같은 것이 우리나라에서 건너간 것은 지정학적인 면과 아울러 짐작되고도 남는다. 더구나 일본 고대의 武士道(무사도)라고 하는 것이 신라의 花郎徒(화랑도)와 유사한 점도 많으니 어찌할 것이냐"[627]

고구려에 수박이 있었는데 한 뿌리인 백제와 신라에는 같은 무예가 없었겠는가? 新增東國輿地勝覽(신증동국여지승람) 제 34권 '여산군'에 "전라도 여산군 鵲旨(작지) 마을은 해마다 7월15일 백중날에 충청도와 전라도 인근 사람들이 모여 手搏戱(수박희)로 승부를 겨뤘다(鵲旨在郡北十二里 忠淸道恩津縣界 每歲七月十五日 傍近兩道居民聚爲手搏戱以爭勝負)."는 기록이 있다. 또한『日本書紀(일본서기)』에도 "백제의 벼슬아치 및 手搏(수박)에 능한 무인을 일본 조정에서 초청하여 일본의 무술인과 相撲(상박)을 하게 하였다."[628]는 기록은 일본이 백제로부터 手搏(수박)을 전수받고 교류했다는 명백한 사료다.

문화재조사 당시 택견과 태권도의 역사적 근거로 고구려 벽화를 제시하려는 것도 정체성을 세우기 위한 것이다. 이처럼 무예계와 학계는 우리의 잃어버린 무예의 뿌리를 찾기 위해 다방면으로 연구를 진행해오고 있다. 저자 또한『무예도보통지』의 권법과 내가장권에 기록된「6로10단금」이 한민족 장삼봉과 관련된 문서로써「6로10단금」의 시어와 기법을 伽羅手(가라수:가라데)동작과 비교했다. 고조선 무예가 고

627 예용해,『무형문화제 조사보고서』, 제102호. 1973. p385.

628 七年秋七月己巳朔乙亥 左右奏言「當麻邑 有勇悍士 曰當摩蹶速 其爲人也 强力以能毁角申鉤 恆語衆中曰『於四方求之 豈有比我力者乎 何遇强力者而不期死生 頓得爭力焉』天皇聞之 詔群卿曰「朕聞､當摩蹶速者天下之力士也 若有比此人耶」一臣進言「臣聞 出雲國有勇士 曰野見宿禰 試召是人 欲當于蹶速」即日 遣倭直祖長尾市 喚野見宿禰 於是 野見宿禰 自出雲至 則當摩蹶速與野見宿禰令捔力 二人相對立 各擧足相蹶 則蹶折當摩蹶速之脇骨 亦蹈折其腰而殺之 故 奪當摩蹶速之地 悉賜野見宿禰 是以 其邑有腰折田之緣也 野見宿禰乃留仕焉 (活目入彦五十狹茅天皇 垂仁天皇)

려의 삼별초를 통해 오키나와로 전래한 것을 밝히기 위해 "태권도와「6로10단금」의 관련성'[629]을 대한무도학회에서 국제학술세미나에서 최초로 발표했다. 학계에서는 대부분 '角抵塚(각저총)·장천 1호분'은 씨름, 舞踊塚(무용총)·안악3호분은 手搏(수박:택견)으로 보고 있다. 그림은 분명히 있지만 문헌에 없다는 이유로 각저나 수박이 아니라고 주장을 한다. 그림이 곧 글자다. 우리의 말이 살아있는 화석임을 모르고 하는 몰지각한 주장이다.

무용총 力士(역사)가 취한 手搏(수박) 자세의 이름은 무엇일까?「권경」에서는 跨虎勢(과호세)와 鴈翅側身勢(안시측신세)이고「권세」에서는 龜葉(귀엽)과 生馬(생마)가 된다. 안악3호분의 무용총의 그림은 서로 공격해 들어가는 동작이다.

가. 角觝(각저)와 相撲(상박)의 개념적 분석

씨름을 角抵(각저)라 함은, 角(각)은 '각을 세운다'로 '겨룬다·싸운다'는 의미다. '抵(저)=扌(수)+氐(저)'다. 氐(저)는 '숙인다'다. 각저라는 글자만 보아도 씨름임을 알 수 있다. 角觝(각저)를 백성들은 '씨름'이라 말한 것처럼 수박을 '탁견·택견' 등으로 불렀다.

1) 角抵(각저)

표 14-1. 抵(저)·氏(씨)의 금문·전문·격투자세의 형태·해서

金文	篆文	擊鬪形態(격투형태)	楷書
			抵(1)
			氏(2)

①抵(던질저)는『후한지』에 因毁以低地(인훼이저지)라 하여 땅에 넘어트리는 것임을 알 수 있다. '氐(저)' 자는 '낮다'는 뜻과 함께 한민족의 씨름 동작에 氏(씨)의 '음

629 임성묵,『대한무도학회』, 제주도 2019.11.1, P32~38.

가'가 그대로 들어가 있다. 즉 고조선의 씨 놀음[630]에서 씨름이 유래했다.

그림 14-1. '氏(씨)'자 형

②'氏(씨)' 자를 90° 돌리면 '[glyph]'자 형으로 여자가 엎드려 엉덩이를 든 자세다. '씨=人+人'으로 두 사람이다. 『한서』에도 氐首仰給(저수앙급:엎드려 고개들 들고 둘을 삿바로 묶었다)으로 氏(씨)는 '머리를 숙이다'라 했다. 氏의 갑골문 '[glyph]' 자는 엎드린 여성의 음호([glyph])에 남자의 성기([glyph])를 넣는 것이다. 남성의 불알([glyph])은 열십([glyph])[631]자와 같다. 열린 음호에 씨(·)를 넣는 것이다. '䟢(씨)' 자는 '각시씨'로 여성인 '아내'다. 즉 '氏(씨)'는 '여자를 지칭하는 말'이다. '씹할년·놈'처럼 욕 속에 '씨'의 본질적 의미가 남아있다. 이 형태를 고조선 문자로 분석하면 '[glyph]' 자와 '[glyph]' 자의 결합으로 '[glyph]' 자는 한글 '너'가 된다. 즉 'ㅓ'는 안을 향하고 'ㅏ'는 밖을 향한다. '너'는 '넣는다', '나'는 '나간다'는 기호가 성립된다. 즉 '너'와 '나'는 상대적 개념으로 상대를 가르치면 손가락은 밖으로 향하고 자신을 가르치면 손가락은 안을 향한다. 허신은 '氐([glyph])' 자를 지사로 분류하여 '氏+一'를 '평평한 숫돌'이라 하였으나, 사용 범례는 '오랑케이름저·숙일저'로 전혀 다르다. 허신은 한민족의 음가를 모르기 때문에 '숙인다·엎드린다'를 숫돌로 억지 해석했다. '[glyph]' 자는 '氏(ㅆ)+ㅗ'다. 여성이 엎드리고 남성이 뒤에서 성기를 세웠다. 이렇게 되면 'ㅆ+ㅗ'는 '솟>솟다>좆'이 된다. 또한 '솟'은 '숫'과 같은 어원으로 '숫컷'이다.

즉 氐(저)는 '솟=숫=좆'의 상형과 개념이 일치한다. 우리가 지금 사용하는 어원은 수억 년 진화되어 계승된 것이다. 동이족이 만든 갑골문에 우리의 소리가 연결되는

630 최동환 외 5인 공저, 『새로운 천부경 연구』, 2008. 백암. p108. "첫 조선 유적지에서 출토된 청동유물에 새겨진 그림에 풀치마를 입은 왕과 신하가 있고, 그 옆에 씨름의 승자가 나신으로 엉거주춤 서 있으며, 그 앞에 역시 나신의 엎드린 여인들이 있다. 즉 씨 놀음(씨름)을 통해 승자만이 씨를 뿌렸을 것이다."

631 김대성, 『금문의 비밀』, 2002.5.6 ㈜북21 컬쳐라인. p58. "'十'은 'ㅣ'의 허리가 불룩하게 튀어나와 알을 벤 형상을 하고 있다. 일(1)은 태양(日). 음양의 '양(陽)'을 뜻한다."

것은 당연하다. '氏(씨)' 자를 姓(성)과 구분하지 않고 사용한 것은 여성의 몸에 氏(씨)를 넣고 자식을 생산하기 때문에 姓(성)이다. 한자에서 유일하게 '氏' 자만 '씨'의 음가를 가진다. 한글은 소리 문자이기 전에 사물의 모양과 특징에서 원·방·각을 취하여 사물을 표현한 상형문자이며 상징의 기호문자다. 'ㅆ'은 '人'이 둘이다. 즉 똑같은 사람으로 복제된다. 'ㅆ'에서 'ㅅ'이 하나 없으면 '씨'가 없어 자식을 낳지 못하니 '시름(걱정)'이다. 결국 '시름시름 앓다' 죽는다.

초기의 '氏(씨)' 자는 동이족의 왕조와 제후와 왕조·제후·세습된 관직명에 쓰였다. 갑골문 이후에 성교를 구체화하여 '[illegible]' 자가 만들어졌다. 이러한 의미로 볼 때 十(십)은 즉 氏入(씨입)이다. 또한 여성의 성기가 '열린다'는 의미로 '열'이 된다. 즉 동이족 계열의 이름에는 '복희씨'처럼 氏(씨)를 붙여 사용했다. 氏의 자손은 民(백성 민)이기에 '氏' 자가 들어간다. '색시'라는 말은 '새색시'의 준말이다. 즉 '새'의 '씨'를 받는 여자가 색시(씨)다. 여기서 '새'는 남자이고 '씨'는 여자다. 출가하기 전에 부르는 '아기(가)씨'는 '아기(가)+씨'이고 출가한 '아주머니'는 '아기+주머니'가 된다.[632]

2) 相撲(상박)

'상박'은 '쌈박'의 이두문이다. '둘이 싸운다'는 총론적 개념이다. 즉 '씨름'은 '각저'로써 싸우는 상박이고, 택견은 수박으로써 싸우는 상박이다.

표 14-2. 撲(박)·搏(박)·戲(희)·虛(허)의 금문·전문·격투자세의 형태·해서

금문	전문	擊鬪形態(격투형태)	해서
			撲(1)
			搏(2)
			戲(3)
			虛(4)

①'撲(박)' 자는 『후한서』에 摧撲大寂(최박대적), 『劉基(유기)』에 剖之如有煙撲口鼻

632 임성묵, 『본국검예 3. 왜검의 시원은 조선이다』, 행복에너지출판사, 2018, p358~359.

(부지여유연박구비), 『韓愈(한유)』에 朽机懼傾撲(후궤구경박)이라며 범례에 기록되어 있다. 그리고 扑(종아리채복)자와 同字(동자)다. 이러한 것을 종합해보면 撲(박)은 손으로 잡고 찌르고 종아리를 차고 상대를 넘어트리는 종합무술이다. '菐(번거로울복)' 자형은 이런저런 몸동작을 연결해서 상대를 넘어트리는 것으로 伏(엎드릴복)의 의미와 음가가 같다. 금문을 보면 상투를 틀어 올리고 양팔을 벌린(䒑) 젊은 무사를 향해 뛰어(犮)가며 손(𠂇)을 사용하는 모습이 있다. 마치 고구려의 수박도'와 일본의 '스모'[633]를 보는 듯하다. '상박'은 두 사람을 강조하여 相(상)이다. '박'의 음가 '두 손이 마주쳐야 소리 난다'는 것처럼 '둘이 붙는다'는 뜻을 갖는다. 즉 '상박'은 '둘이 싸운다'다.

『무예도보통지』《교전보》의 相撲(상박)은 칼을 든 적과 맨손으로 교전하며 맨손으로 상대의 관절을 꺾어 넘어뜨려 제압한다. '상박'은 '어깨에서 팔꿈치'의 부위다. 搏(박)은 '甫(보)+寸(촌)'의 전서(䪙)를 보면 '屮' 자는 '편손', '⺕' 지는 '손목', '甫' 자는 '팔을 잡은 손'을 나타낸다. 즉 손목과 관절을 잡아 제압하는 술기와 같은 무술이다. 搏(박)은 '상박'에 사용된 술기 부분이다.

②'搏(박)[634]' 자는 '扌(수)+尃(부)'다. 尃(부)는 '펴다·퍼지다'로 斧(부)와 통하여 '도끼나 메로 치다'다. 手(수)를 더하여 '손으로 도끼나 메를 치듯이 친다'가 된다.

'搏搖(박요)=날개를 침'처럼 손을 새의 날개 翼(익)과 羽(우)로 비유했다. 尃(부)의 '펼친다'는 '두 사람이 손을 펼쳐서 친다'다. 무용총의 그림은 손으로 싸우는 '수박'을 그린 것이다.

③'戱(희)' 자는 '戈(과)+虛(허)'다. '실전용이 아닌 놀이용 창을 나타내고 한탄의 의성어로 사용된다'로 해석했다. 그러나 戱(희)의 갑골문(䖒)을 보면 '犮' 자형은 撲(박)의 금문 '犮' 자다.

④'虛(허)' 자의 갑골문(虍)을 전서와 비교하면 '虍' 자는 두 손이 교차한 '𠔿' 자이고, '厶' 자가 '业' 자로 교체됐다. 즉 두 사람이 등(业)을 져 서로 상대(적)임을 표현했다.

633 일본유술의 기원은 고대의 맨손 격투기에서 찾는다. 천황이 野見宿禰(야견숙이)와 當麻蹶速(당마궐속)의 두 사람을 조정에 불러 그 시합을 보았는데 이것이 일본사기에 실려 있다. 이 승부에서 숙이가 궐속을 발로 차 쓰러뜨리고 그 늑골을 밟아 죽음에 이르게 했다. 당시의 爭力(쟁력)과 角力(각력)으로 상대를 완전히 굴복시키는 것을 목적으로 한 격투기임을 알 수 있다.(大谷武一외,1951)

634 是个形聲字,

두 손이 교차한( ) 모습은 무기를 가지지 않고 서로 손으로 겨루는 것을 나타낸다. ‘ ’ 자는 어린아이고 ‘ ’ 자는 ‘공’이다. 뛰면서 ‘헉헉’거리고, ‘희희’ 웃는 것이 음가로 됐다. 球(공)의 음가 空(공)은 虛(허)와 같다. 이러한 의미에서 ‘빌허’의 뜻이 된다. 그러나 허신은 ‘戈(과)’ 자를 ‘창과’로 일률적으로 해석하여 “가짜 ‘창’으로 겨룬다.”[635] 고 해석했다.

한편, 무비문의 「演武捷要序(연무첩요서)」에 夫相撲之拳(부상박지권)이라는 기록으로 보아도 둘이 주먹으로 싸우는 것을 相撲(상박)이라 했음을 알 수 있다.

635 임성묵, 『본국검예 3. 왜검의 시원은 조선이다』, 행복에너지출판사, 2018, p361~362.

2
高麗(고려)의 手搏(수박)과 朝鮮(조선)의 打拳(타권)

가. 手搏(수박)

『고려사』에 기록된 搏戲(박희)와 수박을 이어 『조선왕조실록』에도 수박이 기록됐다. '택견[636]·태권도·상박·수박·씨름'의 역사적 근거로 이 사료를 내세운다.

『고려사』 권128. 李義旼(이의민) 條(조)에 "이의민은 手搏(수박)을 잘했다. 毅宗(의종)이 아껴서 隊正(대정)을 삼았다가 別將(별장)으로 승진시켰다. 의종을 살해할 때의 기록에 義旼拉脊骨(의민랍척골)應手有聲(응수유성)便大笑(편대소): 의민이 손

636 예용해, 『탁견 무형문화제 조사보고서』 제102호. 1973. "宋氏는 十八歲 때 사직골 뒤山 잔디밭에서 그때 二十九歲 된 林虎라는 이에게서 배워 지금으로서는 살아있는 유일의 택견꾼이다. 의당 그분의 말을 곧이들어야 할 일이나 古事에 밝다는 老人들의 말을 들으면 한결같이 택견이었지 택견이나 탁견은 아니라니 難處하다. 또 卓見이란 말의 典據라도 얻을까 하고 高麗史 또는 李朝實錄의 索引 등 속을 뒤져보아도 도무지 그건 것이 눈에 뜨이지 않는다. 다만 이와 비슷한 것을 찾자면 手搏(拍)戲 또는 角抵戲가 麗史와 實錄에서 각각 몇 대목 적힌 것을 본다.~우연히 얻어본 『海東竹枝』라는 冊에 한 대목 冊은 舊韓末으 詩人 梅下 崔永年의 詩集으로 여러 가지 우리 風習을 읊은 가운데 『托肩戲』라 하여 한 首 끼여 있는 것인데, 더욱 多幸인 것은 詩에 注釋이 따른 일이다. 百技神通飛脚術, 輕輕掠過髻簪高 鬪花自是風流性 一奪貂蟬意氣豪. 舊俗有脚術 相對而立 互相蹴倒有三法 最下者蹴其腿 善者托其肩 有飛脚術者落其髻 以此或報仇 或賭奪愛姬 自法官禁之 今無是戲名之曰"

을 당겨 척추를 꺾었다. 손이 움직일 때마다 소리가 나자 크게 웃었다."[637]

수박이 關節技(관절기)가 포함된 종합맨손 무예였음을 기록을 통해 유추할 수 있다.

나. 朝鮮(조선)의 打拳(타권)

조선 시대 수박은『조선왕조실록』1410년 태종 10년부터 1467년 세조 13(1467)년까지 57년까지만 나온다. 그 후 1500년 전후로는 기록에 나타나지 않는 사이에 권법이란 용어가 선조 32년(1599)부터 나타난다, 1798년『재물보』에서 다시 수박이 나타난다. 권법도 정조 14년(1790)까지 191년 동안만 나타난다.

"拳法(권법)은 척계광의『기효신서』로부터 기인하는 무예로써 손, 어깨, 무릎을 사용하는 맨손무예이며, 중국군으로부터 도입될 당시에 조선조정의 그 누구도 조선초기의 수박과의 연관성을 언급하지 않았다는 점에서 당시 조정의 인물들이 조선초기의 수박에 대하여 인지하지 못하였거나 권법을 수박과 전혀 관련이 없는 외래무예로 인식하고 있었다."[638]

그동안 학계는 선조와 이항복이 중국 권법의 실기를 관람한 이후 기록한 '打拳(타권)'에 대해 학계에서 간과한 것이 있다.

1)『先祖(선조) 26年 4월 12일 丙申(병신)』[639] '타권'에 대한 기록.

---

637 『고려사』, 권128 반역2 이의민조.

638 나영일,『조선시대의 수박과 권법에 대하여』, 용인대학교 무도연구지, 1997, 제8집, p71.

639 "有扁架弩(유편가노), 擔弩(담노), 諸葛弩(제갈노), 皮甲(피갑), 雷雪刀(뇌설도), 關刀(관도), 月牙剗(월아잔), 丫搶(아창), 藤牌(등패), 活拿人棍(활나인곤), 拿人撾(나인과), 郎筅(낭선), 打拳(타권), 天蓬剗(천봉잔), 楊家搶等名號(양가창등명호), 又有四楞鞭(우유사릉편), 七十斤偃月刀(칠십근언월도), 袖箭等器(수전등기), 則摠兵所自用也(즉총병소자용야)"

2) 『先祖(선조) 31年 4월 6일 庚申(경신)』[640] 왜란 초기 병조판서 이항복이 명군의 副總兵(부총병) 劉綎(유정)의 진영을 다녀온 일을 보고한 '打拳(타권)'에 대한 기록.

"유격이 打拳(타권)의 技(기)를 앞에서 보여줬다. 그 법은 몸이 뛰어 올라가고, 양손으로 스스로 얼굴을 치거나, 혹은 목을 치거나, 혹은 등을 치거나, 혹은 교차하여 배와 복부를 치거나, 혹은 볼기와 정강이를 친다. 주먹을 빠르고 매우 신속하게 사용하니, 사람이 감히 그 앞에 있지 못한다."

3) 『선조실록』 卷(권) 112, 『선조 32年 4월 4일 壬午(임오)』[641]에 중국의 杜副使(두부사)가 선조를 알현하면서 실연한 '타권'에 대한 기록이다.

"상이 별전에 나아가 杜(두) 부사를 접견하였다. 부가사 아뢰기를 "저의 부하들이 打拳(타권)을 잘하는데 상께서 관람하시길 청합니다."하니 상이 돌아보며 승지에게 말하기를 "打拳(타권)은 『기효신서』에 실려 있는데, 이 또한 무예 가운데 한 가지이니 보아야 할 듯하다."하였다. 최천건이 아뢰기를 "하늘 같으신 상께서 보시기에는 마땅치 않을 듯합니다."하자, 이홍노가 아뢰기를 "이 대인은 다른 대인과 비할 바가 아닙니다. 기왕 보시기를 청했으니 별로 나쁠 것이 없을 듯합니다."하니, 상이 이르기를 "감당하지 못하겠다고 답하라"하였다. 부사가 아뢰기를, "그렇다면 관람하고 싶지 않으시다는 말씀입니까? 이것은 쓸데없는 일이 아니고 역시 왜노를 죽이는 일에 충분한 것입니다."하니 상이 말하기를, "대인의 말씀대로 하겠습니다." 부사가 용사에게 시키자, 몇 사람이 뜰 가운데 백마를 세우고 몸을 솟구쳐 뛰어오르게 했는데, 그 빠르기가 나는 듯하였다. "또 주먹을 치며(擊拳) 재주를 부리는데 마치 원숭

---

640 "遊擊又呈打拳技於前(유격우정타권기어전), 其法踴躍騰身(기법용약등신), 以兩手自擊其面(이양수자격기면), 或擊其項(혹역기항), 或擊其背(혹타기배), 或交打其胸腹(혹교타기흉복), 或撫其臀股(혹무기둔고), 用拳捷疾神速(용권첩질신속), 人莫敢當其前(인막감당기전)"

641 上於別殿 接見杜副使 副使曰 俺管下人善打拳 請上試觀 上顧謂丞旨曰 打拳之事 在於紀效新書 亦是武藝中事 似當觀之 崔天健曰 白上觀之 恐非其宜 李弘老曰 且大人 非他大人之比 旣請觀之 恐無傷也 上曰 以不堪當答之 副使曰 然則不欲觀諸乎 此非等閑事 亦足殺倭事 上曰 惟大人之命 副使使勇士數人 立白馬於庭中 跳身躍上 其疾如飛 且擊拳爲戱 若猿猱狀

이의 모양과 같았다."

이 기록은 매우 중요하다. 첫째, 무예는 몸으로 전수되기 때문에 문서를 통한 전수가 아니더라도 그 몸짓은 계속해서 전승된다. 아무리 같은 문서를 보더라도 그 문서에 있는 동작은 그 민족이 수련해온 몸짓을 통해 해석하게 되어있다. 조선세법의 문서가 있음에도 중국과 일본이 우리와 다른 이유다. 마찬가지로 중국을 대표하는 소림무술, 태극권이나 영춘권 당랑권 등에서 기효신서나 무비지에 있는 拳法(권법)의 모습이 보이지 않는다는 것은 이들 문서가 중화민족계열에서 만들어진 기록이 아니라는 것을 몸이 증거 하고 있다. 무예서를 선조들이 만들 때, 사용한 여러 동물은 무예의 동작에서 동물의 특징적 부분 행동을 채용하여 시적으로 비유한 것임이 밝혀졌다. 이것을 모르고 무예 동작 전체를 동물처럼 이해했기 때문에 중국의 전통무술이 관념적 무술로 만들어진 것이다.

둘째, 이 문장에 쓰인 拳名(권명)은 '打拳(타권)'이다. 이것을 학계는 拳法(권법)의 오기[642]로 보지만 그렇지 않다. 이 기록보다 앞서 '打拳(타권)'이 두 번이나 있다.

셋째, '擊拳爲戱(격권위희)'에 쓰인 '戱(희)' 자다.

手搏(수박)은 실전이고 手搏戱(수박희)는 놀이로 구분하는 경향이 있다. '戱(희)' 자는 '둘이 겨룬다'는 相撲(상박)으로 '撠(희)' 자가 '치다'로 뜻에 부합한다. 그럼에도 이 글자 대신 '戱(희)' 자를 사용한 것은, 手搏(수박)에 '手(수)' 자가 있고 '撠(희)' 자에도 '扌(수)' 자가 반복되어 '戱(희)' 자로 썼을 것으로 사료된다. 무예도보통지에서도 䜌負(련부)를 '戱(희)에 가깝다고 했지만, 戱(희)를 '치다·때리다'로 해석하지 않고 '놀이'로 해석한 결과 '겨루기'가 '놀이'가 됐다. 택견을 실전 무예로 보지 않고 '놀

642 나영일, 『조선시대의 수박과 권법에 대하여』, 용인대학교 무도연구지, 1997, 제8집, p70. "『조선왕조실록』에 나와 있는 권법 관련 기사는 다음과 같이 8차례뿐이었으며 모두 임진왜란 이후에 보이고 있고 『기효신서』 또는 『무예도보통지』와 관련된 가사에서만 언급되고 있다. 그리고 권법이라고 구체적인 이름을 명명한 경우는 5번이었고 '拳鬪(권투)', '타권(打拳)'이라고 명명한 경우가 각각 1번이었으나 전후 문맥상 『기효신서』의 권법에 대한 이야기 중에 나오는 것으로 권법이라고 부르는 것이 명백하게 옳은 해석이었다. 그리고 1번은 '拳譜(권보)'를 편판하였다는 내용으로 나오는데 이것도 역시 『기효신서』의 권법을 권보라고 하여 독립된 하나의 책으로 편판한 것을 말한 것으로 권법에 대한 이야기다."

이'로 폄훼하는 것은 戱(희)의 본질을 잘못 이해한 것이다. '싸운다·친다'는 '撲(박)' 자에는 禮義的(예의적) 개념이 없다. 그러나 '겨룬다'는 '戱(희)' 자에는 상대에 대한 예의적 개념이 내재 되어있다. 戱(희)는 단순한 '놀이'보다 '재주·기능·재간'의 뜻으로 '수박을 겨룬다'는 뜻이다. 이처럼 戱(희)의 본질을 직시하지 못하면 실전을 기록한 『무예도보통지』의 拳路(권로)나 拳法(권법)도 모두 '놀이'가 된다.

3

技藝質疑(기예질의)의 殺手(살수)와 擊打(격타)

기예질의는 한교가 허유격에게 질문하고 답한 기록에 殺手(살수)[643]와 함께 擊打(격타)에 대한 기록이 있다.

殺手(살수)는 '손으로 죽인다'다. 伽羅手(가라수)처럼 '手(수)' 자로 개념화했다. 手搏(수박)은 '손으로 친다'다. 한교(1556~1627)가 있을 당시에도 手(수)라는 개념이 전장에서 보편적으로 사용되었음을 알 수 있다. 오늘날 군과 민간에서 사용하는 기법이 같다하더라도 군에서는 '必殺技(필살기)'라고 부르는 것과 같다.

이처럼 手(수)를 맨손무예 종목의 대표성으로 사용한 것은, 고구려 벽화에 있는 수박도의 그림처럼 우리 선조들은 '손'을 싸움의 본질적 개념으로 인식했던 것이 후대로 전해져왔기 때문이다. 한민족이 사용해온 이러한 문화적 현상은 임진왜란을 기점으로 '拳(권)'으로 대체되면서 '手(수)' 자가 약화된 것이다.

---

643 1)命訓鍊都監飜譯殺手諸譜(훈련도감의 살수제보를 번역하도록 명을 내렸다) 2)諸勢連習之譜則無可考据(제세를 연습하는 보만으로는 의지할 수 없어서) 不得已抄率殺手(부득이 살수를 선발하여 데리고가) 遍質於天朝將士非止一二(천조장사에게 한두 번에 그치지 않고 여러번 청했다) 而風回電轉進銳退速之閒某勢某法有難捉矣(그러나 바람처럼 돌고 번개처럼 구르고 예리하게 나가고 빠르게 물러나는 사이 모세·모법을 포착하는데 어려움이 있었다) 3)乙未年殺手譜飜譯之時(을미년 살수보를 번역할 때에) 臣以其欠十二勢作爲別譜附於其下(신이 거기서 부족한 심이세를 만들어 별도의 보를 그 아래에 덧붙였다.) 4)使士卒連習之群疑滿腹尙未歸一(사졸들에게 연습토록 하였으나 모두가 의심을 품어 오히려 하나로 통일되지 못했다)以此殺手諸技迄無其譜學之者徒信其目(이것은 살수의 모든 기술을 마치면 그에 대한 보가 없기 때문에 배우는 자 모두가 자신의 안목을 믿기 때문이다) 故正法日廢花法作矣(그래서 정법은 날로 사라지고 화법이 만들어진다)

擊打(격타)라 함은 打擊(타격)에서 擊(격)을 앞세운 것으로 선후의 위치를 바꾸어 사용했음을 알 수 있다. 한편 '살수'는 택견에서 '옛법'으로 부르는 것으로 보아 택견이 '수박'에서 나왔음을 시사하고 있다.

"『조선말 외국인들의 기록을 통해 본 택견』에서 손과 발을 모두 사용하여 치고 차고 하물며 무릎까지 사용하고 심지어 머리까지 사용하는 것을 볼 수 있다. 일부에서는 손질을 '옛법' 또는 '살수'라고 부르기도 한다."[644]

한편 택견을 '놀이'로 주장하는 신성대의 견해는 다음과 같다.

"설사 택견이 십팔기 중의 일기인「권법」에서 나왔다 해도 택견을 무예라 할 수는 없는 노릇이다. 분명 '탁견희'는 지금의 택견을 말한다. 다시 말해 택견은 놀이의 한 종류로 정식 이름을 얻은 것이다. 게다가 그 어디에도 택견이 무예라는 언급이 없었다. 설마 택견을 기술한 학자들이 고대로부터 흔히 언급되어 온 각저와 수박, 무예(技藝)와 놀이(技戲·遊戲)의 의미를 몰랐을 리 없다."[645]

그렇다면 실전과 놀이의 경계는 무엇인가? 병장기를 가지고 두 사람이 겨루는 연습도 戲(희)다. 무비문에 병사 간에 抱勢(포세)로 전쟁터에서 수련하고 있는 그림이 있다. 이러한 기법을 무예도보통지의 상박에는 近戲(근희)라 했지만 '殆(태)'라 하여 이를 '위험한 동작'으로 보았다. 실전은 규칙이 없지만 모든 겨루기는 규칙이 있다. 군의 권법이건 민간의 택견이건 규칙성을 가진 모든 무예는 戲(희)[646]다. 군사들도

---

644 김영만, 『택견 근현대사』, p420.

645 『신성대의 무예이야기』, 데일리안, 2012.3.17.

646 김영만, 『택견 근현대사』, p55. "북학학자 조희승은 중세조선의 권법에 대하여 다음과 같이 언급하고 있다. "고려시기에 들어와서 조선의 권법은 처음으로 '수박'이라고 부르게 되었다. 고려 수박을 논하기에 앞서 『고려사』와 『고려사절요』에 나오는 '수박희'라는 말을 어떻게 이해할것인가 하는 문제가 제기된다. 『고려사』에는 수박희 외에도 농창희, 격구희, 각저희 등과 같이 '희'(놀음 희)자를 체육종목과 함께 많이 쓰고 있다. 그러면 고려 사람들이 어째서 '희'자를 함께 썼겠는가? 그것은 15세기 역사기록에 고려에서는 '일상적인 유희를 두고 싸움을 익힌 것' 『세종실록』(7년4월 무오)이라고 쓴 데서도 잘 알 수 있는 것처럼 고려 사람들에게 있어서는 놀음이자 곧 싸움 연습이었던 것이다. 그리고 '희'라는 글자에는 원래 재주를 겨룬다는 뜻도 있다. 따라서 '수박희'는 '수박경기'라고 해석할 수 있으며, 그렇게 해석해야 해당 기록을 정확히 이해할 수 있을 것이다."

戱(희)를 통해 실전을 연습하고, 백성들도 戱(희)를 통해 겨루지만, 실전으로 적용되는 순간 戱(희)는 살수가 된다.

즉 戱(희)는 놀이가 아니라 '겨룸'이다. 겨룸은 상대를 배려하는 禮(예)가 있는 對錬(대련)이다. 이에 반해 '싸움'은 禮(예)를 상실한 막겨룸이다.

택견의 술기를 두고도 '발차기(脚術·脚戲·脚蹴)·손(托肩·搏戲·手搏)·씨름(角觝·相撲·廝撲)' 등 처럼 구분한 연구들이 나왔다. 다행스럽게도 송덕기의 남겨진 술기와 유구국의 수박과 동일한 술기가 확인됨에 따라, 수박이 종합무예였다는 것이 밝혀진 셈이다. 한편 선조는『기효신서』의「권경」을 보지 않은 상태다. 이승만 대통령이 최홍희 장군이 시범 보인 당수도를 보고 "저것이 우리나라에 옛날부터 있던 택견이야. 택견이 좋아, 이것을 전군에 가르쳐야 해"라고 말했듯이, 중국의 '권법'을 조선의 打拳(타권)으로 인식한 것이다. 중국 권법의 실기를 눈앞에서 직접 보고 두 번을 기록했다. 이항복은 타권의 실기를 더 세세히 표현했고 선조는 이것을 擊拳爲戱(격권위희)若猿猱狀(약원유상)으로 논평했다. 각각 다른 시기 다른 장소에서 중국의 권법을 보았지만, 형태는 '원숭이 같았다'는 논평과 일치한다. 이 동작은 오늘날의 중국의 猴拳(후권)이나 소림무술을 설명하는 듯하다. 즉 조선이 인식하고 있었던 打拳(타권)과 중국의 권법이 전혀 달랐다는 것을 말한다. 이 문장은 실기를 직접보고 기록한 것으로 중국의 권법과 조선의 타권 동작을 비교 연구할 수 있는 무예사적으로 매우 중요한 기록이다. 이를 통해 조선 초기에 수박만 있었던 것이 아니라 타격도 함께 있었음을 추론할 수 있다.

중국 기록에도 "白打(백타)卽手搏之戱(즉수박지희)唐莊宗用之賭郡(당장종용지도군)張敬兒仗以立功(장경아장이립공)俗謂之打拳(속위지타권)蘇州人曰打手(소주인왈타수)能拉人骨至死(능랍인골지사)死之速遲全在手法(사지속지전재수법)可以日月計(가이일월계)"[647]라 하여 일반 백성들 속에서는 수박희와 같은 백타를 타권이라 했

647 湧幢小品(용당소품), 권12,『兵器(병기)』
최복규,『태권도 전사로서 수박 사료해석』국기원 태권도연구 2016. 제7권, p180. "장종은 이존욱(885-926)을 말하는데, 당나라 말기 인물로 923년 魏州(위주)에서 후당을 세운 인물이다(임종욱,2010). 장경아(?-483)는 중국남북조 시기 허난 鄧州(등주) 사람으로 남제의 명신이었다(昌滄, 周荔裳, 1994)."

다. 조선에서도 수박과 타권의 명칭이 병용됐다. 즉 고려 이전부터 기층문화권에서 수박을 택견으로 말하던 것이 조선에 와서 한자의 음가와 의미에 맞게 타격으로 표기된 것으로 사료 된다.

그렇다면『기효신서』에 기록된「권법」의 술기가 중국 측에서 보여준 실기의 기록처럼 若猿猱狀(약원유상)할까? 전혀 그렇지 않다. 그동안 권법의 실기가 복원되지 않은 관계로 술기를 비교할 수 없었다. 중국에서 실연한 권법이 당연히『기효신서』의「권법」과 같다는 전제하에 연구를 전개했다.

한편『기효신서』에「권법」이 기록되어 있음에도 중국이 보여준 실기와 전혀 다르다는 것은 무엇을 의미하는가? 이것은 척계광이『기효신서』를 편찬할 때, 중원에 있던 무예서를 정리한 것에 불과하다는 것을 말한다. 오늘날 중국 무술에서도『기효신서』에 기록된「권법」의 형태가 명확하게 보이지 않는다. 무예는 보편적으로 몸과 구전으로 전수된다. 무예는 문서가 있다고 해서 문서 그대로 전승되지 않는다. 중국은 중국인의 몸짓이 있고, 조선은 조선인의 몸짓이 있으며, 일본은 일본인의 몸짓이 있다. 이것은 살아온 문화적 삶의 몸짓이 다르기 때문이다. 같은 문서를 보더라도 자신이 알고 있는 몸짓으로 해석하는 것이 무예의 특징이며 본질이다.

한마디로 시연을 보고 난 후, '원숭이 같다'고 쓴 촌평은 비록 짧은 글이지만, 중화의 권법이 조선의 수박이나 打擊(타격)과는 전혀 달랐다는 것을 명확하게 기록한 것이다. 조선은 조선에서 계승되어 내려온 수박과 탁견의 몸짓으로 권법을 정리한 것이『무예제보번역속집』의「권보」에 기록된「拳勢(권세)」[648]일 수밖에 없다.

---

648 나영일,『조선시대의 수박과 권법에 대하여』, 용인대학교 무도연구지, 1997, 제 8집, 제2호, p71. "조선이『기효신서』에 있는 拳法(권법)을 새롭게 수정하고 우리 것화 하려는 노력을『武藝諸譜(무예제보)』(1597)가 나올 때는 하지 못했으나 곧바로(1604)『拳譜(권보)』를 편찬하였고, 이후,『武藝新譜(무예신보)』『武技新式(무기신식)』과『武藝圖譜通志(무예도보통지)』를 통해 구현하려고 노력하였다."

4
안자산의 手搏(수박)에 대한 認識(인식)

가. 武藝考(무예고)의 柔術(유술)

“유술의 시초는 고려중기에 난 것이다. 제 십오대 숙종 때부터 百戱(백희)가 盛豐(성풍)함에 當(당)하여 유술이 一種呈才(일종정재)로 나타나 음악과 竝進(병진)한 것이다. 충혜왕 때 潮次(조차) 柔道(유도)의 유행이 대흥할 세 이때는 이를 수박 혹은 권법이라 하였다. 왕이 상춘정 또는 馬岩等地(마암등지)에 항상 거동하여 수박희를 전문으로 개설하였으며 인종 때에는 무사의 세력이 더욱 騰揚(등양)되매 정중부 같은 이는 이 기술로 유흥의 一科(일과)를 삼은 동시에 군인의 常藝(상예)로 행하였으며 두경승, 이의민 같은 이는 선수로서 점차 발천되어 정권을 독점함에 이르니, 당시 사람이 五畏李興杜屹然眞宰輔(오외이흥두흘연진재보) 黃閣三四年(황각삼사년) 拳風一萬古(권풍일만고)라 한 詩(시)를 지은 일도 있었다. 이 유술은 自來(자래)로 拳搏(권박)이라고도 하고, 角觝(각저) 또는 相撲(상박)이라 하여 서로 뒤섞은 명칭으로 기록하였으나 후일에는 기술의 발달로 인하여 씨름과는 裡許(이허)가 다르게 되니 씨름은 오직 肉搏(육박)으로써 角鬪(각투)에 불과한 것이요, 유술은 인체근육의 혈맥을 搏動(박동)하여 죽기도하고 어지러뜨리기도 하며 또는 벙어리가 되기도 하는 삼법(三法)이 있어 학술적으로 된 것이니 次等(차등) 술법은 口傳心授(구전심수)로 내려와 實地(실지)에 응용하기로만 전파되더니, 이조(李朝) 等內(등내)에 와서 그 경험이 다시 과학적으로 정리하여 次序(차서)있게 교습한 것이다. 이 법이 壬辰役後(임진역후)에 동경에도 유전하였거니와 其先(기선)은 중국춘추시대에 시작되어 사방에 퍼진 것이다."[649]

나. 안자산이 본 조선의 무예서는 무엇인가?

안자산의 기록에, "이 법의 목록은 二十五法(이십오법)이 있고 그 외에 秘法十種(비법십종)이 있는데, 이 비법은 비전의 결과 일찍이 散失(산실)하였다. 보통 이십오법은 신법·수법·각법 등을 주로 하되 '飛騰(비등)·顚起倒揷(전기도삽)·披劈橫拳(피벽횡권)活捉朝天(활착조천)' 등으로 變化無窮(변화무궁)하게 펴져 나가게 되니 其目錄(기목록) 명칭은 아래와 같다.

(1)探馬勢(탐마세) (2)拗鸞肘勢(요란주세) (3)懸脚虛餌勢(현각허이세) (4)順鸞肘勢(순란주세) (5)七星拳勢(칠성권세) (6)高四平勢(고사평세) (7)倒揷勢(도삽세) (8)一霎揷勢(일삽보세) (9)拗單鞭勢(요단편세) (10)伏虎勢(복호세) (11)下揷勢(하삽세) (12)當頭抱勢(당두포세) (13)旗鼓勢(기고세) (14)中四平勢(중사평세) (15)倒騎龍勢(도기룡세) (16)埋伏勢(매복세) (17)五花纏身勢(오화전신세) (18)鴈翅側勢(안시측세) (19)跨虎勢(과호세) (20)丘劉勢(구유세) (21)擒拏勢(금날세), (22)抛架勢(포가세) (23)拈肘勢(염주세) (24)絞項(교항) (25)倒擲勢(도척세)"

즉 안자산은 분명히 『무예도보통지』의 「권법」을 보았음에도 「권경」의 "架子勢(가자세)·金鷄獨立(금계독립)·一條鞭(일조편)·雀地龍(작지룡)·朝陽手(조양수)·獸頭勢(수두세)·神拳(신권)·鬼蹴勢(귀축세)·井欄勢(정란세)·指當勢(지당세)"를 기록하지 않았다. 이는 다른 기록을 보았을 가능성이 크다. 그 기록에는 (21)擒拏勢(금날세)

649 안확, 『조선무사영웅전』, 한국국학진흥원, 2002, p32~64.

(24)絞項(교항) (25)倒擲勢(도척세) 3개가 있었던 것으로 보인다. (21)擒捺勢(금날세)의 '捺(날)'은 아래로 내리는 동작이다. '옷깃을 잡고 내려 누른다'다. (24)絞項(교항)은 목을 잡아 돌리거나 잡는 '줄띠잽이' 류로 추정되고 (25)倒擲勢(도척세)도 (7)倒揷勢(도삽세)와 (15)倒騎龍勢(도기룡세)가 있는 것으로 보아 이들과 서로 다른 기법으로 택견에서 넘어져서 던지는 身主(신주)나 太跌類(태질류)로 보인다.

5
택견의 어원에 대한 考察(고찰)

가. 琉球國(유구국)과 '테(手)'의 어원을 통한 '택견·날파람'의 어원 분석

『재물보』에 角觝(각저)=角力(각력), 씨름을 한자로 '厮撲(시박)·梓挍(재교)·迭校(질교)·還校(환교)'라 하고, 卞(변)을 '手搏爲卞角力爲武若今之 탁견'이라 했고 厮撲(시박)을 '梓挍之類亦 탁견'이라 했다. 또한 手搏(수박)을 '수벽'이라 기록했다. 이들 개념의 상관관계를 보면 '卞(변)=手搏(수박)=탁견=수박=수벽'일 뿐만 아니라 '씨름'까지도 탁견의 범주로 보았다. 즉 수박이 택견이고 택견 또한 수박이다. '수벽'에서 '벽'의 한자는 무예에서 보편적으로 사용하고 있는 '劈(벽)' 자가 합당해 보인다. 씨름의 음가에 가장 잘 맞는 한자는 '厮撲(시박)'이다. '厮(시)' 자는 '노예·하인'이다. 허리를 굽히는 것을 '노예나 천민'의 동작으로 비유한 것과 실제 포로로 잡은 노예에게 씨름과 상박을 시켰다.

서울대학교 규장각에 있는 『재물보』의 「技戲條(기희조)」에선 '**捽挍**(재교)'로 타 『재물보』 3책은 '捽挍(졸교)'다. '**厮撲**(시박)'에서는 '**捽**' 자를 '**梓**(재)' 자로 섰다. '**捽**(재)'는 '梓(재)' 자의 오기로 보인다. '梓(재)'의 '가래나무'는 '한 가지에서 두 갈래로 나뉘어졌다' 이고, '挍(교)'는 '둘 중에 어느 것이 나은지를 서로 대어보다'는 의미로, '捽(졸)·梓(재)·挍(교)' 자의 공통개념은 '겨룸·견줌'으로 볼 수 있다. 즉 택견의 '견'의 의미가 '견줌'의 의미가 들어 있음을 알 수 있다. '捽挍(졸교)'를 중국은 '摔跤(솔교)'라 한다. 摔(솔)은 '땅에 내던지다'이고 捽(졸)은 '겨루다·갑자기 뽑아내다'다. 둘 다 씨름의 기법과 관련된 용어다. 迭校(질교)의 迭(질)은 跌(질)의 음차다.

그림 14-2. 『재물보』의 技戲條(기희조)

택견의 어원적[650] 측면에 대해서는 打擊(타격)과 打拳(타권)에서 찾기도 하고 기층문화에서 수박을 택견으로 불렀다는 논문도 발표하고 있다.

조선 초 문헌에서 사라지고 조선 말기에 '탁견'이라는 언문 표기가 나오고 평양은 '날파람' 함경도는 '뭉구리'란 순수 한글 표기가 등장한다.[651] '탁견'이 음차되어 '卓見(탁견)'과 擇遣(택견) 그리고 柔術(유술)[652] 등으로 표기되었다. 한편 太擊正路(태격정로)의 太擊(태격)과 탁견에 대한 음가의 근원은 같다.

---

650 "고려와 조선 초기에 手搏(수박)으로 일컫던 맨손 무예가 어느 순간부터 사서에서 조차 사라졌으나 실상은 서민들의 기층문화로 깊숙이 침투되면서 기록상 주류에서 소외되는 상황에 놓여 기록에 남지 않게 되었다는 사실이다. 이를 반증하듯이 수박이라는 맨손무예 용어가 쓰이다가 사라졌으며 조선 말기에 '탁견'이라는 언문표기가 등장가게 된다. 이러한 언문표기는 당시 제도권에서 사용되지 않는 용어이며 이후에 같은 맨손무예이면서 평양의 '날파람' 함경도의 '뭉구리'도 순수한 한글 표기로써 등장하게 된다. 위 내용을 해석하면, '턱견擇遣ᄒᆞ다.'는 상대를 발이나 손으로 가하는 공격을 똑같이 발이나 손으로 막아내는 것으로 이루어진 어린이들 놀이(경기)다. 『택견 근현대사』, 김영만 p15.

651 나영일. 『선시대의 수박과 권법에 대하여. 용인대학교 무도연구지』, 1997, 제8집.

652 김영만, 『택견 근현대사』, p92. "턱견(택견-擇遣)하다"가 기록되어 있다. 한자 '擇遣'은 '擇' 가릴 택과 '遣' 보낼 견의 음가를 차용한 것으로 보인다."

무인들 사이에는 상대에게 겨루기 위한 말로 '한 수 배우러 왔습니다'라고 말하지 '한주먹' 또는 '한 권 배우러 왔습니다'라고 하지 않는다. 이것은 우리 민족은 拳(권)보다 手(수)를 싸움의 본질적 개념으로 인식하고 사용해왔기 때문이다.

여기서 '한 수'는 '一手(일수)'다. 一(일)을 '한'으로 바꿔 말한 것이다. 마찬가지로 伽羅手(가라수)에서 手(수)를 '데'로 읽어 '가라데'라 말하는 것은 '우리말'이다.

'手搏(수박)·手拍(수박)'은 '손으로 때린다'로 서술형이지만 '拍手(박수)'는 '치는 손'으로 '殺手(살수)'처럼 명사가 된다. 永春拳(영춘권)처럼 拳(권)이 뒤에 붙으면 개념화되는 것과 같다. 伽羅手(가라수)는 伽羅(가라) 지방의 '手(수:데)'라는 것처럼 平壤手(평양수:날파람), 漢陽手(한양수:택견)로 나뉜다. 한자의 音(음)은 고정돼도, 뜻은 의미 전달체이기 때문에 시대와 계층에 따라 변한다. 우리는 '뜻·의미'라 하고, 일본은 '훈독'이라 한다. 한자를 모르는 백성들은 어려운 한자를 그대로 사용하지 않고 뜻풀이나 생활 용어 또는 비유적으로 부르게 된다. 또한 계층 간 忌諱(기휘)에 따라 같은 한자를 다른 한자나 말로 사용하는 것은 부지기수다. 鷄卵(계란)을 '알'과 '달걀'로 말하는 것처럼 '手(수)'를 '태'로 말하는 것은 지극히 당연하다. 계란을 '알'이라 말하는 것은 '해'에 비유한 말이고, '달걀'은 '달의 갸름한 모습'에 비유한 말이다. 劍(검)을 '칼'이라 부르듯이 手(수)가 움직이면 '손을 대다·손으로 때리다·태질(세게 메어치거나 내던지는 짓)하다'처럼 '대·태·때·타'로 말한다. 즉 手(수)가 움직여 상대를 때리면 '打(타)'나 '抬(태)'이고 발이 움직이면 '跆(태)'다. 즉 '打(타)'나 '抬(태)'는 '손으로 때리다'로 '태'의 변음 또는 이두문으로 볼 수 있다. 또한 임진왜란 당시 사용된 '打拳(타권)'의 '拳(권)'의 음이 '견'으로 변화되어 민간에서 '태견'으로 사용될 수도 있다. 즉 '태'의 음에는 '手(수)'나 '足(족)'의 작용의 의미가 있고, '껸'은 '권'과 '견주다'의 뜻으로 '戲(희)'의 개념이 내포되어 있어 '태껸'은 '손발로 상대와 겨룬다'가 된다. '手搏(수박)'과 '殺手(살수)' 그리고 '打拳(타권)'은 실제 전장에서 사용된 용어이고 '手搏(수박)' 뒤에 '戲(희)' 자를 붙인 것은 전장에서 사용된 것이 아니라, 동료간에 '手搏(수박)을 일정한 규칙을 가지고 '겨룬다'는 뜻이다. 겨룸은 한자로 '比較(비교)'로써 우월을 가리는 것이다.

무비문에 相撲(상박)이 '藝(예)'의 범주에 속했듯이 택견도 무예의 범주 속에 있다. '무에타이'라는 음가는 태견과 마찬가지로 '무에'의 음가는 '武藝(무예)'로 '타이'는 태(抬·跆·手)'로 '武藝手(무예수:무예태)'로 치환될 수 있어, '相撲(상박)'과 연관성이 있어 보인다.

手(수)의 사용어(소리어)를 토대로 수박과 타권의 언어적 관계성으로 수박이 '탁견〉택견'임을 밝히고『충승무비지』와 수박의 관련성을 밝히고자 한다.

유구국에서 '가라수'의 초기 명칭은 단순히 '테(手)'였다. 그러다 지방명칭에 '手(테)'자를 붙여, 슈리 지방은 首里手(슈리테) 나하지방은 那覇手(나하테)라 불렀다. 이것은 한민족에게 내려온 手搏(수박)의 이두음이다.

유구국의 문화적 언어학적으로 보면 아버지를 '아부지', 어머니를 '암마', 할머니를 '할메'라고 부른다(김산호, 2011).

"唐手(당수)라는 문자가 처음으로 나타난 것은 도테사쿠가와(唐手佐久川)라는 별명으로 불리던 사쿠가와 간카에 의해서다. 사쿠가와는 20대에 청나라에 유학하여 중국무술을 익힌 후 류큐에 가지고 돌아왔다. 이전에는 오키나와의 고유무술인 테(手)가 이 중국무술과 융합하여 만들어진 것이 지금의 당수가 되었다.[653]" 그러나 "엄밀히 말하면 사쿠가와의 도테는 중국무술로 하는 '테'이다.[654]" 테(手)가 일본으로 건너오면서 초기에는 '오키나와테(沖縄手)'로 불리우다 다시 도테(唐手)로 불렀으며 청일전쟁 이후, 일본 내 중국에 대한 감정이 적대적으로 변하자, '唐(당)' 자를 당나라 혹은 중국 자체를 지칭하는 말로 인식하게 되자, 唐(당)을 空(공)으로 바꿨다.

표 14-3. 唐(당)의 갑골문·금문·전문·해서

갑골문	금문	전문	해서
[illegible]	[illegible]	[illegible]	唐(당)

653 琉球の歴史において,唐手(とうで,トゥーディー)の文字が初めて現れるのは唐手佐久川(とうでさくがわ)とあだ名された佐久川寛賀においてである。佐久川は20代の頃(19世紀初頭),当時の清へ留学し中国武術を学んできたとされ,この佐久川が琉球へ持ち帰った中国武術に,以前からあった沖縄固有の武術「手(ティー)」が融合してできたものが,今日の空手の源流である唐手であったと考えられている.『일본 우키피디아』

654 厳密に言えば,佐久川はあくまで「トゥーディー」=中国武術の使い手であり.『일본우키피디아』

'唐(당)' 자의 갑골문은 '[illegible]=庚+口'이다. 절굿공이를 두 손으로 들어 올리는 것이다. '口'는 장소다. 唐(당)의 원자는 塘(당)으로 '방죽·둑·제방'으로 갑골문은 '口'가 아니라 'ㅂ'으로 '절구'다. 절구는 '담는다'다. '潭(담)'은 물을 담기에 '담'이다. '당' 또한 '담'의 의미가 있음을 알 수 있다. '荒唐(황당)'이란 말은 '제방이 무너져 물이 넘치는 상태'란 뜻이다. 搪(당)은 '뻗다·지르다·막다'처럼 唐(당)은 '상대의 공격을 손을 뻗어 막고 지른다'다. 실제 '前攔搪勢(전란당세)'로 쓰였다. 唐(당)나라가 '단단한 제방'의 뜻을 가차하여 王朝(왕조)의 이름으로 쓰면서 '唐手(당수)'가 '당나라의 맨손무술'로 고착됐다.

유구국(오키나와)의 '가라데=가라+데'다. 한자로 치환하면 伽羅手(가라수)라 쓰고 '가라데'라 읽는다. 오키섬의 경우도 처음 섬에 정착한 사람은 木葉人(목엽인)으로 韓之除羅國(한지제라국)加羅斯盧國(가라사로국)[655]에서 왔다고 기록되어 있다. 즉 일본에서는 加羅(가라)를 新羅(신라)와 동일시했다.

①'手(수)' 자를 일본에서 'て(데)'로 훈독한다. 한자에서 뜻을 취해서 발음한 것이 일본의 '훈독'이다. "て·た: 手(수)는 대는 기능을 하는 신체의 부위다. '대다'에서 '대((다)－て(た)'로 이어진다(김세택, 2015).

②'데고이(手乞)'는 일본 고류무술 명이고, 대동류유술의 무명이기도 하다. 手乞(수걸)의 '乞(걸)'은 '빌다·주다·취하다·건네다'다. '손을 상대에게 주면 상대가 취한다'는 의미로 '손을 걸다'는 의미로 사용된 이두문이다.

"일본신사에 일본을 대표하는 무인상 테고이(手乞)상이 있다. 일본에서는 '태고이'를 일본무술과 씨름의 원류로 보고 있다. '태고이'라는 일본발음은 한국의 '택견(태껸－테고이－태권)'과 크게 차이가 없다. '태고이'는 일본에서 발견한 '잃어버린 택견'이다."[656]

'戱(희)' 자는 두 사람이 '겨룬다·견준다'는 의미로 手搏戱(수박희)다. '타'가 한자

655 伊未自由來記(이미자유래시)

656 박정진『무맥』'랑의 무예', 세계일보, 2010.8.

로 치환되어 '打擊(타격)·打拳(타권)·托肩(탁견)·卓見(탁견)·擇遣(택견)·擇其緣(택기연)'으로 음가에 맞는 한자를 사용되었을 것으로 사료된다. '수박'의 표현인 평양의 '날파람'의 경우도 手刀(수도)에서 刀(도)를 취하고 손을 칼날에 비유하면 '날'의 음가가 된다. 즉 '택'이나 '날'은 모두 手(수)에 뿌리를 두고 있음을 알 수 있다. 모든 술기의 명칭도 '手(수)' 자다. 많은 문헌에서 手搏(수박)이 곧 '택견'이라고 밝히고 있다. 그렇다면 택견의 뿌리도 手搏(수박)에서 찾아야만 택견의 정체성이 흔들리지 않고 바로 선다. 그렇지 않게 되면 "중국 남방어의 打拳(타권)의 발음을 추적하면 한글 음 '탁견'과의 모종의 관련성을 발견할 수 있을지도 모른다."[657]라고 논문을 발표한 것처럼 우리의 전통무예인 '택견'을 중국무술 속으로 스스로 밀어 넣는 무책임한 학자들이 계속해서 나오게 될 것이다.

③'搏(박)' 자는 '두드리다·어깻죽지'다. '팔과 어깨를 이용하여 연속해서 때린다'다. '박'의 음가는 두 사물이 마주치는 소리음이다. '搏(박)=撲(박)=拍(박)'은 모두 같은 글자다. 拍手(박수)는 '두 손으로 친다'고, 搏(박)은 '둘이 싸운다'는 의미다. 撲(박)의 일본어 훈독을 통해서도 手撲(수박)의 의미를 알 수 있다. "ぶつ: 撲(박)은 치는 것, 즉 패는 것을 뜻한다. '패다'에서 '패-푸-ぶつ'로 이어진다. 〔참고〕打(타), 擊(격)과 이음(ぶつ)을 같이한다.

はる: '패다'에서 '패라-파라-바루-하루-はる'로 이어진다."[658] 즉 撲(박)의 어원에 '파람'의 뿌리어인 '파라'가 있음을 알 수 있다. 이렇게 보면 날파람도 手搏(수박)의 기층어로 볼 수 있는 충분한 근거가 된다. '手(수)=태'의 관계에 이어 '撲(박)=肩(견)'의 관계는 다음과 같다.

④'肩(견)' 자는 단순하게 '어깨'만을 뜻하지 않는다. '어깨의 높이를 나란히 비교하는 것·서로 비슷함'을 나타낸다는 比肩(비견)의 의미로 보아야 한다. 상대와 어깨를 재어 크기를 가늠한다. '견준다'를 한자로 치환한다면 肩注(견주:어깨를 대다)다. 즉 肩(견)은 이미 '겨룬다'는 의미가 내포된 개념이다.

---

657 최복규, 『태권도 전사로서 택견 사료 해석』, 국기원 태권도연구, 2016, 제7권, 제3호, p62.

658 김세택, 『일본어 한자 훈독』, 기파랑, 2015, p350.

나. 왜! 선조들은 '手搏(수박)'이라 했을까?

수박은 '手(수)' 자로 인해, '손바닥으로 치는 무술'이라는 관념이 지배한다. 그렇다 보니 수박 술기의 범위가 축소됐다. 삼별초의 수박에는 拳(권)을 취한 그림이 많다. 그런데도 拳(권)을 '싸움'의 주개념으로 삼지 않고 '手(수)' 자를 취했을까?

실전의 주 공격 목표는 '눈·낭심·목울대'처럼 매우 위험한 부위다. 모든 경기에서 이 부위를 공격한다면 어떤 형태의 싸움이 될까? 한 번에 제압하지 못하면 땅에 누워 계속해서 싸우기도 쉽지 않다. 실전에서 상대가 넘어지면 굳이 따라 들어가 함께 누워 싸우기 보다는 무기로 찌르거나 돌로 던졌을 것이다. 둘이 맞붙었을 경우 눈과 낭심을 공격한다면 붙잡고 있는 것이 유리하다고 단정할 수도 없다. 실전은 拳(권)보다 手(수)가 손으로 공격하고 상대의 공격해오는 손을 잡기도 하고 잡은 손발을 꺾으며 방어하기에 더 유용하다.

'수박'은 경기규칙에 따라 격투의 형태가 분류된다.

수박으로 겨루다 보면 상대의 옷을 잡게 되어있다. 상대도 맞잡게 되면 유도 형태의 '投術(투술)'이 된다. 서로 맞잡게 되면 상의도 찢어지고 상대적으로 씨름보다 승패가 오래 걸린다. 천이 귀한 시절 옷이 찢어지면 낭패다. 이런 문제를 해결하려면 상의를 벗기고 대신 샅바를 잡고 겨루게 하면 작은 공간에서 효과적인 수박을 할 수 있다. 이것이 角觝(각저:씨름)이다. 또 한 가지로 맞잡지 않고 수박을 하면 택견과 같은류의 겨루기가 된다. 수박의 본질은 실전의 틀 속에서 규칙을 적용하면서 술기가 발전되었기 때문에 시대에 따라 용어가 변화될 수밖에 없었을 것으로 사료된다.

6
內家掌拳(내가장권)의 시원은 朝鮮(조선)[659]

가. 張三峯(장삼봉)

검뿐만 아니라 중국이 자랑하는 내가장권은 오늘날 동양 맨손무예의 근원처럼 되어있다. 일설에는 "소림무술을 수련한 장삼봉(장송계:1247~)이 內家(내가)를 창안했다. 내가라 한 것은 소림을 外家(외가)라 했기 때문이다." 『明史(명사)』의 「方伎傳(방기전)」에 따르면 "장삼봉은 요동 의주 사람으로 이름은 全一(전일), 또는 君寶(군보)이고 三豊(삼풍)은 그의 號(호)다."[660] 또한 장삼봉은 丹士(단사)라 불리었다. 丹(단)은 仙(선)의 개념과 통한다. 장삼봉의 스승은 火龍眞人(화룡진인)이고 그의 사부인 陳摶(진단)의 號(호)는 圖南(도남)으로 화산에 은거했다. "眞人(진인)'은 백제 八族姓(팔족성) 즉 '眞(진)·沙(사)·燕(연)·劦(협)·木(목)·解(해)·國(국)·苗(묘)' 중 하나로 백제의 왕이 대신이나 장수 등 조정 대신에게 하사한 성씨다. 일본 황실은 백제 眞氏(진씨)의 후예이지만 萬世一系(만세일계)를 강조하려 性(성)을 사용하지

659 임성묵, 『본국검 3. 왜검의 시원은 조선이다』 행복에너지출판사, 2018, 290~292.

660 張三豊 遼東懿州人 名全一 一名君實 三豊其號也

않고 있다."[661]

劍仙(검선)으로 알려진 여빈동은 여산에서 火龍眞人(화룡진인)을 만나 천둔검법을 전수받았다. 장삼봉과 같은 스승을 모시고 있는 것으로 보아 장삼봉도 天遁劍法(천둔검법)도 배웠을 것으로 생각된다.

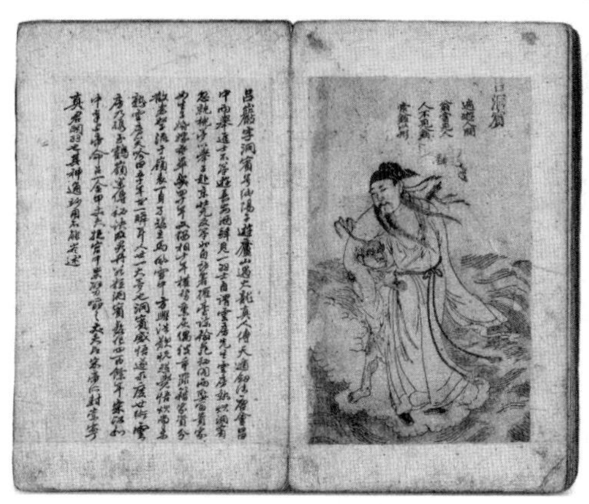

그림 14-3. 列仙圖(열선도)

宋(송)의 태조가 장삼봉에게 希夷(희이)라는 호를 내린 것은 동이족 강역인 震檀(진단) 출신이었기 때문이다. 실제 성종(1488) 대의 표해록에 "이 지방은 곧 옛날 우리 고구려의 도읍인데 중국에 빼앗겨 소속된 지가 1000년이나 지났지만, 고구려 풍속을 지키고, 고구려사를 지어 제사를 지낸다."라고 기록되어 있다.

화룡진인은 진단으로부터 천둔검법과 仙丹(선단)의 비결을 배운다. 仙丹秘決(선단비결)·丹訣(단결)·金丹(금단)은 한민족 계열이 수련해온 내가 호흡의 비결을 나타내는 仙道(선도)의 용어들이다. 한편 팔선도의 군선 중 한 명으로 알려진 劍仙(검선) 呂洞賓(여동빈)은 慮山(려산)에서 화룡진인을 만나 천둔검법을 전수 받았다. 조선의 이인상(1701~1760)은 중국의 검선도를 참고하여 여동빈의 모습을 劍仙圖(검선도)에 그려 취설옹 유근(1690~1780)에게 헌정했다. 장삼봉과 여동빈은 같은 스승을 모시고 있었던 것으로 보아 장삼봉도 천둔검법을 배웠을 것이다. 결국 '진단-

661 김정현,『흥하는 성씨 사라진 성씨』 조선일보사, 2001. p68.

화룡진인–장삼봉–여동빈'으로 무맥의 계보가 이어졌다. 진단은 동이족이다. 진단에게 화룡진인은 천둔검법과 '6로10단금'을 배우고 이것을 장삼봉이 전수받아 내가장권을 창시한 것으로 추론할 수 있다. 맨손의 태극권과 검의 태극검을 서로 연결하는 것도 이와 같은 연유다.

나. 黃百家(황백가)

황백가가 지은 「내가권법」에 의하면 "장삼봉 사후 100년 뒤에 그를 사숙한 왕정남이 홀로 산속에서 수련하여 내가권법을 완성했다."라고 했다. 왕정남은 권법 외에 창·도·검·월을 동시에 수련하면서 "어느 부분은 창법과 같고, 또 어느 곳은 검법과 같고, 월법과 같은 것을 알았기에 무기술을 연마하는 데 어려움이 없었다."[662]라고 했다. 즉 내가장권에 무기술법이 들어있었던 것을 왕정남은 알았다.

「내가권법」의 창시자도 北宋(북송) 말 장삼봉, 南宋(남송)의 장삼풍, 元末明初(원말명초, 1350년경)의 도사, 장삼봉이라는 등 여러 설이 있다. 시대는 다르지만 공교롭게 이름은 같거나 비슷하다. 전설처럼 내려온 북송의 장삼봉 전설이 각색되어 전해진 것이 아닌가 생각된다. 무당파의 「내가권법」과 「태극권」[663]은 서로 관련이 없다는 설이 지배적이다. 오히려 「내가권법」의 기록에 설명된 "상대의 뼈 사이와 힘줄(급소)을 잡아 종횡 전후로 얽는다."[664]는 설명을 보면 마치 오늘날 대동류유술의 기법을 설명하는 것 같다. 장삼봉과 관련 있는 내가장권의 핵심 拳訣(권결)인 6로 10단금[665]은 칠언율시다. 歌訣(가결)에 이두문과 조선세법의 검결이 있다. 仙人立起朝天

662 因爲余兼及槍刀劍鉞止法曰拳成外此不難矣某某處卽槍法也某某處卽劍鉞之法也.

663 당호, 서동철 등 무술사가들의 고증에 의하면 태극권은 명말, 청초에 온현 진가구의 진왕정이 창시한 것이라고 하는데, 현재 중국에서는 이 설을 유력하게 보고 있다.

664 應縱横前後悉逢肯綮

665 其六路曰佑神通臂最為高 斗門深鎖轉英豪 仙人立起朝天勢 撒出抱月不相饒 揚鞭左右人難及 煞鎚衝擄兩翅搖 其十段錦曰: 立起坐山虎勢 廻身急步三追 架起雙刀斂步 滚斫進退三廻 分身十字急三追 架刀斫歸營寨 紐拳碾步勢如初 滚斫退歸原路 入步韜隨前進 滚斫歸初飛步 金雞獨立緊攀弓 坐馬四平兩顧

勢(선인입기조천세)의 조천세는 조선세법과 본국검의 검결과 같다. 조천세는 검결로 '조선의 하늘이 일어선다'는 시어다. 이것은 무엇을 의미하는가? 仙人(선인)[666] 이란 한민족의 신앙과 정체성이 담긴 상징이다. 斗門深鎖轉英豪(두문심쇄전영호)의 斗門(두문)은 '두 개의 문'이란 뜻의 이두문으로 두 주먹을 나타낸다. 특히 첫 문장 佑神通臂最爲高(우신통비최위고)의 동작이 「권법」의 첫 자세 탐마세를 설명하는 문장이다. 佑神(우신)은 天佑神助(천우신조)의 준말이다. 무예의 첫 동작은 하늘의 도움으로 승리하기를 간절히 바라는 의식적 몸짓이다. 예도의 태아도타세와 같다. 이처럼 조선세법과 내가장권의 첫 동작이 같은 것은 무엇을 의미하는가? 또한 내가장권의 斂步翻身(염보번신)은 조선세법의 斂翅勢(염시세)의 보법이다. 조선세법의 파편적 술기가 전해져 장삼봉은 수련했고, 맨손으로 무기를 들고 싸우듯 구현했던 것이 내가장권이다.

다. 太極拳(태극권)

陣家太極拳(진가태극권)은 明末淸初(명말청초, 1600년경) 진왕정이 창시했다는 설과 장삼풍이 창시했다는 설 등이 분분하다. 여러 설이 있지만 내가장권에서 사용하는 '탐마세·요단편세·당두포세·칠성권'의 가결이 진식태극권 83式(식)에 있고, 10단금과 내가장권에 사용된 개념이 태극권의 式(식)에 사용됐다. 중화는 한민족이 사용하는 勢(세)의 개념을 버리고 그들 문화에 적합한 式(식)으로 개념화시켰다. 그뿐만이 아니다. 조선세법의 '蒼龍出水(창룡출수)·跨虎(과호)·金鷄獨立(금계독립)·獸頭勢(수두세)·白猿(백원)·退步(퇴보)'등의 검결과 '勢(세)' 자를 사용하고 있다. 즉 내가장권의 가결과 조선세법의 검결이 서로 얽혀있고 나머지 가결들이 동작의 설명어로 사용됐다. 진가를 수련했던 楊露禪(양로선:1799~1872)은 弓步(궁보)를 적용하여 양가태극권 85식을 만들었지만, 진가류와 순서만 다를 뿐 거의 같은 검결을 그대로 사용하고 있다. 오식태극권의 경우에는 六封四閉(육봉사폐)를 如封似閉(여

666 禪仙善鮮

봉사폐)로 바꿨다. 왕종악의 태극권보를 시중의 소금가게에서 발견한 武禹襄(무우양: 1812~1880)은 양로선에게 진식태극권을 배워 무식태극권을 완성했다고 한다. 무식태극권 96식에는 『무예도보통지』의 「권법」에 나오는 伏虎勢(복호세)와 下插勢(하삽세) 개념인 下勢(하세)가 있다. 소림곤법에도 伏虎打彼手(복호타피수)가 있다. 이처럼 내가장권과 태극권에 대한 역사와 기록은 복잡하고 무엇이 정설인지 알 수 없다. 중국의 북방 소림사는 발을 주로 사용하지만, 남방 소림사는 발을 많이 사용하지 않는다. 북방에 있는 장삼풍의 내가장권은 발을 사용하지만, 남방의 진가류는 주로 손을 사용한다. 즉 북방계와 남방계의 무술은 근간이 전혀 다르다. 이것은 북방계열의 무술이 한민족 계열이기 때문이다.

어찌 됐건 태극권과 내가장권의 가결을 보면 조선세법과 송태조 32세와 깊은 관련성이 있음을 알 수 있고 태극검 또한 조선세법의 겸결과 기법의 용어가 드문드문 보인다. 즉 장삼봉의 내가장권에 검결이 있다는 것은 검형을 맨손으로 구현하여 내가장권을 창시한 것으로 볼 수 있다. 이러한 내가장권이 중국의 편수 문화에 맞게 오늘날의 태극권으로 재 창시되고 여기에 검을 사용하여 태극검을 만든 것이다. 실제 태극권은 원래 頭套(두투)·長拳(장권)·長拳十三勢(장권십삼세)로 불렀다. 명나라 무관 陳王廷(진왕정)이 拳經(권경)의 32세에서 13세를 간추리고 동작과 동작 사이를 여러 개의 式(식)으로 구분하여 구성했던 것으로 보인다. 초기에는 실전적인 요소가 있었으나, 음양오행 이론과 도인토납술을 연결한 결과 오늘날의 태극권처럼 양생체조술로 변화된 것으로 보인다. 태극권의 동작에 맞춰 천천히 검을 움직일 수는 있으나. 빠르게 하면 검신일체가 되지 않는다. 즉 태극검과 태극권은 완성된 무술로써는 부족함이 있다.

라. 太擊(태격)

한편 경주 김씨 가문이 400년간 전승해온 太擊(택격)의 몸짓은 내가장권이 조선으로 전승된 흔적들로 단절된 맨손무예의 정체성을 세우기 위해선 이를 뒷받침할 학계의 적극적인 해석과 연구가 필요하다.

태격은 조선에 유교이념이 들어오고 무가 천시되면서 호암의 기호학파인 율곡학의 이론적 토대 위에 학문의 수양 목적으로 수련한 수박이 태격이라는 이름으로 성리학 이념에 맞게 권결을 만들었다. 태극론을 수박에 입혀 김제에 거주하는 경주 김씨 월성부원군파(신라 56대 경순왕 三子(삼자) 永奔公(영분공) 鳴鐘(명종)을 시조로부터 18대손인 天瑞(천서)를 중시조로 함)의 지파인 奉事公派(봉사공파)로 계승된 것으로 사료된다. 태격은 유교이념과 성학십도와 같은 태극이론을 수박에 접목하면서 가결도 바뀐다. 가결에는 '舜步敵義(순보적의)·禹步熊形(우보웅형)·太公釣魚(태공조어)·周遊歸魯(주유귀노)·君臣相照(군신상조)' 등 '堯(요)·舜(순)·禹(우)·湯(탕)·武(무)·姜太公(강태공)·周公(주공)·孔子(공자)'로 이어지는 중국 성현들의 삶과 행적을 무예 동작의 명칭으로 바꾼다. 태격에도 조선세법의 검결인 蒼龍出水(창룡출수)가 蒼龍出海(창룡출해)로 거정세가 天擧鼎勢(천거정세)로 바뀌고, 踊躍(용약)·兩翼(양익)·出同(출동) 등으로 사용됐다. 즉 태격도 조선세법과 연결돼있다. 태격은 경주 김씨 봉사공파의 심신수양용으로 400여 년 계승되어오다가, 17세기경 20세손 병화가 天下太擊大寶圖(천하태격대보도)를 마지막으로 정리한 것으로 보고 있다.

천하태격대보도는 太極夲源圖(태극본원도), 第一太極圖(제1태극도), 第二太極夲圖(제2태극본도), 第三心性情圖(제3심성정도), 第四人心道心圖(제4인심도심도), 第五扶桑滿庭圖(제5부상만정도), 第六相揖禮圖(제6상읍례도), 第七武式陳法圖(제7무식진법도), 第八衆星共之圖(제8중성공지도), 第九人和中通圖(제9인화중통도) 등 모두 10개의 도식으로 구성돼있다. 이것은 왕종악이 쓴 太極拳譜(태극권보)에 상응하고, 太擊要訣(태격요설)과 태극요결의 배경인 율곡의 이기설이 태격의 태극론을 뒷받침하며, 모든 태극의 이론을 천하태격대보도에 그렸다. 중화에서 전래져 내려오는 기록보다도 더 알차다. 태격은 太極之術(태극지술)의 理致(이치)인 태극에 도달하기 위해 마음을 다스리는 학문적 방법론을 토대로 탄생한 무예다. 기록의 연원으로 보면 중국의 진가태극권보다도 오래되었거나 비슷한 시기로 보인다.

태격은 총 53가지의 동작 중에 호흡동작이 5가지, 무예동작이 48가지다. 퇴계의 활인심방과 같은 9가지 호흡 방식의 좌식행공 (5장:扶桑滿庭)이고, 입식행공(7장:

武式陳法)과 실전 무예수련(9장: 人和中通法)에서도 호흡을 중시하고 있다.

이렇게 찾아보면 오늘날 태극권 이론을 바탕으로 한 몸동작이 이미 우리에게 있었지만, 무를 천시한 관계로 무예로 발전시키지 않았고 이런 소중한 자료가 나와도 학계는 문화인류학적 연구방식을 통해 단절된 무예사의 연결고리를 만들어 내지 못했다. 오히려 태격이 중국의 태극권보다 내가장권의 동작을 더 많이 가지고 있다. 즉 회전에 필요한 자연스러운 보폭인 도기룡세가 보이고 태극권에서 형식적으로 사용되는 단편(요단편)세가 실질적으로 사용하는 요단편세로 사용된 것을 볼 수 있다. 이처럼 내가장권에서 이어진 맨손무술의 근원은 조선세법에서도 찾아볼 수 있다.

7
紀效新書(기효신서)·武備志(무비지)·長拳(장권)·武藝諸譜飜譯續集(무예제보번역속집)·武藝圖譜通志(무예도보통지)의 比較(비교)

척계광은 기효신서에 「拳經捷要(권경첩요)」를 기록했다. 그렇다면 척계광은 어떤 문서를 보고 옮겨 적었을까? 『사민편람』은 비록 1598년(만력제 27)에 제작됐지만 「무비문」의 서문에는 무비문이 만들어진 년대를 추정할 수 있는 상나라 2대 왕인 昭明(소명)이라는 기록과 歌訣(가결)에 삼국시대의 薛仁貴(설인귀)가 東征(동정)한 기록이 있다. 『사민편람』을 제작하면서 민간에 있던 문서를 수집하여 묶은 출판물이다. 『漢書藝文志(한서예문지)』도 序(서)에 년원과 목적을 밝혔듯이 「무비문」의 서문이 거짓이 아니라면 「무비문」은 현존하는 가장 오래된 무예서로 상정할 수밖에 없다. 무비문의 「演武捷要序(연무첩요서)」[667]와 「拳經要訣(권경요결)」의 제목을 결합

667 夫相撲之拳 然劉千之祖名 但學者爲身 作主不受鬼黨之欺 宜行夲分之心 不可以會 而欺他人 乃是自己護身之夲 切莫越外致傷人命 恐有刑罪之因當人好學 今人表桊 又有欺罵惜身護耻 召子不咨此藝必然 被人欺罵搶奪諸物ㅁ受患害 昔者ㅁ明之君 逆生變化 薄身大氣拳 頭上打滅花世界脚尖上踢 就銘乾坤稷陵閃上魯 打韓通拳打起移杓天關地軸上

有門関ㅁ通ㅁ托 上三位 中三位 下二位盡都是一般拳法 砍折攔?鎖刺頂還上來者上還 中來者中還 不來者下衰皆歸子披掛提法 爲人藝要精道 眼要見機便立時 發付萬事熟記無依祖傳分用 術不盡用也 君子宜惜之常爲受護防身之法 昔年劉千世界齊天大聖嫑二三郎 正見現世 他因倫耍仙桃王帝責罰下九分付在饒陽縣屯聚軍民道劉太公家托生爲子 姓劉小各和尚 天生三位上三位中三位下三位 乾拳打五路 坎脚踢八班 良卽裝四李ㅁ虎口截翼番身必打 離手打拳不露兌臙兩削低有千般之計 我有離身之法 手要分左右便踢論日遠近陽遮摘

하여 「권경첩요」로 바꿨다. 茅元儀(모원의)의 武備志(무비지)는 1621년에 간행했고 『만용정종』 1598년에 나왔다. 모원의는 '門(문)' 자를 '志(지)' 자로 바꿨을 가능성이 크다. 그뿐만 아니다. 기효신서의 「總訣歌(총결가)」도 「무비문」에 있던 문장 그대로 옮겼고 일부 글자는 어법이 생소했던지 바꿨다. 무비문 전체를 옮기지 않은 것은 기효신서가 군사용이었기 때문에 군사에 필요한 내용을 위주로 간추렸다. 동종의 무예도 군사용에 적합한 무예서를 중심으로 당시 존재했던 기록에서 주로 발췌했다.

가. 紀效新書(기효신서)의 拳經捷要(권경첩요)

此藝不甚預於兵能有餘力(차예불심예어병능유여력)則亦武門所當習(즉역무문소당습)但衆之不能强者(단중지불능강자)亦聽其所便耳(역청기소편이)於是以此爲諸篇之末(어시이차위제편지말)卷十四(권십사): 이 藝(예)는 兵(병:군사)과 깊은 관계가 없는 듯하나, 능히 여력이 있으면 또 武(무)에 入門(입문)하여 마땅히 익혀야 한다. 다만 무리 중에 강하지 못한 자는 그 기량을 살펴서 익히게 해야 한다. 따라서 이것을 위하여 諸篇(제편)의 말미에 卷十四(권십사)을 둔다.

拳法似無預於(于)大戰之技(권법사무예어(우)대전지기)然活動手足(연활동수족)慣勤肢體(관근지체)此爲初學入藝之門也(차위초학입예지문야)故存於(于)後以備一家[668](고존어(우)후이비일가): 권법은 큰 전쟁과 관계없이 하는 사전에 익히는 기예다. 자연스럽게 수족을 움직이고, 사지 신체를 부지런히 익숙하게 하기 때문에 초학자가 무예를 들어와 배우는 것이 권법이다. 따라서 뒤에 있는 것은 정통한 가문에서 준비했던 것들이다.

學拳要身法活便(학권요신법활편)手法便利(수법편리)脚法輕固(각법경고)進退得宜(진퇴득의)腿可飛騰(퇴가비등)而其妙也(이기묘야): 拳(권)을 배움에 있어 중요한

668 古今拳家(고금권가)처럼 '一家(일가)'는 여러 권가 중의 하나를 뜻한다.

것은 신법은 자연스럽게 움직이고, 수법도 편리하게 이용하고, 각법은 가벼우면서도 단단하여 진퇴에 적합하고 조화로 와야 한다. 퇴법은 날아 올려 찰 수 있으니 그것이 신묘하다.

顚起(番)倒插[669]而其猛也(전기(번)도삽이기맹야)披劈橫拳[670]而其快也(피벽횡권이기쾌야)活捉(着)朝天(활착(착)조천)[671]而其柔也(이기유야)知當斜閃(지당사섭):[672] 도삽세는 호랑이처럼 빠르게 우회로 돌고, 횡권은 옆으로 나가며 벽을 치듯이 한다. "活捉(활착)은 활살처럼 빠르게 양손을 뻗어 상대의 멱살을 잡을 때는 호구는 하늘을 향하고 당연히 한쪽 손을 비껴들어 잡음을 알아라!"이다. 이 문장은 擒拏勢(금나세)를 설명한 문장이다. 여기서 '活捉(활착)'의 '活(활)'은 '활'의 이두문으로 「권경」에 실린 자세가 한민족의 무예라는 반증이다. 또한, '知當斜閃(지당사섭)'은 호구가 하늘을 향하는 '朝天(조천)' 때문이다. 즉 '朝天(조천)'은 兩手(양수)와 雙手(쌍수)의 작용으로 인해 양손의 호구가 모두 하늘을 향하면 힘을 쓸 수 없기 때문에 우측 팔꿈치를 들도록 보충설명한 것이다. '斜閃(삼섬)'의 기법이 조선세법의 '偏閃勢(편섬세)'[673]나 點劍勢(검검세)의 '偏閃(편섬)'과 같다. 즉 「권경」의 '斜閃(삼섬)'이 조선세법에서는 '偏閃(편섬)'의 기법이다. 朝天(조천)도 조선세법에 사용된 개념으로 左手(좌수)가 올라가는 兩手(양수)에서 右手(우수)가 올라가는 雙手(쌍수)로 검을 위로 들게 되면 '우수'가 올라간다. 活捉(활착)에 사용된 개념이 조선세법에서 사용된 개념이 동일하다는 것은 동일문화권에서 만들었다는 반증이며 검법과 맨손무예의 개념이 함께 만들어졌다는 강력한 반증이다.

故擇其拳之善者三十二勢(고택기권지선자삼십이세)勢勢相承(세세상승)遇敵制勝(우적제승)變化無窮(변화무궁)微妙莫測(미묘막측)窈焉冥焉(요언명언)人不得而窺者謂之神(인불득이규자위지신): 그래서 권에서 뛰어난 삼십이 세를 선택했다. 勢(세)

669 '顚起(番)倒插(전기도삽)'의 '顚起(전기)'는 '倒插(도삽)'을 설명하는 문장이다.
670 '披劈橫拳(피벽횡권)'은 요단편세에서 취합한 글자로 '披劈(피벽)'은 '橫拳(횡권)'을 설명하는 문장이다.
671 '捉(착)'은 '拿應捉(나응착)'이다.
672 '閃(섬)'은 한쪽 팔굽치를 드는 동작이다.
673 '偏閃(편섬)'은 '한쪽 팔꿈치를 든다'다. 주로 오른손 잡이를 기준으로 '우수'를 든다.

와 勢(세)가 서로 이어져 적을 만나도 승리한다. 변화가 무궁하고 미묘함을 예측할 수 없을 정도 심오하고 깊도다. 체득하지 못한 사람, 옆에서 보는 자는 이를 귀신같다고 말한다.

古今拳家(고금권가)宋太祖有三十二勢長拳(송태조유삼십이세장권)又有六步拳(우유육보군)猴拳(후권)囮拳(와권)名勢各有所稱(명세각유소칭)而實大同小異(이관대동소이).

「고금권가」에 송태조 시대에 삼십이세장권과 육보권·후권·와권이 있다. 세 명이 각각 달리 부르지만 실을 대동소이하다.

至今之溫家七十二行拳(지금지온가칠십이행권)三十六合鎖(삼십육합쇄)二十四棄探馬(이십사기탐마)八閃番(飜)(팔섬번(번))十二短(십이단)此亦善之善者也(차역선지선자야): 지금의 '온가칠십이행권·삼십육합쇄·이십사기탐마·팔섬번(번)·십이단'이 역시 가장 뛰어나다.

呂紅八下雖剛(여홍팔하수강)未及綿張短打(미급면장단타)山東李半天之腿(산동이반천지퇴)[674]應爪王之拿(응조왕지나)千跌張之跌(천질장지질)張伯敬之打(장백경지타)小林寺之棍(소림사지곤)與靑田棍法相兼(여청전곤법상겸)楊氏鎗法(양씨창법)與巴子拳棍(여파자권곤)皆今之有名者(개금지유명자): 여홍팔하수강이 비록 강하나, 면장단타산동이반천지퇴, 응조왕지나, 천질장지질, 장백경지타에는 미치지 못한다. 소림사지곤은 청전곤법과 양씨창법은 파자권곤과 어깨를 나란히 한다. 모두 다 지금 유명한 것들이다.

雖各有所取(長)然傳有上而無下(수각유소취(장)연전유상이무하)有下而無上(유하이무상)就可取勝於(于)人(취가취승어(우)인)此不過偏於一隅(차불과편어일우): 모름

674 산동은 고조선과 고구려의 강역으로, 발치가 유명하다.

지기 각각의 장점을 취하면 된다. 전해진 것에 상이 있고 하가 없고, 하가 있고 상이 없는 게 아니다. 좋은 것을 취하면 상대에게 이긴다. 이것은 한쪽에 치우친 것에 불과하다.

若以各家拳法兼而習之(약이각가권법겸이습지)正如常山蛇陣法(정여상산사진법)擊首則尾應(격수즉미응)擊尾則首應(격미즉수응)擊其身而首尾相應(격기신이수미상응)此謂上下周全(차위상하주전)無有不勝(무유불승): 만약에 각 가문의 권법을 함께 익힌다면, 상산사진법과 같이 된다. 머리를 치면 꼬리가 응하고, 꼬리를 치면 머리가 응한다. 그 몸을 치면 머리와 꼬리가 서로 상응한다. 이것을 이르러 상하가 전부 미치니 이기지 못함이 있을 수 없다고 한다.

大抵拳(대저권)·棍(곤)·刀(도)·鎗(창)·叉(釵:차)·鈀(파)·劍(검)·戟(극)·弓矢(궁시)·鉤鎌(구겸)·挨牌之類(애패지류)莫不先有(由)拳法(막불선유(유)권법)活動身手其拳也(활동신수기권야): '대저권·곤·도·창·차·파·검·극·궁시·구겸·애패'지류는 권법보다 먼저 하는 것들이 아니다. 몸과 손을 움직이는 것이 권이다.

爲武藝之源(위무예지원)今繪之以勢(금회지이세)註之以訣(주지이결)以啓後學(이계후학)既得藝(기득예)必試敵(필시적)切不可以勝負爲愧爲奇(절불가이승부위괴위기)當思何以勝之(당사하이승지) 何以敗之(하이패지)勉而(以)久試(면이(이)구시)當思何以勝之(당사하이승지)何以敗之(하이패지) 勉而久試(면이구시)怯(快)適還是藝淺(겁(쾌)적환시예천)善戰必定藝精(선전필정예정): 무예의 근원이다. 지금 세를 그리고, 가결에 주를 달아 후학을 일깨워, 이러한 무예를 터득하여 맞수를 만나면 반드시 검증하라! 승부를 부끄럽게 생각하고, 알아주기 위해 하는 것은 절대로 옳지 않다. 마땅히 승리한 이유와 패한 이유를 생각한다. 더욱 힘써 오랫동안 검증해라! 겁을 내면 옳다고 생각한 무예에 물을 끼얹어 맞서길 피하게 되고, 겨루길 좋아하면 반드시 무예가 정밀하게 바로 잡힌다.

古云(고운)藝高人胆(膽)大信不誣矣(也)(예고인담(담)대신불무의(야)余在舟山公署

(여재단산공서)得參戎劉草堂打拳(득참융유초당타권)所謂(소위)犯了招架(범료초가)便是十下之謂也(편시십하지위야)此最妙(차최묘)卽棍中之連打連戳一法(즉곤중지연타연착일법): 고운에 이르기를 무예가 높은 사람은 담대하다고 했는데, 과장된 말이 아니고 믿을 만하다. 내가 단산공서에 있을 때 삼융유초당타권을 얻었다. 이른바 범료초가는 곧바로 '十(십)' 자의 모습에서 '下(하)' 자의 형태를 취하는 것을 말한다. 이 모습이 묘하여 가장 설명하기 어렵지만 곤법중에 연타로 친 '連戳一法(연착일법)'의 동작과 같다.

8
長拳(장권)

嘗謂拳法雖無預于大戰之技(상위권법수무예우대전지기)然各藝身法皆出于拳(연각예신법개출우권)知拳則能活脫手足(지권측능활탈수족)運動肢体(운동지체)若習他藝自然便利(약습타예자연편리)過于他人矣(과우타인의)拳中二十四勢(권중이십사세)出自宋太祖短拳(출자송태조단권)有綿張短打(유면장단타)呂紅八下(여홍팔하)鷹爪王之拿(응조왕지나)千跌張之跌(천질장지질)諺云(언운) 長拳兼短打(장권겸단타)如錦上添花(여금상첨화)又云(우운)千拿不如一跌(천나일질)千跌不如一打(천질불여일타)何也(하야)拿要拿住他之手及手經(나요나주타지수급수경)或托肘(혹탁주)方能拿得(방능나득)目跌亦要摘住他之手或墊肘(목질역요적주타지수혹점주)或警陽或圈外勾脚(혹경양혹권외구각)或自虛身跌(혹자허신질)方能跌得(방능질득)總不如(총불여)一拳一脚之快疾(일권일각지쾌질)所謂(소위)不招不架(불초불가)只是一下(지시일하)犯招架(범초가)就有几下(취유범하)者是也(자시야)如棍法云(여곤법운)打人千下(타인천하)不如一扎(불여일찰)則此理也(즉차리야)今將二十四勢繪圖說于后(금장이십사세회도설우후).

가. 원문 해설

嘗謂拳法雖無預于大戰之技(상위권법수무예우대전지기)然各藝身法皆出于拳(연각예신법개출우권): 일찍이 '권은 큰 전쟁과 관계없이 행하는 기예'라 했다. 그리고 각 무예의 신법은 모두 권에서 나온다.

知拳則能活脫手足(지권측능활탈수족)運動肢体(운동지체): 권은 수족을 활달하게 하고 신체 사지를 움직이게 한다.

活脫手足(활탈수족)이 『기효신서』에서 然活動手足(연활동수족)으로 運動肢体(운동지체)가 慣勤肢體(관근지체)로 바꿨다. '脫(탈)' 자는 '豁達(활달)하다'는 '達(달)' 자를 음차하여 '活脫(활달)'로 쓴 이두문으로 脫(탈)은 손발이 '活(활)'처럼 나가는 것이다. 그래서 척계광은 문장을 새롭게 구성하여 정리한 것으로 보인다.

若習他藝自然便利(약습타예자연편리)過于他人矣(과우타인의): 다른 기예를 익힌다면 편리하고 자연스럽게 되어 다른 사람보다 월등히 낫다.

拳中二十四勢(권중이십사세)出自宋太祖短拳(출자송태조단권): 24세의 권 중에는 송 태조의 권 가운데에서 나온 것이 있다.

有綿張短打(유면장단타)呂紅八下(여홍팔하)鷹爪王之拿(응조왕지나)千跌張之跌(천질장지질): 유면장단권, 여홍팔하, 응조왕지나, 철질장지질이 있다.

諺云(언운)長拳兼短打(장권겸단타)如錦上添花(여금상첨화): 언에 이르기를 장권과 단권을 겸해서 배우면 금상첨화와 같다.

又云(우운)千拿不如一跌(천나불여일질)千跌不如一打(천질불여일타): 또, 이르기를 千拿(천나)는 一跌(일질)이 아니고 千跌(천질) 또한 一打(일타)가 아니다. 千(천)

은 '천·반드시·그네'의 뜻으로 잡는 拿(나)와 跌(질)은 다르고, 千跌(천질)이 一打(일타)와 다르다고 跌(질)의 개념을 설명하고 있다. 跌(질)은 '질러대다·발길질·주먹질·물질·손가락질'로 사용된 이두문이다. 千跌(천질)은 '높이 찬다'로 '헌각허이'와 같은 발차기다.

何也(하야)拿要拿住他之手及手經(나요나주타지수급수경)或托肘(혹탁주)方能拿得(방능나득): 손으로 잡을 때는 상대의 뻗은 손이 거의 이르렀을 때나 팔꿈치를 의지했을 때 잡으면 능히 잡을 수 있다.

目跌亦要摘住他之手或墊肘(목질역요적주타지수혹점주)或警陽(혹경양)或圈外勾脚(혹권외구각)或自虛身跌(혹자허신질)方能跌得(방능질득): 눈을 찌를 때는 중요하다. 상대의 손이 역시 팔꿈치가 오므라들거나 팔을 경계하거나 혹은 범위를 넘어서 발을 굽히거나 몸이 빈 상태로 공격할 때 목질을 하면 능히 성공한다.

總不如(총불여)一拳一脚之快疾(일권일각지쾌질): 모두 것은 한번 주먹으로 치고 빠르게 한번 차는 것만 있는 게 아니다.

所謂(소위)不招不架(불초불가)只是一下(지시일하)犯招架(범초가)就有几下(취유범하)者是也(자시야)如棍法云(여곤법운)打人千下(타인천하)不如一扎(불여일찰)則此理也(즉차리야): 위에 이미 나온 문장이다. 十下(십하)가 一下(일하)로 바뀌었다. 즉 '十' 자형에서 '下(하)' 자형으로 자세를 바꿀 때의 동작을 곤법의 동작으로 설명했다. 태견에서 맞설 때의 기록으로 매우 중요한 문장이기 때문에 이 부분은 단락을 지어 설명한다.

나. 長拳(장권)의 犯招架就有几下(범초가취유범하)

기효신서의 '犯了招架(범료초가)·便是十下之謂也(편시십하지위야)'가, 무비지는

‘犯了招架(범료초가)·就有十下(취유십하)’로 바뀌었다. 几下(범하)의 ‘几(범)’은 ‘공손하다·시작하다·살피다’로 ‘十’자로 취할 때의 자세를 표현한 글자다. ‘如棍法云(여곤법운) 打人千下(타인천하) 不如一扎(불여일찰)’은 ‘犯招架(범초가) 就有几下(취유범하)’를 취할 때의 동작이 곤법과 같지만, ‘창으로 사람을 위에서 아래로 내려친 동작은 편지를 뽑는 나찰의의 동작과는 다르다’는 것을 설명한다. 『기효신서』에서는 ‘此最妙(차최묘)卽棍中之連打連戳一法(즉곤중지연타연착일법)’으로 풀어 설명했다. “이것은 棍(곤) 법 중에서 타로 치고 이어서 ‘一’ 자로 뒤를 찌는 기법과 가장 가깝다.”라는 것으로 ‘犯了招架(범료초가)·就有十下(취유십하)’의 동작을 곤법의 동작과 비교하고 있다.

今將二十四勢繪圖說于后(금장이십사세회도설우후): 이제 이십사 세의 그림을 뒤에서 설명한다.

9
拳法(권법)에 사용된 傳文用語(전문용어)

고문서에 사용된 권법을 해독하기 위해서는 전문용어를 알아야 한다. 이런 용어들이 '6로 10 단금'에도 전해져 내려왔음을 알 수 있고, 무비문과 유규무비지에도 사용되었다. 이 기본 한자에 다른 한자를 붙여 勢名(세명)을 만들어 사용했다. 무예도보통지에는 '鍊手者(연수자) 三十五·鍊步者(연보자)·十八(십팔)'만 있다. 그 내용이 생략되어 있으며 穴(혈)도 일부만 소개됐다. 「내가권법」에 사용된 한자는 권법에 사용되는 기초 글자로 뜻과 함께 동작을 모습이 담겨있다. 고무예를 연구하는 학자들과 무인들은 반드시 알아야 할 중요한 개념이다.

가. 練手者三十五(연수자삼십오)

①斫(작) ②削(삭) ③科(과) ④磕(갈) ⑤靠(고) ⑥擄(노) ⑦逼(핍) ⑧抹(말) ⑨芟(삼) ⑩敲(고) ⑪搖(요) ⑫擺(파) ⑬撒(살) ⑭鐮(겸) ⑮播(파) ⑯兜(두) ⑰搭(탑) ⑱剪(전) ⑲分(분) ⑳挑(도) ㉑缩(축) ㉒衝(충) ㉓鉤(구) ㉔勒(륵) ㉕摇(요) ㉖耀(요) ㉗兌(태) ㉘换(환) ㉙括(괄) ㉚起(기) ㉛倒(도) ㉜壓(압) ㉝發(발) ㉞插(삽) ㉟釣(조)

나. 練步者十八(연보자십팔)

①墊步(점보) ②后墊步(후점보) ③碾步(전보) ④冲步(충보) ⑤撒步(살보) ⑥曲步(곡보) ⑦蹋步(답보) ⑧斂步(렴보) ⑨坐馬步(좌마보) ⑩釣馬步(조마보) ⑪連枝步(연지보) ⑫仙人步(선인보) ⑬分身步(분신보) ⑭翻身步(번신보) ⑮追步(추보) ⑯逼步(핍보) ⑰斜步(사보) ⑱绞花步(교화보)

다. 有應敵打法色名若干(유응적타법색명약간)

①長拳滚斫(장권곤작) ②分心十字(분심십자) ③摆肘逼门(파주핍문) ④迎風鉄扇(영풍철선) ⑤棄物投先(기물투선) ⑥推肘捕陽(추주포양) ⑦弯心杵肋(만심저근) ⑧舜子投井(순자투정) ⑨剪腕点筋(전완점근) ⑩紅霞貫日(홍가관일) ⑪鳥云掩月(조운엄월) ⑫猿猴獻果(원후헌과) ⑬缩肘裹靠(축주과고) ⑭仙人照掌(선인조장) ⑮弯弓大步(만궁대보) ⑯兑换抱月(탈환포월) ⑰左右揚鞭(좌우양편) ⑱鉄门閂(철문산) ⑲柳穿魚(유궁어) ⑳滿肚痛(만두통) ㉑連枝箭(연지전) ㉒一提金(일제금) ㉓雙架笔(쌍가필) ㉔金剛跌(금강질)[675] ㉕雙推窗(쌍추창) ㉖順牽羊(순견양) ㉗亂抽麻(난추마) ㉘燕抬腮(연대시) ㉙虎抱頭(호포두) ㉚四把腰(사파요) 等(등)

라. 穴法若干(혈법약간)

①死穴(사혈) ②啞穴(아혈) ③暈穴(훈혈) ④咳穴(해혈) ⑤膀胱(방광) ⑥蝦蝶(하접) ⑦猿跳(원도) ⑧曲池(곡지) ⑨鎖喉(쇄후) ⑩解顧(해고) ⑪合谷(합곡) ⑫內関(내관) ⑬三里(삼리) 等穴(등혈)

675 무비문의 「비전해법」 '小鬼跌金剛法'과 개념이 연결됨을 알 수 있다.

마. 禁犯病法若干(금범병법약간)

①懶散遲緩(뢰산지완) ②歪斜寒肩(왜사한견)[676] ③老步膜胸(노보막흉) ③直立軟腿(직립연퇴) ④脫肘截拳(탈주착권) ⑤扭臀曲腰(뉴비곡요) ⑥開门捉影(개문착영) ⑦雙手齊出(쌍수제출)

바. 七十二跌(칠십이질)

①長拳滚斫(장권곤작) ②分心十字(분심십자) 等打法名色(등타법명색)

사. 三十五拿(삼십오나)

①斫(작) ②削(삭) ③科(과) ④磕(갈) ⑤靠(고) 等(등)

아. 至十八(지십팔)

六路中十八法(육로중십팔법) 由十八而十二(유십팔이십이)

①倒(도) ②換(환) ③搓(차) ④挪(나) ⑤滚(곤) ⑥脫(탈) ⑦牽(견) ⑧缩(축) ⑨跪(궤) ⑩坐(좌) ⑪挝(과) ⑫拿(나)

676 '寒(한)'은 '한'쪽의 이두문이다.

자. 由十二而总歸之存心之五字(유십이이총귀지존심지오자)

①敬(경) ②緊(긴) ③徑(경) ④勤(근) ⑤切(절)

차. 拳家惟斫最重(권가유작최중) 斫有四種(작유사종)

①滚斫(곤작) ②柳協斫(유협작) ③十字斫(십자작) ④雷公斫(뢰공작) ⑤而先生另有盤斫(이선생령유반작) ⑥則能以斫破斫(측능이작파작)

카. 有五不可傳(유오불가전)[677]

①心险者(심험자) ②好斗者(호두자)[678] ③狂酒者(광주자) ④輕露者(경로자) ⑤骨柔質鈍者(유골질둔자)

677 무예를 전수해 줘서는 안될 제자들

678 '斗(두)'는 '鬪(투)'다. '두'는 '둘'의 '이두문'이다.

10
拳(권)에 대한 武備志(무비지)의 기록

茅子曰 陣思三豪于文者也 而其自敍于搏旨哉 津津乎 今之介弁 反耻而不言 嗟哉末之難已 知點畫而後可以教八法 知據鞍而後可以教馳驟拳之謂也

紀效新書曰 拳法似無預於大戰之技 然活動手足 慣近肢體 此爲初學入藝之門 故存之 以備一家) 學拳要 身法活便 手法便利 脚法輕固 進退得宜 腿可飛騰 而其妙也 顚番(飜)倒插[679] 而其猛也 披劈橫拳 而其快也 活捉朝天 而其柔也 知當斜閃 故擇其拳之善者三十二勢 勢勢相承 遇敵制勝 變化無窮 微妙莫測 窈焉冥焉 人不得而窺者謂之神 俗云拳打不知 是迅雷不及掩耳 所謂不招不架 只是一下 犯了招架 就有十下 搏記廣學 多算而勝 古今拳家 宋太祖有三十二勢長拳 又有六步拳 猴拳 囮拳 名勢各有所稱 而實大同小異 至今之溫家七十二行拳 三十六合鎖 二十四棄探馬 八閃番十二短 此亦善之善者也 呂紅八下雖剛 未及錦[680]張短打 山東李半天之腿 應爪王之拿 千跌張之跌 張伯敬之打 小林寺之棍 與青田棍法相兼 楊氏鎗法與巴子拳棍 皆今之有名者

679 原文(원문)에는 顚飜倒插(전번도삽). 『기효신서』에는 顚起倒插(전기도삽)

680 『기효신서』에서는 '綿(면)'

雖各有所長) 各(然)[681]傳有上而無下 有下而無上 就可取勝于(於)[682]人 此不過偏於一隅 若以各家拳法兼而習之 正如常山蛇陣法 擊首則尾應 擊尾則首應 擊其身而首尾相應 此謂上下周全 無有不勝 大抵拳 棍 刀 鎗 釵 鈀 劍 戟 弓矢 鉤鐮 挨牌之類 莫不先由(有)拳法活動身手 今繪之以勢 註之以訣焉[683]

가. 무비지 서문

茅子曰陳思王(모자왈진사왕)豪于文者也(호우문자야)而其自敍于搏旨哉津津乎(이기자서우박지재진진호): 모자에 이르기를 진사왕은 문에 뛰어난 자다. 박지에 자서를 했으니 자못 흥미롭구나!

今之介弁反耻而不言(금지개변반치이불언)嗟哉(차재)末之難已(말지난이): 지금 소개하려니 도리어 부끄럽고 할 말이 없다. 아! 조심스러워 지엽적인 것은 그친다.

知點畫而後可以敎八法(지점획이후가이교팔법)知據鞍而後可以敎馳驟(지거안이후가이교치취)拳之謂也(권지위야)次其說于左(차기설우좌): 점획을 알고 난 이후에 팔법을 가르칠 수 있고, 안장을 올리는 것을 안 이후에, 말 타고 달리는 것을 가르칠 수 있다. 권도 이와 같다. 이것이 설명을 도울 것이다.

---

681 『기효신서』에서는 '然(연)'

682 『기효신서』에서는 '於(어)'

683 『기효신서』의 「권경」을 그대로 옮겼다.

11
택견의 記錄(기록)

가. 犯了招架(범료초가)

『기효신서』의 "所謂(소위)犯了招架(범료초가)便是十下之謂也(변시십하지위야)"의 문장과 『무비지』의 "所謂不招不架(소위불초불가)只是一下(지시일하)犯了招架(범료초가)就有十下(취유십하)博記廣學(박기광학)多算而勝(다산이승)"의 문장은 택견과 관련된 기록으로 매우 중요하다. 『무비지』에서 '不招不架(불초불가)只是一下(지시일하)'의 문장이 추가됐다. 이것은 「장권」의 기록을 추가한 것이다. 무비문의 棍法歌(곤법가)에 '白虎洗面休招架(백원세면휴초가)'란 기록이 있다. '호랑이가 세면을 하고 나무 아래서 쉬다가 가자고 손짓하며 부른다'는 詩(시)다.

김종윤(2017)은 不招不架(불초불가)를 "초가(招架)가 아니면 단지 한 번이고, 초가(招架)를 범하게 되면 열 번이 된다."라고 해석하고 그 밑에 별도의 설명[684]을 붙

684 명나라 때의 唐順之(당순지)가 쓴 武編(무편)을 보면 '拳有定勢而用時則無定勢(권유정세이용시즉무정세)然當其用也(연당기용야)變無定勢而實不失勢(변무정세이실불실세).'라고 하였다. 이 문장의 의미는 '拳(권)에는 정해진 勢(세)가 있는데 그것을 사용할 때는 정해진 勢(세)가 없다. 그러나 그 쓰임에 적합해야 한다. 無定勢(무정세)로 변하나 실제로는 勢(세)를 잃어버린 것은 아니다.'가 되겠다. 이 말이 정확하게 '不招不架(불초불가)'를 설명한 것이다. 즉 定勢(정세)가 변하여서 無定勢(무정세)를 적절하게 사용하는 것이 '不招不架(불초불가)'이고, 정해진 勢(세)로 상대와 공방을 하는 것이 招架(초가)를 범한 것이다. 唐順之(당순지)의 武編(무편) 문장은『무예도보통지』에서도 인용하고 있다.

였다.

『무예문헌자료집성』은 불초불가하면 이는 다만 하나 아래지만, 초가를 행했다면(범했다면) 十下(십하)에 있게 된다고 해석하고, 不招不架(불초불가)는 무술용어 중 하나로 '상대가 공격할 때, 어떠한 초식도 전개하지 않고 오로지 막지도 않는 것, 예컨대 적의 공격을 잠깐 억제하며, 즉시 공격해 들어감으로, 十下(십하)는 대련 시 무술계의 격언'으로 해석했다.

不招不架(불초불가)의 招(소)는 '상대를 손짓으로 부르는 동작'이다. 즉 不招(불초)는 '상대를 손짓으로 부르지 않은 것'이다. 부르지 않았는데 상대가 나가겠는가? 즉 不可(불가)다. 不架(불가)의 架(가)는 '가다'다. 不架(불가)는 '나가지 않는다'다. 架(가)는 招(초)에 대응한다. 그렇다면 어떻게 할 것인가? 그것을 설명하는 문장이 只是一下(지시일하)다. 只(지)는 '하나·오직~한다'다. 是(시)는 '바르게 한다'다. 只是(지시)는 '오직 바르게 한다'가 된다. 뒤 문장 '一下(일하)'는 무엇일까? 就有十下(취유십하)와 연결된 문장으로 就有一下(취유일하)다. 就(취)는 '마치다·한바퀴돌다·나아간다'다. 就十(취십)과 就下(취하)에서 一下(일하)로 '下'를 설명했다. 一下(일하)는 양손을 'ㅣ'자 형으로 내린 자세를 말한다. 즉, '나아가 한 바퀴 돌고 바로 선다'다. 상대가 나오지 않은 상태에서 먼저 나온 사람이 취하는 자세다.

犯了(범료)는 싸우는 장소에 들어와 싸울 준비를 모두 마친 상태를 말한다. 招架(초가)는 不招不架(불초불가)와 대비된다. '招(초)=不招(초가)'이고, '架(가)=不架(불가)'다. 招(초)는 먼저 한 사람이 상대를 부르면서 자세를 취하는 것을 나타내고, 架(가)는 불림을 당한 맞상대가 자세를 취하는 동작이다. 그렇다면 어떻게 자세를 취할까?

就有十下(취유십하)다. 就(취)하는 자세가 十下(십하)에 있다(有). 즉 '양손을 十자로 벌린 후 내린다'다. 懶扎依(나찰의)와 金鷄獨立(금계독립)은 싸움을 시작하기 전에 취하는 자세로 여기에 招架(초가)가 있다. 그렇다면 두 사람이 양손을 십자로 벌린 후에 손을 내리고 겨루는 싸움방식이 어디에 있는가? 바로 택견이다. 대쾌도

[685]에서 둘이 양손을 벌린 것이 바로 就有十下(취유십하)다.

"택견의 기술 이름은 거의 모두 한소리로 지어져 있다. 택견이 천여 년 동안 지배계급에 의해서 전수된 것이 아니라 서민에 의해 전수되어 왔다."[686] 이로 인해 한자의 개념어가 단절되었다.

「권경」에 택견에 대한 기록이 있다는 것과 懶扎依(나찰의)에 싸움을 시작하는 '가자'의 소리로 '架子(가자)'가 있다는 것은 무엇을 말하는 것인가? 始作(시작)은 時作(시작)이고 架子(가자)는 첫 시작의 동작이다. 일본 스모는 '하기요'로 시작한다. '하시요·해라'의 이북 사투리다. 서로 싸우지 않으면 '다가다가다가'를 외치다 그래도 싸우지 않으면 '다가가 다가가'라고 싸움을 독려한다. '架子(가자)'의 의미와 모두 상통한다.

"所謂不招不架(소위불초불가)只是一下(지시일하)犯了招架(범료초가)就有十下(취유십하)"의 출처는 「삼융유초당타권」이다. 就有十下(취유십하)가 便是十下之謂也(변시십하지위야)로 바뀌었다. 便是(변시)는 '다른 것 없이 곧'의 뜻으로 장내에 들어오면 즉시 '十下(십하)'를 취했음을 알 수 있다.

무비문은 "掩耳炘謂(엄이흔위)不招不架(불초불가)只是一下(지시일하)犯了招架(범료초가)就有十下(취유십하)"다. 이 문장의 출처는 「掩耳炘(엄이흔)」이다. 또한 「棍法歌(곤법가)」의 白虎洗面休招架(백호세면휴초가)는 '얼굴을 씻고 쉬면서 손을 흔들어 부른다'다. 招架(초가)의 의미와 일치한다.

또한, 곤법에도 다음과 같은 문장이 있다. "或問曰(혹문왈)吾聞(오문)千金難買一聲響(천금난매일성향)果棍響卽可進乎(과곤향즉하진호)余曰(여왈)不然(불연)如所謂不招不架(여소위불초불가)只是一下者(지시일하자)何曾響乎(하증향호)如所謂犯了招架(여소위범료초가)就有七八下者(취유칠팔하자)何止一響乎(하지일향호)"다. 누

---

686 劉淑(유숙, 1827-1873)은 19세기의 대표적 화원 화가 중 한 사람으로서, 본관은 漢陽(한양), 자는 善永(선영) 또는 野君(야군), 호는 蕙山(혜산)이다.

686 김정윤, 『택견 원전제작비화』, 밝터 출판사, 2006. p37.

군가 묻기를 제가 듣기로 '천금으로도 소리 하나를 사기 어렵다'고 하는데, 정말 棍(곤)끼리 부딪치는 소리를 듣고 나아갈 수 있습니까?"라는 질문에 "그렇지 않다. 불초불가와 같다. 하나를 아래로 내렸는데 어떻게 소리가 나겠는가? 범료초가하면 칠팔은 아래로 내리니 어찌 소리가 하나뿐이겠는가?"라는 대답이다. 不招(불초)는 손을 내린 것이고 不架(불가)는 창을 내린 것이다. 서로 부딪쳐 소리가 날 수 없다. 한쪽 손으로는 손뼉을 칠 수 없다. 반대로 招(초)는 손을 어지럽게 휘두르고 架(가)는 창을 어지럽게 찌르는 것이다. 어찌 소리가 한 번도 나지 않겠나?

나. 手搏(수박)이 택견이다.

택견을 무형문화재로 등재하기 위해서 예용해가 제출한 『무형문화재 조사보고서』 제102호를 보면, "택견의 뿌리를 찾지 못해 많은 아쉬움을 갖는다."[687]라고 했다. 소회를 밝히며 "宋(송) 씨의 말대로 由來(유래)가 깊은 것이라면 卓見(탁견)이 몇 歲時記(세시기)나 文集(문집) 등 冊子(책자) 어느 한구석에라도 적혔음 짓 한 데, 記錄(기록)으로 보이는 것이 없는 것 같으니 혹시 옛날 글을 많이 본 분네 가운데서 여기에 관한 것을 읽는 記憶(기억)을 지닌 분은 없을까 하여 안타까웠다."라고 했다. 그러면서 『택견』의 3장의 문헌 자료로 『고려사』, 『조선왕조실록』, 『무예도보통지』, 『조선상식』에 李朝角力(이조각력)과 手搏(수박), 拳法(권법)의 기사 내용과 4장에 송덕기의 택견 조사 자료를 같이 첨부하고 있다.[688] 특히 안자산의 『조선무사영웅전』 중

687 宋氏는 十八世 때 사직 골 뒷山 잔디밭에서 그때, 二十九勢 된 林虎라는 이에게서 배워 지금으로서는 살아있는 唯一의 택견 꾼이다. 의당 그분의 말을 곧이들어야 할 일이나, 고사에 밝다는 노인들의 말을 들으면 한결같이 택견이었는지 택껸이나 탁견은 아니라니 難處하다. 또 卓見이란 말의 典據라도 얻을까 하고 고려사 또는 李朝實錄의 索引 등 속을 뒤져 보아도 도무지 그런 것이 눈에 뜨이지 않는다. 다만 이와 비슷한 것을 찾자면 手搏(拍)戲, 또는 角觝戲가 麗史와 實錄에서 각각 몇 대목 적힌 것을 본다.
괄목한 기록 가운데서 가풀에 난 콩보다도 더 드뭇하게 적힌 짧은 글로는 手搏戲나 角觝戲가 어떤 것이라는 것을 소상하게 알 도리는 없으나 前者가 손으로 하는 노릇이고 後者는 씨름이라고는 짐작은 간다. 또 두 가지가 다 戲로 적혀 있으면서도 手搏戲는 武人들에 대한 試才의 對象이던 것이 분명한데 角觝戲는 그런 흔적이 없었으니 手搏戲는 修鍊을 쌓아야 하는 特技임에 反해서 角觝戲는 예나 지금이나 다름없는 大衆의 놀이임이 分明하다.

688 김영만, 『택견근현대사』, 2020, p59.

의 『武藝考(무예고)』[689]에 『海東竹枝(해동죽지)』의 卓見戱(탁견희)[690]에서 탁견을 찾았다. 그리고 기록된 고대로부터 전해진 역사와 『무예도보통지』의 「권법」에 두고 있음을 밝혔다.

예용해는 "그때는 합병 후였으므로 日人巡査(일인순사)들이 택견을 금하고 있었으므로 멀리 순사가 오면 와르르 달아났다가 또 모여서 하곤 하느라 제대로 스승한테서 조목조목 배우질 못했다고 宋氏(송씨)는 지금도 안타까워한다. 그러니 梅下山人(매하산인)이 읊은 百技神通飛脚術(백기신통비각술)의 百技(백기)는 다소 시적인 과장이라 손치더라도 송 씨가 말하는 技(기) 二十種類(이십종류)보다는 좀 더 많은 법이 있었을 법한데, 지금에 와서 온전한 것을 알 도리가 없다. 그러나 이 수도 좌우로 나누어서 二十個種(이십개종)이니, 왼쪽과 오른쪽을 가리지 않으면 半數(반수)[691]로써 別項(별항)과 같다."며 많은 술기가 소실된 것에 안타까움을 기록했다.

---

689 『무예도보통지』에 其搏人必以其穴(기박인필이기혈)有暈穴(유훈혈)有啞穴(유아혈)有死穴(사혈)其敵人相其穴(기적인상기혈)而輕重擊之(이결중격지)或死(혹사)或暈(혹훈)或啞(혹아)無毫髮爽者(무호발상자)라 한 것이 其理致(기리치)다. 近來(근래)에 靑年(청년)들이 씨름보다 小異(소이)한 搏戱(박희)를 行(행)함이 있던바, 所謂(소위) '택견'이라 하는 것이 그 종류다. 이 柔道(유도)는 近日(근일)에 와서 退步한 形止(형지)에 이르렀으나, 위에 말한 바와 같이 高麗時(고려시)에는 크게 發達(발달)하여 每年五月(매년오월)에는 年中行事(연중행사)로 大試合(대시합)을 行(행)하였던 것이다.

690 『海東竹枝(해동죽지)』라는 冊(책)에 한 대목 冊(책)은 舊韓末(구한말)의 詩人(시인) 梅下(매하) 최영년(崔永年)의 詩集(시지)으로 여러 가지 우리 풍습을 읊은 가운데 卓見戱(탁견희)라 하여 한 首(수) 끼여 있는 것인데 더욱 多幸(다행)인 것은 詩(시)에 注釋(주석)이 따른 일이다. 百技神通飛脚術(백기신통비각술)輕輕掠過髻簪高(경경략과계잠고)鬪花自是風流性(투화자시풍류성)一奪貂蟬意氣豪(일탈초선의기호)舊俗有脚術相對而立互相蹴倒有三法最下者蹴其腿善者托其肩有飛脚術者落其髻以此或報仇或賭奪愛嬉自法官禁之今無是戱名之曰탁견.

691 ①깎음다리: 발장심으로 상대방의 무릎을 찬다. 차이면 정강이 살이 벗겨진다. ②안짱걸이: 발등으로 상대방의 발뒤꿈을 안에서 잡아끌어 벌렁 나가자빠지게 한다. ③안우걸이: 발바닥으로 안복사뼈를 쳐서 옆으로 들뜨며 넘어지게 한다. ④낚시걸이: 발등으로 상대방 발뒤꿈을 밖에서 잡아끌면 뒤로 홀렁 넘어진다. ⑤명치기: 발장심으로 명치를 찬다. 벌렁 넘어지면서 피를 吐(토)하고 죽는 危險(위험)한 수다. ⑥곁치기: 발장심으로 옆구리를 찬다. ⑦발따귀: 발바닥으로 따귀를 때린다. ⑧발등걸이: 相對方(상대방)이 차려고 들면 발바닥으로 발등을 막는다. ⑨무르팍치기: 相對方(상대방)이 쳐서 들어오면 손으로 그 발뒤꿈을 다른 한 손으로는 옷을 맞붙잡아 뒤로 넘어지면서 발로 늦은배(下腹部:하복부)를 괴고는 받아넘긴다. 발등걸이와 무릎팍치기는 다 같이 守勢(수세)에 있으면서 쓰는 수다. ⑩내복장갈기기: 발장심으로 가슴을 친다. ⑪칼재비: 엄지와 검지를 벌려 상대방의 목을 쳐서 넘긴다. 칼잡이는 택견에서 손만을 쓰는 단 한 가지의 수다.

12
武藝諸譜飜譯續集(무예제보번역속집)의 拳勢(권세)

가. 拳勢(권세)의 原文(원문)

裸身向東而立作騎虎勢, 仍作一條鞭勢, 卽以右拳打左肘作順鸞肘勢, 便以兩手向上三畫過, 進三步作懸脚虛餌勢, 用右足作蹙天勢【依賽寶全書補之】又用左足作蹙天勢, 進一步又作蹙天勢, 旋用左脚退立作指當勢, 又以右脚向左橫立作抛架勢, 又向左行一步作拗單鞭勢, 仍以左拳打右肘作七星拳勢【騎虎勢卽全書之龜葉也 一條鞭卽低四品也 順鸞肘卽四目也, 懸脚虛餌卽左四品也, 指當卽單鞭也, 抛架卽獅子開口也 拗單鞭卽斜身躍步也 七星卽封腿也】

轉身向西, 以兩手向上三畫掛作拗單鞭勢, 卽退三步作蹙天勢, 仍用兩手三披過旋作探馬勢, 用右脚向左橫立作井攔勢, 翻身向北作倒揷勢, 因向西以左拳打右肘作中四平勢【探馬卽高探馬也. 井攔卽升欄也. 倒揷卽抬陽也. 中四平卽運風也.】

轉身向東, 作高四平勢, 仍作拗單鞭勢, 向左作探馬勢, 頓右足進左脚作雀地龍勢, 回身又作古四平勢, 仍作拗單鞭勢, 用兩手向上一畫掛進一步作下揷勢, 便退左脚立

定作一霎步勢, 卽筋斗作伏虎勢, 再飜身又作伏虎勢,

仍起立作拗鸞肘勢 向左橫一步用兩手向上一畫掛作拗單鞭勢, 仍作拈肘勢,【高四平卽倒上看也. 下揷卽鬼拜燈也. 一霎步卽懶扎衣也, 伏虎卽木魚也. 拗鸞肘卽王候三比也. 拈肘卽回封也.】

轉身向西, 用兩手向上三畫過作拗單鞭勢, 退三步翻身上以右手打左足作朝陽勢, 仍作鬼蹴脚勢,【朝陽卽書虎也. 鬼蹴脚卽右四品也.】

轉身退一步作旗鼓勢, 仍頓右足作獸頭勢, 卽起立頓右足作拗單鞭勢, 仍以兩手遽地用右足循地一週便起立作丘劉勢, 用兩手打右足退右脚立定作埋伏勢, 仍起立用兩手向上一畫過進一步用左足一踢.【旗鼓卽招討也. 獸頭卽猛虎靠山也. 丘劉卽陽縣脚金鷄也. 埋伏卽脚手用四品追也.】

向西立定用兩手向上三畫過作拗單鞭勢, 退三步作蹩天勢, 仍作倒騎龍勢, 向左橫一步作鷹刷翼勢, 兩手向後仍作擒拿勢, 又作當頭砲勢.【倒騎龍卽用探馬也.擒拿卽拗肘也.當頭砲卽獅蹬脚也.】飜身向北橫一步, 仍東向立作神拳勢, 又向南橫一步, 仍東向立作鴈翅側身勢畢.【神拳卽觀音側身也. 鴈翅側身卽生馬也.】

나. 拳經要訣(권경요결)

青田棍法與楊氏鎗巴子棍(청전곤법여양씨창파자곤)皆今之有名者(개금지유명자)雖各有所長就可取勝(수각유소장취가취승)然不過偏於一隅若以各家拳法(연불과편어일우약이각가권법)兼而習之上下周全無有不勝者矣(겸이습지상하주전무유불승자의)宋太祖三十二長拳勢歌曰[692](송태조삼십이장권세가왈)學拳者(학권자)身法要活便(신법요활편)手法要捷利(수법요첩리)脚法要輕固(각법요경고)或進或退(혹진혹퇴)要得其宜(요득기의)三十二爲後學之樣子(삼십이위후학지양자)遇賊取勝變化無窮(우적취승변화무궁)

다. 拳勢歌(권세가)

不如學藝在心頭(불여학예재심두)赤手空拳戰九州(적수공권전구주)懷中長有千金鼎(회중장유천금정)袖裏恒存兩具牛(수리항존양구우)日間不患人來借(일간불환인래석)夜來系怕賊來偷(야래계파적래투): 마음과 머릿속에만 있는 武藝(예)는 배움이 없는 것만 못하네, 맨손으로도 나라(九州)를 위해 싸울 수 있고, 마음 가운데는 장구한 천금의 솥을 품고 있네, 소매 속에는 항상 두 주먹을 품고 있어 대낮에 문을 열고 들어와 빌려 가도 근심 없고, 밤에 잇달아 도적이 들어와 훔쳐 가더라도 담대하다네!

라. 拳勢(권세)의 意味(의미)

「권세」는 우리 선조들이 사용해 온 개념이다. 『拳譜(권보)』는 「拳(권)」을 기록한 책이란 뜻이지만, 「권세」는 拳(권)을 포괄하여 개념화시킨 명칭이다. 우리 조선은 무예의 동작을 勢(세)라는 개념으로 사용하고 勢(세)는 藝(예)와 같은 글자다.

「권세총도」는 권보를 도식으로 간단하게 정리했다. 『권보』만 보면 연무를 이해하기 어렵다. 「권세총도」의 進退(진퇴) 단락 사이에 『권보』의 설명문을 삽입하면 「권세」의 연무를 좀 더 쉽게 이해할 수 있다. 특히 「권세총도」에는 『새보전서』에 기록된 연무 동작을 기록했다. 「권경」의 세 명과 「권세」의 세 명을 비교하면 중국과 조선의 무

692 「권경첩요」에 '身法活便(신법활변)手法便利(수법편리)脚法輕固(각법경고)進退得宜(진퇴득의)'의 문장이 송태조삼십이세장권세가라 하지 않았다. 『무예제보번역속집』에서만 송태조삼십이세장권세가 임을 밝혔다.

예 문화와의 차이를 비교할 수 있다. 한 가지 분명한 것은 개별 기법의 동작들을 연무 형태로 군영에서 수련했다는 사실이다. 그리고 겨루기로 실전을 연습하는 것이 戱(희)다. 「권세」를 익혔던 사람들이 민가에 나와 수박이나 택견에 영향을 주었으리라 생각된다. 아쉬운 것은 수박이나 택견에 「권세」나 「권법」에 기록된 연무 동작이 사라진 것이다. 단지 택견 무고춤이 전래한 연무 동작의 파편이 아닌가 생각된다. 「권세」는 잃어버린 '수박·타격·택견' 등의 기법을 복원하는데 귀중한 사료다.

마. 拳勢總圖(권세총도)

「권세」는 주먹의 형세를 설명하는 구체적인 개념이다. 「권보」란 拳(권)의 기록일뿐이다. 특히 '勢(세)' 자는 '새'를 숭배한 한민족이 무예의 구체적 동작을 개념화시킨 용어다. 「권세총도」는 拳路(권로)로 구성됐다. 「拳譜(권보)」의 순서와 「권세총도」의 拳路(권로) 순서는 전혀 다르다. 『기효신서』의 「권경」의 순서와도 전혀 다르다. 조선 군영에서 자체적으로 계승된 권로를 기록했다. 『새보전서』에서 사용한 세명과 「권경」과 연결시켰다. 축천세는 현각허이로 대체했다. 오늘날 태권도 품세와 같은 형태가 조선군영에는 두 개의 「권로」가 전해져 내려왔다. 『무예도보통지』는 「권법」을 새롭게 정리하면서 전후 동작의 그림을 일치시켰다. 결국, 조선에는 2개의 「권로」가 전해졌다. 이러한 기록들이 정체성을 잃은 맨손 무예의 뿌리다.

「권세총도」

進 跨虎⇨一條鞭⇨順鸞肘⇨右躂天⇨左躂天⇨躂天⇨懸脚虛餌⇨抛架⇨指當⇨七星拳⇨拗單鞭

退 拗單鞭⇨⇨⇨探馬⇨井欄⇨倒插⇨中平勢

進 高四平⇨拗單鞭⇨【回身】⇨高四平⇨拗單鞭⇨下插⇨一霎步⇨伏虎⇨拗肘⇨拗單鞭⇨拗鸞肘

退 拗單鞭【回身】⇨朝陽⇨鬼蹴脚

進 旗鼓⇨獸頭⇨拗單鞭【回身】⇨丘劉⇨埋伏

退 拗單鞭⇨⇨⇨騎龍⇨鷹刷翼⇨擒拿⇨當頭砲⇨神拳⇨鴈翅側身【畢】

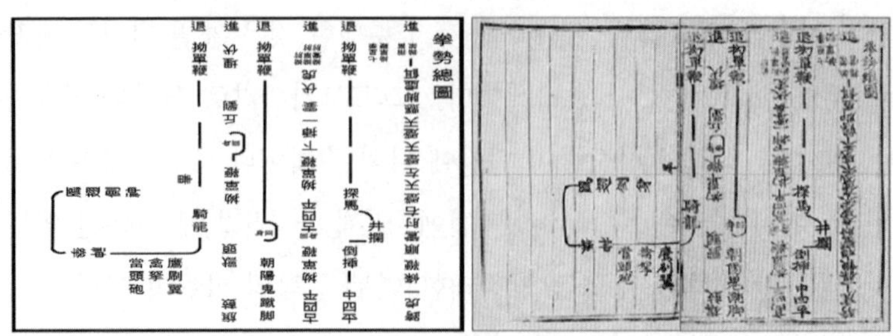

그림 14-4. 권세총도

바. 拳譜(권보)에 기록된 拳路(권로)

권보의 가결을 연결하면 선대로부터 전래된 조선시대의 拳勢(권세)를 알 수 있다. 이것이 기록상 남아있는 최초의 '品勢(품세)'다. 『무예도보통지의』「권법」을 포함하면 두 개의 품세가 기록된 것이다. 이 두 개의 품세를 복원하여 현재 본국무예를 통해 계승하고 있다.

그림 14-5. 권보 순서의 배치

사. 拳經(권경)과 拳勢(권세)의 拳訣比較(권결비교)

「권경」에서 사용된 명칭이 「권세」에서는 다른 명칭으로 사용됐다〈표 14-4〉. 무예의 동작들은 대동소이하다. 같은 동작이더라도 동양 삼국이 다른 명칭을 사용한 것은 당연하다. 단지 그 명칭에는 각 국가별오 차별적인 정체성이 담겨있을 뿐이다.

표 14-4. 「권경」과 「권세」의 拳訣(권결) 비교표

1	跨虎=龜葉	11	倒揷=抬陽	21	期鼓=招討
2	一條鞭=低四品	12	中四平=運風	22	獸頭=猛虎靠山
3	順鸞肘=四目	13	古四平=倒上看	23	丘劉=陽縣脚金鷄
4	顯脚虛餌=左四品	14	下揷=鬼拜燈	24	埋伏=脚手用四品追
5	指當=單鞭	15	一霎步=懶札衣	25	倒騎龍=探馬
6	抛架=獅子開口	16	伏虎=木魚	26	擒拿=拗肘
7	拗單鞭=斜身躍步	17	拗鸞肘=王侯三比	27	堂頭砲=獅蹬脚
8	七星拳=封腿	18	拈肘=回封	28	神拳=觀音側身
9	探馬=高探馬	19	朝陽=書虎	29	鴈翅側身=生馬
10	井攔=升攔	20	鬼蹴脚=右四品		

13
武藝圖譜通志(무예도보통지)의 拳法(권법)

가. 武藝圖譜通志(무예도보통지)의 탄생 과정

『무예도보통지』는 정조가 직접 편찬하고 방향을 설계했다. 규장각 검서관 李德懋(이덕무)·朴齊家(박제가)와 장용영 장교 白東修(백동수)에게 명하여 작업하게 하였으며 1790년(정조14)때 간행되었다. 1598년(선조31) 韓嶠(한교)가 편찬한『武藝諸譜(무예제보)』와 1759년(영조35) 간행된『武藝新譜(무예신보)』의 내용을 합하고, 새로운 훈련 종목을 더한 후 이용에 편리하도록 편집하여 간행하였다. 정조대에 조선의 문예가 종합 정리되는 과정에서『兵學通(병학통)·兵學指南(병학지남)·軍旅大成(군려대성)·三軍摠攷(삼군총고)』등의 군사 서적들과 더불어 이루어졌다. 다른 군사 서적들은 전략전술 등 이론을 위주로 한 것이지만 이 책은 전투 동작 하나하나를 그림과 글로 해설한 실전 훈련서라는 특징을 가지고 있다.

『무예도보통지』의 시작은 임진왜란으로 거슬러 올라간다. 1598년(선조 31) 한교(1556~1627)가 왕명으로 명나라의 병법서인『기효신서』등을 참고하여 편찬한 후 국어로 번역하여 목판으로 간행했다.

임진왜란과 정유재란을 겪으면서 군사훈련의 필요성이 커짐에 따라, 명나라 군대의 병법과 전술의 도입을 위해 '大棒(대봉)·藤牌(등패)·狼筅(낭선)·長鎗(장창)·鐺鈀(당파)·長刀(장도)'라는 6종의 개인 무기를 만드는 법과 조련법을 사병이 쉽게 이해할 수 있도록 그림과 함께 해설했다. 선조의 명으로(1593년 9월) 왕세정 본『기효신서』(1566년, 가정 45)를 들어온다. 한교(1556~1627)는『기효신서』에 기록된 장도를『무예제보』(1598년, 선조 31)에 수록한다.

『기효신서』 초판본 18권 본(1560, 가정 39)에는 '長槍·藤牌·狼·棍(大棒)'의 4기만 수록했지만, 쌍수도의 원전인「영류지목록」은 수록되지 않았다. 척계광 사후에 쓰인 이승훈 본에 쓰인『기효신서』(1588년, 만력 16)「巻四短器長用解(권사단기장용해)」에 단병기의 이로움과 뒤에 요도와 장도의 도법에 대하여 도해했다. 특히 장도 부분은 장도제·장도해·습법으로 구성되어 있으며 습법에는「영류지목록」을 예로 들어 서두에 'これ, 倭夷の原夲なり, 辛酉の年, 陣上にこれを得たり(신유년 전장에서 이것을 얻었다)'라고 기록했다. 그러나『기효신서』 18권 본(1560년)은 척계광이 절강성 참장으로 임명되었던 시기로 '당시 왜구에 항전했을 때 새롭게 개정하고 교정하여 만들었다'라고 했다. 하지만 여기에는「영류지목록」이 수록되지 않은 것으로 보아 신유년에는 전쟁이 일어나지 않았거나『기효신서』를 만든 이후에 전쟁이 일어난 것으로 보고 있다.

나. 影流之目録(영류지목록)과 愛洲陰之流目錄(애주음지류목록)의 문장 비교

「영류지목록」이 처음 실린 것은 척계광 사후 만들어진 이승훈 본『기효신서』(1588년, 만력16)에 있다. 이것이 왜검의 원본으로 여기에 '猿飛·虎飛·青岸·陰見·猿回' 등의 용어와 함께 도해가 있다.『무비지』의「영류지목록」도『기효신서』에 수록된 '화의의 원본'(和夷の原夲)에서 채록한 것이다."[693] 한편, 「영류지목록」의 영향을 받은 후대의 愛洲陰之流目錄(애주음지류목록)에 猿飛(원비) 猿廻(원회)가 있지만, 두 문장을 비교해보면 영유지목록의 '猿飛(원비)'에 있는 '虎飛青岸陰見(호비청암음견)'과 '意婦偏幾(의부편기)'라는 문장이 없다. 즉 전혀 다른 내용임을 알 수 있다. 영류지목록의 문장은 시결로 이루어졌기 때문이다. 문서에 可傳(가전)과 不可傳(불가전)이 있고, 第九의 우측 그림에 右口傳(우구전)이 있는 것으로 보아, 「영류지목록」의 문장과 다른 이유를 짐작하게 한다. 雙手刀(쌍수도)와 기법을 비교해 보면 같음과 차이를 알 수 있다.

표 14-5. 影流之目録(영류지목록)과 愛洲陰之流目錄(애주음지류목록)의 문장 비교

影流之目録(영류지목록)	愛洲陰之流目錄(애주음지류목록)
第一, 猿飛: 此手ハテキニスキレハ意分太刀タリ虎飛青岸陰見 又敵ノ太刀ヲ取候ハンカヽリ何造作モナウ先直偏カラス彼以上大事子切ヲ意婦偏幾ナリイカヽニモ法ニキリテ有偏シ	第一, 猿飛: 此手ハ敵アマケレハ切太刀也 又虎乱, 清眼, 陰劍 干可之. 太刀ツカイ二懸心, 少モ 動顛スヘカラス以怙太事 可切納 イカ二モツヨク切テ組テ後ヘ寸ルヘシ
第二, 猿回: 此手モ敵多チイタス時ワカ太刀ヲテキノ太刀ア者ス時取偏ナリ初段ノコトク心得ヘシ	第二, 猿廻: 此モ敵ノ切出ス時 我太刀ヲ敵ノ太刀折績テ 太刀ヲハツス時切也 初之如ク心得ヘシ
第三, 山陰 (우오쯔미 타가시 외 8인의 해석 2012년)	第三, 山陰 (第四 月陰 第五 浮船 第六 浦波 第七 師子奮迅 第八 山霞 第九 陰劍 第 十 清眼 第十一 王月雨)

693 임성묵, 『본국검예 3. 왜검의 시원은 조선이다』 행복에너지출판사, 2018, p415~417.

표 14-6. 『무예도보통지』의 완성 연표[694]

무예서, 지은이	발간연도	내용
紀效新書, 척계광	1560년(14권 본, 18권 본)	영류지목록(影流之目録) 수록되지 않음
紀效新書, 왕세정	1566년(18권 본)	영류지목록(影流之目録) 수록되지 않음. 선조 1593년 9월 25일 왕세정 서문이 있는 기효신서를 사오도록 전교.
紀效新書, 이승훈	1588년(18권 본)	영류지목록(影流之目録) 처음 수록
武藝諸譜, 한교	1598년	大棒 · 藤牌 · 狼筅 · 長槍 · 钂鈀 · 長刀 6기.
武藝諸譜飜譯續集, 최기남	1610년	무예제보에서 빠진 권보 42도, 청룡언월도, 협도곤보, 왜검보, 신서왜검도 등을 보충,
武備志, 모원의	1621년(240권, 52책)	영류지목록(影流之目録) 수록. 영조13년(1737년), 중국 사행을 통해 들여와 평안병영에서 50권 간행.
武藝新譜	1759년	무예제보의 6기 이외에 竹長槍 · 旗槍 · 鋭刀 · 倭劍 · 交戰 · 月刀 · 挾刀 · 雙劍 · 提督劍 · 本國劍 · 拳法 · 鞭棍 등 12가지 기예를 추가하여 총 18기.
武藝圖譜通志, 이덕무, 박제가, 백동수 집필.	1790년(정조 14)에 간행.	武藝諸譜와 武藝新譜의 내용을 합쳐 18기 간행, 拳法 · 棍棒 · 鞭棍 · 馬上鞭棍 · 擊球 · 馬上才 등 6기 추가됨. 총 24가지 기술이 수록됨.

24반과 18기에서도 『무예도보통지』의 「권법」을 해석하고 재현하고 있지만, 학계는 논문을 통해 원문과 거리가 멀다고 발표하고 있다.

"특히 국내 전통무예단체들은 모든 무예의 원류를 『무예도보통지』에 두고 제각기 해석하고 해제하여 사용하고 있으나, 번역서에 가깝고 동작은 각 유파의 성격이 강하여 내용과 동작이 일치하지 않는 부분이 많아 원보와는 거리가 있음을 볼 때 이를 원보에 가깝도록 객관성 있는 연구를 통해 무예단체들이 공유할 수 있는 연구 자료가 급선무다."[695]

694 필자의 발표문, 『국가무예원 창립 및 태기 창제 세미나』 2019.10.16, p93.

695 박대선.『무예도보통지의 拳法(권법)에 관한 연구』명지대사회체육학과 석사, 2007, p4. "국내무예단체들의 『무예도보통지』에 관한 연구를 보면 경당의 임동규 (1996)는 『무예도보통지』24반무예 실기를 해제하여 많은 무예인들이 24반무예의 재현에 동참하는 계기가 되었으며, 전통무예십팔기보존회 김광석(1992)은 권법요결(拳法要訣)을 통해 권법을 해제하여 사용하고 있으며, 도검기 부문에 있어 이종림(1983) 한국고대검도사연구로 본국검을 재현했으며, 임재선(1997)의 연구를 비롯해, 강영욱(1998), 김재일(2000),등이 실기를 재현하였다."

즉『무예도보통지』의「권법」이 복원되지 않았다는 주장이다. 그 결과 권법 실기의 재현을 위해 학계는 권법 관련 논문[696]을 연이어 발표하고 있지만, 이들 논문들도 역시 사료에 나타난 권법의 역사 정리와『기효신서·무예제보번역속집·무비지·무예도보통지』[697]의 실기를 서로 비교 분석하는 것에 머물고 있다. 이들 논문에서도『기효신서·무비지·무예제보번역속집·무예보보통지』의 그림의 상이점과 특히『무예도보통지』의 埋伏勢(매복세)가 다른 이유를 설명하지 못하고 있다.

『무예도보통지』의 원문은 척계광과 모원의의 앞부분을 총론으로 삼고『무편』을 취합했다. 특히『기효신서』와『무비지』에 없는「寧波府志(영파부지)」를 수록함으로써, 外家(외가) 소림무술과 내가장권의 역사를 알 수 있다. 단재 신채호는 "寧波府(영파부)에는 卑耳(비이)라는 계곡이 있는데 卑耳(비이)도 卑離(비리) 곧 '불'의 번역이다. 이로부터 조선 고대의 '불'이 사해관 이서까지 걸쳐있음을 알 수 있다."[698]라고 하여 영파부가 고대 조선의 영역이었음을 밝히고 있다. 六路十鍛金(육로십단금)을 통해「장권」을 복원할 수 있고 삼별초를 통해 伽羅手(가라수: 테)의 뿌리를 추적할 수 있다.

---

696 박대선,『무예도보통지』의 拳法(권법)에 관한 연구, 명지대사회체육학과 석사, 2007, p4. "박청정(2007)은『무예도보통지』주해를, 김현일(2005)은『무예도보통지』에 나타난 권법에 관한 고찰을 통해 권법에 대한 맨손기술의 기법과 조선시대권법이 차지했던 범위를 연구하였고, 이진수(2004)는 동양무도연구를 통해 조선의 권법에 관해『기효신서와 무예제보번역속집,『무예도보통지』를 고찰하였으며, 최복규(2002)에 의해『무예도보통지』권법에 관한 연구에서기효신서』가 편찬될 당시의 무예계의 상황과 권법에 관한 이론적인 면을 검토하고, 우리나라에 권법이 도입되면서 어떤 변화를 겪게 되었는지에 대해 검토하였다. 김산(2002)은 임진왜란 이후의 권법에 대한 연구에서 권법 동작을 비교 분석하였으며, 이용복(1989)은 택견과 권법에 연관성, 나영일(1997)은 조선시대 수박과 권법에 대한연구를, 나현성(1980)은 조선왕조실록에 나타난 수박,수박회 등을 언급했다. 김위현(1984)은 국역『무예도보통지』를 냈으며, 곽동철(1949)에 의한 검술과,창술에 관한 무예도보통지 연구가 전부다."

697 박귀순, 신영권『무예도보통지』의 拳法(권법)에 관한 연구, 영산대학교, 대한무도학회지, 2017, 제19권 제4호 곽낙현(한국학중앙전임연구원 주저자), 임태희(용인대학교 교수, 교신저자)『전통무예서의 권법 분석』동양고전연구 제54,

698 단재 신채호/박기봉 옮김『조선상고사』비봉출판사, 2013, p59.

다. 무예도보통지의 拳法(권법) 서문

戚繼光曰(척계광왈)拳法似無預于大戰之技(권법사무예우대전지기)然活動手足(연활동수족)慣勤肢體(관근지체)爲初學入藝之門(위초학입예지문)

茅元儀曰(모원의왈)
知點畫而後可以敎八法[699](지점회이후가이교팔법)知據鞍而後可以敎馳驟拳之謂也(지거안이후가이교치취권지위야)

武編曰(무편왈)
拳有勢者所以爲變化也(권유세자소이위변화야)橫邪側面(횡사측면)起立走伏(기립주복)皆有牆戶可以守可以攻(개유장호가이수가이공)故(고)謂之勢拳有定勢[700](위지세권유정세)而用無定勢(이용무정세)當其用也(당기용야)變無定勢(변무정세)而實不失勢[701](이실부실세): 『무편』에 이르기를, 勢(세)가 있는 勢(세)도 변화한다. 가로 비스듬히 측면으로 서면 달리다 엎드려 살핀다. 모두 담장에 둘러싸인 집 안에서도 가히 방어와 공격할 수 있다. 그래서, 권세에 이르기를 정세(정해진 세)가 있다고 말하지만, 무정세(정해지지 않은 세)도 마땅히 사용한다. 무정세는 변해도 세를 잃지 않고 행하게 된다.

[案(안)] 詩小雅(시소아)無拳無勇(무권무용)職爲亂階注拳力也(직위난계주권력야)爾雅(이아)暴虎徒搏也(폭호주박야)馮河徒涉也(빙하도섭야)左傳晉侯[702](좌전진후)夢與楚子[703](몽여초자)搏卽拳搏也(박즉권박야)又(우)作卞(작변)漢書哀帝紀(한서애제

699 畫苑曰王逸少畫偏工畫永以其八法之勢能通一切字永字八畫也
700 定勢(정세): 정해진 세(이름이 붙여진 세), 無定勢(무정세): 정해지지 않은 세(이름이 붙여지지 않은 세)
701 不失勢(부실세): 세를 잃어버리지 않음
702 文公重耳也
703 成王頵也

기)贊時覽(찬시람)卞射武戲(변사무희)[704]注手搏爲卞角力[705](주수박위변각력)爲武戲甘延壽[706](위무희감연수)傳試弁爲期門[707](전시변위기문)以材力愛幸(이재력애신)注弁手搏也(주변수박야): 『소아』에 권이 없으면 용기가 없다. 오로지 벼슬아치들처럼 어지럽힌다. 설명(注)에 '권은 힘'이다. 『이아』에 포악한 호랑이를 맨손으로 친다. 얇은 얼음물 위를 맨발로 건넌다. 『좌전』에 진후(문공중이)가 꿈속에 초자(성왕군)와 더불어 싸웠다는 것은 권으로 싸웠다는 기록이다. 작변은 『한서』「애제기」에 사람을 천거할 시에 변사무희(수박과 활쏘기의 무예겨룸)를 보았다. 설명(注)에 수박이 '변'이고, 각력이 '무희'다. 감연수에 변으로 기문에서 견주었다고 전해진다. 재능과 힘이 있는 사람을 아끼고 은총을 베풀었다. 설명(注)에 '변이 수박'이다.

唐宋以來其術有二(당송이래기술유이)一爲外家(일위외가)一爲內家(일위내가)外家則少林[708](외가즉소림)爲盛(위성)內家則長松溪(내가즉장송계)爲正(위정)松溪師孫十三老其法起于宋之長三峯(송계사손십삼노기법기우송지장삼봉)三峯者(삼봉자)武當(무당)[709]丹士(단사)[710]以單丁(이단정)殺賊百餘(살적백여)遂以絶技名世由三峯(수이절기명세유삼봉)而後至明嘉靖時傳於四明[711](이후지명가청시전어사명)而松溪爲最(이송계위최): 당송 이래 그 무술이 둘이 있다. 하나를 외가라 하고, 다른 하나는 내가라 한다. 외가는 소림에서 성했고, 내가는 장송계가 정통하다. 송계사손십삼노의 그 법은 송의 장삼봉에게서부터 시작됐다. 삼봉은 무당 丹士(단사)로서 혼자서

704 卞(수박)·射(활쏘기)·武戲(검·창 등의 류)

705 競也(경야)

706 字君況漢北地人義成侯(자군황한분지인의성후)

707 漢書百官表期門掌執兵送從西都賦注帝與北地良家子期諸殿文庫曰期門: 『한서』에 백관이 기문을 정해 주관하여 병사를 보내면 서도의 군사도 모였다. 설명(注)에 황제와 함께 북지에 있는 양가자와 약속한 것이 모두 전문고에서 기문이라 기록했다.

708 少林寺在登封縣少室山日知錄曰當初寺僧十三人討王世充有功此少林兵所起嘉靖中少林僧月空受都贊萬表檄禦倭松江戰死: 소림사는 등본 현 소실 산에 있다. 일지록에 이르기를, 당나라 초에 절승 십삼인이 왕세충을 토벌할 때 공이 있었다. 이것은 소림병이 봉기한 것이다. 가정중에 소림승 월공은 도찬이 쓴 만표 격문을 받고 외적을 방어했으나 송강 전투에서 죽었다.

709 唐均州屬縣宋屬武當軍(당균주속현송속무당군): 당대에는 균주에 속한 현이고 송대에는 무당군에 속한다.

710 煉丹之士卽道士(련단지사절도사): 단을 단련하는 선비를 도사라 한다.

711 山名在寧波府(산명재영파부)

적을 백여 명을 죽였다. 그로 인해 절기의 이름이 삼봉으로 말미암아 세상에 퍼졌다. 이후 명가정 때에 이르러 寧波府(영파부)에 있는 사명에 전해진 송계가 가장 으뜸이다.

寧波府志曰(영파부지왈)少林法主于搏人而跳踉奮躍或失之疎(소림법주우박인이도근분약혹실지소)故(고)往往爲人所乘(왕왕위인소승): 「영파부지」에 이르기를, 소림 법은 주로 사람을 때리고, 발꿈치로 높이 뛰고 떨쳐 일어나 혹은 달아나니 거칠다. 그리고 이따금씩 상대를 이긴다.

松溪法主于禦敵(송계법주우어적)非遇困厄不發(비우곤액불발)發則所當必靡(발즉소당필미)無隙可乘(무극가승): 송계 법은 주로 맞서면 방어를 한다. 곤액을 만나지 않으면 펼치지 않고, 펼치면 당연히 쓰러트리니 결점이 없이 깨끗하게 이긴다.

故(고)內家之術尤善(내가지술우선)其搏人必以其穴有(기박인필이기혈유)暈穴(훈혈)啞穴(아혈)死穴(사혈:咳血·膀胱·蝦蟆·猿跳·谷池·鎖喉·解頤·合谷·內關·三里等穴)相其穴(상기혈)而輕重擊之(이결중격지): 그래서 내가의 술기가 더욱더 훌륭하다. 사람을 치는 곳에는 반드시 혈이 있다. '훈혈·아혈·사혈·상기혈'을 가볍게 또는 강하게 친다.

或死(혹사)或暈(혹훈)或啞(혹아)毫髮爽其尤秘者有(호발상기왕비자유)敬緊徑勤切(경긴경근절)五字訣(오자결)非入室弟子(비입실제자)不以相授蓋(불이상수개)此五字不以爲用(차오자불이위용)而所以神其用(이소이신기용)猶(유)兵家之仁信智勇嚴云(병가지인의지용엄운): 죽기도 하고, 기절하기도 하고, 말을 못 하기도 한다. 털끝이 서늘해질 만큼 훌륭한 비법에는 '敬(경)·緊(긴)·徑(경)·勤(근)·切(절)' 다섯 글자의 가결이 있다. 입실 제자가 아니면 서로 전수하지 않고 덮는다. 이 오자를 사용하지 않고 (다른 술기로) 사용하면서 신묘하게 사용하는 바, 다만 병가의 '仁(인)·信(신)·智(지)·勇(용)·嚴(엄)'과 같은 것이 아닌가 말하기도 한다.

內家拳法曰(내가권법왈)自外家至少林(자외지소림)其術精矣(기술정의)長三峯既精於少林(장삼봉기정어소림)復從而翻之(복종이번지)是名內家(시명내가)得其一二者已足勝少林(득기일이자기족승소림): 내가권법에 이르기를, 외가는 소림에 이르러 그 술기가 가장 뛰어났다. 장삼봉은 이미 소림보다 뛰어났다. 뒤쫓아 마침내 뒤집고 이름을 내가라 했으니, 한두 개의 술기만 터득해도 족히 소림을 이길 수 있다.

王征男先生(왕정남선생)從學於單思南(종학어단사남)而獨得其全(이독득기전)余裹糧學焉(여과량학어)而其要則在乎鍊(이기요즉재호련)鍊既成熟(련기성숙)不必顧眄(불필고면)擬合信手(의합신수)而應縱橫前後(이응종횡전후)悉逢肎綮(실봉긍경)其鍊法有(기련법유)鍊手者三十五(연수자삼십오)鍊步者十八(연보자십팔)而總攝於(이총섭어)六路與十段錦(육로여십단금)[712]之中(지중)各有歌訣(각유가결): 왕정남 선생이 단사남에게 찾아가 무예를 배우다. 홀로 그 전부를 터득했다. 나는 양식을 싸 들고 가서 배웠도다. 그것이 있어서 수련할 수 있었다. 수련은 이미 완성되고 숙련되어 반드시 좌고우면하지 않아도 됐다. 대충 움직여도 손을 믿을 수 있으니, 종횡 전후로 엮어도 서로 응하여 (손을) 펼치면 모두 뼈 사이와 힘줄이 엉킨 곳에서 만난다. 그 수련법에서 '鍊手(연수)'가 삼십오 개가 있고, '鍊步(련보)'는 십팔 개다. 이것 모두를 겸한 것이 육로와 십팔금으로 각각의 가결들이 있다.

라. 其六路(기육로)

①佑神通臂最爲高(우신통비최위고): 오른손을 들어 신께 도움을 구하네
②斗門深鎖轉英豪(두문심쇄전영호): 수레에 두 손 묶여 끌려가는 호걸이여!
③仙人入起朝天勢(선인입기조천세): 선인이 일어나보니 하늘은 어두운 새벽이네
④撒出抱月不相饒(살출포월불상요): 산문을 나서보니 먼 달만이 나를 반기네
⑤揚鞭左右人難及(양편좌우인난급): 채찍을 휘둘러 좌우 적을 급히 물리고

712 凡歌訣盈十數者總名十段錦(범가결영십수자총명십단금)

⑥煞[713]鎚衝擄[714]兩翅搖(살추충로양시요): 철퇴로 척살하여 사로잡고 두 손을 하늘로 편다.

마. 其十段錦(기십단금)

①立起坐山虎勢(입기좌산호세): 산에 숨은 호랑이 잡으러 가세

②廻身急步三追(회신급보삼추): 몸 돌려 급히 삼보를 쫓네

③架起雙刀斂步(가기쌍도렴보): 가로 멘 쌍도 뽑아 발을 돌리네

④滾斫進退三廻(곤작진퇴삼회): 도끼 치며 나가 물러서며 세 번 돌았네

⑤分身十字急三追(분신십자급삼추): 十字로 양손을 펼쳐 삼보 쫓았네

⑥架刀斫歸營寨(가도작귀영채): 등에 칼과 도끼를 메고 영체를 향해 돌아가네

⑦紐拳[715]碾步勢(유권년보세): 두 주먹을 질끈 메고 돌아가세

⑧如初滾斫退歸原路(여초곤작퇴귀원로): 처음같이 도끼를 돌리며 왔던 길 돌아가네

⑨入步蹈[716]隨前進(입보도수전진): 영체에 이르러 기쁨에 발을 재촉하네

⑩滾斫歸初飛步(곤작귀초비보): 도끼를 휘둘러 날듯이 뛰어가네

⑪金鷄獨立緊攀弓(금계독립긴반궁): 금계는 등 굽은 몸으로 홀로 반기네

⑫坐馬四平兩顧(좌마사평양고): 말 위에 앉아 평온히 좌우를 돌아보네

顧其詞(고기사)皆隱略難記(개음략난기)余因各爲詮[717](여인각위전)

그 문장을 살펴보면 모두 뜻이 숨어있고 간략하여 알기 어려워, 내가 각각 詮(전)에 기록된 것을 설명한다.

---

713 俗殺字(속살자)

714 掠也(략야)

715 結也(결야): 묶는다.

716 중국고전무학지적록(인민출판사: 2006)의 내가권은 '搯(도:꺼내다)'다. 간자체로 옮기는 과정인지 둘 중 하나는 오기

717 具說事理也(구설사리야)

바. 釋詮六路(석전육로)

①斗門[718]左髆[719]垂下(두문좌박수하): 두문은 '좌측 팔뚝 끝', 아래에 있는 두 주먹이다.

拳衝上當前(권충상당전): 주먹을 뻗어 앞에 있는 얼굴을 친다.

右手平屈[720]向外(우수평굴향외): 우수는 밖으로 돌려 수평으로 접는다.

兩拳相對爲斗門以(양권상대위두문이): 양권이 서로 마주하는데 이것이 '두문'이다.

右足踝[721]前斜靠[722]左足踝後(우족과전사고좌족과후): 우족과는 앞에 두고 빗겨서고 좌족과는 뒤에 두는 것의

②名連枝步[723](명연지보): 이름이 연지보다.

右手以雙指[724]從左拳(우수이쌍지종좌권): 우수의 쌍지는 좌권을 따라간다.

鈎進復鈎出[725](구진복구진): 굽힌 손이 나가고 다시 굽힌 손이 나가는 것의

③名亂抽麻(명난추마): 이름이 '난추마'다.

右足亦隨右手(우족역수우수 : 우족이 나가면 우수가 따라가고,

④向左足前(향좌족전): 좌족이 앞으로 나가면 (좌수가 따라가고)

鈎進復鈎出(구진복구출):[726] 굽힌 발이 나가고 다시 굽힌 발이 나가되,

作[727]小蹋步[728]還連枝(작소답보환연지): 소답보로 나가서 연지보로 돌아온다.

---

718 斗門(두문): '斗'는 '둘'의 이두문, 門은 두 주먹을 나타냄, '斗門(두문)=칠성권'

719 音拍肩也(음작견야): 음은 '박', 뜻은 '어깨'

720 陰髆直肘平屈(음박직주평굴)'의 '平屈(평굴)'을 나타냄

721 右足踝(우족과): 우측발의 복사뼈

722 斜靠(사고): 빗겨 서는 자세

723 連枝步(연지보): 가지가 좌우로 뻗은 모양처럼 움직이는 걸음

724 雙指(쌍지): 엄지와 나머지 4개의 손으로 나눈 것

725 鈎進復鈎出(굴진복굴출): 좌우수가 반복적으로 들락거리는 것

726 鈎進復鈎出(구진복구출): 좌우족이 반복적으로 굽혀나가는 것

727 『중국고전무학지적록』, 인민출판사(2006)에는 '做(주:지으다)' 자다. 간자체로 옮기는 과정인지 둘 중 하나는 오기

728 小蹋步(소답보): '蹋(답)'은 반복적으로 밟은 것으로 보폭을 크지 않게 굽혀 걷는 것

⑤通臂[729]長拳[730]也(통비장권야): 어깨를 뻗어 치는 것이 장권이다.

右手先陰[731]出長拳(우수선음출장권): 먼저 우수를 접어 장권으로 뻗어 친다.

左手伏乳[732](좌수복유): 좌수는 복유한다.

左手從右拳(좌수종우권): 좌수가 우권을 따라 움직인다.

下亦出[733]長拳(하역출장권): 아래에 좌수가 다시 돌아나가며 치면,

⑥右手伏乳(우수복유): 우수는 복유한다.

共四長拳(공사장권):[734] 네 번 장권을 한다.

足連枝(족연지): 발은 연지보를 한다.

隨長拳微搓挪[735]左右(수장권미착나): 장권을 할 때의 좌우 손을 은밀하게 비빈다.

凡長拳(俱)[736]要對直(범장권(구)요대직): 모든 장권은 곧게 뻗는 것이 중요하다.

手背向內向外者(수배향내향외자): 손등이 안을 향하거나 밖을 향하면

卽病法中戳拳[737](즉변법중착권): 잘못된 방법 가운데 하나인 '戳拳(착권)'이다.

⑦仙人朝天勢(선인조천세)

將左手長拳徵[738]右耳後(장좌수장권징우이후): 좌수 장권을 우측 귀 뒤쪽으로 옮긴 다음

向左前斫[739]下伏乳(향좌전작하복유): 좌측 앞으로 내려치고, 아래 우수는 복유한다.

左足搓左(좌족차좌): 좌족은 좌측으로 비비어 나가면서 좌측 뒤로 옮긴다.

---

729 通臂(통비): 通(통)은 往來(왕래)이고 臂(비)는 '팔'이다. '장권은 왕복해서 친다'다.

730 長拳(장권): 손을 길게 뻗어 친 주먹. '長(장)' 자에 장권의 모양이 있다.

731 陰膊直肘平屈(음박직주평굴)을 나타냄

732 伏乳(복유): 젖가슴 밑으로 당긴 주먹을 두는 것

733 出(출): 入(입)이 전제된 개념이다. '들어온 손(발)이 다시 나간다'다.

734 '共四長拳(공사장권)'의 共(공)은 '좌우수'다. 즉 '좌수' 네 번, '우수' 네 번이다.

735 揉物也(유물야): 물건을 섞듯이 움직이는 동작. 搓挪(차나): 좌우수가 교차 될 때의 손동작이 비비는 것 같다는 표현.

736 『중국고전무학지적록』에는 '俱(구)' 자가 있다.

737 戳拳(착권): 뻗은 손을 옆으로 비틀어 치는 것.

738 『중국고전무학지적록』, 인민출판사(2006)에는 '往(왕)' 자다. 간자체로 옮기는 과정인지 둘 중 하나는 오기

739 斫(작): 손에 도끼를 들고 치듯이 친다.

'左耳後(좌이후)'[740]문장이 생략됐다.

右手徵左耳後(우수징좌이후): 우수를 좌측 귀 쪽으로 옮긴 다음,

向右前斫下(향우전작하):[741] 우측 앞으로 내려치면서

鈎起閣[742]左拳背拗[743]拗[744](구기각좌권배요): 굽히면서 좌권을 들어 올릴 때, 등 쪽으로 꺾으면

⑧右拳正當鼻前(우권정당비전): 우권이 코앞에 있게 되는데

似朝天勢[745](사조천세): 조천세와 유사하다.

右足跟劃進當前(우족근획진당전): 우족 뒤꿈치는 긋듯 앞으로 나간다.

橫向外靠(횡향외고): 밖으로 어긋나가며 가로 서면

左足尖如丁字摚(좌족첨여정자양): 좌족 끝을 '丁' 자처럼 모양을 되는데

⑨是爲仙人步(시위선인보): 이것이 선인보다.

凡步俱蹲矬直立者(범보구준좌직립자): 걸음을 너무 쪼그려 않거나 곧게 서는 것은

病法所禁(병법소금): 옳지 않은 방법이기 때문에 금한다.

⑩抱月(포월)

右足向右至後大撒步[746](우족향우지후대살보): 우족이 우에 이르면 뒤로 대살보를 한다.

⑪左足隨轉右作[747]坐馬步[748](좌족수전우작좌마보): 좌족을 우로 벌려 좌마보를 취한다.

---

740 『중국고전무학지적록』, 인민출판사(2006)에는 '左足往左耳後(좌족왕좌이후)'다.

741 앞 문장 左足搓左(좌족차좌)가 下鈎(하굴)과 연결

742 起閣(기각)으로 시작한 문장은, 將左手長拳徵右耳後을 하기 위한 첫 동작을 나타낸 문장이 도치됐다.

743 拳背(권배): 등 주먹

744 於巧切手拉也(어교절수납야): 교묘하게 편 손을 굽혀 끌어들인다.

745 仙人朝天勢(선인조천세)와 朝天勢(조천세)가 약간 다른 것을 알 수 있다.

746 大撒步(대살보): 앞에 나가 있는 '우각'이 뒤로 빠지면서 손을 뒤로 펼치는 것

747 『중국고전무학지적록』(인민출판사:2006)은 做(주:지으다) 자다.

748 坐馬步(좌마보): 오늘날의 '騎馬勢(기마세)'

兩拳平陰[749]相對爲抱月[750](양권평음상대위포월): 양권을 굽혀 서로 마주하는 것이 '포월'이다.

復搓前手還[751]斗門(복차전수환두문) : 다시 비비며 앞에 손을 뻗어가며 두문을 한다.

足還連枝(족환연지): 연지보를 통해 원지로 돌아온다.

仍四長拳(잉사장권): 네 번의 장권을 하고

斂左右拳緊叉當胸兩[752]面(염좌우권긴차당흉양면): 좌우권을 비틀어 거두어 가슴 양옆으로 둔다.

右外左内兩静[753]夾脇(우외좌내양쟁협협): 우는 밖으로 좌는 안으로 서로 다투듯 주먹을 겨드랑이에 끼운다.

⑫揚鞭(양편)

足搓轉[754]向後(족차전향후): 발을 끌며 뒤로 돈다.

右足在前左足在後(우족재전좌족재후): 우족은 앞에 있고 좌족은 뒤에 있다.

右足卽前進追步[755](우족즉전진추보): 우족이 앞에 나간 것이 추보다.

右手陽發[756]陰膊(우수양발음박): 우수는 위로 들어 펼치고 팔뚝을 구부린다.

直[757]肘平屈[758](직주평굴): 팔뚝은 세우고 팔꿈치는 수평으로 하고 (발은) 굽히면서,

横[759]前如角尺揉(횡전여각척양): 가로 나가는 모양이 각척과 같다.

---

749 平陰(평음): 손을 굽혀 평평하게 하는 것. 陰(음)은 陽(양)과 대칭으로 '陰(음)' 자에 손을 굽혀 거둔 모양이 있다.

750 抱月(포월)=兩拳平陰(양권평음)으로 양주먹을 양허리에 붙이는 것

751 還(환): 원지도 돌아오는 것

752 『중국고전무학지적록』, 인민출판사(2006)에는 '陽(양)' 자다.

753 音爭足跟筋(음쟁족근근): 음은 '쟁', '跟(근)', 발꿈치, 『중국고전무학지적록』에는 '肱(굉)' 자다.

754 足搓轉(족차전): 다리를 끌며 도는 보법. '좌각'을 땅에 끌며 좌회로 돌면 '좌각'이 앞에 있게 된다. 이때 '우각'이 다시 나간다.

755 追步(추보): 한발이 일보 더 나가는 보법

756 陽發(양발): 고사평처럼 손등이 위로 가도록 곧게 뻗는 주먹

757 陰膊直(음부직): 손을 구부려 팔뚝을 곧게 세운 것

758 肘平(주평): 팔꿈치가 수평인 것

759 屈横(굴횡)=角尺(각척): 발을 굽히되 몸은 가로 선 자세 角尺(각척): '角'은 굽힌 무릎, '尺'은 보폭의 넓이

左手扯(夲作撦開)後[760]伏脅[761](좌수차(본작차개)후복협):[762] 좌수는 뒤로 당겨 겨드랑이 밑에 붙이되,

一斂轉面[763](일렴전면): 한 손의 권면은 돌리면서 거둔다.

左手亦陽發陰左[764](좌수역양발음좌): 좌수를 펼치면 팔뚝은 세우고 팔꿈치는 수평으로 한다.

足進同上(족진동상):[765] 좌족이 나가는 것은 위에서 한 방식과 같다.

⑬煞鎚(살추)

左手平陰屈橫(좌수평음굴횡): 좌수를 굽혀 가로로 두고 屈橫(굴횡)으로 나간다.

右手向後挽[766]至左掌(우수향후투지좌장): 우수가 머리 뒤로 가면 좌장에 도달한다.

右足隨右手齊進[767](우족수우수제진): 우족이 나가면 우수도 함께 따라 나간다.

至左足後(지좌족후): 좌족은 뒤에 있게 된다.

⑭衝擄(충로)

右手向後翻身[768]直斫(우수향후번신직작): 우수를 뒤로 보내며 몸을 돌려 곧게 작으로 친다.

右足隨轉[769]向後左足揭起(우족수전향후좌족게기): 우족을 끌어 돌아 좌족을 들고 걸으면서,

---

760 扯後(지후): 손을 강하게 뒤로 끌어당기는 것

761 伏乳(복유): 젖가슴 밑, 伏脅(복협)은 옆구리 밑

762 夲作撦開也(본작차견야): '扯(차)=撦開(차개)'다. '扯(차)'은 '伏脅(복협)'을 할 때, 옷을 찢듯이 당긴다는 것 撦開(차개): '펼친 손을 당긴다'이다,

763 一斂轉面(일렴전면): 一斂(일렴)의 '一(일)'은 '伏脅(복협)'을 하는 한 손이 '左手扯(좌수지)'다. 轉面(전면)의 '面(면)'은 '拳面(권면)'으로, 옆구리에 한 손을 거둬들일 때 권면이 자연스럽게 돌게 되는 것

764 '陰膊直肘平屈'의 문장이 생략됨

765 '左足在前左足在後(좌족재전좌족재후)左足卽前進追步(좌족즉전진추보)'가 생략된 문장.

766 音兜批也(음투비야) : '兜(투구투)'자 형에 살추를 행하는 두 손의 모양이 있다.

767 齊進(재진): 齋(재)는 '동등하다 · 같다'다. '우족'과 '우수'가 동시에 움직이는 보법

768 翻身(번신): 몸을 뒤집어 도는 신법. '좌각'이 앞에 있을 땐, 좌회, '우각'이 앞에 있을 땐 우회.

769 抱月(포월)의 左足隨轉(좌족수전)과 대칭

左拳衝[770]下箸[771]左膝上(좌권충하저좌슬상): 좌권을 돌려 좌 무릎 위에 두고,

⑮爲釣馬步(위조마보): (작으로 곧게 내려치면서) 조마보를 한다.

此專破小林摟[772]地挖[773]金磚等法者(차전파소림루지알금전등법자): 이 기법은 소림의 '摟(루)'[774]나 地挖金磚(지알금전)[775] 등의 기법을 깨트린다.

右手擄[776]左睜[777](우수노좌쟁): 우수를 거두면서 좌 발목이 나간다.

左手卽從右手內豎(좌수즉종우수내수): 좌수가 즉시 따라가면 우수를 안으로 들어 세운다.

起左足上前逼步(기좌족상전핍보): 좌족을 들어 앞으로 몰아가면,

右足隨進後(우족수진후): 우족이 뒤를 따라 나가면서 뒤에 있게 된다.

仍還連枝兩手仍還斗門(잉환연지양수일환두문): 연지보와 두문으로 돌아온다.

兩足搖擺(양족요파): 양다리를 빠르게 벌리며 나간다.

兩足搓右作坐馬步(양족차우작좌마보): 양족에서 우각을 비비듯 나가며 좌마세를 한다.

兩拳平陰著胸[778]先(양권평음저흉선): 양권은 굽혀 가슴 옆에 먼저 붙인다.

將右手掠開平直(장우수략개평직): 그리고 우수를 스치듯 펴면서 곧게 지른다.

如翅復收(여시복수):[779] 이와 같은 방법으로 날개를 다시 거두면

至胸左手亦然(지흉좌수역연): 가슴 옆에 도달한 좌수로 자연스럽게 역시 똑같이 한다.

---

770 衝擄(충로)의 衝은 '下箸左膝上'을 뜻하고 '擄(로)'는 작을 거두어 높이 들고 있는 것

771 『중국고전무학지적록』, 인민출판사(2006)에는 '着(착)' 자다.

772 音樓臾地牽也

773 音斡桃也

774 音樓曳也牽也(음루예야견야): 음은 '루' 뜻 '曳(예)·牽(견)'은 '끌다'다. '樓=뒤에서 두 팔로 끝어 안는 기법'

775 音斡挑也(음알도야): 음은 '알', 뜻은 '도려 파내다·돋우다'다. '땅에 깔린 벽돌을 집어서 던지는 동작'

776 擄(노): '거두어들이는 동작'

777 足跟筋(족근근) : 발목에 힘을 주는 것

778 抱月(포월)의 동작

779 翅復收(시복수): 翅(시)는 손을 뻗은 것. 收(수)는 뻗은 손을 거두는 것. 復(복): 翅收(시수)를 반복하는 것

사. 詮十段錦(전십단금)

①坐山虎勢(좌산호세)[780]

起斗門(기두문): 좌상호세에서 두문으로 한다.

連枝足搓向右作坐馬(연지족차향우작좌마): 연지의 발을 우로 벌려 좌마세한다.

兩拳平陰著胸煞步三追(양권평음저흉살보삼추): 양권을 굽혀 가슴 옆에 붙여 삼보 추격한다.

右手撒開轉身[781](우수산개전신): 우수를 펼치며 몸을 돌려

左手出長拳同六路(좌수출장권동육로): 좌수로 장권을 하는 것은 육로와 같다.

但六路用連枝步至搓轉方(단육로용연지보지차전방): 단지 육로에서는 연지보를 상용하여 발을 끌면서 돈다.

右足在前仍爲連枝步(좌족재전잉위연지보): 우족의 앞에 있는 상태에서 연지보를 한다.

而此用進退斂步循環[782]三進(이차용진퇴염보순환삼진): 이렇게 진퇴로 하고, 거두면서 돌아, 세 번을 나간다.

②雙刀斂步(쌍도렴보)

左膊垂下拳直豎當前(좌박수하권직수당전): 좌박은 내리고 아래 주먹을 앞으로 곧게 세운다.

右手平屈向外(우수평굴향외): 우수를 굽히되 (손등)을 밖으로 향하고,

叉左手內(차좌수내): 마주한 좌수의 (권면은) 안쪽에 있다.

兩足緊斂步(양족긴렴보): 양발을 거둘 땐, 교차 수축시키며 거둔다.

滾斫進退三廻(곤작진퇴삼회): 곤작으로 치며 나가고 물러날 땐 세 번 돈다.

將前手抹下後手斫進(장전수말하후수작진): 앞 손이 아래로 지나간 후, 뒷손이 치며 나간다.

780 坐馬勢(좌마세)는 유목 민족적 표현이고 坐山虎勢(좌산호세)는 산림민족의 표현이다.

781 撒開(살개): 뒤에 있는 발을 기준으로 뒤로 돌며 손을 펼치는 것

782 循環(순환): 갔다고 다시 돌아오는 것 조선세법의 염시보의 보법

如是者三進三退(여시자삼진삼퇴): 이와 같이 세 번 나가고 세 번 물러난다.

凡斫法上圓中直下(범작법상원중직하): 무릇 작법은 위에서 빙 돌려 원 가운데를 곧게 내린다.

仍圓如鉞斧搽(잉원여월부양): 이 원은 도끼를 손으로 돌리는 것과 같다.

③分身十字(분신십자)

兩手仍著胸[783]以(양수잉저흉이): 양손을 거듭 가슴에 붙인다.

左手撒開左足隨左手出(좌수살개좌족수좌수출): 좌수가 산개하면 좌족따라 좌수가 나가고,

右手出長拳(우수출장권): 우수가 나가면서 장권을 한다.

循環三拳(순환삼권): 한 바퀴 돌면서 세 번 주먹으로 친다.

右手仍著胸以(우수잉저흉이): 우수를 거듭 가슴에 붙이고

右手撒開左足轉面左手出長拳[784](우수산개좌족전면좌수출장권): 우수를 산개하면서 좌족이 돌아 나가면서 좌수로 장권을 한다.

亦循環三拳(역순환삼권): 역시 권으로 세 번 돈다.

④架刀[785]斫歸營寨(가도작귀영채)

右手復叉左手內斫法(우수복차좌수내작작법): 우수를 거둬 좌수 안에서 곤법으로 치는 것은

同前(동전): 앞과 같다.

滾斫法但轉面只三斫(곤작법단전면지삼작): 곤작법은 다만 회전하고 세 번 친다.

用右手轉身(용우수전신): 우수를 사용하여 돈다.

⑤紐拳碾步(유권전보)

783 著胸(저흉)은 '分身十字(분신십자)'를 설명한 것으로 양손을 십자로 가슴에 붙인 것

784 앞 문장 '左手撒開左足隨左手出'와 대칭을 이루면서 '左足轉面左手出'로 변화를 주었다.

785 架刀(가도): 칼을 등 뒤의 가로로 맨 것

拳下垂左手略出[786](권하수좌수략출): 권 아래로 내린 좌수는 돌아나간다.

右手下出上進俱陰面[787](우수하출상진구음면): 우수도 밑에서 돌아 위로 나가되 모두 '음면'이다.

左足隨左手右足垂(좌족수좌수우족수): 좌족은 좌수를 따라가고, 우족이 나가면 늘여 세우고,

右手搓挪不轉面兩紐[788](우수차나부전면양뉴): 우수는 비비고, 돌지 않고 두 번 뉴를 한다.

滾斫退歸原路(곤작퇴귀원로): 곤작은 물러나 돌아서 원지로 올 때 한다.

左手翻身三斫退步(좌수번신삼작퇴보): 좌수로 번신을 하고 세 번 작(斫)하며 퇴보하게 되면,

蹈隨前進左手平著胸(도수전진좌수평저흉): 들어가면서 좌수는 수평으로 가슴에 붙인다.

略撒開[789]平直右手覆拳[790]挽上至(략산개평직우수복권투상지): 돌리면서 산개평직할 때, 우권은 뒤집어 돌려 머리 위로 이른다.

左手腕中止左足隨左手入(좌수완중지좌족수좌수입): 좌팔목은 좌족을 따라가는 좌수를 거둬들여 중간에 멈춘다.

斂步[791]翻身右手亦平著胸同上(렴보번신우수역평저흉동상): 발을 거둬들이면서 몸을 돌려 이번에는 우수가 수평으로 가슴에 붙이는 것은 위와 같다.

⑥滾斫歸初(곤작귀초)

飛步[792]右手斫後右足搓挪(비보우수작후우족차나): 빠르게 나가 우수로 斫(작)하

786 略出(략출): 돌리면서 나가는 것

787 陰面(음면): '陰(음)'은 팔의 오금이 구부러진 것 '面(면)'은 拳面(권면)으로 陰面(음면)은 주먹의 면이 자신의 얼굴과 마주한다.

788 이 문장은 '碾步(전보)'의 상태를 설명한다. 대칭 문장은 '左足垂左手搓挪(좌족수좌수차나)'다.

789 撒開(산개): 가슴에 있는 좌수를 좌회를 하면서 펼진 손동작

790 우권을 뒤집은 것

791 斂步(렴보): 발을 거두는 것

792 左右短出入如飛(좌우단출입여비)

며 우족이 나가서,

⑦金雞立緊攀弓[793](금계독긴반궁): 금계독립긴반궁을 취한다.

右手復斫右(左)[794]足搓轉[795](우수복작우(좌)족차전): 우수로 斫(작)하고 우(좌)족 搓轉(차전)한다.

左拳自上揷下(좌권자상삽하): 좌권은 위로 들고 아래의

左足鈞馬進半步右足隨(좌족조마진반족우족수): 좌족은 조마보로 반보 나가면 우족이 따른다.

還連枝卽六路(환연지즉육로): 연지로 돌아오면 육로다.

拳衝鈞馬步(권충조마보): 권으로 찌를 때는 조마보로 걷고,

坐馬四平兩顧[796](좌마사평양고): 좌마는 사평으로 마무리한 후 돌아본다.

卽六路兩翅[797]搖擺[798]還斗門(즉육로양시요파환두문): 즉 육로의 '양시요파환두문'이다.

轉坐馬搖擺六路(전좌마요파육로): 돌아서 좌마요파의 육로는

與十段錦多相同處大約六路(여십단금다상동처대략육로):십단금은 서로 여러 곳이 육로와 같다.

鍊骨使之能緊十段錦(련골사지능긴십단금): 뼈를 단련하려면 십단금이 요긴하다.

緊後又使之放開(긴후우사지방개): 굳게 수련한 후에는 放開(방개)[799] 해도 좋다.

[案]中國之二十四槍[안](중국지이십사창)三十二拳(삼십이권)隨機百變(수기백변)雖或有數勢之相連(수역유수세지상연)未必勢勢相承聯絡不斷(미필세세상승연락부단)如易之有序卦(여역지유서괘): 중국의 이십사창, 삼십이권은 세의 움직임에 따라 백번을 변한다. 모름지기 촘촘히 연결된 여러 세는 서로 연결되어 있다. 반드시 세

793 攀弓(반궁): 지팡이를 잡고 허리를 반쯤 굽히듯 취하는 자세

794 원문은 '左(좌)'다. 무예도보통지로 옮겨쓰는 과정에 오기한 것을 보인다.

795 搓轉(차전): 땅에 발을 끌며 도는 것

796 兩顧(양고): 좌마를 거쳐 사평을 마치면 다시 돌아서 사평을 한다. 즉 두 번을 한다.

797 翅復收(시복수)

798 兩足搖擺(양족요파)

799 연연하지 않는다는 뜻.

와 세가 서로 이어지고 연락되지 않았어도 끊어지지 않은 것은 역의 서괘가 연결된 것과 같은 이치다.

故茅氏論(고모씨론)朝鮮劍勢(조선검세)亦分洗法刺法擊法(역분세법자법격법)[800] 而已我國銳刀既載茅說(이기아국예도기재모설)乃復習以俗譜(내복습이속보): 그러므로 모씨가 논한 조선세법도 '세법·자법·격법'으로 나뉘어 있으나 역시 그러하다. 오래전 아국의 예도인데 모에 실려 설명되어 있어, 다시 속보에서 배우도록 한다.

卽以拳法言之戚譜(즉이권법언지척계보)必兩兩相對(필양양상대)如甲作探馬(여갑작탐마)乙作拗單鞭(을작요단편)甲作七星(갑작칠성)乙作騎龍勢之類(을작기용세지류)皆攻守自然之勢(개공수자연지세): 즉 척보의 권보를 말하자면, 반드시 두 사람이 서로 마주하여, 갑은 탐마세, 을은 요단편세, 갑이 칠, 을은 기룡를 하는 것과 같이 모두 공수를 자연스럽게 하는 勢(세)로 되어있다.

而今法則(이금법즉)初作某勢再作某勢(초작모세재작모세)從頭至尾湊成一通(종두지미주성일통) 已失本意又況(기실본의역우황):[801] 그러나 이번에 만든 법은 처음에는 어떠한 세를 한 다음에 어떤 세를 하더라도, 처음부터 끝까지의 물줄기가 흘러가듯 하나로 통하도록 만들었으니, 이미 본래의 의미나 정황은 잃었다.

甲乙同作一勢(갑을동작일세)如影隨形其相搏也(여영수형기상박야)不過雁翅丘劉數勢(불과안시구유수세): 갑을이 같은 세를 취하는 것은 마치 그림자가 형상을 따라서 서로 치는 것과 같은 것으로 안시와 구유처럼 몇 개의 세에 불과하다.

而終之兩相轡(이종지양상련)(數眷切雙生子:수권절쌍생자)負相撲(부상박)而起此殆近戲第其行之(이기차태근희제기행지)既久仍舊譜焉(기구잉구보언)識者當者知之(식자당자지지)其十勢逸於(기십세일어)今本故增(금본고증)入並錄其訣(입병록기

800 조선세법 24세가 각각 떨어진 것이 아니라, 연결된 동작이라는 설명.

801 척씨보에 기록된 공수관계가 사라졌다는 문장.

결): 그리고 마지막에는 둘이 서로 등을 지고 서로 싸운다. 이것은 거의 유희에 가깝게 행한 것이지만 이미 오래전 구보에 언급되어 있다. 아는 사람은 당연히 알겠지만, 잃어버렸던 십세를 금본에 덧붙여 나란히 그 결을 수록하여 넣었다.

十五

本國拳(본국권)의 실기 해제

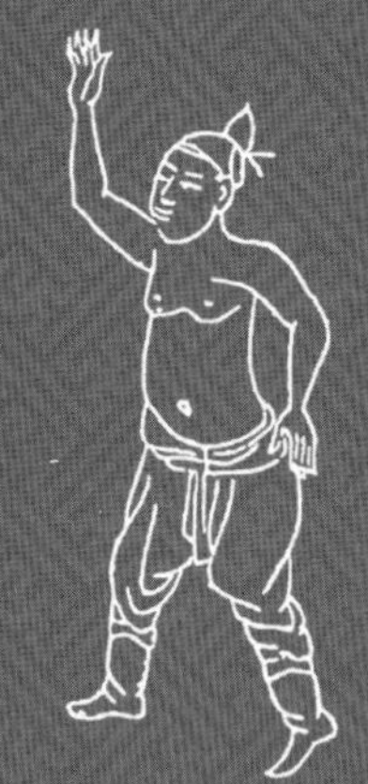

『무예도보통지』「권법」의 원형은 『기효신서』의 「권경첩요편」에 실린 권법이다. 『기효신서』의 여러 판본 중에, 조선 시대에 『무예도보통지』가 편찬된 당시에 참조한 『기효신서』가 아니라 三十二勢(삼십이세)의 모든 勢(세)가 구비된 1998년 인민체육출판사에서 간행한 『기효신서』를 底本(저본)으로 삼았다. 5개의 고문서에서 『기효신서』는 「拳經(권경)」, 「長拳(장권)」, 『무비지』는 「拳(권)」, 『무예제보번역속집』은 「拳勢(권세)」, 『무예도보통지』는 「권법」으로 모두 '拳(권)'자를 공통 개념으로 취하고 있다.

5개문서의 통합 명칭으로 한민족의 모든 나라를 지칭하는 本國(본국)을 내세워 本國拳(본국권)으로 명명한다. 本國拳(본국권)은 대한본국무예협회의 교본을 겸하면서 전수제자를 통해 師子相傳(사자상전)으로 전수했다. 『본국무예』를 통해 임성묵流(류)의 '本國拳(본국권)'이 확산되어 전통권법이 되살아나길 바란다. 『무예도보통지』는 『기효신서』의 배치와 다르다. 『무예제보번역속집』의 「拳勢(권세)」는 연무 형태다. 조선은 연무 형태의 「권세」가 전해져 내려왔던 것으로 보인다. 이 연무에 「拳經(권경)」의 자세를 배치했듯이 『무예도보통지』의 「권법」에서도 연무 형태로 구성했다. 『기효신서』는 일본에도 전래되어 『무술조학』과 『당토훈몽도회』에 기록됐지만 기효신서의 순서와 권결만 같을 뿐, 『무술조학』은 자세를 설명한 문장을 생략했고 『당토훈몽도회』는 32세 그림만 있고, 자세의 이름도 설명도 없어 권법의 진의가 일본에 제대로 전래됐는지 의문이다. 한·중·일이 같은 문서를 가지고 다르게 권법을 한다는 것은, 해독을 제대로 하지 못했거나, 자기 민족만의 몸짓으로 해석했다고 볼 수 있다. 그렇기 때문에 우리 민족에게 전승된 우리만의 맨손무예의 동작이 어떠했는지 제대로 알려면 정확한 「권법」의 복원을 통해서 고증할 수밖에 없다. 『조선세법·본국검·무비문·유구무비지·권세』 등에서 기법의 흐름을 보면 우리의 무예의 몸짓은 '回

轉(회전)'을 기본 원리로 삼았다. 이 연무의 순서에 맞춰 "기효신서·무비지·장권·권세·권법"의 순서로 배치하여 원문과 기법의 변화를 비교할 수 있도록 했다. 詩語(시어)는 원문을 기준으로 했다. 또한 『무예문헌자료집성』과 국내 최근 논문의 해설을 실어 비교하도록 했다. 조선세법의 개별 가결이 연결되어 대서사시를 구성했듯이 권법의 가결도 견우와 직녀의 설화의 내용으로 부분적으로 연결된 것으로 보아, 상고시대 권법의 구성은 신화와 연결되어 한편의 경극처럼 동작을 구성했다. 이러한 전통은 중국 경극을 통해서도 유추할 수 있다. 한편 오늘날 진식태극권은 長拳十三勢(장권십삼세)를 중심으로 吐納術(토납술)과 결합하여 음양오행설로 이론화시켜 양생체조술적 동작으로 변질되었다. 이에 온전한 32세와 태극의 이론을 결합시켜 실전성과 도인체조술이 결합된 本國太極拳(본국태극권)[802]을 구성하여 보급하고 있다.

一. 探馬勢(탐마세)

권경	권	장권	권세	권법

가. 全文原文(전문원문)

①探馬勢傳自太祖 諸勢可降可變 進攻退閃弱生强 接短拳之至善

②探馬勢傳自太祖 諸勢可降可變 進攻退閃弱生强 接短拳之至善

③探馬勢諸着下降 進攻退閃弱生强 接短拳當以披砍 此中妙決細思量

802 태극권은 중국의 무술이다. 그러나 태극은 동양의 철학과 사상이 담긴 개념으로 한중일이 함께 사용하고 있다. 특히 태극은 태극팔괘도의 원리가 담긴 것으로, 한민족 치우와 대한민국의 국기의 상징으로 태극이란 개념을 지켜야 한다. 중국에서도 태극권을 진식·양식처럼 流(류)의 개념으로 분류하여 사용하듯이 태극은 한 국가가 소유할 수 없는 개념이다. 그래서 중국과 차별된 본국의 태극권이란 의미에서 본국태극권이라 명명했다. 또한 본국무예에서는 제례에 사용할 경우에는 천부권이란 명칭으로 사용하고 있다.

④探馬卽高探馬也【賽寶全書】用兩手三披過旋作探馬勢

⑤兩人各以左右手夾腰雙立初作探馬勢右手打開左肩旋

나. 拳經(권경)·拳(권)의 詩語(시어)

①探馬勢傳自太祖: 탐마세는 태조로부터 전해졌네

②諸勢可降可變: 이 세는 가히 내려오면서 변화하네

③進攻退閃弱生强: 나아 공격하고 물러서 방어할 때 약함에서 강함이 생기네

④接短拳之至善: 짧게 들어오는 권을 상대하기에 좋다네

다. 拳經(권경)·拳(권)·長拳(장권)의 기법 해석

①探馬勢傳自太祖(탐마세전자태조): 探馬勢(탐마세)[803]는 『기효신서』에서 세 번째 나오는 동작이지만 첫 번째 나찰의와 두 번째 금계독립은 겨루기의 준비 자세로 실질적으로 탐마세가 첫 시연 자세다. 「장권」의 '探馬勢諸着下降(탐마세제착하강)'에는 「권경」에 있는 가장 중요한 傳自太祖(전자태조)라는 문장이 없고 나머지 문장도 전혀 다르다. 이것은 무엇을 말하는 것인가? 탐마세는 무예사적으로 매우 중요하다. 탐마세를 宋太祖(송태조)와 연결하고 더 나아가 「권경」을 송 태조가 만든 것으로 확장되는데, 「장권」에 傳自太祖(전자태조)라는 문장이 없다. 이것은 송 태조에 대한 무용담이 후대로 내려오면서 탐마세를 송 태조와 연결한 것으로 보인다. 즉 '송 태조 이전부터 전래한 무예서가 여러 갈래로 내려오고 흩어지고 취합되면서 문장을 새롭게 각색한 각기 다른 문서가 존재했다'는 것을 강력하게 반증한다. 探馬(탐마)는 '말이 탐이나 쓰담는다'는 의미다. 등패이 躍步勢(약보세)의 자세 또한 탐마세다.

②諸勢可降可變(제세가강가변): 諸勢(제세)[804]는 탐마세다. 可降(가강)은 '우수를 내리는 동작'이다. 可變(가변)은 '우수가 내려오면서 생기는 변화'다.

「장권」은 '進攻退閃弱生强(진공퇴섬약생강)'으로 문장이 다르다. 이 문장이 「권경」

803 탐마세에 대한 해석을 김산(2002)은 "말을 쓰담는다 라는 의미로 이해하고자 한다."했고, 이를 김종윤(2017)은 "중국어로 군대에서 적 부대의 허실을 알아보는 정찰 기병을 의미한다. 그러므로 말을 쓰담는다는 의미가 아니라, 상대방의 허실을 탐지하는 勢(세)"라고 비판했다.

804 諸勢可降可變(제세가항가변)을 김종윤(2017), 박대선(2007)은 "여러 세를 항복 받을 수 있고 변할 수도 있다."라고 번역했다. 이는 "諸勢(제세)를 모든 勢(세)로 해석하고 降(항)을 항복하다."로 해석했기 때문이다.

의 다음 문장과 같다. 즉 傳自太祖(전자태조)를 삽입하게 되면서 탐마세의 제일 뒤 문장 此中妙決細思量(차중묘결세사량)을 빼면서 새로운 문장을 넣었다. 그래서 「권경」의 탐마세 는 칠언율시가 될 수 없었고 오히려 「장권」이 칠언율시를 갖추었다.

'進攻退閃(진공퇴섬)'으로 '나가 공격하고 물러날 때는 방어한다'다. 進退(진퇴)가 대칭이듯이, 攻(공)의 대칭 防(방)이 '閃(섬)' 자로 치환됐다. 즉 이 문장은 進閃攻退閃防(진섬공퇴섬방)이다. '閃(섬)=門+人'으로 '틈사이로보다·언듯보인다·나풀거린다'다. '人'은 사람이 아니라 문 좌우에 매달린 '垂簾(수렴)'이다. 우리말 '섬거적'이 '閃(섬)'이다. '공격할 때는 수렴을 들고 밖으로 밀어젖히고 문에 들어가듯이 팔꿈치를 들고, 방어할 때는 물러나면서 수렴을 다시 안으로 내리는 손동작'을 조선세법의 點劍勢(점검세)는 '點劍勢刺也(점검세자야)能偏閃進奏搶殺(능편섬진주창살)'이다. 點劍勢(점검세)는 '좌각'이 나가면서 칼을 든 우수를 우측 옆구리(偏)에 들면서 '우각'이 앞으로 나가며 아래를 찌르는 기법이다. 여기서 偏閃(편섬)은 '한쪽 손을 드는 동작'이다. 退閃(퇴섬)은 '물러나면서 손을 내리는 동작'으로 조선세법의 점검세의 동작과 연결된다. 이처럼 무예에 사용된 동작과 관련된 한자가 조선세법과 개념이 같고 서로 보완관계가 있다. 이것은 삼십이 세가 문화적으로 고조선과 연결되어 있다는 것이다.

'좌각'이 나가며 '우수'를 들거나, 다시 '우각'이 나가 '우수'를 내리면 손발이 상하로 되고, 손을 돌리면 태극과 같은 圓(원)이 된다. 즉 '좌각'과 '우각'이 전후로 빠지며 '우수'를 돌리는 동작이다. 弱生强(약생강)은 '부드러움 속에서 강함이 나온다'다. 老子(노자)의 『道德經(도덕경)』에 나오는 柔能制剛(유능제강)이다. 음양과 역, 태극의 이론이 이미 가미됐다. 탐마세에서 '우수'가 경직되면 몸이 굳는다. 손발의 힘은 弱(약)하게 빼야 강함을 얻을 수 있다.

③進攻退閃弱生强(진공퇴섬양생강): 나가 공격하고 물러날 때는 방어한다.
「장권」은 '接短拳當以披砍(접단권당이피감)'이다.

④接短拳之至善(접잔권지지선): 接(접)은 '접하다·응대하다'다. 短拳(단권)이 들어오면 응대하기에 좋다. 「장권」의 '接短拳當以披砍(접단권당이피감)'과 문장이 다

르다. 짧게 그리고 단발로 공격하면 당당히 헤쳐 피하며 감아 자른다.

「장권」의 '此中妙決細思量(차중묘쾌세사량)'은 「권경」에 없다.

라. 拳勢(권세)의 기법 해설

원문: 探馬卽高探馬也(탐마즉고탐마야)【賽寶全書(새보전서)】
用兩手三披過旋(용양수삼피과선)

①探馬(탐마)의 이칭이 高探馬(고탐마)다. 高(고)란 별도의 探馬(탐마)가 있다는 것으로, 실제 다른 探馬(탐마)가 있다. 개념만으로 본다면 「권경」에서 손을 높이 들고 있는 探馬(탐마)는 高探馬(고탐마)가 더 자세에 어울린다.

마. 武備門(무비문)의 高探馬(고탐마)

①脚用雙膝蝴(각용쌍슬호)辨打進手開單鞭脚短䏧(변타진수개단편각단치): "다리는 양 무릎을 붙이고 있다가 한 손으로 치고 나갈때 다리를 열고 한 손으로 치면서 다리는 조금만 나간다." 蝴蝶(호접)은 양 날개를 '접었다 펼치는 나비다. 양다리를 나비의 날개로 비유했다. 蝶(접)은 양다리를 붙이고 선 상태이고 蝴(호)는 〈그림 15-1〉처럼 벌린 것이다. 脚短䏧(각단치)는 '치고 조금만 발이 나간다'는 것으로 뒤로 돌아 고탐마세를 반복적으로 수련한 것으로 대동류나 합기도에서 正面打(정면타)로 치고 들어가는 자세와 기법이 같다. 시연자도 상투와 망건을 두른 조선 사람이다. 『새보전서』는 사라졌지만, 다행히 『天下四民便覽(천하사민편람)』과 『萬寶全書(만보전서)』에 상박과 수박이 기록되어 있었다.

그림 15-1. 高探馬/懶扎依

②懶扎依(나찰의): 송태조32세는 금계독립세와 짝이다〈그림 15-2〉. 무비문은 台陽懸脚金鷄勢(태양현각금계세)이고 鬼拜燈勢(귀배등세)와 짝이다. 구성이 다르다. 상태가 고탐마세로 머리를 치고 나온다. 이것을 방어하기 위해 나찰의는 '오른손을 뒤로 벌린다'다. 懶(라)는 '눕힌다'로, '우수를 아래에서 뒤로 빼는 기법'이다. 그림만 보면 상대가 머리를 치는데 머리를 막지 않는다는 것은 이치에 맞지 않다. '좌수'가 뒤로 가서 옷을 잡아 올린 것은, '상대를 뒤로 돌린다'는 표식이다.

이것은 대동류의 술기에서 '머리를 치고 나오면 상대의 손을 잡고 뒤로 빼는 기법'이다. 대동류나 합기도에서 가장 중요한 요체는 정면타를 대응하는 기법이다. 고탐마세가 정면타이다. '정면타'는 대응하는 기법이 나찰의로 여기에서 대응기법이 파생된다.

그림 15-2. 金鷄獨立勢/懶札衣勢

③探馬勢(탐마세)를 날갯짓처럼 손을 돌린다. 삼실도의 장사도 서로 마주 보고 손을 돌린다. 문화적으로 보면 삼수 문화와 새(태양)를 숭배하는 문화가 투영된 것으로 보인다. 택견의 날갯짓이나 수박의 춤도 이러한 문화가 습합된 것으로 생각된다. 「무비지」는 '탐마세와 요단편세'가 짝이다.

兩手(양수) 중 어느 손은 먼저 들어 돌릴 것인가? 「拳經(권경)·拳勢(권세)·拳法(권법)」 모두 '우수'다. '우수'를 左肩(좌견) 쪽으로 크게 돌려 내리고, '좌수'를 右肩(우견) 쪽으로 크게 돌리고, 다시 '우수'를 좌견 쪽으로 크게 돌린다. 즉 '우수'를 먼저 돌리는 것은 '天佑神助(천우신조)를 받는다'는 상징적 표현이다. 이러한 손의 회전은 태극(하늘)을 형성하는 의례의 동작이다. 조선세법의 첫 동작 太阿倒他勢(태아도타세: 하늘이시여 적을 물리쳐 주소서!)도 '우수'를 하늘에 들고 일성을 지른다(右手向天高托一呼). 太阿倒他勢(태아도타세)의 수법과 보법은 探馬勢(탐마세)와 같다. 四辰劍(사진검)의 一片龍光斗牛射(일편용광두우사)는 '용 검의 빛을 북두의 견우에게 비춘다'는 의미다. 挾刀(협도)의 龍光射牛斗勢(용광사우두세)에도 같은 신화로 연결되어 있다. 모두 神助(신조)의 의미가 있는 동작이다. 四寅劍(사인검)의 乾降精坤援靈日月象岡澶形撝雷電運玄坐推山惡玄斬貞: 건강정곤원령일월상강단형휘뢰전운현좌추산악현참정)도 마찬가지다.

바. 拳法(권법)의 기법 해설

원문: 兩人各以左右手夾腰雙立(양인각이좌우수협요쌍립)

初作探馬勢右手打開左肩旋(초작탐마세우수타개좌견선)

언해본: 두사룸이각각左좌右우手슈로뻐녑흘끼고雙으로셧다가처음으로探탐馬마勢세룰호딕右우手슈로왼편엇기룰텨벗기고즉시,

①兩人各以左右手夾腰雙立(양인각이좌우수협요쌍립): 두 사람이 각각 서서 '좌·우수'를 양 허리에 끼고 나란히 서 있는 자세로 시작 전에 준비하는 자세다. 『기효신서』는 나찰의와 금계독립으로 두 사람이 처음 겨룬다. 그다음 나오는 자세가 탐마세와 요단편세다. 즉 『무예도보통지』는 여기서부터 시작한다. 또한 『기효신서』는 두 사람이 하나의 권세를 펼치면 다른 하나로 방어하는 수수세로 구성했기 때문에 서로 마주 보고 서 있게 되지만, 이런 방식은 상대가 없는 경우에는 익힐 수 없다. 이 단점을 보완하여 『무예도보통지』는 개별 동작을 연무로 구성했다. 때문에 마주 보고 서 있지 않아도 혼자서도 익힐 수 있다. 그러므로 『기효신서』의 순서대로 구성될 수는 없지만, 단점을 보완하기 위해 연무 후반에 갑과 을이 서로 겨루도록 했다. 『무예도보통지』의 창의성이 돋보인다.

②初作探馬勢右手打開左肩旋(초작탐마세우수타개좌견선): 右手打開左肩旋(우수타개좌견선)은 '우수로 좌측 어깨 쪽으로 돌린다'의 打(다)는 여기에서 '친다'는 뜻이 아니라 '어떠한 동작을 한다'는 의미다. 「권법」의 출발지는 탐마세다. 탐마세를 중심으로 전후로 4행을 왕래하지만 '오화전신세'를 마치면 源地(원지)인 탐마세의 자리로 돌아오게 된다.

「권보」의 披(피)가 『무예도보통지』에서 '開(개)' 자로 바뀌었다. 『권보』에서 세 번 돌리던 것을 『무예도보통지』에서는 한 번으로 축약했다. 『기효신서』의 「권보」는 '좌

각우수'이고 『무비지』와 『무예도보통지』는 '우수우각'이다. '좌각우수'는 進功(진공), '우각우수'는 退閃(퇴섬)으로 탐마세의 두 모양을 분리하여 그린 것으로 보인다.

사. 邱劉勢(구유세)와 探馬勢(탐마세)의 비교

①. 邱劉勢/探馬勢　　②拗單鞭勢/探馬勢

그림 15-3. 구유세/탐마세/요단편세

'우수'는 探馬勢(탐마세), '좌수'는 邱劉勢(구유세)로 서로 대칭이다. 『무예도보통지』에서는 '丘(구)' 자로 섰다. 邱(구)는 '언덕'이고, 劉(유)는 '죽이다·승리하다·늘여놓다'다. 동작과 연결 짓는다면 '전쟁에서 승리해서 왼손을 든다'와 '말이 먹도록 늘여놓는다'다. '구유'는 '말먹이통'이다. '탐마'는 말을 쓰다듬는 동작이고 '구유'는 말먹이 통에 염초를 주는 동작으로 서로 대칭 구조다. 탐마와 구유는 유목문화에서 만들어진 개념이다. 탐마세에서 내리는 손동작이 '弱生强(약생강)'이다. 弱(약)은 柔(유)와 같다. 탐마는 손이 위로 올라가는 작용이고 구유는 내려가는 작용이다.

탐마세는 '좌각'에 '우수', 구유세는 '우각'에 '좌수'로 손발이 대칭이다. 『무예도보통지』의 「권법」에서는 '탐마세'를 '우각우수'로 변형시켰다. 그 이유는 '요란주세' 다음에 '헌각허이'를 '우각'으로 차기 위해 '좌각'이 나가면서 탄력을 주기 위해서다. 이에 반해 「권경」에서 '좌각'이 나가면서 '우수'를 드는 것은, '좌각'이 먼저 들어가야 '우수'를 들어 신체를 '우회'로 돌려 상대를 넘어뜨릴 수 있다. '구유세'도 마찬가지다.

택견의 활갯짓과 탐마세 구유세의 관계성에 대하여, 戰時(전시)에는 눈과 囊心(낭심)을 주로 공격한다. 탐마세와 구유세는 서로 연결된 동작으로 택견의 활갯짓이 된다. 활갯짓은 동작이 크기 때문에 고사평이나 칠성권으로 공격하면 방어하기 불리하다. 즉 탐마세와 구유세는 발 공격을 방어하는데 적합한 동작이다. 이것을 잘 나타낸 그림이 「권법」의 구유세와 현각허이다. 활갯짓은 발차기 공격의 방어와 빠른 발차기를 위한 동력으로 사용된다. 활갯짓은 보법에 도움을 준다. 만일 고사평이나, 칠성권으로 겨루기를 한다면, 오늘날 태국의 무예타이 형태다.

실제 초기 무예타이의 기록영상을 보면 오늘날과 다르고 오히려 전통 수박처럼 겨룬다.

겨룸에 있어 상대의 거리에 따라 32세를 적절히 적용해서 사용한다. 손이 닿지 않는 거리는 발이 움직이고, 상대의 손을 잡을 중간 거리에는 옷깃과 손을 잡는 擒拿勢(금나세)와 같은 술기가 적용되고, 근거리는 고사평이나 기고세와 같은 주먹이 움직인다. 이처럼 자세는 변화에 따르지 고정된 것은 없다.

탐마세는 단순하게 손을 올리는 게 아니다. 변화가 많다. 모든 자세는 서로 연결되어 무궁한 변화로 그 미묘한 깊이를 다 측량하기 어렵다(勢勢相承 變化無窮 微妙莫測 窈焉冥焉). 「권경」의 탐마세 '좌수우각'에서 그대로 손을 들고 우회를 하면 『무예도보통지』의 '우수우각'의 탐마세가 된다. 이 기법은 '合氣道(합기도)'의 圓化流(원화류) 회전 원리에 적용할 수 있고, 춤 동작으로 보면 한 손을 위로 들고 회전하는 아리랑 춤사위에서도 볼 수 있다. 한편 '좌수우각'에서 그대로 앞으로 '우각'이 나가면 상대의 발목을 차는 택견이나 씨름의 안다리 차기가 된다.

탐마세와 구유세는 대동류나 합기도에서 상대의 내려치는 손은 잡아서 꺾는 가장 기본적인 동작에 사용된다. 즉 탐마세는 팔이 안에서 밖으로 선회하고 구유세는 밖에서 안으로 선회하면서 질법으로 변용된다.

아. 국내 문헌과 논문의 해석

국내 문헌과 논문들은 대체로 직역을 원칙으로 했다. "원래 무학에서 口訣(구결)은 해석함에 필연적인 한계가 있으며, 자칫하면 궁극적 경지를 오도하기가 십상이라, 직역도 불가한 것이 관례인 만큼, 여기서는 순수 직역에 그친다. 권세 명도 인명처럼 고유명사로 여겨, 그대로 실었다."[805] 직역하게 된 이유에 어느 정도 일리는 있다. 그러나 직역할 수밖에 없는 또 다른 이유는 실기의 부재다. 무예서에 기록된 대

805 『무예문헌자료집』, 국립민속박물관, 2004, p872.

개의 勢名(세명)은 추상일 수밖에 없다. 이 개념의 추상에서 구체적 동작을 찾아내는 것이 복원이며 해석이다. 동작이 먼저 있고 난, 그 이후에 이름을 붙였다. 이름을 붙인 후 동작이 만들어진 게 아니다. 그렇기 때문에 추상적 개념에서 구체적 동작을 찾는 게 중요하다. 동작을 알지 못하기 때문에 개념에 빠져 실전과 무관한 관념적 동작이 된다. 무예란 본시 실전적 동작이 중요하지 개념은 그다음이다. 국내 논문은 대개『무예문헌자료집성』의 해석을 재인용 했다. 본서는 직역보다 실체적 동작을 중심으로 해석했다. 구체적 동작 중심으로 해석을 해야 무예 본연의 동작에 접근할 수 있기 때문이다. 그리고 권결에 담긴 문화적 상징적 의미까지 추적하여 해석했다.

"探馬勢(탐마세)는 太祖(태조)로부터 전하여지니, 여러 勢(세)를 항복 받을 수 있고, 변할 수도 있도다. 나아가며 공격하고 물러나며 피하니 弱(약)에서 强(강)이 생겨나도, 短拳(단권)을 接(접)함에 가장 좋은 것이니라."[806]

"探馬(탐마)는 태조로부터 전해지며, 모든 세를 항복시킬 수도 있으며, 모든 勢(세)로 변할 수도 있다. 나아가 공격하고 물러나 피하니 弱(약)한 것이 强(강)함을 낳는 것이다. 短拳(단권)을 맞이하기에 지극히 훌륭하다."[807]

"탐마세는 송태조[808]에서부터 전해지는 勢(세)다. 이 勢(세)는 모든 勢(세)를 제압할 수 있으며, 또 모든 다른 勢(세)로 변할 수 있다. 나아가 공격하거나 혹은 뒤로 피하면서 다른 勢(세)로 변하니, 弱(약)한 것이 강한 것을 낳는다. 즉 탐마세 자체는 弱(약)해 보일지라도 탐마세에서 변하는 勢(세)는 강맹한 勢(세)다. 탐마세는 상대방의 短拳(단권)을 맞이하기에 매우 훌륭한 勢(세)다. 즉 탐마세는 상대방의 단권을 방어하기에 상대방과의 거리도 비교적 가깝게 쓰인다."[809]

---

806 박대선,『무예도보통지의 권법에 관한 연구』명지대학교 석사 논문, 2007, p77.『무예문헌자료집』, 국립민속박물관, 2004, p873.

807 김종윤,『무예도보통지의 권법연구』한양대학교대학원 박사 논문, 2017, p29.

808 탐마세는 태조로부터 전해진다'다. 송태조라는 근거는 없다.

809 김종윤,『무예도보통지의 권법연구』한양대학교대학원 박사 논문, 2017, p29~30.

"『기효신서』의 탐마세는 왼발이 나가면서 오른손을 냈고, 『무예도보통지』에서는 오른발과 오른손이 나갔다."[810]

二. 拗鸞肘勢(요란주세)

권경	권	장권	권세	권법	권법총도
		없음			 拗鸞肘

가. 全文原文(전문원문)

①拗鸞肘出步顚剁 搬下掌摘打其心 拿鷹捉兔硬開弓 手脚必須相應

②拗鸞肘出步顚剁 搬下掌摘打其心 拿鷹[811]捉兔硬開弓 手脚必須相應

③拗鸞肘卽王候三比也【賽寶全書】斜身躍步勢也

④作拗鸞肘勢左手打開右肩進前

나. 原文(원문)의 詩語(시어)

①拗鸞肘出步顚剁: 팔짱을 끼고 나가며 뒤집어 다진다네

②搬下掌摘打其心: 반쯤 접어 내린 '좌수'는 심장을 따뜻이 한다네

③拿鷹捉兔硬開弓: 매와 토끼를 잡으려 활을 당기고

④手脚必須相應: 손과 발은 자연스럽게 벌렸다네

다. 拳經(권경)·拳(권)의 기법 해설

①拗鸞肘出步顚剁(요란주출보전타): 요란주세의 총세에 대한 설명이다.

810 김종윤, 『무예도보통지의 권법연구』 한양대학교대학원 박사 논문, 2017, p113.

811 陰(음): 照曠閣本(조광각본) 續修四庫全書本(속수사고전서본)에 鷹(응)으로 고쳐짐.

표 15-1. 幼(요)·鸞(란)·出(출)·眞(진)·匕(비)·鼎(정)의 갑골문·고문·금문·전문·해서

갑골문	고문	금문	전문	해서
				幼(요)
(䜌)				鸞(란)
				出(출)
				眞(진)
	(化의 고자)			匕(비)
				鼎(정)

'抝(요)' 자는 '扌(수)+幼(요)'다. 갑골문 '' 자는 '팔에 어린아이가 매달린 모습이고 '' 자는 '아이를 팔에 안은 모습'이다. 양팔에 아이를 안은 모습에서 抝鸞肘(요란주)란 勢名(세명)을 지었다. '幺' 자에 요란주세의 손 자세가 있다.

'鸞(란)[812]=鳥(조)+䜌(련)'이다. '난새·방울'이다. '䜌(=鑾)'은 '둥글다'[813]는 의미로 '방울'을 뜻한다. 즉 '둥근 새=태양=새알=난다'의 개념이다. 갑골문 '䜌'의 '絲(사)' 자는 실에 매달린 '방울'이다. '(란)'은 천제(무당)가 소매에 방울 달린 옷을 입고 양팔을 벌려 둥글게 돌면서 기도하고 있다. '' 자의 '口'은 '입'이 아니라 네모난 제단(땅)이다. 鸞鳥(난조)는 날개를 펼치지 못하는 어린 鳳凰(봉황)이다. 鸞(란)은 '두 손을 둥글게 가슴에 모은 새'다. 抝鸞肘(요란주)는 '날개를 움츠린 작은 새'란 뜻으로 '아기를 안은 자세'다. 鸞(란)은 봉황의 벼슬로 '방울'이다. 즉 방울은 봉황새가 하는 말이다. 八頭鈴(팔두령)[814]과 多頭鈴(다두령)은 새(태양) 토템의 상징이다. 새를 숭배한 한민족의 개념이다. 천자의 수레에 다는 황금으로 만든 방울을 뜻하는 鸞和(난화)나 종묘 제사에 희생물을 잡을 때 사용하는 칼고리에 난새 모양의 방울이 달린

---

813 『漢韓大字典』 민중서림, p2358. 鸞鳳沖霄必假羽翼(난봉충수필가우익)

813 欒(방울)=圝(둥글(다))=巒(둥근봉우리)=鑾(방울) ※난(란)의 음가는 '새·둥글다·알'의 의미를 갖는다.

814 『三國志(삼국지)』 魏志(위지)東夷傳(동이전) 韓(한)에 따르면, 5월에 씨뿌리기를 끝내고 나서 귀신에게 祭(제)를 지내며 歌舞飮酒(가무음주)로 밤새우는데 鐸舞(탁무)를 추었으며, 또한 10월에 농사를 마치고 제를 지내는데 別邑(별읍)인 蘇塗(소도)에는 귀신을 좇는 鈴鼓(영고:방울·북)을 매단 긴 나뭇대를 세웠다고 한다. [네이버 지식백과] 八頭鈴[팔두령](한국민족문화대백과, 한국학중앙연구원)

칼 鑾刀(난도)[815]에는 '방울'이 달려있다. 鑾刀(난도)에서 亂刀(난도)란 개념이 파생된다. 이것은 한자가 음가 중심으로 구성되고 상징의 결합으로 개념들이 파생했기 때문이다. 난도에 달린 방울들이 오음의 宮商角徵羽(궁상각치우)다. 난새(鸞)는 "닭과 비슷하나 깃은 붉은 빛에 다섯 가지 색체가 섞여 있으며, 소리는 오음과 같다."고 한다. '난=새'다. 방울은 새의 자식이다.

자식이 울어야 부모가 돌보는 것처럼 방울을 흔들어 그 소리고 신을 불러들인다. 거울은 둥글다. '거울'의 '울'은 '올'이다. 거울 속에 나 자신과 닮은 또 다른 대상인 '얼'이 들어있기 때문에 소리가 '거'이다.

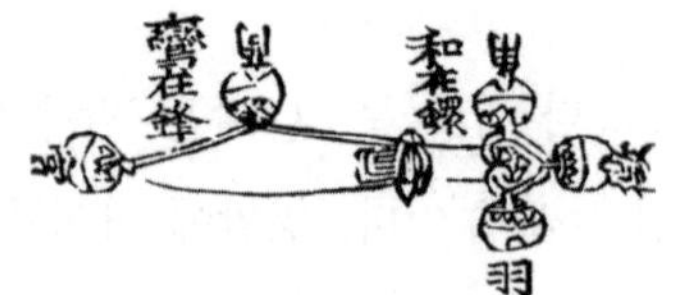

그림 15-4. 鑾刀(난도)

出步(출보)는 入步(입보)와 다르다. 出(출)의 갑골문 '𡳿' 자는 '돌아 나온다'이고 '𢔏' 자는 네거리에서 '좌 또는 우로 돌아간다'다. 본국검의 백원출동세는 '𢔏'의 의미처럼 우회로 돌아나간다. 즉 出(출)은 '좌각'이 곧게 들어가는 入(입)과 달리 문을 열고 밖으로 나가듯이 발을 딛는 보법이다. '좌각'이 상대를 피해 몸을 살짝 돌리듯 나간다.

顚剁(전타)의 顚(전)은 보법, 剁(타)는 수법을 설명한 문장이다.

'顚(전)=眞(진)+頁(혈)'이다. '넘어지다·닿다'다. '좌수'가 나가는 움직임이 넘어지듯 발이 땅에 닿는다. '剁(타)=朵(타)+刂(도)'다. '자르다·다지다'다. '朵(타)=乃

---

815 郊特牲云割刀之用鑾刀之貴貴其義也公羊傳註云鑾刀割切之刀鐶有和鋒有鑾宋胡瑗言鑾鈴在鋒聲合宮商用鈴二和鈴在鐶聲合徵角羽用鈴三蓋取聲和而后斷也

『郊特牲(교특생)』에 이르기를, "割刀(할도)를 쓰되 귀한 鑾刀(난도)를 쓰는 것은 그 뜻을 귀히 여기는 것이다."라 하였다. 『公羊傳(공양전)』의 註(주)에 "난도는 베고 자르는 칼이다. 鐶(혼:고리)에는 和(화)라는 방울이 있고 鋒(봉:칼끝)에는 鑾(난)이라는 방울이 있다. 宋(송)나라 胡瑗(호원) 鑾鈴(난령)은 칼끝에 있어서 소리가 宮聲(궁성)과 商聲(상성)에 합하니, 방울 2개를 쓰고, 和鈴(화령)은 고리에 있어서 소리가 徵聲(치성) · 角聲(각성) · 羽聲(우성)에 합하니, 방울 3개를 쓴다. 이는 대개 방울 소리를 취하여 소리가 調和(조화)를 이룬 뒤에 犧牲(희생)을 베려는 것이다."라고 하였다.

(내)+木(목)'이다. '휘늘어지다·움직이게 하다'다. '좌수'는 위로 '우수'는 아래로 늘어뜨리면 다지듯 조이게 된다.

②搬下掌摘打其心(반하장적타기심): '우수'는 내리고 '좌수'는 올린다. 수법을 설명한 문장이다.

표 15-2. 般(반)·舟(주)·其(기)의 갑골문·고문·금문·전문·해서

갑골문	고문	금문	전문	해서
[illegible]	[illegible]	[illegible]	[illegible]	般(반)
[illegible]		[illegible]	[illegible]	舟(주)
[illegible]	[illegible]	[illegible]	[illegible]	其(기)

'搬(반)' 자는 '扌(수)+般(반)'이다. '옮기다·나르다'다. '般(반)=舟(주:배)+殳(수:몽둥이)'다. '旋回(선회)·歸還(귀환)'이다. 般(반)의 갑골문 '[illegible]'자는 배와 아무런 관계가 없지만, 舟(주)를 '배'로 해석했다. 殳(수)는 '동작을 가하는 것'을 뜻한다. 큰 배를 움직이는 모양에서 '나르다'다. 또한 '배 모양의 악기를 치며 즐긴다'[816]다. 갑골문 '[illegible](반)=[illegible]+[illegible]'이고, 금문 '[illegible](반)=[illegible]+[illegible]'이다. '[illegible]' 자형은 상하로 '크게 작게 편다'다. 상하로 오고 가는 '[illegible]' 자는 '발([illegible])'의 결합자다. 좌우로 가면 '[illegible](ㅍ)' 자다. '[illegible]·[illegible](수)'는 '몽둥이'다. 몽둥이 끝에 수평의 나무가 붙었다. 般(반)은 '돌아오다·돌아오게하다'다. 般(반)은 旋(선)과 같다. '[illegible]' 자는 '도리개질'하는 모습이다. 타작으로 곡식을 얻고 기쁨에 노래 부르며 '즐긴다'다. 곡물을 옮기기 때문에 '옮기다'다. 곡식을 털면 반은 작은 껍데기가 나온다는 것에서 '班(반:얼룩)'과 통자다. 반에서 나온 큰 낱알을 '나눈다'에서 頒(반)과 通字(통자)다. '반'의 음가는 '반'이다. 搬(반)의 개념은 나머지 半(반)이 전제된 개념이다. 즉 搬(반)은 먼저 '올라간다'는 뜻이 전제됐다. 舟(주)의 갑골문 '[illegible]' 자와 般(반)의 갑골문 '[illegible]' 자형는 다르다. 『설문』에서 'ㅂ·ㅍ'의 상형을 잘못 해석했다. 상의 갑골문과 서주의 금문이 표준문자였다. 진시황이 천하통일 후, 書同

817 『漢韓大字典』, 민중서림, 1997, p1721.

文(서동문)을 실시하여 대전을 기초로 한 소전[817]을 만들었다. 이때 각기 다른 뜻이라도, 모양을 중심으로 통일되면서 본의가 후대에 변질했다.

즉 搬(반)은 아래로 위로 올라간 '좌수'고 下掌(하장)은 밑으로 내려간 '우수'다. '우수'의 작용이 摘打其心(적타기심)이다. 下掌摘打其心(하장적타기심)은 掌(장)이 心腸(심장)을 따내듯이 손을 비틀어 주먹을 쥐는 수법을 설명한 문장이다. '摘(적)=扌+啇(적)'이다. '잡아뗌·지적함·손라락질'이다. 其(기)의 갑골문 '⊠' 자는 '대광주리'다. '거기에 담는다'의 '거기'가 '그기>거기'다. 心(심)은 '中心(중심)'이다. 즉 其心(기심) '그 몸의 중심'이다.

③拿鷹捉兔硬開弓(나응착토경개궁): 매와 토끼를 잡기 위해 활을 쏘는 동작을 비유했다.

표 15-3. 鷹(응)·拿(나)·兔(토)의 갑골문·고문·금문·전문·주문·해서

갑골문	금문	전문	주문	해서
				鷹(응)
				維(유)
				拿(나)
				兔(토)

拿鷹捉兔(나응착토)는 사냥을 비유했다. 이 문장은 무비문의 鷹拿兎(응나토)와 장창 태산압정세의 '鷹捉兎之法(응착토지법)과 연결되어 있음을 알 수 있다. 무기를 맨손으로 구현한 것이기 때문에 무기술의 이해 없이 맨손무예의 동작만 이해하면

817 소전(小篆)은 필획이 복잡한 대전자체를 상당히 간략화하고 고쳐서 만든 진나라 통일 국가의 표준자체다. 물론 이 문자표준화사업은 대전과 불일치하는 육국의 고문을 통합하고 폐지하는 과정에서 진행된 것이다. 진나라 소전의 가장 대표적인 자료는 진시황이 천하를 통일한 후 전국을 유람하면서 각석한 역산(嶧山)·태산(泰山)·낭야대(琅玡臺) 등이다. 체계적인 소전 위주의 자서는 동한 허신의『설문해자』로 모두 9,353자를 수록하고 있다. 물론 설문에 수록된 소전 자체가 모두 진나라 소전의 면모를 그대로 반영하고 있다고는 할 수 없지만, 소전의 풍격을 고찰하는 데 가장 귀중한 자료다.『네이버 지식백과』

동작의 근원을 모르게 된다.

拿鷹(나응)은 摘打(적타)와 捉兔(착토)가 연결되고, 顚剁(전타)는 開弓(개궁)을 하게 된 이유를 제공한다. 즉 '사냥에 나가 축 늘어진 나뭇가지를 칼로 내려치다. 그 소리에 놀란 매와 토끼가 달아나자 황급히 활을 쏘는 상황'과 '매를 풀어 토끼를 잡는다'는 詩(시)다. 太擊(태격)의 鷹鳥博兎(응조박토)와 문화의 결이 같다. '拿(나)=合(합)+手(수)'다. 拏(나)의 俗字(속자)다. '拏(나)=奴(노)+手(수)'로 '손으로 잡다'다.

雁(응)의『籒文(주문)』'[illegible](응)' 자는 매사냥하는 '매'의 뜻으로, 鷹擊毛摯(응격모지)다. 금문 '[illegible]=[illegible]+[illegible]'다. 새에게 먹이를 주고 있는 사람. 전문 '[illegible](응)=[illegible]+[illegible]+[illegible]' 자는 '나뭇조각+사람+눈 가린 매'다.『주문』'[illegible]의 [illegible] 자는 '사람이 눈을 가려 날지 못하는 새'이고 [illegible] 자는 '사냥을 위해 날아가는 새'다. 즉. '鷹(응)' 자는 사람에 의해 길러진 '사냥매'다. 拿鷹(합나)는 '매가 토끼를 잡는다'로 摘打其心(적타기심)과 같은 비유다. 維(유)의 갑골문 '[illegible]' 자는 '매'다. 鷹(응)은 매의 가슴을 나타낸 글자이고 '[illegible]' 자는 매의 발에 줄을 묶은 것이다. '매>매다'로 우리말이다. 금문 '[illegible]' 자는 '긴 줄'를 붙여 '새가 줄에 묶여 있다'는 '有(유)'의 의미에서 '유'의 음가이다. 제문 첫머리에 사용하는 '維歲(유세)'는 '새와 연결됐다'는 의미로 새를 숭배하는 민족에서 사용된 개념임을 알 수 있다. '알'에서 나오면 '날'이다. 양반을 '나리'라 부르는 것도 새의 자손이기 때문이다.

'捉(착)=扌(수)+足(족)'이다. 足(족)은 束(속)과 통하여, '단단히 묶다·손으로 묶다·붙잡다'다. 兔(토)는 귀가 큰 토끼다. '우수'로 '매가 사냥한 토끼의 귀를 움켜잡았다'다. 한편 拿鷹捉兔(나응착토)의 拿鷹(나응)은 '拿應(나응)'의 치환이다. 즉 '옷깃을 잡으면 대응한다'는 뜻고, 捉兔(착토)는 '捉討(착토)'의 치환이다. 즉 '상대가 발로 위를 차면 막는다'다. 매사냥의 풍습이 권법에 들어갔다. 유목문화에서 만들어진 개념이다.

硬開弓(경개궁)의 '硬(경)=石(석)+更(경)'이다. 更(경)의 '고치다·바꾸다'에 '石(석)' 자를 덧붙여 攔(란)의 동작을 '강하게 막는다'로 강조했다. 開弓(개궁)은 '矢彏(시위:줄당기다)'다. '彏' 자형이 '활을 쏘는 자세'다. 즉 요란주세를 취한 다음에는 반드시 양손을 펼쳐 개궁으로 바꾸라는 것이다.

④手脚必須相應(수각필수상응): 손과 발을 펼 때는 반드시 서로 상응한다. 開弓(개궁)을 위한 수법·족법을 설명한 문장이다.

표 15-4. 必(필)·須(수)의 갑골문·금문·전문·해서

갑골문	금문	전문	해서
			必(필)
			須(수)

'必(필)' 자의 갑골문은 '=八+弋(익)'이다. 弋(익)은 '말뚝'과 '바가지 주위로 물이 튄다'로 해석하지만 그렇지 않다. 䀣(비)는 '똑바로 보다'이고 閟(비)는 '빗장을 찔러 문을 닫다'다. 飶(필)은 '바람이 찌르듯 차다'이고 抋(필)은 '손을 펴서 밀치다'다. 즉 必(필)은 '반듯하게 핀다'다. 팔(八)과 몸이 말뚝처럼 '곧게 펴졌다'이고, 丿(별)은 '손을 곧게 뻗친다'다. 금문 '' 자는 양손을 몸에 붙이고, 한쪽 발만 폈다. 전문 '' 자는 '양손이 곧게 펴진 것'을 강조했다. '' 자의 '' 자는 바가지가 아니라 '눈을 감고 죽은 사람'이다. 즉 必死(필사)는 '죽은 사람을 말뚝'으로 비유했다.

'須(수)=彡(삼)+頁(혈)'이다. 턱밑 수염인 鬚(수)와 통용하여 '기다리다·잠깐·모름지기~해야 한다'다. 갑골문 ''의 '' 자는 '노인이 하늘에 묻고 답을 듣고 나서 내려준다'다. '모름지기'란 말 자체가 '모름(알지못함:不知)'과 '知己(지기:알려준다)'다.

'應(응)=心(심)+䧹(응)'이다. '䧹(응)=鷹(응)'으로 사냥하는 매를 가슴팍에 당겨 놓은 모습에서, '응하다'다. 開弓(개궁)을 하기 위해 '손과 발을 동시에 펴서 모름지기(자연스럽게) 상체의 양손을 서로 몸 중심에서 마주하게 된다'다. 요단편세는 '좌각'이 앞에 있기 때문에 '우각'이 뒤로 빠지면서 開弓(개궁)한다.

라. 拳(권)의 기법 해설

右拳(우권)과 「권세」의 右掌(우장)은 하늘을 향하고 있다. 이것은 右拳(우권)이 비틀어지기 전의 동작이다. 『기효신서』의 마지막 동작을 보고, 『무비지』에서는 비틀기 전의 拳(권)을 그렸다. 「권세」와 「권법」은 「권경」의 拳(권)을 掌(장)으로 했다. 이처럼 後譜(후보)는 前譜(전보)에서 표현하지 못한 모습을 그렸다.

마. 拳勢(권세)의 기법 해설

원문: 拗鸞肘卽王候三比也(요란주즉왕후삼비야)

①拗鸞肘(요란주)가 王候三比(왕후삼비)[818]다. 빗겨 뛰듯이 나가는 세다.

②'候(후)' 자는 '亻(인)+矦(侯:후)'다. 矦(후)는 '문안하다·살피다·묻다'다. 矦(후)가 '과녁·제후'의 뜻으로 쓰이자, 人(인)을 덧붙여 '안부를 묻다'의 뜻을 나타냈다.

표 15-5. 候(후)의 갑골문·고문·금문·전문·해서

갑골문	고문	금문	전문	해서
	—			侯(후)

'候(후)' 자의 갑골문은 ' · '이다. ' ' 자는 '곧은 화살'로 의인화됐다. 왕이 쏜 화살이 과녁에 적중했는지 묻는다. 과녁 뒤에 엎드려 살피는 사람이 전문의 ' ' 자다. 표적을 射布(사포) 또는 侯鵠(후곡)이라 했다. 鵠(곡)은 '告(고)+鳥(조)'다. 정중앙의 흰 점을 맞히면 '새(임금)에게 알린다'로 '正鵠(정곡)'이다. 상고시대 명궁인 왕에 대한 기록이 많다. 왕을 학과 같은 희고 큰 새로 비유했음을 알 수 있다. 즉 '태양=알=희다=새'다. '矢(시)'의 음가 '시'는 '신'과 통용된다. 또한 '후'의 음가는 後(후)다. 시종이 '왕의 뒤에 따른다'와 표적 뒤에 있기 때문에 '候(후)'다. 또한 왕은 천문과 절기를 살피는 무당이기에 '節候(절후)·兆候(조후)'다.

'躍(약)=足(족)+翟(적)'이다. 翟(적)은 날지 못하고 총총 뛰어가는 '꿩'이다. '약'은 '弱(약)'의 뜻이고 '적'은 '적다'의 음이다. 즉 躍步(약보)는 斜行步法(사행보법)이다. 도랑을 넘을 만큼 크게 뛰면 '跳(도)' 자다.

바. 『새보전서』는 拗鸞肘(요란주)를 왜 王候三比(왕후삼비)라 했을까?

이것은 요란주가 취한 손의 모양에 비밀이 있다. 세 번째 妃(비)가 왕에게 잘 보이려고 살핀다. 직위가 낮다. 어깨를 다소 곧이 모으고 양손을 예쁘게 모아 따르기때문에 比肩隨踵(비견수종)다.

819 김종윤, 『무예도보통지 권법연구』, 2017, p77. "倒上看(도상간), 鬼拜燈(귀배등), 木魚(목어), 王候三比(왕후삼비)는 賽寶全書(새보전서)에 나온 다른 명칭인 듯한데 구체적으로 무슨 의미인지 알기 어렵다."

그림 15-5. 鹽肘勢/王侯三比

그림 15-6. 當頭砲勢/拗鸞肘勢

사. 拳法(권법)의 기법 해설

원문: 作拗鸞肘勢左手打開右肩進前(작요란주세좌수타개우견진전)

언해본: 拗요鸞란肘쥬勢셰롤호딕左좌手슈로올흔편엇기롤더벗기고앏흐로나아가

①탐마세는 '우수'를 밖으로 크게 돌리면서 내리고 '좌수'는 안에서 밖으로 돌리면서 올라가게 되면 자연스럽게 요란주세가 된다(左手打開右肩進前). 「拳經(권경)·拳(권)·拳勢(권세)」는 '좌각'이 나간 상태에서 '우수'가 올라갔지만, 「권법」은 '우각'이 나갔다. '打(타)'의 해석이 중요하다. '친다'라고 일률적으로 해석하면 '좌수'로 우 어깨를 킹콩처럼 치게 된다. 打(타)는 '어떤 동작을 한다'다. 「권경」과 「권법」의 발의 차이를 하나의 동작으로 연결하면 두 가지 방식이 된다. 첫 번째는 '좌각'이 앞으로 나가면서 '우수'를 들어 올리면서 동시에 '우각'이 나간다. 두 번째는 「권경」의 자세에서 그대로 右廻(우회)만 하면 「권법」의 자세가 된다.

아. 국내 문헌과 논문해석

"요란주는 앞으로 나아가며 넘어뜨리고 찍어 눌러 꺾으며, 아래로 掌(장)을 옮기고, 그 심장을 가려 치도다. 매가 토끼를 잡듯 하고, 활을 세차게 당기듯 하는데, 손과 발은 반드시 相應(상응)해야 하느니라."[819]

"요란주는 步(보)가 나가면서 넘어지듯 상대 발등을 밟는다. 손바닥으로 상대 공

819 박대선, 『무예도보통지의 권법에 관한 연구』 명지대학교 석사논문, 2007, p78. 『무예문헌자료집성』 국립박물관, 2004, p886.

격을 걷어내고 상대의 心(심)을 뽑듯이 타격한다. 상대를 잡을 때는 매가 토끼를 잡아채듯이 단단한 활을 당기듯이 한다. 손과 발이 반드시 서로 相應(상응)해야 한다.

剁(타)는 跺脚(타각)과 같은 의미다. 이 단락은 '발바닥으로 상대 발등을 밟는 기술이다. 그러므로 상대 발을 밟으며 상대 손을 걷어내 팔꿈치로 상대의 胸部(흉부)를 가격하고, 상대가 방어하면 상대를 擒拿(금나)로 단단히 제압한다. 손과 발의 조화가 중요하다는 의미다."[820]

三. 懸脚虛餌(현각허이)

권경	권	장권	권세	권법	권법총도
		없음			 懸脚虛餌

가. 全文原文(전문원문)

①懸脚虛餌彼輕進 二換腿決不饒輕 趕上一掌滿天星 誰敢再來比並

②懸脚虛餌彼輕進 二換腿決不饒輕 趕上一掌滿天星 誰敢再來比並

③懸脚虛餌卽左四品也【賽寶全書】進三步作懸脚虛餌勢 便以兩手向上三畫過用右足作蹙天勢【依賽寶全書補之】又用左足作蹙天勢 進一步又作蹙天勢

④作懸脚虛餌勢 右足蹴右手 左足蹴左手 右足蹴右手卽

나. 拳經(권경)·拳(권)의 詩語(시어)

①懸脚虛餌彼輕進: 다리를 허공에 낚시하듯 상대에게 차고 가볍게 나가네

②二換腿決不饒輕: 두 번 발을 접고 발을 거두니 발이 경쾌하다네

820 김종윤, 『무예도보통지의 권법연구』 한양대학교대학원 박사논문, 2017, p50.

③趕上一掌滿天星: 발을 쫓아 손이 따라 올라가네, 별 가득한 하늘로

④誰敢再來比並: 누가 감히 연속 발차기에 맞서 겨루겠는가!

다. 拳經(권경)·拳(권)의 기법 해설

①懸脚虛餌彼輕進(현각허이피경진): 상대를 향해 앞차기를 하고 나간다.

표 15-6. 縣(현)·却(각)·去(거)·谷(곡)·彼(피)의 갑골문·금문·전문·해서

갑골문	금문	전문	해서
			縣(현)
			却(각)
			去(거)
			谷(곡)
			彼(피)

'縣(현)' 자는 '木+糸+目'이다. 懸(현)과 通字(통자)다. "끈으로 목을 거꾸로 건 모양에서, '걸다'의 뜻이다."[821] 縣(현)=畎(견)으로 '경작지'다. 郡縣(군현)의 縣(현)[822]은 진시황 때 처음 사용했다.

'脚(각)=肉(육)+却(각)'이다. 下枝(하지)는 '정강이·밟다'다. '却(각)=卩(부)+去(거·각)'이다. '떠나가다·무릎걸음으로 뒤로 물러나다'다. 『설문』은 卻(각)을 정자로 본다. 옛날에는 去(거)와 谷(곡)이 비슷했기 때문이다."[823]

'去(거)=大+凵'다. 허신은 口(구)를 '기도의 말'[824]로 해석했다. 'ㅂ' 자는 '발'의 모양으로 한글 자음 'ㅂ'[825]이라는 것을 알지 못했다. 谷(곡)은 '入+ㅂ', '入入'은 계곡을 향해 '들어간다'다. 한글 'ᄀᆞ'는 '가=거'이고 'ᄀᆞᆨ'은 '각·곡·국·걱'이다. '가'는 '뒤로 뻗는

821 『漢韓大字典』, 민중서림, p1616.

822 진시황이 '縣(현)'자를 쓴 것은 '纛(독:깃발)'에서 유래된 것으로 보인다. 헌원이 치우황제(사기집해에 '응소는 치우는 옛 천자'라 했다. 당시 헌원은 천황이 아니었다. 사마천이 왜곡한 것

823 『漢韓大字典』 민중서림, p347.

824 『漢韓大字典』, 민중서림, 1997, p355.

825 임성묵, 『본국검예 3. 왜검의 시원은 조선이다』 행복에너지출판사, 2018, p202.

손의 작용'이고 '거'는 '앞으로 가는 발의 작용'이다. 脚(각)은 앞으로 나갈 때 오금이 구부러지기 때문에 '각'이다. '彼(피)=彳+皮(피)'로 '저(사람)·저편'이다. 皮(피)는 波(파)와 통하여 '물결'이다. 彼(피)의 금문 '[금문]' 자는 '皮(피)'와 같다. '[금문]' 자는 '많이 먹어 배가 나온 사람'이다. 懸脚虛餌(현각허이)는 빈 허공에 차는 발을 미끼를 달고 허공에 던지는 낚싯대로 비유했다. 彼輕進(피경진)은 '상대를 향해 가볍게 차며 앞으로 나간다'다.

②二換腿決不饒輕(이환퇴결불요경): 찬 발은 반드시 접으며 가볍게 나간다.

표 15-7. 退(퇴)·艮(간)·決(결)·堯(요)의 갑골문·고문·전문·해서

갑골문	고문	전문	해서
	[고문]	[전문]	退(퇴)
		[전문]	艮(간)
		[전문]	決(결)
[갑골문]		[전문]	堯(요)

'腿(퇴)' 자는 '肉(육)+退(퇴)'다. '정강이'다. 退(퇴)는 '뒤로 간다'로 脚(각)과 腿(퇴)는 대칭이다. 退(퇴)의 전문에 뒤로 가는 주체가 '日(일:[전문])'이다. '해(태)'를 의인화했다. '夊(쇠)' 자는 '발이 뒤로 향한다'다. 艮(간)은 『역경』에 艮其背(간기배)로 東北(동북)의 북두칠성이 머무르고 있는 곳이다. 그저 바라만 볼 뿐, '[전문]' 자는 '큰 눈으로 본다'다. 看(간)의 뜻이 있다. 「권법」은 세 번 「권경」은 두 번 찼다. '決(결)=氵(수)+夬(결)'이다. '터지다·깍지끼다·과감하다·반드시'다. 夬(결)은 '활을 쏠 때 오른쪽 엄지손가락에 끼우는 기구'다. 즉 決(결)은 '반드시 과감하게 접는다(끼운다)'다. 腿決(퇴결)은 '발을 찬 이후, 반드시 거두어 접는다'다. '饒(요)=食(식)+堯(요)'다. '넉넉하다·여유롭다'다. '堯(요)+垚(요)+兀(올)'이다. '높다·멀다'다. 垚(요)는 '흙을 높이 쌓는다'는 뜻이다. '兀(올)'은 '높고 위가 평평하다'다. '올리다'의 '올'의 음가다. 饒(요)는 '배가 앞으로 나간다'다. 不饒(불요)는 '앞으로 나가지 않는다'다.

③趕上一掌滿天星(간상일장만천성): '발을 쫓아 손도 하늘로 올린다'로 수법에 대

한 문장이다. '趕(간)=走(착)+旱(한)'이다. '쫓는다·뒤따르다'다. 赶(간)의 본 자다. '旱(한)=日(일)+干(간)'이다. 干(간)은 暵(한)과 통하여 '가뭄'이다. 士(사)는 땅에서 하늘로 곧게 올라가고 干(간)은 반대로 하늘에서 땅으로 곧게 내려간다. '간'의 음가는 '가다'다. '태양이 땅으로 곧게 간다'에서 '가뭄'이다. 요임금이 태양의 출몰로 가뭄이 들자, 다급한 마음에 옥황상제에게 달려간다. 后羿射日(후예사일)이다. '羿(예)' 자를 보면 鳥羽冠(조우관)을 장식한 동이족임을 알 수 있다.

趕上一掌(간상일장)은 '올려 차는 쪽의 한 손이 따라 올라간다'다. '滿(만)=氵(수)+㒼(만)'이다. '㒼(만)=廿(입)+兩(양)'이고 廿(입)은 '가로', 兩(양)은 '좌우'로 '평평하다'다. 밤하늘 은하수를 중심으로 수많은 별들이 가득하다. 어린아이에게 얼마만큼 좋으냐 물으면 하늘 높이 '양손'을 올리면서 '하늘만큼 땅만큼'이라고 하면서 손을 돌린다. 즉 차기 전에 한 손이 머리 위로 올라가는 것을 '한 손을 들어 밤하늘 가득한 별을 따는 것'으로 비유한 것이 滿天星(만천성)이다.

④誰敢再來比並(수감재래비병): 두 번 앞차기 공격이 돌아오는데 누가 감히 막을 수 있겠는가?

二換腿(이환퇴)는 「권세」의 陽縣脚金鷄也(양현각금계야)의 陽懸脚(양현각)이다.

택견을 楊脚法(양각법)'[826]이라 하는데, '楊(양)=陽(야)=揚(양)'은 서로 소통되는 글자다. '부드럽게 발을 올려 찬다'는 것을 은유적으로 표현한 글자다.

라. 拳勢(권세)의 기법 해설

원문: 懸脚虛餌卽左四品也【賽寶全書】進三步作懸脚虛餌勢, 便以兩手向上三畫過

『用右足作蹙天勢【依賽寶全書補之】又用左足作蹙天勢, 進一步又作蹙天勢』

826 김영만, 『택견근현대사』 p96. "『방언류석』(1778), 『한영자전』(1897)에 손기술과 발기술을 기록하고 있으나, 일제강점기 이후 매일신보(1921.1.31.) 기사에서 양각법을 표기(唷嘩(육화)하는 야노(野老)의 담을 聞(문)혼 즉 曰(왈) 古昔(고석)에 原來(원래) 便戰(편전)이라 하는 것이 楊脚法(양각법) (틱견)과 가치 使棒(사봉) 하는 一種(일종)의 武藝(무예)를 演習(연습)하는 것하여 발기술을 위주로 기록하고 있다."

그림 15-7. 邱劉勢/懸脚虛餌勢

「권세」에는 懸脚虛餌(헌각허이)가 懸脚虛餌卽左四品也·進三步作懸脚虛餌勢·便以兩手向上三畫過가 3번 나온다. 현각허이의 이칭이 '左四品(좌사품)'이다. 左四品(좌사품)이 있다는 것은 右四品(우사품)이 있다는 것이다. 『새보전서』에 있다. 四(사)와 '品(품)' 자는 동작을 표현한 글자다. '品(품)'과 '四(사)' 자가 결합되면 '현각허이세'다. 즉 '品(품)'에서 제일 위에 있는 것은 머리, 좌우는 팔이다. '四(사)=口+儿(인)'으로 '口'는 몸 체고 '儿(인)'은 '사람의 발'이다.

발차기와 관련된 顯脚虛餌(현각허이)=左四品(좌사품), 一條鞭(일조편)=低四品(저사품), 鬼蹴脚(귀축각)=右四品, 埋伏勢(매복세)=四品追(사품추)에 모두 '品(품)' 자를 붙였다. 이렇게 보면 택견의 '品(품) 밟기'의 '品(품)'은 '상체의 작용', '발기'는 '발의 작용'이 결합된 의미와 함께 '品(품)' 자형으로 겨루기 규칙을 만들게 되면 먼저 발을 좌우로 11자 형으로 마주서게 된다.

進三步作懸脚虛餌勢(진삼보작현각허이세)의 進三步(진삼보)는 현각허이를 '세 번 찬다'다. 便以兩手向上三畫過(갱이양수향상삼획과)는 세 번 찰 때 손은 만천성을 한다'는 수법을 설명한 문장이다.

마. 武備門(무비문)의 四品(사품)과 左四品(좌사품)의 관계

그림 15-8. 左四品/四品勢

①四品勢(사품세)에 감춰진 비밀

그림 15-9. 低四品/四品對四品/四品追

바. 武備門(무비문)에는 四品(사품)과 관련된 권결은 4개

①低四品勢(저사품세)의 짝은 封腿(봉퇴)다. 기법은 碇双拳手用□門門用氣法 疌脾舞乇在脚手用隻手低다. 원문이 흐릿해서 글자가 명확하지 않다. 칠성권(봉퇴)의 도기룡과 짝이다. 무비문은 저사품이 짝이다. 「권경」에는 저사품이 없다. 기법으로 보면 앉아 피하면서 앞쪽으로 발을 차는 기법으로 귀축각이다.

②四品追(사품추): 脚偸步快跟(각투보쾌근)子謾压夜行一袈犂勢(자만압야행일여리세)에서 '追(추)' 자는 '앉아 돌아 차기'를 나타낸 글자로 매복세의 기법이다. 야밤에 도둑질하는 것으로 비유했다.

③四品(사품): □肘□用打吊連絲色步□法脚用眩压 脚手用挍砍

④四品勢(사품세): 腿披用短跢(퇴피용단다)脚四品披砍望後(각사품피감망후)

그림 15-9. 4개의 '四品' 비교

사. 右四品勢(우사품세)를 찾아서,

현각허이가 '左四品勢(좌사품세)'다. 무비문은 四品勢(사품세)이다. '左(좌)' 자가

생략됐다. 左(좌)의 대립이 右(우)다. '四品(사품) 對(대) 四品(사품)'의 구조를 보면 자세가 다름에도 똑같은 四品(사품)을 쓰고 중간에 '對(대)' 자가 끼였다. 즉 두 사람이 對鍊(대련)을 하는 그림이다. 이 두 자세에서 현각허이가 '左四品(좌사품)'이다. 이렇게 되면 좌사품과 겨루는 상대는 右四品(우사품)이 된다. 새보전서에서 右四品(우사품)이 '鬼蹵勢(귀축세)'다. 즉 右四品(우사품)이 바로 현각허이의 짝이다. 四品(사품)의 글자는 모두 같지만 자세는 모두 다르다. 이것은 四品(사품)이 '손과 발을 부지런히 움직인다'는 공통된 뜻에 자세가 다른 경우 권결을 붙였기 때문이다.

선조는 겨루는 것을 '四品(사품)'이라 했다. 品勢(품세)라는 용어도 오래전부터 사용되었음을 알 수 있다. 특히 四品(사품)의 '四(사)=囗(국)+儿(인)'이다. 일정한 '공간(囗)' 안에서 움직이는 '발(儿)'을 나타낸다. 品(품)은 가슴(胸)·머리(頭)·팔(八)을 나타낸다. '儿'은 '발'이다. 四는 '사방천지를 발로 다닌다'다. 택견 '품밟기'의 '품'은 品(품)에서 왔고, 밟기는 '四(사)' 자에서 왔음을 알 수 있다. '품사'가 '품세'로 음가가 전이된다. 朝陽手(조양수)가 朝陽勢(조양세)로 치환되어 사용되었듯이 勢(세)는 手(수)와 교차한다. 즉 품은 손동작을 나타낸다. '발과 손을 움직여서 겨루다'다. 무비문에 태껸의 품밟기(四品)와 겨루기가 기록되어 있음이 놀라울 뿐이다.

아. 招陽勢(초양세)와 蹵天勢(축천세)

그림 15-10. 招陽勢①/招陽勢②

그림 15-11. 招陽勢/獅子大開口

「권세」에 축천세가 있다. 무비문은 축천세가 없고 招陽勢(초양세)가 두 개 있다. 蹵天勢(축천세)를 招陽勢(초양세)로 잘못 판각했다. 초양세는 '脚用鎗風腿手用小打(각용창풍퇴수용소타)'다. 상대의 얼굴을 축천세로 돌려 차면 초양세로 우수를 들어 막는 동작이다. 동영상이 없었기 때문에 시선을 후방에 두어 화공은 그렸다. <그림 15-10의 招陽勢②>는 '脚用創步(각용창보)左脚手用小打(좌각수용소타)'다. 뒤에 있는 '좌각'이 나가면서 '좌수'로 공격하는 기법이다.

자. 懸脚虛餌(현각허이)와 蹙天勢(축천세)의 비교

懸脚虛餌(현각허이)	蹙天勢(축천세)

그림 15-12. 懸脚虛餌/蹙天勢

「권세」에 蹙天勢(축천세)가 두 번 나온다.

표 15-8. 戚(척)의 갑골문·금문·전문·해서

갑골문	금문	전문	해서
			戚(척)

'蹙(축)' 자는 '足(족)+戚(척)'이다. '쫒다·발로차다(축)·줄어들다(척)'다. '戚(척)=戉(월)+尗(숙)'이다. 戉(월)은 '큰 도끼'이고 尗(숙)은 弔(조)와 통하여 '애통하다·친척'이다. 戚(척)의 갑골문 '' 자는 '피 묻은 도끼'다. 누군가 도끼로 척살 당했다. 그래서 '척'이다. 예나 지금이나 '소리'로 의미를 전달했지 문자로 소통한 것은 그다음이다. 금문 ''의 '' 자는 '도끼를 맞아 다리가 잘려 죽은 먼 친척(겨레붙이)'이고, '' 자는 '도끼를 휘두른 장본인'이다. 蹙(축)은 '발로 차서 죽인다'다. '발'이 '도끼'다. 衮衣(곤의)의 하의에 자수로 '도끼'를 넣는 이유다. 한글 '축'은 '축>촉>착>척'으로 분화된다. 차고 난 이후 움츠린 발이 '축'이다.

「권경」의 현작허이는 곧게 서 있고 양손이 수평이다. 「권법」은 좀 더 진행된 동작을 그렸다.

축천세의 그림은 「권세」에만 있고 「권세총도」는 순서 과정에 기록됐다. 그러나 『새보전서』에는 기록이 빠졌다. 그러나 무비문에 동일 자세의 그림이 있고, 「권세」에 명확하게 그려진 것으로 보아 『새보전서』에도 축천세가 있었던 것으로 사료된다. 天(천)은 '穿(천)' 자로 환유된다.

축천세의 그림을 보면 전방을 차고 있으면서, 시선은 뒤를 보고 있다. 순란주에서 후방으로 左廻(좌회)를 하면서 '우각'으로 얼굴을 차면(左手一打右足) 회전력에 의해 360° 돌아 전방으로 온다. 이렇게 되면 左一廻(좌일회)가 된다. 이때의 모습을 그린 것이 「권법총도」의 순란주세다. '축천세'에서 '좌수'를 높게 든 것은 순란주세에서 좌회를 할 때 금계독립세의 신법처첨 좌수를 들고 '우각'으로 높이차면서 돌았기 때문이다. 좌수를 높게 들어야 빠르게 돌면서도 중심이 무너지지 않는다. 또한 '우수'가 뒤에 있는 것은 전방으로 도달했을 때 회전력을 멈추게 하는 작용을 한다.

초양세(축천세)는 '脚用鎗風腿手用小打(각용창풍퇴수용소타)'으로 '風腿(풍퇴)'다. 이렇게 그린 것은 회전하면 돌려차는 것을 표현하려는 화공의 방편이다. '蹴(축)=蹵(축)'이다. 足(족) 위에 '就(취)' 자를 둠으로써 '더 높이 찬다'가 된다. '蹵(축)' 자를 쓴 것은 '찬다·돈다·줄어들다'의 뜻과 '축'의 음가가 '軸(축)'이기 때문이다. 축천세는 '안다리돌려차기'의 살아있는 기록이다. 택견의 '발차기'와 '상모돌리기'와 같은 놀이문화 속에도 남아있다.

「권법총도」는 「권법보」의 순란주세에서 '좌각'을 軸(축)으로 좌일회로 '우각'이 '좌수'를 치면서 전방으로 돌때 원심력으로 '우각'이 나가면서 '우권'을 허리에 붙인 모습이다. 이 순란주세는 축천세에서 이어진 동작이다.

차. 拳法(권법)의 기법 해설

원문: 作懸脚虛餌勢 右足蹴右手 左足蹴左手 右足蹴右手卽

언해본: 懸현脚각虛허餌이勢셰를호디右우足죡으로右우手슈를ㅊ고左좌足죡으로左좌足죡를ㅊ고右우足죡으로右우手슈를ㅊ고즉시

①拗鸞肘勢(요란주세)의 그림은 '우각'이 나간 상태다. '좌각'이 나가면서 양손을

수평으로 벌리고 '우각·좌각·우각'이 앞으로 올려 차며 세 번 나간다.

카. 국내 문헌과 논문의 해석

"懸脚虛餌(현각허이)는 상대가 경솔히 전진해 올 때, 두 번 바꾸어 차는 것이니, 결코 가볍지 않도다. 위로 쫓아 一掌(일장)을 가하니 하늘에 별이 가득하도다. 누가 감히 다시 와서 겨루겠는가."[827]

『무예문헌자료집성』에서 二換腿(이환퇴)를 二起脚(이기각)과 같다고 보고, '2단 앞차기'로 해석했다. 현각허이는 '좌·우각'이 번갈아 나가면서 차는 것으로 뛰어 차는 '2단 앞차기'는 아니다.

"懸脚虛餌(현각허이)는 腿法(퇴법)과 掌法(장법)이 가미된 동작이다. 상대가 들어오면 처음에 이환퇴(二換腿)로 상대를 공격해 들어가면서 쉽게 놔주지 않는다. 그러다가 상대가 밀려 중심이 흔들리면 따라 들어가 掌(장)으로 공격하는 동작이다. 二換腿(이환퇴)를 찰 때 차는 발과 같은 손으로 掌(장)으로 공격하는 것처럼 하니 이는 밑에 발차기를 숨기기 위함이다. 이를 중국무술에서는 暗腿(암퇴)라고 한다. 임동규(2009, p346)는『실연완역 무예도보통지』에서 이를 차는 발과 손이 다른 十字腿(십자퇴)로 복원하였다. 滿天星(만천성)의 의미를 중국어 사전 '(얻어맞거나 하여) 눈에 불이 번쩍 나는 것, 눈에서 번개가 번쩍이는 것'으로 보고 마지막에 가하는 一掌(일장)은 상대의 얼굴에 대한 가격임을 알 수 있다."[828]

"『기효신서』의 현각허이세는 차는 발의 반대 손을 들고 있으나,『무예도보통지』에서는 아래로 내리고 있다."[829]

---

827 박대선,『무예도보통지의 권법에 관한 연구』명지대학교 석사논문, 2007, p67『무예문헌자료집성』, 국립민속박물관, 2004, p875.

828 김종윤,『무예도보통지의 권법연구』한양대학교대학원 박사 논문, 2017, p33.

829 김종윤,『무예도보통지의 권법연구』한양대학교대학원 박사 논문, 2017, p114.

四. 順鸞肘勢(순란주세)

권경	권	장권	권세	권법	권법총도
		없음			 順鸞肘

가. 全文原文(전문원문)

①順鸞肘靠身搬打 滾快他難遮攔 復外絞刷回拴肚 搭一跌誰敢爭前

②順鸞肘靠身搬打 滾快他難遮攔 復外絞刷回拴肚 搭一跌誰敢爭前

③卽以右拳打左肘作順鸞肘勢 順鸞肘卽四目也【賽寶全書】

④作順鸞肘勢左一廻左手一打右足仍

나. 拳經(권경)·拳(권)의 詩語(시어)

①順鸞肘靠身搬打: 양팔은 몸에 기대 위아래로 비켜 간다네

②滾快他難遮攔: 빠르게 치고 몸을 돌려 손으로 적을 막네

③復外絞刷回拴肚: 되돌아가네, 몸 감싼 양손 뒤로 펴고 돈다네

④搭一跌誰敢爭前: 한 번에 돌아 자세를 취하니 누가 먼저 싸우려 하겠는가

다. 拳經(권경)·拳(권)의 기법 해설

①順鸞肘靠身搬打(순란주고신반타): '우권'은 아래로, '좌수'는 위로 옮긴다. 수법을 설명한 문장이다.

표 15-10. 頁(혈)의 금문·전문·해서

갑골문	금문	소전	해서
			頁(혈)

'順(순)=川(천)+頁(혈)'이다. 川(천)이 좌측에 있다. '頁(혈)'의 갑골문()은 '뒤쪽'

을 바라보고 있다. 즉 좌측(前)에서 동쪽(後)으로 돌아가는 것이 '順(순)'이다. 동쪽(後)에서 서쪽으로 돌아가는 것이 '轉(전)'이다. 順理(순리)란 '북두칠성이 左廻(좌회)로 돌아 비를 다스린다'는 의미다. 즉 '順(순)=巡(순)=循(순)'이다. 「권법」의 진행은 탐마세를 중심으로 전후로 움직인다. 「권법총도」의 그림은 기법을 나열한 길이지만 회전을 통해 뒤로 물러나고 다시 나가기 때문에 투로의 길이는 그렇게 길지 않다. 각 행별 회전은 아래와 같다.

표 15-11. 「권법」의 회전 위치

1행: 좌회(순란주)
2행: 우회(도삽) 우회(복호) 좌회(하삽) 좌회(당두포)
3행: 좌회(도삽) 좌회(도기룡) 좌회(매복) 우회(당두포)
4행: 좌회(도삽) 우회(오화전신)

鸞肘(란주)는 '팔꿈치를 둥글게 만든다'는 의미다. 拗鸞肘(요라주)와 順鸞肘(순란주)의 손 모양은 같지만 요란주세는 앞으로 나갈 때 사용하는 기법이고 순란주는 좌회로 돌면서 사용하는 기법이다. 순란주는 拗鸞肘(요란주)의 左手打開右肩(좌수타개우견)의 문장이 생략됐다. 肘靠身(주고신)의 '靠(고)=告(고)+非(비)'다. 非(비)는 서로 '기대다·등지다'로 '양손이 서로 몸에 의지해서 반대로 나간다'다. 搬打(반타)는 '좌수를 올린다'다.

②滚快他難遮攔(곤쾌타난차란): 허리에 있던 손으로 빠르게 치고 돌면서 발과 손으로 적의 공격을 막는다. 신법을 설명한 문장이다.

표 15-12. 衮(곤)의 금문·전문·해서

금문	전문	해서
[illegible]	[illegible] [illegible]	衮(곤)

'滚(곤)' 자의 衮(곤)은 '왕이 입는 옷'이다. 『광아』에 衮(곤), 帶也((대야)로 '허리띠'

다. 즉 허리에 두른 띠가 용이다. 용이 사는 곳이 물이다. 물은 돌고 돈다. '몸을 빠르게 돌려 적이 치면 손과 발로 막는다'다. 황제가 입는 곤룡포의 衮裳(곤상)에는 7개의 조각에 4단으로 그림이 배치됐다. 칠성 문화다. 도끼는 '여성=물(용)=달=토끼=도끼'다. 모계 신화의 전통이 토템으로 반영됐다. 곤의 금문 '[illegible]' 자형은 뒤에 주산을 두고 좌청룡 우백호를 배치한 자형이다. 즉 목뒤에 두른 깃은 주산이고 앞의 좌우 옷고름인 '衿(금)'은 좌청룡 우백호이고 허리띠는 배산임수의 상징으로 흐르는 물이다. 이처럼 滚(곤)은 허리에 숨긴 손을 찌르듯 뻗는 기법과 물처럼 돈다는 의미다. 快(쾌)는 '빠르다'다. 滚快(곤쾌)는 '빠르게 몸을 돌린다'다. 천황의 衮裳(곤상)에는 불([illegible])과 도끼([illegible])가 있다. '新(신)=辛(신)+斤(근)'이다. 斤(근)은 '도끼'다. 발을 도끼로 비유하고 발이 몸의 뿌리이기 때문에 根(근)이다. 천황의 움직임은 신중해야 하고 한번 움직이면 벌을 가한다. 伐木(벌목)은 도끼로 한다. 伐柯(벌가)는 '도끼 자루다', 伐(벌)은 '도끼'와 관련 있다.

他(타)는 단순하게 '다른 사람인 타인'만을 의미하지 않는다. 他(타)는 佗(타)의 속자이고, '佗(타)=馱(타)=駝(타)'로 '짊어지다·태우다'다. 他力(타력)과 打力(타력)을 함축하여 '他(타)' 자를 썼다. 즉 他(타)는 打(타)의 의미를 내포한다.

표 15-13. 難(난)의 금문·전문·별체·고문·해서

금문	전문	별체	고문	해서
[illegible]	[illegible]	[illegible]	[illegible]	難(난)

'難(난)' 자의 갑골문은 '堇=黃([illegible])'이다. 진흙(황토)을 열심히 밟는 사람으로 '이리저리 어지럽게 발을 움직인다'에서 '물리치다·막다'다. '隹([illegible])'는 '새'다. 진흙을 밟는 주체(사람)가 '새'다. '[illegible]'은 서서 발과 손을 움직이는 '사람(새)'다. '堇+隹'는 새를 토템으로 숭배한 민족의 무당[830]이다.

830 『漢韓大字典』, 민중서림, p2211. 堇(근)은 화재나 재앙을 만나서 양손을 교차하고 머리 위에 축문을 얹어 비는 무당의 상형.

표 15-14. 庶(서)·遮(차)·闌(란)·柬(간)의 금문·전문·해서

금문	전문	해서
[illegible]	[illegible]	庶(서)
	[illegible]	遮(차)
[illegible]	[illegible]	闌(란)
[illegible]	[illegible]	柬(간)

‘遮(차)’ 자는 ‘辵(척)+庶(서)’다. 庶(서)의 금문에서 ‘厂’ 자는 ‘지붕이 없는 작은 헛간’이다. 좁아 앉아 있을 수 없어 사람([illegible])이 서있다. 전문에서 ‘广’ 자는 지붕이 높다. 성공해서 머리([illegible])에 관을 쓰고 큰 집에 있어 서서 걷는다. 좁은 집에서 살기에 ‘서민’이다. 한편, ‘[illegible]’ 자의 ‘[illegible]’ 자를 ‘그릇 속의 것을 불로 찌거나 끓이는 형상’[831]으로 해석하지만 불과 관련이 뜻이 없다. ‘서’의 음이 ‘서다’라는 것을 몰랐기 때문에 잘못 해석했다. ‘遮(차)=辵(착)+庶(서)’다. 辵(착)은 사람들이 횡렬로 ‘착착’ 걷는 발을 옆에서 그린 것이다. 遮(차)는 ‘많은 사람이 서서 막는다(병풍)’는 뜻이다. 즉 ‘[illegible]’ 자에 ‘불’이 없다. ‘발’이 움직이기 때문에 ‘차’의 음가다.

‘攔(란)=扌+闌(란)’이다. 금문은 ‘문([illegible])’ 앞에서 두 눈을 크게 뜨고 양팔을 벌리고 막고 있는 ‘수문장([illegible])’이다. 즉 攔(란)은 ‘창문을 여닫는 손동작’이다. ‘감춘 것을 본다·눈이 간다(看)’다. ‘간’은 ‘가다·감춘다·보다’다. 遮攔(차란)의 ‘遮(차)’는 ‘아래를 막는 것(발)’이고, ‘攔(란)’은 ‘손으로 막는다’다.

즉 遮攔(차란)은 순란주의 방어에 대한 개념이다. 遮攔(차란)은 ‘가리고 막는다’로 遮斷(차단)과 동의어다. 「소림곤법」에 拿攔提捉劈(나란제착벽)[832]에 “‘拿(나)’는 잡을 수 있는 범위 안에서 잡고, ‘攔(란)’은 잡을 수 없는 범위 밖에서 막고, 提(제)는 아래를 막을 때 발을 사용하고, 捉(착)은 위를 보호할 때 사용하고, 劈(벽)은 위를 공격하거나 방어할 때 모두 사용한다.”라고 설명되어 있다. 조선세법 撩掠勢(요략세)에 ‘遮駕下殺(차가하살)’에 ‘遮(차)’ 자가 아래를 막듯이 提(제)도 ‘遮下(차하)’다. 또

831 『漢韓大字典』, 민중서림, 1997, p685.

832 諸勢之中有曰 拿攔提捉劈者 可得聞其要乎 余曰圈內有拿 圈外有攔 遮下有提 護上有捉 惟劈則上與左右可兼用也

한 提水勢(제수세)도 아래를 막는 '下掠(하략)'이다. 모두 개념이 일치한다. 捉(착)은 '護上(호상)'이다. 護(호)는 '摢(호)'로 치환된다. 즉 상체를 두 손으로 막는다. 劈(벽)은 '兼用(겸용)'이다. 좌우를 칠 수도 막을 수도, 잡을 수도 있다.

③復外絞刷回拴肚(복외교쇄회전두): 되돌면서 교차한 다리와 배를 감싼 양손을 펼치며 돈다. 수법과 신법을 설명한 문장이다.

표 15-15. 復(복)·外(외)·刷(쇄)의 갑골문·금문·전문·해서

갑골문	금문	전문	해서
[illegible]	[illegible]	[illegible]	復(복)
[illegible]	[illegible]	[illegible]	外(외)
		[illegible]	刷(쇄)

'復(복)' 자의 갑골문은 '畐(복)+夂(쇠)'다. 뒤집힌 항아리를 '되뒤집다'다. 금문의 复(복)은 성으로 되돌아가는 모습을 그린 것으로 '돌아가다·돌아오다·가다'다. '되뒤집다'의 '되=뒤'의 형태도 'ㅗ'와 'ㅜ'의 관계다. 이처럼 한글은 상형성과 의미성을 동시에 갖고 있다. 彳(척)은 '조금 걷는다'다. '척'에서 속으로 돌아오는 'ㅓ'와 밖으로 나가는 'ㅏ'의 음가로 '彳(척)·辵(착)'이다. 夂(쇠)는 '발길 돌린다'다.

'內(내)=冂(경)+入(입)'이다. 대칭인 '外(외)' 자는 '공간 밖'이다. 갑골문은 'ㅣ'을 중심으로 좌측을 밖으로 보고 모음 'ㅓ(ㅓ)' 자로 표기했다. 금문은 걷는다는 개념으로 발인 'D(ㅂ)' 자를 좌측에 두었다. 夕(석)은 月(월)이 변형한 것으로 보고 있으나, 外(외)와 관련된 모든 단어에 '달'과 관련된 개념이 없다. 그러나 夕(석)은 달이 서쪽으로 넘어간다는 '서'와 좌측으로 넘어가는 것을 표현한 것이 'D' 자다. 外는 '밖외'다. '밖'은 뜻이고, '외'는 음이다. '밖'에 'ㅂㅏ' 자가 있고 'ㅣ'의 왼쪽에 있어 '외'다. 또한 左(좌)의 뜻도 '겉외'다. '겉'은 '밖으로 걷는다'의 '겉'이다. 즉 外(외)는 좌회를 뜻한다. 『무예도보통지』의 「권법」에도 左一廻(좌일회)다. 復外絞(복외교)는 좌회를 할 때, 뒤로 다리를 옮기면 'X' 자로 꼬이게 된다. 이 상태로 돌면 다리가 풀리면서 원위치로 오게 된다는 설명이다.

刷回拴肚(쇄회전두)는 좌회를 할 때 양손의 움직임을 설명하는 문장이다. 刷(쇄)는 '𠧪+刂(도)'다. 원자는 '㕞(쇄·솰)'다. '𠧪' 자는 사람을 똑바로 세워 '털다·솔질하다'

는 의미에서 반복의 의미로 '又(우)' 자를 썼으나, 목판에 솔질을 해서 '刂(도)' 자로 바뀌어 '인쇄하다'가 됐다. 마치 차렷처럼 세운 모습이 양손을 묶는 鎖(쇄)와 같아 '쇄'의 음가를 갖는다. 원음은 '솰'이었으나 이것이 '솔'로 바뀌었다. 刷(쇄)는 쭉 펴는 것으로 「권보」의 '鷹刷翼(응쇄익)'이다.

무비문은 鷹曬翼(응쇄익)에 '曬(쇄)' 자를 썼다. '새'의 이두문으로 '쇄(=쇠=새)의 음가와 자세에 맞춰 '刷(쇄)' 자로 치환했다. '曬(쇄)=日+麗(려)'다. '麗(려)' 자에 '새'의 상징이 있음을 알 수 있다. 뜻은 '가지런하게 늘어놓다·해를 향해 정연하게 늘어놓다·볕에 쬐다'다. 刷(쇄)는 '닦다·쓸다·씻다'다. 涮(쇄)는 물로 씻는 것이지만 刷(쇄)는 '물이 아닌 다른 것으로 닦는다'다. 麗(려)=丽(려)=짝'이다. '麗(려)' 자 밑에 '鹿(록)'은 '사슴처럼 두 눈이 자애로운 새(부부)'라는 의미다. '쇄'의 음가는 '日(일)'이 '새'이기 때문이다. '새해'를 '설 쇤다'라고 한다. 해가 새롭게 떠오른다.

'새=해=쇠'다. 金(금)을 '쇠금'이라 하는 것도 '金(금)' 자가 '해(=새)'를 상징하기 때문이다. 金鷄(금계)라는 뜻도 '빛나는 새(태양)'을 상징한다. 鷹曬翼(응쇄익)은 '새가 날개를 뒤로 접고 가슴을 내밀고 볕을 쬐는 자세'를 비유한 것임을 알 수 있다. 鷹(응)은 '가슴'을 뜻하는 膺(응)의 치환이다. 이에 반해 '刷(쇄)' 자 형의 모습과 뜻에서 취한 개념으로 曬(쇄)에서 '刷(쇄)' 자로 후대에 바뀌었다. 또한 夜丫巡海拳(야아순해권)의 '黃鶯晒翌(황앵쇄익)'이 '鷹曬翼(응쇄익)'의 다른 이름임을 알 수 있다. 鷹曬翼(응쇄익)이 鷹刷翼(응쇄익)보다 더 앞선 시기에 만들어진 문서로 보인다. 새보전서[833]와 무비문은 동일문화권에서 만들어진 것을 알 수 있다. 주체적 시각에서 연

833 김종윤, 『무예도보통지의 권법연구』 한양대학교대학원 박사 논문, 2017, p88. "곽낙현·임태희(2014)는 "특히 우리나라 권법은 축천세와 응쇄익세, 갑을상부, 오화전신세는 중국문헌의 권법 관련 내용에서는 찾아볼 수 없는 새로운 기술들을 개발함으로써 점차 우리나라 실정에 맞게 변화를 꾀하였음을 알 수 있다."고 하여, 『武藝諸譜飜譯續集(무예제보번역속집)』의 蹙天勢(축천세)와 應刷翼勢(응쇄익세)가 朝鮮(조선)에서 만든 새로운 기술로 말하고 있으나, 蹙天勢(축천세)는 중국무술에서 基本功(기본공)으로 하는 발차기와 똑같고, 應刷翼勢(응쇄익세)는 劈挂拳(벽괘권)의 二龍吐須(이룡토수)와 매우 흡사하다. 『무예제보번역속집』의 축천세와 응쇄익세 그리고 작지룡세(雀地龍勢)를 제외한 모든 勢(세)에 대한 설명이 있다. 『璽寶全書(새보전서)』란 책에서 설명한 내용인 듯하나, 현재 『새보전서』가 전하지 않음으로 더 구체적인 내용은 알 수 없다. 대부분이 동작을 설명하거나, 동물이나 사물의 이름을 빌려 다른 이름을 말하고 있는데, 四品(사품)과 四目(사목)은 그 뜻을 알기 어렵다. 다만 品(품)은 삼각형의 형태라 몸이 상대방과 斜線(사선)으로 향하는 것을 중시하는 勢(세)를 말하고, 四目(사목)은 네 개의 눈을 의미하므로, 順鸞肘(순란주) 동작의 네 군데 중요한 위치가 있다는 의미가 아닐까 추측된다."

구를 하지 않고, 중화적 시각에서 우리의 무예를 중국에서 파생된 무예 또는 그 아류로 해석하는 학계의 풍토가 바뀌길 기대한다. 응쇄익의 짝은 猛虎靠山勢(맹호고산세)이다. 응세익은 '우각'이 나가있다. '우회'를 하면서 취한 동작이다. 도삽세에서 우회로 '일삽보세'를 취할 때 '좌수'를 등에 대는 것은 응쇄익의 변형으로 볼 수 있다. 『무예제보번역속집』에서는 후방에서 '도기룡세'로 돌아 나오면서 즉시 전방으로 '우회'하면서 응쇄익세를 취했다.

그림 15-13. 鷹曬翼/鷹刷翼의 比較(비교)

拴肚(전두)는 배를 감싼 양손이다. 拴(전)은 '묶는다·가린다'다. 肚(두)는 '위·배'다. 순란주의 가슴과 배를 자기 손으로 묶듯이 감싼 것을 설명한 문장이다. 刷回拴肚(쇄회전두)는 '좌회 시 양손은 펼쳐 내리고 돈다'다. 이렇게 돌면 회전이 빠르고 몸의 중심이 흔들리지 않는다.

④搭一跌誰敢爭前(탑일질수감쟁전): 한 발을 빼면서 회전'하는 보법을 설명한 문장이다.

표 15-16. 荅(답)·合(합)·跌(질)·爭(쟁)의 갑골문·금문·전문·해서

갑골문	금문	전문	해서
			荅(답)
			合(합)
			跌(질)
			爭(쟁)

'搭(탑)' 자는 '扌(수)+荅(=答)'이다. '태우다·실다·치다'다. 答(답)의 금문은 合(합)과 같다.

'合(합)=亼(집)+口(구)'이다. 亼(집)은 뚜껑으로 가리개의 상형이다. 口(구)는 그릇 몸체의 상형으로 '그릇에 뚜껑을 덮다·합치다'[834]로 해석을 잘못했다. 『荀子(순자)』 男女之合(남녀지합), 鴿喜合(합희합:성교하다) 『埤雅(비아)』에 合體(합체)다. 즉 '짝짓다'다. 'A' 자는 '집'이다. 그래서 '亼(집)'이다. 집안에 처녀가 있다. 'ㅂ' 자는 남자의 '발(足)'이다. '남자가 처녀 집에 들어간다'가 본의다. 들어가기 전에 처녀에게 '답'을 듣고 들어가서 성교를 맺는다. '答(답)'의 전문 '䇂' 자는 '초가지붕'이다. 죽간에 글로 답을 하면서 '竹(죽)' 자가 붙었다. 또한 '팥답' 즉 '小豆(소두)'다. 팥이 합방의 대가(대답), 혹은 辟邪(피사)의 행위로 '팥을 뿌린 것'에서 기인한 것으로 사료된다. 塔(탑)은 층층이 쌓고 난 후 탑돌이를 돈다. '타다>탑'이다. 搭(탑)은 '양손이 몸에 매달리듯 늘어뜨린다'로 아이들을 양손에 잡고 한 바퀴 도는 동작이다. 搭一跌(탑일질) 시에 양손을 늘어뜨리고 도는 순간의 동작이 刷回(쇄회)이고 鷹刷翼(응쇄익)이다. 刷回(쇄회)을 취하고 돌면 몸의 회전이 매우 빠르다.

'跌(질)=足(족)+失(실)'이다. 失(실)은 '빗나가다·벗어나다·빠뜨림·달아남'이다. '失' 자는 '손을 허둥지둥 움직이고 뒤를 바라본다'다. 搭一跌(탑일실)은 '손을 펴면서 한걸음에 뒤로 빼며 빠르게 돈다'는 수법과 보법을 설명한 문장이다. 跌(질)은 이두문이다.

'爭(쟁)=爪(조)+又(우)+亅(궐)'이다. 손을 '위아래로 마주 당긴다'다. 갑골문 '爭'(쟁)' 자는 '두 사람이 싸우는 뒷모습'이고 '爭' 자는 '서로 펴서 당기는 손'의 모습이다. 誰敢爭前(수감쟁전)은 '감히 함부로 싸우려 나서지 못한다'다.

라. 拳勢(권세)의 기법 해설

원문: 順鸞肘卽四目也 卽以右拳打左肘作順鸞肘勢

「권세」에는 順鸞肘(순란주)에 대한 두 개의 다른 문장이 있다.

---

834 『漢韓大字典』, 민중서림, 1997, p376.

첫 번째 문장에 있는 순란주세의 이칭은 四目(사목)이다. 왜 '四目(사목)'이라 했을까? 선조들은 가결을 만들 때 한자의 모습에서 동작을 축출해서 만들었다. '四(사)=方(방)'이다. 사방은 圓(원)이다. '방울'의 '방'은 '둥굴다'다. 圓(원)·方(방)·角(각)이 '天地人(천지인)'이다. '四(사)=囗+儿(인)'이다. '員(원)' 자 밑에 '儿(인)' 자는 '사람의 발'로 '뒤로 돈다'다. '目(목)' 자의 二(이)는 몸을 감싸고 있는 양손을 나타낸다. 즉 '四(사)'는 하제 '目(목)'은 눈이 아니라 가슴을 감싼 두 손의 모습을 나타낸다. 그래서 '四目(사목)'이다. 順(순)의 頁(혈)에 '目'과 '儿'이 있다. 두 번째 문장은 '右拳(우권)을 좌수의 팔꿈치(左肘)로 이동시켜(打) 순란주세를 취한다'다.

마. 武備門(무비문)의 四目(사목)과 生馬勢(생마세)

그림 15-14. 四目勢/生馬勢

「무비문」은 '四目(사목)'과 '生馬(생마)'가 짝이다. 「권경」에서는 순란주세는 기고세와 짝이다. 生馬勢(생마세)는 『기효신서』의 안시측신세다. 四目(사목)의 기법은 手用小打(수용소타)脚用短當(각용단당).

바. 拳法(권법)의 기법 해설

원문: 作順鸞肘勢左一廻左手一打右足仍(작순란주세좌일회좌수일타우족잉)

언해본: 順슌鸞란肘쥬勢셰를호딕왼편으로훈번도라左좌手슈로右우足죡를훈번티고인ᄒᆞ야

그림 15-15. 蹙天勢/順鸞肘勢

順鸞肘勢(순란주세): 순란주세를 취하고 左一廻(좌일회)를 하면서 '우족'을 안쪽으로 돌려 뒤를 향해 높이 찬다. '우각'은 '좌수'로 친다(左手一打右足).

「권경」의 順鸞肘(순란주)보다 「권법」의 자세가 높다. 즉 「권법」은 左一廻(좌일회)를 하면서 '左手一打右足(좌수일타우족)'을 하기 때문이다. 「권세총도」의 순서는 '과호-일조편-순란주-우축천-좌축천-(우)축천-현각허이'이고, 「권법총도」는 '탐마-요란주-현각허이-순란주'다. 「권세」는 '순란주세-축천세'이지만 「권법총도」는 '순란주세-칠성권'이다. 『무예제보번역속집』에 '축천세'가 있다. 한편 『무예도보통지』의 「권보」에는 축천세가 없다. 그러나 '左一廻左手一打右足(좌일회좌수일타우족)'의 문장이 축천세를 설명하는 문장이다. 여기서 一打(일타)를 '좌수를 우족과 같은 한 방향으로 보낸다'는 의미로도 해석된다. 왜냐하면 축천세의 '좌수'를 보면 좌수의 높이와 차는 우족의 높이와 다르기 때문이다. '좌수'를 뒤로 들고 고개를 뒤로 돌린 〈그림 15-15〉의 축천세가 순란주세에서 좌회로 돌아 전방으로 나온 것을 표현한 그림인데, 좌수를 들고 후방을 보고 있는 얼굴을 「권법총도」에서는 '둥근원'으로 대체하고 전방으로 돌아 나오면서 우권을 허리에 두고 우각이 앞으로 나온 순란주세의 마지막 동작을 그렸다.

그렇기 때문에 「권법총도」의 순란주세는 현각허이의 모습이다. 허리춤에 '우수'가 있다. 칠성권과 연결시키는데 중요한 기능을 한다. 「권법총도」의 '순란주세' 속에 '축천세'가 있다.

사. 拗鸞肘勢(요란주세)와 順鸞肘勢(순란주세)의 比較(비교)

拗鸞肘勢(요란주세)	順鸞肘勢(순란주세)

그림 15-16. 拗鸞肘勢/順鸞肘勢

④拗鸞肘(요란주)와 順鸞肘(순란주): 손 모양은 같으나 상체와 발의 자세는 다르다.

요란주에 대한「권경」과「권」은 '좌각'이 앞으로 나갔다. '우권'은 밖으로 비틀어 내려 접었다.「권」은 '우권'의 拳心(권심)이 위를 향하고 있어 摘心(적심)하기 직전의 자세다.「권세」는 '우권'이 '右掌(우장)'으로 바뀌었고 掌心(장심)도 하늘을 향한다.「권법」만이 '우각'이 나가고, 拳(권)이 掌(장)으로 바뀌었다.

순란주에 대한「권경·권」의 그림은 방어를 하기 위해 '좌각'이 뒤로 빠지면서 자세를 낮췄다.「권경」의 '우권'은 비틀지 않고 몸쪽을 향하지만「拳(권)」은 우권을 밖으로 비틀었다.「권법」의 순란주는 '왼편으로 ᄒᆞᆫ번도라'다. 좌회를 하기 위해 '우족'이 뒤를 향하고 兩手(양수)는 서로 비틀렸다.

아. 국내 문헌과 논문의 해석

"順鸞肘(순란주)는 몸을 상대방에 부딪쳐 靠(고)하고 이동시켜서, (팔꿈치를) 둥글게 굴려서 빠르게 치나니 상대는 막기 어렵도다. 다시 바깥으로 얽고 떨구며 돌려서 배를 노리는데, 찌르면 한 번에 넘어지니, 누가 감히 先(선)을 다투겠는가."[835]

"순란주는 몸을 붙여서 상대를 걷어내고 친다. 굴려서 빨리 치니 상대는 방어하기 어렵다. 다시 바깥으로 상대 손을 꼬아 배에 붙들어 매니, 손이 닿으면 넘어지니 누가 감히 앞을 다투겠는가?

835 박대선,『무예도보통지의 권법에 관한연구』명지대학교 석사논문,2007, p71.『무예문헌자료집성』, 국립민속박물관, 2004, p886.

순란주도 팔꿈치로 치는 打法(타법)과 擒拿(금나)를 같이 사용한다. 진식태극권의 요란주의 동작과 用法(용법)이 비슷하다. 또 진식태극권에 순란주란 동작이 있다.[836]

"순란주세의 설명과 그림의 동작이 같지 않다. 설명과 같은 동작은 뒷부분에 나오는 권법총도에서 찾아볼 수 있다."[837]

五. 七星拳勢(칠성권)

권경	권	장권	권세	권법	총도
					七星拳

가. 全文原文(전문원문)

①七星拳手足相顧 挨步逼上下隄籠 饒君手快脚如風 我自有攪衝劈重

②七星拳手足相顧 挨步逼上下隄籠 饒君手快脚如風 我自有攪衝劈重

③七星拳手足相顧 挨步進上下隄防 恁伊腿快不須忙 我自有攪冲技倆

④七星拳卽封腿也【賽寶全書】仍以左拳打右肘作七星拳勢

⑤作七星拳勢左右洗

나. 拳經(권경)·拳(권)의 詩語(시어)

①七星拳手足相顧: 칠성권은 수족이 서로 마주 보며 나아가며 친다네

②挨步逼上下隄籠: 몰아 들어가며 위를 막고 아래를 감싼다네

③饒君手快脚如風: 여유로운 너의 손은 빠르게 발과 함께 바람처럼 움직이네

④我自有攪衝劈重: 나는 저절로 손을 흔들다 치고 가르기를 거듭하네

836 김종윤, 『무예도보통지의 권법연구』 한양대학교대학원 박사 논문, 2017, p114.

837 김종윤, 『무예도보통지의 권법연구』 한양대학교대학원 박사 논문, 2017, p114.

다. 拳經(권경)·拳(권)·長拳(장권)의 기법 해설

①七星拳手足相顧(칠성권수족상고): 칠성권의 수법과 보법을 설명한 문장이다.

표 15-17. 斗(두)·雇(고)·顧(고)·頁(혈)의 갑골문·금문·전문·해서

갑골문	금문	전문	해서
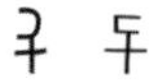			斗(두)
			雇(고)
			顧(고)
			頁(혈)

七星拳(칠성권)에는 한민족 북두칠성 신앙이 들어있다. 칠성권은 '북두칠성 물레방아가 돌 듯 두 손으로 연속해서 친다'다. 시연자의 손도 '七' 자다. 七은 짝으로 '七七'을 하나로 표현한 글자다. 또한 '칠〉치다'로써 '두 번 친다'다. 星(성)을 '省(성: 살피다)'으로 환유하면 '상대를 살피다 빠르게 두 번 친다'다. 권법의 가결은 견우와 직녀의 설화로 구성되어 있다.

相顧(상고)는 面面相顧(면면상고)로 '서로 바라본다'다. 즉 손과 발이 마주 본다. '좌수우각', '우수좌각'의 수법과 보법이다. 相顧(상고)는 좌우 拳面(권면)이 서로 마주보면서 앞에 나간 주먹은 당기고, 당긴 주먹은 다시 나가며 들락거리는 수법이다.

은하수를 사이에 두고 좌우에서 견우와 직녀가 중간에서 만난다. 은하수를 비단과 같은 긴 천으로 비유하여 좌우권이 교차되는 동작을 빨래를 비비는 동작으로 비유하여 이를 '洗(세)' 자로 표현했고, 권면이 서로 마주보고 있는 것을 견우와 직녀가 마주보고 있는 것으로 비유한 것이 '面面相顧(면면상고)'다.

'顧(고)=雇(고)+頁(혈)'이다. '돌아보다·돌려보내다·당기다'다. 雇(고)는 古(고)와 통하여, '오래되다'다. 頁(혈)의『갑골문·금문』 자는 고개를 돌리면서 긴 머리가 뒤로 넘어갔다. 즉 은 '고개를 돌린다'다. '雇(고)=(호)+隹(추)'로 '새의 일종·품삯'이다.『설문』에 雇(고)는 農桑候鳥(농상후조)다. '선잠단의 계절이 돌아와 뽕나무 따는 새(왕비)'다. 즉 鳥(조)는 의인화된 새로 뽕나무를 따는 왕비다. 함께 뽕나무를

딴 사람에게 賃金(임금)을 준다. 갑골문 '' 자는 '문을 나서 하늘로 날아가는 새'다. 즉 고향으로 되돌아가는 새다. 傭兵(용병)이 雇兵(고병)다. 품삯을 받고 전쟁에 나와 고향으로 되돌아가는 사람이다.

전문 ''은 집안에 앉아 고향을 생각하는 새다. 『축문』 '' 자는 집 밖을 나온 새다. 한자는 '새=사람=새끼=알=난생신화'로 연결된 문화에서 만들어진 우리의 글자다.

「권경」은 '좌각'이 나가고 '우수'를 掌(장)으로 뻗었다. 이렇게 되면 몸이 緊張(긴장) 된다.

拳(권)의 의미는 무엇인가? 단순히 拳(권)은 '주먹'이고 手(수)는 '손'인가?

'수박'은 '손으로 친다'는 의미에서 만들어진 가장 원초적이 개념이다. 手(수)가 후대에 掌(장)으로 개념이 파생되었다. 한편 '손으로 반복해서 친다'는 의미는 무엇일까? 바로 이것이 '권'이다. 즉 '권'은 단순하게 '손을 말아쥔 것'만을 의미하지 않는다. 拳(군)이 좌우 양손을 뜻하기 때문이다.

표 15-18. 拳(권)의 금문·소전

금문	소전

「금문·소전」에 拳(권)의 의미가 잘 담겨있다. ''은 '팔'과 入(입)의 의미를 복합한 개념이다. 즉 '좌우 양팔을 뻗는다'다. '' 자는 음과 양의 결합으로, '팔을 뻗고 다시 오므린다는 것'을 나타낸다. ''는 '手(수)'가 3개다. 중앙의 큰 '手(수)'가 기준으로 '좌·우'로 분리된다'는 손동작이 '권'이다. 또한, 좌우의 펼친 손이 하나로 '말린다'는 의미다. 때문에 拳法(권법)은 手搏(수박)과 같다.[838] 『소전』의 '='番(번)'은 '播(파)'의 원자로 '씨를 번갈아 뿌리다'다. '扌(수)'가 붙어 '좌우 손은 번갈아 자주 빠르게 뻗고 오므린다'다. '(팔)=扌(수)'다. '권'은 '수'의 반복작용임을 알 수 있다. 때문에 七星拳(칠성권)의 그림은 앞에 있는 손은 펴있고 뒤에 손은 가볍게 말아있다.

838 『한한대자전』, 민중문화사 1997, p830.

손 모양의 선후 좌우를 구분하지 않고 '번갈아 가며 움직이며 친다'는 것이 拳(권)이다. 拳鬪(권투)도 손을 꽉 말아 쥐진 않는다. 꽉 쥐면 속도가 오히려 느리게 된다. 가볍게 손을 말아 쥐고(鬆) 타격되는 순간에 주먹을 쥔다. 古文書(고문서)에 기록된 개념들의 특징을 구분해 보면, 『기효신서』는 「권경」이라 했고, 『무비지』는 「권」, 『무예제보』는 「권세」, 『무예도보통지』는 「권법」으로 분류되어 있다. 이것은 '拳(권)'에 대한 시대적 인식이 반영된 것이다. 그래서 4개의 문서를 「권경·권·권세·권법」으로 배치하고 개념을 분류했다.

②挨步逼上下隄籠(애보핍상하제롱): 밀치고 들어가다 상대와 붙으면 상하를 덮어 막는 수법에 대한 설명이다. '挨(애)=扌(수)+矣(의)'다. 矣(의)는 '疑(의)' 자의 왼쪽 변형자이고 '혼잡하여 서로 밀치다'[839]다.

표 15-19. 疑(의)·矣(의)·畐(복)·是(시)·龍(룡)의 갑골문·금문·전문·해서

갑골문	금문	전문	해서
			疑(의)
			矣(의)
			畐(복)
			是(시)
			龍(룡)

'疑(의)' 자의 갑골문 '' 자는 '고개를 돌려 누군가를 부르며 서 있는 모습'이다. '애'의 음가는 '아이'다. 사람이 많은 곳에서 뒤따라오던 '애'를 잃고 뒤를 보고 아이를 부르며 서 있는 모습이다. '' 자는 '지팡이를 든 사람이 앞을 보고 뒤로 갈지' 망설인다. 挨步(애보)는 '사람들이 많이 모여 있는 틈을 비집고 들어가는' 보법으로 '좌각'이 나가면 '우수'로 '우각'이 나가면 '좌수'로 사람을 밀치며 나가는 보법이다. '逼(핍)=辶+畐(복)'이다. '몰다·가까이 다다름'이다. 畐(복)은 '둥근 항아리'다. 畐(복)은

839 『漢韓大字典』, 민중서림, 1997, p835.

'배불리 먹어 배가 불룩한 사람'이다. 즉 逼(핍)은 항아리가 달리는 게 아니라, '몸통이 앞으로 나간다'다. 上下隄籠(상하제롱)의 上(상)=隄(제), '下(하)=籠(롱)'이다. '손을 세워 얼굴을 막고, 팔을 내려 팔꿈치로 하체를 막는다'다. 즉 隄籠(제롱)은 얼굴과 몸통을 양손으로 막는 수법이다.

'隄(제)=阜(부)+是(시)'다. '쌓다·막다'다. '是(시)=日(일)+正(정)'이다. '곧게 나간다'에서 '옳다·바르다'다. 昰(시)의 本字(본자)다. '해가 곧게 떠올라 간다'다. '隄(제)' 자는 '손을 세워 얼굴과 몸통을 방어하는 것'으로 비유했다.

'籠(롱)=竹(죽)+龍(용)'이다. '대바구니·새장·덮어씌우다·두루다'다. 짚으로 엮어 어깨에 두르는 '도롱이'의 籠(롱)으로 '빈틈없이 막는다'다. 龍(룡)은 "머리 부분에 '辛(신)' 자 모양의 장식이 있는 뱀을 본떠, '용'의 뜻을 나타낸다."[840]. 갑골문 '[갑골문]' 자는 뿔 달린 동물이다. 금문에서 뿔이 '[금문](辛)' 자로 바뀐다. '[금문]=[금문]=立(립)'이다. '[금문]' 자는 '하늘에서 지상으로 내려온 사람(신)', 또한 '[금문]' 자는 말을 탄 사람으로 '높이 8척 이상의 말'을 뜻한다. '망'의 음가는 '얼룩'이란 뜻으로 '[갑골문]' 자는 '얼룩망(말)'이고, 전문 '[전문](용)'은 '[전문]+[전문]'으로 '[전문]' 자는 의인화된 왕이다. 왕이 머리에 쓴 冠(관)이 '[금문]' 자형이다. '[고문]=[갑골문]=얼룩망(말)'이다.

「장권」에서는 籠(롱)이 防(방)으로 바뀌었다.

③饒君手快脚如風(요군수쾌각여풍): 손은 요군과 같고 발은 바람처럼 빠르다네

표 15-20. 君(군)의 갑골문·고문·금문·전문·해서

갑골문	고문	금문	전문	해서
[갑골문]	[고문]	[금문]	[전문]	君(군)

'君(군)' 자는 '口(구)+尹(윤)'이다. '임금·두목·뛰어난사람'이다. '尹(윤)' 자는 '신사를 주관하는 족장'이다. 축문에 뜻을 나타내는 口(구)를 더하여 '임금'의 뜻[841]이라 하지만, 갑골문 '[갑골문]'의 '[갑골문]'은 '손'이고 '[갑골문]'은 '발'이다. '여기저기 다니며 지휘하는 사람'

840 『漢韓大字典』, 민중서림, 1997, p2390.

841 『漢韓大字典』, 민중서림, 1997, p384.

이다.

「권경」에서 상대를 지칭하는 것은 주로 '他(타)·人(인)·恁(임)' 자를 내용과 글자 형태의 상징에 따라 달리 사용했다. '君(군)' 자는 七星拳(칠성권)에서만 사용됐다. '君(군)' 자를 사용한 것은 고문의 '[illegible]' 자형이 칠성권의 모습으로 칠성권의 모습과 君子(군자)가 '揖(읍)'을 취할 때의 양손의 모습이다. 그렇다면 饒君(요군)은 무엇일까? 『封神演義(봉신연의)』 饒君就是金剛體(요군취시금강체), 饒君(요군)의 자세를 就(취)하는 是(시:이것)가 金剛體(금강체)다. 『全唐詩野節鞭(전당시야절편)』에 饒君疾如翅(요군질여시)다. 즉 '饒君疾(요군질)은 새의 翅(시:날갯짓)과 如(여:같다)'다. 군자들이 두 손을 들어 올려 잡고 상체를 숙이는 동작이 '饒君(요군)'이다. 즉 요군의 동작은 앞 문장의 隄籠(제롱)으로 隄籠饒君(재롱요군)이다. 여기에서 君(군)은 시연 당사자인 我(아)다.

「장권」에서는 恁伊腿快不須忙(임이퇴쾌불순망)으로 「권경」과 다르다. 恁伊(임이)는 「장권」의 문화적 특성을 잘 드러낸다. 「권경」과 같은 문장도 있지만 다른 문장형태이고 24세만 있다. 「장권」을 정리할 때 「권경」과 다른 문서를 보고 정리했기 때문이다.

④我自有攪衝劈重(아자유교충벽중): 나는 교충과 벽권으로 거듭 공격한다.

표 15-21. 我(아)·歲(세)의 갑골문·금문·해서

갑골문	금문	해서
 [illegible]	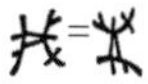 [illegible]	我(아)
 [illegible]		歲(세)

'我(아)'[842] 자는 '나는 새'다. 그래서 '나아'다. 歲(세)의 갑골문은 새 등에 '초승달'과 '그믐달'이 있다. 즉 달의 변화와 이동을 새로 표현했다. 그래서 '歲(세)=月(월)'이다. 달은 여성이기에 '딸'이고 '곰'이 여성이기에 '그믐(=곰)' 달이다. '攪(교)=扌(수)+

842 임성묵, 『본국검예 3. 왜검의 시원은 조선이다』 행복에너지출판사, 2018, p181.

覺(교)'다. 覺의 '𦥯' 자는 '양손으로 책을 펴고 닫다'다. 衝(충)은 '찌르다·부딪치다·돌리다'다. 즉 攪는 '횡으로 치는 수법'이고 衝(교충)은 '곧게 치는 수법'이다. '劈(벽)=辟(벽)+刀(도)'다. 劈拳(벽권)으로, 劈重(벽중)은 벽을 치듯이 '벽권을 반복한다'다.

「장권」에서는 劈重(벽중)이 技倆(기양)으로 바뀌었다.

칠성권(권경) 칠성권(장권)

그림 15-17. 七星拳의 比較(비교)

라. 拳勢(권세)의 기법 해설

원문: 七星拳卽封搥也(칠성권즉봉추야)

①封腿(봉퇴): '封(봉)=圭(규)+寸(촌)'이다. '크다·흙을쌓다·편지'다. 圭(규)는 '앞으로 뻗은 손'이고 寸(촌)은 '팔을 접은 손'이다.

표 15-22. 封(봉)의 갑골문·고문·금문·전문·해서

갑골문	고문	금문	전문	해서
[illegible]	[illegible]	[illegible]	[illegible]	封(봉)

圭(규)는 '土(토)' 자가 두 개 겹쳤다. 두 손을 번갈아 사용하는 것이다. 또한, 편지를 공손히 두 손으로 올리는 동작을 칠성권에 연결했다. 이에 반해 腿(퇴)는 '발'이다. 손으로 공격할 때 앞으로 나가는 발이다. 봉에는 進步(진보)의 동작이 들어있다. 이에 반해 搥(추)는 '손을 던진다·친다'다. '진퇴를 하면서 칠성권을 한다'다. 『무예제보번역속집』 원본에는 '扌(수)+退(퇴)'의 결합이지만 이 글자는 없다. '追(추)' 자를 退(퇴)로 오기했다. 以左拳打右肘作七星拳勢(이좌권타우주작칠성권): '좌권'으로

치면 '우권'의 팔꿈치가 굽어져 좌측 손 오금에 세워진다(右肘). 「권경」은 '좌권'이 움직이기 전의 문장이고, 「권세」는 '좌권'이 나간 동작을 '우수'가 들어오면서 팔꿈치가 자동으로 굽혀지면서 '七' 자 형이 된다.

마. 武備門(무비문)의 封腿(봉퇴)

그림 15-18. 低四品/封腿

「권경」은 칠성권과 도기룡이 짝이지만, 무비문은 封腿(봉퇴)와 低四品(저사품)이 짝이다.

封腿(봉퇴)는 '手脚用肘(수각용주)眞人而待心(진인이대심)脚用走馬連步剪(각용주마연보전)'이다. 원문이 흐릿하여 명확하지 않다. 칠성권을 설명한다. 武僧(무승)과 相撲(상박)을 하는 것으로 보아 호국불교의 면모를 볼 수 있다.

바. 拳法(권법)의 기법 해설

원문: 作七星拳勢左右洗(작칠성권세좌우세)

언해본: 七칠星셩拳권勢셰를호듸左좌右우편으로감아

그림 15-19. 到騎龍/七星拳

①左右洗(좌우세): 칠성권은 '우수좌각'이다. 手足相顧(수족상고:손발이 대칭)이다. 左右洗(좌우세)의 '洗(세)'는 물레방아가 돌 듯, 빨래를 비비듯 양손을 움직이기 때문에 '洗(세)' 자를 썼다. 七星拳(칠성권)은 六路(육로)의 '斗門(두문)'과 관련이 있다. 七星(칠성)의 의미로 보면 은하수를 하얀 비단 천으로 비유한 것이다.

順鸞肘勢(순란주세)는 뒤에서 앞으로 360° 돌면서 축천세로 찬 '우족'이 먼저 땅에 떨어진다. 이 전체의 과정을 순란주세로 묶은 것이다.

「권법보」의 원문에는 '우권'의 움직임에 대한 문장이 없다. 단지 「권법총도」에는 '좌수'가 앞에 있고 주먹을 쥔 '우수'가 허리춤에 있다. 순란주세가 한 바퀴 돌아 전방에서 '우수우각'으로 쳐야 회전으로 인한 몸의 균형을 바로 잡고 칠성권을 자연스럽게 할 수 있다.

이제 '좌각'이 나가면서 한 번에 '좌권'과 '우권'을 두 번을 친다. 영춘권의 주먹직이 칠성권이다.

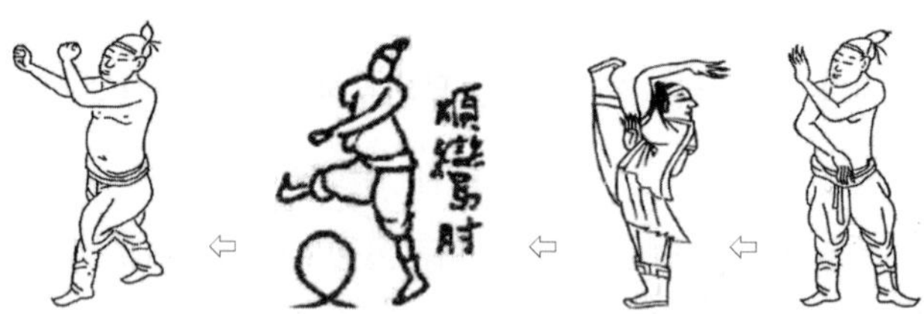

그림 15-20. 순란주세에서 칠성권까지 연결동작

사. 국내 문헌과 논문의 해석

"七星拳勢(칠성권세)는 수족이 서로 돌보나니, 步(보)로 접근하며 핍박하고 上下(상하)로 새장에 가두어 버리도다. 그대의 손이 쾌속하고 다리가 바람 같음은 양보하겠으나, 나에게는 스스로 攪(교)·衝(충)·劈(벽)·重(중)과 같은 변화 수법의 訣(결)들이 있노라."[843]

"칠성권(七星拳)은 수족(手足)이 서로 돌보니, 挨步(애보)로 상대의 上下(상하)를 둑이나 바구니에 갇혀 있는 듯 핍박한다. 君(군)의 손이 빠르고, 발이 바람처럼 움직이더라도, 나는 본래 攪(교)·衝(충)·劈重(벽중)이 있다.

844 박대선, 『무예도보통지의 권법에 관한 연구』 명지대학교 석사논문, 2007, p81. 『무예문헌자료집성』 국립박물관, 2004, p874.

手足相顧(수족상고)를 鄭少康(정소강, 2007)은 手足(수족)이 서로 상응하는 外三合(외삼합)으로 이해했으나, 여기서 수족상고의 顧(고)는 形意拳(형의권)에서 말하는 顧法(고법)으로 봐야 할 거 같다. 고법이란 상대의 공격을 방어하거나 혹은 상대를 제압해 움직이지 못하게 하거나 상대의 움직임을 불편하게 만든 후에 타격하는 기법을 말한다. 그러므로 挨步逼上下隄籠(애보핍상하제롱)의 의미와도 상통한다."[844]

논문에서 "七星(칠성)은 北斗七星(북두칠성)을 말한 것이며, 몸에서는 머리(頭)·어깨(肩)·팔꿈치(肘)·손(手)·고관절(胯)·슬(膝)·발(足)의 일곱 곳을 지칭한다."[845] 고 해석했다.

"칠성권세를 하고, 左右左(좌우좌) 세 번 洗(세)를 하니 고사평세가 된다. 그리고 오른발과 왼손을 앞으로 찌르니, 이 자세는 칠성권세에서 손발의 좌우를 바꿔서 한 동작이 되겠다."[846]

六. 高四平(고사평)

권경	권	장권	권세	권법	총도
					 高四平

가. 全文原文(전문원문)

①高四平身法活變 左右短出入如飛 逼敵人手足無措 恁我便脚踢拳捶

844 김종윤, 『무예도보통지의 권법연구』 한양대학교대학원 박사 논문, 2017, p31.

845 김종윤, 『무예도보통지의 권법연구』 한양대학교대학원 박사 논문, 2017, p31.

846 김종윤, 『무예도보통지의 권법연구』 한양대학교대학원 박사논문, 2017, p116.

②高四平身法活變 左右短出入如飛 逼敵人手足無措 恁我便脚踢拳捶

③高四平身法活動 左右短進退如風 逼人快腿使難容 恁我脚踢幷拳冲

④轉身向東作高四平勢 高四平卽倒上看也【賽寶全書】

⑤作高四平勢右手左脚前一刺

나. 拳經(권경)·拳(권)의 詩語(시어)

①高四平身法活變: 고사평의 신법이 활처럼 변한다네

②左右短出入如飛: 좌우 짧게 나가고 들어가는 손이 날갯짓하네

③逼敵人手足無措: 적을 몰아가는 손발은 잠시도 멈춤이 없네

④恁我便脚踢拳捶: 님아! 한쪽 다리로 정강이를 차며 주먹으로 치세

다. 拳經(권경)·拳(권)·長拳(장권)의 기법 해설

①高四平身法活變(고사평신법활변): 신법을 설명한 문장이다.

표 15-23. 四(사)·活(활)의 갑골문·고문·금문·전문·해서

갑골문	고문	금문	전문	해서
☰	[illegible]	[illegible]	[illegible]	四(사)
			[illegible]	活(활)

'四(사)' 자의 갑골문·금문 '☰' 자는 숫자의 표현이지만 전문 '[illegible]' 자는 본래 입안에 이·혀가 보이는 모양을 본떠, '숨'을 나타냈다. 숨이 나오는 곳은 '코'로 '코의 모습'이다. 즉 '四(사)' 자는 四品(사품)처럼 '양발'을 나타내고, '平(평)'은 '수평으로 친다'다.

'活(활)' 자의 '舌(괄)'은 '昏=氏+口'이다. '물이 둑을 부수고 멋대로 흐르다'다. "轉(전)하여 '살다'라 하고, '氵+舌(설)'로 '혀에 수분이 있어 살아있다·몸속 혈액이 원활히 움직이고 있다."[847]로 해독했다. 설문을 쓴 허신은 한자에서 'ㅂ' 자형이 발을 그

847 『漢韓大字典』 민중서림, 1997, p1147.

린 ‘ㅂ’인 것을 모르기 때문에 해독하지 못했다. ‘[illegible]’ 자형은 ‘물속에 빠진 사람이 손발을 움직여 물에서 나와 살아났다’다. 물에 빠지면 ‘사람 살려’라고 말한다. ‘사람〉삶〉살’이다. 물속에 쏙 들어갔다 다시 나오면 살기 때문에 ‘활’이다. 「권경」의 高四平身法活變(고사평신법활변)과 「곤법」 高四平勢(고사평세)의 ‘四平高勢變換活(사평고변환활)’의 活變(활변)이 變活(변활)로 바뀌었을 뿐 문장의 구조는 같다. 活變(활변)은 ‘활처럼 변한다’다. ‘活(활)’ 자는 ‘弓(궁)’의 이두문인 ‘활’ 자로 화살처럼 뻗는 손이다. 이 ‘活(활)’ 자는 우리 민족이 아니면 해독할 수 없는 글자다. 棍(곤)에서는 ‘高四平(고사평)’이 제일 먼저 나오고 「권경」의 첫 문장과 거의 같다. ‘四平(사평)’의 ‘四(사)’ 자형이 四品(사품)에서 ‘四(사)’ 자가 발을 표현하는 방식도 우리 문화다. 「권경」과 「소림곤법」이 동일문화권에서 만들어진 것임을 알 수 있다. 「권경」은 劍(검)이나 鎗(창)의 기법을 맨손으로 수련한 것이다.

‘變(변)=䜌(련)+攴(복)’이다. ‘변하다·움직이다·고치다’다. 䜌(련)은 ‘계속하다’의 뜻, 여기에서 攴(복)은 復(복)의 의미로 ‘때려서 바뀌게 한다’다. 活變(활변)은 ‘상대의 변화에 따라 손발을 빠르게 움직인다’로 應變(응변)이다. 「장권」은 變(변)이 ‘動(동)’ 자로 바뀌었다. 「장권」의 그림은 동쪽을 보고 있다. 즉 개별 동작으로 배열되었지만 「권보」 형식으로 기록되어 있었음을 알 수 있다.

②左右短出入如飛(좌우단출입여비): 좌우 손을 짧게 치는 것은 새가 날듯이 빠르다네

표 15-24. 飛(비)의 금문·전문·해서

금문	전문	해서
[illegible]	[illegible]	飛(비)

‘左右短出入(좌우단출입)’이다. ‘좌수’와 ‘우수’를 날개 짓 하듯이 뻗어 친다. 권투로 비교하면 ‘원투’다.

고사평의 그림이 ‘좌수좌각’인 것은 권투에서 좌각이 나가면서 동시에 좌수로 짧게 치다가 우수로 결정타를 치는 것과 같다. ‘飛(비)’ 자는 새가 날개를 치고 나는 모

양을 본떠 '날다'다. '비'의 음가의 한자는 '날다·내리다·짝·등지다'다.

「장권」의 出入如飛(출입여비)가 進退如風(진퇴여풍)으로 바뀌었다.

③逼敵人手足無措(핍적인수족무조): 맞서 상대의 손발을 사용하지 못하게 몰아 간다네

표 15-25. 敵(적)·昔(석)의 갑골문·금문·전문·축문·해서

갑골문	금문	전문	축문	해서
		[illegible]		敵(적)
[illegible]	[illegible]	[illegible]	[illegible]	昔(석)

'逼(핍)' 자는 '辵+畐(복)'이다. '몰아간다'다. 逼敵人(핍적인)은 '맞선 사람을 몰아 간다'다. 「권경」에서 쓰인 敵(적)이 어떤 의미로 쓰였는지 알 수 있는 문장이다. 상대를 지칭하는 글자로는 '他(타)·人(인)·恁(임)'을 사용했다. 굳이 상대를 나타낸다면 '敵(적)' 자 하나면 된다. 그런데 '敵(적)' 자 뒤에 人(인)을 붙여 敵人(적인)으로 표현했다. '맞선 사람'이다. 즉 敵(적)에게 맞선 '사람(人)'란 의미가 내포되어 있다. 즉 '敵(적)≠人(인)'이다. 「권경」에 기록된 敵(적)은 상대 입장에서 바라본 게 아니라 당사자가 입장에서 썼다. 이런 이유는 '敵(적)' 자에 담긴 역사와 상징성 때문이다.

'敵(적)=啇(적)+攴(복)'이다. '대적하다·갚다·되돌려주다'다. 敵(적)의 전문은 '[illegible]=[illegible]+[illegible]', '[illegible]=[illegible]+[illegible]'으로, '황제가 나아가 징벌한다'다. 여기서 啇(적)은 商(상)의 俗字(속자)다. '啇(적)=口(구)+帝(제)', 帝(제)는 '구심점으로 모이다'다. 많은 뿌리가 모이는 나무의 '밑동'의 뜻[848]을 나타낸다. 즉 敵(적)은 상나라에 대항하는 세력에게 '맞서 징벌한다'다.

'措(조)=扌(수)+昔(석)'이다. '섞일조·섞을조·쓸조'다. '昔(석)=日(일)+[illegible](우)'다.

848 『漢韓大字典』, 민중서림, 1997, p407.

‘저녁석·밤석·오랠석·날을 거듭하다’다. ‘㣺(우)’ 자는 많이 포개어 쌓은 고깃점의 상형, 햇볕에 말린 고기, ‘포’의 뜻[849]으로 보지만 그렇지 않다. 많은 산이다. 『주문』 ‘𦣻’ 자형은 해와 달이 섞였다. ‘섞일조’의 ‘섞’이 저녁을 뜻하는 ‘석’, ‘일’이 ‘해’, ‘조’는 ‘새=해=조’다. 해가 산 너머로 지고 달이 뜬 상태를 나타낸 글자다. ‘西(서)=口(구)+兀(올)’이다. ‘해가 지는 방향을 나타낸 글자’다. ‘서’의 음가에 ‘ㄱ’을 붙여 ‘석’이다. ‘ㄱ’을 돌리면 ‘ㅅ’이다. ‘㣺’에 ‘석·섞’ 자형이 있다. ‘돌아서’의 말속에 ‘돌=동’이 되고 ‘서=서’가 된다.

手足無措(수족무조)는 ‘손발을 사용하지 못하게 하다’다.

「장권」은 ‘逼人快腿使難容(핍인쾌퇴사난용)’으로 원문과 다르다.

④恁我便脚踢拳捶(임아편각척권추): 내 발로 상대의 다리를 차고 손으로 가격한다네

표 15-26. 更(경)·丙(병)·尺(척)·垂(수)의 갑골문·금문·전문·해서

갑골문	금문	전문	해서
	[illegible]	[illegible]	更(경)
[illegible]	[illegible]	[illegible]	丙(병)
[illegible]	[illegible]	[illegible]	尺(척
	[illegible]	[illegible]	垂(수)

恁我(님아)는 상대가 ‘나를’을 부르는 이두문이다. ‘便(편)=亻(인)+更(경)’이다. ‘편할편·쉴편·곧편’이다. 㪯(경)은 ‘힘을 가해서 바꾸다’다. ‘更(경)=丙(병)+攴(복)’이다. ‘고칠경·바뀔경·이을경’이다. 丙(병)은 남쪽, 仲林(중림)[850]이다. 해가 좌우 두 개 붙

849 『漢韓大字典』, 민중서림, 1997, p932.

850 임성묵, 『본국검예 3. 왜검의 시원은 조선이다』 행복에너지출판사, 2018, p135. “양 다리를 두 나무(林)에 비유하고, 가운데에 걸린 두 개의 ‘불알(해)’은 ‘仲(중)’에 비유하여 ‘仲林(중림)’이라 했다. ‘寅(인)’은 ‘호랑이’로 ‘호롱불’이다. 좌우 두 개의 샛별이다. 이를 『爾雅(이아)』에서는 ‘柔兆(유조)’라 했다. 柔(유)는 雙日(쌍일)이다. ‘兆(조)’자도 좌우 대칭이다. 두 개의 불알이다. 서쪽의 샛별이 동쪽에서 다시 뜬다. 『廣雅(광아)』에서는 ‘丙剛(병강)’이라 했다. ‘丙(병)’이 ‘午(오)’로 오르기 위해 미련을 버리기에 ‘離(리)’다. 丙午丁(병오정)의 힘은 ‘離(리)’에 있다. ‘丙(병)’은 두 개의 불이다. 즉 상징적으로 밤의 북극성(북두칠성)과 낮의 해, 두 개의 불이다. 두 개가 머리 위에 있을 때의 위치는 서로 다리를 벌린 것처럼 거리가 있다. 오행에 ‘火(화)’다.”

었다. 불알이다. 시간이 오시에서 미시로 바뀌는 상태다. 便(편)은 '便脚(편각)·便拳(편권)'이다. 틈새를 보며 사용하지 않고 있는 손과 발이다. '踢(척)=足(족)+易(역)'이다. '찰척'이다. 易(역)은 提(제)와 통하여 '팔을 내밀다'와 '다리를 내밀다·발로차다'다. 易(역)과 是(시)에서 '발로 하체를 차'는 상형을 취하고 '측'의 음가를 붙였다. 彳(척)은 '조금차다'다. 辵(착)은 '함께 차다·연속 차다'다. 尺(척)의 갑골문은 사람의 다리에 획이 하나 그어져 있다. 尺(척)은 '23~30㎝' 정도의 길이로 脚踢(각척)은 '높지 않게 하체를 찬다'다.

뒤에 '拳捶(권추)'와 연결되어 脚踢拳捶(각척권추)는 '발이 나가면 동시에 손이 나간다'는 동시에 발생되는 수법과 족법이다. '捶(추)=扌(수)+垂(수)'다. '垂(수)' 자는 '초목의 꽃이나 잎이 늘어진 모양'이다. 금문 '𠂹' 자는 손을 모아 곡식을 따내는 秋收(추수)로 '揪(추: 모으다)'다. 즉 捶(추)는 '종아리치다·채찍질하다·방아찟다'로 捶打(추타)[851]다. 무비문의 질법의 '揪(추)'와 같다. 『기효신서』의 그림은 '좌각좌권'이 뻗어있다. 이 상태는 강력한 파괴력이 없다. 권투로 치면 '짭(jab)'이다. 결정타는 '좌각우권'의 拳捶(권수)다.

「권경」은 지면의 한계로 인해 한 동작의 그림을 그리고 문장을 통해 그림에 표현하지 못한 동작을 보완했다. 고사평(高四平)은 앞발로 차고 왼손으로 견제하고 오른손으로 결정타를 날리는 복합된 동작이다. 『무예도보통지』의 저자들도 이것을 알았기 때문에 고사평의 결정타인 '우수좌각'을 문장에 썼다. 이것을 알지 못하면 원문과 그림이 잘못됐다고 오인하게 된다. 「무비문」에서는 '四封勢(사봉세)'가 '高四平勢(고사평세)'다. 「장권」은 '恁我脚踢幷拳冲(임아각척병권충)'이다. 원문과 다르다.

라. 拳勢(권세)의 기법 해설

원문: 高四平卽倒上看也【賽寶全書】轉身向東作高四平勢

①高四平(고사평)을 마치면 倒上看(도상간)이다. 高四平(고사평)과 倒上看(도상

851 『漢韓大字典』, 민중서림, 1997, p841.

간)은 자세가 다르다. 고사평은 사봉세다. 여기에서 高四平卽倒上看也(고사평즉도상간야)는 뒤에 轉身向東作高四平勢(전신향동작고사평세)과 연결된 것으로 倒(도)가 轉身向東(전신향동)이다. '看(간)'은 손으로 앞을 가리는 동작이다. 즉 고사평세를 마치고 '좌회'로 돌면서 취하는 방어 자세다. 「권법」은 '고사평-우회-도삽세'로 연결하면서 '우회'를 했지만 『새보전서』에서는 '고사평-좌회-도상간'으로 연결했다. 도상간에서 손을 뒤로 뻗으면 도기룡세가 된다. 가결은 다르지만 용법은 같다고 보아도 무방하다. 「권경」은 高四平(고사평)과 倒插勢(도삽세)가 짝이다.

마. 武備門(무비문)의 倒上看(도상간)

撚衣單鞭勢(년의단편세)와 짝이다. 倒上看(도상간)은 '脚用皆掃(각용개소)手用推打(수용추타)'다. 다리를 이용해 돌면서 손을 밀치는 기법이다.

撚衣單鞭勢(년의단편세)으로 공격하면 도상간은 도망가면서 뒤 따라오는 적을 방어하는 자세다. 撚衣單鞭勢(년의단편세)은 '手用隻手破隻拳(수용척수파척권)脚用短連(각용단연)'이다. 한손으로 상대의 주먹을 막으면서 짧게 따라 돌아 들어가는 기법이다. '도상간'은 '고사평'과 자세가 다르다. 무비문의 '四封勢(사봉세)'가 고사평세다. 그렇지만 「권세」에서는 '拈肘勢(념주세)'다.

그림 15-21. 倒上看/撚衣單鞭/四封勢

바. 拳法(권법)의 기법 해설

원문: 作高四平勢右手左脚前一刺(작고사평세우수좌각전일자)

언해본: 高고四ᄉᆞ平평勢셰ᄅᆞᆯ호ᄃᆡ右우手슈와左좌脚각으로앏흘ᄒᆞᆫ번디ᄅᆞ즉시

①고사평의 원문은 '右手左脚(우수좌각)'이다. 「권법보」의 〈그림 15-22①〉은 '좌각좌수'이고 「권법총도」의 〈그림 15-22②〉는 '좌수우각'다. 즉 칠성권이 '좌각'으로 끝났다. 만일 고사평을 그 상태에서 걷지 않고 '좌수우수' 두 번 친다면 총 4번을 제자리에서 치게 된다. 그렇기 때문에 '우각'과 '좌각'이 나가야 한다. 〈그림 15-22②〉는 '우각'이 나가면서 '좌권'을 뻗은 그림이고, 〈그림 15-22①〉은 '좌수'를 뻗은 상태를 유지하고 '좌각'이 나가면서 '우권'으로 치려는 동작이다. 그래서 1행의 고사평은 「권법보」와 「권법총도」에 각각 1개씩 총 두 개를 그렸지만 3행은 「권법총도」에서 '좌각우수'로 결정타를 친 그림 1개만 그렸다. 고사평도 중사평과 같은 '運風(운풍)'의 기법이다. 고사평은 '우각-좌각'이 나가고 중사평은 '좌각-우각'이 나가서 서로 대칭이다. 〈그림 15-22〉의 장권에 고사평의 의도가 잘 표현됐다. 오늘날의 권투다.

『기효신서』·『무비지』의 고사평은 발차기에 대한 설명이 있지만 『무예도보통지』에서는 생략됐다.

그림 15-22. 高四平/中四平/七星拳의 比較(비교)

사. 국내 문헌과 논문의 해석

"高四平(고사평)은 身法(신법)을 활발하게 변화하며 左右(좌우)로 짧게 치매, 나가고 들어오는 것이 나는 듯하도다. 敵(적)을 핍박하여 손발 둘 곳이 없게 하고는, 나는 그대를 편히 발로 차고 주먹으로 때리도다."[852]

"고사평은 신법이 영활하고 應變(응변)한다. 左右(좌우) 短拳(단권)의 出入(출입)이 나는 듯하다. 敵(적)을 핍박하니 그의 手足(수족)을 둘 곳이 없다. 이같이 나는

852 박대선, 『무예도보통지의 권법에 관한 연구』 명지대 석사논문, 2007, p69. 『무예문헌자료집성』, 국립박물관, 2004, p882.

편하게 발로 차고 주먹으로 친다. 고사평은 신법과 더불어 좌우로 짧게 주먹으로 치면서 상대를 압박하는 동작이다. 현대 스포츠 복싱에서 원투 스트레이트 치는 동작과 흡사한 것으로 보인다."[853]

"위 그림을 보면 칠성권세와 고사평세의 자세가 손의 좌우(左右)가 바뀌었을 뿐 같은 동작으로 보인다."[854]

七 倒插勢(도삽세)

권경	권	장권	권세	권법	총도
		없음			 倒插

가. 全文原文(전문원문)

①倒插勢不與招架 靠腿快討他之贏 背弓進步莫遲停 打如谷聲相應

②倒插勢不與招架 靠腿快討他之贏 背弓進步莫遲停 打如谷聲相應

③倒插勢卽抬陽也【賽寶全書】飜身向北作倒插勢

④作倒插勢左右手高擧後顧回身向後

나. 拳經(권경)·拳(권)의 詩語(시어)

①倒插勢不與招架: 돌아서며 꽂아 넣어 심지만 부르는 가자세와 다르네

②靠腿快討他之贏: 다리를 기대고 토벌한 적을 광주리에 실는 다네

③背弓進步莫遲停: 등지고 나가되 지체하고 머물지 말아야 하네

④打如谷聲相應: 손을 옮기니 계곡 사이에 울리는 마주 선 산과 같네

853 김종윤, 『무예도보통지의 권법연구』 한양대학교대학원 박사 논문, 2017, p41.

854 김종윤, 『무예도보통지의 권법연구』 한양대학교대학원 박사 논문, 2017, p116.

다. 拳經(권경)·拳(권)의 解說(해설)

①倒插勢不與招架(도삽세불여초가): 도삽세는 초가와 같지 않다네

표 15-27. 臿(삽)의 전문·해서

전문	해서
	臿(삽)

'倒(도)' 자는 '亻(인)+到(도)'다. '到(도)=至(지)+刂(도)'다. 화살이 하늘로 높이 올라가 끝에 다다른 것이 到(도)이고 다시 땅으로 떨어진 것이 至(지)다. 倒(도)는 到(도)의 상태에서 화살촉이 돌아 바뀌는 것으로 '돈다'다. '돌다'의 '도'로 사용되면 이두문이다. '插(삽)=扌(수)+臿(삽)'이다. '끼우다·꽂다'다. '臿(삽)=干(간)+臼(구)'이다. '끼울삽·가래삽'이다. 干(간)은 절굿대, 臼(구)는 절구의 상형으로 '절구질하다·끼우다'다. 干(간)은 '방패·과녁·줄기', '干(간)=千(천)'으로 '하늘에서 곧게 내려온다(올라간다)'다. 士(사)는 干(간)과 반대다. '간'의 음가도 '간다'다. 倒插勢(도삽세)는 '돌면서 손을 하늘로 꽂는다'다. 『기효신서』나 「권경첩요」에 '顚番倒插(전번도삽)欲其猛也(욕기맹야)'라고 설명하고 있다. 여기서 '猛(맹)' 자는 '顚番(전번)'과 倒(도)를 설명하는 말로 '돌다'는 뜻임을 알 수 있다. '孟(맹)' 자는 둥근 선반(皿) 위에서 '아이(子)'가 서 있다. 즉 빙빙 도는 것을 나타낸 글자다. 우리말에 '맴맴'은 回轉(회전)을 뜻하는 말로 '눈을 감고 돈다'는 뜻으로 盲(맹)과 猛(맹)이 결합 됐다. 즉 '맹'은 '맴'의 이두음이다. 본국검의 '猛虎隱林勢(맹호은림세)'도 돈다. '犭(견)' 자형도 돌기 때문에 등이 굽었다. '猛虎(맹호)'란 호랑이가 돌면서 여기저기 날뛰는 모습을 비유한 말임을 알 수 있다.

표 15-28. 與(여)·牙(아)의 금문·고문·전문·해서

금문	고문	전문	해서
			與(여)
			牙(아)

'與(여)' 자는 '牙(아)+口(구)+舁(여)'다. 牙(아)는 맞무는 이(齒)다. 舁(여)는 집어 올리는 양손과 끌어올리는 양손의 상형이다. 전문은 '舁(여)+与(여)'로 与(여)는 牙(아)의 변형으로 금문 '' 자는 牙(아)의 전문 '(아)' 자형과 비슷은 하지만 의미가 다르다. 與(여)는 '더불어갈여·함께일할여·도울여·무리여'다. 금문 '(여)'는 '+'이다. '' 자는 '밑에서 위'로 올렸고 '' 자는 '위에서 아래'로 내렸다. '' 자는 위아래의 손이 맞잡은 형태다. '잇다'는 '' 자와 닮게 되면서 牙(아)로 잘못 봤다.

犯了(범료)와 招架(초(가)는 매우 중요한 글자다. 招架(초(가)[855]는 「권경」을 어느 민족계통에서 만들었는지 알 수 있는 중요한 단서가 있다. 중국무술계와 학자들도 招架(초가)가 무엇인지 알지 못한 상태에서 「권경」을 해석했다.

표 15-29. 犯(범)·氾(범)·了(료)의 전문·해서

전문	해서
	犯(범)
	氾(범)
	了(료)

855 김종윤, 『무예도보통지의 권법연구』, 한양대대학원 박사논문, 2017, p17~18. "무술에서 가지는 變化의 의미를 알지 못하면 정확한 해석이 되지 않는다. 또 하나의 예를 들자면 『紀效新書』의 「拳經捷要編」에 보면 "所謂不招不架,只是一下,犯了招架,就有十下"라는 구절이 있다. 국립민속박물관에서 펴낸 『武藝文獻資料集成』에 보면 "이른바 不招不架하면 이는 다만 하나 아래지만, 招架를 行했다면(범했다면) 十下에 있게 된다."고 하면서 각주로 "무술계의 격언이다. 대련시."라고 했다. 또 不招不架를 설명하기를 "무술용어 중 하나로 상대가 공격할 때 어떠한 초식도 전개하지 않고 오로지 막지도 않는 것. 예: 적의 공격을 잠깐 억제하며, 즉시 공격해 들어감"이라 하고 있다. 박대선도 각주 없이 똑같은 해석을 하고 있다. 그러나 不招不架는 "招도 없고 架도 없는" 이라는 말로써 招架가 없다는 의미다. 무술에서 어떤 특정한 攻防이 있는 동작이 나오는 것이 招架가 있는 것이며, 특정한 공방의 의미 없이 자연스럽게 나오는 동작이 不招不架가 된다. 즉 어떠한 동작을 생각해서 하는 것이 아니라 자연스럽게 상황에 맞게 동작이 나오는 것을 의미한다. 只是一下의 구절에서 一下는 하나 아래가 아니라 한번을 뜻한다. 그러므로 다음에 나오는 十下는 열 번이 된다. 단순한 한자의 해석이 아니라 중국어의 이해가 필요한 부분이다. 즉 "所謂不招不架, 只是一下, 犯了招架, 就有十下"의 풀이는 "이른바 招架가 아니면 단지 한 번이고, 招架를 범하게 되면 열 번이 있다." 이 의미는 상대방과 격투 중에 招架가 없으면 그냥 한 번에 상대를 쓰러뜨리게 되고, 招架가 있게 되면 세를 여러 번 연속으로 계속 사용해야 한다."

'犯(범)' 자는 '犭(견)+㔾(범)'이다 '침범할범'이다. 㔾(범)은 氾(범)과 통하여 '널리 퍼지다'다. 전문 (범)은 '+', '' 자는 '밤에 활동하는 호랑이'다. 한민족은 산에 호랑이가 많고, 밤에 주로 호랑이가 마을을 습격했기 때문에 '봄'에서 '범'이란 말이 나왔다. ''은 '무섭게 앞으로 나온다'다. 侵犯(침범)이란 範圍(범위)를 뚫고 들어가는 것이다. 즉 '' 자는 '범처럼 무섭게 생긴 사람이 들어왔다'다. '㔾(범)' 자는 '병부절'로 符節(부절)이다. 符節(부절)은 병권을 움직이는 牌(패)다. 了(료)는 子(자)의 형태에 '양손이 없는 모양으로, 손발을 모두 감싸고 젖먹는 아이의 모양을 본뜸. 감싸는 모양에서 하나의 일이 끝남'의 뜻을 나타낸다. 즉 氾了(범료)는 '장내로 무섭게 나와 바로 서서 싸울 준비를 마친 상태의 무인'이다.

표 15-30. 召(소)·加(가)·架(가)·是(시)·下(하)·謂(위)의 갑골문·금문·전문·주문·해서

갑골문	금문	전문	주문	해서
				召(소)
				加((가)
				架((가)
				是(시)
				下(하)
				謂(위)

'招(초)' 자는 '扌(수)+召(소)'다. '손짓하다·부르다'다. 召(소)의 갑골문은 받침 위에 술그릇을 올려놓고, 그 위에 칼을 두 손으로 들고 있는 글자 모양이므로, 축문을 외면서 신을 부르는 의식을 나타내는 것으로 여겨짐. 일반적으로 '부르다'로[856] 보고 있다. 갑골문 '·'의 '·' 자를 召(소)의 '刀' 자로 보고 '칼'로 보았지만 그렇지 않다. 금문 '·'의 '·' 자는 '北'으로 북두칠성에 있는 조상신(·)을 불러 내려오자 술로 대접하고 돌려보내는 제사를 나타낸 글자다. '수'는 '내리다', '소'는 '오르다'의

856 『漢韓大字典』, 민중서림, 1997, p371.

음이다. 갑골문·금문의 'ㅂ'은 '말을 입 밖으로 내보낸다'는 'ㅂ'의 기호가 있다.

'加(가)=力(력)+口(구)'다. 力(력)을 팔의 '힘'이다. 口(구)는 '신에게 올리는 축문(말·노래)'이다. 힘을 합쳐서 '종교적·물리적 작용을 가하다'[857]로 보지만 그렇지 않다. 금문 '[illegible]'의 '[illegible]' 자는 口(구)와 관련 없다. '[illegible]' 자는 '늘이다·더하다·올리다'에서 '손과 발의 앞으로 나아간다'다. 우리말에 앞으로의 '가'다. '架(가)=加(가)+木(목)'이다. '건너지를가·시렁가'다. '가'와 '거'은 'ᄀ'에서 음가가 나왔다. 木人(목인)은 '나무 인형'이다. 架(가)의 木(목)은 사람, 한 손을 뒤로 뻗은 것이 '加(가)'다. 招架(초가)의 架(가)는 '손으로 불렀다(招)'다. 그렇다면 架(가)는 어떤 동작이고 어떤 뜻일까? 이에 대한 답은 懶扎衣(나찰의)의 '架子(가자)'에 있다. 즉 招架子(초가자)에서 '子(자)' 자를 생략했다. 상대를 보고 싸움을 시작하자면서 '한 손을 뒤로 빼면서 架子(가자)' 라고 말하는 동작이 '招架(초가)'다. 架子君(가자군)은 쟁반을 한 손으로 들고 음식을 나른다. 이 동작은 식당에서 사람을 안으로 모시는 동작이기도 하다.

「권경」의 "所謂不招不架只是一下(소위불초불가지시일하)[858]犯了招架就有十下(범료초가취유십하)"의 '招架(초가)'는 '不招不架(불초불가)'와 대립한다. 不招不架(불초불가)는 '부르지 않았으면 架(가)를 하지 않고 단지 손을 하나로 합쳐서 내린다(只是一下)'. 즉 不招(불초)의 경우 不架(불가)다. 부르지 않으면 架(가)의 동작을 취하지 않는다. 犯了(범료)는 '장내에 들어와 싸울 준비가 됐다'이고, 招架(초가)의 架(가)는 손을 뒤로 빼는 동작으로 손님을 맞이하는 손짓과 같다. '架(가)' 자 뒤에 '就(취)'를 붙여 '架(가)' 자가 '어떠한 동작을 취한다'는 동작임을 설명한다. 就有十下(범료초가취유십하)는 便是十下之謂也(평시십하지위야)의 문장을 다시 정리한 "양

857 『漢韓大字典』, 민중서림, 1997, p309.

858 김종윤, 『무예도보통지의 권법연구』 한양대학교대학원 박사 논문, 2017, p23. "일반적으로 말하기를 '拳'이 치는 것을 알지 못한다."고 하였는데, 이것은 번개같이 빨라서 막지 못한다는 것이니, 이른바 "招架가 아니 면 단지 한번이고, 招架를 범하게 되면 열 번이 된다." 넓고 풍부하게 기억하고 배우고, 많이 따져서 이긴다. 명나라 唐順之가 쓴 武編을 보면 '拳有定勢而用時則無定勢, 然當其用也, 變無定勢而實不失勢'라고 하였다. 이 문장의 의미는 '拳'에는 정해진 勢가 있는데 그것을 사용할 때는 정해진 勢가 없다. 그러나 그 쓰임에 적합해야 한다. 無定勢로 변하나 실제로는 勢를 잃어버린 것은 아니다.'가 되겠다. 이 말이 정확하게 '不招不架'를 설명한 것이다. 즉 定勢가 변하여서 無定勢를 적절하게 사용하는 것이 '不招不架'이고, 정해진 勢로 상대와 공방을 하는 것이 招架를 범한 것이다. 唐順之의 武編 문장은 武藝圖譜通志에서도 인용하고 있다." 주석에 "招는 무술에서의 일정한 형태의 招式, 架 역시 일정한 형태의 동작을 말하는 것으로 보통 間架라고도 한다."

팔을 '十(십)' 자처럼 펼쳐 보인 후 아래로 내리면서 감싼다."는 뜻이다.

'是(시)=早(조)+止(지)'다. 早(조)는 자루가 긴 숟가락의 상형. 止(지)는 발을 본뜬 것으로 곧고 긴자루 '숟가락'을 나타냈으나 正(정)과 통하여 '바르다'다. 便是(변시)는 '곧바로'다. 十下(십하)의 十(십)은 여기에서 숫자를 뜻하지 않는다. 十(십)은 '열다·완전'이란 뜻으로 양팔을 벌린 것을 나타낸다. 下(하)는 '낮게 옮김'이다. 之(지)는 '가다·이르다'다. 下之(하지)는 '아래로 내린다'다. 특히 '謂(위)=言(언)+胃(위)'다. '일컫다'는 뜻이지만 동사적으로 보면 胃(위)는 圍(위)와 통해 '에워싸다'다.[859] '좌우로 벌린 양손을 내리면서 안으로 감싼다'다. 마지막 동작 謂(위)는 두 손을 단전에 모아 공수하는 동작이다.

◈「권경」의 犯了招架(범료초가)

古云藝高人膽大(고운예고인담대): 옛날에 이르기를 무예가 높은 사람은 담대하다 했네

信不誣矣(신불무의): 말이 과장이 아니라 믿을 만하네

余在丹山公署(여재단산공서): 내가 단산의 공서에 있을 때라네

得參戎劉草堂打拳(득삼융유초당타권): 삼융의 유초당에서 타권을 얻었네

所謂犯了招架(소위범료초가): 이른바, 싸움터에 들어가 '가자'를 부르네

便是十下之謂也(평시십하지위야): 곧바로 열린 팔을 뒤로 열고 에워싸 앞에 이르네

此最妙卽棍中之連打連戳一法(차최묘즉곤중지연타연착일법): 이 동작은 棍(곤)을 連打(연타)하여 連戳(연착) 하는 방법과 신묘하게 같았다네

표 15-31. 翟(적)의 금문·전문·해서

금문	전문	해서
[illegible]	[illegible]	翟(적)

'戳(착)'은 '翟(적)+戈(과)'이다. '창으로 찌름'이다. '翟(적)=羽(우)+隹(추)'다. '꿩'

859 『漢韓大字典』, 민중서림, 1997, p1932.

이다. 『試經』에 右手兼翟(우수겸적)이다. '우수를 포개어 둘러쌓다'가 '翟(적)'이다. 翟(적)은 일무(佾舞)에서 文舞(문무)를 할 때 춤을 추는 사람이 오른손에 잡고 추던 道具(도구), 羽(우)의 음가가 右(우)임을 알 수 있고 羽(우)가 두 개의 날개를 겹쳐 포개어 '두루다·쌓다'다. '連(연)=辶(착)+車(차)'이다. '잇다·연속하다'다. 車(차)는 바퀴의 동작과 관련된 뜻이다. 連戳(연착)은 두 손으로 창을 들되 '우수'를 돌려 우측 겨드랑이에 '좌수'를 겹치도록 옮겨, 창대 밑을 끼고 '우수'를 뒤로 돌리면 창끝은 뒤를 향하게 하는 동작이다. 이 동작이 '架子(가자)의 자세와 묘하게 같다'는 것을 설명한 문장이다. 便是十下之謂也(변시십하지위야)는 택견에서 겨루기 전에 행하는 大快圖(대쾌도)[860]에 그려진 동작으로 택견의 기원을 찾을 수 있는 중요한 문장이 아닐 수 없다.

招架(초가)와 같지 않다는 뜻이다. '招(초)'는 '부르다·알리다'다. 招架(초가)는 '架(가)를 부르다'다. 그렇다면 架(가)란 무엇인가? 架(가)는 懶扎衣出門架子(나찰의출문가자)와 「권보」의 一霎步卽懶札衣也(일삽보즉나찰의야)에 그 해답이 있다. 나찰의는 금계독립과 짝으로, 한 사람이 오른손 하나를 뒤로 빼고 겨루기 위해 취한 첫 자세가 架子(가자)다. '架(가)=木+加(가)'로 '긴 나무 널빤지 거는 선반으로 시렁'으로 '지개'다. 즉 뻗은 한 손을 架子(가자)고 손짓하는 동작으로 비유했다.

倒揷勢(도삽세)도 架(가)와 마찬가지로 손을 뻗지만 뻗는 방향이 다르다. 懶札衣(나찰의)의 架(가)는 水平(수평)이고 도삽세의 揷(삽)은 垂直(수직)으로 정 반대다. 架子(가자)의 架(가)는 누군가를 '부르는(招)' 손동작이지만 도삽세의 揷(삽)은 '누군가를 부르는 동작'이 아니다. 도삽세의 揷(삽)은 광주리를 올리는 동작이다. 이것을 설명한 문장이 不與招架(불여초가)다. 도삽세의 동작이 '舁' 자의 뜻과 같이 '위에서 물건을 내려주면 물건을 받아 내리고, 물건을 올려주면 위에서 물건을 받는 것과 같

860 『대쾌도』는 씨름과 택견으로 추정되는 우리나라의 고유한 놀이를 통하여 백성들이 크게 즐거워하는 모습을 그린 것이다. 화면 위 오른쪽 부분에 "乙巳(을사:1785년). 온갖 꽃이 화창하게 피는 시절에 擊壤老人(격양노인:태평성대의 노인)이 康衢煙月(강구연월:큰길가의 안개 낀 달빛)에서 그리다. 蕙園(혜원) [乙巳 萬花方暢時節 擊壤老人寫於康衢煙月 蕙園]"이라 쓰여 있다.

은 노동을 하고 있다'다. 招架(초가)는 이때 뒤에서 그만 일하고 집에 '가자'고 떼쓰는 아이의 모습이 떠오른다.

②靠腿快討他之籯(고퇴쾌토타지영): 뒷발에 기대고 빠르게 상대의 광주리를 친다네

표 15-32. 嬴(영)·羸(영)의 금문·전문·해서

금문	전문	해서
[illegible]	[illegible]	嬴(영)
[illegible]	[illegible]	羸(영)

靠腿(고퇴)의 靠(고)는 '좌수는 높게 우수는 낮게 비대칭의 모습을 나타내고 腿(퇴)는 '둔부를 도린다'다. 즉 靠腿(고퇴)는 도삽세의 자세다. 快討他之籯(쾌토타지영)도 手法(수법)의 설명이다. 討(토)는 '言+寸(촌)'으로 '손이 입 위로 올라간다'는 동작이 된다. 또한 他(타)의 명사는 '남'이지만 동사는 '짐을실타·타다'로 '타'의 음이 '실는다'다.

'籯(영)=竹(죽)+羸(영)'이다. 嬴(영)과 통자로 '가득차다·남다'다. 羸絀(영출)은 '펴짐과 오그라짐'으로 伸縮(신축)의 뜻이고, 羸羸(영영)은 '아름다운 얼굴'이다. 羸(영)의 전문 '[illegible]=[illegible]+[illegible]+[illegible]+[illegible]+[illegible]'으로 '뻗을영·폄·가득할영'이다. 嬴(영)의 전문 '[illegible]' 자가 '[illegible]' 자로 바뀐다. '[illegible]' 자는 藝(예)의 무릎 꿇고 나무를 양손으로 들고 있는 모습이다. '[illegible]=亾'은 '둥근([illegible]) 공간에 넣는다([illegible])'로 '망'이다. 嬴(영) '재화가 그득 차있다·벌다·남다'다. 籯(영)은 '대나무 광주리에 무엇인가를 주워 담는다'다. 도삽세는 '머리 위에 있는 광주리(공간)에 무엇인가를 올려준다'는 비유적 표현이다.

③背弓進步莫遲停(배궁진보막지정): 등을 굽히며 지체하지 말고 나간다네

背弓(배궁)은 '활을 들어 올린 후, 뒤를 향해 활을 쏘려고 몸을 돌린 자세'를 도삽세에 비유했다. 莫遲停(막지정)은 '지체하지 말라'다. 도삽세는 뒤에 오는 적을 상대하기 위해 빠르게 움직이는 동작이기 때문에 '지체하지 말라고 빨리 나간다'다.

④打如谷聲相應(타여곡성상응): 양손은 서로 바라보듯 옮긴다네

打(타)는 谷聲相應(곡성상응)의 움직임을 설명한다. 谷聲(곡성)은 '계곡 소리'이고, 相應(상응)은 '서로 마주한다'다. 즉 倒插勢(도삽세)로 칠 때의 '두 손이 계곡 사이에서 서로 바라보는 산과 같다'다. 「권법총도」의 도삽세의 그림이 곡성상응을 나타낸 그림이다.

라. 拳勢(권세)의 기법 해설

①倒插勢卽抬陽也(도삽세즉태양야)【賽寶全書】 飜身向北作倒插勢(번신향북작도삽세)

표 15-33. 陽(양)·易(역)·番(번)·飜(번)·反(반)·半(반)의 갑골문·금문·전문·해서

갑골문	금문	전문	해서
			陽(양)
			易(역)
			番(번)
			飜(번)
			反(반)
			半(반)

②「권세」는 무비문의 抬陽懸脚金鷄勢(태양현각금계세): 손동작인 抬陽(태양)을 도삽세로 설명했다. 나찰의와 짝인 금계독립세는 '우각'을 들어 '좌각'으로 옮겨가면서 '좌회'를 했다. 그런데 '태양현각금계세'에는 '좌각'이 들려 있다. 즉 이 자세는 금계독립세의 연결동작이다. 금계독립세에서 옮긴 '우각'을 축으로 세워 몸을 돌리면서 '좌각'을 돌려 차는 것을 나타낸다. '순란주세-축천세'의 연결동작에서는 '좌각'이 축이 되고 '우각'으로 밖에서 안으로 찬 것이 蹙天勢(축천세)이고 '금계독립세-태양현각금계세-축천세'로 연결되어 '우각'이 축이 되어 '좌각'으로 밖에서 안으로 돌려 차는 기법으로 이렇게 되면 축천세가 된다. 마주 서서 차면 '발따뀌'가 된다. 이처럼

택견의 발차기에 대한 기록이 무비문에 기록되어 있다.

「권법」의 도삽세는 抬陽(태양)처럼 손을 위로 든 상태에서 몸을 우회로 돌아 섰다. '抬(태)=扌(수)+台(태)'다. 笞(태:볼기치다)와 동자다. 笞刑(태형)을 치기 위해 양손으로 매를 높이 들어 올린 손이다. '陽(양)=태양'이다. '볼기를 친다'로 보면 陽(양)은 揚(양)의 환유다. '陽(양)' 자는 '태양이 내리쬐자, 두 손을 들어 빛을 막은 동작'을 표현된다. 拈肘勢(염주세)가 허리를 중심으로 막는다면 태양을 머리를 중심으로 막는 기법이다.

'陽(양)=阝(부)+昜(역)'이다. '음력10월[861]이칭·남쪽양·북쪽양·해양·자지양'이다. 즉 陽(양)의 昜(역)은 '日(일)+勿(물)'로 勿(물)은 '내리다'다. 즉 '해가내려간다〉변한다'다.

陽(양)은 둘을 의미하는 兩(양)이다. 음력 10월은 '上月(상월)·양월(陽月)·양월(良月)·곤월(坤月)'이고, 절기로는 立冬(입동)이다. 양(해)이 저물고 음(달)이 성한다. 한글 '양'의 'ㅇ'이 두 개인 이유는 하나는 달을 뜻하고 나머지 하나는 해를 뜻하기 때문이다. 갑골문 [갑골문](양)은 '[갑골문]+[갑골문]', 금문 '[금문](양)=[금문]+[금문]'이다. '[금문]' 자는 '해가 저문다'다. 昜(역)의 갑골문 '[갑골문]' 자는 해가 저무는 방향이 '[금문]' 자형과 반대다. 즉 '[금문]' 자는 빛이 안으로 점점 갇혔고, '[갑골문]' 자는 빛이 밖으로 점점 퍼져 나갔다. 昜(역)이 陽(양)을 거역했다. '[갑골문]'의 '㇇' 자형은 '위에서 아래로 내린다'는 기호다. 雨(우)도 '하늘에서 내린다'로 동일한 '㇇'의 기호가 있다. 昜(역)의 금문 '[금문]' 자는 도마뱀을 본뜬 것이다. 색을 변화해서 '바꾸다'다. '바뀌는 것을 알기 위해 점'을 치게 되면서 '점역'이다. 立冬(입동)이 지나 '驚蟄(경칩)=啓蟄(계칩)'으로 절기가 바뀌면 陽(양)이 陰(음)을 거역하고 일어나 겨울잠을 자던 개구리나 도마뱀 같은 파충류가 깨어 꿈틀거린다. 도마뱀이 나오면 계절이 바뀐 것을 알 수 있고 이 절기에 도마뱀은 잡기 쉽다. 이 변화를 금문에서 '도마뱀'으로 표현했다.

'飜(번)=番(번)+飛(비)'다. 番(번)의 釆(변)은 짐승 발자국이 '방사상으로 퍼지다'에서 '논밭에 씨를 뿌리다'다. 播(파)의 原字(원자)를 가차하여, '번갈아 일을 맡다'를 나타낸다.[862] 그러나 금문 '[금문]' 자는 '논밭을 둘로 나누어 파종을 순서 있게 한다'

861 음력 10월은 陽月(양월) 良月(양월) 坤月(곤월) 初冬(초동) 應鍾(응종) 立冬(입동) 小春(소춘) 小陽春(소양춘) 亥月(해월) 孟冬(맹동) 같은 이칭이 있다. 예부터 10월은 上月(상달)이라 하였다. 한국세시풍속, 『네이버백과』

862 『漢韓大字典』, 민중서림, 1997, p1368.

다. 매해 다른 작물을 뿌린다는 것이다. 한글 '븐'은 '번>반>분>본'이다. 飜(번)은 '날개를 뒤집어 반대로 간다'로, 反(반)과 대칭이다. 反(반)의 갑골문은 '바위에 막혀 돌아간다'다. 分(분)은 둘로 나누는 것이고 금문 半(반)은 '八(팔)+牛(우)'로 '牛'는 牛(우)의 상형, 八(팔)은 '팔'이다. 치우가 양팔을 좌우로 벌려 반반 나눴다. 飜身向北(번신향북)의 '翻身(번신)=倒(도)'다. 向北(향북)의 北은 背(배)에서 月(월)을 생략했다. 北(북)은 背山臨水(배산임수)로 後(후), 즉 背(배)는 北(북), 臨(임)은 南(남)이다. 오른손을 높이 들고 등을 뒤로 돌린 자세다.

5)武備門(무비문)의 抬陽(태양)과 招陽(초양)

그림 15-23. 抬陽懸脚金鷄勢/招陽/書虎勢

무비문에는 '抬陽(태양)'과 유사한 '招陽(초양)'이 있다. '초양'에서 들어올린 '우수'는 누군가를 부르는 손동작으로 비유했고, '태양'의 들어올린 '좌수'는 물건을 들어올리는 손동작으로 비유했다. '초양'의 '우각'은 앞으로 나가는 자세이고 '태양'의 '우각'을 '懸脚(현각)'으로 표현했고 이를 '金鷄勢(금계세)'라 했다.

抬陽懸脚金鷄勢(태양현각금계세)는 '脚用顚番吊臍手用披砍(각용전번적제수용피감)'이다. 顚番(전번)은 '다시 돈다'다. 금계독립세가 정상적으로 돌아가는 방향은 '좌회'다. 금계독립세가 돌아서 반대로 방향으로 간 동작이 '태양현각금계세'다. '吊(적)' 자형에 자세가 있다. 弔問(조문)에 '弔(조)'자는 '弓(궁)+丨(신)'으로 '새가 신이 되어 돌아갔음'을 나타내고 '吊(조)'자는 '정중히 서서 문상하는 모습'이다. '披(피)'는 손을 펴서 올린 '좌수'이고, '砍(감)'은 '감아돌린다'다. '欠(흠)' 자에 몸을 감싼 '우수'의 모습이 있다. 좌회 시 들어올린 '좌각'은 회전력을 높인다. 이 '좌각'을 들어서 차면 '축천세'가 된다. 즉 '순란주세-좌회-현각금계세-축천세'가 된다. 招陽(초양)은 우회를 했을 때의 동작으로 서로 대칭이다.

書虎勢(서호세)는 '身法轉(신법전)單鞭手用隻手破雙拳(단편수용척수파쌍권)脚用左脚(각용좌각)'이다. 身法轉(신법전)은 '몸을 돌리는 기법'이다. '轉倒法(전도법)'이라 한다.

'우각'은 서고 '좌각'은 완전히 뒤를 향했다. 실질적으로는 이 동작을 구현할 수 없다. 이렇게 그린 것은 몸이 '좌회'로 돌아간 동작을 표현하기 위해 몸의 방향과 발의 방향을 다르게 그린 것이다. '좌각'을 거두어 뒤로 돌리면서 동시에 우수를 들어 몸을 돌리는 신법이다. 즉 '태양현각금계세'는 '우회'로 돌고 서호세는 '좌회'로 돌아서 피하는 기법이다.

마. 拳法(권법)의 기법 해설

원본: 作倒揷勢左右手高擧後顧回身向後(작도삽세좌우수고거후고회신향후)

언해본: 倒도揷삽勢셰롤호듸左좌右우手슈롤놉히들어뒤흘도라보며몸을도로혀뒤흘向향ᄒᆞ야

그림 15-24. 倒揷勢/高四平勢

①倒揷勢(도삽세): '좌수'보다 '우수'를 더 높이 들고(左右手高擧), '뒤를 돌아보고 돈다(後顧回身)'다. 태권도에서 방향전환을 할 때 사용하는 기법이다. 「권법」의 倒揷勢(도삽세)는 문장이 左右手高擧(좌우고수거)임에도 「拳經(권경)·拳(권)·拳譜(권보)」와 다르게, '좌수'만 들고 있고 '우수'는 허리에 수평으로 두고 있다. 도삽세 앞의 고사평세는 '좌각우수'로 마친 상태다. 右廻(우회)를 하게 되면 「권법」의 자세가 된다. 그다음 동작 「권경」의 그림이고, 「권법총도」의 도삽세는 右回(우회)를 하면서 '우수'를 들어 양손이 山(뫼산틀기)처럼 된 것을 그렸다. 칠성권은 연속적으로 중단을 치면서 공격해 들어온다. 이때 '좌회'를 돌면서 반격을 하는 기법이 도기룡세이고, 이에 반해 도삽세는 우회로 돌면서 고사평세의 공격을 막는 기법으로 도삽세와 도

기룡세는 회전 방향이 반대이고 막는 높이도 중단과 상단으로 대칭이다.

그림 15-25. 倒揷勢의 比較(비교)

바. 국내 문헌과 논문의 해석

"倒揷勢(도삽세)는 招架(초가)같지 않으나, 다리로 靠(고)하며 빠르게 상대의 승리를 빼앗는 도다. 등을 활모양으로 하여 전진하는 步(보)는 느리거나 머물러서는 안 되니, 谷聲(곡성)이 相應(상응)하듯이 쳐야 하느니라."[863]

"도삽세는 초가를 같이 하지 아니한다. 상대의 腿(퇴)를 기대어 세워 상대방의 승리를 빠르게 토벌한다. 등에 활을 매듯이 앞으로 나감이 늦지 말아야 한다. 打(타)를 행함과 상대방의 소리가 메아리처럼 상응한다.

이 문장으로 보아 도삽세는 상대방을 打擊(타격)하는 기술이 아니라 잡아서 기술을 거는 柔術技(유술기)다. 打如谷聲相應(타여곡성상응)은 '마치 산에서 소리치면 메아리가 바로 응답하듯이 내가 상대방에게 勢(세)의 기술을 행하면 상대가 바로 소리친다.'는 의미라고 보인다."[864]

"『기효신서』의 도삽세는 양손을 교차하며 위로 올렸는데, 『무예도보통지』에서는 설명과는 다르게 왼손만 올리고 오른손은 옆구리에 두고 있다. 권법총도에서는 양손을 좌우로 벌려 위로 올렸다."[865]

863 박대선, 『무예도보통지의 권법에 관한 연구』 명지대학 석사논문, 2007, p69. 『무예문헌자료집성』, 국립박물관, 2004, p882.

864 김종윤, 『무예도보통지의 권법연구』 한양대학교대학원 박사 논문, 2017, p41~42.

865 김종윤, 『무예도보통지의 권법연구』 한양대학교대학원 박사 논문, 2017, p117.

八. 一霎步勢(일삽보세)

권경	권	장권	권세	권법	권법총도
					 一霎步

가. 全文原文(전문원문)

①一霎步隨機應變 左右腿衝敵連珠 恁伊勢固手風雷 怎當我閃驚巧取

②一霎步隨機應變 左右腿衝敵連珠 恁伊勢固手風雷 怎當我閃驚巧取

③一霎步隨機應變 左右腿衝敵連珠 恁伊勢固手如風 當我揷手飛紅

④一霎步卽懶札衣也【賽寶全書】便退左脚立定作一霎步勢

⑤作一霎步勢右手夾右腋仍

나. 拳經(권경)·拳(권)의 詩語(시어)

①一霎步隨機應變(일삽보수기응변): 한발 비를 피해 삽분히 걸어 수기응변하네

②左右腿衝敵連珠(좌우퇴충적연주): 좌우 발로 적을 도니, 구슬 끼워진 둥근 목걸이 같네

③恁伊勢固手風雷(임이세고수풍뢰): 님이 바람처럼 돌 때 한 손은 등 뒤로 가네

④怎當我閃驚巧取(즘당아섬경교취): 작심하고 수렴을 걷어 올리니 깜짝 놀라 감춘다네

다. 拳經(권경)·拳(권)·長拳(장권)의 기법 해설

①一霎步隨機應變(일삽보수기응변): 일삽보는 몸의 비틀림에 따른다네

機(기)은 '비롯하다'로 비틀림의 동작이다.

표 15-34. 妾(첩)·妻(처)·幾(기)의 갑골문·금문·전문·해서

갑골문	금문	전문	해서
			妾(첩)
			妻(처)
			幾(기)

'霎(삽)' 자는 '雨(우)+妾(첩)'이다. 妾(첩)의 갑골문 '' 자형이 '辛(신)' 자다. 모양을 보고 '바늘을 본뜬 모양'에서 文身(문신)으로 해석했다.[866] 그렇지 않다. 전문 '' 자는 '서다(立)'다. 즉 갑골문은 '' 자는 무릎을 꿇고 있다. 立(립)은 위로 머리를 치켜든 사람이고 '' 자는 신분이 낮을 사람을 표시한 글자다. 금문 '' 자는 남자의 '씨'를 받고 목을 세우고() 곧게 선 '첩'이다. 전문 '' 자는 비로소 정식 첩이 되어 소실의 지위를 당당히 얻은 여자다. 첩의 일생을 표현한 글자다. 妻(처:아내)의 갑골문은 긴 머리를 풀었고 금문은 머리를 풍성하게 올린 귀부인이다. '첩=처+ㅂ'이다. '처'의 뒤를 따라다니기 때문에 'ㅂ(불)'이 붙었다. 一霎步(일삽보)는 '갑자기 떨어지는 비를 피하려는 여인의 발동작'이 '霎步(삽보)'다. '妾(첩)' 자에 일삽보의 모습이 있다. 霎步(삽보)는 '삽분〉삽보'의 이두문이다. 즉 '사뿐히 즈려밟는다'다. 비를 피해 막으며 '우수'를 길게 뻗었기 때문에 '一' 자가 붙였다. 隨機應變(수기응변)은 臨機應變(임기응변)이다. '隨(수)=阝+隋(타)'다. '隋(타)=隓(타·휴)'는 '무너져내린성곽'이다. 隨(수)는 '긴장이 풀어진 채로 가다'다. 좌측 성곽이 한쪽이 공격을 받아 무너진 것이 隋(타)다. '臨(임)' 자를 '隨(수)' 자로 쓴 것은 '우수'의 一霎步(일삽보)와 동시에 '좌수'와 '좌각'도 씨실(우수)과 날실(좌수)처럼 적절히 응변한다(隨機應變)는 설명이다.

'機(기)=木(목)+幾(기)'다. '幾(기)=戈(과)+人(인)+幺(요)'다. 戈(과)를 '베틀'로 보기도 한다.[867] '幺幺(유)'는 자잘한 실의 상형. 戍(수)는 '지키다'다. 전쟁 시에 수비병이 품는 미세한 마음씨의 상태로부터, '희미하다·위험하다'다. 近(근)과 통하여 '가깝

867 『漢韓大字典』, 민중서림, 1997, p532.

867 『네이버 사전』

다'다. 祈(기)와 통하여 '바라다'의 뜻[868]으로 보고 있다. 갑골문은 '천문과 신화'에 대한 기록이 시발점이다. 허신이 한자에 담긴 신화적 요소를 의도적으로 배제한 것인지, 아니면 갑골문을 당시에 보지 못했기 때문에 알지 못한 것인지 신화적 내용을 대부분 해석하지 않았다. 幾(기)의 금문은 '=88+'이다. '88>8(玄)>8(黎)'와 관련 있다. "『易經(역경)』에 '幾者動之微(기자동지미)'는 '빌미기·조짐·期(기)·시기·顗(의)·바라다'이고 '月幾望(월기망)'은 '가깝다·살피다'다. '多寡(다과)'의 뜻으로는 '얼마기 몇'으로 '豈(기)' 자와 그리고 '機(기)' 자와도 통용한다."[869] 이러한 뜻들은 견우와 직녀가 만날 날을 '기다리는' 상황을 설명한 문장이다. 즉 '88' 자는 견우와 직녀 '두 사람'이고 '' 자의 '' 자형은 다소 곧이 서서 기다리는 직녀이고 '' 는 '달려가는 견우'이다. 언제 만날까 매일 매일 날짜를 세며 천문을 바라보는 심정을 나타낸 글자다. '' 자는 직녀를 '지켜준다'는 의미와 전쟁에 나가 '창을 들고 싸운다'로 전이된다. 玄牝(현빈)의 牝(빈)은 '암컷소'다. 즉 '牽牛(견우)'의 짝 직녀다. 機(기)는 직녀가 씨실 날실로 짜는 베틀이다. 세로의 씨실은 견우를 나타내고 가로의 날실은 직녀가 되어 7월 7일 잠시 만났다 헤어져 '七' 자가 된다. '七' 자의 원자는 '十' 자였다. '七' 자의 '乚(은)' 자는 '숨는다'다. '十'은 둘이 만난 것이고 '七' 자는 '남자가 떠난 것'을 나타낸다.

②左右腿衝敵連珠(좌우퇴충적연주): 좌나 우로 돌면서 적을 맞서네

표 15-35. 退(퇴)·各(각)·出(출)·衝(충)·朱(주)의 갑골문·고문·금문·전문·해서

갑골문	고문	금문	전문	해서
				退(퇴)
				各(각)
				出(출)
				衝(충)
				朱(주)

868 『漢韓大字典』, 민중서림, 1997, p679.

869 『漢韓大字典』, 민중서림, 1997, p679.

'腿(퇴)' 자는 '月(월)+退(퇴)'다. 다리의 뒷부분으로 경우에 따라선 退步(퇴보)의 개념으로도 변용된다. '발'과 관련된 갑골문을 보면 'ㅂ'이 반드시 있다. "'各(각)=夂(치)+口(구)'로 夂(치)는 '위에서 아래로 향하는 발의 모양'을 본뜸. 口(구)는 기도의 뜻. 신령이 내려오기를 비는 모양에서 '이르다'다."[870] 그러나 아래에 있는 발과 가는 방향과 다르다는 의미에서 '제각각', 갑자기 돌아서 '각'이 섰다. 서로 맞서는 게 '각'이다. '各'의 '夂(夂)' 자가 방향을 바꿔 '각'을 세웠다. '각'의 음가는 '가다'의 '가'에서 나왔고, '각'의 상하에 'ㄱ'도 '各'의 'ㄱ'에서도 볼 수 있다. 出(출)은 '들어갔다가 다시 나왔다'다. '出'의 'ㄩ'은 동굴과 같은 공간이다. 'ㄩ' 자는 '감추다·담다·터지다·돌다'의 기호다. 자음 'ㄷ'의 상형과 기호가 같다. 各(각)과 '出(출)' 자에는 'ㅂ' 자형이 있다. '볼=불>볼>벌>발'이다. 한글의 'ㄹ'은 '새'와 '움직임'을 나타낸다.

左右腿衝敵(좌우퇴충적)은 '좌각우각'이 자유롭게 상황에 따라 뒤로 돈다는 것이 腿衝(퇴충)이다. 일반적으로 脚(각)은 다리의 앞부분을 가르친다.

'衝(충)=行(행)+重(중)'이다. '네거리길·들이밀어뚫음·부딪치다·돌다'다. 『楚辭(초사)』 衝風起兮橫波(충풍기혜횡파)에서 衝(충)은 '돌다·회오리치다'. 즉 '네거리에서 등짐을 메고 돈다'다.

'敵(적)=啇(적)+攵(복)'이다. '맞선다·대적한다'. 맞서는 당사자로 보면 敵(적)은 상대방을 뜻하는 賊(적)이 아니다. 이 말은 敵(적)이 주체로써 敵(적)에게 대항하는 상대를 지칭하여 '상대한다·대적한다·짝·원수'라는 의미다.

腿衝(퇴충)은 뒤로 도는 廻轉(회전)이다. 霎步(삽보)의 步法(보법)은 '마차가 웅덩이를 지나칠 때 갑자기 퍼진 물을 피해 한 바퀴 돌아서는 발의 움직임'이다. 일삽보의 기법을 알지 못하면 腿衝(퇴충)을 '발로 찬다'로 해석하게 되는 오류를 범하게 된다.

'連(련)=辶(착)+車(차)'다. '잇다'다. 車(차)는 '구르다·돈다'다. '珠(주)=玉(옥)+朱(주)'다. 朱(주)의 갑골문 '朱'의 '十=十(십)'은 '열다'다. '朱' 자는 '태양의 중심(단전) 빛

---

871 『漢韓大字典』, 민중서림, 1997, p375.

이 사방에 퍼져 붉다'다. 玉(옥)은 '둥글다'. '' 자는 몸 중심, 連(연)은 '바퀴처럼 돈다'다. 連珠(연주)는 '허리를 돌린다·몸을 돌린다'다.

③恁伊勢固手風雷(임이세고수풍뢰): 지팡이를 단단히 들고 빠르게 좌로 돈다네

표 15-36. 風(풍)·鳳(봉)·雷(뢰)·恁(임)·伊(이)의 갑골문·고문·금문·전문·해서

갑골문	고문	금문	전문	해서
				風(풍)·鳳(봉)
				凡(범)
				雷(뢰)
				恁(임)
				伊(이)

恁伊勢(임이세)의 기법이 '固手風雷(고수풍뢰)'다. '恁(임)=任(임)+心(심)'이다. '보따리를 짊어지다·마음에 짊어지다'와 '너·이와 같다'다. '伊(이)=亻+尹(윤)'이다. 尹(윤)은 '다스리다'다. '너, 그것'의 뜻으로 恁(님)이 다시 강조됐다. 伊(이)의 갑골문 '' 자는 '손에 지팡이를 들고 앞에 있는 사람을 때린다'다. 뜻은 '저이'와 '이이'다. '저'와 '이'가 서로 대칭적으로 쓰인다. 우리는 '저는, 저분', '이사람·저사람'처럼 일상어로 사용한다. 하위자나 상위자가 서로 이름을 모른다. '저'와 '이'로 지칭할 수밖에 없다. 恁伊勢(임이세)는 '우수'로 지팡이를 들고 '좌수'는 뒷짐 지고 한 바퀴 빙 돌면서 '우수'를 뻗어 지휘하는 지도자의 모습을 비유했다. 棍法(곤법)의 '低四平勢(저사평세)'에서는 '任伊(임이)'로 표현됐다.

固手風雷(고수풍뢰)의 固手(고수)의 固(고)는 '가두다·감금하다'로 등 뒤에 숨겨진 손이다. 風雷(풍뢰)는 腿步(퇴보)와 霎步(삽보)로 회전하는 것을 '우뢰가 치듯 바람처럼 돈다'로 비유했다. 즉 固手風雷(고수풍뢰)는 '빠르게 돌면서 좌수를 펴고 빠르게 등 뒤로 옮긴다'는 보법과 수법을 설명하는 문장이다.

風(풍)의 갑골문은 鳳(봉)과 같은 글자도 백사롱풍처럼 '좌회'를 뜻하는 매우 중요

한 글자다. 한편, 鳳凰(봉황)을 그린 모든 갑골문 '' 자는 머리나 날개에 붙으면 '바람'을 나타냈다. 갑골문을 해석학 중화 인들은 한글과의 연관성을 당연히 알지 못했다. 그래서 성부의 ''을 '바람을 받는 돛'으로 '凡(범)' 자로 보았다. 이것은 한글 자음 'ㅍ'이다. '(풍)=++'이다. '' 자는 하늘로 뻗은 '새의 날개'로 之(지)의 갑골문 '' 자다. ''자는 땅으로 향한 새의 날개(불)다. '펼쳤다'는 표현이다. '풍'의 자음 'ㅍ'은 '편다'이고 'ㅇ'의 해로써 '새'의 상징이다. '' 자는 '새의 몸'으로 자음 'ㄹ'이다. '' 자처럼 머리에 붙은 '' 자는 商(상)의 갑골문 ''의 ''이다. 좌우로 '펴다'다. '辛(신)' 자와 연결된다. '발=+'이다. 또한 '(풍)=+'이다. '' 자는 새와 등지고 무릎 꿇고 하늘을 향에 소원을 비는 사람으로 '새를 모신다·새가 북두에 있다'다. '봉황'의 음가인 '봉'이다. 神風(신풍)은 신바람이다. 바람이 신이다. 風流(풍류)는 단순한 바람이 아니라, 새를 숭배하는 토템이다. 갑골문에 한글의 자음과 모음이 그대로 들어있다. 雷(뢰)의 갑골문을 보면 번개의 움직임도 '' 자형으로 표현했다. 번개는 빠르게 땅으로 내려와다가 움츠린다. 동작으로써 風(풍)은 '편다'이고 雷(뇌)는 '움츠린다'다. 「장권」에서는 風雷(풍뢰)가 如風(여풍)으로 바뀌고 방향과 자세가 다르다. 회전하기 전의 자세다.

④怎當我閃驚巧取(즘당아섬경교취): 작심하고 한 손은 뻗고 다른 손은 감춘다네

표 15-37. 取(취)의 갑골문·금문·전문·해서

갑골문	금문	전문	해서
			取(취)

'怎(즘)' 자는 '作(작)+心(심)'이다. '作心麽(작심마)'의 합자다. 乍(자)는 作(작)의 첫 자음을 나타내며 心(심)은 '甚麽(심마)'를 줄인 음이다.[871] 作心麽(작심마)나 甚麽(심마)는 모두 이두문이다. 이것을 줄인 글자가 怎(즘)이다. 작심했냐고 따지면 '아직·좀'처럼 지금도 사용하고 '麽(마) 자도 '야~임마'처럼 일상어로 사용하고 있다.

871 『漢韓大字典』, 민중서림, 1997, p742.

『魏略』에 閃(섬)은 嘗自于牆壁門闚閃(상자우장벽문규섬)이다. 담벽 문에 달린 垂簾(수렴)이 閃(섬)이다. 囚=口+人'이다. 한글 '숨>섬>삼>숨>솜'의 상형성과 의미성을 내포한다. 일삽보의 뻗은 '우수'의 동작을 '작심하고 갑자기 내가 수렴을 걷어 올린' 동작으로 비유했고 그 결과 상대가 깜짝 놀라 빠르게 등 뒤로 훔친 물건을 숨기는 동작을 비유한 것이 驚巧取(경교취)이다. 일삽보세는 한 사람이 한 손을 앞으로 뻗고 나머지 한 손은 등 뒤로 숨겼지만, 이 문장에서는 두 사람이 각각 취한 동작처럼 나누어 표현했다.

巧取(교취)는 '남의 貴重(귀중)한 물건을 가로챈다'는 巧取豪奪(교취호탈)의 준말로 일삽보세에서 등에 감춘 손을 도둑질한 물건을 숨기는 것으로 비유했다. 取(취)는 전장에서 적의 왼쪽 귀를 베어 '취하다·붙잡다'에서 '거두어들이다'다.

「장권」은 '當我挿手飛紅(당아삽수비홍)'이다.

그림 15-26. '霎(삽)' 자형

라. 拳勢(권세)의 기법 해설

원문: 一霎步卽懶札衣也【賽寶全書】便退左脚立定作一霎步勢

①一霎步卽懶札衣也(일삽보즉나찰의야)便退左脚立定作一霎步勢(편퇴좌각입정작일삽보세): 一霎步(일삽보)가 곧 '懶札衣(나찰의)'다. 왜 나찰의와 일삽보가 같을까? 懶札衣(나찰의)는 '허리춤에 찬 호패나 서찰을 뽑아 뒤로 건네주는' 동작으로 권결을 지은 것이다. 이 손동작이 일삽보의 수법과 같다는 설명이다. '나찰의'는 앞을 보고 서 있는 상태에서 취한 동작이고, '일삽보'는 뒤로 회전하며 취한 동작이다. 便退左脚立定(편퇴좌각입정)은 '좌각'을 뒤로 빼고 돌아선, 霎步(삽보)를 설명한 문장이다.

그림 15-27. 懶札衣勢/一霎步勢의 比較(비교)

마. 武備門(무비문)의 高探馬(고탐마)와 懶扎依(나찰의)

나찰의는 手用單鞭(수용단편)脚用連小打(각용연소타)로 '한 손을 뒤로 편다'다. 鞭(편)은 '펴다'의 이두문이다. 다리는 약간만 이동한다. 打(타)는 '이동한다'다. 보폭의 움직임에 '連(연)' 자를 썼다. 6로10단금 連枝步(연지보)의 개념과 연결된다. 高探馬勢(고탐마세)는 脚用雙膝蝴(각용쌍슬호)辨打進手開單鞭脚短袳(변타진수개단편각단치). '다리는 양 무릎을 붙였다가 나누어 앞을 나가면서 한 손을 펼치며 다리를 살짝 짧게 친다'다. 袳(치)는 '눈곱만큼 살짝 스치듯 친다'다. '치다'의 '치'의 이두문이다. 조선세법의 태아도타세와 동작이 똑같다. 문화적으로 연결되어 있음을 알 수 있다.

시연자도 상투에 망건을 한 조선사람이다. 무비문과 기효신서의 나찰의는 똑같다. 한편, 『기효신서』의 「권경」에는 고탐마세가 없고 탐마세만 있다. 권결을 보면 무비문의 고탐마세가 맞다. 『새보전서』에는 '나찰의'가 없었던 것으로 사료 된다. 한편 「장권」의 나찰의와 「권경」의 나찰의는 자세가 다르다. 장권은 오른손을 뒤로 빼면서 몸을 돌린 자세다. 일삽보가 뒤로 한 손 뻗은 것으로 상대의 손을 잡고 뒤로 빼는 자세로 응용됨을 알 수 있다. 즉 대동류의 정면타가 고탐마세다. 나찰의는 고탐마세를 응대하는 기법이다. '좌수'로 등 뒤에 옷을 들어 올림으로써 뒤로 움직이는 것을 나타내는 비표의 역할을 그림이 하고 있다.

바. 拳法(권법)의 기법 해설

원문: 作一霎步勢右手夾右腋仍(작일삽보세우수협우액잉)

언해본: 一일霎삽步보勢셰롤호디右우手슈롤右우腋익의끼고인ᄒᆞ야

그림 15-28. 擒拿勢/一霎步勢

①倒揷勢(도삽세)로 뒤에서 공격해오는 적의 공격을 막아내자, 앞에 있던 적이 다시 뒤따라 들어와 공격한다. 이에 앞을 향해 돌며 '우수'를 쭉 뻗어 적의 공격을 막는 것이 一霎步勢(일삽보세)이다. 이처럼 연무 동작은 전후 공수가 연결되도록 구성했음을 알 수 있다. 그러나 「권경」에는 금나세로 '좌수'가 잡혔을 때 '우회'로 돌면서 빠져 나오는 기법으로 사용됐다.

일삽보를 설명한 문장 夾右腋(협우액)은 뒤로 회전할 때 '좌수'는 뻗고 '우수'를 겨드랑이에 붙인 동작을 설명한 글로써 「권법총도」의 그림을 설명한 문장이다. 「권법」의 그림은 뻗은 '좌수'를 등 뒤로 접고 동시에 '우수'를 뻗은 그림을 그렸다. 倒揷(도삽)에서 일삽보에 이르는 전 과정을 연결하면 다음과 같다.

그림 15-29. 倒揷勢/一霎步勢의 比較(비교)

사. 국내 문헌과 논문의 해석

"一霎步(일삽보)는 기회를 따라 응변하니, 左右(좌우) 다리로 연달아 적을 차도다. 그대의 勢(세)가 굳고 수법이 風雷(풍뢰)와 같더라도 내가 재빨리 피하고 놀라게 하여 교묘함을 취하니 어찌 당하겠는가."[872]

872 박대선, 『무예도보통지의 권법에 관한 연구』 명지대학 석사논문, 2007, p40. 『무예문헌자료집성』국립박물관, 2004, p878.

"일삽보는 기회를 따라 應(응)하여 變(변)한다.107) 좌우의 다리가 적을 연속해서 부딪친다. 이같이 이 勢(세)가 굳건하고 손이 바람과 천둥처럼 빠르니, 어찌 나의 놀라운 빠르기와 교묘히 취함을 당하겠는가."[873]

"삽보란 순간적으로 빠르게 이동하는 步(보)란 뜻이다. 이 문장을 풀어 써보면 "일삽보는 상대방의 변화에 따라 나도 변화한다. 보법으로 좌우 다리를 이용하여 상대방에게 연속해서 부딪쳐 간다. 이 자세는 굳건하고 손이 바람과 천둥처럼 무척 빠르니, 상대방이 어떻게 나의 놀라운 빠르기와 교묘하게 상대방을 取(취)하는 것을 감당하겠는가! 라는 뜻이다. 중국무술 속담에는 보법과 수법이 같이 언급된 것이 있는데, '步法亂(보법난)·手法慢(수법만)·步不快則拳慢(보불쾌즉권만)'이 있다. 즉 보법과 수법 두 가지는 매우 큰 연관성이 있다는 뜻이기도 하겠다."[874]

"一霎步勢(일삽보세)에 대한 설명과 그림의 동작이 좌우가 바뀌었는데, 위 설명은 권법총도의 일삽보세이다."[875]

九. 拗單鞭勢(요단편세)

권경	권	장권	권세	권법	총도
					 拗單鞭

873 김종윤,『무예도보통지의 권법연구』한양대학교대학원 박사 논문, 2017, p38.

874 김종윤,『무예도보통지의 권법연구』한양대학교대학원 박사 논문, 2017, p38~39.

875 김종윤,『무예도보통지의 권법연구』한양대학교대학원 박사 논문, 2017, p117.

가. 全文原文(전문원문)

①拗單鞭黃花緊進 披挑腿左右難防 搶步上拳連劈揭 沈香勢推倒太山

②拗單鞭黃花緊進 披挑腿左右難防 搶步上拳連劈揭 沈香勢推倒太山

③拗單鞭剪步冲拳 挽我手歪樁腿便 加上橫拳連劈揭 沈香勢推倒泰山

④拗單鞭勢卽斜身躍步也【賽寶全書】

向左行一步作拗單鞭

轉身向西,以兩手向上三畫掛作拗單鞭

作拗單鞭

作拗單鞭

向左橫一步用兩手向上一畫掛作拗單鞭

轉身向西,用兩手向上三畫過作拗單鞭

起立頓右足作拗單鞭勢

向西立定用兩手向上三畫過作拗單鞭

作拗單鞭勢跳一步右手打髩仍

나. 拳經(권경)·拳(권)의 詩語(시어)

①拗單鞭黃花緊進: 가슴에 모은 한 손 펼쳐 노란 국화꽃 꺾으려 황급히 나가네

②披挑腿左右難防: 손은 전후로 펼쳐 돋아 나가 좌우 손으로 물리쳐 막네

③搶步上拳連劈揭: 발은 뛰쳐나가고 위에 주먹은 連劈(연벽)으로 돌아가네

④沈香勢推倒太山: 침향처럼 생긴 태산을 밀치고 뒤집었네

다. 拳經(권경)·拳(권)·長拳(장권)의 기법 해설

①拗單鞭黃花緊進(요단편황화긴진): 요단편은 횡으로 나가면서 채찍을 휘두르며 나간다네

표 15-38. 單(단)·丙(병)·更(갱)·黃(황)·橫(횡)·矢(시)·花(화)·北(북)·華(화)·臤(현)의 갑골문·금문·전문

갑골문	금문	전문	해서
			單(단)
			丙(병)
			更(갱)
			黃(황)
			橫(횡)
			矢(시)
	(별체)		花(화)
			化(화)
			北(북)
			華(화)
			臤(현 · 간)

'鞭(편)' 자는 '革(혁)+便(편)'이다. '편'의 음가는 '편다'다. '便(편)=亻+㪅(=更)'이고 '更(경)=攴+丙'이다. 丙(병)은 『이아』에 '仲林(중림)·柔兆(유조)·雙日(쌍일)'[876]이다. 숫자 둘을 뜻한다. 更(경)의 금문에 '丙' 자는 두 개다. '攴(복)=치다·丙(병)=받침'으로 앞뒤로 벌린 두 발이다. 㪅(경)은 '힘을 가해서 바꾸다'다. 丙(병)이 雙日(쌍일)이면 卯(묘)는 '單閼(단알)'[877]이다. 拗單鞭(요단편)과 拗鸞肘(요란주)에 '拗(요)' 자는 가슴에 모은 두 손이다. 單(단)의 갑골문 '' 자는 하나에서 두 개로 분화했다. '가벼운 마음으로 길을 떠나다'다.[878] 또한 '모두'라는 뜻이다. 즉 요단편의 뜻은 '가슴에 모은 두 손을 모두 편다'다. 요단편의 가결은 '가슴에 모은 두 손을 앞뒤로 펼치고 채찍질하듯 치는 기법'이다. '單(단)과 黃(황)' 자에 요단편의 형태가 있다. 黃花(황화)는 이두문의 기교로 기법을 설명했다.

黃(황)의 갑골문은 '=+'이다. 大(대)는 '사람', 口(구)는 '허리에 찬 옥의 상형'

876 임성묵, 『본국검예 3. 왜검의 시원은 조선이다』 행복에너지출판사, 2018, p135.

877 임성묵, 『본국검예 3. 왜검의 시원은 조선이다』, 행복에너지출판사, 2018, p145.

878 네이버 사전

이다. 옥의 빛에서 '노랗다'다. 일설에 大(대)를 화살로 보고 불화살이란 뜻에서 '노랗다'로 쓴다고 한다. 또한『설문』에는 田(전)+炗(광)의 형성으로 보고 田(전)은 '땅바닥'의 뜻, 炗(광)은 光(광)의 고자로, 땅의 빛깔이 '노랗다'는 뜻[879]으로 보았다. 矢(시)의 갑골문 (시)는 '⊕+'다. '' 자는 과녁에 적중한 화살이다. 화살이란 뜻보다 '곧다'다. 화살은 箭(전)이다. 금문 '(시)=+'다. 즉 화살 중간에 ''있어 화살이 과녁 중앙을 뚫고 곧게 나갔다. 즉 矢(시)는 '곧게 날아가 해의 정 중앙을 뚫었다'다. ''의 끝의 화살깃(矢羽)은 '날아간다', '시=ㅅ+ㅣ'로 활촉과 활대의 결합이다. 곧게 내려와 신명을 받기에 '시'의 음가는 '신'의 속성이 있다. 베를 짤 때 곧게 내리는 여러 개의 줄이 '날실'이고 가로줄이 '씨실'이다. 그래서 '실=시+ㄹ'이 '신'이다. 검을 검집에 넣는 納劍(납검)의 '納(납)=糸(사)+內(내)'이다. '임금님 납시오'의 '納(납)'이다. 糸(사:실)이 왕과 신의 상징이기 때문에 민가에서 이사 가거나 장사하게 되면 '실'을 걸어두는 풍습이 있다. 이처럼 우리의 언어와 문화는 신화와 한자에 들어있다. 해의 상징이 '새'다. 옥황상제 帝俊(제준)과 태양의 여신 羲和(희화)의 아들(태양) 10명이 동시에 하늘로 떠올라 그 열기에 가뭄이 들며, 숨어 지내던 괴수들이 지상에 날뛰자 요임금이 다급한 마음에 구제를 요청하는 제사를 올렸다. 이 사태를 알게 된 옥황상제가 어떻게 해 보라고 예를 지상에 파견했는데 좀 과격하게 나가서 10명의 태양 중, 9명을 요임금이 羿(예)에게 해를 쏘라고 명령해서 죽여버린다는 전설이 있다. 태양이 '새'고 태양의 아들은 사람이다. 태양 숭배와 새토템이 矢(시)의 갑골문 '' 자에 있다. 黃(황)의 갑골문 '(황)' 자의 허리에 두른 띠는 태양()의 황도를 나타내고, 좌우로 벌린 발은 가로(동서)를 나타낸다. 즉 '黃(황)'은 '하늘에 떠 있는 해가 동에서 서로 가로질러 간다'다. 금문에서 형태의 변화가 온다. '(황)=+'이다. '' 자는 갑골문 ''의 머리에 있던 '⊕'이 허리로 내려왔다. 하늘에서 이동하는 해를 표현한 것이 '' 자로 '발'을 나타내는 'ㅂ'이다. 전문에서 ''이 동에서 서쪽의 가로 선을 '' 자로 나타내고, 그 밑에 八(팔)자는 양손을 벌려 새가 '날아간다'다. 横(횡)은 '木(목)+黃(황)'으로 하루 동안 나무에 드리워진 그림자를 연결한 선이 '가로'가 된다. 황제는 이러한 상징으로 허리에 둥근 요대를 두른다. 전문 '黃'은 화살을 변형시켜 새의 날갯짓

879 『漢韓大字典』 민중서림, 1997, p2367.

을 의인화시켰다. '廿(입)' 자는 좌우로 손을 펼친 횡선을 나타낸다. '입은 좌우 횡선'이기 때문에 음가가 '이어간다'다.

'花(화)'의 '化(화)' 자는 '꽃(華)'의 뜻, '풀꽃'이다. 전문은 華(화)의 원자.

'𠂹(수)'는 꽃잎이 늘어진 모양이다. 亏(우)는 夸(과)와 통하여 '아름답다'다. '花(화)' 자는 육조시대에 華(화)와 구별하기 위해 속자로 만들어진 글자다.[880] 花(화)의 『별자』 𦻏(화)는 '𠂹+亐'은 '양손을 넓게 펼친다'다. '花(화)'의 '艸(초)' 자가 '손'이다. 즉 '필화'는 '손을 펼친다'다. 꽃이 피는 것을 '손을 펼치는 동작'으로 비유했다. 化(화)의 금문 '𠤎'은 상하로 있는 사람이다. '죽었다·바뀌다'다. 北(북)의 금문 '𠦂' 자는 좌우로 등을 진 사람이다. 化去(화거)는 죽음이고, 化生(화생)은 七夕(칠석) 날 인형을 물에 띄우면 아들을 낳는다는 풍습으로 여인들의 놀이다. '𠤎(화)' 자가 북두칠성에서 취했음을 알 수 있다. 전문 '𠤎'의 '匕' 자는 '북두칠성에 빌어 죽은 사람(匕)이 살아났다'다. 즉 黃花(황화)의 겉 뜻은 '노란꽃'이지만, 기법은 '옆으로 걸으면서 양손을 넓게 펼친다'는 동작을 설명하는 문장이다. 緊進(긴진)의 '緊(긴)=臤(간)+糸(사)'이다. '실로 단단히 죄다'다. 臤(현)은 '어질현·굳을간'이다. 臤(간)의 금문 '𦣝(간)' 자는 '손으로 눈을 만지려고 하자 눈이 돌아간다'다. 그래서 '간'은 '굳는다'는 뜻이 있다. 賢(현)의 '어질다'는 '재물(貝)을 줘도 고개를 돌리는 사람'이다. 糸의 '幺(요)'는 '비틀린 허리', 小(소)는 '걷는 두 발'이다. '緊進(긴진)'의 '緊(긴)'은 걷듯이 行一步(행일보)로 나가면 엇갈린 손발로 인해 허리가 비틀리는 작용이다. 「권경」은 '黃花緊進(황화긴진)을' 그린 것이다. 「장권」의 黃花緊進(황화긴진)이 剪步(전보)로 압축됐다.

②披挑腿左右難防(피도퇴좌우난방): 손을 좌우로 벌리고 나가면 막기 어렵네

880 『漢韓大字典』, 민중서림, 1997, p1733.

표 15-39. 難(난)·皮(피)·挑(도)·防(방)·阜(부)·衛(위)의 갑골문·금문·전문·별체·고문·축문·해서

갑골문	금문	전문	별체	고문	축문	해서
						難(난)
						皮(피)
						挑(도)
						防(방)
						阜(부)
						衛(위)

'披(피)' 자는 '扌(수)+皮(피)'다. '손을 뻗어 핀다'다. 皮(피)는 '벗기다'로 '손(扌)을 피(皮)다'로 이두문이다. '挑(도)=扌(수)+兆(조)'다. '돋우다·뛰다·왕래하다·꾀다·가리다·어깨에 메다'다. 즉 뛸 때의 손의 작용으로 披(피)는 앞을 뻗은 '좌수'고, 挑(도)[881]는 뒤로 뺀 '우수'다. 「권세」의 문장에도 동작과 관련된 한자들이 있다. 兩手(양수)을 '세 번 펴서 크게 돌린다(披過旋)'다. 이 동작에 따라 '태극·원·활갯짓'이란 개념이 만들어진다. '皮(피)' 자에 크게 밖으로 돌리는 探馬(탐마)의 모습이 있다. 跳(도)는 뛸 때의 발작용이다. 뒤에 있는 '우수'가 사람을 유인하여 꾀는 손이다. 披挑(피도)의 披(피)나 挑(도)는 좌우로 밀고 들어가며 열어젖히고 뛰듯이 들어가는 동작이다. 皮나 '兆'자 형에 동작이 그대로 들어있다. '難(난)=堇(근)+隹(최)'다. '堇(근)=黃(: 황)'이다. 두 발로 열심히 진흙을 밟는 사람이다. 즉 難(난)은 '발과 손'의 움직임이다. '' 자는 서서 움직이는 '사람(새)'이고 隹()는 앉아서 '움츠린 새(사람)'다. 즉 '堇+隹'는 새를 토템으로 숭배한 민족의 무당[882]이다. '防(방)=阝(부)+方(방)'다. '阝'는 '크게 한다'다. "方(방)은 내민 언덕·둑, 둑으로 막는다."[883] 衛(위)의 금문 '' 자의 중심에 있는 '(방)'은 주위를 둘러보는 갑골문의 '(사람)' 자에서 취했다. 금문 '' 자의 중심에 있는 '(원)='이다. 사방에 '(발)'이 있다. 한글 'ㅸ'은 'ㅂ(발)+ㅇ(원)'이

881 『漢韓大字典』, 민중서림,1997, p200. '倒'는 '兆'와 통하여 '튀겨져 터지다·튕겨 지듯이 쓰러지다'의 뜻

882 『漢韓大字典』, 민중서림, p2211. 堇(근)은 화재나 재앙을 만나서 양손을 교차하고 머리 위에 축문을 얹어 비는 무당의 상형.

883 『漢韓大字典』, 민중서림, 1997, p2176.

다. 方(방)은 중심을 돌면 사방을 경계하는 사람이다. 그래서 '둥글다·네모'다. '방울'은 둥글다. '둥근네모'라는 서로 이율대립적인 개념이 생긴다. 難防(난방)은 '막기 어렵다'다.

「장권」은 '挽我手歪樁腿便(만아수왜장퇴편)'이다. 원문과 전혀 다르다.

③搶步上拳連劈揭(창보상권연벽게): 창보로 나아가 권을 위로 돌리면서 친다네

표 15-40. 刅(창)·倉(창)의 갑골문·금문·전문·해서

갑골문	금문	전문	해서
[illegible]	[illegible]	[illegible]	刅(창)
[illegible]	[illegible]		倉(창)

'搶(창)' 자는 '扌+倉(창)'이다. 搶步(창보)[884]의 倉(창)은 刅(창)과 通字(통자)다. 刅(창)의 별체가 創(창). '搶(창)=扌수)+刅(창)'이 원뜻이다. 創(창)과 구분 짓고 손 중심의 '搶(창)' 자를 사용했다. 흔격세에도 '창보'가 있다. 금문의 '[illegible]' 자는 양손을 나란히 뻗었다. 전서의 '[illegible]' 자는 왼손이 길고 오른손이 짧다. 별체의 '[illegible]' 자는 '창고를 두 손으로 열다'다. 「권경」의 搶步(창보)와 披挑(피도)는 조선세법 흔격세의 '掀擊勢者 卽掀擊也 法能掀挑上殺 搶步鑽殺'에 있다. 掀挑(흔도)나 披挑(피도)의 '挑(도)' 자도 같은 개념으로 사용됐다. 『기효신서』의 「권경」과 『조선세법』의 개념이 연결되어 있음을 알 수 있다. 上拳連劈揭(상권연벽게)의 上拳(상권)은 '연이어 돌아 벽을 치듯이 손이 간다'다.

표 15-41. 匃(개)·曷(갈)의 갑골문·금문·전문·해서

갑골문	금문	전문	해서
[illegible]	[illegible]	[illegible]	匃(개)
		[illegible]	曷(갈)

884 임성묵, 『본국검예 1. 조선세법』, 행복에너지출판사, 2013, p367.

'連(연)' 자는 '辶(착)+車(차)'다. '연이어 주먹이 돌아간다'다. '劈(벽)=辟(피)+刀(도)'다. 劈(벽)은 주먹으로 '벽을 치듯이 친다'다. 搶步(창보)는 '行一步(행일보)'다. '좌수'가 뻗은 상태에서 '우각'이 나가면 허리가 비틀리(緊進)는 纏絲(전사)가 발생한다. 전사가 풀리는 힘으로 뒤에 있던 '우권'으로 벽을 치듯이 휘돌려 친다. 이렇게 치면 몸이 돌지 않고 중심이 흐트러지지 않는다. '揭(게)=扌(수)+曷(갈)'다. '손이 간다'다. 曷(갈)의 전문은 '[illegible](갈)=[illegible]+[illegible]'이다. '匃(개)=勹(포)+亡(망)'이다. '匃(개)=匄(개)'다. 죽은 사람을 천으로 덮었다. 그래서 蓋(개: 덮다)의 음이 '개'다. '曷(갈)' 자형의 뜻은 '죽어서 하늘로 올라간다'다. 남편이 죽자, 부인이 나를 두고 '어찌갈·어느때갈'로 우는 장례 문화가 담겨있다. 그래서 '匃(개)'는 죽을 사람을 살려달라 '빈다·구걸하다'다. 曷(갈)은 죽은 자를 '덮었다'다. 謁(알)은 이것을 '알리는 것'이기에 음이 '알'이다. 즉 拳連劈揭(권연벽게)는 '밀치고 들어가며 우권을 치면 좌권은 연이어 뒤로 간다'로 '沈香勢(침향세)'의 동작이다. 「장권」에서는 원문이 搶步上拳(창보상권)이 加上橫拳(가상횡권)다.

④沈香勢推倒太山(침향세추도태산): 침향세는 태산을 밀어 돌린다네

표 15-42. 沈(침)·埶(예·세)·到(도)·矢(시)·至(지)의 갑골문·금문·전문·해서

갑골문	금문	전문	해서
[illegible]	[illegible]	[illegible]	沈(침)
[illegible] [illegible]	[illegible]	[illegible] [illegible]	埶(예·세)
	[illegible]	[illegible]	到(도)
[illegible]	[illegible]	[illegible]	矢(시)
[illegible]	[illegible]	[illegible]	至(지)

'沈香勢(침향세)'의 기법이 곧 推倒太山(추도태산)이다. 沈香(침향)은 제례에 태우는 향나무다. 沈의 갑골문 '[illegible]'은 물에 빠져 사람이 손발을 허우적거리는 형태다. 전문 '[illegible]' 자에 침향세가 있다. 양손을 올린 모습이 '山(산)' 자이기 때문에 '太山(태산)'이다.

'勢(세)=力(력)+埶(세)'다. 埶(세)의 갑골문은 '나무를 심는다'다. 埶(예·세)의 갑골문 '[illegible]' 자는 나무(침향)를 받들어 양손을 펼쳤다. 가슴에 아이를 품은 '拗(요)' 자와 다르다. 勢(세)는 나무를 신성시하는 한민족의 문화다. '[illegible]·[illegible](세)' 자는 무릎을 꿇고 '예'를 행하기 때문에 '예'의 음가를 갖는다. '[illegible]' 자는 일어섰다. '세=서+기'다. 나무를 '세우다·일어서 예를 행하다'다. 勢(세)는 達(달:月), 璽(새)는 海(해:日)다. 낮과 밤의 신이다. 무예의 동작에 '勢(세)' 자를 붙인 것은 그 동작이 새와 소통하는 몸의 언어이기 때문이다. 그래서 '예'가 곧 '세'다. 삼십이세의 가결은 초기에 「갑골문·금문·전서」로 기록됐으나 후대에 해서로 다시 정리했음을 알 수 있다.

요단편세의 첫 번째 동작은 '우각'이 나가면서 '좌수'가 앞으로 뻗으며 걸어 나가다 '좌각'이 나가면서 '우수'를 拳(권)으로 바꿔 臀擊(둔격)으로 치면서 '좌수'는 머리 뒤로 맷돌처럼 돌린다. 이렇게 되면 두 주먹은 '山' 자형이 되면서 상체는 좌회로 돌지만 '좌각'이 태산처럼 박혀있어 허리가 강하게 꼬이게 된다. 이러한 동작을 太山(태산)에 비유했다. 沈香(침향)의 모습은 盆栽(분재)로 보면 太山(태산)이다. 推倒(추도)는 침향을 돌려 보내는 손의 작용이다.

'倒(도)=亻+到(도)'다. '사람이 넘어진다·돈다'다. 하늘([illegible])로 쏜 화살을 땅([illegible])에 도달했다. '지'의 음가를 가진 것은 '땅'에 떨어지기 때문에 '至(지)'[885]다. 사람 '[illegible]'이 위에 도달하면(至), 다시 내려온다(刂=[illegible])다. '沈香勢(침향세)'의 기법이 推倒太山(추도태산)이다. 一條鞭勢(일조편세)는 요단편세처럼 두 손을 사용하는 것이 아니라 한 손만 사용한다. 「장권」의 '太(태)'가 '泰(태)' 자로 바뀌었다.

그림 15-30. '横'자 형

라. 拳勢(권세)의 기법 해설

①拗單鞭勢卽斜身躍步也(요단편세즉사신약보)【賽寶全書】: 拗單鞭勢(요단편세)

885 임성묵, 『본국검예 3. 왜검의 시원은 조선이다』, 행복에너지출판사, 2018, p204.

다음에 이어서 斜身躍步(사신약보)를 한다. 사신약보는 '비스듬히 옆으로 서 있다가 뒷발이 앞으로 나간다'다. 斜(사)는 '余(여)+斗(두)'다. '余(여)=我(아)'로 '나여'다. 我(아)도 '나아'다. '북두처럼 빗겨서 나간다'다. 등패에 躍步勢(약보세)가 있다. 躍步勢(약보세)는 '좌각'이 앞으로 뛰듯이 나가는 보법으로 출보도타(出步顚剁)다. 「무비문」에는 斜身躍步勢(사신약보세)의 그림이 있다. 요단편세의 모습과 다르지만 이 동작은 요단편세에서 치고 나간 동작이다. 상대를 가격하지 못했다. 「권법」은 '요단편세-현각허이'로 구성했다. 가슴을 감싼 손을 좌우로 열고 현각허이를 하게 된다. 마찬가지로 '요단편세-사신약보세로 연결한다'는 설명이다.

②向左行一步作拗單鞭(향좌행일보작요단편): 左(좌)로 방향을 돌아 일보를 나가면서 요단편을 한다. 進一步(진일보)라 하지 않고 '行一步(행일보)'라 한 것은 길을 걷듯이 손과 발이 엇갈려 나가는 보법으로 向上三畫掛(향상삼획괘)를 말한다.

③向左橫一步用兩手向上一畫掛作拗單鞭(향좌횡일보용양수향상일획괘작요단편): 左(좌)로 돌면서 '좌수'를 '一(일)' 자로 뻗고 '좌각우권'으로 쳐서 요단편세를 한다. 一畫掛(일획괘)는 '좌·우수'를 수평으로 펼친 모양을 一畫(일획)으로 표현했다. 이 모양을 옷걸이로 비유하여 '掛(괘)' 자를 썼다. 다른 요단편은 向上三畫掛(향상삼획괘)인데 이곳은 一畫(일획)이다. 行一步(행일보)를 橫一步(횡일보)로 치환했다.

④轉身向西以兩手向上三畫掛作拗單鞭(전신향서이양수향상삼획괘작요단편): 몸을 '西(서)'로 돌리면서 양수는 위로 향하며 세 번 긋고 통과하며 요단편을 한다.

⑤轉身向西用兩手向上三畫過作拗單鞭(전신향서용양수향상삼획과작요단편): 西(서)로 돌면서 양수를 위로 향하며 세 번 긋고 훌터나가[886]며 요단편을 한다.

(바) 起立頓右足作拗單鞭勢(기립둔우족작요단편세): '頓(둔)=屯+頁'이다. '頁(혈)' 자는 뒤를 향한 시연자를 나타내고 屯(돈)은 '구부린다'는 의미다. 頓右足(두우족)은

886 搶步(창보)의 『무예보보통지』 언해본의 설명은 '훌터걸어'다.

行步(행보)로 나가는 躍步(약보)와 搶步(창보)의 모습이다.

⑥向西立定用兩手向上三畵過作拗單鞭(향서립정용양수향상삼획과작요단편): 위 문장의 공통점은 요단편세는 주로 방향전환 시에 사용했음을 알 수 있다.

「권보」에 요단편세가 많이 사용된 것을 보면 실전에 많이 쓰였다는 것으로 보인다.

그림 15-31. 요단편세 모음

마. 武備門(무비문)의 斜身耀步勢(사신요보세)

그림 15-32. 斜身耀步勢/木魚勢

①「권세」의 斜身躍步勢(사신약보세)가 「무비문」에서는 斜身耀步勢(사신요보세)다. '耀(요)' 자가 '躍(약)' 자로 바뀌었다. 기법은 '脚用攛連(각용찬연)'이다. 攛(찬)은 '던진다'는 뜻이고, 連(연)은 '잇다·길다·돌다'로 '우각이 나가면서 손으로 얼굴을 친다'로 요단편세의 기법과 같다. 「권경」은 요단편세와 탐마세가 짝이지만 「무비문」은 木魚勢(목어세)가 짝이다. 목어세는 「권경」의 복호세이다. 요단편세의 공격을 엉덩이를 뒤로 빼면서 목어세(자연히 목이 앞으로 나간다)로 몸을 낮춰 피하고 복호세로 들어간다. 이처럼 짝이 다르게 구성되었다는 것은 맨손 무예서가 하나가 아니라 당

시에 여러 개로 흩어지고 기법이 변용된 것을 정리했기 때문이다. 〈그림 15-32〉의 그림을 보면 두 사람 사이에 8개의 점이 있다. 목어세가 앉아돌아차는 것을 나타내는 비표다.

바. 拳法(권법)의 기법 해설

원문: 作拗單鞭勢跳一步右手打臀仍(작요단편세도일보우수타둔잉)

언해본: 拗요單단鞭편勢셰를호딕흔거름쒸여右우手슈로打우臀둔을티고인ᄒᆞ야

그림 15-33. 拗單鞭勢/探馬勢

①「권경」의 요단편세는 '좌수'를 뻗고 '우수우각'으로 치고 탐마세는 '좌각우수'로 방어를 한다. 이렇게 되면 요단편세의 공격을 탐마세는 막지 못하고 좌측 안면을 맞게 된다. 이 그림에는 '갑·을' 간에 서로 공수를 주고받는 기법이 담겨있다. 첫째는 요단편세에서 '좌수'가 뻗어 공격했을 경우 탐마세처럼 '우수'를 들어 막는다. '拗(요)' 자가 양손으로 가슴을 감싼 동작이기 때문에 개별동작으로 보면 감싼 양손을 펼치며 〈그림 15-33〉처럼 '우수'를 들어 펼치는 동작이다.

둘째는 요단편세의 '우수'를 탐마세가 '우수'를 좌에서 우로 돌려 막는다. 셋째는 탐마세가 '좌각'이 들어가면서 요단편세를 하는 상대의 몸에 가까이 붙어 '우수'를 들어 상대의 목덜미를 잡고 돌려 제압할 수 있다. 넷째는 상대의 들어오면 상대의 손이나 어깨 등을 잡고 몸을 붙여 '우회'로 돌다 역 방향인 '좌회'로 돌면서 '우수'를 돌면 아이키도의 '逆反身 入身投기げ'와 같은 기법이 된다.

'고탐마세-나찰의세'의 정면타에 대한 기법과 대비하여 요단편세와 같은 횡타에 대한 기법을 탐마세로 구분했음을 알 수 있다. 이처럼 탐마세는 매우 다양하게 변용할 수 있기 때문에 송태조 32세에서 탐마세를 가장 중요하게 생각했던 것으로 보인

다. 이처럼 비록 32세에 불과하지만 여기에서 파생되는 술기는 헤아릴 수 없을 정도로 많다. 여러 무예에 조예가 깊은 무인이 「권경」을 본다면 오늘날의 많은 술기들이 여기에서 파생되었음을 인식하게 될 것이다.

『무예도보통지』의 「권법」은 '一霎步(일삽보)' 다음에 '요단편세'다. 일삽보는 뒤에서 쫓아오는 적을 향해 '우수'를 뻗어 막고 뒤에서 다가오는 적을 향해 左回(좌회)로 몸을 돌면서 '좌수'를 뻗어 막고 '우각'이 나가면서 다시 '좌각'이 나가는 동시에 右拳(우권)으로 목을 친다. 손과 발이 걷는 것과 같아 '行一步(행일보)'다. 搶步(창보)를 '跳一步(약일보)'로 표현했다. '臀(둔)=殿(전)+肉(육)'이다. '殿(전)=展+殳'이다. 展(전)의 古字(고자)는 '㠭' 자고 本字(본자)는 '展' 자로 '펼치다·늘이다'다. 얼굴에서 넓은 부위인 '볼기'다. 臀擊(둔격)은 '볼기'을 치는 기법이다. 기고세는 拳輪(권륜)으로 치고 요단편세는 拳面(권면)으로 친다. 이 동작을 沈香勢(침향세)라 했다. 권투로 치면 '훅(hook)'과 비교할 수 있다.

사. 국내 문헌과 논문의 해석

"拗單鞭(요단편)은 黃花(황화)가 긴밀히 나아가며 다리로 헤치고 밀어 열며 치켜 올리니 左右(좌우)로 막아내기 어렵도다. 步(보)로 밀쳐 부딪쳐 가고 위로는 拳(권)으로 연달아 劈(벽)하고 揭(게)하도다. 沈香(심향)의 勢(세)가 太山(산)도 밀어 넘어뜨리니라."[887]

"요단편은 황화가 긴밀히 나아가고(黃花緊進), 상대의 腿(퇴)를 좌우로 내려치고(披) 올려치니(挑) 방어하기 어렵다. 搶步(창보)해서 앞으로 나가 연속으로 내려치고(劈) 올려치니(揭), 沉香(침향)의 勢(세)는 泰山(태산)을 밀어 넘어뜨린다."[888]

"요단편세는 披劈(피벽)과 挑揭(도게)를 연속으로 행하면서 진공하는 勢(세)이다. 鄭少康(정소강,2007)은 沉香(침향)의 고사를 들어 침향세는 沉香劈山勢(침향벽산

887 박대선, 『무예도보통지의 권법에 관한 연구』 명지대학 석사논문, 2007, p39. 『무예문헌자료집성』 국립박물관, 2004, p873.

888 김종윤, 『무예도보통지의 권법연구』 한양대학교대학원 박사논문, 2017, p30.

세)이다. 마치 양손으로 도끼를 들고 산을 쪼개듯이 내려친다."[889]

"『기효신서』의 요단편세는 뒷손을 들고 있으나, 『무예도보통지』에서는 엉덩이로 내리고 있다."[890]

十. 伏虎勢(복호세)

권경	권	장권	권세	권법	권법총도

가. 全文原文(전문원문)

①虎勢側身弄腿 但來滚我前撑 看他立站不穩 後掃一跌分明

②伏虎勢側身弄腿 但來滚我前撑 看他立站不穩 後掃一跌分明

③伏虎勢側身弄腿 他進来湊我前撑 看他站立不穩 後掃一跌分明

④伏虎卽水魚也【賽寶全書】筋斗作伏虎勢 再飜身又伏虎勢

⑤作伏虎勢進坐右廻起立

나. 拳經(권경)·拳(권)의 詩語(시어)

①伏虎勢側身弄腿: 호랑가 엎드려 뒷발질하네

②但來滚我前撑: 돌아올 때까지 나는 앞에 있는 손으로 단단히 버틴다네

③看他立站不穩: 서 있는 적을 살펴보니 우두커니 서서 움직이지 않네

④後掃一跌分明: 뒤로 한번 쓸면 분명히 넘어진다네

889 김종윤, 『무예도보통지의 권법연구』, 한양대학교대학원 박사논문, 2017, p30.

890 김종윤, 『무예도보통지의 권법연구』, 한양대학교대학원 박사논문, 2017, p118.

다. 拳經(권경)·拳(권)·長拳(장권)의 기법 해설

①伏虎勢側身弄腿(복호세측신롱퇴): 복호세는 몸을 눕혀 돌려찬다네

표 15-43. 弄(롱)·則(칙)·鼎(정)의 갑골문·금문·전문·해서

갑골문	금문	전문	해서
	[illegible]	[illegible]	弄(롱)
	[illegible]	[illegible]	則(칙)
[illegible]	[illegible]	[illegible]	鼎(정)

'側(측)' 자는 '亻(인)+則(칙)'이다. '옆으로·측면'이고, '則(칙)=貝(패)+刂(도)'로써 '법칙·준칙'이다. 則(칙)의 금문은 貝(패)가 아닌 '세발솥 鼎(정:솥)'이다. "칼로 신성한 세발솥에 중요한 법칙을 새겨 넣는다는 뜻. 신이 전하는 말이기에 법칙의 뜻을 나타낸다."[891] 여기에서 중요한 '[illegible](정)=[illegible]+[illegible]+[illegible]' 자를 해석하지 않았다. 갑골문 '[illegible](정)=[illegible]+[illegible]'이다. '[illegible]' 자와 '[illegible]' 자는 전문에서 '目' 자로 바뀐다. 상부 솥 밑에 있는 '[illegible]·[illegible]' 자가 서로 등진 북두칠성 '北(북)'이다. 세발솥은 鼎(정)의 금문 '[illegible]' 자이다. '[illegible]' 자는 '북망산을 바라본다'다. '[illegible]'의 '[illegible]' 자는 기우는 북두칠성이다. 즉 則(칙)은 '북두칠성을 중심으로 운행하는 별을 관측한 것으로 천문의 법칙을 솥에 새긴 것'이다. '[illegible]' 자는 양팔을 들고 하늘을 바라보고 있기 때문에 測(측)은 '비를 헤아린다'다. 북두칠성이 물을 주관하기 때문이다. '[illegible]》[illegible]》刂'로 통용된다. '刂(도)'의 음가 '도'는 '돈다·선사람·칼'의 의미를 내포한다. 伏虎勢(복호세)는 '虎(호)' 자에 자세가 있다. 伏(복)은 '앞발'로 옆으로 기울여 땅에 기댄 호랑이다. 弄腿(롱퇴)의 腿(퇴)는 뒷다리다. '땅에 누운 호랑이가 뒷발질하며 논다'다. '弄(롱)=玉(옥)+廾(공)'이다. '둥근 옥을 두 손으로 가지고 논다'다. 뒤를 향해 다리를 돌리는 복호세의 '회전'[892]은 손의 작용에 의해 이루어진다. '弄(手)=腿(脚)'의 대칭이다. 『조선세법』의 白蛇弄風(백사롱풍)에도 '弄(롱)' 자를 썼다. 弄(롱)은 '風(풍)=旋(선)'은 모두 회전과 관련된 글자다.

---

891 『漢韓大字典』, 민중서림, 1997, p295.

892 임성묵, 『본국검예 1. 조선세법』, 행복에너지출판사, 2013, p440.

②但來滾我前撑(단래곤아전탱): 발이 돌아올 때까지 나는 앞 손으로 지탱한다네

표 15-44. 尙(상)의 금문·전문·해서

금문	전문	해서
[illegible]	[illegible]	尙(상)

'滾(곤)'은 '廻(회)'다. 但來滾(단래곤)은 '뒷다리가 돌아올 때까지'다. 滾(곤)은 보법과 관련이 되면 '물처럼 돌아간다'다. 수법으로 적용되면 '솟구치듯이 팔을 쭉 뻗는다'다. '丨(곤)'의 뜻으로 환유된다. '撑(탱)=扌(수)+掌(장)'이다. '손으로 버티다'다. 곤법 撑勢(탱세)의 의미다.

'掌(장)=尙(상)+手(수)'다. 尙(상)은 當(당)과 통하여 '당하다·맞다·부딪다'다. 손이 물건과 맞부딪치는 부분으로 '손바닥'이다. 금문의 '[illegible](상)'은 '小(소)' 자가 없다. 전문'[illegible](상)' 자에서 나타난다. [illegible](상)은 '[illegible]+[illegible]'으로 '[illegible]'의 '冂'은 '가두다'다. 발([illegible])을 움직이지 않은 상태에서 양손을 앞으로 뻗었다. '[illegible](상)'의 '[illegible]' 자는 '양팔([illegible])'이 하늘로 곧(丨)게 뻗는다'다. '丨' 자는 '곤·신·통·기'로써, 掌(장)이다. 撑(탱)은 '버팀목으로 지탱한다'다. 支撑(지탱)이 곧 地撑(지탱)이다. 앞에 있는 두 손을 땅에 의지하여 '뒷발을 돌린다'는 설명문이다.

「장권」은 '他進来湊我前撑(타진래주아전탱)'이다. 원문과 다르다.

③看他立站不穩(간타입참불온): 상대가 우두커니 선 상태를 보게 되면

표 15-45. 急(급)·及(급)의 갑골문·금문·전문·해서

갑골문	금문	전문	해서
		[illegible]	急(급)
[illegible]	[illegible]	[illegible]	及(급)

'站(참)' 자는 '立(입)+占(점)'이다. '한점에 우두커니 서있다'다. '穩(온)=禾(화)+㥯(급)'이다. 㥯(급)은 急(급)의 俗字(속자)다. '急(급)=心+及(급)'이다. '따라붙다'다.

'及(급)=人(인)+又(우)'이다. 갑골문 '' 자는 '손에 닿을 듯이 따라붙다'다. 穩(온)은 急(급)의 반대다. 不穩(불온)은 '편하지 않다·불안정하다'로 불안한 자세다. 「장권」은 원문의 立站(입참)이 站立(참립)으로 도치됐다.

④後掃一跌分明(후소일질분명): 뒤로 한 발을 확실하게 뻗어 돌린다네

표 15-46. 掃(소)·侵(침)의 갑골문·금문·전문·해서

갑골문	금문	전문	해서
			掃(소)
			侵(침)

'掃(소)' 자는 '扌(수)+帚(추)'다. '쓸다·제거하다'다. 엎드려(伏:복) 양손을 땅에 짚고 한 발을 빼어(一跌) 빗자루처럼 뒤를 쓸어내는 동작이다後掃(후소). 侵(침)의 갑골문의 '' 자와 掃(소)는 큰 차이가 없다. 금문의 ''은 전후를 크게 쳐서 적을 향해 들어가자 적이 도망쳤다. '침'의 음가는 '치다'의 명사형으로 적을 '쓸어버리다'가 侵(침)이다. '' 자를 '소'라 함은 전쟁에 비유하지 않고 땅을 적게 쓸었기 때문이다. 弄腿(롱퇴)는 뻰 한발 '一跌(일질)'이 돌아가는 步法(보법)이다. '一' 자는 뒤로 뻗은 발의 상태다.

分明(분명)의 分(분)은 '구별하다·명백하게하다'다. 즉 '손과 발의 역학을 분명히 구별해서 사용하라'이다. 복호세는 '앉아돌아차기'는 기법이다. 『기효신서』에서 복호세는 중사평세로 공격해오는 적을 상대로 사용했다.

라. 拳勢(권세)의 기법 해설

원문: 伏虎卽木魚也【賽寶全書】筋斗作伏虎勢 再飜身又伏虎勢

①伏虎卽木魚也(복호즉우어야)다. 伏虎(복호)가 木魚(목어)다. 木魚(목어)는 '물과 고기'다. 伏(복)이 水(수)로 치환됐고, 虎(호)가 '魚(어)' 자로 치환됐다. '땅 짚고 헤엄친다'처럼 손을 땅에 두어 중심을 잡고 앉아 회전하는 복호세의 동작을 水魚(수

어)로 비유했다. '水(수)'는 '手(수)'로 환유된다. 魚(어)는 '禦(어:빙둘러막는다)'로 환유되어 '앉아돌아차'는 기법이다. '앉아돌아차기' 기법은 「권법총도」의 伏虎勢(복호세)와 기법이 같다.

②筋斗作伏虎勢(근두작복호세)의 筋斗筋斗撲跌(근두근두박질): 땅을 향해 머리가 곧게 떨어진다. 筋(근)이 坤(곤)이고 斗(두)가 頭(두)다. '斗(두)'는 '돌다'다.

표 15-47. 筋(근)·力(력)의 갑골문·전문·해서

금문	전문	해서
	筋	筋(근)
力	力	力(력)

'筋(근)' 자의 '力' 자형은 '꼬리의 힘'으로 '발'이다. 龍(용)의 꼬리 힘이 用(용)이다. 力(력)의 금문 '力·力' 자는 팔의 힘이다. 筋斗(근두)는 木魚(목어)처럼 복호세의 기법을 비유한 것이다.

③翻身又伏虎勢(번신우복호세)의 翻身(번신)도 側身(측신)과 같은 다른 설명이다. 이 기법은 송덕기의 택견에 그대로 계승되었다.

마. 武備門(무비문)의 木魚勢(목어세)와 맴돌기

그림 15-34. 木魚/택견 맴돌기/伏虎

①木魚(목어)의 木(목)은 상체의 '목'을 나타내는 이두문이다. 魚(어)는 하체의 다리를 나타낸다. 고기는 꼬리로 움직인다. '用(용)' 자도 용의 꼬리를 나타낸 글자다.

즉 뒤에 있는 꼬리로 상대를 공격한다는 것을 '魚(어)'로 표현했다. 목어세의 그림에는 8개의 점이 표시되어 있다. 이러한 점은 5곳(관음측신·사봉세·귀배등세·생마세·목어세)에도 있다. 회전의 비표이다. 복호세는 '앉아돌아차'는 것으로 점 8개로 표현했다. 한편 筋斗(근두)도 이러한 점을 북두칠성이 도는 것을 비유했다.

②手用靠法(수용고법)脚用奸脚(각용간각): 靠(고)는 '기울어지다·의지한다'다. 奸(간)은 '간사하다'는 의미다. 동작과 무관한 뜻이다. '奸(간)=女+干(간)'이다. 干(간)은 '뻗는다·간다'로 '자신을 방어하기 위해 발을 뒤로 뺀다'로 해석하고, '간다'는 이두로 음차했다. 무예의 동작에 쓰이는 한자는 동작을 설명하기 위해 쓰인 한자이기 때문에 일반 문학적 해석은 통용되지 않는다. '앉아돌아차기' 위한 복호세의 초기동작이다. 무예도보통지에서는 木魚(목어)처럼 복호세의 변화를 그린 것이「권법총도」의 복호세다.

바. 拳法(권법)의 기법 해설

원문: 作伏虎勢進坐右廻起立(작복호세진좌우회기립)

언해본: 伏복虎호勢셰를호디나아가안ᄌ며올흔편으로도라니러셔며ᄯ

그림 15-35. 伏虎勢/中四平勢

①요단편세는 '좌각우수'로 쳤다. 그렇게 되면 허리가 꼬인다. 이때 생긴 반탄력은 우로 돌아가려는 힘이 생긴다. 전방으로 '우각'을 앞에 두고 앉는다. 이 설명이 '進坐右廻(진좌우회)'다. '우각'이 뻗고 돌면「권법총도」에 있는 〈그림 15-36③〉의 복호세가 된다. 이때 양손을 땅에 대고 弄腿(롱퇴:앉아돌아차기) 이후, 전방을 향해 일어나면「권법총도」의 〈그림 15-36ⓐ〉이 된다. 이 자세는 상대의 손을 잡고 '우각'으로 발을 걸면서 '좌측'으로 '빗당기'는 기법으로 변용할 수 있다. 이처럼 하나의 자세는 만화로 변용될 수 있다.

「권법총도」의 〈그림 15-36③〉의 右(우)의 그림은 左廻(좌회)로 차면서 좌각을 뻗은 복호세다.

「권경」은 '복호세-중사평세'로 배치했다. 즉 중사평세로 치면 복호세로 앉아 우회로 돌아 차면서 상대의 앞다리를 차서 넘어트렸다. 복호세가 '우회'하듯이 猛虎隱林勢(맹호은림세)도 '우회'를 한다. 이것은 좌청룡 우백호의 방위적 개념과 金鷄(금계)는 左廻(좌회) 猛虎(맹호)는 右廻(우회)로 동작으로 분리시켜 복잡한 '回轉(회전)'을 편리하게 검결로 구분했다. 복호세를 통해 본국검과 문화적 동질성이 있음을 알을 수 있다. 伏虎(복호)의 가결은 '엎드린 호랑이'이고 猛虎(맹호)는 '서서 도는 호랑이'다. 태견의 송덕기옹은 뒤돌려차는 것을 '맴돌기'라 했다. '맴=맹'이다. 猛(맹)의 개념이 '맴돌기'로 전래됐다. 복호세의 右廻(우회)로 돌면 축천세의 반대로 돌려차게 된다. 전통을 계승하는 의미에서 이 기법을 '猛虎蹵(맹호축)'으로 명명하고 상대를 잡고 복호세처럼 우회로 돌아 던지면 '업어치기'가 된다. 이것을 猛虎投(맹호투)로 명명한다.

「권법」의 進坐(진좌)는 「권경」의 자세를 설명하는 문장이다. 右廻(우회)는 앉은 상태에서 돌려찰 때의 방향설명이고 起立(기립)은 차고 난 뒤에 '일어난다'다. 즉 伏虎勢(복호세)를 세 동작으로 구분해서 설명했다. 「拳法」의 8쪽에는 '요단편세-복호세-현각허이' 세 개지만 그림은 단 두 개다. 첫 번째 그림은 요단편이다. 그렇다면 나머지 그림은 伏虎勢(복호세)인가 아니면 懸脚虛餌(현각허이)인가? 「권법총도」에 그 해답이 있다. 바로 '현각허이'다. 국내 논문 중에는[893] 〈그림 15-36ⓑ〉를 복호세로 보았지만 「권경」과 다른 이유를 설명하지 못했다.

「권경」의 복호세는 앉아서 뒤를 보고 있다. '우수'는 과호세의 손처럼 반쯤 접고 '좌수'는 뻗었다. 이에 반해 「권법총도」는 앞을 보고 '좌수'를 접고 '우수'가 아래로 내려있다. 이 차이는 「권경」은 복호세를 시작해서 앉아 양손을 땅에 짚고 右廻(우회)로 뒤를 찬 다음 돌아서 앞으로 돌아와 서 있는(起立) 것이 「권법총도」다. 그다음에 현각허이는 후방으로 진행된다. 즉 앞에서 뒤로 돌아야 한다. 하지만 문장에는 '좌회'가 없지만 연결 동작을 그린 「권법총도」의 순서에 맞춰 '좌회'를 하고 현각허이로 '우

893 곽낙현 · 임태희, 『전통무예서의 권법 분석 동양고전연구』, 제54집, p302
박귀순, 『무예도보통지의 권법에 관한 연구』, 대한무도학회지, 2017, 제19권, 제4호 p142.

각'을 차면서 양손을 가슴 중심에 모은 자세가 〈그림 15-36ⓑ〉다.

그림 15-36. 伏虎勢/懸脚虛餌

사. 拳法(권법) 그림과 배치에 대한 이해

拳法(권법)을 해독하기 위해선 그림에 대한 이해가 가장 중요하다. 그림을 잘못 해석한 결과 명확한 그림을 잘못된 그림으로 오인하게 됐다.

『무예도보통지범례』에는 그림의 배치와 방향, 복식 등에 대한 여러 원칙을 적시 했다.

"舊圖(구도)에는 혹 좌우 실세(좌우의 세가 잘못 놓임)와 장단위식(장단의 법식에 어긋남)이 있었다. 잘못된 격식은 단계에 따라 자세히 살펴 연구하였고, 인물은 그 옷 모양(衣紋)과 향배(向背)를 분별하였으며, 形名(형명)은 그 원첨과 수칠을 판별하도록 하였다."[894]

"舊譜(구보:무예제보)에 각 기예의 그림을 그린바 보군은 한 장을 한 면으로 하여 어떤 곳은 두 사람이나 세 사람 혹은 네 사람을 그려서 사람 수가 동일하지 않아 구

894 舊圖或有左右失勢長短違式者今遂段審究人物則別其衣紋向背形名則辨其圓尖銹漆

명하여 살피는데 혼란스러웠다. 지금은 한 장을 양면으로 하여 각각 상하 두 칸으로 하여 위 칸은 각 기예의 세를 쓰고 아래 칸은 사람을 그리되 두 사람을 넘지 않았다. 마상의 여러 기예는 구서에 의하여 한 면에 단지 한 사람만 그렸다."[895]

한 장에 두 개의 그림을 그렸기 때문에 한 면에 세 개의 동작이 있더라도 두 개의 그림만 그렸다. 그래서 앞에서 먼저 나온 같은 권결이라 하여도 다시 나오게 되면 같은 동작을 그리지 않고 변화된 그림을 그렸다. 지면을 효율적으로 사용했다. 또한 원면에서 표현할 수 없는 움직이는 연속된 동작은 총도를 통해서 그렸다. 『무예도보통지』를 구성에 참여한 사람들은 이미 「권경·권·권세」를 세세히 살펴본 사람들이다. 당연히 기존의 그림을 원본으로 삼고, 원본에서 표현하지 못한 부분을 그려 넣기도 했다. 문장도 추상적 설명보다 구체적 동작을 풀어썼다. 때문에 「권법」을 복원하려면『무예도보통지』만 보면 안 된다.

아. 국내 문헌과 논문의 해석

"伏虎勢(복호세)는 몸을 옆으로 하고 다리로 희롱하는 것이니라. 단지 내게 달려들어와 앞에 버티고 서는데, 상대가 서있는 모습이 평온하지 않은 것을 보면, 後掃腿(후소퇴)를 하나니, 넘어짐이 分明(분명)하구나!"[896]

"복호세는 몸을 옆으로 기울여 상대의 腿(퇴)를 다루는 勢(세)이다. 상대가 들어와 공격하면 나는 앞으로 버틴다. 상대가 중심이 안정되지 못한 것을 보았으면, 후소퇴로 차니 상대가 넘어짐이 분명하다.

복호세 동작은 戳脚(착각)의 轉枝勢(전지세)와 같다. 用法(용법)도 腿法(퇴법)과 연결 되니 매복세와 마찬가지로 현대중국무술인 착각과 연관성이 있다고 보인

895 舊書所繪各技步單一長一面或二或三或四人數不同眩於究審今則一張兩面各作上下兩格上格書各技之勢下格繪人無過二箇馬上諸技依舊一面只一人

896 박대선,『무예도보통지의 권법에 관한 연구』, 명지대학 석사논문, 2007, p41.『무예문헌자료집성』국립박물관, 2004, p881.

다."[897]

"未詳勢(미상세)1은 복호세의 설명에 나오기는 했으나, 『기효신서』와 권법총도에 나오는 복호세와도 다르다. 고사평세에서 앞발을 들고 있는 동작과 비슷하며, 현각허이세의 다른 형태를 그린듯하나 정확하게 알기는 어렵다."[898]

"복호세의 동작이 권법보와 권법총도와 다르다. 권법총도에서는 掃腿(소퇴)를 하는 것을 복호세라고 한다. 『기효신서』에서 복호세를 설명한 가결에 '후소퇴로 차니 상대가 넘어짐이 분명하다'라는 구절이 있다. 즉 소퇴로 차는 동작도 복호세의 변화이니 복호세라고도 할 수 있다."[899]

十一. 懸脚虛餌勢(현각허이세)

원문: 懸현脚각虛허餌이勢셰를ᄒᆞ고인ᄒᆞ야

①懸脚虛餌(현각허이): 오고 가며 세 번, 겨루기에서 두 번, 총 다섯 번 나온다. 기법의 어려움은 없으나 「拳法」의 그림이 각각 다르다. 〈그림 15-37①②〉는 앞쪽으로 곧게 진행하며 찬 '현각허이'다. 〈그림 15-37③〉은 '헌각허이'로 차기 위해 '양손을 들고 우각을 차는 동작'이고, 〈그림 15-31④〉는 '좌각'으로 '헌각허이'를 차고 다시 '좌각'이 내려오는 동작을 그린 것이다. '우각'으로 시작해서 '우각'으로 마치기 때문에 앞으로 跌風(질풍)처럼 나가며 세 번 찬다.

「권법」과 「권법총도」의 실기를 이해하지 못한 상태에서 그림을 보았기 때문에 "현

897 김종윤, 『무예도보통지의 권법연구』, 한양대학교대학원 박사 논문, 김종윤, 2017, p40.

898 김종윤, 『무예도보통지의 권법연구』, 한양대학교대학원 박사 논문, 김종윤, 2017, p118.

899 김종윤, 『무예도보통지의 권법연구』, 한양대학교대학원 박사 논문, 김종윤, 2017, p127.

각허이세의 다른 형태를 그린듯하나 정확하게 알기는 어렵다."[900]라고 논문[901]을 발표했고 실기에 대한 설명[902]도 없다.

그림 15-37. 현각허이의 前後(전후) 동작

十二. 下挿勢(하삽세)

권경	권	장권	권세	권법	권법총도
					下挿

가. 全文原文(전문원문)

①下揷勢專降快腿 得進步攬靠無別 鈎脚鎖臂不容離 上驚下取一跌

②下揷勢專降快腿 得進步攬靠無別 鈎脚鎖臂不容離 上驚下取一跌

③下揷勢專降快腿 得進步攬靠無疑 勾脚鎖臂不可離 驚上跌下君湏記

④下揷卽鬼拜燈也【賽寶全書】作下揷勢

⑤作下揷勢左一廻右手左足一打

900 김종윤, 『무예도보통지의 권법연구』, 한양대학교대학원 박사논문, 2017, p118.

901 박대선, 『무예도보통지의 권법에 관한 연구』 명지대학교 석사논문, 2007, p26.
곽낙현 · 임태희, 『전통무예서의 권법분석』, 동양고전연구 제54집, p302.
곽귀순 · 신영권, 『무예도보통지의 권법에 관한 연구』 대한무도학회지, 2017, 제19권, 제4호, p142,145.

902 김종윤, 『무예도보통지의 권법연구』, 한양대학교대학원 박사논문, 2017, p118.

나. 拳經(권경)·拳(권)의 詩語(시어)

①下插勢專降快腿: 하삽세는 두 손을 모으며 빠르게 다리를 내리네

②得進步攪靠無別: 나가는 것과 기대는 손이 따로 움직이면 안 된다네

③鈎脚鎖臂不容難: 다리를 굽히고 손으로 막아도 얼굴은 움직이지 않네

④上驚下取一跌: 놀랄 만큼 빠르게 몸을 낮추고 한 번 지른다네

다. 拳經(권경)·拳(권)·長拳(장권)의 기법 해설

①下插勢專降快腿(하삽세전강쾌퇴): 하삽세는 오로지 빠르게 발을 내린다네

표 15-48. 專(전)·降(강)의 갑골문·금문·전문·해서

갑골문	금문	전문	해서
			專(전)
			降(강)

'插(삽)' 자는 '扌+臿(삽)'이다. 臿(삽)은 '가래'다. 鍤(삽)은 '쇠삽'이다. '삽'의 동작에서 拳訣(권결)을 취했다. 초기 농경문화에는 나무로 삽을 만들었고 발해에서는 쇠로된 '삽'이 발굴됐다.

'專(전·단)=寸(촌)+叀(전)'이다. 叀(전)은 '실을 실패에 감는다'다. '降(강)'은 '내려주다·하사하다'다. '夂' 자는 아래로 내려오는 '발'이다. '강'은 '가+ㅇ'으로 '가'의 음가는 '가다'이고 'ㅇ'은 '구르다·흐르다'다. '강'은 '江(강)'처럼 '흘러내려 간다'다. '專降(전강)'은 '좌수를 우로 돌려 감으면서 아래로 내려 뻗는다(下插)'다. 快腿(쾌퇴)는 하삽세의 발의 자세로 '빠르게 발을 내린다'다.

「장권」은 '좌수'를 더 기울였다.

②得進步攪靠無別(득진보교고무별): 나가면서 양손은 서로 반대로 취해도 차별없이 동시에 움직인다네

표 15-49. 學(학)의 갑골문·고문·금문·전문·해서

갑골문	고문	금문	전문	해서
[illegible]	[illegible]	[illegible]	[illegible]	學(학)

得(득)은 到達(도달)이다. '발이 나가는 동시에 팔도 함께 자세를 취한다'다. '攪(교)=扌+學(학)+見(견)'이다. '[illegible]' 자는 '휘젓다·반죽하다'다. 專(전)과 통한다. '靠(고)=告(고)+非(비)'다. 非(비)는 '좌우 어긋난 손'으로 앞으로 뻗는 '좌수'와 반대로 당기는 '우수'다. 즉 靠(고)는 한쪽이 기울어져있거나 비대칭된 모습이다. 無別(무별)은 '차별이 없다'다. 즉 '발과 양손의 작용이 동시에 이루어진다'다. '進步(진보)와 攪靠(교고)가 동시에 일어난다'다.

③鈎脚鎖臂不容離(구각쇄비불용리): 발은 구부리고 팔뚝을 비틀되 얼굴에서 떠나지 않네

표 15-50. 辟(피)·离(리)·禸(유)·禺(우)·禹(우)의 고문·금문·전문·해서

고문	금문	전문	해서
	[illegible]	[illegible]	辟(피·벽·비·미)
		[illegible]	离(리)
[illegible]		[illegible]	禸(유)
	[illegible]	[illegible]	禺(우)
[illegible]	[illegible]	[illegible]	禹(우)

'臂(비)' 자는 '辟(벽)+肉(육)'이다. 鈎脚(구각)은 구부린 하삽세의 다리다. 鎖臂(쇄비)의 鎖(쇄)는 '손을 비틀어 자물쇠를 채운 '좌수'로써, '팔뚝'이다. '팔뚝'은 '팔'의 '뚝'이다. '辟(벽:팔뚝)'을 세워 앞을 방어하고 팔뚝 뒤에 숨게 하는 '우수'다. 不容離(불용리)의 容(용)은 '얼굴'이다. '離(리)=离(리)+隹(추)'로 '离(리)·魑(리)'와 同字(동자)다. '离(리)=隹(추)'로 '산신·도깨비'다. '날지 못하고 추하게 앉아 있는 새'다. '禸(유)'의 고문 '[illegible]' 자는 禺(우)·禹(우)의 금문 '[illegible]·[illegible]' 자로 엎드려 일하는 뱀의 형상이

다. 禹(우)의 『고문』 '𤕫' 자는 '禹(우)'[903] 임금을 나타낸다. '𤕫' 자는 머리를 하늘로 세우고 꼬리를 땅에 똬리 튼 뱀이다. 뱀이 오르면 용이 되고 용은 하늘에서 물을 다스려 지상에 내려 준다. 물을 뜻하는 '水(수)'의 음가 '수'는 '솟다·내리다·흐르다'로 '𤕫' 자에 있다. 首頭(수두)는 '머리를 세운다'로 垂直(수직)의 개념이고 西(서)는 땅에 누운 '수평'으로 十(십)의 가로세로 좌표가 있다. 'ㅅ'는 '수'와 '서'다. "음형 상으로는 雨(우)와 통하여 雨水(우수)의 神(신)을 나타내며, 성왕의 뜻에 쓰인다."[904]로 해석한다.

당연하다. 한자는 한민족이 만들 때, 음가를 중심으로 뜻을 규정했기 때문이다. 즉 '우'의 음가는 하늘의 현상과 관련된다. 우임금은 제방을 쌓고 물길을 터서 홍수를 바다로 소통시킨다. 이것을 나타낸 글자다. 'ㄏ' 자는 '손으로 제방을 쌓는 것'을 나타낸다. '𤕫' 자에 용의 토템이 담겨있다. 사마천은 3황(복희·신농·여와)의 역사를 전설로 보고, 시기를 五帝本紀(오제본기)[905]부터 서술했다.

离(리)는 권력을 버리고 산속으로 들어간 토템 시대의 왕족(蛟龍:교룡)이다. 이들은 권력의 감시를 받기에 도망가지 못하도록 圍籬安置(위리안치)한다. 즉 籬(리)다. 이들이 죽으면 신으로 숭상받기도 하고 억울하게 죽으면 도깨비가 된다. 不容離(불용리)는 '손이 얼굴에서 떨어지는 것을 용납하지 않는다'다.

④上驚下取一跌(상경하취일질): 위를 치듯 아래를 찌르며 나가네

903 帝禹(제우, 기원전 2,070년경)는 중국 고대의 전설상의 국가인 하나라의 창시자다. 아버지는 곤이며 곤의 아버지는 오제의 하나인 전욱이다. 따라서 우는 전욱의 손자다. 또 전욱은 황제의 손자이므로 우는 황제의 고손자가 된다. 塗山氏(도산씨)의 딸에게 장가가 계라는 아들을 두었다. 우는 인덕을 가져 사람들에게 존경받는 인물이었다. 또 탁월한 정치 능력을 가지고 있었다. 그러나 그럼에도 불구하고 스스로를 자랑하지 않았다. 전설적인 인물이기 때문에 이러한 성인으로서 그려지는 것으로 보인다. 『위키백과』

904 『漢韓大字典』, 민중서림, 1997, p1484.

905 黃帝軒轅(황제헌원) · 顓頊高陽(전욱고양) · 帝嚳高辛(제곡고신) · 帝堯放勳(제요방훈:陶唐氏) · 帝舜重華(제순중화: 有虞氏)이며, 별도로 少昊(소호) 등을 드는 경우도 있어 일정하지 않다. 『두산백과』

표 15-51. 敬(경)·馬(마)의 갑골문·금문·전문·해서

갑골문	금문	전문	해서
[illegible]	[illegible]	[illegible]	敬(경)
[illegible]	[illegible]	[illegible]	馬((마)

'驚(경) 자는 '敬(경)+馬(마)'다. '깜짝 놀란 말'이다.

上驚下取(상경하취)를 '위를 놀라게 한 후 아래를 취한다'는 聲東擊西(성동격서)의 뜻으로 해석하는 것은 매우 단편적인 해석이다. 말이 놀라면 갑골문 '[illegible]' 자처럼 앞발을 세우고 내리자마자 앞을 향해 치달린다. 上驚下取(상경하취)의 '取(취)=耳(이)+又(우)'다. 는 '좌수'를 뻗되 상대의 귀를 잡듯이 비튼다'다. '揷(삽)' 자는 치는 打(타)의 의미가 아니다. 공격적이 의미보다 '찔러서 넣는다'는 방어적 의미의 동작이다. 공격을 나타내는 것은 '一跌(일질)'이다. 跌(질)[906]=足(족)+失(실)'이다. '지나치다'다. '우각'이 '나간다'다. 이때의 그림이 「무비문」의 '鬼拜燈(귀배등)'이다. 공격은 '우수'로 친다.

「권경」은 下揷勢(하삽세)와 埋伏勢(매복세)가 授受勢(수수세)다.

「장권」은 '驚上跌下君湏記(경상질하군수기)'다. 記(기)는 '기울인다'라는 의미로 음차한 이두문이다. 무비문은 記(기)는 '技(기)' 자로 치환된다.

라. 拳勢(권세)의 기법 해설

원문: 下揷卽鬼拜燈也【賽寶全書】兩手向上一畫掛進一步作下揷勢

①下揷卽鬼拜燈也(하삽즉귀배등야): 下揷(하삽)가 '鬼拜燈(귀배등)'이다. 귀배등은 '제단 앞에 세워진 촛대에 공손히 불을 붙이는 동작'. 하삽세에 비유한 것이다. 『새보전서』의 가결들은 종교적 색채가 많다.

907 墨子跌蹶而趍千理, 『淮南子』

②兩手向上一畫掛進一步作下揷勢(양수향상일획괘진일보하삽세): 하삽세를 취할 때 좌수를 뻗는 것이 '上一畫(상일획)'이고 이때 '좌각'이 나아가는 것이 '進一步(진일보)'다.

마. 武備門(무비문)의 抬陽懸脚金鷄勢(태양현각금계세)와 鬼拜燈勢(귀배등세)

그림 15-38. 抬陽懸脚金鷄/鬼拜燈

무비문의 鬼拜燈(귀배등)은 抬陽懸脚金鷄(태양현각금계)와 짝이다. 「권경」은 '복호세와 하삽세'가 짝이다. 手用小打(수용수타)脚用跟步(각용근보)다. 「권경」의 하삽세는 '좌각'이 앞에 있고 무비문은 '우각'이 앞에 있다. 즉 「권경」에서는 '좌수'를 넣은 상태를 그린 것이고, 「무비문」은 '우각'이 나가면서 '우수'로 치는 동작을 그렸다. '우각'이 '上驚下取一跌(상경하취일질)'의 '一跌(일질)'이다. 하삽세로 공격을 했기 때문에 '좌각'을 '우각'으로 옮기면서 '우회'로 돌아 피하는 것이 '抬陽懸脚金鷄勢(태양현각금계세)'다. 〈그림 15-38〉의 그림을 보면 두 사람 사이에 중심에 점을 두고 6개의 점이 둘러 배치됐다. 이것은 태양현각금계세가 '좌각'이 중심되어 돌아가는 것을 나타낸 비표다.

바. 拳法(권법)의 기법 해설

원문: 作下揷勢左一廻右手左足一打(작하삽세좌일회우수좌족일타)

언해본: 下하揷삽勢셰롤호딕왼편으로ᄒᆞᆫ번돌며右우手슈로左좌足죡을ᄒᆞᆫ번티고즉시

그림 15-39. 埋伏勢/下插勢

①무예도보통지는 左廻(좌회)와 左一廻(좌일회)가 여러 번 나온다. 이것을 정확히 알지 못하면 기법을 찾을 수 없다. 「권법」에서는 순란주세와 하삽세만 '좌일회'다. 左廻(좌회)는 보법의 이동 없이 몸만 돌린 것이고 '左一廻(좌일회)'는 좌회를 실행한 상태에서 일보를 더 이동한다. 현각허이가 '우수우각'으로 마쳤다. 左一廻(좌일회)를 하면 후방에 '좌각'이 나가있게 된다. 左一廻(좌일회) 다음 문장은 右手左足一打(우수좌족일타)다. 左脚(좌각)을 쓰지 않고 '左足(좌족)'을 쓴 것을 자세가 낮기 때문이다. 그 상태에서 '좌수'를 뻗어 뒤를 방어한다. 즉「권법」의 하삽세는「권경」에 있는 下插勢(하삽세)를 실행하기 전에 후방에서 좌회를 하고 '우각'이 뒤로 빠지면서 전방에서 생기는 자세다.「권법」의 하삽세는「권법총도」에 그려진 복호세와 비교하면 같다.「권경」의 하삽세는 '좌수좌족'고「권법총도」는 '우수우족'이다.「권경」의 一跌(일질)이「권법」에서 一打(일타)로 바뀌었다. '좌수좌족' 상태에서 '우족'이 나가면서 친다. 다음 當頭抱勢(당두포세)는 '우각'이 나가면서 左廻(좌회)를 한다.「권경」에서는 '매복세-하삽세'와 짝이다. 매복세는 복호세와 대칭이다. 복호세는 '우회'로 상대의 다리를 공격한다. 매복세는 '우회'로 돌아 하삽세로 공격해 들어온 '좌각'을 차서 넘어트리는 기법이다. 매복세와 복호세의 몸동작을 서서 응용한다면 씨름의 업어치기나 들어 매치기처럼 사용할 수 있다. 이처럼 32세는 다양한 몸 쓰기로 변용할 수 있기 때문에 萬花(만화)라 한 것이다.

사. 국내 문헌과 논문의 해석

"下插勢(하삽세)는 오로지 빠른 발차기를 굴복시키는 것이니라. 앞으로 나가며 攪(교)와 靠(고)를 가리지 않고, 갈고리 같은 다리와 자물쇠 같은 팔이 떨어지지 않게 해서, 위로 놀라게 하여 아래로 넘어뜨리도다."[907]

"하삽세는 전문으로 빠른 발차기를 항복시키는 것으로, 반드시 앞으로 나아가 攪(교)와 靠(고)를 사용해도 차별이 없다. 상대 발을 걸고 팔로 상대 다리를 봉쇄하니 상대와 떨어짐을 용납하지 않는다. 위를 놀라게 해서 아래를 취하여 한 번에 넘어뜨린다."[908]

"『기효신서』의 하삽세와 동작이 다르다. 『기효신서』는 아래로 주먹을 찌르는 동작인데, 『무예도보통지』에서는 오른손과 왼발로 동시에 차고 치는 동작인데, 이 동작은 권법총도에 정확히 그려져 있다. 그러므로 未詳勢(미상세)는 하삽세를 할 때 왼쪽으로 도는 동작을 표현한 듯하나, 역시 정확하게 알 수가 없다."[909]

十三. 當頭砲勢(당두포세)

권경	권	장권	권세	권법	총도
					 當頭砲

가. 全文原文(전문원문)

①當頭砲勢衝人怕 進步虎直攛兩拳 他退閃我又顚踹 不跌倒他也忙然

②當頭砲勢衝人怕 進步虎直攛兩拳 他退閃我又顚踹 不跌倒他也忙然

907 박대선, 『무예도보통지의 권법에 관한 연구』, 명지대학 석사논문, 2007, p40. 『무예문헌자료집성』, 국립박물관, 2004, p873.

908 김종윤, 『무예도보통지의 권법연구』, 한양대학교대학원 박사논문, 2017, p34.

909 김종윤, 『무예도보통지의 권법연구』, 한양대학교대학원 박사논문, 2017, p120.

③當頭砲雙手逼上 進步虎直鑽兩拳 他退閃我用顚踹 不跌倒也要茫然

④當頭砲卽獅蹬脚也【賽寶全書】

⑤作當頭砲勢 左手防前 右手遮額仍

나. 拳經(권경)·拳(권)의 詩語(시어)

①當頭砲勢衝人怕: 갑자기 주먹으로 올려치니 적이 두려워하네

②進步虎直攛兩拳: 앞으로 나가던 호랑이 곧게 서서 두 주먹을 던지네

③他退閃我又顚踹: 적이 물러나며 차단하면 나는 올려 친다네

④不跌倒他也忙然: 지르지 않고 상대가 넘어지니 망연하네

다. 拳經(권경)·拳(권)·長拳(장권)의 기법 해설

①當頭砲勢衝人怕(당두포세충인파): 당두포세의 위력을 설명한 문장이다. 當頭砲(당두포)는 '머리를 감싸 막는다'다. '砲(포)=石(석)+包(포)'로 '감싼다'다. '包(포)' 자에 권형이 있다. 여기에서의 衝(충)은 '湧(용:용솟음치다)·回轉(회전)'이다. 人怕(인파)는 당두포세에 맞은 사람이 느끼는 두려움이다. 「장권」의 문장은 전체적으로 같으나 그림이 전혀 다르다. 자세로만 보면 조양세에 가깝다. 첫 문장 雙手逼上(쌍수핍상)은 '두 손은 위로 좁혀 붙인다'로 당두포세의 손동작을 구체화했다. '逼上(핍상)'이 머리를 상하로 막은 좌우수다.

②進步虎直攛兩拳(진보호직찬양권): 보법과 수법을 설명한 문장이다. 進步虎直(진보호직)에서 進步(진보)는 '우각'이다. 虎直(호직)의 虎(호)는 당두포세를 시연하는 사람이다. 直(직)은 '곧게 서다'다. 攛兩拳(찬양권)의 '攛(찬:던진다)=扌(수)+竄(찬:숨는다)'다. '竄(찬)=穴(혈)+鼠(서)'다. '구멍 속에 숨어 양손을 들고 서 있는 쥐로 어두운 동굴에서 나왔을 때, 눈이 부셔 양손으로 햇빛을 막는 동작'이다. 攛(찬)은 '내다 던지다'다. '쥐를 잡아 던지듯 양 주먹으로 친다'다.

③他退閃我又顚踹(타퇴섬아우전단): 상대가 도망가면 나 또한 쫓아가 공격한다.

탐마세의 進攻退閃(진공퇴섬)은 '공격해 들어오면 물러나면서 한손으로 방어한다'다.

閃我又顚踹(섬아우전단)의 閃我(섬아)는 '나는 한손을 들다'다. '顚(전)=眞(진)+頁(혈)'이다. 顚은 '뒤집다·거꾸로하다'다. 즉 顚(전)은 뒤로 뒤집은 '손'을 나타내고, '踹(단)=足(족)+耑(단)'으로 손을 내려칠 때 동시에 발을 구르듯 땅에 내리는 동작으로 '顚踹(전단)'은 당두포세 이후에 회전을 하면서 '좌수'가 뒤로 가면서 '좌각'이 들린 동작이다. 여기서 '기고세'로 연결된다.

「장권」에서는 又(우)가 用(용)이다.

④不跌倒他也忙然(부질도타야망연): 지르지 않고 오히려 뒤로 넘기니 망연하다. 不跌倒他(부질도타)는 '발길질 없이도 상대를 넘어뜨리다'다. 當頭(당두)의 '當(당)' 자는 정면을 향한 얼굴과 몸통, 頭(두)의 豆는 정면 얼굴, '頁(혈)'은 측면으로 몸과 곧게 뻗은 손 그리고 발이다. 砲(포)의 包(포)는 양손으로 얼굴을 막는 모습, 石(석:돌)은 돌을 던지는 '우권'이다. 「장권」은 '也要茫然(야요망연)'이다.

라. 拳勢(권세)의 기법 해설

원문: 當頭砲卽獅蹬脚也【賽寶全書】

①當頭砲獅蹬脚(당두포사등각): 當頭砲(당두포)는 獅蹬脚(사등각)이다. 사자는 갈기가 많고 머리가 크다. 머리를 잘 돌린다. 크게 발을 휘두르는 동작에서 취한 명칭이 사등각이다. '獅(사)=犭(견)+𠂤(퇴)+帀(잡)'이다. 帀(잡)의 전문 '帀'은 '가다'의 뜻을 나타내는 之(지)의 전문 '㞢' 자를 뒤집어 놓은 글자다. 즉 '원지로 돌아왔다'로서 '한 바퀴 돈다·둘러서 잡다'다. '잡'의 음가는 '잡다'다. '師(사)=獅(사)'는 통자다. 𠂤(퇴)는 뒤를 향한 자세로 '追(추:쫓다)'다. 즉 '𠂤(퇴)+帀(잡)'은 '쫓아잡다'다. 蹬(등)은 좌권을 휘두를 때 '좌각'이 들리는 것을 나타낸다. 천부검 44세에 獅子搖頭(사자요두)[910]가 당두포세의 사등각과 연결된다. 『새보전서』의 권결이 단절된 맨손 무예의 武脈(무맥)을 잇게 한다. 석굴암의 금강역사[911]는 獅子(사자)의 상징이 담겼다.

---

910 『조선쌍수검법』, 국립민속박물관, 2007, p38.

911 석굴 중 좌측 금강역사: 사찰문 양쪽을 지키는 守門神將(수문신장)의 구실을 담당하며 '仁王力士(인왕역사)'라고도 한다.

표 15-52. 帀(잡)·師(사)·之(지)·追(추)의 갑골문·금문·전문·해서

갑골문	금문	전문	해서
帀		帀	帀(잡)
𠂤	師	師	師(사)
之	之	之	之(지)
追	追	追	追(추)

마. 武備門(무비문)의 脚蹬脚(각등각)과 書虎(서호)

그림 15-40. 脚蹬脚/書虎

무비문에는 獅蹬脚(사등각)이 없다. 蹬脚(등각)과 같은 명칭은 脚蹬脚(각등각)이다. 脚蹬脚(각등각)은 당두포세와 다르다. 脚蹬脚勢(각등각세)는 '手小打回(수소타회)脚金鷄勢(각금계세)'다. '좌수'로 좌측 허리에 늘어진 옷을 뒤로 잡고 '우수'는 좌측으로 옮기며 '우각'을 들었다. '蹬(등)'은 騎射(기사)의 對蹬(대등)처럼 '등쪽으로 비틀다'는 이두문이다. 즉 '좌수'를 등 뒤에 붙이면서 '우수'로 좌견으로 '右回(좌회)'로 돌게 된다(手小打回). 이때 들었던 '좌각'을 등 쪽으로 들어 돌면서 차면 금계독립세와 반대로 돌려 차게 된다. 즉 순란주세는 좌회로 돌려차고 脚蹬脚(각등각)은 '우회'로 돌면서 차는 기법이다. 脚蹬脚(각등각)의 대칭은 書虎勢(서호세)다.

書虎勢(서호세)는 '身法轉(신법전)單鞭手用隻手破雙拳(단편수용척수파쌍권)脚用左脚(각용좌각)'이다. 轉單鞭手(전단편수)는 '좌회'로 돌 때 좌수를 뒤로 뻗는 身法(신법)에 대한 설명이다. '좌수'를 등 뒤로 돌리면 '좌회'에 동력을 준다. 鞭手(편수)는 片手(편수)의 개념이 함축됐다. 片手(편수)의 짝이 '隻手(척수)'다. 隻(척:나머지 한손)은 '斥(척)'의 개념이 함축됐다. '우수(隻手)'는 상대의 쌍권을 막는다. '좌각'을

이용하여 '좌회'로 피한다. 고사평세나 작지룡세와 같은 공격을 피하는 기법이다.

바. 拳法(권법)의 기법 해설

원문: 作當頭砲勢左手防前右手遮額仍(작당두포세좌수방전우수차액잉)

언해본: 當당頭두砲포勢셰를호딕左좌手슈로앏흘막고右우手슈로니마를ᄀ리오며 인ᄒ야

①拳法(권법)의 當頭抱勢(당두포세): '左手防前(좌수방전:좌수는 앞을 막고), 右手遮額(우수차액 :우수는 이마를 막으면서 돈다)'는 當頭抱(당두포)를 설명한 문장이다. '우각'이 나가면서 右手(우수)로 머리를 막고 좌수는 앞을 막는 「권법」의 그림을 설명한 문장이다. 〈그림 15-41⑥〉의 당두포세는 하삽세부터 연결된 그 중간 기법들이 있다. 하삽세는 〈그림 15-41②〉처럼 '우권좌족'이다. 〈그림 15-41③〉은 '우족'이 나가면서 '우권'으로 친 '一跌(일질)'의 동작이다. 말이 달리듯이 낮은 자세에서 '우족'이 나간다. 이때 든 '좌각'이 '踹(단)'이다. 당두포세는 얼굴을 감싸 막고 '좌회'로 돌아 '좌각'을 후방으로 두고 돌면 〈그림 15-41④〉처럼 '좌각'이 앞에 있게 된다. 이어서 〈그림 15-41⑤〉처럼 '우각'이 나가면서 양손을 밀고 들어간다. 이 자세는 당두포세에서 회전하면서 앞으로 나아갈 때 몸의 중심을 잡게 해준다.

이어서 「권경」의 〈그림 15-41⑥〉처럼 '좌각'이 나가면서 기고세로 연결된다. 2행의 기고세는 '좌각'을 두고 3행은 '우각'을 두고 '洗法(세법)'을 한다. 즉 2행의 기고세에서 '좌각'이 앞에 둔 이유는 후방의 '入(입)' 자의 개념에 맞춘 것이고, 3행의 기고세에서 '우각'을 앞에 둔 것은 전방으로 진행되기 때문에 '進(진)'의 보법에 각각 맞췄기 때문이다. 「권법」은 「권경」의 개별 기법을 연무 동작으로 표현해야 하기 위해 3개의 그림으로 그렸다.

그림 15-41. 하삽세와 당두포세의 연결 동작

사. 국내 문헌과 논문의 해석

"當頭砲勢(당두포세)는 사람을 쳐서 두렵게 하는데, 앞으로 나아가는 호랑이가 똑바로 兩拳(양권)을 던지듯이 쭉 펼쳐 내니라. 상대가 빠르게 피하며 물러나면 나는 또한 뒤집어 발바닥(발꿈치)으로 차는데, 넘어지지는 않더라도 상대는 忙然(망연)해 하니라!"[912]

"당두포세는 그대로 부딪쳐버리는 勢(세)이니 사람들이 두려워한다. 호랑이가 나아가듯 양손을 직선으로 던지듯이 친다. 상대방이 물러나며 피하면 그 거리를 채워서 踹腿(단퇴)를 찬다. 넘어지지 않으려 해도 상대는 그럴 여유가 없다.

중국무술에서 당두포세의 동작과 氣勢(기세)에 대한 설명이 들어맞는 것은 形意拳(형의권)의 炮拳(포권)이다. 여기서 상대가 물러나면 踹腿(단퇴)로 상대를 차는 것이다. 진식태극권에도 當頭炮(당두포)란 명칭은 있지만, 동작은 다르다."[913]

"당두포세의 그림은 『기효신서』와 비슷하나, 문장에서의 설명과 동작은 맞지 않는다. 역시 권법총도에서의 당두포세에 대한 설명으로 양손으로 防禦(방어)를 하는 동작이라고 하였는데, 양손으로 위를 막고 『무예제보번역속집』과 같이 발로 앞을 차는 동작인데, 발차기의 설명이 생략된 듯하다."[914]

913 박대선, 『무예도보통지의 권법에 관한 연구』, 명지대학 석사논문, 2007, p70. 『무예문헌자료집성』, 국립민속박물관, 2004, p886.

913 김종윤, 『무예도보통지의 권법연구』, 한양대학교대학원 박사논문, 2017, p51.

914 김종윤, 『무예도보통지의 권법연구』, 한양대학교대학원 박사논문, 2017, p120.

十四. 旗鼓勢(기고세)

권경	권	장권	권세	권법	총도
					 旗鼓

가. 全文原文(전문원문)

①旗鼓勢左右壓進 近他手橫劈雙行 絞靠跌人人識得 虎抱頭要躱無門

②旗鼓勢左右壓進 近他手橫劈雙行 絞靠跌人人識得 虎抱頭要躱無門

③旗鼓勢左右壓進 近他手橫劈雙行 絞臂靠得他識得 虎抱頭要躱無門

④旗鼓卽招討也【賽寶全書】轉身退一步作旗鼓勢

⑤作旗鼓勢左右洗叉

나. 拳經(권경)·拳(권)의 詩語(시어)

①旗鼓勢左右壓進: 깃발을 들고 북은 매고 좌우에서 압박해 진군하네

②近他手橫劈雙行: 가까운 적, 벽권으로 치며 당당히 걸어가네

③絞靠跌人人識得: 줄을 목에 매본 사람, 그 사람은 안다네

④虎抱頭要躱無門: 호랑이가 머리를 감싸듯 주먹을 숨기는 게 중요하네

다. 拳經(권경)·拳(권)·長拳(장권)의 기법 해설

①旗鼓勢左右壓進(기고세좌우압진): 기고세에 대한 총론에 대한 설명이다.

旗(기)는 들고 鼓(고)는 가슴 앞에 건다. 양손이 북채다. 북치고 나아가듯 '좌수우각·우수좌각'으로 친다. 기고세는 칠성권의 左右洗(좌우세)와 대칭이다. 七星旗(칠성기)가 초요기(招搖旗)다. 기고세와 칠성권의 기법이 대칭으로 구성된 것을 보면 「권경」도 詩(시)로 구성되어 있음을 알 수 있다.

②近他手橫劈雙行(근타수횡벽쌍행): 手法(수법)에 步法(보법)에 대한 설명이다.

표 15-53. 启(계)·辛(신)·辟(피)·闢(벽)의 갑골문·금문·전문·해서

갑골문	금문	전문	해서
	启	启	启(계)
辛	辛	辛	辛(신)
	辟 辟 辟	辟	辟(피 · 벽 · 비 · 미)
	闢 闢	闢	闢(벽)

'启(계)' 자는 '戶(冃)+口(ㅂ)'다. '劈(벽)=辟(피)+刀(도)'다. '辟(피)=启+辛(신)'이다. 한쪽 문이 열린 것이 '冃' 자다. 열린 문을 들어가는 발이 'ㅂ'이다. '발'의 자음은 'ㅂ'이다. 辛(신)의『갑골문·금문』은 좌우로 펼친 손이 하나지만 전문에서 하늘을 향해 올린 구부려진 손과 좌우로 펼친 손을 따로 그려 '양손을 펼쳤음'을 나타냈다. '신'의 음가는 '伸(신:펼치다·뻗는다)'의 의미다. 辟(벽)의 금문은 '신 앞에 무릎 꿇고 앉은 죄인'이다. 죄명을 '벽'에 붙인다. '劈(벽)'은 '擗(벽:가슴치다)'와 通字(통자)다. 즉 '가슴'이 '벽'이다. 辟(벽)은 闢(벽:열다)와 同字(동자)다. 금문 '闢' 자의 '亯'의 '弓' 자형은 구부린 상체고 'ㅂ=廾(뻗친양손)'이다. 'ㅂ'이 '풀(팔)'이다. 즉 '亯' 자는 '가슴에 모은 두 팔'이다. '辛' 자는 ' 두 손을 펼치다'다. 闢(벽)은 '닫힌 문'이고 '辟(벽)'은 문 없는 말 그대로 '벽'이다. '벽'의 음가는 '막히다'다. 막힌 벽에 창을 내면 '壁窓戶(벽창호)'다. 꽉 막힌 사람이 '벽창(碧昌)-호(虎)'다. 手擗(수벽)은 손바닥으로 劈拳(벽권)은 주먹으로 '벽'을 치는 동작이다. 刀(도)는 '발'이다.

雙(쌍)은 左右壓進(좌우압진)을 표현한 문장이다. '雙(쌍)=雔(수)+又(우)'다. '橫劈雙(횡벽쌍)' 자에 기고세의 자세가 있다. 북을 매고 걸어가면서 좌우에서 북채로 치는 형태로 두 번 전진한다. '북'이 '벽'이다. 近他手(근타수)는 '가까이에 있는 적의 손을 벽권'으로 치면서 나가는 '기고세'다. 「권법」의 칠성권과 기고세는 대칭으로 모두 두 번 나간다.

③絞靠跌人人識得(교고질인인식득): '手技(수기)'에 대한 설명이다.

'絞(교)=糸(사)+交(교)'다. '목맬교·꼴교'다. '靠(고)=告(고)+非(비)'다. '어긋나다'다. 絞靠(교고)는 '좌우 목에 엇갈려 매다'다. 즉 絞靠跌人(교고질인)은 '목에 줄을

걸어 넘어진 사람'이다. 人識得(인식득)은 '줄로 목을 매본 사람은 알게 된다'다. 기고세를 취할 때 좌우 목 뒤로 넘어간 주먹을 목을 매는 동작으로 비유한 문장이다. 虎抱頭(호포두)의 또 다른 표현이다.

「장권」은 '人人(인인)'이 '得他(득타)'다. 유일하게 이곳 문장만 「권경」과 다르다.

④虎抱頭要躱無門(호포두요타무문): 벽권을 치는 수법을 설명한 문장이다.

虎抱頭(호포두)의 虎(호)는 시연자를 호랑이에 비유했다. '호랑이가 손으로 머리를 감싸다'다. '抱(포)=扌+包(포)'다. 包(포)는 '싸다·안다'다. 『맹자』 包關擊柝(포관격탁)의 包圍(포위)·쥠(쥐다)'과 連包之木(연포지목)의 抛(포)의 뜻이다. 기고세에서 '양손을 들었을 때, 머리 뒤까지 주먹이 올라가는 동작'을 설명한 문장이다.

要躱無門(요타무문)은 중요한 문장이다. '躱(타)=身(신)+朶(타)'다. '감추다'다. '朶(타)=乃(내)+木(목)'다. '나뭇가지가 늘어지다'다. '乃(내)'는 주먹, '木(목)'은 '身(신)'이다. 즉 躱(타)는 '몸(身) 뒤로 주먹을 감춘다(朶)'로 '側身(측신)'이다. 육로 斗門(두문)의 '門' 자가 '두 주먹'을 비유했듯이 無門(무문)의 '門(문)' 자도 '주먹'이다. 『기효신서』의 「권법」이 육로와 같은 개념이 전래 됐음을 알 수 있다. 要躱無門(요타무문)은 '주먹이 보이지 않도록 몸 뒤로 숨기는 것이 중요하다'다. '주먹을 쥐고 허리를 돌려 주먹이 정면에서 보이지 않도록 목 뒤로 돌린다'는 수법이다.

표 15-54. 朶(타)·乃(내)의 갑골문·고문·금문·전문·주문·해서

갑골문	고문	금문	전문	주문	해서
			[전문 자형]		朶(타)
[갑골문 자형]	[고문 자형]	[금문 자형]	[전문 자형]	[주문 자형]	乃(내)

그림 15-42. 旗鼓勢/順鸞肘勢

라. 拳勢(권세)의 기법 해설

원문: 旗鼓卽招討也【賽寶全書】轉身退一步作旗鼓勢

①旗鼓卽招討也(기고즉소토야): 旗鼓(기고)는 '招討(초토)'다. '招(초)'는 '손을 흔들어 부르다'다. 討(토)는 '때리다'다. 肘(주)의 言(언)이 月(월)로 치환되어 '때린다'로 要躱無門(요타무문)를 설명한 문장이다. 즉 상대를 불러서 애교를 부르듯 치는 모습이 기고세와 같다.

②轉身退一步作旗鼓勢(전신퇴일보작기고세): 퇴보로 몸을 돌려 기고세로 친다. 「권법총도」 3행에 '당두포세에서 뒤돌아 기고세'를 하는 기법에 그대로 그려져 있다.

마. 武備門(무비문)의 四品追勢(사품추세)와 招討勢(초토세)

그림 15-43. 四品追勢/招討勢

「무비문」에 招討勢(초토세가 있다. 「권경」의 旗鼓勢(기고세)와 다르다. 초토는 手用討好用(수용토호용)脚用斬連手(각용참연수)다. '상대를 좋게 부르듯이 손을 움직이고 다리는 도끼를 휘둘러 가듯 움직이고 손은 이어서 나간다'다. 사품추에서 귀축세로 공격하면, 초토세에서 뛰어 피하면 조양세가 된다. 나갈 때는 '기고세'로 친다. 이처럼 모든 세는 상황에 따라 응변한다,

'四品追勢(사품추세)'는 『새보전서』의 '埋伏勢(매복세)'다. 초토세의 공격을 매복세(각수용사품세)로 공격하고 일어서면서 취한 자세다. 즉 雀地龍(작지룡)과 다른 방식으로 자세를 취한 것이다.

바. 拳法(권법)의 기법 해설

원문: 作旗鼓勢左右洗又(작기고세좌우세우)

언해본: 旗긔鼓고勢셰를호딕左좌右우편을감고또

①當頭抱勢(당두포세)의「권경」은 '좌각좌권'으로 내려치려는 전 동작의 그림이다. 이 동작이 북을 치듯이 빗겨 내려치는 동작으로 기고세다. 이것이 태껸의 '도끼찔' 이다. 1행은 '칠성권⇒고사평'이고 2행은 '기고세⇒중사평'다. 칠성권과 기고세는 둘 다 左右洗(좌우세)다. 칠성권에서 '洗(세)' 자를 쓴 것은 좌우수가 교차되는 동작이 빨래를 하면서 양손을 비비는 모양이기 때문이고, 기고세에서 '洗(세)' 자를 쓴 것은 빨래방망이로 세탁물을 향해 내려치는 동작이기 때문이다. 즉 당두포세에서 '좌각 좌권'으로 내려친 그림이 기고세다. 기법은 '左右洗(좌우세)'다. '우각'을 고정시킨 상태에서 '우권'과 '좌권'을 연속해서 친다.「권경」은 '기고세-순란세'가 짝이다.

사. 국내 문헌과 논문의 해석

"旗鼓勢(기고세)는 左右(좌우)로 누르며 나아가다가, 상대의 손이 가까이 오면 橫(횡)과 劈(벽)이 같이 써서 얽고 기대어 넘어 뜨리니라. 사람마다 알아 얻어야 하느니, 虎抱頭(호포두)는 피해 나갈 門(문)이 없느니라."[915]

"기고세는 좌우로 상대를 누르면서 나아간다. 상대 손이 가까이 오면 양손을 가로로 후려친다. 꼬아서 몸을 기대 넘어뜨리니 사람마다 모두 알게 된다. 호포두를 피하려고 하나 피할 곳이 없다.

기고세는 중국무술 翻子拳(번자권)중의 동작인 腋來勢(액래세)와 비슷하다. 그래서 중국 감숙성에 전해지는 마씨통비문의 번자권에서는 액래세를 기고세라고 한다."[916]

---

915 박대선,『무예도보통지의 권법에 관한 연구』, 명지대학 석사논문, 2007, p42.『무예문헌자료집성』, 국립민속박물관, 2004, p887.

916 김종윤,『무예도보통지의 권법연구』, 한양대학교대학원 박사논문, 2017, p52~53.

"기고세에서 좌우로 洗(세)하는 동작은 번자권에서의 '三拳(삼권) 지르기'와 비슷하다. 양 주먹을 지를 때 양팔이 스치면서 지나가니 이것을 씻어내는(洗) 동작이라고 한다."[917]

十五. 中四平勢(중사평세)

권경	권	장권	권세	권법	총도
					 中四平

가. 全文原文(전문원문)

①中四平勢實推固 硬攻進快腿難來 雙手逼他單手 短打以熟爲乖

②中四平勢實推固 硬攻進快腿難來 雙手逼他單手 短打以熟爲乖

③中四平上下相顧 硬攻進快腿難施 雙手逼住他單手 短拳具(衹)以熟爲奇

④中四平勢卽運風也【賽寶全書】因向西以左拳打 右肘作中四平勢

⑤作中四平勢右手左脚後一刺仍

나. 拳經(권경)·拳(권)의 詩語(시어)

①中四平勢實推固: 중사평세는 밀쳐 감금 시킨다네

②硬攻進快腿難來: 강하게 치고 빠르게 나갔다 뒤로 물러난다네

③雙手逼(住)他單手: 두 손으로 몰아가되 다른 한 손은 세워 머무르네

④短打具(衹)以熟爲乖: 가슴 앞에 있는 손으로 짧게 치면서 머리를 숙여 비트네

917 김종윤, 『무예도보통지의 권법연구』, 한양대학교대학원 박사논문, 2017, p121.

다. 拳經(권경)·拳(권)·長拳(장권)의 기법 해설

①中四平勢實推固(중사평세실추고): 중사평의 기법에 대한 설명이다. 중사평에 '四(사)' 자가 四品(사품)처럼 사용되었다. 四(사)는 발의 자세다. 손의 움직임은 '射(사)' 자로 환유된다. 實(실)은 至(지)와 통하여 實行(실행)이다. 固(고)는 '가두다'로 推固(추고)는 '적을 몰아 궁지로 몰아간다'다. '推(추)=扌+隹(추)'다. 推(추)는 손으로 미는 동작이다. 「장권」에서는 推固(추고)가 相顧(상고)다.

②硬攻進快腿難來(경공진쾌퇴난래): 중사평세의 보법에 관한 문장이다.

硬攻進(경공진)은 '강하게 공격해 나가고', 快腿難來(쾌퇴난래)은 '빠르게 물러난다'다.

「장권」은 來(래)가 '施(시)' 자다. 硬(경)은 '攔(란)'의 의미다. 이 문장은 '運風(운풍)'을 나타내는 문장이다.

③雙手逼(住)他單手(쌍수핍(주)타단수): 手技(수기)를 설명한 문장이다.

이 문장은 매우 중요하다. 雙手(쌍수)와 單手(단수)의 대칭으로 보면 '양손과 한 손'이다. 또한 他(타)를 他人(타인)으로 보면 공격자는 쌍수이고 상대는 단수다. 이렇게 되면 '쌍수로 상대의 한 손을 몰아붙인다'다. 그러나 『기효신서』는 '우각우권'이고 '좌수'는 '掌(장)'이다. 가슴 앞에서 얼굴을 막고 있다. 「장권」의 중사평세는 『기효신서』의 그림과 다르다.

또한 문장은 雙手逼住他單手(쌍수핍주타단수)로 七言絶句(칠언절구)[918]다. 이 둘의 차이를 비교해 보면, 첫 문장 實推固(실추고)는 '上下相顧(상하상고)'다. 두 번째 문장 '來(래)' 자가 '施(시)' 자로 바뀌었다. 세 번째 문장은 '住(주)' 자가 추가되어 칠언율시가 완성되고, 네 번째 문장의 短打以(단타이)가 單拳祗以(단권저이)로 바뀌고 乖(괴)가 奇(기)로 바뀌어 7행이 완성됐다. 이 문장의 차이를 비교하면 중사평세를 정확하게 알 수 있다.

한편 祗(저)가 具(구)로 된 「장권」의 문서도 있다. 「권경」과 「장권」의 몇몇 글자가

918 한시(漢詩)에서, 한 구가 칠언(한구가 일곱 글자로 이루어진 형식)으로 된 절구. 모두 4구로 이루어진다.

다르고 장권에서 다른 글자가 있는 것으로 보아 유사 문서들이 다수 있었던 것으로 보인다. 上下相顧(상하상고)의 相顧(상고)는 칠성권에 있다. 즉 '손과 발이 서로 바라본다'로, 손발의 자세를 알 수 있다. 難來(난래)는 '어지럽게 오고 간다'로 難施(난시)는 '상대를 혼란스럽게 한다'다. 短打(단타)가 單拳(단권)임을 알 수 있다. 즉 雙手逼住他單手(쌍수핍주타단수)의 문장이 중사평의 내용에 충실하다. 單手(단수)는 '적삼 앞에 있는 세워진 한 손'이다. 住(주)는 '머물다·세우다'로 중사평의 자세가 명확하게 설명된다. 여기에서 他(타)는 '다른·옮긴다'로 '쌍수로 몰아가되 한 손은 세워서 멈춘 다른 한 손'이 되어, 뒤 문장 短打(단타)와 연결된다. 「장권」의 문장 기법 설명에 더 세세하고 칠언율시의 규칙을 지키고 있다는 것은 원문에 더 가깝다는 반증이다.

④短打(祇)以熟爲乖(奇)(단타(저)이숙위괴(기)): 공격 자세에 대한 설명문이다.

표 15-55. 孰(숙)·享(향)·乖(괴)·奇(기)·足(족)·之(지)의 갑골문·고문·금문·전문·주문·해서

갑골문	고문	금문	전문	주문	해서
[illegible]		[illegible]	[illegible]		孰(숙)
[illegible]		[illegible]	[illegible]	[illegible]	享(향)
			[illegible]		乖(괴)
			[illegible]		奇(기)
[illegible]		[illegible]	[illegible]		足(족)
[illegible]		[illegible]	[illegible]		之(지)

'熟(숙)' 자는 '孰+灬(화)'다. '숙이다·무릎꿇다·끓이다(제물)·정중하다'다. 短打(단타)는 單拳(단권)이다. 즉 單拳祇以(단권저이)는 '적삼 앞에 있는 단권으로 짧게 친다'다. 갑골문은 '사당에서 제를 지내는 사람'이다. 소전에 '羊(양)' 자가 더해져 "익힌 양을 올려 제사를 지낸다."[919]는 것을 孰(숙)의 뜻으로 본다. 그러나 갑골문의

920 네이버 孰의 字源(자원)

‘ㅁ’은 사당의 받침돌이다. ‘여성(땅)’이 ‘고개 숙여 두 손 모아 기도한다·숙이다’에서 ‘숙’의 음가다. 금문에서 사당은 ‘ㅇ’이다. ‘남성(하늘)’, 밑에 ‘아들(子)’이 있다. ‘무릎 꿇고 아들(울=ㅇ)을 점지해달라고 조상을 모신 사당에서 기도하는 것’이 ‘㿝〉𦎫〉𠅘’ 자다. 전문에서 ‘ㅇ’이 ‘日’로 바뀌었고 아들(子) 대신 羊(양)으로 바뀌었다. ‘양’의 음가는 ‘해·태양’이다. 羊(양)은 ‘아들’을 점지해주는 하늘(宮=ㅎ)에 올리는 제물이다. 갑골문의 ‘ㄲ’ 자는 고개를 숙여 기도하는 모습이다. 전문의 ‘𠃬’ 자는 무릎 꿇고 두 손 모아 고개 숙여 기도하는 여인이다. ‘𠦒’ 자는 ‘양손·신성한 나무’의 의미와 함께 ‘出(출)’의 의미를 내포하여 ‘낳다’는 기도의 목적이 함축된 형태다.

乖(괴)의 전문은 양의 뿔이 등져 ‘어긋남’이다. 『易經傳(역경전)』에 乖剌(괴자)[920]는 ‘빗나가서 틀어졌다’다. 「장권」의 중사평에서 乖(괴)가 奇(기)로 치환됐다. 奇(기)는 ‘大(대)+可(가)’로 ‘기이하다·홀수’다. ‘可(가)’ 자는 ‘구부러지다·구부린 상태에서 걸어가는 사람’이다. 踦(기)의 原字(원자)에는 ‘足(족)’ 자가 붙어있다.[921] 전문 奇(기)는 ‘大+可’, 可은 ‘ㅂ+ㄱ’다. ‘可’의 ‘ㅂ’은 ‘발(불)’. ‘可(가)’ 자 위에 큰 것(大)을 올려 ‘한쪽 발을 절며 걷는 사람’. 足(𤴔)과 之(㞢)의 갑골문 ‘ㅂ’ 자는 ‘ㅂ’이다. 이처럼 한글과 한자는 연결돼있다. 한글이 한자음의 뿌리다. 之(지)는 ‘㞢=ㅂ+ㅡ’이다. ‘ㅡ’ 자가 땅이기에 ‘지’의 음가다. 이리저리 가기 때문에 뜻이 ‘가다(갈)’다.

熟爲乖(숙위괴)〉熟爲奇(숙위기)로 머리를 ‘숙이기〉숙이게’의 이두문이다. 즉 熟爲乖(숙위괴)는 ‘단권을 짧게 치면서 고개를 숙이고 상체는 비튼다’다. 熟爲奇(숙위기)는 ‘상체를 숙여 상대를 속여라’는 의미도 되고 ‘~하기’의 이두문이다.

한편, 享(향)의 전문을 보면 ‘玄(현)·串(신)·呂(려)·豆(두)’[922] 자와 서로 연결되어 있다. 모두 ‘O’ 두 개와 관련 있다. 이 원은 조상을 나타낸다. ‘향’의 음가는 故鄕(고향)과 歆饗(흠향)처럼 ‘조상이 있는 곳’이란 의미다. 제사에 香(향)을 태우는 것도 ‘향에서 피어오르는 연기를 통해 조상이 머무는 곳에 간다’다. 특히 ‘𠅏’ 자형은 천문 28

920 『漢韓大字典』, 민중서림, 1997, p115.

921 『漢韓大字典』, 민중서림, 1997, p512.

922 임성묵, 『본국검예 3. 왜검의 시원은 조선이다』, 행복에너지출판사, 2018, p84.

숙의 '斗牛女虛危室壁(두우녀허위실벽)'을 나타내는 약수리 벽화[923]의 견우와 직녀 즉 한민족 조상신이 계시는 '宮(궁)'이다.

中四平(중사평)의 '四(사)=口+儿(인)'으로 '四(사)' 자가 하체를 나타내고 '平(평)' 자가 상체를 나타낸다. 左四品(좌사품)과 中四平(중사평)은 동일문화권에서 창제한 것임을 알 수 있다.

그림 15-44. '平/品' 자의 結合(결합)

라. 拳勢(권세)의 기법 해설

원문: 中四平勢卽運風也【賽寶全書】因向西以左拳打 右肘作中四平勢

①中四平勢卽運風也(중사평세운풍야): 中四平勢(중사평세)의 움직임이 '運風(운풍)'이다. '運(운)=辵(착)+軍(군)'으로 '進(진)'과 '軍(군)' 자를 합친 글자로 '進軍(진군)'의 의미다. 또한 戰車(전차)를 모는 것도 運(운)이다. 즉 運轉(운전)이다. 마차를 몰 때는 두 손을 사용한다. '運風(운풍)'의 반대는 발을 빠르게 차며 공격하는 현각허이와 같은 발동작으로 '跌風(질풍)'이다. 높이 차는 발기술을 시적으로 표현한 것이 택견의 飛脚術(비각술)이다.

강하게 치면서 들어가는 硬攻進(경공진)이 '軍(군)'이고, 승전하면 말을 돌려 개선한다. 즉 '廻軍(회군)'이 '快腿難來(쾌퇴난래)'로 이것이 '風(풍)'이다. '風(풍)'은 '左廻(좌회)'다. 앞으로 가는 '進(진)'의 '辶(착)'과 돌아가는 '廻(회)'의 '廴(인:길게돌아가다)'의 의미는 반대다.

中四平(중사평)은 앞으로 빠르게 발이 나가면서 동시에 손을 뻗는 동작이다. 이것을 '運風(운풍)'이라 했다. '運光流(운광류)'가 앞으로 계속 나가면서 칼을 치기 때문에 '運(운)'이다.

923 임성묵, 『본국검예 3. 왜검의 시원은 조선이다』, 행복에너지출판사, 2018, p82.

②因向西以左拳打右肘作中四平勢(인향서이좌권타우주작중사평세): 高四平(고사평)은 동쪽(左廻)으로 돌았고 中四平(중사평)은 서쪽(右廻)으로 돌았다(因向西以). 左拳打(좌권타)는 '왼손으로 친다'이고 右肘(우주)의 肘(주)는 '팔꿈치를 세운다'다. 고사평과 중사평을 좌우 대칭으로 구성하여 부족함을 채웠다. 중사평을 右廻(우회)하면 「권경」의 중사평이 한 번에 취할 수 있다. 고사평도 마찬가지다. 이것은 일대다수로 싸우기 위한 동작들이다. 이것은 「권경」이 「권세」에서 밝히지 못한 동작의 근원적 이론이 들어있다는 것으로 많은 것을 시사하고 있다.

마. 武備門(무비문)의 四封勢(사봉세)와 追風勢(추풍세)

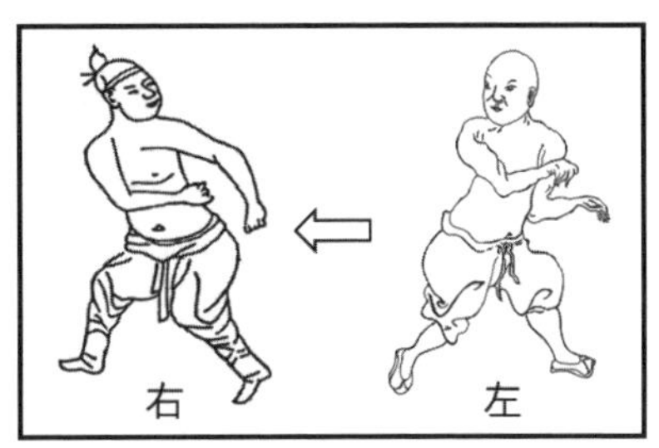

그림 15-45. 四封勢/追風勢/葫蘆勢/到騎龍勢

「무비문」의 四封勢(사봉세)는 '手用肘進小打(수용주진소타)脚用摝外(각용찬외)蓮手用呂洪打(연수용여홍타)脚用偸馬(각용투마)'다. 『만용정종』의 古今拳(고금권)의 종류에 '昔呂洪有八下勢雖剛(석여홍유팔하세수강)'이 있다. 呂洪(여홍)은 '四封勢(사봉세)'의 설명어로 사용되어 呂洪(여홍)이 한민족의 「拳勢(권세)」와 관련 있음을 알 수 있다. 洪(홍)은 紅(홍)의 음차로 '손을 최대한 곧게 뻗는다'로 '우수'다. '蓮手(연수)'는 손이 연꽃처럼 핀 '좌수'다. 高四平勢(고사평세)의 기법이다. 즉 '四封勢(사봉세)'가 '高四平勢(고사평세)'다. 追風勢(추풍세)는 '手用牛耕推(수용우경추)ㅁ脚用奸步(ㅁ각용간보)'다. 奸步(간보)는 『권법요비』의 葫蘆式(호로식)에 사용된 보법이다. 「권법총도」의 도기룡세와 연결된 동작이다. 葫蘆式(호로식)은 右廻(우회)로 '좌각'을 뒤로 빼고 뒤를 돌아보며 양손을 앞으로 올렸고 도기룡세는 左廻(좌회)로 '우각'을 돌아서 뒤로 다시 들어가기 위해 양손의 뒤를 향했다. 또한 '호로식'에서 '우각'이 나가면서 뒤로 돌면 도기룡세로 다시 연결된다. 「권법총도」의 倒挿勢(도삽세)는 머리 위에 손을 올려 도는 기법이고 葫蘆勢(호로세)는 가슴에 손을 두고 도는 기법이다. 葫蘆勢(호로세)는 左(좌)로 밀면 다시 돌아 右(우)로 가는 오뚜기처럼 '葫蘆甁(호로병)'의 기능을 세명으로 지었다.다. 追風勢(추풍세)는 뒤로 한 바퀴 돌아 앞으로 나가며 취한 동작이다. 그래서 회전의 표식으로 追風勢(추풍세) 그림 앞에 다섯개의 점을 그렸다.

'追(추)' 자는 뒤로 추격하는 자형을 나타내다. '旋(선)'은 좌에서 우로 돌고 '風(풍)'은 우에서 좌로 돈다. 조선세법 은망세의 기법을 설명하는 '旋風(선풍)'의 개념과도 일치한다.

'運風勢(운풍세)'는 앞으로 공격해 들어가는 중사평세의 기법이고 '追風勢(추풍세)'는 한 바퀴 뒤로 돌아가는 앞으로 다시 나가는 '指當勢(지당세)'다. 사봉세는 '좌각우수'다. '우회'로 돌아 '추풍세'를 취한다. 즉 '사봉세-추풍세'의 연결 동작을 좌우로 배치한 것이다.

바. 拳法(권법)의 기법 해설

원문: 作中四平勢右手左脚後一刺(작중사평세우수좌각후일자)

언해본: 中즁四ᄉᆞ平평勢셰를호ᄃᆡ右우手슈와左좌脚각으로뒤흘ᄒᆞᆫ번디ᄅᆞ고인ᄒᆞ야

①中四平(중사평)은 '우수좌각'으로 발과 손의 방향이 서로 다르다. 「권경」의 중사평은 복호세와 짝으로 방향이 중요하지 않지만 「권법」은 연무 동작인 관계로 중사평세를 뒤로 했다. 『무예도보통지』의 중사평은 오늘날 태권도의 품세처럼 허리에서 拳(권)이 나온다. 6로10단금의 包月(포월)의 기법이 영정조 시대까지도 계승되었음을 알 수 있는 소중한 사료적 근거다. '기고세'가 '우수우각'으로 끝났다. 그런데 원문은 '우수좌각'이다. '좌각'이 나가면서 중사평을 한다. 「권경」에서는 '매복세-중사평'가 짝이다. 고사평세와 중사평세는 두 번 나가면서 '좌수'와 '우수'로 두 번 치는 것이다.

사. 국내 문헌과 논문의 해석

"中四平勢(중사평세)는 勢(세)가 實(실)하고 견고함은 높이 받들만하다. 강하게 공격하고 빠른 발차기로도 들어오기 어렵다. 나의 양손으로 상대방의 한 손을 핍박

한다. 短打(단타)는 숙련되어야 매우 좋다.

中四平勢實推固(중사평세실추고)는 중사평, 勢實推固(세실추고)로 나눠서 봐야 한다. 여기서 推(추)는 민다는 의미가 아니다. 鄭少康(정소강, 2007)은 '推(추)는 추천하다, 추앙하다, 떠받들다'라고 하였다. 또 사평은 '머리가 수평이고, 어깨가 수평이고, 무릎이 수평이고, 발이 수평이다'를 말한다고 하였다."[924]

"중사평세는 『기효신서』의 중사평세와는 다르다. 『기효신서』에서는 양손으로 상대 손을 제압하는 것인데, 『무예도보통지』에서는 손과 발로 같이 한번 찬다."[925]

十六. 作倒揷勢前顧廻身(작도삽세전고회신)

언해본: 倒도揷삽勢셰를ᄒᆞ고앏흘도라보며몸을도로혀

①두 번째 倒揷勢(도삽세): 첫 번째 도삽세와 방향이 반대다. 첫 번째는 우회, 두 번째는 左廻(좌회)로 돌았다. 좌회로 돌아야 到騎龍勢(도기룡세)가 된다. 만일 우회로 돌게 되면 '우수'가 뒤로 가고 등을 보이게 되어 그림이 다르게 된다.

그림 15-46. 도삽세의 前後(전후) 동작

924 김종윤, 『무예도보통지의 권법연구』, 한양대학교대학원 박사논문, 2017, p39.

925 김종윤, 『무예도보통지의 권법연구』, 한양대학교대학원 박사논문, 2017, p122.

十七. 到騎龍勢(도기룡세)

권경	권	장권	권세	권법	총도
					 倒騎龍

가. 全文原文(전문원문)

①倒騎龍詐輸佯走 誘追入遂我回衝 恁伊力猛硬來攻 怎當我連珠砲動

②倒騎龍詐輸佯走 誘追入遂我回衝 恁伊力猛硬來攻 怎當我連珠砲動

③倒騎龍佯輸詐走 誘追進奏我回衝 恁伊力猛硬來攻 怎當我連珠炮動

④倒騎龍卽用探馬也

⑤作到騎龍勢左右手開張

나. 拳經(권경)·拳(권)의 詩語

①倒騎龍詐輸佯走: 도기룡은 거짓으로 속여 도망가는 것이라네

②誘追入遂我回衝: 유인에 추격하여 따라 들어와 나는 돌아서 쳤네

③恁伊力猛硬來攻: 님이 맹렬한 힘으로 다시 공격해 들어오네

④怎當我連珠砲動: 마땅히 나는 연주포를 움직이네

다. 拳經(권경)·拳(권)·長拳(장권)의 기법 해설

①倒騎龍詐輸佯走(도기룡사수양주): 도기룡세의 용법을 설명한 문장이다.

倒(도)는 '역으로간다·뒤집다'다. '돈다'의 '도'다. 즉 倒騎龍(도기룡)은 '말을 타고 달리는 용이 갑자기 방향을 돌린다'의 비유다. '詐(사)=言(언)+乍(사)'다. '속이다'로 '欺弄(기롱)'이다. 欺弄(기롱)은 騎龍(기룡)의 음가와 같다. 輸(수)는 '짐을 짊어진다'다. 詐輸(사수)는 '짐을 옮기는 것처럼 속이는 동작'으로 身法(신법)을 비유했다. 佯走(양주)도 '거짓으로 패하여 도망가는 것처럼 행하는 동작'이라는 설명이다. 「장

권」은 '倒騎龍佯輪詐走(도기룡양수사주)'로 '佯(양)' 자와 詐(사)의 위치가 바뀌었다. 조선세법 斂翅勢(렴시세)의 能佯北誘賺(능양북유잠)의 기법과 동일하고 이곳에서도 '佯(양)' 자를 썼고 뒷 문장에 사용된 '誘(유)' 자도 함께 썼다. 무예서는 전통적으로 전해져 내려와 사용되는 글자들이다. 도기룡은 '도마뱀'이다. 꼬리를 자르고 逃亡(도망)가기 때문에 '도마뱀'이다. 즉 '倒(도)'는 '逃(도)'다. 『무예도보통지』의 「권법」이 「권경」과 자세가 다른 것은 「권법」은 '도삽세'를 하고 '도기룡세'를 했기 때문이고, 「권경」은 도삽세를 생략하고 한 번에 뒤로 돌았기 때문이다.

『동국여지승람』에서 "전에는 서로 상대하여 '갑'이 揬馬勢(돌마세)를 취하면 '을'은 拗單鞭勢(요단편세)로 대하고, '갑'이 七星勢(칠성세)로 덤비면 '을'은 騎龍勢(기룡세)로 막아서 공격과 수비에 모두 자연세를 이용하였으나 지금에는 처음부터 끝까지 한 가지 자세만을 취하니 본래의 뜻에서 어그러진다. 더구나 갑의 어떤 동작을 을이 곧 뒤따라 취하여 흉내뿐인 그림자 경기처럼 되었다."고 한탄하였다.[926] 揬馬勢(돌마세)의 揬(돌)이 '돌다'의 이두문으로 倒騎龍(도기룡)세를 음차한 것이다. '倒(도)' 자도 '돈다'의 이두식 한자다.

②誘追入遂我回衝(유추입수아회충): 유인에 말려 상대가 추격해서 들어오면 나는 돌면서 찌른다.

표 15-56. 誘(유)·遂(수)·述(술)·歲(세)의 갑골문·금문·전문·고문·별체·해서

갑골문	금문	전문	고문	별체	해서
		[illegible]	[illegible]	[illegible] [illegible]	誘(유)
[illegible]	[illegible]	[illegible]			遂(수)
	[illegible]	[illegible]			述(술)

'誘(유)' 자는 '言(언)+秀(수)'다. 별체의 '[illegible]' 자는 '말을 걸어 시킨다·속이다·유혹하다'다. '追(추)=辶(착)+𠂤(퇴)'다. '쫒다·거슬러가다'다. '遂(수)=辶(착)+㒸(수)'다.

926 『한국민족문화대백과사전』 手搏(수박)

豕(수)는 '따르다·일이 진행되어 성취하다'다. 금문은 '述(술)'[927]과 같다. 금문 '[illegible]' 자는 '발이 가면 손도 따라간다'다.

'衝(충)=行(행)+重(중)'이다. 「楚辭(초사)」에 '衝風起兮橫波(충풍기혜횡파)'다. '회오리친다·찌르다'로 '돌면서 찌른다'다. 즉 回衝(회충)은 '빠르게 돌면서 찌른다'다. 즉 이 문장은 『무예도보통지』의 '도삽세-일삽보세'가 연무로 연결된 것과 같이 「권경」의 권법도 연무로 구성되어 있음을 알 수 있다. 遂(수)의 갑골문의 '[illegible]'의 '[illegible]' 자는 '돼지'다. 豕(수·세)는 歲(세)의 古字(고자)로 '해'를 나타내고 歲月(세월)의 뜻이다. 歲(세)의 갑골문 '[illegible]·[illegible]·[illegible]' 자형은 '새'의 등, 좌우에 달 또는 발을 그려 넣어 '달이 간다'다. 즉 상고시대 '돼지'가 '해'[928]를 상징하는 토템이다. 갑골문 '[illegible]'의 '[illegible]' 자는 武의 갑골문 '[illegible]·[illegible]·[illegible]·[illegible]·[illegible]' 자와 '戈(과)'의 갑골문 '[illegible]·[illegible]·[illegible]·[illegible]' 자와 뿌리가 같다. '[illegible]' 자는 '하늘을 향해 날아가는 새(사람)'이다. 이것이 '솟대'로 나타난다. '[illegible]' 자는 '발이 둘(음)'이지만 '[illegible]' 자는 '발이 하나(양)'다. 歲(세)는 '달=여성'의 상징, '武(무)=해=남성'의 상징을 갖는다.

③恁伊力猛硬來攻(임이력맹경래공): 님의 손은 힘차게 막고 다시 돌아 공격한다.

恁伊(임이)는 一霎步勢(일삽보세)의 手法(수법)이다. 일삽보의 恁伊勢(임이세)는 右廻(우회)를 하면서 취한 수법이고, 도기룡의 恁伊(임이)는 '좌회'를 하면서 취한 것으로 서로 대칭이다. 恁伊(임이)는 '네가'라는 뜻의 '임이'로 이두문이다. 力(력)은 굽은 손으로 恁伊(임이)를 취하면서 막는 강력한 손이다. '猛(맹)' 자는 '회전'이다. 빠르게 돌아 공격하는 자세임을 알 수 있다. 硬(경)은 뒤로 뻗어 막은 '좌수'다.

④怎當我連珠砲動(즘당아련주포동): 作心(작심)하고 갑자기 나는 몸을 돌려 연주포를 옮기네

怎(즘)은 '作心麼(작심마)'의 속어로 '~마(麼)'는 속어에 쓰이는 어조사다. 우리 일상에 여전히 사용되고 있다. 連珠(연주)는 '허리를 돌린다'다. 砲動(포동)은 '돌을 던진다'는 도기룡세의 마지막 동작이다. 즉 連珠砲(연주포)는 허리를 돌리면서 양주먹

927 『漢韓大字典』, 민중서림, 1997, p2060.

928 임성묵, 『본국검예 3. 왜검의 시원은 조선이다』, 행복에너지출판사, 2018, p142.

을 뒤로 돌리는 도기룡세의 마지막 동작이다. 도기룡세의 대칭인 일삽보세에서도 '連珠(연주)'가 있다. 「장권」에서는 砲(포)가 炮(포)로 되어있다. 抛架勢(포가세)와 대칭이다. 포가세에서 좌회로 연주포로 돌리면 '도기룡세'가 된다.

라. 拳勢(권세)의 기법 해설

원문: 倒騎龍卽用探馬也

①倒騎龍卽用探馬也(도기룡즉용탐마야): 倒騎龍勢(도기룡세)로 돌아 探馬(탐마)로 나간다네

『새보전서』는 探馬勢(탐마세)를 高探馬(고탐마)라 했다. 그렇다면 '고탐마세'와 '탐마세'가 같은 기법인가 아니면 다른 기법인가? 이 차이를 알려면 도기룡세의 동작을 보면 알 수 있다. 좌회를 하면 '좌수'의 높이가 수평에 가깝다. 이에 반해 고탐마세는 '우수'를 높이 든다. 즉 '고탐마세'는 말의 목에서부터 쓰다듬어 올라갔다 내려오는 동작이고, 探馬(탐마)는 말의 등을 쓰다듬는 동작이다. 이것은 태조 32세 이전에 별도의 「권세」가 있었다는 것으로 개념이 확실하게 분리됐다는 것이다. 과연 32세를 송태조가 직접 만들었는지에 대한 의문이다. 오히려 「권세」가 더 명확하다.

마. 武備門(무비문)의 中勒馬勢(중륵마세)

그림 15-47. 中勒馬勢(/招陽勢

무비문은 探馬勢(탐마세)가 없다. 勒馬(륵마)는 「舞刀歌(무도가)」[929]와 夜了巡海拳(야료순해권)에 存落勒馬勢(재낙륵마세)와 出馬一枝鎗拳(출마일지창권)에 將軍勒馬回頭(장군륵마회두)에 나온다. 즉 『새보전서』에 勒馬(늑마)가 探馬(탐마)로 기록되어 있었던 것으로 보인다. 중륵마세는 '手用攛拳(수용찬권)脚用挪步(각용나보)'다. '挪步(나보)'의 '挪(나)'는 '이동하다·나가다'의 이두음차다. '우각'이 밖으로 나가면서 '좌수'를 뻗는 동작이 '攛拳(찬권)'으로 倒騎龍勢(도기룡세)의 기법이다.

바. 拳法(권법)의 기법 해설

원문: 作到騎龍勢左右手開張(작도기룡세좌우수개장)

언해본: 到도騎긔龍룡勢셰를호딕左좌右우手슈를여러버리고

①中四平(중사평): 뒤에 있는 적을 치고, 재빠르게 '좌회'로 돌아 들어오는 적의 공격을 '連珠砲(연주포)'로 공격했다. 左右手開張(좌우수개장)이 '連珠砲(연주포)'를 설명한 문장이다.

「권경」의 倒騎龍勢(도기룡세)는 도삽세를 생략하고 '좌회'를 했기 때문에 上段(상단)을 막았지만 「권법」에서는 '도삽세'를 하고 '좌회'를 한 상태이기 때문에 '下段(하단)'을 막았다. 또한 「권경·권·권세」에서는 左廻(좌회)로 허리만 뒤로 돌렸기 때문에 '좌각'이 당연히 앞에 있는 상태에서 돌려쳤다. 그러나 「권법」에서는 일보를 더 나아가 '우각'이 나간 상태에서 아래를 막았다. 倒騎(도기)는 '창을 들고 말을 앞으로 달리다가 말고삐를 뒤로 돌리는 자세'다. 그렇다면 창을 들고 앞으로 달리는 것은 「棍法(곤법)」의 '騎馬(기마)'다. '우각'이 나가 있는 상태에서 '좌회'를 하면 '倒騎龍(도기룡)'의 자세가 된다. 태권도에서 정면을 보고 말을 타듯이 앉는 '騎馬姿勢(기마자세)'와는 다름을 알 수 있다. 「권경」에서는 '매복세-중사평세'가 짝이다.

사. 국내 문헌과 논문의 해석

"倒騎龍即用探馬也(도기룡즉용탐마야): 도기룡세가 탐마세를 사용한다는 뜻인

929 男兒立志武爲高要孝関公勒馬

데, 탐마세를 한 후에 도기룡세를 사용해 상대방을 공격한다는 의미인 듯하다."[930]

"도기룡은 패하여 도망가는 듯 속여, 쫓아 들어오게 유인하여 내가 되돌아 쳐부수는 것이다. 강한 힘으로 맹렬히 공격해와도, 어찌 나의 연주포(連珠砲)의 움직임을 당하겠는가.

여기서 도기룡은 상대방을 유인하는 勢(세)이며 連珠砲動(연주포동)으로 연결되고, 그리고 연주포동이 매우 강맹한 동작임을 알 수 있다."[931]

"도기룡세는『기효신서』의 것과 대동소이하다."[932]

十八. 作拗單鞭勢進前仍(작요단편세진전잉)

언해본: 拗요單단鞭편勢셰롤ᄒᆞ야앏흐로나아가인ᄒᆞ야

①「권법총도」의 拗單鞭勢(요단편세): 후방향이지만 원문은 進前(진전)이다. 進前(진전)은 몸 정면의 앞 방향으로「권법총도」는 前後(전후)로 연무가 진행되는 것을 그렸다. 즉 요단편세는 후방향이다. 첫 번째 요단편세는 躍一步(약일보)를 하면서 '좌각우권'으로 쳤다. 두 번째 요단편세 앞에 있던 '도기룡세'의 그림은 '우각'이 앞에 있다. 요단편세를 하기 위해 '進前(진전)'이다. 뒤로 돌아 行一步(행일보)로 '우각'이 나가면서 연이어 '좌각'이 나가면서 '우권'으로 '臀擊(둔격)'을 한다.

〈?〉 김종윤,『무예도보통지의 권법연구』, 한양대학교대학원 박사논문, 2017, p85.

931 김종윤,『무예도보통지의 권법연구』, 한양대학교대학원 박사논문, 2017, p32.

932 김종윤,『무예도보통지의 권법연구』, 한양대학교대학원 박사논문, 2017, p123.

그림 15-48. 拗單鞭勢(후방)

十九. 埋伏勢(매복세)

권경	권	장권	권세	권법	총도

가. 全文原文(전문원문)

①埋伏勢窩弓待虎 犯圈套寸步難移 就機連發幾腿 他受打必定昏危

②埋伏勢窩弓待虎 犯圈套寸步難移 就機連發幾腿 他受打必定昏危

③埋伏勢窩弓待虎 犯圈套寸步難移 就機發启君知 受踢打立地昏迷

④用兩手打右足退右脚立定作埋伏勢 仍起立用兩手向上一畫過進一步用左足踢 埋伏卽脚手用四品追也【賽寶全書】

⑤作埋伏勢一子進坐起立

나. 拳經(권경)·拳(권)의 詩語(시어)

①埋伏勢窩弓待虎: 매복은 몸을 숨기고 기다리는 호랑이 같네

②犯圈套寸步難移: 함정에 빠진 범을 덮쳐서 뛰어가네

③就機連發幾腿: 땅에 손 집고 돌려찬 뒷발을 바라보네

④他受打必定昏危: 적이 공격을 받게 되면 반드시 혼절하여 위태롭게 된다네

다. 拳經(권경)·拳(권)·長拳(장권)의 기법 해설

①埋伏勢窩弓待虎(매복세와궁대호): 매복세는 우묵한 곳에 엎드려 호랑이를 기다린다.

埋伏(매복)은 '적을 치기 위해 엎드려 숨다'다. 窩弓(와궁)은 '굴속에 엎드린 자세'로 '매복'의 자세를 나타낸다. 待虎(대호)는 '호랑이를 기다린다'가 아니라 '기다리는 호랑이'로 매복의 주체가 虎(호)이고, 우리를 침범한 또 다른 호랑이가 '犯(범)'이다. 호랑이를 '범'이라 부른다.

②犯圈套寸步難移(범권투촌보난이): 침범한 범을 울타리에 가두기 위해 재빨리 이동한다.

표 15-57. 卷(권)·移(이)의 전문·해서

전문	해서
𢎿	卷(권)
𥝩	移(이)

犯(범)은 침범하다. '圈(권)=囗(위)+卷(권)'으로 '울타리'다. 犯圈(범권)는 겉 뜻은 '우리에 침범한 범을 덮어 씌운다'이지만, 기법은 매복세를 취할 시 右廻(우회) 하면서 '좌수'로 머리를 막고 '우수'의 掌心(장심)으로 하늘을 받치는 동작이 천으로 뒤집어씌우는 동작이다. 犯圈套(범권투)는 '씌우다·덮개'다. 우각이 좌각 앞으로 나아가 교차시켜 걷은 보법이 '套步(투보)'다. 조선세법 揭擊勢(게격세)의 步步套進(보보투진)에 套(투)의 기법이 있다. 동일 개념으로 연결되어있다.

套(투)는 '좌각을 덮은 '우각'이다. 요단편세는 '좌각'이 후방에서 앞에 있는 상태에서 끝났다. 몸을 전방으로 돌려 '좌각'이 전방으로 빠지고 '우각'이 나가 좌각을 덮은 보법이 套(투)다.

이때 '우각'이 움직여야할 범위을 설면한 것이 '寸步難移(촌보난이)'다. '寸步(촌보)'의 '寸(촌)' 자는 '손목의 구부러지는 곳'이다. '寸步(촌보)'는 발이 구부려지는 곳으로 '무릎을 굽혀 걷는 보법'이다. '套步(투보)'를 마친 이후에 '무릎이 굽혀지게 걷는다'로 '매복세'의 '앉은걸음'이다. '膝步(슬보)'는 무릎으로 걷는 보법이고 '寸步(촌보)'는 무릎을 굽혀 걷는 보법이고 '套步(투보)'는 게걸음으로 걷는 보법이다. 難移(난이)의 '難(난)' 자의 겉 뜻은 '진흙에 빠진 발을 뒤로 빼듯 물러난다'다. '우각'의 움직임을 진흙에 빠진 발을 뽑듯이 뒤로 뺀다는 것으로 비유했다. '移(이)=禾(화)+多(다)'다. '옮기다'다. 多(다)는 蛇(사)와 통하여 '나긋나긋하다'다. 迻(이)는 동일어[933]다. 즉 移(이)는 발의 움직임이다. 전문의 '[illegible]' 자는 'ㅂ · ㅂ'이 상하로 이어졌다. '이'는 '잇다'다. '二(이)'처럼 'ㅂ(발)' 두 개([illegible])가 이어졌다. 蛇(사)와 통한다는 것은 땅에 끌면서 한 발을 연속해서 옮기기 때문이다. 무비문은 '埋伏勢可捉金鷄(妙在連發機腿)'다. 可捉金鷄(가착금계)는 '寸步難移(촌보난이)'다. 즉 서있던 금계가 돌아앉았다. 매복세로 전환될 때 '우각'이 뒤로 넘어가면서 '좌각' 옆에 붙인 움직임을 설명한 글자임을 알 수 있다. '機腿(기퇴)'의 '機(기)' 자는 천문을 관찰하는 둥근 기구다. 좌회하는 북두칠성의 운행처럼 둥근 기계 안에서 별자리를 따라 돌아가는 긴 막대가 매복세의 '우각'이다. 즉 '機腿(기퇴)'는 '뒤로 돌아간 우각'이다.

③就機連發幾腿(취기연발기퇴): 앉아 한 발을 피면서 돌아찬다.

표 15-58. 京(경)·就(취)·尤(우)·幾(기)의 갑골문·금문·전문·주문·해서

갑골문	금문	전문	주문	해서
[illegible]	[illegible]	[illegible]		京(경)
		[illegible]	[illegible]	就(취)
[illegible]	[illegible]	[illegible]		尤(우)
	[illegible]	[illegible]		幾(기)

'就(취)' 자는 '京(경)+尤(우)'이다. '나가다·앉다'다.[934] 매복세의 기법을 푸는 데 중요한 글자다. 就(취)의 『주문』은 앞사람이 뒷사람을 좇는 '從就(종취)'다. 就(취)의 '주저하며 앉아 있는 사람의 손을 잡아 일으켜 나아간다'다. 尤(우)는 '절름발이왕'이다. 즉 전문 '[illegible]' 자는 '앉다·한쪽발을움직인다·손을집다'다. 매복세의 동작을 설명한

933 『한한대사전』, 민중사, 1997, p1492.

934 『한한대사전』, 민중사, 1997, p614.

다. 機(기)는 기계장치로 도는 '베틀'이지만 機(기)의 뜻인 '틀'은 '비틀기'다. 連(연)은 몸에 '이어진 것이 돈다'다. 發(발:필)은 '뻗친 발'이다. '발'의 이두문이다. 즉 就機連發(취기연발)은 '앉은 자세에서 몸을 틀고(機기:베틀), 발을 피면서(連發) 돈다'다.

幾腿(기퇴)의 幾(기)는 의기 당당하다는 뜻의 '헌걸차다'다. 이때 발의 작용이 '腿(퇴)'다. 幾腿(기퇴)는 '강하게 돌아찬다'다. '機(기)'와 '幾(기)'의 대칭이다. '丝' 자형은 '앉아서 돌아가는 자침'이다. 機(기)와 幾(기)는 동자로 사용하지만 '機(기)'의 전방에 '木(목)' 자가 '좌'에 붙어 있어 전방을 나타내고 '幾(기)' 자는 원위치로 돌아와 後方(후방)을 나타낸다.

「장권」은 就機發肩君知(취기발견군지)다. 문장이 다르다.

④他受打必定昏危(타수타필정혼위): 적이 공격을 받으면 반드시 혼절하여 위급해진다.

「장권」은 '受踢打立地昏迷(수척타립지혼미)'다. 「권경」과 내용은 같아도 문장은 다르다.

라. 拳勢(권세)의 기법 해설

원문: 埋伏卽脚手用四品追也【賽寶全書】用兩手打右足退右脚立定作埋伏勢 仍起立用兩手向上一畫過進一步用左足踢

①埋伏卽脚手用四品追也(매복즉각수용사품추야): 埋伏(매복)은 脚手(각수)를 이용(用)하여 四品(사품)의 기법으로 뒤에 있는 적을 공격한다(追也). 四品(사품)은 매복세의 기법을 완성하다 보면 생기는 다른 자세의 이름이다. 즉 도기룡세 속에 探馬(탐마)가 있듯이 매복세도 두 개의 자세가 결합됐다. 그 자세의 이름은 무엇일까? 懸脚虛餌(현각허이)의 이칭이 左四品(좌사품)이다. 埋伏勢(매복세)는 '左(좌)' 자가 없다. 즉 '四(사)' 자에서 '儿(인)'의 역할이 없다. 즉 四品(사품)의 '品' 자는 매복세의 상체를 나타내고, '四' 자는 땅에 웅크리고 앉은 매복세의 발 자세를 나타낸다. 四品(사품) 뒤에 '追(추)' 자는 '따른다'다. '𠂤(퇴)' 자 형은 후방으로 앉아 있는 자세로 복호세의 동작을 나타낸다. '品勢(품세)'라는 말과 '품밟기'의 개념을 무비문을 통해 확인할 수 있다.

②用兩手打右足退右脚立定作埋伏勢(용양수타우족퇴우각립정작매복세): 兩手(양수)를 이용(用)하고 右足(우족)을 뒤로 빼서(退) 右脚(우각)을 세워(立) 치(打)면서 埋伏勢(매복세)를 한다. 매복세의 전제 동작을 잘 설명하고 있다.

③起立用兩手向上一畫過進一步用左足踢(기립용양수향상일획과진일보용좌족척): 매복세를 마치고 다음에 연결된 동작을 설명한 문장이다. 「권법」에서는 매복세 다음에 현각허이를 한다. 이 문장이 중요한 것은 雀地龍(작지룡)과 一字勢(일자세)와 관련 있기 때문이다. 매복세를 한 상태에서 일어나는 방법을 설명한 문장이다. 起立用兩手向上(기립용양수향상)은 鬼蹴脚(귀축각)의 肘靠(주고)를, 一畫過(일획과)는 紅拳(홍권)을, 進一步用左足踢(진일보용좌족척)은 一字勢(일자세)를 설명한 문장이다.

마. 武備門(무비문)의 四品追(사품추)

四品追(사품추)　埋伏勢(매복세)　'品(품)' 자형

그림 15-49. 四品追/埋伏勢/'品' 자형

①四品追(사품추): 매복세보다 발의 보폭이 크다. 「무비문」에서 脚手用四品追(각수용사품추)의 기법은 '脚偸步快跟(각투보쾌근)子謾庢夜行一裂犂勢(자만압야행일여리세)'다.

脚手用(각수용)은 '손발을 사용한다'이고 四品追(사품추)에서 '追(추)' 자가 '앉아돌아차기'를 나타낸 글자로 매복세의 기법을 함축했다. 여기서 '偸步(투보)'는 밤에 도둑질하듯 옷이 걸리지 않도록 좌수로 걷고 '우각'을 뒤로 넓게 벌려서는 보법이다. 이 동작을 설명한 것이 '子謾庢夜行一裂犂(자만압야행일여리)'이다. 裂犂(여리)는 밭을 갈기 위에 늘어진 옷을 뒤로 넘기는 동작이다. 「권경」의 右足退(우족퇴)가 '偸步(투보)'다.

그리고 빠르게 앞을 향해 나아가 돌면서 埋伏勢(매복세)를 한다. 매복세를 생략하고 직접 鬼蹴脚(귀축각)을 실행해도 된다.

바. 매복세와 복호세의 자세 비교

그림 15-50. 埋伏勢/伏虎勢

伏虎勢(복호세)는 '우수'를 들고 左掌心(좌장심)이 지면을 향해있고, 埋伏勢(매복세)는 '좌수'는 들어 머리를 막고 좌장심이 하늘을 보고 右掌心(우장심)도 하늘을 향하고 있다. 서로 대칭이다. 伏虎勢(복호세)는 손을 땅에 집고 '우회'로 돌면서 '우각'으로 앉아서 찬다. 埋伏勢(매복세)는 손을 땅에 집지 않고 '좌회'로 돌면서 '우각'으로 앉아서 찬다. 회전은 서로 반대지만 '우각'으로 차는 것은 같다.

사. 원문 비교

伏虎勢側身弄腿但來滾我前撑(복호세측신롱퇴단래곤아전탱)
看他立站不穩後掃一跌分明(간타립점불은후소일질분명)

埋伏勢窩弓待虎犯圈套寸步難移(매복세와궁대호범권투촌보난이)
就機連發幾腿他受打必定昏(취기연발기퇴타수타필정혼)

아. 拳法(권법)의 기법 해설
원본: 作埋伏勢一字進坐(작매복세일자진좌)
언해본: 埋미伏복勢셰를호듸一일子ᄌ로나아가안ᄌ니러셔며

①拗單鞭(요단편): '좌각우권'으로 마쳤다. '좌각'을 뒤로 약간 빼면서(寸步) 左廻

(좌회)로 돌면서 '우각'을 전방에 높고 양 무릎을 굽힌다. 동시에 '좌수'는 머리를 덮고 '右掌(우장)'을 뒤로 뻗어 매복세를 취한다. 이때 '右掌心(우장심)'이 하늘로 향해야 팔의 비틀림으로 인해 左廻(좌회)로 돌때 빠르고 안정되게 돌 수 있게 하는 수법의 작용이 생긴다. 작은 것 같지만 이런 것이 '秘傳(비전)'이다. 매복세에서 左廻(좌회)로 빠르게 돌면서 지면에 앉아 '우각'을 뻗게 되면 앉은 상태에서 차게 된다. 이동작이 '鬼蹴脚(귀축각)'이다.

여기서 중요한 것은 귀축각 이후의 동작이다. '앉아앞돌아차기'를 했기 때문에 팽이처럼 계속 돌아간다. 이렇게 도는 것을 멈추려면 전방으로 돌아올때 쯤 '우각'을 접으면서 '좌각'을 뻗어야 회전을 멈춘다. 이 자세가 「권법」에만 있는 '一字進坐(일좌진좌)'다. 즉 일좌진좌는 「권경」의 매복세를 설명한 것이 아니라 귀축각을 마치고 한 바퀴 돌아 '좌각'을 뻗어 一字(일자)로 앉은 자세를 설명한 문장이다. 字(자)에 자세가 있다.

②「권법」에는 매복세와 귀축세 두 개의 대칭된 그림이 있다. 『무예도보통지』의 편자들은 이미 「권경」을 충분히 보았음에도 매복세를 그리지 않고 매복세 기법과 연결된 마지막 동작인 '一字進坐(일자진좌)'를 그려서, 「권법총도」에 埋伏(매복)과 다시 일치시켰다. 현재 '埋伏勢(매복세)-鬼蹴脚(귀축각)-一字進坐(일좌진좌)-雀地龍(작지룡)'로 연결된 변화를 국내 학계에서 발표된 논문이 없고, '18기·24기' 등에서 시연된 바도 없다. 이 기법은 송덕기의 택견에도 계승되었다. 매복세와의 차별을 위해 '一字勢(일자세)'로 명명한다. 〈그림 15-52〉④는 「장권」에서 '귀축각'으로 되어 있느나, 이것은 귀축각의 마지막 동작인 '一字勢(일자세)'다.

그림 15-51. 埋伏勢/一字勢/鬼蹴脚

그림 15-52. 埋伏勢(매복세)의 전체 연결 동작

자. 국내 문헌과 논문의 해석

"埋伏勢(매복세)는 窩弓(와궁)을 가지고 호랑이를 기다리는 勢(세)다. 상대가 圈套(권투)를 범하면 寸步(촌보)라도 움직이기 어렵다. 바로 기회가 찾아 연속 발차기를 하니, 상대는 얻어맞게 되고 반드시 혼미해지고 위태로워진다.

매복세는 현재까지 전해지는 중국무술인 戳脚(착각)과 轉枝勢(전지세)의 용법과 흡사하다. 착각은 鴛鴦腿(원앙퇴)라고도 하며 왼발 오른발을 연속으로 계속 차는 것을 특징으로 하며, 전지세는 착각의 가장 대표적인 勢(세) 중 하나다. 그러나 매복세와 전지세는 허리를 서로 반대 방향으로 틀고 있으며, 그리하여 양손의 위치도 반대다."[935]

"매복세는 『기효신서』의 귀축각세다. 아마 조선에 들어온 후 전해지는 과정에서 誤傳(오전) 된 듯하다."[936]

二十. 作懸脚虛餌勢仍(작현각허이세잉)

언해본: 懸현脚각虛허餌이勢세를호ᄒᆞ고인ᄒᆞ야

①「권법총도」에는 각행마다 현각허이를 넣었다. 세 번째 행이다. 첫 번째 현각허

935 김종윤, 『무예도보통지의 권법연구』 한양대학교대학원 박사 논문, 2017, p34~35.

937 김종윤, 『무예도보통지의 권법연구』 한양대학교대학원 박사 논문, 2017, p34~35.

이처럼 앞을 향하기 때문에 「권법총도」에서 첫 행과 같이 허리 높이를 차는 모습을 그렸다. 이에 반해 두 번째 행은 뒤를 향하기 때문에 차기 시작하는 그림을 그렸다. 이처럼 『무예도보통지』는 같은 기법 일지라도 방향에 따라 동작을 다르게 그려 앞쪽인지 뒤쪽인지 그림만 보아도 알 수 있도록 했다.

그림 15-53. 懸脚虛餌

二一. 作下揷勢(작하삽세)

언해본: 下하揷삽勢세와

①두 번째 「권법총도」의 下揷勢(하삽세)는 전방이다. 첫 번째 하삽세는 '우수좌족'에서 '우족'이 나가면서 '一跌(일질)'을 했기 때문에 '우수우각'으로 마친 동작을 그렸지만 「권법총도」 3행의 두 번째 하삽세는 회전을 하지 않고 전방으로 곧게 '좌각'이 들어가면서 '좌수'를 비틀기 전의 '좌수'의 모습을 그렸다〈그림 15-54①〉. 다음 동작은 '좌수'를 뻗고 자세를 낮춘 모습이 〈그림 15-54②〉이다.

그림 15-54. 下揷勢 연결 동작

첫 번째 하삽세는 하삽세의 마지막 동작을 그렸다. 즉 '우각'이 나가면서 一跌(일질) 한 동작이기에 '우족'이 앞에 있다. 두 번째 하삽세는 하삽세를 시작하기 전에 모습을 그렸기 때문에 자세가 높은 '좌각' 상태다. 즉 기고세의 발의 위치가 바뀌었다. 이 차이를 「권법총도」에서는 하삽세의 上衣(상의) 허리를 두 개로 나누어 '좌각'이 나간 것을 비표로 삼았다. 기고세도 '좌각'이 '우각'으로 바뀌었기 때문에 하삽세처럼 上衣(상의) 허리를 두 개로 나누어 비표로 삼았다.

그림 15-55. 첫 번째/두 번째

二二. 當頭砲勢(당두포세)

언해본: 當당頭두砲포勢세를ᄒᆞ고

①첫 번째(2행)의 當頭抛勢(당두포세)는 후방이고, 두 번째(3행)의 당두포세는 전방에서 시작하여 후방으로 돌았다. 당두포는 '머리와 가슴을 동시에 막으면서 몸을 回轉(회전)하는 기법'이다. 「권법총도」 2행과 3행의 '하삽세-당두포세-기고세'의 배치 순서는 같다. 2행은 '당두포세·기고세'가 모두 후방향이지만 3행은 당두포세는 후방향이고 기고세는 전방향이다. 이에 대하여 「권법총도」의 그림에서 당두포세가 3행에서 회전하는 둥근원의 표식은 생략됐지만, 당두포세가 후방에서 전방으로 이동하려면 회전이 필수다. 원문에서도 遮額(차액)의 '遮(차)=辶(착)+庶(서)'다. 辶(착)은 '쉬엄쉬엄 가다'다. 즉 '곧게 가지 않고 돌아가다'다. '庶(서)'는 '길을 가는데 많은 사람이 앞에서 나아가는 것을 앞에서 가로막다'다. 막히면 돌아간다. 遮額(차액)은 '얼굴을 막고 돌아서 간다'다. 당두포세가 회전으로 연결된 동작임을 설명해주고 있다.

二三. 又作旗鼓勢(우작기고세)

언해본: 쏘旗긔鼓고勢셰와

①두 번째 旗鼓勢(기고세)로 후 방향으로 진행한다.

旗鼓勢(기고세)와 七星拳(칠성권)의 같은 洗法(세법)다. 기고세는 '劈拳(벽권)'으로 좌수와 우수를 북을 치듯 좌우로 내려친다. 첫 번째 2행의 기고세는 〈그림 15-56ⓓ〉처럼 '좌각'을 고정 시키고 '좌수'로 쳤다. 두 번째 3행의 기고세는 〈그림 15-56③〉처럼 '우각'을 고정 시키고 '좌수'로 쳤다. 서로 대칭이다. 손발이 바뀌게 된 것은 2행의 당두포세는 '左廻(좌회)'로 회전, 3행의 반대로 '右廻(우회)'로 회전했기 때문에 〈그림 15-56②〉처럼 '우각'이 앞에 있게 된다. '우각'은 본국검의 조천세처럼 '後入(후입)'으로 넣고 몸을 右廻(우회)로 돌면 '우각'이 앞에 있게 되어 進前(진전)이다. 기고세도 '進(진)'의 개념에 맞게 〈그림 15-56④〉처럼 '우각'이 전방에 있게 된다. 한편 우각을 '後入(후입)' 한 이후 몸을 돌리면서 기고세로 내려치기 위해 양손을 교차시켜 바꾸는 동작이 '獅子開口(사자개구)'다. 『무예도보통지』의 '彎負(련부)'의 반대편 쪽 모습이 무비문에 있었듯이 '사자개구'도 '당두포세-사자개구-기고세'로 연결되는 동작이다.

『무예도보통지』의 「권법보」에 있는 2행 〈그림 15-56ⓑ〉의 모습은 또 다른 형태의 사자개구였음을 알 수 있다. 2행의 기고세는 '좌각', 3행의 기고세는 '우각'으로 바뀌었다. 이렇게 3행에서 발이 바뀐 것을 上衣(상의) 허리를 두 개로 나누어 비표로 표시했다〈그림 15-56③〉.

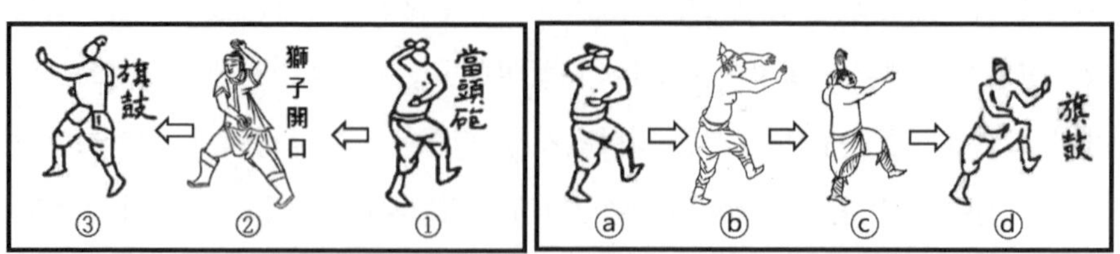

그림 15-56. 당두포세와 사자개구

二四. 古四平勢(고사평세)

언해본: 古고四ᄉᆞ平평勢셰와

①「권법총도」의 첫 번째(1행)의 高四平(고사평)은 '우수좌각전일타'다. '칠성권-고사평'으로 연결된다. 칠성권이 '좌각우권'으로 마쳤다. 때문에 고사평(1행)은 '우각'과 '좌각' 2步(보)가 나갔다. 그렇기 때문에 두 장의 그림을 그렸다. 3행의 고사평은 '우수좌각'이다〈그림 15-57②〉. '좌각' 1步(보)만 나가면서 쨉처럼 '좌수'를 뻗고 '우수'로 결정타를 친 모습이 〈그림 15-57②〉이다. 그렇기 때문에 「권법총도」에 그림 한 장만 그렸다.

그림 15-57. 첫 번째①/두 번째②

二五. 倒揷勢卽(도삽세즉)

언해본: 倒도揷삽勢셰ᄅᆞᆯᄒᆞ고즉시

①4행의 倒揷勢(도삽세): 그림도 문장도 없고 오로지 이름만 있다. 대신 「권법총도」에 後顧(후고)를 취한 倒揷勢(도삽세)를 그렸다. 2행과 4행은 후방으로 '도삽세'를 하지만 〈그림 15-58〉의 ②행은 '右廻(우회)', ④행은 '左廻(좌회)'를 했다. 고사평세가 '좌각우수'로 마쳤다. '좌각'을 뒤로 빼면서 우회로 돌면서 도삽세를 취한다〈그림 15-58④〉.

그림 15-58. 2행/4행/3행

二六. 作一霎步勢(작일삽보세)

언해본: 一일霎삽步보勢셰와

①作一霎步勢(작일삽보세):

앞에 도삽세는 '우각'이 앞에 있고 '좌각'이 뒤에 있다. 후방을 보면서 뒤에 있던 '좌각'을 지체 없이 빠르게 후방으로 옮기면서 동시에 전방을 다시 살피면서 '좌수'를 후방으로 뻗는다. 이 자세를 『새보전서』에서는 懶札衣(나찰의)라 했다. 2행은 '우회'로 一霎步(일삽보)를 하면서 '좌수'를 등에 대고 '우수'를 뒤로 뻗어 뒤 따라 공격한 것을 '우수'로 막았다. 4행의 일삽보세는 후방으로 '좌수'를 뻗고 '우수'는 아래로 내렸다. 이 동작은 뒤에 있는 적의 상황만 살피고 후방의 적을 향해 요단편세로 공격하는 상황을 상정했다.

싸움의 양상에 따라 변화를 주었음을 알 수 있다. 이처럼 「권법」의 구성은 일대다수에 사용할 수 있도록 구성했음을 알 수 있다. 여기에서는 도삽세를 마치고 '좌각'이 후방에 있을 때, '좌각'을 후방으로 다시 옮기면서 '좌수'를 동시에 후방으로 뻗고 '시선'은 다시 '전방'으로 돌리는 것이 중요하다. 만일 2행과 같이 '右廻(우회)'로 돌아 도삽세를 할 경우 4행의 일삽보세처럼 '좌수'를 후방으로 뻗고 진행해야 한다.

그림 15-59. 倒揷勢/一霎步/拗單鞭勢 연결 동작

二七. 拗單鞭勢(요단편세)

언해본: 拗요單단鞭편勢셰롤ᄒᆞ고즉시

①세 번째, 拗單鞭勢(요단편세): 요단편세도 후방이다. 行一步(행일보)로 나가면서 '좌각우권'으로 친다〈그림 15-60〉.

한편『무예제보번역속집』의「권세」에 그려진 요단편세 중에는 '고사평-회신-요단편세'에서 뒤를 돌아보며 행일보를 하고 있는 유일한 요단편세의 자세가 있다.

조선군영에는 이미『무예도보동지』에서「권법」을 구성하기 전에「권세」가 있었기 때문에 권법의 투로에 절대적 영향을 끼쳤다고 볼 수 있다. 즉「권세」에는 고사평세로 치고 '左廻(좌회)'를 하면서 뒤 돌아보며 '요단편세'를 하는 그림이 있다. 이 연결 동작을『무예도보통지』의「권법」에서는 '도삽세'를 삽입하여 구성했다. 즉 '고사평-회신-요단편세'의 연결을 '고사평-도삽세-일삽보세-요단편세'로 나눈 것이다.

『무예도보통지』「권보」의 한 면에는 두 개의 그림을 배치했다. 그렇다 보니 논문[937]은 두 개의 그림을 오화전신세로 잘못 본 것이다. 오화전신세 바로 앞의 지면에는 '도기룡세·요단편세·매복세·현각허이·하삽세·당두포세·기고세·고사평세·도삽세·일삽보세·요단편세'로 12개 이름을 배열했지만 그림은 처음 나온 '倒騎龍勢(도기룡세)·埋伏勢(매복세)' 두 개만 그렸다. 그래서 마지막 장에 요단편세의 마지막 동작[938]을 오화전신세와 함께 그렸다. 마지막 요단편세의 동작이「권경」에서 설명한

937 박귀순 · 신영권,『무예도보통지의 권법에 관한 연구』, 대한무도학회지, 2017. 제19권, 제4호, p145.

938 곽낙현 · 임태희,『전통무예서의 권법 분석』, 동양고전연구 제54집, 2014, p302.

‘沈香勢(심향세)’다.

그림 15-60. 요단편세 시작 동작과 마지막 동작

二八. 五花纏身勢(오화전신세)

원문: 作五花纏身勢右手右脚右廻

언해본: 五오花화纏젼身신勢셰ᄅᆞᆯᄒᆞᄃᆡ右우手슈右우脚각으로올흔편으로도라

①五花纏身勢(오화전신세): 요단편세가 ‘좌각우권’으로 마쳤다. ‘우각’이 나가면서 양손을 펼치면서 ‘좌각’이 나가면서 전방을 향해 회전하는 동작이 〈그림 15-61〉의 오화전신세다.

오화전신세는 무예도보통지의 「拳法(권법)·雙劍(쌍검)·挾刀(협도)」에도 있다. 오화전신세의 동작은 ‘우수우각’ 右廻(우회)로 연무의 마지막 동작이다. ‘우각’이 나가면서 양손을 활짝 펼치고 右廻(우회)를 하면 한 명은 鴈翅側身勢(안시측신세)를 하고 다른 한 명은 跨虎勢(과호세)를 한다. ‘花(화)다. ‘꽃이 활짝 피듯이 손을 벌린다’다. ‘艹’ 자는 손을 나타낸다. 마치 직부송서세의 ‘符(부)=付(부)’로 환유한 것과 같다.

「권경」에는 오화전신세가 없지만 雙劍(쌍검)과 挾刀(협도)에 오화전신세가 있다. 몽골전통씨름[939]을 보면 최종 승자는 매·가루다(신비의 새)의 칭호를 받고 양손을 벌려 새 춤을 춘다. 새의 토템이 서로 연결되어 있다. 대개의 고무에는 제례와 관련이 깊다. 시작과 마지막 동작에는 의례의 동작을 한다. 무예도보통지의 「권보」는 일인 각자 연무를 마치고 두 사람이 겨룬다. 개인 연무의 마지막으로 오화전신세로 마

939 씨름꾼은 ‘날개’라 불리는 두 무리로 나뉘며, 높은 등급의 씨름꾼은 우승자 · 준우승자 · 사자 · 가루다 · 코끼리 · 송골매 · 매 등의 칭호에 따라 이름이 나열된다.『네이버지식백과』

무리한 것은 매우 큰 의미가 있다.

「권법」의 탐마세는 첫 출발지이지만 2행과 3행의 중심 위치가 되면서 전후방으로 왕복한다. 즉 1행은 기법이 6개, 2행은 9개, 3행은 9개, 4행은 4개로써 '오화전신세'를 마치면 원지로 돌아 오게 된다.

그림 15-61. 五花纏身勢

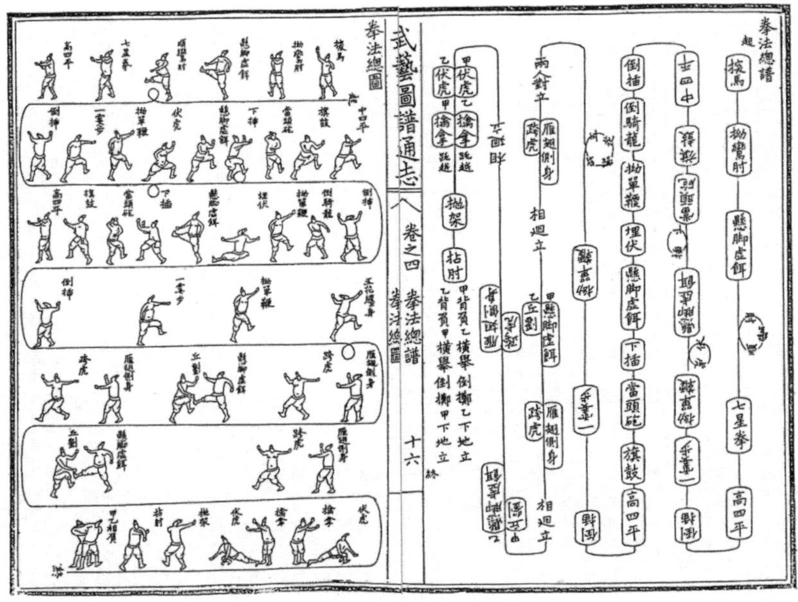

그림 15-62. 권법총도/권법총보

十六

武藝圖譜通志(무예도보통지)의 相撲(상박)

1
相撲(상박)

兩人對立作雁翅側身勢跨虎勢兩手開闔左右相尋(양인대립작안시측신세과호세양수개합좌우상심)

언해본: 두사룸이마조셔雁안翅시側측身신勢셰와跨과虎호勢셰룰호딕두손을開기闔합ᄒᆞ며左좌右우로서ᄅᆞᄎᆞᆺ고

그림 16-1. 跨虎勢/鴈翅側身勢

一. 鴈翅側身勢(안시측신세)

권경	권	장권	권세	권법	권법총도
					 鴈翅側身

가. 全文原文(전문원문)

①鴈翅側身挨進 快脚走不留停 追上穿庄一腿 要加剪劈推紅

②鴈翅側身挨進 快脚走不留停 追上穿庄一腿 要加剪劈推紅

③鴈翅勢側身挨進 快脚来閃不停留 追上穿椿一腿收 再加剪劈推紅拳

④鴈翅側卽生馬也【賽寶全書】又向横一步仍動向立作鴈翅側身勢

⑤鴈翅側勢

나. 拳經(권경)·拳(권)의 詩語(시어)

①鴈翅側身挨進(안시측신애진): 기러기 날개 펼쳐 옆으로 밀치고 들어오네

②快脚走不留停(쾌각주불유정): 빠르게 발을 움직여 잠시도 머물지 않는다네

③追上穿庄一腿(추상천장일퇴): 좇을 땐 뚫듯이 일어나고 평탄히 물러나 앉는다네

④要加剪劈推紅(요가전벽추홍): 계속해서 밀치고 펼치는 게 중요하다네

다. 拳經(권경)·拳(권)의 기법 해석

①鴈翅側身挨進(안시측신애진): 신법의 용법에 대한 설명문이다. 자세를 보면 '약간 앉아서 양손은 펴고 몸은 측면으로 한다'다. '鴈(안)' 자에 '앉다'는 뜻(이두문)이 있음을 알 수 있다. '翅(시)=支(지)+羽(우)'다. '날다·펴다'다. '支(지)=十(십)+又(우)'다. 十(십)은 '열다·펴다'다. '挨(애)=扌+矣(의)'다. '矣(의)'는 '疑(의)' 자의 좌변형으로 '혼잡하여 서로 밀치다'다. 疑(의) 갑골문 '[갑골문](矣)' 자에 '안시측신세'가 있다. 옆으로 밀치며 들어가는 자세다. 「장권」은 '勢(세)' 자가 있어 칠언율시의 형식을 갖췄다. 『무예도보통지』의 「권법」은 「권경」과 같은 순서로 배치했다.

②快脚走不留停(쾌각주불유정): 빠르게 달리듯이 잠시라도 다리를 멈춰서는 안 된다네

「장권」은 '快脚来閃不停留(쾌각래섬불유정)'이다. 문장이 다르다.

③追上穿庄一腿(추상천장일퇴): 보법과 자세 운용에 대한 설명문이다.

追上穿(추상천)은 '적을 좇을 때는 양손이 개통하듯 교차하여 나간다'다. 庄一腿(장일퇴)는 뒤로 물러날 때는 반대로 자세를 낮춰 양다리를 '一 자형으로 물러난다'다. 안시측신세로 앞으로 나아갈 때와 뒤로 물러날 때의 자세를 설명한 문장이다. '庄(장)' 자는 莊(장)의 속자로 '平平(평평)하다·평탄하다'로 안시측신세의 낮은 자세를 말한다.

「장권」은 '追上穿樁一腿收(추상천장일퇴장)'이다. 庄(장)이 桩(장)으로 바뀌었고, '收(수)' 자가 추가되어 칠언율시의 형식을 갖췄다.

④要加剪劈推紅(요가전벽추홍): 수법에 대한 설명문이다.

剪(전)은 앞에 있는 손을 가위로 비유했다. 상대의 공격을 계속해서 끊고 벽을 치듯 되받아친다(劈) 그리고 손을 밀고(推) 양손을 벌려 움직인다(紅). 여기에서 紅(홍)은 실을 늘어뜨리는 양손을 교차시키는 동작이다.

「장권」은 '再加剪劈推紅拳(재가전벽추홍권)'이다. 「장권」의 문서가 더 원형에 가까움을 알 수 있다.

다. 拳勢(권세)의 기법 해설

원문: 鴈翅側卽生馬也【賽寶全書】向横一步仍動向立作鴈翅側身勢

①鴈翅側卽生馬也(안시측즉생마야): 鴈翅側(안시측)이 生馬(생마)다.

날뛰는 말을 잡기 위해 게걸음으로 조심스럽게 접근하는 자세와 같기 때문이다. 유목민족의 문화가 담겨있다.

②向横一步仍動向立作鴈翅側身勢(향횡일보잉동향립안시측신세): 向横一步動向立(향횡일보동향립)은 옆으로 '一' 자처럼 들어가 자세를 취한 鴈翅側身(안시측신)의 자세를 설명한 문장이다. 鴈翅(안시)는 조선세법의 '鴈字(안자)·展翅(전시)·斂翅(염시)'의 검결이 합해졌다. 옆으로 서서 '좌수'를 뻗은 것이 '鴈' 자의 'ㄱ' 자로 보았

고 양손은 새의 날개로 비유했다. 이것은 새를 토템으로 살아온 한민족의 개념이다. '虎(호랑이)·馬(말)·翅(새)'는 북방유목과 관련된 동물들이다.

다. 武備門(무비문)의 生馬勢(생마세)

그림 16-2. 四目/生馬

生馬勢(생마세)는 '手用剪刀小打(수용전도소타)脚用月裡揄棍(각용월리유곤)手用交义明封鎖(수용교예명봉쇄)脚用左右剪連(각용좌우전연)'이다. '剪刀小打(전도소타)'는 '加剪劈推紅(가전벽추홍)와 左右剪連(좌우전연)'의 문장처럼 '좌우로 짧게 손을 교차시키다'는 설명이다. 脚用月裡揄棍(각용월리유곤)은 이때 취하는 발의 자세가 棍(곤)을 들고 취하는 月裡揄棍(월리유곤)과 같다는 설명이고 手用交义明封鎖(수용교예명봉쇄)의 '封鎖(봉쇄)'로 '양손을 바꿀 때는 명확하게 취한다'는 내용이다.

안시측신세의 짝은 과호세다. 「무비문」은 '四目勢(사목세)'와 짝이다. 〈그림 16-2〉의 그림을 보면 두 사람 사이에 8개의 점이 있다. 서로 돌면서 손과 발을 바꾸는 것을 나타내는 비표다.

라. 국내 문헌과 논문의 해석

"안시세는 몸을 옆으로 하여 밀치며 나아가매, 빠른 다리로 달려가며 머물러 쉬지 않도다. 좇아가 위를 향해 왕성하게 꿰뚫어 한 번 차는데 剪(전)과 劈(벽)을 더해야 하고 紅拳(홍권)을 밀어쳐(뻗어쳐)야 하니라."[940]

940 『무예문헌자료집성』, 국립민속박물관, 2004, p885. 박대선, 『무예도보통지의 권법에 관한 연구』, 명지대 석사논문, 2007, p41.

“雁翅(안시)는 몸을 옆으로 하여 밀치며 들어가는 勢(세)다. 빠른 발로 멈추지 않고 들어간다. 쫓아가 庄腿(장퇴)를 뚫고 나가듯이 차고, 앞으로 후려치고 밀어내니 紅(홍)한다.

안시는 빠르게 들어가서 발차기를 하는 동작이다. 『중국무술대사전』에는 桩腿(장퇴)는 腿法(퇴법)의 이름이다. 옛날에는 庄腿(장퇴) 혹은 樁腿(장퇴)라고도 칭하였다. 현대 무술의 踹腿(단퇴)·蹬腿(등퇴) 그리고 踩腿(채퇴)의 발차기 유형이 여기에 속한다.’고 하였다.”[941]

二. 跨虎勢(과호세)

권경	권	장권	권세	권법	권법총도

가. 全文原文(전문원문)

①跨虎勢那移發脚 要腿去不使他知 左右跟掃一連施 失手剪刀分易

②騎虎勢那移發脚 要腿去不使他知 左右跟掃一連施 失手剪刀分易

③跨虎勢那移進腿 脚發去不使人知 左右掃跟一齊施 失手剪刀分外易

④騎虎勢卽全書之龜葉也

⑤跨虎勢兩手開闔左右相尋

나. 拳經(권경)·拳(권)의 詩語(시어)

①騎虎勢那移發脚: 과호세는 편안하게 팔다리를 옮긴다네

②要腿去不便他知: 중요한 것은 물러날 때 상대가 알아차리지 못하는 것이네

941 김종윤, 『무예도보통지의 권법연구』, 한양대학교대학원 박사논문, 2017, p48~49.

③左右跟掃一連施: 좌우 발끝으로 쓸며 하나로 돌아간다네

④失手剪刀分易: 실수하면 칼에 손이 잘리듯 나누어 교체하네

다. 拳經(권경)·拳(권)·長拳(장권)의 기법 해설

①跨虎勢那移發脚(과호세나이발각): 과호세의 '身法(신법)·手法(수법)·步法(보법)'이다.

跨虎勢(과호세)의 '跨(과)=足+夸(과)'다. 夸(과)는 '두 다리를 벌리다'다. 跨(과)는 '발을 벌려 넘어간다'로 '발을 벌려 말을 탄다'다. 『무비지』와 「권보」에는 '騎(과)' 자를 썼다.

표 16-1. 冄(염)·尹(윤)·聿(율)의 갑골문·고문·금문·전문·해서

갑골문	고문	금문	전문	해서
[illegible]		[illegible]	[illegible]	冄(염)
[illegible]	[illegible]	[illegible]	[illegible]	尹(윤)
[illegible]		[illegible]	[illegible]	聿(율)

'那(나)' 자는 '阝+尹(冄:염)'[942]이다. 冄(염)은 '나아간다'다. 『曹植』 柔條紛冉冉(유조분염염)으로 冄(염)은 '양머리를 따서 길게 늘어뜨린 모양'이다. 尹(윤)의 갑골문 '[illegible]' 자와 聿(율)의 갑골문 '[illegible](윤)' 자는 손에 나무를 들고 있다. '[illegible]' 자는 지팡이고 '[illegible]' 자는 '붓'이다. 挪((나)는 '양손을 접었다·펴다'다. 즉 那((나)는 과호세의 '좌·우수'를 번갈아 '구부렸다 폈다'하는 손의 작용이다. 음가는 '나부끼듯·나아가듯'의 '나'다. '發(발)=癶(발)+弓(궁)+殳(수)'다. 癶(발)은 '발'이고 弓(궁)은 몸이다. '殳(수)=乃(내)+又(우)'다. 發(발)은 '몸·손·발을 모두 뻗는다'다. 那移發脚(나이발각)은 손과 발을 움직이는 과호세를 설명한 문장이다.

「장권」은 '跨虎勢那移進腿(과호세나이진퇴)'다. 發脚(발각)이 進腿(진퇴)로 되어 있다.

942 『漢韓大字典』, 민중서림, 1997, p2079.

②要腿去不使他知(요퇴거불사타지): 물러날 때 자연스럽고 상대가 알지 못하도록 하는 게 중요하다.

표 16-2. 去(거)의 갑골문·금문·전서·해서

갑골문	금문	전서	해서
			去(거)

'去(거)' 자는 '大(대)+凵(거)'다. 허신은 凵(거)를 口(구)를 보고 '기도의 말'[943]로 해석했다. '' 자는 '발'의 모양 'ㅂ'[944]을 의미한다는 것을 알지 못했다. 加(가)는 '손의 작용'이고 去(거)는 '발의 작용'이다.

「장권」은 '脚發去不使人知(각발거불사인지)'다. 要(요)가 脚(각)으로 되어있다.

③左右跟掃一連施(좌우근소일연시): 좌우 발끝과 손이 하나로 연결되어 움직이며 돈다.

표 16-3. 施(시)의 갑골문·전문·해서

갑골문	전문	해서
		施(시)

'施(시)' 자는 '方(방)+㐌(이)'다. '실시할(시)·펼칠시·비스듬히갈(이)'다. 갑골문 ''은 '사람이 깃발을 휘두르는' 형태다. '==方(방)'이다. 갑골문 '' 자의 '' 자는 땅을 딛고 회전하는 '발'이다. '' 자는 '사람+회전'이 결합한 글자로 '방=원'이다.

「장권」은 '左右掃跟一齊施(좌우소근일제시)'다. 跟掃(근소)가 掃跟(소근)으로, 連(연)은 齊(제)로 되어있다.

④失手剪刀分易(실수전도분역): 칼에 잘린 팔처럼 손을 나누어 바꾼다.

'좌수'를 뻗으면 '우수'를 거두어 구부리고, '우수'를 뻗으면 '좌수'를 거두어 구부려 교차시키는 손동작에서 거두어들인 손을 마치 실수로 칼에 잘린 팔로 표현한 시어

943 『漢韓大字典』, 민중서림, 1997, p355.

944 임성묵, 『본국검예 3. 왜검의 시원은 조선이다』, 행복에너지출판사, 2018, p202.

다. '易(역)'은 '교환하다·바꾸다'로 양손 교환작용이다.

「장권」은 '失手剪刀分外易(실수전도분외역)'이다. 더 설명이 구체적이고 모두 칠언율시다.

라. 拳勢(권세)의 기법 해설

원문: 騎虎勢卽全書之龜葉也

①騎虎勢卽全書之龜葉也(과호세즉전서지귀엽야): 騎虎勢(과호세)는 全書(전서)에는 龜葉(귀엽)이다.

표 16-4. 龜(귀)·玆(자)·玄(현)·黽(민)·敝(폐)의 갑골문·고문·금문·전문·해서

갑골문	고문	금문	전문	해서
[illegible]	[illegible]	[illegible]	[illegible]	龜(귀)
		[illegible]	[illegible]	玆(자)
	[illegible]	[illegible]	[illegible]	玄(현)
[illegible]		[illegible]	[illegible]	黽(민)
[illegible]			[illegible]	敝(폐)

'全書(전서)'는 『賽寶全書(새보전서)』를 말한다. '龜葉(귀엽)'은 '귀엽다'의 이두문이다. 지금도 어린아이들이 춤을 추는 모습을 보면 '좌우 손을 올렸다 내렸다'하고 '발도 올렸다 내렸다 깡충깡충 뛰며 빙글빙글 돈다'다. 이런 모습을 보면서 '귀엽다'라고 한다. 즉 양팔과 양다리를 '잎사귀'로 비유하고 이렇게 뛰는 사람을 거북이에 비유했다. 거북이 다리가 잎사귀다. 뒤뚱거리며 달려가는 거북이의 모습을 보고 '귀엽다'라고 했다. 오늘날 귀엽다는 소리만 있고 한자는 소실됐다. 『새보전서』의 권결을 보면 한민족의 문화가 들어있고 이두문들이 있다. 즉 『새보전서』는 한민족 「권세」를 기록한 문서로 보인다.

龜(귀)는 '거북'이다. '귀·구·균'의 음이다. 麟鳳龜龍(린봉귀룡)爲之四靈(위지사령). 龜玆(귀자)의 玆(자)는 玄(현)으로 '龜鼈(귀별)'이다. 즉 '龜≑鼈≑玄≑玆'는 서로 연결된다. 北玄武(북현무)는 동물이 두 개다. "武(무) 자는 견우직녀가 결합된 형

태임을 밝힌 바 있다."[945] 또한 무예에 스며든 현무[946]에서 약수리 벽화의 두 동물(거북과 뱀)을 기술했다. '鼈(별)=敝(폐)+黽(민)'이다. '자라별'이다. 즉 '별에 있는 자라'다. 敝(폐)[947]는 敝屋(폐옥)처럼 허름한 집으로 견우직녀가 만난 대청마루 斗牛女虛危室壁(두우녀허위실벽)이다. 黽(민·맹)은 '맹꽁이'이 이지만, 뜻은 '힘쓰다·노력하다'다. 즉 '허름한 집에서 맹꽁이가 힘쓴다'다. 그런데 소리가 '자라'다. 맹꽁이가 무엇을 힘쓸까?

金蛙王(금와왕)의 蛙(와)는 '개구리·淫亂(음란)·杜鵑(두견)'으로 '음란한 개구리'다.

즉 견우와 직녀는 7월7일에 만나 성교를 한다. 견우가 '맹꽁이'다. '자라'의 뜻은 '자라나다'다. 자라의 목이 나오는 것이 성기가 나오는 것과 같다. 거북이의 머리를 龜頭(귀두)에 비유한다. 거북이의 머리는 '나왔다 다시 들어가기' 때문에 '귀'의 음가다. '거북'도 居北(거북)으로 치환하면 '북에 머문다'다. '맹'의 음가도 '오로지 성교에 빠져 힘쓴다'에서 '盲(맹)과 猛(맹)'은 상통한다. '鼈(별)' 자는 敝(폐)가 위에 있고 黽(민)은 아래에 있다. '민'의 음가는 '민다·밀어넣는다'로 '성기를 위로 밀어 넣어 닫힌 음호를 헤집고 연다'다. '숭=人+옹(려)'다. '人=亠(두)'로 '上斗(상두)'다. '玄(현)' 자에 '갓'을 쓴 견우가 있다. '별'의 음가는 '밤하늘=상=별'과 연결되어 '자라별'이다. '자라(남성)=거북=별=물=뱀(여성)'은 견우직녀의 토템이 신화로 연결된 玄武(현무)다.

마. 武備門(무비문)의 龜葉(귀엽)

單鞭躍靠勢(단편약고세)는 '脚用僛步庄(각용감보압)脚手用騰進(각수용등진)手用靠法(수용고법)'이다. 觀音側身勢(관음측신세)는 '摔用色毒(솔용색독)手用小打(수용소타)脚用剪連(각용전연)手用內打句連(수용내타구연)'이다. 「무비문」에는 龜葉(귀엽)과 跨虎勢(과호세)가 없다. 躍靠(약고)의 躍(약)은 보법을, 靠(고)는 수법을 나타낸다. 즉 單鞭躍靠勢(단편약고세)가 龜葉(귀엽)이다. 〈그림 16-3〉의 그림을 보면 두 사람 사이에 둥근 점 6개가 있다. 회전의 표식이다. '관음측신세'에서 右回(우회)

945 임성묵, 『본국검예 3. 왜검의 시원은 조선이다』, 행복에너지출판사, 2018, p61~76.

946 임성묵, 『본국검예 3. 왜검의 시원은 조선이다』, 행복에너지출판사, 2018, p81~89.

947 『周禮』 '薄其敝(박기폐)'다. 즉 敝(폐:줌통폐)는 '활의 한가운데의 손으로 잡는 곳', '薄敝(박폐)'은 '가볍게 펴서 쥔다'다.

로 돌아 '단편약고세'로 전환한 표식이다. 남자와 여자로 배치하여 음양의 교류를 나타냈다.

그림 16-3. 單鞭躍靠勢/觀音側身勢

바. 拳法(권법)의 기법 해설

원문: 跨虎勢兩手開闔左右相尋(과호세양수개합좌우상심)

언해본: 跨과虎호勢셰롤ᄒᆞ야서ᄅᆞ도라셔라乙을이즉시현각허이세롤ᄒᆞ야나아가거든

①「권경」의 失手剪刀分(실수전도분)이 兩手開闔(양수개합)이다. 左右相尋(좌우상심)은 '좌우로 번갈아 손을 바꾼다'다.

표 16-5. 尋(심)의 갑골문·전문·해서

갑골문	전문	해서
		尋(심)

'尋(심)' 자의 갑골문은 "양팔을 벌려 물건의 길이를 재는 모양으로 대략 一步(일보)의 길이를 나타낸다."[948] 전문은 좌수 우수가 결합된 글자다. '相尋(상심)'은 과호세의 '좌수와 우수를 번갈아 교체한다'로 龜葉(귀엽)의 동작을 설명한 문장이다.

948 『漢韓大字典』, 민중서림, 1997, p606

사. 국내 문헌과 논문의 해석

"跨虎勢(과호세)는 옮겨 다니며 발을 내는데, 발이 가는 것을 상대가 알지 못하게 해야 하니라. 左右(좌우) 발꿈치로 掃腿(소퇴)를 한꺼번에 연달아 펼치는데 뗀 손(빈손)은 剪刀(전도)로 나누어 바꿔야 하니라"[949]

"과호세는 자세를 옮겨서 발을 차는 것이다. 발을 차는 것을 상대방이 알지 못하게 한다. 좌우 발뒤꿈치로 소퇴를 연달아 찬다. 손에서 놓친 것을 가위로 자르듯이 쉽다.

이 단락은 '과호세는 腿法(퇴법)으로 연결되는 勢(세)다. 상대방이 모르게 연달아 찬다. 손으로 놓친 상대방을 마치 가위로 자르듯이 차서 쓰러뜨린다'는 의미다."[950]

949 『무예문헌자료집성』, 국립민속박물관, 2004, p885.
박대선, 『무예도보통지의 권법에 관한 연구』, 명지대학교 석사논문, 2007, p41.

950 김종윤, 『무예도보통지의 권법연구』, 한양대학교대학원 박사논문, 2017, p49.

2
相撲(상박)

甲作懸脚虛餌勢左踢右踢驅逐前進(甲갑이懸현脚각虛허餌이勢셰룰호디왼편으로 ᄎᆞ고올흔편으로ᄎᆞ고몰아쪼차앏흐로나아가거든)

乙作丘劉勢左右手遮退(乙을이丘구劉류勢셰룰호디左좌右우手슈로막아믈너오고)

作雁翅側身勢跨虎勢相廻立(雁안翅시側측身신勢셰와跨과虎호勢셰룰ᄒᆞ야서ᄅᆞ도라셔(라)

乙卽作懸脚虛餌勢進(乙을이즉시懸현脚각虛허餌이勢셰룰ᄒᆞ야나아가거든)

甲又作丘劉勢退(甲갑이쏘丘구劉류勢셰룰ᄒᆞ야믈러너오고)

兩人卽作雁翅側身勢跨虎勢相廻立(두사롬이즉시雁안翅시側측身신勢셰와跨과虎호勢셰룰ᄒᆞ야서ᄅᆞ도라셔고)

두 사람(甲乙) 중, 갑은 안시측신세에서 앞을 향해 현각허이로 '좌각·우각'이 연이어 나가면서 찬다. 그러면 과호세를 취하고 있던 을이 물러나면서 구유세로 방어한 후, 서로 자리를 바꿔 선다. 즉 우측은 현각허이를 좌측은 구유세를 한다.

을이 우측으로 와서 자리를 안시측신세 자세를 잡고, 현각허이로 두 번 공격하고 갑은 과호세로 자세를 취하고 구유세로 뒤로 빠지며 두 번 방어한 후, 서로 자리를 바꿔 돌면서 이번에는 갑이 안시측신세를 취하고 을이 과호세를 취한다.

"甲(갑)은 懸脚虛餌勢(현각허이세)를 하는데, 왼발 차고 오른발 차며, 몰아내면서 전진한다. 乙(을)은 丘劉勢(구유세)를 하는데, 左右手(좌우수)로 막으면서 물러난다. 雁翅側身勢)(안시측신세)와 跨虎勢(과호세)를 하면서 서로 돌아서 선다. 乙(을)이 현각허이세를 하면서 나아가면, 甲(갑)이 구유세를 하면서 물러난다. 두 사람이 즉시 안시측신세와 과호세를 하면서 서로 돌아서 선다."[951]

그림 16-4. 丘劉勢/懸脚虛餌/拳經

三. 丘劉勢(구유세)

권경	권	장권	권세	권법	총도
		없음			

가. 全文原文(전문원문)

①邱劉勢左搬右掌 劈來脚入步連心 挪更拳法探馬均 打人一着命盡

②邱劉勢左搬右掌 劈來脚入步連心 挪更拳法探馬均 打人一着命盡

③邱劉卽陽縣脚金鷄也【賽寶全書】仍以兩手遽地用右足循地一週便起立作邱劉勢

951 김종윤, 『무예도보통지의 권법연구』, 한양대학교대학원 박사논문, 2017, p125.

④丘劉勢左右手遮退

나. 拳經(권경)·拳(권)의 詩語(시어)

①邱劉勢左搬右掌: 邱劉勢(구유세)는 左拳(좌권)을 들고 右掌(우장)은 내리네

②劈來脚入步連心: 발차기가 연속해서 중심으로 들어오면 벽권으로 친다네

③挪更拳法探馬均: 손을 상하로 움직이고 다시 주먹으로 치는 것은 탐마와 같네

④打人一着命盡: 상태가 한번 시작하면 마칠 때까지 친다네

다. 拳經(권경)·拳(권)의 기법 해설

①邱劉勢左搬右掌(구유세좌반우장): 丘劉勢(구유세)의 두 손 작용을 설명한 문장이다.

표 16-6. 丘(구)·劉(류)·丣(묘)·般(반)의 갑골문·금문·전문·고문·해서

갑골문	금문	전문	고문	해서
[illegible]	[illegible]	[illegible]	[illegible]	丘(구)
[illegible]	[illegible] [illegible]	[illegible]	[illegible]	般(반)

'邱(구)' 자는 '丘+阝'다. 丘(구)는 좌우에 있는 '작은 산'이다. 산은 오르고 내린다. 邱劉勢(구유세)는 '搬(반)'의 동작이다. 左搬(좌반)이 올라간 '좌수'다. 右掌(우장)은 伏乳(복유)한다. 搬(반)의 개념은 '올라갔다 다시 내려온다'는 뜻이다. 兩手(양수)가 배가 물을 거슬러 '오르락내리락'하듯이 번갈아 사용한다.

②劈來脚入步連心(벽래각입보연심): 발이 몸 중심으로 들어오면 劈拳(벽권)으로 친다.

劈(벽)은 '擗(벽:가슴치다)'와 通字(통자)로 '가슴'이 '벽'이다. 또한 辟(벽)은 '闢(벽:열다)'와 同字(동자)다. 금문의 '[illegible]' 자를 보면 '[illegible]' 자의 '[illegible]' 자는 구부린 상체고, '[illegible]=[illegible](뻗친양손)'이다. 즉 구유세의 양손의 동작을 劈(벽)으로 표현했다. 즉 掌(장)으로 막으면 探馬(탐마)고, 拳(권)으로 막으면 劈拳(벽권)의 劈(벽)이다. 連(연)은 연속해서 차고 들어오는 발이다. 心은 中心이다.

「권경」에 丘劉勢(구유세)의 짝이 懸脚虛餌(현각허이)다. 현각허이로 연속 공격하면 구유세로 막아낸다. 來脚入步連心(래각입보연심)은 현각허이로 연속해서 공격해 들어오는 것을 설명한 문장이다.

③挪更拳法探馬均(나갱권법탐마균): 구유세와 탐마세의 기법은 같다.

挪(나)는 '위아래로 나풀거리'는 掌(장)이다. 掌(장)을 拳(권)으로 바꾸면 探馬勢(탐마세)가 된다.

④打人一着命盡(타인일착명진): 상대가 한번 차고 들어오면 멈출 때까지 구유세로 친다.

라. 拳勢(권세)의 기법 해설

원문: 邱劉卽陽縣脚金鷄也 仍以兩手據地用右足循地一週 便起立作邱劉勢

①邱劉卽陽縣脚金鷄也(구유즉양현각금계야)

'邱劉(구유)'의 이칭이 '陽縣脚金鷄(양현각금계)'다.

四. 懸脚虛餌(현각허이)

표 16-7. 縣(현)의 갑골문·전문·해서

갑골문	전문	해서
		縣(현)

'縣(현)' 자는 '木(목)+糸(사)+目(목)'으로 懸(현)과 통자다. 陽縣脚(양현각)의 陽(양)은 '하늘'이라는 뜻과 함께 兩(양)의 의미를 내포한다. 즉 연속된 두 번의 현각허이 공격이 陽縣脚(양현각)이다. 다리가 서로 교차하여 차기 때문에 하늘에 다리가 매달렸다고 시어로 비유했다. "나무에서 끈으로 목을 거꾸로 건 모양에서, '걸다'다."[952] '縣(현)' 자를 畎(견)과 통하여 경작지의 뜻에서 郡縣(군현)의 縣(현)으로 진시

952 『漢韓大字典』 민중서림, p1616.

황 때 사용했다 한다. 그러나 縣(현)이 '고을'과 관련이 있는 것은 고을의 관청이나 성곽에 치우의 상징인 '纛旗(둑기)'[953]를 세웠기 때문이다.

《교전보》의 첫 대련이 현각허이와 구유세다. 《교전보》의 현각허이와 구유세의 대련은 이미 오래전부터 전래하였다는 것을 알 수 있다.

②仍以兩手遽地用右足循地一週便起立作邱劉勢(잉이양수거지용우족순지일주편기립작구유세)

兩手遽地(양수거지): '양손을 분주히 지면으로 내린다'는 구유세의 손동작을 설명한 문장이다. 用右足循地一週便起立(용우족순지일주편기립)은 '우족으로 한바퀴 돈다'는 금계독립세로 돌아서 피한다는 내용이다.

표 16-8. 遽(거)·循(순)의 갑골문·전문·해서

갑골문	전문	해서
		遽(거)
		循(순)

953 『본국검예 3, 왜검의 시원은 조선이다』, 행복에너지출판사 2018, p223~224. "纛祭(둑제)의 '纛(둑)' 자의 원 발음은 '독'이다. '둑'으로 발음하는 것은 '둑'이 기휘 음가이기 때문이다. 이 글자의 형태를 보면 둑제를 드리던 둑제 묘에 걸어둔 纛旗(둑기)의 모습에서 알 수 있다. '纛(둑)=毒+縣+系'다. 기록에 의하면 둑기는 치우의 형상을 본떠서 만든 것으로 전장으로 출정 시에는 반드시 둑기를 앞세우고 나갔다. 둑의 모양에 대한 『古今韻會(고금운회)』의 기록을 보면 '旄牛(모우: 털이긴소)'의 꼬리로 만들고 왼쪽 騑馬(비(마)의 머리에 싣는다. '크기가 말(斗)만 하다(광운)' 검은 비단으로써 尾(미)를 만드는데 치우의 머리와 비슷하다. '군사가 출정할 때에 둑에 제사를 지낸다(이의실록)'는 기록과 『국조오례의』에 그려진 둑기의 모습을 보면, 지금 몽골의 전통행사와 몽골군 의장에서 사용하고 있는 둑기의 형태와 같다. '纛(둑)' 자의 형태를 비교하면 같음을 알 수 있다. 즉 '毒(독)'의 형은 투구에 삼지창을 붙인 것으로 치우가 투구를 쓴 모습이다. '縣(고을현)'은 '매단다'는 뜻으로 '県'은 '고을에 걸어둔다'이고, '系'는 '소 꼬리털을 이었다'는 것이다. 즉 '郡縣(군현)'이라 하는 것은 치우의 상징을 고을에 매달았고 그곳을 다스리는 자가 '君(군)'이었음을 알 수 있다. 이것은 둑제의 기록과 일치한다. 치우에 대한 사서의 기록에는 치우가 사망했음을 제후들이 믿지 않자, 치우의 상징인 둑기를 들고 제후들을 항복시키는 용도로 사용한 것처럼 중화는 기록했다. 그러나 반대로 '纛(둑)' 자의 상징으로 보면, 치우를 상징하는 둑기를 모심으로써 치우를 숭배하는 같은 동족임을 표시하는 상징물로 사용됐다. 또한, 전쟁에서 旁牌(방패) 앞면에 치우상을 새겨 넣어 적을 공포로 몰아넣었고 자신을 지켜주는 부적을 대신했다. 단옷날에도 치우의 상징을 그려 악귀를 쫓는 풍습에서 부적이 유래됐다. 부적과 둑기의 상징는 '치우를 믿고 따른다'는 의미다. 부적을 가지면 치우로부터 죽음을 면할 수 있다는 증표였다."

'遽(거)' 자는 '辵(착)+豦(거)'다. 갑골문은 '돼지를 잡기위해 쫓다'다. 금문은 ' =鬥(투)'로 豕(시:돼지)를 '잡았다'다. 잡기 위해 쫓아가기 때문에 'ᄀ'다. 'ᄀ'는 '가'와 '거'로 분화되어 '去(거)'다. '차다'의 'ᄎ' 음가는 '차(착)'와 '처(척)'로 분리된다. '辵(착)'은 외향의 움직이고 '彳(척)'은 내향의 움직임이다. '循(순)=盾+彳(척)'이다. 盾(순)은 馴(순)과 통하여 '따르다·따라가다'다. '방패 사이로 상태의 발이나 동태를 보고 나도 따라 돈다'다. 태양현각금계세에서 좌수와 우수를 들고 있는 동작이 방패를 들고 있는 것처럼 막는 작용을 한다. 이 상태에서 '돌다'다. 抬陽懸脚金鷄勢(태양현각금계세)를 통해 '循(순)' 자의 개념과 동작을 알 수 있게 된다.

가. 武備門(무비문)의 抬陽懸脚金鷄勢(태양현각금계세)

그림 16-5. 蹙天勢/抬陽懸脚金鷄勢/金鷄獨立勢

陽縣脚金鷄(양현각금계)의 陽縣脚(양현각)은 무비문의 抬陽懸脚金鷄(태양현각금계)임을 알 수 있다. 「권세」의 '右足循地一週(우족순지일주)'는 '우족을 중심으로 지면에서 한바퀴 돈다'다. 금계독립세에서 좌회로 돌아 '우각'을 축으로 땅을 한바퀴 돌면서 차는 태양현각금계의 동작을 정확하게 설명하고 있다. 새보전세에 陽縣脚金鷄(양현각금계)와 구유세가 짝으로 배치됐던 것으로 사료된다. 金谿獨立勢(금계독립세)에서 '좌각'을 축으로 '우각'을 좌측으로 옮기면서 좌회를 하면서 '좌각'에서 '우각'으로 축을 옮겨 360°를 돌면서 '좌각'을 구부리면 '抬陽懸脚金鷄勢(태양현각금계세)'다. 이어서 '좌각'을 뻗어 차면서 전방으로 돌면 蹙天勢(축천세)다. 즉 '금계독립세-태양현각금계세-축천세'는 하나로 이어진 동작이다. 무비문을 통해, 하나로 연결된 동작을 3개로 분리하여 각각 다른 勢名(세명)을 붙였던 것임이 확인되었다.

나. 拳法(권법)의 기법 해설

원문: 丘劉勢左右手遮退(구유세좌우수차퇴)

언해본: 丘구劉류勢셰ᄅᆞᆯ호ᄃᆡ左좌右우手슈로막아믈너오고

①구유세는 '좌우손으로 막으면 물러난다'로 구유세의 손동작과 보법을 명료하게 썼다.

「권경」에서도 '구유세-현각허이세'로 배치됐다.

다. 懸脚虛餌(현각허이)

라. 국내 문헌 및 논문 비교

"丘劉勢(구유세)는 왼손으로 搬(반)하고 오른손바닥으로 치는데, 상대방이 후려치면 다리로 한보 들어가 心(심)에 다다른다. 옮기고 다시 拳(권)을 쓰는 法(법)은 探馬(탐마)와 같다. 사람을 쳐서 한번 닿으면 命(명)이 다한다.

의미를 풀어보면, '구유세는 왼손으로 상대 공격을 걷어내고, 오른손 손바닥으로 공격하는 동작이다. 상대방이 내려치면 한보 들어가면서 왼손으로 걷어내고 오른손 바닥으로 상대방의 심心臟(장)이나 명치, 膻中(전중)을 가격한다. 상대 공격을 옮기는 拳(권)으로 공격하는 탐마세와 같은 의미다. 상대방을 한 번 치면 그 사람의 목숨은 다한다'다."[954]

954 김종윤, 『무예도보통지의 권법연구』, 한양대학교대학원 박사 논문, 2017, p33.

3
相撲(상박)

甲進作伏虎勢乙作擒拿勢跳越旋作伏虎勢甲亦作擒拿勢跳越

甲갑이나아가伏복虎호勢셰를ᄒᆞ거든乙을이擒금拿나勢셰를ᄒᆞ야뛰여너머즉시伏복虎호勢셰를ᄒᆞ고甲갑이또擒금拿나勢셰를ᄒᆞ야뛰여넘고

「권법」은 '伏虎勢(복호세)–擒拿勢(금나세)'가 짝이고, 「권경」은 '擒拿勢(금나세)–一霎步(일삽보)'가 수수세다. 一霎步(일삽보)는 擒拿(금나)로 한 손이 잡혔을 때 빠져나오는 기법이고, 복호세는 금나로 잡히기 전에 피한 자세다. 복호세가 돌면서 손을 뻗으면 일삽보다. 상황에 따라 하나의 자세는 연결되어 변화한다.

그림 16-6. 擒拿勢/伏虎勢

五. 伏虎勢(복호세)

권경	권법	권법총도
		 伏虎 伏虎 伏虎

六. 擒拿勢(금나세)

권경	권	장권	권세	권법	총도
					 擒拿 擒拿

가. 全文原文(전문원문)

①擒拿勢封脚套子 左右壓一如四平 直來拳逢我投活 恁快腿不得通融

②擒拿勢封脚套子 左右壓一如四平 直來拳逢我投活 恁快腿不得通融

③擒拿手封脚架子 左右攬一如四平 直來拳剪手招架 恁快腿不得用情

④仍作擒拿勢 擒拿卽拗肘也【賽寶全書】

⑤擒拿勢封脚套子 左右壓 一如四平 直來拳逢我投活 恁快腿不得通融

나. 拳經(권경)·拳(권)의 詩語

①擒拿勢封脚套子(금나세봉각투자): 금나세는 제물을 들고 달려가는 자세라네

②左右壓一如四平(좌우압일여사평): 좌우를 누르면 '一(일)' 자가 되니 사평과 같다네

③直來拳逢我投活(직래권봉아투활): 곧게 들어온 주먹을 만나면 나는 손을 뻗어

잡는다네

④恁快腿不得通融(임쾌퇴불득통융): 상대가 빠르게 물러나 잡지 못하니 통융한 다네

다. 拳經(권경)·拳(권)의 기법 해설

①擒拿勢封脚套子(금나세봉각투자): 금나세의 자세를 설명한 문장이다. 「권경」에서는 '금나세-일삽보세'가 짝이지만 「권법」에서는 '금나세-복호세'가 짝이다. 「권경」은 금나세로 잡힌 이후에 빠져 나가는 동작이고, 「권법」은 금나세로 잡히기 전에 복호세로 피하는 배치다.

표 16-9. 禽(금)·今(금)·午(오)·封(봉)·藝(예)·勢(세)의 갑골문·고문·금문·전문·해서

갑골문	고문	금문	전문	해서
				禽(금)
A		A		今(금)
		个		午(오)
				封(봉)
				藝(예)
				勢(세)

'擒(금)' 자는 '扌(수)+禽(금)'이다. 禽(금)의 갑골문 '[illegible]=A+[illegible]'과 금문 '[illegible]=[illegible]+[illegible]'에 있는 'A'와 '[illegible]' 자형을 '새그물'로 보았다. '[illegible]' 자형은 새의 목을 손으로 쥐었다. '畢(필)' 자다. 한편 '[illegible]' 자는 왼손으로 새를 잡고 오른손으로 위를 덮은 모습으로 擒拿勢(금나세)의 동작이다.

'금'의 음가는 '今(금)'의 갑골문 'A'에서 취했지만, 禽(금)의 'A' 자와 비슷해도 'A' 자가 만들어진 상황은 다르다. 'A' 자는 나무 하나를 세워 해의 이동에 따라 생긴 그림자가 결합한 것이 '^' 자다. 지난 시간을 땅에 그린 것이 '='이고 '^'은 시간을 나타내는 기호 'ㅅ'이 된다. 午(오)의 갑골문 '[illegible]' 자는 원초적 표현으로 자음 'ㅇ'의 뿌리다. 해가 머리 위에 있다. 'ㅇ·올'이다. 금문은 '个=人+l=人l=시'다. '人'은 곧게 세운

막대기에 생기는 해그림자다. 전문의 '今' 자는 '해그림자가 땅 정중앙에 있다'다. '지금'이란 뜻과 음에서 '지'는 '地(지)·之(지)'이고 '금'은 '긋다·그리다'다. 즉 '땅(지)에 그리다(금)'다. 한글 '금'의 'ㄱ' 자 형은 '今(금)'의 갑골문에 있고 'ㅁ'은 '땅'으로 '땅에 그리다'가 '지금'이다. '今' 자 형의 조합에서 '스〉쓰다·그〉긋다〉그리다'의 자원이 있다. '金脈(금맥)'의 금도, 선이 그려있기 때문에 '金(금)'이다.

封(봉)의 금문 '封' 자는 藝(예)와 관련된다.

藝(예)의 금문은 '埶=丰+丮'이다. '丮' 자는 '무당이 무릎 꿇고 양손으로 받든다'다. 무릎을 꿇는 일상의 예절문화는 중화에는 없다. 藝(예)의 원자는 埶(예)이며, 勢(세)와 同字(동자)다. 즉 '埶(예)=藝(예)=勢(세)'로[955] '재주예/심을예/형세세'다. 이 글자는 한민족의 정체성이 담긴 매우 중요한 글자다. '세=서기'의 준말이다. 또한, 하늘을 나는 '새'가 '세'다. 날기 위해서 땅을 박차고 일어나야 한다. 즉 보이지 않던 실체가 드러나는 일체적 현상이 勢(세)다. 埶(예)는 무릎을 꿇고 제례를 주관하는 무장이기에 齋主(재주)로 '祭主(제주)·祭酒(제주)·帝主(제주)'다. 모두 같은 어원이다. 무릎을 꿇고 일어나서 제례를 올리는 것을 표현한 것이 勢(세)다. 한민족은 모두 새의 자식으로 태어났다. 그래서 '새끼'다. 당연히 '勢(세)' 자의 뜻에는 睾丸(고환)이 있다. 고환은 '불알세'다. '알=태양=불=봉=새(세)'다. 去勢(거세)는 불알을 없애는 것이다. '~하세·~하네'의 소리가 모두 勢(세)다. 埶(예)의 '丮' 자형은 무릎을 꿇고 있고, 勢(세)의 '丮' 자를 발에 힘을 주고 일어나 선 자세다. 밑에서 차고 올라오는 발의 힘 '甬' 자가 踊(용)으로, '甬(용)'은 '用(용)'으로 龍(용)의 꼬리다. '용용죽겠지'란 말도 '용'을 놀리는 말이다. 한민족은 어떠한 일을 할 때는 '~하세'처럼 '세'를 말하고 어떠한 동작이 완성된 동작의 이름에는 勢(세)를 붙였다. 실질적으로 拳法(권법)이란 개념에 앞서 拳勢(권세)라는 개념이 사용되고 있었다. 고무예에서 勢(세)로 규정된 명칭은 한민족 계통으로 보아도 무방하다.

封(봉) 또한 나무를 받든다. 나무를 신성시하는 문화에서 만들어진 글자다. 封(봉)의 고문의 '丰'과 전문의 '封'은 한 손보다 높이 자라는 나무를 향해 올린 손이다. 封(봉)은 '손을 위로 올린다'다. 套(투)는 '덮개'다. '양손을 위에서 덮듯이 손을 사용한

955 임성묵, 『본국검예 3. 왜검의 시원은 조선이다』, 행복에너지출판사, 2018, p77.

다'다. 擒拿勢(금나세)는 제기 위에 겹겹이 쌓인 제물을 두 손으로 들고 봉양하러 가는 모습으로 '封脚套子(봉각투자)'다. 양손을 곧게 뻗으면 '平(평)'자 형이 되면서 두 손이 평평해진다. 이렇게 되면 四平(사평)이다. 「장권」은 '擒拿手封脚架子(금나수봉각가자)'다. 套子(투자)가 架子(가자)로 되어있다.

②左右壓一如四平(좌우압일여사평): '좌수'나 '우수'를 내려서 '一' 자가 되면 사평과 같다.

표 16-10. 猒(염) · 厭(염) · 壓(압) · 以(이) · 似(사) · 司(사)의 갑골문 · 고문 · 금문 · 전문 · 해서

갑골문	고문	금문	전문	해서
[illegible]	[illegible]	[illegible]		猒(염)
		[illegible]	[illegible]	厭(염)
			[illegible]	壓(압)
[illegible]		[illegible]	[illegible]	以(이)
[illegible]		[illegible]	[illegible]	似(사)
[illegible]		[illegible] [illegible]		司(사)

'壓(압)' 자는 '厭(염)+土(토)'다. '厭(염)=猒(염)'이다. 『설문』은 '飽也(포야) · 足也(족야)'로 猒(염)=口+月(肉)+犬(견)'이다. '희생 고기를 입에 넣고 만족한다'다. 猒(염)은 '물리다'다. 즉 제물로 희생시킬 짐승에게 물렸다. 물리는 것이 '싫다(염)'이고, 물리지 않기 위해 '막는다 · 누른다'다. '좌수' 혹은 '우수'를 눌러서 내리면 팔이 펴져 '一' 자가 된다. 이렇게 되면 四平勢(사평세)와 같다.

'[illegible]·[illegible]·[illegible]' 자의 '[illegible]·[illegible]·[illegible]' 자는 '입안'에 무엇인가 들었다. 즉 'ㅂ'이 '입'으로 '물리다·먹다'[956]의 뜻이다. 以(써이·말이)의 갑골문의 '[illegible]'는 '쟁기를 본뜬 모양으로 쟁기로 갈다'[957]로 본다. 그러나 쟁기와 무관하다. "似(사)=亻(인)+以(이)'다. 司(사)는 嗣

956 『漢韓大字典』 민중서림, p202.

957 『漢韓大字典』 민중서림, p153.

(사)와 통하여 '선조의 뒤를 잇다·닮다'다."[958] 似(사)의 금문은 '[illegible]=[illegible]+[illegible]'이다. 갑골문의 '[illegible]' 자에 '잇다·닮다·선조'의 뜻이 있다. '[illegible]'은 위에서 아래로 내려온 것으로 '잇다'로 모음 '이' 자다. 금문은 '[illegible]' 자 형 밑에 '[illegible]'을 붙여 '내려왔다·담았다'를 표시했다. '[illegible]·[illegible]'는 '선조·닮다'다. 즉 '[illegible]' 자는 '북두칠성'이다. '이'의 음가는 '잇다'로 '而·二(이)'도 '잇다'다. 이빨도 이어졌다. 이빨의 모양도 'ㅂ'이다. 以(써이)의 어순이 도치되면 '이써>있>잇'이다. 'ㅆ=ㅅ+ㅅ'으로 'ㅅ' 둘이 이어졌다. 자음 'ㅅ'이 한자 '人(인)'이다. 전문의 '[illegible]=[illegible]+[illegible]'으로 '[illegible]=[illegible]'이다. 즉 '선조를 잇다·닮다'다. 그래서 '人(인)'은 '이은 사람'이다. 전문 '[illegible]'과 猒(염)의 고문의 '[illegible]' 자는 '잇다·이어(계속)먹다'다. '입=이+ㅂ'으로 '[illegible]=[illegible]=이'이고 '[illegible]=[illegible]=ㅂ'이다. '[illegible]'의 '[illegible]' 자도 '북두칠성'이다. '[illegible]' 자는 하늘의 천문을 담당하는 사람'이다. 즉 伺(사)와 同字(동자)로 '별자리를 엿보는 사람'이다. '[illegible]'의 좌우 북두칠성 사이에 있는 '[illegible]' 자는 '하늘의 규칙(명령)을 내려주자 그대로 받는 것'을 나타낸다. 여기서 '[illegible]' 자는 상하 대칭으로 '응'의 개념이 있다. 본국검의 雁字勢(안자세)가 '厂' 자형이듯이, 壓(압) 자의 '厂' 자는 금나세가 양손을 뻗었을 때, 위에서 지면을 향해 눌러 제압하는 모습이다. 「장권」에서는 '壓(압)' 자가 攪(교)로 되어, 손동작이 더 사실적으로 표현됐다.

③直來拳逢我投活(직래권봉아투활): 擒拿勢(금나세)의 수법을 적용시켜는 방법을 설명한 문장이다. '逢(봉)'은 '만ㄴ다'다. 또한 縫(봉)'으로 '묶다·매다'다. 投(투)는 '뛰어들다·던지다'다. 活(활)은 '활처럼 손이 나간다'다. 「권경」의 活捉朝天(활착조천)而其柔也(이기유야)知當斜閃(지당사섭)이 擒拿勢(금나세)의 기법을 설명한 문장이다. '弓(궁)'을 '活(활)'로 사용하고 있는 민족이 만든 문서임을 증명한다. 直來拳逢(직래권봉)은 '상대의 곧게 들어온 주먹을 만나다'다. 我投活(아투활)은 '나는 재빨리 손을 뻗어 상대를 잡는다'다. 대동류의 '腰車(요차)'의 기법에서 상대의 옷깃을 잡는 수법이 擒拿勢(금나세)와 같은 類(류)의 기법이다.

「장권」은 '直來拳剪手招架(직래권전수초가)'다. 架子(가자)와 招架(초가)로 손동작을 더 구체화했다. 「장권」이 「권경」보다 더 원형 문서에 가깝다.

④恁快腿不得通融(임쾌퇴불득통융): 상대가 빨리 물러나면 잡지 못하니 通融(통

958 『漢韓大字典』 민중서림, p167.

융) 한다.

표 16-11. 快(쾌)의 전문 · 해서

전문	해서
[illegible]	快(쾌)

'恁(임)' 자는 '너·당신'이다. '님'의 이두문이다. 상대를 표현할 때 주로 '他(타)·恁(임)·君(군)'으로 표현했다. 獸頭勢(수두세)에서, 恁(임)은 我(아)와 대립 관계다. '快(쾌)=忄(심)+夬(쾌)'다. '夬(쾌·결)'은 '活(활)'과 통하여 '생기 넘치다'다. '夬(결)'은 '활시위를 당겼다 놓는다'로 '터놓다'다. '通融(통융)=融通(융통)'으로 '상황에 맞게 대처한다'다.

「장권」은 '恁快腿不得用情(임쾌퇴불득용정)'이다. 通融(통융)이 用情(용정)으로 되어있다.

라. 拳勢(권세)의 기법 해설

원문: 擒拿卽拗肘也【賽寶全書】作擒拿勢

①擒拿卽拗肘也(금나즉유주야): 擒拿(금나)를 拗肘(요주)라 했다. 拗鸞肘(요란주)에서 '양손으로 가슴을 둥글게 한다'는 뜻의 '鸞(란)' 자를 생략했다.「권경」의 擒拿勢(금나세) 손 모양을 보면 왜 拗肘(요주)라 했는지 알 수 있다.「권·권세·권법」의 그림과 다르다.「권경」의 擒拿勢(금나세)는 가슴을 막고 상대의 옷깃이나 어깨를 잡기 위한 방어적 공격을 위한 자세다. 유도에서 서로 잡기 싸움할 때 많이 사용되고 있다. 무비문에는 '拗肘(유주)'가 없다. 擒拿(금나)와 손 모양이 유사한 것은 '倒上看(도상간)'이다. '看(간)=手(수)+目(목)'이다. '目(목)'은 몸통을 두 손(手)이 감싼 모양을 나타내는 것을 도상간의 자세다. 도상간은 뒤로 돌면서 '擒拏勢(금나세)'로 방어를 취하면서 도망가는 기법이다.

그림 16-7. 倒上看/撚衣單鞭

마. 국내 문헌과 논문의 해석

"擒拿勢(금나세)는 상대 다리를 封(봉)하는 방법이다. 좌우로 누르니 모양이 사평세와 같다. 그대로 들어오는 주먹을 맞닥트리더라도 나는 활발하게 움직이니, 상대방의 腿(퇴)가 빠르더라도 반드시 통용되는 것은 아니다.

금나세는 상대방의 다리를 봉쇄하는 방법이다. 염주세가 발차기를 방어하는 勢(세)였다면, 금나세는 상대방이 다리를 사용하지 못하도록 봉쇄하는 勢(세)다. 상대방이 지르는 주먹을 활발하게 움직여 좌우로 누르면 상대방의 발차기가 빠르더라도 사용하지 못한다. 즉 상대방의 손을 제압하여 상대방의 발차기를 봉쇄한다는 의미다."[959]

959 김종윤, 『무예도보통지의 권법연구』, 한양대학교대학원 박사 논문, 2017, p39.

4
相撲(상박)

兩人卽作抛架勢左右手打右足背又作拈肘勢

두사ᄅᆞᆷ이즉시抛포架가勢셰ᄅᆞᆯ호ᄃᆡ左좌右우手슈로올ᄒᆞᆫ편발등을티고ᄯᅩ拈뎝肘주勢셰ᄅᆞᆯᄒᆞ고

『기효신서』에서도 염주세와 포가세가 수수세다. 『무예도보통지』와 같다.

그림 16-8. 拈肘勢/抛架勢/拳經

七. 抛架勢(포가세)

권경	권	장권	권세	권법	총도
		없음			 抛架

가. 全文原文(전문원문)

①抛架子搶步披掛 補上腿那怕他識 右横左採快如飛 架一掌不知天地

②抛架子搶步披掛 補上腿那怕他識 右横左採快如飛 架一掌不知天地

③以右脚向左横立作抛架勢 抛架勢卽獅子開口也【賽寶全書】

④抛架勢左右手打右足背

나. 拳經(권경)·拳(권)의 詩語(시어)

①抛架子搶步披掛(포가자창보피괘): 포가자(퍼가자), 창고를 열고 손을 뻗는다네

②補上腿那怕他識(보상퇴나파타식): 다리가 상체를 돕는 것을 타인도 알 것이네

③右横左採快如飛(우횡좌채쾌여비): 우수는 뻗고 좌수를 빠르게 거두는 것이 날갯짓 같네

④架一掌不知天地(가일장부지천지): 뻗은 한 손은 하늘과 땅도 알지 못한다네

다. 拳經(권경)·拳(권)의 기법 해설

①抛架子搶步披掛(포가자창보피괘): 포가세의 동작 구성을 설명한 문장이다.

표 16-12. 抛(포) · 九(구) · 尢(왕) · 倉(창) · 皮(피)의 갑골문 · 고문 · 금문 · 전문 · 주문 · 해서

갑골문	고문	금문	전문	주문	해서
			[illegible]		抛(포)
[illegible]		[illegible]	[illegible]		九(구)
		[illegible]	[illegible]		尢(왕)
		[illegible]	[illegible]		倉(창)
	[illegible]	[illegible]	[illegible]	[illegible]	皮(피)

'抛(포)' 자는 '九(구)+尢(왕)+力(력)'이다. 전문의 '手(수)' 자는 펼친 손이다. '[illegible]' 자형은 '九+尢'으로 '구부린 발과 손'이다. 抛架子(포가자)의 架子(가자)는 나찰의 문장에도 나온다. '포가자'는 창고 위, 시렁에 쌓여있는 곡식이 담긴 포대를 뒤에서 앞으로 옮기는 동작으로 우리말 '퍼가자'의 이두문이다.

懶扎衣(나찰의)에서 架子(가자)는 설명문으로, 포가자에서는 권결로 사용했다. 架子(가자)의 손동작이 의미하는 것은 둘 다 같지만 가자는 뒤로, 포가세는 앞으로 간다.

搶步(창보)의 搶(창)은 '창고 문을 손으로 밀친다'다. 손과 步(보)는 발의 작용이다. '좌각'이 들어가면서 오른손으로 문짝을 열어젖히는 抛架子(포가자)의 수족 동작이다. '披(피)'의 '皮(피)' 자는 짐승 가죽을 벗겨내는 모양을 본떠 '가죽'을 나타낸다. 皮(피)에 '扌(수)' 자를 붙여 '손을 펼친다'를 나타냈다.

掛(괘)는 '扌+卦(괘)'다. '卦(괘)=卜(복)+圭(규)'다. 圭(규)는 '系(계:잇다)'와 통하여 '걸다·연결하다'다. 卜(복)은 『韓(한)』에서 '마소로 실어나르는 짐'이다. 또한 『시경』에 君曰卜爾(군왈복이)로 '주다·하사하다'다. 즉 포가세의 손동작은 '마소의 등에 걸린 짐을 옆으로 퍼 나르는 동작'이다는 의미다.

②補上腿那怕他識(보상퇴나파타식): 다리는 상체의 돕는다는 신법을 설명한 문장이다.

표 16-13. 補(보) · 甫(보) · 衣(의)의 갑골문 · 금문 · 전문 · 해서

갑골문	금문	전문	해서
			補(보)
			甫(보)
			衣(의)

'補(보)' 자는'衤(의)+甫(보)'다. 『急就篇(급취편)』[960]에 修破謂之補(수파위지보)로 '수련으로 깨트리는 것이 補(보)'라 했다. 衣(의)의 갑골문 '' 자는 좌매임의 上衣(상의)다. '人·人' 자는 모자다. '人=丄=上'으로 머리에 쓴 '삿갓'이다. 또한 '' 자에 귀축각의 자세가 있다. '甫(보)=用+屮'다. 扶(부)와 통하여 '도와주다'다. 甫(보)의 갑골문 '屮' 자는 '왼손·풀·싹나다'로 '논밭에 모를 널리 심다'다. 즉 補(보)는 '상의를 입을 때 두 손이 돕는다'다. 포가세는 '左向(좌향)'으로 돌면서 행하는 자세다. 補上腿(보상퇴)의 腿(퇴)는 앞으로 나갈 때는 '좌각'을 이용하고 뒤로 빠질 때는 '우각'의 도움을 받는다는 설명이다. 那(나)의 '冄(염)' 자는 '나아간다'다. '긴 머리카락을 양쪽으로 늘어뜨린 상형이다. 尹(윤)은 '손에 지팡이를 든 모습'이다. 두 손을 횡으로 뒤로 늘어뜨리는 抛架勢(포가세)의 자세를 설명한 글자다. 怕(파)는 주로 詩(시)로 쓰여 '아마도'의 뜻이다. 즉 타인도 발이 상체를 돕는 것을 안다.

③右橫左採快如飛(우횡좌채쾌여비): 좌우 수법의 동작을 설명한 문장이다.

右橫(우횡)은 '가로막대'로 다음의 문장 架(가)이고, 左採(좌채)는 一掌(일장)이다. '採(채)=扌+采(채)'이고, '采(채)=木(목)+爪(조)'다. 포가세의 '좌수'는 열매에서 과실을 따서 광주리에 넣는 모양새다.

④架一掌不知天地(가일장부지천지): 뒤를 향해 一字(일자)로 뻗은 양손을 강조한 문장이다.

架(가)는 右橫(우횡)이고, 一掌(일장)은 左採(좌채)다. '좌수'는 몸에 붙은 관계로 잘 보이지 않는다. 또한 抛架勢(포가세)는 左廻(좌회)를 하면서 양손을 뒤로 뻗치는 태권도의 자세다. 이처럼 뒤로 숨긴 양손을 적이 알지 못하게 한다는 것을 하늘도

960 중국 前漢(전한) 말기의 史游(사유)가 편찬한 文字教本(문자교본).

땅도 알지 못한다(不知天地)는 시로 표현했다. 이 시에 숨겨진 또 다른 의미는 '창고를 털어 도적질하는 것을 하늘도 땅도 모르게 한다'는 것으로 보아 이 도적은 의적으로 비유된다.

라. 拳勢(권세)의 기법 해설

원문: 抛架勢卽獅子開口也【賽寶全書】以右脚向左橫立作抛架勢

①抛架勢卽獅子開口也(포가세즉사자개구야): 抛架勢(포가세)의 이칭이 獅子開口(사자재구)다.

표 16-14. 師(사)의 갑골문 · 금문 · 전문 · 해서

갑골문	금문	전문	해서
[illegible]	[illegible]	師	師(사)

'獅(사)' 자는 '犭(견)+師(사)'다. 師(사)는 獅(사)와 통자다. 금문의 '𠂤(퇴)' 자는 큰 고기 토막의 상형. 적을 처벌할 목적으로 祭肉(제육)을 받들고 출정하는 군대를 나타냄. 갑골문과 早期(조기)의 금문에서는 '𠂤' 자뿐이다. 전문은 辛(신)이 생략되어 帀(잡)이 '師(사)' 자가 된다.[961]

②以右脚向左橫立作抛架勢(이우각향좌횡립작포가세): '우각'이 좌측으로 옮겨서 빗겨서 抛架勢(포가세)를 한다. 補上腿那(보상퇴나)를 설명한 문장이다. 이렇게 되면 〈그림 16-9〉「권경」의 포가세와 대칭이 된다.

마. 武備門(무비문)에 獅子大開口勢(사자대개구세)

그림 16-9. 堂頭砲/獅子大開口勢

961 『漢韓大字典』, 민중서림, p662.

①무비문에는 獅蹬脚(사등각)이 없다. 獅子大開口勢(사자대개구세)는 '手用扣打(수용구타)脚用短踄(각용단다)'다. 『새보전서』의 當頭抱勢(당두포세)는 獅蹬脚(사등각)이고, 「권법총도」의 당두포세는 무비문의 獅子大開口勢(사자대개구세)다. 當頭抱勢(당두포세)는 머리를 감싸고 '좌회'시의 동작이고 '獅子大開口勢(사자대개구세)'는 '우회' 시 양손을 비틀어 벌리는 동작을 '사자의 입이 열렸다'고 비유한 것이다. 즉 〈그림 16-9〉의 '堂頭砲(당두포)'는 시작의 동작이고 '獅子大開口勢(사자대개구세)'는 뒤로 회전을 할 때 발생한 동작이다. '獅子(사자)'는 머리가 크다. 當頭(당두)를 사자의 머리로 비유했다. 맨손으로 사찰문을 지키는 守門神將(수문신장)의 金剛力士(금강역사)는 '獅子大開口勢(사자대개구세)'와 '小鬼跌金剛(소귀질금강)'와 관련 있는 것으로 사료된다.

바. 拳法(권법)의 기법 해설

원문: 抛架勢左右手打右足背

①抛架勢左右手打右足背(포가세좌우수타우족배): 抛架勢(포가세)를 행할 때, 좌우수는 右足(우족) 넘어 背(등) 쪽으로 옮긴다(打).

抛架勢(포가세)는 後(후)에서 前(전) 방향으로 전환할 때 사용하는 동작이다. 도삽세는 손을 높이 들면서 돌지만, 포가세는 어깨 높이에서 양손을 들어 옮기는 것이 차이다. 도기룡세와 비교하면 도기룡세는 後(후)에서 돌아 다시 後(후)로 포가세를 취하는 것이 차이다.

사. 국내 문헌과 논문의 해석

"抛架子(포가자)는 搶步披掛(창보피괘)하는 勢(세)다. 발차기를 보충하니 어찌 상대방이 알까 두려워하겠느냐! 오른손을 횡으로 치며 왼손은 아래로 採(채)하니 빠르기가 나는 듯하다. 가일장(架一掌)하니 천지를 분간하지 못한다.

그 동작을 풀어서 설명하면 '포가자세는 상대방에게 창보(搶步)로 들어가 후려치고 걸어 올리는 세(勢)다. 그 후에 발차기를 한번 더한다. 다시 왼손으로 채(採)하고 오른손을 橫(횡)으로 휘두른다. 다시 架一掌(가일장)한다'다. 여기서 가일장은 '지탱하며 掌(장)을 한번 친다' 나 '틀이 있는 장을 친다'는 의미인데, 이것은 장으로 칠 때 다른 손이 치는 손을 지탱해주는 동작이며 劈挂拳(벽괘권)[962]의 合子掌(합자장)과 비슷할 거라 추측된다."[963]

八. 拈肘勢(점주세)

권경	권	장권	권세	권법	무비문
		없음			

가. 全文原文(전문원문)

①拈肘勢防他弄腿 我截短須認高低 劈打推壓要皆依 切勿手脚忙急

②拈肘勢防他弄腿 我截短須認高低 劈打推壓要皆依 切勿手脚忙急

③拈肘卽回封也【賽寶全書】

④拈肘勢

나. 拳經(권경)·拳(권)의 詩語(시어)

①拈肘勢防他弄腿(염주세방타롱퇴): 염주세는 상대의 돌면서 차는 것을 막는다네

②我截短須認高低(아재단수인고저): 나는 짧게 따라 들어가 위아래를 막는다네

③劈打推壓要皆依(벽타추압요개의): 벽타와 추압 모든 공격에 요긴하다네

962 김종윤, 『무예도보통지의 권법연구』, 한양대학교대학원 박사논문, 2017, p36. 「甘肅通備武藝(감숙통비무예)」에서 "劈挂拳(벽괘권)은 옛날에는 披挂拳(피괘권)이라 칭하였다.", 벽괘권은 역사가 오래되었다. 그 기원은 명나라이며 청나라 때 성행하였다. 척계광의 『기효신서』「권경첩요편」에 抛架子搶步披挂(포가자창보피괘)의 한 勢(세)가 있다."고 하였고, 많은 서적에서 抛架子勢(포가자세)는 劈挂拳(벽괘권)의 연관성에 대해 이야기하고 있다. 동작을 연결하는 방식과 명칭으로 봐서도 포가자세는 벽괘권과 연관이 있어 보인다.

963 김종윤, 『무예도보통지의 권법연구』, 한양대학교대학원 박사 논문, 2017, p36.

④切勿手脚忙急(절물수각망급): 손을 꺾고 다시 털며 발은 황급히 움직인다네

다. 拳經(권경)·拳(권)의 기법 해설

①拈肘勢防他弄腿(염주세방타롱퇴): 염주세 용법을 설명한 문장이다.

拈肘(염주)의 '拈(염)=扌+占(점)'이다. '집어들다'다. '점치는 손'이다. 수효를 셈하는 '筭(산)' 자는 가지를 집어 올려보는 손동작이다. 「권경」은 拈肘勢(염주세)와 抛架勢(포가세)가 짝이다. 弄腿(롱퇴)는 伏虎勢(복호세)의 기법이다. 그런데 복호세의 짝은 중사평으로 弄腿(롱퇴)는 돌아차는 기법이다. 염주세의 방어 높이는 상체다. 여기에서의 롱퇴는 상하를 돌려차는 족법임을 알 수 있다. 염주세가 十段錦(십단금)에서의 紐拳(뉴권)이다. 紐拳(뉴권)의 '紐(뉴)' 자는 '扭(뉴)' 자로 치환되어 爬法(파법)에서 扭爬勢(뉴파세)로 사용되었다.

②我截短須認高低(아절단수인고저): 나는 상하를 동시에 막는다.

표 16-15. 截(절)의 전문 · 해서

전문	해서
[illegible]	截(절)

'截(절)' 자는 '戈(과)+小(소)+隹(추)'다. '끊다·절단하다·막다·차단하다'다. 「李華(이화)」의 '遮截(차절)徑截輜重(경절치중)橫攻士卒(횡공사졸)'은 '사졸의 횡적 공격을 막는다'다. 抛架勢(포가세)와 같은 횡적 공격을 막는 기법이 截(절)이다. 截(절)은 새를 창으로 작게 베는 모양에서 '베다·째다'로 보지만 그렇지 않다. '새'를 '사람'으로 비유했다. '말을 잘한다'로 보면 '雀' 자의 '小(소)'는 말이 연달아 나가는 표현이고, 截斷(절단)의 의미로 보면 '손으로 입을 막는다'다. 상대의 '횡적 공격을 막는다'로 보면, 우측의 '戈' 자는 창을 들고 포가세의 동작으로 찔러 공격하는 '卒(졸)'이고, '雀' 자는 염주세로 방어하는 무인이다. 認(인)은 '言(언)+忍(인)'으로, '행한다'다. 즉 '나는 짧게 따라 들어가 위아래를 동시에 막는다'다.

③劈打推壓要皆依(벽타추압요개의): 劈打(벽타)나 推壓추압)의 공격을 막는데도 긴요하다.

'나가 있는 앞 손을 끊듯이 사용하지 말고, 상대의 손과 발을 감아돌리듯 빠르게 사용하라'는 手技(수기)의 설명이다.

④切勿手脚忙急(절몰수각망급): 염주세의 手技(수기)를 설명한 문장이다.

표 16-16. 勿(물)의 갑골문 · 금문 · 전문 · 해서

갑골문	금문	전문	해서
			勿(물)

勿(물)은 '활시위를 튕겨서 상서롭지 못한 것을 떨쳐 버리는 상형문'[964]이다.

금문 '' 자는 '몸에 묻은 물을 털어낸다'다. 몸에 붙은 털을 털어내는 손동작에서 '아니다·말아라'는 부정의 의미로 확장되었다. 切(절)은 '반으로 꺾는다'는 半切(반절)이다. 즉 拈肘(염주)는 손을 올린 동작이고, 切勿(절물)은 '꺾어서 내린다'로 올린 손을 다시 밑으로 내리는 동작이다. 勿(물)을 부정어로 해석하면 '손을 꺾지 않는다'로 전혀 다른 뜻이 된다. 勿(물)의 '말다·말아라'는 부정어로 쓰인 것이 아니라 '말다·감다'라는 소리의 의미로 사용했다. 이것은 한민족이 한자의 뜻을 사용하는 방식이다. 「권법」의 염주세가 바로 切勿(절물)을 그린 것이다. '물'은 '물·몰·말'의 음가로 '沕(물)·沒(몰)'처럼 '물'과 관련 있다. '물'은 위에서 아래로 내린다. 沒落(몰락)처럼 '몰'은 물속에 빠지는 것이다. 한자가 우리말의 음과 뜻으로 만들어졌음을 알 수 있다.

라. 拳勢(권세)의 기법 해설

원문: 拈肘卽回封也【賽寶全書】

①拈肘卽回封也(염주즉회봉야): 拈肘(염주)가 '回封(회봉)'이다. 七星卽封腿(칠성즉봉퇴), 擒拿勢封脚(금나세봉각)처럼 封(봉)은 제례에 술을 공손히 따르거나 향을 올리는 동작이다. 回封(회봉)은 '손을 돌리면서 받든다'는 의미다.

964 『漢韓大字典』, 민중서림, p321. 『禮記(예기)』 卹勿驅塵(솔말구진).

마. 武備門(무비문)의 鹽肘勢(염주세)

무비문은 拗肘(요주) 대신 鹽肘(염주)가 있다. 권경은 금나와 일삽보가 짝이지만, 염주는 王侯三比(왕후삼비)와 짝이다. 「권세」의 四封勢(사봉세)는 염주세와 다르다.

그림 16-10. 鹽肘勢/王侯三比勢

①鹽肘勢(염주세): 鹽(염)은 '소금·자반·절이다'다. 즉 소금을 뿌리는 동작이다. 拈(염·념)은 '집다·집어 들다·무게를 달다'다. 점을 쳐서 불길하면 오늘날도 '소금'을 집어 들고 사람을 향해서 뿌린다. 拈(염)은 '소금의 무게를 달기' 때문에 '염'이다. 즉 拈肘(염주)는 鹽肘(염주)와 같다. '염'의 동일 음가에서 한자를 대리 교환해서 사용했다. 鹽肘(염주)의 기법은 '手用秄披(수용자피)進鹽下一拳(진염하일권)脚用移步(각용이보)'이다. 秄披(자피)의 秄(자)는 '높게하다'다. 발을 옮기면서 '손을 위로 뽑는다'는 설명이다.

②『무예제보속집』에는 回封(회봉)으로 쓰여 있지만 回(회)가 '四(사)' 자로도 보인다. 무비문의 四封(사봉)과 비교해 보면 '拈肘(염주)'와 전혀 다르다. 염주의 손동작이 관절에서 돌아가는 것으로 보아 '回(회)' 자로 보인다.

바. 拳法(권법)의 기법 해설

①拳法(권법)에서 유일하게 拈肘勢(염주세)에 대한 「권경」의 원문이 생략됐다. 拈肘勢(염주세)의 그림도 「권경」과 다르게 切勿(절물)을 그렸다.

사. 국내 문헌과 논문의 해석

"拈肘勢(염주세)는 상대방이 발로 어찌해보려 하는 것을 막는 것이다. 나는 반드시 高低(고저)를 알아서 짧게 끊는다. 劈打(벽타)와 推壓(추압)에 모두 의지해야 하는데, 절대로 손발을 조급하게 하지 마라.

위의 문장을 풀어 써보면, '염주세는 상대방의 발차기를 방어하는 勢(세)다. 상대의 발차기의 높낮이를 파악하여 발차기를 짧게 끊는다. 염주세로 상대의 발차기를 끊는 방법은 상대의 다리를 후려치는 劈打(벽타)와 상대의 다리를 눌러서 쓰러뜨리는 두 가지가 있다. 절대 조급하게 손발을 사용하지 마라'가 된다."[965]

965 김종윤, 『무예도보통지의 권법연구』, 한양대학교대학원 박사 논문, 2017, p37.

5
相撲(상박)

九. 孌負(련부)

가. 原文(원문): 甲以右手攫乙左肩乙以右手從甲右腋下絞過(甲갑이右우手슈로써乙을의왼편엇ᄀᆡᄅᆞᆯ잡거든乙을이右우手슈로써甲갑의올흔편겨드랑아ᄅᆡ로조차) 甲項攫甲左肩各以背後句左手(甲갑의목을ᄉᆞ아지나甲갑의왼편엇ᄀᆡᄅᆞᆯ잡고각각등뒤흐로써左좌手슈ᄅᆞᆯ걸어ᄃᆞ리고) 甲負乙橫擧倒擲之乙作紡車旋霎然下地立乙又負甲如前法畢(甲갑이乙을을업고빗기들어것구로더지거든乙을이믈레도ᄃᆞᆺᄒᆞ야얼픗ᄶᅡᄒᆡᄂᆞ려셔고乙을이ᄯᅩ甲갑을업어젼법과ᄀᆞᆺ티ᄒᆞ야ᄆᆞᄎᆞ)

①「권경」과 「권세」에는 孌負(연부)가 없다. 두 개의 그림이 있는데, 하나는 씨름에서 볼 수는 자세이지만 서로 등지고 서 있는 자세는 쉽게 볼 수 없는 자세다. 당시에 이러한 相撲(상박)이 놀이문화로 퍼져 있었음을 알 수 있다. '孌(연) 자는 '쌍둥이·잇다'다. 子(자)가 둘이다. '연' 음가의 한자는 '이어진다'다.

②"둘이 붙어서 서로 싸우는 孌負(련부) 상박은 거의 유희에 가까운데 다만 오래 전부터 행하고 있었다. 이미 구보를 아는 자는 그 십 세가 근본에서 잃어버린 것임

을 당연히 알기에 증입하여 나란히 그 결을 기록한다(兩相彎[966]負相撲而起此殆近戲第其行之既久 仍舊譜焉 識者當自知之其十勢逸於今夲 故增入並錄其訣)."

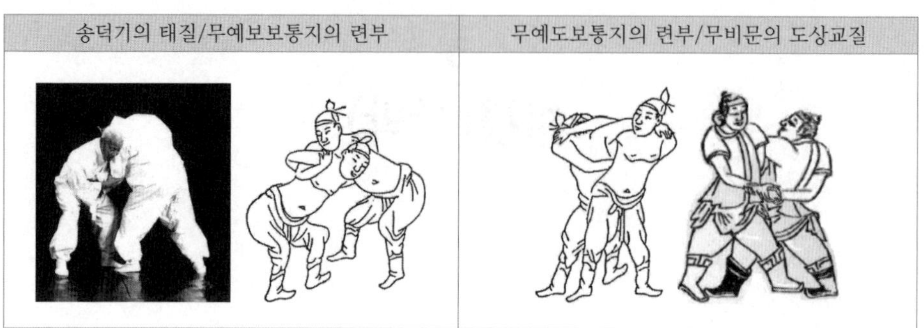

송덕기의 태질/무예보보통지의 련부
무예도보통지의 련부/무비문의 도상교질

그림 16-11. 彎負/倒上橋跌

나. 武備門(무비문)의 倒上橋跌法(도상교질법)

오! 하늘이시여, 참으로 기막히다. 오래전부터 전래한 것이라며 두 개의 彎負(연부)를 기록했다. 하나는 송덕희 옹의 기록과 같다. 태껸에 『무예도보통지』의 련부와 연결되어 있고 이 술기는 씨름과 연결된다. 또 하나의 彎負(련부)는 무비문의 倒上橋跌(도상교질)이다. 『무예도보통지』는 등을 진 모습을 그렸고, 무비문은 몸 앞을 그렸다. 때문에 보이지 않던 손의 모습을 알 수 있다. 무비문은 이것을 유희로 보지 않고, 이것은 秘傳(비전)으로 跌法(질법)이라 기록했다. 총 15개[967]의 그림이 그려져 있지만 다른 跌法(질법)도 다른 문서에 있다. 유의미한 부분은 跌法(질법)의 분류 방식이 대동류유술의 「秘傳目錄(비전목록)」처럼 條(조)로 분류되어 있고, 제목 또한 '秘傳(비전)'이다. 이것은 대동류유술의 신라삼랑설이 허구가 아님을 뒷받침하는 매우 중요한 기록이다. 무사 백동수가 『무예도보통지』에 彎負(연부)를 남긴 것은 맨손 무예사적으로 보면 신의 한 수다. 오늘날 대동류나 합기도의 술기와 같은 술기가

---

966 數眷切雙生子

967 ①二女爭夫跌法 ②小鬼跌金剛法 ③倒上橋跌④浪子脫靴跌法 ⑤太山壓頂跌法 ⑥獅子滾毬跌法 ⑦金鷄跌法 ⑧摺步跌法 ⑨順子授井跌法 ⑩上緥咽喉下緥腰裂 ⑪憔夫捆柴跌法 ⑫緥絲拿跌法 ⑬毕邊蓮脫法 ⑭色步跌法 ⑮懶摺衣勢

조선에 남아있었다는 명백한 증거이기 때문이다. 한편 무비문은 相撲(상박) 술기의 명칭도 도상교질처럼 '跌(질)' 자를 썼다. '찌르다〉질러〉질'의 이두문이다. 또한 '질러'를 '跌去(질거)'로 쓰고 있다. '질=지+ㄹ'이다. '주먹질·발길질·막음질'처럼 사용하고 있고, 택견도 '태질(넘어드리기)'이라 한다. 택견에서 태질은 "유도나 씨름처럼 잡아 넘기는 유술을 말하는데 다른 유술처럼 손만 사용하기보다는 다리와 팔을 동시에 사용하며, 특히 자신의 체중을 이용하여 넘기는 기법이 발달하여 있다."[968]라고 하여 '跌法(질법)'의 의미를 그대로 담고 있다. 跌(질)은 '땅을 바람처럼 달린다'로 '之(지)+ㄹ'이다. 'ㄹ'은 '새=풍=바람=움직임'을 나타내는 가림토의 기호다.

동작을 개념화한 '勢(세)' 자는 '서+기'로 '氣勢(기세)·形勢(형세)'의 뜻이다. 우리 언어적 특성에 따라 '기' 자가 동작에 붙어 '차기·서기·코침치기·벽치기'처럼 '氣(기)' 자로 개념화되어 사용된다. 우리 민족은 생활 자체가 氣(기) 문화 체계다. 氣(기)가 드러나는 것이 勢(세)고, 氣(기)가 드러나 모양을 갖추면 形勢(형세)가 된다. 즉 氣(기)는 태동의 시작점이고 勢(세)는 태동의 끝(端)이다. 이 氣(기)의 개념을 신체에 사용한 것이 '技(기)'고 손의 변화를 '術(술)' 자로 표현했다. 안타까운 것은 택견에서 '막음질·태질'처럼 '질'의 소리는 전승되었는데 한자가 跌(질)이라는 것은 단절됐다. 고무예서에 跌法(질법)과 '跌(질)' 자로 사용된 기법은 조선의 호신 무예들로 보아도 무방하다.

968 도기현·원영신·박휴경, 『송덕기 택견의 기술체계와 구성원리』, 한국여성체육학회지 2020, 제34권 제3호, p22.

6
相撲(상박)

'增補(증보)'에는「권경」32세 순서를 그대로 유지했다.

그림 16-12. 金鷄獨立勢/懶扎衣勢/拳經

十. 懶扎衣(나찰의)

가. 全文原文(전문원문)

권경	권	장권	권세	권법
			없음	

①懶扎衣出門架子 變下勢霎步單鞭 對敵若無膽向先 空自眼明手便

②懶扎衣出門架子 變下勢霎步單鞭 對敵若無膽向先 空自眼明手便

③懶扎衣起手架子 变換勢霎步單鞭 對敵若無膽向先 空自有眼明手便

④-------「권세」------없음

⑤懶扎衣出門架子 變下勢霎步單鞭 對敵若無膽向先 空自眼明手便

나. 拳經(권경)·拳(권)의 詩語(시어)

①懶扎衣出門架子(나찰의출문가자): 서찰 읽고 문을 나서 가자하네

②變下勢霎步單鞭(변하세섭보단편): 아래처럼 변하네, 삽보와 단편으로

③對敵若無膽向先(대적약무담향선): 적을 만나면 무덤덤하게 먼저 나가네

④空自眼明手便(공자안명수편): 밝은 눈은 허공을 쳐다보며 한 손을 편다네

다. 拳經(권경)·拳(권)·長拳(장권)·拳法(권법)의 기법 해설

①懶扎衣出門架子(나찰의출문가자): 「권경」에서 제일 먼저 나오는 자세다. 懶扎衣(나찰의)를 취하는 신법을 설명한 문장이다. 이 문장을 분석해보면 三十二勢(삼십이세)를 누가 만들었는지 알 수 있는 단서가 있다.

'懶(나)=忄(심)+賴(뢰)'다. '마음을 움직였다·천천히 움직이다'다. '賴(뢰:얻다)=貝+剌(랄)'이다. '손에 넣다'다. '剌(랄)'은 '柬(간)'과 통하여, '자루 속에 물건을 담아 넣다'다."[969]. '剌(랄)=刂+柬(束)'이다. 금문 '𠛬'의 '𠄌' 자는 '손'이다. '𠄌(손)=刂(도)'임을 알 수 있다. 손을 속으로 '넣었다'는 뜻에서 '束(속)' 자로 변한다. '柬(간)=束(속)+八(팔)'이다. 束(속)의 갑골문 '✱' 자는 동여맨 자루를 본뜬 모양이다. 八(팔)은 그 자루 속에 선별해서 넣은 물건의 상형으로 '가리다'[970]라고 한다. 해석이 잘못됐다. 八(팔)은 두 팔이다. '柬書(간서)=簡書(간서)'의 비유다. 柬(간)=簡(간)으로 書札(서찰)이다. 편지가 사람과 사람 사이(間)를 가기(간) 때문에 '간'의 음가다. '束(속)' 자에 八(팔)을 집어넣은 글자가 柬(간)이다. 편지를 자루(몸) 속에 '감추다'와 모아둔 편지를 '가린다'로 파생된다. 懶(나)의 뜻은 '게으르다'이지만 뒤에 '扎(찰)' 자가 있다. 懶

969 『漢韓大字典』, 민중서림, p1981.

970 『漢韓大字典』, 민중서림, p1000.

扎衣(나찰의)는 '천천히 여유롭게 허리춤에 감추어 꽂아 두었던 편지를 꺼내는 동작'이다. 손을 뒤로 뻗은 동작은 나타내려면 '羅(나)' 자지만 詩(시)로 은유하기 위해 '懶(나)' 자를 사용했음을 알 수 있다.

표 16-17. 束(속)·柬(간)·剌(랄)의 갑골문·금문·전문·해서

갑골문	금문	전문	해서
			束(속)
			柬(간)
			剌(랄)

'扎(찰)' 자는 '扌(수)+乚(은)'이다. '빼다·뽑다'다. 즉 '숨겨있던 것을 손으로 뽑아내다'다. 나찰의 그림 왼쪽에 옷 주름 속에 무엇인가 숨겨져 있다. 바로 札(찰)이다. 즉 '편지나 호패를 뽑는 것'이다. 즉 나찰은 좌측 허리춤에 끼워둔 호패를 꺼내는 동작을 나타낸다. '찰'의 한 음가에 두 개의 의미를 함축하여 사용했다. 懶扎衣(나찰의)는 왼손으로 뒤쪽 허리춤에 있는 호패를 뽑는 동작을 나타낸 말이다. 호패를 뽑은 오른손의 이 뒤로 一字(일자)처럼 뻗는다. 허리춤에서 편지를 읽고 마음이 급하여 빨리 되돌아가자고 오른손을 뒤로 뻗으며 집으로 돌아 '架子(가자)'라고 보채는 동작이다. 즉 한 손을 뒤로 뽑고 '가자'고 부모를 보채는 동작이 出門架子(출문가자)다. 이 문장에 매우 중요한 개념이 架子(가자)다.

出門(출문)은 '문을 나선다'다. 出(출)은 進(진)이 전제된 개념이다. 즉 '들어갔다가 다시 돌아 나온다'다. 나찰의는 누군가 앞으로 들어간 사람을 보고 그만 '되돌아가자'고 손짓을 하는 것이다. 즉 架子(가자)는 우리말 '가자'의 이두문이다. 나찰의는 「拳經」의 첫 시작으로 架子(가자)는 시작을 알리는 '소리'다. 무비문의 「맹호고산세」의 '如前是個架勢(여전시개가세)'의 架勢(가세)는 '~하세'처럼 '가세'로, 「斜步(사보)」[971]

971 之字様走步每一折兩步如右手架在前則行過右邊左手架在轉側行過左邊先出金井欄然後開手袞〻架起此乃是看他來拳是何如〻他出左手我則纏左架如出右手則纏右架只看他如何來若隔遠則之字様趕進前隔近則看他起手便起架九遠近要闊狹取

에서 右手架在前則行過右邊左手架(우수가재전측행과우변좌수가)에서 '가다'라는 '架(가)' 자와 문장 속에 '' 자도 있다.

「장권」에서는 出門(출문)이 起手(기수)로 바뀌었다. 「장권」의 나찰의는 「권경」의 나찰의에서 뒤로 움직인 자세를 그렸다.

표 16-18. 加(가)·處(처)의 금문·전문·해서

금문	전문	해서
		加(가)
		處(처)

'架(가)' 자는 '加(가)+木(목)'이다. 加(가)를 '力(력)+口(구)'로 보았다. 그래서 口(구)를 '신에게 올리는 축문의 뜻'[972]이라 하지만 『금문·전문』의 '' 자는 '口'가 아니다. 足(족)의 갑골문 ''의 '' 자형과 之(지)의 갑골문 ''의 '' 자다. 자음 'ㅂ'으로 '발'을 그린 상형문자다. 허신은 살아생전 갑골문을 보지 못했다. 'ㅂ' 자의 상형 성과 뜻을 모르고 '口' 자로 보았다. 加(가)는 『左傳』에 宵加於鄙(소가어비)로 '치다·공격하다'다. 處(처)는 '있다'다. '處(처)=処(처)+虍(호)'다. 虍(호)는 居(거)와 통하여 '있다'다. '処(처)' 자도 '걸상에 걸터앉다, 있다'다.[973] '호랑이 족의 여자가 시집가기 위해 집에 있다'로 해석된다. 금문에 작은 의자에 걸터앉은 모습()에 '발'이 있다. 즉 '(加)' 자는 손과 발이 함께 나아가기 때문에 '가'의 음가다. 'ㄱ'는 '가'와 '거'다. '加(가)' 자의 'ㅏ'는 동쪽으로 외향이고 '去(거)' 자의 'ㅓ'는 서쪽으로 내향이다. 즉 '가'는 손이 뒤로 가는 손의 작용이기 때문에 '架(가)'이고, '거'는 앞으로 나아가는 발의 작용이기에 '去(거)'다. 또한 '架(가)'는 긴 나무를 가로질러 선반처럼 만든 것으로 '시렁가'다. 선반 위에 무엇인가 '실어간다(시렁가)'에서 등에 지는 '支開(지개)'를 의미한다. 즉 기지개를 펼칠 때 양손이 등 뒤로 간다. '지게(개)'의 목발의 잡는 동작이다. 등에는 두 개의 나무가 손처럼 뻗어있다. 지개의 가자세도 '좌수'는 허리춤 뒤로 뻗고, '우수'는 旋盤(선반)처럼 어깨 뒤로 평편하게 뻗어 '가자'라고 손동작을 한다.

972 『漢韓大字典』, 민중서림, p309.

973 『漢韓大字典』, 민중서림, p1810.

「권경」의 첫 문장 '懶扎衣出門架子(나찰의출문가자)'는 한자를 자유자재로 쓰고 우리말을 할 줄 아는 사람이 작성한 문서다. 중화의 문화에서는 이와 같은 구조로 한자를 사용할 수 없다.

②變下勢霎步單鞭(변하세섭보단편): 變下勢(변하세)는 懶扎依(나찰의)가 霎步(삽보)와 單鞭(단편)으로 변한다.

표 16-19. 變(변)의 전서·해서

전서	해서
䜌	變(변)

'變(변)' 자는 '䜌(련)+攴(복)'이다. 䜌(련)은 '계속하다·연속된 것을 잘라서 바꾸다'다. 變遷(변천)·動則變(동즉변)의 '움직이다·이동한다'[974]는 變動(변동)의 뜻이다. 變下勢(변하세)는 '나찰의는 일삽보세와 단편세으로 연결된다'다. 「권경」이 비록 개별적 수수관계로 기록되었지만, 투로 형식으로 연결되어 있음을 알 수 있는 중요한 문장이다.

「권법」의 순서와도 일치한다. 變下(변하)는 '변하다'의 이두문이다. 勢(세)는 시어로는 '변하세'와 '변하네'다. 즉 變下勢(변하세)는 三十二勢(삼십이세)에 없다. 變下勢(변하세)는 별도의 자세가 아니며, 懶扎依(나찰의)는 霎步(삽보)와 單鞭(단편)으로 변화된다는 의미다. 霎步(삽보)는 가랑비 내리는 날 여인네가 조심스럽게 발을 딛는 동작이다. 조심스럽게 '우수'를 뒤로 뻗을 때 '우각'도 함께 뒤로 빠진다. '사뿐히 걷다'의 이두문이다. 「권세」에 一霎步卽懶札衣也(일삽보즉나찰의야)다. 여기서 나찰의는 한 손을 뻗은 '架子(가자)'다. 그래서 나찰의가 一霎步勢(일삽보세)다. 뒤로 뻗은 우측 손이 일삽보세와 같기 때문에 「권세」에서 일삽보를 나찰의라 한 것이다. 「권세총도」에는 이 순서로 구성되어 있지 않지만, 「권법」에는 '일삽보세-요단편세'로 구성되어 있다. 금계독립세와 짝인 이유는 회전 방향을 대칭적으로 구성했기

974 『漢韓大字典』, 민중서림, p1974.

때문이다. 즉 금계독립세는 좌회를, 가자세는 우회를 할 때 사용하는 신법이다.

「장권」은 变换势(변환세)로 자세가 변한다는 것을 더 구체적으로 설명했다.

③對敵若無膽向先(대적약무담향선): 적을 대하면 무덤덤한 것처럼 먼저 나가네

나찰의에 대한 심법과 나찰의가 상대와 겨루기 위해 처음 마주하는 기법임을 알 수 있는 문장이다. 若無膽向先(약무담향선)은 심법이다. '敵(적)' 자를 사용한 곳은 '高四平(고사평)·一霎步(일삽보)·懶扎依(나찰의)' 세 곳이다.

④空自眼明手便(공자안명수편): 나찰의의 안법을 설명한 문장이다.

空自眼明(공자안명)이 허공을 향해 턱을 들고 눈을 밝게 뜨고 무심한 듯 적을 내려보면서 뒤로 손을 편안하게 펴라(手便)다.

架子勢(가자세)의 얼굴을 보면 턱이 들려있다. 상태를 깔보듯이 내려보면서 상대의 강한 기운을 제압하고 자신의 부족한 담력을 감추는 심법이 들어있다. 요즘 말로 눈싸움의 기술이다. 또한 얼굴을 뒤로 젖히면 순간 들숨이 되어 심리적 안정이 생긴다. 옛날 복식에 맞게 대련에 앞서 좌측에 흘러내린 옷을 왼손을 이용하여 허리춤에 꽂았음을 알 수 있다. '便(편)' 자 또한 우측 손을 뒤로 '편다'는 이두문이다. 즉 手便(수편)은 '편손'이다.

라. 국내 문헌과 논문의 해석

"懶扎衣(나찰의)는 문을 나서는 자세로 下勢(하세)·霎步(삽보)·單鞭(단편)으로 변한다. 대적(對敵)하는데 담이 앞서지 않으면, 눈이 밝고 손이 빠르더라도 소용이 없다."[975]

"이 문장의 의미는 라찰의 후에 하세·삽보·단편을 연달아 펼치는 기법을 말함이다. 삽보와 단편을 한 동작 혹은 두 동작으로 볼 수도 있는데 그것은 큰 차이가 없다. 鄭少康(정소강, 2007)은 下勢(하세)를 '세를 펼치다'로 이해하여, 出招(출초)라고 풀이했는데, 이는 문장에 대해 제대로 파악하지 못한 것으로 보인다. 앞에 變(변)이 動詞(동사)이므로 下(하)를 동사가 아니라 명사인 下勢(하세)로 봐야 한다. 變下

975 김종윤, 『무예도보통지의 권법연구』, 한양대학교대학원 박사논문, 2017, p130.

勢霎步單鞭(변하세삽보단편)을 '아래로 행하는 下勢(하세)인 삽보와 단편으로 변한다'로 해석할 수도 있으나, 삼십이세의 一霎步(일삽보)나 單鞭(단편) 동작이 아래로 행하는 勢(세)가 아니므로 그렇게 해석되기 어렵다고 보인다."[976]

十一. 金鷄獨立勢(금계독립세)

권경	권	장권	권세	권법
		없음	없음	

가. 全文原文(전문원문)

①金鷄獨立顚起 裝腿橫拳相兼 搶背臥牛雙倒 遭着叫若連天

②金鷄獨立顚起 裝腿橫拳相兼 雙搶背臥牛倒 遭着叫若連天

③----------------「장권」 없음----------------------

④----------------「권세」 없음----------------------

⑤金鷄獨立顚起 裝腿橫拳相兼 搶背臥牛雙倒 遭著呌若連天

나. 拳經(권경)·拳(권)·拳法(권법)의 詩語(시어)

①金鷄獨立顚起(금계독립전기): 금계가 오른발을 왼쪽으로 옮겨 오른쪽으로 돈다네

②裝腿橫拳相兼(장퇴횡권상겸): 우각으로 좌 무릎을 덮고 우권을 횡으로 쌓는다네

③搶背臥牛雙倒(창배와우쌍도): 손을 들고 옆으로 돌아누우니 두 산이 돌아가네

④遭着叫若連天(조착규약연천): 연이어 하늘이 돌이 둘이 만나 기쁨에 울부짖네

976 김종윤, 『무예도보통지의 권법연구』, 한양대학교대학원 박사논문, 2017, p28.

다. 拳經(권경)·拳(권)·拳法(권법)의 기법 해설

①金鷄獨立顚起(금계독립전기): 금계독립의 신법에 대한 설명문이다.

金鷄獨立(금계독립)과 대립하고 있는 상대는 懶扎衣(나찰의)다. 나찰의는 겨루는 첫 자세에도 변용하여 사용했다. 금계독립세는 左廻(좌회)로 돌면서 '우각'을 '좌각' 쪽으로 옮기면서 돌면, 일삽보세와 대칭인 도기룡세가 한 번에 취하게 되면서 상대와 마주 서게 된다. 금계독립세에서 '좌수'를 높이 도는 것은 빠르게 회전하면서 중심을 잡기 위한 신법이다. '우각'을 높이차면 '축천세'가 된다. '우수'의 작용은 응용하면 상대의 손은 잡아 좌회로 돌리는 기법으로 사용할 수 있고 반대로 가자세는 '우회'하면서 '우수'로 상대를 끄는 기법으로 변용된다. 가자세에서 '좌수'를 등에 대거나 내리는 것은 회전 시에 팔이 흔들리지 않게 하여 중심을 잡으려는 것이다. 일사보세에서 '좌수'를 등에 대는 것도 마찬가지다. 하나의 기법에서 파생될 술기는 萬化(만화)로 변한다. 가자세와 금계독립세의 회전법이 합기도에서 행하는 轉還法(전환법)과 같은 이치다.

표 16-20. 眞(진)·匕(비)·鼎(정)의 갑골문·금문·전문·고문·해서

갑골문	금문	전문	고문	해서
				眞(진)
			(化의 고자)	匕(비)
				鼎(정)

'顚(전)' 자는 '眞(진)+頁(혈)'이다. '顚(전)=顛'이다. "眞(진)은 금문에서는 匕(비)+鼎(정)로 '匕(비)'는 수저를 본뜬 자다. 鼎(정)은 세 발 솥의 형상에서 '채우다'로 信(신)과 통하여, '속이 꽉 차있는 진짜, 진실'의 뜻이다. 전문에서 '匕+目+乚+||'의 회의로 변형됐다."[977]라고 해석한다. 잘못된 해석이다. '眞(진)' 자는 한민족의 신앙과 정체성이 들어있는 매우 중요한 글자다. '匕(비)'의 갑골문 '' 자는 '돌아가신 어머니'다. '' 자는 人(인)을 거꾸로 한 모습이다. 즉 匕(비)의 의미는 '뒤로 돌았다·어

977 『漢韓大字典』, 민중서림, p1425.

머니가 북두칠성으로 돌아가셨다'다. 眞(진)의 금문은 '[illegible]=[illegible]+[illegible]'이다. '[illegible]=山(산)+目(목)'이다. '[illegible]' 자는 鼎(정)의 갑골문 '[illegible]' 자와 다르다. '[illegible](匕)'[978] 자는 '北'의 우측 '匕'로 북두칠성이다. 化(화)의 '亻'은 산 사람이고 '匕'는 죽은 사람이다. 즉 '죽어서 북망산 위에 있는 북두칠성으로 돌아간다·산에서 돌아가는 북두칠성을 본다'다. 이것이 '참이다'다. 전문 '[illegible]' 자는 부처가 태어나 오른손은 하늘을, 왼손은 땅을 가리키던 것처럼, 북쪽을 향해 뒤로 돌아 '오른손'을 들어 북두를 가르치고 있는 사람이다. 북두칠성은 오른쪽으로 돈다. 右(우)을 '오른우'가 '오르다=옳다'가 된다. 天佑神助(천우신조)의 佑(우)는 '[illegible](진)' 자의 의미다. 조선세법의 태아도타세에서 '우수'를 하늘에 올리는 것도 '[illegible](진)'이다. 하늘에 있는 용의 북두칠성이 辰(진)이다. 顚(전)은 '뒤(後)돌면 앞(前)이다'. 背山臨水(배산임수)의 背(배)는 등이기 때문에 北(북) 쪽이다. 오른쪽에서 왼쪽으로 돌게 되면 左廻(좌회)다.

②裝腿橫拳相兼(장퇴횡권상겸): 금계독립의 '우각우각'의 동작을 설명한 문장이다.

전문의 '[illegible](장)=[illegible]+[illegible]'이다. [illegible](장)은 倉(창)과 통하여 '넣다·싸다·감추다'와 의복으로 '몸을 싸다·차리다·꾸미다'다. '[illegible](의)'가 아래에 붙었다. 下衣(하의)다. 금계독립세의 '우각'이 '좌각'을 덮은 것을 비유했다. 橫拳(횡권)은 우권이 좌횡으로 옮긴 것이고, 相兼(상겸)의 兼(겸)은 '껍쳐 쌓다'다.

③搶背臥牛雙倒(창배와우쌍도): 손을 들어 뒤로 돌아눕듯이 두 손을 들고 돈다.

표 16-21. 臣(신)·目(목)의 갑골문·금문·전문·주문·해서

갑골문	금문	전문	주문	해서
[illegible]	[illegible]	[illegible]		臣(신)
[illegible]	[illegible]	[illegible]	[illegible]	目(목)

'搶(창)' 자의 금문 '[illegible]' 자는 '양손을 찌르는 동작'이다. 즉 搶背(창배)는 '뒤쪽을 향해 두 손을 옮긴다'다. 臥(와)는 '臣(신)+人(인)'으로 '돌아눕다', 橫臥(횡와)는 '가로눕다', 臣(신)은 '보다'다. 『후한서』 出入臥內(출입와내)는 '문을 출입할 시에 몸을 옆으

978 임성묵, 『본국검예 3. 왜검의 시원은 조선이다』, 행복에너지출판사, 2018, p156.

로 해서 들어간다'다. 熟臥(숙와)는 '고개를 숙이다'다. 目(목)의「갑골문·금문」'' 자는 정면, 臣(신)의 '' 자는 '하늘과 좌방향으로 돌아보다'다. 금계독립의 그림이 '좌측으로 돌아눕는 동작'이다. 이것을 표현한 문장이 '搶背臥(창배와)'다.

牛雙(우쌍)은 '소의 두 뿔'이다. 牛雙倒(우쌍도)의 倒(도)는 倒挿(도삽)처럼 '두 손을 들고 돈다'다.「권법총도」의 도삽세처럼 두 손이 '山(산)'자 형이 된다. 牛雙(쌍우)를 牛雙(우쌍)으로 비유했다. 즉 도삽세에서 돌 때의 머리 위로 드는 양손이 '牛雙(우쌍)'이다. 아래 문장에 '牛雙(우쌍)'이 견우와 직녀의 이야기가 담겨있다.

④遭着叫若連天(조착구약연천): 나찰의를 취한 상대가 나타나면 소리를 지른다.

표 16-22. 曹(조)·朁(참)·替(체)·爾(이)·爽(상)의 갑골문·금문·전문·별체·해서

갑골문	금문	전문	별체	해서
				曹(조)
				朁(참)
				替(체)
				爾(이)
				爽(상)

'遭(조)' 자는 '辵(착)+曹(조)'다. '曹(조)=棘(조)'다. '짝·둘'이다. 同類(동류)의 의미로 '我曹(아조)·爾曹(이조)'다. 즉 '我(아)=曹(조)=爾(조)'다. 我(아)[979]는 나르는 '새'다. 알에서 나온 '새'다. 그래서 '나아'다. 歲(세)의 갑골문은 새 등에 초승달과 금음(곰) 달이 있다. 즉 달의 변화와 이동을 새로 표현했다. 그래서 '歲(세)=月(월)'이다. 달은 여성이기에 '딸'이고 '곰'이 여성이기에 '그음(곰)-달'이다. 달 속의 여자가 '娥(아)'다. '爾爲爾我爲我(이위이아위아)'처럼 我(아)와 爾(이)는 대칭 관계다. 我(아)의 갑골문은 하늘 위로 나는 '새'다. 瀰(이)는 물이 '가득하다·치렁치렁하다'이고 爽(상)의 금문의 爻(효)는 열린 겨드랑이 사이로 바람이 드나든다. 즉 爾(이)는 양 날개를 반쯤 접고 땅에 내려앉아 뽐내는 '새'다. '璽(새)=爾(이)+土(토)'다. '늠름한 새가 땅

979 임성묵, 『본국검예 3. 왜검의 시원은 조선이다』, 행복에너지출판사, 2018, p181.

을 지배한다'는 징표의 璽(새:옥새)[980]다. '새기다'라는 말도 옥새에서 유래한다.

『爾雅(이아)』[981]에 '雅(아)=牙(아)+隹(추)'다. 牙(아)는 '까마귀의 소리'를 나타내는 의성어다. 즉『이아』는 '새의 노래·새의 바른말'로 새를 토템으로 숭배한 민족의 문서임을 알 수 있다. 遭着叫若連天(조저구약연천)은 若連天遭着叫(약연천조착구)가 도치된 문장이다. 若連天(약연천)의 連天(연천)은 '하늘과 이어짐'이다. 이 첫 문장은 견우와 직녀의 만남이라는 신화를 金鷄(금계)와 懶扎依(나찰의)의 만남으로 비유했다. 즉 七月七夕(칠월칠석) 牽牛(견우)가 금계(까치)의 등을 타고 지상에서 하늘로 올라오고 있다는 서찰(나찰의)을 織女(직녀)가 받고 빨리 마중을 나가자(架子)고 보채는 동작으로 구성했다.

둘이 만나 기쁨에 발을 '동동 구른다'다. '새'를 뜻하기 때문에 '조'의 음가다. '무리·떼'는 '새무리·새떼'다. '喿(조)=品(품)+木(목)'이다. '운다'다. '새가 나무 위에 앉아 무리 지어 운다'를 표현한 글자다. 그래서 鳥(조)의 음가다. 曹(조)는 암수 두 마리의 '새'다. 東(동)이 단순하게 '동쪽'이라는 방향뿐만 아니라, 동쪽에서 아침에 떠오르는 해(새)라는 의미다. 아침 해가 뜨면 참새 떼가 떠들어댄다.

'[glyph](조)=[glyph]+[glyph]'이다. '[glyph]' 자는「해서」에 '曰(왈)'이다. 또한 替(체)의「금문·별체」인 '[glyph]·[glyph]' 자와 朁(참)의「금문·전문」인 '[glyph]·[glyph]' 자를 보면, '[glyph]>[glyph]'의 '[glyph]=[glyph]+•'이고 '[glyph]=[glyph]+[glyph]'이다. '•'과 '[glyph]'자 형으로 두 개를 나타낸다. 즉 '[glyph]>[glyph]' 자는 쌍자음 'ㅃ'이다.

'[glyph]=[glyph]+[glyph]'이고 '[glyph]=[glyph]=[glyph]=竝(병)'이다. '가지 못하고 서 있다'에서 '바꾸다·교체하다·폐기하다'다. 朁(참)의 금문 '[glyph]' 자는 '[glyph]' 자의 반대다. '고개를 돌려 과거의 발자취를 본다'에서 '일찍이·이미 지나간 시간'의 의미다. 뒤로 흐르는 시간을 '[glyph]' 자로 나타냈다. '[glyph]=旡+旡'이다. 과거는 '없다·이미'의 뜻이다. '[glyph]' 자형 하나로는 고개를 돌린 머리에 중점을 두어 '목메다·목에 막히다'의 뜻이다.

---

980 임성묵,『본국검예 3. 왜검의 시원은 조선이다』, 행복에너지출판사, 2018, p443. "『禮記(예기)』에 祥符(상부), 天符(천부), 萬物之符長(만물지부장)이라 하며,『呂氏春秋(여씨춘추)』에는 天符同也(천부동야)라 한다. 또한「史記(사기)」에서는 奉其符璽(봉기부새)라 한다. 천자의 도장을 符璽(부새)라 하고 하늘이 제왕 될 사람에게 주는 神表(신표)를 '符命(부명)'이라 한다."

981 3권 19편으로 이루어져 있는「爾雅(이아)」는 漢(한, 기원전 206년~220년) 이전에 만들어졌으며, 저자 또는 편자는 분명하지 않다.「이아」는 13경의 하나로 중국의 가장 오래된 자전이며, 주석서 이자 자해서다. 현재「이아」는 전해지지 않으며, 서진(西晉, 265년~316년)의 학자 郭璞(곽박, 276년~324년)이「이아」의 경문(經文)을 풀이하여 주석을 단「이아주(爾雅注)」가 가장 오래된 것으로 남아있다.『네이버지식백과 발췌』

「무비문」의 抱勢(포세)에 둘이 겨루는 문장에도 '遭者(조자)'를 썼다. 한편 遭着叫(조저규)의 着(저)는 '착'으로 소리 하면 '붙다·다다르다·시작하다'지만, '조'의 음가는 '나타나다·이루어지다'다. 著(저)의 俗字(속자)로 '나타나다·입다·몸에 붙다'다. 즉 삼베옷을 입고 눈앞에 나타난 사람이다. 겨루기 위해 만났다. 遭着(조저) 뒤에 叫(규)는 '크게 외치다'다. 즉 '조저라고 크게 외친다'다. 懶扎依(나찰의)를 취하며, 架子(가자)로 말하자 金鷄(금계)는 遭着(조저)로 '크게 소리를 질러라'다. 즉 '가자'와 '조저'는 추임새로 사용된 이두문이다. 즉「권경」의 첫 시작은, 한 사람이 '가자'라고 소리치면 상대도 '조저〉조지다'라고 추임세를 넣고 시작한다. '조저'는 우리나라 말에 싸움에서 지면 신세 '조진다'는 말속에 남아있다. 놀이문화에서는 '조저〉조지〉좋다〉좋지'란 추임새를 사용하고 있다.

표 16-23. 叫(규)·七(칠)·十(십)의 갑골문·금문·전문·해서

갑골문	금문	전문	해서
		[illegible]	叫(규)=訆(규)
十	十	[illegible]	七(칠)
丨	丨	十	十(십)

'叫(규)' 자는 '口(구)+丩(구)'다. '부르짖다·외치다·울다'다. 丩(구)는 '얽히다'다. 遭(조)는 '상봉한 결과 울고불고 한다'가 '叫(규)'다. 遭叫(조규)는 견우와 직녀의 만남을 뜻한다. 전문 '[illegible](규)=ㅂ+[illegible]'이다. '[illegible]=[illegible]+[illegible]'다. '[illegible]' 자는 乙(을), '새'다. '己(기)' 자는 '새의 몸'이다.

하늘로 날아가 두 사람이 만났기 때문에 '乙(을=새)'다. '叫=訆(규)'다. 즉 '북두칠성에서 만나 운다'이다. '觓(구)=牛(우)+丩(구)'다. 牽牛(견우)의 상징이 '소'이다. 소가 우는 '吽(후)'다. 觓(구)는 '구부러진 소뿔'이다. '北'이 견우와 직녀가 헤어져 등을 지고 있다. '[illegible](구)' 자는 둘이 만난 것이다. 견우와 직녀가 만나는 7월 7일은 7이 둘이다. 七(칠)의『갑골문·금문』은 '十(칠)'자 형이다. 가로(직녀:땅)와 세로(견우:하늘)의 만남이다. 견우가 하늘로 올라간 것을 표현한 '[illegible](규)'의 밑에 있는 글자를 전문의 '[illegible]' 자로 표현하여 七(칠)로 바뀌고, '칠'을 뜻한 '十' 자가 '십'으로 사용된다.

「권경」의 金鷄(금계)와 懶扎衣(나찰의) 동작은 무예도보통지 「교전보」에서 開門(개문)과 交劍(교검)의 관계로 서로 처음 겨루는 방식과 일치한다.

라. 金鷄獨立勢(금계독립세)와 抬陽懸脚金鷄勢(태양현각금계세)

그림 16-13. 金鷄獨立勢①/抬陽懸脚金鷄②/蹙天勢③

①무비문의 '抬陽懸脚金鷄勢(태양현각금계세)'가 금계독립세다. 동작의 차이는 좌우 방향이 바뀐 것뿐이다. 『새보전서』에 도삽세를 '抬陽(태양)'이라 한 것은 뒤로 돌아가기 위해 손을 높이 들었기 때문이다. 태권도의 품세에서 뒤로 돌때 양손을 올리는 동작이 '태양'이다.

②脚用顚番吊脉(각용전번조맥)手用披砍(수용피감): 吊(조)는 '이른다·다시 도달한다'로 '발이 뒤로 돌아간다'는 것을 설명하고, 披(피)는 '편다' 砍(감)은 '감는다'다. 두 사람 사이에 있는 점이 회전을 나타내는 비표다. 「권경」의 금계독립세는 '좌회'로 돌면서 '좌수'를 들고 '우각'을 좌측으로 옮기는 '후면'의 그림을 그렸고, 대양현각금계는 '좌수'를 들고 '좌각'을 '우측'으로 옮기는 앞면을 그렸다. 서로 대칭이다. 〈그림 16-13②〉는 돌아 차기 위해 금계독립세에서 좌로 돌면서 들었던 '우각'을 축으로 세우고 돌면서 '좌각'으로 차기위에 후방에 도달했을 때의 정면 모습이다. 회전력을 유지하여 '좌각'으로 돌려 차면 〈그림 16-13③〉으 축천세로 연결된다. 한손을 들고 회전하는 것은 회전력을 높이고 몸의 중심을 바로 잡게 하는 중요한 요소다. 순란주세에서 뒤를 보고 축천세로 찰 때도 한 손을 드는 이유다.

「권경」은 나찰의와 금계독립이 짝이지만 무비문은 鬼拜燈(귀배등)과 짝이다. 이렇게 서로 같은 것도 있고 없는 것이 있는 것으로 보아 그만큼 역사의 부침이 심했다는 방증이다. 잦은 전쟁은 사람을 이동시킨다. 국가의 흥망은 그 땅에 머물러 살던 사람들이 인식하지 못하는 사이에 자신이 섬기던 나라가 바뀌는 등 역사의 질곡을 겪는다. 자연히 문서가 소실되고 다시 술기가 조합되면서 같음과 다름 그리고 선후가 바뀌거나 오기가 생겼음을 알 수 있다.

마. 국내 문헌과 논문의 해석

"金鷄獨立(금계독립)은 꼭대기까지 일어서며, 裝腿(장퇴)와 橫拳(횡권)을 서로 같이 겸하고 있다. 소가 누워 있는 것처럼 굴러서 둘 다 쓰러지니, 이를 당하면 울부짖음이 하늘에 닿는다."[982]

"搶背(창배)는 땅에 등을 부딪치는 의미로, 『중국무술대사전』에는 '양손을 앞에서 땅을 짚고, 머리를 숙여 몸을 말아 어깨, 등, 허리, 엉덩이 순으로 땅에 닿으면서 앞으로 한 바퀴 구른다'고 하였다. 蔡景和(채경화)의 『戳脚拳法(착각권법)』에서는 창배를 '앞으로 뛰어 공중에서 구르면서 땅에 손을 대고 한 바퀴 도는 것'이라 설명하였다. 鄭少康(정소강, 2007)은 搶背臥牛雙倒(창배와우쌍도)를 '搶背臥, 牛雙 倒'로 세 단어를 한 의미로 해석했으며, 박청정은 搶背(창배)를 '등판이 훑어지고'라고 해석했다."[983]

982 김종윤, 『무예도보통지의 권법연구』, 한양대학교대학원 박사논문, 2017, p130.

983 김종윤, 『무예도보통지의 권법연구』, 한양대학교대학원 박사논문, 2017, p28~29.

7
相撲(상박)

그림 16-14. 鬼蹴脚/井攔/拳經

十二. 井攔勢(정란세)

권경 	권 	장권 	권세 	권법 

가. 全文原文(전문원문)

①井欄四平直進 剪臁踢膝當頭滾 穿劈靠抹一鈎 鐵樣將軍也走

②井攔四平直進 剪臁踢膝當頭滾 穿劈靠抹一鈎 鐵樣將軍也走

③井攔四平直進 剪臁踢膝當頭滾 穿劈靠抹一鈎 鐵樣將軍立不

④井攔卽井欄也【賽寶全書】用右脚向左横立 作井攔勢

⑤井攔四平直進 剪臁踢膝當頭 滾穿劈靠抹一鈎 鐵攘將軍也走

나. 拳經(권경)·拳(권)의 詩語(시어)

①井欄四平直進(정란사평직진): 정란은 사평처럼 곧게 들어간다네

②剪臁踢膝當頭(전렴척슬당두): 앞발로 정강이를 차고 머리를 친다네

③滾穿劈靠抹一鈎(곤천벽고말일구): 벽이 뚫리도록 팔꿈치 끝에 힘을 넣어 구부리네

④鐵樣將軍也走(철양장군야도): 철갑투구를 쓴 장군이 도망간다네

다. 拳經(권경)·拳(권)·長拳(장권·)拳勢(권세)·拳法(권법)의 기법 해설

①井欄四平直進(정란사평직진): 정란세의 보법에 관한 설명문이다.

井欄(정란)의 井은 '우물'이다. 欄(란)은 우물을 보호하기 위한 난간으로 구부린 팔꿈치가 欄(란)이다. 『기효신서』에서는 '欄(란)' 자를 쓰고, 『무비지·권보·무예도보통지』는 '攔(란)' 자를 썼다. 攔(란)은 '扌+闌(란)'이다. 금문은 문(門) 앞에서 두 눈을 크게 뜨고 양팔을 벌리고 막고 있는 수문장(柬)이다. 팔뚝으로 밀쳐 '막는' 정란의 기법을 의미한다. 그래서 사람을 앞에 크게 그리고 문은 뒤에 작게 그렸다. '柬(간)=束(속)+八(팔)'이다. '선별해서 넣은 물건에서 가린다'다.[984] '八(팔)+束(속)'이면 '팔을 속에 넣다'다. '八(팔)'이 '곧 양팔'이다. 또 다른 뜻으로 편지(簡)다. 손으로 가리기(묶기) 위해 편지를 몸 '속'에 숨긴다. '束(속)'의 음가가 편지를 전달하기 위해 누군가에게 '간(柬)'다. 가지 못하게 방패로 막는 게 '干(간)'이다. 이처럼 '간'의 음가는 한자에서 '간다·막는다'다. 攔(란)은 '차단한다'다. 막는 손의 동작이고, 鸞(란) '둥근 손'의 모양으로 拗鸞肘(요란주)다. 四平(사평)은 곧게 친다. 주먹의 손등이 평평한 땅처럼 하늘을 향한다. 주먹은 '정권으로 사용한다'는 의미를 갖는다.

---

984 『漢韓大字典』, 민중서림, p1000.

②剪膁踢膝當頭(전렴척슬당두): 정란세의 족법을 설명한 문장이다.

'剪(전)=前(전)+刀(도)'다. '剪(전)'의 '刀' 자가 시연자의 앞에 있는 '발'로 '膁(렴: 장강이)'다. 즉 정강이로 적의 무릎을 차는 것이 踢膝(척슬)이다. 도치하면 膝踢(슬척)이다. 우리말에 '재빠르고 가볍게 찬다'는 '슬쩍'의 이두문이다. 즉 정란은 근거리에 있는 적의 무릎을 정강이로 재빨리 차면서 땅에 딛는 동시에 팔꿈치로 상대의 머리를 치고 밀치고 들어가 막는 기법이다. 현각허이처럼 높이차면 정란을 쓸 틈이 없다. 當頭(당두)는 이두문이다. 當(당)은 '마주본다·친다'는 뜻의 撞(당)의 개념이다. 當頭(당두)가 당두포다.

③滾穿劈靠抹一鈎(곤천벽고말일구): 정란세의 수법을 설명한 문장이다.

滾穿劈(곤천벽)의 '滾(곤)=氵+袞(곤)'이다. 袞(곤)은 袞龍袍(곤룡포)로 '왕의 옷'이다. 즉 왕이 용이고 용이 물이다. 滾(곤)은 허리에 두른 둥근 띠처럼 '돈다'[985]다. 穿(천)은 '뚫는다'다. 劈(벽)은 '벽을 쪼개듯 치다'다. 靠抹一鈎(고말일구)의 靠(고)는 '기대다'로 '한쪽이 무너졌다'다. 그래서 '어긋나다'다. 抹(말)은 '扌+末(말)'로 '끝이 스쳐 지나가 가루로 만들다'다. 鈎(구)는 '끌어당기다·구부린다'다. 즉 팔을 구부려 '팔꿈치를 돌려 벽을 뚫듯이 친다'는 정란세의 수법을 설명한 문장이다. 또한 末(말)은 '一+木(목)'으로 '손목'이다. '우수'의 '손목 끝이 말린 것'을 설명한다. 고수가 아니면 알 수 없는 손의 비기다. 『기효신서』의 삼십이세 곳곳에는 이두문이 있다. 한민족이 아니면 해독할 수 없다.

④鐵樣將軍也走(철양장군이주): 정란세에 일격을 당한 적장이 달아난다.

鐵(철)은 '철갑옷과 투구'다. 철 투구와 같은 것을 쓴 장군의 머리를 팔꿈치로 쳤다. 그 결과 장군이 도망가는 모양 같다는 문장이다. '也(야)'는 주격이다. 이두문과 이두식 문장 구조로 대부분 쓰여있고 한자의 상형에 동작을 넣을 수밖에 없다.

---

985 『杜甫(두보)』, 不盡長江滾滾來(불진장강곤곤래)

표 16-24. 也(야 · 이) · 蛇(사) · 它(타) · 他(타) · 巳(사) · 子(자)의 갑골문 · 금문 · 전문 · 예서 · 해서

갑골문	금문	전문	예서	해서
				也(야 · 이)
				蛇(사)
			(별체)	它(타)
				佗(타)=他(타)
				巳(사)
				子(자)

'也(야)' 자를 「설문」에 여자의 생식기를 본뜬 자형으로 보지만 그 뜻으로 사용된 사례가 없다.[986] 也(야)는 문장에서 수없이 나오는 한자다. 也(야)의 금문의 '' 자는 蛇(사)와 같다. 他(타)는 佗(타)의 俗字(속자)다. 즉 '也(야)=它(타)'다. '蛇(사)=虫(충)+它(타)'다. '它(사)' 자는 뱀의 형상, 委蛇(위사)는 '뱀이 굼틀거리며 가는 모양'이다. 갑골문의 ''에서 '' 자는 '발'이다. 拔蛇勢(발사세)의 의미다. 즉 '(사)=+(사)'다. '' 자는 '신화'를 이해해야 알 수 있다. 뱀은 실제의 뱀이기도 하지만 사람을 나타낸다. 巳(사)는 神(신)으로서 제사 지내는 뱀의 상형이다. 일설에는 태아의 상형[987]으로 본다. 子(자)의 갑골문·금문과 같다. 뱀은 기어 다닌다. 기어 다니는 아이를 뱀에 비유했다. 蛇(사)의 갑골문은 '한 마리의 뱀이 기어간다'다. 그런데 전문에는 한 마리 뱀 '' 자와 두 마리의 뱀 ''이 있다. 즉 '' 자가 중심이다. 갑골문의 '' 자와 금문의 '' 자의 상형은 다르다. 즉 금문에서 치마를 입은 여성을 '뱀'으로 의인화되어 기는 뱀에서 서 있는 뱀으로 바뀌었다. 佗(타)는 '짊어지다'의 '駝(타)' 자와 同字(동자)다. '머리를 풀다·끌다'는 拕(타) 자와 同字(동자)다. 뱀은 여자의 상징이다. 즉 '' 자는 '여성이 등에 아이를 업은 자형'이다. 그래서 나와 다른 '타인'이란 뜻과, '짊어지다'다. 蛇(사)의 속자는 '虵(사)=它(타)+也(야)'다. 특히 也(야)의 음가인 '야'는 '타인'을 지칭한다. 즉 '야'는 상대를 부르는 소리고, '타'는 '업히다'다. '也(야)' 자 또한 등에 어린아이를 업은 모습이다. '也(야)=它(타)'는 '뒤에 타다·업히다'

〈?〉 『漢韓大字典』, 민중서림, p121.

987 『漢韓大字典』, 민중서림, p654.

라는 이두문이다.

也(야)의 범례는 句末(구말), 語間(어간)의 竝設(병설), 이름을 부를 때 사용하고, 反語(반어), 感歎(감탄), 또 야', 주격조사 '이'로 쓰인다. 이들 범례는 지금도 우리가 사용하는 일상어들이다. 문구의 끝에 두는 것은 '문장을 태우고 도달했다'는 것을 나타낸다. '~야'는 사투리에 따라 '~여~유·~예' 등으로 사용한다. '여보'라는 말도 타인을 지칭하는 말이다. 반복의 의미로 '또야'도 일상어다. '누구야'로 부르고, 반어로도 '뭐야~'처럼 사용한다, 也(야)는 주어의 구절로 주격조사 '이'로 사용하기도 하고 대개는 문장 끝에서 사용한다.

「권법」에서는 樣(양)이 揉(양) 자로 바뀌었다. '손으로 친다'는 내용에 맞게 揉(양)으로 바꾼 것으로 보인다. 조선 시대의 태평성시도에도 두 사람이 신발을 벗고 手搏(수박:택견)을 하는데 우측에 있는 사람이 정란세로 상대의 얼굴을 공격하는 모습이 그려져 있다. 〈그림 16-15〉

라. 拳勢(권세)의 기법 해설

원문: 井攔卽井欄也【賽寶全書】用右脚向左橫立作井攔勢

①井攔卽升欄也(정란즉승란야)

井攔(정란)이 井欄(승란)이다. 攔(란)이 '欄(란)' 자로 바꿨다.

②用右脚向左橫立作井攔勢(용우각향좌횡립작정란세): '우각'을 차고 나가면서 右肘(우주:우수의 팔꿈치)로 횡좌로 치면 몸이 좌측으로 돌면서 서게 된다(左橫立)는 설명문이다.

그림 16-15. 太平城市圖의 井攔勢

그림 16-16. 雀地龍/井攔勢

마. 武備門(무비문)의 井欄勢(정란세)

「권경」은 귀축각과 정란세가 짝이지만, 무비문은 작지룡과 짝이다. 작지룡은 귀축각을 실행한 이후의 동작이기 때문에 본질은 같다. 한편 태평성시도에 정란세가 표현되어 있다. 정란세의 기법은 剪ㅁ踢膝當(전ㅁ척슬당)頭四平直進(두사평직진)이다.

바. 국내 문헌과 논문의 해석

"井欄四平(정란사평)은 앞으로 나아간다. 상대방의 정강이를 자르듯이 차고 무릎을 차며 내 머리는 보호한다. '滾(곤)·穿(천)·劈(벽)·靠(고)' 한 후에 상대를 문지르면서 갈고리처럼 걸어버리니, 몸이 鐵(철)로 된 듯한 장수라도 가버린다.

그 의미를 풀어 설명하면 '정란사평는 앞으로 나아가는데, 나의 머리를 보호하며 상대의 정강이를 자르듯이 차고 다시 무릎을 찬다. 상대가 뒤로 빠지면서 주먹을 지르면 상대 손을 아래로 눌러 굴리며(滾), 바로 반대 손으로 찌르고, 다시 반대 손으로 후려치고, 마지막으로 靠法(고법)을 사용한다. 그리도 상대가 서 있으면 다시 상대를 문지르면서 갈고리처럼 걸어버리니, 건장한 장수라도 뒤집어진다'다."[988]

十三. 鬼蹴脚(귀축각)

권경	권	장권	권세	권법

가. 全文原文(전문원문)

①鬼蹴脚搶人先着 補前掃轉上紅拳 背弓顚ㅁ披揭起 穿心肘靠妙難傳

988 김종윤, 『무예도보통지의 권법연구』, 한양대학교대학원 박사 논문, 2017, p42.

②鬼蹴脚搶人先着 補前掃轉上紅拳 背弓顚披揭起 穿心肘靠妙難傳

③鬼蹴腿取人後脚 補前掃添上紅拳 背弓緊進揭披先 急回轉顚短紅拳

④鬼蹴脚卽右四品勢【賽寶全書】

⑤鬼蹴脚搶人先著 補前掃轉上紅拳 背弓顚披揭起 穿心肘靠妙難傳

나. 拳經(권경)·拳(권)의 詩語

①鬼蹴脚搶人先着(귀축각창인선착): 귀축각은 들어와 들어오면 사용한다네

②補前掃轉上紅拳(보전소전상홍권): 앉아 앞으로 손을 돌려 홍권으로 쓴다네

③背弓顚ㅁ披揭起(배궁전ㅁ피게기): 등쪽으로 돌면 손을 걸고 일어난다네

④穿心肘靠妙難傳(궁심주고묘난전): 궁심주의 미묘한 기법은 전하기 어렵네

다. 拳經(권경)·拳(권)·長拳(장권)의 기법 해설

①鬼蹴脚搶人先着(귀축각창인선착): 귀축세을 사용하는 시점을 밝힌 문장이다.

상대가 먼저 밀고 들어와 가까이 붙게 되면 귀축세로 반격한다는 것이다. 鬼蹴脚(귀축각)은 '앉아돌아차기'하는 족법이다. '鬼(귀)' 자에 기법이 있다. 鬼(귀)는 '귀신'이다. 죽으면 '돌아가셨다' 한다. '歸(귀)'를 '鬼(귀)'로 환유했다. 즉 '앉아 돌아차'는 법으로 '돌아갈귀'다. 魂魄(혼백)은 까마귀가 되어 온 자리로 돌아간다. '歸(귀)=追(추)+帚(추)'다. '𠂤(퇴)' 자가 뒤를 보고 '앉아 있는 사람'이고, '辶=辵(착)'은 '돌아차는발'이다. 帚(추)는 '빗자루'다. 즉 귀축세의 발이 '빗자루'가 되어 앞을 향해 '앉아돌아차기'의 기법이다.

搶人(창인)의 搶(창)은 양손으로 밀치고 들어오는 자다. 『기효신서』에서는 정란세로 공격해 들어오는 자다. 先着(선착)의 先(선)은 '앞으로 먼저 들어온다'다. 着(착)은 著(착)의 俗字(속자)로써 '나타나다·다르다'다. 「장권」은 '鬼蹴腿取人後脚(귀축퇴취인후각)'이다. 「권경」의 문장과 그림 둘 다 다르다.

②補前掃轉上紅拳(보전소전상홍권): 귀축세 手法(수법)의 手技(수기)를 설명한 문장이다.

補前掃轉(보전소전)은 발의 움직임을 돕는 손이 움직이는 동선이고, 上紅拳(상홍권)도 손의 기법을 나타낸다.

'補(보)=衤(의)+甫(보)'다. '補(보)' 자는 귀축세의 기법을 설명한 매우 중요한 글자다. 補(보)는 '몸을 기울이다'다. 前掃(전소)는 '빗자루로 앞쪽을 쓴다'는 것이고, 轉(전)은 '한 바퀴 돈다'다. 빗자루가 '발'이다. '한 바퀴 앉아 돌면서 오른쪽 다리로 앞쪽을 빗자루 쓸 듯이 한다'는 뜻이다. 「권결」을 지은 이는 갑골문과 금문 전문에 정통한 무인으로 보인다. 해서에서 구체적인 동작을 찾기 어렵다. 오히려 金文(금문)이나 篆書(전서)가 후대에 楷書(해서)로 쓰인 것으로 사료된다.

上紅拳(상홍권)의 '紅(홍)=糸(사)+工(공)'이다. 工(공)은 工業(공업)으로 '붉은 실을 만들다'에서 '붉다·번창하다'다. 『한서』에 '紅女下機(홍녀하기)'다. '工(공)' 자는 '실을 길게 늘인 모양'이다.

표 16-25. 巫(무)의 갑골문 · 금문 · 전문 · 해서

갑골문	금문	전문	해서
			巫(무)

巫(무)의 갑골문은 '巫' 자다. 여자들이 베를 짜고 붉게 염색해서 돈을 벌기 때문에 번창한다는 의미다. '두 손으로 실을 걸어 늘이는 놀이'처럼 홍권은 '베를 짜서 손목에 실을 걸고 길게 늘이는 동작'에서 취한 拳訣(권결)이다. 실을 하늘과 이어주는 신물로 여겨서 실을 문틀 위에 지금도 걸고 있다.

「장권」은 '補前掃添上紅拳(보전소첨상홍권)'이다. 轉(전)이 添(첨)으로 쓰여있다.

③背弓顚ㅁ披揭起(배궁전ㅁ피게기): 좌회 이후 일어나는 기법을 설명한 문장이다.

背弓顚披(배궁전피)背弓顚(배궁전)의 背(배)는 후방이고, 顚(전)은 '전방을 향해 돈다'다 즉 후방에서 전방으로 구부린(弓) 상태로 도는 것이다. 披(피)는 開(개)와 같다. '양손을 펼쳤다'다. '揭(게)=扌+曷(갈)'이다. '손을 높이 든다'다. 曷(갈:어찌·어떻게)은 '어떻게 갈 것인가'이기 때문에 '갈'이다. 그래서 '扌(수)' 자를 붙여 '손이 높이 간다'다. 起(기)는 '밑에서 위로 일어난다'다. 「장권」은 '背弓緊進揭披先(배궁긴진게피선)'이다. 칠언율시를 갖췄다. 귀축각 이후에 紅拳(홍권)으로 전환하기 위해 양

손을 땅에 짚은 동작을 그렸다.

「장권」의 귀축각은 '좌각'을 뻗었다. 이 동작은 귀축각으로 차고 뒤로 돌아와 '一字進坐(일자진좌)'에서 작지룡세로 전환하기 위한 자세다. 즉 '매복세-귀축각-일자진좌-귀축각(장권)-작지룡'의 순서로 변환되는 과정의 그림이다.

④穿心肘靠妙難傳(천심주고묘난전): 팔꿈치로 중심을 뚫는 묘한 법을 전해주기 어렵다네

홍권 이후에 일어나는 동작을 설명한 문장이다. 穿心肘靠(천심주고)의 '穿(천)=穴(혈)+牙(아)'다. '상하가 관통하는 것'이다. '心(심)=中心(중심)'이다. 肘靠(주고)의 '靠(고) 자는 '告(고)+非(비)'다. 이 글자도 매우 중요하다. 非(비)는 '翡(비:물총새)·腓(비:떠나다)·斐(비:크다)'처럼 靠(고)는 '양손이 밖으로 펴지지 않고 반대로 안으로 접힌 손'이다. '팔꿈치를 몸 중심으로 모아서 하늘을 뚫듯이 올린다'로 작지룡에서 빠르게 일어나게 하는 신법을 설명한 문장이다.

「장권」은 '急回轉顛短紅拳(급회전전단홍권)'이다. 「권경」의 문장과 다르다. 기법에 대한 설명이다. 보충적으로 이해할 수 있다.

라. 拳勢(권세)

원문: 鬼蹴脚卽右四品勢【賽寶全書】

마. 武備門(무비문)의 四品勢(사품세)

그림 16-17. (左)四品 對 (右)四品

四品(사품)과 四品(사품), 두 개가 좌우에서 겨룬다. 두 개의 사품을 구분하려면

左右(좌우)로 나누어야 한다. 『무예제보번역속집』에서는 현각허이를 '左四品(좌사품)'이라 했다. 그렇다면 '右四品(우사품)'이 있었다는 것으로 『새보전서』에 이 두 개의 그림이 있었다는 것이다. 〈그림 16-17〉의 상단 제목은 四品對四品勢(사품대사품세)이다. 둘이 겨루는 동작이다. 그런데 우측에 있는 '四品(사품)'은 도장으로 인해 원문이 명확하지 않지만 판독해보면 四品(사품)은 '□肘□用打吊連絲色步□法脚用眩庄(각용현장)脚手用挍砍(각수용교감)'으로 '懸脚虛餌(현각허이)'의 동작을 설명하고 있다.

좌측에 있는 四品(사품)은 '腿披用短跢脚(퇴피용단다각)四品披砍望後(사품피감망후)'이다.

둘 다 四品(사품)이지만 자세는 다르다. 우측은 발로 공격하는 것이고 좌측은 뒤로 짧게 우각을 이동하면서 반격하는 것이다. 다행히 귀축각이 '右四品(우사품)'이기 때문에 우측에 있는 현각허이가 '左四品(좌사품)'임을 알 수 있다. 즉 좌측에 있는 四品(사품)의 그림은 현각허이(左四品)의 공격을 우각을 뒤로 빼면서 앞을 향해 귀축각(右四品)으로 공격하려는 자세다. 四品對四品(사품대사품)은 둘이 실력을 겨루는 '戱(희)'다. 즉 四品(사품)은 오늘날 택견처럼 일정한 공간에서 둘이 겨루는 개념으로 사용되었음을 알 수 있다. 태견에서 전해진 '品(품)밟기'라는 개념과 일치한다. 『무예제보번역속집』의 기록을 통해 「무비문」의 四品(사품)이 오늘날 택견으로 전승되었음이 증명되었다.

사. 국내 문헌과 논문의 해석

"鬼蹴脚(귀축각)은 상대의 타이밍을 뺏어 먼저 공격한다. 前掃腿(전소퇴)를 보충하고 돌아 위로 紅拳(홍권)을 친다. 등을 활처럼 하여 넘어지듯 후려쳐 상대방을 열어젖히고, 穿心肘(천심주)로 부딪치니 그 妙(묘)함을 전하기 어렵다.

이 단락은 '먼저 상대의 타이밍을 뺏어 귀축각을 차고, 다시 前掃腿(전소퇴)를 연달아서 차고 돌아서 위를 홍권으로 친다. 상대방이 방어하면 상대방의 방어를 열어

젖혀서 천심주로 상대방을 공격한다'는 의미다."[989]

"『기효신서』의 귀축각세다. 아마 조선에 들어온 후 전해지는 과정에서 오전(誤傳)된 듯하다."[990]

989 김종윤, 『무예도보통지의 권법연구』, 한양대학교대학원 박사 논문, 2017, p131.

990 김종윤, 『무예도보통지의 권법연구』, 한양대학교대학원 박사 논문, 2017, p123.

8
相撲(상박)

「권경」의 '수두세–지당세'의 순서와 같다.

그림 16–18. 獸頭勢/指當勢/拳經

十四. 指當勢(지당세)

권경	권	장권	권세	권법

가. 全文原文(전문원문)

①指當勢是箇丁法 他難進我好嚮前 踢膝滾躦上面 急回步顚短紅拳

②指當勢是箇丁法 他難進我好嚮前 踢膝滾躦上面 急回步顚短紅拳

③指當勢乃是丁架 他難進我便向前 踢膝滾鈷須緊上 急回轉顚短紅拳

④指當卽單鞭也【賽寶全書】旋用左脚退立作指當勢

⑤指當勢是箇丁法 他難進我好向前 踢膝滾躦上面 急回步顚短紅拳

나. 拳經(권경)·拳(권)의 詩語

①指當勢是箇丁法(지당세이개정법): 자당세의 이게 '丁(정)'의 보법이라네

②他難進我好嚮前(타난진아호향전): 적이 들어오길 꺼리면 내가 앞을 향하여 나간다네

③踢膝滾躦上面(척슬곤찬상면): 무릎을 차고 돌아서 상대의 얼굴을 차기 좋다네

④急回步顚短紅拳(급회보전단홍권): 급히 돌아서 굽은 주먹을 늘어뜨려 친다네

다. 拳經(권경)·拳(권)·長拳(장권)의 기법 해설

①指當勢是箇丁法(지당세이개정법): 지당세 이게(是箇) '丁(정)' 자 법이다.

是箇(시개)는 '이것(이개)'의 이두문이다. '丁(정)' 자는 指當(지당)의 보법이다. 실연자의 모습은 땅을 가르치고 있다. 즉 指(지)가 '地(지)' 자로 환유됨을 알 수 있다.

태권도에서 상단 지르기는 고사평, 중단 지르기는 중사평, 하단 지르기는 지당세다.

'지르기'의 이두문이 '跌(질)'이다. '곤지르다'는 말은 '팔을 굽히지 않고 곧게 펴서 지르다'로 '丨跌(곤질)'이다. 棒(봉)을 '棍(곤)'이라 한 것은 '丨(곤)' 자처럼 나무가 생겼기 때문이다.

「장권」은 '指當勢乃是丁架(지당세내시정가)'다. 丁架(정가)는 '丁(정)' 자 형태로 가라는 것으로 架(가)는 '가다'의 이두문이다. 그림의 방향이 다르고 「권경」과 대칭이다.

②他難進我好向前(타난진아호향전): 상대가 어지럽게 들어오면 나는 앞을 향해 나가기 좋다. 難(난)은 '꺼리다'로 退(퇴)의 의미다. 難進(난진)은 '들어오는 것을 꺼리다'다. 我好向前(아호향전)은 나는 앞을 향해 들어가면서 '~하기가 좋다'로 뒤에

문장과 연결된다.

급히 좌로 돌아(急回) 돌아나가(步顚) 한 손(短)은 홍권으로 늘린다(紅拳).

③踢膝滾躦上面(척슬곤찬상면): 무릎을 차고 뒤로 돌아서면 상대의 얼굴을 차기가 수월하다. 앞을 향해 좌측 발로 무릎을 걷어차고(踢膝), 우측 발로 적의 머리를 찬다.(滾躦上面)

'滾(곤)=氵+袞(곤)'이다. 滾(곤)은 '돈다'다.[991] '躦(차·찬)=足(족)+贊(찬)'이다. 兟(신)은 '올리다·나아가다'다. 先(선)은 '발이 앞에 먼저 나간다'는 글자다. '贊(찬)' 자형은 사람의 머리에 발이 있다. 즉 '발을 머리 위로 올린다'다. '兟(신)' 자의 음가를 보면 '신발'의 '신'과 일치한다. '신=발'이다. 또한 躦(차·찬)은 '차다·찬다'로 모두 이두문이다. '踢(척)'은 '무릎' 높이, '躦(차)'는 '상체'를 차는 것이다. 滾躦(곤차)는 '돌아차기'다. 一條鞭(일조편)의 기법을 이용해서 左廻(좌회)로 돌아 앞으로 나갔기 때문에 指當勢(지당세)에서 '우각'이 나갔다.

「장권」은 '踢膝滾鉆須緊上(척슬곤첩수긴상)'이다. 滾鉆(곤첩)은 돌아 찰 때 손을 '머리 위에서 접는다'는 것을 나타낸다. 「장권」에 '우수'의 모습이다.

④急回步顚短紅拳(급회보전단홍권): 급회 돌아 발이 땅에 닿으면 한 손으로 친다.

앞 문장과 연결되어 뒤돌아 차는 것을 설명한 문장이다.

急回(급회)는 '빠르게 돈다'다. 步顚(보전)은 '발이 돌아서 넘어질 듯 나아간다'다. 短紅拳(단홍권)의 短(단)은 單(단)이다. 紅拳(홍권)은 雀地龍(작지룡)처럼 양손을 길게 늘인다. 指當勢(지당세)는 '우수'만 땅을 가리키기 때문에 短(단)이다. 指(지)가 가리키는 방향 또한 地(지)다.

라. 拳勢(권세)의 기법 해설

원문: 指當卽單鞭也【賽寶全書】旋用左脚退立作指當勢

①指當卽單鞭也(지당즉단편야)

指當(지당)의 이칭이 單鞭(단편)이다. 短紅拳(단홍권)이 單鞭(단권) 임을 알 수 있다.

991 『杜甫(두보)』, 不盡長江滾滾來(불진장강곤곤래)

指當(지당)의 그림은 '右拳右脚(우권우각)'이다. 「권경」이나 「권세」를 보면 단편세로 친 이후에 들어가면서 지당세로 연결하는 기법이다.

②旋用左脚退立作指當勢(선용좌각퇴립작지당세)

旋(선)은 「권경」의 急回(급회=좌회)이고, 用左脚退(용좌각퇴)는 '좌각'을 이용해서 '뒤로 돌린다'다. 「권세」는 「권경」의 指當勢(지당세)에서 설명이 부족한 부분을 채워 준다.

마. 武備門(무비문)의 撚衣單鞭(년의단편)

그림 16-19. 撚衣單鞭

무비문의 單鞭(단편)은 單鞭躍靠(단편약고)와 撚衣單鞭(년의단편) 둘이다.

새보전서의 單鞭(단편)에 가까운 것은 撚衣單鞭(년의단편)이다. 「권경」은 왼손으로 옷을 거머쥐고 오른 주먹을 땅을 향해 쳤지만, 무비문은 손으로 얼굴의 밀고 있다. 手(수)를 중시했음을 알 수 있다.

바. 국내 문헌과 학술 비교

"指當勢(지당세)는 丁法(정법)이다. 상대방은 들어오기 어렵지만, 나는 앞으로 나아가는 것을 좋아한다. 무릎을 차고 상대 손을 滾(곤)하고 위로 躦(찬)한다. 급하게 뒤로 돌아 짧게 紅拳(홍권)을 친다.

丁法(정법)은 '丁字步(정자보)를 사용하는 법'으로 추측된다. 鄭少康(정소강, 2007)은 丁步(정보)로 돌아서 상대를 殺(살)하는 권법이다'라고 하였다. 지당세를 한 후에 몇 번의 공방이 오고 간 후 급하게 뒤로 방향전환을 할 때 이 丁法(정법)을 사용한다는 것이다. 이 정법은 중국무술 팔괘장에서 방향전환에 기본적으로 사용하며, 팔괘장에서는 扣擺步(구파보)라고 한다."[992]

十五. 獸頭勢(수두세)

권경	권	장권(虎抱頭)	권세	권법

가. 全文原文(전문원문)

①獸頭勢如牌挨進 恁快脚遇我慌忙 低驚高取他難防 接短披紅衝上

②獸頭勢如牌挨進 恁快脚遇我慌忙 低驚高取他難防 接短披紅衝上

③虎抱頭如牌挨進 恁快脚遇我慌忙 低警高取最難防 蹴臁歪桩披拳上

④獸頭卽猛虎靠山也【賽寶全書】頓右足作獸頭勢

⑤獸頭勢如牌挨進 凭快脚遇我慌忙 低驚高取他難防 接短披紅衝上

나. 拳經(권경)·拳(권)의 詩語(시어)

①獸頭勢如牌挨進(수두세여비의진): 수두세는 기대어 나가는 것과 같다네

②恁快脚遇我慌忙(임쾌퇴우아황망): 상대의 빠른 발차기를 당하면 황망하다네

③低驚高取他難防(저경고취타난방): 아래를 놀래고 위를 취하니 상대가 막기 어렵네

④接短披紅衝上(접단피홍충상): 짧게 접고 뒤로 늘어뜨리며 밀치고 들어간다네

992 김종윤, 『무예도보통지의 권법연구』, 한양대학교대학원 박사 논문, 2017, p44.

다. 拳經(권경)·拳(권)·長拳(장권)·拳法(권법)의 기법 해설

①獸頭勢如脾挨進(수두세여비의진): 獸頭勢(수두세)는 무릎으로 밀고 들어가는 자세다.

표 16-26. 卑(비)·脾(비)의 갑골문·금문·전문·해서

갑골문	금문	전문	해서
			卑(비)
			脾(비)

'脾(비)' 자는 '肉(육)+卑(비)'다. '넓적다리'다. 卑(비)의 갑골문 '(비)' 자는 큰 부채를 들고 주인을 모시는 시종에서 '낮다·천하다'에서 '넓적다리'다. 挨進(애진)은 鴈翅側身(인시측신)에서도 사용된 보법이다. 칠성권의 '挨步(애보)'는 손과 발이 걷듯이 서로 교차되기 때문에 '步(보)' 자를 썼고, 挨進(애진)은 '우각'이 밀고 들어가기 때문에 '進(진)' 자를 썼다. 조선세법에서 수두세도 進步(진보)로 '우각'으로 밀고 들어간다.

收頭(수두)가 환유 되었다. 「권경」은 '오른손잡이'가 기준이다. 수두세는 일조편세처럼 '좌각우수'로 치고 난 이후, '우각'이 나가면서 '우수'로 얼굴을 막거나 팔꿈치로 밀고 치는 기법이다.

즉 정란세는 팔꿈치를 횡으로 치고 수두세는 앞으로 밀어치는 기법이다. '八極(팔극)'은 '팔꿈치'를 나타내는 용어다.

「장권」은 '虎抱頭如脾挨進(호포두여비의진)'이다. 獸頭勢(수두세)가 '虎抱頭(호포두)'로 되어있다. 가결로 보면 虎抱頭(호포두)가 더 장엄하다. '우수'로 머리를 막는 자세에 중점이 있음을 알 수 있다. 이때 '우수'가 뒤로 빠져 다음의 공격을 예비하고 있다.

②恁快脚遇我慌忙(님쾌각우아황망): 恁(님)의 상대가 我(아)다. 너의 빠른 앞차기를 당하면 나는 당황하게 되네

앞 문장과 도치됐다. 「권법」에서는 恁(님)이 凭(빙:기대다)으로 바뀌었다.

③低驚高取他難防(저경고취타난방): 아래를 노리듯 위를 공격하니 적이 막기 어렵네

低驚(저경)은 脾挨進(비의진)으로 밀고 들어가는 것이고, 低驚高取(저경고취)는 손으로 공격하는 것이다. 이렇게 되면 적이 막기 어렵다.

「장권」에서는 '警(경)'이다.

④接短披紅衝上(접단피홍충상): '우수'는 접고 펼친 '좌수'로 돌려 친다네

接(접)과 披(피)의 대칭이다. 接短(접단)은 팔꿈치를 접은 '우수'고, 披紅(피홍)은 뒤로 길게 늘인 左手(좌수)다. 披(피)는 '피다'로 이두문이다. 衝上(충상)은 얼굴(上)을 돌려친다.

「장권」은 '蹴膁歪桩披拳上(축렴왜장피권상)'이다. 더 기법이 구체적이다.

라. 拳勢(권세)의 기법 해설

원문: 獸頭卽猛虎靠山也【賽寶全書】頓右足作獸頭勢

①獸頭卽猛虎靠山也(수도즉맹호고산야): 수두는 곧 맹호가 산에 의지하는 것이네

'獸頭(수두)'의 이칭이 '猛虎靠山(맹호고산)'이다. '靠山(고산)'의 '山(산)' 자는 양손을 세운 모습이 '山(산)' 자형이라는 의미다. 그런데 '靠(고)' 자의 告(고)는 상체의 손을 뜻하고 '非(비)'는 '반대로 펼치다'다. 猛虎靠山(맹호고산)은 '호랑이가 반대로 산을 돈다'다. '猛(맹)'은 '右廻(우회)'가 기준이다. 그렇기 때문에 猛虎靠山(맹호고산)은 '左廻(좌회)'다.

즉 木魚勢(목어세)는 伏虎勢(복호세)처럼 '우회'로 돌아차기 위한 복호세의 전단계의 자세이고, 猛虎靠山(맹호고산세)는 '좌각'을 앞에 두고 '山(산)'처럼 상체를 세워 '左廻(좌회)'로 엎드려 돌아차기 위한 전단계의 자세다.

맹호고산세–수두세의 연결이다.

②頓右足作獸頭勢(둔우족작수두세): '頓(둔)=屯(둔)+頁(혈)'이다. 屯(둔)은 '진치다·언덕·꺾이다'다. '頓右足(둔우족)=卑挨進(비의진)'이다.

그림 16-20. 猛虎靠山勢/木魚勢

마. 武備門(무비문)의 猛虎靠山勢(맹호고산세)

맹호고산세의 그림에는 설명이 없다. 그러나 맹호고산세[993]의 쓰임을 매우 상세하게 설명했다. 小夜乂二路(소야예이로)에 '靠山勢(고산세)'가 있어 무비문과의 관련성이 있음을 알 수 있다. 맹호고산세는 '우각', 목어세는 '좌각'으로 서로 대칭이다. 목어세의 '우각'은 후방을 하고 있다. 실질적으로 그림처럼 자세를 취할 수 없다. 발의 모양을 후방을 향하게 그림으로써 '우회'로 돌았음을 표현한 것이다. 즉 목어세는 복호세로 들어가기 전의 자세다. 마찬가지로 맹호고산세의 '좌각'이 뒤를 향하고 있다. 복호세의 대칭으로 '좌회'로 돌면서 차는 기법으로 연결된다.

'左拳拗在右膝上(좌권요재우슬상)右拳在耳門(우권재이문)'은 좌각을 앞에 두고 좌권은 우측 허에 우권은 좌측 귀에 위치한 요단편세로 六路(육로)에 기록된 동작이다. '剔起右拳進步一如虎口(척기우권진보일여호구)'는 '우각'이 나가면서 '좌권'은 빼어 들고 '우권'은 비틀어 찔러 범아귀로 상대의 목을 치는 기법이다. 여기서 '虎口(호구)'는 택견의 '칼잽이'다. '剔(척)'은 '(뼈를)바르다·도려내다'로 손이 '돌아들어갔다가 다시 돌아 나오는 현상'으로 '刺(자)'의 기법이다. 한편, 棍法(곤법)의 "不能受箚者(불능수차자)에 '目(목)·鼻(비)·喉(후)·心(심)·脇(협)·腹(복)·虎口(호구)·膝(슬)·臁(렴)"이다. 머리에서 하체로 내려가면서 급소의 명칭을 나열했다.

993 左拳拗在右膝上(좌권요재우슬상)右拳在耳門(우권재이문)剔起右拳進步一如虎口(척기우권진보일여호구)又(우)剔起右拳(척기우권)轉身回進拳(전신회진권)如前是個架勢(여전시개가세)若左拳剔只打小肚(약좌권체지타소두)若左拳打右拳只打眉心(약좌권타우권지타미심)若右拳剔起左拳(약우권척기좌권)亦打小肚右拳剁下左拳只打眉心(역타소두우권타하좌권지타미심)

바. 국내 문헌과 학술 비교

"獸頭勢(수두세)는 방패를 들고 밀고 나가는 것과 같다. 상대방의 빠른 발차기가 나를 만나면 慌忙(황망)해진다. 아래를 놀라게 해서 위를 취하니 상대가 방어하기 어렵다. 이어서 짧게 披(피)로 위로 올려친다. 수두세는 '打上取下(타상취하), 打下取上(타하취상)'하는 무술의 대표적인 戰法(전법)을 사용한다."[994]

995 김종윤,『무예도보통지의 권법연구』, 한양대학교대학원 박사 논문, 2017, p45.

9
相撲(상박)

「권경」의 '일편세-신권'의 배치와 같다.

그림 16-21. 一條鞭/神拳/拳經

十六. 神拳(신권)

권경	권	장권	권세	권법
		없음		

가. 全文原文(전문원문)

①神拳當面插下 進步火燄攢心 遇巧就拿就跌 擧手不得留情

②神拳當面插下 進步火燄攢心 遇巧就拿就跌 擧手不得留情

③神拳卽觀音側身也【賽寶全書】 翻身向北橫一步 仍東向立作神拳勢

④神拳當面插下 進步火燄攢心 遇巧就拿 就跌擧手 不得留情

나. 拳經(권경)·拳(권)의 詩語(시어)

①神拳當面插下(신권당면삽하): 신권은 얼굴을 막고 손을 아래로 끼운다네

②進步火燄攢心(진보화염찬심): 나아가 화염을 중심에 모으네

③遇巧就拿就跌(우교취나취질): 교묘하게 손과 발이 나아가 만나네

④擧手不得留情(거수부득유정): 손을 들어도 정이 머물면 얻을 수 없네

다. 拳經(권경)·拳(권)·拳法(권법)의 기법 해설

①神拳當面插下(신권당면삽하): 신권은 얼굴을 막으면서 아래를 손을 꽂아 방어한다.

神拳(신권)은 '얼굴을 왼손으로 막고 내미는 오른손'을 신의 모습으로 비유했다. 이 문장은 육언절구로 구성됐다. 當(당)은 '마땅히 막는다'다. 當面(당면)은 '좌수는 얼굴을 막는다'이고, 插下(하삽)은 '아래로 끼운다'로 '우수'다. 요란주세나 순란주세는 두 손이 몸을 감싸지만 신권을 '우수'라 앞으로 뻗는다.

②進步火燄攢心(진보화염찬심): 불구덩이 화덕에서 나아가 앉아 화끈거리는 얼굴을 왼손으로 가리고 부지깽이를 잡은 오른손으로 꽉 막힌 화구 중심을 뚫어 불을 살린다.

표 16-27. 臽(함)·兟(신)·先(선)의 갑골문·금문·전문·해서

갑골문	금문	전문	해서
	[금문]	[전문]	臽(함)
		[전문]	兟(신)
[갑골문] [갑골문]	[금문]	[전문]	先(선)

‘臽(함)’ 자는 ‘ㅎ+ㅁ’이다. 해가 땅속에 ‘빠졌다·갇혔다·가뒀다’다. ‘함’의 음가를 가진 ‘函(함:상자)·陷(함:빠지다)·含(함:머금다)’은 한 뿌리다. 臽(함:함정)의 금문은 사람이 함정에 빠진 자형이다. ‘燄(염)=臽(함)+炎(염)’이다. ‘불이 구덩이에 빠졌다’다. ‘攢(찬)=扌(수)+贊(찬)’이다. ‘모으다·모이다’다. ‘贊(찬)=兟(신)+貝(패)’이다. ‘도울찬’이다. 兟(신)은 ‘先=ψ+儿’으로 ‘나아갈신’이다. ‘신에게 나아간다’다. ‘ψ’ 자는 ‘발’이다. ‘신발’이라는 우리말이 본의다. 攢心(찬심)은 몸을 중심으로 감싸듯 양손을 모으는 수법이다. 무예서에서 心(심)은 中心(중심)이다.

③遇巧就拿就跌(우교취합취질): 한 손은 구부리고 다른 한 손은 펴고 발은 넘어질 듯 나간다.

표 16-28. 遇(우)자 형의 금문·전문·해서

금문	전문	해서
[illegible]	[illegible]	遇(우)

‘遇(우)’ 자는 ‘둘이 만나 합친다’다. 수법을 설명하는 문장으로 ‘좌·우수’를 신권처럼 취하는 것을 만난 주체는 ‘양손’이다. ‘巧(교)=工(공)+丂(교)’다. 工(공)은 늘이는 것이고, 丂(교)는 구부리는 것에서 ‘솜씨·재주’다. 즉 ‘좌수’가 ‘丂(교)’이고 ‘우수’가 ‘工(공)’이다. 이 둘이 만난 것이 ‘遇巧(우교)’다. 工(공)이 紅(홍)이다. 就拏(취나)는 ‘나아가 잡는다’로 ‘뻗은 우수로 무엇인가를 잡듯이 돌린다’다. 就跌(취질)은 ‘좌각이 나가는 것이 마치 넘어지는 듯하다’다. 신권의 보법을 설명한다.

④擧手不得留情(거수불득유정): 들어 올린 손에 용서의 마음이 머물지 않는다.

들어 올린 ‘좌수’는 左掌(좌장)이다. 손에 아무것도 잡지 못했다는 것이 不得(부득)이다. 이에 반해 무엇인가 잡은 ‘우수’의 就拏(취나)와 대칭을 이룬다.

라. 拳勢(권세)의 기법 해설

원문: 神拳卽觀音側身也【賽寶全書】翻身向北橫一步仍東向立作神拳勢

①神拳卽觀音側身也(신권즉관음측신야): 神拳(신권)이 ‘觀音(관음)의 모습과 같다’다. 불교의 관음보살의 모습이 신권과 같다는 것으로 불교가 이 땅에 들어오기

전에 神拳(신권)이 있었음을 알 수 있다.

②翻身向北横一步(번신향북횡일보)仍東向立作神拳勢(잉동향립작신권세): 「권보」의 向北(향북)과 東向(동향)은 '⇦⇧'으로 90°다. '좌각'은 北(북)으로 일보 나가고 '우각'은 東(동)으로 나가면서, 동시에 '우수'는 拳(권)으로 바꾸고 비틀어 허리를 막고, '좌수'는 掌(장)으로 얼굴을 막는다.

참고로 又向南横一步(우향남횡일보)仍東向立作鴈翅側身勢鴈翅側身勢(잉동향립작안시측신세)의 向南(향남)과 東向(동향)은 '⇧⇨'으로 90°다. '우각'은 南(남)으로 일보, '좌각'은 앞으로 간다. 먼저 움직임 발을 向北(향북), 向南(향남)으로 표현하고, 고정된 동쪽은 東向(동향)으로 구별했다.

마. 武備門(무비문)의 觀音側身肘(관음측신주)

그림 15-22. 觀音側身肘

무비문에서 유일한 여성 그림이다. 여성도 무예를 수련했음을 알 수 있는 소중한 사료다.

神拳(신권)으로 연결되는 동작이다. 즉 '우각'이 나가면서 '우권'의 팔꿈치를 구부려 돌리면서 상태의 가슴을 치고 '좌각'이 나가면서 '우권'을 펼치면 神拳(신권)이 된다. 觀音側身肘(관음측신주)는 '脚用色步(각용색보)手用小打(수용소타)脚用剪連(각용전연)手內打勾連(수내타구연)'이다. 관음보살은 초기에는 남자였으나 당대 이후에는 여자로 바뀐다. 그래서 관음보살은 남녀동체다. 「무비문」에는 여기에 맞게 남자와 여자가 걷는 '色步(색보)'가 따로 그려져 있다. '관음측신주'는 '여자가 얼굴을 가리고 부끄럽듯 애교를 부리며 우각을 내딛는 보법'이다.

剪(전)의 '刀' 자가 '발'의 움직임이 앞으로 나간다는 것을 설명한다. 連(연)의 의미도 '이어서 나간다'는 의미로 사용됨을 알 수 있다. 요란주세와의 차이점은 요란주세는 우수가 몸을 감싸지만 觀音側身肘(관음측신주)의 '우수'는 감싸는 게 아니라 상대와 몸이 밀착했을 때 팔꿈치로 상대를 친다.

바. 국내 문헌과 학술 비교

"神拳(신권)은 주먹을 바로 아래로 내려 꽂는다. 앞으로 나아가 火焰(화염) 이 心(심)을 뚫고 지나가듯이 친다. 공교롭게 만나면 바로 금나를 하면 바로 상대를 넘어진다. 손을 들었으면 情(정)을 남기지 말아야 한다. 신권은 위에서 아래로 내려치는 주먹이다. 만약 상대가 공격을 막으면 바로 금나를 사용하여 넘어뜨린다. 타법을 나법으로 응용하는 연환 기술이다.[995]

十七. 一條鞭(일조편)

권경	권	장권	권세	권법
		없음		

가. 全文原文(전문원문)

①一條鞭橫直披砍 兩進腿當面傷人 不怕他力粗膽大 我巧好打通神

②一條鞭橫直披砍 兩進腿當面傷人 不怕他力粗膽大 我巧好打通神

③一條鞭即低四品也【賽寶全書】

④一條鞭橫直披砍兩進腿當面傷人 不怕他力粗膽大 我巧好打通神

995 김종윤, 『무예도보통지의 권법연구』, 한양대학교대학원 박사 논문, 2017, p45.

나. 拳經(권경)·拳(권)의 詩語(시어)

①一條鞭橫直披砍(일조편횡직피감): 일조편은 횡으로 곧게 들어가며 좌수를 펼치네

②兩進腿當面傷人(양진퇴당면상인): 두 걸음 나가 상대의 얼굴을 친다네

③不怕他力粗膽大(불박타력조담대): 적의 힘을 두려워 말고 거칠고 담대하게 한다네

④我巧好打通神(아교호타통신): 내가 팔을 펼치고 거두어 멋지게 치니 신통하도다!

다. 拳經(권경)·拳(권)·長拳(장권)·拳法(권법)의 기법 해설

①一條鞭橫直披砍(일조편횡직피감): 좌수를 옆으로 걸으며 펼친다.

표 16-29. 條(조)·攸(유)·欠(흠)의 갑골문·금문·전문·해서

갑골문	금문	전문	해서
			條(조)
			攸(유)
			欠(흠)

'條(조)' 자는 '攸(바유)+木(목)'이다. '가지·조목·유자나무·끈'이다. 攸(유)는 滌(척)의 原字(원자)다. 披(피)는 '피다·열다'다. '砍(감)=石(석)+欠(흠)'이다. '감'의 음가는 '감다'의 이두문이다. '攸(유)' 자의 금문 '' 자는 사람의 등에 물을 끼얹어 손은 씻는 모양에서 '깨끗이 씻다'의 뜻이나, 길게 줄기를 이루어 흐르는 물의 뜻[996]을 나타낸다. 攸(유)의 뜻은 '바유'로 어조사로 所(소)와 같다. 뜻은 '장소·달리다·위태롭다'다. '條(조)'는 '유자나무·가지치다'다. 攸(유)의 본의가 '가시나무'로 등을 쳐서 피를 흘리는 모습이다. 여기서 흘린 피를 '씻는다'로 확장된다. 즉 '가지(조)'의 음은 '가시'와 연결된다. 또한 '條(조)'는 '가지·끈'으로 회초리나 채찍을 의미한다. 즉 拗單鞭(요단편)은 '橫花(횡화)'이고, 一條鞭(일조편)은 '橫直(횡직)'이다. 동작은 披砍(피감)

997 『漢韓大字典』, 민중서림, p882.

으로 '손을 감아친다'다. 一條鞭(일조편)은 橫拳(횡권)으로 채찍질하듯이 좌각우수로 치는 수법이다. 태권도에서 목을 치는 수법과 복싱의 'Long hook'의 기법과 같다. 기고세의 기법은 상에서 하로 내려치고, 일조편세는 '횡'으로 친다. 조선세법 횡충세의 '橫擊(횡격)'과 유사하다.

②兩進腿當面傷人(양진퇴당면상인): 두 번 걸음 나아가 상대의 얼굴을 친다네

兩進(양진)의 兩(양)은 본국검의 조천세에서 兩手(양수)가 '左(좌)'를 의미하듯이 '左步(좌보)'이고 뒤에 進(진)이 '右步(우보)'다. 腿(퇴)는 '步(보)' 보다 넓은 보폭이다. 크게 나아가 당당하게 상대의 얼굴을 친다.

③不怕他力粗膽大(불박타력조담대): 적의 힘을 두려워하지 말고 거칠고 담대하게 한다네

④我巧好打通神(아교호타통신): 내가 팔을 펼친 팔을 교묘히 거두어 치니 신통하다네

라. 拳勢(권세)의 기법 해설

원문: 一條鞭卽低四品也【賽寶全書】

①一條鞭卽低四品也(일조편즉저사품야): 一條鞭(일조편)의 이칭이 低四品(저사품)이다.

拗單鞭勢(요단편세)는 '우수우각'으로 치고 一條鞭勢(일조편세)는 '좌각좌수'로 친다. 일조편세에서 '우각'이 나가면 '요단편세'로 변용된다.

마. 武備門(무비문)의 低四品勢(저사품세)에 대한 분석

그림 16-23. 低四品/一條鞭/斜身燿步

①低四品勢(저사품세): 低(저) '자세가 낮다'다. 기법은 砍双拳手用ㅁ門ㅁ用氣法ㅁㅁ舞乇ㅁ脚手用隻手低다. 한자가 흐릿하여 명확하지 않다. 그런데 일조편세는 低(저)가 아니라 高(고)다. 무비지에서 一條鞭(일조편)과 유사한 것은 일조편에서 공격한 자세가 斜身燿步(사신요보)다.

바. 국내 문헌과 학술 비교

"一條鞭勢(일조편세)는 橫(횡)으로 쪼개거나 베듯이 친다. 두 步(보) 나아가면 바로 사람을 상하게 한다. 상대의 힘이 세고 담이 큰 것을 두려워하지 마라. 나의 교묘한 打法(타법)이 神(신)과 通(통)할 만큼 좋다.

鄭少康(정소강, 2007)은 通神(통신)을 귀 뒤에 있는 完骨(완골)이라 하였는데, 두 步(보) 들어가서 칠 때 손으로 완골을 타격하기는 매우 어렵다. 그러므로 我巧好打通神(아교호타통신)은 '나의 교묘한 타법은 신통할 정도로 좋다'는 의미가 더 타당하다고 봐야 할 것이다. 일조편세는 동작이나 용법에서 현대 중국무술의 太極拳(태극권)의 單鞭(단편)과 흡사하다."[997]

997 김종윤, 『무예도보통지의 권법연구』, 한양대학교대학원 박사 논문, 2017, p46.

10

相撲(상박)

「장권」의 당두포세와 조양세를 「권경」과 비교해 보면 「장권」의 당두포세는 「권경」의 조양세와 같고, 「장권」의 조양세는 무비문의 '招陽勢(초양세)'와 같다. 「장권」을 정리하면서 '招(초)' 자가 '朝(조)' 자로 잘못 쓴 것으로 사료된다. 권결의 내용과 자세를 보면 무비문이 맞다. 이렇게 보면 「장권」은 잘못된 문서를 보고 그렸다고 볼 수 있다.

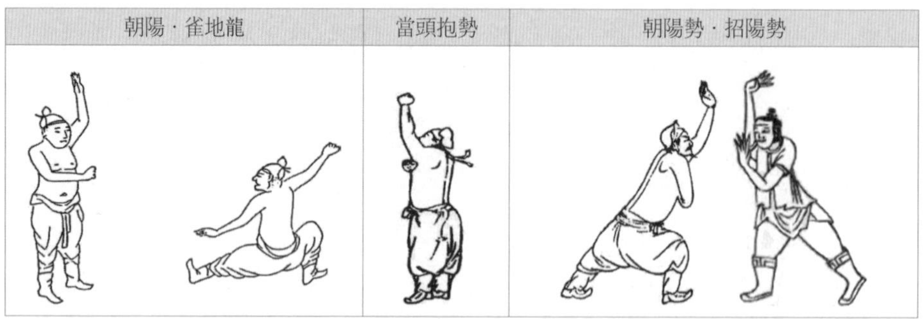

그림 16-24. 朝陽/雀地龍/當頭抱勢/朝陽勢/招陽勢

十八. 雀地龍(작지룡)

권경	권	장권	권세	권법

가. 全文原文(전문원문)

①雀地龍下盤腿法 前揭起後進紅拳 他退我雖顚補 衝來但當休延

②雀地龍下盤腿法 前揭起後進紅拳 他退我雖顚補 衝來但當休延

③雀地龍下盤腿法 前揭起後加橫拳 他退我須顚腿補 短當沖進莫遲延

④頓右足進左脚作雀地龍勢【賽寶全書】

⑤雀地龍下盤腿法前揭起後進紅拳他退我雖顚補衝來但當休延

나. 拳經(권경)·拳(권)의 詩語(시어)

①雀地龍下盤腿法(작지룡하반퇴법): 작지룡은 아래로 한쪽 발을 굽히는 법이네

②前揭起後進紅拳(전게기후진홍권): 앞은 낮추고 뒤를 일으키며 홍권을 펼치네

③他退我雖顚補(타퇴아수전보): 상대가 물러나면 나는 넘어져 기울어지네

④衝來但當休延(충래단당휴연): 돌아서 다시 돌아오면 다만 앞에서 잠시 머물며 늘이네

다. 拳經(권경)·拳(권)·長拳(장권)·拳勢(권세)·拳法(권법)의 기법 해설

①雀地龍下盤腿法(작지룡하반퇴법): 下盤腿法(하반퇴법)은 '앉아돌아차기'다. '盤(반)'은 '半(반)'이다. 즉 뚜껑이 있는 그릇의 반쪽이다. '機腿(기퇴)'는 상체를 세운 상태에서 몸 안쪽 면으로 좌회로 돌면서 앉아서 차는 기법이고 '盤腿(반퇴)'는 등 쪽으로 우회로 돌면서 앉아서 차는 기법이다. 북두칠성이 돌아가는 방향인 '좌회'를 회전의 기준을 삼았기 때문에 '좌회'의 반대인 '우회'가 反對(반대)의 기준이 되어 '反(반)'의 음가에서 '盤(반)'의 동작을 취했다. 般(반)의 뒤에 '殳(수)' 자가 등 뒤서 공격

하는 사람이다. '皿(명)' 자는 회전을 나타낸다. '盤(반)'은 두 명의 사람을 상징하고 '猛(맹)' 자는 외로운 호랑이처럼 무서운 동물로 비유한 것이다. '猛(맹)' 도 당연히 '右廻(우회)'를 나타낸다. 즉 '맹렬하게 우로 돌아간다'다. 작지룡의 낮은 자세가 下盤(하반)이다. '雀(작)=小(소)+隹(추)'다. '작은새·참새'다. 朱雀(주작)과 青龍(청용)을 비유했다. 하늘에 새가 땅에 내려오면 용이다. 四神(사신)이다.

②前揭起後進紅拳(전게기후진홍권): 앞으로 손을 길게 뻗고 뒤로 손을 들며 나가면 홍권이다. '揭(게)'는 '손이 나간다'다. 前揭(전거)는 '좌수를 앞으로 뻗는다'다. '起(기)=走(기)+己(기)'다. '일어난다'다. 起後(기후)는 '뒤에 있는 발'이다. 紅拳(홍권)은 앞뒤로 길게 늘인 손이다. 起後進(기후진)은 일어날 때 '뒤에 구부린 발을 일으켜 나간다'는 身法(신법)이다.

「장권」은 '前揭起後加横拳(전게기후가횡권)'이다. 紅拳(홍권)이 곧 横拳(횡권)이다. 加(가)는 '가다'는 뜻과 소리의 이두문이다.

③他退我雖顚補(타퇴아수전보): 상대가 물러나면 나는 모름지기 넘어져 기울어진다.

雀地龍(작지룡)은 鬼蹴脚(귀축각)으로 공격한 이후에 취하는 자세다. 귀축각을 설명하는 문장에 사용된 '紅拳(홍권)·補(보)·顚(전)·揭起(게기)'가 작지룡에 그대로 사용됐다. 귀축각의 搶人先着(창인선각)은 井欄勢(정란세)로 들어오는 공격자다. 작지룡에서 '朝陽勢(조양세)'로 피한다. 귀축각[998]은 작지룡과 연결된 동작이다. 귀축각의 '補前掃轉(보전소전)'이 顚補(전보)다. 「권법」의 一字勢(일자세)는 작지룡으로 전환되기 전 단계의 자세다.

「장권」은 '他退我須顚腿補(타퇴아수전퇴보)'다. 칠언율시를 갖추고 있고 '腿(퇴)' 자가 있어 더 구체적이다.

④衝來但當休延(충래단당휴연): 돌아오더라도 마땅히 잠시 멈추게 된다.

---

998 鬼蹴脚搶人先着(귀축각창인선착)補前掃轉上紅拳(보전소전상홍권)
背弓顚披揭起(배궁전피게기)穿心肘靠妙難傳(궁심주고묘난전)

衝來(충래)는 귀축각으로 차서 한 바퀴 돌아왔다'다.

「장권」은 '短當沖進莫遲延(단당충진막지연)'이다. '莫(막)' 자가 있어 권경과 의미가 반대다.

칠언율시를 갖추고 있고 「장권」이 더 원형에 가까움을 알 수 있다.

라. 拳勢(권세)의 기법 해설

원문: 頓右足進左脚作雀地龍勢【賽寶全書】

①頓右足進左脚作雀地龍勢(둔우족진좌각작작지룡세): 頓右足(둔우족)은 작지룡에서 구부린 '우각'이고, 進左脚(진좌각)은 작지룡에서 발을 뻗은 '좌각'이다.

마. 武備門(무비문)의 雀地龍(작지룡)

雀地龍(작지룡)은 무비문 三十二勢(삼십이세)의 마지막 자세다. 「권경」은 작지룡과 조양세가 짝이지만 무비문은 정란세와 짝이다. 작지룡의 기법은 '脚用盤腿(각용반퇴)手前揭起(후전게기)後進拳(후진권)'이다. 「권경」의 작지룡과 대칭이다. '雀(작)'의 '少' 자에 형세가 있다.

그림 16-25. 雀地龍/井欄勢/拳經

바. 국내 문헌과 학술 비료

"雀地龍(작지룡)은 '下盤腿法(하반퇴법)'이다. 앞으로 손으로 걸면서 일어난 후 나가면서 紅拳(홍권)을 친다. 상대방이 물러가면 나는 반드시 그 거리를 채워 메운다.

상대가 쳐오면 단지 방어하여 다시 들어오지 못하게 한다.

작지룡은 아래를 차는 腿法(퇴법)으로, 이어서 상대를 주먹으로 치고 들어간다. 귀축각과 동작은 비슷하나 귀축각은 바로 차는 것보다는 먼저 상대방의 타이밍을 뺏는 것에 주안점을 둔 반면, 작지룡은 실제로 상대방을 차는 것이 주된 방법이다. 그러므로 귀축각은 상대와 攻防(공방)을 시작하자 바로 사용할 수 있지만, 작지룡은 앞에 어떤 동작이 있고 나서야 공격에 들어가는 동작이 된다고 하겠다."[999]

十九. 朝陽手(조양수)

권경	권	장권	권세	권법

가. 全文原文(전문원문)

①朝陽手遍身防腿 無縫鎖逼退豪英 倒陣勢彈他一脚 好教師也喪聲名

②朝陽手遍身防腿 無縫鎖逼退豪英 倒陣勢彈他一脚 好教師也喪聲名

③朝陽勢遍身防腿 無縫鎖偏封快足 偷步進彈他一腿 好教師也要退縮

④朝陽卽書虎也【賽寶全書】退三步翻身上以右手打左足作朝陽勢

⑤朝陽手遍身防腿 無縫鎖逼退豪英 倒陣勢彈他一脚 好教師也喪聲名

나. 拳經(권경)·拳(권)의 詩語(시어)

①朝陽手遍身防腿(조양수편신방퇴): 조양수는 몸을 세워 돌아차는 발을 방어하네

999 김종윤, 『무예도보통지의 권법연구』, 한양대학교대학원 박사 논문, 2017, p47.

②無縫鎖逼退豪英(무봉쇄핍퇴호영): 묶인 손을 풀어 물러나 피하는 영웅이여

③倒陣勢彈他一脚(도진세탄타일각): 한 바퀴 돌아 다가오는 적의 한쪽 다리

④好教師也喪聲名(호교사야상성명): 선생이 가르쳐야 좋으련만 잃어버려 이름만 무성하네

다. 拳經(권경)·拳(권)·拳法(권법)의 기법 해설

①朝陽手遍身防腿(조양수편신방퇴): 朝陽手(조양수)를 이용하여 몸을 뛰어오르는 신법을 설명한다.

朝陽(조양)은 '아침 해가 떠오른다'다. 들고 있는 왼손이 陽(양)이고, 횡으로 가슴에 있는 오른손은 朝(조)다. 한민족 계열에서 '朝(조)' 자를 무예에 사용할 때의 동작은 손아귀(호구)의 방향이 본국검의 조천세처럼 상하로 교차 된다. 遍身(편신)의 遍(편)은 '편다'는 '몸을 편다'는 뜻이다. 防腿(방퇴)는 '뒤로 물러난다'다.

「장권」은 조양수가 조양세다.

②無縫鎖逼退豪英(무봉쇄핍퇴호영): 양손을 이용해서 뒤로 물러나는 수법을 설명한다.

鎖(쇄)는 '양손에 채운 수갑'이고 無縫鎖(무봉쇄)는 '양손에 묶인 수갑이 풀려 자유롭다'다. 逼退(핍퇴)는 '약간 뒤로 물러난다'다. 無縫鎖逼退豪英(주봉쇄핍퇴호영)의 문장은 六路(육로)의 斗門深鎖轉英豪(두문심쇄전영호)와 궤를 같이한다. 둘 사이에 문화적 공통성과 가결이 전래되었음을 유추할 수 있다.

「장권」은 '無縫鎖偏封快足(무봉쇄편봉쾌족)'이다. 轉英豪(전영웅)이 偏封快足(편봉쾌족)으로 조양세를 더 구체적으로 설명하고 있고 그림도 「권경」과 다르다.

③倒陣勢彈他一脚(도진세탄타일각): 倒陣勢(도진세)는 상대가 뒤돌아 차는 彈他一脚(탄타일각)의 기법이다. 倒(도)는 '거꾸로되다·반대로돈다'다. 陣(진)은 둥근 목책으로 두른 營寨(영채)다. 앉으면서 돌아 차면 圓(원)이 되는 것을 陣(진)에 비유했다. 귀축각이 주체적 입장이라면 도진세는 타자적 입장의 勢名(세명)이다. 앞 문장과 도치됐다.

「장권」은 '偸步進彈他一腿(투보진탄타일퇴)'다. 도진세가 偸步(투보)로 되었다.

④好教師也喪聲名(호교사야상성명): 스승이 가르쳐야 좋건만 죽고 나니 勢名(세명)만 무성하다.

「권경」은 스승에게 직접 배워야 제대로 알 수 있건만, 스승이 죽고 나니 勢名(세명)만 널리 펴져 있고 기법은 잃어버렸다는 안타까움을 표현한 문장이다.

「장권」은 '好教師也要退縮(호교사야요퇴축)'이다. 喪聲名(상성명)이 要退縮(요퇴축)으로 되어있어 기법을 더 구체적으로 설명하고 있다.

라. 拳勢(권세)의 기법 해설

원문: 朝陽卽書虎也【賽寶全書】退三步翻身上以右手打左足作朝陽勢

①朝陽卽書虎也(조양즉서호야): 朝陽(조양)의 이칭이 書虎(서호)다. 朝(조)는 抓(조)로 환유된다. '손의 모양'을 보고 만든 권결이고, 서호는 '서있는 사람'을 보고 만든 권결이다. 遍身(편신)을 '서다'의 음가를 가진 '書(서)' 자를 사용했다. 虎(호)는 '시연자' 즉 '서 있는 호랑이'다.

②退三步翻身上以右手打左足(퇴삼보번신상이우수타좌족): 몸을 돌려 왼손을 올리고 오른손으로 '좌족'을 치면서 하늘로 뛴다. 몸을 돌리자마자 상대가 귀축각으로 공격하자 朝陽勢(조양세)로 방어한 것이다. 「권세」는 상대의 공격을 피해 3보를 물러난 것을 상정하고 다시 翻身(번신)으로 돌아 조양세로 마무리 한다. 투로의 동작이 겨루기를 상정한 동작으로 구성됐다. 倒插勢(도삽세)에서 '우회'로 背弓(배궁)한 상태가 翻身(번신)인데, 이때 倒陣勢(도진세)의 공격을 받아 조양세로 피한다. 도삽세가 조양세의 전 단계와 연결됐다.

마. 무비지의 書虎(서호)

書虎勢(서호세)와 조양수는 다르다. 한편 '手(수)' 자가 勢(세)의 변형임을 알 수 있다. 즉 拳(권)의 경우 勢(세)를 手(수)로 교차하여 사용해왔음을 알 수 있다. 두 무인의 자세에 '제기차기'의 모습이 있다. 실제 송덕희 옹의 기록에도 제기차기가 있다. 민속놀이문화 속에 수박의 기법이 스며있음을 생각할 수 있다. 서호세는 '身法轉單鞭(신법전단편)手用隻(수용척)手破雙手(수파쌍수)脚用庒脚(각용압각)'이다. 즉 상대의 공격을 피해서 뒤로 돌아가는 기법으로 조양수와 같다. 서호세의 자세처럼 실제는 취할 수 없다. '좌각'을 기형적으로 그려, 좌회를 표현했다. 즉 이차원의 평면을 동적 삼차원을 표현했다.

바. 국내 문헌과 학술 비교

"조양수는 몸을 옆으로 하여 상대방 腿(퇴)를 방어한다. 상대방을 틈이 없이 봉쇄하여 핍박하니 영웅호걸도 후퇴한다. 뒤로 돌아 상대방을 튕겨 차니, 좋은 教師(교사)라도 명성을 상실하게 된다.

조양수는 상대방의 높은 발차기를 방어하는 동작이다. 중국무술인 八極拳(팔극권)에 같은 명칭이 있으나 동작에 차이가 있고, 팔괘장에 흡사한 동작이 있으나 용법에는 차이가 보인다."[1000]

그림 16-26. 書虎勢

1000 김종윤, 『무예도보통지의 권법연구』, 한양대학교대학원 박사논문, 2017, p48.

11
長拳(장권)의 가결 비교

長拳(장권) 24세 중, 拳經(권경)에 없는 두 개의 자세

표 16-30. 「長拳(장권)」의 24세

1	懶扎衣勢	9	下揷勢	17	低看勢
2	高四平勢	10	井攔四平勢	18	朝陽勢
3	探馬勢	11	伏虎勢	19	雁翅勢
4	拗單鞭勢	12	雀地龍	20	跨虎勢
5	七星拳勢	13	鬼蹴勢	21	當頭抱勢
6	倒騎龍勢	14	指當勢	22	旗鼓勢
7	中四平勢	15	埋伏勢	23	一霎步勢
8	虎抱頭勢	16	直行虎勢	24	擒拿手勢

1. 直行虎勢(직행호세)의 詩語(시어)

①直行虎門戶緊固(직행호문호긴고):[1001] 호랑이가 곧게 나가 문 입구를 견고하게

1001 斗門에서 '門'이 주먹을 나타내듯이 직행호세의 자세를 보면 拳(권)을 뻗은 것을 나타낸다. 즉 「장권」도 「내가 장권」의 6로10단금에서 파생된 유파임을 알 수 있다.

지키네

②恁伊腿便亦難攻(임이퇴편역난공):[1002] 님이(恁伊) 쉽게 물러나지 않으면 역시 공격이 어렵다네

③左右短看守妙法(좌우단간수묘법):[1003] 좌우단간 지키는(看守)데는 묘법이라네

④顚飜腿補進如風(전번퇴보진여풍):[1004] 몸을 돌려 나가는 게 바람같이 나간다네

그림 16-27. 直行虎勢

2. 低看勢(저간세)의 詩語(시어)

低看勢(저간세)는 '앉아돌아차기'를 하고 작지룡에서 일어나기 위한 다음 자세로 연결된다.

①低看勢偏降快腿(저간세편강쾌퇴): 저간세는 한쪽으로 낮추어 빠르게 뒤발을 내린다네

②恁他脚来快如風(임타각래쾌여풍): 님의 다른 다리는 바람처럼 빠르게 돌아온다네

③揭起横拳無不中(게기횡권무불중): 일어날 때 횡권으로 중심 아님이 없다네

④補上披手卽拳冲(보상피수즉권충): 위로 손을 들어 보충하니 곧 권을 돌린다네

1002 도기룡세 恁伊力猛硬來攻(임이력맹경래공)의 '恁伊(님이)'와 의미가 같다.

1003 직행호세의 看守(간수)는 조선세법 看守勢(간수세)의 자세와 같다. 조선세법의 간수세는 虎蹲勢(호준세)와 동일한 자세로 직행호세를 호랑이로 상징한 것과 같다. 「장권」과 「내가장권」 「조선세법」이 동일문화권에서 만들어진 것임을 알 수 있다.

1004 직행호세는 '좌각'이 전방에 있다. '좌각'이 뒤로 빠지면서 돌아 전방을 향하면 '우각'이 빠르게 나간다.

그림 16-28. 低看勢

기효신서와 장권의 배치는 둘이 겨루는 순서다. 두 기법의 배치를 비교하면 일치하는 것은 4개에 불과하고 나머지는 서로 다름을 알 수 있다. 또한 직행호세와 저간세는 기효신서에 없고 수두세가 호포두세로 되어있다. 이것은 서로 다른 문서가 존재했다는 것이다. 특히 장권의 배치 중에 기효신서와 4짝은 같고 요단편과 탐마세, 도기룡과 칠성권, 지당세와 귀축세, 저간세와 매복세, 조양세와 직행호세의 앞뒤 순서가 바뀐 것으로 보아, 장권은 투로 형식으로 전해졌던 것으로 보인다.

3. 기효신서·무비지·장권의 순서 비교

표 15-31. 기효신서 장권 비교

	기효신서	장권		기효신서	장권
1	금계독립/나찰의	고사평/나찰의	10	복호세/중평세	호포두세/중사평세
2	요단편/탐마세	요단편/탐마세	11	도삽세/고사평세	
3	도기룡/칠성세	도기룡/칠성권	12	일조편세/신권	
4	구유세/헌각허이		13	조양수/작지룡	작지룡세/복호세
5	매복세/하삽세	매복세/저간세	14	과호세/안시측신세	과호세/안시세
6	염주세/포가세		15	당두포세/요란주세	당두포세/기고수세
7	금나세/일삽보세	금나수세/일삽보세	16	기고세/순란주세	
8	정란세/귀축세	정란세/하삽세	17		직행호세/조양세
9	수두세/지당세	지당세/귀축세			

기효신서 32세
①금계독립/②나찰의
③요단편세/④탐마세
⑤도기룡세/⑥칠성권
⑦구유세/⑧현각허이
⑨매복세/⑩하삽세
⑪염주세/⑫포가세
⑬금나세/⑭일삽보세
⑮귀축세/⑯정란세
⑰수두세/⑱지당세
⑲복호세/⑳중사평
㉑도삽세/㉒고사평세
㉓일조편세/㉔신권
㉕조양수/㉖작지룡
㉗과호세/㉘안시측신세
㉙당두포세/㉚요란주세
㉛기고세/㉜순란주세

그림 15-29. 기효신서 32세

장권 24세
②고사평세/①나찰의세
④요단편세/③탐마세
⑥도기룡세/⑤칠성권
⑫작지룡세/⑪복호세
⑩정란세/⑨하삽세
⑧호포두세/⑦중사평세
⑭지당세/⑬귀축세
⑯저간세/⑮매복세
⑱조양세/⑰직행호세
㉔금나수세/㉓일삽보세
㉒기고수세/㉑당두포세
⑳과호세/⑲안시세

그림 16-30. 장권 24세

十七

三別抄(삼별초)의 手搏(수박)

1
三別抄(삼별초)의 나라 琉球國(유구국)

유구국은 12세기 초까지 수렵 채집 생활을 하고 있었다. 그 당시 오키나와는 기와나 도자기를 만들 수 있는 기술이 없었다. 1270년 '용사들로 조직된 선발군'이란 뜻의 삼별초는 몽골군에 항복한 고려 정부에 반기를 들고 봉기한다. 강화도를 거쳐 진도와 제주도로 이동한다. 제주도 방언과 북한 평안도 사투리가 유사성이 있는 것으로 보아 북쪽의 고려 유민들도 함께 항쟁에 참여하여 이동했던 것으로 보인다. 1273년에 고려의 삼별초가 제주도에서 사라진 계유년에 오키나와에서도 癸酉年高麗瓦匠造(계유년고려와장조)[1005]라 쓰인 기와가 발굴됐다. 기와에는 복속의 의미로 사용하는 원의 연호가 없고 독자적인 '癸酉年(계유년)'을 썼다. 또한 13세기부터 갑자기 100여 개의 고려식 축성과 화려한 궁성이 세워진다. 유구국 최초 왕 英祖(에이소)의 무덤 안에서 발굴된 기와에도 고려의 蓮花文(연화문)과 魚骨文(어골문)이 새겨져 있다. 13세기 英祖(에이소) 왕조의 중심지였던 포첨성(浦添城:우라소)에서 14세기 首里城(수리성)으로 왕성을 옮기면서 비로소 국가적 면모를 갖춘다. 이후 유구국이 해상무역을 하면서 외부세계에 알려지게 된다.

1006 전남대학교 호남학연구원, 『오키나와 구스쿠의 축조 배경-삼별초 세력의 이주 관련성』, 2012.

그림 17-1. 高麗瓦匠造/首里城

유구국은 15세기 이전에는 문명이 없었다는 게 일설이지만, 이처럼 15세기 이전에 문명이 없었던 것이 아니다. 제주도에서 원의 추격을 피해 오키나와로 이주해서 원의 추격을 대비해 성곽을 쌓고 군사를 조련하며 조용히 준비하고 있었을 뿐이다.

류구왕국은 고려(태조왕건) 시대에 고려에도 속국임을 자처한 곳이다. 일본의 속국으로 1879년 편입됐다가 1945년 일본이 패전하면서 미군정의 통치를 받고 1972년 일본으로 다시 복귀됐다.[1006]

삼별초는 고려 시대로 고려는 고구려를 계승한 국명이다. 고구려는 부여에서 파생된 국가이고 부여는 고조선이 그 뿌리다. 이렇게 삼별초 수박의 뿌리를 거슬러 올라가면 고조선에 이른다.

우리의 역사서에는 기록되어 있지 않은 "성왕의 셋째 아들 琳成太子(임성태자:오우치히로요)는 오늘날 야마구치로 597년 건너가 에 오우쿠치(大內)[1007]에서 도착하여 일본 남부를 통치했다. 임성태자는 그곳에 루리코사(琉球光寺)를 세웠다. 나라시대(8세기)까지 일본을 남부를 통치하고 16세기까지 가문이 유지됐지만, 점차 衰落(쇠락)하다가 근대 들어 조선과의 관계가 불편해지자 가문의 사료들을 태웠지만, 요행히 왕가족보를 남겨 백제의 잊힌 역사를 깨웠다. 임성태자가는 철 제련술을 가지고 들어가 오우쿠치에서 철을 만들어 일본 전국에 공급했기 때문에 '타타라(踏多良)'를 생산하는 유물이 여러 곳에서 발굴된다. 임성태자는 백제 당시에 숭배했던 불교

1006 『위키백과』

1007 推古天皇の五年大内氏の祖百濟國琳成太子來朝着岩ありて. 續防府市史. p243.

를 전파했는데 이것이 妙見信仰(묘견신앙)[1008]이다. 묘견신앙은 한민족 신앙인 칠성신앙과 불교가 습합된 것이다."[1009]

단종실록 6권(단종,1년 6.24)[1010]에 본인의 시조인 타타라(多多良) 성덕태자가 일본에 들어간 기록을 찾아달라는 기록을 보고 조선 선조 때 만들어진 백과사전『대동운부군옥』에 "다다량(타타라)백제 온조의 먼 후손, 아무개가 일본에 건너갔다. 포구의 이름을 따 성을 만들어 본인을 오우치(大內)라 불렀다. 그러므로 백제계 성씨이며 우리나라와 매우 가까운 사이이다."[1011]라고 기록했다. 임성태자가 세운 루리코사(琉球光寺)에 琉球(류구)가 있다. 본류 국가에서 떨어져 나온 것이 琉球(유구)이다. 임금이 나라를 잃고 이리저리 옮겨다니는 것이 流離(유리)다. 오키나와를 琉球國(유구국)이라 하는 것도 이런 의미다.

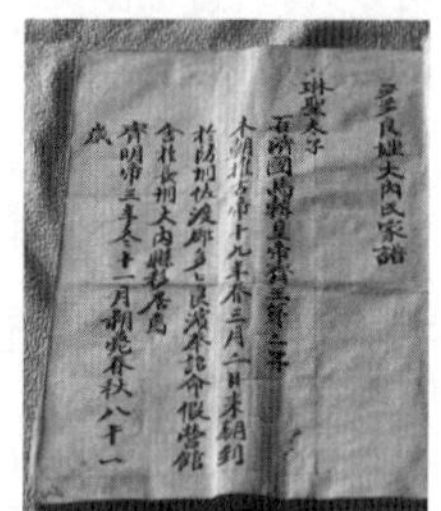
그림 17-2. 임성태자의 왕가족보

단종실록

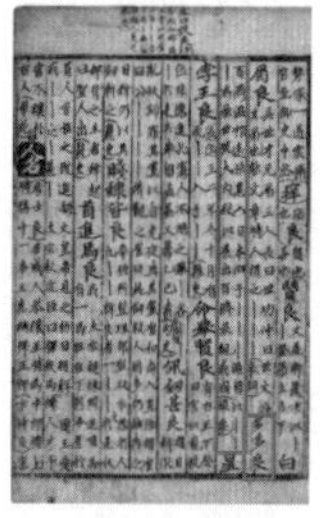
대동운부군옥

승찰도에 관한 기록

조선건국 시기는 오키나와 3국 통일시기와 맞물려있다.『조선왕조실록』「태조실록」에 山南國王(산남국왕) 承察度(승찰도:1314~1398)가 중산국과의 전투에서 패

1008 김수로왕의 아들 先見(선견)과 딸 妙見(묘견)이 건너가 칠성신과 결합된 불교인 묘견궁에서 전래했다고도 한다. 妙見宮(묘견궁)

1009 KBS 역사추적 1400년 만의 귀향 2020.9.2

1010 日夲國 大內殿使者有榮呈書于禮曹曰: "多多良氏入日夲國, 其故則日夲曾大連等起兵, 欲滅佛法, 我國王子聖德太子崇敬佛法, 故交戰。此時百濟國王勑太子琳聖討大連等, 琳聖則大內公也。以故聖德太子賞其功而賜州郡, 爾來稱都居之地, 號大內公朝鮮。今有大內裔種否定, 有耆老博洽君子, 詳其譜系也。大連等起兵時, 日本國 鏡當四年也, 當隋 開皇元年也。自鏡當四年至景泰四年, 凡八百七十三年, 貴國必有琳聖太子入日夲之記也。大內公食邑之地, 世因兵火而失夲記矣。今所記, 則我邦之遺老口述相傳而已。

1011 多多良百濟溫祚遠孫某入日夲泊于浦因以為姓世號大內殿 以系出百濟 最親我國. 대동운부군옥 6권 6책 58쪽/한국사 데이터베이스

해 1394년 조선으로 망명해왔다. 승리한 중산국왕이 승찰도를 돌려달라고 태조 3년 9월 9일 요청했다는 기록이 있다. 한편 진도로 내려온 삼별초는 龍藏城(용장성)을 거점으로 삼고 자신들이 고려의 정통임을 주장하면서 원종을 고려의 국왕으로 인정하지 않고, 고려 현종의 8대손 承化侯(승황후) 王溫(왕온:?~1271년)을 새 국왕으로 옹립했다. 承察度(승찰도)와 承化侯(승황후)의 성씨가 같고 山南王(산남왕)의 이름 溫沙道(온사도)의 溫(온)과 承化侯(승황후)의 이름 溫(온)이 같다는 것을 무엇을 말하는가? 과연 1273년 4월 김통정이 자결하고 삼별초가 완전히 사라졌겠는가? 아니면 살아남은 삼별초 중 일부 세력이 도망가서 세운 나라가 홍길동이 세웠다는 '栗島國(율도국)'이고, 이 나라가 오키나와 琉球國(유구국)은 아니었을까? '栗(율)' 자에 그 단서가 있다. 栗(율)은 '찢어지다·쪼개다·밤'이다. 밤은 섬처럼 생겨 작은 섬을 '밤섬'이라 한다. 밤톨 속에는 알이 크면 '세 개'의 밤이 들어있다. 즉 '밤처럼 세개로 쪼개진 섬'이란 뜻으로 '유구국'을 '栗(율)' 자로 표현한 것으로 보여진다.

만국진량의 종(萬国津梁の鐘)[1012]에는 "琉球国は南海の勝地にして、三韓の秀を鍾め、大明を以て輔車となし、日域を以て唇歯となす。此の二の中間に在りて湧出する蓬莱島なり。舟楫を以て万国の津梁となす"라는 명문이 새겨있다.

"삼한의 우수함을 모아 놓았다(三韓の秀を鍾め)."라는 기록이 있다. 대명이나 일본보다 삼한을 더 중시했다. 고려·조선의 무예가 전래됐을 개연성은 너무나 크다.

1012 1458년에 제작된 이 종은 1945년 오키나와 전투에서 슈리성이 완전 전소되는 와중에서도 가까스로 보존되었다. 일본 정부에 의해 중요문화재로 지정된 이 종의 명문은 중국, 일본보다 삼한(한국)을 우선 언급했다. 오피니언뉴스

2
琉球武備志(유구무비지)와 空手道(공수도)

『유구무비지』의 원소장자는 일본인 고옥아인(古屋雅人)으로 현재 대만의 台北武學書館(태북무학서관)에서 소장하고 있다. "九天風火院田都元帥四十八對練圖譜(구천풍화원전도원수사십팔대련도보)는 채색본으로 연대는 알 수 없다. 원본을 복원했지만 찢긴 잔해들이 아직도 많다. 전문가들에 따르면 '이 그림본은 다른 곳에서 전해진 초본(원본 일부를 베끼거나 발췌한 문서)과 다르다. 아마도 이것이 최초 원보의 하나다."[1013]라고 감정했다.

원본은 天風火院三(천풍화원삼)까지만 보이지만 초본은 『九天風火院三田都元師(구천풍화원삼전도원사)』[1014] 전체가 보인다. 내용에 있어도 제1회의 鐘皷齊(종고제) 부분은 그림도 원문도 없다. 『일본무도전집』과 중국 필사본에는 鐘皷齊鳴手敗(종고제명수패)의 문장과 그림이 있다. 또한 원본의 猴(후)가 '猿(원)' 자로 쓰였다. 실제 일본논문 『沖縄伝武備志』の研究　—沖縄空手との関わりを中心に—』에 의하면 4개

1013 從紙長,繪工 裱裝等條件研判, 此繪本不同於其它傳抄本, 極有可能是最初的原譜之一, 有待進一步鑑定, 對於『琉球武備志』的 研究具有相當重要的價值. (逸文武術文化有限公司, 劉康毅, 2016, 20p)

1014 武神「九天風火院三田都元帥」は、道教の神様で、福建と台湾を中心に信仰されている。福州地方においては、梨園界と武術界から「会楽宗師」と尊称され、信仰の対象となっている(무신으로 도교신의 모양이다. 복권과 대만을 중심으로 믿는다. 복주 지방에서는 이원계와 무술계에서 회락종사로 존칭되어 신앙의 대상이 되고 있다).

[1015]의 사본과 여기서 파생된 47종의 자료가 있다. 분석한 결과 "필사의 오류, 단어의 누락 등이 있고 활자본은 항목의 입체 등 구성에 수정이 이루어지는 등 문제가 있는 것으로 나타났다. 유구무비지는 스승에서 제자에게 전해는 師子相傳(사자상전)으로 전해지다가 1930년을 기점으로 유포되었다."[1016]고 한다.

일본은 『충승무비지』라고 이름 짓고 공수도의 성경(聖經)으로 떠받들고 이것을 『유구당수(琉球唐手)』라 한다. 공수도의 자세에 대한 이론적 근거를 『유구무비지』에서 도출했다. 침소봉대라 생각할 수 있지만, 공수도의 정체성을 세우기 위한 일본무도학계의 노력을 우리 학계도 본받아야 한다. 태권도나 택견의 뿌리를 『무예도보통지』나 『태격정로』에 두면 마치 사달 날 것같이 비난하는 우리 학자들은 반성해야 한다. 초창기 '가라수'가 일본에 전래될 당시만 해도 일본에서는 탐탁하게 보지 않았다. 이것이 공수도로 개칭되어 보급되면서 확장되었음을 반면교사로 삼아야 한다.

1015 『武備志(誌)』, (いわゆる『沖縄伝武備志』 比嘉世幸夲(1973年コピ—する) 등,

1016 『沖縄伝武備志』, の諸夲を洗い出し､その特徴を分析して､系統別に整理した｡その結果､『沖縄伝武備志』の諸夲には4つの系統があることがわかった｡これまでに披見を許された筆写夲と発表・公刊された活字夲を検討した結果､それぞれの筆写夲間には誤写・語句の欠落などがあること､活字夲には項目の入替など構成上の改変が施されるなど､問題があることもわかった｡また､『沖縄伝武備志』は､師から弟子(一部は親交のある空手家同士)へと受け継がれる｢師子相伝｣の伝夲で､1930年を境に流布し始めたことを明らかにした｡盧姜威(중국) 博士, 平成 23, 3,18.

3
琉球武備志(유구무비지)와 白鶴拳(백학권)

중국은 『유구무비지』가 부분적으로 내용이 같기 때문에 『백학무비지』[1017]로 부른다. 이에 유구국은 1372년 송(宋)과 국교를 맺고 교류를 시작했다. 이때 송의 소림무술이 전래한 것으로 보고 있다.[1018] 복건 지역에서 필사본이 발견됐다고 하니, 중국의 관점에서 해석하는 것은 당연하지만 아직도 풀지 못하는 숙제가 있다. 바로 『유구무비지』가 복주에서 성립되었다고 해서 그것이 어떠한 경로를 거쳐 오키나와로 넘어왔는지, 이 책이 어떻게 전해져 남아 왔는지는 여전히 학계의 수수께끼[1019]로 남아있다.

『沖繩伝武備志』の成立になお謎部分が殘つていることである。すなわち, 仮に福州で成立したとして, それがどのような經路をたどつて沖繩にもたらされたか, ということ。何故この夲が現在まで伝わり殘つてきたか。

1017 琉球武備志, 白鶴 羅漢 田都元帥, 逸文武術文化有限公司, 劉康毅, 2016, 5p

1018 沖繩振興特別推進市町村交付金事業 琉球空手のルーツを探る事業調査研究報告書, 平成26年度, 浦添市教育委員會, p61.

1019 『沖繩伝武備志』, の研究　—沖繩空手との関わりを中心に—』論文審査要旨 p34.

당연하다. 그들로서는『유구무비지』가 어디서 어떻게 왔는지 그 핵심을 밝힐 수 없다. 이것이 밝혀지는 순간 그간의 학설이 모두 무너지고 오히려 백학권과 공수도의 시원이 조선이라는 참사를 가져오기 때문에 삼별초가 전래한 것이라는 것을 알았더라도 학자적 양심과 용기 없이는 고백하기 힘들 것이다.

송나라와 수교하기 이전 1273년에 삼별초가 충승에 首里王朝(수리왕조)를 이미 세웠다. 중국은『유구무비지』의 앞장에서 백학수의 자세를 취하고 있는 여성 그림 한 장을 가지고 이것이 복주 지방의 백학권이라는 논리를 세워 치밀하게 논문을 쓰고 있다.『충승무비지』에『무비지』란 이름이 있다 보니, 모원의가 쓴 '무비지'와 관련된 것으로 인식됐다. 그래서 모원의의『무비지』와 다름을 비교하지 않을 수 없게 된다.『무비지』의 명칭은 1934년 간행된 摩文仁賢和活字本(마문인현화활자본)[1020]에서 나왔다. 더 나아가『유구무비지』에 사용된 일부 명칭이 백학권과 동일함을 들어 복건의 백학권과 관련성이 있음을 발표했다(福建の白鶴コピ一拳には,沖縄空手と同一の型名称がみえる。このことから,福建の白鶴拳と沖縄空手とは何らかの形で関連している)."[1021] 백학권(白鶴拳)[1022]의 일부분의 명칭이 같다고 전체가 백학권이 될 수 없기 때문에 '관련성'만 있다고 한 것이다. 실제 鶴(학)과 관련된 권결은 48회의 鶴闕翼手(학관익수) 하나뿐이다.

기법적 측면에서도,『유구무비지』가 전시되어있는 香港大會堂(향항대회당)의 非物質文化遺産新媒體展覽(비물질문화유산신매체전람) 옆에서 틀어주는 백학권의 동영상을 보면, 학의 날갯짓을 양손으로 구현한 무술로 태극권처럼 부드럽다. 그러나『충승무비지』는 두 사람이 공격과 방어를 하는 호신의 '낱 기술'로 '백학권'의 동작과 전혀 다르다. 오히려 송덕기의 '낱 기술'이 유사성이 크다.

1020 『武備志』の名稱をつけたのは,1934年刊行の摩文仁賢和活字本からであることも明らかにしている. 』沖縄伝武備志』の研究-沖縄空手との闕わりを中心に- 盧姜威(중국) 博士, 平成23년3월18일, p32.

1021 『沖縄伝武備志』の研究 一沖縄空手との関わりを中心に一』論文要旨

1022 허인욱,『우리무예풍속』, 푸른역사, 2005, p349. "白鶴拳(백학권)은 그 창시자가 方七娘(방칠랑)이란 방칠랑이라는 여자로 알려져 있는데, 어려서 소림 십팔나한권을 익히고, 백학의 형세를 취해 백학권을 창시했다고 한다. 여기에는 여러 전설이 있어 그 진위 여부는 확인하기 어렵다."

중국학자들도 유구무비지에 쓰인 한자가 중국문장이 아니고 북주방언[1023] 이라고 고백한다. 중국무술로 만들기 위해 억지로 북주방언을 끌어다 붙였지만 이것은 북주방언이 아니라 조선의 이두문이다. 문장에 사용된 개념들은 북방문화와 조선세법의 검결(劍訣)과 권결(拳訣)들이 사용됐다. 무엇보다도 대만의 논문과 출판물들도 유구무비지의 사람이 입은 옷차림과 발에 두른 행전(行纏)을 한 인물이 누구인지 알고자 하면 한민족(조선인)이라는 확인할 수 있음에도 이에 대해 전혀 기술하지 않는다. 미루어 보건대, 삼별초의 수박이 오랜 세월 전승되고 기록된 것이, 후대에 남방과 교류되면서 도교 신앙과 더불어 무술도 함께 교류했을 것으로 사료 된다.

무엇보다 놀라운 것은『기효신서』「권경」에 있는 기법의 배치와 똑같은 자세가 6개가 짝으로 구성돼있다. 즉 32세 중에서 12세가 같다는 것이다. 이것은 척계광이 고금권가(古今拳家)에 "송태조시대에 삼십이세장권이 있고, '육보권·후권·와권'이 있다. 세명이 각각 달리 부르지만 실을 대동소이하다."라고 하여『기효신서』를 정리할 때 오래전부터 전해져 오던 자료들이 있었지만 이름만 달랐을 뿐 기법은 같았다고 기록한 것과 일치한다. '유구국'에 있었던 자료도 이와 같다고 볼 것이다. 삼별초에 의해 유구국에 수박이 전래했다면 척계광이 수집한「권경」보다 더 오래된 사료가 된다.

1023 『沖縄伝武備志』, は単純な漢語によって書かれたものではなく､福州方言を混じえて書かれた漢文文献である｡③『沖縄伝武備志』には､沖縄空手の型名称・技法がみられる｡また､白鶴拳は飛鶴拳・闘鶴拳・遊鶴拳の三種類の拳術に分類されている｡

4
武備門(무비문)과 琉球武備志(유구무비지)의 관계

송나라와 수교하기 이전 1273년에 삼별초가 이미 충승(로키나와)에 수리왕조(首里王朝)를 세웠다.

'硫球(류구)'의 琉(류)는 '王+流(흐를류)'로 "왕이 바다를 건너왔다."라는 의미고, '球(구)' 자도 '王+求(구)'로 '왕이 나라를 구하고 세웠다'다. 597년 임성태자가 597년 야마구치로 건너가 오우쿠치 大內(대내)에 절을 세우면서 절의 이름을 루리코사(琉球光寺)라고 했던 것처럼 琉球(유구)는 왕족이 본토에서 건너가 세운 것을 뜻하는 개념이다. 특히 무비문에는 유구무비지에 나오는 '千斤錘(천근추)·鯉魚撞(이어당)·單脫靴(단탈화)·黑虎(흑호)·伏虎(복호)' 등의 기법이 있다. 이것은 유구무비지와 무비문이 서로 연결되어 있다는 것은 고려 삼별초의 무술이 여러 갈래로 흩어져 전래하였다는 명확한 방증이다.

5
琉球武備志(유구무비지)의 사료적 가치

『유구무비지』가 우리나라에 처음 소개된 것은 2005년 『옛 그림에서 만난 우리 무예풍속사』에서다. 여기에서 『충승무비지』가 백학권의 영향[1024]을 받은 것으로 소개하고 있다. 그만큼 우리의 학계는 이에 대한 연구가 전무했다. 우리 학계가 손을 놓고 있는 사이, 일본과 중국은 伽羅手(가라수)와 白鶴拳(백학권)을 연구하는 자료로 활발히 논문을 쓰고 있었다.

『日本武道全集(일본무도전집)』[1025]은 空手道(공수도)의 뿌리를 설명하면서 『沖縄伝武備志(충승전무비지)』의 필사본을 삽입하면서도 이 자료의 출처를 밝히지 않았고 기법을 설명한 한자도 의도적으로 작게 썼다. 원본과 비교해 본 결과 원본의 상단에 있는 1~48까지 순서를 『일본무도전집』에서는 삭제했고, 삽화의 배치 순서도 뒤죽박죽이었다. 술기를 설명하는 한자도 잘 보이지 않도록 아주 작게 쓴 것도 확인했다. 1986년 출판된 『충승전무비지』[1026]에서도 『일본무도전집』처럼 그림의 삽화를

1024 大塚忠彦, 『沖縄伝武備志』, ベースーボール・マガジソ社, P.17.

1025 八谷政行, 『日本武道全集』, 人物往來社, 昭和四一年一一月.

1026 大塚忠彦, 『沖縄伝武備志』, 1986, 4. 20.

조선인으로 그리지 않았다. 그림을 보면 시연하는 무인은 '머리에 상투하고 다리에 行纏(행전)을 두른 명확한 조선 사람(고려인)'이다. 일본은 공수도의 경전인『충승무비지』가 삼별초의 수박이라는 것을 숨기려 했던 것으로 보인다.

유구무비지는 무예를 시연하는 무인을 '龍(룡)·獅(사)·魚(어)·馬(마)·猪(저)·虎(호)·猴(후)·猿(원)·卯(묘)·蝶(접)·牛(우)·蟬(선)·鶴(학)·鳳(봉)·龜(귀)·麒麟(기린)·豹(표)'의 동물로 비유하고, 동작의 개념은 '手(수)' 자를 썼다. 다른 무예서에서는 잘 사용되지 않은 동물들로 대부분 고구려 고분에 그려진 동물들이다.

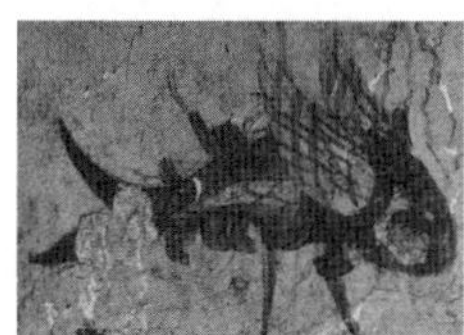

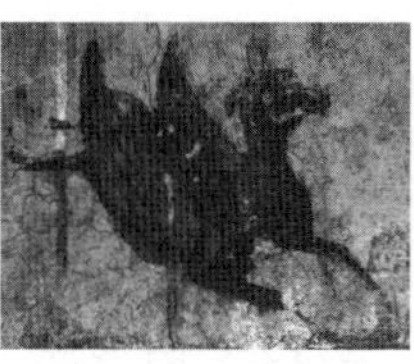
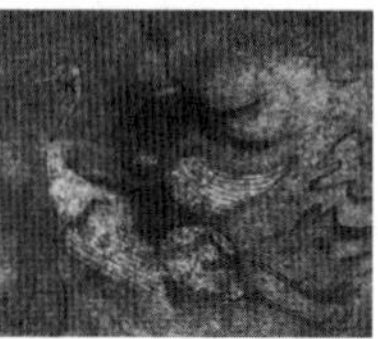

그림 17-3. 안악1호 飛魚/안악1호 飛馬/덕흥리 麒麟/乘鶴神仙

또한, '將軍(장군)·兒孩(아해)·小鬼(소귀)·羅漢(나한)·美女(미녀)·童子(동자)'가 나오고, 생활문화로'千斤錘(천근추)·鐘(종)·皷(북)·欄(난간)·炉(화로)·蓮(연밥)·菓(과일)·竹(대나무)·葱(파)·門閾(문틈)·剪(가위)·鈑(금판)·珠(구슬)·刀(칼)·陶(그릇)·機(베틀)·梳(빗)·靴(신발)·針(침)·食(밥)'이 표현됐고, 자연으로는 '日月(일월)·風雲(풍운)·雷雨(뇌우)·泰山(태산)·地(지)'로 표현됐다. 기법의 설명은 '墜(늘어뜨리다)·齊(나란하다)·出(돌아나가다)·盜(훔치다)·撥(휘젓다)·落(떨어지다)·交(엇걸리다)·抱(안다)割(나누다)·伏(엎드리다)·破(깨다)·並(나란히하다)·拔(빼다)·開(열다)·戲(놀다)·夆(봉우리)·鈑手(판수)·剪胶(전교)·戲珠(희주)·折爭(절쟁)·擺(파다)·蝶(접다)·出抓(출조)·朝陽(조양)·播(뿌리다)·抓(조)·採(채다)·搖(흔들다)·擒(잡다)·啄(쪼다)·猷(꾀다)·吐(토하다)·扭(묶다)·捧(끌다)' 등 다양한 문자로 표현했다. 특히 旗鼓勢(기고세)는「권경」에 나오고, '鉄牛八石(철우팔석)·大步(대보)'도『기효신서』에 있다. 또한 '6로10단금'에 사용된 '門(문)·搖(요)·擺(파)'도 있는 것으로 보아, '六路(육로)'의 개념도 三別抄(삼별초)로 전래되었음을 유추할 수 있다.

이처럼 삼별초 수박에 사용된 개념들은 한민족 신화와 일상 삶의 내용이다. 또한 勢名(세명)은 다르지만「권경」과 똑같은 기법이 같은 순서로 배치로 된 것이 있는 등『유구무비지』의 구성은 복합적이다. 미루어 생각하면 당시는 신분 사회였기 때문에 술기는 같더라고 개념은 사용하는 계층에 따라 차별적으로 사용된 것으로 사료된다. 한편『유구무비지』는「권경」처럼 하나의 동작을 勢(세)로 규정하지 않았다. 대부분 手(수)로 마쳤다. 수박의 개념과 일치한다. 戱(희)의 개념이 단순한 '놀이'라는 뜻으로 사용된 것이 아니라, '雙龍戱水(쌍용희수)·雙龍戱珠(쌍용희주)'처럼 手技(수기)가 작용하는 '손놀림·손재주'를 뜻한다. 즉 '手搏戱(수박희)·角抵戱(각저희)'에 사용된 戱(희)는 단순한 '놀이'의 개념이 아니라는 '재주를 겨룬다'는 포괄적 개념으로 쓰였음을 알 수 있다.

유구무비지와 송덕기의 술기를 비교한 결과 유사성을 넘어 똑같은 술기가 확인됨에 따라 동일 무예가 하나는 조선을 통해 전승되고, 다른 하나는 삼별초를 통해 유구국에 전래한 것을 확인할 수 있었다. 택견의 뿌리와 유구국이 같다는 것은 무엇을 말하는 것인가? 1273년 4월 제주도의 항파두성에서 갑자기 사라진 고려의 삼별초가 유구국으로 이주했다는 설의 근거가 된 浦添城(포첨성)에서 발굴된 癸酉年高麗瓦匠造(계유년고려와장조)[1027]과 함께『유구무비지』는 삼별초 이주설을 입증할 수 있는 강력한 사료다. 천우신조로 유구국으로 이주한 고려 삼별초가 수련한 수박 자료가 발견됨으로써 택견과 태권도의 뿌리를 찾을 수 있게 되었을 뿐만 아니라, 잃어버린 수박의 본래의 모습과 맨손 무예의 역사를 찾을 수 있는 계기가 됐다.

1027 전남대학교 호남학연구원,『오키나와 구스쿠의 축조 배경-삼별초 세력의 이주 관련성』, 2012. The Origin of Gusku at Okinawa

6
琉球武備志(유구무비지)의 構成(구성)

표지는 한 장이고, 다음 면 좌우에 '정이모·정이백·흑사인·백사인' 그림 4개가 있다.

특히 백사인이 학처럼 자세를 취한 밑에 백학수란 설명이 붙어있다. 엄밀히 말하면 白鶴拳(백학권)이 아니라 '白鶴手(백학수)'다. 중국은 手(수)보다 拳(권)을 취하는 문화적 특질에 따라 백학수를 복주에서 창시된 이름이 유사한 백학권이라고 왜곡한 것이다. 천우신조로 조선인이 시연하는 수박이 '1~48'번까지 순서를 붙여 놨다. 여기에는 조선인이 수박을 하는 96개의 자세와 각각의 이름이 붙어있다. 원본 문서를 다시 만들 당시 그림 상단에 붙어있는 순서를 삭제할 수 없어 그 결과 앞쪽 4개의 그림에는 1回·2回와 같은 번호를 붙일 수가 없다.

가. 표지부

그림 17-4. 琉球武備志原本/沖縄伝武備志抄本

표지를 보면 '우수'의 두 손가락은 하늘을, '좌수'의 두 손가락은 땅을 찌르고 있다. 손의 모양이 가위로 게의 손으로 비유하여 '蟹手(해수)'다.

이 책은 크게 標紙(표지)와 琉球圖(유구도), 四十八手摶(사십팔수박), 六機手(육기수)와 藥劑(약제)로 나눌 수 있지만, 전체적으로 보면 '九天風火院三田都元師/鄭二伯·鄭二母/黑舍人·白舍人/琉球圖/四十八大練圖/一治打撻大小便不通/又生草食方/又君臣方/一治打傷淤血方/一治左脇痛是血此藥法/一治右脇是氣此藥方/鉄打止通方/鉄打方/抽觔方/神諗吊膏青方/身中骨打斷凹吊膏/一治久年通不可當食此藥方立愈/五香散/十二寺辰用青草圖/六機手/金不換膏/八仙過海丸/又食湯藥方/鶏鳴散/十二時辰血脉藥方神効'로 구성되어있다. 한편 육기수의 機(기)는 '베틀·틀기'이다. 機(틀기)의 '틀기'는 '손을 틀기(비틀기)'다. 즉 베틀에서 베를 짤 때 '북' 등을 넣고 빼는 작업 과정에 생기는 '손 모양'에서 '육기수'를 취했고, 개념은 모두 手摶(수박)처럼 '手(수)' 자로 개념화했다.

나. 鄭二伯(정이백)과 鄭二母(정이모), 白舍人(백사인)과 黑舍人(흑사인)

그림 17-5. 白鶴手·黑虎手/鄭二伯·鄭二母

정이백의 그림은 없고 정이모의 그림만 있다. 정이모가 취한 손모양이 白猿手(백원수)다. 백원수는 원숭이 손 모양이란 뜻이다.

본국검의 白猿出同勢(백원출동세)도 원숭이가 좌측 어깨에 양손을 구부리고 있다. 즉 '우측'에서 '좌측'으로 옮기는 동작에서 취한 검결이다. 抄本(초본)에는 白猿手法應二十四轉身(백원수법응이십사전신)으로 쓰여있다. 정이백은 鉄沙手(철사수)다. 白猿手(백원수)를 응대하는 그림이고, 鉄沙手應二十四變化(철사수응이십사변화)로 쓰여있다.

黑舍人(흑사인)이 취한 자세는 用黑虎手法應五十四步(용흑호수법응오십사보)로 쓰여있고,白舍人(백사인)이 취한 자세는 用白鶴手名日十八學士(용백학수명일십팔학사)로 쓰여있다.

무엇보다도 무예의 기법으로 보면 手(수)와 拳(권)은 전혀 다르다. 즉 白鶴手(백학수)와 白鶴拳(백학권)은 다른 무술이다. 黑虎(흑호)는 무비문에도 기록되어 있어 이 또한『새보전서』에 실린 기법으로 보인다.

비록 백원수와 철사수가 앞면에 붙었지만 철사수는 육기수에 이미 기록된 명칭이다. 즉 48回(회)에 포함되지 않은 백원수와 철사수는 유구국에서 사용하던 수법을 새롭게 정리하면서 후대에 4개의 동작을 手搏(수박) 앞에 첨부하여 만든 문서다. 특히 중국은 백사인이 취한 백학수를 가지고 백학권[1028]의 영향을 받았다고 주장하지만 그렇다면 白猿手(백원수)가 白猿拳(백원권)이고, 鉄沙手(철사수)가 鉄沙拳(철사권)이라 주장할 것인가?

오늘날 노자가 썼다는 '道德經(도덕경)'도 마왕퇴[1029]의 발굴로 원명이 '德道經(덕도경)'이었음이 밝혀졌듯이, 삼별초의 수박을 기록한 문서 앞에 4개의 동작이 붙였다고 해서 白鶴手(백학수)가 白鶴拳(백학권)이 되는 게 아니다. 총 48회 중에 '11·12회'는 원본이 크게 훼손된 관계로 복원이 어려워 보인다. 대신 초본이 있다. 그림은 쌍으로 되어있기 때문에 총 96수이다.「장권 32세」보다도 세 배 많다.

특히 이 문서에서 중요한 것은 기효신서의「권경」과『유구무비지』의「41·42·43·44·47·48회」는 이름만 다를 뿐,「장권32세」의 자세나 배치가 모두 똑같다. 삼별초의 자료라는 전제하에서 본다면 기효신서의「권경」보다 선대의 기록이 된다.

두 사람이 겨루는 실전형식으로 구성됐다. 대개의 기법은 상대가 공격해오는 손을 잡아 제압한 이후에 손이나 발로 공격한다. 오늘날 호신술 형식과 같다. 특이한 것은 拳訣(권결)만 다를 뿐「권경」의 배치와 같은 것이 있고, 旗鼓勢(기고세)이 경우는 권결과 동작이 같다. 이것은 동작은 같아도 기법을 설명하는 방식이 다양하게 존재했음을 알 수 있다. 뿐만 아니라 명·청대 日用類書(일용류서)인『만세보전』'[1030]에도 '이두문'이 기록되어 있고,「舞刀歌(무도가)」'[1031]도 있다.

『유구무비지』는「권경」처럼 勢名(세명)으로 규정하지 않고 詩文(시문) 형태로 짧게 설명하면서 기법의 개념을 手(수:테)로 삼고 있다. 그림을 보면 拳(권)도 사용할 뿐만 아니라 단순하게 치는 것에 그치지 않고 꺾고 찌르고 넘어뜨리는 종합맨손 무예

1028 허인욱,『우리무예풍속』, 푸른역사, 2005, p348.

1029 馬王堆(마왕퇴) 漢墓(한묘)는 1972년 1월 16일 옛 초나라 땅이었던 장사시 동쪽 교외에서 발굴되었다.

1030 함희진,『만보전서언해』의 서지적 고착과 그 언어적 특징」어문논집, p137. "萬歲寶典(만보전서)란 이름이 쓰인 것은 원대부터였으나, 상식 사전이 유행하던 명·청대에 이르러 민간에 유통되는 일용류서들을 통털어 萬歲寶典(만보전서)라 하고 매년 간행되었다. 처음 萬歲寶典(만보전서)라 불리던 것은 명말에 간행된 萬寶萃寶(만보췌보:만력24년간본)이다."

1031「舞刀歌(무도가)」: 男兒立志武爲高要孝関公勒馬刀利地割葱真巧妙分尸碎甲不留袍刀飛蝴蝶紛匕舞死後還魂不要憔老鼠沿橋尋乱桿淚飛趕月莫相催朝天剃面皆湏用餓馬难禁定砲槽

다. 즉 手(수)는 단순한 手(수)가 아니라 拳(권)을 포함한 상박의 手(수)였음을 알 수 있다.

다. 琉球圖(유구도)와 藥草(약초)

子用萬毒虎 丑用馬地香 寅用暮春陰 卯用青魚蓮 辰用百根草 巳用鳥不宿
午用回生草 未用土牛七 申用还魂草 酉用打不死 戌用一枝香 亥時用醉仙草

그림 17-6. 유구도

7
拳法備要(권법비요)와 琉球武備志(유구무비지)의 비교

한편, 『拳法備要(권법비요)』에는 「권경」과 「권법비요」의 초본 각 일 권이 전해졌다. 소림종파의 기법을 청대에 張孔昭(장공소)가 편찬하고 曹煥斗(조환두)가 注(주)를 달았다. 『권법비요』에 나오는 小林寺玄機和尙(소림사현기화상)이 傳(전)한 24개[1032]의 拳法(권법)을 보면, 불교와 관련된 가결은 佛拜僧老(불배노승보) 하나밖에 없다. 오히려 入仙醉步式(입선취보식)은 神仙(신선)을 나타낸 용어고, 壓頂大法(압정대법)의 壓頂(압정)은 泰山壓頂勢(태산압정세)와 개념이 같으며, 이 자세를 勒馬式(늑마식)으로 설명한다. 勒馬步揷掌式(늑마보삽장식)의 勒馬(늑마)도 무비문에 있다. 실제 「권경」의 유래에 대해서 『기효신서』의 송태조를 함께 인용(拳法之由來夲於少林寺 自宋太祖學於其中)하고 있다.

특히 첫 자세인 〈그림 8-4〉의 呆架式(매가식)[1033]은 한민족의 문화와 깊게 연결되어 있다. 여기서 '呆(매)'와 '架(가)' 자에 기법이 숨어있다. '呆(매)' 자는 지개를 등에

1032 ①呆架式②鐵門大法③戱珠大法④捉蟾大法⑤壓頂大法⑥單披式⑦猴拳護胸式⑧踹躍式醉步⑨閉陰大法⑩掃陰大法⑪勒馬步揷掌式⑫提步鐵門式⑬騰脚偏閃式⑭己出揷掌式⑮左肩出勢式⑯垂肩式⑰入仙醉步圖式⑱葫蘆式⑲站步式⑳鉄拐李顚樁式㉑破打邊盤式㉒中盤式此破法㉓走外盤式㉔玄機和尙步式. 『중국고전무학비전록』, 하권, 인민체육출판사, 2006, p76~83.

1033 ①槌頭②直項③合背④開胸⑤直腰⑥平肚齊⑦平膝⑧直腫⑨枯地⑩釘地⑪脚跟⑫脚尖

매고 멜끈을 양손으로 잡은 자세다. '架(가)'는 수평의 架路(가로)로 짐을 나르는 지개의 등에 튀어나온 두 개의 가지가 '시렁'이다. '街路(가로)'는 '橫(횡)'으로, '간다'의 '가'다. '丗路(세로)'는 하늘에서 땅으로 내려오는 선으로 '縱(종)'이다. '丗(세)' 자형에 세로 선이 있다. '세=서기'로 '서'를 음가로 가진 많은 한자(序·鼠·捿·書)의 속뜻은 '서다'는 의미다. 즉 글은 위에서 아래로 내려쓰기에 書(서)고, '筆(필)'은 '붓의 대나무는 반듯하게 펴있다'에서 '필(必:반드시필)'[1034]이다.

『무예제보번역속집』의 「夾刀棍製(협도곤제)」에 架上(가상)은 '위로 간다'로 '세로'를 뜻한다. 이처럼 架(가)는 '가로'의 '가'를 뜻하고 등 뒤로 뻗는 손은 지개를 의미한다. 이처럼 '架(가)' 자의 본의를 모르면 기법을 온전히 이해할 수 없다. 오키나와 가라데의 동작에는 '呆架式(매가식)'과 '玄機式(현기식)'과 같은 자세가 있지만 그 동작이 정작 '呆架式(매가식)'임을 모르고 있다. '呆架式(매가식)'에서 취한 양손의 자세가 '支開(지개)'[1035]를 등 뒤로 매고 짚으로 엮은 끈인 멜끈을 양손으로 움켜잡은 자세다. 그래서 매고 간다는 의미의 이두문인 '呆架(매가)'다. 자세를 뜻하는 '勢(세)'의 개념을 후대에 '式(식)'으로 바뀌었다. '呆架勢(매가세)'는 '매고가세!'라는 의미가 된다. '지개'는 우리민족이 만든 대표적인 운반기구로 최초의 기록은『위지동이전』에 삼한 시대에 사용된 기록이 있다. 그림은 비록 모습은 승려이나 여기에 실린 무예는 우리민족과 관련된 무예로 사료된다. 이러한 자세는 몸에 힘을 응축시키는 기법이 숨어있어 태권도나 공수도에서 시작 전에 좌우로 팔을 펴는 동작이 '呆架勢(매가세)'다.

1034 임성묵, 『본국검예 3. 왜검의 시원은 조선이다』, 행복에너지출판사, 2018, p145.

1035 '지게'라는 말이 처음 나타나 있는 책은 1690년(숙종 16)에 나온『譯語類解(역어유해)』이다. 청나라 말 교본이었던 까닭에 지게의 뜻을 풀어서 '背狹子(배협자)'로 적었으며, 1748년(영조 24)에 출간된『同文類解(동문유해)』(만주말 자습서)의 저자도 이를 따랐다. 지게를 우리말에 가깝게 적은 최초의 책은 1766년 간행된『증보산림경제』로, 저자는 이를 '負持機(부지기)'로 적었다. 지게를 나타낸 '지기'에 '진다'는 뜻의 '負(부)'를 덧붙인 것이다. 이를 통해 보면 '지게'라는 이름이 18세기 무렵 이미 굳어졌음을 알 수 있다. [네이버 지식백과] 지게 (한국민족문화대백과, 한국학중앙연구원)

拳經拳法
丙子孟秋 蟫隱廬印行
備要二卷

그림 17-7. 拳經拳法備要

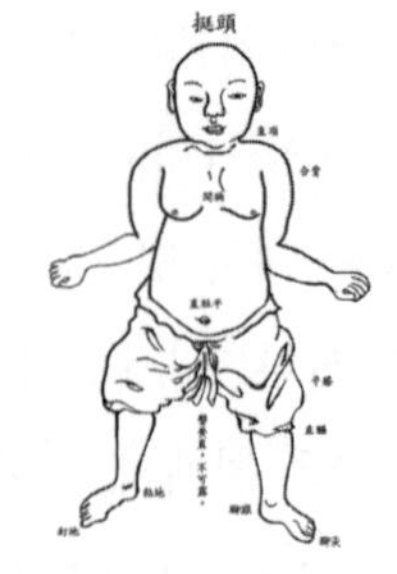

그림 17-8. 呆架勢(매가세)

특히 '破打邊盤式(파타변반식) · 中盤式此破法(중반식차파법) · 走外盤式(주외반식)' 3개는 상대를 뒤로 제압하는 跌法(질법)이다. 이 기법을 '盤(반)' 자로 표기했다. 盤(반)은 '쟁반'의 뜻으로 '맴돌린다'는 기법으로 '반대로 돈다·상대의 등위로 간다'로 '搬(반)'의 뜻을 내포한다.

'倒(도)는 상체의 머리를 중심으로 돌리고, 盤(반)은 허리중심'으로 돈다. 또한 유구무비지의 雙龍戱珠(쌍용희주)와 같은 戱珠大法(희주대법)이 있고, 쌍용희주의 상대와 같은 자세가 '玄機和尙步式(현기화상보식)'이다. 이런 것을 비교해보면 소림무술도 소림사에서 모두 창안한 것으로 단정할 수 없다. 勢(세)나 跌法(질법)의 개념을 그들은 '式(식)' 자로 바꿨을 뿐이다.

『권법비요』의 鐵門大法(철산대법)과 戱珠大法(희주대법)과 같은 자세는 상대와 겨룰 때의 기본자세다.

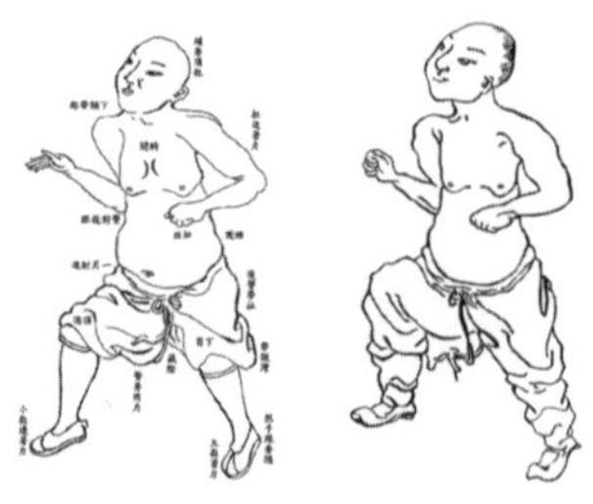

그림 17-9. 鐵門大法/戱珠大法

鐵門大法(철산대법)의 기법을 설명한 개념은 '中平(중평) · 展翅(전시)'다. 이것은 곤법과 조선세법의 가결이다. 또한 壓頂大法(압정대법)의 뒷발은 勒馬式(늑마식)이다. 泰山壓頂(태산압정)과 豹頭壓頂(표두압정)에 사용된 개념인 '壓頂(압정)'이다. 이것은 현기화상이 앞선 문서나 동작을 채용했음을 알 수 있다.

21개의 단일 자세와 둘이 겨루는 3개의 그림이 있다. 특히「交盤口訣(교반구결)」에 大凡交盤之法(대범교반지법)이라 하여 상대를 제압하는 기법이 있다. 여기서 '盤(반)' 자가 제압하는 기법이다.

또한 현기화상이 취한 보법 자세는『유구무비지』의 白猴折爭手(백원절쟁수)의 자세와 같다. 오히려 선가의 개념인 八仙(팔선)과 무비문과 유구무비지에서 사용된 '勒馬(륵마:말)·猴(후:원숭이)·猪(저:돼지)·牛鐵(우철)'가 사용됐다. 특히 捉蟾(착섬)은 '양 팔꿈치를 두꺼비처럼 세운다'에서 '세우다〉세움〉섬'의 '蟾(섬:두꺼비)' 자를 사용한 이두문이다. '捉(착)'은 두 손을 '위를 움켜쥔다'다. 이것은 조선세법의 偏閃勢(편섬세)에서 팔꿈치를 올리는 동작과 똑같다. '閃(섬)'의 음을 두꺼비의 '蟾(섬)'으로 바꾼 것으로 '세운다'의 명사형인 '섬'이다.

그림 17-10. 捉蟾大法/葫蘆式/八仙醉步

그밖에 葫蘆式(호로식)의 葫蘆(호로)는 '조롱박(호롱박)'이다. 이 기법은 '玉山頹樣(옥산퇴양:단단한 산이 무너지자 뒤를 보며 도망가는 보법)', 跌步(질보:전력 질주로 도망가는 보법), 閃步(섬보:문틈을 엿보다. 들켜 한쪽 발을 들고 도망가는 보법), 奸步(간보:간통하다 들켜서 도망가는 보법), 拗步(요보:발을 뒤로 돌려 도망가는 보법), 回回步(회회보:돌아가는 보법)로 설명하고 있다. 奸步(간보)는「무비문」의 追風勢(추풍세)에 사용된 보법이다. 이처럼 실타래처럼 서로 연결되어 있다.

拗步皆從此出(요보개종차출:요보는 모두 이 보법으로 한다)와 回回步亦從此生(회회보역종차생:회회보 또한 여기서 나왔다)고 설명하고 있다. '葫蘆(호로)'라 한 것은 '조롱박'이기 때문이다. '상대를 조롱하고 도망친다'는 의미를 나타내기 때문이다. 즉 操弄(조롱)이란 말을 사용하는 문화권에서 만들어진 권결이다. 葫蘆勢(호로세)는 倒騎龍(도기룡)이나 勒馬(륵마), 一霎步(일삽보)와 같은 기법이다. 또한 八仙醉步(팔선취보)를 金鷄獨立(금계독립)과 寒鷄步(한계보)라 하고 橫行勢(횡행세)라

한다. 팔선취보를 금계독립으로 설명했다는 것은 금계독립세가 먼저 있었다는 반증이다. 左肩出勢式(좌견출세식)은 '勢(세)' 자 뒤에 式(식)을 붙였다. 즉 '勢(세)'의 개념을 불가에서 '法(법)'과 '式(식)'으로 바꿨다. 즉 '한쪽 발을 들고 나간다'다. 둘이 겨루는 3개, '破打邊盤式(파타변반식)·中盤式此破法(중반식차파법)·走外盤式(주외반식)'은 무비문의 '跌法(질법)'과 같은 종류의 기법이다. 즉 跌法(질법)인 抱腰(포요)를 盤式(반식)으로 표현했다. 실제 中盤式(중반식)에 '身法故也(신법고야)'라 하여 이 술기는 소림사의 것이 아니라 옛날의 기법임을 밝혔다. 盤(반)은 '般(반)+皿(명)'이다. '般(반)'은 旋回(선회)의 뜻으로 자형의 좌우는 두 사람을 나타낸다. 皿(명)은 '둥글게 돈다'로, '상대의 힘을 역이용하여 반대로 되돌려 준다·상대의 뒤로 돌아간다'는 의미로 사용했다. 捷步(첩보)도 여기서 나온다. '寒(한)' 자가 鎖喉寒陽手(쇄후한양수)처럼 '한쪽 발을 든다'는 이두문이다. '寒鷄步(한계보)'라는 개념만 보고는 이 보법을 규정하기 어렵다. 鉄拐李顚桩(철괴이전장)는 한쪽 발을 드는 것은 醉步(취보)와 같으나 몸이 정면을 향하고 팔선 취보는 몸이 돌면서 한쪽 발을 든다. 여기에서 猴拳(후권)이 나온다. 騰踙偏閃式(등나편섬식)의 '踙(나)' 자는 '발이 나간다'는 의미의 '나' 자의 이두문이고, 偏閃式(편섬식)은 『조선세법』의 偏閃勢(편섬세)와 같다. 長李盤步(장이반보)에는 擒拿擒跌(금나금질)로 설명하고 있어 跌法(질법)의 개념이 사용되어 있다. 여기에 사용된 용어나 자세는 『만보전서』에 사용된 勒馬(륵마), 『유구무미지』에 사용된 雙龍戲珠(쌍룡희주), 『기효신서』에 사용된 中平(중평) 『조선세법』에 사용된 展翅(전시) 등의 용어들이 복합적으로 사용되어 자세의 변화를 알 수 있게 한다. 이런 연결 관계를 소개하는 것은 후대 고문서 연구에 도움을 주기 위함이다. 勢(세)와 法(법)이 후대에 手(수)와 式(식)으로 개념이 바뀐 것을 알 수 있다. 송덕기가 남겨놓은 자료와 비교한 결과 동일한 술기임이 확인됨에 따라 고구려벽화 이래 단절된 수박의 원형을 찾을 수 있는 계기가 됐다. 이로써 유구국의 수박에서 파생된 일본 공수도의 뿌리는 고려의 수박이었음이 밝힐 수 있는 또 하나의 전기를 마련했다.

그림 17-11. 拳法備要(권법비요)의 그림

8
琉球武備志(유구무비지)와 송덕기 택견의 자세 비교

‘48회’ 가운데 중 일부를 송덕기의 기법과 유규 수박을 비교한 결과 택견 속에 수박의 술기가 계승되어 왔음을 알 수 있다. 택견의 술기 용어는 김영만에게 자문 받은 내용이다. 한편 저자의 『본국무예』가 출판이 지연된 관계로 후속 출판을 준비해 온 김영만의 『택견사』[1036]도 덩달아 늦어지게 되어 본 연구내용을 먼저 출판할 수 있도록 양해를 했다. 첫 번째 그림은 원본, 두 번째 그림은 필사본,[1037] 세 번째 사진은 김정윤의 『태껸』에서 송덕기의 시연 사진을 중심으로 배치했다.

1036 김영만, 『태견사』, 글샘, 2022.1.23. p322~371.

1037 大塚忠彦, 『沖縄伝武備志』, 1986. 4. 20.

一. 鐘皷齊鳴手敗(종고제명수패)/千斤墜地勝手(천근추지승수)

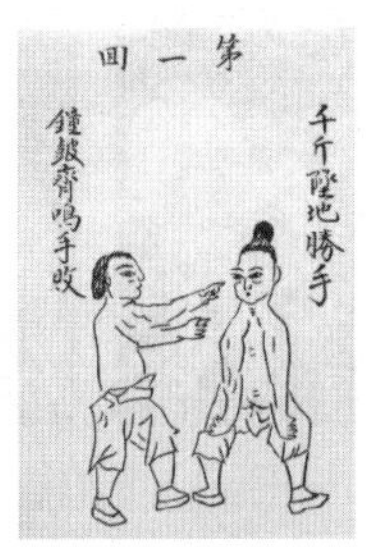

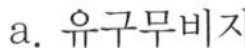

a. 유구무비지　b. 유구무비지　c. 눈재기　d. 안경잽이

『해설』

千斤·鐘皷(천근·종고), 墜·齊(수·제), 地·鳴(지·명)은 대칭이다.

千斤墜(천근추)의 '墜(추)=縱(종)', 千斤墜(천근추)는 千斤錘(천근추)의 환유다. 千斤(천근)은 무거운 도끼이다. 원문은 勝手(승수)이지만, 문장 전체를 보면 手勝(수승)를 잘못 쓴 것이다.

鐘皷(종고)는 종과 북이다. 서로 대칭이다. 종 치는 撞木(당목)은 찌르는 손가락, 북 치듯 내려치는 북채가 손으로 搥(추)다. 墜(추)는 縱(종)의 움직임이다. 更點(경점)은 북이나 징을 쳐서 시간을 알려주는 시간으로 點(점)이 손가락이다. 墜(추)와 齊(제)는 대칭으로 墜(추)는 나란히 내린 손이고 齊(제)는 나란히 뻗는 손이다. 千斤墜(천근추)는 鐘皷齊(종고제)로 찔러오면 몸은 낮추고 고개를 돌려 피하는 기법이다. 千斤墜(천근추)의 핵심은 내린 양 날개를 비틀어 내리면서 몸을 빠르게 돌리는데 있다. 이 기법을 응용하면 약한 힘으로 큰 힘을 제압하는데 응용할 수 있다. 鷹刷翼(응쇄익)과 손의 위치가 반대다. 좌하에 '弍(이)' 자가 있다. 이 자세는 택견의 '눈재기'와 '안경잽이'다. 무비문의 抱腰記(포요기)[1038] 3條(조) 중 하나가 千斤墜(천근추)[1039]이다. 기법도 세세히 설명되어 있다. 『유구무비지』와 「무비문」이 한 뿌리임을 알 수 있다.

1038 自馬卧欄(자마와란)泰山壓頂(태산압정)千斤墜(천근추)

1039 他雙手來拿住我腰我用左手抱左耳背右手抱住他右耳背進兩捥前望前一撇他即仰面跌去

二. 白猴盜菓手敗(백후도과수패)/黑虎出欄手勝(흑호출란수승)

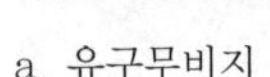
a. 유구무비지

b. 유구무비지

c. 송덕기의 태질

『해설』

黑·白(흑·백), 虎·猴(흑·후), 出·盜(출·도), 欄·菓(난·과)의 대칭이다.

黑虎出(흑호출)은 양손을 난간을 잡듯이 뻗었다. '出(출)' 자를 보면 굽혔다 다시 편 동작임을 알 수 있다. 欄(란)은 欄干(난간)이다. 난간을 잡듯이 허리춤을 잡듯이 밀고 들어간다. 白猴(백후)[1040]는 白猿(백원)과 猿猴抱住護身容(원후포주호신용)과 궤가 같다. 원숭이가 과일을 조심스럽게 도둑질하듯이 굽힌 손이 盜菓手(도과수), 盜菓手(도과수)가 펼쳐지기 전에 빠르게 出欄手(출난수)로 허리를 잡아 角觝(각저)로 제압한다. 琉球國(유구국)은 섬나라이다. 이곳에는 호랑이가 없다. 북방문화를 간직한 것이다. 黑虎(흑호)와 白猴(백후)의 대립이다.

三. 落地交剪手勝(낙지교전수승)/撥氷求魚手敗(발빙구어수패)

a. 유구무비지

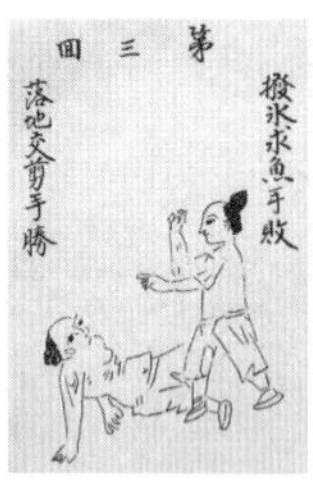
b. 유구무비지

c. 송덕기의 땅꺼풀

1040 『日本武道全集』, 昭和四一年一一月 人物往來社 八谷政行 p453. '猿(원)'자로 기록되어 있다. 원본 확인이 필요하다.

『해설』

撥·落(발·낙), 氷·地(빙·지), 求·交(구·교), 魚·剪(어전)은 대칭이다.

求魚(구어)의 魚(어)는 사람을 은유한다. 撥氷(발빙)은 얼음 속에 빠진 사람을 구하기 위해 조심스럽게 나가는 동작이다. 유구국은 눈이 내리지 않는 더운 지역이다. 북방에 살지 않았으면 얼음을 알 수 없다. 落地(낙지)는 '땅에 누운 것'이고 交剪(교전)은 '가위다리'이다. 송덕기는 이 기법을 '땅거풀'이라 한다. 고조선부터 내려온 기법이 택견에 전승되었고, 삼별초가 제주도에서 유구국으로 이동하며 전래한 것이다.

四. 孩兒抱蓮手敗(해아포연수패)/將軍抱卯手勝(장군포묘수승)

a. 유구무비지

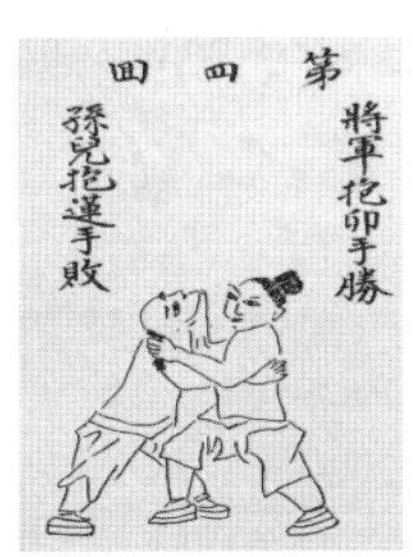

b. 유구무비지

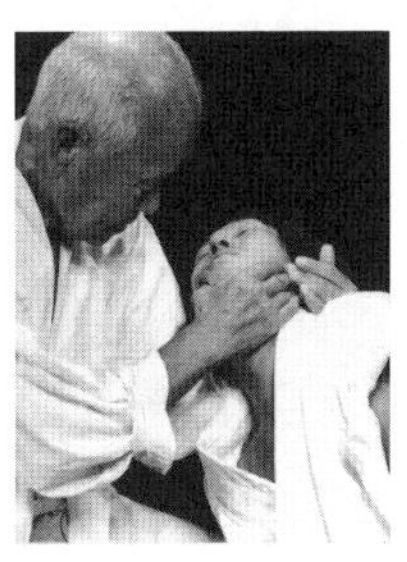
c. 목무장

d. 싸움하고

『해설』

將軍·孩兒(장군해아), 抱卯·抱蓮(포묘·포연)은 대칭이다.

抱卯手(포묘수)는 '토끼의 귀를 잡는다'는 의미다. 상투를 토끼의 귀로 비유했다. 拗鸞肘(요란주)의 拿鷹捉兔(금응착토)와 太擊(태격)의 鷹鳥博兎(응조박토)와 문화적으로 동질성을 갖는다. 將軍勒馬(장군륵마)의 將軍(장군)에 대한 개념과 궤를 같이한다. 孩兒(해아)는 12간지 亥(해)+子(자)다. 12간지의 시작으로 '2~3세의 어린 아이'를 뜻하게 된다. '해아〉아해〉아이〉'로 변환된 이두문이다. 抱蓮手(연포수)의 蓮(연)은 '++(초)+連(연)', 花(화)의 '艹(초)' 자가 '손'을 의미하는 것처럼 蓮(연)의 '艹(초)' 자도 '손'을 나타낸다. 連(연)은 '잇다·연결한다'로 '상대를 돌리는 기법'에 사용된다. 즉 '連(연)'은 '盤(반)'과 같이 돌리는 기법이다. 무비문의 四封勢(사봉세)에도 蓮手(연수)가 있어 조선의 무예가 연결되어 있음을 알 수 있다. 抱卯手(포묘수)

는 택견의 목무장[1041]과 같다. 상투가 있는 조선인들은 머리채[1042]를 잡고 싸움질하는 것은 다반사다. 懶摺衣勢(뢰접의세)[1043]의 기법의 변용이다. 무비문의 鷹拿兎(응나토)[1044]와 동류의 기법이다. 무비문의 「비전해법」에 기록된 기법들이 유구무비지의 기법들과 매우 깊은 상관관계를 가지고 있음을 알 수 있다.

五. 登山伏虎手敗(등산복호수패)/連地割葱手勝(연지할총수승)

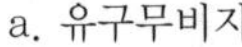
a. 유구무비지

b. 유구무비지

c. 무비문

d. 태기질

『해설』

連·登(연·등), 地·山(지·산), 割葱·伏虎(할총·복호)는 대칭이다.

連(연)은 '잇다·돌다'다. 割葱(연지할총)의 割(할)은 '나누다·가르다'에서 '손으로 갈라서 찢다'다. 連地割葱手(연지할총수)는 상대의 앞다리를 잡아끌며 돌려 넘어트리는 기법이다. 伏虎(복호)는 伏虎勢(복호세)다. 「권법」의 伏虎勢(복호세)는 엎드려 '앉아돌아차기'의 동작이지만 登山伏虎手(등산복호수)는 '산으로 기어 엎드려 올라간다'다.

무비문의 撚衣單鞭勢(연의단편세)에 脚用短連(각용단연)의 '連(연)'은 '짧게 간다'다. 登山伏虎(등산복호)는 猛虎靠山勢(맹호고산세)처럼 동일문화권에서 전래한 것

1041 목무장 김영만 구술채록

1042 신봉룡 역(G.W.Gilmore,1944)은 "때때로 싸우는 장면을 보는데, 싸우는 방법은 서로 머리채를 잡고 밀고 당기는 것이다. 조선 사람들은 상처를 입는 것을 매우 저어한다."

1043 他用雙手来揪住我衣我用右脚挽住他左脚后跟用左手帶住

1044 他右手來楸住我胸我用右手拿住 他右手用左手從他手上挽轉過後面拿住 他背心衣服用右脚進步挽住右脚用右手把他下胲一托他卽仰面跌去

임을 알 수 있다. 『기효신서』의 「권경」보다 앞서 이러한 명칭이 있다는 것은 무엇을 말하는 것인가? 택견에서는 공격자 혼자 돌면서 차는 것을 '맴돌기'라 하고, '맴돌리기'는 상대방을 돌려서 공격하는 기술로 분류되어 있다. 또한 상대를 띄워서 공격하는 기술을 '공중걸이'라 하고, 태질의 일종으로 오금을 잡아 넘어뜨리는 것을 '오금잽이'라 한다. 무비문의 上揪咽喉下揪腰裂(상추인후하추요열)과 동류의 변용기법이다. 무예서는 '盤(반)' 자는 '둥근쟁반'으로 '상대를 돌리는 기법'에 사용했다. 盤(반)은 '내가 중심이 되어 상대를 돌린다'는 가결이다. 般(반)의 '舟(주)' 자가 앞에 사람이고 '殳(수)' 자가 뒤로 쟁반처럼 돌아간 사람을 상징한다. 우리전통무예의 原理(원리)는 回轉(회전)을 바탕으로 삼았음을 문헌과 전승된 택견을 통해서도 알 수 있다.

六. 雙炉並火勝(쌍호병화승)/單刀破竹手敗(단도파죽수패)

a. 유구무비지

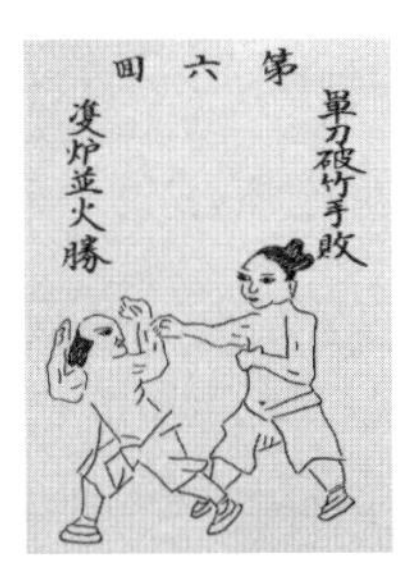

b. 유구무비지

c. 무비문

『해설』

單·雙(단쌍), 刀·炉(도·호), 破·並(파병), 竹·火(죽화)는 대칭이다.

破竹(파죽)은 破竹之勢(파죽지세)의 약자다. 單刀(단도)가 주먹이다. 이 공격을 피해 뒤로 돌면서 山(산: 뫼산틀기)의 형태로 막는다. 양손에 불을 치켜든 雙炉並火(쌍호병화)의 뒤에 '手(수)' 자가 빠졌다. 이것은 倒揷勢(도삽세)의 谷聲相應(곡성상응)과 牛雙(우쌍)다. 「권법총도」의 倒揷勢(도삽세)와 高四平(고사평)의 배치와 같다. 雙炉並火(상호병화)의 대칭은 日月足手(일월족수)으로써 「권경」의 倒騎龍(도기룡)이다.

七. 羅漢開門手敗(나한개문수패)/小鬼拔闖手勝(소귀발틈수승)

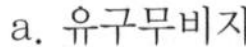

a. 유구무비지

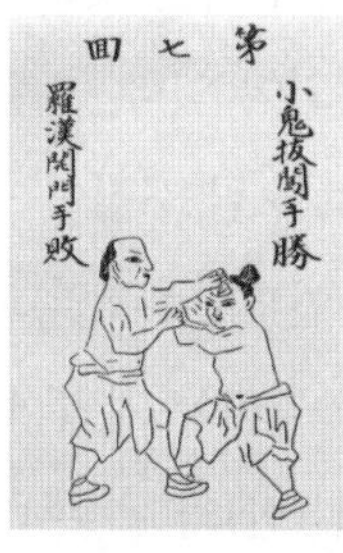

b. 유구무비지

c. 팔짱끼기

d. 칼잽이

『해설』

小鬼·羅漢(소귀·나한), 開·拔(개발), 門·闖(문틈)은 대칭이다.

小鬼(소귀)는 '아이·요괴·저승사자'로 羅漢(나한)과 대칭됐다. 鬼(귀)를 羅漢(나한)이 잡는다. 불교관이 들어있다. 拔闖(발틈)은 '가려진 틈을 두 손으로 벌린다'다. 拔(발)은 簾(렴)의 의미를 내포한다. '요괴가 벽틈 열고 쑥 나온다'다. 闖(틈)은 '문틈 사이'로 '틈'은 이두문이다. 拔闖手(발틈수)라 함은「권법총도」의 當頭抱勢(당두포세)와 유사한 기법으로 '사자의 입을 벌리'는 獅子開口(사자개구)다. 천부검의 任闖蕩(임틈탕)의 문장에도 '闖(틈)' 자가 같은 의미로 사용됐다. 開門(개문)의 門(문)은 주먹이다. 開(개)는 '펴다·뻗다'이다. 문을 열듯이 주먹을 뻗친 것으로 高四平(고사평)이다. 拔闖手(발틈수)는 격투 경기에서도 많이 나오는 방어법이다. 門闖(문틈)의 일상어로 拳訣(권결)을 구성했다.

八. 獨夆金獅手勝(독봉금사수승)/雙龍戲水手敗(쌍용희수수패)

a. 유구무비지

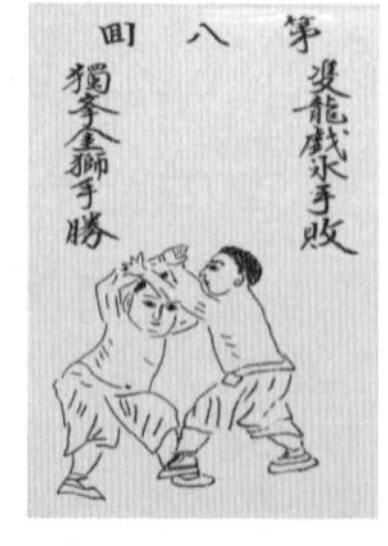

b. 유구무비지

c. 팔짱끼기 흐름

『해설』

雙獨·龍夆(쌍독·용봉), 戲水·金獅(허수·금사)는 대칭이다.

雙龍(쌍용)은 '좌수'와 '우수'다. 手(수)를 水(수)로 환유했다.

獨夆(독봉)은 '하나의 봉우리'로 맞잡아 올린 손의 모양이 '봉우리'다.

金獅手(금사수)의 '金(금)' 자형이 곧 '夆(봉)'이다. 雙龍(쌍용)과 金獅(금사)의 대립이다.

九. 落地剪胶用假鈑勝(낙지전효용가판승)/名雙鈑手敗(명쌍판수패)

a. 유구무비지

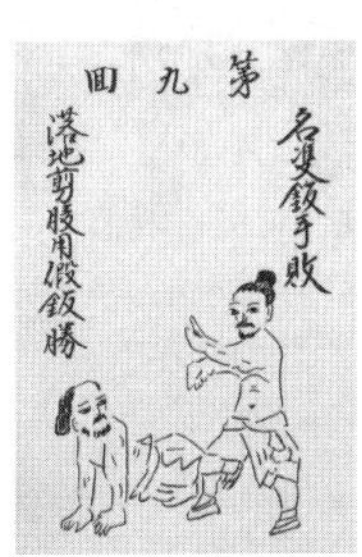

b. 유구무비지

c. 땅껴풀

d. 땅껴풀

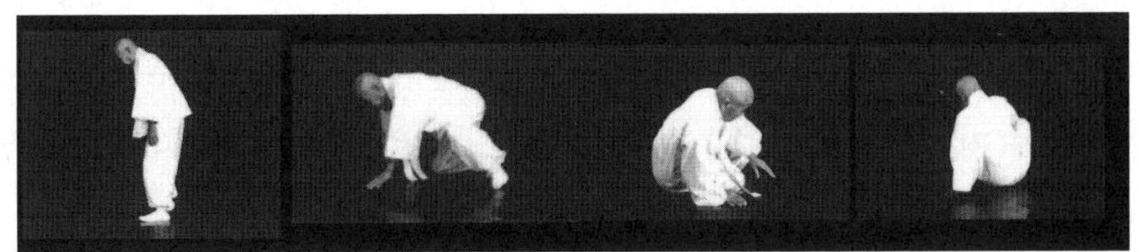

구르기 (사진출처: 김정윤, 2002)

『해설』

雙鈑·剪胶(쌍판·전효)'는 대칭이다.

雙鈑手(쌍판수)는 擒拿類(금나류)의 변용, 雙鈑手(쌍판수)는 두 손으로 금판을 잡고 벽에 끼워 넣는 동작이다. 落地剪胶(낙지전효)는 발의 작용이기 때문이기에 '手(수)' 자가 없다. 第三回(제3회)의 落地交剪(낙지교전)과 기법상 다소 차이가 있다. 胶(효)는 '정강이'로 양발로 정강이를 묶어 넘어뜨리는 기법이다. 用假鈑(용가판)은 落地剪胶(낙지전효)를 취할 때 사용하는 수법이다. 雙鈑手(쌍판수)는 손이 상하로 바뀌었지만 假鈑(가판)은 양손을 나란히 땅에 두었다. 雙鈑(쌍판)과 손 모양이 다르기 때문에 假鈑(가판)이다. 雙鈑(쌍판)의 손 모양은 伽羅手(가라데)의 拳路(권로)에서도 보인다.

十. 白猴折爭手敗(백후절쟁수패)/雙龍戲珠手勝(쌍용희주수승)

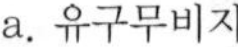
a. 유구무비지

b. 유구무비지

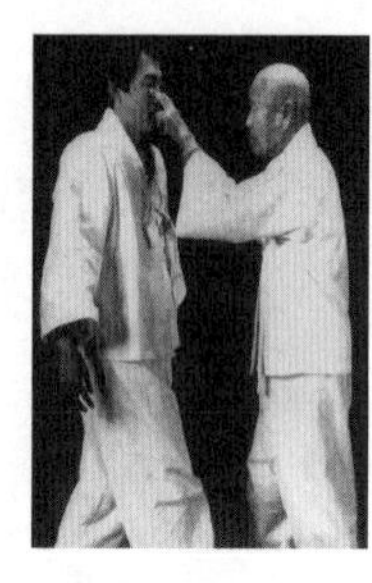
c. 안경잽이

d. 권법비요

『해설』

雙龍·白猴(쌍용·백후), 戲珠·折爭(희주·절쟁)은 대칭이다.

雙龍(쌍용)은 '좌수'와 '우수'다. 珠(주)는 '눈동자'다. 龍(용)과 猴(후)의 대립이다. 天符劍(천부검)의 青獅戲珠(청사희주)와 문화적 궤가 상통됨을 알 수 있다. 원본 좌상에 순서를 표기한 十二(십이)의 숫자가 있다. 『권법비요』의 '玄機和尙步式(현기화상보식)'과 '白猴折爭手(백호절쟁수)'의 자세는 동일하다.

十一. 駟不象敗(사불상패)/虎陶猪手勝(호도저수승)

없음

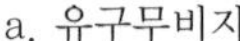
a. 유구무비지

b. 유구무비지

c. 태질

『해설』

虎·駟(호·사), 陶不(도·불), 猪·象(저상)은 대칭이다.

虎陶猪(호도저의 陶(도)는 '질그릇', 猪(저)는 '돼지·웅덩이'이다. '장독을 뒤집어 웅덩이에 넣는 동작'이다. '뒤집다'는 倒(도)를 '陶(도)' 자로 치환하고 低(저)를 '猪(저)' 자로 비유했다. 虎(호)가 猪(저)를 뒤집었다(倒). '駟(사)' 자는 '네 마리의 말'이다. 四肢(사지)를 나타낸다. '象(상)' 자 뒤에 '手(수)' 자가 빠졌다. 虎(호)와 馬(마)의 대립이다. 원본에는 十一回(십일회)의 그림이 없다. 사본이 있는 것으로 보아 다른 원본 또는 사본이 존재했었음을 알 수 있다. 무비문 棒法(봉법)의 '野豬靠槽(야저고조)'[1045]와 문화적으로 연결된다.

十二. 蝶雙飛手敗(접쌍비수패)/擺外腿手勝(파외퇴수승)

없음

a. 유구무비지

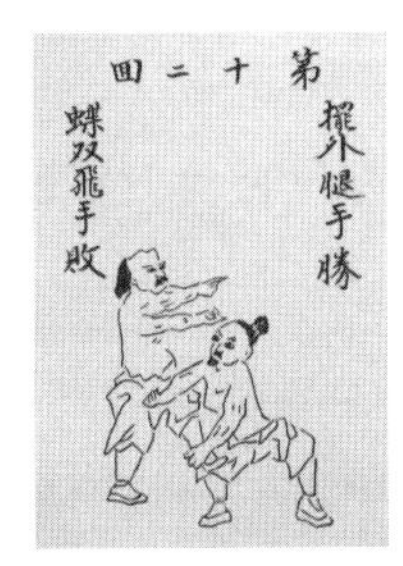

b. 유구무비지

二一과 비교

『해설』

擺·蝶(파·접), 外腿·雙飛(외퇴·쌍비)는 대칭이다.

擺(파)는 '벌려놓다'다. 擺外(파외)는 '발을 잡아 밖으로 돌리는 수법'이다. 蝶雙飛手(접쌍비수)는 昆吾劍訣歌(곤오검결가)와 天符劍訣歌(천부검결가) 蝴蝶雙飛(호접쌍비)와 결이 같다. 모두 한뿌리에서 나왔음을 알 수 있다. 蝶(접)은 '나비의 날개'다. 양팔을 나비처럼 접어 뻗는 수법이다. 蝶(접)은 '접는다'로 摺(접)의 이두문이다. 원본에는 十二回(십이회)의 그림이 없다. 사본이 있는 것으로 보아 다른 원본 또는

1045 野豬靠槽(야저고조) 且 如他先行破頭棍打來 我抵用格下棍飜到棍尾(아저용각하곤번도곤미) 于來人兩手執棍中央格起針其人(우래인양수집곤중앙각기침기인)

사본이 존재했었음을 알 수 있다.

十三. 進步單機手存要節(진보단기수존요절)/身化辺門用三角戰手勝(신화변문용삼각전수승)

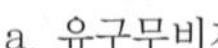

a. 유구무비지　　b. 유구무비지　　c. 잡아대기　　d. 신주

『해설』

化辺·進步(화변·진보), 門·單(문·단), 三角·機手(삼각·기수), 戰·節(전·절)은 대칭이다.

身化辺門(신화변문)은 辺(변)은 '모퉁이·가장자리'다. 門(문)은 '팔', 즉 '몸을 팔의 모퉁이로 피해 움직인다'. 三角戰手(삼각전수)는 상대의 팔을 양손으로 잡아 三角(삼각)이 되도록 한다. 戰(전)은 轉(전)이 치환된 이두문이다. '좌수'로 팔관절 급소를 잡는 모습이 송덕기가 關節(관절)을 잡는 기법과 같다. 單機手(단기수)는 '비틀린 한 손', 要節(요절)은 상대가 三角戰手(삼각전수)로 꺾으면 '손을 스스로 비틀어 관절을 굽히는 것이 중요하다'다. 그렇지 않으면 관절이 부러진다. 방어적 개념을 설명했다. 사본의 14번은 원본의 十三(십삼)이다. 순서를 바꿔 그렸다.

關節技(관절기)의 三角戰手(삼각전수)를 송덕기는 身主(신주)라 한다. 마지막 처리 방법에 따라 風手(풍수)나 誇示(과시)가 된다.

十四. 丹鳳朝陽手敗(단봉조양수패)/靑龍出抓手勝(청용출조수승)

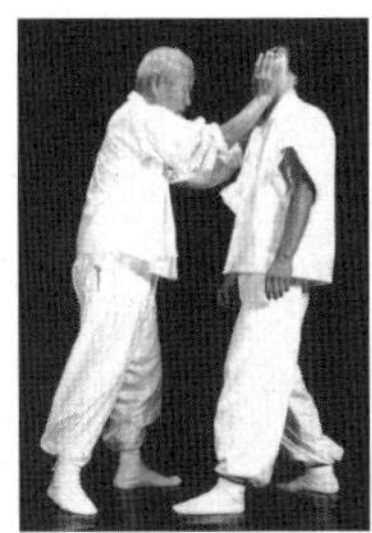

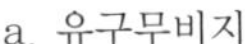
a. 유구무비지 b. 유구무비지 c. 턱걸이

『해설』

靑·丹(청·단), 龍·鳳(용·봉), 朝陽·出抓(조양·출조)는 대칭이다.

靑龍出抓手(청룡출조수)는 조선세법의 蒼龍出水(창룡출수)와 劍訣歌(검결가)의 靑龍雙探爪(청룡쌍탐조)와 太擊(태격)의 蒼龍出海(창룡출해) 그리고 丹鳳朝陽手(단봉조양수)도 劍訣歌(검결가)의 單鳳獨朝陽(단봉독조양)의 가결과 문화적으로 같다. 원본의 차례의 숫자가 보이지 않는다. 사본의 14번은 원본의 十三(십삼)이다. 원본 좌하에는 순서를 나타내는 '十三·十四'의 숫자가 명확하게 쓰여 있다. 사본은 원본의 十四(십사)의 자세다. 사본을 그리면서 순서가 바뀌었다.

丹(단)과 單(단)은 동일 음가로 대리 교차시켜 사용하는 이두문이다. 수법은 택견의 '턱걸이'다. 대동류의 車倒(차도)와 상통한다.

十五. 扭髮撞脑手敗(추발당뇌수패)/鎖喉寒陽手勝(쇄후한양수승)

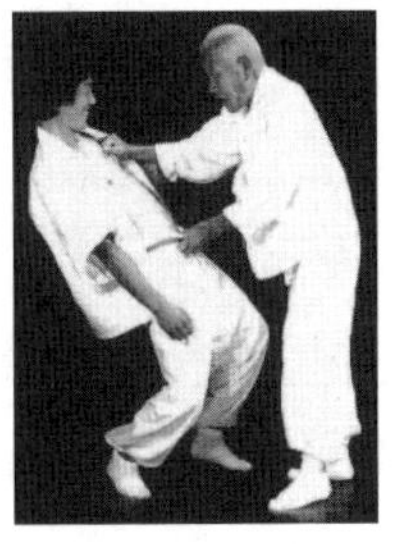

a. 유구무비지 b. 유구무비지 c. 허리춤 멱살잽이 d. 회목잽이 칼잽이

『해설』

鎖·扭(쇄·추), 喉·髮(후·발), 寒·撞(한·당), 陽·脑(양·뇌)는 대칭이다.

鎖喉(쇄후)는 택견의 '줄띠잽이'다. 寒陽(한양)의 寒(한)은 '얼다·오그라들다'다. '한'의 음가는 '하나'를 뜻하는 이두문이다. 陽(양)은 '불알'이다. '한 손으로 목울대를 잡고 나머지 한 손으로 불알을 잡는다'다. 扭髮(추발)은 '상투를 잡다'이고 撞脑(당뇌)는 '머리를 치다'다.

무비문에도 '扭(뉴)' 자를 사용하여 扭爬勢(뉴파세)로 사용하고 있다.

十六. 醉羅漢手勝(취라한수승)/弄草枝手敗(롱초지수패)

a. 유구무비지

b. 유구무비지

c. 태견춤

d. 장심지르기

『해설』

弄草枝(롱초지), 醉羅漢(취나한)은 대칭이다.

弄草枝(롱초지)는 '풀로 상대의 겨드랑이를 간지럼 치듯이 친다'다.

醉羅漢(취라한)은 술에 취해 양손을 들고 있는 阿羅漢(아라한)이다.

十七. 錦鯉朝天手敗(금리조천수패)/美女梳粧手僧(미녀소장수승)

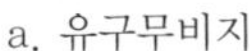

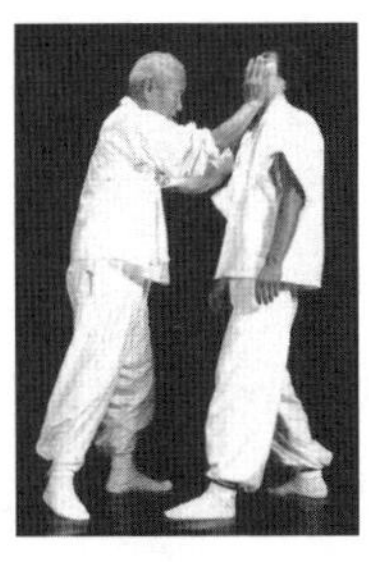

a. 유구무비지 b. 유구무비지 c. 턱걸이 d. 목무장

『해설』

美錦·女鯉(미금·여리), 梳粧·朝天(소장·조천)은 대칭이다.

梳(소)는 '얼래빗'이다. '미녀 머리를 빗질하듯 한다'다. 將軍抱卯手(장군포연수)와 수법이 유사하다. 입이 하늘을 향해 열리는 것을 鯉(리:잉어)의 입이 하늘을 향한 것으로 朝天(조천)에 비유했다. 朝天勢(조천세)의 가결과 같고 하늘을 향한다는 개념과도 일치한다. 太擊(태격)의 권결에 '魚躍于淵(어약우연)太公釣魚(태공조어)魚翁出步(어옹출보)魚翁內釣(어옹내조)'처럼 魚(어)로 비유했다. 송덕기의 자세는 '턱걸이'에서 '목무장'으로 변용되는 자세다.

十八. 獅戱珠敗(사희주패)/虎撲地手勝(호박지수승)

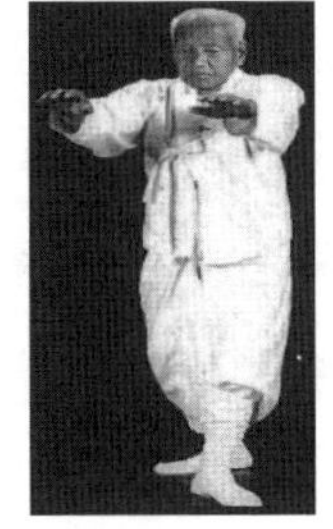

a. 유구무비지 b. 유구무비지 c. 회목잽이 d. 태껸춤

獅戱珠敗(사희주패)/虎撲地手勝(호박지수승)

『해설』

虎·獅(호·사), 撲·戱(박·희), 地·珠(지·주)는 대칭이다.

虎撲地(호박지)는 '호랑이가 땅에 엎드리는 자세'인 伏虎勢(복호세)와 같은 개념으로 虎撲地(호박지)는 손을 사용하기 위해 땅에 엎드린 개념이다. 雙龍戱珠(쌍용희주)와 獅戱珠(사희주)는 양손을 뻗어 눈을 공격하는 기법은 같지만 獅戱珠(사희주)의 자세가 높다. '珠(주)' 자 뒤에 '手(수)' 자가 생략됐다. 택견의 '오금잽이'로 변용될 수 있다. 『권법비요』의 戱珠大法(희주대법)[1046]은 獅戱珠(사희주)의 전 단계의 동작을 그렸다.

十九. 孩兒抱蓮手敗(해아포연수패)/短打穿心手改之勝也(단타천심수개지승야)

a. 유구무비지

b. 유구무비지

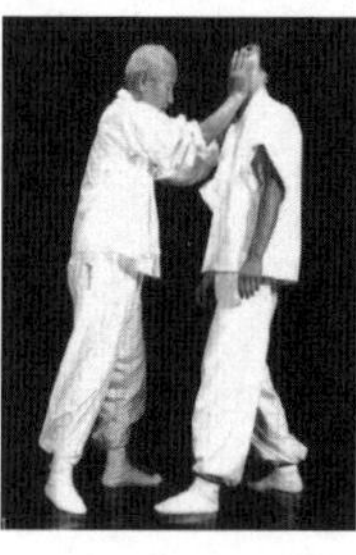
c. 택걸이

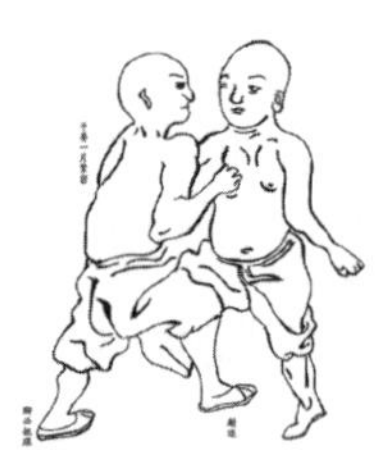
d. 권법비요

孩兒抱蓮手敗(해아포연수패)/短打穿心手改之勝也(단차천심수래기승)

『해설』

穿心·抱蓮(천심·포연)은 대칭이다.

穿心手(천심수)는 몸 중심을 뚫고 올라가듯 공격하는 수법이다. 孩兒抱蓮手(아해포연수)는 제4회에서 이미 나왔다. 힘없는 아이가 '抱擁(포옹)'했다. 『권법비요』의 '中盤式比破式(중반식비파식)'과 유사하다. 『권법비요』의 破式(파식)은 '解(해)'의 개념이다. '解(해)'나 '勢(세)'보다 후대에 만들어진 개념임을 알 수 있다.

1046 『중국고전무학비채록』, 인민출판사출판발행, 2006, p77.

二十.[1047]擒青牛手化胶剪步勝(금청우수화효전보승)/弄雙虎手硬敗(롱쌍호수경패)

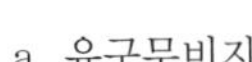

a. 유구무비지

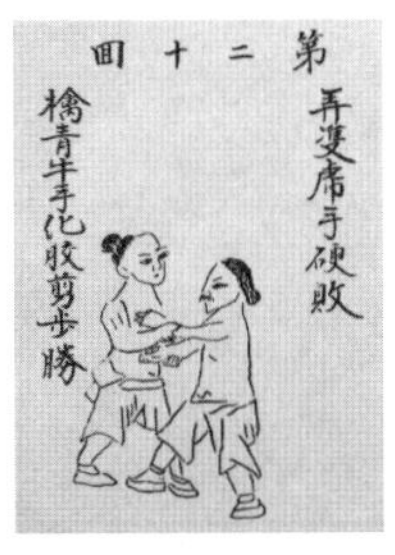

b. 유구무비지

c. 신주

d. 신주

『해설』

弄·擒(롱·금), 雙虎·青牛(쌍호·청우), 硬·化(경·화)는 대칭이다.

'硬(경)' 자가 사본에서 '敗(패)' 자다. 硬(경)은 '단단하다·경직되다'다. 잡힌 두 손이다. 胶剪步勝(효전보승)은 '정강이 힘으로 승리한다'로 '발의 작용'이다. 剪(전)은 앞다리다. 두 손을 잡아 비틀면서 발을 차서 넘어트린다. 상대의 두 손을 잡고 落地胶剪(낙지효전)으로 변화할 수 있다. 이 잡는 기법이 擒拏勢(금나세)로 「권경」의 '活捉朝天(활착조천)知當斜閃(지당사섬)'의 기법이다.

택견의 '잡아대기'다. 송덕기는 상대의 양팔을 잡고 발길질하는 기법이 많다. 虎(호)와 牛(우)의 대립이다. 대동류의 腰車(요처)와 상통한다.

1047 2020년.10.30. 저가가 태견연구가 김영만에게 보내준 초기원고에는 제20회의 그림이 제2회의 그림으로 잘못 배치했다. 그로인해 2022년 1월 출판된 김영만의 『태견사』 p343에 배치된 제22회의 그림이 제2회의 그림으로 잘못 배치됐다.

二一. 小門計手敗(소문계수패)/四平採竹手勝(사평채죽수승)

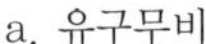

a. 유구무비지

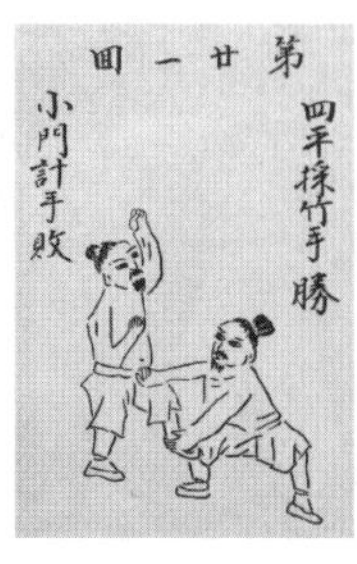

b. 유구무비지

c. 회목잽이

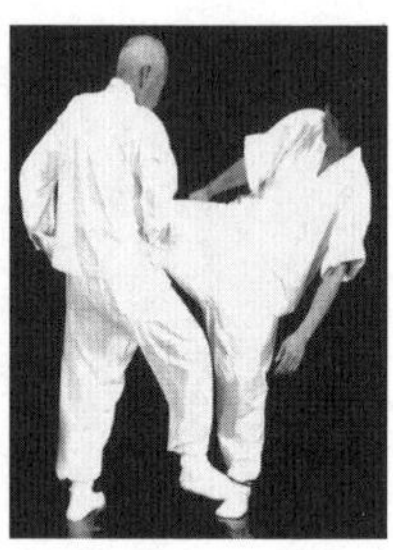

d. 공중걸이

小

『해설』

四小·平門(사소·평문), 採·計(체·계), 竹·手(죽수)는 대칭이다. 四平(사평)의 '四'는 「권세」 四品(사품)의 '四(사)' 자처럼 '다리'를 나타낸다. 四平採竹(사평채죽), '다리'를 '대죽'으로 비유했다. '대죽을 캐듯이 한다'다. 小門(소문)은 大門(대문)의 반대다. 計手(계수)는 숫자를 헤아리는 손, 그림을 보면 별을 세듯 '좌수'를 들고 '우수'도 구부려 헤아린다. 원본 좌하에 차례를 나타낸 숫자가 쓰여 있던 흔적이 있다. 門(문)이 손을 나타낸다. 즉 小(소)는 움추린 손이고 大(대)는 펼친 손이다. 六路(육로)에서 사용된 '斗門(두문)'이 전래 됐다.

二二. 大步放手敗(대보방수패)/小鬼脫靴手化落地用勝(소귀탈화수화락지용승)

a. 유구무비지

b. 유구무비지

c. 무비문

大步放手敗(대보방수패)/小鬼脫靴手化落地用勝(소귀탈화수화락지용승)

『해설』

小大·鬼步(소대·귀보), 脫·放(탈·방)은 대칭이다.

小鬼(소귀)는 小鬼拔闖手(소귀발틈수)에 있다. 상대의 신발을 벗기듯 움직여 땅에 넘어뜨린다. 虎撲地(호박지)처럼 '大步(대보)'는 넓게 펴진 것으로 大步勢(대보세)의 보법이다. 放(방)은 '널리 편다'로 '상대의 발을 벌린다'다. 浪子脫靴跌法(낭자탈화질법)에서 보듯이 脫靴(탈화)는 '신발을 벗기는 동작'이다. 무비문에는 單脫靴(단탈화)[1048]의 기법도 자세히 설명되어 있다. 하나의 기법은 변화하기 때문에 개념조합이 발생 된다. 「무비문」과 『유구무비지』가 하나로 연결되어 있음을 알 수 있다.

二三. 鉄牛入石手敗(철우입석수패)身搖手入(신요수입)/鯉魚猷肚手勝(이어유두수승)

a. 유구무비지

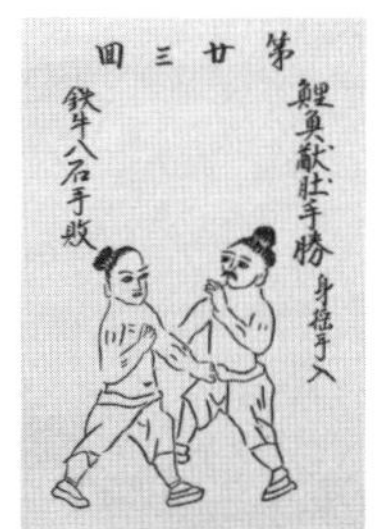

b. 유구무비지

c. 떼장치기

d. 허리춤잽이

『해설』

鯉魚·鉄牛(이어·철우), 猷·八(유·팔), 肚·石(두·석)은 대칭이다.

鯉魚(이어)는 '잉어'의 이두문, 錦鯉朝天(이어조천)·鯉魚落井(이어낙적)·鯉魚反腮(이어반시)에서 錦鯉(금이)와 鯉魚(이어)가 사용됐다. 무비문의 秘傳解法(비전해법)의 '鯉魚撞(이어당)'과 연결됐다. 擒靑牛手(금청우수)의 靑牛(청우)에 이어 鉄牛(철우)가 사용됐다. 鎗法(창법)과 棍法(곤법)의 鉄牛耕地勢(철우경지세)에 鉄牛(철우)가 있고 무비문의 질법에도 있다. 아래 공격을 막는 기법으로 '指當勢(지당세)'

1048 他右手來揪住我胸我用左手從他臂上下捺着右膝用右拿住他右脚跟一辦他卽仰面跌去

다. 이것은 태권도의 '아래막기'다. 手(수)를 鎗(창)으로 대체했다. '가래를 땅에 꽂는 동작'이다. 특히 鉄牛入石(철우입석)[1049]의 勢名(세명)과 기법은『기효신서』에 기록되어 있다. '劍(검)·鎗(창)·棍(곤)' 등의 기법과 手法(수법)의 원리가 같다. 손이 칼이고 鎗(창)이며 棍(곤)이다. 맨손과 무기술이 서로 다른 영역이 아니다. 鉄牛入石(철우입석)은 鉄(철)과 牛(우)의 결합이다. 牛(우)는 蚩尤(치우)의 상징 동물이고, 치우는 鐵(철)로 무기를 만들었다.「拳勢歌(권세가)」兩具牛(양구우)의 牛(우)도 주먹을 나타낸다.

원본 좌하에 숫자가 쓰여 있었던 흔적이 있다. 勢名(세명)이 삼별초 手搏(수박)에 있는 것으로 보아 그 역사적 맥락이 깊음을 알 수 있다. 한편 무비문의「비전해법」에 鯉魚撞(이어당)[1050]에 세세한 기법의 설명이 있다.

二四. 金蟬脫壳勝下(금선탈각승하)倒地用法(도지용법)/鯉魚落井敗上(이어낙정패상)

a. 유구무비지

b. 유구무비지

c. 무비문

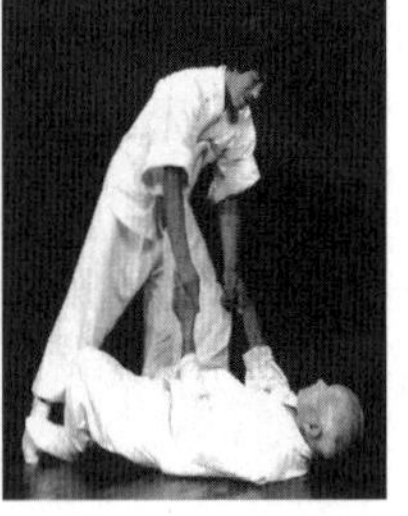

d. 배대치기

『해설』

金蟬·鯉魚(금선·리어), 落·脫(낙·탈), 井·壳(정·각)은 대칭이다.

鯉魚落井手(이어낙정수)는 鯉魚(이어)가 '우물 속에 뛰어 들어가는 것'으로 비유

1049 鉄牛入石. 我打去 他揭起 我將棍尾勿墜 就將棍尾倒株上一下. 卽大剪他手 或卽打他手. 他打來. 我揭起. 卽入殺他小門. 極妙極妙『기효신서』短兵長用說第十二

1050 他右手來楸住我頭髮我用右手覆住他右手用左脚腕住他雙脚用右手揷入膗裏拿住他左脚穹我就把頭皆一打仰面跌去

했다. '上(상)' 자를 밑에 붙여 위치를 설명했다. 金蟬脫殼(금선탈각)의 殼(각)은 '껍질각', '매미가 껍질을 발로 밀어내는 동작'이다. 仙道(선도) 사상이 담겨있다. 『새보전서』에 伏虎卽木魚(복호즉목어)가 있다. 伏虎(복호)를 木魚(목어)로 표현했다. 魚(어)를 사람으로 비유했다. 문화의 동질성이 들어있다. 무비문의 '獅子滾毬跌法(사자곤국질법)'과 같다. 기법 중, 敗者(패자)가 넘어지는 게 많다. 즉 넘어질 때 자신을 보호하면서 넘어지는 落法(낙법)과 같은 수신법이 당연히 있을 수밖에 없다. 鉄牛入石(철우입석)[1051]은 기효신서(권5)의 棍(곤)에 기록되어 있다.

二五. 拿拔剪手勝(나발전수승)化辺門用手送脚剪法(화변문용수송각전법)/穿心短手敗(천심단수패)

a. 유구무비지

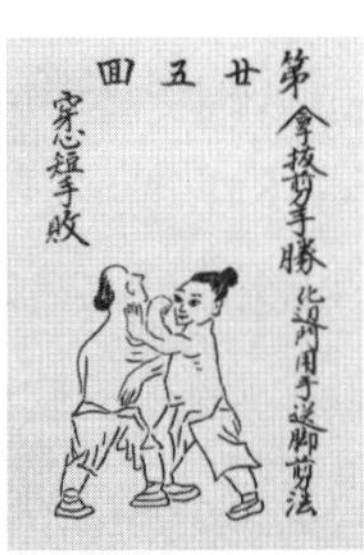

b. 유구무비지

c. 허리춤잽이 멱살잽이

d. 공격수

『해설』

拿·穿(나·천), 拔·心(발·심), 剪·短(전·단)은 대칭이다. 拿拔剪手(나발전수)의 拿(나)는 '두 손을 합친 것', 拔(발)은 '한 손을 뺀 것'이다. 剪手(전수)는 손이 가위처럼 교차 된 것을 나타낸다. 化辺門用手送脚剪法(화변문용수송각전법)의 化辺門(화변문)은 '손 옆으로 움직인다'다. 연이어 손을 하체의 다리를 보내고 脚剪(각전)의 기법으로 다리를 공격한다. 穿心(천심)은 短打穿心手(단타천심수)에서 보듯이 한 손을 몸 중심위로 올린 손이다.

1051 鐵牛入石 我打去 他揭起 我將棍尾勿墜 就將棍尾倒抹上一下 卽大剪他手 或卽打他手 打他來 我揭起 卽入殺 小門 極妙, 極妙

二六. 羅漢播身手勝(나한파신수승)/手足齊到敗(수족제도패)

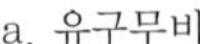

a. 유구무비지　b. 유구무비지　c. 장대걸이[1]　d. 맴돌리기

『해설』

齊·播(제·파)는 대칭이다.

手足齊(수족제)는 '손발이 나란히 나간다'다. 播(파)는 '손으로 씨를 뿌린다'로 播身手(파신수)는 '상대의 몸을 잡아 돌려서 뿌린다'다. 番(번)의 원자로 '番(번)=播(파)'다. 대동류의 술기에서도 많이 보인다. 송덕기의 '맴돌리기'가 播(파)의 기법이다. 羅漢(나한)은 阿羅漢(아라한)을 뜻한다. 佛教(불교)의 영향이 담겨있다. 그림 b의 유규무비지는 '羅漢播身手勝(나한파신수승)'으로 '手(수)' 자가 있다.

二七. 後亭採標手勝(후정채표수승)/後背伏虎手敗(후배복호수패)

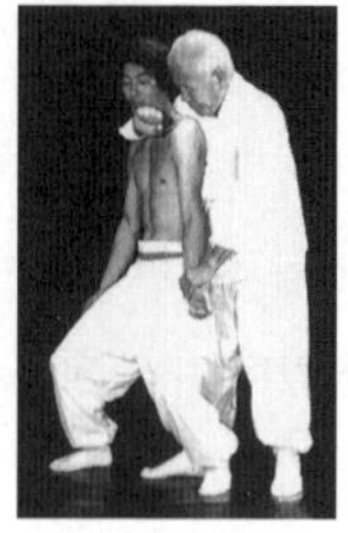

a. 유구무비지　b. 유구무비지　c. 용접법　d. 권법비요

『해설』

背·亭(배·정), 伏·採(복·채)는 대칭이다.

背伏虎手(배복호수)는 뒤에서 사람을 껴 앉은 자세는 땅에 엎드린 伏虎(복호)와 같다. 「권경」의 伏虎勢(복호세)는 坐腿法(좌퇴법)으로, 足法(족법), 手法(수법)에도 伏虎手(복호수)가 있었음을 알 수 있다. 採標手(채표수)의 標(표)는 '남자의 성기'를 뜻한다. 대동유의 後包(후포)와 상통한다. 『권법비요』의 '走外盤式(주외반식)'과 술기의 응용성이 있다.

二八. 鯉魚反腮手勝(이어반새수승)/泰山壓卯手敗(태산압묘수패)

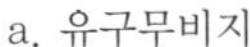
a. 유구무비지

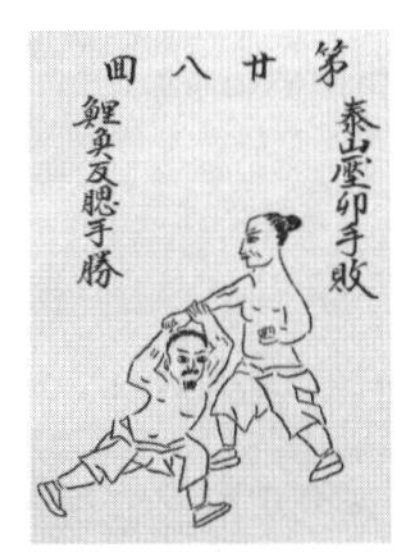

b. 유구무비지

c. 신주

d. 신주

『해설』

泰山·鯉魚(태산·이어), 壓·反(압·반), 卯·腮(묘·새)는 대칭이다.

泰山壓卯手(태산압묘수)는 朝鮮勢法(조선세법)의 泰山壓頂勢(태산압정세)와 문화적 결이 같다. 上斗(상투)를 卯(묘:토끼귀)로 비유했다. 拗鸞肘(요란주)를 拿鷹捉兔(나응착토)로 비유했듯이 卯(묘)는 토끼의 '귀'다. 反腮手(반새수)의 '腮(새)'는 '顋(새)' 자가 원자로 자세가 있다. 즉 思(사)의 田(전)이 얼굴을 상징하고, 心(심)이 얼굴이 붉어진 뺨을 나타내면서 手(수)를 상징한다. 反腮(반새)는 '뺨 반대쪽으로 상대의 손을 꺾는다'다. 상대가 머리를 잡으면 반대로 돌아 상대의 팔을 꺾는 관절 수법이다. 택견에서는 風手(풍수)라 한다.

二九. 童子抱蓮勝(동자포연승)/金亀倒地敗(금귀도지패)

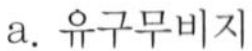
a. 유구무비지

b. 유구무비지

c. 오금잽이 박치기와　회목잽이

『해설』

金亀·童子(금자·동귀), 倒·抱(도·포), 地·蓮(지·연)은 대칭이다.

亀(귀)는 거북이다. 사지를 거북이처럼 벌려 넘어진다. 『새보전서』의 龜葉(귀엽)과 결이 같다. 童子抱蓮(동자포연)의 童子(동자)나 孩兒抱蓮(해아포연)의 孩兒(해아)는 같은 의미다. 孩兒(아해)는 아이(애)의 이두문이다. 원본의 童子抱蓮(동자포연)을 사본에서 童子蓮手(동자연수)로 오기됐다. 脫靴(탈화)의 기법이다.

金亀(금귀)와 童子(동자)를 대립시켰지만, 金亀童子(금귀동자)는 '금처럼 귀한 아이'라는 金子童(금자동)의 개념이 합치되었다. 즉 金子童孩(금자동아) 銀子童孩(은자동아)다. '亀(귀)' 자는 '貴(귀)'로 치환된다.

三十. 虎爭食手敗(호쟁식수패)/猴穿針手勝(후천침수승)

a. 유구무비지

b. 유구무비지

c. 칼잽이

d. 재갈넣기

『해설』

猴·虎(후·호), 穿·爭(천·쟁), 針·食(침·식)은 대칭이다.

猴(후)의 손 모양이 白猿手(백원수), 한 손가락을 이용하여 침을 놓듯이 찌른다. 사본은 猴(후)자를 '猿(원)' 자로 오기했다.

虎爭食手(호쟁식수)의 爭(쟁)은 '爪(조)+尹(윤)'으로, 상하에 손이 있다. 全力疾走(전력질주)로 달릴 때 상하로 움직이는 拳(권)으로 권투에서 올려치는 어퍼컷(Uppercut)과 같다. 虎爭食手(호쟁식수)는 '우각우권'으로 손발이 같다. 拳面(권면)이 얼굴을 향한 상태에서 올려쳐야 아래에 있던 손이 뒤로 간다. 一指拳(일지권)으로 혈도를 찍는 동작이다.

三一. 單刀赴會手勝(단도부회수승)/獨戰韉門手敗(독전원문수패)

a. 유구무비지

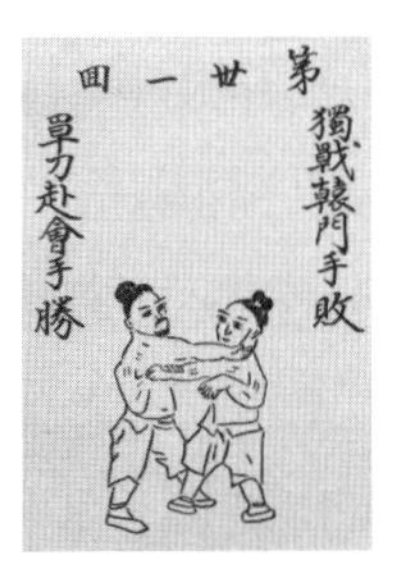

b. 유구무비지

c. 목밀기

d. 덜미잽이

『해설』

獨戰·單刀(독전·단도), 韉門·赴會(원문·부회)는 대칭이다.

獨戰(독전)은 '한쪽 손'이다. 戰(전)은 '單(단)+戈(과)'다. 戰(전)에 '單(단)' 자가 있다. 韉(원)은 '韋(위)+袁(원)'으로, '에워싸다·끌다'다. 사본에서는 '韓'에서 좌측을 썼다. 門(문)은 '손'이다. 한 손이 잡혀 끌려간다. '獨(독)=單(단)'이다. 單刀(단도)도 '한 손'이다. 手(수)를 刀(도)로 비유했다. 즉 '手刀(수도)'다. 赴會手(부회수)의 赴(부)는 '走(주)+卜(점복)'으로, '다가간다·들어간다'다. 點穴手(점혈수)와 같이 급소를 찌르는 기법으로 변용될 수 있다. '우수'로 상대의 '우수'를 잡아끌고, '좌수'는 掌心(장심)이 하늘을 향하도록 뻗은 상태에서 검지로 찔러 들어가기도 하고 밖으로 젖혀 상대를 넘어뜨린다. 토용과 송덕기의 지도 모습[1052]에서도 자세가 보인다.

三二. 鳳展翅手勝(봉전시수승)/龍吐珠手敗(용토주수패)

a. 유구무비지

b. 유구무비지

c. 걷어내기

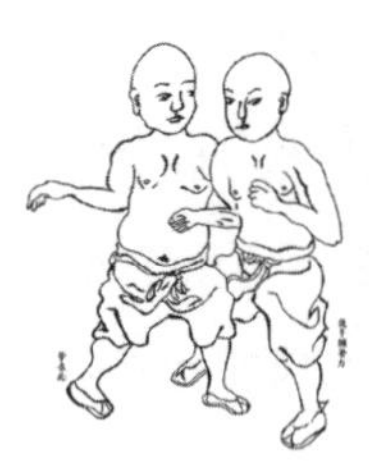

d. 권법비요와 토용

『해설』

龍·鳳(용·봉), 吐·展(도·전), 珠·翅(주·시)는 대칭이다.

吐珠(토주)는 龍(용)이 토해내듯이 뻗은 拳(권)이 '珠(주)'다. 展翅(전시)는 조선세법의 展翅勢(전시세)와 棍法(곤법)의 鳳凰單展翅勢(봉왕단전시세)와 같다. 珠(주)가 拳(권)이고 翅(시)는 새의 날개로 手(수)다. 손(手:수)을 새의 날개(翼·翅)로 표현했다. 鳳頭勢(봉두세)처럼 鳳(봉)을 상징으로 삼았다. 조선세법의 展翅勢(전시세)와 가결이 같다. 동일문화 코드다. 자식을 새끼(새의 자손)라고 하는 말처럼 새의 토템으로 된 拳訣(권결)이다. 龍(용)과 鳳(봉)의 대칭이다.

용토주수를 '우수'로 걷어내면서 상대와 붙게 되면『권법비요』의 破打邊盤式(파타변반식)처럼 '좌수'로 상대를 공격한다. '파타변반식'으로 몸이 돌면서 상대의 목을 감아 돌리면 엎어치는 기법과 연결된다.

1052 토용: 동아일보, 1986 7.30, 서영수 기자, 송덕희(右)와 고용우(左): 주부생활, 1985

三三. 麒麟擺口手敗(기린파구수패)/金獅搖頭手勝(금사요두수승)

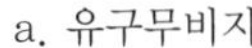
a. 유구무비지

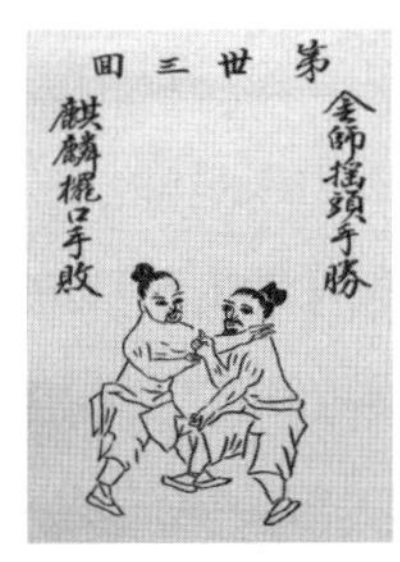

b. 유구무비지

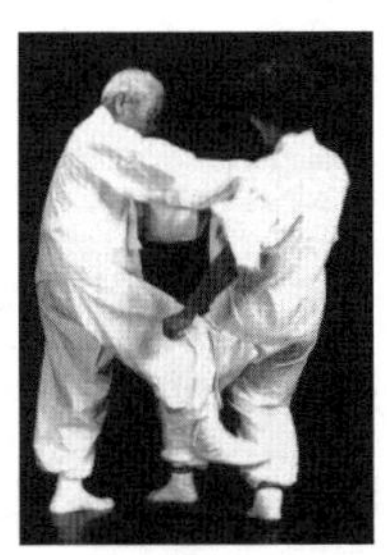
c. 태질

麒麟擺口手敗(기린파구수패)/金獅搖頭手勝(금사요두수승)

『해설』

金獅·麒麟(금사·기린), 搖·擺(요·파), 頭·口(두·구)는 대칭이다.

金獅搖頭(금사요두)는 천부검에 獅子搖頭(사자요두)와 결이 같다. 劍歌(검가)에 搖頭進步風雷嚮(요도진보풍뢰향), 10단금에 坐馬搖擺(좌마요파), 6로에 搖擺(요파)가 있다. 拳(권)의 동작을 설명하는 용어들이 단절되지 않고 전승돼왔음을 알 수 있다. 麒麟(기린)은 목이 길다. 상대의 목을 감아돌려 넘어트리는 수법이다.

三四. 鶴開翼手敗(학개익수패)/鳳啄珠手勝(봉탁주수승)

a. 유구무비지

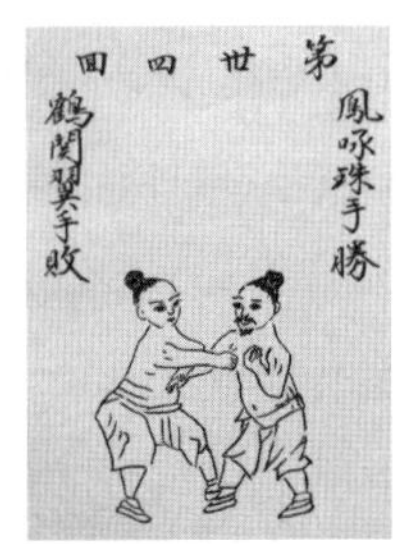

b. 유구무비지

c. 걷어내기

鶴開翼手敗(학개익수패)/鳳啄珠手勝(봉탁주수승)

『해설』

鳳·鶴(봉·학), 啄·開(탁·개), 珠·翼(주·익)은 대칭이다.

鳳啄珠(봉탁주)의 啄(탁)은 '부리로 쪼다'다. 龍吐珠(용토주)는 곧게 주먹이 나가고, 鳳啄珠(봉탁주)는 주먹이 밑으로 향한다. 鶴開翼手(학개익수)를 보면 '좌수'로 鳳啄珠(봉탁주)를 잡고 '우수'를 공격했다. 하지만 鳳啄珠(봉탁주)의 右拳(우권)이 막음 역할을 하면서 변화가 생길 수 있고, 左拳(좌권)의 공격을 받게 된다. 單刀赴會手(단도부회수)와 비교하면, 그 차이를 알 수 있다.

三五. 雨殘花手勝(우잔화수승)/雷打樹手敗(뢰타수수패)

a. 유구무비지

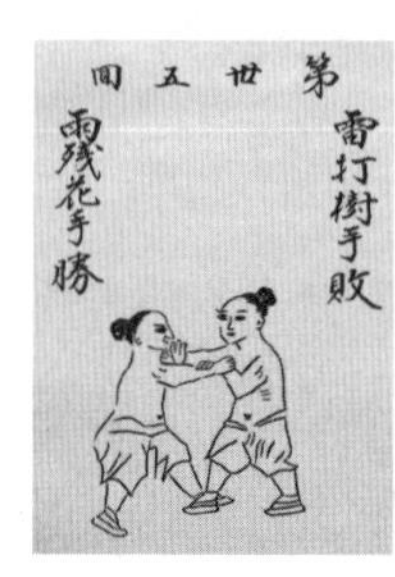

b. 유구무비지

c. 잡아대기

『해설』

雷·雨(뢰·우), 打·殘(타·잔), 樹·花(수·화)는 대칭이다.

雷打樹(뢰타수)의 樹(수)는 고사평처럼 '뻗은 주먹'이다. 雨殘花手(우잔화수)는 穿心(천심)처럼 세운 '좌수'다. 雨殘花(우잔화)는 '비를 맞고 떨어지는 꽃잎'이다. 花(화)는 손을 올린 '좌수'로 打樹(타수)를 막는 손이 殘花(잔화)다. 殘花手(잔화수)의 손 모양은 掌心(장심)이 상대를 향한다. 좌수를 꽃이 피듯이 펼친다. 상대의 응수에 따라 다음 동작은 변화된다. '樹(수)'와 '花(화)', '雨(우)'와 '雷(뢰)'가 짝이다. 『海東竹枝(해동죽지)』에 기록된 托肩戱(탁견희)가 詩(시)로 표현되었듯이, 무예의 공방을 詩(시)의 형식으로 구성한 것은 한민족의 오랜 전통이었다.

三六. 佛座蓮手勝(불좌연수승)/虎偷心手敗(호투심수패)

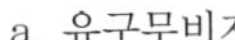
a. 유구무비지

b. 유구무비지

c. 팔굽치기

d. 신주

佛座蓮手勝(불좌연수승)/虎偷心手敗(호투심수패)

『해설』

虎·佛(호·불), 偷·座(투·좌), 心·蓮(심·연)은 대칭이다.

偷(투)는 '훔치다'다. 投(투)를 음차하여 사용하는 이두식 기법이다. '우수'를 훔치듯 잡아 몸 중심으로 당기고 '좌수'로 상대의 심장을 치는 기법이다. 心(심)은 '中心(중심)'이다. 佛座(불좌)는 '앉은 부처'다. 蓮(연)은 '손을 돌린다'다. 상대의 손을 꺾기 위한 수법이다. 그림의 손 모양을 보면 잡힌 '우수'가 상대의 손을 되잡기 위해 돌린 모습이다. 蓮(연)은 '艹(초)+連(연)'으로, '艹(초)' 자가 손을 나타내고 連(연)은 '이어서 돌린다'는 뜻이다. 平邊蓮脫法(평변연탈법)에 '蓮(연)'의 기법이 있다. 대동류의 坐技法(좌기법)과 같은 流(류)의 기법이다. 佛座蓮手勝(불좌연수승)은 무비문에서는 觀音倒坐船(관음도좌선)으로 되어있다. 坐禪(좌선)을 坐船(좌선)으로 음차했다. 대동류의 佐捕(좌포)와 상통한다.

三七. 獨角牛手敗(독각우수패)/存一朶手勝(존일타수승)

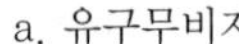

a. 유구무비지

b. 유구무비지

중사평세

獨角牛手敗(독각우수패)/存一朶手勝(존일타수승)

『해설』

一朶·角牛(일타·각우)는 대칭이다.

一朶(일타)의 '朶(타)' 자는 '늘어진 나뭇가지'다. '一朶(일타)'는 한 손으로 염주세처럼 막는 기법이다. 拈肘勢(염주세)의 손 모양이 '手(수)'이고 '一朶(타)'의 모양에 시연자의 모습이 있다. 육로의 紐拳(유권)의 자세다. 「권경」은 포가세와 염주세가 겨룬다. 殘花手(잔화수)의 기법과 비교하면 그 차이를 알 수 있다. 獨角牛(독각우)는 中四平(중사평)이다. 獨角牛(독각우)의 공격을 '一朶(일타)'로 막았다. 獨角牛(독각우)의 '좌수'가 伏乳(복유)다. 角牛(각우)는 '소의 뿔'로 '손'로, 牛雙(우쌍)의 표현과 궤를 같이하고 「권세가」의 詩(시) 袖裏恒存兩具牛(수리항존양구우)에도 손을 牛(우)로 비유했다. 모두 동일문화다. 伽羅手(가라데)나 태권도의 品勢(품세)에서 허리에 주먹을 두고 치는 모습이 「권법」의 中四平(중사평)이다. 독각우수는 가슴에 우수가 있다. 이 동작은 6로10단금의 '伏乳(복유)'다.

三八. 雙拜佛手勝(쌍배불수승)/兩通身手敗(양통신수패)

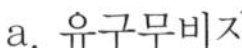
a. 유구무비지

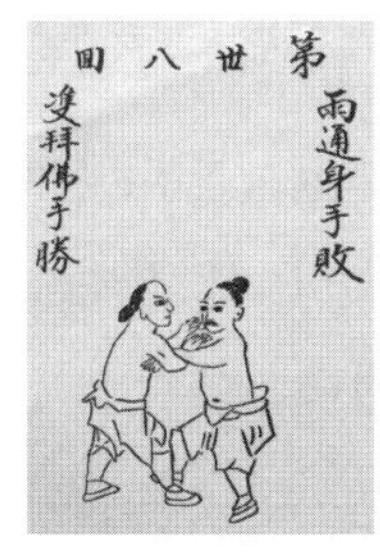

b. 유구무비지

권법비요

『해설』

兩·雙(양·쌍), 通·拜(통·배), 身·佛(신·불)은 대칭이다.

兩通身(양통신)의 兩(양)은 쌍수와 대칭으로 '좌수'가 '우수'위에 있다. 通(통)은 '좌·우수'가 똑같이 뻗친 것을 표현했다. 雙拜佛手(쌍배불수)는 부처님께 합장하며 올려 절하는 손 모양을 비유했다. 상대의 뻗은 양손의 사이로 손을 끼우면서 상대의 손을 허리에 끼우고 오금 관절을 감아서 꺾는 기법이다. 무비문의 '童子拜觀音(동자배관음)'과 상통한다. 쌍배불수는 손을 합장하듯이 위에 있는 '우수'를 돌리는 番手(번수)로 대동류에서 상대의 손을 꺾어 팔꿈치를 곧게 펴게 하는 기법에 사용됐다. 양손을 감아올리면『권법비요』의 站步式(참보식)으로 연결된다.

三九. 捧後掙手勝(견후정수승)/扭當胸手敗(추당흉수패)

a. 유구무비지

b. 유구무비지

c. 풍수

d. 탈풍수

『해설』

扭·捧(추·견), 當·後(당·후), 樟腦(장·뇌)는 대칭이다.

扭(추)는 '붙잡다·수갑'이다. 紐拳(유권)의 紐(유)는 '묶다·매다'로 상통한다. 當(당)은 '당하다'다. '當(당)=前(전)'으로 後(후)와 대칭이다. 가슴(胸)을 잡으려 곧게 손을 뻗다가 상대에게 오히려 잡혔다. 捧(견)은 '이끌다'다. 搷(정)은 '부딪히다·친다'다. 원본과 사본의 樟(장)도 오기다.

四十. 獨壹戰手勝(독일전수승)/雙合掌手敗(쌍합장수패)

a. 유구무비지

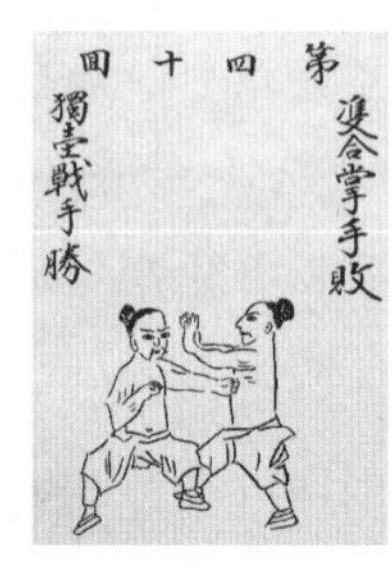

b. 유구무비지

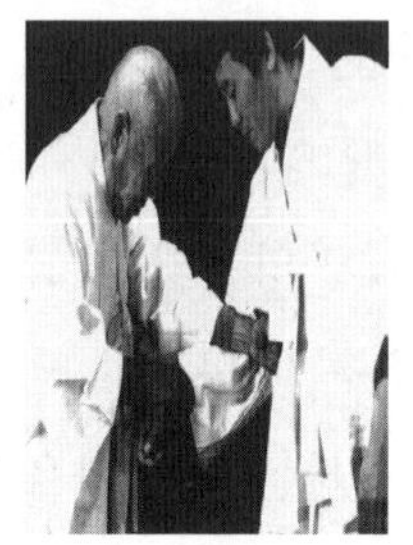
c. 메주먹

獨壹戰手勝(독일전수승)/雙合掌手敗(쌍합장수패)

『해설』

雙獨(쌍·독), 合·壹(합·일), 掌·手(장·수)는 대칭이다.

『日本武道全集』에서는 '壹(일)' 자를 '雲(운)'[1053] 자로 오기했다. 雙合掌手(쌍합장수)는 멱살을 잡거나 얼굴을 장으로 치기 위해 뻗은 손이다. 獨壹戰手(독일전수)는 상대의 공격을 피해 한 손으로 급소를 찌른다.

1053 『日本武道全集』, 昭和四一年一一月 人物往來社 八谷政行, p470.

四一. 日月足手勝(일원족수승)/風雲拳手敗(풍운권수패)

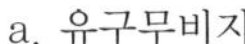
a. 유구무비지

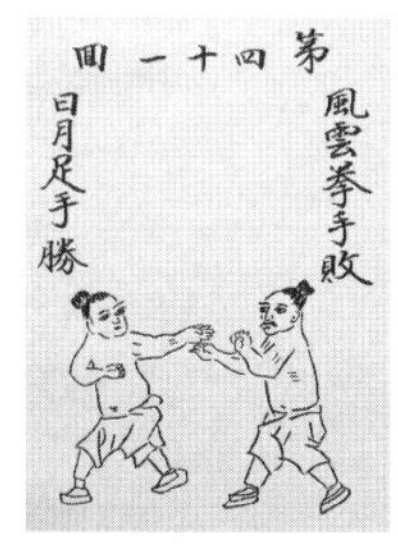

b. 유구무비지

c. 기효신서

『해설』

風雲·日月(풍운·일월), 拳·足(권·족)은 대칭이다. 특히 拳(권) 뒤에 '手(수)' 자를 붙인 것이다. 즉 拳(권)과 手(수)가 다름을 구분하고 있었지만 手(수)를 중심 개념으로 사용한 것을 알 수 있다. 風雲拳(풍운군)은 「권경」의 七星拳(칠성권)이다. '拳(권)' 자는 手(수)가 3개 결합한 글자다. 대개 '주먹'만 생각하지만, 원뜻은 '뻗은 손을 다시 오그라들 게 거두고 다시 뻗는다'로 '좌·우수'를 반복해서 움직인다'가 본의다. '拳(권)' 자가 있는 七星拳(칠성권)의 그림을 보면 주먹과 손이다. '좌수'와 '우수'를 번갈아 친다는 것이 拳(권)의 본의다. 그래서 風雲拳(풍운권) 뒤에 다시 '手(수)' 자가 붙은 것이다. 日月足手(일월족수)의 日月(일월)은 '해가 지면 달이 뜨듯이 돈다'다. 돌 때 발과 손이 동시에 움직이는 것을 강조하기 위해 足手(족수)를 동시에 섰다. 즉 '日=足, 月=手'다. 이것은 「권경」의 倒騎龍(도기룡)이다. 배치 순서도 같다. 「권경」과 연결되어 있음을 알 수 있다.

四二. 倒擦花手勝(도체화수승)/直放梅手敗(직방매수패)

a. 유구무비지

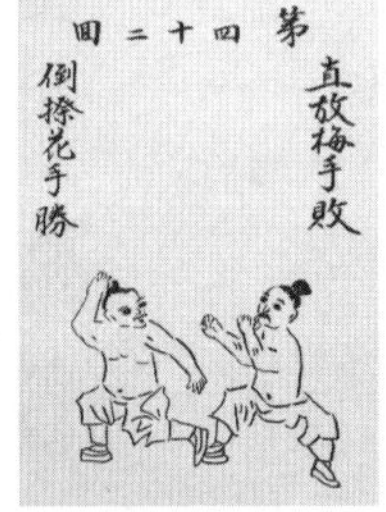

b. 유구무비지

c. 기효신서

d. 겨누기

『해설』

直·倒(직·도), 放·捺(방·날), 梅·花(매·화)는 대칭이다. 梅(매)는 '매화나무'다. '주먹'을 매화나무의 꽃으로 비유했다. 왕의 둥근 똥의 모양이 '매화'다. 그리고 '매질'의 의미로 '梅(매)' 자를 음차 한 이두문이다. 直放梅(직방매)는 鴈翅側身勢(안시측신세)와 같으나 손발의 방향만 바뀌었다. 直放梅(직방매)는 '직방(곧게)으로 때렸다'다. 倒擦花(도체화)의 倒(도)는 '돌다'고, 擦(체)는 '긁다'다. 花(화)는 '꽃이 피듯 손을 올린다'다. 倒擦花(도체화)는 跨虎勢(과호세)의 기법과 같다. '뒷머리를 긁듯이 우수를 취하면서 회전한다'다. 과호세의 기법을 일상의 동작을 나타내는 한자로 표현했다.

四三. 旗鼓勢手勝(기고세수승)/刀牌法手敗(도패법수패)

a. 유구무비지

b. 유구무비지

c. 기효신서

『해설』

刀·旗(도·기), 牌鼓(패·고), 法勢(법·세)는 대칭이다.

刀牌法(도패법)의 牌(패)는 符信(부신)으로 '좌·우수'가 서로 '짝'이라는 뜻으로 順鸞肘(순란주)이다. 旗鼓勢(기고세)는 완벽한 勢名(세명)으로 기록됐다. 法(법)과 勢(세)를 사용한 것은 무예 술기에 대한 개념의 폭을 알 수 있는 매우 중요한 문장이다. 「권경」은 旗鼓勢(기고세)와 順鸞肘(순란주)가 짝이다. 이것은 「권경」이나 「권세」의 기법과 연결되어 있다는 명확한 증거로, 刀牌法(도패법)이 順鸞肘(순란주)라는 것을 선조는 이미 알았을 가능성이 매우 크다. 이처럼 勢名(세명)은 역사를 찾아가는 매우 중요한 단서다. 한편 旗鼓勢(기고세)는 「권법」에서 七星拳(칠성권)과 짝으로 두 번을 친다. '勢(세)' 자 뒤에 '手(수)' 자를 덧붙임하여 칠성권처럼 手(수)의 개념 속에 반복해서 친다는 拳(권)의 의미가 들어있음을 알 수 있다.

四四. 虎春腰手敗(호춘요수패)/豹出牙手勝(표출아수승)

a. 유구무비지

b. 유구무비지

c. 기효신서

虎春腰手敗(호춘요수패)/豹出牙手勝(표출아수승)

『해설』

豹·虎(표·호), 出春(출·춘), 牙腰(아·요)는 대칭이다.

豹出(표출)은 '우수'을 내린 것이고, 牙手(아수)는 얼굴(어금니)을 막은 '좌수'로 拗鸞肘(요란주)다. 「권경」의 배치와 같다. 기고세로 공격하면 요란주세로 방어하는 대련이다.

四五. 左右翼手勝(좌우익수승)/前後反手敗(전후반수패)

a. 유구무비지

b. 유구무비지

c. 맴돌리기

『해설』

前後·左右(전후·좌우), 反·翼(반·익)은 대칭이다.

前後反手(전후반수)는 '앞에서 뒤로 꺾인 손'으로 關節技(관절기)다. 左右翼手(좌우익수)는 좌에서 우로 팔을 움직여 상대를 꺾는 동작이다. 상대에게 발을 걸어 넘어트리는 모습이 잘 그려있다.

四六. 伸猿背手勝(신원배수승)/出戰機手敗(출전기수패)

a. 유구무비지

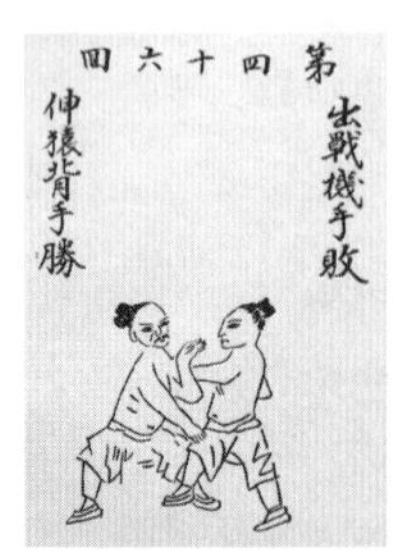

b. 유구무비지

c. 오금잽이

d. 잡아대기

46) 出戰機手敗(출전기수패)/伸猿背手勝(신원배수승)

『해설』

出戰·伸猿(출전·신원), 機·背(기·배)는 대칭이다.

出戰機(출전기)의 機(기)는 '틀·베틀·허위·틀렸다'다. 中四平(중사평)으로 친 주먹이 제대로 성공하지 못하고 비틀렸다. 伸猿背手(신원배수)는 穿心(천심)으로 機手(기수)와 등을 진 '좌수'다. '좌수'를 뻗어 상대의 목 뒤를 잡아 돌리는 동시에 '우수'로 상대의 다리를 들어 올려 '태질'하는 기법이다.

四七. 化鉄牛手勝(화철우수승)/存節度手敗(존절도수패)

a. 유구무비지

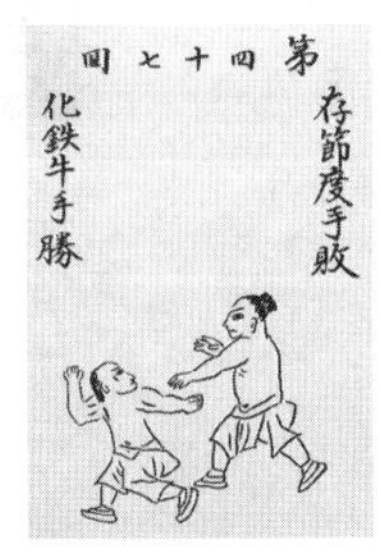

b. 유구무비지

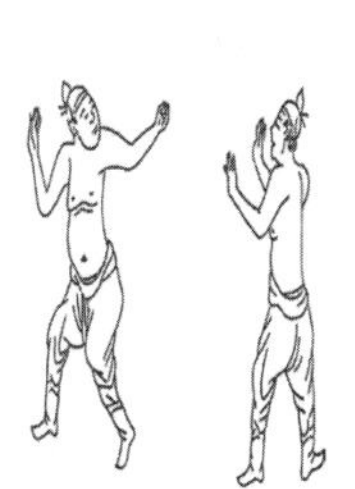
c. 무예도보통지

d. 겨누기

化鉄牛手勝(화철우수승)/存節度手敗(존절도수패)

『해설』

存節·化(존절·화), 度·鉄(도·철), 手·牛(수·우)는 대칭이다.

存節度手敗(존절도수패)는 공격이 끊어진 상태의 손으로, 化鉄牛手(화철우수)의 鉄牛(철우)에 鉄牛八石手(철우팔석수)가 있다. 鉄牛手(철우수)로 변화시켜 공격하는 기법으로 六路(육로)의 撒門(살문)이다. 跨虎勢(과호세)와 鴈翅側身勢(안시측신세)다. 무비문의 鉄牛耕地(철우경지)와 연결되어 있음을 알 수 있다.

四八. 十字打手敗(십자타수패)/獨擧鼂手勝(독거조수승)

a. 유구무비지 b. 유구무비지 c. 기효신서 d. 겨누기

『해설』

獨擧·十字(독거·십자), 鼂·打(조·타)는 대칭이다.

獨擧鼂手(독거조수)의 鼂(조)는 '부르다'다. 한 손을 들어 사람을 부르는 동작으로 '探馬勢(고탐마세)다. 十字打手(십자타수)는 拗單鞭勢(요단편세)다. 「권경」의 배치와 같다. 「권경」은 모든 자세를 시로 설명했지만, 三別抄(삼별초)의 手搏(수박)은 勝敗(승패)를 기록하여 두 기법의 이해도를 더 높였고 실전을 중시했다. 송덕기의 택견춤은 단순한 춤이 아니라 권법의 품세와 같은 舞拳(무권)이다. 마치 칼을 들고 행한 武刀(무도)를 「舞刀歌(무도가)」라 한 것과 같다.

9
六機手(육기수)

六機手(육기수)의 手法(수법)이 기록되어 있다. 『유규무비지』 원보 1의 육기수의 向天刀手(향천도수)와 Bubish에 기록된 원본 2의 그림은 다르다. 두 자료를 비교해 보면, 원보 2가 원본 1을 보고 필사했다. 鉄骨手(철골수)에서 打入君(타인군)이 打入入君(타입인군)으로 되어있고, 爪子手(조자수)에서는 而死矣(이사의)에서 '死(사)' 자만 있다. 鉄沙手(철사수)에서는 '若(약)' 자가 생략되었고, 向天刀手(향천도수)의 不能言(불능언)을 若言(약언)으로 옮겼고, 육기수 문장의 길이와 단락도 다르다. 육기수는 手氣(수기)와 手法(수법)의 원리를 기록한 것이다.

손을 부리고 손 끝에 '氣(기)'를 전달하는 무예의 비전과 같은 고도의 기법이 숨어 있다.

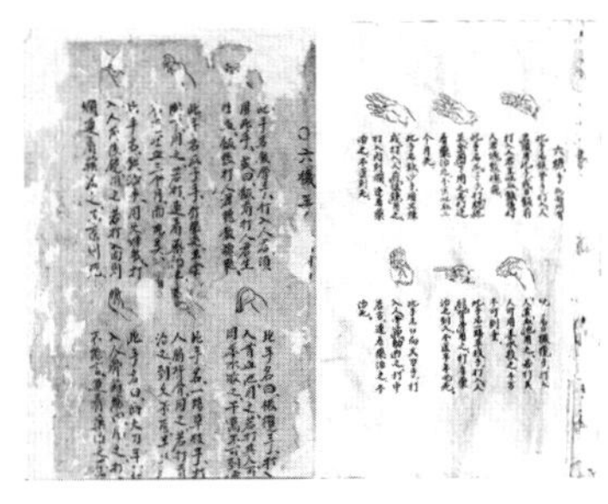

그림 17-12. 육기수

1) 鉄骨水(철골수) 2)爪子手(조자수) 3)鉄沙手(철사수) 4)撒攪手(살교수) 5)一路草枝手(일로초지수) 6)向天刀手(향천도수)

이처럼 다양한 手技(수기)의 활용법이 있다는 것은 '手(수)'를 중심으로 '相撲(상박)'을 했다는 반증이다. 실제 손이 권보다 더 유용하다. 손으로 상대 신체의 팔다리를 잡는 동작이 싸움에서 빈번히 일어난다. 이에 비해 拳(권)은 '친다'는 목적에 거의 한정된다. 즉 手(수)가 拳(권)보다 더 유용하다. 육기수는 베틀을 짤 때의 손의 모양에서 취한 개념들이다.

六機手(육기수)無而所有(무이소유)

1) 此手名, 鉄骨手: 打入「人君」, 須用此手, 或日, 飯前打入人君生吐血, 飯後打人君魄散魂飛.

"이 손의 이름을 철골수라 한다. 사람을 칠 때 모름지기 이 손을 이용하면 어떤 경우에는 아침 식사 전에 맞는 사람은 입에서 피를 토하고, 식후에 맞은 사람은 혼비백산한다."

人君(인군)은 林君(임군), 金君(김군)처럼 상대를 부를 때 붙이는 호칭어다.

打入(타입)이라 한 이유는, 手法(수법)은 '찌르고 넣는 기법'이기 때문이다. 이때의 打(타)는 '때린다'는 뜻보다 '움직인다·이동한다'다.

鉄骨手(철골수)는 격파 시에 돌과 같이 강한 물체를 내려칠 때 사용하는 수법이다.

2) 此手名, 爪子手: 打「腮邊」並, 「金圈」下, 用之, 若打, 速着藥治之, 不醫吐血三个月, 而死矣

"이 손의 이름은 조자수다. 뺨 주변과 모두 金圈(금권) 아래를 사용하여 친다. 만약에 세게 쳤으면 빠르게 약을 붙여 치료해야 한다. 보살피지 않으면 피를 토해 삼개월에 죽을 수 있다." 金圈(금권)은 拳面(권면)의 단단한 부위를 말한다.

3) 此手名, 鉄沙手: 用火煉成, 打入「人前後鏡」, 用之, 若打入肉則爛, 速着藥治之, 不医則死.

“이 손의 이름은 鉄沙手(철사수)다. 불로 단련시켜야 이룬다. 사람 앞쪽으로 찔러 들어가 뒤쪽은 鏡(경)을 이용한다. 만약 사람 몸에 들어가게 되면, 즉 문지르고 빠르게 약으로 치료해라 치료하지 않으면 즉사한다.

4) 此手名, 樧[1054]攪手: 打入「人首·血池」用之. 若打其人可用姜水救之. 千萬不可到垂.

5) 此手名, 一路草枝手: 打入「人腨·背骨」用之. 若打着藥治之到久. 不医半年必死.

6) 此手名曰, 向天刀手: 打入人「骨節·觔內」之, 打中不能言, 速着藥治之, 不治死.

위 그림의 向天刀手(향천도수)는 ‘우수’고, 四指(사지)가 하늘을 향하고 있지만 대만 본은 그림이 다르다. 오히려 ‘좌수’가 樧攪手(살교수)처럼 취하면서 손끝이 하늘을 향하고 있다. 즉 樧攪手(살교수)와 대칭이다.

‘鉄沙手(철사수)’는 ‘手(수)’이고 ‘鐵沙掌(철사장)’은 ‘掌(장)’이다. 手(수)와 掌(장)은 손을 폈고, 拳(권)은 말아 쥐었다. 그렇다면 철사장과 철사수의 기법이 동일한가? ‘鐵沙掌(철사장)’은 손바닥이나 손등을 모래와 같은 것을 내려 쳐서 손을 단련시키는 기법으로 알려져 있지만 ‘鉄沙手(철사수)’는 ‘손가락을 철사처럼 곧게 뻗어 강하게 찌르는 기법’으로 ‘鐵沙掌(철사장)’과 다른 기법이다. 즉 철골수와 철사수의 기법은 손으로 강력한 힘을 발휘하게 하는 수법이다. 그리고 손에 기를 일으키게 하는 비법이 숨겨있다.

1054 일본의 ‘BUBISHI’ p59에서는 ‘樧(살)’을 ‘撒(살)’로 오기됐다.

10
三別抄(삼별초) 무예의 本國(본국)으로의 歸鄕(귀향)

고려 삼별초의 수박이 琉球國(유구국)에 전해진 것은『유구무비지』와 송덕기의 술기와의 동일성, 무비문과의 연결성과 문장의 이두문을 통해 입증된다. 실제 중국인 盧姜威(2011)는 이두식 한자를 이해하지 못하다보니 복주방언으로 추정했다. 또한 유구무비지에 등장인물은 머리에 상투를 틀고 한복을 입고 다리에 行纏(행전)을 두른 고려인이다.

『유구무비지』는 모원의의『무비지』를 본떠 이후에 이름을 짓고 백학권도 후대에 삽입된 것이 분명하다.『기효신서』는 동작이 '勢名(세명)'으로 개념화되었지만 '수박'의 문장은 대부분 시연자를 동물과 비유하고 동작을 설명하면서 마지막에 '手(수)'자로 개념화시켰다. 여기에 사용된 동물은 '龍(룡)·獅(사)·魚(어)·馬(마)·猪(저)·虎(호)·猴(후)·猿(원)·卯(묘)·蝶(접)·牛(우)·蟬(선)·鶴(학)·鳳(봉)·龜(귀)·麒麟(기린)·豹(표)'다.

다른무예서에서는 잘 사용되지 않은 동물들로 대부분 고구려 고분에 그려진 동물들이다.

권법의 자세에 사용된 용어는 유구에는 없는 호랑이, 얼음 등이 있다. 겨울에 눈이 내리고 얼음이 언다. 오키나와에는 호랑이가 없다. 특히 유구무비지의 수박과 송덕기의 택견이 같다는 것은 고려의 수박이 거의 바뀌지 않고 전해져 내려왔음을 의미한다. 오키나와의 당수는 고려 삼별초 군단의 고려 수박이 모체다. 師子相傳(사자상전)으로 은밀히 오랜 세월 전승되어 내려오다가 마침내 본향으로 다시 돌아왔다.

부록

1. 萬用正宗(만용정종) 武備門(무비문)

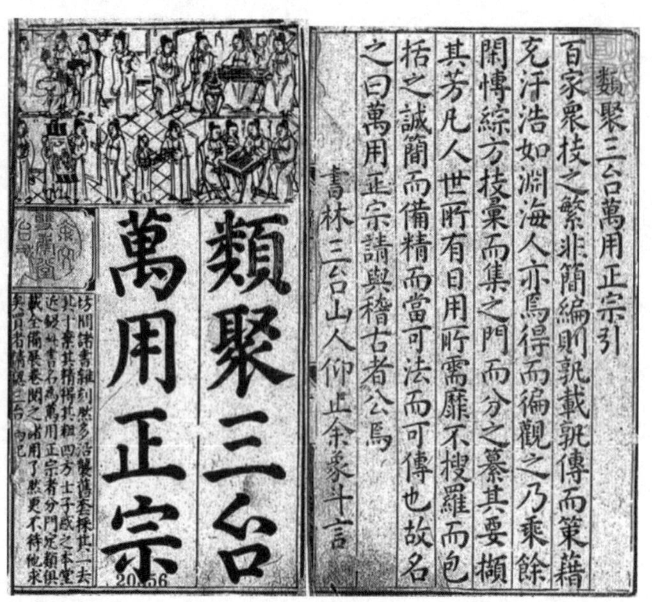

類聚三台萬用正宗

類聚三台萬用正宗引

百家衆技之繁非簡編則孰載孰傳而策籍充汗浩如淵海人亦烏得而徧觀之乃乘餘閑博綜方技彙而集之門而分之纂其要擷其芳凡人世所有日用所需靡不搜羅而包括之誠簡而備精而當可法而可傳也故名之曰萬用正宗請與稽古者公焉

書林三台山人仰止余象斗言

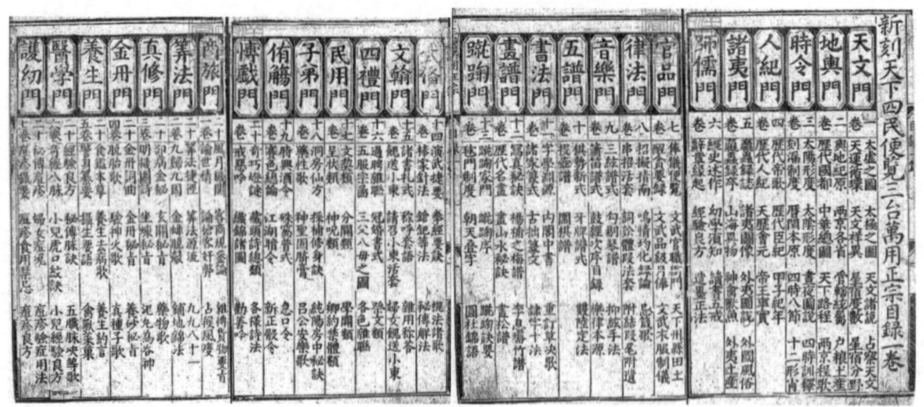

新刻天下四民便覽三台萬用正宗目錄一卷

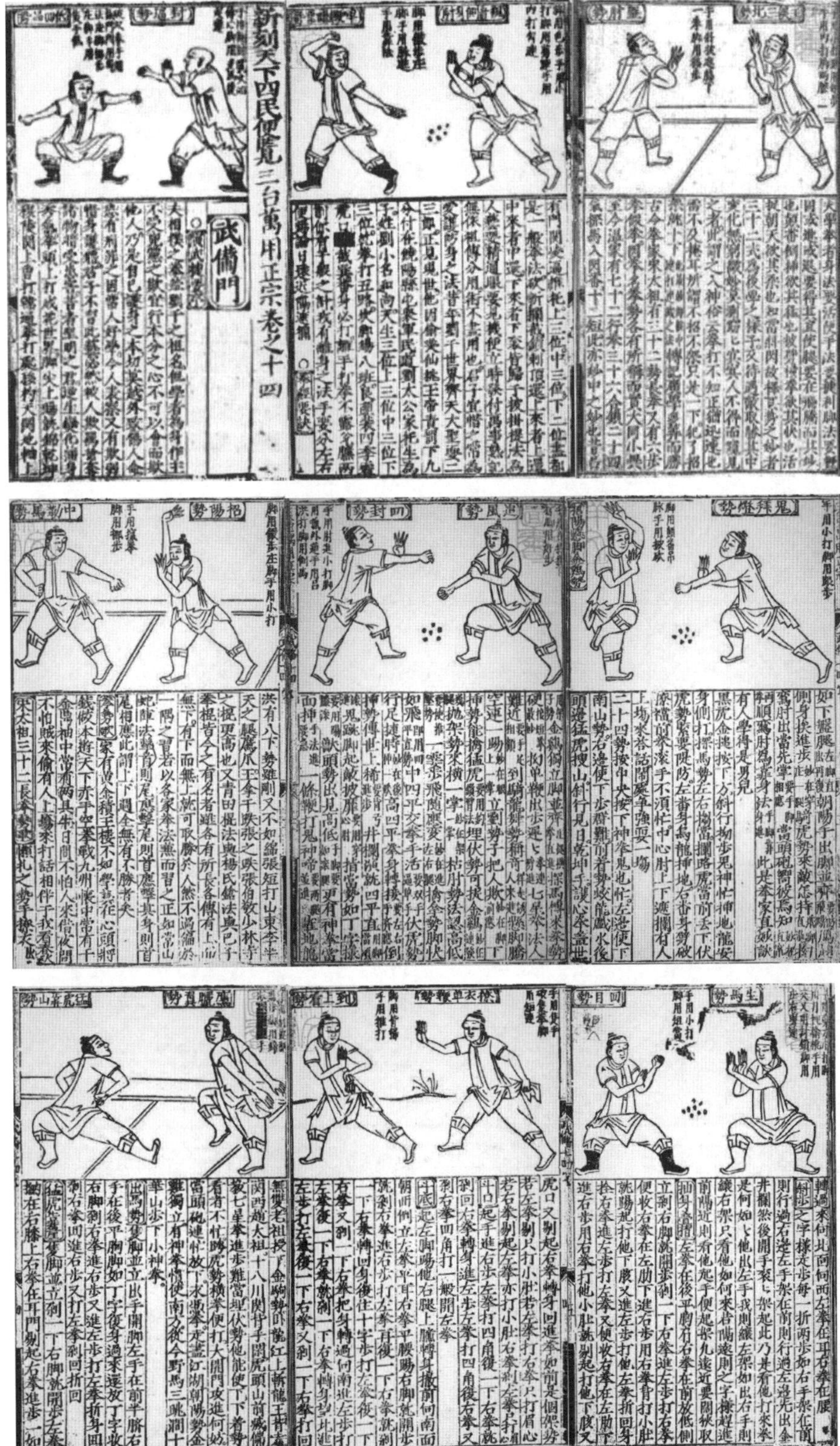

新刻天下四民便覽三台萬用正宗卷之十四

武備門

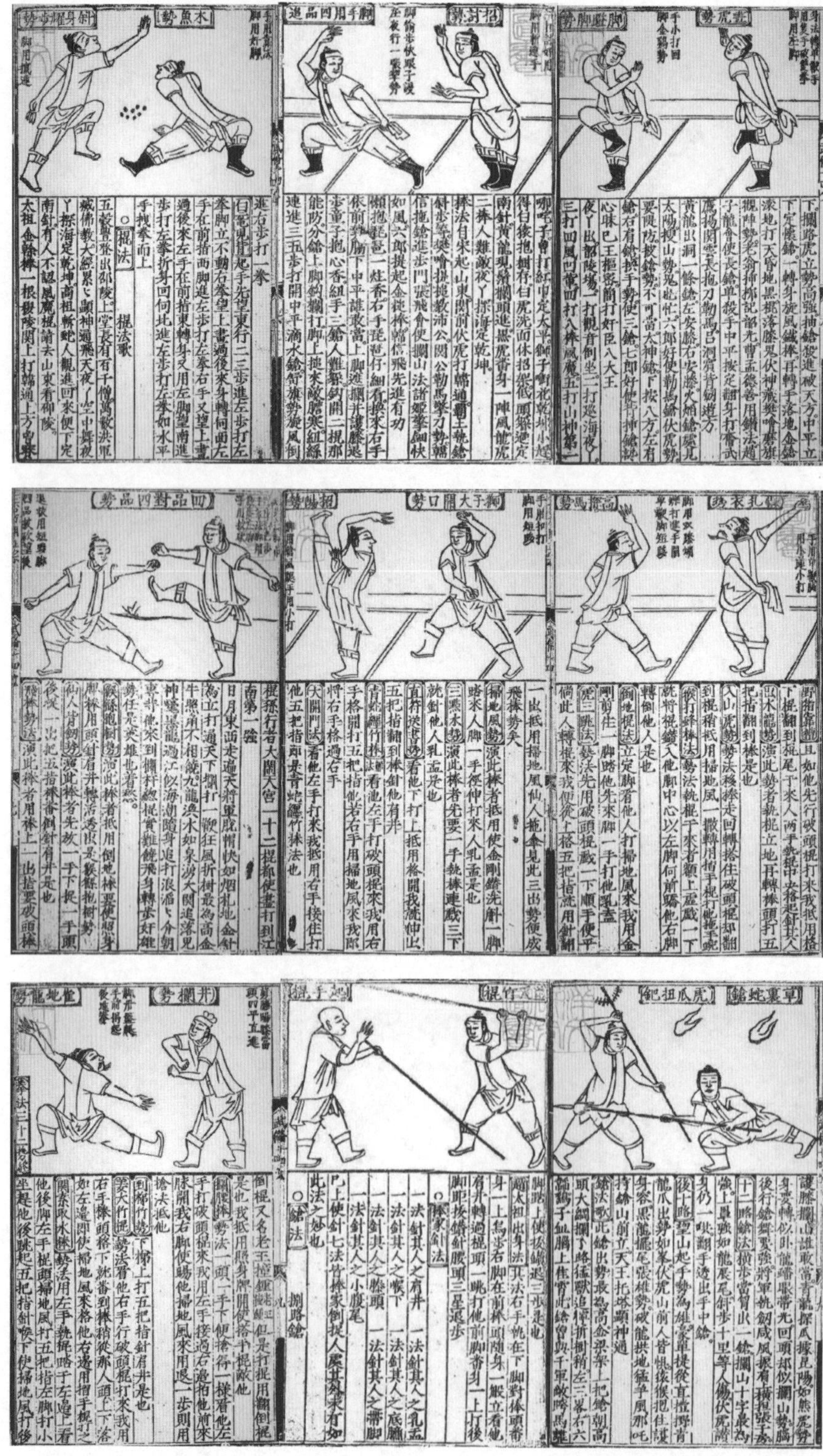

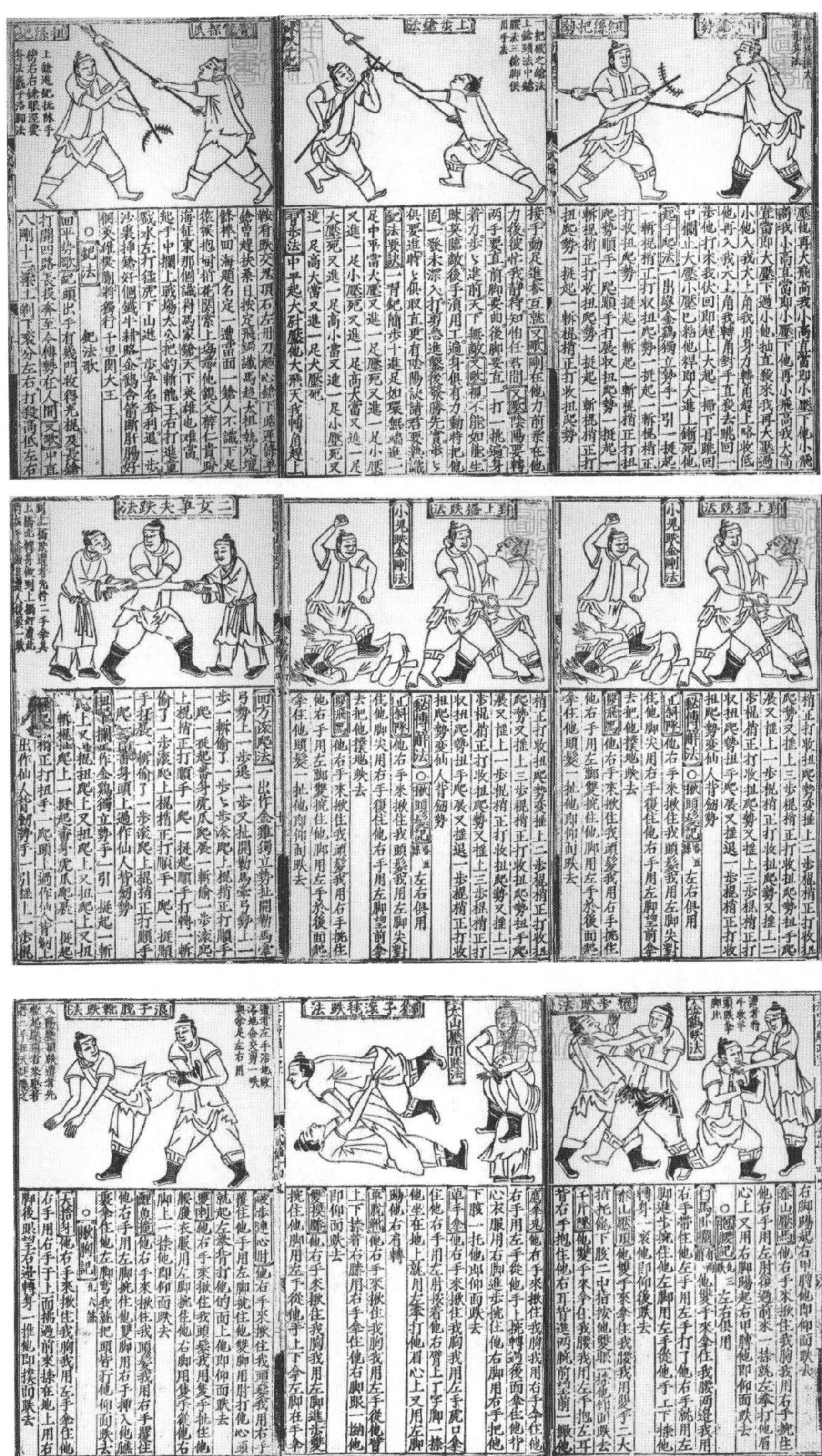

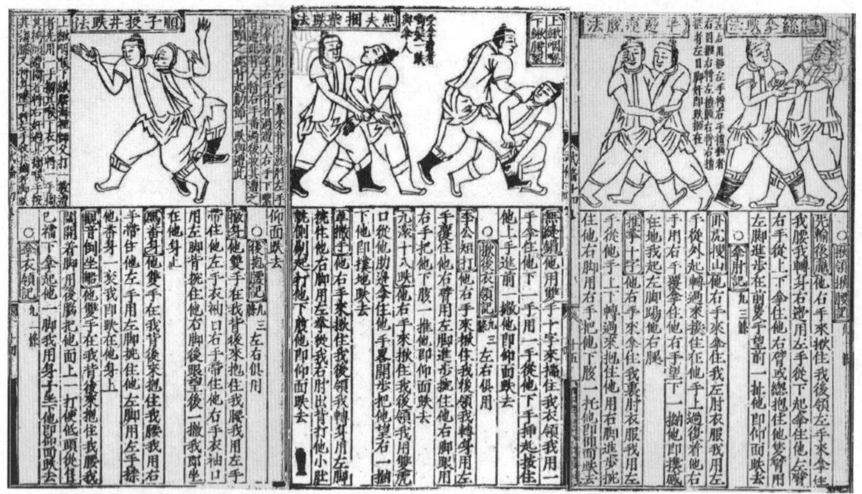

○ 揪領揪腰記

先輸後贏 他右手來揪住我後領左手來拿住我腰我轉身右邊用左手從下起拿住他左臂右手從上下拿住他右臂或總抱住他雙臂用左脚進步在前雙手望前一扯他即仰面跌去

○ 拿肘記 九三條

卧虎攪山 他右手來拿住我左肘衣服我用左手從外起轉過來撈住在他手上過復着他右手用右手擬拿住他右手望下一摜他即撲臧在地我起左脚踢他右腿

推拳十字 他右手來拿住我裏肘衣服我用左手從他手上下轉過來抱住他用右脚進步挽住他右脚用右手把他下胲一托他即仰面跌去

無縫鎖 他用雙手十字來揣住我衣領我用一手拿住他下一手用一手從他下手掙起拔住他上手進前一撇他即仰面跌去

○ 揪後衣領記 九三條 左右俱用

李公短打 他右手來揪住我後領我轉身用左手攪住他右臂用左脚進步挽住他右脚跟用右手把他下胲一推他即仰面跌去

九滚十八跌 他右手來揪住我後領我用雙虎口從他肋邊拿住他手略開步把他望右一摜下他即撲地跌去

單撒手 他右手來揪住我後領我轉身用左脚挑住他右脚用左拳從我右肘出背打他小肚跳側剔起打他下胲他即仰面跌去

仰面跌去

○ 後抱腰記 九三條 左右俱用

撤身 他雙手在我背後來抱住我腰我用左手帶住他左手衣袖口右手帶住他右手衣袖口用左脚背挽住他右脚後跟望後一撤我即坐在他身上

鳳番身 他雙手在我背後來抱住我腰我用右手帶住他左手用左脚挑住他左脚用左手撩他番身一跤我即跌在他身上

觀音倒坐蓮 他雙手在我背後來抱住我腰我閃開着脚用後腦把他面上一打使低頭從我已襠下拿起他一脚我用身子坐下他即仰面跌去

○ 拿衣領記 九二條

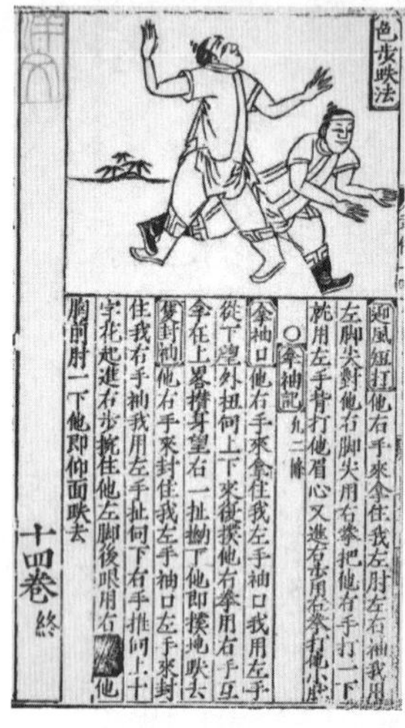

迎風短打 他右手來拿住我左肘左右袖我用左脚尖對他右脚尖用右拳把他右手打一下就用左手背打他眉心又進右步用右拳打他小肚

○ 拿袖記 九二條

拿袖口 他右手來拿住我左手袖口我用左手從下望外扭向上下來復撲他右拳用右手互拿在上略攢身望右一扯拗下他即撲地跌去

雙封袖 他右手來封住我左手袖口左手來封住我右手袖我用左手扯向下右手推向上十字花起進右步挽住他左脚後跟用右[illegible]他胸前肘一下他即仰面跌去

十四卷 終

2. 萬寶全書(만보전서) 武備門(무비문)

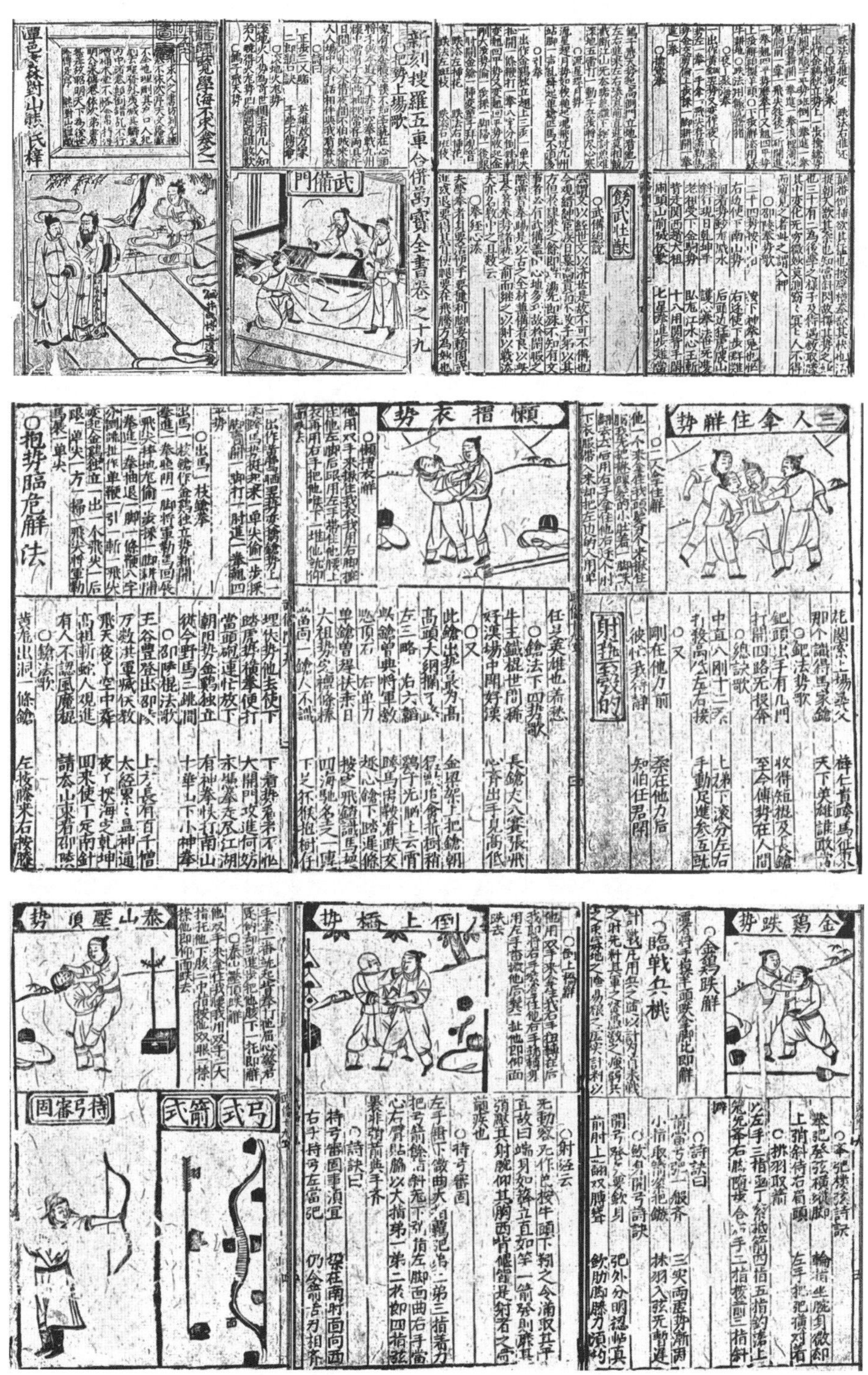

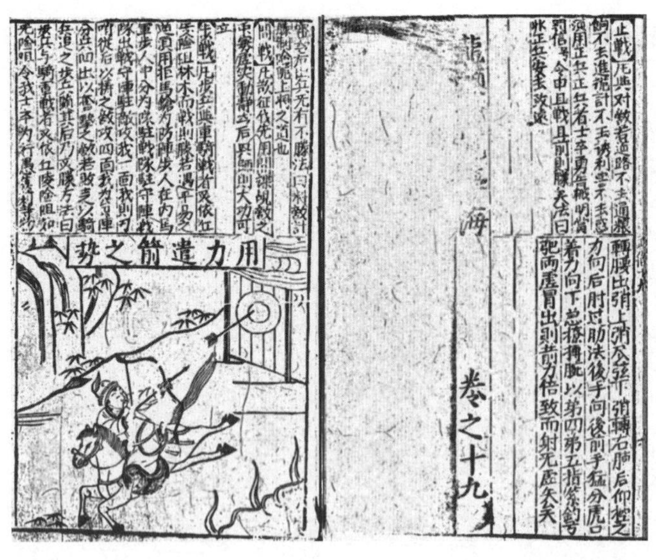

3. 琉球武備志(유구무비지)

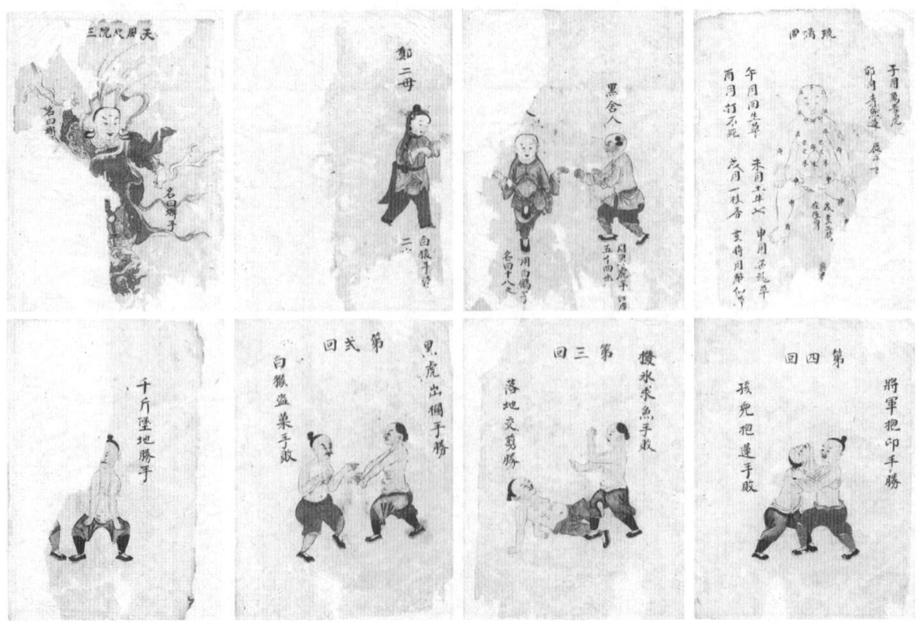

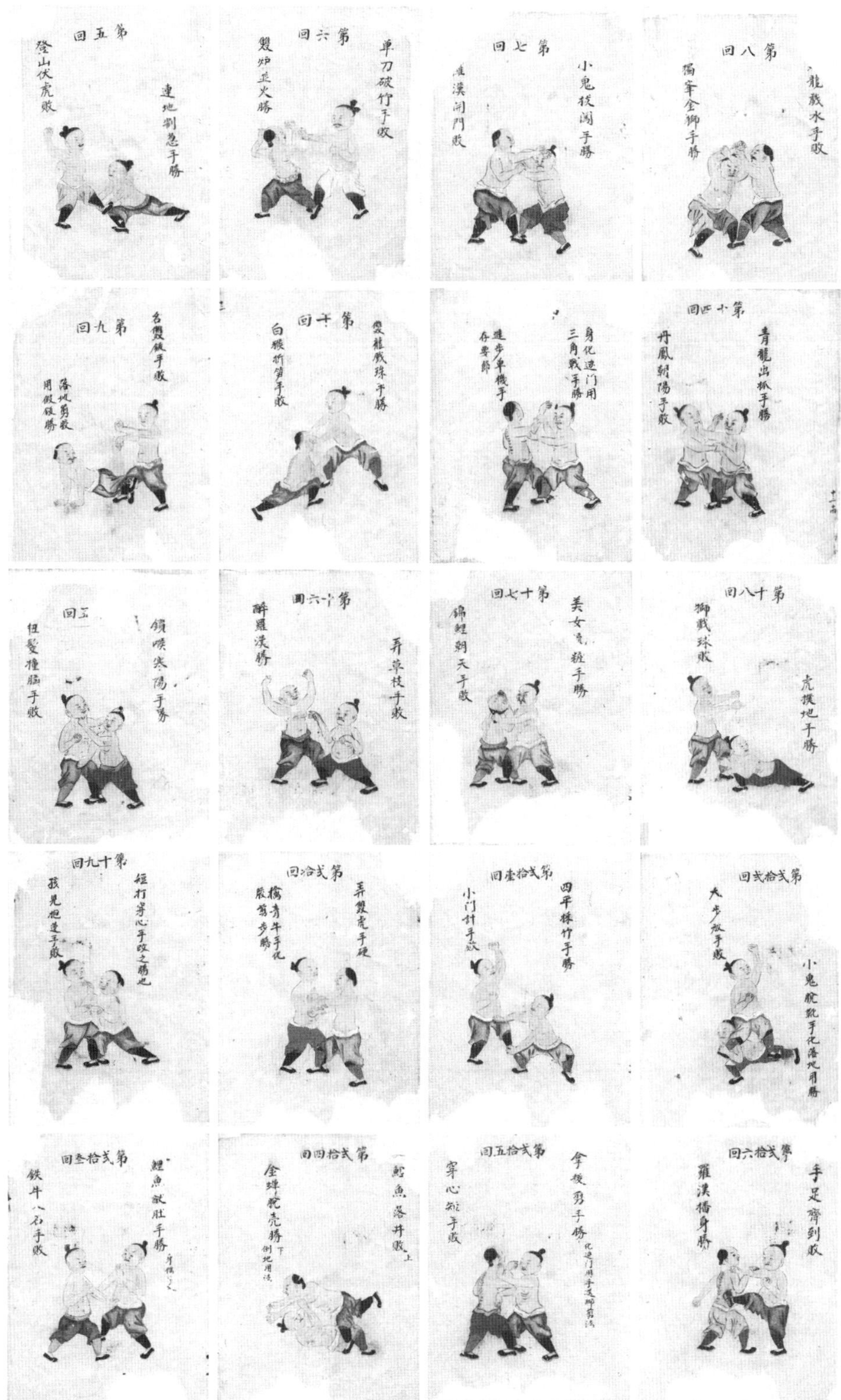
第五回
第六回
第七回
第八回
第九回
第十回
第十四回
第十六回
第十七回
第十八回
第十九回
第弍拾回
第弍拾壹回
第弍拾弍回
第弍拾叁回
第弍拾四回
第弍拾五回
第弍拾六回

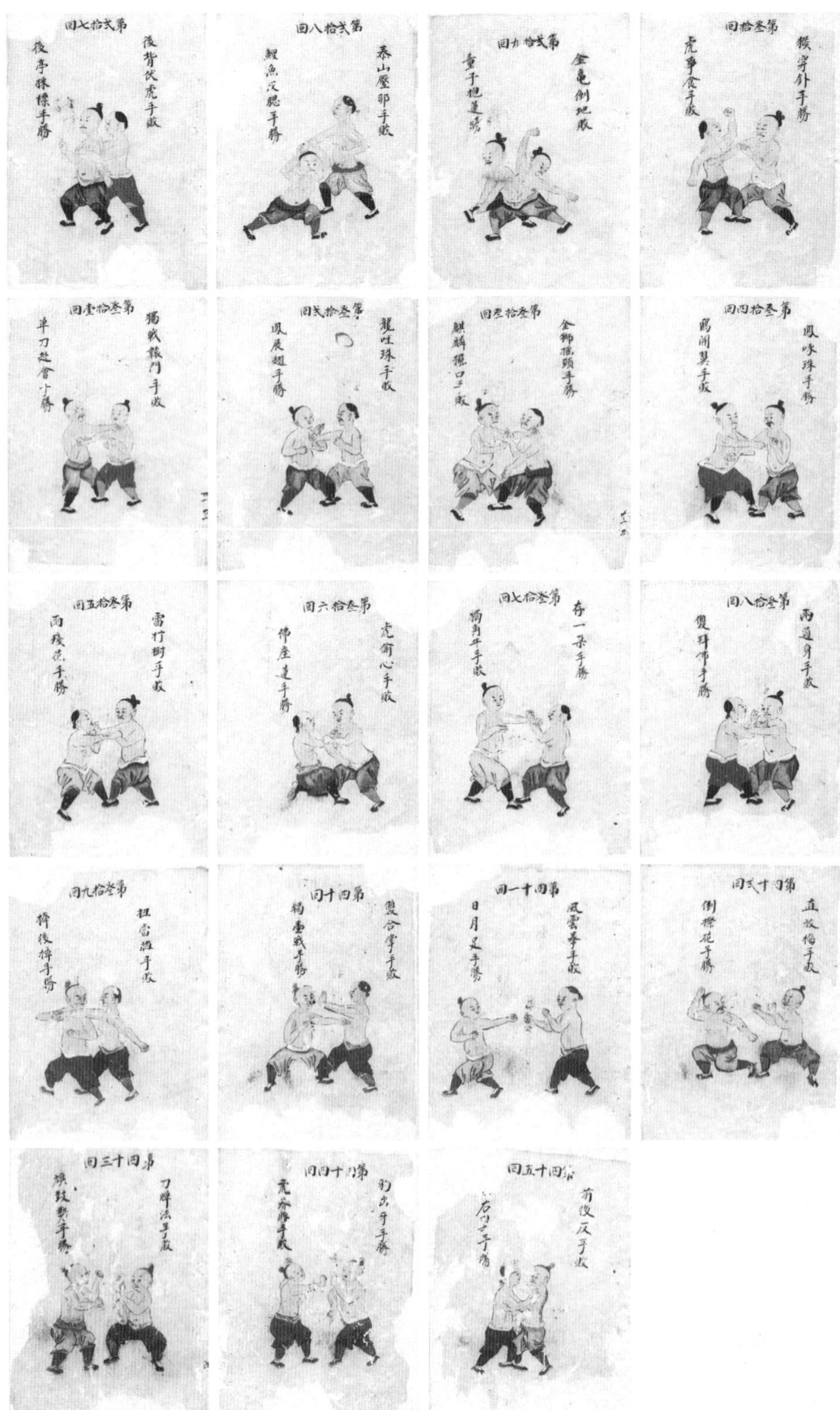

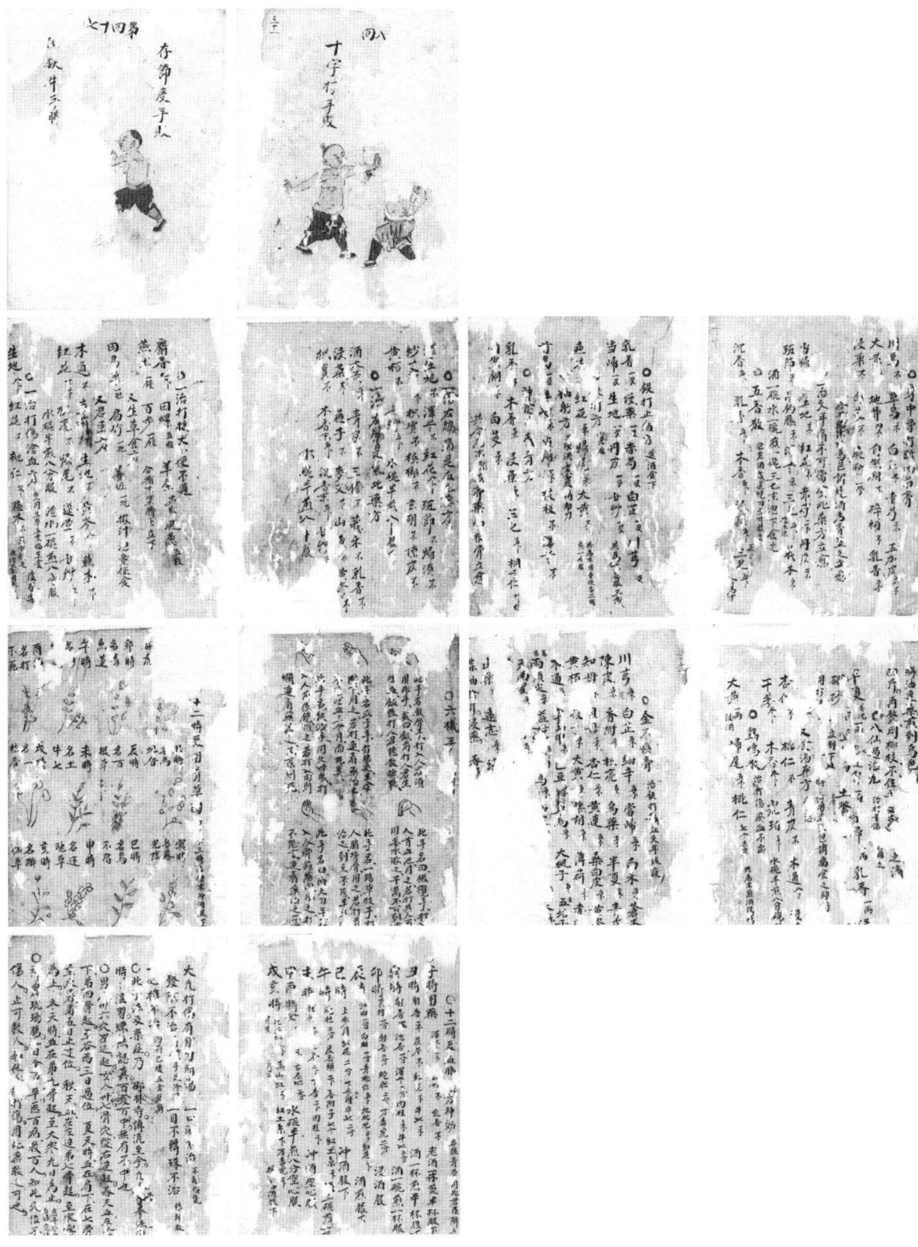

출간후기

우리의 무예를 통해 우리의 역사를 밝혀내고자 하는 장대한 노력을 응원합니다!

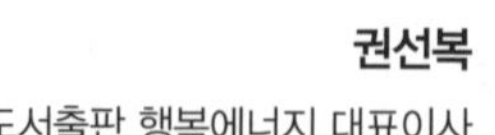

권선복
도서출판 행복에너지 대표이사

역사를 연구한다는 것은 대단히 중요한 행위임에도 불구하고, 우리에겐 스스로의 역사를 뒤돌아볼 기회가 별로 없었습니다. 특히 한반도의 상고사는 그저 신화 정도로 치부되는 시대에 이 책『본국무예』는 오랫동안 사회적 책임감을 가지고 잃어버린 전통 무예를 복원함으로써 무관심의 장막에 가려진 한민족의 위대한 역사를 알리고자 하는 임성묵 대한본국무예협회 총재의 오랜 노력을 담아낸 집대성이라고 할 수 있습니다.

임 총재는 조선의 전통 무예서인『무예도보통지』를 완전복원 및 해석함으로써 상고 시대부터 전해온 전통 무예를 집대성하는 동시에, 동아시아 문화의 시원이자 최초로 문자를 사용했던 나라인 고대 조선의 역사적 실체를 밝혀내고, 무예라는 맥을 통해 우리 민족의 문화가 어디서부터 시작되어 어디로 흘러가게 되었는지 그 계보를 이야기하고 있습니다. 이를 통해 이 책은 오랜 아픔의 역사 속에서 우리에게 내재된 패배주의와 사대주의를 걷어내고, 신국(神國)의 후예로서 우리 역사에 대한 자부심과 사명감을 촉구하고 있는 셈입니다.

긴 세월 동안 많은 어려움 속에서도 사명감을 가지고 한국 무예사에 중요한 족적을 남기고 있는 임성묵 총재의 행보가 집대성된『본국무예』의 출간을 축하드립니다!

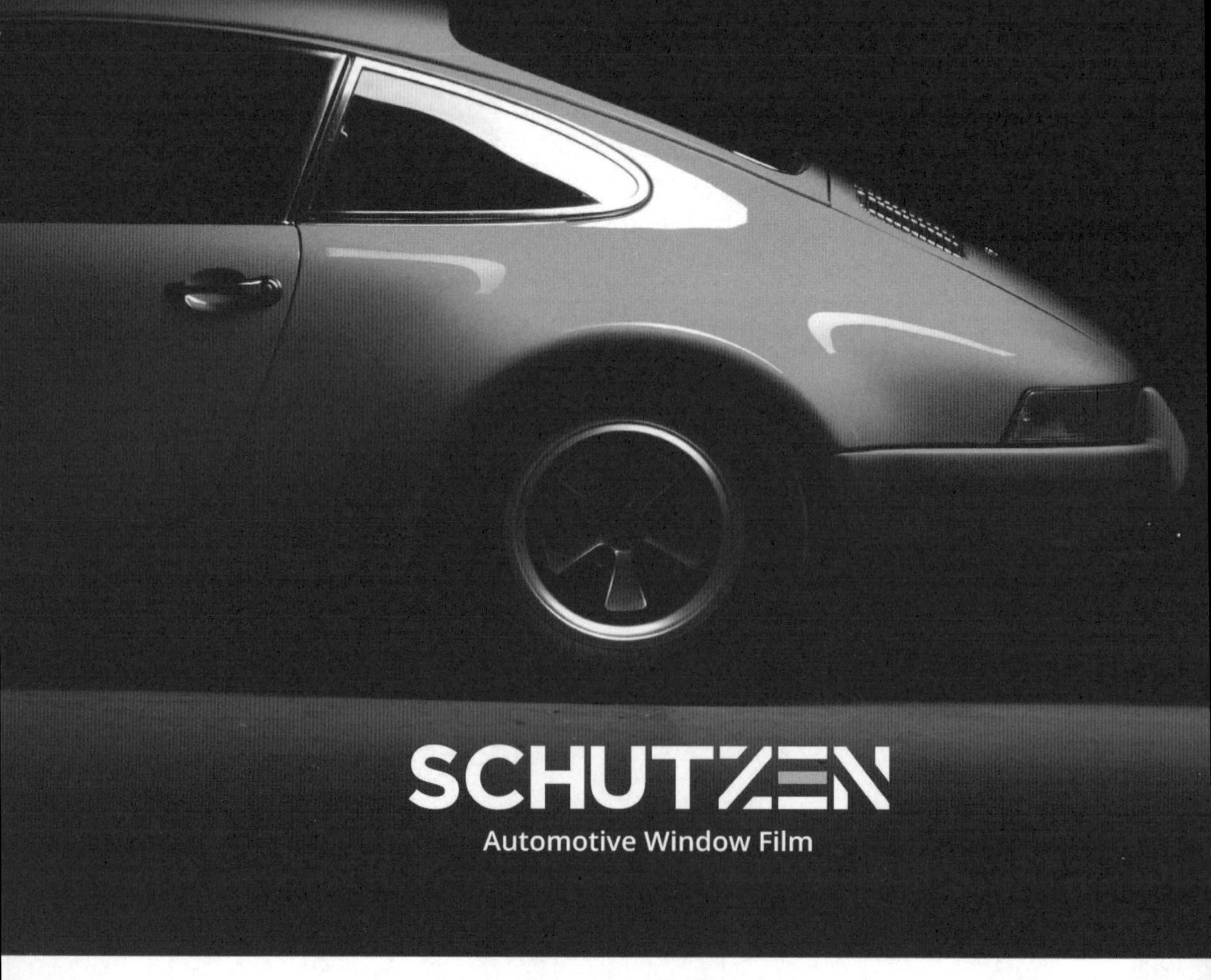
SCHUTZEN
Automotive Window Film